Administración de la cadena de suministro

UNA PERSPECTIVA LOGÍSTICA

Novena edición

JOHN J. COYLE

The Pennsylvania State University

C. JOHN LANGLEY, JR.

The Pennsylvania State University

ROBERT A. NOVACK

The Pennsylvania State University

BRIAN J. GIBSON

Auburn University

Traductores

Erika M. Jasso Hernan D'Borneville
Yolanda Cervantes Espinosa
Jorge Alberto Velázquez Arellano

Revisión técnica

Ing. Guillermo Haaz Díaz
Departamento de Ingeniería Industrial y de Sistemas
Instituto Tecnológico y de Estudios Superiores de Monterrey,
Campus Estado de México
Consultor Asociado de Excelencia y Creatividad
Empresarial, S. A.

CENGAGE
Learning

Australia • Brasil • Japón • Corea • México • Singapur • España • Reino Unido • Estados Unidos

CENGAGE
Learning·

Administración de la cadena de suministro.
Una perspectiva logística
Novena edición
John J. Coyle, C. John Langley Jr., Robert A.
Novack, Brian J. Gibson

**Presidente de Cengage Learning
Latinoamérica**
Fernando Valenzuela Migoya

**Director editorial, de producción y de
plataformas digitales para Latinoamérica**
Ricardo H. Rodríguez

Gerente de procesos para Latinoamérica
Claudia Islas Licona

Gerente de manufactura para Latinoamérica
Raúl D. Zendejas Espejel

Gerente editorial de contenidos en español
Pilar Hernández Santamarina

Gerente de proyectos especiales
Luciana Rabuffetti

Coordinador de manufactura
Rafael Pérez González

Editoras:
Ivonne Arciniega Torres
Gloria Luz Olguín Sarmiento

Diseño de portada
Mike Stratton

Imagen de portada
© iStock Photo

Composición tipográfica:
Luis Ángel Arroyo Hernández
Gerardo Larios García

Traducido del libro *Supply Chain Management.*
A Logistics Perspective
Ninth Edition
John J. Coyle, C. John Langley Jr., Robert A. Novack,
Brian J. Gibson

Publicado en inglés por South-Western, una compañía
de Cengage Learning © 2013, 2009

ISBN: 978-0-538-47918-9

Datos para catalogación bibliográfica:
Coyle John J., C. John Langley Jr., Robert A. Novack,
Brian J. Gibson
Administración de la cadena de suministro.
Una perspectiva logística
ISBN 13: 978-607-481-891-8

Visite nuestro sitio en:
http://latinoamerica.cengage.com

Impreso en México
1 2 3 4 5 6 7 16 15 14 13 12

Impreso en Cosegraf; septiembre del 2012
Progreso No. 10 Col. Centro
Ixtapaluca Edo. De México

Dedicamos una nota muy especial de agradecimiento y aprecio para nuestras familias. John Coyle quisiera agradecer a su esposa Barbara, sus hijos John y Susan, y sus nietos Lauren, Matthew, Elizabeth Kate, Emily, Ben, Cathryn y Zachary. John Langley quisiera agradecer a su esposa Anne, sus hijos Sarah y Mercer, y sus nietos Bryson y Molly. Bob Novack quisiera agradecer a su esposa Judith y sus hijos Tom, Elizabeth y Alex. Brian Gibson quisiera agradecer a su esposa Marcia y su hijo Andy.

Contenido breve

Contenido

Parte II

Parte III

Parte IV

Prefacio

La administración de la cadena de suministro y el concepto de logística que se relaciona con ella son pilares necesarios para la estrategia competitiva, el aumento de la participación de mercado y el valor para los accionistas en casi todas las organizaciones. Ahora más que nunca, los estudiantes que planean seguir una carrera en los negocios se beneficiarán al obtener una extensa comprensión de este campo. Los gerentes practicantes también encontrarán en este texto un recurso útil y benéfico debido a su puntualidad, y a la profundidad y amplitud de los temas cubiertos.

Con esta edición hemos tratado de cubrir, de la forma más completa posible, los cambios en la manera en que se hacen los negocios. De hecho, el título de esta edición, ***Administración de la cadena de suministro. Una perspectiva logística***, refleja la naturaleza siempre en movimiento de este campo en rápida evolución. El equipo de autores se esfuerza por ofrecerle el pensamiento más actual y exhaustivo sobre la administración de la cadena de suministro, combinado con una perspectiva logística autenticada del mundo real. Al mantenerse al tanto de los cambios drásticos que han ocurrido en el ambiente comercial mundial y en el campo de la administración de la cadena de suministro, la organización de esta edición ofrece de nuevo un marco lógico para lograr una comprensión significativa de los principios y conceptos propios de esta área. Además, es importante entender que una característica sobresaliente de este texto es que no sólo se trata de la disciplina de la administración de la cadena de suministro vista desde una perspectiva logística, sino también de que la logística se posiciona como una serie de procesos y funciones clave que son esenciales para el éxito operativo y estratégico con el concepto más amplio de la cadena de suministro.

La parte I ofrece un marco para que el lector comprenda la administración de la cadena de suministro y algunos de sus componentes esenciales: el capítulo 1 brinda una introducción puntualizada de dicha administración; el capítulo 2 presenta una visión general de todas las dimensiones relevantes de la logística y explica su relación con la administración de la cadena de suministro; por último, el capítulo 3 estudia las cadenas de suministro mundiales y su importancia para la estrategia y éxito del comercio global.

La parte II se enfoca en los factores estratégicos: el capítulo 4 inicia con un análisis de las relaciones en la cadena de suministro y el uso de los servicios logísticos tercerizados; el capítulo 5, dedicado a la medición del desempeño y el análisis financiero, le ayudará a comprender cómo usar las métricas tanto financieras como de desempeño para medir la eficiencia y la efectividad; y finalmente, el capítulo 6 revisa la función e importancia de los sistemas de información en la administración efectiva de las cadenas de suministro.

La parte III se concentra en las áreas de los procesos clave en el cumplimiento de la cadena de suministro: el capítulo 7 analiza la administración de la demanda, mientras que en el 8 se revisan los temas relacionados de manera estrecha con la administración de pedidos y el servicio al cliente; el capítulo 9 se enfoca en uno de los activos vitales en los estados financieros de muchas empresas, la administración de inventario, y expone los costos de inventario y los medios más eficaces para su administración. La transportación y distribución pueden verse como el adhesivo que mantiene unidas a las cadenas de suministro, y las estrategias eficaces y la tecnología son los temas de los capítulos 10 y 11.

Con la parte IV se adentrará en el mundo de la planificación, la contratación y las operaciones de la cadena de suministro: el capítulo 12 le proporcionará las herramientas necesarias para analizar, diseñar y refinar la red de una cadena de suministro, mientras que el capítulo 13 enfoca su atención en los temas y aspectos esenciales relacionados con la contratación, el aprovisionamiento, las relaciones con los proveedores y vendedores, así como en las tecnologías electrónicas más recientes que se aplicarán en estas áreas; el capítulo 14 con las operaciones y el capítulo 15 con los flujos inversos presentan material totalmente nuevo creado para esta edición.

El capítulo final, en la parte V, explora las tendencias a gran escala (macro) más importantes que en el futuro causarán efectos en la logística y la administración de cadena de suministro, así como las estrategias para seguir siendo competitivos. Entre los tipos principales de estrategias que se analizan están la diferenciación, el financiamiento, la tecnología, las relaciones y la globalización. Por último, se incluyen algunas ideas sobre la necesidad de las organizaciones de todo tipo de transformar y cambiar sus cadenas de suministro de acuerdo con lo que dicten las condiciones del entorno.

Características

- Los "Objetivos de aprendizaje" al inicio de cada capítulo proporcionan a los estudiantes una perspectiva general del material del capítulo y también sirven para establecer una base que les permita adquirir el conocimiento sobre los temas que se tratarán.

- Las secciones "Perfil de la cadena de suministro" son las viñetas de entrada al inicio de algunos capítulos que brindan a los estudiantes una introducción para los temas con casos de empresas, personas y eventos familiares y del mundo real.

- Los artículos "En la línea" son ejemplos concretos y aplicados que brindan a los estudiantes experiencia administrativa disponible de los temas del capítulo.

- Los cuadros "Tecnología en la cadena de suministro" ayudan a los estudiantes a relacionar los desarrollos tecnológicos con los conceptos de la administración de cadena de suministro y las prácticas logísticas.

- Los resúmenes del final del capítulo y los cuestionarios de repaso refuerzan el material que se presenta en cada capítulo.

- Los estudios de caso breves al final de cada capítulo se basan en lo que los estudiantes aprendieron; las preguntas que siguen a los casos agudizan las habilidades de pensamiento crítico.

Auxiliares

El **CD de Recursos para el instructor** (disponible sólo en inglés; ISBN **1-111-82299-9**) contiene tres recursos esenciales:

- El *Manual del instructor* incluye reseñas de los capítulos, respuestas a los cuestionarios de repaso al final de los capítulos, comentarios sobre los casos breves y casos exhaustivos al final del texto, así como consejos de enseñanza.

- Un conveniente *Banco de pruebas* ofrece una variedad de preguntas de falso o verdadero, opción múltiple y de ensayo para cada capítulo.

- Diapositivas de *PowerPoint* cubren los temas principales de cada capítulo y contienen gráficos del texto principal.

Recursos para el estudiante

Una biblioteca amplia de recursos para el estudiante está disponible en el sitio web de la compañía, como:

- Lectura sugerida para el material de la parte I a la parte V.
- Directorio de organizaciones profesionales y comerciales en la administración de la cadena de suministro.
- Casos adicionales
- Guía de carreras en el área de logística
- Glosario
- Juegos y más

Reconocimientos

Los autores estamos en deuda con muchas personas en nuestras respectivas instituciones académicas así como con otras con quienes tuvimos contacto en diversos lugares. Nuestros estudiantes universitarios y del programa ejecutivo han brindado un importante intercambio de ideas para los muchos conceptos, técnicas, métricas y estrategias presentados en el libro. Nuestra facultad y los colegas corporativos proporcionaron perspectivas invaluables y una crítica apropiada de nuestras ideas. Algunos de ellos merecen consideración especial: doctor David A. Lindsley (University of Toledo), Mark J. Basile (DuPont Corporation), doctor Joe B. Hanna (Auburn University), doctor Chris Norek (Chain Connectors), Jessica Volpe (Penn State University), Tim Gross (Penn State University), Sammie Markham (Penn State University), Devin Maguire (Penn State University), y en especial a Jean Beierlein y Tracie Shannon (Penn State University). Nuestro agradecimiento especial y aprecio para la doctora Kusumal Ruamsook, Visitante Asociada de Investigación del Center for Supply Chain Research (Centro para la Investigación de la Cadena de Suministro) en The Pennsylvania State University, por su invaluable apoyo.

La novena edición de este texto será la primera que no incluya al doctor Edward Bardi como uno de los coautores. Ed fue uno de los dos coautores originales del texto cuando se publicó en 1976. Es extraño que un libro educativo tenga un ciclo de vida que exceda los 35 años y pase por tantas ediciones. Ed Bardi desempeñó un papel importante en el éxito del texto al ayudar a mantenerlo innovador, oportuno y vital. Como alguien que no posponía ni aplazaba, Ed por lo general terminaba primero sus capítulos, y debido a esto proporcionaba incentivos y presión a sus compañeros coautores para ser más puntuales en el cumplimiento de las fechas de entrega. También se ofrecía como voluntario para elaborar algunas de las secciones más tediosas y menos glamorosas (pero importantes) del texto, por ejemplo, el índice de los temas, el índice de nombres, el glosario, entre otras. Esta vez extrañamos la participación y las contribuciones de Ed y esperamos haber estado a la altura de sus expectativas y estándares. Queremos expresarle nuestro aprecio y agradecimiento, y extender nuestro deseo de buena salud y alegría para su esposa Carol y su familia.

Expresamos nuestro aprecio a los integrantes de nuestro equipo en Cengage Learning, quienes han sido muy profesionales y útiles con este libro de texto: Charles McCormick, Jr., editor senior de adquisiciones; Daniel Noguera, editor de desarrollo; Jennifer Ziegler, gerente de contenido de proyecto; Rathi Thirumalai, gerente senior de proyecto; Gunjan Chandola, gerente senior de proyecto; Stacey Shirley, directora de arte; Adam Marsh, gerente de marketing; y por último Elaine Kosta, especialista de derechos y adquisiciones.

Debemos agradecer de manera especial a los siguientes profesores, quienes participaron como revisores y ofrecieron aportaciones significativas para nuestra novena edición:

Jeffrey L. Bennett	*Northwood University*
John A. Caltagirone	*Loyola University Chicago*
Adam Conrad	*Pennsylvania State University*
Eddie Davila	*Arizona State University*
Kathryn Dobie	*North Carolina A&T State University*
Matt Drake	*Duquesne University*
S. Altan Erdem	*Edison Community College*
Christopher C. Esgar	*Penn State University, Mont Alto Campus*
Paul L. Ewell	*Virginia Wesleyan College*
Ephrem Eyob	*Virginia State University*
Martin Farris	*University of North Texas*

Lou Firenze	*Northwood University*
Michael J. Gravier	*Bryant University*
Joh J. Gregor	*Washington & Jefferson College*
Joe Hanna	*Auburn University*
Ahmad Hassan	*Morehead State University*
Balaji Janamanchi	*Texas A&M International University*
Jonatan Jelen	*Baruch College*
Walter Kendall	*Tarleton State University*
Marco Lam	*York College of Pennsylvania*
Ian M. Langella Atkin	*Shippensburg University*
Tenpao Lee	*Niagara University*
Cheng Li	*California State University, Los Angeles*
Walter Martin	*Wake Tech Community College*
John R. Mawhinney	*Duquesne University*
Ron Mesia	*Florida International University*
Saeed Mohaghegh	*Assumption College*
Martin Nunlee	*Delaware State University*
Anthony M. Pagano	*University of Illinois at Chicago*
Ann Rensel	*Niagara University*
Paul Skilton	*Washington State University*
Michael J. Stevenson	*Hagerstown Community College*
Robert S. Trebatoski	*Penn State University*
David Vellenga	*Maine Maritime Academy*
Simon Veronneau	*Quinnipiac University*
Haibo Wang	*Texas A&M International University*
William Waxman	*UHCL*
Jon Whitford	*Rio Hondo College*
Linda Wright	*Longwood University*
Rock Yokeley	*Forsyth Technical Community College*

Acerca de los autores

John C. Coyle es en la actualidad director de relaciones corporativas para el Center for Supply Chain Research (Centro para la Investigación de la Cadena de Suministro) y profesor emérito de logística y administración de la cadena de suministro en el Smeal College of Business en la Penn State University. Tiene títulos de licenciatura y maestría de Penn State y obtuvo su doctorado en la Indiana University en Bloomington, Indiana, donde fue Miembro de la U.S. Steel. Se unió a la facultad de Penn State en 1961 y obtuvo el grado de profesor titular en 1967. Además de sus responsabilidades de enseñanza, ha desempeñado diversas posiciones administrativas, entre las que se encuentran jefe de departamento, decano asistente, decano asociado senior, asistente especial de planeación estratégica para el presidente de la universidad y director ejecutivo del Center for Supply Chain Research. También fungió como representante de la facultad de Penn State para la National Collegiate Athletic Association (NCAA; Asociación Nacional Atlética Universitaria) por 30 años y para el Big Ten (Conferencia de los Diez Grandes) por 10 años. El doctor Coyle fue el editor del *Journal of Business Logistics* de 1990 a 1996. Ha sido autor o coautor de 20 libros o monografías y de numerosos artículos en revistas profesionales. Ha recibido 14 reconocimientos en Penn State por su excelencia en la enseñanza y asesoría. Además, recibió el Council of Logistics Management's Distingued Service Award (Premio de servicio distinguido del Consejo de Administración de Logística) en 1991; el Philadelphia Traffic Club's Person of the Year Award (Premio a la Persona del Año del Philadelphia Traffic Club) en 2003; la Eccles Medal de la International Society of Logistics (Medalla Eccles de la Sociedad Internacional de Logística) por sus contribuciones al Departamento de Defensa y la Lion's Paw Medal (Medalla de Pata de León) de Penn State por Servicio Distinguido, ambas en 2004. Hoy en día es integrante de las juntas directivas de tres empresas de servicios de logística y cadena de suministro y en el Consejo de Asesoría del NLDC, y continúa enseñando de manera activa en los Programas de Educación Ejecutiva en Penn State.

C. John Langley, Jr., es profesor clínico de administración de la cadena de suministro en el Smeal College of Business, en Penn State, y también se desempeña como director de desarrollo en el Center for Supply Chain Research. Previamente, fue profesor distinguido "John H. Dove" de administración de la cadena de suministro en la University of Tennessee y profesor SCL de administración de la cadena de suministro en el Georgia Institute of Technology. El doctor Langley fue presidente del Council of Supply Chain Management Professionals (Consejo de Profesionales de Administración de Cadena de Suministro) y recibió el premio de Servicio Distinguido de dicho Consejo. La American Society of Transportation and Logistics (Sociedad Estadounidense de Transportación y Logística) lo reconoció como profesional distinguido honorario por sus muchas contribuciones a lo largo de los años y por su compromiso continuo con la comunidad de logística de la transportación, y recibió el Outstanding Alumnus Award (Premio de Alumno Destacado) del Programa de Logística Comercial de Penn State. Se graduó en matemáticas, obtuvo su maestría en finanzas y su doctorado en logística comercial, todos en la Penn State University. El doctor Langley ha sido coautor de varios libros, incluyendo *Administración de la cadena de suministro. Una perspectiva logística.* También es el autor principal del *Third Party Logistics Study* anual y recientemente completó el *2012 16th Annual 3PL Study*. Sus investigaciones han sido publicadas en medios como el *Journal of Business Logistics, International Journal of Logistics Management* y *Supply Chain Management Review*. El doctor Langley integra los equipos directivos de UTi Worldwide, Inc., Forward Air Corporation y Averitt Express, Inc., además de varias inclusiones en consejos de asesoría académica para organizaciones de logística. También es miembro del Programa de Facultad para la Kühne Logistics University, en Hamburgo, Alemania, y del Industrial and Professional Advisory Council (IPAC) (Consejo de Asesoría Industrial y Profesional) en Penn State University, y actualmente se desempeña como asesor de educación para la compañía NASSTRAC.

Robert Novack es profesor asociado de administración de la cadena de suministro en el Department of Supply Chain and Information Systems (Departamento de Cadena de Suministro y Sistemas de Información) en Penn State University. De 1981 a 1984 trabajó en planificación y administración de operaciones para Yellow Freight Corporation en Overland Park, Kansas, y de 1984 a 1986 en planificación y transportación en la Drackett Company en Cincinnati, Ohio. Los numerosos artículos del doctor Novack se han publicado en medios como el *Journal of Business Logistics, Transportation Journal* y el *International Journal of Physical Distribution and Logistics Management.* También es coautor de *Creating Logistics Value: Themes for the Future.* Como miembro activo del Council of Supply Chain Management Professionals, ha sido jefe de programa para la conferencia anual, revisor del sistema de administración de conferencia y ponente de sesión, además de ser miembro de numerosos comités. El doctor Novack tiene la designación CTL de la AST&L (American Society of Transportation & Logistics) y es miembro del Warehousing Education and Research Council (WERC; Consejo de Investigación y Educación de Almacenaje). Obtuvo su título de licenciatura y maestría en logística en la Penn State University y su doctorado en logística en la University of Tennessee.

Brian J. Gibson desempeña el Wilson Family Professorship (puesto magisterial) en administración de la cadena de suministro y es coordinador de programas para el Department of Supply Chain and Information Systems Management (Departamento de Administración de la Cadena de Suministro y Sistemas de Información) en Auburn University. Previamente, trabajó en la facultad de la Georgia Southern University y como gerente de logística para dos empresas minoristas importantes. Ha recibido múltiples reconocimientos por su enseñanza destacada, investigación y alcance, siendo el más notable el Council of Supply Chain Management Professionals' Innovative Teaching Award (Premio de Enseñanza Innovadora del Consejo de Profesionales de Administración de la Cadena de Suministro) en 2009. La investigación de Gibson se ha publicado en medios como: *Journal of Business Logistics, Supply Chain Management Review, International Journal of Logistics Management, International Journal of Physical Distribution and Logistics Management,* entre otros. Es coautor de *Transportation: A Supply Chain Perspective,* autor del libro de texto electrónico *Supply Chain Essentials* y autor principal del *State of the Retail Supply Chain Report Anual.* El doctor Gibson en la actualidad es integrante de comités clave para el Council of Supply Chain Management Professionals y el Retail Industry Leaders Association (Asociación de Líderes de la Industria Minorista); obtuvo su licenciatura de la Central Michigan University, su maestría de Wayne State University y su doctorado en logística y transportación de la University of Tennessee.

Parte I

Como se indicó en el prefacio, los autores decidieron reorganizar la secuencia y distribución de los capítulos nuevos y revisados de esta novena edición a fin de que sean congruentes con los cambios que han ocurrido en las cadenas de suministro globales. En consecuencia, la primera parte incluye un capítulo sobre el tema, que constituye un elemento importante para el análisis y la explicación de la estructura de los siguientes capítulos. Esta modificación se consideró pertinente para comprender la complejidad, magnitud e importancia general de la administración de la cadena de suministro global para el éxito financiero en el siglo XXI. La economía global de la actualidad presenta oportunidades y desafíos para todas las organizaciones: privadas o públicas; pequeñas, medianas o grandes; de productos o servicios, y con fines de lucro o sin ellos. La globalización de la economía mundial es cada vez más importante para el éxito competitivo y la viabilidad financiera en la mayoría de estas entidades.

En su obra *The World Is Flat*, Thomas Friedman, redactor del *The New York Times*, concluye que el mundo se nivela gracias a la acción de 10 fuerzas. Una de ellas es la cadena de suministro, que es, en esencia, un método colaborativo adoptado por las organizaciones para coordinar o integrar el flujo de bienes, información y efectivo con el fin de generar valor para los consumidores o usuarios, así como la eficiencia y efectividad en las organizaciones. La colaboración se expande de manera vertical y horizontal sobre una base global para convertirse en el pilar de la estrategia competitiva y en un ingrediente imprescindible para el éxito. De acuerdo con esta lógica, el **capítulo 1** se enfoca en el desarrollo y los principios básicos de la cadena de suministro. El **capítulo 2** analiza el concepto de logística, que puede considerarse como la columna vertebral de una cadena de suministro eficaz. El **capítulo 3** presenta los desafíos y problemas especiales que enfrentan las cadenas de suministro globales y su relación con los temas de los primeros dos capítulos. En general, éstos ofrecen una base sólida sobre la que se desarrollarán los siguientes capítulos del texto.

En específico, el **capítulo 1** ofrece una introducción y un panorama general de las cadenas de suministro del siglo XXI y examina las principales fuerzas exógenas que impulsan los rápidos cambios en los mercados globales.

Este capítulo presenta la base lógica y el desarrollo de las cadenas de suministro tanto a nivel nacional como global. También ofrece una base sólida de sus principios y dimensiones, además de analizar y demostrar su importancia para las organizaciones del siglo XXI. Por último, examina los principales desafíos y problemas que enfrentan las organizaciones en sus cadenas de suministro globales.

El **capítulo 2** se enfoca en explicar la función e importancia de la logística en la cadena de suministro. Como ya se indicó, algunas personas la consideran la columna vertebral de esta última, dada su estrecha relación con el flujo de materiales y productos. El proceso relacionado con la logística con frecuencia es el primer y último "toques" en la cadena de suministro, ya que ofrece la base para los flujos de materiales hacia adelante y hacia atrás. El capítulo 2 también examina la relación entre la logística y otras áreas funcionales de la empresa, así como los factores vinculados con los productos y mercados que causan un impacto sobre los costos. Por último, se revisan las técnicas que pueden usarse para examinar el equilibrio económico que supone la logística.

Como ya se indicó, el **capítulo 3** agrega la dimensión global general a la discusión y el análisis de la administración de la cadena de suministro. Este capítulo se basa en los temas que se presentan en los capítulos 1 y 2 al abordar los desafíos especiales que suponen las cadenas de suministro globales: la globalización ha impactado no sólo a las organizaciones grandes sino también a las pequeñas y medianas. En consecuencia, para las empresas y otras organizaciones es imprescindible lograr la excelencia en la administración de sus cadenas de suministro. El reto real de la globalización es que añade tiempo y distancia a estas últimas, lo que se traduce en mayores costos, complejidad y riesgo, es decir, desafíos y oportunidades.

Capítulo 1

PANORAMA GENERAL DE LA ADMINISTRACIÓN DE LA CADENA DE SUMINISTRO

Objetivos de aprendizaje

Después de leer este capítulo, usted será capaz de:

- Explicar los factores externos de cambio en la economía global y su impacto en las cadenas de suministro globales.

- Analizar el desarrollo de la administración de la cadena de suministro en las principales organizaciones y comprender sus aportaciones a la viabilidad financiera.

- Distinguir la importancia y función de la administración de la cadena de suministro entre las organizaciones privadas, públicas y sin fines de lucro.

- Comprender las aportaciones de la administración de la cadena de suministro a la eficiencia y efectividad organizacional para competir con éxito en el mercado global.

- Explicar los beneficios que pueden lograrse con la implementación de mejores prácticas en la cadena de suministro.

- Comprender los principales desafíos y problemas que enfrentan las organizaciones en la actualidad y en el futuro.

Perfil de la cadena de suministro

SAB Distribution: otra secuela

Cuando Sue Purdum, ex presidenta y directora ejecutiva de SAB Distribution, pasó el mando a Susan Weber, llevaba más de 15 años ejerciendo su rol de liderazgo. A Sue se le reconoce no sólo por haber ayudado a SAB a sobrevivir en un entorno altamente competitivo, sino también por recuperar su rentabilidad gracias a la implementación de diversas maniobras estratégicas en el mercado.

SAB se posicionó como una organización intermediaria clásica en la cadena de suministro luego de comprar productos de consumo a fabricantes importantes como Kraft, Kimberly-Clark, Procter & Gamble (P&G) y Unilever, entre otros, para después venderlos a distribuidores más pequeños, mayoristas y minoristas. Cuando Susan Weber asumió el cargo de directora ejecutiva de SAB, sabía que la supervivencia de la empresa dependería del replanteamiento de su función en las cadenas de suministro y de la aplicación de los cambios tácticos y estratégicos adecuados.

ANTECEDENTES DE LA EMPRESA

SAB Distribution fue fundada en 1949 en Harrisburg, Pennsylvania, por veteranos de la Segunda Guerra Mundial que habían servido como oficiales de suministros en la marina estadounidense. Eligieron este lugar debido a su ubicación en la región atlántica central y el acceso a la zona por tren y autopista. Los fundadores (Skip, Al y Bob) reconocieron la necesidad de una empresa que vendiera productos de consumo al mayoreo y atendiera a los minoristas pequeños y medianos que se ubicaban en un radio menor a las 200 millas (aproximadamente 322 kilómetros) de Harrisburg. Su visión demostró ser correcta y la empresa creció y prosperó en los años siguientes. Se constituyó como sociedad en 1978, y en 1980, al retirarse los fundadores, nombraron director ejecutivo a Pete Swan.

El área de mercado de SAB se expandió a los estados cercanos como Nueva York, Nueva Jersey y Delaware, y su línea de productos se amplió de los bienes no perecederos para incluir los perecederos y otros no alimentarios. La señorita Purdum sucedió a Pete en 1990, cuando la empresa se encontraba en una encrucijada que pudo desembocar en su venta. Su carrera en SAB estuvo marcada por una serie de desafíos competitivos que sorteó con éxito. Susan Weber asumió el cargo de directora ejecutiva en 2005 con la plena conciencia de que se requerirían cambios para lograr la supervivencia de SAB como organización rentable. En esencia, necesitaba transformar el alcance de sus actividades.

SITUACIÓN ACTUAL

SAB se enfrentaba a varios desafíos que ponían en riesgo su existencia a futuro. Primero, y sobre todo, sus clientes tenían que competir con grandes minoristas como Walmart, que compraban directamente a los mismos fabricantes de productos de consumo que SAB, es decir, sin intermediarios. Ésta debía encontrar la manera de contrarrestar la ventaja adquisitiva de Walmart para seguir siendo competitiva. Además, la globalización afectaba su negocio debido a un incremento de los productos importados por la población más diversa y a la búsqueda continua de opciones de menor precio por parte de los consumidores en Estados Unidos. El efecto neto de esta situación fue un entorno de negocios mucho más complejo y competitivo.

Cuando Sue Purdum asumió el cargo de directora ejecutiva en 1990, analizó el entorno y comprendió la necesidad de cambiar las prácticas comerciales de SAB. Al principio se enfocó en la eficiencia de las operaciones del almacén para disminuir el costo de hacer negocios, y mejoró el cumplimiento de pedidos de tal manera que los clientes los recibieran con mayor rapidez y con menos errores, lo que también disminuyó el costo de hacer negocios para sus clientes al reducir sus requerimientos de inventario. También se asoció con un grupo principal de autotransportistas para darles mayor volumen de carga, lo que les permitió disminuir sus tarifas y ofrecer un mejor servicio. Por último, invirtió en tecnología de información, pues se dio cuenta de que la información oportuna mejoraría los pronósticos de SAB, con las consecuentes reducciones en costos de inventario y un cumplimiento de pedidos mejorado.

En un inicio, Susan Weber continuó perfeccionando la eficiencia en el almacén, el cumplimiento de pedidos y la colaboración de los transportistas, pero sabía que transformaría la empresa si lograba convertir en sus clientes a los minoristas más grandes. Con los que contaba en ese momento eran empresas pequeñas o medianas y perdían su participación en el mercado a manos de las más grandes: esto, sin duda, perjudicaba la rentabilidad de SAB.

Se percató de que los grandes minoristas subcontrataban parte de sus operaciones a empresas logísticas independientes que les ofrecían servicios de almacenamiento, cumplimiento de pedidos y transportación, entre otros, de una manera más eficiente de lo que los minoristas eran capaces de hacer por sí mismos. Dadas las habilidades de SAB en estas áreas, Weber se dio cuenta de la oportunidad que se le presentaba para ayudar a reducir las operaciones logísticas de sus clientes existentes y potenciales al eliminar los escalones duplicados en sus cadenas de suministro. Por ejemplo, entre la planta del productor y la tienda a menudo había tres o más ubicaciones de distribución donde los productos se almacenaban y manejaban. Estas circunstancias se convirtieron en su estrategia central para cambiar y hacer crecer a SAB.

Algunos gerentes de la empresa la abandonaron al jubilarse anticipadamente o aceptar empleos en otras compañías. Los que se quedaron reconocieron no sólo la pertinencia de la evaluación del mercado competitivo que hizo Susan Weber, sino también la de las oportunidades asociadas con los cambios que identificó. Después de cinco años como directora ejecutiva, ella puede mirar en retrospectiva y contemplar algunas de las modificaciones exitosas que inició. SAB ha atraído a cinco grandes cadenas minoristas regionales en la parte noreste de Estados Unidos y desarrolla un parque de distribución para un almacén, un centro de transporte y otro de atención telefónica cerca de Scranton, Pennsylvania. La empresa tendrá acceso a varias autopistas interestatales y a una importante vía ferroviaria para servicio intermodal.

El nuevo parque de distribución permitirá a SAB ampliar los servicios de valor agregado que Susan inició cuando se convirtió en directora ejecutiva. Ahora ofrece servicios independientes a algunos de sus clientes (administración de inventario y almacenamiento, cumplimiento de pedidos y entrega, y embalaje especial). Su incursión en esta área ha tenido un éxito razonable y espera atraer más cadenas regionales como Acme Markets y Wegman's. El enfoque en el nuevo parque de distribución serán las frutas y los vegetales frescos y otros alimentos perecederos, lo que se conoce como *cadena de suministro fría*.

Conforme lea este capítulo, considere los problemas y desafíos que SAB enfrenta con esas nuevas iniciativas.

Fuente: John J. Coyle, DBA. Reproducido con autorización.

Introducción

La primera década del siglo XXI fue un periodo de cambios rápidos para la mayoría de las organizaciones, en especial para las de negocios. En la segunda década ese ritmo no ha disminuido, sino que ha aumentado. Las fuerzas del cambio requieren que las organizaciones sean mucho más ágiles y tengan una capacidad de respuesta mayor; es decir, necesitan transformarse a sí mismas con rapidez para sobrevivir en la intensa competencia que caracteriza el entorno global. El caso de SAB es un buen ejemplo de ello. Si no lo hubiera hecho, habría concluido sus operaciones en la década de 1990; sin embargo, ahora enfrenta un desafío más intimidante para el que requerirá modificaciones aún más radicales.

Tabla 1.1	Principales minoristas: 1930-2010
Montgomery Ward: décadas de 1930 y 1940	
Sears and Roebuck: décadas de 1950 y 1960	
Kmart: décadas de 1970 y 1980	
Walmart: décadas de 1990 y 2000	
????: década de 2010	

Fuente: Center for Supply Chain Research, Penn State University.

Varias citas de la edición previa de este texto siguen siendo pertinentes:

> *"El cambio es inevitable, pero el crecimiento y la mejora son opcionales."*[1]

> *"O cambias y mejoras, o resbalas y empeoras; no es posible mantenerse igual."*[2]

> *"Cuando el ritmo de cambio afuera de la organización es más rápido que adentro, el fin se acerca."*[3]

Susan Weber, directora ejecutiva de SAB, comprende la sabiduría de estas citas. La razón de los cambios puede explicarse con los ejemplos de los gigantes del presente y el pasado en la industria del menudeo que se han mostrado en la tabla 1.1.

Montgomery Ward, el principal minorista masivo en las décadas de 1930 y 1940, perdió su posición de liderazgo en manos de Sears en el decenio de 1950-59, ya que no tuvo la visión para comprender que el éxodo de la población de las ciudades a los suburbios después de la Segunda Guerra Mundial ocasionaría un descenso en el volumen de las ventas en sus grandes almacenes ubicados en el centro de las urbes. Sears desarrolló una estrategia para abrir muchas tiendas pequeñas en centros comerciales suburbanos, que ofrecían cercanía y estacionamiento gratuito. En la década de 1970, cuando la economía estadounidense luchaba contra la inflación y el desempleo, Kmart reemplazó a Sears como el líder de la industria con su énfasis en los descuentos. En el decenio de l990-99, Walmart se convirtió en el líder con una estrategia multifacética basada en la fijación de precios de descuento para los productos de marca, la ubicación en comunidades más pequeñas, el eslogan de "Made in America" ("Hecho en Estados Unidos") y más servicio al cliente. Un elemento clave en su habilidad para brindar descuentos en los productos de marca consistió en que comprendió la importancia de la eficiencia en la logística y el sistema de su cadena de suministro, desde la compra hasta la entrega en sus tiendas, con el fin de disminuir el costo de sus operaciones y mantener un enfoque continuo en la mejora de los procesos de su cadena de suministro. Walmart realiza ajustes continuos para agilizar sus operaciones en tienda, así como las de logística y de cadena de suministro. No ha ignorado el hecho de que dos de los cuatro gigantes que se han mencionado ya no existen como organizaciones viables. Sus ventas anuales superan los 500 000 millones de dólares, pero algunos expertos cuestionan si ha caído en un posible estancamiento dado que sus "ventas en una misma tienda" han disminuido.

Podría decirse que, en esencia, la mayoría de los minoristas son empresas de cadena de suministro ya que compran artículos producidos por otros y los venden a sus clientes. Aunque factores como la comercialización, la fijación de precios, la ubicación y el diseño de la tienda son importantes, la administración de la cadena de suministro y la logística son los ingredientes clave para el éxito en el entorno actual tan competitivo. Susan Weber, de SAB, parece comprender la función potencial que las cadenas de suministro desempeñan en el éxito de las organizaciones que se dedican al menudeo. También entiende que la dinámica del entorno global actual exige nuevas perspectivas y pensamiento innovador. La tabla 1.1 muestra a los minoristas líderes a lo largo de la historia, e indica con claridad que el cambio es necesario

Tabla 1.2	Principales minoristas	
1996		**2010**
1. Walmart		1. Walmart
2. Sears Roebuck		2. Carrefour
3. Metro		3. Metro
4. Tangelmann		4. Tesco
5. Kmart		5. Schwarz
6. Carrefour		6. Kroger
7. Rewe Zentrale		7. Home Depot
8. Edeka Zentrale		8. Costco
9. Auchan		9. Aldi
10. Dayton Hudson		10. Target

Fuente: Center for Supply Chain Research, Penn State University.

para conservar o ganar participación de mercado. La tabla 1.2 presenta, de manera más contundente, las fuerzas de cambio y la necesidad de transformar la organización, en especial la cadena de suministro, dado que desde 1996 sólo tres de los 10 minoristas principales se han mantenido entre los 10 primeros en 2010 (observe también el número de empresas globales en la lista de este último año).

En este punto es necesario examinar las fuerzas o factores externos de cambio más importantes que dan forma al entorno económico y político, y comprender el impacto que tienen sobre las empresas y otras organizaciones.

¿Qué fuerzas impulsan el ritmo del cambio?

Se sabe que el término **administración de la cadena de suministro (ACS)** se integró al vocabulario de los directores ejecutivos, de finanzas, de operaciones y de información durante la década de 1990. La dinámica del entorno global se modificó de manera drástica durante ese decenio y las organizaciones han tenido que adaptarse o perecer. Por desgracia hubo varios perjudicados, como algunos de los minoristas que se han mencionado antes.

Hay cinco fuerzas externas fundamentales que al parecer conducen el ritmo del cambio y dan forma a nuestro panorama económico y político: la globalización, la tecnología, la consolidación organizacional, el consumidor con facultades para tomar decisiones y las políticas y regulaciones gubernamentales. El impacto de esos factores varía de un sector a otro, pero todos son vitales. Otras fuerzas externas también afectan a algunas organizaciones, en especial en los sectores público y sin fines de lucro.

Globalización

Es posible que la globalización sea el factor de cambio que los líderes empresariales citan con mayor frecuencia y el que ha reemplazado el periodo de la Guerra Fría, posterior a la Segunda Guerra Mundial, como la fuerza motriz de la economía mundial. Los conceptos de mercado o economía globales han cobrado un significado nuevo para todo tipo de empresas (con y sin fines de lucro; pequeñas, medianas y grandes; de productos o servicios) y para los consumidores individuales durante las dos décadas anteriores.

En general, la globalización ha generado un entorno geopolítico y económico que se caracteriza por una competencia intensa. Éste se manifiesta en amenazas y oportunidades tanto económicas como políticas. Algunas personas han sugerido que no existe una "geografía" en el entorno global actual (en sentido figurado) o que, quizá de modo más acertado, el tiempo y la distancia se han comprimido. Así, por ejemplo, las empresas que buscan reducir sus redes globales se plantean preguntas como:

- ¿En qué partes del mundo debemos ofrecer nuestros materiales o servicios?

- ¿En qué partes del mundo debemos fabricar o producir nuestros productos y servicios?

- ¿En qué partes del mundo debemos comercializar y vender nuestros productos y servicios?

- ¿En qué partes del mundo debemos almacenar y distribuir nuestros productos?

- ¿Qué opciones de transportación global debemos considerar?

Algunos de los problemas o desafíos más importantes de las cadenas de suministro en la economía global son: 1) mayor riesgo político y económico; 2) ciclos de vida de producto más breves, y 3) la desaparición de las fronteras organizacionales tradicionales. Todas estas cuestiones ameritan un análisis detallado.

La volatilidad de la oferta y la demanda ha aumentado por varias razones. Los actos terroristas, por ejemplo, pueden perjudicar seriamente el flujo del comercio. Las empresas han implementado medidas de seguridad para proteger sus cadenas de suministro globales, y están preparadas para actuar con rapidez a efecto de contrarrestar los desafíos que implica el flujo de materiales a lo largo de dichas cadenas, pero siempre hay riesgo. Uno de esos retos ha sido la contaminación de los productos alimentarios y los suministros de países como China. Una interrupción en el flujo de productos desde este país ocasionaría una severa escasez de alimentos y otros productos. Las catástrofes naturales, como huracanes, inundaciones y terremotos se han vuelto más problemáticas debido al alcance y la magnitud del comercio global; por tanto, representan contratiempos potenciales graves para las cadenas de suministro globales. Las que ocurrieron en Japón en 2011 interrumpieron o desestabilizaron las cadenas de suministro de las empresas automotrices y tecnológicas de todo el mundo. Podrían citarse otros casos, pero es suficiente decir que la cantidad y gravedad de los desafíos que plantean la oferta y la demanda pueden acentuarse debido a las distancias implicadas, lo que exige estrategias de reducción de riesgos.

Con la competencia global por los mercados y las fuentes de oferta han surgido también problemas a largo plazo. El aumento en la producción siderúrgica y automotriz en China y en la tecnología informática en India ha ocasionado cambios significativos en la industria de los componentes y los bienes terminados en Estados Unidos. Las cadenas de suministro de las mejores empresas deben ser adaptables y flexibles a fin de encarar los desafíos que supone la globalización de los mercados.

La reducción de los ciclos de vida del producto es una consecuencia de la capacidad de los bienes y servicios para duplicarse con gran rapidez. Las empresas tecnológicas son las más vulnerables ante la amenaza de que los suyos sean imitados y mejorados por medio de prácticas como la ingeniería inversa. No obstante, casi todos los productos en nuestro entorno global y competitivo enfrentan este problema. Desde la perspectiva de la cadena de suministro, los ciclos de vida reducidos suponen un desafío para la administración de inventarios. Es muy probable que haya una reducción rápida en la demanda de los productos que pueden duplicarse y que, por tanto, sea necesario aplicar nuevas políticas de fijación de precios, lo que acarrea grandes retos para la administración eficaz del inventario. El riesgo de obsolescencia en ciertos sectores de la economía a medida que se desarrollan nuevos productos es otro reto. También supone la necesidad de desarrollar de manera continua nuevos productos o de reconfigurar los antiguos. Ambos escenarios son un desafío para las cadenas de suministro. Las empresas tecnológicas son particularmente vulnerables a la obsolescencia del producto.

El desvanecimiento de las fronteras organizacionales tradicionales es resultado de los ajustes y transformaciones que las empresas han efectuado en su modelo o forma de hacer negocios en una economía global competitiva. Para conservar su viabilidad financiera (léase *rentabilidad*) algunas subcontratan ciertas funciones de su operación con otra empresa nacional o global que ofrezca lo que necesitan de manera más eficiente y, con algo de suerte, mantenga la calidad. También pueden aumentar esta última en sus operaciones o servicios actuales a fin de que sus clientes reciban mayor valor. SAB considera esta estrategia en su esfuerzo por retener y aumentar su base de clientes.

El outsourcing, o subcontratación, no es algo nuevo; ha existido por décadas. Ninguna organización es del todo independiente. Sin embargo, la competitividad del entorno global ha aumentado el alcance de la subcontratación a nivel nacional y global. Como se dijo antes, las empresas deben analizar su forma de hacer negocios para seguir siendo competitivas y viables en términos financieros. Nike, por ejemplo, subcontrata toda su manufactura y lo ha hecho por muchos años. Las aerolíneas y hoteles también subcontratan sus centros de atención telefónica. Muchos fabricantes automotrices y de computadoras hacen lo propio con la producción de los componentes o piezas necesarios para sus productos terminados. Existen muchos casos de outsourcing de materiales y servicios. Desde la perspectiva de la cadena de suministro y logística, el crecimiento de la subcontratación aumenta la importancia de las cadenas globales eficientes y efectivas, a pesar de que son cada vez más grandes y complejas.

Antes de abordar el tema de la tecnología es preciso mencionar el "factor BRIC" en el análisis de la globalización y las cadenas de suministro. BRIC es el acrónimo de cuatro países: Brasil, Rusia, India y China. Éstos tienen, en conjunto, una población que sobrepasa los 3,000 millones de personas, de los cuales China representa 1,300 millones. Estas cuatro economías, en especial China e India, han sido la fuerza principal en el cambiante mercado mundial en esta era de la globalización; no sólo generan productos y servicios para su exportación, sino que se han convertido en los principales consumidores de energía, material de construcción y productos terminados. Por ejemplo, General Motors vende más automóviles en China que en Estados Unidos; Buick es el que se vende más. La irrupción de los países BRIC en el escenario internacional ha afectado a las cadenas de suministro de la mayoría de las empresas, si no es que de todas. Walmart, por ejemplo, es por mucho el mayor comprador de lo que se produce en China, lo que se contrapone a su eslogan de la década de 1970 de "Made in America". Se estima que si Walmart fuera un país, sería el séptimo u octavo socio comercial más importante de la nación asiática.

En la actualidad existe un creciente debate acerca de un nuevo grupo de países en desarrollo y de bajo costo. Los llamados VISTA: Vietnam, Indonesia, Sudáfrica, Turquía y Argentina. Se espera que algunos, o todos ellos, reemplacen a los BRIC como productores de diferentes artículos y servicios de bajo costo. No obstante, los países BRIC, con su clase media en desarrollo, se convertirán en un mercado cada vez más grande para los productos importados y locales.

SAB Distribution ha sufrido el impacto de la globalización debido a que un número cada vez mayor de los productos que compra y distribuye se fabrican en otros países de manera total o parcial, aunque su destino sea una empresa estadounidense. SAB debe evaluar la posibilidad de comprar directamente a los productores globales. Si bien esto aumentará la complejidad de sus cadenas de suministro, le permitirá ofrecer productos a precios más competitivos. Por otra parte, podrá satisfacer las necesidades de sus clientes más diversos. Al igual que otras empresas estadounidenses, SAB enfrenta las amenazas y oportunidades de la globalización.

Complementos importantes en el auge de la economía global han sido el crecimiento y el desarrollo de la tecnología relacionada con las cadenas de suministro. Se menciona que el tiempo y la distancia se han comprimido, y sin duda la tecnología ha desempeñado un papel fundamental en hacer que esto suceda. A continuación la analizaremos como el siguiente factor externo de cambio.

Tecnología

La tecnología ha tenido un efecto significativo en las cadenas de suministro como facilitador del cambio a medida que las empresas han transformado sus procesos. No obstante, también es una fuerza importante en la modificación de la dinámica del mercado. Las personas y las organizaciones están conectadas las 24 horas del día durante los siete días de la semana y tienen acceso a la información sobre la misma base por medio de internet. Los motores de búsqueda como Google han hecho posible recabar datos oportunos al instante. Nos hemos convertido en lo que algunos llaman la generación "Dé clic aquí". Ya no tenemos que esperar a que los medios de comunicación "empujen" la información hacia nosotros en su propio horario; podemos "jalarla" conforme la necesitemos. Vastos almacenes de datos e información están casi en la punta de nuestros dedos. Las redes sociales como Facebook y Twitter desempeñan un papel cada vez más importante en las empresas, e influirán en las cadenas de suministro debido a su impacto en la demanda del cliente y la velocidad de la transferencia de información. Muchas empresas ven oportunidades para aplicar la minería de datos a los mensajes instantáneos breves de 140 caracteres o menos (tweets) con el fin de descubrir información relacionada con la demanda y elaborar pronósticos más acertados.

Se ha dicho que la tecnología ha permitido a las personas y a las organizaciones pequeñas conectarse con el "conocimiento colectivo" del mundo para crear fantásticas oportunidades de colaboración en las cadenas de suministro. La consecuencia natural de este fenómeno es que el mundo se ha "nivelado". En otras palabras, países tradicionalmente poco desarrollados como China e India se han capacitado y pueden participar en la economía global con una mayor facilidad. El mundo ya no se inclina hacia países como Estados Unidos y las naciones europeas en términos de ventaja económica. La tecnología ha mejorado el outsourcing en las economías menos desarrolladas. Las oportunidades de colaboración entre las personas y empresas en todo el mundo se han multiplicado. El otro lado de la moneda es que estos avances económicos también han creado oportunidades de mercado para las empresas estadounidenses. En consecuencia, el flujo del comercio se ha vuelto multidireccional. Este factor también aumenta la necesidad de cadenas de suministro eficientes y efectivas.

Susan Weber, en su cargo de nueva directora ejecutiva de SAB, tendrá que sacar mayor provecho de las oportunidades que presenta la tecnología, tanto en el aprovisionamiento del negocio como en la mercadotecnia de productos a los clientes. Su predecesora la utilizó para mejorar los procesos internos, por ejemplo, en las operaciones del almacén y el cumplimiento de pedidos, así como en la colaboración con agencias transportistas. Susan necesitará enfocarse más en los factores externos para mejorar la eficiencia y efectividad de la cadena de suministro.

Consolidación organizacional y cambios de poder

Después de la Segunda Guerra Mundial los fabricantes de productos se convirtieron en la fuerza motriz de las cadenas de suministro: desarrollaban, diseñaban, producían, promovían y distribuían sus productos. Con frecuencia eran las organizaciones más grandes en dichas cadenas en términos de volumen de ventas, empleados, poder adquisitivo y ubicaciones, entre otros aspectos. Por lo general ejercían su influencia en toda la cadena a su propia conveniencia económica, en especial en la distribución de sus productos.

Durante la década de 1980, y en especial en la de 1990, ocurrió un cambio importante en el poder económico relativo de muchas cadenas de suministro a medida que crecían los minoristas masivos. Gigantes como Walmart, Sears, Kmart, Home Depot, Target, Kroger y McDonald's se convirtieron en poderosos líderes de mercado y motores de cambio. Walmart, por ejemplo, fue la empresa número uno en la lista *Fortune* 500 a mediados de la primera década del siglo XXI. Superó a Ford, General Motors y ExxonMobil con más de 500,000 millones de dólares en ventas anuales y como el empleador más importante en muchos estados de la unión americana.

Si bien otros minoristas no son tan grandes como Walmart, su tamaño y su poder adquisitivo han aumentado en gran medida. Un aspecto importante del desplazamiento del poder económico hacia el extremo de las ventas al menudeo de la cadena de suministro radica en que muchas empresas de productos de consumo encuentran que 15 o 20% de sus clientes representan 80 o 70% de sus ventas. Walmart, por sí solo, representa más de 10% de las ventas totales de este segmento. Si fuera un país, sería el octavo socio comercial más importante de China.[4] Este fenómeno no es exclusivo de Estados Unidos; una lista de los 10 principales minoristas globales incluiría a Carrefour, Metro, Ahold y Tesco, que tienen su sede corporativa en otros países (véase la tabla 1.2).

Como era de esperar, los minoristas más grandes han acordado condiciones especiales con empresas de productos de consumo. Por ejemplo, los servicios de distribución a la medida se otorgan en entregas programadas, en tarimas para productos múltiples [arreglos mixtos de productos o unidades de registro de almacenamiento (SKU, del *stock-keeping units*)], avisos anticipados de embarque (ASN; *advance shipment notices*), tarimas con productos envueltos en película plástica, etc. Estos servicios permiten a los minoristas operar con mayor eficiencia y eficacia. El tamaño de estos últimos también ofrece economías de escala (lo que se traduce en ahorros de costos) para los productores. Esto es benéfico para ambas partes, además de que los ahorros se trasladan al cliente final: el consumidor.

Además del servicio a la medida, el minorista puede recibir servicios de valor agregado como el **inventario administrado por el proveedor (VMI,** *vendor-managed inventory***)**. En esencia, este servicio implica que el fabricante administrará el inventario de sus productos (y quizá de los productos relacionados) en el almacén del minorista, y asumirá la responsabilidad de reordenar y despachar según sea necesario. El fabricante también puede contar con un representante en los almacenes especificados por el minorista, con el fin de garantizar la entrega exacta y oportuna de los productos. En consecuencia, el minorista debe tener costos más bajos relacionados con la logística de entrada, y el fabricante deberá compensar este costo adicional con el mayor volumen de ventas (menor tasa de agotamiento de existencias, más pedidos completos, etc.) debido a la información exacta y oportuna de los pedidos de producto a nivel de tienda.

Por último, entre las organizaciones se practica una colaboración mayor en las cadenas de suministro para lograr ahorros de costos mutuos y mejorar el servicio al cliente. Por ejemplo, compartir los datos de punto de venta es una herramienta colaborativa muy poderosa para mitigar el llamado efecto látigo en la cadena de suministro, lo que reditúa múltiples beneficios entre quienes participan. La planificación y los pronósticos colaborativos para el reabastecimiento entre los miembros de la cadena pueden utilizarse para reducir el agotamiento de existencias y atenuar la reacción excesiva ante los vaivenes en los niveles de demanda. Las empresas aplican cambios sencillos sin ningún costo adicional gracias a la colaboración, lo cual permite a sus proveedores y clientes reducir los gastos. Es preciso insistir en el poder de la información compartida; es un área clave que las empresas como SAB deben explotar a medida que tratan de adaptarse a su entorno competitivo y aumentar las ventas con clientes nuevos y existentes. El intercambio de datos ayudará a SAB a disminuir sus tasas de agotamiento de existencias y a mejorar la disponibilidad de los productos.

El consumidor con facultades para tomar decisiones

Comprender la conducta del consumidor ha sido durante años un tema central en el análisis de la mercadotecnia y el desarrollo de estrategias. Por lo general, tales análisis examinan a los consumidores en su totalidad o en grandes grupos o segmentos para comprender sus necesidades y responder a ellas con productos y servicios adecuados. También tienen implicaciones para la logística y la administración de la cadena de suministro, pero en el pasado los expertos en logística consideraban que su impacto era indirecto. En la actualidad, el impacto del consumidor es mucho más directo para las cadenas de suministro debido a que éste ha impuesto mayores demandas en el nivel de las ventas al menudeo sobre una variedad más amplia de productos y servicios. Por ejemplo, la disponibilidad durante todo el año de frutas y vegetales frescos que con frecuencia son importados, una selección de muchas variaciones del mismo producto básico, tiendas abiertas las 24 horas todos los días de la semana, y demandas similares son servicios adicionales con márgenes muy bajos sobre los productos. Las cadenas de suministro deben ser aún más eficientes para permitir que el minorista y otras organizaciones en la cadena obtengan ganancias.

Los consumidores modernos están más informados y educados, y tienen más poder que nunca gracias a la información que hay a su disposición por internet y otros medios. Su acceso a las fuentes de suministro se ha expandido de manera drástica más allá de su localización inmediata debido a los catálogos, internet y otros medios de comunicación. Tienen la oportunidad de comparar precios, calidad y servicio. En consecuencia, demandan precios competitivos, alta calidad, productos hechos a la medida, conveniencia, flexibilidad y capacidad de respuesta. Su nivel de tolerancia ante la mala calidad de los productos y servicios es bajo, y su poder adquisitivo es mayor debido a su elevado nivel de ingresos. Demandan la mejor calidad al mejor precio y con el mejor servicio, lo que impone mayores retos y presión sobre las diferentes cadenas de suministro de productos de consumo.

La demografía de nuestra sociedad, con la proliferación de familias con doble ingreso y monoparentales, ha convertido el tiempo en un factor vital para muchos hogares. Los consumidores quieren y demandan respuestas más rápidas y ofertas más convenientes de acuerdo con sus horarios. La semana de cinco días de servicio de 9 a.m. a 6 p.m. ya no es aceptable para ellos. Con frecuencia se espera un servicio todos los días del año las 24 horas del día con tiempos de espera mínimos. El antiguo adagio de "alertar al comprador" quizá debería cambiarse por "alertar al vendedor". Los consumidores actuales quizá no tengan la lealtad de antes o tanta paciencia frente a una calidad menor en cualquier área. Internet les ha permitido ampliar sus opciones y realizar comparaciones rápidas antes de comprar. Esperan que el servicio de entrega sea más rápido y conveniente.

¿Por qué la revolución del consumidor es tan importante en el contexto de la cadena de suministro y la logística? Porque los requerimientos para ambas han aumentado en forma tajante. Digamos, si los establecimientos minoristas tienen que ofrecer servicio 24 horas al día los siete días de la semana, la tendencia resultante de realizar pedidos frecuentes en cantidades más pequeñas impone demandas mayores sobre sus cadenas de suministro. Además, el apremio de los consumidores en relación con el precio ejerce presión sobre estas cadenas para que operen con toda la eficiencia que sea posible. El poder del consumidor ha ocasionado grandes cambios en el funcionamiento de las cadenas de suministro, las cuales se han visto forzadas a mantener sus precios aun en los periodos inflacionarios. La colaboración es la base para que las eficiencias contrarresten los costos elevados.

Política y regulación gubernamentales

El quinto factor de cambio externo son los niveles de gobierno (federal, estatal y local) que establecen y administran las políticas, las regulaciones y los impuestos que afectan los negocios y sus cadenas de suministro. La desregulación de varios sectores importantes de la economía registrada en las décadas de 1980 y 1990 es un buen ejemplo. Entre los sectores desregulados se encuentran el transporte, las comunicaciones y las instituciones financieras, que son los pilares de la infraestructura en la mayoría de las organizaciones.

A finales de la década de 1970 y principios de la de 1980 la industria del transporte en Estados Unidos experimentó una desregulación a nivel federal en términos de controles económicos, como las tarifas y las áreas de servicio. El efecto neto fue que los servicios de transporte se compraban y vendían en un entorno mucho más competitivo. Los resultados con frecuencia eran los precios más bajos para los usuarios y el servicio mejorado. Los transportistas y expedidores pudieron negociar y modificar sus operaciones para lograr que fueran más eficientes y que sus precios disminuyeran. Nuevos transportistas incursionaron en el mercado, en especial en la industria del autotransporte, lo que aumentó la competencia. Ciertos sectores se consolidaron con fusiones y adquisiciones; los más notables fueron el ferroviario y el aeronáutico. Los autotransportistas pudieron brindar más que sólo servicios de transporte; muchos, por ejemplo, se proclamaron empresas de servicios logísticos y ofrecieron algunos como cumplimiento de pedidos, administración de inventario y almacenamiento. También actuaron de manera decidida en el nuevo entorno de negocios en el que el outsourcing y las sociedades son ventajas estratégicas potenciales.

El sector financiero también experimentó desregulaciones a nivel federal. Las distinciones entre la banca comercial, las asociaciones de ahorro y préstamo y las uniones de crédito han desaparecido a medida que se ha permitido a estas instituciones ampliar su gama de servicios. Los mercados financieros se han vuelto más competitivos y, al igual que el sector de la transportación, son más sensibles a las necesidades de los clientes. Las compañías de seguros y corretaje también se han visto afectadas por la desregulación de la industria financiera en general, y ofrecen servicios similares a los de los bancos, y viceversa.

La desregulación de las instituciones financieras ha fomentado los cambios en la forma de operar de las empresas. Por ejemplo, la posibilidad de invertir efectivo al final del día en el mercado de dinero nocturno por periodos de 6 a 10 horas ha causado que las empresas tengan mayor conocimiento del valor de la liquidez y la reducción de activos, y en especial del inventario. Las transacciones de pagos para los compradores y vendedores también han cambiado de manera radical con las alternativas de prácticas financieras que brindó la desregulación. Las tarjetas de compra que utilizan muchos departamentos de aprovisionamiento para los artículos de mantenimiento, reparación y operación (MRO; *maintenance, repair and operating*) son ejemplos de las eficiencias que la desregulación ha hecho posible. Esto ha contribuido al enfoque en el flujo de efectivo del que ya se habló. Es preciso observar que existen algunos aspectos negativos asociados con la desregulación financiera que contribuyeron, a modo de ilustración, a la Gran Recesión de 2008-2010.

La industria de las comunicaciones también se ha hecho más competitiva. El escenario ha cambiado debido a la decisión de la Corte Suprema de Justicia de Estados Unidos de dividir el sistema telefónico de AT&T y Bell en varias empresas regionales; separó las "líneas largas" de AT&T y las hizo accesibles a otras que deseaban vender servicios telefónicos, como Sprint. Al igual que las dos industrias que se han mencionado en párrafos anteriores, la de las comunicaciones ha experimentado cambios importantes, y hay más por venir ahora con la integración de los servicios relacionados como la televisión por cable, el teléfono, las computadoras y el acceso inalámbrico a la red. Las comunicaciones son el centro de la revolución tecnológica que está modificando las prácticas de interconexión de personas y negocios.

Las empresas y la población consumidora en general han sentido el impacto de numerosos cambios en esta industria, desde los teléfonos celulares y los localizadores, hasta el correo electrónico, los mensajes de texto, los tweets y la internet. La eficiencia y la eficacia de las comunicaciones han generado importantes mejoras y oportunidades en la logística y las cadenas de suministro. Algunos ejemplos son la visibilidad de activos, la rápida respuesta de reabastecimiento, la programación optimizada del transporte y el ingreso inmediato de pedidos, entre otros. Las prácticas relativas a las cadenas de suministro se han perfeccionado, lo que tiene como consecuencia costos menores y un mejor servicio al cliente. Algunas personas afirman que se espera algo aún más positivo cuando arribe la tecnología de identificación por radiofrecuencia (RFID, *radio-frequency identification*) y otras relacionadas con la cadena de suministro.

Estos factores de cambio sacuden a SAB Distribution desde sus cimientos. El mercado es mucho más competitivo; los consumidores, más demandantes y conocedores. La globalización y la desregulación han hecho que la empresa sea mucho más vulnerable en su mercado regional y que se encuentre menos aislada de los competidores más grandes. Estos factores representan amenazas y oportunidades para esta organización, así como para otras empresas grandes o pequeñas. SAB necesita utilizar la tecnología para mejorar las operaciones de su cadena de suministro.

Concepto de la cadena de suministro

Si bien las referencias a la administración de la cadena de suministro (ACS) se remontan a la década de 1980, no fue sino hasta la de 1990 que este tema captó la atención de los altos directivos de las empresas principales. Se percataron del poder y el impacto potencial de la ACS para lograr la competitividad global y aumentar la participación de mercado de sus organizaciones, con el consecuente incremento en el valor para el accionista.

Desarrollo del concepto

Podría argumentarse que la administración de la cadena de suministro no fue un concepto del todo novedoso, pero representa la tercera fase de una evolución que inició en la década de 1960 con el desarrollo del concepto de **distribución física**, que se enfocaba en la parte saliente del sistema logístico de la empresa (véase la figura 1.1). Se reconocieron las relaciones

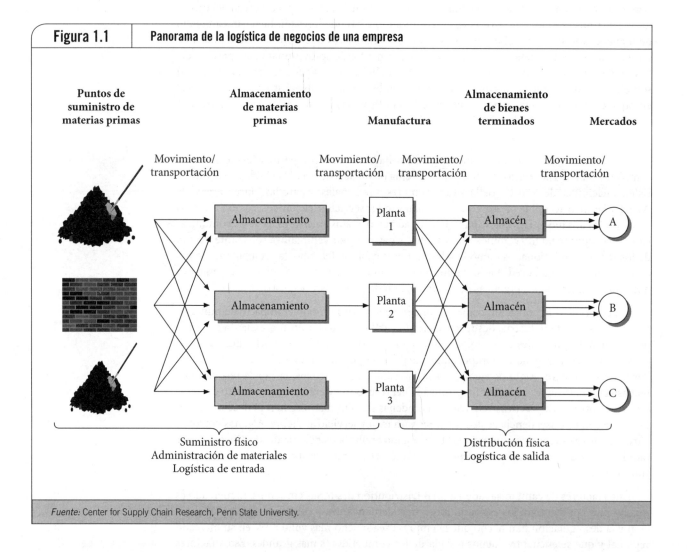

Figura 1.1 | **Panorama de la logística de negocios de una empresa**

Fuente: Center for Supply Chain Research, Penn State University.

entre transporte, requerimientos de inventario, almacenamiento, embalaje exterior, manejo de materiales y otras actividades o centros de costos. Por ejemplo, la selección y el uso de un modo de transporte, como el ferrocarril, afecta los costos de inventario, almacenamiento, embalaje, servicio al cliente y manejo de materiales, mientras que el servicio de autotransporte quizá tendría un impacto diferente sobre los mismos centros de costos. El tipo de producto, volumen de movimiento, distancias de embarque y otros factores determinan el modo en que se tendrá el costo de sistema total más bajo. (Este concepto se analizará con mayor detalle en el capítulo 2.)

El enfoque inicial en la distribución física o logística de salida ocurrió de manera lógica porque los bienes terminados tenían un mayor valor, lo que significaba que sus costos de inventario, almacenamiento, manejo de materiales y de embalaje eran más altos que sus insumos de materias primas. Por tanto, el impacto de la selección del transporte era más importante. Los gerentes en ciertas industrias, como las de productos de consumo y abarrotes empacados, las de alta tecnología, otras de productos de consumo, así como algunos académicos, se interesaron en la administración de la distribución física. Una organización, el **National Council of Physical Distribution Management** (**NCPDM**, Consejo Nacional para la Administración de la Distribución Física), se fundó para promover el liderazgo, la educación, la investigación y el interés en el tema.

Como se observó antes, la década de 1980 marcó un periodo de cambios con la desregulación del transporte y de las instituciones financieras. La revolución tecnológica estaba en marcha. En ese decenio también se desarrolló el concepto de **logística** o **administración logística integrada** en varias organizaciones. En su forma básica, añadió la logística de entrada a la de salida en la distribución física (véanse las figuras 1.1 y 1.2). Esto representó una medida congruente, ya que la desregulación del transporte brindó una oportunidad para coordinar los movimientos de entrada y salida de las grandes empresas transportistas, lo que generaría un

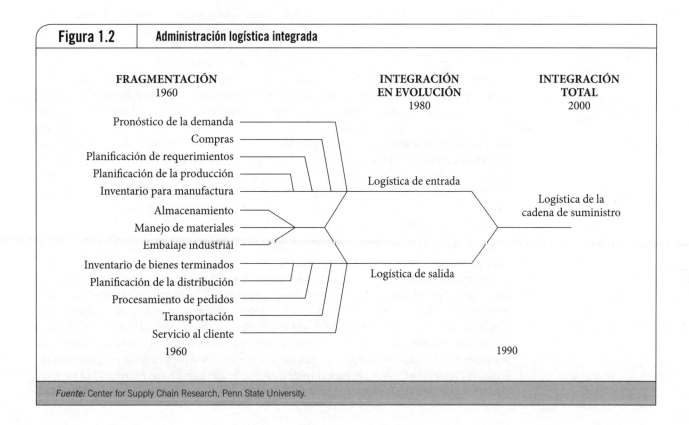

Figura 1.2 | **Administración logística integrada**

Fuente: Center for Supply Chain Research, Penn State University.

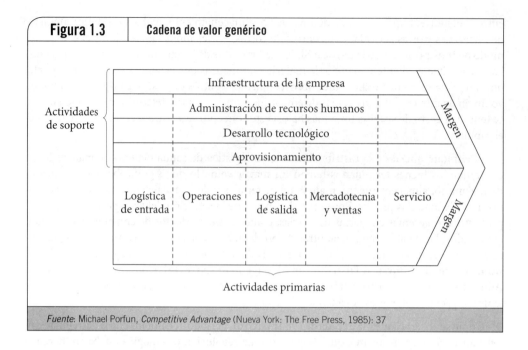

Figura 1.3 | **Cadena de valor genérico**

Actividades de soporte

Infraestructura de la empresa
Administración de recursos humanos
Desarrollo tecnológico
Aprovisionamiento

Logística de entrada | Operaciones | Logística de salida | Mercadotecnia y ventas | Servicio

Margen
Margen

Actividades primarias

Fuente: Michael Porfun, *Competitive Advantage* (Nueva York: The Free Press, 1985): 37

impacto positivo en sus costos operativos y minimizaría sus viajes en vacío, lo que resultaría en tarifas más bajas para el expedidor. Además, el abastecimiento internacional o global de materiales y suministros para los sistemas de entrada cobró mayor importancia. El transporte global presentó algunos desafíos especiales para la programación de la producción. Por tanto, se hizo evidente que la coordinación entre los sistemas logísticos de entrada y salida ofrecía oportunidades para mejorar la eficiencia y el servicio al cliente.

La lógica de los **sistemas** o el **concepto de costo total** era la misma que la de la administración logística. Además, el **concepto de cadena de valor** también se desarrolló como un instrumento para el análisis y la estrategia competitiva. Como se observa en la ilustración de la cadena de valor de la figura 1.3, las logísticas de entrada y salida son los componentes primarios más importantes de la cadena de valor; es decir, contribuyen a brindar valor a los clientes de la empresa y hacer que ésta sea rentable para incrementar sus ventas y mejorar su flujo de efectivo. La naturaleza más integrada de la mercadotecnia, las ventas, la manufactura y la logística también es una dimensión importante para la cadena de valor. Los expertos en el tema incluyen el **aprovisionamiento** como un elemento de la logística, según se indica en el capítulo 2, pero en la cadena de valor es una actividad de soporte para todas aquellas que son primarias, dado que sólo abarca la compra de servicios y materiales. La razón de lo anterior es la oportunidad para realizar un análisis de equilibrio entre las cantidades de aprovisionamiento, los volúmenes de transportación, los niveles de inventario y otros costos relacionados a lo largo de la cadena de valor.

Como ya se ha expuesto, la administración de la cadena de suministro se puso de moda en la década de 1990 y continúa siendo el punto de enfoque para hacer que las organizaciones sean más competitivas en el mercado global. Puede considerarse como una tubería o un conducto por el que pasa un flujo eficiente y efectivo de productos, materiales, servicios, información y fondos financieros desde los proveedores del proveedor, a través de diversas organizaciones o empresas intermedias, hasta los clientes del cliente (véase la figura 1.4), o como un sistema de redes conectadas entre los proveedores originales y el consumidor final. La perspectiva de la empresa ampliada acerca de la administración de la cadena de suministro representa la extensión lógica del concepto de *logística*, lo que brinda una oportunidad para ver el *sistema total* de empresas interrelacionadas a efecto de lograr mayor eficiencia y efectividad.

Figura 1.4 | Cadena de suministro integrada

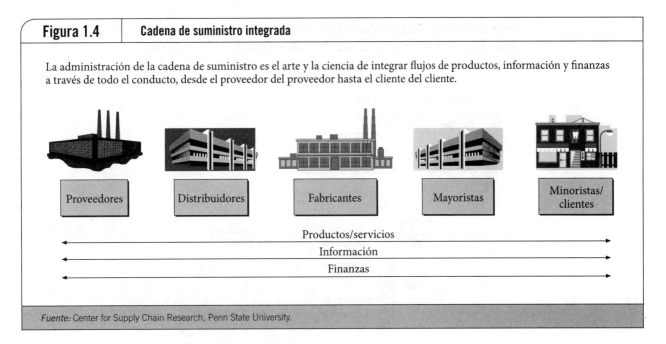

La administración de la cadena de suministro es el arte y la ciencia de integrar flujos de productos, información y finanzas a través de todo el conducto, desde el proveedor del proveedor hasta el cliente del cliente.

Proveedores — Distribuidores — Fabricantes — Mayoristas — Minoristas/clientes

Productos/servicios
Información
Finanzas

Fuente: Center for Supply Chain Research, Penn State University.

Antes de analizar punto por punto el concepto de la cadena de suministro, vale la pena observar que existen términos que las personas y organizaciones utilizan cada vez más porque son más apropiados, integrales o avanzados que el de *administración de la cadena de suministro*. Entre ellos se encuentran el de *administración de la cadena de demanda, administración del flujo de demanda, administración de la cadena de valor, redes de valor* y *administración de la sincronización*. Algunos consideran que el término *administración de la cadena de suministro* se enfoca más en los suministros y materiales que en la demanda de productos terminados.

La definición de *administración de la cadena de suministro* propuesta en esta obra es amplia e integral; por tanto, la demanda y el valor son tan relevantes como la sincronización de los flujos a través del conducto o cadena de suministro. Entonces podría decirse que los términos *cadena de suministro, cadena de demanda, red de valor* y *cadenas de valor*, entre otros, pueden usarse como sinónimos. Además, parece ser que el término *administración de la cadena de suministro* se utiliza más y goza de mayor aceptación, lo mismo que el punto de vista exhaustivo de dicho término que se expone en este capítulo y en el resto del libro.

Una pregunta lógica que podría formularse es: *¿por qué* la administración de la cadena de suministro atrajo la atención de los directores ejecutivos, de finanzas, de operaciones y de información, entre otros? Sería posible presentar muchas razones, pero dos estudios famosos demostraron inicialmente el caso de los negocios para la administración de la cadena de suministro.

A principios de la década de 1990, la Grocery Manufacturer's Association (GMA, Asociación de Fabricantes Abarroteros) pidió a una de las principales organizaciones consultoras expertas en el tema que investigara y analizara las cadenas de suministro de los fabricantes de abarrotes. La figura 1.5 ilustra uno de sus hallazgos más importantes: en promedio, la industria tenía 104 días de inventario en sus cadenas de suministro de salida. La empresa consultora recomendó un conjunto de iniciativas que reducirían ese número de días a 61. Aquí es preciso destacar dos aspectos. Primero, se estimó que se ahorrarían al menos 30,000 millones de dólares al año si se reducía el conducto de inventario a 61 días. Tales ahorros tendrían un impacto significativo sobre los precios al cliente; en otras palabras, los "precios reales y efectivos". Segundo, este estudio sólo consideró una parte de la cadena de suministro, por lo que subestimó el potencial total. Los posibles ahorros de 30,000 millones de dólares demostraron

| Figura 1.5 | Comparación del tiempo de rendimiento promedio de una cadena de abarrotes no perecederos antes y después de la implementación de la respuesta eficiente del consumidor (ECR) |

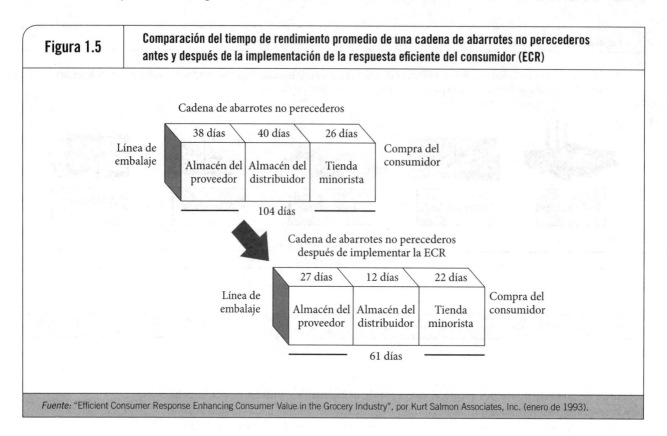

Fuente: "Efficient Consumer Response Enhancing Consumer Value in the Grocery Industry", por Kurt Salmon Associates, Inc. (enero de 1993).

el poder que suponía la agilización de la cadena de suministro total en lugar de sólo una empresa determinada o un segmento de dicha cadena. Esta última perspectiva a menudo resulta en la escasa optimización de la totalidad de la cadena, con los consiguientes costos generales más elevados.

El otro ejemplo de la importancia de enfocarse en la cadena de suministro proviene del Supply Chain Council, que publicó una comparación para 1996 y 1997 de las "mejores empresas en su clase" (10% mejor) y las organizaciones de rendimiento intermedio que comunicaron sus métricas al consejo. Como se observa en la figura 1.6, en 1996 los costos relacionados con la cadena de suministro de las mejores empresas en su clase ascendieron a 7.0% de las ventas totales, en tanto que los de las intermedias representaron 13.1%. En otras palabras, las mejores gastaban 7.0 centavos por cada venta o dólar de ingresos en costos relacionados con la cadena de suministro, mientras que las intermedias erogaban 13.1 centavos por el mismo concepto. En 1997 las cifras representaron 6.3% y 11.6% para las mejores y para las intermedias, respectivamente. Si se aplican estas cifras a una empresa hipotética con 100 millones de dólares en ventas en 1997, ser la mejor en su clase significaría 5.3 millones de dólares de utilidades brutas extra para la organización, lo que equivale a 80 o 100 millones de dólares en ventas adicionales.

En este punto es apropiado un análisis más detallado de la cadena de suministro. La figura 1.7 presenta un ejemplo lineal simplificado de una cadena de suministro hipotética. Las reales son más complejas, pues quizá no sean lineales o intervengan más participantes. Por otro lado, esta cadena de suministro no representa de manera adecuada la importancia del transporte. Además, es posible que algunas entidades formen parte de varias cadenas de suministro. Por ejemplo, las compañías químicas ofrecen los ingredientes para muchos productos que otras empresas fabrican.

| Figura 1.6 | Costo total de la administración de la cadena de suministro: todos los sectores |

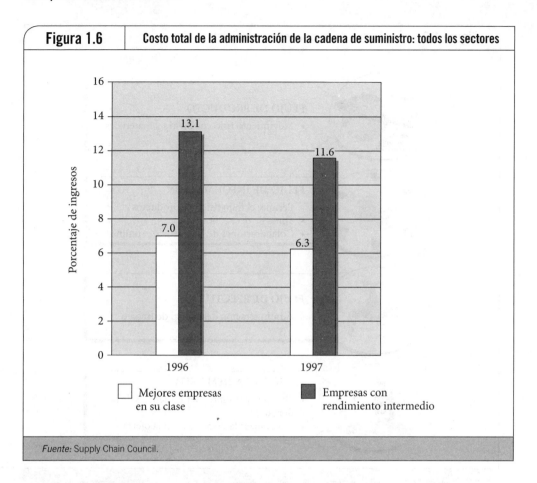

| Figura 1.7 | Cadena de suministro integrada: elementos básicos |

La administración de la cadena de suministro es el arte y la ciencia de integrar flujos de productos, información y finanzas a través de todo el conducto de suministro, desde el proveedor del proveedor hasta el cliente del cliente.

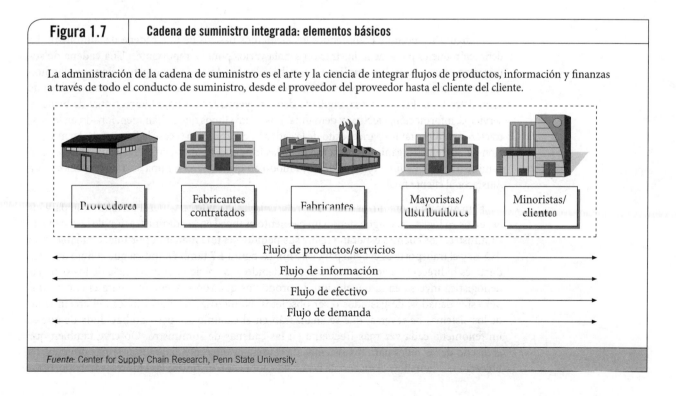

Figura 1.8	Flujos de la cadena de suministro

FLUJO DE PRODUCTO
- Movimiento físico de bienes y materiales

FLUJO DE INFORMACIÓN
- Permite el flujo físico de productos
- Toma de decisiones
- Colaboraciones de la cadena de suministro

FLUJO DE EFECTIVO
- Administración del capital de trabajo

FLUJO DE LA DEMANDA
- Detectar y comprender las señales de la demanda
- Sincronizar la demanda con la oferta

Fuente: Center for Supply Chain Research, Penn State University.

La figura 1.7 permite comprender los elementos básicos de una cadena de suministro. La definición que es parte de la ilustración señala varios puntos importantes. Una **cadena de suministro** es una **empresa ampliada** que rebasa las fronteras de las organizaciones individuales para abarcar las actividades relacionadas de todas aquellas que intervienen en la cadena de suministro total. Esta empresa ampliada debe implementar un flujo bidireccional de bienes y servicios, información, efectivo y demanda. Los cuatro flujos que se han mencionado en la ilustración son importantes para el éxito de la cadena de suministro (véase la figura 1.8). La integración de diferentes organizaciones a través de las fronteras significa, en esencia, que la cadena de suministro necesita funcionar del mismo modo en que lo haría en una sola organización para satisfacer al cliente final.

El primer flujo, *productos y servicios relacionados*, ha sido en general un tema vital para los expertos en logística, y sigue siendo un elemento esencial en la administración de la cadena de suministro. Los clientes esperan recibir sus pedidos de una manera oportuna, confiable y sin daños, y el transporte es crucial para este fin. La figura 1.7 también indica que el flujo del producto es bidireccional en el entorno actual debido a la creciente importancia de los sistemas de logística inversa en la devolución de productos que son inaceptables para el comprador por estar dañados, desgastados o ser obsoletos. Numerosas razones explican el crecimiento de los sistemas de reversa, que se analizarán en el capítulo 15, pero no hay duda de que es un fenómeno cada vez más frecuente en las cadenas de suministro. Observe también que el diseño de las redes para los sistemas de reversa es diferente al de los sistemas directos. La ubicación, el tamaño y el diseño de las instalaciones son distintos; las empresas transportistas deben utilizarse también de manera diferente. En consecuencia, han florecido las empresas logísticas independientes que se especializan en ofrecer sistemas de flujos en reversa. Éstas pueden brindar un valioso servicio en las situaciones adecuadas.

El segundo es el *flujo de información* y se ha convertido en un factor vital para el éxito de la administración de la cadena de suministro. Por tradición se ha observado que la información fluye en dirección contraria a los productos, es decir, del mercado o del cliente hacia los mayoristas, fabricantes y vendedores. Anteriormente la información consistía principalmente en datos de la demanda o de las ventas, lo que era el detonante para el reabastecimiento y la base para los pronósticos. Note que, aparte del minorista o el vendedor final, los otros miembros de la cadena de suministro reaccionaban ante los pedidos de reabastecimiento. Si había largos intervalos entre ellos, los integrantes de la cadena enfrentaban una gran incertidumbre acerca del nivel y la pauta de la demanda, lo que generaba mayores niveles de inventario o costos más altos por agotamientos de existencias. Este fenómeno se conoce como **efecto látigo**.

Uno de los resultados prácticos en la administración de la cadena de suministro es la posibilidad de compartir la información de las ventas en tiempo real, lo que reduce la incertidumbre y, por tanto, disminuye el nivel de existencias de seguridad. En cierto sentido, la cadena de suministro se comprime o abrevia gracias a los flujos oportunos de información del mercado, que a su vez generan la compresión de la cadena de suministro y del inventario. Es decir, este último puede eliminarse de la cadena gracias a la información oportuna y exacta sobre la demanda. En pocas palabras, la información puede sustituir el inventario. Si existen datos del punto de venta (POS; *point-of-sale*) disponibles para el minorista en tiempo real, será posible mitigar el efecto látigo asociado con los inventarios de la cadena de suministro y reducir en gran medida los costos.

También observe en la ilustración un flujo bidireccional de la información. En el entorno de una cadena de suministro, la que fluye hacia adelante ha cobrado importancia. El flujo directo puede asumir muchas formas, como los avisos anticipados de embarque, el reporte sobre el estatus del pedido o sobre la disponibilidad del inventario, etc. El impacto general de este tipo de información ha consistido en una reducción de la incertidumbre respecto al reabastecimiento de los pedidos, lo que también contribuye a disminuir el inventario y a mejorar el tiempo de reabastecimiento. Un aspecto relacionado con el flujo directo de información es la utilización más frecuente de códigos de barras y etiquetas de radiofrecuencia, lo que puede aumentar la visibilidad del inventario y reducir la incertidumbre y las existencias de seguridad. La visibilidad mejorada del conducto de inventario también hace posibles muchas oportunidades para mejorar la eficiencia en las estrategias de consolidación del transporte y convergencia en tránsito. El flujo bidireccional combinado de información oportuna y exacta disminuye los costos relacionados con la cadena de suministro, además de mejorar la eficacia y el servicio al cliente, pero tiene el potencial de lograr muchas cosas más.

El tercer flujo está constituido por las *finanzas* o, en términos más específicos, el efectivo. Por tradición se considera que el flujo financiero es unidireccional (en dirección inversa) en la cadena de suministro; en otras palabras, el pago por los bienes, servicios y pedidos recibidos. Una consecuencia importante de la compresión de la cadena de suministro y los tiempos más breves del ciclo del pedido es la velocidad del flujo de efectivo; los clientes reciben los pedidos más rápido, facturan antes y las empresas pueden cobrar con mayor prontitud. La rapidez del ciclo de efectivo a efectivo, o del ciclo de pedido a efectivo, ha traído prosperidad a las empresas debido a la incidencia de este efecto sobre el capital de trabajo. Los ciclos reducidos de flujo de efectivo implican una disminución en el capital de trabajo necesario, lo que aumenta el rendimiento sobre los activos (ROA; de *return on assets*) de la empresa. De hecho, algunas compañías tienen un capital de trabajo negativo, lo que las organizaciones financieras denominan flujo de efectivo "libre", y cobran a sus clientes antes de pagar a sus vendedores o proveedores. En empresas como Dell, donde el periodo entre el cobro y el pago es de 30 a 15 días, el efectivo puede utilizarse como inversión financiera, otra fuente de financiamiento para el desarrollo de producto y otras mejoras. Las mediciones del flujo de efectivo han adquirido importancia en los mercados financieros debido a que con ellas es posible ponderar la viabilidad o vulnerabilidad de las empresas. La mayoría reconoce la trascendencia del flujo de efectivo acelerado o libre, y de la administración de la cadena de suministro para mejorarlo.

El cuarto y último es el **flujo de la demanda** que, aunque se analizó en ediciones previas, se ha incluido en esta nueva edición debido a que en los últimos años ha llamado la atención de los gerentes de las cadenas de suministro que enfatizan los sistemas basados en la demanda. No es un concepto nuevo en el área, pero refleja el desarrollo tecnológico que ha brindado a las organizaciones la capacidad para sincronizar mejor la oferta y la demanda al detectar y comprender las "señales" de esta última y efectuar los ajustes adecuados de manera más eficaz. Por ejemplo, las empresas de productos de consumo tenían anteriormente un programa de producción de 30 días "atado" a la demanda pronosticada por SKU. Estos productos se transferían a los centros de distribución sin importar lo que se había vendido a nivel de menudeo. Las corridas de producción eran rígidas y no podían cambiarse sino hasta el siguiente periodo. Algunas de las mejores empresas de productos de consumo han creado un programa de producción mucho más flexible que puede hacer ajustes en 24 horas. Los costos de producción son más altos con el cambio, pero la ventaja es su capacidad para cubrir los picos en la demanda o disminuir la producción cuando algunas SKU no se venden como se había anticipado. Es preciso observar que algunas empresas no pueden hacer ajustes a corto plazo. Las cadenas de suministro globales suponen un desafío especial porque los tiempos de entrega son más prolongados, pero la tecnología les ha permitido detectar las señales de la demanda o los cambios en el mercado y aplicar los ajustes necesarios, como se analizará en los siguientes capítulos. La figura 1.9 ofrece una visión más realista de una cadena de suministro.

Sin duda, SAB Distribution es parte de una cadena de suministro y ocupa una posición intermedia entre los fabricantes y los minoristas. Anteriormente los mayoristas tenían la función tradicional de comprar productos por volumen a precios más bajos y de vender a los minoris-

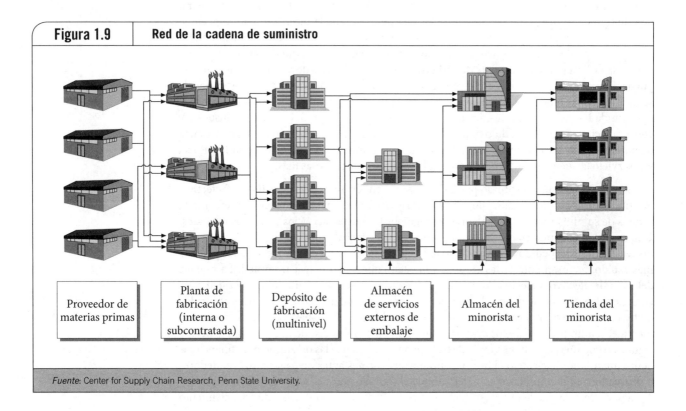

Figura 1.9 | **Red de la cadena de suministro**

| Proveedor de materias primas | Planta de fabricación (interna o subcontratada) | Depósito de fabricación (multinivel) | Almacén de servicios externos de embalaje | Almacén del minorista | Tienda del minorista |

Fuente: Center for Supply Chain Research, Penn State University.

tas una mezcla de productos en cantidades más pequeñas y a precios más altos. Promovían y financiaban las ventas además de la distribución. Los fabricantes y los minoristas dependían de ellos para lograr la eficiencia en sus operaciones. Hoy los minoristas a gran escala, que están dispuestos y tienen la capacidad de ofrecer servicios personalizados y a la medida, ponen la subsistencia de muchos mayoristas en riesgo. SAB ha percibido estos cambios en el entorno, así que necesita reevaluar su función con sus minoristas y agregar servicios de "valor" para ayudar a sus clientes a reducir sus costos o mejorar su ingreso por ventas.

La administración de la cadena de suministro ofrece a las organizaciones la oportunidad de reducir sus costos (optimizar la eficiencia) y mejorar el servicio al cliente (efectividad). No obstante, antes de que tenga éxito es necesario solucionar ciertos problemas o desafíos.

Principales problemas de la cadena de suministro

El desafío de desarrollar y mantener una cadena de suministro eficiente y efectiva exige que las organizaciones solucionen diversos problemas. Aquí analizaremos de manera breve estas cuestiones, que en capítulos posteriores se estudiarán con mayor profundidad.

Redes de la cadena de suministro

Las instalaciones de la red (plantas, centros de distribución, terminales, entre otras) y los servicios de transportación de apoyo siempre se han considerado factores importantes. Sin embargo, un sistema de redes en un entorno dinámico y global es crucial. Los rápidos cambios que pueden presentarse constituyen uno de los desafíos. Las empresas y otras organizaciones necesitan un sistema de redes flexible y capaz para responder y adaptarse a la dinámica del mercado ya sea a corto o largo plazos.

Las empresas tecnológicas, por ejemplo, quizá tengan que trasladar sus operaciones a diferentes países en seis o nueve meses debido a los cambios que afectan sus costos o el servicio al cliente. La necesidad de flexibilidad exige con frecuencia el arrendamiento de instalaciones, equipo y tal vez de servicios de apoyo. A veces dicha flexibilidad se requiere en circunstancias pasajeras, digamos, para responder ante huelgas portuarias, inundaciones, huracanes, rebeliones políticas, ataques terroristas, entre otros. La catástrofe de Japón en 2011 es un ejemplo excelente de una alteración severa en las cadenas de suministro.

Walmart y Home Depot recibieron elogios por su capacidad para responder en 2005 ante el huracán *Katrina* y los desastres que ocurrieron en Nueva Orleáns y el área circundante de la costa del Golfo debido a las inundaciones. Sus respectivas cadenas de suministro distribuyeron productos cuando la Federal Emergency Management Agency (FEMA) fue incapaz de hacerlo. Estas organizaciones analizan y cambian sus redes en respuesta a los fenómenos de larga duración en el mercado.

Complejidad

La globalización y consolidación de las cadenas de suministro que se analizaron antes han generado una complejidad cada vez mayor para las organizaciones en términos de sus SKU, las ubicaciones de los clientes y proveedores, los requerimientos de transportación, las regulaciones comerciales, los impuestos, etc. Las empresas necesitan dar pasos que simplifiquen, en la medida de lo posible, los diferentes aspectos de sus cadenas de suministro. Por ejemplo, en muchas de ellas se ha aumentado el número de SKU, lo que agrava los problemas en la administración de inventarios y en el cumplimiento de pedidos. En consecuencia, han revisando sus SKU para eliminar las de movimiento más lento, así como los artículos no rentables. También deben analizarse las ubicaciones a fin de eliminar las operaciones duplicadas o de alto costo, y revisarse los niveles de servicio al cliente, así como las diferentes opciones de proveedores o vendedores. Se han desarrollado varios niveles de complejidad y muchos parecen ser necesarios; sin embargo, las organizaciones deben valorar de manera continua la pertinencia de esas áreas por medio de la evaluación de procesos, la capacitación de personal y el aprovechamiento tecnológico.

Despliegue de inventarios

La duplicación del inventario a lo largo de las cadenas de suministro y el efecto látigo son dos problemas característicos e interesantes. Una administración eficaz de las cadenas brinda la oportunidad de reducir los niveles de inventario. El estudio de GMA que se citó antes es un buen ejemplo. La coordinación o la integración pueden reducir dichos niveles de manera horizontal (una sola empresa) y vertical (múltiples empresas) en la cadena de suministro. Estrategias como la compresión y el aplazamiento también tienen un impacto positivo. El despliegue de inventarios es un problema importante debido a los costos asociados y a las oportunidades relacionadas con la mayor eficiencia. No obstante, es importante recordar que el inventario es un ingrediente ne esario para el éxito de las cadenas de suministro, pero sus niveles deben manejarse con mucho cuidado para reducir el capital de trabajo.

Información

La tecnología y los sistemas de comunicación a los que las organizaciones modernas tienen acceso han generado el almacenamiento de grandes cantidades de datos, pero lo interesante radica en que las empresas no aprovechan esta abundancia para desarrollar sistemas de información que mejoren su toma de decisiones. La acumulación y el almacenamiento de datos resultan casi inútiles a menos que éstos se compartan en los sentidos horizontal y vertical de la cadena de suministro y se utilicen para tomar mejores decisiones respecto del inventario, el servicio al cliente, la transportación, etc. La información es una herramienta poderosa si es oportuna, exacta, administrada y compartida; puede sustituir al inventario debido a que reduce la incertidumbre. Esta última es una de las causas principales de los altos niveles de inventario, pues genera la acumulación de existencias de seguridad. Los desafíos consisten en compartir la información a lo largo de la cadena de suministro y tener la disciplina para garantizar la integridad de los datos recabados; grandes retos que encierran un enorme potencial.

Costo y valor

En este capítulo se han expuesto frecuentes referencias a la eficiencia (costo) y la efectividad (valor). El desafío para las cadenas de suministro es prevenir la suboptimización. En el entorno actual las cadenas de suministro globales compiten entre sí, lo que implica que el costo y el valor al final de las mismas son lo que importa en última instancia. Si una cadena competidora ofrece un producto comparable de mayor valor con un costo menor, no importa que una empresa sea efectiva y eficiente si está en medio de otra cadena de suministro.

Considere la situación de SAB. Tiene que estar consciente del costo y el valor que ofrecen los grandes minoristas que compiten contra sus clientes. Debe pensar cómo lograr que sus clientes sean más competitivos o que atraigan a otros con quienes formen sinergias para generar mejores resultados. Los conocimientos especializados de SAB en las áreas de almacenamiento, distribución y administración de inventario pueden capitalizarse en un

En la línea

El distribuidor de autopartes LKQ descubre la clave para la administración eficaz de los transportistas

Con la adquisición de Keyston Automotive realizada en 2007, LKQ se convirtió en el distribuidor más grande del país de lo que él denomina autopartes "de reemplazo alternativas [provenientes] de colisiones". En la actualidad distribuye grandes cantidades de motores, defensas, faros delanteros y traseros, entre otros artículos manufacturados o reciclados. Sus clientes principales son concesionarias automotrices y talleres de hojalatería y de reparación.

Pocos negocios tienen una base de clientes tan demandante como la de las reparaciones automotrices; cuanto más tiempo tarda el vehículo en el taller, más se enfurece el dueño. Por toda la complejidad que implica la obtención de las refacciones a lo largo de la compleja cadena de suministro, la industria de las reparaciones requiere un mejor servicio.

No es de sorprender que LKQ conceda tanta importancia a la calidad de su operación logística. Elegir al transportista indicado para un embarque específico es vital. Con más de 325 sucursales en todo el país, la complejidad del proceso de selección es inmensa.

En su momento, el rápido crecimiento del negocio exigió que se invirtiera más tiempo en el trato con los transportistas. Cada sucursal negociaba sus propios acuerdos de transportación, lo que no siempre resultaba en la mejor mezcla de costos y servicio. LKQ consiguió a su primer socio logístico para centralizar la negociación de contratos y dar más orden al proceso. Cinco años antes, un segundo proveedor lo atrajo con la promesa de un sistema basado en internet capaz de vincular los requerimientos de carga con el transportista adecuado. El problema fue que la selección se basaba en la opción más barata sin importar si el vendedor era el correcto desde el punto de vista del servicio.

A LQK le gustó lo que vio, pero no estaba dispuesta a comprometerse con una relación sin antes verificar las habilidades de Echo.

Echo de inmediato demostró su capacidad para manejar el negocio. Su plataforma de software, llamada Evolved Transportation Management (ETM), permitió a los gerentes de planta de LKQ elegir entre una lista de transportistas preseleccionados de una base de datos provista por los clientes y empleados de la empresa. Por primera vez, afirma Lahr, los compradores podían elegir un proveedor por razones diferentes al costo. Los transportistas se presentaban en una lista donde se habían ordenado del proveedor menos costoso al más caro, con el número de días en tránsito anotado al lado de cada opción. Además, se concedió libertad de acción a las plantas de LKQ para contratar a aquellos con los que hubiesen establecido una historia de trabajo positiva, aun cuando sus tarifas no fueran las más bajas.

Fuente: Robert J. Bowman, *Supply Chain Brain*, marzo-abril de 2011, p. 62.

nuevo tipo de negocio relacionado. La perspectiva de la cadena de suministro con niveles verticales y horizontales ofrece la oportunidad de pensar de otra manera.

Relaciones organizacionales

La administración de la cadena de suministro enfatiza la orientación horizontal de los procesos a través de los departamentos funcionales tradicionales aislados dentro de las organizaciones, y requiere la colaboración de proveedores externos, clientes, empresas de transportación, proveedores de servicios logísticos tercerizados (3PL) y organizaciones de otro tipo en la cadena de suministro. En otras palabras, la colaboración o cooperación interna con mercadotecnia, ventas, operaciones o manufactura y contabilidad o finanzas es tan importante como la que se establece con organizaciones externas. La comunicación es crucial en la explicación de las oportunidades para promover el equilibrio económico del sistema que harán más competitiva a la cadena de suministro. Por ejemplo, el vicepresidente de manufactura quizá exponga sus razones para mantener en operación sus fábricas durante 24 horas los siete días de la semana pero, ¿qué hay de los costos de almacenamiento e inventario de los bienes que tienen que guardarse hasta que se vendan en su totalidad? Considerar de manera aislada el costo de manufactura ocasionaría mayores costos generales en el sistema. En el capítulo 2 se analiza de manera puntual el concepto del análisis de sistemas, y en otro capítulo se abordará la importancia de las ventas y la planificación de las operaciones.

Medición del desempeño

La mayoría de las organizaciones cuenta con mediciones o métricas de desempeño para analizar y evaluar la eficiencia y el progreso en ciertos periodos. En ocasiones éstas se utilizan para establecer puntos de referencia en el logro de los objetivos de desempeño o los resultados esperados; por ejemplo, cumplimiento y embarque de pedidos por día. La medición es importante y en el capítulo 5 se estudia con más detalle. En este punto es importante reconocer que las métricas de nivel más bajo en una organización deben conectarse directamente con las mediciones de desempeño del nivel alto y la cadena de suministro, que son las utilidades netas, el rendimiento sobre la inversión (ROI; *return on investment*) o el flujo de activos y efectivo. En algunos casos se establecen metas que parecen lógicas para un departamento pero que no son óptimas para la organización en general o para la cadena de suministro. El ejemplo anterior del vicepresidente que desea que sus fábricas operen 24 horas al día todo el año para lograr el costo unitario más bajo posible de los productos ahorraría tres centavos por unidad en producción, pero los gastos adicionales de manejo de exceso de inventario representarían de 4 a 5 centavos por unidad, lo que disminuiría su margen neto de utilidades. El incentivo de un gerente de almacén, a quien se evalúa en función del costo por pie cúbico de unidades almacenadas, será llenar el almacén hasta el techo (pero, ¿cuál es el costo de equilibrio?).

Tecnología

La tecnología, como ya se indicó, puede considerarse un factor de cambio, pero también es importante como un facilitador para generar eficiencia y efectividad mayores. El desafío es evaluar e implementar con éxito la tecnología para lograr las mejoras deseadas. En ocasiones los recursos tecnológicos se desperdician en la solución de problemas, lo que genera frustración y fracaso cuando lo que se necesita es analizar, ajustar o cambiar los procesos; educar a las personas involucradas, y después elegir y adoptar la tecnología para facilitar los cambios en el proceso. Pasar por alto los primeros dos pasos es algo parecido al error de planeación estratégica que se cita con frecuencia: "Preparen, disparen, apunten". La tecnología disponible en la actualidad es abrumadora, pero la planeación y el análisis son imprescindibles para alcanzar los resultados esperados.

Administración de la transportación

La transportación puede considerarse como el adhesivo que hace funcionar la cadena de suministro. Los resultados más importantes de esta última consisten en entregar el producto correcto, en el momento correcto, en la cantidad y con la calidad correctas, al costo y en el destino correctos. La transportación es vital para que estas "cosas correctas" pasen. Otro aspecto de la importancia de la transportación se relaciona con algunas estrategias que las empresas aplican para mantenerse competitivas en la economía actual, como el inventario justo a tiempo, la logística y manufactura esbeltas y las entregas programadas. Los cambios económicos entre los proveedores de servicios de transportación han agravado estos retos; la escasez de conductores, los altos costos del combustible y los cambios en las regulaciones de horas laborables por conductor han llevado a lo que algunos individuos llaman la crisis de la transportación o la "tormenta perfecta". La transportación ha pasado de ser un servicio accesible para los usuarios potenciales, en especial en la década de 1990, a uno escaso en algunas áreas de mercado.

Tecnología en la cadena de suministro

Tendencias en la distribución minorista

Algunos minoristas reducen el número de unidades de registro de almacenamiento (SKU) que venden, pero no siempre se sabe que es en el almacén o centro de distribución donde su proliferación parece estar a la orden del día. Esto genera diferentes niveles de movimiento y grados de complejidad. Al mismo tiempo, los pedidos en múltiples tiendas presentan sus propios desafíos: uno de ellos es el hecho de que la base de SKU varía en función de cada vecindario; lo que los minoristas demandan son entregas que se consideren "amigables en tienda y en pasillos".

Todo lo anterior se reduce al costo. Cada toque tiene un gasto asociado, lo que significa que la mano de obra en el centro de distribución y en la tienda debe mantenerse al mínimo, y la red de distribución debe ser lo más sencilla posible.

En el pasado los minoristas se enfocaban principalmente en el interior del centro de distribución, donde tenían un buen manejo de los costos de la mano de obra. En el entorno actual no es ahí donde se encuentra la mayoría de los costos. Después de todo, la clasificación en el centro de distribución y los sistemas de recolección han contribuido a que aquel sea más eficaz y requiera menos mano de obra. Gracias a los sistemas de recolección de bienes a personas se han logrado mayores eficiencias.

Estos y otros sistemas automatizados han reducido hasta en 40% la fuerza laboral en algunos centros de distribución. Esto genera un beneficio colateral en disminución de daños y mayor exactitud.

Los equipos de trabajo reducidos también han permitido que la huella de carbono disminuya. Los ahorros son todavía mayores en la construcción de Greenfield porque fue posible construir, desde el principio, una instalación más alta y pequeña. Esto reditúa beneficios significativos en términos de sostenibilidad.

Por supuesto, cada instalación tiene un cálculo diferente del ROI, pero los ahorros son evidentes.

Fuente: Mike Khodl, *Supply Chain Brain*, mayo de 2010, p. 34.

Los incrementos en el costo del combustible debido a las revueltas políticas en los países de Medio Oriente en 2011 tuvieron un impacto catastrófico en los costos de transportación. Un desafío adicional es el nivel de mantenimiento de la infraestructura de transporte existente (carreteras, puentes, puertos, vías fluviales, caminos y aeropuertos) y la necesidad de aumentar la capacidad para cubrir la creciente demanda.

Seguridad en la cadena de suministro

La entrega segura y confiable de los productos a los clientes es algo que se espera de una cadena de suministro. En el pasado se daba por hecho, pero desde el 11 de septiembre de 2001 es una preocupación y un problema potencial. La globalización ha incrementado el riesgo de interrupciones o cierres temporales en las cadenas de suministro. Estas amenazas han cambiado parte de su planificación y preparación, que con frecuencia incluyen un análisis de escenarios que considere posibles amenazas, una evaluación de probabilidades y una planificación de alternativas.

RESUMEN

- El flujo de efectivo se ha convertido en una de las medidas más importantes para la viabilidad financiera de las organizaciones comerciales en los mercados globales de hoy. Las cadenas de suministro son un elemento importante para determinar el flujo de efectivo mejorado, pues causan un impacto directo sobre los costos de los clientes, los ingresos y los activos requeridos.

- Las cadenas de suministro constituyen un factor determinante en el consumo de capital de trabajo: repercuten sobre el inventario, las cuentas por cobrar y el efectivo.

- Las cadenas de suministro eficientes y efectivas pueden liberar recursos valiosos y mejorar el cumplimiento de los pedidos de los clientes, incrementar el rendimiento sobre la inversión o los activos y mejorar el valor para los accionistas.

- El ritmo acelerado del cambio en la economía global ha aumentado la necesidad de efectuar cambios continuos en las cadenas de suministro o de transformar la organización para que siga siendo competitiva.

- El ritmo de cambio ha sido motivado por varias fuerzas externas, como la globalización, la tecnología, la consolidación organizacional, los cambios en el poder en las cadenas de suministro, la facultad de los consumidores para tomar decisiones, las políticas y las regulaciones gubernamentales, pero no se limita a ellas.

- La base conceptual de la cadena de suministro no es nueva. De hecho, las organizaciones han evolucionado desde la administración de la distribución física, pasando por la de la logística hasta la de la cadena de suministro, que se basa en un análisis eficaz de los sistemas.

- Las cadenas de suministro se amplían más allá de las fronteras de las empresas y requieren la administración de cuatro flujos: de productos, información, finanzas y demanda.

- La administración de las cadenas de suministro es una travesía, no una meta, y en este campo no hay soluciones mágicas, pues todas las cadenas son especiales.

- La información es poder y las relaciones colaborativas internas y externas son un ingrediente necesario para el éxito.

- El desempeño de las cadenas de suministro debe medirse en términos de las metas corporativas para el éxito; por ende, sus estrategias deben ser congruentes con las organizacionales.

- En su extremo final las cadenas de suministro deben enfocarse en los clientes, ser flexibles y contar con capacidad de respuesta.

- La tecnología es importante para facilitar el cambio, pero para solucionar los problemas debe estar acompañada por un proceso de cambio en la educación de los empleados.

- La administración de la transportación, la seguridad en los materiales y la sostenibilidad han cobrado mayor importancia en el siglo XXI debido a las transformaciones políticas y económicas que se han suscitado.

- Cambie con los cambios, o éstos lo cambiarán a usted.

CUESTIONARIO DE REPASO

1. Los desarrollos en la globalización y la tecnología han hecho que algunas personas digan que el "mundo es plano". ¿Cuál es la importancia de este concepto? ¿Qué impacto tiene un mundo más plano en los requerimientos y estrategias de la cadena de suministro?

2. La consolidación que se ha presentado en el extremo de las ventas al detalle de muchas cadenas de suministro ha sido descrita como el "efecto Walmart". ¿Por qué? ¿Qué modificaciones han ocurrido en la administración de la cadena de suministro debido a la consolidación del menudeo y el consiguiente cambio de poder?

3. Hoy los consumidores tienen una influencia mucho mayor en el mercado. ¿Qué factores han generado esta situación de "consumidor con facultades para tomar decisiones"? ¿Cómo ha modificado este factor las cadenas de suministro en los últimos 10 o 15 años? ¿Continuará esta influencia? ¿Cuál será su impacto en dichas cadenas?

4. La influencia y el impacto de los gobiernos federales, estatales y locales parece cobrar cada vez más importancia en las cadenas de suministro. ¿A qué se debe esta situación? ¿Cuáles son las dimensiones más importantes del control gubernamental sobre las cadenas de suministro en el futuro?

5. ¿Por qué deberían los directores generales, de operaciones, de finanzas y de mercadotecnia interesarse en la administración de la cadena de suministro de sus organizaciones? ¿Cómo podría una administración eficaz de estas cadenas mejorar la viabilidad financiera de sus empresas?

6. Los gerentes de las cadenas de suministro deben interesarse en los cuatro flujos de una organización. Describa cada uno y explique su importancia. ¿Cómo se relacionan entre sí?

7. Durante las décadas de 1980 y 1990 se reconoció que la administración de la transportación en las cadenas de suministro era un aspecto importante, pero no vital. ¿Ha cambiado esta perspectiva? De ser así, ¿cómo y por qué? ¿Cuáles son los desafíos especiales a los que la transportación se enfrentará en el futuro?

8. La colaboración es un ingrediente vital para el éxito de las cadenas de suministro. ¿Por qué? ¿Qué tipos de colaboración son importantes? ¿Qué desafíos y problemas deben abordarse?

9. ¿Por qué es tan importante la información en las cadenas de suministro? ¿Cuáles son los desafíos para el desarrollo e implementación exitosos de la información eficaz? ¿Qué función cumple la administración de la información y la tecnología?

10. ¿Cuál es la función especial de las redes en las cadenas de suministro? ¿Cuáles son algunos desafíos y problemas de las redes eficientes y efectivas? ¿Cómo abordan las empresas estos desafíos y problemas?

NOTAS

1. James Tompkins. Discurso pronunciado en la Warehouse of the Future Conference (Atlanta, GA: mayo de 2000).

2. Joe Paterno, entrenador de fútbol. Discurso presentado en la Penn State University (septiembre de 1998).

3. Anónimo, *Logistics* (julio-agosto de 2000): 43.

4. Charles Fishman, *The Wal-Mart Effect* (Nueva York: Penguin Press, 2006): 5-7.

CASO 1.1

Central Transport, Inc.

Jean Beierlein, presidenta y directora ejecutiva (CEO) de Central Transport, recientemente se reunió con Susan Weber, presidenta y directora ejecutiva actual de SAB Distribution. Jean fue ascendida de directora de operaciones a CEO de Central Transport. Su predecesor había trabajado de manera estrecha con la ex directora ejecutiva de SAB Distribution cuando esta empresa transformó sus operaciones hace casi 10 años para hacer frente a los cambios en su mercado competitivo. En la actualidad, Weber enfrenta nuevos desafíos y desea la colaboración de Jean y de Central Transport para cambiar a la empresa otra vez.

Susan se ha reunido en diversas ocasiones con los miembros de su equipo ejecutivo, nuevos y antiguos (algunos ex colaboradores habían abandonado la organización cuando Susan anunció sus planes de cambio) y ha desarrollado un proyecto tentativo para modificar la dirección estratégica de SAB. Está convencida de que la empresa puede atraer a minoristas importantes de los estados cercanos al Atlántico si modifica su modelo de negocios para incorporar servicios similares a los que ofrecen las empresas logísticas independientes, en especial en lo que se refiere al almacenamiento, la entrega, la transportación y la administración de inventarios. No obstante, Susan considera que necesita la ayuda de un colaborador con experiencia en estas áreas. También piensa que sería mejor si éste fuera una empresa con la que SAB hubiera trabajado antes con éxito y que estuviera dispuesta a enfrentar nuevos desafíos.

Susan ha decidido acercarse como cliente en busca de estos nuevos servicios a Wegman's Food Markets, Inc., empresa exitosa ubicada en el noreste de Estados Unidos, de propiedad privada y que se ha expandido de manera conservadora hacia nuevas áreas de mercado durante los últimos 15 años. Ofrece servicios de mayor valor a sus clientes, entre los que se encuentra una panadería, un restaurante con productos *delicatessen* y más opciones de alimentos para llevar, así como demostraciones de cocina en tiendas.

El principal punto de distribución de Wegman's para sus tiendas se encuentra en Rochester, Nueva York, cerca de su sede corporativa. Además de expandir sus tiendas hacia el área de Washington, DC, y otros lugares hacia el sur en Virginia, desarrolla un nuevo parque de distribución al noroeste de Pennsylvania que disminuirá sus costos y mejorará su servicio. Ante la situación económica, Wegman's siente la presión de ser más competitiva respecto a sus precios.

Susan también está convencida de que Wegman's debe tener precios atractivos si desea continuar con el aumento de las ventas en sus tiendas para expandir sus oportunidades de mercado. Considera que a la empresa puede interesarle su propuesta de ofrecer servicios ampliados para ser más competitiva. Ahora desea que Central se una a SAB para hacer una propuesta a Wegman's.

Jean desea su ayuda para desarrollar una respuesta positiva para Susan.

PREGUNTAS SOBRE EL CASO

1. ¿Por qué y de qué forma ha cambiado el mercado competitivo de SAB en los últimos cinco a siete años?

2. ¿Qué ventajas puede obtener Central de esta nueva propuesta de proyecto empresarial?

3. ¿Qué problemas enfrentarían SAB y Central ante la nueva propuesta?

Fuente: John J. Coyle, DBA. Reproducido con autorización.

Capítulo 2

FUNCIÓN DE LA LOGÍSTICA EN LAS CADENAS DE SUMINISTRO

Objetivos de aprendizaje

Después de leer este capítulo, usted será capaz de:

- Apreciar la función e importancia de la logística en el mejoramiento de las cadenas de suministro organizacionales.

- Analizar el impacto de la logística en la economía y la forma en que su administración eficiente y efectiva contribuye a la vitalidad de la economía.

- Comprender las funciones logísticas de valor agregado tanto a gran escala (macro) como a baja escala (micro).

- Explicar las relaciones entre la logística y otras áreas funcionales dentro de una organización, como manufactura, mercadotecnia y finanzas.

- Analizar la importancia de las actividades administrativas en la función logística.

- Evaluar los sistemas logísticos desde distintos puntos de vista a fin de lograr diferentes objetivos.

- Determinar los costos totales y comprender el equilibrio económico entre los costos en un sistema logístico.

Perfil de la cadena de suministro
Jordano Foods: la secuela

Tracie Shannon, vicepresidenta de logística en Jordano Foods (Jordano), envió el siguiente correo electrónico al comité ejecutivo de su empresa:

Acabo de regresar de una prolongada reunión con Susan Weber, directora ejecutiva de SAB Distribution. La junta directiva de su empresa la presiona para que continúe aumentando la participación de mercado y la rentabilidad de la organización. SAB ha recibido una oferta de compra por parte de otro gran distribuidor de alimentos, y varios miembros de la junta han recomendado considerar seriamente esta posibilidad. Susan piensa que la empresa puede mejorar sus utilidades si aplica cambios adicionales en sus ofertas de servicios. Ha comenzado a reunirse con los proveedores y clientes principales de SAB para hablarles de los nuevos servicios que puede ofrecerles a fin de mejorar la competitividad de su cadena de suministro.

Comprendo la importancia de la competitividad de la administración de la cadena de suministro y las ideas de Susan me parecen acertadas. Ella piensa que si trabajamos de manera más estrecha con los principales proveedores (nosotros somos el segundo proveedor más importante de SAB) y clientes lograríamos una transformación significativa de la cadena de suministro. Está convencida de que estas modificaciones no mermarán el servicio. De hecho, menciona ejemplos de organizaciones en una cadena de suministro que han logrado cambios similares. Me preocupaba la forma en que se compartirían las ventas y el aumento de los ingresos, pero Susan me aseguró que este proceso sería benéfico para todos. Ella piensa que la mayoría de los cambios debe orientarse hacia la disminución de los precios de los productos finales para el consumidor, lo cual haría que tanto SAB como nosotros fuéramos más competitivos. Esta posición mejorada generaría mayores ingresos para todos los miembros de la cadena de suministro, lo que a su vez traería mayores ventas y utilidades para todos.

Una forma de interpretar el mensaje de Susan es que los principales miembros de la cadena de suministro quizá no sólo mejorarían sus operaciones logísticas internas, sino que también lograrían coordinar sus actividades con los demás integrantes por medio de la colaboración y la información compartida. Voy a pedir a Sharon Cox, Jane Jones, Beth Bower y Teresa Lehman, gerentes de almacén, de transportación, de inventario y de servicio al cliente, respectivamente, que conformen un grupo de trabajo para nuestras interacciones con SAB. Sostendremos reuniones semanales y mantendremos informados a todos los directores y gerentes acerca de nuestro progreso.

ANTECEDENTES DE JORDANO FOODS

Dos hermanos, Luigi y Mario Jordano, fundaron Jordano Foods en 1950 en Lewistown, Pennsylvania. Sus padres atendían un restaurante de cocina italiana en Burnham, en el mismo estado. Marie Jordano era famosa por sus habilidades culinarias. Creó sus propias recetas de salsa para pasta, albóndigas, pasta seca y fresca, y otros platillos italianos. Luigi y Mario trabajaban en un restaurante antes de establecer Jordano Foods. Los hermanos sentían que aprovecharían las recetas familiares si vendían pasta, salsas y demás productos de la cocina italiana a otros restaurantes en las comunidades cercanas del centro de Pennsylvania.

Su proyecto inicial tuvo tanto éxito que expandieron su línea de productos y comenzaron a venderla a los mayoristas y distribuidores grandes y medianos de toda el área de Pennsylvania. Construyeron una fábrica en Lewistown y después otra en Elizabethtown, así como un almacén en Mechanicsburg.

SITUACIÓN ACTUAL

En las décadas de 1990 y 2000 hubo momentos de crecimiento importante para Jordano. Mario y Luigi aún tenían una participación activa en la empresa como presidente/director ejecutivo y como presidente del consejo de administración, respectivamente. Los ingresos en esa época superaban los 600 millones de dólares al año, así que construyeron una tercera fábrica en la parte occidental de Pennsylvania cerca de Uniontown. Capacitaron a un grupo de directivos profesionales para dirigir las principales áreas funcionales. En 2005 contrataron a Tracie Shannon para coordinar el área logística, que no había recibido mucha atención antes del ingreso de ésta. Durante la entrevista que sostuvo con ella, lo que más atrajo a Mario fue su experiencia en el área de planificación de sistemas.

Bajo el liderazgo de Shannon se han implementado varias iniciativas relacionadas con la logística de aprovisionamiento y el control de inventarios. Ella es partidaria del enfoque colaborativo de SAB, pues en el pasado compartió esfuerzos con los proveedores. Las mejoras que ha implementado en los sistemas logísticos de entrada y salida han tenido éxito debido no sólo a que ahora operan con mayor eficiencia, sino también porque ofrecen un mejor servicio a las fábricas de Jordano (entrada) y a sus clientes (salida), entre los que figura SAB. Ella ve mayores oportunidades para los productos de la empresa gracias a los servicios ampliados que SAB planifica para la segunda década del siglo XXI.

Tracie sabe que el equipo funcional que ha designado necesitará trabajar con una perspectiva de sistemas, pero también que todos los integrantes deberán coordinar no sólo sus funciones internas, sino también sus actividades con el equipo administrativo de SAB. Bajo la batuta de Shannon, la manufactura y la mercadotecnia internas de Jordano deberán trabajar muy de cerca con la logística para considerar las propuestas y analizar el equilibrio económico entre las áreas.

Tracie sabe que los hermanos Jordano administraron y desarrollaron las funciones de manufactura y mercadotecnia durante los años formativos, y que esas dos áreas se consideran los pilares del éxito de la empresa. La logística es un área funcional relativamente nueva para Jordano, pero los escépticos han dejado de cuestionar el valor agregado que supone para la rentabilidad y la posición competitiva de la organización. Ya se percataron de su potencial en una estrategia de cadena de suministro dinámica.

Tracie está agobiada con las presiones y los desafíos tanto internos como externos, pero la nueva visión de Susan Weber, de SAB, promete enormes posibilidades de éxito para todos los miembros de su cadena de suministro. Ahora Tracie tiene que orquestar la transformación de Jordano.

Fuente: John J. Coyle, DBA. Reproducido con autorización.

Introducción

Como se mencionó antes, la administración de la cadena de suministro ha capturado la atención y el interés de muchas organizaciones. Es probable que algunas personas ignoren o entiendan mal lo que es la logística, con las expectativas que genera la administración de la cadena de suministro y toda la tecnología relacionada que se ha desarrollado para ella. El encanto asociado con la cadena de suministro electrónica, la venta al menudeo por internet, el comercio electrónico y demás, parece eclipsar la importancia de la logística en algunas organizaciones y la necesidad de este soporte eficiente y efectivo en la cadena de suministro. Hay quienes tal vez la consideren un aspecto rutinario y aburrido cuando se compara con los desafíos de la cadena de suministro y las iniciativas como la globalización y la administración de la demanda.

Sin embargo, los profesionales de la logística y otros directivos con experiencia saben que a pesar del alboroto que ha causado la internet, las organizaciones exitosas deben administrar el cumplimiento de pedidos para sus clientes de manera efectiva y eficiente a fin de construir y conservar sus ventajas competitivas y su rentabilidad. Los conocidos problemas de las ventas al menudeo por internet que se suscitaron en la temporada navideña de 1999 son una prueba contundente de la necesidad de sistemas y procesos logísticos adecuados.

Los sofisticados sistemas de servicio al cliente (*front-end systems*) no bastan para enfrentar el competitivo mercado global de hoy; la ejecución de las diferentes funciones internas (*back office*) de la empresa es vital para la satisfacción del cliente. De hecho, la velocidad de los pedidos vía internet y otras tecnologías acentúa la necesidad de un sistema logístico eficiente y efectivo que despliegue los niveles de inventario adecuados, agilice el cumplimiento de pedidos a los clientes y gestione cualquier devolución. La frase "La buena logística es el poder de los negocios", que se cita a menudo, es acertada, pues ésta ayuda a construir una ventaja competitiva. Si una organización no es capaz de llevar sus productos a sus clientes con puntualidad, no durará mucho en el negocio. Esto no quiere decir que la calidad de los productos y la mercadotecnia eficaz no sean importantes, pero deben combinarse con un sistema logístico efectivo y eficiente para alcanzar el éxito perdurable y la viabilidad financiera de la empresa.

El desafío consiste en administrar todo el sistema logístico de tal forma que el cumplimiento de pedidos satisfaga y supere las expectativas del cliente. Al mismo tiempo, el mercado competitivo demanda un control eficiente de los costos de transportación, el inventario y otros factores relacionados. Como se analizará a continuación, es necesario considerar el equilibrio económico entre los costos y el servicio al evaluar los niveles de servicio al cliente y el costo total asociado con la logística, pero ambas metas (eficiencia y efectividad) son importantes para una empresa en el entorno competitivo actual.

En este punto es importante establecer de manera más explícita la relación entre la administración logística y la administración de la cadena de suministro. En el capítulo anterior esta última se definió con ayuda de la analogía con un conducto o tubería, en la que la entrada representaba al proveedor inicial y la salida al cliente final (véase la figura 2.1). En otras palabras, está integrada por un conjunto extenso de empresas desde el proveedor del proveedor hasta el cliente del cliente.

Otra perspectiva considera a la administración de la cadena de suministro como una red que conecta los sistemas logísticos y las actividades relacionadas de todas las organizaciones individuales que componen una cadena determinada. Los sistemas logísticos colectivos desempeñan una función importante en el éxito de la cadena de suministro general. Sin embargo, la coordinación o integración de dichos sistemas es un desafío. Este capítulo se enfocará en las dimensiones y funciones del sistema logístico individual, pero se reconoce que ninguna opera en el vacío. Por ejemplo, la entrada del sistema logístico de un fabricante forma una interfaz con la salida del sistema logístico del proveedor, en tanto que la salida del sistema del fabricante se conecta con la entrada del sistema de su cliente. La administración de la cadena de suministro abarca la logística y las demás actividades que se mencionaron en el capítulo 1.

Una vez que se ha presentado el concepto de logística y su relación con la cadena de suministro, en la siguiente sección analizaremos algunas de sus definiciones y las funciones que ofrecen valor agregado.

Figura 2.1	Perfil de la cadena de suministro contemporánea

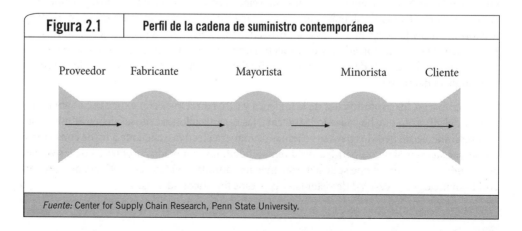

Proveedor   Fabricante   Mayorista   Minorista   Cliente

Fuente: Center for Supply Chain Research, Penn State University.

¿Qué es la logística?

En los últimos 20 años el término **logística** ha cobrado gran notoriedad entre el público en general. La publicidad en televisión, radio y medios impresos ha elogiado su importancia. Las empresas que se dedican a la transportación, como UPS, DHL y FedEx, se designan a sí mismas como logísticas y enfatizan la importancia de su servicio para el logro del éxito total. La guerra del Golfo Pérsico de la década de 1990 también contribuyó al creciente reconocimiento de la logística debido a las frecuentes referencias que hacían los comentaristas de noticias de CNN en torno a los desafíos asociados con el flujo de suministro de 7,000 millas (11,200 kilómetros) de longitud que apoyaba el esfuerzo bélico en los países del Golfo Pérsico. Otro factor importante en el reconocimiento de la logística ha sido la sensibilidad cada vez mayor del cliente no sólo ante la calidad del producto, sino también ante la del servicio logístico.

La **administración logística**, según se define en este texto, abarca los sistemas logísticos no sólo en el sector de las empresas privadas, sino también en los sectores público/gubernamental y sin fines de lucro. Además, las organizaciones de servicios como bancos, hospitales, restaurantes y hoteles enfrentan desafíos y problemas en esta área, y la *administración logística* es una actividad en crecimiento y apropiada para ellas. En consecuencia, y debido a las distintas perspectivas, se conocen varias definiciones de logística (véase la tabla 2.1).

Para los fines de este texto, la definición más apropiada es la que ofrece el Council of Supply Chain Management Professionals (Consejo de Profesionales de la Administración de las Cadenas de Suministro, antes Council of Logistics Management). No obstante, es importante reconocer que la logística debe sus orígenes a la actividad militar, en la que durante mucho tiempo se ha conocido su importancia para el éxito de la defensa nacional.

La definición militar incluye los artículos de suministro (alimentos, combustible, refacciones), así como el personal. Al parecer, el término *logística* proviene del léxico militar que se usaba en el siglo XVIII en Europa. El oficial de logística era responsable de acampar y acuartelar a las tropas, así como de abastecer los depósitos de suministros.[1]

Tabla 2.1	Definiciones de logística
PERSPECTIVA	**DEFINICIÓN**
Inventario	Administración de materiales en movimiento o en reposo
Cliente	Hacer llegar el producto correcto al cliente correcto, en la cantidad y las condiciones correctas, en el lugar, el momento y costo correctos (lo que se conoce como las siete "C" de la logística)
Diccionario	Rama de la ciencia militar relacionada con el aprovisionamiento, el mantenimiento y la transportación de materiales, personas e instalaciones
International Society of Logistics	Arte y ciencia de la administración, la ingeniería y las actividades técnicas relacionadas con los requerimientos, el diseño y suministro, y la conservación de recursos para apoyar los objetivos, planes y operaciones de las organizaciones
Utilidad/valor	Proporcionar utilidad o valor de lugar y tiempo en los materiales y productos en apoyo a los objetivos de la organización
Council of Supply Chain Management Professionals	Parte de los procesos de la cadena de suministro que planifica, implementa y controla el flujo y almacenamiento eficiente y efectivo de bienes y servicios y la información relacionada, desde el punto de origen hasta el de consumo, con la finalidad de satisfacer los requerimientos del cliente
Soporte de componentes	Administración del suministro para la planta (logística de entrada) y administración de la distribución para los clientes de la empresa (logística de salida)

Fuente: Adaptado de Stephen H. Russell, "A General Theory of Logistics Practices", *Air Force Journal of Logistics* 24, núm. 4 (2000): 15. Reproducido con autorización.

El concepto de *logística* comenzó a figurar en la literatura relacionada con los negocios en la década de 1960 con el nombre de **distribución física**, que se enfoca en la salida del sistema logístico (de la planta al mercado). Durante esa década, la logística militar se centró en las dimensiones de ingeniería de la logística: confiabilidad, mantenimiento, administración de la configuración, administración del ciclo de vida y demás, con un énfasis mayor en el modelado y el análisis cuantitativo.[2] Por otra parte, las aplicaciones empresariales o comerciales se orientaron más hacia los bienes perecederos de consumo relacionados con la mercadotecnia y la distribución física de productos terminados. La logística vinculada con la ingeniería, como se practica en el ejército, atrajo la atención de muchas empresas fabricantes de productos industriales que a lo largo de su ciclo de vida requerían algún tipo de refacción. Por ejemplo, los fabricantes de maquinaria pesada, como Komatsu, han desarrollado sistemas logísticos de renombre internacional para la distribución de las refacciones necesarias en la reparación y el mantenimiento de sus vehículos. De hecho, los ingenieros fundaron una organización profesional independiente llamada Society of Logistics Engineers (SOLE; en español, Sociedad de Ingenieros en Logística), que tiene una participación activa tanto de empresas militares como comerciales.

Como se indicó en el capítulo anterior, el sector empresarial pasó de enfocarse en la logística de entrada (administración de materiales para apoyar la función de manufactura) a incluir la logística de salida (distribución física en apoyo a la de mercadotecnia) durante las décadas de 1970 y 1980. Después, en el decenio de 1990-99, el sector empresarial comenzó a ver la logística en el contexto de una cadena de oferta y demanda que vinculaba a todas las organizaciones desde el proveedor del proveedor hasta el cliente del cliente. La administración de la cadena de suministro requiere un flujo de materiales y bienes con mayor colaboración y coordinado a través del sistema logístico de todas las organizaciones de la red, según se indica en el capítulo 1.

En siglo XXI, la logística debe considerarse como parte de la administración organizacional; se clasifica en las siguientes cuatro subdivisiones.[3]

- **Logística empresarial.** Parte del proceso de la cadena de suministro que planifica, implementa y controla el flujo y almacenamiento eficiente y efectivo de bienes, servicio e información relacionada desde el punto de origen hasta el de consumo, con el fin de satisfacer los requerimientos del cliente.

- **Logística militar.** Diseño e integración de todos los aspectos del soporte para la capacidad operativa de las fuerzas militares (desplegadas o en la guarnición) y su equipo a fin de asegurar la prontitud, confiabilidad y eficiencia.

- **Logística de eventos.** Red de actividades, instalaciones y personal necesarios para organizar, programar y desplegar los recursos en la realización de un evento y retirarse de manera eficiente una vez que éste ha transcurrido.

- **Logística de servicios.** Adquisición, programación y administración de instalaciones, activos, personal y materiales para apoyar y sostener una operación o negocio de servicios.

Estas cuatro subdivisiones tienen algunas características y requerimientos en común, como los pronósticos, la programación y la transportación, pero en sus propósitos primarios se distinguen algunas diferencias. No obstante, las cuatro pueden considerarse dentro del contexto de la cadena de suministro; es decir, tanto al inicio como al final del proceso otras organizaciones desempeñan una función en su éxito general y su viabilidad a largo plazo. Este texto se enfoca en la administración logística del sector empresarial.

Una definición general de logística que podría utilizarse y que parece abarcar las cuatro subdivisiones es la siguiente:

La logística es el proceso de anticipar las necesidades y los deseos de los clientes; adquirir el capital, el material, las personas, las tecnologías y la información necesarios para satisfacer esas necesidades y deseos; optimizar la red productora de bienes o servicios a fin de cumplir con los requerimientos del cliente y utilizar la red para cubrirlos de manera oportuna.

Después de ofrecer esta definición analizaremos de qué manera la logística puede agregar valor a los productos de una organización.

Funciones de valor agregado de la logística

La figura 2.2 muestra que hay cinco tipos principales de utilidad económica que agregan valor a un producto o servicio: forma, tiempo, lugar, cantidad y posesión. En términos generales, se atribuye a las actividades de producción el hecho de proporcionar utilidad de forma; a las de logística, la utilidad de tiempo, lugar y cantidad; y a las de mercadotecnia, la de posesión. A continuación describiremos cada una.

Utilidad de forma

La **utilidad de forma** se refiere al valor agregado a los bienes por medio del proceso de manufactura o ensamblaje. Por ejemplo, la utilidad de forma resulta cuando las materias primas o los componentes se combinan de alguna manera predeterminada para constituir un producto terminado. Esto pasa, digamos, cuando Dell integra componentes y software para fabricar una computadora de acuerdo con las especificaciones de un cliente. El proceso de combinar componentes diversos representa un cambio en la *forma* del producto que le agrega valor.

En el entorno de los negocios de hoy ciertas actividades logísticas también proporcionan la utilidad de forma. Por ejemplo, la rotura de la carga y la mezcla de productos que ocurren con frecuencia en los centros de distribución cambian la forma de un producto en la medida en que se requiere modificar las características de su empaque o su tamaño de embarque. Por tanto, el hecho de desempacar una tarima que contiene macarrones con queso Kraft y sacar de ahí paquetes de tamaño individual agrega utilidad de forma al producto. No obstante, las tres principales maneras en que la logística agrega valor son las utilidades de lugar, tiempo y cantidad.

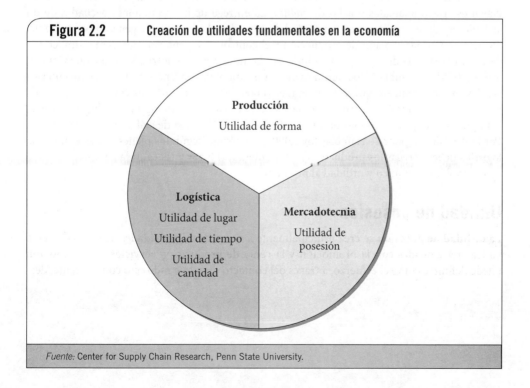

Figura 2.2	Creación de utilidades fundamentales en la economía

Fuente: Center for Supply Chain Research, Penn State University.

Utilidad de lugar

La logística brinda la **utilidad de lugar** cuando se desplazan los bienes desde los puntos de producción hasta los de mercado *donde* existe la demanda. También amplía las fronteras físicas del área de mercado, lo que agrega valor económico a los bienes; este tipo de utilidad se crea principalmente por medio de la transportación. Por ejemplo, el trasladado de los pañales Huggies desde la fábrica de Kimberly-Clark por autotransporte hasta los mercados en que los consumidores los necesiten crea utilidad de lugar. Lo mismo sucede cuando el acero se transporta por ferrocarril hasta el sitio en que se encuentra el proveedor automotriz que marcará las refacciones. La extensión de las fronteras del mercado gracias a esta utilidad aumenta la competencia, lo que genera precios más bajos y una mayor disponibilidad de productos.

Utilidad de tiempo

No sólo los bienes y servicios deben estar disponibles *donde* los clientes los necesitan, sino también *cuando* los necesitan. A esto se le llama **utilidad de tiempo**, o el valor económico agregado a un bien o servicio cuando se le lleva al punto de demanda en el momento específico en que se requiere. La logística la crea por medio del mantenimiento adecuado de los inventarios, la ubicación estratégica de los bienes y servicios, y la transportación. Por ejemplo, esto ocurre cuando se tienen los productos de promoción y la mercancía de oferta disponibles en las tiendas minoristas en el momento prometido por la publicidad. Esto puede lograrse cuando se cuenta con los productos en el inventario, se tienen almacenados cerca del punto de demanda o se utiliza un modo de transportación premium (más rápido). La utilidad de tiempo es mucho más importante hoy debido al énfasis en la reducción de los tiempos de entrega y la disminución de los niveles de inventario mediante estrategias relacionadas con la logística, como el control de inventario justo a tiempo (JIT; siglas en inglés de *just-in-time*) para mejorar el flujo de efectivo.

Utilidad de cantidad

El entorno de negocios de la actualidad exige que los productos no sólo se entreguen a tiempo y en el destino correcto, sino también en las cantidades correctas a fin de minimizar el costo de inventario y prevenir el agotamiento de existencias. Así, las utilidades *cuándo* y *dónde* deben estar acompañadas por las de *cuánto*. La entrega de las cantidades adecuadas de un artículo donde se requiere crea la **utilidad de cantidad**. La logística la genera por medio del pronóstico y programación de producción y el control de inventario. Como muestra, considere la importancia de este tipo de utilidad en la industria automotriz. Suponga que General Motors (GM) ensambla 1,000 automóviles en un día y utiliza una estrategia de inventarios JIT. La empresa requiere que se le entreguen 4,000 llantas para cumplir con su programa de producción. Imagine que el proveedor de llantas entrega 1,900 a tiempo y en el lugar correcto. Aunque ya se hayan creado las utilidades de *cuándo* y *dónde*, la de *cuánto* aún no se genera. Por tanto, GM no podrá ensamblar los 1,000 automóviles según los planes. De este modo, la logística debe entregar los productos en el momento, el lugar y las cantidades correctos para agregar valor económico y utilidad al producto.

Utilidad de posesión

La **utilidad de posesión** se crea principalmente a partir de las actividades de mercadotecnia básicas relacionadas con la promoción y la venta de productos y servicios. La **promoción** puede definirse como el esfuerzo, a través del contacto directo e indirecto con el cliente, des-

En la línea
Desarrollo en India: transformación de la infraestructura logística de la nación

La infraestructura logística es un elemento muy importante que facilita el desarrollo económico de India. Después de reconocer que esta función es vital, el gasto en infraestructura logística se ha triplicado de casi 10,000 millones de dólares en 2003 a la cantidad planeada de aproximadamente 30,000 millones para 2010. A pesar de ello, las redes de autopistas, ferroviaria y fluvial del país serán insuficientes mientras el movimiento de carga pronosticada para la próxima década aumenta al triple. El déficit en infraestructura logística pondrá en riesgo el crecimiento del país.

Dado que gran parte de la red logística de India está por construirse, el país tiene la oportunidad de desarrollar una infraestructura óptima que cubra la creciente demanda. Lograrlo exige un enfoque integrado y coordinado en el que el desarrollo de cada modo de transportación (ferroviario, fluvial y por carretera) satisfaga las necesidades, y los recursos existentes se utilicen de la mejor manera posible.

India necesita en especial aumentar el uso del ferrocarril y aprovechar el potencial de sus vías fluviales. Por ejemplo, en condiciones normales, su participación en el transporte de carga por ferrocarril disminuiría a 25%, en comparación con 36% de la actualidad. Esto es comparable a casi 50% de la participación ferroviaria en China, Estados Unidos y otros países de tamaño continental similar. El enfoque concertado que se sugiere en este informe puede aumentar la participación ferroviaria de India hasta a 46 por ciento.

Si no lo logra, el desperdicio ocasionado por una infraestructura logística deficiente aumentaría de los 45,000 millones de dólares actuales, equivalentes a 4.3% del PIB vigente, a 140,000 millones o más de 5% del PIB en 2020. Si este problema se aborda de una manera integrada y coordinada, es posible reducir esta cantidad a la mitad, y el requerimiento de combustible para el transporte de India disminuiría de 15 a 20 por ciento.

Lo anterior requerirá cuatro cambios principales:

- Construir la red adecuada y asegurar los flujos en el modo de transportación correcto.

- Crear instalaciones logísticas que faciliten al máximo el uso eficiente de la red.

- Obtener mayor provecho de los activos existentes.

- Asignar una mayor inversión a los ferrocarriles y redistribuir los fondos ya invertidos en carreteras y ferrocarriles.

Fuente: Rajat Gupta, Hemarig Mehta y Thomas Netzer, *McKinsey Quarterly* (www.mckinseyquarterly.com), septiembre de 2010.

tinado a incrementar el deseo de poseer un bien o beneficiarse de un servicio. La función de la logística en la economía depende de la existencia de la utilidad de posesión, puesto que las de tiempo, lugar y cantidad tienen sentido sólo si existe demanda para el producto o servicio. La mercadotecnia también depende de la logística, dado que no es posible lograr la utilidad de posesión a menos que se cuente con las de tiempo, lugar y cantidad.

Actividades logísticas

La definición que se analizó antes indica las siguientes actividades de las que el administrador de logística es responsable:

- Transportación
- Almacenamiento y depósito

- Embalaje industrial
- Manejo de materiales
- Control de inventarios
- Cumplimiento de pedidos
- Pronóstico de inventarios
- Planificación y programación de la producción
- Aprovisionamiento
- Servicio al cliente
- Ubicación de las instalaciones
- Manejo de devolución de bienes
- Soporte de partes y servicio
- Desecho de materiales recuperados o chatarra

Esta lista es bastante extensa; algunas organizaciones con departamentos logísticos bien desarrollados quizá no pongan la responsabilidad de todas estas actividades en ellos. No obstante, en las decisiones relacionadas con esas áreas debe utilizarse la perspectiva de sistemas, que es vital en la administración logística para evaluar los costos y beneficios que implicaría para el sistema realizar cualquier cambio en una o más de las actividades mencionadas.

El interés creciente en la logística después de la Segunda Guerra Mundial contribuyó al aumento de las actividades asociadas con ella. Dado el alcance de este incremento, vale la pena analizarlas brevemente, así como su relación con la logística y con la cadena de suministro en general, según convenga.

Transportación

La transportación es una actividad significativa en el sistema logístico y una de las variables más importantes en el costo. Uno de los temas fundamentales en esta área es el movimiento o flujo físico de bienes y la red que traslada el producto. Esta última en general está compuesta por organizaciones transportistas que ofrecen servicio a la empresa de embarque. La organización logística es responsable de elegir el modo o los modos de transporte y a quienes participarán en el traslado de materias primas, componentes y bienes terminados, o bien, en el desarrollo de un sistema de transportación privada como alternativa. Es importante observar que la transportación es un componente vital de la cadena de suministro general dado que es el vínculo físico entre las diferentes empresas que la componen. De hecho, puede considerarse como el adhesivo que la mantiene unida.

Depósito

Una segunda área, que mantiene una relación de equilibrio económico con la transportación, es el depósito. Éste involucra dos actividades separadas pero que se relacionan de manera estrecha: la administración de inventarios y el almacenamiento. Existe una relación directa entre la transportación y el nivel de inventario y el número de almacenes requeridos. Por ejemplo, si las organizaciones utilizan un modo de transportación relativamente lento (digamos, por agua), por lo general tendrán que mantener niveles de inventario más altos y, en consecuencia, contar con más espacio de almacén para guardarlo. Una organización podría considerar el uso de un modo de transportación más rápido y costoso (por ejemplo, el terrestre) para eliminar algunos de sus almacenes e inventarios.

Varias decisiones importantes están relacionadas con la actividad de depósito (inventario y almacenamiento). Entre ellas se encuentran la determinación de cuántos almacenes y de qué tamaño son necesarios y dónde ubicarlos, o cuánto inventario manejar, entre otros aspectos.

Debido a que las decisiones referentes a la transportación afectan las relacionadas con el inventario, es esencial contar con un modelo de toma de decisiones para examinar el equilibrio económico entre las diferentes alternativas a fin de optimizar el sistema logístico general. Más adelante se analizará un ejemplo de modelo de toma de decisiones. El depósito es importante también para toda la cadena de suministro, y existe la posibilidad de reducirlo (inventario y almacenamiento) a lo largo de la misma, tema que se estudiará en los capítulos siguientes.

Embalaje

Una tercera área de interés para la logística es el embalaje industrial (exterior). Éste protege el producto durante la transportación y el depósito, e incluye materiales como cajas de cartón corrugado, películas plásticas elásticas, encintado, bolsas y otros. Los requerimientos del embalaje dependerán del modo de transportación seleccionado. Por ejemplo, el ferroviario o el oceánico requieren gastos adicionales debido a la mayor posibilidad de daños en tránsito. Para la segunda quizá se necesite más material de embalaje a efecto de impedir que la humedad dañe el producto. Para analizar el equilibrio económico entre los cambios propuestos en los modos de transportación, los gerentes de logística examinan el impacto de esas modificaciones en los costos de embalaje. En muchos casos, cambiar a un modo de transportación premium, como el aéreo, reducirá dichos costos debido a que supone un riesgo de daño menor. En años recientes esta área ha estado sujeta a un intenso escrutinio con el creciente interés en la sostenibilidad. Las envolturas terminan siempre en los basureros. Las empresas han reducido mucho su desperdicio al usar materiales alternativos y disminuir su cantidad. Esto es una cuestión importante para la sostenibilidad ambiental.

Manejo de materiales

Una cuarta área que debe considerarse es el manejo de materiales, que también reviste interés para otras funciones en una organización de manufactura típica. Es importante en el diseño del almacén y de las operaciones de almacenamiento eficientes. Los gerentes de logística se ocupan del movimiento de los bienes desde el vehículo de transportación hasta el interior de las instalaciones, su colocación dentro de éstas y su movimiento desde el depósito hasta las áreas de recolección de pedidos, y por último hasta las zonas de carga para su transportación fuera del almacén.

El manejo de materiales se relaciona con el equipo mecánico que se usa para el traslado de bienes a distancias cortas, como transportadores, montacargas, grúas puente y sistemas automatizados de almacenamiento y recuperación (ASRS; *automated storage and retrieval systems*). Los gerentes de producción quizá deseen utilizar un tipo de tarima o contenedor particular que no sea compatible con las actividades logísticas de almacenamiento. Por tanto, los diseños de manejo de materiales deben coordinarse con el fin de asegurar la congruencia entre el tipo de equipo que se utiliza y los dispositivos de almacenamiento que moverán. Este tipo de coordinación también es esencial entre todas las organizaciones de la cadena de suministro.

Control de inventarios

Una quinta área que debe examinarse es la del control de inventarios, ya que éstos se encuentran en almacenes y fábricas. Este control tiene dos dimensiones: asegurar los niveles adecuados y certificar su exactitud. Para garantizar que sean los adecuados es necesario dar seguimiento a los niveles actuales y colocar pedidos de reabastecimiento o programar la producción para llegar a un nivel predeterminado. Por ejemplo, las existencias pueden agotarse en el momento en que el centro de distribución libera los pedidos de un cliente para su embarque. Cuando los niveles alcanzan cierto punto de reorden es preciso colocar pedidos de reabastecimiento (ya sea de manera manual o electrónica) en cualquier otro centro de distribución o fábrica para alcanzar un nivel aceptable.

Otra dimensión del control de inventarios consiste en certificar su exactitud. A medida que se agotan físicamente, un sistema de información en el almacén rastrea de manera electrónica el estatus de sus niveles actuales. Para asegurar que los niveles físicos reales del inventario coincidan con los que se muestran en el sistema de información se realizan conteos cíclicos de artículos seleccionados periódicamente durante el año. El uso de códigos de barras y etiquetas de identificación por radiofrecuencia (RFID) ha ayudado a aumentar la eficiencia y eficacia de este proceso. La exactitud ha cobrado mayor importancia conforme el concepto del "pedido perfecto" y las cadenas de suministro esbeltas se han vuelto más significativos para la logística y las cadenas de suministro.

Cumplimiento de pedidos

El cumplimiento de pedidos consiste en las actividades involucradas en el despacho y embarque de los pedidos del cliente. Es importante porque tiene un impacto directo sobre el tiempo que transcurre entre el momento en que el cliente coloca un pedido hasta que lo recibe. A esto también se le llama *tiempo de entrega del pedido*. Los cuatro procesos o actividades básicas para el cumplimiento o tiempo de entrega son transmisión, procesamiento, preparación y envío.

Por ejemplo, suponga que el tiempo de entrega para el cumplimiento de un pedido es de ocho días. También imagine que su procesamiento y transmisión toman cuatro días, y que su preparación requiere otros dos, lo cual deja dos días para su envío. El breve tiempo de envío quizá requiera un modo de transportación premium (con un costo más alto). Una organización podría considerar la adición de tecnología para el procesamiento y la transmisión de los pedidos a fin de reducir ambos procesos a dos días. Esto le permitiría usar un modo de transportación de bajo costo para cumplir con el compromiso de ocho días u ofrecer tiempos de entrega de seis para obtener con ello una ventaja competitiva.

Pronósticos

Otra actividad importante es el pronóstico de la demanda. Se necesita que éste sea confiable para lograr la exactitud en los requerimientos de inventarios. Los materiales y componentes son vitales para la eficiencia de la manufactura, el control de inventarios y la satisfacción del cliente. Esto sucede especialmente en las organizaciones que utilizan un enfoque JIT o la planificación de requerimientos materiales (MRP; *material requirements planning*). El personal de logística y cadena de suministro debe desarrollar los pronósticos de inventarios junto con los de mercadotecnia de la demanda para garantizar que se mantengan los niveles de inventario adecuados.

Planificación de la producción

Otra área de creciente interés es la planificación y programación de la producción, que mantienen una relación estrecha con los pronósticos para el control de inventarios eficaz. Una vez que se desarrollan los pronósticos y se determina el nivel de inventario disponible y la tasa de uso, los gerentes de producción pueden calcular el número de unidades que deben producir para asegurar una cobertura de mercado adecuada. No obstante, en las organizaciones que cuentan con varios productos la sincronización del proceso de manufactura y ciertas relaciones de línea de producto exigen una coordinación estricta o un control real de la planificación y programación de la producción por parte del departamento de logística.

Aprovisionamiento

El aprovisionamiento es otra actividad que se incluye en la logística. Esto se debe principalmente a que los costos de inventario y transportación están relacionados con la ubicación geográfica (distancia) de las materias primas y los componentes que se han comprado para satisfacer las necesidades de manufactura. En términos de costos de transportación e inventario, las cantidades que se compran también afectan los costos logísticos totales. Por ejemplo, los tiempos de entrega de los componentes que se adquieren en China para una fábrica ubicada en Estados Unidos pueden implicar varias semanas. Esto causa un impacto directo sobre los niveles de inventario que necesitan mantenerse en la fábrica para impedir que sus operaciones se suspendan. El uso de un modo de transportación premium para acortar estos tiempos reduciría los niveles de inventario pero incrementaría los costos de producción. Por tanto, es necesario tomar las decisiones relativas al aprovisionamiento desde una perspectiva de sistemas.

Servicio al cliente

En este análisis son importantes dos dimensiones: 1) el proceso de interaccionar directamente con el cliente para influir en el pedido o recibirlo, y 2) los niveles de servicio que la organización ofrece a sus clientes. Desde la perspectiva de la recepción del pedido, la logística se refiere a la capacidad de prometer al cliente el día en que éste recibirá su pedido desde el momento de su colocación. Esto exige la coordinación entre el control de inventarios, la fabricación, el almacenamiento y la transportación para garantizar que se cumpla cualquier promesa formulada, como el tiempo de entrega y la disponibilidad del producto.

La segunda dimensión del servicio al cliente se relaciona con los niveles de servicio que la organización ofrece. Estas dimensiones pueden incluir los índices de cumplimiento de pedidos y de entregas puntuales. Las decisiones acerca de los inventarios, la transportación y el almacenamiento se vinculan con los niveles de servicio al cliente. Si bien el área de logística no controla por completo las decisiones que se toman en esta área, sí desempeña una función muy importante en cuanto a garantizar que el cliente obtenga el producto correcto en el momento y la cantidad correctos. Las decisiones logísticas afectan la disponibilidad del producto y los tiempos de entrega, que son factores vitales para el servicio al cliente.

Ubicación de las instalaciones

Otra área de interés para la logística es la ubicación de la planta y el almacén. Un cambio alteraría las relaciones de tiempo y lugar entre las instalaciones y los mercados, o entre los puntos de oferta y las instalaciones. Esto modificaría los costos de transportación y servicio, el servicio al cliente y los requerimientos de inventario. Por tanto, el administrador de logística debe influir en las decisiones de ubicación de las instalaciones.

Otras actividades

Otras áreas pueden considerarse como parte de la logística. Algunas como el soporte de partes y servicios, el manejo de las devoluciones y el desecho de desperdicios indican la realidad de las actividades logísticas en las organizaciones que producen artículos industriales o de consumo no perecederos. En tales casos se necesita un enfoque integrador. La logística influye en el diseño de productos y en los servicios de mantenimiento y suministro dado que las decisiones de transportación y almacenamiento afectan estas áreas, mismas que requieren el desarrollo de un sistema de logística inversa que permita que los productos usados, rotos u obsoletos sean devueltos al proveedor para su desecho.

Logística en la economía: una perspectiva a gran escala (macro)

En general, el costo global y absoluto de la logística visto a gran escala aumentará en función del crecimiento de la economía. En otras palabras, cuantos más bienes y servicios se produzcan, más aumentarán los costos logísticos. Para determinar la eficiencia del sistema logístico es necesario medir sus costos totales en relación con el producto interno bruto (PIB); esta estimación es un barómetro aceptado para medir la tasa de crecimiento económico.

En la línea

La transformación de Ce De Candy's Sweet

Desde el 11 de septiembre de 2001 incluso los fabricantes de dulces se han involucrado en la lucha por mantener los alimentos de la nación a salvo de los ataques bioterroristas. Esa es la razón por la que Ce De Candy, productor de la marca de dulces *Smarties*, instaló un sistema automático de administración de inventarios y captura de datos en sus fábricas de Union, Nueva Jersey, y New Market, Ontario. La tecnología no sólo transforma el modo en que la empresa recaba los datos, sino que también establece las bases para utilizarlos en la mejora de sus procesos futuros.

La tecnología permite a Ce De Candy seguir y localizar la fuente y el lote de los ingredientes que se usaron para producir sus populares dulces, así como a los clientes que recibieron los productos terminados. Esto le ha ayudado a cumplir con los nuevos requerimientos de seguimiento de producto y lote impuestos por la Ley de Terrorismo Biológico de la Administración de Alimentos y Medicamentos de Estados Unidos (Food and Drug Administration's Bioterrorism Act).

Cuando la Administración de Alimentos y Medicamentos (FDA, siglas del inglés Food and Drug Administration) anunció nuevos requerimientos, de repente la empresa tuvo que mantener registros exactos en caso de sabotaje, contaminación o retiro del mercado de sus productos. Un desafío adicional fue que Ce De Candy aún manejaba un registro en papel de las actividades del almacén y no contaba con un sistema de administración de almacenes o escaneo de código de barras. Antes de eso no tenía que dar seguimiento a nada. Tuvo que acelerar e implementar un sistema que cumpliera con las nuevas y apremiantes exigencias.

¿Con cuánta rapidez? Una vez terminados los requerimientos, Ce De Candy contaba con sólo seis meses para mantener el sistema listo y funcionando. La solución consistió en un software adaptable a cualquier necesidad (portable technology solutions), que se integró con facilidad al sistema de planificación de recursos empresariales (ERP; siglas del inglés *enterprise resource planning*) del fabricante y que utiliza escáneres inalámbricos de códigos de barras (Motorola) para dar un seguimiento adecuado al origen de los ingredientes —los pasos importantes en el proceso de manufactura y los productos terminados.

Desde su entrada en vigor, Ce De Candy no sólo cumple con los requerimientos federales de seguimiento, sino que también ha descubierto beneficios adicionales en sus operaciones logísticas. Con información adicional disponible, ahora cuenta con un registro de cada tarima que los clientes recogen. Esto ha mejorado la forma de manejar los conflictos de los clientes relacionados con los embarques.

Fuente: Bob Trebilcock, *Logistics Management*, abril de 2010, p. 26.

Como se indicó en la figura 2.3, los costos logísticos como porcentaje del PIB disminuyeron de 12.3 en 1985, a 9.9% en 2006. De hecho, rondaban 20% desde principios hasta mediados de la década de 1970. El punto más bajo ocurrió en 2003, cuando representaron 8.6% del PIB. Un modesto incremento en los costos de inventario a partir de 2004 (como se verá en la figura 2.5), aunado a un aumento en los costos de transportación, ocasionó que este porcentaje se elevara en 2005 y 2006.

La reducción en el costo logístico como porcentaje del PIB que se muestra en la figura 2.3 es resultado de las importantes mejoras aplicadas en los sistemas logísticos generales de las organizaciones que operan en la economía. Esto les permite ser más competitivas, dado que influye directamente en el costo de producir bienes. Es posible decir que el repunte de la economía estadounidense a principios del presente siglo se debió en parte a la reducción en los costos logísticos relativos.

El costo logístico puede comprenderse mejor con un análisis de las tres categorías principales de costos que incluye: de almacenamiento e inventario, de transportación y otros (véase la figura 2.4). Los de almacenamiento están asociados con los activos que se usan para guardar el inventario. Los de inventario abarcan todos los gastos relacionados con el almacenamiento

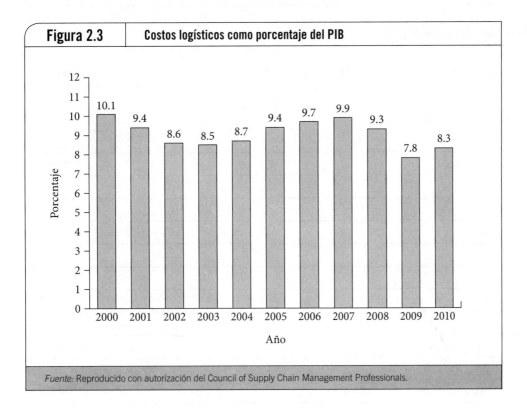

Figura 2.3 | Costos logísticos como porcentaje del PIB

Fuente: Reproducido con autorización del Council of Supply Chain Management Professionals.

de los bienes. Los de transporte incluyen el gasto por intereses (o el costo de oportunidad asociado con la inversión en inventario), los costos relacionados con el riesgo (obsolescencia, depreciación) y los relativos al servicio (seguros, impuestos). Los costos de transportación representan el total de gastos nacionales derivados del movimiento de la carga dentro del país. Una tercera categoría de costos logísticos son los administrativos y de embarque asociados con la gestión de las actividades logísticas y de personal.

La figura 2.4 quizá subestime los costos verdaderos de la logística en la economía, pues al parecer no incluye algunas actividades que se analizan en este capítulo. No obstante, el costo estimado que se presenta en esta figura refleja las principales categorías de costos.

Es importante reconocer la tendencia a la baja del costo logístico en relación con el PIB que se muestra en la figura 2.3. Este declive comenzó a principios de la década de 1980 y guarda una estrecha relación con la desregulación de la transportación, que confirió a los transportistas una flexibilidad mucho mayor para ajustar las tarifas de sus fletes y servicios en respuesta a la competencia. Un segundo factor que contribuyó a esta tendencia ha sido la mejora en la administración de los niveles de inventario. Esto es resultado de una mayor atención en la inversión en inventario y la tecnología de punta a la que los gerentes tienen acceso para tomar decisiones más eficaces en relación con el mismo.

Desde una perspectiva a gran escala (o macro), los datos se publican en la razón de inventario a PIB en la economía estadounidense (véase la figura 2.5). En otras palabras, ¿cuánto inventario deben manejar las organizaciones para apoyar el PIB? Por lo general se espera que sus niveles aumenten en función de un mayor volumen de ventas. La figura 2.5 muestra la interesante tendencia a la baja de los niveles de inventario en relación con el PIB. De 1985 a 2006 el PIB nominal aumentó 212.3%, en tanto que el valor de los inventarios de todas las empresas se incrementó 119.2% para el mismo periodo. Esta es una medida de la eficiencia y un indicador inequívoco de que las organizaciones están mejorando su administración de inventarios.

Figura 2.4	Costos logísticos totales: 2011	
COSTOS DE MANTENIMIENTO: $2,064 TRILLONES: INVENTARIO DE TODAS LAS EMPRESAS		**BILLONES**
Interés		4
Impuestos, obsolescencia, depreciación, seguro		280
Almacenamiento		112
Subtotal		396
Costos de transportación		
Autotransportistas		
Camiones: interurbanos		403
Camiones: locales		189
Subtotal		592
Otros transportistas		
Por carretera		60
Vías fluviales (32 internacionales, 8 nacionales)		33
Oleoductos		10
Aéreos (15 internacionales, 23 nacionales)		33
Expedidores o promotores		32
Subtotal		168
Costos relacionados con el expedidor		9
Administración logística		47
Costo logístico total		**1,211**

Fuente: 22nd Annual State of Logistics Report, http://www.cscmp.org (2011). Reproducido con autorización del Council of Supply Chain Management Professionals.

Las dos categorías principales de costos en el sistema logístico de cualquier organización son la de transportación y la de inventario. Como se indicó, la primera representa el mayor costo variable individual en cualquier sistema logístico. En la figura 2.4 observe la magnitud de la participación de los autotransportistas en el total de los gastos en este rubro, que es de 592 billones de dólares en comparación con los 168 billones para todos los demás modos de transportación. Este gasto no se basa necesariamente en las tasas de transportación más bajas, sino que refleja el valor que para los proveedores de servicios de embarque tienen los que ofrecen los autotransportistas. Este punto se analiza en el capítulo 10 dedicado al tema de la transportación, pero vale la pena abordarlo aquí debido a que la administración logística requiere que se examinen los costos logísticos totales y no sólo uno de ellos, como el de transportación.

También vale la pena mencionar que uno de los puntos de equilibrio económico en los sistemas logísticos ocurre entre los costos de transportación y los de inventario. Por ejemplo, una organización quizá esté dispuesta a pagar tarifas altas para el servicio de traslado aéreo debido a los ahorros que tendrá en los costos de inventario. Al evaluar esta situación, las organizaciones utilizan un enfoque de sistemas (que se analizará más adelante en este capítulo) para llegar a la solución que ofrezca el costo total más bajo.

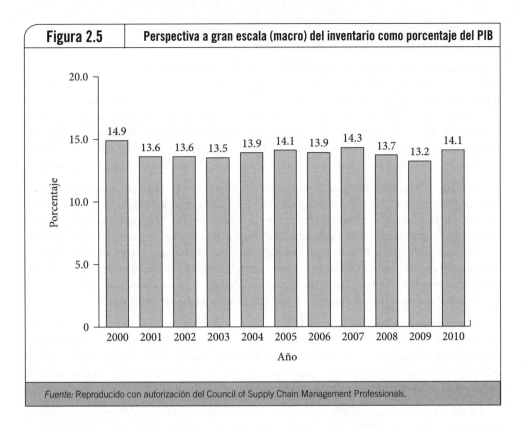

| Figura 2.5 | Perspectiva a gran escala (macro) del inventario como porcentaje del PIB |

Fuente: Reproducido con autorización del Council of Supply Chain Management Professionals.

Logística en la empresa: perspectiva a pequeña escala (micro)

Otra dimensión es la de pequeña escala (micro), que examina las relaciones entre la logística y otras áreas funcionales dentro de una organización: mercadotecnia, manufactura u operaciones, finanzas y contabilidad, entre otras. Por su naturaleza, la logística se enfoca en los procesos que rebasan las fronteras funcionales, en especial en el entorno actual que enfatiza la importancia de la cadena de suministro. Por ende, mantiene muchas interconexiones o interfaces vitales con otras áreas funcionales, dado que los flujos relacionados con ella, así como los de la cadena de suministro, tienden a ser horizontales en una organización y a trascender otras funciones.

Interfaces logísticas con manufactura u operaciones

Una interfaz entre logística y manufactura se relaciona con el tamaño de las corridas de producción. La eficiencia de la manufactura en general se asocia con largas corridas de producción y pocos cambios o configuraciones en la línea de fabricación. Sin embargo, estas corridas generan altos niveles de inventario de ciertos productos terminados y limitan las existencias de otros. Por tanto, la decisión más importante de producción requiere que los gerentes consideren las ventajas y desventajas que suponen las corridas de producción largas en comparación con las cortas, así como sus repercusiones en los inventarios. Muchas organizaciones actuales tienen algunas que son más reducidas y hacen lo necesario para acortar el tiempo y el gasto asociado con el cambio en las líneas de producción de un producto a otro. Esto sucede en especial en las empresas que emplean enfoques JIT o "esbeltos" para el inventario y la programación. La tendencia actual es hacia los sistemas logísticos y de manufactura tipo "*pull*" (jalar), donde el producto es "jalado" en *respuesta* a la demanda y no "empujado" *previo* a ella.

Esta práctica disminuye los niveles de inventario, lo que puede reducir los costos logísticos totales aun cuando los de producción aumenten.

Al gerente de producción le interesa minimizar el impacto de los productos de temporada. Por ejemplo, la industria de los dulces se ve afectada por las diferentes festividades o acontecimientos que ocurren durante el año, como los días de San Valentín, Pascua, Halloween y Navidad. Para disminuir el costo de manufactura, los gerentes de producción en general elaboran los dulces antes de alguna festividad o algún acontecimiento determinado. Esta estrategia exige que se acumule inventario, con los consiguientes costos. Los ahorros en costos de manufactura deben compararse con los de inventario y cualquier otro beneficio o costo.

La logística y la manufactura también interaccionan con la parte de entrada de la producción. Por ejemplo, cuando se cierra una fábrica o aumentan los costos de producción es posible que se generen escasez o agotamiento de las existencias. El gerente de logística debe asegurarse de que las cantidades disponibles de materias primas y componentes sean adecuadas para cumplir con los programas de producción, y que sin embargo sean conservadoras en términos de costos de mantenimiento de inventario. Debido a la necesidad de este tipo de organización, muchas han transferido la responsabilidad de la programación de la producción, que antes estaba en manos del área de manufactura, al departamento de logística.

Otra actividad en la interfaz entre la logística y la manufactura es el embalaje industrial, que para muchas organizaciones es responsabilidad del área de logística. En el contexto de la manufactura o la logística, la finalidad del embalaje industrial es proteger al producto de posibles daños. Esto es diferente de cualquier valor que el empaque de consumo pudiera implicar por razones de mercadotecnia o promocionales.

La interfaz entre logística y manufactura cobra una importancia cada vez mayor, dado el creciente aprovisionamiento de materias primas y componentes de fuentes extranjeras y las cuestiones de sostenibilidad. Por otra parte, muchas organizaciones actuales establecen convenios con fabricantes independientes o por contrato y envasadores externos para producir, ensamblar o mejorar una parte o la totalidad de sus productos terminados. Estos acuerdos son frecuentes en especial en la industria de los alimentos, donde algunos fabricantes producen bienes alimentarios que venden bajo la marca de alguna otra empresa.

Interfaces logísticas con la mercadotecnia

La logística mantiene una relación importante con la mercadotecnia. Esto se debe a que la distribución física, o la parte de salida del sistema logístico de una organización, desempeña una función vital en la venta del producto. En algunos casos la distribución física y el cumplimiento de pedidos son variables clave en las ventas continuas de los productos; es decir, la capacidad para suministrar el producto en el momento, lugar, cantidades y al costo correctos puede ser un elemento crucial para lograr una venta.

Esta sección analiza de manera breve las interfaces entre las actividades logísticas y de mercadotecnia en cada una de las áreas principales de la mezcla de esta última. El material se organiza con base en las cuatro "P": precio, producción, promoción y punto de venta.[4] Además, se analizan las tendencias recientes en estas interfaces.

Precio

Las organizaciones que venden productos a menudo ofrecen una lista de descuentos para las compras de cantidades mayores. Si tales descuentos se relacionan con los que existen en las tarifas de transportación en términos de peso, entonces tanto el proveedor de servicios de embarque como el cliente podrán reducir el costo total de transportación. Por ejemplo, si los precios de los productos de una empresa consideran ya la tarifa de transportación y si las listas de precios concuerdan con los requerimientos de embarque basados en el peso del producto, el proveedor del servicio podrá obtener tarifas más bajas por libra (o kilogramo) con un mayor volumen de compra, y por tanto ahorrar dinero para él y para el cliente. Así, cuando una organización calcula el número de unidades que desea vender a un cliente a un precio determinado, deberá calcular la tarifa correspondiente al peso de ese número de unidades. En algunas organizaciones las listas de precios están configuradas en función de las tarifas de los diferentes modos de transportación basadas en el peso. Según la Ley Robinson-Patman (Robinson-Patman Act) y la legislación relacionada, los ahorros en costos de transportación constituyen una razón válida para ofrecer un descuento en los precios.

Además, al gerente de logística le interesan los requerimientos de volumen de la lista de precios puesto que éstos afectan los de inventario, los tiempos de reabastecimiento y otros aspectos del servicio al cliente. Una organización también debe tomar en cuenta su capacidad para ofrecer volúmenes suficientes dentro de una lista atractiva de precios. Esto sucede en especial cuando hay descuentos y como consecuencia se generan ventas adicionales en momentos determinados del año. Será preciso notificar al gerente de logística tales descuentos de precios de tal manera que pueda ajustar los niveles de inventario para cubrir la demanda proyectada.

Producto

Otra decisión que se toma con frecuencia en el área de mercadotecnia se refiere a los productos, en especial a sus atributos físicos. Se ha escrito mucho acerca del número de productos nuevos que llegan al mercado cada año. Su tamaño, forma, peso, empaque y otras dimensiones físicas afectan la capacidad del sistema logístico para moverlos y almacenarlos. Por tanto, el gerente de logística debe ofrecer su opinión cuando el área de mercadotecnia se encuentre en proceso de decidir las dimensiones físicas de los nuevos productos. Además de estos últimos, las organizaciones renuevan los antiguos de una forma u otra para mejorar o conservar sus ventas. En general, tales cambios quizá consistan en un nuevo diseño o diferentes tamaños de empaque. Las dimensiones físicas del producto afectan los sistemas de almacenaje y movimiento; también repercuten en los modos de transportación que la organización puede utilizar, el equipo que necesitará, las tasas de daños, la capacidad de almacenamiento, el uso de equipo para el manejo de materiales como bandas transportadoras y tarimas, el embalaje industrial y muchos otros aspectos logísticos.

La frustración de los gerentes de logística aumentará cuando las dimensiones del producto encarezcan el uso de tarimas de tamaño estándar, cuando se desaproveche el espacio de carga de un remolque o contenedor o se utilice de tal manera que se dañen los productos. Estas cuestiones tal vez parezcan triviales a los ejecutivos que venden a los clientes, pero en realidad tienen serias repercusiones sobre el éxito general de la empresa y su rentabilidad a largo plazo.

En las organizaciones no existen reglas establecidas para el manejo de estas situaciones. No obstante, la colaboración permite a los gerentes de logística opinar en lo referente a las consecuencias de estas situaciones, pues pueden recomendar pequeños cambios que faciliten el movimiento y almacenamiento del producto y que no afecten las ventas.

Otra área de la mercadotecnia que impacta en la logística es el empaque de consumo o destinado al consumidor. El gerente de mercadotecnia a menudo considera este aspecto como el "vendedor silencioso"; a nivel de menudeo, puede representar un factor decisivo. El gerente de esta sección se interesa en la apariencia del empaque, la información que proporciona y otros aspectos relacionados pues podría marcar la diferencia en el momento en que el cliente compara varios productos en el anaquel del centro comercial. El empaque de consumo es importante por varias razones: primera, tiene que ajustarse al embalaje industrial o externo, debido a que su tamaño, forma y otras dimensiones afectarán su uso. Segunda, la protección que ofrece; sus dimensiones físicas y sus características de protección influirán en las áreas de transportación, manejo de materiales y almacenamiento del sistema logístico. En pocas palabras, el empaque de consumo puede causar un impacto negativo en el costo logístico (eficiencia) y en el servicio al cliente en caso de que sufra daños.

Promoción

Las empresas gastan millones de dólares en campañas publicitarias nacionales y otras prácticas promocionales para mejorar las ventas. Una organización que emprende esfuerzos promocionales para estimular sus ventas debe colaborar con el gerente de logística a fin de que existan los niveles adecuados de inventario para su distribución al cliente. Sin embargo, aun con la colaboración los problemas quizá subsistan debido a la dificultad de pronosticar la demanda para un nuevo producto; no obstante, un intercambio constante de información puede mitigarlos, y tal vez la cooperación en la cadena de suministro mejore esta situación.

Punto de venta

La decisión del punto de venta se refiere a la selección del canal de distribución e involucra tanto las decisiones de transacción como las relativas al canal de distribución física. Los mercadólogos participan más en la toma de decisiones sobre las transacciones de mercadotecnia y en especificar si se vende un producto a los mayoristas o se trata directamente con los minoristas. Desde la perspectiva del gerente de logística, tales decisiones pueden afectar considerablemente los requerimientos del sistema. Por ejemplo, las organizaciones que sólo tratan con mayoristas quizá enfrenten menos problemas logísticos de los que tendrían si trataran directamente con minoristas. En promedio, los primeros compran cantidades más grandes que los segundos, colocan sus pedidos y administran sus inventarios de una manera más predecible y consistente, lo que facilita las decisiones del gerente de logística. Los minoristas, en especial los pequeños, con frecuencia ordenan cantidades reducidas y no siempre permiten contar con el tiempo suficiente para las entregas de reabastecimiento antes de que sus existencias se agoten. En consecuencia, los fabricantes necesitan contratar servicios de transportación premium para mantener elevados sus niveles de inventario y cubrir las necesidades de entrega. Desde luego, el surgimiento de grandes cadenas minoristas ha cambiado esta dinámica, como se indicó en el capítulo 1.

Tendencias recientes

Quizá la tendencia más marcada sea que los mercadólogos han comenzado a reconocer el valor estratégico del punto de venta en la mezcla de mercadotecnia y los niveles más altos de ingresos y satisfacción del cliente que pueden resultar de un servicio logístico excelente. Como consecuencia, muchas organizaciones aceptan el **servicio al cliente** como el punto de contacto entre la mercadotecnia y la logística, y lo han promovido de manera decidida y eficaz como el elemento clave de su mezcla de mercadotecnia. Las organizaciones en industrias como la alimentaria, la química, la farmacéutica y la tecnológica han informado acerca de un considerable éxito en la mejora de la eficiencia y efectividad con esta estrategia.

Interfaces logísticas con otras áreas

Si bien manufactura y mercadotecnia quizá sean las dos interfaces funcionales internas más importantes para la logística en una organización orientada hacia el producto, otras también son vitales. El área de finanzas ha adquirido relevancia durante la última década. De hecho, en uno de los capítulos siguientes se argumenta que las finanzas constituyen el segundo idioma de la administración de la cadena de suministro y la logística. El impacto que estas dos últimas pueden tener en el rendimiento sobre los activos (ROA) o el rendimiento sobre la inversión (ROI) es significativo. El efecto positivo de la logística sobre el ROA ocurre de diversas maneras. Primero, el inventario es un activo circulante en el balance general y un gasto variable en el estado de resultados; la reducción de sus niveles disminuye la base de activos así como los gastos variables correspondientes; por tanto, tiene un efecto favorable en el ROA. Segundo, los costos de transportación y almacenamiento también influyen en este rendimiento. Si una organización posee su propia flota de transportación y sus almacenes, éstos se asentarán como activos fijos en el balance general. Si esos activos se reducen o eliminan, el ROA aumentará. Asimismo, si una organización contrata los servicios de transportación de empresas independientes, incurrirá en costos variables, lo que repercutirá en el margen de utilidades. Por último, el enfoque en el servicio al cliente (que se analiza con mayor detalle en el capítulo 8) puede acrecentar los ingresos. Siempre que el aumento incremental en éstos sea mayor que el del costo del servicio al cliente, el ROA aumentará.

Cada vez es más común que los directores de finanzas conozcan más sobre las cadenas de suministro y logística debido al impacto que ambas tienen sobre las métricas financieras clave como el ROA o el ROI y el flujo de efectivo. Estas métricas son indicadores importantes para que la comunidad financiera externa valore la viabilidad de una organización.

Por otra parte, los gerentes de logística deben justificar el incremento de las inversiones en activos logísticos por medio de herramientas financieras aceptables relacionadas con los periodos de amortización. Por ende, es necesario que los gerentes de las cadenas de suministro y la logística conozcan las métricas financieras y los estándares de desempeño.

La contabilidad también es una interfaz importante para la logística. Los sistemas contables son cruciales como fuente de información de costos para el análisis de los sistemas logísticos alternativos. En el pasado era frecuente que los costos relacionados con la logística no se midieran de manera específica y se acumularan en una cuenta de gastos generales, por lo que su seguimiento sistemático resultaba en extremo difícil. El reciente interés en la rentabilidad del cliente y los sistemas de contabilidad de costos relacionados, tales como los cálculos basados en actividades (ABC; *activity-based costing*), ha sido benéfico para mejorar la calidad de los datos y análisis logísticos. Los sistemas contables también son cruciales para medir los puntos de equilibrio en la cadena de suministro y su desempeño.

Logística en la empresa: factores que afectan su costo e importancia

Esta sección se ocupa de los factores específicos relacionados con el costo y la importancia de la logística. El énfasis sobre algunas de sus relaciones competitivas, de producto y espaciales quizá ayude a explicar la función estratégica que tienen las actividades propias de la logística dentro de una organización.

Relaciones competitivas

La competencia en general se interpreta sólo en términos de los precios. Aunque sin duda éstos son importantes, en muchos mercados el servicio al cliente puede ser un factor vital. Por ejemplo, si una organización ofrece sus productos a los clientes de manera confiable y en un periodo relativamente breve, estos últimos podrán reducir sus propios costos de inventario. Una organización tal vez considere que minimizar los costos de inventario de sus clientes es tan importante como mantener bajos los precios de sus productos, dado que reducir tales costos generará más utilidades y a su vez permitirá al vendedor ser más competitivo.

Figura 2.6	Relación entre inventario requerido y duración del ciclo del pedido desde la perspectiva del cliente

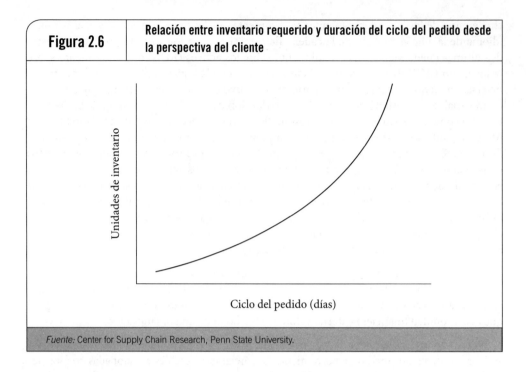

Fuente: Center for Supply Chain Research, Penn State University.

Ciclo del pedido

Un principio aceptado en la administración logística establece que la duración del ciclo del pedido afecta de manera directa los niveles de inventario. En otras palabras, cuanto más breve sea, menos inventario necesitará mantener el cliente. La figura 2.6 muestra esta relación. El **ciclo del pedido** puede definirse como el tiempo que transcurre desde el momento en que el cliente lo coloca hasta que lo recibe. Incluye actividades como la transmisión, la recepción, el procesamiento, la preparación (recolección y embalaje) y el embarque del pedido. En la figura se observa que cuanto más dure este ciclo, el cliente necesitará más inventario. Por ejemplo, suponga que un cliente usa 10 unidades de un producto al día y que la duración del ciclo del pedido del proveedor es de ocho días. El inventario promedio del cliente durante el ciclo del pedido es de 40 unidades (80/2). Si el proveedor puede reducir el tiempo del ciclo a cuatro días, el inventario promedio disminuirá a 20 unidades (40/2). Por tanto, si una organización es capaz de mejorar el servicio al cliente al reducir sus ciclos de pedido, este último operará con menos inventario. Por ende, tal decremento de costos será tan importante como una reducción de precios.

Capacidad de sustitución

La capacidad de sustitución influye en la relevancia del servicio al cliente. En otras palabras, si un producto es similar a otros, los consumidores quizá estén dispuestos a sustituirlo por uno de la competencia si se agotan las existencias. Por tanto, el servicio al cliente es más importante para los productos que pueden ser sustituidos con mayor facilidad que para aquellos por los que los clientes están dispuestos a esperar o que pueden volver a pedir. Ésta es una de las razones por las que las empresas gastan tanto dinero en la publicidad que haga a los consumidores conscientes de sus marcas. Desean que las pidan, y si éstas no están disponibles por el momento, les gustaría que esperaran hasta que lo estén.

La capacidad de sustitución de un producto varía en cada industria. Por lo general, mientras más capacidad tenga un producto para ser reemplazado, mayor nivel de servicio al cliente se requerirá. Por lo que toca al gerente de logística, una organización que desea reducir su costo de ventas perdidas, el cual es una medida del servicio al cliente y su capacidad de sustitución, también puede gastar más en inventario o en transportación para reducir su ciclo de pedido.

Figura 2.7	Relación general entre el costo de las ventas perdidas y el costo del inventario

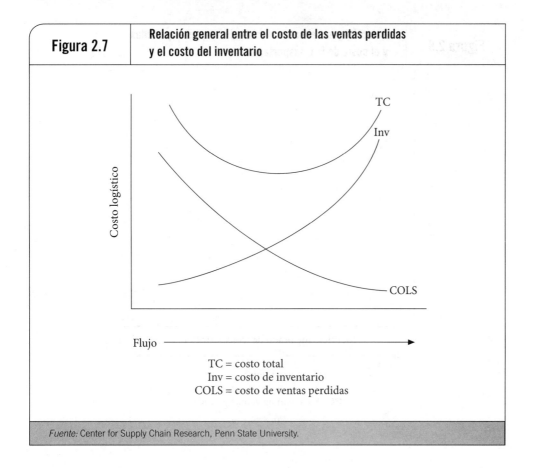

TC = costo total
Inv = costo de inventario
COLS = costo de ventas perdidas

Fuente: Center for Supply Chain Research, Penn State University.

Efecto del inventario

La figura 2.7 muestra que al incrementar sus costos de inventario (ya sea aumentando su nivel o sus puntos de reorden), en general las organizaciones son capaces de reducir el costo de ventas perdidas. En otras palabras, existe una relación inversa entre el costo de ventas perdidas y el costo de inventario. No obstante, las organizaciones están dispuestas a incrementar este último sólo hasta que los costos totales aumenten. También lo hacen para disminuir en gran medida el costo de las ventas perdidas (es decir, hasta el punto en que los ahorros marginales destinados a reducirlo sean iguales al costo marginal de manejar más inventario).

Efecto de la transportación

Una relación similar existe con la transportación, como se observa en la figura 2.8. Las empresas casi siempre compensan los altos costos del traslado con los costos menores de ventas perdidas. Para la transportación, el gasto adicional implica la adquisición de un mejor servicio, por ejemplo cambiar de un transporte por agua a uno ferroviario, de uno ferroviario a uno terrestre, o de uno terrestre a uno aéreo. Los costos por estos servicios más altos también podrían ser resultado de embarques frecuentes en pequeñas cantidades a tarifas más altas. Por tanto, como se indica en la figura 2.8, las organizaciones pueden reducir el costo de las ventas perdidas al gastar más en transportación o en mejorar el servicio al cliente. Una vez más, están dispuestas a hacerlo hasta el punto en que sus ahorros marginales en el costo de las ventas perdidas sean iguales al incremento marginal asociado con los mayores costos de transporte.

Aunque aquí es conveniente analizar e ilustrar por separado el costo de la transportación y el inventario, las organizaciones pueden gastar más dinero en ambos rubros de manera simultánea para reducir el costo de las ventas perdidas. De hecho, una mejor transportación

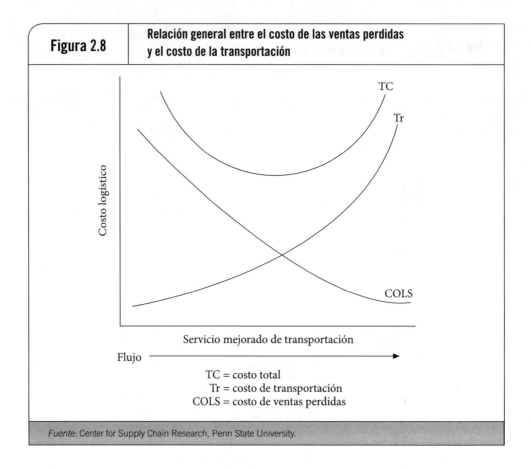

Figura 2.8 | **Relación general entre el costo de las ventas perdidas y el costo de la transportación**

TC = costo total
Tr = costo de transportación
COLS = costo de ventas perdidas

Fuente: Center for Supply Chain Research, Penn State University.

redunda en costos de inventario menores. En otras palabras, la situación es mucho más interactiva y coordinada que lo que aquí se indica.

Relaciones con el producto

Diversos factores relacionados con los productos afectan el costo y la importancia de la logística. Entre los más significativos figuran el valor en dólares, la densidad, la susceptibilidad al daño y los requerimientos especiales de manejo.

Valor en dólares

El valor en dólares del producto afecta en general los costos de almacenamiento, de inventario, de transportación, de embalaje y hasta los de manejo de materiales. Como se indica en la figura 2.9, a medida que el valor en dólares del producto aumenta, también se incrementa el costo de cada área identificada. La pendiente y el nivel reales de las funciones de costos serán diferentes en cada producto.

Los precios de la transportación reflejan los riesgos asociados con el desplazamiento de los bienes, y los productos de mayor valor con frecuencia son más susceptibles al daño, lo que supone un costo más elevado para la empresa transportista en caso de indemnización por daños. Los proveedores de este servicio también pueden cobrar tarifas más elevadas por los productos de mayor valor, dado que sus clientes están dispuestos a pagarlas.

Los costos de almacenamiento e inventario también aumentan a medida que el valor en dólares del producto se incrementa. El valor más alto implica más capital de trabajo invertido en inventario, lo que a su vez genera mayores costos totales de capital. Además, el factor de

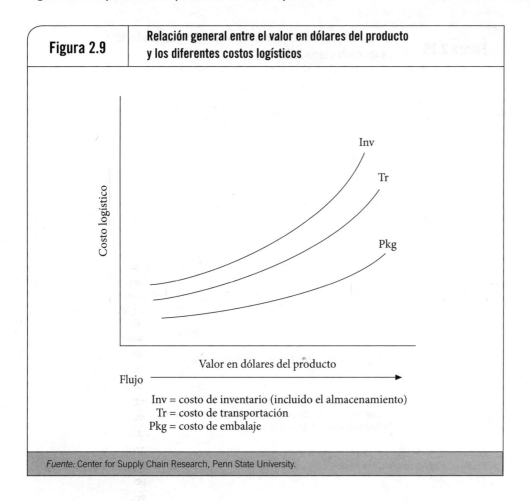

| Figura 2.9 | Relación general entre el valor en dólares del producto y los diferentes costos logísticos |

Fuente: Center for Supply Chain Research, Penn State University.

riesgo que supone el depósito de productos de mayor valor aumenta los costos de obsolescencia y depreciación. Por otra parte, dado que las instalaciones físicas necesarias para el depósito de productos de mayor valor son más sofisticadas, los costos de almacenamiento se acrecientan en función de los productos de mayor valor en dólares.

Los costos de embalaje también aumentan debido a que la organización utiliza empaques protectores para minimizar el potencial de daño al producto. Cuando éste es de mayor valor, la organización se esfuerza más en empacarlo para protegerlo contra daños o pérdidas. Por último, el manejo de materiales utilizados para cubrir las necesidades de los productos de mayor valor con frecuencia es más sofisticado. Las organizaciones por lo general están dispuestas a invertir más capital en equipo especializado para acelerar el paso por el almacén de los productos costosos y minimizar sus posibilidades de daño.

Densidad

Otro factor que afecta el costo logístico es la densidad del producto, que se refiere a su razón peso/espacio. Un artículo ligero comparado con el espacio que ocupa (digamos, los muebles para el hogar) tiene una densidad baja. Este factor afecta los costos de transportación y almacenamiento, como se muestra en la figura 2.10. A medida que la densidad de un producto aumenta, sus costos de transportación y almacenamiento disminuyen.

Al fijar sus tarifas, los proveedores de transportación consideran cuánto peso pueden soportar sus vehículos, dado que cotizan sus precios en dólares y centavos por cientos de libras (y en algunos países por tonelada). Por tanto, cuando se trata de artículos de alta densidad, estos proveedores cobran un precio más bajo por cada 100 libras (o tonelada), pues cargan su vehículo con más peso. Por ejemplo, suponga que un autotransportista requiere un ingreso

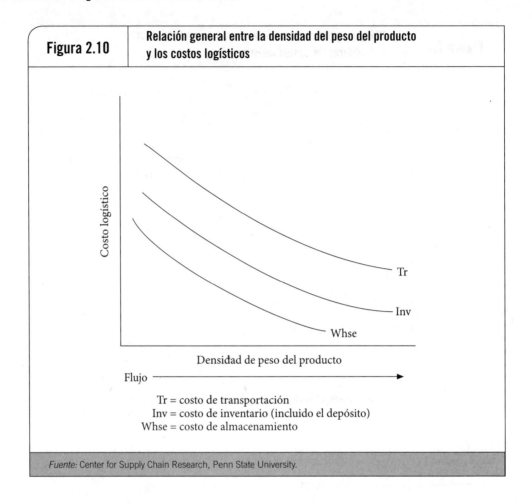

| Figura 2.10 | Relación general entre la densidad del peso del producto y los costos logísticos |

Fuente: Center for Supply Chain Research, Penn State University.

de 5,000 dólares por la carga que llena un remolque de 53 pies (16 metros). Un producto de baja densidad lo llenaría con 20,000 libras (un poco más de 9 toneladas). El autotransportista necesitaría cobrar 25 dólares por cada 100 libras (45 kilogramos) para este producto. Por otra parte, un producto de alta densidad llenaría el remolque con 40,000 libras (18 toneladas). El precio resultante por cada 100 libras (45 kilogramos) sería de 12.50 dólares.

La densidad también influye en los costos de almacenamiento. Mientras mayor sea ésta, mayor es el peso que puede albergarse en el área del almacén; por tanto, el uso del espacio será más eficiente. Así, la densidad del producto afecta de la misma manera tanto el costo de almacenamiento como el de transportación.

Susceptibilidad al daño

El tercer factor del producto que afecta el costo logístico es la susceptibilidad al daño (véase la figura 2.11). Cuanto mayor sea el riesgo de afectación de un producto, más elevados serán sus costos de transportación y almacenamiento. Debido al grado mayor de riesgo y responsabilidad asociado con los bienes más frágiles, los proveedores de servicios de transportación y almacenamiento cobran tarifas más altas. Es posible que también lo hagan por las medidas que deben aplicar para impedir que el producto resulte dañado.

Requerimientos especiales de manejo

Un cuarto factor relacionado con la susceptibilidad del producto, pero en cierto grado distinto, son los requerimientos especiales de manejo. Para mover algunos productos se necesita equipo, refrigeración, calor o cinturones de amarre específicamente diseñados. Dichos requerimientos en general aumentan los costos de embalaje, almacenamiento y transportación.

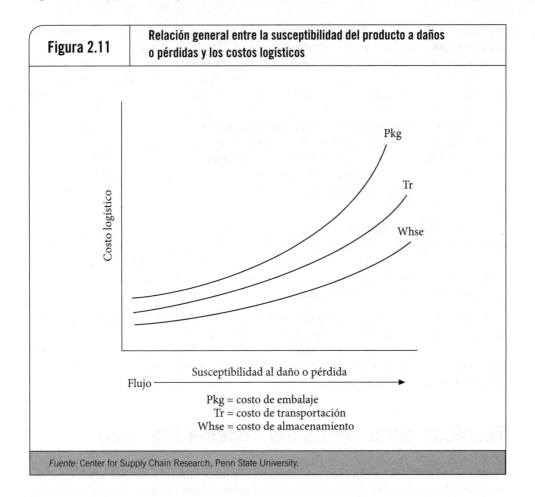

Figura 2.11 | **Relación general entre la susceptibilidad del producto a daños o pérdidas y los costos logísticos**

Costo logístico

Pkg

Tr

Whse

Susceptibilidad al daño o pérdida

Flujo

Pkg = costo de embalaje
Tr = costo de transportación
Whse = costo de almacenamiento

Fuente: Center for Supply Chain Research, Penn State University.

Relaciones espaciales

Un tema final de extrema importancia para la logística son las relaciones espaciales, la ubicación de puntos fijos en el sistema logístico respecto de los puntos de oferta y demanda. Las relaciones espaciales son vitales para los costos de transportación dado que éstos se incrementan con la distancia. Considere el siguiente ejemplo, que se ilustra en la figura 2.12.

Ejemplo

La empresa ubicada en el punto B tiene una ventaja de costos de producción (CP) de $1.50 (todas las cantidades se tasan en dólares estadounidenses) sobre la empresa A, dado que B

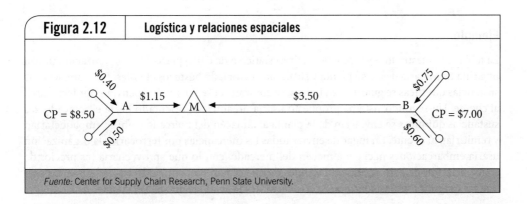

Figura 2.12 | **Logística y relaciones espaciales**

$0.40

$1.15

$3.50

$0.75

CP = $8.50   A   M   B   CP = $7.00

$0.50

$0.60

Fuente: Center for Supply Chain Research, Penn State University.

produce a $7.00 por unidad, en comparación con los $8.50 de *A*. No obstante, la empresa *B* paga $1.35 por materias primas entrantes ($0.60 + $0.75) y $3.50 por el movimiento saliente hacia el mercado (*M*), lo que da un total de $4.85 en costos de transportación por unidad. La empresa *A* paga $0.90 por materias primas entrantes y $1.15 por movimiento saliente, lo que suma un total de $2.05 en costos unitarios de transportación. La ventaja en los costos de transportación de *A* contrarresta su desventaja en los de producción de $1.50. La empresa *B* puede interesarse en investigar estrategias alternativas para su sistema logístico con el fin de competir de manera más eficaz en *M*. Por ejemplo, *B* puede basar su costo unitario de $3.50 por concepto de transportación a *M* en los precios establecidos para la carga menor que en la capacidad del camión (movimientos de bajo volumen). También puede considerar el uso del almacén en *M* y enviar cantidades que ocupen toda la capacidad del camión con tarifas de transportación más bajas.

El factor distancia o las relaciones espaciales pueden afectar los costos logísticos de un modo diferente al de los costos de transportación. Por ejemplo, una empresa que se ubica lejos de uno o más de sus mercados tal vez necesite un almacén orientado hacia el mercado para realizar sus entregas en tiempos satisfactorios. Por tanto, la distancia aumenta los costos de manejo de inventario y almacenamiento.

La distancia o las relaciones espaciales revisten tal importancia para la logística que entre las responsabilidades de esta área figura la de la ubicación. Para muchas organizaciones la decisión sobre dónde establecer el almacén dependerá de su distancia de los mercados, de los proveedores y del acceso a la transportación. Más adelante en este texto se considerará punto por punto el análisis de la ubicación.

Técnicas del análisis del sistema logístico

En esta sección se estudian las técnicas del análisis de costos totales con fines logísticos. Sólo se analizan los modelos básicos; en otros capítulos se examinarán otras técnicas más sofisticadas. Los enfoques básicos que se describen aquí refuerzan algunos conceptos fundamentales que se han analizado hasta ahora y ofrecen los antecedentes para comprender gran parte del material que se abordará en el resto de este texto.

Análisis de corto plazo/estático

El **análisis de corto plazo** constituye un enfoque general del análisis de los costos totales con fines logísticos. En él se elige un punto o nivel de producción específico en el tiempo y se desarrollan costos para los diferentes centros logísticos de costos que se han descrito antes. Se consideran varios análisis de corto plazo para elegir al final el sistema que reporte el costo general más bajo, siempre y cuando sea consistente con las restricciones que la organización impone al área logística. Algunos autores lo llaman **análisis estático**.[5] En esencia, afirman que con este método se analizan los costos asociados con los diferentes componentes del sistema logístico en cierto punto en el tiempo o en algún nivel de producción.

Ejemplo

La tabla 2.2 muestra un ejemplo de análisis estático o de corto plazo. Una organización utiliza una ruta ferroviaria desde su planta y su almacén asociado hasta los clientes. En el almacén las sustancias químicas se guardan en bolsas, se colocan sobre tarimas y se envían por ferrocarril al cliente. Un segundo sistema propuesto usaría un almacén orientado hacia el mercado: las sustancias químicas se enviarían de la planta al almacén del mercado y ahí se empaquetarían y remitirían al cliente. En lugar de enviar todas las mercancías por ferrocarril, la organización usaría embarcaciones hacia el almacén del mercado, con lo que aprovecharía los precios de transportación de bajo volumen. Después de que se han empaquetado en las bolsas, las sustancias químicas se trasladarían en ferrocarril desde el almacén hasta el cliente.

Tabla 2.2	Análisis estático de C&B Chemical Company (50,000 libras [22,680 kilogramos] de producción)	
COSTOS LOGÍSTICOS DE LA PLANTA*	**SISTEMA 1**	**SISTEMA 2**
Embalaje	$ 500	$ 0
Almacenamiento y manejo	150	50
Costos de mantenimiento de inventario	50	25
Administrativos	75	25
Costos fijos	4,200	2,400
Costos de transportación		
Al almacén del mercado	0	150
Al cliente	800	100
Costos de almacenamiento		
Embalaje	0	500
Depósito y manejo	0	150
Costos de mantenimiento de inventario	0	75
Administrativos	0	75
Costos fijos	0	2,400
Costo total	$5,775	$5,950

*Todas las cantidades se manejan en miles de dólares.
Fuente: Center for Supply Chain Research, Penn State University.

En este ejemplo, el equilibrio económico consiste en lograr costos de transportación más bajos frente a algunos incrementos en el depósito y el almacenamiento. Si el análisis es estrictamente estático (a un nivel específico de producción), el sistema propuesto será más costoso que el actual. Así que, a menos que un análisis profundo revele información adicional más favorable para el sistema propuesto, la organización deberá continuar con el actual.

No obstante, dos razones favorecen el sistema propuesto. Primero, no hay información acerca de los requerimientos de servicio al cliente. El nuevo almacén orientado hacia el mercado ofrecería un mejor servicio al cliente, lo que incrementaría las ventas y utilidades y contrarrestaría parte de los costos más altos del sistema 2.

Segundo, la organización optaría por el sistema 2 a pesar de experimentar costos más bajos con el actual (sistema 1) debido a que espera que genere costos más bajos en el futuro. Esto requerirá el uso del análisis dinámico, que es el tema de la siguiente sección.

Análisis de largo plazo/dinámico

Si bien el análisis de corto plazo se enfoca en un momento o nivel específico de producción, el **análisis dinámico** examina el sistema logístico durante un periodo o rango de producción largo. Con los datos que se presentan en la tabla 2.2 es posible realizar un análisis dinámico.

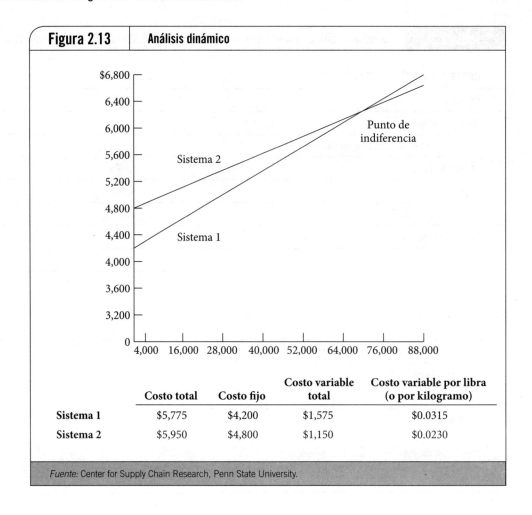

	Costo total	Costo fijo	Costo variable total	Costo variable por libra (o por kilogramo)
Sistema 1	$5,775	$4,200	$1,575	$0.0315
Sistema 2	$5,950	$4,800	$1,150	$0.0230

Fuente: Center for Supply Chain Research, Penn State University.

Los resultados se observan en la figura 2.13. En una solución matemática se usa la ecuación para la línea recta ($y = a + bx$). En este caso, *a* representa los costos fijos de cada sistema y *b* los costos variables por unidad; la *x* representa el nivel de producción. Para resolver el nivel de producción en el que los dos sistemas sean iguales es preciso desarrollar la ecuación de cada uno e igualarlas a efecto de encontrar el valor de *x*. Como se muestra a continuación, los dos sistemas son iguales en 70,588 libras de producción, cifra que se convierte en el punto de indiferencia. La gráfica de la figura 2.13 también lo evidencia.

Sistema 1

Costo total = costo fijo + costo variable/unidad × número de unidades
$y = \$4,200 + \$0.0315x$

Sistema 2

$y = \$4,800 + \$0.0230x$

Punto de equilibrio económico

$\$4,800 + \$0.0230x = \$4,200 + \$0.0315x$
$600 = 0.0085x$
$x = 70,588$ libras

En este caso, a la organización le resulta mejor el sistema 1 en los niveles de producción de hasta 70,587 libras. En los niveles superiores a esta cantidad, el sistema 2 es menos costoso. En el nivel de producción de 70,588 libras, ambos sistemas producen los mismos costos totales.

Una organización podría considerar más de dos sistemas logísticos al mismo tiempo. Es posible usar la misma metodología básica para graficar y resolver matemáticamente los puntos de indiferencia sin importar cuántos sistemas se analicen.

Métodos para el análisis de sistemas logísticos

El análisis de los sistemas logísticos tal vez requiera que se consideren desde diferentes perspectivas las actividades que los constituyen. El mejor enfoque depende del tipo de análisis que se necesite. Por ejemplo, si una organización desea examinar el diseño de largo plazo de su sistema logístico, una visión enfocada en su red de relaciones de nodo y vínculo quizá sería la más benéfica. Por otra parte, si considera un cambio de empresa transportista o de modo de transportación, debería estudiar su sistema logístico en términos de los centros de costos. En esta sección se presentan cuatro métodos para analizar los sistemas logísticos: 1) administración de materiales en comparación con la distribución física; 2) centros de costos; 3) nodos en comparación con vínculos, y 4) canales logísticos.

Administración de materiales *versus* distribución física

La clasificación en administración de materiales y distribución física (logística de entrada y de salida) puede ser útil para la administración logística en una organización. Con frecuencia el movimiento y depósito de materias primas es diferente del movimiento y depósito de los bienes terminados. Por ejemplo, un fabricante de paneles de yeso transporta yeso a sus plantas y otro tipo de mercancía a granel en vagones de ferrocarril. El depósito es sencillo y consiste en recintos cerrados y abovedados (ubicados fuera de la planta), con una abertura en la parte superior a través de la cual los vagones ferroviarios vacían la roca de yeso. El movimiento y depósito de los bienes terminados para la producción de los paneles de yeso es diferente. La transportación se lleva a cabo en vagones ferroviarios especialmente diseñados o en remolques de plataforma. El depósito del producto terminado, es decir, del panel de yeso, se efectúa dentro de la instalación, donde las tarimas con los paneles se apilan y preparan para su carga. Este depósito interno es necesario para prevenir el humedecimiento del producto.

Los diferentes requerimientos que existen entre la administración de materiales y la distribución física tienen implicaciones importantes para el diseño del sistema logístico de una organización. El diseño de cada actividad es muy distinto. A pesar de las diferencias, la coordinación estrecha entre la administración de materiales y la distribución física sigue siendo vital.

Entrada abundante

Algunas organizaciones tienen un flujo de entrada abundante y otro de salida simple. Un fabricante de aeronaves, como Boeing, es buen ejemplo de esto. La empresa utiliza miles de partes y componentes fabricados por cientos de proveedores para armar una aeronave, así como varios modos de transportación (ferroviaria, terrestre, aérea y oceánica) para moverlos a la planta de ensamblaje. Una vez que la aeronave se arma y prueba, Boeing simplemente la lleva volando al cliente (digamos, United). El proceso de salida no requiere almacenamiento ni transportación o embalaje especiales. En cambio, el lado de la entrada requiere programación, coordinación y planificación detalladas que garanticen que los componentes lleguen cuando se necesiten.

Tabla 2.3	Análisis del costo logístico total con un cambio a un modo de transportación de costo más alto	
CENTROS DE COSTOS	**FERROCARRIL**	**AUTOTRANSPORTE**
Transportación	$ 3.00	$ 4.30
Inventario	5.00	3.75
Embalaje	3.50	3.20
Almacenamiento	1.50	0.75
Costo de ventas perdidas	2.00	1.00
Costo total*	$15.00	$13.00

*Costo por unidad.
Fuente: Center for Supply Chain Research, Penn State University.

Los diferentes tiempos de entrega de los proveedores presentan un desafío logístico complejo. Este modelo también es aplicable a los fabricantes automotrices, que utilizan miles de componentes por automóvil. Sus sistemas de salida, aunque más complejos que los de un ensamblador de aeronaves, no lo son tanto como sus sistemas de entrada.

Centros de costos

Como se mencionó antes, las actividades de administración que muchas organizaciones incluyen en su área logística son transportación, almacenamiento, inventario, manejo de materiales y embalaje industrial. Al examinarlas como centros de costos es posible observar el equilibrio económico entre ellas para determinar el menor costo total o el sistema logístico con el mejor servicio, lo que representa un segundo método para analizar dicho sistema. Por ejemplo, el cambio en el modo de transportación de uno ferroviario a otro de autotransporte generaría costos de inventario más bajos debido a sus tiempos de tránsito más rápidos y confiables, que compensarían el precio más alto de este último. La tabla 2.3 muestra que el precio del autotransporte es más alto que el del ferrocarril, pero este precio elevado se justifica por las reducciones resultantes en otros costos. Sin embargo, como se aprecia en la tabla 2.4, esto quizá no genere una solución de menor costo.

Tabla 2.4	Análisis del costo logístico total con un cambio a más almacenes	
CENTROS DE COSTOS	**SISTEMA 1: TRES ALMACENES**	**SISTEMA 2: CINCO ALMACENES**
Transportación	$ 850,000	$ 500,000
Inventario	1,500,000	2,000,000
Almacenamiento	600,000	1,000,000
Costo de ventas perdidas*	350,000	100,000
Costo total	$3,300,000	$3,600,000

* Costo esperado con base en la probabilidad de no contar con suficientes existencias o inventario disponible cuando los clientes lo requieran.
Fuente: Center for Supply Chain Research, Penn State University.

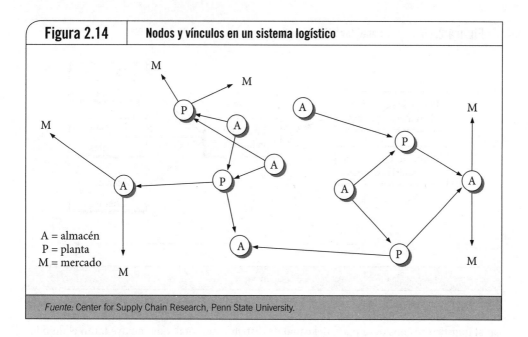

Figura 2.14 | Nodos y vínculos en un sistema logístico

A = almacén
P = planta
M = mercado

Fuente: Center for Supply Chain Research, Penn State University.

Nodos *versus* vínculos

Un tercer método para analizar los sistemas logísticos en una organización se basa en los nodos y los vínculos (véase la figura 2.14). Los **nodos** son puntos espaciales fijos donde los bienes se detienen para su depósito o procesamiento. En otras palabras, son las instalaciones de manufactura o ensamblaje y los almacenes donde la organización deposita los materiales para su transformación en productos terminados, o estos últimos para entregarlos al cliente (equilibrio entre oferta y demanda).

Los **vínculos** representan la red de transporte y conectan los nodos en el sistema logístico. La red puede estar compuesta por modos individuales de transportación (ferroviaria, aérea, oceánica o ductos) y por combinaciones y variaciones que se analizarán en el capítulo 10.

Desde la perspectiva del nodo-vínculo, la complejidad de los sistemas logísticos varía en gran medida. Un sistema de nodos podría utilizar un vínculo sencillo que una a los proveedores con una planta combinada y el almacén, y después con los clientes en un área de mercado relativamente pequeña. En el otro extremo de la gama existen organizaciones grandes, con múltiples productos y con plantas y almacenes en diferentes ubicaciones. Sus complejas redes de transportación quizá incluyan tres o cuatro diferentes modos de transportación, ya sea privada o alquilada.

En el análisis de los dos elementos básicos del sistema logístico, la perspectiva nodo-vínculo representa una base conveniente para buscar posibles formas de mejorar el sistema. Como se ha dicho, la complejidad de este último por lo general es consecuencia de las diferentes relaciones entre tiempo y distancia de los nodos y vínculos, y de la regularidad, previsión y volumen del flujo de mercancías que entran, salen y se mueven en su interior.

Canales logísticos

Un último método para el análisis de estos sistemas lo constituye el **canal logístico**, o la cadena de suministro de la red de organizaciones que participan en la transferencia, el depósito, el manejo, la comunicación y otras funciones que contribuyen al flujo eficiente de bienes. El

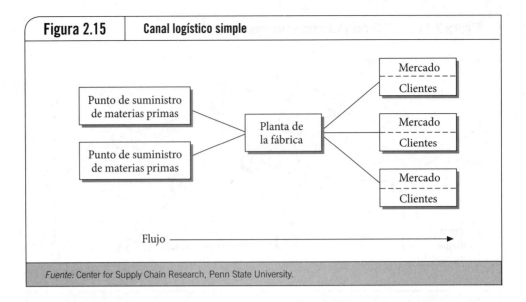

Figura 2.15   Canal logístico simple

Fuente: Center for Supply Chain Research, Penn State University.

canal logístico se considera parte del canal de distribución total, que incluye tanto el flujo logístico como el de transacción, que son de interés especial para el gerente de mercadotecnia.[6]

El canal logístico puede ser simple o complejo. La figura 2.15 muestra un canal simple en el que un productor individual trata directamente con un cliente final. El control aquí es sencillo. El fabricante individual controla el flujo logístico, puesto que trata con el cliente de manera directa.

La figura 2.16 presenta un canal más complejo y de múltiples niveles, con un almacén de mercado y minoristas. El almacén de mercado podría ser público. En este caso el control es más difícil porque los servicios adicionales de depósito y transportación son suministrados por un tercero.

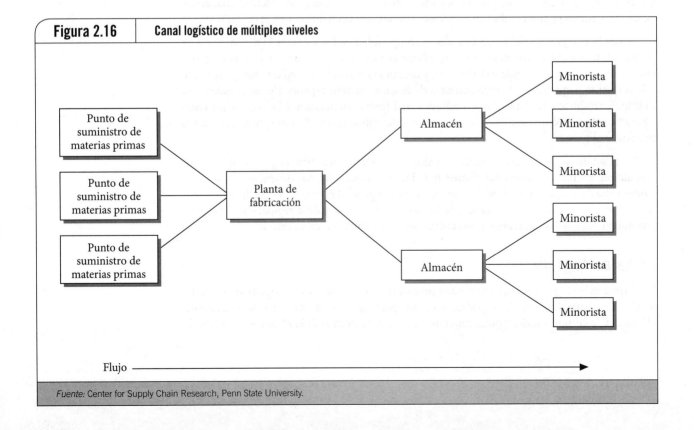

Figura 2.16   Canal logístico de múltiples niveles

Fuente: Center for Supply Chain Research, Penn State University.

La figura 2.17 ilustra un canal complejo y extenso. En este caso la tarea de lograr un flujo logística eficaz en el canal es mucho más difícil. En ella se representa de manera realista la situación que confrontan muchas organizaciones grandes que operan en Estados Unidos y en el extranjero.

En algunos casos que involucran la producción de un bien básico como el acero, el aluminio o las sustancias químicas, la situación puede complicarse aún más porque las organizaciones forman parte de más de una cadena de suministro o canal. Por ejemplo, el acero se vende a los fabricantes de automóviles, de contenedores o de archiveros. La duplicación de instalaciones de almacenamiento, el traslado en pequeños embarques, el conflicto entre las

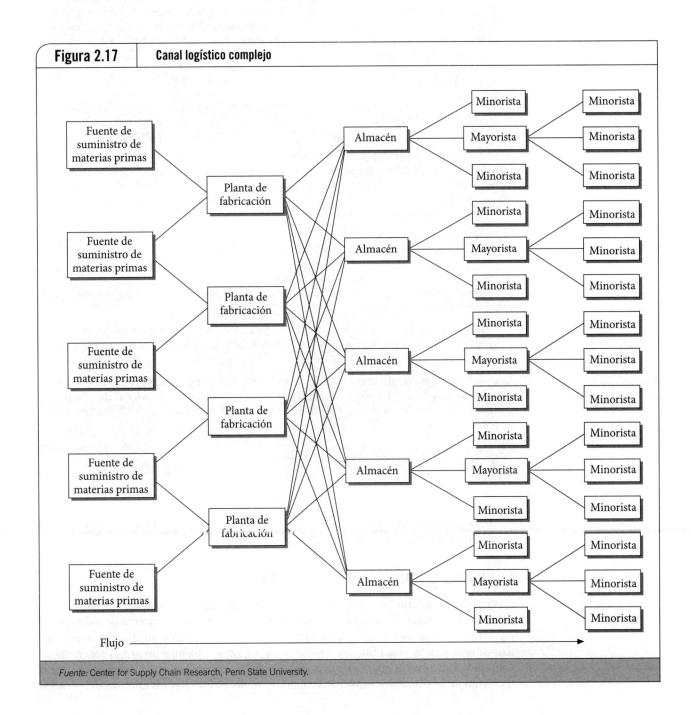

Figura 2.17 | **Canal logístico complejo**

Fuente: Center for Supply Chain Research, Penn State University.

Tecnología en la cadena de suministro

La evolución inalámbrica de Mission Foods

Sin importar qué tipo de tecnología inalámbrica use usted en sus operaciones de almacén/centro de distribución, la implementación de la misma y la liberación del papel que tiene como resultado (mientras logra la visibilidad de sus camiones e inventario en tiempo real) son beneficios contundentes que la convierten en un tema candente en la actualidad.

El fabricante de tortillas Mission Foods es un ejemplo extraordinario de lo que es posible lograr gracias a un sistema inalámbrico integral. La empresa utiliza una combinación de elementos inalámbricos, desde computadoras portátiles hasta redes inalámbricas e identificación por radiofrecuencia (RFID), para automatizar transacciones, rastrear activos y administrar la mano de obra y el inventario en su operación de distribución. Veamos más de cerca cómo esta empresa tan innovadora lo ha conseguido.

LA MISIÓN DE MISSION

Con 16 plantas y 50 centros de distribución, Mission Foods, con sede en Irvin, Texas, es uno de los principales productores de tortillas, tostadas, salsa y tortillas para tacos en Estados Unidos. Su misión es sencilla: entregar productos frescos y estables en anaquel a cada consumidor, en todo momento y a tiempo.

La operación de su cadena de suministro cumple con esa misión siguiendo un modelo de entrega directa en tiendas (DSD; siglas en inglés de *direct-store-delivery*) con la ayuda de operadores independientes que llevan rápidamente los productos al mercado. Tiene una red de casi 2,000 distribuidores independientes que transportan sus productos a más de 2,300 rutas. Ellos los recogen en las instalaciones de Mission y los entregan directamente a los supermercados y tiendas minoristas.

Desde finales de la década de 1980, Mission Foods utilizaba el procesamiento por lotes en sus rutas de entrega directa en tiendas (DSD), además de depender en gran medida del papel y el cartón corrugado para recoger y empaquetar los productos. Para 2005, después de años de impresionantes desarrollos en las redes inalámbricas, la captura de datos y las computadoras portátiles, Eduardo Valdes, vicepresidente de administración de sistemas de información, supo que era un buen momento para aprovechar estos adelantos y transformar el proceso de distribución de Mission.

Desde esta perspectiva, Mission Foods hizo lo necesario para adoptar la tecnología inalámbrica en tres áreas vitales: en sus operaciones DSD, en el rastreo de contenedores plásticos retornables y entre las cuatro paredes del almacén.

El uso de escáneres manuales en el almacén ha permitido el rastreo del inventario en tiempo real, la productividad laboral y el estatus de entregas, mientras que interacciona a la perfección con los sistemas SAP (sistemas, aplicaciones y productos) de Mission. A finales de 2009 aplicó esta tecnología en la primera ubicación, y en otras dos en 2010.

Fuente: Maida Napolitano, *Logistics Management*, abril de 2011, p. 46.

opciones de modos de transportación y otros problemas contribuyen a la ineficiencia en el canal. Quizá también existan problemas de comunicación.

Logística y análisis de sistemas

En una sección anterior se señaló que el desarrollo en el análisis y las metodologías ha facilitado el de la logística. Un ejemplo son los análisis de sistemas, o el concepto de sistemas. En esencia, un sistema es un conjunto de elementos, variables, partes u objetos que interaccionan entre sí, se relacionan funcionalmente unos con otros y forman un grupo coherente. El concepto de sistemas es algo a lo que la mayoría de las personas ha estado expuesta en algún momento de su educación escolar básica; por ejemplo, en ciencias los estudiantes aprenden acerca del sistema solar y de qué modo las relaciones entre los planetas, el Sol y la Luna generan el día y la noche, el clima y otros fenómenos. En biología los alumnos estudian las partes del cuerpo humano, como el corazón y la sangre, y sus relaciones con otros sistemas. En una clase de mecánica se explica que el motor de combustión interna es un sistema. Las partes del motor, como los pistones, pueden ser más grandes y más eficientes, pero su eficiencia sobrecargaría otros componentes, lo que ocasionaría su descompostura; así que los pistones deben diseñarse para trabajar en armonía con las demás piezas. En otras palabras, el desempeño general del motor es más importante que el de un solo componente. El principio general del concepto de sistemas es evitar enfocarse en las variables individuales a efecto de dilucidar de qué forma interaccionan como un todo. El objetivo es que todo el sistema opere de manera eficiente y efectiva, no sólo las partes individuales. Desde la perspectiva de la cadena de suministro éste es un desafío importante, dado que constituye un sistema.

RESUMEN

- La logística se ha desarrollado como un área o una función importante de los negocios a partir de la Segunda Guerra Mundial. Ha pasado por varias fases hasta lograr su estatus presente.

- La logística es una parte esencial de la cadena de suministro. La coordinación y, quizá, la integración de los sistemas logísticos de todas las organizaciones en dicha cadena son requerimientos vitales para su administración exitosa.

- Existen diversos definiciones de logística debido al amplio interés en sus actividades y al reconocimiento de su importancia. Este texto se basa en la definición que desarrolló el Council of Supply Chain Management Professionals.

- La logística es un área de la administración que se divide en cuatro subdisciplinas: de negocios, militar, de servicios y de eventos.

- En el nivel macroeconómico, los costos logísticos han disminuido en términos relativos, lo que ha ayudado a la economía estadounidense a recuperar su posición competitiva a nivel global.

- La logística agrega utilidades de lugar, tiempo y cantidad a los productos y mejora la forma y posesión de las utilidades agregadas por las funciones de manufactura y mercadotecnia.

- La logística mantiene una relación importante con las funciones de manufactura, mercadotecnia, finanzas y otras áreas de la organización.

- Los gerentes de logística son responsables de varias actividades importantes, como la transportación, el inventario, el almacenamiento, el manejo de materiales, el embalaje industrial, el servicio al cliente, los pronósticos, etcétera.

- Los sistemas logísticos pueden considerarse o enfocarse de diversas formas con fines de análisis, como la administración de materiales *versus* distribución física, centros de costos, nodos *versus* vínculos y canales. Los cuatro métodos son viables para distintos fines.

- Los sistemas logísticos se analizan con frecuencia desde el enfoque de sistemas, que enfatiza los costos totales y sus relaciones compensatorias cuando se proponen cambios. Es posible utilizar una perspectiva de largo o corto plazo.

- El costo de los sistemas logísticos puede verse afectado por varios factores importantes, como la competencia en el mercado, la relación espacial de los nodos y las características del producto.

CUESTIONARIO DE REPASO

1. ¿Qué es la logística y por qué es importante en las empresas privadas y en las organizaciones públicas?

2. ¿Por qué es importante la logística a gran escala (macro) y cuáles son sus contribuciones a la economía?

3. ¿Cómo agrega valor la logística a la economía? ¿Cómo agrega valor a las empresas?

4. ¿Cuál es la relación entre la logística y la administración de la cadena de suministro? ¿De qué formas son diferentes?

5. Compare y mencione las diferencias y similitudes entre las cuatro subdivisiones principales de la logística que se han analizado en este capítulo.

6. Explique la relación entre las funciones de manufactura y logística. ¿Cuáles son los puntos de equilibrio económico que existen entre estas dos áreas?

7. La distribución física mantiene una relación particular con la función de mercadotecnia. ¿Por qué esta relación es tan especial? ¿Cuál es la naturaleza de la relación general entre logística y mercadotecnia? ¿Ésta adquiere más o menos importancia?

8. La logística abarca una cantidad relativamente abundante de actividades administrativas. Analice cinco de ellas y por qué son importantes para los sistemas logísticos.

9. ¿Por qué las empresas analizan sus sistemas logísticos desde la perspectiva de nodos y vínculos?

10. ¿Cuáles características de producto afectan los costos logísticos? Analice sus efectos en dichos costos.

NOTAS

1. Stephen H. Russell, "Growing World of Logistics", *Air Force Journal of Logistics*, vol. 24, núm. 4 (2000): 13-15.

2. *Ibid.*

3. *Ibid.*

4. E. Jerome McCarthy y William E. Perrault, Jr., *Basic Marketing: A Managerial Approach,* 9a. ed. (Homewood, IL: Richard D. Irwin, 1987): 46-52.

5. J. L. Heskett, Robert M. Ivie y Nicholas A. Glaskowsky, Jr., *Business Logistics: Management of Physical Supply and Distribution* (Nueva York: Ronald Press, 1973): 454-469.

6. Roy Dale Voorhees y Merrill Kim Sharp, "Principles of Logistics Revisited", *Transportation Journal* (otoño 1978): 69-84.

Caso 2.1

Senco Electronics Company: la secuela

Senco Electronics Company (Senco) es un fabricante de computadoras personales y equipo electrónico con sede en Estados Unidos. Sus operaciones de ensamblaje actuales siguen ubicadas en este país y sirven principalmente a este mercado. La transportación de las instalaciones de Senco a sus clientes se efectúa por medio de autotransportistas. Los crecientes costos de sus operaciones han ocasionado que la empresa evalúe la construcción de una nueva planta de ensamblaje en China. También decidió considerar a Vietnam. A Jim Beierlein, el nuevo vicepresidente ejecutivo de administración de la cadena de suministro para Senco, le preocupa cómo transportará la empresa sus productos de Asia a Estados Unidos. "Hemos contado con el lujo de una infraestructura de transportación terrestre bien desarrollada en Estados Unidos para mover nuestros productos. Ahora tendremos que enfrentar el reto de hacerlo a través de varios miles de millas oceánicas. En realidad no tenemos mucha experiencia con otros modos de transportación."

Recurrió a Skip Grenoble, su director de logística, en busca de consejo. "Desde luego, necesitamos decidir si usamos transportación oceánica o aérea para trasladar nuestros productos desde las nuevas ubicaciones. La segunda costará más que la primera pero generará menores costos de inventario debido a la rapidez de los tiempos de tránsito. Sucede lo contrario con la transportación oceánica. Trasladar los productos por aire también generará costos de pedido más altos, puesto que solicitaremos reabastecimientos más frecuentes para nuestros centros de distribución estadounidenses. La utilización de cualquiera de ellos requerirá cierta inversión fija en instalaciones de carga y descarga tanto en la nueva planta como en nuestros centros de distribución estadounidenses. La demanda anual proyectada de la nueva instalación es de 2.5 millones de libras. No obstante, esperamos que aumente anualmente 5% durante los siguientes cinco años. Aunque el sistema de transportación aérea parece ser la opción más costosa en este momento, necesitamos tomar en cuenta nuestro crecimiento y la forma en que cada modo nos ayudará a alcanzar nuestras metas de servicio y rentabilidad." La siguiente tabla presenta la información del costo relevante para cada opción.

	Océano	Aire
Costos totales de transportación	$ 150,000	$ 290,000
Costos de inventario		
Mantenimiento	48,000	23,000
Manejo	20,000	22,000
Pedido	7,000	15,000
Costo fijo	600,000	450,000
Costos totales	$823,000	$800,000

PREGUNTAS SOBRE EL CASO

1. Si usted fuera Skip Grenoble, ¿qué opción aconsejaría implementar a Jim Beierlein? ¿Qué criterios utilizaría para tomar su decisión?

2. ¿A qué nivel de demanda (en libras) al año serían equiparables estas dos opciones?

3. Represente gráficamente ambas opciones y su punto de equilibrio económico.

4. ¿Qué opción recomendaría en respuesta al crecimiento futuro de la demanda? ¿Qué factores adicionales deberían considerarse?

CASO 2.2

Pete's

Pete's Peanuts Snacks es un gran procesador de cacahuate (maní) con sede en Albany, Georgia. Sus principales productos son los cacahuates tostados (naturales y salados) que se distribuyen en bolsas de 6 onzas (170.097 gramos) y en latas de 18 onzas (510.291 gramos). Su posición de mercado dominante es resultado de su énfasis en la frescura del producto y su disponibilidad en tiendas. El departamento de desarrollo de producto creó recientemente uno nuevo que consiste en cacahuates con sabor a especias. También redujo la cantidad de colesterol y sal que contienen, lo que lo ayudó a convertirlos en un bocadillo sano. No obstante, el nuevo sabor también reduce la vida en anaquel de los productos.

El departamento de mercadotecnia de la empresa decidió lanzar un nuevo producto un mes antes de los partidos decisivos de basquetbol de la National Collegiate Athletic Association (NCAA). Los anuncios ya estaban programados en televisión, vallas espectaculares, Facebook y en periódicos tres semanas antes del fin de semana del torneo de campeones, el Final Four. También se propuso un sorteo que premiaría al ganador con un viaje para dos personas para el Final Four del siguiente año. Cada lata de cacahuates con canela contenía un complemento con un número de serie que concursaría en el sorteo de Pete's, cuyo número ganador se publicaría en el sitio web de la empresa.

Para cubrir la demanda inicial estimada del nuevo producto, el departamento de manufactura comenzó a elaborarlo dos meses antes de su lanzamiento. Se calculó que la demanda para la semana previa a los juegos del Final Four ascendería a tres millones de latas de 18 onzas, y que la demanda posterior *sería* de un millón de latas semanal. La capacidad del departamento de manufactura para el nuevo producto es de un millón de latas a la semana.

El precio por lata para los clientes minoristas sería de $2.50 (todas las cantidades se manejan en dólares estadounidenses), lo que le permitiría a la empresa obtener un margen bruto de $1.25 por lata. Para Pete's, el costo de producir cada una es de $0.85. Los costos de mantenimiento de inventario por lata son de $0.10. A su departamento financiero le preocupaba que la intensa promoción y el abarrotamiento de inventarios eliminara casi toda la utilidad que Pete's obtendría con cada lata. La condición impuesta al gerente de producto era que el producto mantuviera su rentabilidad, pues de otro modo saldría del mercado.

PREGUNTAS SOBRE EL CASO

1. ¿Qué interacciones y análisis es necesario efectuar entre los departamentos de mercadotecnia, manufactura, logística y finanzas? Explique la función del departamento de logística en la introducción del nuevo producto.

2. ¿Por qué es necesario que el departamento de logística conozca todos los detalles (cantidad y tiempos) de la introducción del nuevo producto? Analice las dudas que podrían surgir (digamos, la disminución de la demanda después del Final Four) y qué responsabilidades tendría el departamento de logística como consecuencia de esos cambios.

3. Represente de manera gráfica estas dos alternativas y su punto de equilibrio.

4. ¿Cuál alternativa recomendaría usted que se aplicara para adaptarse al crecimiento de la demanda en el futuro? ¿Qué factores adicionales deberían considerarse?

Fuente: Center for Supply Chain Research, Penn State University.

Capítulo 3

DIMENSIONES GLOBALES DE LAS CADENAS DE SUMINISTRO

Objetivos de aprendizaje

Después de leer este capítulo, usted será capaz de:

- Analizar la complejidad de una red global de cadenas de suministro y comprender los aspectos que deben atenderse para que éstas sean competitivas.

- Describir las tres fases principales de la globalización y comprender las fuerzas económicas y políticas subyacentes que las impulsan.

- Apreciar la complejidad de las operaciones de las empresas globales exitosas y la razón por la cual la expansión es tan importante para su crecimiento y viabilidad financiera.

- Explicar cómo los especialistas en servicios logísticos y tecnológicos pueden ayudar a las empresas, en especial a las pequeñas y medianas, a penetrar en el mercado global y contribuir a su éxito competitivo.

- Apreciar la importancia y las contribuciones de los países que son socios comerciales de Estados Unidos y sus aportaciones a la prosperidad global.

- Analizar la complejidad de los mercados globales y la manera en que la estrategia competitiva puede ayudar a mitigar esa complejidad.

- Apreciar la necesidad de establecer medidas de seguridad globales con la flexibilidad apropiada para asegurar que dichas medidas no obstaculicen el comercio y en su lugar mejoren el flujo de bienes y servicios.

- Analizar las opciones de transportación global disponibles, así como los intermediarios estratégicos y su función en las cadenas de suministro globales.

Perfil de la cadena de suministro

Red Fish-Blue Fish, LLP: una secuela

Fran Fisher, director ejecutivo de Red Fish-Blue Fish, se reunió con su sobrino, Eric Lynch, el recién nombrado vicepresidente de la cadena de suministro, y con su hijo Jeff Fisher, vicepresidente de operaciones. Fran inició la reunión expresando su agradecimiento a Eric y a Jeff por su desempeño durante el último año. Red Fish-Blue Fish cuadruplicó sus ventas anuales desde su primer año de operaciones. Este crecimiento ocurrió durante los momentos de turbulencia económica en Estados Unidos y el mundo. Fran observó que sus ventas relacionadas con la consultoría y la construcción se habían estancado, mientras que las ventas por internet presentaban un aumento exponencial en los mercados globales, en particular durante los dos últimos años.

ANTECEDENTES DE LA EMPRESA

Red Fish-Blue Fish, LLP, fue fundada por Fran Fisher en 2007, después de que tomó la decisión de efectuar un cambio en su trayectoria profesional. Fran tenía una exitosa carrera de 40 años en la industria de los medios de comunicación: radio y televisión. Trabajó en todas las facetas del negocio, pero fue muy conocido como comentarista y analista deportivo en el ámbito del fútbol colegial. Formó una pequeña empresa consultora de medios para radio y televisión en Greensburg, Pennsylvania, ubicada a unas 30 millas (casi 49 kilómetros) al este de Pittsburgh.

El interés de Fran por los peces exóticos y las grandes peceras de exhibición, que se convirtió en su pasatiempo, lo motivó a crear Red Fish-Blue Fish. Varios amigos, incluido un dentista local, recurrían a él en busca de consejos sobre la selección de peces y el uso eficaz de las peceras para decorar oficinas. El dentista, Andy Zimmerman, pensó que mejorarían la atmósfera del consultorio, tranquilizarían a los niños y les ayudarían a mitigar sus miedos. El negocio de Fran estaba en decadencia mientras que las grandes cadenas de medios efectuaban maniobras agresivas para establecer relaciones con las principales conferencias y las universidades más grandes. Las nuevas opciones de las redes sociales en internet, como YouTube y Facebook, estaban cambiando el negocio de los medios, en especial para las pequeñas empresas enfocadas en áreas reducidas de mercado.

Fran notó el potencial que entrañaba internet para su nuevo proyecto empresarial y pensó que su experiencia en radio y televisión le ayudaría a crear un sitio web para la nueva empresa. La consultoría surgió como resultado de la solicitud de ayuda del dentista local. Andy Zimmerman ofreció a Fran comprar su pez exótico y contratar sus servicios para que instalara el equipo y los peces adecuados en su consultorio. Con la ayuda del hijo de un amigo mutuo que trabajaba como contratista, el consultorio fue remodelado para satisfacción de todos.

SITUACIÓN ACTUAL

En su quinto año de operaciones, Fran Fisher sintió que Red Fish-Blue Fish se encontraba ante una importante coyuntura para el futuro. El negocio de la consultoría y la construcción se estancaba, pero existía la oportunidad de extenderse a las áreas de Philadelphia, Baltimore y Washington, DC. El contratista de Fran, Jim Beierlein, tenía experiencia trabajando en esa área general para una gran empresa constructora en la costa este antes de incursionar en su propio negocio. Fran se acercó a Jim para ofrecerle un empleo de tiempo completo como vicepresidente de Red Fish-Blue Fish. Jim respondió que estaba interesado siempre y cuando Fran le hiciera una oferta formal.

Las ventas en Estados Unidos habían aumentado de manera estable gracias a las ofertas por catálogo e internet, pero las ventas globales en Canadá y Europa se incrementaron exponencialmente, y varios países de Sudamérica se convirtieron en mercados objetivo de las ventas por internet. También parecía haber oportunidades de mercado en varios países asiáticos.

Los peces se traían principalmente desde China, y Liu-Sheng Trading Company había sido la principal proveedora de la empresa. Connie Quo era su directora de operaciones. En un encuentro reciente con el señor Fisher, la señora Quo expresó su gran interés por entablar una alianza estrecha y casi exclusiva con Red Fish-Blue Fish. La empresa china también utilizaba a UPS como su servicio de transportación casi exclusivo.

REUNIÓN

Después de informar a Eric y Jeff sobre la situación actual, Fran les pidió su ayuda para determinar el rumbo y las estrategias que seguiría la empresa.

Fran les dijo que estaba convencido de que su éxito de los últimos cinco años se debía al esmerado servicio al cliente que la empresa ofrecía a través de su cadena de suministro, así como a su oferta de un producto de calidad. No obstante, el futuro le preocupaba, no por las oportunidades de mercado, sino por la necesidad de ampliar sus operaciones y su cadena de suministro. Red Fish-Blue Fish necesitaba cambiar para mantener su impulso. Les pidió que participaran para establecer un curso de acción y el rumbo que en adelante tomaría la empresa.

A medida que lea este capítulo considere las opciones con las que cuenta Red Fish-Blue Fish para expandirse a nivel global, en especial en términos de iniciativas empresariales colaborativas y relacionadas con el outsourcing o subcontratación.

Fuente: John J. Coyle, DBA. Reproducido con autorización.

Introducción

En el capítulo 1 se identificó la globalización como un factor externo impulsor del cambio en el panorama económico (quizá el principal), no sólo para las empresas sino también para las organizaciones sin fines de lucro. El comercio global ha existido por siglos, pero el alcance y la magnitud de los flujos actuales de productos, información y fondos financieros son asombrosos. Por ejemplo, el valor del comercio (total de importaciones y exportaciones) entre Estados Unidos y China aumentó de 366,000 millones de dólares en 2009 a 457,000 millones en 2010, lo cual representa un incremento de 25% en un año. Esto indica la importancia de los flujos comerciales globales en la economía mundial, en especial en la estadounidense.[1]

Se ha dicho que en un principio (1400-1800) la globalización fue impulsada por los países que buscaban materiales y mercancías que no estaban disponibles en sus territorios, pero que también tenían objetivos imperialistas de aumentar su poder económico y político. La segunda era de la globalización (1800-2000) estuvo regida por las empresas que requerían bienes, materiales, mano de obra, economías de escala y mercados. En esta era surgieron organizaciones multinacionales con alcance global y enorme poder económico y de mercado.[2]

El desarrollo y crecimiento de las multinacionales en verdad inclinó el mundo hacia la globalización. Éstas fueron las únicas que plantearon las siguientes preguntas, que ya se expusieron en el capítulo 1.

- ¿En qué parte del mundo debemos comprar o adquirir las materias primas, materiales semiterminados, componentes, servicios y otros insumos?

- ¿En qué parte del mundo debemos ubicar las plantas y las instalaciones de soporte para generar productos o servicios que satisfagan la demanda del cliente?

- ¿En qué parte del mundo debemos comercializar y vender nuestros productos y servicios?

- ¿En qué parte del mundo debemos almacenar o distribuir nuestros productos o servicios?

- ¿Qué alternativas globales de transportación y comunicación debemos considerar y utilizar?

- ¿Qué sociedades o alianzas globales debemos establecer para mejorar nuestra eficiencia y efectividad?

Estas preguntas no deben responderse de manera separada porque están demasiado interrelacionadas, crean grandes sinergias y exigen la evaluación de escenarios alternativos. Red Fish-Blue Fish tiene que plantearse algunas de ellas mientras mira hacia el futuro como una empresa más grande.

El alcance de estos cuestionamientos ofrece una reflexión acerca de la naturaleza de ser en verdad global. Las empresas multinacionales que se han consolidado y son exitosas también han creado oportunidades para que las organizaciones pequeñas participen en el mercado global a medida que perfeccionan sus modelos de negocio para mejorar su eficiencia y efectividad. Por ejemplo, las multinacionales podrían comprar los componentes necesarios para sus productos terminados de fuentes diversas en diferentes países. Esto se ha convertido en una práctica común para los fabricantes de las industrias automotriz, de informática y de productos de consumo. La complejidad del comercio global en ocasiones exige la intervención de expertos no sólo en el área de la transportación, sino en las especializadas como aduanas y aranceles. Estos acuerdos alientan una mayor colaboración en las cadenas de suministro.

En la segunda fase de la globalización las empresas con sede en regiones y países desarrollados como Estados Unidos, Europa occidental y Japón tuvieron una ventaja en términos de infraestructura, sistemas educativos y mercados de capital. En sentido metafórico, se ha sugerido que el mundo se inclinaba hacia ellos. Esta ventaja económica era de tal magnitud que los ciudadanos de los países menos desarrollados emigraban hacia los más desarrollados, en particular a Estados Unidos. Los inmigrantes capacitados y bien educados se sumaron a las ventajas de las que disfrutaban esas naciones.[3]

Se dice que la tercera era de la globalización comenzó en el año 2000; su característica más representativa estriba en que la impulsan los individuos y las organizaciones más pequeñas, en contraste con los países de la primera fase y las grandes empresas de la segunda.[4] Los ingredientes vitales de la tercera era han sido los avances tecnológicos, en especial en los sectores de la información y las comunicaciones, que han conectado "los cuatro rincones del planeta". Así, con la habilitación de una participación de base amplia en la economía global y sin gran parte de la infraestructura masiva que antes se requería, el mundo se ha vuelto plano. Una vez más las grandes multinacionales han creado oportunidades de nicho para que las personas y las empresas pequeñas puedan colaborar en sus cadenas de suministro. Red Fish-Blue Fish es un buen ejemplo de una empresa muy pequeña que aprovecha la tecnología y los servicios logísticos externos para llenar un nicho y competir con éxito por medio de la colaboración y el outsourcing.

Uno de los resultados de esta nueva era global es el ataque a las estructuras organizacionales tradicionales y jerárquicas.[5] Las empresas se han transformado en organizaciones más planas, horizontales y colaborativas que participan en más cadenas de suministro para agregar valor y eficiencia a los consumidores de todo el mundo.

En el capítulo 1 se mencionó que el ritmo del cambio se ha acelerado y que lo han impulsado numerosas fuerzas o factores externos importantes. En especial, la sinergia entre globalización y tecnología ha cambiado para siempre la dinámica del mercado mundial. El rechazo que en algunos sectores se tiene hacia el outsourcing lleva 40 años de retraso, y es un error. Esta nueva era seguirá enfatizando la importancia de las cadenas de suministro como un aspecto esencial de la capacidad de una organización para competir en el ámbito económico y merece un análisis especial. Red Fish-Blue Fish no podría competir ahora ni en el futuro sin la colaboración o sin el outsourcing.

Cadenas de suministro en la economía global

En el capítulo 1 se estableció que una cadena de suministro rebasa fronteras; es decir, abarca un grupo de empresas interrelacionadas que se enfocan en ofrecer el mejor precio o productos y servicios de valor al cliente final, quien ocupa el último de sus eslabones. También se observó que una cadena de suministro debe administrar cuatro flujos importantes: materiales y productos, información, finanzas y demanda.

Una característica importante de la economía mundial de hoy es la creciente integración económica. La economía globalizada, la creación del Acuerdo General sobre Aranceles Aduaneros y Comercio (GATT; *General Agreement on Tariffs and Trade*) y su sucesora en 1995, la OMC (Organización Mundial de Comercio), han promovido la participación del comercio multilateral y reducido las barreras para las transacciones internacionales. Sin embargo, un número cada vez mayor de países se agrupa para entablar acuerdos comerciales regionales (RTA; *regional trade agreements*). El ejemplo más adecuado e importante es la Unión Europea (UE), cuyo número de países miembros ha aumentado de manera constante, de seis en la década de 1950, a 27 en 2010. La cantidad de acuerdos regionales aumentó significativamente en la década de 1990. Hasta julio de 2005, el GATT o la OMC habían ratificado 330, de los cuales 206 se aprobaron después de la creación de la OMC en 1995. Hoy, 180 continúan en vigor. Los miembros de un RTA se sujetan a los requerimientos de la membresía y a ciertas regulaciones, a cambio de lo cual reciben un trato preferencial en el aspecto comercial que no reciben los países que no son miembros. Cada RTA tiene diferentes especificaciones sobre este trato preferencial.[6] Las ventajas comparativas de cada región y de los distintos países miembros cambian de acuerdo con la posición regional de cada nuevo RTA propuesto, considerando a los nuevos miembros que se unen a los acuerdos existentes y las nuevas actividades de integración (como uniones aduaneras, uniones monetarias y tránsito sin visado) en vigor, o propuestas por los Estados miembros. Las mejores cadenas de suministro compiten con gran éxito a nivel nacional, regional y global.

Con frecuencia se cita a Walmart como un ejemplo de la eficiencia y efectividad en una cadena de suministro, y con razón. Considere, por ejemplo, a un fabricante de equipos de cómputo como Hewlett-Packard que puede vender más de 400,000 computadoras en un solo día en más de 4,000 tiendas Walmart a clientes de todo el mundo durante la temporada navideña. Cada computadora tiene componentes producidos por varios proveedores globales y se ensamblan en diversos lugares del mundo. La sincronización de los tres flujos que se han mencionado antes permite que la venta se efectúe a la perfección, lo cual es un logro sorprendente.

Considere también que los estadounidenses gastan más de 35 millones de dólares por hora, 24 horas al día los 365 días al año en las tiendas Walmart, y que éstas manejan existencias de más de 65,000 artículos diferentes al año.[7] Esto no quiere decir que las cadenas de suministro de las que Walmart forma parte operen a la perfección en todo momento; en ocasiones en sus tiendas también ocurre el agotamiento de existencias (de ahí su uso de cupones canjeables) o la sobresaturación de algunas unidades de registro de almacenamiento (SKU; *stock-keeping units*).[8] No obstante, a pesar de la magnitud y complejidad de algunas de sus cadenas de suministro, Walmart minimiza tales circunstancias con ayuda de las herramientas, la tecnología y las habilidades que se analizan en este texto.

Como se explicó en el capítulo 1, el efecto neto de la exitosa administración de la cadena de suministro en Walmart le ha permitido convertirse en la corporación más grande del mundo, como lo demuestran sus ventas que ascienden a casi 600,000 millones de dólares anuales.

En la línea — *Más entregas, mismo costo*

Kimberly-Clark, una empresa con 140 años de antigüedad y sede corporativa en Irving, Texas, fabrica una gran variedad de productos para el cuidado personal, como los famosos pañuelos faciales Kleenex, los pañales Huggies y las toallas de papel Scott. En 2010 reportó un ingreso a nivel mundial de 19,700 millones de dólares provenientes de sus ventas en más de 150 países.

En Europa, Kimberly-Clark vende sus productos en 45 países y opera 15 fábricas. Los bienes terminados se almacenan en 32 centros de distribución, todos operados por proveedores independientes de servicios logísticos (3PL; *third-party logistics*).

Desde 2003 algunos minoristas en Holanda intentaron reabastecer las existencias de inventario con base en los datos del punto de venta, lo que les permitiría tomar decisiones de reaprovisionamiento en función de las transacciones reales de los clientes. Como parte de esta iniciativa, los minoristas quisieron incrementar la frecuencia de las entregas y reabastecer sus tiendas sólo con lo que habían vendido. "En realidad nos pidieron entregas más frecuentes según lo que indicaban los datos del punto de venta, así que reabasteceríamos más en tiempo real."

La pregunta que se hacía Kimberly Clark era: "¿Cómo podemos acortar el ciclo de reabastecimiento y dejar de entregar camiones con cargas completas sin incurrir en costos de transportación adicionales?"

La solución consistiría en colaborar con otra empresa que efectuara envíos a las mismas tiendas minoristas. Si Kimberly-Clark y su socio se dividían a la mitad la capacidad de carga de un remolque, ambas empresas aumentarían la frecuencia de los repartos sin elevar los costos de transportación.

Kimberly-Clark se acercó al fabricante de cosméticos Lever Faberge para compartir su idea. Ambas empresas realizaron una exitosa prueba con Makro, que opera una cadena de clubes de tiendas de almacén en Holanda. El experimento produjo otros beneficios, además de los ahorros en transportación: demostró que, al abreviar los tiempos en el ciclo de entrega, la distribución colaborativa también reducía los inventarios en la tienda mientras aumentaba la disponibilidad de productos en anaquel. Cuando hicieron la prueba con Makro, lograron una reducción de 30% en el valor de los productos que almacenaban. También disminuyeron 30% los agotamientos de existencias.

La iniciativa empresarial de Kimberly-Clark con Lever Faberge en Holanda alentó a otras empresas a entrar de lleno en la distribución compartida. Este fue el inicio de lo que ahora se conoce como "cadenas de suministro colaborativas" en Europa.

"La colaboración es ahora el gran descubrimiento en Europa, en especial para las empresas de bienes de consumo empacados (CPG; *consumer packaged goods*)." El concepto de las cadenas de suministro compartidas ha demostrado ser tan atractivo que en ese continente se ha creado una organización sin fines de lucro encargada de promover esta colaboración entre otras empresas CPG, minoristas y proveedores independientes de servicios logísticos.

Para el gigante de los bienes de consumo, Kimberly-Clark, la experiencia positiva con la distribución colaborativa en Holanda ha sido un impulso para extender el programa en más países y con más socios comerciales.

Fuente: James A. Cooke, "Sharing Supply Chains for Mutual Gain", *CSCMP's Supply Chain Quarterly* (segundo trimestre de 2011): 39.

Otras empresas, como Apple, Dell, Procter & Gamble (P&G), IBM, Johnson & Johnson, General Electric y Kimberly-Clark, también deben su éxito, en parte, a la eficiencia y efectividad de sus cadenas de suministro.

Estas empresas, entre muchas otras, se han transformado al cambiar sus cadenas de suministro y sus modelos de negocio, que a su vez han modificado el panorama de los negocios en el siglo XXI. Considere, por ejemplo, que algunas empresas estadounidenses obtienen más de 25% de sus utilidades a partir de sus ventas globales, lo que les ha ayudado a mitigar las recesiones e inestabilidad en los mercados nacionales.

Adam Smith, a quien se atribuye haber formulado la justificación económica del capitalismo en su famosa obra *Wealth of Nations*, afirmó que la división o la especialización de la mano de obra está limitada por la magnitud del mercado o el volumen de la demanda.[9] En otras palabras, las economías y las empresas podían aumentar su riqueza al permitir la especialización de las tareas. La cadena de ensamblaje automotriz es un buen ejemplo de especialización, en el que cada persona efectúa una pequeña tarea relacionada con el producto total, pero la producción por individuo es más alta que si cada persona armara un automóvil completo. La advertencia de Smith indica que la ventaja se alcanzará siempre y cuando sea posible vender el mayor volumen producido. En la primera edición de *Administración de la cadena de suministro* que se publicó en 1976 se argumentó que una función importante de la logística consistía en ampliar el área de mercado de los países o las empresas con base en una eficiencia mejorada que disminuyera el costo de entrega en nuevas áreas de mercado.

La lógica de esta justificación es aún más pertinente para las cadenas de suministro. Es posible decir que éstas ayudan a establecer los límites de lo que es posible en el mercado desde el punto de vista competitivo. En otras palabras, el costo y el valor al final de la cadena de suministro determinan la capacidad de una empresa para competir en un mercado global. Las cadenas que son eficientes representan poder comercial, y un buen gerente de cadena de suministro siempre tratará de superar los límites de la misma para lograr la viabilidad tanto en los mercados nacionales como en los globales.

Es más fácil lograr el funcionamiento a nivel global, incluso para los individuos y las pequeñas empresas como Red Fish-Blue Fish, gracias a los avances en la tecnología de la información, las comunicaciones y la mejora continua de los expertos como UPS, FedEx y DHL, capaces de ofrecer servicios globales de cadena de suministro a costos razonables. La cantidad creciente de empresas especializadas, así como los factores tecnológicos mencionados, contribuyen a nivelar (o "aplanar") el mundo. Desde luego, las grandes empresas globales también contribuyen a este fenómeno.

Se puede concluir, sin miedo a equivocarse, que las cadenas de suministro y su administración desempeñan una función muy importante en la economía global; además, han ayudado a impulsar el crecimiento y el éxito de empresas que han sabido aprovecharlas. El tren de la globalización ya ha partido y viaja cada vez con mayor velocidad. Las cadenas de suministro globales nos afectan a todos. Todas las personas aman los precios bajos, las amplias gamas de productos y la conveniencia (servicio completo las 24 horas los siete días de la semana), pero se tornan críticas cuando pierden su empleo y las empresas cierran, entre otras situaciones. Muchos argumentarían que las ventajas superan las desventajas: por ejemplo, los precios más bajos han permitido a los consumidores ahorrar miles de millones de dólares en sus compras. Hay ventajas y desventajas, pero no es posible dar marcha atrás. Las organizaciones exitosas continuarán requiriendo cadenas de suministro eficientes y efectivas a medida que avanzan, de manera decidida, en el siglo XXI. Los siguientes capítulos explicarán cómo lograr ese éxito.

En las siguientes secciones de este capítulo se analizará la magnitud de las operaciones globales y las cadenas de suministro, así como algunos de los desafíos y tipos de servicios propios de las cadenas de suministro globales.

Alcance y magnitud de las empresas globales

En el capítulo 1 se dijo que el mundo está comprimiéndose en términos de tiempo y distancia. Desde luego, la distancia entre la ciudad de Nueva York y Shanghai, China, sigue siendo la misma, y la zona horaria de estas ciudades no ha cambiado. Pero la transportación, las comunicaciones y la tecnología relacionada con las computadoras permiten a los ejecutivos de negocios de los diferentes países encontrarse de modo personal o por medio de la tecnología informática especial. La capacidad de conectarse con personas y empresas de todo el mundo y con sistemas informáticos las 24 horas del día los siete días de la semana brinda una oportunidad sin precedente para la colaboración horizontal y vertical en las cadenas de suministro. Esta conectividad favorece la cooperación interorganizacional, la visibilidad de flujos y los ajustes en tiempo real necesarios para contar con cadenas de suministro eficientes y efectivas.

Los datos globales que se presentan en esta sección reflejan la nueva era. La tabla 3.1 muestra los datos comerciales (total de importaciones y exportaciones) de los 10 principales socios comerciales de Estados Unidos. Observe algunas de las relaciones que se ilustran en la tabla: China es ahora el segundo socio más importante de Estados Unidos, después de sustituir a México como el tradicional segundo lugar. El valor del comercio con China para 2010 fue de 22.2% del total de los principales 10; éste se incrementó 25% de 2009 a 2010. En 2000 la nación asiática ocupó el cuarto lugar en la lista de los 10 principales después de Canadá, México y Japón; desde entonces el valor de su comercio con Estados Unidos ha aumentado más de cinco veces (de 94,000 millones de dólares a 457,000 millones). Este incremento refleja la importancia creciente de China, a la que ya se hizo referencia en otras ocasiones. El valor total del comercio con estos principales 10 socios aumentó 22.63% de 2009 a 2010, y desde el año 2000 se incrementó cerca de 288%. Ambos aumentos porcentuales reflejan la interdependencia cada vez mayor y las relaciones comerciales con otros países. Los datos comprueban las declaraciones que se han formulado acerca de la importancia de las cadenas de suministro globales.

Tabla 3.1	Principales socios comerciales de Estados Unidos		
	Valor de comercio (en millones de dólares)		
PAÍS	**2008**	**2009**	**2010**
Canadá	$ 601,000	$ 431,000	$ 525,000
China	408,000	366,000	457,000
México	367,000	306,000	393,000
Japón	204,000	147,000	181,000
Alemania	152,000	115,000	131,000
Reino Unido	112,000	93,000	98,000
Corea del Sur	83,000	68,000	88,000
Francia	73,000	61,000	66,000
Taiwán	61,000	47,000	62,000
Brasil	63,000	46,000	59,000
Total	$2,124,000	$1,679,000	$2,059,000

Fuente: TradeStats Express™, International Trade Administration. U.S. Department of Commerce, 2001.

En el capítulo 1 se mencionó a India en el contexto de la globalización, pero no figura entre los 10 principales países que se incluyen en la tabla 3.1. Su fortaleza se encuentra en el área de los servicios de tecnología de información, por lo que existe una tendencia a subestimar su importancia para las cadenas de suministro globales. En 2005, casi 59% del gasto corporativo estadounidense (en el extranjero) destinado a los servicios de tecnología de información se gastó en India.[10] Es interesante que China, que se ha destacado por manufacturar diferentes tipos de productos, atraiga a las empresas estadounidenses para el establecimiento de centros de investigación. En 1998 Microsoft e Intel establecieron centros de investigación en Beijing; Google en 2005, y Rohm & Haas y Dupont en Shanghai en 2006.[11] Las poblaciones combinadas de China e India, que superan los 2,000 millones de personas, los han convertido en mercados atractivos y en fuentes de importaciones. Por ende, es posible decir que las conexiones globales de las cadenas de suministro continuarán aumentando en ambos países. Las grandes empresas de productos de consumo y los minoristas en Estados Unidos ya han establecido conexiones para vender en sus mercados y afianzarlas como fuente de bienes y servicios.

Incluso empresas más pequeñas, como W. W. Grainger, distribuidor de productos de mantenimiento, reparación y operación (MRO; *maintenance, repair and operating*), conectan sus cadenas de suministro con China como fuente de productos para comprar y como mercado para distribuir y vender los propios. Existen desafíos y riesgos asociados con los negocios desplegados en China e India (o en esos países), pero las oportunidades son enormes. Las empresas cambiarán sus modelos de negocio gracias a estas oportunidades. Considere la sociedad entre IBM y Lenovo para el negocio de computadoras personales de IBM, o a Honda Motor en India, que ha utilizado diferentes estrategias de sociedad para distintas líneas de producto.

Una vez que han identificado los riesgos, las empresas líderes utilizan diversas estrategias de mitigación para lidiar con ellos; éstas se aplican de manera selectiva de acuerdo con el impacto y la probabilidad de cada riesgo. Es evidente que las empresas que aplican una rigurosa metodología de administración de riesgos tienen más probabilidades de cosechar los beneficios prometidos de una estrategia de outsourcing global, así como de una de globalización general.

Mercados globales y estrategia

El entorno empresarial global ha cambiado mucho y ahora promueve más la actividad comercial entre los países. Las empresas no sólo importan y exportan productos, sino que también ubican sus fábricas e instalaciones en otras partes del mundo. Honda y Toyota producían sus automóviles en Japón y los embarcaban hacia Estados Unidos. Ahora esos vehículos se producen en su mayor parte en Estados Unidos y se venden en Norteamérica. Las empresas estadounidenses también han ubicado sus fábricas en otros países.

Como se indicó en el capítulo 1, muchos países han reducido en gran medida sus aranceles y otras barreras comerciales, lo que fomenta una economía global más competitiva. Esto representa una amenaza y una oportunidad. Al igual que la desregulación del transporte, la respuesta de algunas empresas no ha sido apropiada, por lo que han perdido grandes participaciones de mercado o han salido del negocio. Otras han aprovechado la oportunidad y se han expandido incursionando en los mercados globales, como General Electric, IBM, Walmart, McDonald's, P&G y Kimberly-Clark. Muchas de las 500 empresas de *Fortune* realizan 50% o más de sus ventas en estos mercados. Dichas ventas les han ayudado a estabilizar sus ingresos y a protegerse contra las turbulencias del mercado estadounidense, como la que ocurrió en 2007.[12] Las organizaciones pequeñas y medianas también han participado en los mercados globales, incluso una tan pequeña como Red Fish-Blue Fish, LLP, que tiene la oportunidad de contratar y vender a nivel global a medida que desarrolla relaciones adecuadas.

En la línea

Servir a mercados emergentes: guía de supervivencia

Durante décadas, la relación comercial entre las economías maduras y los países en desarrollo fue, principalmente, unidireccional. Los materiales, componentes y bienes terminados se producían "allá" y se enviaban "aquí". No obstante, la realidad actual es diferente.

Muchos países de "bajo costo" en Asia, Sudamérica y Europa oriental se han convertido en consumidores, así que su interacción con economías maduras es cada vez más bidireccional. Considere los resultados de una encuesta efectuada por Accenture y la National Association of Manufacturers: entre las grandes empresas (con ingresos superiores a 10,000 millones de dólares) se proyecta que la participación de mercado de Norteamérica descienda más de 5% entre hoy y 2013, en tanto que la de Asia aumente en la misma cantidad durante el mismo periodo.

Para los expedidores globales las implicaciones de esta transformación son drásticas. Desde el punto de vista de la oportunidad, los mercados emergentes son, sin duda, los del crecimiento. Pero desde la perspectiva de las operaciones la situación se pone difícil, pues se necesitan nuevas capacidades para garantizar la seguridad, evaluar y mitigar el riesgo, rastrear y administrar activos, superar las limitaciones de la infraestructura, analizar el impacto de las crecientes tarifas salariales, interaccionar con funcionarios aduanales y legisladores, y aprovechar las políticas regulatorias y fiscales que presentan tan marcadas variaciones a nivel mundial.

En los mercados emergentes, los niveles más altos de riesgo político, económico, financiero y operacional son evidentes, al menos en el corto o mediano plazos. En el caso de la infraestructura, es común ver carreteras en mal estado fuera de las ciudades, desarrollo insuficiente de los puertos, así como escasa seguridad y disponibilidad de los almacenes.

Otro riesgo es el factor legislativo. En los mercados emergentes, por ejemplo, las empresas deben lidiar con un mayor grado de corrupción, con reglas de negocios menos ortodoxas y codificadas, y con más convenios tácitos. Al mismo tiempo, hay menos protecciones. En las economías maduras, las empresas por lo general confían en que las leyes y regulaciones las protegerán. Pero en los mercados emergentes existe menos probabilidad de que las autoridades salvaguarden a las empresas contra prácticas dudosas. Es importante recordar que existen cuestiones con las que se cuenta "aquí", pero de las que no se puede depender "allá".

Tal vez haya cierta similitud entre las capacidades necesarias para transportar bienes y materiales a través de los mercados desarrollados o desde los países de bajo costo hacia los mercados emergentes o en torno a ellos.

La diferencia fundamental radica en que en este último escenario el desafío supone más que sólo transportar el artículo. Cuando se trata con mercados menos sofisticados, por ejemplo, el medio principal de una empresa para recibir solicitudes de artículos puede ser tan tradicional como los faxes o la correspondencia.

En consecuencia, una empresa tendría que reevaluar y revisar sus capacidades básicas para la administración de pedidos. De hecho, muchas estructuras y protecciones rudimentarias que las empresas están acostumbradas a utilizar en Estados Unidos y la Unión Europea (estándares de seguridad, horarios de servicio, parámetros de "cuidado responsable", medidas de seguridad, entre otras) con frecuencia son débiles o no existen en los mercados emergentes.

En todos los países en desarrollo las empresas logísticas privadas más pequeñas siguen esta norma: menos activos, menos rutas, menor sofisticación y precios más altos. Y aunque algunos gobiernos (China, por ejemplo) les exigieran utilizar cierto porcentaje de servicios locales, muchos legisladores las alientan a asociarse con los rivales más fuertes. Estos países consideran que esas asociaciones son benéficas para el desarrollo y que fomentan la inversión en camiones e instalaciones.

Sin embargo, aunque asociarse con las empresas locales no sea obligatorio, estas entidades pueden ser importantes para ayudar a superar los obstáculos legales, negociar con las aduanas, acceder a la infraestructura local y comprender y satisfacer las expectativas de los clientes.

Las características logísticas de los mercados emergentes son muy diferentes de las que muestran las economías maduras, más de lo que la mayoría de las empresas esperaría. Incluso las que están conscientes de estas diferencias quizá no sepan cuán difícil, largo y costoso será construir, adquirir y coordinar las capacidades necesarias para funcionar de manera eficaz en los mercados emergentes.

Fuente: Pierre J. Mawet y William M. Kammerer, *Logistics Management* (junio de 2011): 56S.

Sin duda, el éxito en el mercado global exige que se despliegue un conjunto cohesivo de estrategias que incluyan el desarrollo del producto, la tecnología, la mercadotecnia, la manufactura y las cadenas de suministro. Las empresas globales son más exitosas cuando sus estrategias les ayudan a lograr de manera simultánea sus objetivos empresariales en diferentes ubicaciones globales. Desde el punto de vista de la cadena de suministro, esto significa contratar estratégicamente el suministro de materiales y componentes en diversas partes del mundo, elegir ubicaciones globales para los depósitos clave y los centros de distribución, evaluar alternativas de transportación e intermediarios de canal, ofrecer servicio al cliente, comprender la influencia gubernamental en los flujos de la cadena de suministro global, examinar oportunidades de colaboración con terceras o cuartas partes logísticas, y otras cuestiones relacionadas. En este capítulo se analizan algunos de estos temas; el resto se estudia en los siguientes capítulos. Un tópico que debe considerarse de manera especial es la seguridad en los materiales de la cadena de suministro, de la que hablaremos en breve.

Desde la perspectiva del servicio al cliente, los mercados y las estrategias globales tienen cuatro características importantes. *Primero,* las empresas intentan estandarizar sus procesos para reducir la complejidad, pero reconocen que los mercados globales necesitan cierto grado de personalización. Por ejemplo, a diferencia del mercado estadounidense, donde las grandes tiendas minoristas compran por volumen para entregar a sus grandes almacenes, en los países en desarrollo hay tiendas minoristas diminutas que miden de 80 a 100 pies cuadrados (de 7 a 9 m²). Esto supone entregas en cantidades pequeñas y más frecuentes, empaques diferentes y otros ajustes. P&G aplicó recientemente cambios en su estrategia de servicio al cliente y en áreas relacionadas para adaptarse a esos mercados. Reconoce que en esos países la base poblacional es tal que el volumen total de ventas contrarrestará las pequeñas economías de escala de las tiendas diminutas, en especial a largo plazo. Es necesario adaptar los niveles de servicio al cliente a esos mercados en términos de programas de entregas, volúmenes, cumplimiento de pedidos y otras áreas.

Segundo, la competencia global reduce el ciclo de vida del producto, dado que los competidores pueden copiar con rapidez los productos o aplicarles ingeniería inversa. Las empresas tecnológicas se enfrentan a este fenómeno, incluso en el mercado estadounidense. A nivel global, otros productos afrontan experiencias similares. Ante este panorama, la respuesta de las empresas tecnológicas consiste en aplicar mejoras continuas e introducir nuevos productos. Apple, por ejemplo, tuvo un gran éxito con el iPod y, para mantener su impulso financiero, a esta innovación pronto le siguió el iPhone y ahora el iPad. Los ciclos más cortos de vida del producto presentan desafíos para la administración de inventario respecto de los artículos obsoletos. También hay repercusiones en los niveles de servicio al cliente debido a que los cambios deben efectuarse a medida que el producto madura en términos de volumen de ventas y después declina, lo que reduce su rentabilidad. Por lo general, las empresas no pueden ofrecer el mismo nivel de servicio al cliente cuando el volumen del producto disminuye.

Tercero, las estructuras organizacionales y los modelos de negocio cambian con frecuencia porque las empresas subcontratan ciertas actividades de manufactura y logística, como la transportación, el almacenamiento y el cumplimiento de pedidos. Todo esto afecta la cadena de suministro y las actividades relacionadas con el servicio al cliente. La colaboración que se ha indicado requiere una coordinación eficaz entre los diferentes participantes a fin de garantizar que se mantengan los niveles de servicio al cliente (entregas puntuales, órdenes completas de pedidos, confiabilidad, etc.). Éste es uno de los retos que enfrenta Red Fish-Blue Fish en el proceso de coordinación de ambos extremos de su cadena de suministro.

El lado débil de la administración de la cadena de suministro global sigue presentando desafíos significativos para los gerentes de esta área. Cuando se trata con socios comerciales extranjeros entran en juego elementos sociales y culturales, lo que exige un esfuerzo diario para garantizar el funcionamiento eficaz de la cadena. Esto se debe a que, en muchos casos, los asuntos secundarios y los procesos físicos no son mutuamente excluyentes. Los malentendidos culturales y la comunicación deficiente pueden causar estragos en el lado físico de la planeación y ejecución de la cadena de suministro global. La comunicación intercultural se complica no sólo por los idiomas y zonas horarias distintos, sino por otras prácticas culturales arraigadas, como los estilos de comunicación, los diferentes métodos para completar tareas,

En la línea

La cada vez mayor clase media asiática

Asia ha dejado de ser la sede de la capacidad productiva barata. En 2008 los consumidores asiáticos gastaron 4,300 billones de dólares, lo que representa casi una tercera parte de los gastos de consumo de los 34 países miembros de la Organización para la Cooperación y el Desarrollo Económico (OCDE). Para 2030 se espera que el gasto de los consumidores de esa región alcance los 32,000 billones de dólares (o cerca de 43% del consumo mundial), de acuerdo con el Banco de Desarrollo Asiático (ADB; siglas en inglés de *Asian Development Bank*), una institución financiera con sede en Manila.

Las estadísticas denotan el surgimiento de Asia como potencia de consumo, lo que ha alentado a los fabricantes y minoristas de todo el mundo a replantear sus cadenas de suministro para abordar tanto los desafíos como las oportunidades que supone el servicio a los mercados de este continente.

Un análisis más detenido de la demografía económica de la región revela la historia. La clase media asiática, que el ADB define como las personas con un ingreso de 2 a 20 dólares diarios, aumenta de manera impresionante en relación con otras regiones del mundo. Alrededor de 56% de la población de los países asiáticos en desarrollo se consideraba clase media en 2008, en comparación con 21% en 1990. Estos consumidores representan más de 75% del gasto e ingreso anuales agregados de la región.

El gran tamaño de Asia como megamercado en desarrollo para productos y servicios ofrece un inmenso y nuevo potencial de crecimiento para los fabricantes y minoristas. Las empresas multinacionales, por ejemplo, esperan que en los próximos 10 años más de 50% del aumento en sus ingresos provenga de las economías en desarrollo. En 2009 China superó por primera vez a Estados Unidos como el mercado de vehículos nuevos más grande del mundo.

Las empresas multinacionales deben aprender a mantener los mercados maduros como el de Europa y Estados Unidos mientras sirven a los diversos mercados emergentes en Asia y otras partes del mundo.

De hecho, el desarrollo exponencial en Asia reconfigura los patrones comerciales a nivel global. Los flujos de las cadenas de suministro trasladaban casi todo de este a oeste, pero las cosas han cambiado.

Las claves para triunfar en Asia son sencillas: primero, asegúrese de comprender el grado de dificultad logística antes de incursionar en un país. Después, desarrolle una red de cadena de suministro basada en el talento y los socios locales y, por último, adáptela a cada región o país.

Fuente: Lisa H. Harrington, "Asia, Manufacturing Dynamo or Consumer Powerhouse", *Inbound Logistics* (marzo de 2011): 54.

diversas actitudes hacia el conflicto y estilos distintos en la toma de decisiones, entre otros factores.

Cuarto, la globalización genera mayor volatilidad y complejidad, como se observó en el capítulo 1. Es mucho más probable que las cadenas de suministro experimenten desafíos como el clima, el terrorismo o los conflictos laborales, entre otros. Por ello, la flexibilidad y la sensibilidad constituyen un requisito para el servicio al cliente a lo largo de todas las cadenas. Las redes ampliadas cubren largas distancias y son complejas. Las políticas comerciales, las regulaciones, los aranceles y los tipos de cambio agravan el nivel de complejidad en las cadenas de suministro globales; y el número de intermediarios que participan lo eleva aún más.

Además de las cuatro áreas que se han indicado, algunas estrategias habituales en los mercados nacionales también enfrentan retos. Por ejemplo, la reducción en el tiempo del ciclo del pedido se ha convertido en una parte importante de la administración de la cadena de suministro, dado que para los clientes disminuye los niveles de inventario, crea mejores flujos de efectivo y genera un nivel más bajo de activos circulantes y cuentas por cobrar. Sin embargo, la amplitud y complejidad de la cadena de suministro dificultan la reducción de los tiempos de entrega.

Por otra parte, la demanda impulsada por la oferta o los sistemas "de jalar" (*pull*) que pueden disminuir de manera significativa los inventarios pierden su eficacia dadas las grandes distancias y la complejidad de las cadenas de suministro de múltiples niveles. En el entorno global también es más difícil aplicar otras estrategias, como la compresión y las cadenas de suministro esbeltas. Este análisis no implica que las empresas no deban involucrarse en la globalización. Por el contrario, tiene la intención de ofrecer una explicación de los desafíos, la cual es necesaria para aumentar las probabilidades de éxito. Sin duda la globalización ha ayudado a muchas empresas estadounidenses, como ya se ha observado. Algunas ventajas que se han señalado hasta ahora son el nivel más alto de ventas y utilidades, así como la mayor estabilidad de los ingresos, pero la globalización es una espada de doble filo que exige que una empresa sea siempre ágil y proactiva para administrar y responder al cambio. El tema de la siguiente sección, tiene una relación directa con este análisis de la estrategia de la cadena de suministro global.

Seguridad en los materiales de la cadena de suministro: un acto de equilibrio

El comercio global entre Estados Unidos y el resto del mundo se detuvo el 11 de septiembre de 2011 cuando los terroristas atacaron el país. El transporte aéreo hacia adentro y afuera de su territorio (e incluso algunos vuelos nacionales) se suspendió. Se impidió a las embarcaciones de alta mar y a otros buques mercantes efectuar operaciones de carga y descarga de contenedores. Muchos tuvieron que anclar lejos de la zona costera durante días, en espera de que se les asignara un puerto. Las frutas y los vegetales frescos se pudrieron y los materiales necesarios no llegaron a tiempo. Fue un periodo atemorizante, pero fuimos testigos del grado de globalización e interdependencia con el resto del mundo.[13]

Antes de los acontecimientos del 11 de septiembre de 2011 la autorización de salida de las embarcaciones en los puertos estadounidenses se realizaba en cuestión de horas. Ese escenario ha cambiado debido a las medidas de seguridad que se han implementado. Ahora la realidad es otra: se necesitan más inspecciones de carga, mucho papeleo y tiempos más largos para autorizar la salida en las fronteras estadounidenses. Las embarcaciones pueden ser detenidas para ser inspeccionadas, lo mismo que su carga. En algunas embarcaciones y artículos se aplica un cuidadoso escrutinio debido a su país de origen.[14]

Dada la importancia del comercio global, existe un equilibrio delicado entre la seguridad en los materiales y el flujo eficiente de este comercio. Si la seguridad fuera demasiado estricta, impediría el flujo de bienes o materiales necesarios, lo que ocasionaría retrasos e ineficiencia. Los puertos y las garitas se congestionan a consecuencia de las medidas de seguridad. Por ende, el tiempo de autorización de salida ha aumentado de horas a días en algunos casos. Se han aplicado medidas para mejorar el flujo a través de las fronteras,[15] acciones que son necesarias para nuestra economía global.

El llenado electrónico de la información de carga ha contribuido a mejorar los tiempos de cruce fronterizo. La Trade Act de 2002 exige a los exportadores enviar a las aduanas estadounidenses los documentos de embarque por vía electrónica 24 horas después de su envío a un puerto, o 24 horas antes de la partida del buque. En el caso de las importaciones, el transportista oceánico o el consolidador de la carga deben enviar el manifiesto 24 horas antes de que el buque con destino a Estados Unidos sea cargado en el puerto extranjero. Debido a la importancia de Canadá como socio comercial, se ha creado un procedimiento expedito (FAST) para acelerar la autorización de salida por la frontera canadiense con Estados Unidos.[16]

Tecnología de la cadena de suministro

Rastreo a lo largo de la cadena de suministro

Durante los últimos años los problemas de seguridad con alimentos, medicinas, componentes automotrices y juguetes han causado muertes y enfermedades; han mermado la confianza del cliente, y han costado a las empresas millones de dólares. A pesar de los esfuerzos de las organizaciones, los problemas con los productos nunca desaparecerán por completo, por lo que la capacidad de rastrearlos todos, desde los componentes automotrices hasta los cacahuates (maníes), es vital.

La capacidad de rastreo no es un concepto nuevo, pero ha cobrado gran importancia y se utiliza cada vez más a medida que las cadenas de suministro crecen, las regulaciones gubernamentales se tornan más rígidas y la tecnología mejora. La capacidad de rastreo y seguimiento de un producto conforme avanza por la cadena de suministro es crucial para evitar los problemas de salud y seguridad, al igual que los retiros del mercado, pero también desempeña una función importante en el control de calidad y de inventarios.

En las industrias farmacéuticas y de bienes la capacidad de rastreo no es sólo un buen negocio, también es un requisito gubernamental. En 2011, el Congreso estadounidense aprobó una nueva ley de seguridad de bienes que enfatiza el enfoque de la FDA en la capacidad de rastreo y exige establecer un sistema de seguimiento para la industria alimentaria, de forma que sea posible rastrear sus productos de manera eficaz a lo largo de la cadena de suministro. No obstante, cualquier industria afectada por el retiro de productos del mercado, problemas de seguridad con alguno de ellos o relacionados con la calidad, sabe que la capacidad de seguimiento de un producto hacia adelante o hacia atrás en la cadena de suministro es esencial.

Debido al tamaño y alcance de las cadenas de suministro globales en la actualidad, el desafío para una organización consiste en determinar cuáles herramientas de rastreo debe utilizar y en qué productos.

Es necesario implementar estrategias de rastreo de largo alcance, que vayan desde un sistema de registro en papel hasta los avances tecnológicos como GPS o RFID de manera que, a medida que cambien la tecnología y los requerimientos gubernamentales, una organización sea capaz de tomar decisiones basadas en el valor y el riesgo relacionadas con la capacidad de rastreo.

Los profesionales de la administración del suministro saben que las capacidades de rastreo mejorarán y se expandirán en las organizaciones a medida que la tecnología que lo permita sea más rentable. Un estudio del Departamento de Agricultura de Estados Unidos (USDA; United States Department of Agriculture) señala que el sistema de seguimiento de una empresa "es clave para encontrar formas más eficientes de producir, ensamblar, almacenar y distribuir productos". Los profesionales también afirman que, mientras los requerimientos gubernamentales relativos a la capacidad de rastreo actúen como motivadores, las industrias se darán cuenta de su valor, y más consumidores se interesarán en la seguridad de los materiales de la cadena de suministro.

Fuente: Mary Siegfried, "Tracing Through the Supply Chain", *Inside Supply Management* (junio-julio de 2011): 36.

La U.S. Maritime Transportation Security Act (Ley de Seguridad en la Transportación Marítima de Estados Unidos) de 2002 autoriza a la guardia costera estadounidense para que evalúe la vulnerabilidad de sus puertos y niegue el ingreso a las embarcaciones de países que no cumplan con los requerimientos de seguridad en los materiales. Esta ley exige el establecimiento de estándares para las tapas y cerraduras de los contenedores, así como sistemas de rastreo, identificación y detección de cargas para contenedores de transporte marítimo.[17] Algunos de ellos no se han desarrollado con la rapidez necesaria para garantizar su cumplimiento.

Además, la Customs Trade Partnership Against Terrorism (C-TPAT; Asociación Aduanera y Comercial contra el Terrorismo) se estableció bajo la dirección del U.S. Department of Homeland Security (Departamento de Seguridad Nacional de Estados Unidos) en noviembre de 2001. Esta iniciativa voluntaria para asegurar la cadena de suministro global comenzó con siete empresas; en 2007, unas 7,400 corporaciones participaban en este esfuerzo de cooperación para asegurar la cadena de suministro y facilitar las actividades legítimas de transportación y carga. La C-TPAT funciona bajo la dirección de la U.S. Customs and Border Protection (CBP) Agency, la dependencia estadounidense para la protección de fronteras y aduanas antes conocida como el U.S. Customs Service (Servicio de Aduanas de Estados Unidos).

La CBP tiene las funciones tradicionales del U.S. Customs Service: impedir el ingreso ilegal de personas y drogas, proteger la agricultura de plagas dañinas y enfermedades, resguardar la propiedad intelectual de las empresas, recaudar impuestos aduanales y regular y facilitar el comercio global. Las empresas asociadas con la C-TPAT se comprometen a mantener la seguridad en los materiales de sus cadenas de suministro de acuerdo con los estándares acordados, y a implementar los cambios necesarios. Una de las características clave de este programa estriba en que los integrantes se comprometen a compartir información sobre las mejores prácticas relativas a la seguridad en los materiales. La meta es desarrollar una vía segura para acelerar el paso de los bienes a través de la frontera, pero también proteger el país y las cadenas de suministro de los participantes.[18]

Puertos

Como se indicó antes, los puertos constituyen una parte vital en las cadenas de suministro globales y una de las prioridades en la seguridad global. Todos los días, miles de contenedores provenientes de muchos países llegan a los puertos marítimos estadounidenses. Cada embarque se destina a una cadena de suministro específica, por ejemplo, muebles para exteriores desde Tailandia con destino a una tienda minorista de St. Louis, o zapatos de China para un distribuidor de Chicago.

Los puertos de Estados Unidos represionten una parte fundamental del comercio global. Un flujo comercial con un valor de más de 2,000 billones de dólares pasa cada año por ellos, y se recaban más de 18,000 millones de dólares de impuestos y tarifas de la industria. Los 50 estados utilizan 15 puertos para manejar sus importaciones y exportaciones; bienes con un valor total que ronda los 5,500 millones de dólares entran y salen del país cada día. Casi 99% del movimiento internacional de carga de Estados Unidos tiene lugar en sus puertos, es decir, 2,500 millones de toneladas al año. En 1960 el comercio internacional representaba cerca de 9% del PIB estadounidense. Hoy significa más de 25 por ciento.[19]

Los puertos estadounidenses también desempeñan una función vital en la industria de los cruceros. En 2010 se reservaron en éstos 69.7 millones de noches por pasajero, 9.4% más que el año anterior. Los cinco puertos de partida principales representaron 59% de las salidas de usuarios de cruceros de Estados Unidos, 55% más que en 2009. Los tres puertos más importantes fueron de Florida: Miami, Fort Lauderdale y Port Canaveral.[20] Este flujo de pasajeros tiene un impacto económico positivo debido a los gastos que soporta la industria de los cruceros.[21]

Por otra parte, los puertos cumplen una función muy importante en la defensa y seguridad nacional. Constituyen las bases de operación para el despliegue de tropas y equipo. En 2003 el comando de despliegue y distribución en superficie descargó 1.6 millones de toneladas de equipo y carga para apoyar el esfuerzo bélico en Irak. La seguridad portuaria es importante para fines militares y civiles, y es una responsabilidad compartida entre los sectores públicos y privados. La C-TPAT es un excelente ejemplo de esta responsabilidad compartida.

Como se indicó antes en este capítulo, Canadá y México son socios comerciales importantes de Estados Unidos; ocuparon las posiciones número uno y tres, respectivamente, en 2010, y representaron casi 29% del total del comercio global de este último.[22] Dada su importancia, la siguiente sección analizará el Tratado de Libre Comercio de América del Norte (TLCAN).

Tratado de Libre Comercio de América del Norte

Fue suscrito por los líderes de Canadá, Estados Unidos y México en 1993 y ratificado por el Congreso estadounidense a principios de 1994. El TLCAN establece un comercio libre entre estos tres países y ofrece modos de interpretación del acuerdo. Afirma que los objetivos de estas tres naciones se basan en los siguientes principios: flujo de bienes sin impedimentos, estatus de la nación más favorecida (MFN; *most-favored-nation*) y compromiso para mejorar el movimiento de bienes y servicios a través de las fronteras. El estatus MFN ofrece los aranceles y cargos aduaneros más bajos, si los hubiera, y simplifica los trámites requeridos para el traslado de bienes entre los países socios.

Aunque el Acuerdo de Libre Comercio entre Estados Unidos y Canadá ha estado en vigor por más tiempo, subsisten algunas barreras comerciales. Por ejemplo, muchas empresas estadounidenses no reconocen ciertos requerimientos para el etiquetado en los idiomas francés e inglés en los empaques. El comercio con México también impone algunas restricciones comerciales que el TLCAN no ha eliminado, como una infraestructura deficiente para la transportación, reglas restrictivas para el capital extranjero y normas aduanales que obstaculizan la cadena de suministro. El sistema de carreteras mexicano es deficiente cuando se le compara con los de Estados Unidos y Canadá, pues tiene sólo una vía ferroviaria, propiedad del gobierno y operada por éste. No existen empresas transportistas que manejen envíos inferiores a la carga completa (LTL; *less-than-truckload*) y la transportación aérea está limitada a algunos aeropuertos. Las empresas transportistas extranjeras enfrentan la restricción para el traslado de envíos dentro de los tres países; a esto se le conoce como **restricciones de cabotaje**.

La figura 3.1 muestra el procedimiento que se utiliza para trasladar un envío por camión de Estados Unidos a México. La empresa estadounidense de transporte terrestre lo lleva a la frontera, donde una empresa mexicana de fletes lo cruza por la frontera a las aduanas mexicanas y, después de su autorización, lo entrega a un transportista mexicano. El transitario estadounidense envía los documentos de embarque al agente aduanal mexicano, quien a su vez los envía a las aduanas mexicanas, las cuales analizan los documentos, cobran los derechos aduanales, revisan los bienes y despachan el envío. El fletador mexicano lo entrega a la empresa transportista mexicana, que finalmente lo entrega al destinatario.

Se espera que las restricciones de la cadena de suministro se eliminen a medida que se desarrolle la experiencia con el TLCAN. Existen sistemas computarizados de información en las aduanas de Estados Unidos y Canadá, aunque en México tienen algunos años de retraso. Se prevé que la transferencia electrónica de información para los envíos del TLCAN hacia México acelere el cruce de fronteras y mejore el servicio logístico.

La meta del TLCAN a largo plazo es mejorar el entorno comercial, pero a corto plazo ha creado confusión debido a los registros que se exigen para demostrar el origen del producto y obtener un trato arancelario favorable. Entre sus objetivos está el logro de los cambios estructurales necesarios para operar una red logística sin fronteras en América del Norte, lo que incluye el rediseño de los sistemas de información, los procedimientos, el idioma, las etiquetas y la documentación. A medida que se establezcan nuevos mercados y fuentes de suministro, se desarrollarán nuevas instalaciones de almacenamiento, sistemas de transportación e intermediarios.

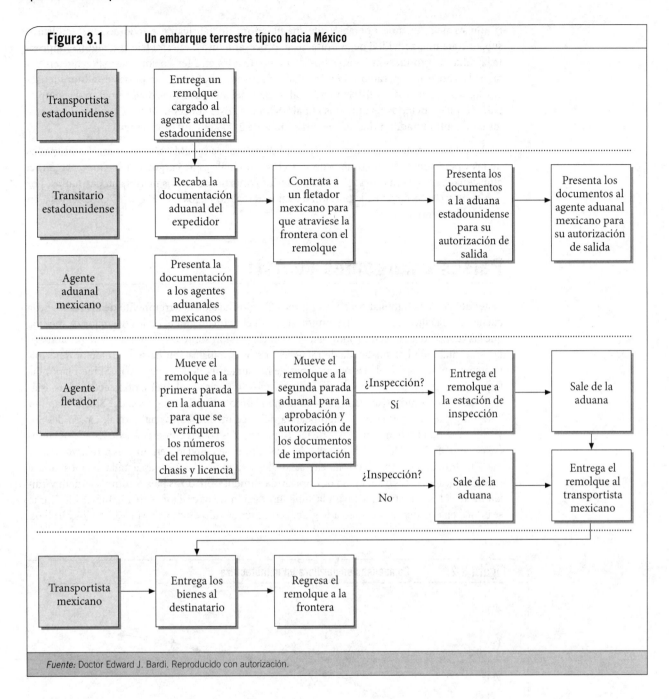

Figura 3.1 | Un embarque terrestre típico hacia México

Fuente: Doctor Edward J. Bardi. Reproducido con autorización.

Operaciones de maquiladora

Entre las empresas estadounidenses se utilizan con mucha frecuencia las instalaciones de producción y manufactura mexicanas para efectuar parte del ensamblaje o la fabricación de componentes o el armado final de productos, como aparatos electrónicos o televisiones. Si bien esto ha ocurrido durante algún tiempo, las empresas estadounidenses han comenzado a incluir dichas **operaciones de maquiladora** como parte formal de sus sistemas de manufactura y de su cadena de suministro.

En esencia, en una operación de maquiladora un fabricante estadounidense realiza o subcontrata una actividad de manufactura, procesamiento o ensamblaje con alguna empresa mexicana. La producción y los costos de mano de obra en México son más bajos que en Estados Unidos y las operaciones no involucran asuntos locales. Las empresas estadounidenses envían los productos semi-terminados al vecino del sur para su armado final, por ejemplo, para después enviarlos terminados al país del norte. Este concepto atrae a muchas empresas: los fabricantes estadounidenses operan en más de 2,000 maquiladoras mexicanas.

Una característica que aumenta la factibilidad de esa medida son los aranceles limitados de las operaciones. El pago neto de derechos aduanales, los cargos por la importación, el almacenamiento, la manufactura y la posterior exportación de los bienes son casi nulos. Los derechos están limitados a la porción de valor agregado de los bienes que México regresa, en especial la mano de obra.

Países emergentes de Asia

La tendencia más significativa en los últimos 25 años ha sido el surgimiento de los países de la cuenca del Pacífico como actores importantes en el entorno global de los negocios. A medida que las fuerzas del mercado continúan ejerciendo presión sobre las empresas para que aumenten su rentabilidad, la búsqueda de menores costos de fabricación ha sido un factor determinante en la reubicación de las operaciones de manufactura de México a Asia. Si bien Japón ha logrado una posición dominante en los mercados financieros globales, otras economías asiáticas que se han industrializado recientemente, como Hong Kong, Corea del Sur, Singapur y Taiwán, representan una parte significativa del crecimiento comercial global. Corea del Sur y Taiwán se han incluido en la lista de los 10 principales socios comerciales de Estados Unidos (véase la tabla 3.1). Durante la década de 1990 China se convirtió en un país atractivo para la manufactura debido a sus bajos niveles salariales y su mano de obra capacitada. No obstante, a medida que los costos de la mano de obra china aumentaron, otros países como Vietnam y Tailandia se volvieron atractivos para la subcontratación de operaciones de manufactura. Como se indicó en el capítulo 1, el mercado global continúa siendo dinámico y proclive a los cambios.

| Figura 3.2 | Compensación por hora en manufactura |

Fuente: Bureau of Labor Statistics, Foreign Labor Statistics (2011).*

* Disponible en http://www.bls.gov/web/ichcc.supp.toc.htm (consultado por última vez en marzo de 2011). Datos sobre China disponibles en http://www.bls.gov/fls/china.htm (consultado por última vez el 4 de abril de 2011).

Muchos países asiáticos se han convertido en las fuentes preferidas de muchas materias primas y componentes, así como en los proveedores de confianza de bienes terminados como ropa, muebles, bienes electrónicos de consumo y automóviles. Las ventajas que ofrecen se fundan en el bajo costo de la mano de obra y la alta calidad.

Nuevas direcciones

Además de establecer las fuentes de suministro de productos en otros países, las empresas globales ubican sus plantas y sus instalaciones logísticas clave en aquellos que usan o consumen su producción. Por ejemplo, las que tienen sede en Japón, como Toyota, han abierto plantas en Estados Unidos. Asimismo, los fabricantes automotrices estadounidenses, como Ford y General Motors, han ubicado las suyas en otros países.

Algunos fabricantes globales aplican una estrategia conocida como **producción enfocada**, en la que una planta se especializa en uno o dos artículos de la línea total de productos de la empresa. Las plantas se ubican en distintos países, lo que requiere un sistema logístico global que vincule la planta con el cliente, quien quizá se encuentre en el país productor o en otro diferente.

Una dimensión importante de cualquier cadena de suministro son los vínculos de transportación, que pueden considerarse como el adhesivo que la mantiene unida. Las cadenas de suministro globales dependen, en gran medida, de una transportación eficiente y efectiva, y de los servicios relacionados con los intermediarios del canal. Hablaremos de esto brevemente en la siguiente sección.

Opciones de transportación global

La transportación global es más compleja que la estadounidense. Las distancias y el número de participantes son mayores. Debido a la gran extensión de agua que separa a la mayoría de las regiones del mundo, los principales modos de transportación global son las vías oceánica y aérea. Los de tipo terrestre también transportan cargas entre los países contiguos, en especial en Europa, donde las rutas son cortas.

Oceánica

La transportación por barco es por mucho el método global más importante y generalizado; representa dos terceras partes de todos los movimientos internacionales. Sus principales ventajas residen en sus tarifas bajas y su capacidad para transportar una amplia variedad de productos y tamaños de embarques. Entre sus desventajas figuran los largos tiempos de tránsito (baja velocidad), limitada accesibilidad y mayor potencial de daños en los embarques. El uso frecuente de contenedores ha reducido el daño y ha aumentado la accesibilidad por medio de las conexiones con otros medios de transportación (ferroviario y terrestre) para destinos y orígenes terrestres.

En 2010 el tráfico mundial de contenedores alcanzó el histórico volumen de 560 millones de TEU (unidad equivalente a 20 pies [6.096 metros]), lo que representa un incremento récord anual de 14.5% durante 2009, de acuerdo con Alphaliner.[23] En correspondencia con la reubicación acelerada de bases de producción en los países asiáticos, la red transpacífica (la ruta marítima entre Asia y América del Norte, con servicios típicos que operan entre los centros industriales de los países asiáticos y los puertos norteamericanos de la costa occidental, la costa oriental y el Golfo), se ha convertido en la ruta comercial de transporte de contenedores más ocupada del mundo.[24] En general, el comercio entre China, India, Estados Unidos y Europa representa 65% de los más de 250 millones de contenedores que se mueven por todo el mundo cada año.[25] La ruta comercial transpacífica no sólo es la más ocupada del mundo, sino también la más desequilibrada. Las importaciones estadounidenses provenientes de Asia (trayecto transpacífico de ida con rumbo al este) implican casi siempre altos volúmenes, que son al menos el doble de las exportaciones a Asia (trayecto transpacífico de retorno con destino al oeste). El tipo de mercancías también cambia: el comercio transpacífico con rumbo al oeste está dominado por las exportaciones de mercancías genéricas (como papel de desecho, chatarra y granos) mientras que en el tráfico destinado al este predominan los bienes de consumo. Esta condición no sólo afecta el costo operativo de la embarcación (que se basa en la utilización de la capacidad de ranura), sino también las tarifas de carga de los contenedores marítimos. Los transportistas marítimos fijan tarifas diferentes para las mercancías genéricas y para los bienes de consumo; así pueden subsidiar el comercio de los cargamentos de retorno de mercancías genéricas con el tráfico de los bienes de consumo de ida, por el que cobran casi el doble.[26]

Los embarques oceánicos comprenden tres categorías principales: **servicios de línea**, que están programados en rutas regulares; **embarcaciones alquiladas**, que las empresas contratan y que navegan por rutas no establecidas, y los **transportistas privados**, que pueden ser parte de la cadena de suministro de una empresa. La tabla 3.2 presenta las 10 principales empresas transportistas oceánicas. Observe los cambios que ocurrieron entre 2000 y 2011 en esta clasificación; algunos (tabla 3.1) son importantes y muestran la dinámica del mercado global.

Los **servicios de línea** ofrecen horarios y tarifas fijos, así como rutas específicas; además, aceptan ciertos estándares de responsabilidad. Los cargueros de línea transportan cargamentos a granel en tamaño menor a su capacidad de carga. La mayoría de los contenedores y buques *roll-on, roll off* (embarcaciones que transportan cargamento rodado) pertenece a los servicios de línea.

Los cargueros de línea son operados por grandes empresas navieras que pertenecen a **conferencias de embarque**; éstas son asociaciones voluntarias de transportistas oceánicos que operan en rutas comerciales comunes y usan una misma tarifa para fijar sus precios por la carga que manejan. También trabajan en conjunto para atraer clientes y utilizan las embarcaciones de los miembros con tanta eficacia como les sea posible.

En general, las conferencias ofrecen un buen servicio con horarios frecuentes y confiables que se publican cada día en el *Journal of Commerce*. Además, ayudan a estandarizar los envíos por diferentes rutas, estabilizan los precios y uniforman las tarifas de los contratos.

Las empresas alquilan embarcaciones para viajes específicos y por periodos determinados. Los **fletamientos por viaje** son contratos que cubren sólo un viaje. El transportista accede a llevar la carga de un puerto de origen a un destino y su cotización incluye todos los gastos del recorrido. Los **fletamientos por tiempo** permiten el uso de una embarcación por un periodo acordado y el transportista aporta la tripulación como parte del contrato. El fletador tiene derecho al uso exclusivo del navío para transportar cualquier cargamento que el contrato no prohíba, y asume todos los gastos de su operación durante el periodo del flete. El **fletamiento a casco desnudo** o **arrendamiento de buque** transfiere el control total de la embarcación al fletador; por tanto, éste se responsabiliza del navío y de todos los gastos necesarios para su operación, incluida la contratación de la tripulación.

El fletamiento de buques se lleva a cabo por medio de **corredores marítimos,** quienes rastrean la ubicación y el estatus de las embarcaciones que están disponibles para contratación. Cuando el expedidor necesita contratar una, establece contacto con un corredor que negocia el precio con el dueño de la embarcación; éste a su vez paga al corredor una comisión en función del costo del flete.

En un sistema logístico, los **transportistas oceánicos privados** desempeñan la misma función que la transportación privada en general. En otras palabras, las empresas utilizan contenedores oceánicos privados para disminuir sus costos generales o mejorar su control sobre el servicio de transportación. Las diferencias principales entre la transportación oceánica privada nacional y la internacional radica en el monto de la inversión, la complejidad de las regulaciones y el mayor riesgo que implica la segunda. En las operaciones internacionales el fletamiento es una alternativa para la transportación privada.

Aérea

Los tiempos rápidos que ofrece la transportación aérea han cambiado la distribución global. La velocidad de las aeronaves, combinada con la frecuencia de los vuelos programados, ha reducido algunos tiempos de tránsito global de 30 días en un viaje por agua a uno o dos días por aire. Estos tiempos de tránsito reducidos han incentivado el desarrollo de los servicios globales de carga. Los transportistas ofrecen servicios de entrega de puerta en puerta y para el día siguiente entre las principales ciudades estadounidenses y, cada vez más, a destinos en el extranjero. Las principales empresas de servicios logísticos como DHL, Federal Express y UPS han aprovechado estas diferencias en el servicio.

Los transportistas aéreos se enfocan en los servicios de pasajeros, así que este tipo de transporte representa un porcentaje relativamente pequeño de la carga internacional por peso. No obstante, la naturaleza de los cargamentos, en su mayoría constituidos por artículos de alto valor y baja densidad, hace que el valor total de la carga aérea represente una proporción mayor del total mundial. El cargamento aéreo incluye artículos de alto valor como computadoras y equipo electrónico, perecederos como flores frescas y mariscos vivos, documentos urgentes y refacciones, e incluso ganado de cría que ocupa toda la capacidad de la aeronave. La tabla 3.2 ofrece una lista de los principales transportistas aéreos internacionales.

La mayor parte del cargamento viaja como **carga aérea en bodega inferior** en el compartimiento destinado al equipaje en los vuelos regulares de pasajeros. Sólo algunas grandes aerolíneas cuentan con aviones para el transporte de carga.

Además de sus tiempos de tránsito abreviados, este tipo de transporte ofrece una ventaja para el embalaje: requiere que éste sea menos rígido que en el transporte oceánico ya que no expone el cargamento a la manipulación descuidada en los puertos, los movimientos violentos de los océanos o el clima. Una empresa que utiliza el aerotransporte puede usar el mismo embalaje para los embarques internacionales y los nacionales.

Sus tarifas altas representan una gran desventaja, ya que pueden disuadir a algunos expedidores de transportar sus cargamentos por este medio. En general, se usa el transporte

Tabla 3.2	Diez principales aerotransportistas por toneladas-kilómetros de carga programada
Aerotransportista	**Total internacional y nacional (en millones de toneladas-kilómetros)**
FedEx	15,743
UPS Airlines	10,194
Cathay Pacific Airways	9,587
Korean Air Lines	9,542
Emirates	7,913
Lufthansa	7,428
Singapore Airlines	7,001
China Airlines	6,410
EVA Air	5,166
Cargolux	4,901

Fuente: International Air Transport Association: *55th World Air Transport Statistics*, 5 de junio de 2011.

aéreo para las mercancías de alto valor, las perecederas o urgentes; en estos casos, los costos del inventario, del embalaje y del agotamiento de existencias se compensan con el del aero-transporte para lograr un costo logístico total más bajo, de acuerdo con lo que se explicó en el capítulo 2.

Transporte motorizado

Las empresas utilizan el transporte motorizado cuando envían bienes a un país vecino, por ejemplo, de Estados Unidos a México o Canadá. Es común en Europa, donde las distancias son relativamente cortas; también cumple una función importante en los embarques intermodales, es decir, en el traslado de la carga a los aeropuertos y puertos, y su recolección para la entrega en los aeropuertos y puertos de destino.

Las ventajas del transporte motorizado internacional son en esencia las mismas que para el nacional: velocidad, seguridad, confiabilidad y accesibilidad al sitio de la entrega. No obstante, el que cruza varias fronteras nacionales debe acatar diversas regulaciones de importación. Para disminuir los trámites y los retrasos en general, se realizan depósitos aduaneros **in bond**; es decir, el transportista sella el remolque en su punto de origen y no lo abre sino hasta que llega al país de destino.

Ferroviaria

El uso del transporte ferroviario internacional es muy similar al nacional, pero la accesibilidad del ferrocarril es mucho más limitada cuando es internacional debido a que son escasos los cruces fronterizos autorizados. Otro factor que impide los envíos ferroviarios a grandes distancias son las diferentes medidas en el ancho de las vías en los distintos países.

Los embarques ferroviarios en contenedores intermodales son cada vez más comunes. Los diferentes conceptos de **enlace marítimo** involucran los ferrocarriles tanto para los embarques transcontinentales como para los provenientes de puntos en el interior o que se dirigen hacia ellos. Por ejemplo, un expedidor que utiliza un **enlace terrestre** sustituye una parte de la transportación terrestre por otra de viaje oceánico en un contenedor, lo que consume varios días del tiempo de recorrido, pero ahorra costos de inventario en tránsito. Un caso típico de enlace terrestre opera en la ruta comercial entre Japón y Europa. La ruta completamente acuática se recorre en alrededor de 28 a 31 días. Si el embarque viaja por agua desde Japón hasta Seattle (10 días), después por ferrocarril a Nueva York (cinco días) y por agua de Nueva York a Europa (siete días), el tiempo total de envío será de aproximadamente 22 días.

Intermediarios globales

Los intermediarios desempeñan una función mucho más importante en las operaciones de la cadena de suministro global que en las de las nacionales estadounidenses; la gama de servicios que ofrecen es muy completa y ayudan tanto a las empresas nuevas como a las que ya se han consolidado a incursionar en el escenario global. Algunas empresas requieren apoyo en las operaciones complejas en las que se involucran recursos y destinos en otros países. A continuación se presenta un análisis de los principales intermediarios globales.

Transitarios extranjeros

Para una empresa con pocos conocimientos acerca de los envíos internacionales, el **transitario extranjero** puede ser la solución. Éste, que emplea a especialistas en todos los aspectos de los embarques internacionales, proporciona esos expertos que los expedidores internacionales pequeños necesitan, pero cuya contratación como integrantes de los departamentos de embarque es costosa. La Federal Maritime Commission (Comisión Marítima Federal) los regula.

Los transitarios extranjeros, al igual que sus contrapartes nacionales, consolidan los embarques pequeños en volúmenes más económicos. En el área internacional, estos volúmenes varían desde contenedores hasta embarcaciones completas. Los transitarios extranjeros también efectúan los procesos rutinarios que se requieren para los embarques, como la documentación para la exportación, que puede ser un proceso abrumador para alguien inexperto.

El transitario obtiene su ingreso de diversas fuentes, entre las que se encuentran las tarifas que cobra por preparar la documentación de exportación y las comisiones que recibe de los transportistas. Dichas comisiones se establecen de acuerdo con la cantidad de ingresos que genera para el transportista. Su tercera fuente de ingreso emana de la diferencia de precios entre la tarifa que cobra a un expedidor y la tarifa más baja por libra que paga por los embarques más grandes que ha consolidado.

Transitarios aéreos

Realizan las mismas funciones que los terrestres, pero sólo para los embarques aéreos; no requieren licencia del gobierno federal, como sucede con los transitarios extranjeros. Su labor consiste principalmente en consolidar embarques pequeños que presentan al transportista aéreo para su traslado al lugar de destino.

Al igual que los transitarios extranjeros, el aéreo obtiene sus ingresos de las tarifas que cobra por sus servicios y de la diferencia entre la tarifa que se endosa al expedidor y la que se paga al transportista aéreo, que es su principal competidor, ya que puede prescindir de sus servicios y convenir directamente con el expedidor. Por otra parte, en el caso de los embarques pequeños, los aerotransportistas exprés, como Federal Express, Emery, UPS Air y DHL, representan una competencia directa para los transitarios.

Porteadores comunes que operan sin buques

Los **porteadores comunes que operan sin buques** (NVOCC; *non-vessel-operating common carrier*) consolidan y distribuyen los contenedores que salen de los puntos terrestres o que llegan a ellos. La necesidad de contar con estas empresas surge de la incapacidad de los expedidores para encontrar tráfico saliente de retorno después de descargar los contenedores entrantes en los puntos terrestres. Los transportistas ferroviarios y por carretera cobran la misma tarifa por el traslado de contenedores sin importar si están llenos o vacíos. Los NVOCC están regulados por la Federal Maritime Commision.

Para reducir esos costos, los NVOCC dispersan los contenedores entrantes y después buscan embarques salientes en los mismos contenedores. Esto los consolida para su traslado en múltiples carros de transporte ferroviario, por carretera (*piggyback*) o en el tren completo al puerto de exportación. También ofrecen un servicio programado de contenedores para traslados al extranjero.

Los expedidores y destinatarios de los embarques internacionales obtienen beneficios de la experiencia en transportación que poseen los NVOCC, así como de extensas y simplificadas oportunidades para la exportación e importación. Pero el transportista marítimo se beneficia del área de mercado que se desarrolla gracias a los servicios intermediarios de dichos porteadores.

Empresas administradoras de exportaciones

Con frecuencia una empresa desea vender sus productos en un mercado extranjero, pero carece de los recursos necesarios para dirigir los negocios foráneos por sí misma. Una **empresa administradora de exportaciones** (EMC; *export management company*) puede ofrecer los conocimientos especializados que se necesitan para operar en entornos extranjeros. Esta podría ser una opción para la expansión de Red Fish-Blue Fish.

Las EMC actúan como agentes para las empresas nacionales en el escenario internacional. Su función principal es conseguir los pedidos para los productos de sus clientes por medio de la selección de los mercados adecuados, los canales de distribución y las campañas promocionales. La EMC recaba y analiza los datos crediticios de los clientes extranjeros, asesora a los exportadores sobre las condiciones de pago y en algunos casos también cobra a los clientes extranjeros. Además, puede proporcionar la documentación, organizar la transportación, proveer las instalaciones de almacenamiento, mantener un inventario para las ventas en el extranjero y manejar las operaciones de carga a granel.

Una empresa puede contratar a otra que sea administradora de exportaciones para ofrecerle su representación exclusiva en un territorio definido. La EMC compra los bienes o los vende a cambio de una comisión. Con el fin de presentar una línea de producto completa a los importadores, una EMC por lo general se especializará en un tipo de producto determinado o en productos complementarios.

La ayuda que proporciona este tipo de empresas tiene varias ventajas. Primero, las EMC se especializan en mercados específicos, de manera que comprenden con todo detalle lo que un área requiere; cuentan con información actualizada sobre las preferencias de los consumidores y ayudan al exportador a orientar sus productos de una manera más eficaz. Segundo, mantienen buenas relaciones con los gobiernos de los países importadores; esto les permite recibir un trato favorable en las aduanas al introducir nuevos productos. También conocen los requisitos administrativos, lo que ayuda a reducir los impedimentos para ingresar los bienes que se importan. Cuando una empresa aumenta su volumen de negocios en un país o región determinados, puede contratar su propio personal para ofrecer dichos servicios.

Empresas exportadoras

Una **empresa exportadora** (**ETC**; *export trading company*) vende los bienes y servicios a otros países. Ubica a los compradores foráneos y maneja la mayoría de los trámites de exportación, como la documentación, la transportación nacional y en el extranjero, y el conocimiento de los requerimientos gubernamentales de otros países. Las ETC pueden o no asumir la titularidad de los bienes.

Una empresa exportadora también participa en otros aspectos del comercio global, en cuyo caso se convierte en una **empresa de comercio general**. Una de las razones por las que Japón ha tenido tanto éxito en el mercado internacional se debe a sus grandes empresas de comercio general, las **sogo shosha**. Éstas consolidan todos los aspectos del comercio exterior en una sola entidad y pueden incluir bancos, líneas navieras, almacenes, compañías de seguros, fuerzas de ventas y redes de comunicaciones.

Una empresa de comercio permite participar en el comercio internacional a las empresas pequeñas y medianas que no poseen los recursos suficientes. Puede comprar sus bienes, venderlos en el mercado global y encargarse de todas las etapas intermedias. La centralización del control de todas las áreas funcionales acelera la coordinación y el tiempo de respuesta cuando los mercados cambian.

Agentes aduaneros

Los **agentes aduaneros** supervisan el movimiento de los bienes a través de las aduanas y se aseguran de que la documentación que acompaña los embarques sea completa y precisa para su ingreso al país; los que son estadounidenses sólo pueden prestar sus servicios si cuentan con la licencia otorgada por el Departamento de Tesorería.

Los agentes aduaneros operan mediante un poder notarial otorgado por un expedidor para pagar todos los aranceles de importación del embarque. El importador es el responsable, en última instancia, de los aranceles no pagados. Los agentes se mantienen actualizados en torno a las últimas regulaciones sobre la importación y los requerimientos específicos de los productos individuales. En la siguiente sección se analizan las instalaciones de almacenamiento y el embalaje desde una perspectiva global.

Instalaciones de almacenamiento y embalaje

Instalaciones de almacenamiento

Es posible que los bienes enviados requieran almacenamiento en diversos puntos durante el embarque global. Es necesario mientras el embarque espera para ser cargado en un buque o mientras se prepara la autorización de salida para las mercancías en la aduana. Cuando los bienes están empacados en un contenedor, las instalaciones de almacenamiento por lo general no son necesarias, lo que constituye otra ventaja del uso de los contenedores.

Por otra parte, el cargamento que no se ha depositado en un contenedor requiere protección para llegar en buenas condiciones. A fin de satisfacer esta necesidad, los puertos ofrecen varios tipos de instalaciones de almacenamiento. Los **tinglados de tránsito**, que se ubican cerca de los muelles o en los aeropuertos, ofrecen almacenamiento temporal mientras los bienes esperan la siguiente parte del viaje. Por lo general, la tarifa de uso del puerto incluye un número fijo de días de almacenamiento gratuito. Después de este periodo, el usuario paga un cargo diario. Las áreas de **almacenamiento en tránsito** permiten al expedidor realizar parte de las operaciones necesarias antes de que la carga se embarque, como las negociaciones con el transportista, la espera por la documentación, el empaquetado, el embalaje y el etiquetado. El transportista ofrece **almacenes en el muelle** gratuitos hasta la siguiente fecha de partida del buque, lo que permite al expedidor consolidar los bienes y ahorrar costos en este rubro.

Cuando los bienes requieren depósito a largo plazo, el expedidor utiliza un almacén. Los **almacenes públicos** ofrecen servicios por periodos extensos. Los servicios y los cargos de estas instalaciones son similares a los de los almacenes públicos en la esfera nacional. Este tema se analizará más adelante en otro capítulo.

Los **almacenes aduaneros**, que operan bajo la supervisión de las aduanas, fueron diseñados por el Departamento del Tesoro estadounidense con el fin de almacenar, reempacar, clasificar o limpiar la mercancía importada que ingresa a los almacenes sin pagar aranceles de importación mientras está en el depósito. Sólo los transportistas aduaneros pueden mover los bienes dentro y fuera de estos almacenes. Esta figura es muy importante en el comercio global.

Una de sus funciones es guardar los bienes importados que serán reenviados fuera de Estados Unidos. El propietario puede depositar sus artículos en un almacén aduanero hasta por tres años, lo que le dará tiempo para decidir su destino final sin tener que pagar aranceles o impuestos. Si el dueño no los reexporta antes de que transcurran tres años, se considerarán importaciones y estarán sujetos a todos los aranceles e impuestos correspondientes.

Embalaje

Los embarques que se exportan por medio de la transportación marítima requieren un embalaje más rígido que los nacionales. Un embarque destinado a la exportación está sometido a mayor manipulación: se carga en el origen, se descarga en el muelle; se carga en una embarcación, se descarga de la misma en un puerto; se carga en un vehículo de reparto y se descarga en su destino. Esto puede ocurrir en condiciones desfavorables, por ejemplo, un clima perjudicial o cuando el equipo que se usa para manipular el embarque es anticuado. Si las instalaciones de almacenamiento son inadecuadas, los bienes pueden permanecer expuestos por mucho tiempo a la acción de los factores atmosféricos.

El expedidor quizá encuentre que la interposición de reclamos de responsabilidad civil por daños a los bienes exportados es muy difícil. Con frecuencia, en el manejo de la carga intervienen muchas empresas y éstas se ubican en diferentes países. El embalaje rígido es la clave para evitar los reclamos en los embarques de exportación.

RESUMEN

- Las empresas globales se enfrentan a cadenas de suministro complejas y extensas, lo que supone un desafío en términos de eficiencia, efectividad y ejecución.

- La globalización presenta tres fases: la primera impulsada por los países, la segunda por las grandes empresas y la tercera por individuos y pequeñas organizaciones. El entorno político y económico ha sido diferente en cada etapa.

- Las empresas globales exitosas han transformado sus cadenas de suministro de manera continua conforme han cambiado las circunstancias políticas y económicas para ser capaces de entregar mejores costos y valor al consumidor final.

- El alcance y la magnitud de los flujos comerciales entre Estados Unidos y otros países ha aumentado de manera considerable en las últimas décadas. Un desarrollo importante ha sido el incremento en el volumen comercial con China y otros países asiáticos. China se ha convertido en el segundo socio comercial más importante de Estados Unidos.

- El éxito en el mercado global requiere el desarrollo continuo de un conjunto cohesivo de estrategias que incluyen el servicio al cliente, el desarrollo de producto, el modelo de negocios y la administración de las cadenas de suministro. Estas últimas han cobrado importancia a lo largo del siglo XXI.

- La seguridad en los materiales de la cadena de suministro ha cobrado más importancia desde el 11 de septiembre de 2001. Las empresas a nivel individual, en conjunto y en cooperación con los diferentes niveles de gobierno, están activamente involucradas. En particular, el gobierno federal ha aumentado el alcance de sus regulaciones y políticas para la seguridad global.

- Los puertos estadounidenses desempeñan una función vital en las cadenas de suministro global. Dado que más de 90% del comercio global pasa a través de ellos, constituyen un centro importante para la seguridad. Es preciso prestar más atención a la infraestructura portuaria.

- Canadá y México ocupan los lugares primero y tercero, respectivamente, en la lista de los socios comerciales más importantes para Estados Unidos. Esa relación se ha visto fortalecida por el Tratado de Libre Comercio de América del Norte, ratificado por el Congreso estadounidense en 1994. Si bien el tratado tiene metas elevadas, se siguen enfrentando problemas con la implementación total de sus objetivos. No obstante, sí ha promovido el libre comercio en América del Norte.

- Las cadenas de suministro global cuentan con varias opciones de transportación y servicios relacionados disponibles para los directores de las empresas. Cada una de estas opciones tiene ventajas y desventajas que deben analizarse.

CUESTIONARIO DE REPASO

1. Existen tres fases o eras en la globalización. ¿Cuáles son las diferencias importantes entre la tercera fase y las dos previas? ¿Considera que habrá una cuarta? ¿Por qué sí o por qué no?

2. Se argumenta que el mundo se ha vuelto "plano". ¿Qué denota esta descripción desde la perspectiva económica global? ¿Qué elementos han contribuido a este fenómeno? ¿Cómo ha afectado a la economía global el mundo plano?

3. Varios autores observan que las organizaciones jerárquicas y tradicionales han cambiado en la economía global de nuestros días, ¿Cómo se han transformado las organizaciones? ¿Por qué han cambiado? ¿Cuáles son las consecuencias probables de esos cambios?

4. ¿Qué empresa del sector privado encarna el concepto de empresa global con una cadena de suministro bien administrada? Sustente su respuesta.

5. ¿Qué función especial desempeñan las cadenas de suministro en la globalización de las organizaciones? ¿Qué contribuciones a las empresas han hecho las cadenas de suministro exitosas?

6. ¿Qué indica la descripción de la economía global actual acerca de que "el tiempo y la distancia se han comprimido"? ¿Está de acuerdo? ¿Cuál ha sido el efecto de esta compresión?

7. ¿Por qué el servicio al cliente y su estrategia relacionada son tan importantes para las empresas que operan cadenas de suministro globales? ¿Considera que este servicio es más importante para los clientes que un precio más bajo?

8. ¿Qué se entiende cuando se dice que la seguridad en los materiales de la cadena de suministro, en especial a nivel global, es un acto de equilibrio? ¿El péndulo oscila hacia una dirección o a hacia otra?

9. ¿Por qué los puertos son importantes para las cadenas de suministro globales? ¿Qué desafíos presentan?

10. Compare las diferencias y similitudes entre las principales alternativas de transportación global y los intermediarios globales más importantes.

NOTAS

1. "TradeStats Express™", International Trade Administration, U.S. Department of Commerce, 2011.

2. Thomas L. Friedman, *The World Is Flat* (Nueva York: Farrar, Strauss y Giroux, 2005): 6-11.

3. *Ibidem.*

4. *Ibid.*

5. *Ibid.*

6. Bruce A. Forster, "A Brief Overview of Selected World Economy Trends: Past and Present", *The Journal of Applied Business and Economics* 12, núm. 2 (mayo de 2011): 18-26.

7. Charles Fishman, *The Wal-Mart Effect* (Nueva York: Penguin Press, 2006): 1-22.

8. *The Wall Street Journal* (9 de agosto de 2007): 1.

9. Adam Smith, *Wealth of Nations.*

10. Edward Iwata, "Infosys Kicks Up Growth Mode", *USA TODAY* (4 de agosto de 2006): 1B.

11. Bob Fernandez, "U.S. Research Making Great Leap", *Philadelphia Inquirer* (5 de noviembre de 2006): E-1.

12. Timothy Aeppel, "Overseas Profits Help U.S. Firms Through the Tumult", *The Wall Street Journal* (9 de agosto de 2007): A10.

13. J. J. Coyle, E. J. Bardi y R. A. Novack, *Transportation,* 6a. ed. (Mason, Ohio: Thomson South-Western, 2006): 232-240.

14. *Ibidem.*

15. *Ibid.*

16. *Ibid.*

17. *Ibid.*

18. "Securing the Global Supply Chain", U.S. *Customs and Border Protection* (Washington, DC: Office of Field Operations, noviembre de 2004): 1-25.

19. "America's Ports Today", American Association of Port Authorities (Alexandria, VA: 2007): 1-8.

20. "North American Cruise Statistical Snapshot 2010", Maritime Administration, U.S. Department of Transportation (Office of Policy and Plans, marzo de 2011).

21. "America's Ports Today", American Association of Port Authorities (Alexandira, VA: 2007): 1-8.

22. "Measurement of Commercial Motor Vehicle Travel Time and Delay at U.S. International Border Stations", U.S. Federal Highway Administration, 2002.

23. B. Barnard, "Global Container Traffic Hits All Time High", *Journal of Commerce* (5 de abril de 2011).

24. B. Dibenedetto, "Transition Lanes", *Journal of Commerce* (6 de agosto de 2007): 1.

25. "Business: Maxing Out Container Ships", *The Economist* 382, núm. 8158 (3 de marzo de 2007): 74.

26. B. Mongelluzzo, "Coming up Empty", *Journal of Commerce* (21 de enero de 2008): 1.

CASO 3.1

Red Fish-Blue Fish, LLP: otra secuela

Han transcurrido dos años desde que Fran Fisher, director ejecutivo de Red Fish-Blue Fish, se reunió con Eric Lynch y Jeff Fisher, vicepresidente de administración de la cadena de suministro y vicepresidente de operaciones, respectivamente, para analizar la posibilidad de aumentar la escala de operaciones (véase el perfil de este capítulo). Durante dos años ha habido buenas y malas noticias. Las buenas son que, por un lado, las ventas aumentaron a nivel nacional debido a la expansión de la empresa a Maryland, Virginia, y Washington, DC. De hecho, el negocio de construcción y consultoría mejoró de manera impresionante. Jim Beierlein aceptó el cargo de vicepresidente de ventas de construcción; su experiencia y contactos son sido de gran ayuda para Red Fish-Blue Fish. No obstante, las ventas globales han tenido un desempeño decepcionante, de acuerdo con Fran Fisher. Las ventas europeas y canadienses son muy buenas, pero las del mercado asiático no. Red Fish-Blue Fish creó páginas web para China, India y Japón, y aunque éstas han registrado muchas visitas, las ventas no son satisfactorias. Fran Fisher no siguió la recomendación de Jeff de utilizar los servicios de un intermediario; la empresa ha dependido de las ventas por internet.

PREGUNTAS SOBRE EL CASO

1. ¿Qué opciones tiene Red Fish-Blue Fish con relación a los intermediarios globales? ¿Qué recomendaría usted? ¿Por qué?

2. ¿Qué otras opciones tiene Red Fish-Blue Fish para incrementar sus ventas asiáticas?

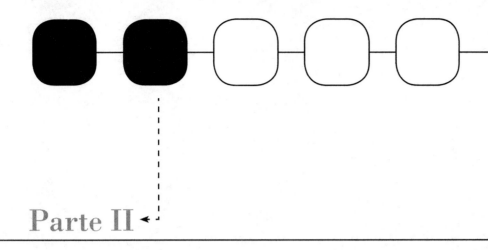

Parte II

En los primeros tres capítulos se trató la importancia estratégica de la administración de la cadena de suministro y su función en el éxito competitivo de las organizaciones privadas y públicas en el entorno global de la actualidad. Es esencial desarrollar estrategias relacionadas con la cadena de suministro que ofrezcan al cliente un servicio de primer nivel. Para lograr el máximo desempeño, éstas deben ser congruentes con la estrategia organizacional general.

Si bien existen muchas dimensiones estratégicas relativas a las cadenas de suministro, se han seleccionado tres temas que se presentan en la parte II dedicados a los factores estratégicos de las cadenas de suministro: las relaciones, la medición del desempeño y el análisis financiero, y la administración de los flujos de información.

En el **capítulo 4** se aborda el tema general de la colaboración y las relaciones en las cadenas de suministro. Se analiza el tipo de relaciones que se establecen y su importancia, con un énfasis especial en los servicios logísticos de terceras o cuartas partes y en los proveedores. Se presta especial atención al tipo de servicios, la función de la tecnología de la información y la satisfacción del cliente respecto a estos proveedores.

La medición del desempeño y el análisis financiero constituyen el eje del **capítulo 5**. Dado el alcance y la complejidad de las cadenas de suministro, es necesario usar y desarrollar mediciones eficaces para evaluar el desempeño de los gerentes que participan en ellas. También es crucial evaluar el grado en que las estrategias de la cadena de suministro y sus resultados contribuyen al desempeño financiero de la organización.

En el **capítulo 6** se estudia el tema vital de la tecnología de la información en la cadena de suministro. La información es "poder" para lograr visibilidad, eficiencia y efectividad. También se analizan las cuestiones clave y la importancia de la tecnología en las cadenas de suministro, así como la necesidad de la calidad e integridad de los sistemas de información para administrar los flujos de materiales y de efectivo relacionados con el éxito financiero.

Capítulo 4

RELACIONES EN LA CADENA DE SUMINISTRO

Objetivos de aprendizaje

Después de leer este capítulo, usted será capaz de:

- Comprender los tipos de relaciones que se establecen en la cadena de suministro y su importancia.

- Presentar un modelo de procesos que facilite el desarrollo y la implementación de relaciones exitosas en la cadena de suministro.

- Reconocer la importancia de las relaciones "colaborativas" en la cadena de suministro.

- Definir qué son los *servicios logísticos tercerizados* (3PL) e identificar qué tipos de empresas los ofrecen.

- Conocer qué tipos de servicios 3PL utilizan las empresas y los clientes, y qué tipos de proveedores 3PL se contratan.

- Analizar la función y relevancia de los servicios asistidos por la tecnología de la información para los proveedores 3PL y sus clientes.

- Conocer el grado de satisfacción de los clientes con los servicios 3PL e identificar las áreas que es necesario mejorar.

- Comprender algunas posibles direcciones de los servicios logísticos subcontratados.

Introducción

Como se ha indicado en este libro, muchas organizaciones muestran un marcado interés por trabajar de una manera más estrecha con sus socios de la cadena de suministro, no sólo con los clientes y proveedores, sino también con diferentes tipos de proveedores logísticos. Si se considera que uno de los objetivos fundamentales de una administración eficaz de la cadena es coordinar e integrar a las organizaciones participantes, el desarrollo de "relaciones" significativas a lo largo de ésta se ha convertido en una prioridad.

Este capítulo se enfoca en dos temas que se vinculan de manera muy cercana. El primero estudia las relaciones en la cadena de suministro en general, con un énfasis en los tipos de relaciones, los procesos para desarrollar e implementar relaciones exitosas y la necesidad de las empresas de colaborar para alcanzar los objetivos de la cadena de suministro. El segundo aborda la industria de los servicios logísticos tercerizados (3PL) en general y sus aportaciones a la creación de valor para sus clientes comerciales. En años recientes esta industria ha crecido mucho y se le reconoce como un valioso proveedor de servicios logísticos.

Como sugirió el ya finado Robert V. Delaney en su obra *Eleventh Annual State of Logistics Report*,[1] las relaciones conducirán la industria logística en el futuro. Al referirse al creciente interés actual en el comercio por internet y el desarrollo de mercados e intercambios electrónicos, Delaney afirma: "Reconocemos y apreciamos el poder de la nueva tecnología y el poder que ofrecerá pero, en la frenética búsqueda de espacio, las relaciones siguen siendo el eje de todo." Este mensaje no sólo capta la importancia que supone el desarrollo de las relaciones logísticas, también sugiere que la capacidad para formarlas es un prerrequisito del éxito futuro. Por otra parte, una cita de la connotada especialista en administración, Rosabeth Moss Kanter, concentra la esencia de esta prioridad: "ser un buen socio se ha convertido en un activo corporativo vital; en la economía global, la capacidad para crear y conservar colaboraciones fructíferas significa una gran ayuda para las empresas".[2]

Relaciones logísticas

Tipos de relaciones

Por lo general, existen dos tipos de relaciones logísticas. El primero es el que muchas personas conocen como **relaciones verticales**, que se refieren a los eslabones tradicionales que unen a las empresas en la cadena de suministro, como los minoristas, los distribuidores, los fabricantes y los proveedores de partes y materiales. Estas empresas se relacionan entre sí de la misma forma en que lo hacen los compradores y vendedores en todas las industrias. Para ellas es muy importante cerciorarse de que estas relaciones ayuden a lograr los objetivos de la empresa individual y de la cadena de suministro. Los proveedores de servicios logísticos participan cada día mientras atienden a sus clientes en su forma vertical de relación.

El segundo tipo es de naturaleza horizontal, e incluye aquellos acuerdos de negocios entre las empresas que ocupan posiciones cooperativas o "paralelas" en el proceso logístico. En términos más precisos, una relación horizontal se percibe como un convenio de servicios entre dos o más entidades proveedoras basado en la confianza, la cooperación, el riesgo y las inversiones compartidos, el cual persigue metas mutuamente benéficas. Se espera que cada una contribuya con los servicios logísticos en los que se especializa, que ejerza el control sobre esas tareas y que al mismo tiempo se esfuerce por integrar sus servicios con los de otros proveedores logísticos. Un ejemplo de esto sería una empresa transportadora que trabaja junto con una proveedora de servicios de almacenamiento para satisfacer las necesidades del mismo cliente. Otro ejemplo sería la cooperación entre un proveedor de servicios logísticos tercerizados y una empresa que comercializa software o tecnología de la información. Por tanto, estos participantes mantienen relaciones paralelas o igualitarias en el proceso logístico y quizá necesiten trabajar en conjunto en formas adecuadas y útiles para lograr los objetivos del cliente.

Intensidad de la participación

Como indica la figura 4.1, la variedad en los tipos de relaciones abarca desde un vendedor hasta una alianza estratégica. En el contexto de una organización "vertical" más tradicional, un vendedor está representado por un comerciante o proveedor del producto o servicio, de tal manera que el grado de integración o colaboración con el comprador o adjudicatario es mínimo o nulo. En esencia, la relación con un vendedor es "transaccional", y se dice que quienes participan en ella mantienen cierta independencia (es decir, son distantes). La analogía de esta relación con la que sostiene alguien que utiliza una máquina expendedora es adecuada. Si bien este tipo de vínculo sugiere un nivel de involucramiento relativamente bajo o inexistente entre las partes, existen ciertos tipos de transacciones para los que esta opción es deseable. Por ejemplo, las compras de una sola vez, o las múltiples, de productos o servicios estándar quizá sugieran que una relación independiente o distante entre las partes es idónea.

Por otra parte, la relación sugerida por una alianza estratégica es aquella en la que dos o más organizaciones de negocios cooperan y están dispuestas a modificar sus objetivos y prácticas para lograr objetivos y metas de largo plazo. Por definición, dicha alianza es de naturaleza más estratégica y altamente relacional en términos de las empresas involucradas. Es benéfica para los participantes, ya que reduce la incertidumbre y mejora la comunicación, además de fomentar la lealtad, establecer una visión común y mejorar el desempeño global. Por otra parte, entre los desafíos que supone están la gran necesidad de recursos que las organizaciones que intervienen deben comprometer y los altos costos de oportunidad y de sustitución que conllevan.

Al inclinarse más hacia el extremo de la alianza estratégica de la escala, una sociedad representa una relación de negocios que se adapta a las necesidades de los participantes y que produce para todos resultados que son más aceptables de los que se lograrían de manera individual. Las sociedades con frecuencia se describen como "colaborativas", tema que más adelante se analiza punto por punto en este capítulo.

Observe que el rango de opciones que se sugieren en la figura 4.1 está limitado a aquellas empresas que no son propiedad de otras (es decir, la integración vertical) o que forman

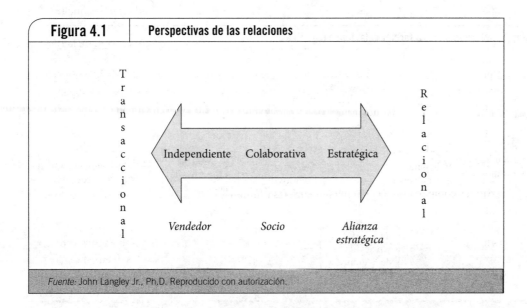

Figura 4.1 | **Perspectivas de las relaciones**

Fuente: John Langley Jr., Ph.D. Reproducido con autorización.

empresas conjuntas, las cuales constituyen una entidad jurídica que refleja las operaciones combinadas de dos o más partes. Por esta razón ambas modalidades representan una opción que puede fomentar un nivel de involucramiento de las partes mayor que el de la sociedad o la alianza estratégica. A pesar de constituir figuras jurídicas alternativas, no se abundará más sobre ellas en este momento.

Sin importar su tipo, las relaciones difieren en muchas formas. A continuación se presenta una lista parcial de estas diferencias.

- Duración
- Obligaciones
- Expectativas
- Interacción/comunicación
- Cooperación
- Planificación
- Metas
- Análisis de desempeño
- Beneficios y cargas

En general, la mayoría de las empresas considera que existe un área significativa de mejora en términos de las relaciones que han desarrollado con sus socios. El contenido de este capítulo será de ayuda para comprender algunas de las principales formas en que una empresa puede mejorar la calidad de sus relaciones con los demás integrantes de sus cadenas de suministro.

Modelo para desarrollar e implementar relaciones exitosas en la cadena de suministro

La figura 4.2 presenta un modelo con los pasos necesarios para formar y mantener las relaciones en la cadena de suministro. En esta ilustración se adopta la perspectiva de una empresa manufacturera que aplica este modelo con la intención de formar una relación con un proveedor de servicios logísticos (digamos, una empresa de transportación, un almacenista, etcétera).

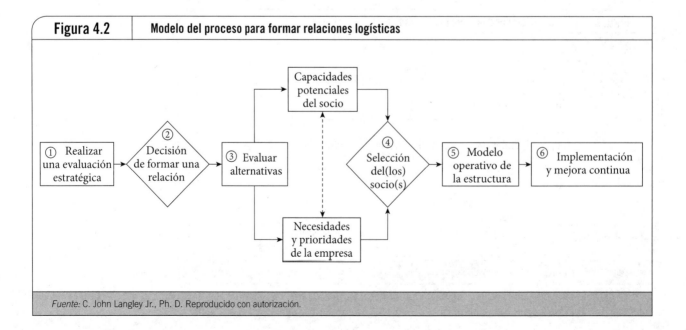

Figura 4.2 | **Modelo del proceso para formar relaciones logísticas**

Fuente: C. John Langley Jr., Ph. D. Reproducido con autorización.

Paso 1. Evaluación estratégica del desempeño

Esta primera etapa implica el proceso en el que el fabricante está plenamente consciente de sus necesidades logísticas y de cadena de suministro, así como de las estrategias generales que orientarán sus operaciones. En esencia, esto es lo que se analiza en el proceso de la auditoría logística, que se explica con detenimiento en el capítulo 12. La auditoría ofrece un panorama de las actividades logísticas y de la cadena de suministro de una empresa, además de desarrollar una amplia gama de información que será útil cuando surja la oportunidad de formar una relación. A continuación se muestra el tipo de información al que es posible acceder como resultado de una auditoría.

- Metas y objetivos generales de la empresa, que incluyen aquellos que se observan desde las perspectivas corporativa, divisional o logística

- Evaluación de las necesidades para incluir los requerimientos de los clientes, proveedores y proveedores clave de servicios logísticos

- Identificación y análisis de los factores ambientales estratégicos y las tendencias industriales

- Perfil de la red logística actual y el posicionamiento de la empresa en las respectivas cadenas de suministro

- Parámetros de referencia para los costos logísticos y las principales mediciones de desempeño

- Identificación de "desfases" entre las mediciones reales del desempeño logístico y las que se desean (cualitativas y cuantitativas)

Dada la importancia de las decisiones sobre las relaciones logísticas y en la cadena de suministro, así como la complejidad potencial del proceso en general, el tiempo que se dedique a comprender mejor las necesidades en este aspecto será bien invertido.

Paso 2. Decisión de formar una relación

Dependiendo del tipo de relación que la empresa manufacturera en cuestión considere, este paso se llevará a cabo en un contexto de decisión algo diferente. Cuando la decisión se refiere a contratar servicios logísticos externos (por ejemplo, transportista terrestre, ferroviario, aeronáutico, marítimo, exprés o tercerizado), la primera pregunta que surge es si se requerirán o no dichos servicios. Un método que se sugiere para tomar esta decisión es evaluar de manera cuidadosa las áreas que en apariencia constituyen la competencia central de la empresa. Como se indica en la figura 4.3, para que una empresa desarrolle una competencia central en cualquier área necesita contar con los conocimientos expertos, el ajuste estratégico y la capacidad para invertir. La falta de uno o más de estos factores sugeriría que los servicios de un proveedor externo son inadecuados.

Si la decisión involucra a un socio de canal, a un proveedor o a un cliente, la cuestión fundamental ya no será establecer o no una relación, sino qué tipo de relación funcionará mejor. En cualquier caso, esta pregunta será la más importante.

Lambert, Emmelhainz y Gardner han realizado importantes investigaciones sobre cómo determinar si una sociedad está garantizada y, si es así, qué tipo de sociedad debería considerarse.[3] Su modelo de sociedad incorpora la identificación de "conductores" y "facilitadores" en una relación; indica que para que ésta tenga altas probabilidades de éxito, debe contar con los conductores y facilitadores correctos.

Los **conductores** se definen como las "razones apremiantes para asociarse". Según la teoría del modelo, para que una relación sea exitosa, todos los participantes "deben creer que recibirán grandes beneficios en una o más áreas y que estos beneficios no serían posibles sin la sociedad". Los conductores son factores estratégicos que podrían generar una ventaja

Figura 4.3	¿Qué se requiere para tener un área de competencia central?

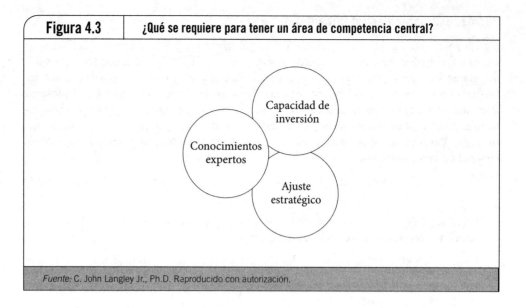

Fuente: C. John Langley Jr., Ph.D. Reproducido con autorización.

competitiva y determinar el tipo adecuado de relación comercial, aunque sin duda deben considerarse otros factores. Entre los conductores principales se encuentran los siguientes.

- Eficiencia de activos/costos
- Servicio al cliente
- Ventaja de marketing
- Crecimiento/estabilidad de las utilidades

Los **facilitadores**, por su parte, se definen como "los factores del entorno corporativo que fomentan y mejoran el crecimiento y desarrollo de la sociedad". Por ende, son factores que, de estar presentes, pueden asegurar el éxito de la relación. Entre los principales tipos de facilitadores se encuentran los siguientes.

- Compatibilidad corporativa
- Filosofía y técnicas de administración
- Reciprocidad del compromiso con la formación de la relación
- Simetría de factores clave, como tamaño relativo, fortaleza financiera, etcétera

Además, se han identificado varios factores vitales para el éxito de las relaciones, como la exclusividad, los competidores en común, la proximidad física, la historia previa de trabajo con un socio y un usuario final en común valioso.

Paso 3. Evaluación de alternativas

Aunque aquí no se incluyen detalles, Lambert y sus colegas proponen un método para medir y ponderar a los conductores y facilitadores de los que ya se habló.[4] Analizan una metodología en la que los niveles aparentes de ambos componentes sugieren el tipo más adecuado de relación. Si tanto unos como otros no están presentes de modo evidente, se recomendaría una relación más transaccional o de naturaleza más independiente. Por otra parte, cuando todas las partes en la relación tienen los mismos conductores y cuando hay facilitadores, lo adecuado sería una relación más estructurada y formal.

Además de considerar el proceso de formación de una sociedad, es importante realizar una evaluación minuciosa de las necesidades y prioridades de la empresa en comparación con las capacidades de cada socio potencial. Esta tarea debe sustentarse no sólo en mediciones cruciales, entre otros aspectos, sino también en los resultados de las entrevistas y conversaciones personales con los socios potenciales más probables.

Aunque los ejecutivos y gerentes de logística desempeñan una participación importante en la decisión de formar relaciones logísticas y de cadena de suministro, con frecuencia es provechoso involucrar a otros gerentes corporativos en el proceso general de selección. Los representantes de mercadotecnia, finanzas, manufactura, recursos humanos y sistemas de información, por ejemplo, pueden contribuir con sus valiosas perspectivas al análisis y la discusión. Por tanto, es importante garantizar una amplia representación y participación del personal de toda la empresa en las decisiones de formación de sociedades y selección de los socios.

Paso 4. Selección del(los) socio(s)

Si bien esta etapa es trascendental para el cliente, la selección del socio de logística o de cadena de suministro debe realizarse sólo a partir de un minucioso análisis de las referencias de los candidatos con mayores probabilidades de participar. Es recomendable interaccionar y conocer a los candidatos finales en el plano de una relación profesional más cercana.

Como se indicó en el análisis del paso 3, varios ejecutivos desempeñarán funciones importantes en el proceso de formación de las relaciones. Es importante llegar a un consenso en cuanto a la selección final para lograr un mayor grado de aceptación interna y de acuerdo entre las partes involucradas. Dada la importancia estratégica de la decisión para formar una relación logística y de cadena de suministro, es vital cerciorarse de que todos comprenden a cabalidad la decisión que se ha tomado y que comparten las expectativas con la empresa seleccionada.

Paso 5. Modelo operativo de la estructura

La estructura de la relación se refiere a las actividades, los procesos y las prioridades que se usarán para construir y mantener la relación. Como sugieren Lambert y sus colegas, los componentes "hacen que la relación sea operacional y ayudan a los gerentes a crear los beneficios de la asociación".[5] Entre los componentes del modelo operativo figuran los siguientes.[6]

- Planificación
- Controles operativos conjuntos
- Comunicación
- Riesgos/recompensas compartidos
- Confianza y compromiso
- Estilo de contrato
- Alcance de la relación
- Inversión financiera

Paso 6. Implementación y mejora continua

Cuando se ha tomado la decisión de formar una relación y se han identificado sus elementos estructurales es importante reconocer que el paso más desafiante en el proceso ha comenzado. Dependiendo de la complejidad de la nueva relación, el proceso general de implementación puede ser relativamente breve o extenderse durante un periodo más largo. Si la situación implica un cambio y una reestructuración importantes en la red logística o la cadena de suministro de la empresa, por ejemplo, la implementación general tardará más. En una situación en la que la magnitud del cambio es más modesta, el tiempo necesario para una implementación exitosa podría abreviarse.

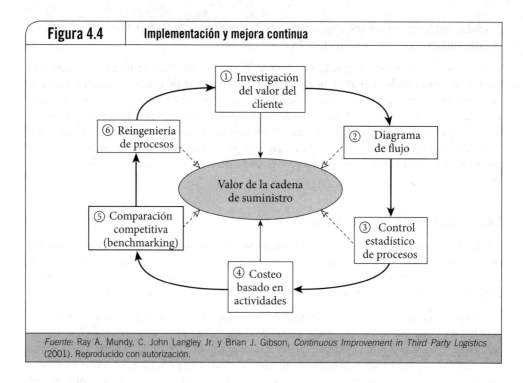

Figura 4.4 | **Implementación y mejora continua**

Fuente: Ray A. Mundy, C. John Langley Jr. y Brian J. Gibson, *Continuous Improvement in Third Party Logistics* (2001). Reproducido con autorización.

Por último, el éxito futuro de la relación dependerá de la capacidad de las organizaciones participantes para lograr mejoras continuas y sobresalientes, o un tipo de mejora "transformadora de paradigmas" esencial para el avance de la relación y el posicionamiento en el mercado.

Necesidad de relaciones colaborativas[7]

Sin importar si se establece o no una relación con un proveedor de servicios logísticos, los vínculos existentes en la cadena de suministro son más eficaces cuando hay colaboración entre los participantes. La colaboración puede considerarse como una "práctica de negocios que alienta a las organizaciones individuales a compartir información y recursos para el beneficio de todos".[8] De acuerdo con el doctor Michael Hammer, permite a las empresas "aprovecharse entre sí en un plano operativo, de manera que en conjunto logren un mejor desempeño que separadas".[9] También sugiere que la colaboración se torna una realidad cuando el poder de internet aumenta y facilita la capacidad de los participantes en la cadena de suministro para negociar entre sí y tener acceso a la información de cada uno.

Si bien este enfoque crea un entorno de negocios sinérgico en el que la suma de las partes es mayor que el total, no se presenta de manera natural en la mayoría de las organizaciones, en especial en las que ofrecen productos o servicios competidores. Como un ejemplo logístico considere que los fabricantes de bienes de consumo en ocasiones realizan grandes esfuerzos para asegurarse de que éstos no se transporten desde las plantas hasta los centros de distribución con los productos de las empresas competidoras. Aunque esta práctica tiene cierta lógica, la disponibilidad de las partes implicadas para colaborar y compartir recursos puede crear grandes eficiencias logísticas. Por otra parte, tiene sentido, considerando que los minoristas acostumbran mezclar los productos competidores cuando los transportan de los centros de distribución a sus tiendas. Cuando las organizaciones rehúsan cooperar, las pérdidas reales superan fácilmente las ganancias percibidas.

En términos más sencillos, la colaboración ocurre cuando las empresas trabajan en conjunto por el mutuo beneficio. Dado que es difícil imaginar muchas mejoras logísticas o en la cadena de suministro que involucren sólo a una corporación, la necesidad de relaciones eficaces es evidente. La colaboración va mucho más allá de las expresiones vagas de *sociedad* e *intereses compartidos*. Significa que las empresas aprovecharán la base operativa de las demás de manera que en conjunto logren un mejor desempeño que por separado. Esta cooperación crea un entorno de negocios sinérgico en el que la suma de las partes es mayor que el todo. Constituye una práctica comercial que requiere lo siguiente.

- Que las partes involucradas compartan e intercambien información de manera dinámica

- Que los beneficios obtenidos por las partes como un todo superen los beneficios individuales

- Que todas las partes modifiquen sus prácticas de negocios

- Que todas las partes realicen negocios de una forma nueva y visiblemente diferente

- Que todas las partes cuenten con un mecanismo y procesos para que ocurra la colaboración

La figura 4.5 ilustra tres tipos importantes de colaboración: vertical, horizontal y total. A continuación se explica cada una.

- **Colaboración vertical**. (Véase la figura 4.5*a*.) Se refiere a la típica colaboración que se establece entre compradores y vendedores en la cadena de suministro. Representa los vínculos tradicionales entre las empresas en dicha cadena como los que constituyen minoristas, distribuidores, fabricantes y proveedores de componentes y materiales. Las transacciones entre compradores y vendedores pueden automatizarse, y las eficiencias mejoran de manera significativa. Las empresas pueden compartir planes y ofrecer una visibilidad mutua que las ayude a modificar su conducta. Un ejemplo contemporáneo de colaboración vertical lo constituyen la planificación, previsión y reposición colaborativas (CPFR; *collaborative planning, forecasting and replenishment*), un enfoque que

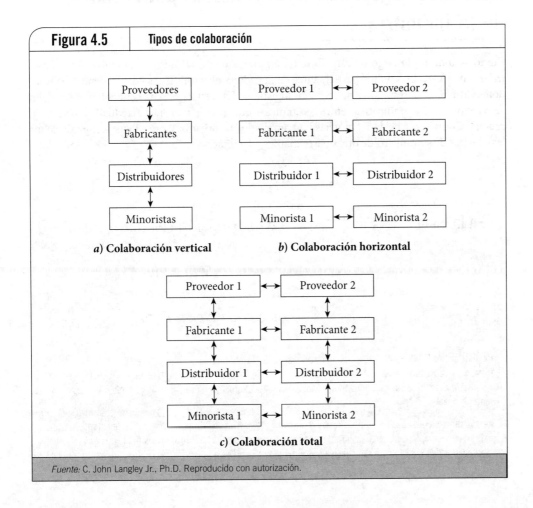

Figura 4.5	Tipos de colaboración

a) Colaboración vertical

b) Colaboración horizontal

c) Colaboración total

ayuda a los compradores y vendedores a alinearse con la oferta y la demanda gracias a la información vital compartida, como los pronósticos de ventas.

- **Colaboración horizontal**. (Véase la figura 4.5*b*.) Se refiere a la relación que se establece de comprador a comprador o de vendedor a vendedor y, en algunos casos, incluso entre competidores (proveedores de servicios logísticos). En esencia se funda en los acuerdos de negocios entre las empresas que tienen posiciones *paralelas* o cooperativas en el proceso logístico o de cadena de suministro. Puede ser útil para identificar y eliminar los costos *ocultos* en la cadena de suministro que todos pagan, por medio del diseño de producto, la contratación, la manufactura y la logística conjuntos.

- **Colaboración total**. (Véase la figura 4.5*c*.) Es la combinación dinámica de la colaboración vertical y la horizontal; sólo con ella comienzan a materializarse las mejoras en la eficiencia. Busca que todos los participantes obtengan beneficios. El desarrollo de métodos consensuados para compartir ganancias y pérdidas es esencial para el éxito de esta colaboración.

Si bien se han sugerido varias fuentes para comprender cómo crear relaciones colaborativas exitosas de manera más eficaz, la tabla 4.1 expone las siete leyes inmutables de la logística colaborativa. El impacto colectivo de estos principios radica en que representan un curso de acción que, de seguirse, aumenta el éxito y los beneficios derivados de las relaciones verdaderamente colaborativas. En general, los mejores resultados se obtendrán cuando se aprovechen los recursos humanos, los procesos y la tecnología para alcanzar los objetivos logísticos y de cadena de suministro.

Servicios logísticos tercerizados: panorama de la industria

Como se indica a lo largo de este libro, las empresas han dedicado considerable atención al trabajo más cercano con los participantes en la cadena de suministro, como clientes, proveedores y diferentes prestadores de servicios logísticos. En esencia esto ha generado el desarrollo de relaciones más significativas entre las empresas que intervienen en la actividad general de la cadena. Como consecuencia, muchas han ampliado sus organizaciones logísticas para incluir las cadenas de suministro de otros participantes y facilitadores.

En la línea

La distribución colaborativa muestra el camino para disminuir los costos de la cadena de suministro y las emisiones de gases invernadero

La distribución colaborativa no es un sueño inalcanzable. Existen razones sólidas y prácticas para adoptarla. Primero, y sobre todo, está el hecho de que crear esta infraestructura compartida puede reducir hasta en 35% los costos de la cadena de suministro. Además, ofrece un método operativo "más verde", muy atractivo para los clientes.

Para comprender por qué la distribución colaborativa es tan recomendable, observe el modelo estadounidense actual por medio del cual se distribuyen bienes de consumo empacados (CPG; siglas del inglés de *consumer package goods*). Está repleto de ineficiencias y redundancias. Los analistas de la industria afirman que hay camiones vacíos circulando de 20 a 25% del tiempo, lo que supone un desperdicio terrible, en especial cuando se sabe que la transportación representa 29% de las emisiones de gases invernadero y un impresionante 79% de uso de combustible.

La razón de esta impactante ineficiencia estriba en que cada fabricante trata cada entrega para cada cliente como si fuera un envío separado que existe en su propio y único universo. Por ello, dos camiones pueden terminar circulando uno al lado del otro en las autopistas con sólo media carga a cuestas de la misma clase de productos de consumo, proveniente de la misma área y con el mismo destino. Debido a que las mayores ineficiencias de costos ocurren cuando los productores pequeños o medianos de bienes de consumo empacados planifican y configuran sus envíos menores que la capacidad de carga del camión (LTL; siglas en inglés de *less-than-truckload*), es posible que los cambios más radicales ocurran en ese sector. Todos necesitan participar. Se tiene un sistema defectuoso y depende de todos (fabricantes, minoristas y servicios logísticos tercerizados [3PL]) enmendarlo.

Imagine un futuro en el que la colaboración fuera el componente vital de la cadena de suministro. Un minorista combinaría los pedidos de varios grupos de compra y después los enviaría a los fabricantes de bienes de consumo empacados. Esos múltiples pedidos se transmitirían por vía electrónica a los centros de distribución (CD) colaborativos operados por el proveedor de servicios logísticos tercerizados (3PL) "progresista", quien recogería de manera inteligente los pedidos de los inventarios pertenecientes a diferentes fabricantes, incluso competidores, de mercancías similares. Los pedidos se organizarían para que pudieran entregarse en forma inteligente y consolidada, con tarimas configuradas según las especificaciones del minorista. Entonces, éste recogería su pedido como si fuera una red de retorno en un camión que hubiera entregado a una tienda cercana. Luego la entrega llegaría a la plataforma de descarga del minorista (rastreada todo el tiempo por medio de un sistema de administración logística) y los trabajadores, que sabrían exactamente a dónde se dirige, la descargarían. Por último, el 3PL calcularía el espacio total y los cargos de envío para cada participante en esta operación eficiente y colaborativa, y facturaría a cada fabricante a partir del volumen total de sus productos.

No obstante, el camino para construir una cadena de suministro progresista comienza entre las cuatro paredes de una empresa. Las ineficiencias y las oportunidades para colaborar se originan en su interior. Así como cada una necesita cambiar la concepción que tiene de sí misma como entidad independiente a la de formar parte de una comunidad de empresas con metas compartidas (así como contrapuestas, desde luego), también los diferentes grupos dentro de la empresa necesitan modificar sus concepciones de aislamiento y pensar en términos del mayor bien para todos.

Fuente: Adaptado de Chris Kane, "An Enlightened Approach to Distribution", *CSCMP Supply Chain Quarterly*, 3er. trimestre de 2010, Copyright © 2010 por *CSCMP's Supply Chain Quarterly*, publicación de Supply Chain Media, LLC. Todos los derechos reservados. Reproducido con autorización.

Tabla 4.1	Siete leyes inmutables de la logística colaborativa

Las redes logísticas colaborativas deben facilitar:

- Beneficios reales y reconocidos para todos los miembros

- Creación dinámica, medición y evolución de las sociedades colaborativas

- Relaciones de comprador conjunto y vendedor conjunto

- Flexibilidad y seguridad en los materiales

- Colaboración a través de todas las etapas de la integración del proceso de negocios

- Integración abierta con otros servicios

- Colaboración en torno a los flujos logísticos esenciales

Fuente: C. John Langley Jr., Ph.D. Reproducido con autorización.

Una manera de extender la organización logística más allá de las fronteras de la empresa consiste en el uso de los servicios logísticos tercerizados o del contrato de servicios logísticos. La siguiente sección ofrece información general sobre la mejor manera de definir a esta clase de proveedor y los tipos de servicios que ofrece.

Definición de servicios logísticos tercerizados

En esencia, una empresa de servicios logísticos tercerizados se definiría como un proveedor externo que desempeña todas o algunas funciones logísticas de una empresa o que las administra. Esta definición es deliberadamente amplia y su finalidad es abarcar a diversos proveedores de servicios, como los de transportación, almacenamiento, distribución, servicios financieros, etc. Como se verá más adelante, existen otras características deseables de un 3PL "genuino", entre ellas varias actividades logísticas que están "integradas" o administradas en conjunto y que ofrecen "soluciones" a los problemas logísticos y de la cadena de suministro.

En la actualidad ha aumentado mucho el número de empresas que ofrecen dichos servicios y se espera que esta tendencia continúe. Si bien muchas son pequeños jugadores de nicho, en la industria participan también grandes corporaciones, como UPS Supply Chain Solutions, FedEx Supply Chain Services, IBM Global Business Services, Ryder, DHL-Exel, Menlo Logistics, Penske Logistics, Schneider Logistics, Caterpillar Logistics, UTi Worldwide, Inc., Panalpina y Agility, Inc.

De acuerdo con el tipo de empresa y su posicionamiento en la industria, en ocasiones se usan los términos de *logística por contrato* y *outsourcing* en lugar de *servicios logísticos tercerizados*. Si bien los ejecutivos de algunas industrias tienen cuidado en distinguir entre estas acepciones, cada una se refiere, en términos generales, al uso de proveedores externos de servicios logísticos. Salvo por el término *logística por contrato*, que en general incluye alguna forma de contrato o acuerdo formal, este texto no sugiere alguna diferencia esencial entre estos conceptos. Aunque la mayoría de los clientes que utiliza los 3PL opta por suscribir algún tipo de contrato formal en el que se definan los términos del convenio, es interesante observar que un pequeño número de empresas prefiere no firmar contratos formales con sus proveedores de servicios logísticos.

Tipos de proveedores 3PL

Aunque la mayoría de las empresas 3PL se promueve como proveedora de una extensa gama de servicios logísticos, es útil clasificarlas: empresas basadas en la transportación, en el almacenamiento y la distribución, en los servicios de expedición de carga, en las finanzas y en la información. Se analiza brevemente cada una en los siguientes párrafos.

Basadas en la transportación

Entre las empresas proveedoras de servicios logísticos basados en la transportación se encuentran UPS Supply Chain Solutions, FedEx Supply Chain Services, DHL, Ryder, Menlo Logistics, Panalpina y Schneider Logistics; la mayoría son filiales o divisiones importantes de grandes empresas transportistas. Algunos servicios que ofrecen se apalancan con los activos de otras empresas; otras ponen su énfasis principal en el uso de los recursos de transportación de su matriz. En todos los casos, van más allá de su actividad de transportación para ofrecer una gama más amplia de servicios logísticos.

A principios de 2000 se formó Transplace gracias a la fusión de las unidades de negocio logístico de varias de las empresas transportistas terrestres más grandes que cotizan en bolsa en Estados Unidos. Si bien está basada en la transportación y varios de sus elementos corporativos heredados pertenecen a esta industria, su manera de abordar las operaciones, la administración y la planificación está basada, en gran medida, en la tecnología de la información. Por esta razón se describe con más detalle más adelante, en la sección dedicada a los proveedores basados en la información.

Basadas en el almacenamiento y la distribución

Por tradición, la mayoría de los proveedores basados en el almacenamiento y la distribución ha estado en el negocio del almacenamiento público o por contrato y ha ampliado su gama de servicios logísticos. Algunos ejemplos son OHL, DSC Logistics, Saddle Creek Corporation y Standard Corporation (que ahora opera como UTi Integrated Logistics). A partir de su orientación tradicional, estas organizaciones se han involucrado en actividades logísticas como administración de inventarios, almacenamiento y distribución, entre otras. La experiencia indica que para estos operadores basados en las instalaciones la transición hacia los servicios logísticos integrados ha sido menos compleja que para los proveedores de transportación.

Esta categoría incluye varias empresas 3PL que han surgido de organizaciones logísticas corporativas más grandes. Entre las más importantes figuran Caterpillar Logistics Services (Caterpillar, Inc.), Intral Corporation (Gillette) e IBM Global Business Services (IBM Corporation). Estos proveedores cuentan con mucha experiencia en la administración de las operaciones logísticas de la empresa matriz y, como consecuencia, han demostrado ser muy capaces para brindar esos servicios a los clientes externos. Si bien la idea de que una empresa 3PL surja de una organización logística corporativa es interesante, desde el punto de vista comercial no todas estas conversiones han tenido tanto éxito como las que se han citado.

Basadas en los servicios de expedición de carga

Esta categoría incluye empresas como Kuehne & Nagel, Expeditors, C. H. Robinson, Hub Group y UTi Worldwide, que han ampliado sus funciones como intermediarios para incluir en su gama más amplia de servicios 3PL la de expedidores de carga o transitarios y agentes. En esencia, no son dueñas de activos; son independientes y tratan con una enorme variedad de proveedores de servicios logísticos. Han demostrado ser muy hábiles para integrar paquetes de servicios que cubran las demandas de los clientes.

Basadas en las finanzas

Esta categoría incluye a empresas como Cass Information Systems, CTSI y Tranzact Technologies. Ofrecen servicios como pago del flete y auditorías, contabilidad y control de costos, herramientas de administración logística para el monitoreo, registro, rastreo, seguimiento y administración de inventarios, así como servicios de consultoría.

Basadas en la información

En años recientes se ha presentado un importante crecimiento y desarrollo de los mercados electrónicos de negocio a negocio basados en internet para los servicios de transportación y logísticos. Dado que estos recursos representan una fuente alternativa para quienes necesitan adquirirlos, pueden considerarse como un tipo de proveedor de servicios logísticos externos más innovador. Un ejemplo interesante es Transplace, Inc., que en la época de su fundación representaba la fusión de las unidades de negocio 3PL de seis de las empresas de transportación terrestre más grandes de Estados Unidos. Se enfoca en aplicar las eficiencias de los servicios logísticos tercerizados por medio de soluciones y tecnologías personalizadas que se adaptan a las necesidades de negocios de sus clientes. Los servicios de Transplace incluyen la logística tercerizada, la consultoría de cadena de suministro, los servicios de fletamiento y el desarrollo del transportista.

Se abordan más detalles acerca de las tecnologías de la información y su aplicación a la administración logística y de la cadena de suministro en el capítulo 6, *Tecnología de la cadena de suministro: administración de los flujos de información*.

Tamaño del mercado y alcance de los servicios 3PL

La tabla 4.2 contiene un resumen de las empresas que Armstrong & Associates han identificado como usuarias de diversos servicios 3PL. General Motors ocupa el primer lugar, con 49 proveedores de servicios logísticos tercerizados.

La tabla 4.3 representa las estimaciones de los ingresos globales de la industria de 3PL para 2010. Como puede verse, los ingresos totales para América del Norte, de 143,300 millones de dólares, representan más de una cuarta parte del gasto global total estimado de 539,100 millones. La figura 4.6 ofrece un panorama del crecimiento del mercado de los servicios logísticos tercerizados en Estados Unidos, donde ha aumentado de 30,800 millones de dólares en 1996 a un estimado de 121,600 millones en 2010 y 130,100 millones en 2011. La figura 4.6 también ilustra el impacto de la recesión económica de 2009-2010 sobre los servicios 3PL.

Es importante observar que, dado que muchos proveedores de 3PL no se basan en activos, otra cifra importante es su ingreso "neto", que se calcula como el ingreso bruto menos los gastos en servicios de transportación y logística. En términos generales, se estima que los ingresos por servicios logísticos tercerizados representan alrededor de 55 a 60% de los totales que se indican en la tabla 4.3 y la figura 4.6.

Tabla 4.2	Principales compradores de servicios 3PL
EMPRESA	**NÚMERO DE 3PL UTILIZADOS**
General Motors	49
Procter & Gamble	42
Volkswagen; Wal-Mart	37
Daimler	32
Ford Motor Company	31
Pepsico	30
Hewlett-Packard; Nestle	29
Unilever	27
General Electric	26
BMW; Toyota	23
Sears Holdings; Siemens	22
Home Depot; Johnson & Johnson	20
Honda Motor; Royal Philips Electronics	19
Otros	<19

Tabla 4.3	Estimación de los ingresos del mercado global de 3PL
REGIÓN	**AÑO 2010 ESTIMADO EN BILLONES (MILES DE MILLONES) DE DÓLARES**
Estados Unidos	121.6
Canadá y México	21.7
Total de América del Norte	**143.3**
Europa	164.7
Asia Pacífico	147.3
Centroamérica	1.7
Sudamérica	27.7
Australia	10.0
EAU (Dubai)	2.9
Regiones/países restantes	41.5
Total del mercado global de 3PL	**539.1**

Fuente: Predictions and Major Trends for Third Party Logistics–2011. © Copyright 2011 Armstrong & Associates, Inc. Reproducido con autorización.

Figura 4.6	Mercado logístico 3PL: crecimiento estadounidense en billones (miles de millones) de dólares

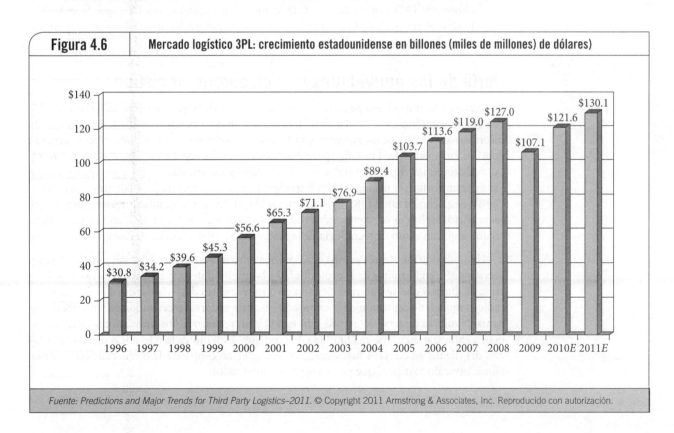

Fuente: Predictions and Major Trends for Third Party Logistics–2011. © Copyright 2011 Armstrong & Associates, Inc. Reproducido con autorización.

Investigación sobre servicios logísticos tercerizados: pormenores de la industria

El doctor C. John Langley Jr., de la Penn State University, y Capgemini Consulting, realizan cada año un importante estudio: *Third-Party Logistics: The State of Logistics Outsourcing*. El *200 Fifteenth Anual Third-Party Logistics Study* ofrece un panorama exhaustivo de la industria de los servicios logísticos tercerizados a partir de las perspectivas de sus usuarios y proveedores a nivel global.[10] Los investigadores anuales brindan una continua fuente de información sobre el estado de la industria de los servicios 3PL y otros temas especiales relevantes tanto para los usuarios como para los proveedores.

Entre los principales medios para recabar las perspectivas sobre el uso de servicios 3PL en los estudios anuales destacan:

- Una encuesta que se aplica por internet a los usuarios y proveedores globales de servicios 3PL. Los destinatarios son personas que participan en el liderazgo y la administración de actividades logísticas y de la cadena de suministro de las empresas clientes, así como contactos a nivel ejecutivo en organizaciones 3PL. Las encuestas se aplican en una amplia variedad de industrias destacadas.

- Organización de grupos focales de expertos en compra, uso o provisión de servicios 3PL y otros en la industria; consultores y académicos que compartan conocimientos y perspectivas valiosas en temas de interés. Se efectúan tanto en persona como por teléfono y han demostrado ser una valiosa fuente de información.

- Talleres con clientes de servicios 3PL en las instalaciones de Accelerated Solutions Environment (ASE) operadas por Capgemini, y en lugares como Chicago, Nueva York, Boston, París, Berlín y Utrecht (Holanda).[11] Se llevan a cabo otros talleres con organizaciones logísticas destacadas en Singapur y Shanghai.

Perfil de las actividades de outsourcing logístico

La figura 4.7 resume el uso de servicios logísticos específicos que los encuestados mencionaron que subcontrataban a nivel global en el estudio anual sobre 3PL de 2010. A partir de esta información se sabe que los servicios logísticos que se subcontratan con mayor frecuencia son aquellos cuya naturaleza es más operativa, transaccional y repetitiva. Con base en los resultados de todas las regiones estudiadas, los servicios subcontratados con más frecuencia son los de transportación nacional (83%), transportación internacional (75%), almacenamiento (74%), despacho aduanal (58%) y transitarios (53%). Estas respuestas apoyan la idea de que los servicios logísticos subcontratados con menos frecuencia son los relacionados con el cliente, que implican el uso de tecnología de la información y son más estratégicos por naturaleza.

Una cuestión estratégica estriba en cómo sienten los clientes que deberían posicionarse los servicios 3PL en términos de la profundidad y la amplitud de su oferta de servicios. Con base en los hallazgos que se han mencionado en años recientes después del estudio, los usuarios indican una gran aceptación de la expresión "los proveedores tercerizados deben ofrecer una gama de ofertas de servicio amplia e integral", y un rechazo a "los proveedores tercerizados deben enfocarse en una gama limitada de servicios". Esto indica la relevancia de las preferencias del cliente, en ciertas situaciones, por una solución centralizada o una función "líder de administración logística" que provea servicios integrados.

Figura 4.7	Servicios logísticos subcontratados

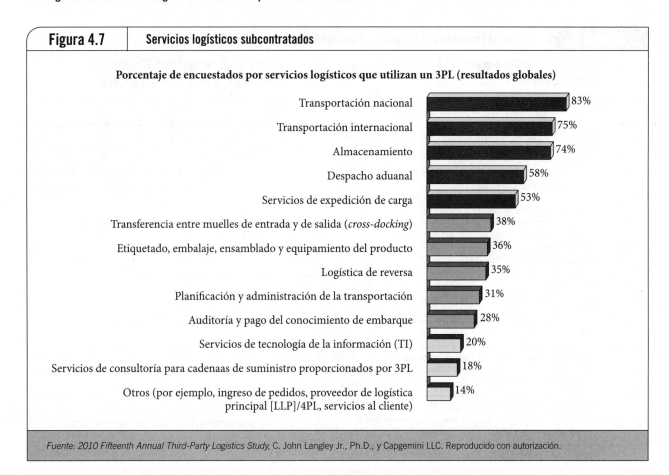

Porcentaje de encuestados por servicios logísticos que utilizan un 3PL (resultados globales)

- Transportación nacional 83%
- Transportación internacional 75%
- Almacenamiento 74%
- Despacho aduanal 58%
- Servicios de expedición de carga 53%
- Transferencia entre muelles de entrada y de salida (*cross-docking*) 38%
- Etiquetado, embalaje, ensamblado y equipamiento del producto 36%
- Logística de reversa 35%
- Planificación y administración de la transportación 31%
- Auditoría y pago del conocimiento de embarque 28%
- Servicios de tecnología de la información (TI) 20%
- Servicios de consultoría para cadenaas de suministro proporcionados por 3PL 18%
- Otros (por ejemplo, ingreso de pedidos, proveedor de logística principal [LLP]/4PL, servicios al cliente) 14%

Fuente: 2010 Fifteenth Annual Third-Party Logistics Study, C. John Langley Jr., Ph.D., y Capgemini LLC. Reproducido con autorización.

Función estratégica de la tecnología de la información

Si se considera la importancia de la tecnología de la información (TI) en la planificación de las actividades de la cadena de suministro, el estudio anual sobre los servicios 3PL se ha concentrado durante muchos años en el grado en que los clientes han tenido acceso a la TI que ofrecen sus proveedores de servicios logísticos tercerizados. En la tabla 4.4 se presenta un resumen de los diferentes servicios asistidos por la tecnología de la información y el porcentaje de clientes globales que dice utilizarlos. Como se indicó, los que se usan con mayor frecuencia son la administración (ejecución) de la transportación y la administración del centro de almacenamiento y distribución, lo que refleja directamente los tipos de servicios logísticos que los clientes requieren. Los siguientes que más se mencionan son la administración del comercio global, la administración del área industrial, la subcontratación de la transportación y la administración (planificación) de la misma. Los servicios asistidos por la tecnología de la información que más se usan, y que se presentan en la tabla referida, son los más estratégicos y relacionados con el cliente.

La figura 4.8 se enfoca en la "brecha de la TI", que es la diferencia anual entre el porcentaje de usuarios de servicios 3PL que indican que "las capacidades de la TI son un elemento necesario en los conocimientos expertos de 3PL", y el porcentaje de los que dicen que "están satisfechos con las capacidades de la TI para los servicios 3PL". Si bien esta brecha ha persistido durante algún tiempo, los datos de los últimos tres años sugieren una modesta disminución. Es evidente que la mayoría de quienes proporcionan servicios de embarque están muy lejos de utilizar todas las capacidades que la TI puede ofrecer por medio de sus relaciones

Tabla 4.4	Servicios basados en la TI actuales y futuros (resultados globales)
EJEMPLO DE SERVICIOS BASADOS EN LA TI OFRECIDOS POR 3PL	PORCENTAJE DE PROVEEDORES DE SERVICIOS DE EMBARQUE QUE LOS USAN ACTUALMENTE
Administración (ejecución) de la transportación	69%
Almacenamiento-administración del centro de distribución	59
Administración del comercio global	40
Administración del área industrial	38
Subcontratación de la transportación	35
Administración (planificación) de la transportación	34
Intercambio electrónico de datos (EDI)	22
Portales web	21
Visibilidad	19
Codificación de barras	18
Optimización de la red de la cadena de suministro	13
Administración de los eventos de la cadena de suministro	13
Identificación por radiofrecuencia (RFID)	11
Administración de los pedidos de clientes	5
Planificación de la cadena de suministro	4

Fuente: 2009 Fourteenth Anual Third-Party Logistics Study, C. John Langley Jr., Ph.D., y Capgemini LLC. Reproducido con autorización.

Figura 4.8	"Brecha" de la TI

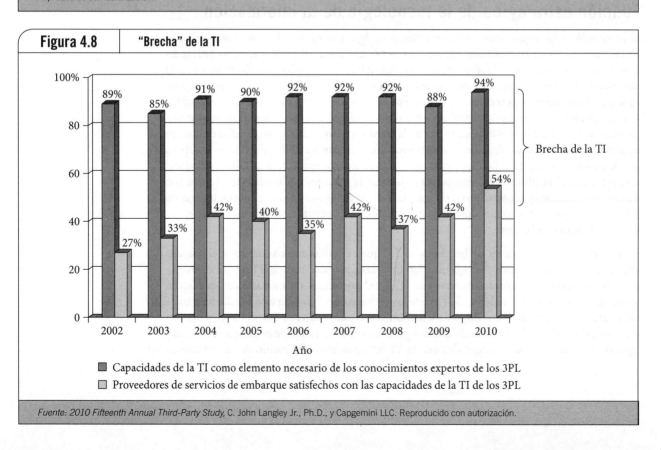

Fuente: 2010 Fifteenth Annual Third-Party Study, C. John Langley Jr., Ph.D., y Capgemini LLC. Reproducido con autorización.

con empresas 3PL. Al analizar las causas de esta brecha, un factor significativo que sobresale es la complejidad de las necesidades de TI de las organizaciones proveedoras de servicios de embarque, así como la de mejorar las capacidades de estas tecnologías.

Cuestiones sobre administración y relaciones

La necesidad de la competencia relacionada con la formación y la conservación de relaciones exitosas se ha convertido en un factor vital en la industria de los 3PL. Aunque tanto los proveedores como los usuarios de estos servicios han mejorado su capacidad para crear relaciones de negocios más productivas y satisfactorias, los medios de comunicación están repletos de ejemplos de relaciones que han fracasado. Por tanto, la pregunta importante aquí es: "¿Cómo podemos mejorar esta área?"

Un hallazgo importante en un estudio realizado hace algunos años[12] reveló que el director del área logística es la persona que está más consciente de la necesidad de los servicios 3PL. Si bien existen evidencias que apoyan el hecho de que el director ejecutivo y el gerente financiero muchas veces participan en la detección de la necesidad de tales servicios, los ejecutivos de otras áreas como manufactura, recursos humanos, mercadotecnia y sistemas de información también están conscientes de ello, pero en menor grado. Sin embargo, es evidente que los ejecutivos de sistemas de información participan cada vez más. Esto no es una sorpresa, considerando la función trascendental de la TI en muchos procesos logísticos y de la cadena de suministro.

Un tema interesante es el de los factores de "selección" que son importantes para los clientes cuando eligen los 3PL con los que desean trabajar. Los resultados del estudio titulado *2006 Eleventh Annual Third Party Logistics Study* indican que los dos factores significativos para la selección del 3PL son el precio de sus servicios y la calidad de los servicios logísticos operativos y tácticos.[13] Con base en todas las respuestas del estudio, 87% de los encuestados indicó que el precio era un factor y 85% mencionó que la calidad era otro. Además de estos dos criterios de selección, otros de mayor relevancia que pueden mencionarse incluyen la presencia geográfica en las regiones requeridas (75%), la capacidad esperada para mejorar los niveles de servicio (67%), la gama disponible de servicios logísticos de valor agregado (63%) y la tecnología de la información pertinente (60%).

Además, las relaciones exitosas de 3PL establecen funciones y responsabilidades adecuadas para éstos y las empresas clientes. Aunque algunas veces el uso de 3PL se interpreta como la "delegación de todas las actividades logísticas" a un proveedor subcontratado, los encuestados en estudios recientes sugieren que una estructura "híbrida" representa una forma muy eficaz para administrar las relaciones con 3PL. En esencia, esto refleja el deseo de la empresa cliente de contar con el poder suficiente sobre las operaciones para registrar el factor de desempeño o "confianza" que se desarrollará. Aunque la mayoría (de modo apropiado) conserva el control sobre la formulación y la dirección de estrategias al establecer el rumbo de las áreas logísticas de responsabilidad, este enfoque híbrido para la administración de operaciones es una respuesta innovadora al desafío que supone una administración exitosa de las relaciones entre el proveedor 3PL y el cliente. La tabla 4.5 ofrece un útil resumen de algunas expectativas que los 3PL y sus clientes tienen mutuamente.

Una última cuestión se relaciona con lo que piensan los clientes acerca de sus 3PL. A partir de los resultados del estudio de 2005, y como se muestra en la figura 4.9, es posible decir que aproximadamente dos terceras partes de los clientes consideran a sus 3PL como proveedores de servicios tácticos u operativos, mientras que casi una tercera parte los percibe como estra-

Tabla 4.5	Planteamiento de expectativas en relación con la administración de las relaciones con los 3PL	
EXPECTATIVAS DE LOS PROVEEDORES RESPECTO A LOS PROVEEDORES DE 3PL		**EXPECTATIVAS DE LOS CLIENTES DE 3PL RESPECTO A LOS CLIENTES**
• Servicio y ejecución superiores (resultados y desempeño demostrados)		• Relación perdurable y mutuamente benéfica con la empresa
• Confianza, apertura e información compartida		• Confianza, apertura e información compartida
• Soluciones innovadoras y reinvención de la relación		• Dedicar los recursos correctos en los niveles correctos, incluidos los ejecutivos
• Soporte continuo a nivel ejecutivo		• Convenios claramente definidos acerca del nivel de servicio
• Oferta de servicio alineada con la estrategia del cliente y conocimiento profundo de la industria		• Responsabilidad fiduciaria y justicia general en relación con la fijación de precios

Fuente: 2005 *Tenth Annual Third-Party Logistics Study,* C. John Langley Jr., Ph.D., y Capgemini LLC. Reproducido con autorización.

tégicos o integradores. Aunque podría pensarse que las relaciones estratégicas o integradoras son superiores o más avanzadas que las tácticas, el hecho es que las mejores son aquellas que se acercan más a la satisfacción de las necesidades logísticas y de la cadena de suministro tanto del cliente como del proveedor. Aunque existen algunas excelentes relaciones cuya naturaleza es estratégica o integradora, también hay algunos ejemplos adecuados que son tácticos u operativos y se alinean con las necesidades y los requerimientos del cliente.

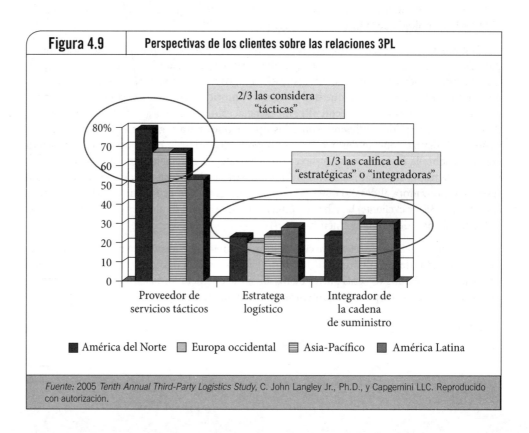

Figura 4.9 | Perspectivas de los clientes sobre las relaciones 3PL

Fuente: 2005 *Tenth Annual Third-Party Logistics Study,* C. John Langley Jr., Ph.D., y Capgemini LLC. Reproducido con autorización.

Modelo de valor del cliente

Por lo general, los usuarios de 3PL en todas las regiones globales estudiadas califican de exitosos sus esfuerzos de outsourcing. De hecho, el porcentaje de usuarios que considera sus relaciones con los 3PL como "extremadamente" o "algo" exitosas oscila en el rango de 85 a 90 por ciento.

Además, los ejecutivos participantes presentan métricas logísticas y de cadena de suministro y documentación tangible de los beneficios de utilizar estos servicios. La tabla 4.6 ofrece algunos ejemplos. Aparte de éstos, los encuestados en los estudios recientes dijeron haber experimentado problemas como los siguientes.

- Compromisos incumplidos en el nivel servicio
- El tiempo y los esfuerzos invertidos en logística no se reducen
- Nula reducción de costos
- Incrementos en costos y precios una vez que ha comenzado la relación
- Transición insatisfactoria durante la etapa de implementación
- Incapacidad para formar relaciones significativas y de confianza
- Ausencia de mejoras y logros continuos en las ofertas
- Falta de administración estratégica y habilidades consultivas y basadas en conocimientos
- Falta de capacidades globales

Esta lista debe considerarse como un punto de partida para la mejora continua de los proveedores 3PL. En general, sugiere la necesidad de alcanzar los objetivos de costos y nivel de servicio y evitar los incrementos innecesarios en los precios para el cliente una vez que la relación ha comenzado. Por otro lado, parece que algunos 3PL necesitan mejorar las áreas de administración estratégica, la tecnología y sus habilidades basadas en conocimientos. Esto indica que las expectativas de los clientes no se cumplen. Por último, algunos usuarios de servicios 3PL consideran que el tiempo y el esfuerzo invertidos en la logística no disminuyeron y que su control sobre la función subcontratada pudo aminorarse. En el último caso, el

Tabla 4.6	Resultados para el cliente promedio del uso de proveedores de servicios logísticos tercerizados	
RESULTADOS		**TODAS LAS REGIONES**
Reducción de costos logísticos (%)		15
Reducción de activos logísticos fijos (%)		25
Reducción del costo de inventario (%)		11
Duración del ciclo promedio de pedidos	Cambió de	17 días
	Cambió a	12 días
Tasa de despacho de pedidos	Cambió de	73%
	Cambió a	81%
Exactitud de los pedidos	Cambió de	83%
	Cambió a	89%

Fuente: 2005 *Fifteenth Annual Third-Party Logistics Study,* C. John Langley Jr., Ph.D., y Capgemini LLC. Reproducido con autorización.

Tabla 4.7	Tendencias de la industria 3PL a futuro

- Continua expansión, adquisición y consolidación de la industria
- Expansión de los mercados globales y los servicios necesarios
- Ampliación continua de las ofertas de servicios en toda la cadena de suministro, y subcontratación generalizada de procesos de negocios
- Modelos de relaciones de doble nivel (estratégico y táctico)
- Gama creciente de servicios "estratégicos" ofrecidos por 3PL y 4PL

- Las capacidades de la TI se convertirán en un diferenciador aún mayor
- Esfuerzos crecientes por actualizar, afinar y mejorar las relaciones entre el proveedor 3PL y el usuario
- Adopción cada vez más frecuente de redes de servicio compartidas y estrategias de "coopetition" (combinación entre colaboración y competencia) con los competidores tradicionales
- Énfasis en la reinversión de las relaciones y los mecanismos de mejora continua e innovación de soluciones

Fuente: 2005 *Tenth Annual 2005 3PL Study,* C. John Langley Jr., Ph.D., y Capgemini LLC. Reproducido con autorización.

movimiento hacia la administración "híbrida" de las responsabilidades de 3PL que antes se analizó sería una opción útil.

Visión estratégica de la logística y la función de los 3PL

Un logro importante de los pasados 10 a 15 años ha sido la validación del modelo de subcontratación logística, en específico del proveedor de 3PL. Con una perspectiva hacia el futuro se observa una mayor aceptación del modelo 4PL, más probabilidades de crecimiento en los gastos de los usuarios actuales de los servicios 3PL y una creciente sofisticación de los enfoques de negocios subcontratados que responde a un conjunto dinámico de necesidades logísticas y de cadena de suministro del cliente.

Relaciones con cuartas partes

Aunque el concepto ha existido desde hace algunos años, la presencia de una "cuarta parte proveedora de servicios logísticos" (4PL) se ha hecho más evidente en el mundo de los negocios.[14] Al ser en esencia un integrador de la cadena de suministro, una 4PL puede considerarse como una empresa que "reúne y administra los recursos, capacidades y tecnología de su propia organización con los de los proveedores de servicios complementarios con el objetivo de generar una solución integral para la cadena de suministro".[15] La figura 4.10 presenta algunos servicios que una 4PL puede ofrecer, como administrar múltiples 3PL (proveedores líderes en logística), correr más riesgos que éstos, TI avanzada, consultoría estratégica y servicios de "torre de control".

Modelo de subcontratación logística para el futuro

La figura 4.11 sugiere el rumbo que podría tomar el desarrollo de los modelos de subcontratación logística. Comenzando con el suministro interno de servicios logísticos, o insourcing, al final del diagrama, el modelo evoluciona a través de varias etapas sucesivas. Entre ellas figuran los servicios básicos (digamos, transportación y almacenamiento), los servicios logísticos de valor agregado o tercerizados, servicios líderes de logística o 4PL y servicios avanzados. El diagrama también identifica atributos clave de cada una de estas etapas y especifica el tipo de cobertura geográfica de cada cual.

En la tabla 4.7 se representan varias tendencias que parecen caracterizar el rumbo futuro del sector 3PL, como una forma de concluir con el análisis de servicios logísticos subcontratados como elemento clave de las relaciones de la cadena de suministro. Sin importar la rapidez con que estas tendencias serán evidentes, la subcontratación logística se convierte en un tema crucial para el éxito de la administración logística y de la cadena de suministro.

Figura 4.10 | Evolución de los servicios 3PL/LLP/4PL

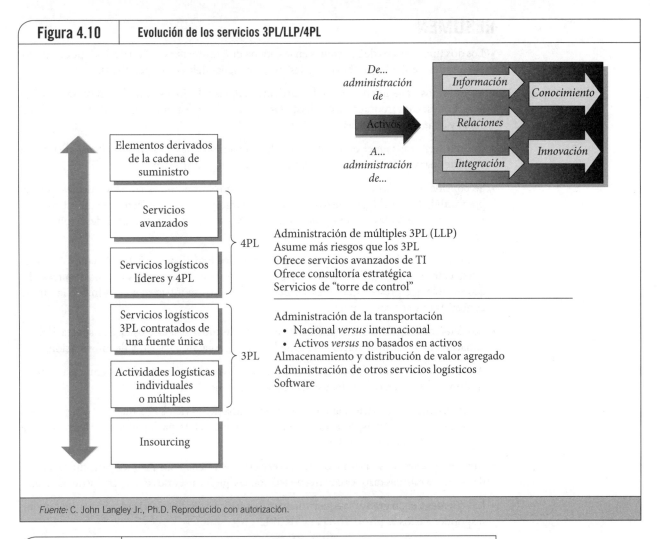

Fuente: C. John Langley Jr., Ph.D. Reproducido con autorización.

Figura 4.11 | ¿Modelos de outsourcing logístico de nueva generación?

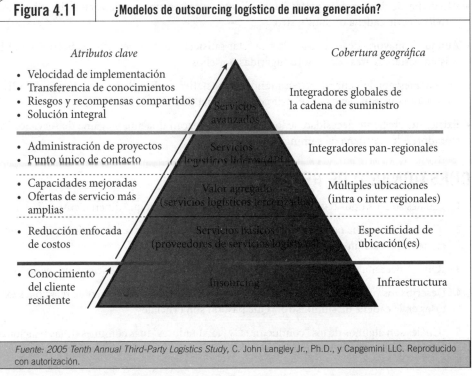

Fuente: 2005 Tenth Annual Third-Party Logistics Study, C. John Langley Jr., Ph.D., y Capgemini LLC. Reproducido con autorización.

RESUMEN

- Los dos tipos básicos de relaciones en la cadena de suministro son "verticales" (por ejemplo, comprador-vendedor) y "horizontales" (digamos, paralelas o cooperativas).

- En términos de la intensidad de la participación, las relaciones entre las empresas pueden abarcar desde las transaccionales hasta las relacionales, y asumir la forma de un proveedor, socio y alianzas estratégicas.

- Existen seis pasos en el desarrollo e implementación de las relaciones exitosas. Éstos son cruciales para su formación y el éxito en la cadena de suministro.

- Se considera que las relaciones colaborativas, tanto horizontales como verticales, son de gran utilidad para el logro de los objetivos de largo plazo en la cadena de suministro. Las siete leyes inmutables de la logística colaborativa ofrecen un modelo para desarrollar relaciones eficaces.

- Es posible considerar a los proveedores de servicios logísticos tercerizados como "proveedores externos que realizan todas o parte de las funciones logísticas de una empresa". Es aconsejable que presten múltiples servicios y que éstos se integren a la forma en la que se administran y se proporcionan.

- Los diferentes tipos de 3PL son los proveedores basados en servicios de transportación, de almacenamiento y distribución, de expedición de carga, financieros y de información.

- A partir de los resultados de un estudio exhaustivo, más de 70% de las empresas que se analizaron es, en cierto grado, usuaria de servicios 3PL.

- La experiencia del usuario sugiere una amplia gama de servicios 3PL que se utilizan; las más importantes son la transportación, el almacenamiento, el despacho aduanal y corretaje, y la expedición de carga o transitarios.

- Aunque quienes no son usuarios de los servicios 3PL tienen sus razones para convalidar su decisión, las mismas razones con frecuencia son las que los usuarios citan para justificar su uso.

- Los clientes tienen grandes requerimientos de servicios de TI tercerizados y consideran que responder a ellos es prioritario para los 3PL.

- Alrededor de dos terceras partes de los clientes sugieren una participación de 3PL en sus actividades de cadena de suministro.

- Aunque la mayoría de los clientes indica estar satisfecha con los servicios existentes de 3PL, existen bastantes áreas de mejora sugeridas por ellos.

- Los clientes por lo general tienen grandes expectativas sobre el uso estratégico de 3PL y consideran que son clave para el éxito de su cadena de suministro.

- Existe una creciente necesidad de los 4PL[16] que ofrezcan una amplia gama de servicios integradores de la cadena de suministro.

CUESTIONARIO DE REPASO

1. ¿Cuáles son los tipos básicos de cadena de suministro y en qué difieren entre sí?

2. ¿Cómo distinguiría entre un proveedor, un socio y una alianza estratégica? ¿Qué condiciones favorecerían el uso de cada uno?

3. ¿Qué se necesita para tener un área de "competencia central"? Mencione un ejemplo.

4. Describa los pasos en el modelo de procesos para formar e implementar relaciones exitosas en la cadena de suministro. ¿Qué paso(s) son cruciales?

5. ¿Cuáles son algunos de los "conductores" y "facilitadores" más comunes de las relaciones exitosas en la cadena de suministro?

6. ¿Qué significa el término "colaboración" entre las organizaciones de la cadena de suministro? ¿Cuáles son los diferentes tipos de colaboración?

7. ¿Cuáles son los tipos básicos de empresas 3PL, y cuáles son las más utilizadas?

8. ¿Cuáles son algunas de las actividades logísticas que se subcontratan con mayor frecuencia? ¿Y las menos subcontratadas?

9. ¿Por qué algunas empresas optan por no utilizar los servicios de las empresas 3PL?

10. ¿De qué manera los clientes dependen de los 3PL para involucrarse en los servicios basados en tecnologías de la información?

11. ¿Qué grado de satisfacción tienen los clientes con los servicios 3PL? ¿Cuál es la importancia relativa del costo, desempeño y creación de valor como factores decisivos para la evaluación y selección de 3PL?

12. ¿Hasta qué grado los clientes consideran a sus proveedores 3PL desde el punto de vista estratégico? ¿Qué evidencia sugiere que esto podría cambiar en el futuro y qué tipo de cambios pueden esperarse?

NOTAS

1. Robert V. Delaney, *11th Annual State of Logistics Report* (St. Louis, MO: Cass Information Systems, 5 de junio de 2000).

2. Rosabeth Moss Kanter, "Collaborative Advantage: The Art of Alliances", *Harvard Business Review* (julio-agosto, 1994).

3. Douglas M. Lambert, Margaret A. Emmelhainz y John T. Gardner, "Developing and Implementing Supply Chain Partnerships", *The International Journal of Logistics Management!*, núm. 2 (1996): 1-17. El contenido de esta sección relacionado con los conductores y facilitadores está basado en esta excelente investigación.

4. *Ibidem*, 4-10.

5. *Ibid.*, 10.

6. *Ibid.*, 10-13.

7. Para un panorama general de la logística colaborativa, véase C. John Langley Jr., "Seven Immutable Laws of Collaborative Logistics", 2000 (libro blanco publicado por Nistevo, Inc., ahora parte de Sterling Commerce, empresa de IBM).

8. *Ibid.*, 4.

9. *Ibid.*, 2.

10. C. John Langley Jr., Ph.D., y Capgemini, *2010 Fifteenth Annual Third-Party Logistics Study*.

11. Es posible encontrar información adicional concerniente al Accelerated Solutions Environment (ASE) operado por Capgemini en www.capgemini.com.

12. C. John Langley Jr., Brian F. Newton y Gary R. Allen, *Third-Party Logistics Services: Views from the Customers* (Knoxville, TN: University of Tennessee, 2000). Este informe incluye los resultados y hallazgos de la quinta versión anual de este exhaustivo estudio.

13. John Langley Jr. y Capgemini, *2006 Eleventh Annual Third-Party Logistics Study*. Para mayor información y descargas de los estudios anuales sobre 3PL actuales y pasados, visite www.3plstudy.com.

14. 4PL y *fourth-party logistics* son marcas registradas de Accenture, Inc.

15. Accenture, Inc. con autorización.

16. ™, Accenture, Inc.

CASO 4.1

CoLinx, LLC

CoLinx LLC es un consorcio de fabricantes que presta servicios compartidos de comercio electrónico y logísticos en América del Norte. Fue fundado en 2001 por cuatro fabricantes rivales en la industria de la transmisión de energía, que acordaron crear de manera conjunta una corporación sin fines de lucro para manejar sus operaciones logísticas y de comercio electrónico a fin de lograr eficiencias de escala. Desde entonces, CoLinx ha ayudado a mejorar los niveles de servicio de sus fabricantes gracias a que se encarga de todo: desde transacciones de un sistema a otro con los distribuidores, alojamiento de páginas web, almacenamiento, armado ligero, transportación y auditoría de carga, hasta las operaciones de importación-exportación a través de su designación como zona de libre comercio. Las empresas involucradas han tenido mejoras impresionantes en su desempeño, y CoLinx tiene ambiciosos planes para lograr un mayor crecimiento.[1]

CoLinx cuenta con los siguientes participantes.[2]

- **Fabricantes**. Buscan las soluciones en la red al costo más bajo en tanto que mantienen el control individual y la identidad de marca.

- **Distribuidores industriales**. La fundación de CoLinx permite a los distribuidores establecer negocios con varios fabricantes por medio de un solo sitio, por lo que pueden responder con rapidez a sus propios clientes. Los fabricantes fundadores van al mercado a través de una red de distribución abierta. Cada fabricante puede autorizar a varios distribuidores y cada uno de éstos puede representar a muchos fabricantes.

- **Grupos de empleados**. El equipo de CoLinx, fuerte e impulsado por su misión, utiliza el sitio web para que los fabricantes desarrollen sus negocios.

Aunque CoLinx opera almacenes en las áreas metropolitanas de Reno, Dallas, Filadelfia, Toronto y Edmonton, el pilar de sus operaciones de almacenamiento y logística es su espacio de 670,000 pies cuadrados (62,245 m²) en Crossville, Tennessee. En las rutas de transportación de salida, el principal valor de la empresa es la consolidación de su carga. Al trabajar con varios fabricantes que venden a través de la misma base de distribución, puede enviar embarques parecidos hacia destinos similares, lo que implica menos camiones en el patio para el distribuidor, menos recibos y un conocimiento de embarque consolidado con múltiples listas de embalajes, lo que facilita el proceso para el distribuidor en el extremo de la recepción. Cuando los embarques son más frecuentes el servicio al cliente mejora, el costo por libra (o por kilogramo) disminuye y se necesita menos inventario en la cadena de suministro. Cuando varias empresas comparten el mismo centro de distribución, áreas comunes y personal de soporte, los especialistas compartidos de primera línea acomodan mejor los mínimos y máximos y se justifican las inversiones en tecnologías de costos fijos elevados como el sistema de administración de almacén (WMS; *warehouse management system*), medios de transporte, cronometraje, actividad dirigida por voz y estándares técnicos.

CoLinx ofrece a sus integrantes las capacidades del comercio electrónico por medio del servicio de hospedaje de sitios web que transmiten datos de transacciones de los clientes a los fabricantes (PTplace.com) mediante formatos estandarizados. Por otra parte, construye conexiones directas de sistema a sistema entre sus fabricantes y distribuidores, y entre los fabricantes y transportistas también.[3] Cuando muchas empresas soportan los servicios de comercio

---

[1] Douglas Chandler, "CoLinx and the Power of Partnership", *Modern Distribution Management* 34, núm. 21 (10 de noviembre de 2004).

[2] Surgency, *CoLinx: A Shared Service Portal in Manufacturing* (Cambridge, MA, Surgency, Inc., 2001).

[3] Chandler, "CoLinx and the Power of Partnership".

electrónico por internet para el mismo grupo de distribuidores o transportistas, una entrada común reduce la complejidad técnica y simplifica la vida de los usuarios.

Los servicios se ofrecen a los fabricantes que pasan por un proceso formal de aceptación, pagan una cuota de membresía y se comprometen a utilizar los servicios de CoLinx de manera sustancial tanto para las actividades logísticas como de comercio electrónico. Los miembros tienen acceso a algunos o todos los servicios ofrecidos por la empresa y sus cuotas se determinan con base en la metodología exclusiva de los costos compartidos.

En pocas palabras, CoLinx es una empresa diferente y difícil de comprender en toda su magnitud; no es un mercado ni un intercambio, no posee, planea, libera o asegura ningún tipo de inventario, y no vende directamente a distribuidores u otros clientes, sólo los fabricantes lo hacen. Sus miembros fabricantes sólo indican cuántos emplazamientos de depósitos o de tarimas desean, y dan instrucciones en cuanto a qué se necesita mover y cuándo. No opera como centro de utilidades, pero todos los beneficios que ha logrado se transmiten directamente a los miembros en forma de costos reducidos. No se promueve como un medio para construir una imagen de marca; su única misión es "ser la mejor elección" para los fabricantes que atiende y para los empleados de CoLinx.

PREGUNTAS SOBRE EL CASO

1. Describa los elementos de la propuesta de valor para los miembros fabricantes de Co-Linx. ¿Cuáles serían los elementos de la propuesta de valor para los distribuidores de productos enviados desde CoLinx?

2. ¿Cuáles son las principales fuentes de ahorro para los miembros fabricantes de CoLinx?

3. ¿Cuáles son las claves para la sostenibilidad a largo plazo de una relación como CoLinx?

Fuente: Fragmentos de este caso son adaptaciones de los materiales disponibles en http://www.colinx.com. Reproducido con autorización.

CASO 4.2

Ocean Spray Cranberries, Inc.

Agosto es un mes difícil para Ocean Spray Cranberries, Inc., cuando la empresa con sede en Lakeville, Massachusetts, tiene que aumentar su volumen de producción para cubrir el gran repunte en la demanda para la próxima temporada vacacional. Ocean Spray es una empresa cooperativa agrícola propiedad de más de 750 agricultores de cítricos en Estados Unidos y Canadá. Produce jugo enlatado y envasado, bebidas de jugo y productos alimentarios en sus centros de distribución en Bordentown, Nueva Jersey; Kenosha, Wisconsin; Sulphur Springs, Texas, y Henderson, Nevada.

Ocean Spray administraba sus operaciones de transportación de manera interna pero decidió que deseaba enfocarse en su competencia central que, de acuerdo con su director de logística, era "mantener nuestro liderazgo en la categoría de bebidas de jugo estables en estantes". La empresa también deseaba centralizar sus operaciones de transportación. Después de observar cuidadosamente el tema del desempeño general en las áreas de logística y transportación, encontró gran variabilidad en sus operaciones. Con fines de uniformidad y control se dio prioridad a la centralización de las operaciones logísticas.

Además, Ocean Spray deseaba llegar a mercados a los que ya no tenía acceso, lo que requeriría la expansión de su red logística. De acuerdo con el director de logística, era preciso efectuar un análisis para saber cuánto tardaría y costaría la construcción de capacidades de transportación para que la empresa pudiera sostener esa red. En consecuencia, se hizo una recomendación para investigar seriamente la contratación de un proveedor de servicios logísticos tercerizados (3PL).

PREGUNTAS SOBRE EL CASO

1. ¿Qué justificación ofreció Ocean Spray para respaldar la idea de utilizar un 3PL? ¿Está de acuerdo con las razones mencionadas?

2. A partir de lo que sabe de Ocean Spray y sus necesidades de negocio, ¿qué tipo de empresa 3PL considera que tendría el mayor valor potencial en términos de una relación?

3. ¿Qué pasos sugeriría a Ocean Spray para analizar la factibilidad de formar una relación con proveedores individuales de 3PL?

4. Una vez que termine el proceso de selección, ¿qué tipo de relación considera que sería más apropiada: proveedor, socio, alianza estratégica o alguna otra opción?

Fuente: Adaptado de Adrienne Bremer, "Outsourcing Helps to Take Squeeze Out of Surge", *Food Logistics* (15 de abril de 1999): 62.

Capítulo 5

MEDICIÓN DEL DESEMPEÑO DE LA CADENA DE SUMINISTRO Y ANÁLISIS FINANCIERO

Objetivos de aprendizaje

Después de leer este capítulo, usted será capaz de:

- Comprender el alcance y la importancia de medir el desempeño en la cadena de suministro.

- Explicar las características de las buenas mediciones de desempeño.

- Analizar los diferentes métodos utilizados para medir los costos, el servicio, las utilidades y los ingresos en la cadena de suministro.

- Comprender los fundamentos del estado de resultados y el balance general.

- Demostrar el impacto de las estrategias de la cadena de suministro sobre el estado de resultados, el balance general, la rentabilidad y el rendimiento sobre la inversión.

- Entender el uso del modelo estratégico de rentabilidad.

- Analizar los impactos financieros de las fallas en el servicio de la cadena de suministro.

- Utilizar el software de hojas de cálculo para analizar las implicaciones financieras de las decisiones relacionadas con la cadena de suministro.

Perfil de la cadena de suministro

CLGN Book Distributors.com

CLGN Book Distributors.com (CLGN) es una empresa de internet que comenzó en 2001 sus operaciones de venta y distribución de libros de texto universitarios, así como de materiales educativos. Durante sus primeros años enfrentó los errores técnicos típicos asociados con una empresa basada en internet, pero el concepto de las compras de libros de texto en línea demostró ser muy popular entre los universitarios. Después de obtener la información sobre el libro correspondiente a un curso, los estudiantes utilizaban sus computadoras para hacer sus pedidos, con lo que evitaban las largas filas en las librerías de los campus.

La misión original de CLGN era vender libros de texto universitarios y materiales educativos en Estados Unidos a un precio bajo. El precio común de uno de sus libros era en promedio 15% más bajo que el ofrecido por la librería local, y sus existencias eran en promedio 20% menores. Cuando se incluía el costo del embarque, el costo de entrega del libro era casi 10% más bajo y los insumos 15% menores que las compras de suministros en la librería local. Este costo menor y la comodidad de comprar en línea generaban incrementos de dos dígitos en las ventas anuales.

A principios de 2002, CLGN obtuvo utilidades y desde entonces las obtiene cada año. En 2010 logró ventas por 150 millones de dólares, con un ingreso neto de 10.5 millones. Este margen de utilidades neto de 7% fue superior al promedio de las compañías en internet de empresa a cliente (B2C). No obstante, el ingreso neto como porcentaje de ventas, o margen neto de utilidad, fue menor que en años anteriores. En 2008, este margen fue de 10.3%, y en 2009 de 9.1%. Esta tendencia decreciente generó grandes inquietudes entre los directivos principales y los accionistas de CLGN.

Después de publicar los datos financieros de 2010, Ed Bardi, director ejecutivo de CLGN, se reunió con el comité integrado por los vicepresidentes de mercadotecnia, finanzas, sistemas de información y administradores de la cadena de suministro. Luego de revisar los resultados financieros y analizar las causas de la disminución del margen neto de utilidades, a cada vicepresidente se le asignó la tarea de examinar su área respectiva en busca de los cambios requeridos en los procesos para reducir los costos sin afectar el nivel de servicio esperado por los clientes.

Se dio atención especial al área de la cadena de suministro debido a que los aumentos en sus costos excedían los de otras áreas de la empresa. El doctor Bardi también señaló que durante el año pasado hubo quejas de clientes furiosos por el retraso en las entregas de los pedidos y porque los habían recibido de manera deficiente (artículos equivocados o pedidos incompletos). Lauren Fishbay, vicepresidente de la cadena de suministro, dijo estar consciente de estos inconvenientes y que ya trabajaba en las soluciones a los problemas en el cumplimiento de pedidos, además de ocuparse de los aumentos en los costos de envío. Mencionó que su área desarrollaba planes para la transición desde la medición de los pedidos remitidos a tiempo y los que se enviaban completos, hasta la medición de pedidos perfectos (recibidos a tiempo, completos y con la documentación adecuada).

Después de la junta con el comité ejecutivo, la señorita Fishbay se reunió con los gerentes operativos para revisar la situación y explorar opciones. Pidió a Tracie Shannon, analista de la cadena de suministro, que preparara los datos financieros para medir el proceso de la misma. A Sharon Cox, gerente de almacén, le solicitó examinar la naturaleza y la causa de los problemas suscitados en el cumplimiento de los pedidos y sugerir soluciones. Por último, a Sue Purdum, gerente de transportación, se le encomendó la tarea de examinar los crecientes costos de transportación y los tiempos de entrega más largos y menos confiables.

Antes de la reunión con los gerentes operativos de la cadena de suministro, Tracie Shannon entregó a Fishbay la siguiente información financiera correspondiente a 2010.

CLGN Book Distributors.com
Estado de resultados de 2010

Ventas		$150,000,000
Costo de bienes vendidos		80,000,000
Margen bruto		$ 70,000,000
Transportación	$ 6,000,000	
Almacenamiento	1,500,000	
Costos de mantenimiento de inventario	3,000,000	
Otros costos operativos	30,000,000	
Total de costos operativos		40,500,000
Utilidades antes de intereses e impuestos		$ 29,500,000
Interés		12,000,000
Impuesto		7,000,000
Ingreso neto		$ 10,500,000

CLGN Book Distributors.com
Balance general de 2010

Activos	
Efectivo	$ 15,000,000
Cuentas por cobrar	30,000,000
Inventario	10,000,000
Total de activos circulantes	$ 55,000,000
Activos fijos netos	90,000,000
Total de activos	$145,000,000
Pasivos	
Pasivos circulantes	$ 65,000,000
Deuda a largo plazo	35,000,000
Total de pasivos	$100,000,000
Capital social de los accionistas	45,000,000
Total de pasivos y capital social	$145,000,000

La señorita Shannon determinó que la tasa de costos de mantenimiento de inventario equivalía a 30% del valor del inventario promedio que se manejaba por año. La tasa fiscal corporativa era de 40%. Los pedidos totales en 2010 ascendieron a 1.5 millones de dólares (150 millones en ventas con un promedio de ventas por pedido de 100 dólares). La analista estimó que 10% de las fallas en el servicio ocasionadas por retrasos en la transportación y 20% de las causadas por un cumplimiento de pedidos inadecuado correspondían a la tasa de ventas perdidas. El costo de ventas perdidas por pedido son las utilidades brutas por pedido, o 46.67 dólares (margen bruto de 70 millones de dólares dividido entre 1.5 millones de pedidos).

Sharon Cox concluyó que el costo de una falla en el servicio, ya fuera ocasionada por problemas en el cumplimiento de los pedidos o en las entregas, generaba una reducción en las facturas de 10 dólares por pedido (para complacer al cliente) y un costo de reorganización de 20 dólares por pedido (para reenviarlo). En la actualidad, la tasa de despacho de pedidos en CLGN es de 97%. Las causas de que el cumplimiento de pedidos sea inadecuado podrían atribuirse a la falta de capacitación del personal del almacén. En el entorno económico actual es muy difícil encontrar trabajadores experimentados para esa área. Otros problemas quizá se deban a la falta de disciplina concerniente a los procedimientos de recolección de pedidos y su listado generado por computadora. Al menos se requerían 100,000 dólares para capacitación continua cada año en esta área.

Sue Purdum encontró que los crecientes costos de transportación se originaban en el incremento de 35% en las tarifas de entregas residenciales que la empresa transportista terrestre de CLGN cobraba por su servicio estándar (con tres a cinco días de tiempo de tránsito). Las tarifas de entregas residenciales que cobraban otros autotransportistas de servicio exprés eran comparables o más altas. Una opción para reducir los costos era utilizar el servicio postal estadounidense, pero los tiempos de entrega aumentarían y esto sería menos confiable. Sin embargo, el desempeño actual de CLGN en las entregas puntuales es sólo de 95% debido a los tiempos más largos de procesamiento de pedidos en el almacén y de tránsito del autotransportista hacia las ubicaciones residenciales. Gracias al servicio expedito terrestre del transportista, CLGN pudo mejorar el servicio y la puntualidad de sus entregas a 96% y aumentar 10% los costos de transportación.

Dada esta información, Lauren Fishbay se preguntaba qué acciones debería analizar con los gerentes operativos como preparación para la siguiente reunión del comité ejecutivo. Sabía que cualquiera que fuera el curso de acción propuesto, éste debía ser viable desde el punto de vista financiero y ofrecer el mayor beneficio a los accionistas de CLGN.

Fuente: Edward J. Bardi, Ph.D. Reproducido con autorización.

Introducción

El caso de CLGN Book Distributors.com enfatiza la necesidad que tienen todas las organizaciones de medir el desempeño de la cadena de suministro y vincularlo con sus impactos sobre los resultados financieros. Muchas organizaciones modernas se han percatado de la importancia de las métricas del desempeño para administrar el negocio y lograr los resultados esperados. Desean hacer "lo correcto" (efectividad) y hacerlo "bien" (eficiencia). No obstante, no es recomendable establecer sólo estos dos objetivos, a menos que se cuente con indicadores específicos y mensurables que permitan a la organización ponderar si se logran o no.

La finalidad de este capítulo consiste en: 1) presentar las dimensiones de las métricas del desempeño de la cadena de suministro; 2) analizar cómo éstas se desarrollan en la cadena de suministro; 3) ofrecer algunos métodos para clasificarlas, y 4) diseñar herramientas cuantitativas que muestren cómo pueden vincularse con los resultados financieros de la organización.

Dimensiones de las métricas de desempeño en la cadena de suministro

Antes de comenzar el análisis de las dimensiones de las métricas en la cadena de suministro es importante responder a dos preguntas. Primero, ¿cuáles son las diferencias entre una medición, una métrica y un índice? Tradicionalmente el término *medición* se utilizaba para designar cualquier salida cuantitativa de una actividad o proceso; en la actualidad, *métrica* se usa con más frecuencia en lugar del término *medida*. ¿Cuál es la diferencia? Una **medición** se define fácilmente sin cálculos y con dimensiones simples. Ejemplos logísticos incluirían las unidades de inventario y los dólares de pedidos postergados. Es más difícil definir una **métrica**, que implica un cálculo o una combinación de mediciones, con frecuencia en forma de alguna razón. Algunos ejemplos logísticos incluirían los días futuros de suministros de inventario, la rotación de inventario y los dólares en ventas por unidad de registro de almacenamiento (SKU). Un **índice**, por su parte, combina dos o más métricas en un solo indicador. Con frecuencia se utiliza para dar seguimiento a las tendencias en la salida de un proceso. Un ejemplo logístico de un índice sería el pedido perfecto.[1]

Segundo, ¿cuáles son las características de una buena métrica? La figura 5.1 presenta un excelente modelo que puede utilizarse para determinarlas. Es preciso responder muchas preguntas para establecer si la métrica es adecuada para un uso específico. La figura 5.1 presenta un análisis breve de 10 características, el cual es necesario para fijar las bases del resto de este capítulo.

La primera pregunta acerca de la métrica sería: "¿Es cuantitativa?" Aunque no todas lo son, es un requisito cuando se miden las salidas de los procesos o las funciones. Las métricas cualitativas del desempeño son idóneas para medir las percepciones o clasificar productos o personas en diferentes categorías (por ejemplo, excelente, bueno, deficiente), pero deben estar respaldadas por datos cuantitativos. Por ejemplo, una empresa transportadora puede obtener la calificación de "excelente" si sólo se retrasa en una entrega de cada 100.

Figura 5.1	Características de las buenas mediciones
UNA BUENA MEDICIÓN	**DESCRIPCIÓN**
• Es cuantitativa	• La medición puede expresarse como un valor objetivo.
• Es fácil de entender	• La medición transmite de un vistazo qué se está midiendo y cómo se derivó.
• Fomenta la conducta adecuada	• La medición está equilibrada para recompensar la conducta productiva y desalentar la pérdida de tiempo.
• Es visible	• Es fácil que todos los involucrados en el proceso que se mide perciban los efectos de la medición.
• Es definida y mutuamente comprendida	• Todos los participantes clave en el proceso (de manera interna y externa) han definido o acordado la medición.
• Abarca tanto las salidas como las entradas	• La medición integra factores de todos los aspectos del proceso medido.
• Mide sólo lo importante	• La medición se enfoca en un indicador clave del desempeño que es de valor real para la administración del proceso.
• Es multidimensional	• La medición establece un equilibrio adecuado entre la utilización, la productividad y el desempeño, y muestra los puntos de equilibrio.
• Utiliza economías de esfuerzo	• Los beneficios de la medición superan los costos de recopilación y análisis de datos.
• Facilita la confianza	• La medición valida la participación entre las distintas partes.

Fuente: J. S. Keebler, D. A. Durtsche, K. B. Manrodt y D. M. Ledyard, *Keeping Score: Measuring the Business Value of Logistics in the Supply Chain* (University of Tennese, Council of Logistics Management, 1999), p. 8. Reproducido con autorización del Council of Supply Chan Management Professionals.

La segunda pregunta acerca de una métrica indica: "¿Es fácil entenderla?" Este cuestionamiento tiene una relación directa con la quinta pregunta: "¿Es definida y mutuamente comprendida?". La experiencia ha demostrado que las personas la comprenderán si participan en su definición y su cálculo.[2] Por ejemplo, una de las métricas que se utilizan con mayor frecuencia en la logística es la entrega puntual, pero también es una de las que en general se malentienden. Pueden suscitarse desacuerdos entre los proveedores de servicios de embarque y los clientes, o entre las áreas de mercadotecnia y transportación. La investigación ha mostrado que si todas las partes afectadas por la métrica se involucran en su definición y su cálculo, será más fácil que la comprendan.[3]

La tercera pregunta es: "¿Fomenta la conducta adecuada?" Un principio básico de la administración establece que las métricas dirigen las conductas. Una métrica bienintencionada podría motivar una conducta inapropiada. Por ejemplo, si se midiera al gerente de un almacén por la utilización de espacio cúbico, él intentaría mantenerlo lleno, lo que disminuiría la rotación del inventario, aumentaría sus costos y generaría obsolescencia del producto.

La cuarta pregunta es: "¿La métrica es visible?" Las que son adecuadas deben estar al alcance de quienes las usan. Aquí es posible establecer la distinción entre una *reactiva* y una *proactiva*. Algunas empresas afirman que las métricas están disponibles en el sistema para que los empleados las vean y las utilicen. No obstante, esto significa que deben tratar de encontrarlas; éstas son *reactivas*. Sin embargo, las empresas líderes "empujan" las métricas hacia los dueños de las mismas de manera que puedan reaccionar de inmediato; a éstas se les conoce como *proactivas*. En ambos casos son visibles. No obstante, las proactivas se pondrán en práctica con mayor rapidez debido a que los empleados necesitan poco o ningún esfuerzo para verlas.[4]

La sexta pregunta es: "¿Abarca tanto las salidas como las entradas?" Las métricas de procesos, como las entregas puntuales, necesitan incorporar las causas y los efectos en su cálculo y evaluación. Por ejemplo, una tasa decreciente de entrega puntual sería consecuencia de no recoger los productos a tiempo, de embarques que no están listos o incluso de pausas en la producción. Por tanto, las salidas deben relacionarse de alguna manera con las entradas.

La séptima pregunta es: "¿Mide sólo lo importante?" La operación logística genera a diario enormes volúmenes de datos de transacción. Muchas veces las empresas medirán las actividades o los procesos para los que que hay disponibles grandes cantidades de información. El simple hecho de que existan datos disponibles para calcular una métrica no significa que ésta sea importante; en algunos casos es difícil generar datos para las que lo son. Por ejemplo, el transportista o el emplazamiento receptor deben generar información sobre las entregas puntuales. Compaginar los datos de llegada con los conocimientos de embarque de una forma exacta y puntual puede ser un proceso complicado. Así que es necesario decidir qué es importante y después reunir los datos, en lugar de identificar cuáles están disponibles y después generar las métricas.

La octava pregunta acerca de una buena métrica sería: "¿Es multidimensional?" Aunque una sola no lo será, el programa métrico de una empresa sí. Aquí es donde aplican los términos de **marcador** e **indicadores clave de desempeño** (**KPI,** *key performance indicators*). Muchas organizaciones tendrán algunas métricas para administrar sus operaciones logísticas que representarán la productividad, la utilización y el desempeño en un modelo equilibrado para administrar los procesos logísticos.[5]

La novena pregunta plantea: "¿El proceso utiliza economías de esfuerzo?" Otra opción para formularla es: "¿De la métrica se obtienen más beneficios que costos en los que se incurre al generarla?" En muchos casos se dedica gran cantidad de tiempo y esfuerzo a recabar datos para generar una métrica específica, en tanto que las acciones resultantes son mínimas. Algunas empresas han observado que esto sucede cuando la desarrollan por primera vez. No obstante, cuanto más tiempo exista una métrica en una empresa, más probable será que haya economías de esfuerzo.[6]

La última pregunta acerca de una buena métrica logística quizá sea la más importante: "¿Promueve la confianza?" Si no lo hace, aunque cumpla con las otras nueve características, perderá efectividad. No obstante, si se cuenta con las primeras nueve, la confianza deberá ser una conclusión esperada.

Evaluar la métrica logística actual o potencial es vital para un programa de métricas acertado. También es importante observar que la métrica necesita cambiar con el tiempo; no sólo el estándar de desempeño (por ejemplo, 85%), sino también la métrica individual (digamos, el porcentaje de pedidos que se envían a tiempo). Respecto de este primer ejemplo, el estándar podría cambiar a 90% a medida que se adoptan nuevas tecnologías o procesos innovadores que permitan a la organización superar el estándar antiguo. Los defensores del concepto *Six Sigma* han enfatizado el enfoque en la mejora continua, que genera un incremento en las expectativas del desempeño con el paso del tiempo.

El segundo ejemplo que se indicó antes, concerniente al aspecto cambiante de las métricas, también es relevante. Los pedidos enviados a tiempo y completos se utilizaban con frecuencia como métricas del desempeño en la logística. Éstas podrían considerarse internas debido a que se enfocan en el desempeño de la empresa transportista. No obstante, conforme el servicio al cliente recibe más atención en la industria, las métricas han cambiado a "pedidos entregados a tiempo" y "pedidos entregados completos". Existen más métricas externas que miden la experiencia del cliente. Tanto las internas como las externas son componentes esenciales de una metodología equilibrada para medir el desempeño logístico. La figura 5.2 muestra los resultados del informe 2010 Distribution Center Metrics, efectuado por el Warehouse Education and Research Council (WERC), en el que se preguntó a los proveedores de

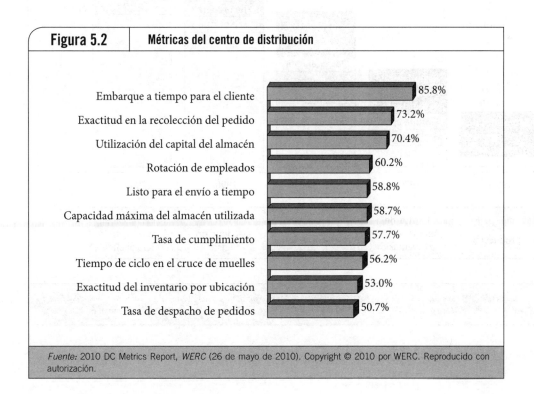

Figura 5.2 | **Métricas del centro de distribución**

- Embarque a tiempo para el cliente — 85.8%
- Exactitud en la recolección del pedido — 73.2%
- Utilización del capital del almacén — 70.4%
- Rotación de empleados — 60.2%
- Listo para el envío a tiempo — 58.8%
- Capacidad máxima del almacén utilizada — 58.7%
- Tasa de cumplimiento — 57.7%
- Tiempo de ciclo en el cruce de muelles — 56.2%
- Exactitud del inventario por ubicación — 53.0%
- Tasa de despacho de pedidos — 50.7%

servicios de embarque cuáles métricas de desempeño utilizaban para administrar sus centros de distribución. Como se observa en los resultados, los embarques puntuales a los clientes es la que más se utiliza para medir el desempeño del centro de distribución.

La figura 5.3 explica cómo se han ampliado las dimensiones e importancia de las mediciones del desempeño, e indica con claridad que las expectativas han aumentado desde las décadas de 1960 y 1970 y que éstas han existido conductores importantes para el mejor desempeño. No obstante, cada década se basa en las mejoras de los decenios anteriores.

Quizá surja la pregunta de si el hecho de enfocarse o no en las mediciones del desempeño es una tendencia reciente en la industria. La respuesta es un rotundo "no". Recuerde del capítulo 2 que el desarrollo de los conceptos de distribución física y logística se basa en la teoría de sistemas con una aplicación específica enfocada en el análisis del costo total mínimo. El costo total es una medida de la eficiencia y fue la justificación que apoyó la administración de la distribución física. El costo total mínimo se utilizó después para apoyar el enfoque de la administración logística.

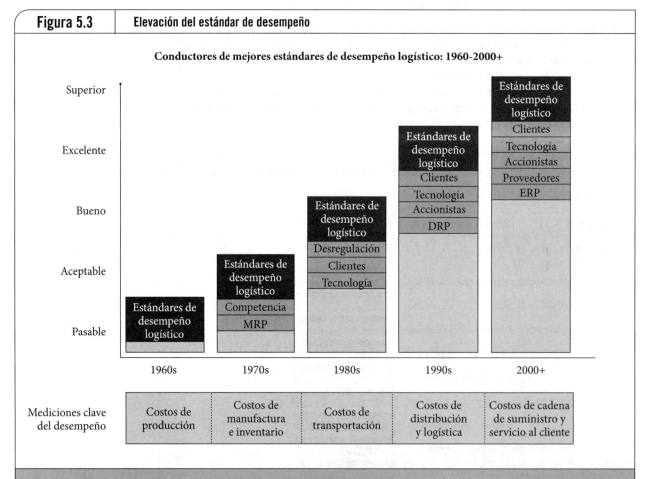

Figura 5.3 | **Elevación del estándar de desempeño**

Fuente: J. S. Keebler, D. A. Durtsche, K. B. Manrodt y D. M. Ledyard, *Keeping Score: Measuring the Business Value of Logistics in the Supply Chain* (University of Tennessee, Council of Logistics Management, 1999). Reproducido con autorización del Council of Supply Chain Management Professionals.

El enfoque en el sistema del costo total mínimo requiere la medición de los costos de equilibrio cuando se efectúa un cambio sugerido en uno de los componentes o elementos del sistema, por ejemplo, pasar de un modo de transportación ferroviario a uno motorizado, o agregar un centro a la red de distribución. Durante mucho tiempo el costo se ha reconocido como una métrica importante para determinar la eficiencia. Esto es cierto todavía. Sin embargo, hemos evolucionado desde medir el costo funcional hasta medir el costo logístico total. Esto significa que el punto relevante de medición ha cambiado de ser uno totalmente interno en una empresa a los costos colectivos de muchas empresas que participan en la cadena de suministro.

El punto importante que es preciso recordar estriba en que la medición exitosa del desempeño logístico depende de la métrica adecuada que capture la esencia del proceso logístico en su totalidad. Las métricas logísticas también deben revisarse para garantizar que sean relevantes y que se enfoquen en lo esencial. Un conjunto acertado e integral de métricas de desempeño en la cadena de suministro es crucial para que una organización administre su negocio e identifique las oportunidades para incrementar sus utilidades y participación de mercado.

Desarrollo de métricas de desempeño de las cadenas de suministro[7]

La implementación de nuevas tecnologías (por ejemplo, sistemas de planificación de recursos empresariales [ERP]) y el entorno de negocios cambiante han ocasionado que muchas empresas reevalúen sus programas de métricas en la cadena de suministro. Otra influencia impulsora de esta reconsideración ha sido el deseo de las organizaciones de cambiar su enfoque de cadena de suministro de centro de "costos" a centro de "inversión". En otras palabras, ¿cómo pueden las organizaciones justificar las inversiones en los procesos de cadena de suministro? Esto se analizará en una sección posterior en este capítulo. Mientras tanto, aquí se exponen algunas sugerencias concernientes al desarrollo exitoso de un programa de métricas en la cadena de suministro.

Primero, la creación de un programa de métricas es resultado de un esfuerzo de equipo. Su implementación exitosa implica la conformación de equipos integrados por los representantes de las áreas funcionales dentro de la empresa que se verán afectados por el programa. Debido a que esta fase requiere la identificación y definición de las métricas, es vital que todas las áreas interesadas lleguen a un consenso en cuanto a las métricas adecuadas y sus definiciones. Este acuerdo generará una implementación más exitosa y el uso de las mismas para administrar el negocio.

Segundo, involucrar a los clientes y proveedores cuando se requiera en el proceso de desarrollo de las métricas. Debido a que los clientes perciben el impacto de éstas y los proveedores participan activamente en su ejecución, su participación también es crucial para una implementación exitosa.

Tercero, diseñar una estructura estratificada para las métricas. Muchas organizaciones establecen un pequeño número (en general menos de cinco) de indicadores clave del desempeño (KPI) o métricas de "cuadro de mando" (*executive dashboard*) que se revisarán en el nivel ejecutivo para la toma de decisiones estratégicas. Cada KPI está vinculado con una métrica táctica y operativa. En esta jerarquía, las métricas de unidades operativas se relacionan directamente con las que son estratégicas corporativas.

Cuarto, identificar a los "dueños" de la métrica y vincular el logro de las metas relacionadas con ésta con la evaluación del desempeño del individuo o de la división. Esto ofrece motivación para lograr las metas relativas a las métricas y utilizarlas para administrar el negocio.

Quinto, establecer un procedimiento para mitigar los conflictos que surjan de su desarrollo e implementación. Una verdadera métrica de procesos quizá requiera que un área funcional suboptimice su desempeño en beneficio de la organización en general. Esto podría generar conflictos desde la función suboptimizada. Por ejemplo, para lograr la métrica deseada de entrega puntual sería necesario que la transportación incrementara sus gastos, lo que generaría un gasto desfavorable de fletamiento. Es preciso establecer un proceso de resolución que permita al gerente de transportación lograr la meta de la entrega puntual sin que el gasto extra se penalice.

Sexto, establecer métricas en la cadena de suministro que sean consistentes con la estrategia corporativa. Si esta última en general se basa en la efectividad de atender a los clientes, un programa de métricas que enfatice el bajo costo o la eficiencia puede entrar en conflicto con los resultados corporativos esperados.

Por último, lograr el apoyo de la alta dirección para desarrollar un programa de métricas en la cadena de suministro. Los programas exitosos cuestan más de lo esperado, tardan más en ponerse en operación y repercuten en muchas áreas dentro y fuera de la organización. Se necesita el respaldo de la alta dirección para lograr su desarrollo e implementación hasta su fase conclusiva.

Categorías de desempeño

Es posible utilizar varios métodos para clasificar las métricas de desempeño en la cadena de suministro; la figura 5.4 muestra uno. Esta figura identifica cuatro categorías principales de

Figura 5.4	Categorías de medición de procesos

Tiempo
Entrega/recepción puntuales
Tiempo del ciclo del pedido
Variabilidad del tiempo del ciclo del pedido
Tiempo de respuesta
Tiempo del ciclo de pronóstico/planificación

Calidad
Satisfacción general del cliente
Exactitud del procesamiento
Cumplimiento perfecto del pedido
  • Entrega puntual
  • Pedido completo
  • Selección exacta del producto
  • Libre de daños
  • Facturación exacta
Exactitud del pronóstico
Exactitud de la planificación
  • Presupuestos y planes operativos
Adherencia al programa

Costo
Rotación de inventario de bienes terminados
Días de venta pendientes de cobro
Costo de servicio
Tiempo del ciclo de movimiento de efectivo
Costo total entregado
  • Costo de bienes
  • Costos de transportación
  • Costos de mantenimiento de inventario
  • Costos de manejo de material
Todos los demás costos
  • Sistemas de información
  • Administrativos
Costo de exceso de capacidad
Costo de déficit de capacidad

Otros/de apoyo
Aprobación de excepciones al estándar
  • Cantidad mínima de pedido
  • Coordinación de cambios de pedido
Disponibilidad de información

Fuente: J. S. Keebler, D. A. Durtsche, K. B. Manrodt y D. M. Ledyard, *Keeping Score: Measuring the Business Value of Logistics in the Supply Chain* (University of Tennessee, Council of Logistics Management, 1999). Reproducido con autorización del Council of Supply Chain Management.

métricas con ejemplos que ofrecen una forma útil de examinar la logística y el desempeño de la cadena de suministro: 1) de tiempo; 2) de calidad; 3) de costo, y 4) de apoyo.

Por tradición, el tiempo se ha considerado como un indicador importante del desempeño logístico, en especial respecto a la medición de la efectividad. La figura 5.4 menciona cinco métricas que se utilizan mucho en relación con el tiempo. Éstas capturan dos elementos: el tiempo transcurrido de la actividad y la confiabilidad (variabilidad) de la actividad. Por ejemplo, el tiempo del ciclo del pedido puede ser de 10 días más o menos 4 días, o 10 días más o menos 2 días. Ambos tiempos de ciclo tienen la misma duración absoluta pero una variabilidad diferente. La diferencia en la variabilidad ejercerá un impacto sobre las acciones de seguridad en la cadena de suministro (este tema se estudia más a fondo en el capítulo 9, en el que se analiza la administración de inventarios en la cadena de suministro). El punto importante estriba en que la métrica debe medir tanto el tiempo absoluto como su variabilidad.

La segunda categoría que se indica en la figura 5.4 es el costo, que es la medición de la eficiencia. La mayoría de las organizaciones se enfoca en este factor, puesto que es crucial para su capacidad de competir en el mercado y obtener ganancias y rendimientos adecuados sobre los activos y las inversiones. Varias métricas de costos que se relacionan con la administración logística y de cadena de suministro son importantes para las organizaciones.

Algunas de las métricas de costos que se muestran en la figura son evidentes y comprenderlas es fácil. Por ejemplo, el costo total de entrega o el de desembarque ejercerán un impacto sobre los precios que se cobrarán en el mercado. El primero es multidimensional e incluye los costos de bienes, transportación, de mantenimiento de inventario, de importación/exportación y de almacenamiento. La rotación de inventario y los días de venta pendientes de cobro no son tan evidentes; la primera refleja por cuánto tiempo la organización mantiene su inventario y el impacto sobre los costos resultantes (esto se analiza con mayor detalle en el capítulo 9); la segunda afecta los niveles de servicio al cliente y quizá también la tasa de despacho de pedidos. El ciclo del flujo de efectivo recibe cada vez mayor atención en las organizaciones pues mide su grado de liquidez; éstas se interesan en recuperar su dinero tan pronto como sea posible para mejorar su viabilidad financiera.

La calidad es la tercera categoría en la figura 5.4. En ella existen varias dimensiones que son importantes para la administración de la logística y la cadena de suministro. El concepto del pedido perfecto es un buen ejemplo del énfasis cada vez mayor que recibe el servicio al cliente, pues mide simultáneamente varias métricas que deben alcanzarse para obtener una positiva.[8] La cuarta categoría ofrece algunas métricas de respaldo, como la aprobación de excepciones a los estándares.

Otro esquema de clasificación que también ha recibido mucha atención es el que desarrolló el Supply Chain Council y que se encuentra en el modelo de operaciones y referencia de la cadena de suministro (SCOR; *supply chain operations and reference*). La figura 5.5 es un ejemplo de las categorías de métricas que se utilizan para medir el desempeño del Proceso D1: Entrega de producto almacenado. Esta figura identifica cinco categorías principales necesarias para medir este desempeño: 1) **confiabilidad:** el desempeño de la cadena de suministro en la entrega del producto correcto, en el lugar y el momento correctos, en las condiciones y con el embalaje correctos, en la cantidad correcta, con la documentación correcta, al cliente correcto; 2) **capacidad de respuesta:** velocidad con la que la cadena de suministro brinda productos a los clientes; 3) **agilidad:** la flexibilidad de la cadena de suministro para responder a los cambios en el mercado a efecto de ganar o conservar su ventaja competitiva; 4) **costos:** gastos asociados con la operación de la cadena de suministro; y 5) **administración de activos:** la efectividad de una organización para administrar los activos a fin de apoyar la satisfacción de la demanda e incluir la administración de todos los activos (fijos y capital de trabajo).[9] La figura 5.6 presenta otras métricas en las mismas categorías para la actividad única de D1.3:

Figura 5.5	Modelo SCOR: métricas del Proceso D1

Categoría del proceso: entrega de producto almacenado	Número del proceso: D1

Definición de la categoría del proceso

Proceso de entregar un producto que es suministrado o producido con base en los parámetros agregados de pedidos/demanda del cliente y el reordenamiento de inventarios. La intención de la categoría de entrega de producto almacenado es contar con la disponibilidad del producto cuando llegue el pedido de algún cliente (para impedir que éste busque en cualquier otra parte). Para las industrias de servicios, éstos son servicios predefinidos y listos para usarse (digamos, capacitación estandarizada). Los productos o servicios que son "configurables" no pueden entregarse por medio del proceso de entrega de producto almacenado, puesto que exigen la referencia o los detalles del pedido del cliente.

Atributos de desempeño	Métrica
Confiabilidad de la cadena de suministro	Cumplimiento perfecto del pedido
Capacidad de respuesta de la cadena de suministro	Tiempo del ciclo de entrega Tiempo del ciclo del cumplimiento del pedido
Agilidad de la cadena de suministro	Adaptabilidad de la entrega del lado superior de la cadena Adaptabilidad de la entrega del lado inferior de la cadena Flexibilidad de la entrega del lado superior de la cadena
Costos de la cadena de suministro	Costo de la entrega Días de suministro en el inventario de bienes terminados Costos de administración del pedido
Administración de activos de la cadena de suministro	Rendimiento sobre activos fijos de la cadena de suministro Rendimiento sobre capital de trabajo Tiempo de ciclo del flujo de efectivo

Fuente: Adaptado de Supply Chain Council (2011). Reproducido con autorización.

Figura 5.6	Modelo SCOR: métricas del Proceso D1.3

Elemento del proceso: reservar inventario y determinar la fecha de entrega	Número del elemento del proceso: D1.3

Definición del elemento del proceso

El inventario (tanto disponible como programado) se identifica y se reserva para pedidos específicos, y se promete y programa una fecha de entrega.

Atributos de desempeño	Métrica
Confiabilidad de la cadena de suministro	Desempeño de la entrega al cliente Fecha de compromiso Tasa de cumplimiento Porcentaje de pedidos entregados completos
Capacidad de respuesta de la cadena de suministro	Reservar inventario y determinar la fecha de entrega, el tiempo del ciclo de cumplimiento del pedido y el tiempo de espera
Agilidad de la cadena de suministro	Ninguna identificada
Costos de la cadena de suministro	Costo para reservar recursos Determinar la fecha de entrega
Administración de activos de la cadena de suministro	Ninguna identificada

Fuente: Adaptado del Supply Chain Council (2011). Reproducido con autorización.

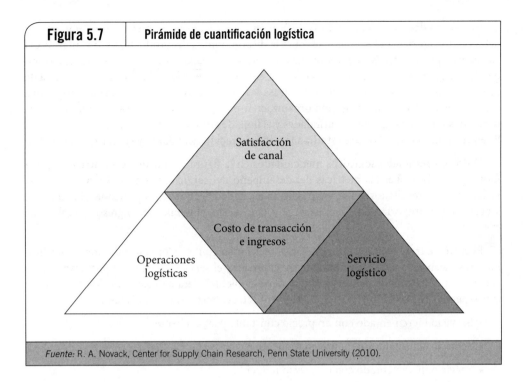

Figura 5.7 | **Pirámide de cuantificación logística**

Fuente: R. A. Novack, Center for Supply Chain Research, Penn State University (2010).

reserva de inventario y determinación de la fecha de entrega. La figura 5.7 ilustra otra perspectiva por medio de una pirámide de cuantificación logística que sugiere que las métricas del desempeño de la administración logística y de la cadena de suministro deben incluir los costos de operación, las métricas del servicio, del costo de transacción y la cuantificación de ingresos, así como de satisfacción del canal.

La transportación es un buen ejemplo de los costos de operaciones logísticas. Al calcular los puntos de equilibrio que supone la utilización de un servicio de transportación (más lento y menos confiable) u otro (más rápido y confiable), una organización puede cuantificar el impacto del costo total sobre los costos de traslado e inventario. Un transporte más rápido y confiable generará costos más altos pero resultará en costos de inventario más bajos, lo que generará un incremento en el flujo de efectivo para la organización.

El servicio logístico puede entrar en cualquiera de las cinco categorías que se muestran en la figura 5.8. La disponibilidad de producto es una métrica logística que se usa mucho porque es un buen indicador del desempeño de la cadena de suministro y por su influencia sobre los requerimientos del inventario del cliente, las tasas de cumplimiento de pedidos y los ingresos del vendedor.

Figura 5.8 | **Resultados logísticos que influyen en el servicio al cliente**

- Disponibilidad del producto
- Tiempo del ciclo del pedido
- Capacidad de respuesta de las operaciones logísticas
- Información del sistema logístico
- Soporte logístico de posventa

Fuente: R. A. Novack, Center for Supply Chain Research, Penn State University (2010).

El tiempo del ciclo del pedido (OCT; *order cycle time*) es otra métrica muy importante del servicio logístico. El OCT influye sobre la disponibilidad del producto, los inventarios del cliente y el flujo de efectivo del vendedor y sus utilidades. Una vez que se establece un tiempo del ciclo del pedido esperado para los clientes, es posible medir las fallas en el servicio. Una de esas medidas es el número de entregas retrasadas por cada 100 envíos. Desde la perspectiva del flujo de efectivo o ingresos, una organización puede calcular el impacto de las entregas retrasadas sobre los ingresos, las utilidades y el flujo de efectivo (esto se analiza con más detalle en el capítulo 8, en el que se estudian la administración del pedido y el servicio al cliente).

Todos los resultados logísticos mencionados en la figura 5.8 pueden utilizarse de alguna forma para desarrollar las métricas del desempeño del servicio. Como se indicó antes, las métricas de los resultados del servicio reflejan la calidad del que se proporciona a los clientes, aspecto que es importante para conservar y, con suerte, aumentar los ingresos y el flujo de efectivo.

El costo de transacción y los ingresos se relacionan con el valor agregado por la logística. En otras palabras, ¿qué es la relación entre el precio y el servicio, y qué es específicamente la percepción de la calidad del servicio que tiene el cliente? Para agregar valor logístico desde la perspectiva del vendedor, existen las siguientes tres alternativas a considerar.

- Servicio incrementado con un precio constante para el cliente
- Servicio constante con un precio reducido
- Servicio incrementado con un precio reducido

Todas estas alternativas traerán como consecuencia clientes que reciban más servicio por cada dólar (o cualquier unidad de moneda) del precio que pagan por él.

Otra perspectiva del costo de transacción e ingreso se enfoca en cómo el costo del proveedor influye sobre las utilidades del cliente, y cómo el servicio al cliente del proveedor repercute sobre los ingresos del cliente. Si el costo del servicio logístico de un proveedor permite al cliente obtener más ingresos del producto que aquél le entrega, estará dispuesto a comprarle más productos. Por ejemplo, un fabricante puede entregar su producto a la tienda minorista del comprador a un precio por caja $0.25 menor que el ofrecido por el competidor a la misma tienda. Al mantener el precio constante en anaqueles, el comprador puede obtener utilidades adicionales de $0.25 por caja. El mismo fabricante del ejemplo anterior tiene una tasa de existencias en la tienda del comprador de 98%, en comparación con 90% de la competencia. Este nivel superior de servicio de suministro le permite al comprador obtener ingresos más elevados gracias a la mayor disponibilidad del producto. Así que el costo de transacción y los ingresos revelan la necesidad de enfatizar los impactos de los costos logísticos y el servicio sobre las utilidades e ingresos de la cadena de suministro.

Veamos una vez más la categoría final que se muestra en la figura 5.7, la satisfacción del canal, que en esencia determina la forma en que los miembros del mismo perciben el costo logístico y el servicio. La investigación en esta área es limitada. Casi todo el interés en la medición se ha concentrado en las percepciones de los miembros de la cadena de suministro sobre la calidad del desempeño de los proveedores en cuanto al costo logístico y el servicio. Las organizaciones de punta comienzan apenas a identificar el impacto de la satisfacción del cliente sobre los ingresos y la participación de mercado.

En general, se han logrado grandes avances en años recientes en el desarrollo de métricas apropiadas y su uso proactivo para medir el desempeño en términos de su impacto sobre los resultados financieros de la organización y sus clientes. No obstante, existen más áreas en las que se debe trabajar. La siguiente sección presenta la conexión entre las finanzas y la cadena de suministro, un tema constante a lo largo de este texto.

Conexión entre la cadena de suministro y las finanzas

Como se observó al principio de este capítulo, CLGN Book Distributors.com enfoca su atención en el proceso de la cadena de suministro como un medio para mejorar su desempeño financiero. La empresa reconoce el impacto que el desempeño de la cadena de suministro tiene sobre la satisfacción del cliente y las ventas futuras. Además, la efectividad del proceso de la cadena determina el costo del cumplimiento de los pedidos del cliente y el de transportarlos a este último, y ambos influyen en el costo de entrega total del producto.

En pocas palabras, el proceso de la cadena de suministro determina el flujo de productos desde el proveedor hasta el punto final de consumo. Los recursos que se utilizan para consolidar este proceso de flujo determinan, en parte, el costo de poner el producto a disposición del cliente en el lugar donde se encuentre. Por tanto, este costo de desembarque afectará la decisión del comprador de adquirir el producto de un vendedor.

El costo de brindar un servicio logístico no sólo afecta la comerciabilidad del producto (a través del costo de desembarque o el precio), también repercute en la rentabilidad. Para un precio determinado, un nivel de ventas y un nivel de servicio, mientras más alto sea el costo logístico las utilidades de la organización serán menores. Por el contrario, mientras más bajos sean los costos logísticos, las utilidades serán mayores.

La decisión de alterar el proceso de la cadena de suministro es, en esencia, una cuestión de optimización. La gerencia debe considerar las alternativas de la cadena de suministro de acuerdo con su capacidad para optimizar la meta de la corporación de obtener utilidades máximas. Algunas alternativas quizá disminuyan los costos pero también los ingresos y, posiblemente, las utilidades. Al implementar las alternativas de la cadena de suministro que optimicen las utilidades máximas, el responsable de la toma de decisiones adopta el enfoque sistémico y equilibra los ingresos y costos para lograrlo.

La administración de la cadena de suministro implica el control de los inventarios de materias primas, en proceso y bienes terminados. La implicación financiera de la administración de inventario es la cantidad de capital requerido para financiarlo. En muchas organizaciones el capital es escaso, pero se necesita para sostener proyectos críticos, como plantas o almacenes nuevos. Cuanto más alto sea el nivel de inventario, más capital se restringirá y estará menos disponible para otras inversiones.

El reciente enfoque en la minimización de inventarios es una respuesta directa a las necesidades de capital para fines opuestos, y a la dificultad que tienen algunas organizaciones para recaudar capital adicional. Las técnicas logísticas como los inventarios justo a tiempo y los administrados por proveedor tienen como finalidad reducir los niveles de inventario de las organizaciones y lograr que haya más capital disponible para otros proyectos.

Como se indicó antes, el nivel de servicio logístico que se brinda tiene un impacto directo sobre la satisfacción del cliente. Ofrecer tiempos de entrega consistentes y breves ayuda a administrar los inventarios de la cadena de suministro y a desarrollar la satisfacción y lealtad del cliente. No obstante, el costo de proporcionar este servicio también debe examinarse en cuanto a su impacto sobre los ingresos y utilidades de una empresa.

Por último, la **eficiencia** de la cadena de suministro afecta el tiempo que se requiere para procesar el pedido de un cliente. El tiempo de procesamiento de pedidos causa un impacto directo sobre el **ciclo de pedido a efectivo** de la organización (todas las actividades que ocurren desde el momento en que el vendedor recibe el pedido hasta que cobra el pago por el embarque). Por lo general, la factura se remite al cliente después de que se le ha enviado el producto. Si el plazo de venta son 30 días netos, el vendedor recibirá el pago en 30 días más el tiempo necesario para procesar el pedido. Cuanto más largo sea el ciclo de pedido a efectivo, mayores serán las cuentas por cobrar y el inventario de bienes terminados "vendidos"; por tanto, su duración tiene una relación directa con el monto de capital congelado y no disponible para otras inversiones.

Conexión entre ingresos y ahorros en costos

A lo largo de este texto se ha enfatizado la importancia de la eficiencia de la cadena de suministro y la reducción de costos. Mientras la eficiencia de los procesos y los ahorros en costos son metas valiosas, la alta dirección generalmente se refiere a las mejoras corporativas en términos de incrementos en los ingresos y las utilidades. El aparente conflicto entre las metas de la alta dirección y la administración de la cadena de suministro puede resolverse fácilmente al convertir los ahorros en costos en aumentos de ingresos equivalentes. Para mejorar la eficacia de las comunicaciones con la alta dirección, corresponde al gerente de la cadena de suministro traducir las eficiencias y los ahorros en costos en un idioma con el que aquella esté familiarizada, es decir, el de los ingresos y las utilidades.

Para los gerentes de logística y de cadena de suministro resulta provechoso transformar las reducciones de costos en sus incrementos de ingresos equivalentes para explicar a la alta dirección los efectos de un mejor desempeño en el costo de la cadena de suministro. Para lograrlo es posible utilizar las siguientes ecuaciones.

$$\text{Utilidad} = \text{ingresos} - \text{costos}$$

donde

$$\text{Costo} = (X\%)\,(\text{ingreso})$$

entonces

$$\text{Utilidad} = \text{ingreso} - (X\%)\,(\text{ingreso}) = \text{ingreso}\,(1 - X\%)$$

donde

$$(1 - X\%) = \text{margen de utilidades}$$

$$\text{Ventas} = \text{utilidades/margen de utilidades}$$

Si se supone que todo permanece igual, un ahorro en los costos logísticos aumentará directamente las utilidades antes de impuestos en la misma cantidad que este ahorro. Si un ahorro en costos logísticos aumenta las utilidades en la misma cantidad, el equivalente en ingresos de este ahorro se calcula dividiendo éste entre el margen de utilidades, como se muestra en las ecuaciones anteriores. Por ejemplo, si el costo es 90% del ingreso y el margen de utilidades es 10% del ingreso, un ahorro en costos de 100 dólares será equivalente al ingreso adicional de 1,000 dólares:

$$\text{Ingreso} = \text{ahorro en costos (o utilidades)/margen de utilidades}$$

$$\text{Ingreso} = \$100/0.10$$

$$\text{Ingreso} = \$1,000$$

La tabla 5.1 proporciona ejemplos del ingreso equivalente para diferentes ahorros en costos logísticos utilizando los datos que se encuentran en el "Perfil de la cadena de suministro" para CLGN al principio de este capítulo. Como se muestra en la tabla, la empresa tiene un margen de utilidades de 7%. A partir de este margen, un ahorro en costos logísticos de $200,000 (las cantidades se presentan en dólares) tendrá el mismo efecto que un incremento de $2,857,143, es decir, un aumento de 1.9% en ingresos. De la misma manera, el equivalente en ingresos de los ahorros de $500,000 y un millón en costos logísticos es igual a $7,142,857 (un incremento en ingresos de 4.76%) y $14,285,714 (un aumento de 9.52%), respectivamente.

Cuanto menor sea el margen de utilidades, mayor será el equivalente en ingresos de un costo logístico dado, puesto que se necesita un mayor volumen de ingresos para producir una utilidad determinada. La tabla 5.2 muestra el ingreso equivalente a un ahorro en costos logís-

Tabla 5.1	Equivalente en ventas de los ahorros en costos de la cadena de suministro			
	CLGN 2010		**Equivalente en ventas a los ahorros en costos de**	
	(000)	Porcentaje	$200,000	$500,000	$1,000,000
Ventas	$150,000	100.0	$2,857,143*	$7,142,857**	$14,285,714†
Costo total	139,500	93.0	2,657,143	6,642,857	13,285,714
Utilidad neta	10,500	7.0	200,000	500,000	1,000,000

* Ahorro en costos de $200,000 ÷ margen de utilidad de 0.07
** Ahorro en costos de $500,000 ÷ margen de utilidad de 0.07
† Ahorro en costos de $1,000,000 ÷ margen de utilidad de 0.07
Fuente: Edward J. Bardi, Ph.D. Reproducido con autorización.

Tabla 5.2	Equivalente en ventas con diferentes márgenes de utilidades			
	Márgenes de utilidades			
	20%	10%	5%	1%
Ventas	$50,000	$100,000	$200,000	$1,000,000
Costo total	40,000	90,000	190,000	990,000
Ahorro en costos/utilidades	10,000	10,000	10,000	10,000

Fuente: Edward J. Bardi, Ph.D. Reproducido con autorización.

ticos determinado, con diferentes márgenes de utilidades. Para un ahorro de 10,000 dólares, el ingreso equivalente es igual a un millón de dólares para una organización con un margen de utilidades de 1%, pero sólo es igual a 50,000 dólares para una organización con un margen de utilidades de 20%. Los ahorros en costos logísticos tienen un impacto sobre los ingresos, mucho mayor para aquellas organizaciones con márgenes de utilidades bajos.

En la siguiente sección se abordan las implicaciones financieras de las estrategias de la cadena de suministro. Después se analizan algunos de los enunciados contenidos en el "Perfil de la cadena de suministro" de CLGN Book Distributors.com.

Impacto financiero de la cadena de suministro

Un objetivo financiero principal en cualquier organización es producir un rendimiento satisfactorio para los accionistas. Esto requiere la generación de suficientes utilidades en relación con el monto de sus inversiones para garantizar que sigan confiando en su capacidad para administrarlas. Con el tiempo, un nivel de rendimientos bajo ocasionará que los accionistas busquen otras opciones para invertir su capital. Sin embargo, uno alto estimulará su confianza para mantener sus inversiones en la organización.

Debe considerarse el monto absoluto de las utilidades en relación con la inversión neta de los accionistas, o valor neto. Por ejemplo, si las utilidades de la empresa *A* son de un millón de dólares y las de la empresa *B* suman 100 millones, todo indicaría que *B* sería la mejor opción para invertir. No obstante, si *A* tiene un valor neto de 10 millones de dólares y *B* de 10,000 millones, el **rendimiento sobre el valor neto** para un accionista en la empresa *A* es de 10% (un millón/10 millones) y en *B* es de 1% (100 millones/10,000 millones).

El desempeño financiero de una organización también se determina por las utilidades que genera en relación con los activos que utiliza, o **rendimiento sobre los activos (ROA,** *return on assets*). El ROA de una organización es una métrica del desempeño financiero que se usa como punto de referencia para comparar el desempeño de la administración y de la corporación con los de otras en la misma industria o en industrias similares. Como con el rendimiento sobre el valor neto, el rendimiento sobre los activos depende del nivel de utilidades de la organización.

La cadena de suministro desempeña una función crucial para determinar el nivel de rentabilidad de una organización: cuanto más eficiente y productiva sea, mayor será su ingreso potencial. Por el contrario, cuanto menos eficiente y productiva sea, mayores serán los costos y menor la rentabilidad.

La figura 5.9 muestra la relación financiera entre la administración de la cadena de suministro y el rendimiento sobre los activos. La efectividad del servicio en la cadena de suministro repercute en el nivel de ingresos, y la eficiencia afecta los costos totales de la organización. Como se indicó antes, el ingreso menos los costos es igual a las utilidades, un componente fundamental para determinar el ROA.

A su vez, el nivel de inventario que posee una organización en su cadena de suministro determina los activos, o el capital, dedicados a ese rubro. El ciclo de pedido a efectivo afecta el tiempo que debe transcurrir para recibir el pago de una venta, lo cual repercute en las cuentas

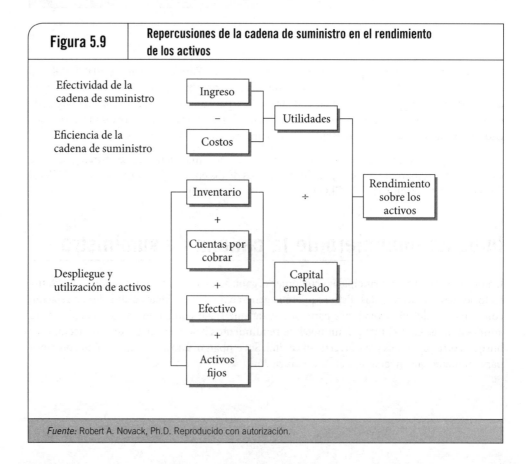

Figura 5.9 | **Repercusiones de la cadena de suministro en el rendimiento de los activos**

Fuente: Robert A. Novack, Ph.D. Reproducido con autorización.

por cobrar y el efectivo. Finalmente, las decisiones relativas a la cadena de suministro concernientes al tipo y número de almacenes utilizados causarán un efecto sobre los activos fijos.

Por último, la figura 5.9 muestra que para calcular el ROA es necesario dividir la utilidad obtenida entre el capital (activos) empleado (utilidad/capital empleado). Como se observó antes, mientras más altas sean las utilidades en relación con un nivel determinado de activos (capital) utilizado, mayor será el ROA.

La figura 5.10 ilustra otra forma de examinar las repercusiones de los servicios y costos de la cadena de suministro. Como se muestra, el tiempo (del ciclo de pedido/de pedido a efectivo), la confiabilidad (tasa de completamineto del pedido y entrega puntual) y la exactitud de la información (exactitud de la facturación) en la cadena de suministro repercutirán sobre el efectivo y las cuentas por cobrar de una organización. Todos estos servicios determinarán el momento en que el cliente comienza a procesar la entrega del embarque para su pago. Los niveles de servicio y las tasas de agotamiento de existencias de una organización determinarán su nivel de inversión en inventarios. Las decisiones concernientes a los almacenes privados y flotas de transportación influirán sobre las inversiones en predios, plantas y equipo. Las decisiones relacionadas con las actividades de subcontratación, como el almacenamiento y la transportación, determinarán los niveles de pasivos circulantes (cuentas por pagar). Por último, las decisiones relativas al financiamiento de inventarios e infraestructura determinarán los niveles de deuda y capital social.

La figura 5.11 resume las áreas de la cadena de suministro que afectan el rendimiento sobre los activos. Las decisiones que toma el gerente de la cadena respecto de la estructura del canal y la administración de inventarios, pedidos y transportación afectarán el nivel de activos empleados o el de la rentabilidad que la organización generará.

La administración de la estructura del canal abarca decisiones concernientes al uso del outsourcing, los inventarios de canal, los sistemas de información y la estructura del canal. Al subcontratar las actividades de la cadena de suministro, la organización puede reducir los costos en esa área (las empresas subcontratadas poseen más eficiencias y conocimientos expertos funcionales) y los activos (uso de las instalaciones de una empresa subcontratada), así como aumentar el ingreso (gracias a un mejor servicio de la cadena de suministro). Las decisiones que disminuyen la cantidad de activos en la cadena e incrementan los ingresos debido a las mejoras en el servicio de la misma generan un ROA más alto.

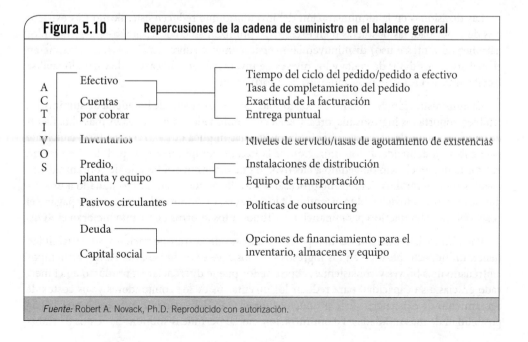

Figura 5.10	Repercusiones de la cadena de suministro en el balance general

A C T I V O S

Efectivo ⎤
Cuentas por cobrar ⎦ — Tiempo del ciclo del pedido/pedido a efectivo / Tasa de completamiento del pedido / Exactitud de la facturación / Entrega puntual

Inventarios — Niveles de servicio/tasas de agotamiento de existencias

Predio, planta y equipo ⎤ — Instalaciones de distribución / Equipo de transportación

Pasivos circulantes ——— Políticas de outsourcing

Deuda ⎤
Capital social ⎦ — Opciones de financiamiento para el inventario, almacenes y equipo

Fuente: Robert A. Novack, Ph.D. Reproducido con autorización.

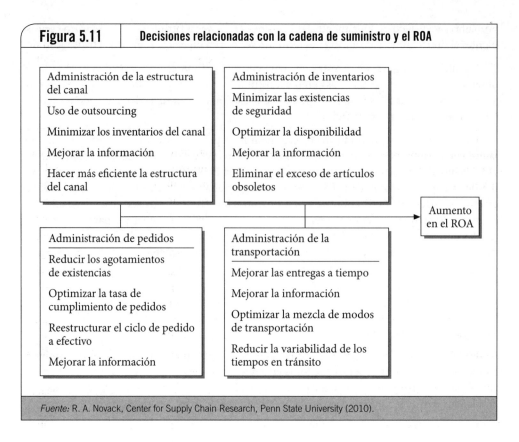

Figura 5.11 | **Decisiones relacionadas con la cadena de suministro y el ROA**

Administración de la estructura del canal

Uso de outsourcing

Minimizar los inventarios del canal

Mejorar la información

Hacer más eficiente la estructura del canal

Administración de inventarios

Minimizar las existencias de seguridad

Optimizar la disponibilidad

Mejorar la información

Eliminar el exceso de artículos obsoletos

Administración de pedidos

Reducir los agotamientos de existencias

Optimizar la tasa de cumplimiento de pedidos

Reestructurar el ciclo de pedido a efectivo

Mejorar la información

Administración de la transportación

Mejorar las entregas a tiempo

Mejorar la información

Optimizar la mezcla de modos de transportación

Reducir la variabilidad de los tiempos en tránsito

Aumento en el ROA

Fuente: R. A. Novack, Center for Supply Chain Research, Penn State University (2010).

La minimización de los inventarios del canal genera una reducción directa de los activos de una organización. A su vez, el uso de sistemas de información mejorados le permite dar un seguimiento adecuado de los niveles de inventario, los programas de producción y los pronósticos de la demanda para satisfacer los niveles actuales de la misma. Hacer más eficiente la estructura del canal por medio de la eliminación de intermediarios innecesarios (por ejemplo, tratar directamente con el minorista sin pasar por el mayorista) puede eliminar inventario del canal, así como reducir los costos relativos a la transportación y almacenamiento. La reducción en inventarios genera un incremento directo en el ROA.

Las decisiones en la administración del inventario que reducen este último (las existencias de seguridad, las obsoletas o en exceso) y optimizan su colocación (en relación con los patrones de ventas o uso) disminuyen la inversión en este rubro. Estas decisiones requieren el análisis de los datos de venta y los niveles de inventario por ubicación de canal, lo cual se facilita gracias a los sistemas modernos de información.

La administración de pedidos eficaz no sólo reduce los costos de la cadena de suministro, también soporta los ingresos mayores, y el efecto combinado genera un ROA más alto. La reducción de los niveles del agotamiento de existencias implica que existe inventario suficiente para cubrir la demanda. La optimización de la tasa de cumplimiento de pedidos implica un acortamiento en el ciclo de pedido a efectivo, lo que disminuye el tiempo de cobranza de las cuentas por cobrar. Los tiempos de procesamiento de pedidos más cortos, aunado a una reducción del periodo del crédito extendido a los clientes, disminuyen las cuentas por pagar y el costo del capital requerido para financiarlas. Todos estos ahorros de tiempo mejoran el ROA.

Por último, la reducción del tiempo en el tránsito de la transportación y su variabilidad tienen un impacto positivo en los ingresos y en los niveles de inventario. Al lograr tiempos en tránsito más breves y consistentes, el proveedor puede diferenciar su producto en el mercado gracias a su capacidad para reducir los inventarios de los compradores y sus costos de agotamiento de existencias. Este producto diferenciado debe generar mayores ingresos y la posibilidad de más utilidades. La optimización modal permite disminuir los costos de transportación al utilizar un medio más barato que no incremente otros costos por encima de los ahorros logrados en éste. Por tanto, las decisiones a este respecto ofrecen la oportunidad de incrementar los ingresos y disminuir los inventarios y costos, lo que genera un ROA más alto.

Estados financieros

Ahora concentremos nuestra atención en dos estados financieros muy importantes: el estado de resultados y el balance general. En esta sección se utilizarán los datos del "Perfil de la cadena de suministro" para GLCN Book Distributors.com. La figura 5.12 presenta el estado de resultados de esta empresa y la figura 5.13 muestra su balance general. Ambos estados financieros se prepararon con un software de hojas de cálculo y la segunda columna indica el símbolo o la ecuación utilizados en cada rubro.

El **estado de resultados** de CLGN muestra un ingreso neto (NI) de 10.5 millones de dólares en las ventas (S) de 150 millones, un margen bruto (GM) de 7%. Éste se calcula restando el costo de los bienes vendidos (CGS) de las ventas (S). Las utilidades antes de intereses e impuestos (EBIT) constituyen el margen bruto menos el costo operativo total (TOC). El ingreso neto (NI) es el EBIT menos el costo de los intereses (INT) e impuestos (TX). Los costos de la cadena de suministro incluyen la transportación (TC), el almacenamiento (WC) y los costos de mantenimiento de inventario (IC). Estos últimos son iguales al inventario promedio (IN) multiplicado por la tasa de costos de mantenimiento de inventario (W).

El **balance general** de la figura 5.13 indica los activos totales (TA) de 145 millones de dólares que CLGN utilizó para generar 150 millones en ventas. Los activos totales (TA) consisten en 15 millones de dólares en efectivo (CA), 30 millones de cuentas por cobrar (AR), 10 millones de inventario (IN) y 90 millones de activos fijos netos (FA). Estos activos se financiaron con la deuda (pasivos) y el capital social de los accionistas; es decir, los 100 millones de dólares de

Figura 5.12	Estado de resultados de CLGN Book Distributors.com: 2010		
	Símbolo	**(000)**	**(000)**
Ventas	S		$150,000
Costo de bienes vendidos	CGS		80,000
Margen bruto	$GM = S - CGS$		$ 70,000
Transportación	TC	$6,000	
Almacenamiento	WC	1,500	
Costos de mantenimiento de inventario	$IC = IN \times W$	3,000	
Otros costos operativos	OOC	30,000	
Costos operativos totales	$TOC = TC + WC + IC + OOC$		40,500
Utilidades antes de intereses e impuestos	$EBIT = GM - TOC$		$ 29,500
Interés	INT		12,000
Impuestos	$TX = (EBIT - INT) \times 0.4$		7,000
Ingreso neto	NI		$ 10,500

Figura 5.13	Balance general de CLGN Book Distributors.com: 31 de diciembre de 2010	
	Símbolo	**(000)**
Activos		
Efectivo	CA	$ 15,000
Cuentas por cobrar	AR	30,000
Inventario	IN	10,000
Total de activos circulantes	$TCA = CA + AR + IN$	$ 55,000
Activos fijos netos	FA	90,000
Total de activos	$TA = FA + TCA$	$145,000
Pasivos		
Pasivos circulantes	CL	$ 65,000
Deuda a largo plazo	LTD	35,000
Total de pasivos	$TD = CL + LTD$	$100,000
Capital social de los accionistas	SE	45,000
Total de pasivos y capital social	$TLE = TD + SE$	$145,000

Fuente: Edward J. Bardi, Ph.D. Reproducido con autorización.

la deuda total (TD), consistente en 65 millones de pasivos circulantes (CL) y 35 millones de deuda de largo plazo (LTD), más 45 millones de capital social de los accionistas (SE), fueron pagados con esos activos.

Impacto financiero de las decisiones en la cadena de suministro

A partir de los datos financieros que se presentaron en las figuras 5.12 y 5.13 es posible desarrollar un análisis para determinar el impacto de las acciones alternativas en la cadena de suministro que Lauren Fishbay puede aplicar para mejorar la rentabilidad de CLGN. Las alternativas básicas de la cadena de suministro consisten en reducir los costos en las áreas de transportación, almacenamiento e inventario. Con el fin de identificar el área susceptible al mayor impacto financiero y después enfocarse en los esfuerzos iniciales para mejorar las utilidades, es necesario analizar el efecto de una reducción de 10% en los costos de transportación y almacenamiento, y otra de 10% en inventario.

La figura 5.14 muestra el impacto financiero de una reducción de 10% en los costos de transportación. Primero, en 2010 CLGN tenía un ingreso neto de 10.5 millones de dólares sobre las ventas de 150 millones, o un margen de utilidades de 7.0%. La empresa utilizó 145 millones de dólares en activos para producir esta utilidad, con lo que generó un rendimiento sobre los activos de 7.24%. La tasa de rotación de inventario para 2010 fue de 8.0, los costos de transportación de 4.0% de las ventas, los de almacenamiento de 1.0% de las ventas y los de mantenimiento de inventario de 2.0%.

Si CLGN puede reducir en 10% los costos de transportación, el ingreso neto aumentará de 360,000 dólares a 10,860,000 dólares, y el margen de utilidades se incrementará a 7.24%.

Figura 5.14	Impacto financiero de una reducción de 10% en el costo de transportación

	Símbolo	CLGN, 2010 $(000)	Costo de transportación reducido en 10%
Ventas	S	$150,000	$150,000
Costo de bienes vendidos	CGS	80,000	80,000
Margen bruto	$GM = S - CGS$	$ 70,000	$ 70,000
Transportación	TC	$ 6,000	$ 5,400
Almacenamiento	WC	1,500	1,500
Mantenimiento de inventario	$IC = IN \times W$	3,000	3,000
Otros costos operativos	OOC	30,000	30,000
Costos operativos totales	TOC	$ 40,500	$ 39,900
Utilidades antes de impuestos e intereses	$EBIT$	$ 29,500	$ 30,100
Intereses	INT	$ 12,000	$ 12,000
Impuestos	TX	7,000	7,240
Ingreso neto	NI	$ 10,500	$ 10,860
Despliegue de activos			
Inventario	IN	$ 10,000	$ 10,000
Cuentas por cobrar	AR	30,000	30,000
Efectivo	CA	15,000	15,000
Activos fijos	FA	90,000	90,000
Activos totales	TA	$145,000	$145,000
Análisis de razones			
Margen de utilidades	NI/S	7.00%	7.24%
Rendimiento sobre los activos	NI/TA	7.24%	7.49%
Rotación de inventario/año	CGS/IN	8.00	8.00
Transportación como porcentaje de ventas	TC/S	4.00%	3.60%
Almacenamiento como porcentaje de ventas	WC/S	1.00%	1.00%
Mantenimiento de inventario como porcentaje de ventas	IC/S	2.00%	2.00%

Fuente: Edward J. Bardi, Ph. D. Reproducido con autorización

El ROA pasará de 7.24 a 7.49%. Los costos de transportación como porcentaje de las ventas disminuirán de 4.0 a 3.6% y los de almacenamiento y mantenimiento de inventario como porcentaje de ventas no variarán (suponiendo que los cambios de transportación no generen tiempos en tránsito más largos o poco confiables que ocasionen un incremento en los niveles de inventario).

Las figuras 5.15 y 5.16 muestran los resultados de un análisis similar sobre una reducción de 10% en los costos de almacenamiento y otra de 10% en inventario. En cada caso, la compa-

Figura 5.15	Impacto financiero de una reducción de 10% en los costos de almacenamiento		
	Símbolo	CLGN, 2010 $(000)	Costo de almacenamiento reducido en 10%
Ventas	S	$150,000	$150,000
Costo de bienes vendidos	CGS	80,000	80,000
Margen bruto	$GM = S - CGS$	$ 70,000	$ 70,000
Transportación	TC	$ 6,000	$ 6,000
Almacenamiento	WC	1,500	1,350
Mantenimiento de inventario	$IC = IN \times W$	3,000	3,000
Otros costos operativos	OOC	30,000	30,000
Costos operativos totales	TOC	$ 40,500	$ 40,350
Utilidades antes de impuestos e intereses	$EBIT$	$ 29,500	$ 29,650
Intereses	INT	$ 12,000	$ 12,000
Impuestos	TX	7,000	7,060
Ingreso neto	NI	$ 10,500	$ 10,590
Despliegue de activos			
Inventario	IN	$ 10,000	$ 10,000
Cuentas por cobrar	AR	30,000	30,000
Efectivo	CA	15,000	15,000
Activos fijos	FA	90,000	90,000
Activos totales	TA	$145,000	$145,000
Análisis de razones			
Margen de utilidad	NI/S	7.00%	7.06%
Rendimiento sobre los activos	NI/TA	7.24%	7.30%
Rotación de inventario/anual	CGS/IN	8.00	8.00
Transportación como porcentaje de ventas	TC/S	4.00%	4.00%
Almacenamiento como porcentaje de ventas	WC/S	1.00%	0.90%
Mantenimiento de inventario como porcentaje de ventas	IC/S	2.00%	2.00%

Fuente: Edward J. Bardi, Ph. D. Reproducido con autorización.

ración se hace respecto de desempeño de 2010 de CLGN; es decir, el costo de transportación e inventario se calculan en el nivel de 2010 cuando se analiza la reducción de 10% en el costo de almacenamiento. Como podría esperarse, la disminución en los costos de almacenamiento e inventario genera aumentos en las utilidades, el margen de utilidades y el ROA.

Los análisis que se presentan en las figuras 5.14 a 5.16 ofrecen los datos de entrada necesarios para identificar cuál de las opciones básicas de la cadena de suministro encierra el mayor potencial para generar una rentabilidad incrementada. La figura 5.17 contiene una lista compa-

Figura 5.16	Impacto financiero de una reducción de 10% en el inventario		
	Símbolo	CLGN, 2010 $(000)	Costo de inventario reducido en 10%
Ventas	S	$150,000	$150,000
Costo de bienes vendidos	CGS	80,000	80,000
Margen bruto	$GM = S - CGS$	$ 70,000	$ 70,000
Transportación	TC	$ 6,000	$ 6,000
Almacenamiento	WC	1,500	1,500
Mantenimiento de inventario	$IC = IN \times W$	3,000	2,700
Otros costos operativos	OOC	30,000	30,000
Costos operativos totales	TOC	$ 40,500	$ 40,200
Utilidades antes de impuestos e intereses	EBIT	$ 29,500	$ 29,800
Intereses	INT	$ 12,000	$ 12,000
Impuestos	TX	7,000	7,120
Ingreso neto	NI	$ 10,500	$ 10,680
Despliegue de activos			
Inventario	IN	$ 10,000	$ 9,000
Cuentas por cobrar	AR	30,000	30,000
Efectivo	CA	15,000	15,000
Activos fijos	FA	90,000	90,000
Activos totales	TA	$145,000	$144,000
Análisis de razones			
Margen de utilidad	NI/S	7.00%	7.12%
Rendimiento sobre los activos	NI/TA	7.24%	7.42%
Rotación de inventario/anual	CGS/IN	8.00	8.89
Transportación como porcentaje de ventas	TC/S	4.00%	4.00%
Almacenamiento como porcentaje de ventas	WC/S	1.00%	1.00%
Mantenimiento de inventario como porcentaje de ventas	IC/S	2.00%	1.80%

Fuente: Edward J. Bardi, Ph. D. Reproducido con autorización.

rativa de los resultados financieros de cada una de las estrategias alternativas que acabamos de examinar.

A partir de los datos de la figura 5.17 es evidente que el margen de utilidades de CLGN aumentará al máximo si utiliza la alternativa que reduzca los costos de transportación. Esto es de esperarse, ya que el costo por este concepto representa un porcentaje de las ventas mayor que el de las otras dos áreas funcionales de la cadena de suministro: 4.0% frente a 1.0% y 2.0% de almacenamiento e inventario, respectivamente. Si el costo para que la empresa logre una

Figura 5.17	Comparación de las alternativas en la cadena de suministro			
Análisis de razones	CLGN, 2010 $(000)	Costo de transportación reducido en 10%	Costo de almacenamiento reducido en 10%	Inventario reducido en 10%
Margen de utilidad	7.00%	7.24%	7.06%	7.12%
Rendimiento sobre los activos	7.24%	7.49%	7.30%	7.42%
Rotación de inventario/año	8.00	8.00	8.00	8.89
Transportación como porcentaje de las ventas	4.00%	3.60%	4.00%	4.00%
Almacenamiento como porcentaje de las ventas	1.00%	1.00%	0.90%	1.00%
Mantenimiento de inventario como porcentaje de las ventas	2.00%	2.00%	2.00%	1.80%

Fuente: Edward J. Bardi, Ph. D. Reproducido con autorización.

reducción de 10% en estas áreas funcionales es el mismo, entonces Lauren Fishbay debería dedicar sus recursos y esfuerzos hacia la disminución de los costos de transportación.

La alternativa de transportación produjo el mayor incremento en el ROA; no obstante, la de reducción de inventario lo aumentó casi en la misma cantidad: 7.49% en comparación con 7.42%. El beneficio financiero derivado de reducir el inventario es doble: 1) una disminución en el costo de su mantenimiento, y 2) otra en los activos. La rotación anual del inventario aumenta gracias a la estrategia de reducirlo; así, CLGN utiliza menos capital para el inventario y cuenta con mayor capital disponible para otros usos en la organización. De este modo, una estrategia de disminución de inventario presenta un efecto doble en el ROA al incrementar las utilidades y reducir los activos desplegados.

Otra metodología que puede efectuar el mismo análisis financiero es el **modelo estratégico de rentabilidad** (SPM; *strategic profit model*)**,** que utiliza los mismos cálculos manejados en el análisis de la hoja de cálculo. La figura 5.18 contiene el modelo estratégico de rentabilidad para CLGN correspondiente a las operaciones del año 2010 y una reducción de 10% en el costo de transportación.

El modelo estratégico de rentabilidad muestra los mismos resultados que se calcularon en la figura 5.14 con el añadido de dos índices: 1) la **rotación de activos**, que es la proporción de las ventas respecto de los activos totales e indica la forma en que la organización utiliza sus activos en relación con las ventas, y 2) el **rendimiento sobre el capital** (ROE; *return on equity*), que indica el rendimiento que obtienen los accionistas sobre su capital dentro de la organización. La rotación de activos fue de 103% en ambos escenarios, pero el ROE se incrementó de 23.33% ($10,500/$45,000) para el escenario 2010 de CLGN, a 24.13% ($10,860/$45,000) en el escenario de costo de transportación reducido.

El análisis anterior y su conclusión examinan sólo los rendimientos de las acciones alternativas, pero es necesario considerar los riesgos asociados con cada una. Las conclusiones que *no pueden* derivarse del análisis anterior son aquellas relativas a los riesgos asociados con el costo agregado necesario para efectuar las reducciones de costo funcionales, el capital adicional requerido para lograrlo y las implicaciones del servicio que conllevan los cambios. Por ejemplo, para reducir los costos de transportación, CLGN quizá tuviera que utilizar de nuevo un modo de transportación más lento. Esto podría ocasionar un impacto negativo en la satisfacción del cliente y tendría como consecuencia ventas menores. Por otro lado, la reducción del costo de almacenamiento tal vez requiera que se gasten 500,000 dólares para adquirir equipo automatizado de manejo de materiales que incremente los activos desplegados y reduzca el ROA.

Figura 5.18 | **Modelo estratégico de rentabilidad de CLGN para 2010 y costos reducidos de transportación**

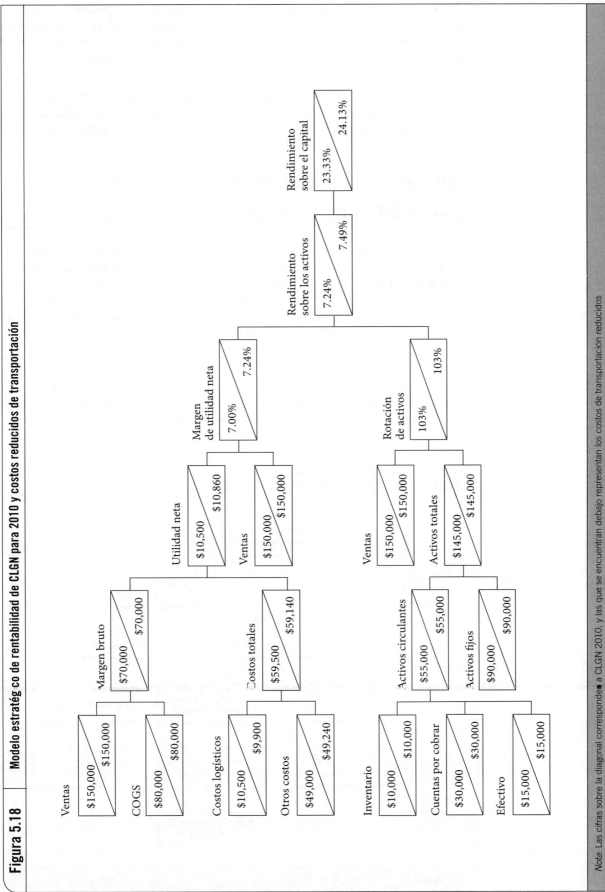

Los elementos anteriores pueden incorporarse al análisis financiero presentado. Por ejemplo, el costo adicional asociado con la reingeniería del almacén o cualquier otra inversión extra en activos fijos de almacenamiento, como instalaciones o equipo, puede incluirse en el análisis financiero junto con los ahorros resultantes en los costos de almacenamiento.

Dado el análisis financiero y las advertencias anteriores, CLGN cuenta ahora con una mejor perspectiva de las áreas de la cadena de suministro que generarán el mayor beneficio en cuanto a rentabilidad y a los riesgos asociados (costos). La siguiente sección analiza las implicaciones financieras de los problemas en el servicio de la cadena de suministro de la empresa.

Implicaciones financieras del servicio en la cadena de suministro

Como se observó en el "Perfil de la cadena de suministro", CLGN Book Distributors.com ha enfrentado problemas en el servicio en las áreas de **entregas a tiempo** y **tasas de cumplimiento de pedidos**. La razón de 95% de entregas a tiempo significa que tan sólo ese porcentaje de los pedidos de CLGN se entregó cuando se prometió hacerlo (entrega a tiempo). Además, sólo 97% se cumplió de manera correcta. La otra cara de la moneda de este servicio es que 5% de los pedidos se entregó después de la fecha prometida y 3% en forma incorrecta.

Las consecuencias de estas fallas en el servicio en la cadena de suministro se añaden al costo de corregir el problema y a las ventas perdidas. La figura 5.19 muestra la metodología que se emplea para determinar el costo de dichas fallas. Cuando éstas se presentan, una porción de los clientes que las experimentan requerirá que los pedidos se corrijan, y el resto los rechazarán. Los pedidos rechazados representan un ingreso por ventas perdidas (pedidos rechazados multiplicados por el ingreso por pedido) que debe restarse de las ventas totales.

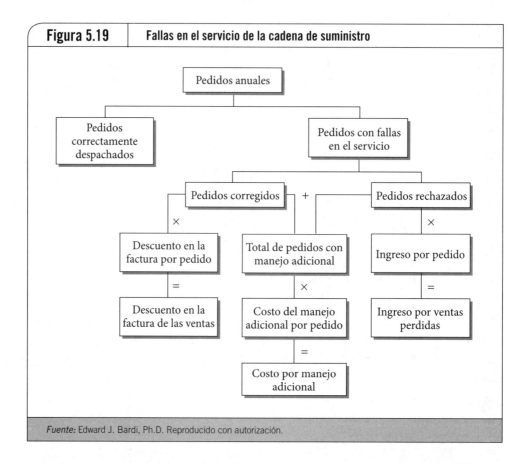

Figura 5.19 | **Fallas en el servicio de la cadena de suministro**

Para los pedidos corregidos, los clientes podrían solicitar un descuento en la factura que los compense por cualquier inconveniencia o costo adicional. Por último, el vendedor incurre en un costo de manejo adicional asociado con la corrección del pedido, como el reembarque de los artículos correctos y la devolución de los incorrectos y rechazados (pedidos corregidos más rechazados multiplicados por el costo por manejo adicional por pedido).

Referente a los datos que se presentaron en el "Perfil de la cadena de suministro" para las tasas de entregas a tiempo y despacho de pedidos de CLGN, en las figuras 5.20 y 5.21 se observará el impacto financiero de mejorar estas dos métricas del servicio en la cadena de suministro. Suponga que hay 1.5 millones de pedidos anuales, que el ingreso promedio por pedido es de 100 dólares, y que el costo de los bienes por pedido es de 53.33 dólares. Además, la tasa de ventas perdidas por fallas en las entregas puntuales es de 10% y por problemas en el despacho de pedidos es de 20%. El cargo por manejo adicional es de 20 dólares por pedido corregido y rechazado, y el descuento en la factura es de 10 dólares por pedido corregido. Los costos y activos son los que se presentaron en el "Perfil de la cadena de suministro" y se utilizaron en la sección anterior. Esta información relevante se presenta en los recuadros de las hojas de cálculo en las figuras 5.20 y 5.21.

Observe que la parte superior del análisis de la hoja de cálculo en la figura 5.20 determina el número de pedidos con fallas en el servicio, con ventas perdidas, corregidos y netos vendidos (los símbolos de la segunda columna le ayudarán a crear el análisis de la hoja de cálculo). A una tasa de 95% de entregas a tiempo, se colocan 1,425,000 pedidos a tiempo (0.95 × 1,500,000 pedidos totales) y 75,000 se entregan tarde (fallas en el servicio). De los 75,000 pedidos atrasados, los clientes rechazarán 7,500 (10%) y CLGN perderá ventas por 750,000 dólares por este concepto (ingreso por pedido de $100 × 7,500 pedidos perdidos). El costo de manejo adicional es de 1,500,000 dólares ($20 por pedido × 75,000 pedidos [corregidos más rechazados]), y un descuento en las facturas de 675,000 dólares ($10 por pedido × 67,500 pedidos).

En este ejemplo, una mejora de 1% en la puntualidad de las entregas (de 95 a 96%) ocasiona que la utilidad neta descienda $56,997 (todas las cantidades se presentan en dólares estadounidenses). La entrega puntual mejorada reduce las deducciones en las facturas en $135,000 y en el costo de manejo adicional en $300,000, o un ahorro en el costo total de $535,000. No obstante, para lograr este ahorro en costos sería necesario incurrir en un incremento en el costo de transportación de 10% o $600,000. Dado que la utilidad bruta se reduce en $56,997 con la estrategia propuesta para cambiar al servicio de entrega terrestre de dos días, CLGN quizá no considere esta opción para mejorar la entrega oportuna.

La figura 5.21 muestra que el costo de $100,000 por ofrecer capacitación al personal del almacén mejorará su tasa de despacho de pedidos de 97 a 98%, y generará un aumento de $276,006 en el ingreso neto. Los ahorros combinados de $420,000 (en el costo de manejo adicional de $300,000 y en deducciones de facturas por $120,000) son mayores que el costo agregado de $100,000 por capacitación.

Dadas las dos opciones (mejora en el tiempo de entrega puntual o la tasa de despacho de pedidos) se recomendaría a CLGN poner en práctica la estrategia de mejora de despacho de pedidos.

El modelo estratégico de rentabilidad para estas dos alternativas se muestra en las figuras 5.22 y 5.23. El margen de utilidad, el ROA y el rendimiento sobre el capital de los accionistas son mayores con la estrategia de mejora en la tasa de despacho de pedidos que con la de optimización de las entregas puntuales. Para la mejora en la tasa de despacho de pedidos de 97 a 98%, el ROE se incrementa de 33.10 a 33.71%, el margen de utilidad aumenta de 10.01 a 10.17%, y el ROA de 10.27 a 10.46 por ciento.

El objetivo financiero de la administración de la cadena de suministro es incrementar el rendimiento para los accionistas. El análisis de las alternativas de acción a la luz del impacto sobre el estado de resultados (utilidad neta) y el ROE resultante permiten alcanzarlo.

Figura 5.20	Impacto financiero de la mejora en la puntualidad de las entregas					
	Símbolo	Tasa de puntualidad de 95%	Tasa de puntualidad de 96%	Información de entrada	95%	96%
Pedidos anuales	AO	1,500,000	1,500,000	%CF	95%	96%
Pedidos despachados correctamente	$OFC = AO \times \%CF$	1,425,000	1,440,000	Pedidos anuales	1,500,000	1,500,000
Pedidos con fallas en el servicio	$SF = AO - OFC$	75,000	60,000	SP = Utilidad/pedido	$ 100	$ 100
Pedidos con ventas perdidas	$LS = SF \times LSR$	7,500	6,000	CG = Costo de los bienes/pedido	$ 53.33	$ 53.33
Pedidos corregidos	$RO = SF - LS$	67,500	54,000	Tasa de ventas perdidas	10%	10%
Pedidos netos vendidos	$NOS = AO - LS$	1,492,500	1,494,000	RCO = Costo de manejo adicional/pedido	$ 20	$ 20
Ventas	$S = SP \times AO$	$150,000,000	$150,000,000	IDR = Tasa de descuento en las facturas	$ 10	$ 10
Menos: descuento en la factura	$ID = IDR \times RO$	$ 675,000	$ 540,000	Costo de transportación	$ 6,000,000	$ 6,600,000
Ingreso por ventas perdidas	$LSR = LS \times SP$	$ 750,000	$ 600,000	Costo de almacenamiento	$ 1,500,000	$ 1,500,000
Ventas netas	$NS = S - ID - LSR$	$148,575,000	$148,860,000	Costo de interés	$ 3,000,000	$ 3,000,000
Costo de los bienes vendidos	$CGS = CG \times (NOS)$	$ 79,595,025	$ 79,675,020	Otros costos operativos	$30,000,000	$30,000,000
Margen bruto (GM)	$GM = NS - CGS$	$ 68,979,975	$ 69,184,980	Inventario	$10,000,000	$10,000,000
Costo por manejo adicional	$RC = RCO \times SF$	$ 1,500,000	$ 1,200,000	Efectivo	$15,000,000	$15,000,000
Transportación	TC	$ 6,000,000	$ 6,600,000	Cuentas por cobrar	$30,000,000	$30,000,000
Almacenamiento	WC	$ 1,500,000	$ 1,500,000	Activos fijos	$90,000,000	$90,000,000
Mantenimiento de inventario	$IC = IN \times W$	$ 3,000,000	$ 3,000,000	W = Tasa de mantenimiento de inventario	30%	30%
Otros costos operativos	OOC	$ 30,000,000	$ 30,000,000			
Costos operativos totales	TOC	$ 42,000,000	$ 42,300			
Utilidad antes de impuestos e intereses	$EBIT = GM - TOC$	$ 26,979,975	$ 26,884,980			
Intereses	INT	$ 3,000,000	$ 3,000,000			
Impuestos (40% × [EBIT - INT])	TX	$ 9,591,990	$ 9,553,992			
Ingreso neto	$NI = EBIT - INT - TX$	$ 14,387,985	$ 14,330,988			
Incremento de la utilidad generado por una mejora de 1%			($56,997)			

Fuente: Edward J. Bardi, Ph.D. Reproducido con autorización.

Figura 5.21	Impacto financiero de la mejora en la tasa de despacho de pedidos					
	Símbolo	Tasa de despacho de pedidos de 97%	Tasa de despacho de pedidos de 98%	Información de entrada	97%	98%
Pedidos anuales	AO	1,500,000	1,500,000	%CF	97%	98%
Pedidos despachados correctamente	$OFC = AO \times \%CF$	1,455,000	1,470,000	Pedidos anuales	1,500,000	1,500,000
Pedidos con fallas en el servicio	$SF = AO - OFC$	45,000	30,000	SP = Utilidad/pedido	$ 100	$ 100
Pedidos con ventas perdidas	$LS = SF \times LSR$	9,000	6,000	CG = Costo de los bienes/pedido	$ 53.33	$ 53.33
Pedidos corregidos	$RO = SF - LS$	36,000	24,000	Tasa de ventas perdidas	20%	20%
Pedidos netos vendidos	$NOS = AO - LS$	1,491,000	1,494,000	RCO = Costo de manejo adicional/pedido	$ 20	$ 20
Ventas	$S = SP \times AO$	$150,000,000	$150,000,000	IDR = Tasa de descuento en las facturas	$ 10	$ 10
Menos: descuento en la factura	$ID = IDR \times RO$	$ 360,000	$ 240,000	Costo de transportación	$ 6,000,000	$ 6,000,000
Ingreso por ventas perdidas	$LSR = LS \times SP$	$ 900,000	$ 600,000	Costo de almacenamiento	$ 1,500,000	$ 1,600,000
Ventas netas	$NS = S - ID - LSR$	$148,740,000	$149,160,000	Costo de interés	$ 3,000,000	$ 3,000,000
Costo de los bienes vendidos	$CGS = CG \times (NOS)$	$ 79,515,030	$ 79,675,020	Otros costos operativos	$30,000,000	$30,000,000
Margen bruto (GM)	$GM = NS - CGS$	$ 69,224,970	$ 69,484,980	Inventario	$10,000,000	$10,000,000
Costo de manejo adicional	$RC = RCO \times SF$	$ 900,000	$ 600,000	Efectivo	$15,000,000	$15,000,000
Transportación	TC	$ 6,000,000	$ 6,000,000	Cuentas por cobrar	$30,000,000	$30,000,000
Almacenamiento	WC	$ 1,500,000	$ 1,600,000	Activos fijos	$90,000,000	$90,000,000
Mantenimiento de inventario	$IC = IN \times W$	$ 3,000,000	$ 3,000,000	W = Tasa de mantenimiento de inventario	30%	30%
Otros costos operativos	OOC	$30,000,000	$30,000,000			
Costos operativos totales	TOC	$41,400,000	$41,200,000			
Utilidad antes de impuestos e intereses	$EBIT = GM - TOC$	$27,824,970	$28,284,980			
Intereses	INT	$ 3,000,000	$ 3,000,000			
Impuestos (40% × [EBIT - INT])	TX	$ 9,929,988	$10,113,992			
Ingreso neto	$NI = EBIT - INT - TX$	$14,849,972	$15,170,988			
Incremento de la utilidad generado por una mejora de 1%			$ 276,006			

Fuente: Edward J. Bardi, Ph.D. Reproducido con autorización.

Figura 5.22 | **Modelo estratégico de rentabilidad para la mejora en las entregas puntuales**

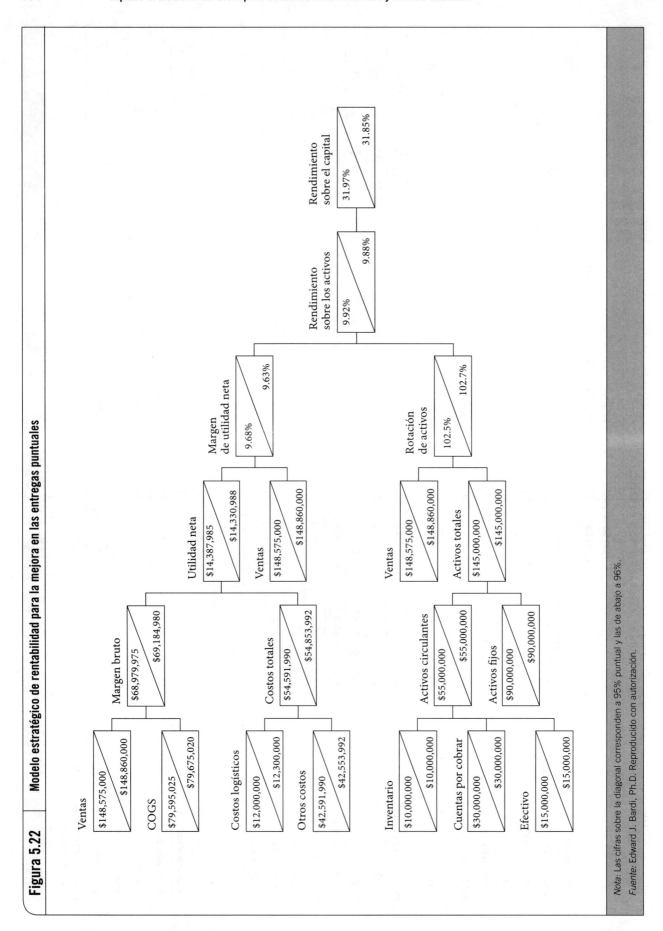

Nota: Las cifras sobre la diagonal corresponden a 95% puntual y las de abajo a 96%.

Fuente: Edward J. Bardi, Ph.D. Reproducido con autorización.

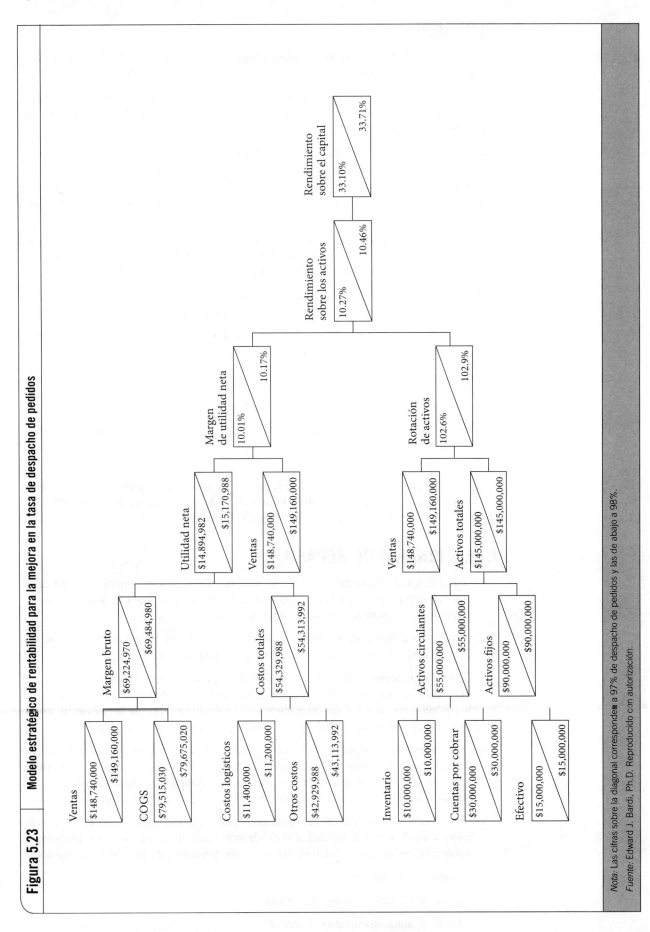

Figura 5.23 Modelo estratégico de rentabilidad para la mejora en la tasa de despacho de pedidos

Nota: Las cifras sobre la diagonal corresponden a 97% de despacho de pedidos y las de abajo a 98%.

Fuente: Edward J. Bardi, Ph.D. Reproducido con autorización.

RESUMEN

- La medición del desempeño de los sistemas logísticos y en especial de las cadenas de suministro es necesaria, pero presenta algunos desafíos debido a su complejidad y alcance.

- Deberán incorporarse ciertos objetivos a las métricas para que sean adecuadas: cuantitativas, de fácil comprensión, que impliquen la participación de los empleados y cuenten con economías de esfuerzo.

- Entre los lineamientos relevantes en el desarrollo de métricas para la logística y las cadenas de suministro figuran la consistencia con la estrategia corporativa, el énfasis en las necesidades de los clientes, una cuidadosa selección de las métricas y la asignación de prioridades, concentración en los procesos, manejo de un enfoque equilibrado y el uso de la tecnología para mejorar la efectividad de la medición.

- Existen cuatro principales características para las métricas de desempeño: tiempo, calidad, costos y diversas (o de apoyo). Otra clasificación para la logística y las cadenas de suministro sugiere las siguientes categorías: costo operativo, servicio, utilidades o valor, y satisfacción del canal.

- El incremento equivalente en las ventas de acuerdo con el ahorro en costos de la cadena de suministro se obtiene dividiendo el ahorro en costos entre el margen de utilidades de la empresa.

- La administración de la cadena de suministro causa un impacto en el ROA por medio de las decisiones relacionadas con la administración de la estructura del canal, el inventario, los pedidos y el transporte.

- Las decisiones alternativas de la cadena de suministro deben tomarse considerando las implicaciones financieras de la utilidad neta, el ROA y el ROE.

- El modelo estratégico de rentabilidad (SPM) muestra la relación entre las ventas, los costos, los activos y el capital, y puede identificar el impacto financiero de cualquier cambio en alguno de estos elementos.

- Los problemas o fallas en el servicio de la cadena de suministro ocasionan ventas perdidas y costos de manejo adicional. El impacto financiero de las modificaciones en el servicio de la cadena de suministro puede analizarse con el SPM.

CUESTIONARIO DE REPASO

1. "La medición del desempeño es algo relativamente nuevo para los gerentes de logística. Su enfoque anterior se dirigía hacia otras actividades gerenciales." ¿Está de acuerdo o en desacuerdo con estas afirmaciones? Explique su postura.

2. ¿Cuáles son las funciones que los empleados en general ejercen para el desarrollo de las métricas de desempeño? ¿Por qué son importantes dichas funciones?

3. "Las métricas deben centrarse en las necesidades y expectativas de los clientes." Explique el significado de esta afirmación. ¿A qué se debe que los clientes hayan cobrado una mayor importancia para la medición del desempeño? ¿Qué función, si es que la hay, deben desempeñar los clientes en el desarrollo de las métricas para la cadena de suministro?

4. Por lo general se reconoce que las organizaciones transitan por diversas fases en su camino hacia el desarrollo de métricas adecuadas para la cadena de suministro. Analice las etapas del desarrollo de la oferta para las métricas de la cadena de suministro. Elija las fases de evolución que considere que serían las más desafiantes para una organización. Explique su elección.

5. Con un software de hoja de cálculo construya un modelo financiero de la cadena de suministro y calcule el margen de utilidad, el ROA y la rotación de inventarios, así como los costos de transportación, almacenamiento e inventario como porcentaje del ingreso para lo siguiente:

   Ventas = $200,000,000

   Costo de transportación = $12,000,000

   Costo de almacenamiento = $3,000,000

Costo de mantenimiento de inventario = 30%

Costo de los bienes vendidos = $90,000,000

Otros costos operativos = $50,000,000

Inventario promedio = $10,000,000

Cuentas por cobrar = $30,000,000

Efectivo = $15,000,000

Activos fijos netos = $90,000,000

Interés = $10,000,000

Impuestos = 40% de (EBIT – interés)

Pasivos circulantes = $65,000,000

Pasivos a largo plazo = $35,000,000

Capital de accionistas = $45,000,000

6. Con el modelo financiero de la cadena de suministro que se desarrolló en la pregunta 5, calcule el impacto sobre el margen de utilidades, el ROA y la rotación de inventarios, así como los costos de transportación, almacenamiento e inventario como porcentaje del ingreso para los siguientes escenarios:

Escenario A

Incremento en los costos de transportación = 20%

Disminución de los costos de almacenamiento = 5%

Reducción del inventario promedio = 10%

Escenario B

El almacenamiento se subcontrata con lo siguiente:

Reducción de activos fijos netos = 20%

Disminución de inventario = 15%

Costos de almacenamiento = $0

Reducción de costos de transportación = 5%

Costos del proveedor subcontratado = $2,500,000

7. Desarrolle un modelo estratégico para plantear los escenarios que se presentan en las preguntas 5 y 6.

8. Construya un modelo financiero para determinar el costo de reenvío/manejo adicional, las ventas perdidas, el costo por descuento en las facturas y la utilidad neta para lo siguiente:

    a) Que la entrega puntual aumente de 90 a 95%, con 5% de incremento en el costo de transportación.

    b) Que la tasa de despacho de pedidos disminuya de 96 a 92% con una reducción de 5% en el inventario.

    Precio de venta/pedido = $150/pedido

    Margen bruto/pedido = $35/pedido

La tasa de ventas perdidas es la siguiente:

Fallas en las entregas puntuales = 15%

Fallas en el despacho de pedidos = 20%

Pedidos anuales = 200,000

Costos de manejo adicional = $125/pedido

Descuento en la factura/falla en el servicio = $150/pedido

Costo de transportación = $1,000,000

Inventario promedio = $1,000,000

Costo de interés = $1,500,000

Tasa del costo de mantenimiento de inventario = 25%/$/año

Costo de almacenamiento = $750,000

Otros costos operativos = $500,000

Efectivo = $3,000,000

Cuentas por cobrar = $4,000,000

Activos fijos = $30,000,000

Tasa de impuestos = 40%

NOTAS

1. Thomas S. Davis, Center for Supply Chain Research, Penn State University (2010).

2. Robert A. Novack y Thomas S. Davis, "Developing a Supply Chain Performance Metrics Program" (manuscrito inédito, Center for Supply Chain Research, Penn State University, 2007).

3. *Ibíd.*

4. *Ibíd.*

5. *Ibíd.*

6. *Ibíd.*

7. *Ibíd.*

8. Robert A. Novack y Douglas J. Thomas, "The Challenges of Implementing the Perfect Order Concept", *Transportation Journal*, vol. 43, núm. 1 (invierno de 2004): 5-16.

9. Supply Chain Council, SCOR Model Version 9.0 (2008): 1.2.6.

CASO 5.1

CPDW

Harry Groves, director ejecutivo de Central PA Distribution and Warehouse (CPDW), convocó a la reunión anual de la junta directiva de la organización. Su semblante parecía sombrío y agobiado, pensó Joe Zimmerman (un empresario local e integrante de la junta). El discurso de apertura de Harry justificaba su lenguaje corporal. CPDW había tenido otro mes funesto, según lo expresaban los estados financieros mensuales y la descripción que hizo Harry de las actividades mensuales.

Antecedentes de la empresa

CPDW tenía su sede corporativa en Milroy, Pennsylvania, al lado de un cruce con una importante carretera este-oeste en Pennsylvania central. Un grupo de propietarios o gerentes de empresas locales fundó la compañía cinco años atrás. La junta directiva estaba constituida por socios con responsabilidad limitada en el proyecto empresarial, así que se interesaban mucho en la viabilidad financiera de la organización.

Los socios, bajo el liderazgo de Harry Groves, compraron un edificio de 120,000 pies cuadrados (11,148 metros cuadrados) y una parcela de terreno de 32.6 acres (132,000 metros cuadrados) a Sanyo Corporation, para la que el edificio funcionó principalmente como fábrica. Los socios adquirieron el inmueble con la finalidad expresa de utilizarlo como un centro de distribución para ofrecer servicios logísticos a las empresas en Pennsylvania central. Si bien no era ideal para el almacenamiento debido a la altura del techo, los socios pensaron que era bastante versátil para usarse en diferentes actividades, como reembalaje, cumplimiento de pedidos, logística inversa, entre otras.

La paradoja de la situación radicaba en que el edificio estaba completamente lleno con tarimas cargadas de cristal propiedad de un fabricante vidriero local. De hecho, la estimación original del espacio de almacenamiento aprovechable, excluyendo los pasillos, las oficinas y los sanitarios, etc., fue de 99,500 pies cuadrados (9,244 metros cuadrados). No obstante, Jon Parton, director de operaciones de la empresa, había intentado aprovechar al máximo la superficie para contar con un espacio de 110,000 pies cuadrados (10,219 metros cuadrados) disponibles.

Reunión de la junta

Después de revisar la tasa de uso, Jay Lenard pidió a Harry su opinión sobre la situación. Antepuso el siguiente comentario a su petición: "Pensé que queríamos llenar las instalaciones y que al hacerlo seríamos rentables. Cuando vi que se aprovechaba cada metro cuadrado, lo que consideraba que era nuestra mejor métrica del desempeño, me sentí complacido, pero ahora tú dices que ése es el problema. Simplemente, no entiendo nuestra situación financiera si partimos de ahí."

Harry suspiró y dijo: "Jay, en realidad desearía que fuera así de fácil. Me he dado cuenta de que nuestra métrica básica para la fijación de precios por cada metro cuadrado de espacio utilizado es demasiado limitada. En nuestra situación actual, aunque utilizamos más metros cuadrados de lo que consideré posible, gracias a Jon, de todas formas salimos perdiendo. Cuando el edificio está lleno y nada entra ni sale, estamos en problemas. Necesitamos cambiar nuestras métricas y alinearlas con una estrategia de fijación de precios."

PREGUNTAS SOBRE EL CASO

1. Describa la naturaleza del problema de CPDW.

2. ¿Qué métricas le recomendaría para mejorar su estrategia de fijación de precios?

Fuente: Edward J. Bardi, Ph.D. Reproducido con autorización.

CASO 5.2

Paper2Go.com

Colleen Starky nunca pensó que sería capaz de vender productos de papel por internet. No obstante, después de cinco años en el negocio, Paper2Go.com ha alcanzado los 75 millones de dólares en ingresos. La empresa se especializa en enviar productos relacionados con el papel a los clientes, como pañales, toallas desechables y pañuelos faciales, suministrados por varios proveedores. Debido a que estos artículos tienen bajos márgenes, Collen sabe que necesita controlar los costos y al mismo tiempo ofrecer altos niveles de servicio.

Paper2Go recibe 500,000 pedidos cada año con un ingreso promedio por pedido de 150 dólares y una utilidad promedio por pedido de 90 dólares. Su tasa actual de despacho de pedidos es de 92%. Collen estima que 15% de los clientes cancela los pedidos que se despachan incompletos o de manera incorrecta, y que 85% aceptará un reenvío de los artículos correctos o no despachados. Para Paper2Go, los costos del manejo adicional son de 15 dólares por pedido y sólo son aplicables a los reenviados. En un esfuerzo por conservar a sus clientes, la empresa reduce 30 dólares del valor de su facturación por los envíos reexpedidos.

Paper2Go paga 2,500,000 dólares por transportación, tanto entrante como saliente, de sus almacenes. Sus costos de almacenamiento suman 1,950,000 dólares anuales. Tiene 40 millones de dólares de deuda a una tasa de interés anual de 12%. Otros costos operativos ascienden a un millón al año y la empresa mantiene 100,000 dólares en efectivo en todo momento.

La empresa tiene un inventario promedio de 6.7 millones de dólares. Este nivel de inventario se necesita para despachar los pedidos de sus clientes de manera correcta la primera vez. La tasa de costos de mantenimiento de inventario es de 30% del valor promedio de este último por año. Sus cuentas por cobrar suman en promedio 350,000 dólares al año. Paper2Go posee tres almacenes valuados en total en 85.7 millones de dólares. Su valor neto es de 45 millones de dólares.

Colleen ha decidido que una tasa de despacho de pedidos de 92% no es aceptable en el mercado, y que los clientes perdidos y los pedidos reexpedidos perjudican las utilidades. Ha decidido invertir un millón de dólares en un nuevo sistema localizador de existencias para los almacenes, incrementar sus inventarios en 10% y, con ayuda de un nuevo transportista, optimizar las entregas puntuales de los embarques entrantes. Esta mejora en la transportación aumentará 10% los costos de transportación. Colleen espera que estos cambios aumenten a 98% la tasa de despacho de pedidos. Paper2Go tiene una tasa fiscal de 35 por ciento.

PREGUNTAS SOBRE EL CASO

1. Imagine que usted es el analista logístico de Paper2Go.com y que se le pide lo siguiente:

   a) Calcular el impacto financiero de las crecientes tasas de despacho de pedidos de 92 a 98 por ciento.

   b) Desarrollar un modelo estratégico de rentabilidad tanto para el sistema antiguo como para el modificado que refleje los ajustes sugeridos.

Fuente: Robert A. Novack, Ph.D. Reproducido con autorización.

APÉNDICE 5A

Términos financieros

Activos circulantes. Efectivo y otros activos que se convertirán en efectivo durante un ciclo operativo.

Balance general. Una imagen instantánea de todo lo que la empresa posee y debe al final del año referenciado.

Capital de trabajo. Activos circulantes menos pasivos circulantes; financia el negocio al convertir los bienes y servicios en efectivo.

Capital social de los accionistas. Diferencia entre el valor de todas las cosas que posee la empresa y el valor de todas las cosas que adeuda; la inversión realizada por los accionistas en el momento en que la acción se emitió por primera vez más todos los ingresos pagados que no se han cubierto en forma de dividendos; la suma total de la inversión de los accionistas en una empresa desde su fundación, menos sus pasivos.

Ciclo de pedido a efectivo. Tiempo que transcurre entre la recepción de los pedidos y el cobro de las cuentas por cobrar.

Ciclo del efectivo. Tiempo que transcurre entre el pago del inventario y el cobro del efectivo de las cuentas por cobrar.

Costo de bienes vendidos. Costo total de los bienes vendidos a los clientes durante el periodo.

Costo de ventas perdidas. La utilidad a corto plazo perdida, asociada con un agotamiento de existencias.

Costos de mantenimiento de inventario. Costo anual de mantener el inventario; el valor promedio del inventario multiplicado por la tasa de costos de mantenimiento de inventario (W).

Cuentas por cobrar. Un activo circulante que representa el monto de las ventas que ya están en propiedad del cliente.

Estado de resultados. Resumen de los ingresos y gastos; informa del ingreso o la pérdida netos durante un periodo contable determinado.

Estado del flujo de efectivo. Resumen que muestra las entradas de efectivo y los pagos de todas las actividades financieras de una empresa; utilidades antes de interés, impuestos, depreciación y amortización (EBITDA; siglas en inglés de *earnings before interest, taxes, depreciation and amortization*).

Gasto operativo. Todos los gastos diferentes al costo de bienes vendidos, depreciación, interés e impuesto sobre la renta.

Ingreso (o pérdida) neto(a). Resultado final de todos los rubros de ingresos y gastos durante un periodo; ventas menos el costo de bienes vendidos, costos operativos, interés e impuestos.

Margen bruto. Ventas menos el costo de bienes vendidos.

Margen de utilidades. Ingreso neto entre las ventas.

Pasivos circulantes. Obligación que debe pagarse durante el ciclo operativo normal, por lo general en un año.

Razón circulante. Activos circulantes divididos entre los pasivos circulantes; mide la capacidad de la empresa para pagar la deuda a corto plazo con los activos que es fácil convertir en efectivo.

Razón de liquidez. Flujo de efectivo de las operaciones dividido entre los pasivos circulantes; mide el efectivo de corto plazo disponible para pagar los pasivos circulantes.

Razón deuda a capital social. Deuda a largo plazo dividida entre el capital social de los accionistas.

Razón operativa. Porcentaje de ingresos que se utiliza para las operaciones; los gastos operativos divididos entre el ingreso operativo.

Rendimiento sobre el capital social. Ingreso neto dividido entre el capital social promedio de los accionistas.

Rendimiento sobre los activos. Ingreso neto dividido entre los activos totales.

Rotación de inventario. Costo de los bienes vendidos dividido entre el inventario promedio.

Tasa de costos de mantenimiento de inventario (W). El costo de conservar 1 dólar de inventario por un año que se expresa en forma de porcentaje; incluye costo del capital, riesgo, mantenimiento de artículos y espacio de almacenamiento.

Utilidades antes de intereses e impuestos (EBIT). Ventas menos el costo de bienes vendidos y los costos operativos.

Utilidades por acción. Utilidades netas divididas entre el número promedio de acciones circulantes.

Capítulo 6

TECNOLOGÍA EN LA CADENA DE SUMINISTRO: ADMINISTRACIÓN DE LOS FLUJOS DE INFORMACIÓN

Objetivos de aprendizaje

Después de leer este capítulo, usted será capaz de:

- Reconocer la importancia general de la información en la administración de la cadena de suministro.

- Comprender la función de la tecnología de la información en la cadena de suministro.

- Explicar los principales componentes de un sistema de información integrado en la cadena de suministro.

- Describir y diferenciar entre los principales tipos de soluciones de la cadena de suministro y sus capacidades.

- Analizar las cuestiones más importantes en la selección de la tecnología y sus procesos de implementación.

- Reconocer la función de las nuevas tecnologías y considerar algunas alternativas para mejorar la administración de la información en la cadena de suministro.

Introducción

El conocimiento es esencial para el éxito de la cadena de suministro; la información, junto con los materiales y el dinero, deben fluir con libertad a través de esta cadena para permitir la planificación, ejecución y evaluación de sus funciones vitales. Por ejemplo, los minoristas necesitan información oportuna y exacta concerniente a la demanda de iPhones de Apple con el fin de planificar los requerimientos de inventario y solicitar productos adicionales. A su vez, Apple puede utilizar la información de los pedidos de los minoristas para adquirir los componentes necesarios de sus proveedores y contratar fabricantes para armar iPhones adicionales. Si cada organización en la cadena de suministro operara sin esta información, sería muy difícil mantener un flujo adecuado de las cantidades correctas de los componentes y modelos correctos. Los flujos de información deficientes serían la causa de la escasez de vendedores y de los excedentes de modelos no deseados.

Por fortuna, las tecnologías de la información en la cadena de suministro pueden ofrecer información oportuna, económica y compartida entre proveedores, fabricantes, intermediarios, proveedores de servicios logísticos y clientes. La clave es alinear la tecnología con los procesos de la cadena de suministro y con los requerimientos de información. Como han constatado muchas organizaciones, existe el riesgo de adoptar herramientas sin haber planificado antes su implementación.

Debido al reconocimiento del potencial que encierra la tecnología de la información, las organizaciones han invertido enormes cantidades de dinero para recabar información, analizarla y usarla de manera más eficaz en la cadena de suministro. Aunque las ventas flaquearon durante un periodo difícil de recesión económica (2007-2009), la industria de la cadena de suministro experimenta un resurgimiento en el área de las compras de software empresarial;[1] Gartner estima que aumentarán 7.5% en 2011, luego de una tasa de crecimiento de 6.1% en 2010.[2]

Las tecnologías de la información deben evolucionar a medida que las cadenas de suministro se vuelven más globales, complejas e impulsadas por la demanda. Para mantenerse al frente de la curva de la evolución es necesario que las empresas busquen de manera inexorable el siguiente nivel de desempeño en su cadena de suministro y adopten las tecnologías de información necesarias. "Las organizaciones de la cadena de suministro están bajo la intensa presión de satisfacer las demandas de las relaciones más estrechas con el cliente, disminuir el costo de los bienes vendidos y aumentar los procesos de negocio a nivel global", dice Beth Enslow, vicepresidente senior de investigación para Aberdeen Group. "Para triunfar, estas organizaciones identifican lo que necesitan cambiar en las capacidades tecnológicas de su cadena de suministro."[3]

Este capítulo se enfoca en la función que desempeñan la información y la tecnología en la cadena de suministro; tiene como finalidad presentar los temas y herramientas clave referentes a las tecnologías de la información que se abordarán a lo largo del texto. Se ha dividido en cinco secciones que explican los siguientes temas: 1) la función de la información en la cadena de suministro; 2) un modelo de sistema de información en dicha cadena; 3) soluciones de software; 4) selección de la tecnología, y 5) herramientas de información emergentes. Como verá, una tecnología eficaz para la administración de los flujos de información es vital para sincronizar los procesos de la cadena de suministro que involucran empresas y países, satisfacen los requerimientos de los clientes y crean cadenas de suministro con capacidad de respuesta.

La función de la información en la cadena de suministro

Se ha dicho que la información es el cordón umbilical de una empresa que impulsa decisiones y acciones eficaces. Tiene gran importancia, en especial para los gerentes de la cadena de suministro, pues su campo visual de las actividades de ésta es muy limitado. De modo que la información les da una perspectiva y panorama de las actividades que se llevan a cabo en las ubicaciones distantes del proveedor y del cliente. Esta visión de la demanda, los pedidos de los clientes, el estatus de la entrega, los niveles de inventario y los programas de producción proveen a los gerentes del conocimiento necesario para realizar evaluaciones eficaces de la situación y desarrollar respuestas adecuadas. En cambio, una conciencia limitada de la actividad externa dejaría al gerente de la cadena de suministro a ciegas frente a la situación real e incapaz de tomar decisiones basadas en el conocimiento; sus acciones partirían de conjeturas sin garantía de resultados efectivos.

Para que la cadena de suministro tenga el desempeño esperado se necesita información diversa. A medida que avance en la lectura de este libro será evidente para usted la importancia de la información en las decisiones cotidianas y de largo plazo. Los profesionales de la cadena de suministro requieren información acerca de todo el canal para aplicarla en cuestiones de planeación estratégica, como el diseño de redes, la planificación táctica, la colaboración con socios de la cadena y la ejecución de procesos clave. Como se menciona en la figura 6.1, esta información debe fluir sin obstáculos dentro de la organización y entre los participantes clave para asegurar su flujo oportuno, así como el control de materiales y el dinero en la cadena de suministro.

Requerimientos de información

La calidad de la información es una característica vital del flujo de conocimiento a través de la cadena de suministro. Si lo piensa, la definición de las siete "C" de la logística son aplicables tanto a la información como a los productos, con algunas pequeñas modificaciones: llevar la *información* correcta a los *socios* correctos, en la *cantidad* y el *formato* correctos, en el *lugar* y el *momento* correctos y al *costo* correcto. Si cambia cualquiera de los "correctos" por un "incorrecto", las capacidades y habilidades para tomar decisiones disminuirán. Por tanto, la calidad de la información es esencial para una administración eficaz de la cadena de suministro.

Para garantizar que el conocimiento valioso y practicable fluya con facilidad a través de la cadena de suministro, la información debe ser accesible, relevante, exacta, oportuna y transferible.

Accesible

La información debe estar disponible para los gerentes de la cadena de suministro que tengan legítima necesidad de ella, sin importar su ubicación o empleador. Por ejemplo, los de Whirlpool necesitan acceder a la información diaria relacionada con las ventas en las tiendas *Lowe's*

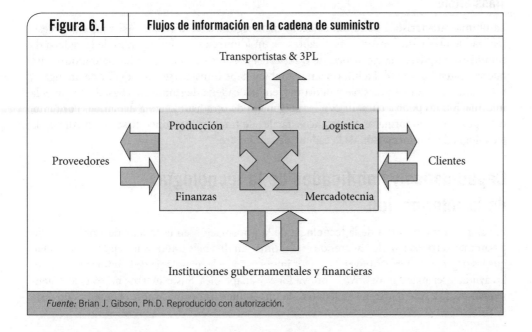

| Figura 6.1 | Flujos de información en la cadena de suministro |

para programar la entrega e instalación de aparatos; obtenerla puede ser difícil, dado que los datos de la cadena de suministro están dispersos en varias ubicaciones en diferentes sistemas de información propiedad de organizaciones externas. Es preciso solucionar los posibles problemas técnicos y fomentar la confianza entre las organizaciones que comparten información.

Relevante

Los gerentes de la cadena de suministro deben contar con información pertinente para tomar sus decisiones; deben saber cuál es necesaria y ser capaces de adquirir con rapidez sólo la que se aplica a su situación actual. La meta es evitar saturarse de datos extraños, inútiles para la toma de decisiones y en los que se pierdan tiempo. Cuando un despachador de Honda se conecta al sitio web de FedEx para rastrear una entrega importante, no necesita informarse de todos los embarques de Honda que FedEx maneja ese día. Debe evaluar el estatus del embarque en cuestión y reaccionar en consecuencia.

Exacta

La información debe ser correcta y representar la realidad; de lo contrario, será difícil tomar las decisiones adecuadas. Las inexactitudes pueden generar escasez de inventario, retrasos en la transportación, multas gubernamentales y clientes insatisfechos. Por ejemplo, los principales minoristas dependen de que sus empleados de caja escaneen correctamente cada artículo vendido, pues en esto se basa su sistema de reabastecimiento. Si un empleado registra cuatro veces una lata de refresco cuando en realidad el cliente compró cuatro latas de diferentes sabores, el inventario a nivel tienda perderá exactitud y al final se reabastecerá el producto equivocado.

Oportuna

La información debe ser actual y estar disponible en un periodo razonable. Conforme los gerentes de la cadena de suministro intenten sincronizar sus actividades, agilizar sus operaciones y resolver problemas antes de que se conviertan en crisis, necesitarán el conocimiento incorporado en los datos en tiempo real. Imagine a un fabricante de hardware de cómputo que tiene problemas de calidad y debe posponer sus embarques de discos duros de 500 gigabytes. Si este fabricante lo informa a tiempo, Dell podría actualizar su sitio web, de manera que los clientes no configuren sus computadoras con ese modelo de discos duros. Así se evitaría la acumulación de pedidos pendientes o clientes insatisfechos.

Transferible

La última característica de la información tiene significados diversos. Así como se necesitan traductores para convertir las palabras de un idioma a otro, los gerentes de la cadena de suministro requieren la capacidad de transferir los datos de ésta de un formato a otro para que sea entendible y útil. La información también debe transferirse con rapidez de un lugar a otro para que sea más accesible y oportuna; en una cadena de suministro basada en papel la información no podría cumplir con las exigencias de otra basada en la demanda. Por tanto, debe guardarse en formatos electrónicos, fáciles de transmitir y convertirse por medio de la tecnología de la información de la cadena de suministro.

Capacidades y habilidades de la tecnología de la información

El valor y la importancia de la tecnología de la información en la cadena de suministro no pasan inadvertidos para los líderes de esta última. En diversos estudios los ejecutivos revelan que las organizaciones atribuyen la mayor importancia a la tecnología de la información pues les ayuda a ser más competitivos, innovadores y adaptables. Sus esfuerzos no sólo son bien-intencionados, sino que también han tenido una influencia positiva sobre el desempeño de la cadena de suministro. En la investigación de Premus y Sanders se descubrió que la tecnología de la información tiene un impacto directo y óptimo sobre el desempeño organizacional y la colaboración interna y externa.[4]

En su investigación sobre las tendencias y los problemas que implica la administración de la cadena de suministro, Capgemini, las universidades del sur de Georgia y Tennessee, así como JDA Software Group han identificado cinco conductores de la práctica de la administración sostenible en la cadena de suministro: 1) optimización; 2) sincronización; 3) adaptabilidad; 4) velocidad, y 5) rentabilidad.[5] La tabla 6.1 enfatiza los conductores junto con las funciones principales de la tecnología de la información.

En ediciones anteriores del estudio, el grupo identificó seis conductores de la excelencia en la cadena de suministro: conectividad, transparencia, colaboración, optimización, ejecución y velocidad.[6] Estos elementos continúan siendo esenciales para el éxito de la organización y la tecnología en la cadena de suministro facilita el logro de todos.

Desafíos de la tecnología de la información

Como se indicó en la sección anterior, la tecnología de la información promete mejorar el desempeño de la cadena de suministro y la competitividad organizacional. No obstante, la implementación de nuevos programas y tecnologías no garantiza el éxito. La tecnología sólo es un facilitador. Muchas organizaciones han gastado enormes cantidades de dinero en este

Tabla 6.1	Conductores de la práctica de la cadena de suministro sostenible	
Conductor	**Definición**	**Función de la tecnología**
Optimización	Alineación de los recursos de la cadena de suministro global (tangibles, intangibles, propios o subcontratados) para facilitar el éxito de sus integrantes.	Existe una amplia gama de software para maximizar el desempeño de la cadena de suministro. Las herramientas de optimización analizan todas las opciones posibles para encontrar la mejor solución a un problema en la cadena, como encontrar las rutas de entrega más rentables dentro de un conjunto de estrictos requisitos de entrega.
Sincronización	Capacidad y habilidad para coordinar, organizar y administrar los flujos de un extremo a otro de la cadena de suministro (productos, servicios, información y finanzas) de tal manera que ésta funcione como una sola entidad.	La tecnología facilita la disponibilidad de los datos en tiempo real, así como su transferencia entre los socios de la cadena de suministro. La información ofrece un panorama común y optimiza la toma de decisiones colaborativas entre los socios.
Adaptabilidad	Grado en el que los integrantes de la cadena de suministro respectiva pueden cambiar las prácticas, los procesos o las estructuras de los sistemas y redes como respuesta a eventos inesperados, sus efectos o impactos.	Las herramientas de la cadena de suministro generan información práctica al recabar vastas cantidades de datos relacionados con la demanda, los flujos de inventario y pedidos, y filtrarlos y presentarlos de modo que sea fácil usarlos. Es decir, las herramientas tecnológicas permiten a los usuarios ajustarse con rapidez a los cambios en la cadena de suministro.
Velocidad	Rapidez con la que ocurren los flujos de un extremo a otro en la cadena de suministro. Incluye la velocidad con la que un nuevo producto llega al mercado y la ejecución cuando las condiciones cambian rápidamente.	Las tecnologías bien implantadas ayudan a las organizaciones a responder con rapidez a los requerimientos de flujos de materiales e información más veloces y consistentes por parte de los clientes. Las herramientas para la administración de eventos pueden abordar los problemas de manera dinámica, ofrecer recomendaciones y resolver automáticamente el asunto.
Rentabilidad	Resultado de crear valor por medio de las actividades de la cadena de suministro. El desempeño de los activos, el capital de trabajo, los rendimientos sobre la inversión para infraestructura, tecnología y personas, son algunos elementos importantes que crean valor en un entorno global.	Las herramientas tecnológicas ayudan a las organizaciones a administrar sus funciones de inventario, transportación y otras que son clave en la cadena de suministro de una forma más eficaz que si lo hicieran manualmente. Los resultados son un mayor control de los costos y un mejor servicio al cliente que genera mayores utilidades.

Fuente: Brian J. Gibson, Ph.D. Reproducido con autorización.

rubro para la cadena de suministro con magros resultados. Con mucha frecuencia las organizaciones consideran que la tecnología de la información es la solución a los problemas específicos y no una herramienta facilitadora en la búsqueda de sostenibilidad y excelencia. El problema estriba en que la tecnología no puede lograr que una cadena de suministro mal concebida sea productiva, que las organizaciones adversarias de pronto colaboren o que sea posible utilizar datos de mala calidad (como se dijo antes). En los siguientes párrafos analizaremos algunas de las principales barreras y desafíos que es preciso enfrentar para hacer que la tecnología de la cadena de suministro funcione como se espera.

Un estudio de la Computer Sciences Corporation (CSC) revela que las personas son la barrera principal para el uso eficaz de la tecnología de la información. La mitad de los entrevistados afirma que la primera causa es la falta de comprensión. A menudo se culpa a los ejecutivos empresariales por fijar expectativas demasiado altas en lo relativo a las capacidades tecnológicas; es decir, sus razones para adquirir tecnología son el sensacionalismo comercial y los beneficios prometidos sin un conocimiento real de cuánto impacto tendrán en sus negocios. Los ejecutivos de las áreas de tecnología de la información deben cargar con parte de la responsabilidad, pues no siempre comprenden a cabalidad los procesos de negocio para los que la adquirieron. Pasar por alto las necesidades y los requerimientos clave de la unidad de negocios puede ocasionar una selección equivocada y una pésima implantación.[7]

El estudio CSC apunta a otro desafío del que se ha hablado mucho. Con frecuencia las organizaciones no cambian los procesos de su cadena de suministro al mismo tiempo que adoptan nuevas herramientas de tecnología de la información: automatizan sus actividades, que quizá ya sean obsoletas, en lugar de mejorar los procesos o agilizar la red de su cadena para aprovechar al máximo las capacidades tecnológicas. Aunque mejora la productividad, el fracaso en la dirección de los asuntos del proceso y los problemas de raíz limitarán el impacto de la tecnología y reducirán el rendimiento sobre la inversión.

Otro reto que los profesionales de la cadena de suministro deben afrontar es la amplia variedad de soluciones de software que se promueven como herramientas para la "cadena de suministro". Estas soluciones brindan asistencia para la automatización de las actividades individuales a fin de asegurar la eficiencia óptima, pero son inadecuadas para administrar los procesos de la cadena de suministro a través de diversas organizaciones.[8] Por otra parte, la tecnología puede implantarse de una forma fragmentaria, lo que generará un mosaico de tecnologías. Ambos problemas ocasionarán la creación de sistemas de información disfuncionales que no la compartan de manera continua ni promuevan la capacidad de respuesta a la demanda.

La planificación y preparación deficientes para la implantación de la tecnología también son problemáticas. Algunas organizaciones no toman el tiempo necesario para crear un plan de administración del cambio con un enfoque lógico y gradual para adoptar las innovaciones; esto puede generar problemas y modificaciones en la cadena de suministro. Otras no preparan a sus empleados para la nueva tecnología; la falta de capacitación quizá haga que no la aprovechen, pues no comprenden la amplia gama de funciones y capacidades del software. Por último, algunas organizaciones no establecen presupuestos adecuados para la instalación e implantación de la tecnología.

La buena noticia es que estos problemas no son insuperables si la organización considera que la implantación de la tecnología es un proyecto para su propia superación y no sólo de tecnología de la información. Los líderes de la cadena de suministro deben asumir un papel activo en la planificación, implantación y evaluación de las nuevas herramientas. Harían bien en acatar las siguientes 10 reglas de oro para el éxito, compiladas por Favilla y Fearne.

1. Asegurar el compromiso de la alta dirección.

2. Recordar que no sólo es un proyecto de tecnología de la información.

3. Alinear el proyecto con las metas de la empresa.

4. Comprender las capacidades del software.

5. Elegir a los socios de manera cuidadosa.

6. Seguir una metodología de implantación probada.

7. Adoptar una metodología gradual para obtener ganancias incrementales de valor.

8. Estar preparados para cambiar los procesos de negocios.

9. Mantener a los usuarios finales informados y conseguir su participación.

10. Medir el éxito de los indicadores clave de desempeño (KPI).[9]

Modelo para administrar la información de la cadena de suministro[10]

El término **sistema de información de la cadena de suministro** (**SCIS,** *supply chain information system*) se usa con mucha frecuencia, aunque existen algunas definiciones formales. Una de sus acepciones describe los SCIS como "sistemas que automatizan el flujo de información entre una empresa y sus proveedores para optimizar la planificación, contratación, manufactura y entrega de productos y servicios".[11] Si bien esta definición ofrece una idea general de los vínculos necesarios entre las funciones clave de la cadena de suministro, es preciso abordar problemas adicionales. Un SCIS debe recabar y sincronizar datos, manejar excepciones y agilizar los procesos clave, entre otras capacidades desplegadas.

Estas cuestiones adicionales se incluyen en un modelo creado por Capgemini para vincular las áreas funcionales tradicionales de la cadena de suministro a fin de promover la visibilidad de la información practicable y la toma de decisiones mejorada. Este modelo para lograr la excelencia en la administración de la cadena de suministro (SCM) se presenta en la figura 6.2. Aunque no es específico de los SCIS, identifica las capacidades clave de una plataforma tecnológica bien integrada. Por tanto, sirve para ilustrar la administración eficaz de la información en la cadena de suministro.

Figura 6.2	Modelo maestro de la excelencia en la cadena de suministro

Fuente: Peter Moore, Karl Manrodt y Mary Holcomb, *Collaboration: Enabling Synchronized Supply Chains, Year 2005 Report on Trends and Issues in Logistics and Transportation* (Nueva York, NY: Capgemini, 2005): 21.

Elementos básicos

La capacidad para capturar y administrar la información de la cadena de suministro depende de una base bien fundamentada de personas, procesos y tecnología. Al desarrollar el SCIS deben considerarse estos tres elementos, de lo contrario se generarán muchos problemas, como se explicó en el análisis de las barreras para el uso de la tecnología.

Las personas son quienes, en última instancia, determinan el éxito o el fracaso de los SCIS. Hoy las capacidades tecnológicas no son el obstáculo en lo referente a mejorar la visibilidad y el desempeño de la cadena de suministro. El enorme poder de la computación y la velocidad de las transferencias de información que hoy están disponibles satisfacen las necesidades de casi todas las cadenas de suministro; el problema por lo general estriba en la incapacidad de quienes utilizan la tecnología. Las personas que deciden cuál se utilizará deben tener expectativas razonables y contar en su equipo con personal que posea conocimientos funcionales expertos relacionados con su funcionalidad. Las personas encargadas de implantar e integrar la tecnología necesitan las habilidades requeridas, así como los recursos humanos y financieros para su encomienda. Por último, los usuarios cotidianos deben estar capacitados en el uso adecuado y exacto de las herramientas.

La administración de procesos también cumple una función en el desempeño de los SCIS. Las organizaciones deben revisar sus métodos después de adoptar nuevas tecnologías; el riesgo de no hacerlo es la automatización de procesos ineficientes, caducos o innecesarios, lo que les resultaría perjudicial. Los profesionales de la cadena de suministro y sus contrapartes en el área tecnológica también deben determinar la forma en que pueden utilizarse las herramientas de SCIS para mejorar los procedimientos internos y agilizar los flujos de información para sus socios. Es preciso también fijar metas y procedimientos operativos estandarizados relacionados con la productividad, la exactitud, la puntualidad y el costo de la cadena de suministro. Sin ellos sería imposible asegurar que los procesos se llevarán a cabo de manera correcta a lo largo de la cadena de suministro u obtener los resultados deseados.

Las tecnologías que se utilizan en los SCIS causan mayor impacto cuando se basan en el concepto de sistemas abiertos y aprovechan la internet. Las aplicaciones de software basadas en estándares abiertos, bien definidos, de uso común y público requieren cambios mínimos para operar en conjunto con otras herramientas de SCIS e interaccionar con usuarios en un estilo que facilite su transferencia. Esto puede lograrse por medio de vínculos web mejorados y estandarizados, así como con protocolos simplificados que permitan que diferentes sistemas trabajen en conjunto y al unísono. La transferencia de datos se agiliza y se reduce la necesidad de su manipulación en cada organización.

La internet ofrece una plataforma para que las actividades de la cadena de suministro se lleven a cabo de una forma sincronizada e instantánea a fin de maximizar el desempeño. De la misma manera en que se aprovecha su velocidad y eficiencia para colocar pedidos, rastrear embarques y establecer comunicación, las organizaciones la usan cada vez más para administrar las estrategias y los procesos de sus cadenas de suministro. Las empresas que colaboran entre sí pueden compartir su información con rapidez y a bajo costo mediante las herramientas de internet como una opción o una plataforma para el intercambio electrónico de datos (EDI; *electronic data interchange*). Además, es posible efectuar en línea ciertas actividades de la cadena de suministro, como la contratación, y dar seguimiento al desempeño del proceso. Incluso, para ahorrar costos, las organizaciones pueden acceder en la red a varios tipos del software relacionado con el tema, como una opción para la compra, la instalación y el mantenimiento de los programas en sus propias redes. Éstos constituyen sólo algunos ejemplos de las formas en que un SCIS mejorado por internet puede promover la eficiencia y capacidad de respuesta de las cadenas de suministro.

Requerimientos clave

Por sí solos, el software y otros componentes de los SCIS no proporcionan el conocimiento práctico para los gerentes de la cadena de suministro; es necesario recabar y sincronizar los datos de manera que las personas expertas en el área los utilicen en la planificación y ejecución de sus procesos. También es preciso dar seguimiento al desempeño de los marcadores (*scorecards*) y los tableros de control (*dashboards*) y realizar los ajustes que se requieran. Con esto, los gerentes aprovecharán al máximo el análisis de datos y las capacidades de apoyo de los SCIS para la toma de decisiones. Además, se ubicarán en una posición idónea para buscar la excelencia en la cadena de suministro.

Asimismo, es necesario recabar información importante en cada punto de la cadena, y ésta debe ser relevante, precisa y accesible a los usuarios en tiempo real sin importar si se captura por medio de códigos de barra, identificación por radiofrecuencia u otra tecnología. La falta de información oportuna genera decisiones deficientes cuyos efectos se extienden a lo largo de toda la cadena de suministro.

La sincronización de los datos se enfoca en la actualización oportuna y exacta de la información sobre los productos dentro de una empresa para garantizar que sea confiable y consistente en sus propios sistemas y entre los socios comerciales. Es vital que cada organización en la cadena de suministro cuente con datos estandarizados, completos, exactos y consistentes en sus SCIS para lograr la máxima efectividad. Es imposible que los socios colaboren, utilicen la identificación automática o aprovechen las técnicas de reabastecimiento basadas en la demanda si el producto, el precio o los datos de facturación transferidos no son exactos; por tanto, las organizaciones deben limpiarlos y alinearlos internamente antes de compartirlos con sus socios.

Además, se debe contar con procesos que mantengan un alto nivel de calidad en los datos; este requerimiento tiene implicaciones en la estructura tecnológica y organizacional. Primero, la organización debe estar dispuesta a hacer de la administración de datos una prioridad. Segundo, debe ser propietaria de los datos del producto y del SCIS alineado que permita el acceso a la información exacta y oportuna. Aquellas personas que triunfen reducirán los costos logísticos y de inventario, así como las situaciones de agotamiento de existencias.

El acceso a los datos sincronizados mejorará los conocimientos funcionales en cada organización. Los gerentes serán capaces de aprovechar la información de los SCIS para apoyar la planificación y la toma de decisiones en todas las operaciones de la cadena de suministro (abastecimiento, producción, entrega y devoluciones). Por ejemplo, los datos oportunos del punto de venta (POS, *point-of-sale*) son necesarios para iniciar el ciclo de reabastecimiento en una cadena de suministro minorista. Esta información de ventas se utiliza para tramitar los pedidos de tienda, iniciar su preparación en el centro de distribución, alertar al comprador para que adquiera unidades adicionales e indicar al fabricante que las produzca.

Las métricas, como se dijo en el capítulo 5, ayudan a que las organizaciones articulen su impacto sobre la cadena de suministro. Tal como un entrenador de beisbol revisa los *standings*, las estadísticas y los sumarios de resultados para evaluar las fortalezas y debilidades del equipo, así los gerentes de la cadena de suministro necesitan marcadores y tableros de control para evaluar el desempeño y hacer los ajustes necesarios cuando las cosas no van tan bien como se planearon. Todas las partes deben comprender y definir estas métricas, medir los problemas de servicios que son cruciales para el cliente y ofrecer información práctica. Dada la importancia del tiempo, la exactitud y el costo de la cadena de suministro, las métricas valiosas incluyen el tiempo del ciclo del pedido, la razón de pedidos perfectos y el tiempo del ciclo del flujo de efectivo.

Capacidades y habilidades diferenciadoras

Decir que todos los SCIS son diferentes sería insuficiente a lo largo de este texto. Aunque aprovechar la tecnología para adquirir capacidades más adaptables es una meta que muchas personas buscan, el proceso de transformar la organización y sus SCIS es un proceso complejo y multidimensional. Después de que se han establecido las bases y cumplido los requerimientos clave, los socios de la cadena de suministro deben integrar procesos y lograr la conectividad de los SCIS para soportar la visibilidad de toda la cadena, el manejo de eventos y la toma de decisiones automatizada.

La infraestructura de planificación y ejecución está compuesta por herramientas de software que se utilizan para aportar velocidad a la cadena de suministro y para lograr su optimización y conectividad. En el pasado la integraban principalmente aplicaciones funcionales muy especializadas que se orientaban hacia la automatización y la eficiencia. Ahora este enfoque ha cambiado hacia las aplicaciones que promueven la efectividad de los procesos y la creación de información práctica. En la siguiente sección de este capítulo se identifican y exploran las principales categorías de aplicaciones del software de los SCIS.

Las herramientas de visibilidad se enfocan en ofrecer un flujo continuo de información oportuna e importante a través de la cadena de suministro. El conocimiento exacto de lo que ocurre fuera de la organización y que se obtiene por medio de los SCIS en internet permite a los gerentes dar seguimiento a la contratación, la transportación y los datos de inventario en el nivel de pedidos y artículos. A medida que la cadena de suministro se vuelve más transparente, la visión y el control administrativo se extienden más allá de las actividades e instalaciones internas. Esta inteligencia mayor impulsa a los gerentes de la cadena de suministro a salir de su modo reactivo de actuar para adoptar uno predictivo que promueve la planificación, la colaboración y la toma de decisiones estratégicas. Por último, el objetivo es contar con la información correcta de manera que la acción pueda emprenderse cuando sea necesario y no después.

La administración de las excepciones es el paso lógico más allá de la visibilidad. Con esta capacidad, el SCIS puede detectar problemas en el desempeño y alertar a las organizaciones afectadas. Es posible aplicar acciones correctivas para resolver la situación antes de que perjudique la cadena de suministro. Entonces pueden emprenderse esfuerzos que eliminen la causa de los problemas; la capacidad para identificarlos y corregirlos cuanto antes promueve la agilidad de la cadena y mejora el servicio al cliente.

La toma de decisiones automatizada es la cúspide de las capacidades diferenciadoras, pero sigue siendo una posibilidad a futuro para muchos SCIS. Se desarrollan rápidamente herramientas de software para reconocer las alertas de excepción, evaluar el problema y las alternativas, y recomendar soluciones. En algunos casos estas herramientas de administración de eventos en la cadena de suministro planificarán de nuevo las actividades de manera dinámica, aplicarán las acciones correctivas sin la intervención humana y después notificarán a las partes interesadas que la excepción se ha resuelto.

Es importante recordar que las bases, los requerimientos, las capacidades y las habilidades deben desarrollarse con base en la lógica y en la secuencia. Scott Wilson ofrece las siguientes recomendaciones para aplicar las capacidades de los SCIS: "Antes de buscar ampliar la optimización de la cadena de suministro, el propio sistema de una empresa debe funcionar de manera adecuada. La implementación debe efectuarse por segmentos, los datos de la empresa deben ser exactos, los objetivos deben definirse con claridad, las recomendaciones han de ser confiables y el personal que utiliza el sistema debe creer en éste y en sus resultados."[12]

Además, las organizaciones no deben esperar que este modelo de cadena de suministro de primera clase se active con rapidez. Integrar sistemas, sincronizar datos, institucionalizar la colaboración y adoptar los demás motivadores de la excelencia es una propuesta a largo plazo; la inversión continua en SCIS, el esfuerzo y las actualizaciones son la clave para lograrlo.

Software SCM

Uno de los principales componentes de los SCIS es el software que se utiliza para administrar la cadena de suministro. El mercado de programas para esta área incluye tecnologías que abordan casi cualquier función y tarea. Ya sea que necesite diseñar planes de ventas y operaciones, analizar las opciones de reubicación de instalaciones o mantener la transparencia del inventario, existe algún software que lo ayudará en sus esfuerzos. Estas herramientas aprovechan el poder de las computadoras y las capacidades de comunicación de la tecnología moderna para ayudar a las organizaciones a planificar, ejecutar y controlar las actividades de la cadena de suministro en tiempo real.

Como podría esperarse, se necesita gran variedad de herramientas para lograr estas metas. La figura 6.3 ofrece un panorama de las categorías de soluciones que en general se reconocen en la cadena de suministro. Utilizamos la analogía con un rompecabezas para enfatizar la necesidad vital que tiene el hecho de compartir información y los vínculos entre cada categoría de software. Cuanto más integradas estén en un SCIS, soportarán mejor la administración efectiva (desde la planeación hasta la ejecución, la respuesta ante los eventos y la evaluación del desempeño). Este análisis se enfoca en el propósito y los problemas generales en cada categoría, mientras que los detalles relacionados con las aplicaciones de software específicas se analizan en capítulos posteriores.

Planificación

Las aplicaciones para la planificación de la cadena de suministro ayudan a las organizaciones a evaluar la demanda de materiales, capacidad y servicios para que sea posible desarrollar planes y programas efectivos de cumplimiento de pedidos. Estas herramientas se emplean en todos los procesos de la cadena, además de que optimizan las decisiones relacionadas con el número y la ubicación de las instalaciones (diseño de redes), dónde comprar materiales (suministro estratégico), cuándo construir bienes (planificación y programación de la producción) y cómo entregarlos (encaminamiento y programación), sólo por nombrar algunas tareas. Esta categoría abarca un conjunto bastante amplio de herramientas de software diseñadas para ayudar a los gerentes a comprender mejor los problemas que afectan la creación y planificación de actividades en su cadena de suministro. La figura 6.4 indica que las herramientas de planificación destacan entre las aplicaciones que se implantan con mayor frecuencia.

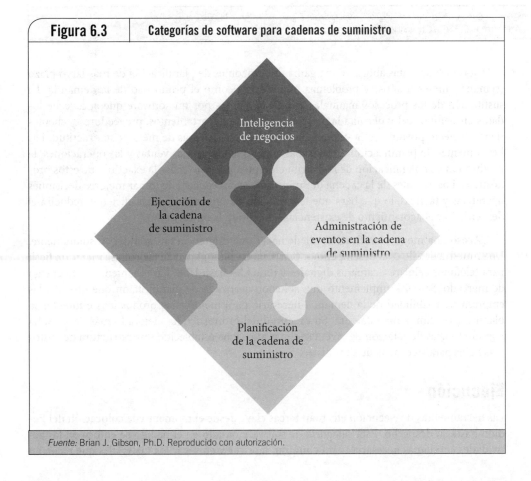

| Figura 6.3 | Categorías de software para cadenas de suministro |

Inteligencia de negocios

Ejecución de la cadena de suministro

Administración de eventos en la cadena de suministro

Planificación de la cadena de suministro

Fuente: Brian J. Gibson, Ph.D. Reproducido con autorización.

Figura 6.4	Fase de adopción de la aplicación SCM

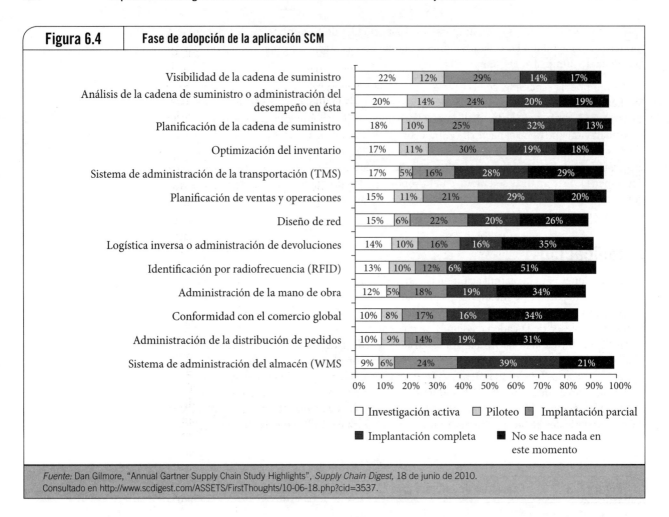

Fuente: Dan Gilmore, "Annual Gartner Supply Chain Study Highlights", *Supply Chain Digest,* 18 de junio de 2010.
Consultado en http://www.scdigest.com/ASSETS/FirstThoughts/10-06-18.php?cid=3537.

Estas herramientas abordan una gama de horizontes de planificación de más largo plazo (semanas, meses o años) y problemas importantes como el pronóstico de la demanda. La sustitución de los procesos manuales e independientes por un software que aproveche los datos en tiempo real y permita la colaboración entre departamentos, proveedores y clientes tiene un efecto positivo en la velocidad del pronóstico, además de mejorar su exactitud. Las herramientas de planificación a plazo más corto que apoyan las ventas y las operaciones, la producción y la planificación de la distribución pueden aprovechar la exactitud de estos pronósticos. Los gerentes de la cadena de suministro serán capaces de tomar mejores decisiones operativas y tácticas, lo que hará que la ejecución de procesos sea más eficiente, reducirá el desperdicio y el agotamiento de existencias y mejorará la rentabilidad.

¿Acaso una mejor planificación puede hacer una diferencia tan grande? Absolutamente. Una muestra de ello es el desempeño de SanDisk, un líder global de tarjetas de memoria flash para teléfonos celulares, cámaras digitales y unidades flash USB. Para mantener su liderazgo de mercado, SanDisk implementó una solución avanzada de planificación que ofrece a las empresas la visibilidad de la demanda necesaria para mejorar los pronósticos e integrar la planificación con la manufactura. Su exactitud del pronóstico ha mejorado más de 25%, ha logrado índices de rotación de inventario más altos y ha establecido una estructura de costos más bajos para su cadena de suministro.[13]

Ejecución

Las herramientas de ejecución efectúan tareas clave desde el momento de colocación del pedido hasta su despacho. Esta categoría de software basado en el pedido se enfoca en las actividades cotidianas necesarias para comprar, fabricar y entregar los materiales que recorren la cadena de suministro. Por tradición, las herramientas de ejecución se han enfocado en las actividades logísticas internas de la empresa: administración de pedidos, de almacén, de inventarios y de transportación, así como optimización de la mano de obra. A medida que la atención se desplaza hacia las capacidades integradas de la cadena de suministro, la categoría abarcará una gama más amplia de funciones, como las de compras y administración de relaciones con el proveedor, ejecución de manufactura y control de taller, y administración de las relaciones con el cliente.

La ejecución en la cadena de suministro no depende de un solo programa, sino de un grupo de herramientas integradas de manera estrecha que se articula a la perfección con los sistemas de los integrantes para compartir datos significativos y ofrecer visibilidad. Existe mucho interés y grandes inversiones en las herramientas de ejecución debido a las sólidas capacidades que desarrollan, los costos que ahorran y el rendimiento sobre la inversión que generan. La implantación exitosa ofrece a los usuarios mayor transparencia en el inventario, datos exactos y mayor rapidez en su transferencia, rotación de inventarios más alta, un mejor control de los costos de transportación y un servicio al cliente más adecuado.[14] Las herramientas también soportan la planificación de la cadena de suministro, la administración de eventos y las métricas de desempeño.

De manera individual, de estas herramientas de ejecución depende el despacho de los pedidos de una cadena de suministro. Por ejemplo, cuando usted desea comprar una cámara digital de Photo-Op.com interacciona con su sistema de administración de pedidos a través de internet para preparar y transmitir la solicitud. Este sistema verifica la disponibilidad del artículo en el inventario por medio de su vínculo con el sistema de administración de almacenamiento. Si el inventario está disponible, su pedido será procesado y transmitido a dicho sistema, que programa la recolección y el embalaje de la cámara. Cuando está lista para su envío, el sistema de administración de transportación elige al transportista, lo que optimiza el costo de la entrega correspondiente a su requerimiento de tiempo en tránsito. También puede utilizar el sistema de administración de transportación de la empresa de envío para dar seguimiento al estatus de entrega del pedido hasta que llegue a la puerta de su casa. Sin estas capacidades de ejecución, el proceso de entrega podría tardar semanas y no días, y tendría poca visibilidad.

Welch's, una empresa que produce y comercializa 400 productos frutales perecederos para su distribución en más de 50 países, constituye un buen ejemplo. El equipo de la cadena de suministro de la empresa debe enfrentar diferentes problemas, como las líneas de producto en expansión, los requerimientos de rastreo de lotes y las demandas de los clientes. Para abordar estos desafíos, Welch's utiliza el software de ejecución y recaba los datos por medio de dispositivos de radiofrecuencia para aumentar en tiempo real la información relacionada con la recepción de pedidos, embarque, manufactura e inventario. Estas herramientas rastrean los pedidos en un plazo de 24 horas, en tanto que ofrece a Welch's tasas de más de 99% de visibilidad y más de 99% de tasas de exactitud de inventarios.[15]

Administración de eventos

Las herramientas para la administración de eventos en la cadena de suministro recaban datos en tiempo real de diversas fuentes a través de la cadena y los convierten en información que brinda a los gerentes una imagen clara del desempeño de la misma. Estos sistemas dan seguimiento a los eventos que están fuera de tolerancia, como la escasez de componentes en la fábrica o la descompostura del camión que entregaría un pedido importante. Cuando ocurren excepciones, el sistema notifica al responsable de la toma de decisiones, por correo electrónico, buscapersonas o fax, quién puede emprender las acciones correspondientes para resolver el problema.

A medida que el alcance geográfico y el número de empresas que intervienen en la cadena de suministro aumentan, la capacidad de dar seguimiento a las actividades supera las habilidades manuales. Por tanto, las herramientas para la administración de eventos en la cadena de suministro cobran más importancia, y más organizaciones recurren a ellas para detectar, evaluar y resolver problemas pequeños antes de que se agraven. Algunos sistemas cuentan con reglas de flujo de trabajo integradas que sugieren soluciones a la excepción o emprenden alguna acción a partir de los lineamientos establecidos. Aunque alguna vez se consideraron aplicaciones independientes, ahora es cada vez más común que las herramientas para la administración de eventos y soluciones de visibilidad estén integradas a otras aplicaciones.[16]

La empresa productora de alimentos de calidad superior y comida para mascota Del Monte Foods ha adoptado las herramientas para la administración de eventos. Aunque cuenta con un sólido SCIS, necesitaba mejorar los procesos para alertar a los empleados de problemas existentes o potenciales en el cumplimiento de pedidos. El software que Del Monte eligió ayuda a evaluar pedidos para un producto determinado en un día específico y establece cuál centro de distribución sería responsable de cumplir con el pedido, y si existe el inventario suficiente. En situaciones de escasez de producto, el software para la administración de eventos ofrece a los usuarios información acerca del reabastecimiento entrante o la disponibilidad de inventario en otras ubicaciones.[17]

Inteligencia de negocios

Las herramientas de inteligencia de negocios se construyeron a partir de los informes y sistemas de salida tradicionales que ofrecían un recuento histórico de la planeación interna, las operaciones y el control. Las nuevas capacidades son más dinámicas, pues constantemente generan datos sobre los sistemas transaccionales de toda la cadena de suministro y los guardan en un almacén de datos; éstos pueden analizarse y la información nueva se envía a los empleados y ejecutivos que se encuentran al frente para una planificación y toma de decisiones más efectivas.

Además de recabar datos y de sus capacidades de análisis, el software de inteligencia de negocios apoya los informes de autoservicio, el desempeño de los marcadores *versus* el fijado por las metas, el desarrollo de tableros de control y otro tipo de presentaciones gráficas de informes, así como el seguimiento de la actividad para respaldar la administración de eventos. Estas herramientas ofrecen un acceso más fácil a los datos albergados en varios SCIS sin necesidad de que intervenga el departamento de tecnología; mejoran el conocimiento de los responsables de la toma de decisiones, y fomentan la colaboración en toda la cadena de suministro.

El interés en las aplicaciones de inteligencia de negocios es cada vez mayor debido a que es fácil utilizarlas. Las generaciones anteriores del software de inteligencia de negocios se orientaban hacia los analistas capacitados que tenían que detectar problemas específicos para que el programa los analizara. No obstante, las nuevas capacidades y habilidades han optimizado la interpretación de los datos por medio de simples tableros de control como cuadros, gráficas y mapas, más fáciles de comprender que las páginas de datos. Debido a que las gráficas están vinculadas con el almacén de datos, es posible manipularlas, revisar el efecto de las diferentes variables en los resultados y probar escenarios alternativos, además de dar seguimiento al desempeño.[18]

Uno de los proveedores de servicios médicos más importantes de Florida ya ha cosechado los beneficios del software de inteligencia de negocios para dar seguimiento a los datos clínicos y generar marcadores médicos. En vista de los crecientes costos de la cadena de suministro y de los reducidos reembolsos del seguro, la empresa utilizó la herramienta para analizar las ineficiencias. Uno de los principales problemas que se detectaron fue el exceso de proveedores de servicios médicos y las amplias variaciones de precios. Con esta información, la gerencia involucró en el análisis a dos de sus proveedores de más altos volúmenes, ofreciéndoles un estatus exclusivo a cambio de descuentos adicionales.[19]

Herramientas relacionadas

Si bien las cuatro categorías de software de la cadena de suministro cubren gran parte de la gama de soluciones, existen herramientas adicionales. Algunas entran en las categorías que se han mencionado antes, mientras que otras aplicaciones no pertenecen al campo de las cadenas de suministro. Aunque es difícil clasificarlas, optimizan el flujo y la utilidad de la información, apoyan el desarrollo y la implementación de las estrategias clave y mejoran el análisis. Entre las más valiosas se encuentran las siguientes:

- **Herramientas de colaboración en la cadena de suministro.** Este software ayuda a los usuarios a integrar sus sistemas de tecnología de información con los de sus socios comerciales para agilizar y automatizar los procesos de la cadena de suministro. Estas herramientas intermediarias ofrecen interoperabilidad entre los diferentes SCIS para apoyar las iniciativas de colaboración. Al aprovechar los estándares de internet, estas aplicaciones soportan diversas funciones, como la planificación colaborativa, los pronósticos y el reabastecimiento, así como la gestión del proveedor del inventario y otras iniciativas estratégicas.

- **Aplicaciones de sincronización de datos.** Ofrecen una plataforma destinada a fabricantes, distribuidores y minoristas para agregar y organizar datos relacionados con los artículos (número, precio, descripción, peso, etc.). El ordenamiento necesario de los datos, de manera que sean consistentes para todas las organizaciones, es necesario para utilizar la tecnología de RFID, agilizar y automatizar los procesos y mejorar la visibilidad de la cadena de suministro.

- **Software para hojas de cálculo y bases de datos.** Quizá le sorprenda pensar que estas aplicaciones de uso común son relevantes en este análisis, pero los profesionales de las cadenas de suministro han bautizado a Excel, en tono de broma, como "el software de la cadena de suministro que más se utiliza". Las hojas de cálculo ofrecen a los gerentes herramientas portátiles y útiles para reunir, consolidar y analizar datos. No obstante, es crucial que la planificación y el trabajo analítico que se logran con estas herramientas estén vinculados con el SCIS para evitar la fragmentación de la información y la pérdida de visibilidad.

A través de este análisis de las categorías de software para la cadena de suministro se ha mencionado cada aplicación a nivel individual. Es importante observar que se deben trabajar en conjunto para generar una visión holística de todos los procesos relevantes. Estas aplicaciones también deben vincularse de manera eficaz con los socios en la cadena de suministro y apoyar las metas generales de visibilidad, capacidad de respuesta y agilidad en toda la empresa.

Planificación de los recursos empresariales

Así como las fronteras entre la planificación de la cadena de suministro y las herramientas de ejecución desaparecen, es cada vez más difícil separar por completo los SCIS de los sistemas de planificación de recursos empresariales (ERP). Muchas de las aplicaciones de software que se han analizado antes dependen cada vez más del tipo de información almacenada en los sistemas ERP. Por tanto, es importante examinar brevemente estos sistemas y su relación con el software de la cadena de suministro.

Los sistemas ERP son plataformas multimodales de aplicación que ayudan a las organizaciones a administrar áreas importantes de su negocio. Al principio se concentraban en problemas de manufactura, pero ahora se enfocan en la integración de la información y las actividades de toda la empresa por medio de una plataforma de software común y un sistema centralizado de base de datos. Los procesos de negocio clave vinculados por los ERP son contabilidad y finanzas, planificación, ingeniería, recursos humanos, compras, producción, administración de inventarios/materiales, procesamiento de pedidos, y otros. El sistema de base de datos centralizado y compartido vincula a toda la organización, lo que permite que la información se ingrese una vez para que sea accesible a todos los usuarios. Los procesos de negocio también pueden automatizarse para una ejecución rápida y exacta.

A medida que los sistemas ERP se diversifican para incluir la administración de las relaciones con proveedores y con el cliente, y otros componentes de la cadena de suministro, las conexiones entre SCIS y ERP se tornan más sólidas. Los integrantes de la cadena pueden acceder a la organización a través del sistema ERP para evaluar la disponibilidad del inventario, los programas de producción y la entrega de información. En resumen, el sistema ERP ofrece un mecanismo para que los participantes en la cadena de suministro compartan de manera eficiente la información, a efecto de que se logre más transparencia, transacciones más veloces y exactas y una toma de decisiones más adecuada.[20]

C. R. Bard, un fabricante de dispositivos médicos, utiliza una combinación de ERP y otros sistemas de ejecución de cadena de suministro para administrar la producción y distribución de sus catéteres y prótesis cardiacas. Una solicitud de producto comienza con un pedido de trabajo en el sistema ERP, el cual crea un registro maestro completo al que es muy fácil acceder. El sistema ERP encamina el producto a través de varios procesos (armado, embalaje y esterilización) a diferentes instalaciones e informa al centro global de distribución que una entrega está en camino. El sistema de administración de almacén capta la señal y se prepara para la llegada; también recibe los pedidos del cliente por medio del ERP, los despacha, los prepara para su entrega y actualiza el sistema ERP cuando el pedido se envía. Estas herramientas vinculadas proporcionan a la empresa visibilidad de los pedidos de los clientes en tiempo real y mejoran la exactitud y la velocidad del cumplimiento, así como el rastreo del lote.[21]

Implementación de la tecnología en la cadena de suministro

Como se indicó en la sección anterior, una amplia gama de herramientas de software apoya la planificación, la ejecución y el control. Las empresas gastan millones de dólares en estas tecnologías con el objetivo de lograr que sus cadenas de suministro sean más productivas y eficaces. No obstante, este gasto no garantiza el éxito, y los problemas de implementación, las complejidades de la integración de sistemas y los requerimientos de capacitación se traducen en gastos onerosos (muchas veces duplican el costo del software) y pérdida de tiempo (quizá de más de seis meses) para lograr la funcionalidad del software. Por tanto, obtener un rendimiento positivo sobre las inversiones en tecnología puede ser muy difícil.

La clave para superar estos problemas y aprovechar las capacidades de la tecnología en un lapso razonable es la toma de decisiones informada. Los gerentes de la cadena de suministro no deben tomar decisiones apresuradas concernientes a la elección de la tecnología; deben tomar el tiempo necesario para investigar diversos aspectos relacionados con ella y decidir con base en los requerimientos específicos de su cadena de suministro. Es posible lograr un rendimiento sobre la inversión en 12 a 18 meses sólo si la organización evalúa de manera efectiva sus necesidades específicas, comprende la aplicación del software y sus opciones de suministro, aborda los problemas técnicos y se plantea las preguntas correctas antes de tomar la decisión de compra.

Evaluación de necesidades

El paso más importante en la elección e implementación del software es comprender las cadenas de suministro que se pretende apoyar con la tecnología. Con mucha frecuencia los gerentes de la cadena de suministro emprenden acciones para elegirlo de manera aislada sin comprender el proceso que desean automatizar; quizá también intenten utilizarlo para mejorar procesos obsoletos o inadecuados. Cualquiera de estas situaciones resultará en un despliegue de tecnologías incompatibles con las verdaderas necesidades de la cadena de suministro, incapaces de vincular departamentos, proveedores y clientes, o con un enfoque demasiado limitado para apoyar la transparencia de la cadena y la administración de eventos.

Las organizaciones deben comenzar con un diagnóstico de su situación; evaluar sus capacidades y habilidades en los procesos de su cadena de suministro, y compararlas con las necesidades de sus socios. Si sus capacidades y habilidades actuales se consideran inadecuadas, deberán innovar y mejorar los procesos relevantes. Sólo entonces podría considerarse la tecnología, a partir de su capacidad para facilitar la planificación y ejecución de esos procesos mejorados. También puede utilizarse para mejorar los procesos adecuados pero sólo después de que las deficiencias se han solucionado.

Esta secuencia de evaluación de necesidades enfatiza el vínculo que existe entre los procesos de negocios efectivos, la tecnología adecuada y el desempeño de la cadena de suministro. Empresas como Walmart, Dell y Zara han logrado una ventaja competitiva en sus respectivas industrias porque han apoyado prácticas innovadoras para sus cadenas de suministro asistidas con la tecnología. Consideran el software como un facilitador de los procesos y no como una solución inmediata, y tienen razón. Esto en última instancia genera expectativas reales de la logística, una implantación más eficaz y mayores rendimientos sobre las inversiones en software.

Elección del software

Los gerentes de la cadena de suministro hacen frente a una compleja decisión en el momento de elegir un software. Primero deben determinar qué categoría (planificación, ejecución, administración de eventos o inteligencia de negocios) es adecuada para un proceso o una situación determinados. Además, deben comparar las ventajas del software comercial con las soluciones producidas internamente, elegir entre los paquetes de un solo proveedor y las aplicaciones de varios, y considerar el licenciamiento frente a la adquisición de soluciones por encargo, entre otros aspectos.

Alternativas de desarrollo

La primera cuestión en la elección consiste en saber quién desarrollará la solución. Las opciones son el desarrollo interno de las herramientas para la organización o la compra del software a un proveedor externo. Walmart y Amazon.com son dos organizaciones que por mucho tiempo han dependido de sus departamentos de tecnología de la información para desarrollar las aplicaciones de su cadena de suministro. Algunas empresas de servicios logísticos tercerizados también desarrollan soluciones internas. Si bien este tipo de software exige gran cantidad de recursos y tiempo de implantación, todas las herramientas se producen a la medida de cada industria y de los procesos de su cadena de suministro. Además, son capaces de lograr un nivel de flexibilidad y adaptación a las necesidades del cliente que sería imposible para las herramientas genéricas.

La mayoría de las organizaciones, en especial las empresas pequeñas y medianas, no cuenta con los recursos para desarrollar su propio software. De hecho, muchos gerentes de cadena de suministro se esfuerzan por que la tecnología para su área ocupe un lugar preferente en el departamento de tecnología de la información. Por tanto, dependen en gran medida de los proveedores externos para desarrollar e implementar el software que se necesita en la planificación y ejecución de los procesos en las cadenas de suministro. Estas herramientas asisten de manera eficaz a las cadenas que no son excesivamente complejas o específicas. Debido a que pueden implementarse más rápido que las que se desarrollan internamente, a que su construcción se basa principalmente en la interoperabilidad, y a que tienen cierta capacidad de adaptación, las que crean los proveedores externos son la opción adecuada para la mayoría de las organizaciones.

Paquetes de soluciones

Si una organización decide comprar el software en lugar de crearlo internamente, debe determinar qué tipos de aplicaciones se necesitan y cómo compararlas. Por una parte, las organizaciones compran aplicaciones individuales de proveedores líderes en cada categoría de software, lo que se conoce como las mejores soluciones del mercado. Por otro lado, pueden trabajar con un paquete de programas de un solo proveedor. Desde luego, también tienen la opción intermedia, es decir, comprar las principales aplicaciones de un solo proveedor para la cadena de suministro y añadir herramientas de los mejores especialistas del mercado.

Históricamente la mejor opción del mercado ha sido la elegida por la mayoría de las organizaciones. Las herramientas de software se compraban por separado a varios vendedores y al personal del departamento de tecnología de la información de la organización se le encomendaba el desafío de integrarlas. Las mejores herramientas del mercado ofrecen aplicaciones poderosas para funciones específicas y una gran flexibilidad para adaptarse a los problemas de la cadena de suministro de cada empresa. No obstante, son más complejas y por lo general tardan más en integrarse al SCIS.

Hoy cada vez más organizaciones eligen paquetes para la cadena de suministro. Debido a las fusiones y adquisiciones en la industria del software y con los proveedores de ERP trasladándose al mercado de las aplicaciones de la cadena de suministro, es posible comprar paquetes que combinen las capacidades y habilidades de planificación, ejecución, administración de eventos y otras relacionadas. La figura 6.5 representa el diagrama de un paquete de software de un proveedor que vincula las aplicaciones de cuatro principales categorías.

Cada estrategia tiene sus méritos. Los paquetes de un solo proveedor necesitan menos tiempo de implantación que las distintas herramientas de varios, dado que existen menos problemas de conectividad o compatibilidad. Por otra parte, sólo existe un proveedor con quien trabajar y no varias empresas, lo que reduce el esfuerzo administrativo y de coordinación. Los paquetes individuales exigen menos tiempo de capacitación y costos de implantación, pues sólo precisan que se domine un conjunto de requerimientos de información. No obstante, algunos paquetes no contienen las capacidades avanzadas de funcionalidad o específicas de la industria que se encuentran en las mejores aplicaciones del mercado, aunque las empresas de software se esfuerzan por suplir estas deficiencias.

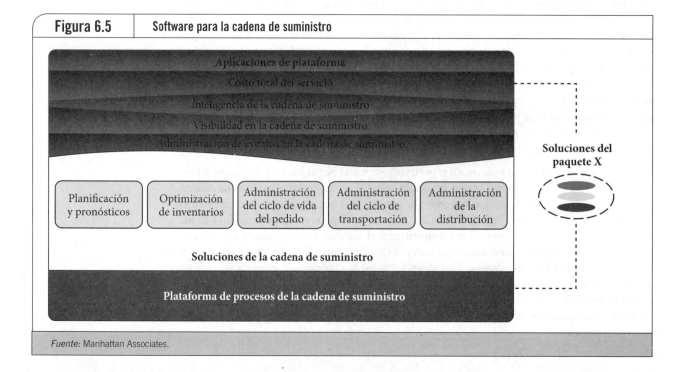

Figura 6.5 | Software para la cadena de suministro

Fuente: Manhattan Associates.

El desafío de los gerentes de la cadena de suministro que eligen entre estas opciones radica en comprender los problemas de implantación; la necesidad de la organización de capacidades a la medida y avanzadas, y el panorama en constante cambio de los proveedores.

Opciones de compra

En el pasado los compradores de programas de computación para la cadena de suministro tenían una sola opción: adquirir soluciones de los proveedores de software para sus propios sistemas de información. El software bajo licencia se instala en los poderosos sistemas cliente-servidor del comprador, lo cual es un método valioso dada la intensa actividad informática requerida por la mayoría de los procesos de la cadena de suministro. La desventaja de esta alternativa es la elevada inversión de capital y la complejidad asociada con las aplicaciones convencionales por licencia que exige su implantación. Los compradores deben pagar por adelantado y resolver los contratiempos en la implantación y otros problemas como las actualizaciones, las reparaciones y los costos de mantenimiento.

La internet trajo consigo otras opciones conocidas colectivamente como *software bajo pedido*, el cual no se instala en la computadora de una empresa. La aplicación reside en un sistema externo y el software se entrega a través de la web. En un principio los proveedores de servicios de aplicación (ASP; *application service providers*) son los que poseen, operan y mantienen la aplicación, así como los servidores que la ejecutan. Los usuarios tienen acceso al software por internet y pagan cada vez que lo utilizan o mediante una cuota mensual o anual. El beneficio del modelo de compra ASP es el acceso de bajo costo a las soluciones, pues no exige grandes erogaciones para obtener una licencia o altos costos de instalación. Su desventaja es la ineficiencia para albergar una copia de la aplicación y dedicar una computadora o parte de un servidor a cada usuario.[22] Por tanto, el modelo ASP no ha prosperado en la administración de la cadena de suministro.

Los ofrecimientos de software como servicio y capacidades multiusuario abordan algunos de los problemas relacionados con la demanda que obstaculizaron los esfuerzos de ASP. Esta opción permite a muchas partes acceder simultáneamente al software a través de internet y aprovechar la capacidad potencial del servidor compartido (concepto en el que se basa la computación en la nube, que se analizará al final de este capítulo). Como la aplicación es compartida, los transportistas, proveedores, expedidores y clientes pueden trabajar en conjunto por medio de procesos de negocio estandarizados y una visión común de la actividad de la cadena de suministro, como se analizará en el siguiente apartado de "En la línea".

Esta opción de compra bajo demanda adquiere gran popularidad conforme se ofrecen más herramientas para la cadena de suministro por este medio. No obstante, la implantación y el rendimiento sobre la inversión más rápidos, los requerimientos menores de capital y la capacidad para mantenerse al corriente con los adelantos tecnológicos constituyen las razones principales del interés en este método que se citan con más frecuencia. Desde luego, es necesario considerar ciertos aspectos: la funcionalidad de las soluciones bajo demanda quizá no sea tan sólida como la del software tradicional, el control de datos es un problema, las oportunidades para adaptar el software son limitadas y el costo total de su propiedad debe analizarse, pues a largo plazo las tarifas de transacción tal vez excedan los costos de la compra.[23]

Aspectos técnicos

Cuando consideran el software, los administradores de la cadena de suministro se centran en la funcionalidad; no obstante, también deben considerar los aspectos técnicos relacionados con su operación. Cualquier software potencialmente útil terminará en la bodega si su instalación resulta complicada y no es capaz de conectarse con otras herramientas para promover la transparencia y la administración de eventos, o si utilizarlo en las operaciones diarias es demasiado difícil. Por ello es preciso hacer un esfuerzo para evaluar los retos de la implantación antes de seleccionar un paquete para la cadena de suministro o la mejor aplicación en su tipo. Ya se han identificado algunos aspectos clave como la interoperabilidad y la sincronización de la información. A continuación se analizan dos aspectos técnicos adicionales para la implantación de los SCIS.

Estandarización de los datos

Dada la gran variedad de proveedores de software, herramientas propias y sistemas antiguos, la coordinación y transmisión de la información a través de la cadena de suministro pueden representar un desafío. Del mismo modo que la existencia de diferentes lenguajes, dialectos y alfabetos dificulta la comunicación humana, la variedad de sistemas y lenguajes de programación que se utilizan en los SCIS complica la integración eficiente y útil de la información.

Una opción es traducir los datos conforme se desplazan entre las aplicaciones de software, lo que quizá resulte engorroso, como cuando dos personas intentan comunicarse por medio de un intérprete. En lugar de traducir los datos en forma manual o electrónica, la mejor solución es utilizar un formato estandarizado para mejorar la comunicación entre los socios. Del mismo modo que el idioma inglés es el lenguaje estándar en los negocios internacionales, el EDI y el lenguaje de marcado extensible (XML) representan elementos clave para la estandarización de los datos. Estas herramientas mejoran los flujos de información entre las aplicaciones y las organizaciones.

El EDI permite el intercambio interorganizacional de información estructurada en un formato estándar y procesable de forma automática, de computadora a computadora. Éste ha sido el método principal para compartir información transaccional entre proveedores y clientes durante casi dos décadas, y ha soportado el intercambio de documentos relacionados con transacciones comerciales, como órdenes de compra, facturas y transferencia electrónica de fondos corporativos (EFT; *electronic funds transfer*) en un formato estándar.

El EDI facilita el intercambio rápido de grandes cantidades de información y disminuye el número de errores y el costo por transacción, lo que permite que los socios de la cadena de suministro trabajen de una forma más eficiente y efectiva. No obstante, el EDI también tiene desventajas: su implantación quizá resulte compleja y los servicios de red de valor agregado que proporcionan las conexiones de empresa a empresa cobran tarifas por transacción, haciendo que este método de estandarización no sea factible para las organizaciones más pequeñas.

XML es un formato de texto robusto y lógicamente verificable basado en estándares internacionales; además, ofrece un método flexible para crear formatos de información comunes y estructurados, y compartir tanto el formato como los datos vía internet, intranets y otras redes. Puede usarse para definir documentos y estructuras de datos complejos como facturas, descripciones de inventarios, registros de envíos y otra información relacionada con la cadena de suministro.

Las ventajas del XML son muchas. Se trata de un formato entendible para las personas y las computadoras, soporta numerosos lenguajes, su presentación en archivo de texto sin formato está libre de licencias o restricciones, es independiente de la plataforma y, por tanto, relativamente inmune a los cambios en la tecnología. XML ha cobrado importancia en la cadena de suministro debido a que soporta la integración de diversos sistemas de información, es menos complejo que el EDI y elimina la necesidad de contar con redes de valor añadido, lo que reduce costos a la vez que agiliza la transmisión de datos.

Al momento de seleccionar aplicaciones individuales, los compradores deben buscar dichas capacidades de estandarización de datos, que asegurarán que éstos se transfieran rápidamente a un formato que el SCIS y los responsables clave de la toma de decisiones puedan utilizar. Esto ayudará a los compradores a evitar los costos y largos proyectos de integración de software y a mejorar la interoperabilidad de los SCIS. También será posible obtener mejor visibilidad y una comunicación más rápida a través de la cadena de suministro.

Integración de aplicaciones

No sólo es importante colocar los datos en un formato estandarizado y común, también es necesario que las distintas herramientas los compartan de forma transparente. Esto puede lograrse fácilmente con un paquete integrado de software para la cadena de suministro, pero los socios con frecuencia dependen de distintos proveedores, aplicaciones o versiones. Mientras más aplicaciones haya, mayor será el reto en los aspectos de conectividad e intercambio de información. El problema reside en el hecho de que estas aplicaciones por lo general presentan la información de forma distinta, con lo que se complica la comunicación entre ellas.[24]

Se han realizado grandes esfuerzos para mejorar la integración de las aplicaciones y promover la sincronización de la información en la cadena de suministro. Los primeros trabajos se centraron en el desarrollo de interfaces de programación de aplicaciones (API; *application programming interfaces*), que permiten a las empresas vincular su SCIS con las aplicaciones de proveedores y clientes. Los proveedores de ERP enfocaron sus intentos de creación de API en hacer que el desarrollo de software para la cadena de suministro compatible con ERP fuera más fácil para los proveedores de servicios logísticos tercerizados. Otras organizaciones construyeron herramientas para conectar y adaptar entre sí las aplicaciones existentes, como el vínculo del sistema de administración del almacén con el de administración de pedidos basado en ERP. Hoy las interfaces de programación de aplicaciones ofrecen un conjunto de instrucciones y estándares de programación para acceder a las aplicaciones y herramientas de software por internet.[25]

El enfoque se ha desplazado hacia un modelo tecnológico llamado **arquitectura orientada hacia el servicio** (**SOA**, *service-oriented architecture*), la estructura sobre la cual se basan las comunicaciones entre servicios con una funcionalidad "plug and play", es decir, sin necesidad de configuración. Un servicio se define como una unidad de trabajo que se realiza en representación de alguna entidad computacional, como un usuario humano u otro programa. La arquitectura orientada hacia el servicio define la forma en que interaccionan dos entidades computacionales, de tal manera que permitan a una entidad realizar una unidad de trabajo en representación de otra.

Los compradores de tecnología para la cadena de suministro deben comprender los desafíos de la integración de aplicaciones al mismo tiempo que buscan mejorar la conectividad del SCIS. También deben evaluar y comparar los métodos de integración, y después elegir los que se adapten mejor a sus necesidades presentes y les ofrezcan la flexibilidad necesaria para cumplir con los requerimientos futuros de funcionalidad.

Plantear las preguntas correctas[26]

La alta dirección tiene una función vital la tarea de facilitar la implantación de la tecnología en la cadena de suministro. Los ejecutivos deben ofrecer la visión, los recursos necesarios y el compromiso con las iniciativas de SCIS si la organización desea lograr sus metas. Esta misión debe explicar con claridad cómo las actualizaciones tecnológicas optimizarán la estrategia general de la cadena de suministro y mejorarán su desempeño.[27] Un ejecutivo inteligente tomará el tiempo necesario para plantear las preguntas importantes y reunir la información adecuada a efecto de establecer y refinar la visión. Sólo entonces una organización avanzará en la inversión e implantación tecnológicas. En este sentido, es preciso formularse las siguientes preguntas.

- **¿Quién guiará nuestro esfuerzo de implantación?** La alta dirección debe asignar personal con conocimientos expertos en los procesos de cadena de suministro y funcionalidad de software para dirigir la implantación de los SCIS. Es preciso conferir a los miembros del equipo la autoridad para tomar decisiones relacionadas con el alcance de la tecnología. También deben administrar el proceso de implantación sin interferencia.

- **¿Cómo nos ayudará la tecnología en nuestras necesidades y procesos de negocio?** La alta dirección debe asegurarse de que su equipo de implantación tome el tiempo necesario para documentar los procesos actuales e identificar las capacidades y las habilidades deseadas antes de emprender la revisión del software. Contar con un plan de negocios antes de tratar con los proveedores garantizará que las soluciones apoyen el plan y no que el negocio tenga que adaptarse a las soluciones propuestas.

- **¿Cuál es el estatus de nuestros datos existentes?** Es muy importante evaluar la calidad, la relevancia y la integridad de los datos para garantizar que exista la información necesaria. Si los datos carecen de cualquiera de estos requerimientos clave, el software no funcionará como se desea y la organización se encontrará en un escenario de "basura entra, basura sale". Los datos exactos también son importantes para probar las posibles soluciones de software que ayuden a determinar la exactitud con la que modelan la realidad.

- **¿Qué tan bien se integra nuestro sistema existente con el de los proveedores y clientes?** Las capacidades vitales de SCIS serán deplorables si no es capaz de comunicarse con los socios de la cadena de suministro en forma eficiente. Las estructuras y las capacidades de los sistemas deben trazarse en un diagrama para identificar dónde existen problemas de compatibilidad. La alta dirección debe utilizar este conocimiento para fomentar mejores vínculos del SCIS con los socios principales.

- **¿Cuáles son los problemas externos que nuestros sistemas deben resolver?** Dado el flujo financiero y de productos que existe en la mayoría de los SCIS, éstos tienen un gran impacto en la capacidad de la organización para cumplir con las disposiciones gubernamentales, como las regulaciones de la ley Sarbanes-Oxley. El SCIS también debe ofrecer visibilidad en los pedidos de los proveedores a través de la entrega al cliente, de manera que la organización pueda dar seguimiento y controlar sus operaciones, sus inventarios y otros activos, así como sus resultados financieros. La visibilidad es imprescindible para la participación en iniciativas de seguridad internacional como la Customs-Trade Partnership Against Terrorism (C-TPAT, Asociación de Aduanas y Comercio contra el Terrorismo).

Innovaciones tecnológicas en la cadena de suministro

La tecnología ha permitido la evolución de la administración de la cadena de suministro; las innovaciones en el software destinado a esta área, las herramientas para la identificación automática, los sistemas de comunicaciones y la funcionalidad de internet han cambiado para siempre su desempeño. Cuando se implantan de manera eficaz, estos avances técnicos mejoran la velocidad y el acceso a la información, promueven la optimización de los procesos y ofrecen visibilidad relacionada con el producto desde el proveedor global hasta el consumidor local. En última instancia, estas tecnologías innovadoras permiten la rápida ejecución de las estrategias de la cadena de suministro, además de ayudar a las organizaciones a aprovechar el tiempo como fuente de su ventaja competitiva.

A lo largo de este capítulo se han analizado diversas innovaciones. Sin duda, internet ofrece una plataforma vital para el desarrollo y la ejecución de las tecnologías que pueden utilizarse en el contexto de la cadena de suministro. Las aplicaciones bajo demanda y el software como servicio, XML, la sincronización de datos y las capacidades de administración de eventos, todos aprovechan la red. Mientras tanto, los incrementos en el poder de las computadoras y la capacidad de almacenamiento facilitan la minería de datos de la cadena de suministro, la inteligencia de negocios y la optimización.

Las tecnologías innovadoras que pueden fortalecer las cadenas de suministro continuarán surgiendo. Los proveedores de software y hardware harán su parte en el fomento a la optimización, sincronización, adaptabilidad, velocidad y rentabilidad de las mismas. Dependerá de los gerentes responsables de esta área identificar e implantar las herramientas adecuadas que tengan el potencial para causar un efecto positivo en el desempeño de la cadena de suministro y ganar una adopción más generalizada. Asimismo, deben evitarse las herramientas que prometen mucho y logran poco.

Con este reto en mente, se concluye el capítulo con un análisis de las tecnologías que encierran una importante promesa para la mejora futura de la administración de la cadena de suministro.

Identificación por radiofrecuencia (RFID)

Durante los últimos 10 años la identificación por radiofrecuencia ha experimentado altas y bajas como ninguna otra tecnología. Así como se le ha aclamado como una grandiosa herramienta de SCIS, también se le ha denigrado como una tecnología sobrevalorada que hace sólo un poco más de lo que logra un código de barras más barato. La realidad se encuentra en un punto medio entre estas dos perspectivas.

Al igual que los códigos de barra, la identificación por radio frecuencia es un método de identificación automática. Las etiquetas de RFID se componen de un microchip y una antena impresa que puede empacarse de varias formas, como en una etiqueta, o insertarse entre las capas de un empaque de cartón. La información única para la identificación del producto en forma de código de producto electrónico universal (EPC, *electronic product code*) que identifica al fabricante, la categoría de producto y el artículo individual, se almacenan en estas etiquetas de 96 bits. Las etiquetas se pegan a la tarima, caja o producto individual y se descifran cuando pasan cerca del lector RFID. Estas etiquetas contienen identificadores únicos que no se encuentran en los códigos de barra y no se requiere una línea visual directa para leerlas. La información recabada se transmite al SCIS, con lo que se actualiza el estatus de la ubicación del producto asociado.

La tecnología de RFID ha estado disponible por décadas y se usa mucho en la identificación de aeronaves, el cobro de peaje y el rastreo de los libros en las bibliotecas. No obstante, sus aplicaciones en la cadena de suministro no recibieron tanta atención sino hasta que grandes organizaciones como Walmart se interesaron en ella. En 2005 la empresa ordenó a sus principales proveedores que etiquetaran determinadas tarimas y cajas. Se esperaba que el lanzamiento cobrara impulso, pero hasta 2010, sólo 600 proveedores y un pequeño número de centros de distribución y tiendas Walmart y Sam's Club las usaban para capturar datos importantes.[28]

Los resultados iniciales de las pruebas con RFID fueron positivos. Los usuarios observaron que la frecuencia de agotamiento de existencias disminuyó, que los robos se redujeron y que podía capturarse con rapidez la información del nivel de inventario. Sin embargo, diversos problemas, como el alto costo de las etiquetas RFID, los problemas de confiabilidad de las lecturas relacionadas con los productos líquidos y metálicos en particular, la durabilidad de las etiquetas y la recesión económica, ocasionaron la limitada implantación de esta tecnología. Por otra parte, ésta no siempre generó beneficios destacados en comparación con otras alternativas menos costosas, como los códigos de barras.[29]

A pesar de estos desafíos, los expertos de la industria están convencidos de que la RFID ganará más aceptación. Se espera que a medida que la economía mejore, los problemas de desempeño se resuelvan y se apliquen las mejoras pertinentes, el gasto en esta opción aumentará de manera impresionante. El potencial de las implantaciones de RFID para producir un rendimiento más rápido sobre la inversión, una mayor transparencia y rastreo del producto y la automatización de procesos la impulsará aún más a la cabeza de las iniciativas tecnológicas.[30]

Computación en la nube

La computación en la nube es la última palabra de moda en el mundo de la tecnología, y se está convirtiendo en el foco de atención entre los administradores de la cadena de suministro. No obstante, definir la computación en la nube es como definir el arte: todas las personas tienen su propia definición y se encuentra en constante evolución. Recientemente, el National Institute of Standards and Technology (NIST; Instituto Nacional de Estándares y Tecnología) emitió la decimoquinta versión de su definición:

> *La computación en la nube es un modelo que permite el acceso de red conveniente y bajo demanda a un conjunto compartido de recursos computacionales configurables (v.gr., redes, servidores, almacén, aplicaciones y servicios) que pueden suministrarse y liberarse rápidamente con un mínimo de esfuerzo administrativo o interacción con el proveedor del servicio.*[31]

De acuerdo con MWD Advisors, la emoción en torno a la computación en la nube se debe a su valor económico, arquitectónico y estratégico: el económico proviene de su capacidad para aceptar pagos por uso y evitar los enormes costos iniciales de inversión en infraestructura; el arquitectónico reside en el entorno simple y consistente en el que se desarrolla e implanta la aplicación. Por último, las plataformas de nube ayudan a las empresas a enfocarse estratégicamente en sus competencias clave, en tanto que deja las responsabilidades técnicas a un experto tercerizado a un precio competitivo.

El caso de la computación en la nube en el SCIS es una propuesta gradual de tres etapas. En el nivel básico, es una extensión de la estrategia del software sobre pedido y como servicio, que proporciona acceso a aplicaciones e infraestructura sin poseerlas. La segunda etapa conecta a múltiples usuarios a las mismas aplicaciones, plataforma o infraestructura, lo cual permite a todos los participantes compartir los costos y beneficios. La tercera etapa aprovecha la naturaleza colaborativa de la administración de la cadena de suministro. De acuerdo con el cofundador de GT Nexus, un proveedor de tecnología logística, la computación en la nube podría tener implicaciones revolucionarias para la industria de la cadena de suministro. En última instancia, permitirá la automatización de cientos de procesos entre todas las empresas a lo largo de la cadena.[32]

Computación móvil

La llegada intempestiva de los teléfonos inteligentes y las computadoras de tableta como el iPad han generado toda una industria de las aplicaciones que el usuario puede descargar con rapidez y a un costo muy bajo o nulo. Si bien muchas de estas aplicaciones (*apps*) son algo más que un pasatiempo entretenido (como *Angry Birds*), la atención se concentra en las herramientas y funciones para la productividad. La capacidad de utilizar una cámara para capturar los códigos de barras e indagar precios y la conexión a internet para el comercio móvil tienen implicaciones para la cadena de suministro. Ahora los consumidores pueden ir de compras en cualquier momento y lugar. Las cadenas minoristas deben ser ágiles en el cumplimiento para dar servicio a estos clientes.

En la actualidad aparecen capacidades informáticas para la cadena de suministro, con herramientas para la transmisión y recolección de datos encabezando la lista. Una función añadida convierte un iPod Touch en un EasyPay Touch, que cuenta con un lector de códigos de barras y otro de bandas magnéticas de tarjetas de crédito; puede utilizarse para el cobro en los puntos de venta y para buscar precios. Se han creado escáneres industriales añadidos para que se utilicen los teléfonos inteligentes y las tabletas en las operaciones de distribución, en lugar de las costosas terminales de datos manuales.[33] Las herramientas de ejecución y administración de eventos de la cadena de suministro también se vuelven móviles, con la funcionalidad básica de visibilidad y capacidad de rastreo para los teléfonos inteligentes que entran al mercado.[34]

Los 3PL como proveedores de tecnología

Muchas organizaciones intentan disminuir sus costos relacionados con la tecnología de la cadena de suministro. Esto ha generado un interés en las soluciones bajo demanda, el involucramiento de las empresas de tecnología en las actividades de la cadena de suministro y el uso de paquetes integrados de software. Otra opción consiste en subcontratar las actividades tecnológicas con proveedores de servicios logísticos tercerizados (3PL).

Como proveedores tradicionales de servicios de desplazamiento y manejo de productos, los 3PL asumen cada vez más funciones gerenciales y actividades estratégicas. En el área de SCIS, las organizaciones subcontratan con mayor frecuencia servicios de información relacionados con la administración de la transportación, el almacenamiento y el comercio global.[35]

El costo es una razón del interés en los 3PL como proveedores de tecnología. Otra es la capacidad de los sistemas: los 3PL cuentan con sistemas mejor integrados que los de sus clientes, lo que genera mayor eficiencia, integridad de datos y visibilidad. Igual que con cualquier otra compra de tecnología, las organizaciones deben analizar la flexibilidad y funcionalidad de la tecnología 3PL, así como los problemas de implantación antes de adoptar este nuevo modelo.

¿Alguna de estas innovaciones tecnológicas se arraigará y cambiará en esencia la administración de la cadena de suministro como hoy se conoce? Sólo el tiempo y la inversión de las organizaciones lo dirá. Desde luego, el panorama de la tecnología se encuentra en cambio constante. Las nuevas herramientas pueden volver obsoletas las existentes y suplantar las innovaciones emergentes. La única forma de mantener el ritmo de los últimos avances de la tecnología en las cadenas de suministro es dar seguimiento al desarrollo de la industria. La tabla 6.2 ofrece una lista de las páginas web que se enfocan en innovaciones y temas de la tecnología de la información.

Tabla 6.2	Fuentes de información adicional: tecnología en la cadena de suministro		
Nombre	**Dirección de internet**	**Descripción**	**Fuentes similares**
Aberdeen Group	www.aberdeen.com	Ofrece información basada en hechos y perspectivas enfocadas hacia la cadena de valor global impulsada por la tecnología.	www.arcweb.com www.forrester.com www.gartner.com
Logistics Viewpoints	www.logisticsviewpoints.com	Provee a los profesionales de la logística un análisis conciso y claro de las tendencias, tecnologías y servicios.	www.scdigest.com www.scmr.com www.supplychainbrain.com
RFID Update	www.rfidupdate.com	Boletín que presenta las noticias y los análisis más importantes relacionados con la tecnología RFID y sus implementaciones.	www.discoverrfid.org www.rfidjournal.com www.rfid24-7.com

Fuente: Brian J. Gibson, Ph.D. Reproducido con autorización.

RESUMEN

La información es muy importante para el éxito de una cadena de suministro y debe fluir libremente entre sus socios. Sin información exacta y oportuna resultará muy complicado para los administradores de la cadena tomar decisiones eficaces respecto de las compras, producción y distribución de materiales. Para facilitar las redes de conocimiento y promover la visibilidad de la cadena de suministro, la mayoría de las organizaciones dependen del hardware de cómputo, SCIS y tecnologías de apoyo basadas en internet; éstas comprenden que la información en tiempo real y la capacidad de responder ante las condiciones dinámicas de la cadena de suministro son aspectos esenciales para el éxito de la organización. Los líderes de la industria utilizan SCIS para lograr una visibilidad de la cadena completa y crear capacidades de adaptación y ventajas competitivas sustanciales en sus respectivos mercados.

El aprovechamiento de las tecnologías de la información como apoyo para la excelencia de la cadena de suministro es un reto constante dada la continua evolución de las capacidades del SCIS. Los responsables de las cadenas de suministro deben trabajar diligentemente para apreciar la función de la información (que es cada vez más importante), comprender los tipos de software para la cadena de suministro, elegir soluciones con prudencia y superar los desafíos más importantes de la implantación con el objetivo de alcanzar el máximo beneficio de las tecnologías de la información. Los conceptos clave de este capítulo incluyen los siguientes aspectos:

- Con el objetivo de que los responsables de la cadena de suministro utilicen la información, ésta debe ser rápidamente accesible, relevante para la toma de sus decisiones, exacta, oportuna y en un formato que pueda intercambiarse.

- Cuando se implanta de forma adecuada, la tecnología de la información apoya significativamente las capacidades y estrategias importantes de la cadena de suministro, incluyendo la conectividad, la visibilidad del producto, la colaboración entre los socios y la optimización de procesos.

- Una estructura del SCIS bien diseñada vincula a las personas, los procesos y la tecnología de una forma que facilita la información práctica y agiliza la toma de decisiones.

- La recolección y sincronización oportuna de datos ayuda a la visibilidad de la cadena de suministro, la administración de excepciones y a generar las respuestas eficaces a los requerimientos cambiantes de los clientes.

- El software para la cadena de suministro se clasifica en cuatro categorías: 1) herramientas de planeación para pronósticos y actividades relacionadas; 2) sistemas de ejecución para la administración de procesos diarios; 3) herramientas de administración de eventos para el seguimiento de los flujos en la cadena de suministro, y 4) aplicaciones de inteligencia de negocios que ayudan a las organizaciones a analizar el desempeño.

- Debido a los problemas potenciales inherentes, la selección e implantación del software no es tarea sencilla; es importante evaluar las necesidades, analizar las opciones, atender los aspectos técnicos y solventar las dudas importantes antes de realizar inversiones importantes en SCIS.

- El cambio es la constante cuando se trata de tecnologías para la cadena de suministro; resulta vital que se comprenda el desarrollo relacionado con la RFID y otras innovaciones, de modo que las organizaciones aprovechen las valiosas tecnologías.

CUESTIONARIO DE REPASO

1. Analice la función de la información en la cadena de suministro y la forma en que apoya su planeación y ejecución.

2. Describa los componentes de la calidad de la información, así como su efecto sobre la toma de decisiones en la cadena de suministro.

3. ¿Cuáles son las principales capacidades y habilidades creadas por la tecnología en la cadena de suministro? ¿Cómo la impulsan hacia la excelencia?

4. Describa un sistema de información para la cadena de suministro en términos de sus principales elementos, requerimientos y funcionalidades.

5. Identifique las cuatro principales categorías de software para la administración de las cadenas de suministro y explique sus funciones principales.

6. Con base en las páginas web de las empresas, elabore un perfil (tipo de software para la cadena de suministro ofrecido, ventas anuales y noticias recientes) de las siguientes organizaciones:

   a) SAP (http://www.sap.com)

   b) Manhattan Associates (http://www.manh.com)

   c) Logility (http://www.logility.com)

7. ¿Cuál es la función de los sistemas de planeación de recursos empresariales en la administración de la cadena de suministro?

8. Analice las ventajas relacionadas con el mejor software en su tipo a diferencia de los paquetes de la cadena de suministro.

9. ¿Por qué las empresas eligen software bajo demanda en lugar de software bajo licencia?

10. Al preparar la adquisición e implantación de componentes SCIS, ¿qué aspectos y preguntas deben considerar los directivos?

11. ¿A qué se debe que haya tanto interés en la identificación por radio frecuencia? ¿Cuáles son los beneficios para la cadena de suministro que ésta aporta?

12. ¿Cuál es el efecto de la computación móvil y la internet sobre la administración de la información en la cadena de suministro?

NOTAS

1. Mary Shacklett, "Supply Chain Software: The Big Spend", *World Trade* (1 de octubre de 2010). Consultado el 16 de marzo de 2011 en http://www.worldtrademag.com/Articles/Cover_Story/BNP_GUID_9-5-2006_A_I0000000000000913085.

2. Marc Ferranti, "Wall Street Beat: IT Spending Forecast to Rise in 2011", *CIO* (7 de enero de 2011). Consultado el 16 de marzo de 2011 en http://www.cio.com/article/652713/Wall_Street_Beat_It_Spending_Forecast_To_Rise_in_2011?page=I&taxonomyId=3000.

3. "Enterprises Increasing Technology Spending to Drive Supply Chain Innovation, Says New Aberdeen Report", *PR Newswire* (23 de mayo de 2006).

4. Robert Premus y Nada Sanders, "Modeling the Relationship Between Firm IT Capability, Collaboration and Performance", *Journal of Business Logistics* 26, núm. 1 (2005): 1-23.

5. Mary Holcomb, "The Five Drivers of Sustainable Supply Chain Management Practice", *Public Policy and Sustainability* (22 de marzo de 2010). Consultado el 16 de marzo 2011 en http://www.freightpublicpolicy.org/2010/03/the-five-drivers-of-sustainable-supply-chain-management-practice/

6. Mary C. Holcomb, Karl B. Manrodt, Belinda Griffin y Kevin Schock, *The 2008 Supply Chain Playbook: 17th Annual Report on Trends and Issues in Logistics and Supply Chain Management* (Nueva York: Capgemini, 2008): 3.

7. Lynette Ferrara y Alex Mayall, "Successful Business Relationship Management", *CSC World* (enero-marzo de 2006): 18-21

8. Mark Smith, "Improving Supply Chain Performance", *Achieving Supply Chain Excellence through Technology* (San Francisco, CA: Montgomery Research, 2004).

9. Jose Favilla y Andrew Fearne, "Supply Chain Software Implementations: Getting it Right," *Supply Chain Management* (octubre de 2005): 241-243.

10. Segmentos importantes de esta sección se adaptaron a partir de Jeff Abott, Karl Manrodt y Peter Moore, *From Visibility to Action: Year 2004 Report on Trends and Issues in Logistics and Transportation* (Nueva York: Capgemini, 2004); y Peter Moore, Karl Manrodt y Mary Holcomb, *Collaboration: Enabling Synchronized Supply Chains, Year 2005 Report on Trends and Issues in Logistics and Transportation* (Nueva York: Capgemini, 2005).

11. Kenneth C. Laudon y Jane P. Laudon, *Management Information Systems,* 11a. ed. (Upper Saddle River, NJ: Prentice Hall, 2010).

12. Scott Wilson, "Extending Visibility?", *Metal Producing and Processing,* (enero de 2003): 36-37.

13. "Improving Sales and Operations Planning at SanDisk Corporation", *JDA Case Study* (2010): 1-3. Consultado el 16 de marzo de 2011 en http://www.jda.com/company/display-collateral/pID/880/.

14. David Maloney, "More than Paper Savings", *DC Velocity* (enero de 2006): 62-64.

15. William Atkinson, "Good to Grape: Welch's Juices Up Its Inventory Management", *Supply and Demand Chain Executive* (febrero/marzo de 2010): 16-17.

16. Bob Trebilcock, "Supply Chain Software Basics", *Modern Materials Handling* (abril de 2009): 26-28.

17. "Del Monte Food", *Infor Case Study* (2010). Consultado el 17 de marzo de 2011 en http://www.infor.com/content/casestudies/delmonte.pdf/?location=LHM.

18. Michael Totty, "Technology Special Report: Business Intelligence", *The Wall Street Journal* (3 de abril de 2006): R6.

19. Frank Smietana, "Enhancing Supply Chain Visibility with Pervasive Business Intelligence", *Business Intelligence Journal* (primer trimestre de 2010): 30-38.

20. Para un análisis completo de los sistemas de planeación de recursos empresariales, véase Joel Wisner, G. Keong Leong y Keah-Choon Tan, *Principles of Supply Chain Management: A Balanced Approach,* 3a. ed. (Mason, OH: South-Western, 2011), capítulo 6.

21. Bob Trebilcock, "A Tale of Two ERP Systems", *Modern Materials Handling* (diciembre de 2005): 27-29.

22. Connie Venema, ed., "The Evolution of Hosted Supply Chain Software", *The Supply Chain Digest Newsletter* (abril de 2010): 4-10.

23. "Top Five Reasons to Purchase-and-Install", *Inbound Logistics* (marzo de 2011). Consultado el 17 de marzo de 2011 en http://www.inboundlogistics.com/newsletter/transite0311.html.

24. Michael Levans, "Get More Bang for Your IT Bucks", *Logistics Management* 45, núm. 4 (abril de 2006): 32-35.

25. Dave Roos, "How to Leverage an API for Conferencing", *HowStuffWorks.com.* Consultado el 17 de marzo de 2011 en http://communication.howstuffworks.com/how-to-leverage-an-api-for-conferencing1.htm.

26. Esta sección es una adaptación de la siguiente presentación: Chris Norek, "Using Evolving Technology to Manage Complex Supply Chains", *Transformation '06: A Business and Logistics Conference* (Las Vegas, 1 de febrero de 2006).

27. Jim Welch y Peter Wietfeldt, "How to Leverage Your Systems Investment", *Supply Chain Management Review* 9, núm. 8 (noviembre de 2005): 24-30.

28. Maida Napolitano, "RFID Revisited", *Logistics Management* (febrero de 2010): 45-47.

29. Bridget McCrea, "RFID/Wireless: Race to Utopia", *Logistics Management* (julio de 2010): 37-39.

30. Napolitano, 45-47.

31. "Cloud Computing", *NIST.gov* (actualizado el 27 de agosto de 2010). Consultado el 18 de marzo de 2011 en http://csrc.nist.gov/groups/SNS/cloud-computing/

32. "Shippers' IT: Supply Chain Cloud Formation", *American Shipper* (junio de 2010): 28.

33. James Cooke, "Comparing Apples to... Handhelds?", *DC Velocity* (diciembre de 2010): 47.

34. Bridget McCrea, "There's an 'App' for That!", *Logistics Management* (enero de 2011): 40.

35. Michael Levans, "2010 Technology Roundtable: Achieving Perfect Pitch", *Logistics Management* (mayo de 2010): 22-27.

CASO 6.1

Bazinga Licensing Ltd.

Bazinga Licencing Ltd. (BLL) es un fabricante autorizado de productos basados en personajes animados japoneses famosos. La empresa, con sede en Seattle, produce juguetes, artículos coleccionables y otros de novedad a las afueras de Kaohsiung, Taiwán. La mayoría de sus ventas se realizan a pequeños minoristas en Estados Unidos y América Latina.

El interés en los productos de BLL ha aumentado gracias a ciertas apariciones oportunas en los programas populares de televisión. Shelly Coopers, la directora ejecutiva de la empresa, acaba de recibir una llamada de Mega-Mart solicitándole la línea de productos de BLL para la próxima temporada festiva. La llamada iba muy bien hasta que el ejecutivo de Mega-Mart preguntó acerca de la plataforma tecnológica de la cadena de suministro de BLL y su sistema de atención de pedidos. Shelly no sabía a qué se refería y sólo pudo responder de forma ambigua.

La realidad era que BLL no contaba con un SCIS formal; la empresa era pequeña y todo se administraba manualmente. Desde los pronósticos y el control de inventarios hasta el cumplimiento de pedidos y la facturación a los clientes, todo se realizaba sobre formatos preimpresos y después esta información se introducía en hojas de cálculo de Excel.

El ejecutivo de Mega-Mart percibió la falta de sofisticación tecnológica y concluyó la llamada afirmando: "En realidad queremos promover sus productos este año; sin embargo, contamos con estándares específicos para la transferencia digital de pedidos, información de punto de venta y facturación. Si ustedes no pueden interaccionar de forma eficaz con nuestro sistema de información de cadena de suministro, no podremos hacer negocios con Bazinga."

PREGUNTAS SOBRE EL CASO

1. Para adquirir las capacidades tecnológicas necesarias, ¿BLL deberá usar software bajo licencia o bajo demanda? Explique.

2. ¿Qué tipo de software requiere BLL para soportar el negocio con Mega-Mart? ¿Cuáles son las características y funcionalidades necesarias?

3. ¿Qué función puede desempeñar la internet en el avance de BLL desde los métodos manuales hasta una administración de la información basada en tecnología?

Fuente: Brian J. Gibson, Ph.D. Reproducido con autorización.

CASO 6.2

Catnap Pet Products

La empresa Catnap Pet Products (CPP) de Saskatoon, Saskatchewan, en Canadá, construye elegantes jaulas transportadoras de mimbre sintético para mascotas que, a diferencia de las tradicionales de tipo rejas metálicas, son atractivas y funcionales. Están disponibles en seis colores y tamaños para dar cabida a todo tipo de perros y gatos. Las ventas anuales promediaron 50,000 unidades durante los pasados tres años. CPP no enfrenta competidores considerables y vende el producto de forma directa vía internet en http://www.catnapping.ca y también por intermediación de cinco empresas de venta por catálogo de artículos del hogar, con precios que van desde 99.95 hasta 279.99 dólares por contenedor, más gastos de envío y manejo.

Las jaulas Catnapper constan de cuatro componentes principales: la estructura metálica y la puerta (fabricación subcontratada en Nampa, Idaho), una superficie plástica para el piso (de Calgary, Alberta), paneles de resina tejida (de Tijuana, México) y cajas para envío (de una localidad cercana a Regina, Saskatchewan). Éstos se ensamblan, empacan y almacenan en sus instalaciones de Saskatoon. La dirección de CPP elabora pronósticos trimestrales utilizando macros de Excel y los comparte vía correo electrónico con cada uno de sus proveedores junto con los pedidos mensuales de los componentes.

Casi 35% de los pedidos de clientes se realizan a través del sitio web de CPP y el restante 65% por medio de sus socios de ventas por catálogo. Los dos vendedores más grandes levantan pedidos diarios utilizando la EDI basada en internet, dos más los envían cada semana por correo electrónico y la empresa de venta por catálogo más pequeña los despacha periódicamente por fax. CPP envía todos los pedidos de los clientes con el apoyo de pequeñas empresas de paquetería y las empresas de venta por catálogo no cuentan con inventario.

Con los años, CCP ha reunido una variedad de herramientas tecnológicas para soportar sus esfuerzos operativos. Los principales componentes incluyen un paquete de comercio electrónico para administrar el sitio web y la colocación de pedidos; un sistema básico de administración de almacén le ayuda a dar seguimiento a los niveles de inventario y gestionar la recolección de pedidos, así como herramientas de administración de envíos de su principal empresa de paquetería para apoyarlo con el ruteo, la documentación, el etiquetado y el rastreo. El resto de los procesos se administra con una base de datos de lenguaje de consultas estructuradas (SQL; *structured query language*), hojas de cálculo y un paquete de software de contabilidad.

En una exposición comercial reciente, dos importantes empresas minoristas, PETCO y Target, se acercaron a los ejecutivos de CPP con el interés de manejar la línea de productos Catnapper. El volumen de ventas proyectado para estos dos clientes llevaría las ventas anuales a 250,000 unidades. A pesar de la emoción inicial de los ejecutivos de la empresa, rápidamente se dieron cuenta de que la capacidad actual de la fábrica de Saskatoon y el "sistema de información" de CPP no soportarían un volumen de tal magnitud. No obstante, no deseaban rechazar este inesperado negocio y comenzaron a trabajar en un plan para dar cabida a sus nuevos clientes.

En la primera reunión de planeación se generó una estrategia básica. La empresa continuaría atendiendo a sus clientes actuales con las instalaciones y los procesos existentes. En cuanto al volumen adicional, CPP administraría la subcontratación de los componentes y recurriría a un fabricante contratista en China para fabricar los productos Catnapper destinados a PETCO y Target. El producto sería enviado a San Diego, California, por medio de un servicio de contenedores marítimos, y una empresa de logística externa almacenaría el inventario y administraría la entrega final a las tiendas de ambos clientes.

PREGUNTAS SOBRE EL CASO

1. Dado el crecimiento de su volumen y los cambios en el proceso de la cadena de suministro, ¿cuáles son los retos tecnológicos que CPP enfrentará?

2. Conforme se extiende el ámbito de la cadena de suministro de CPP, ¿cuáles serán las capacidades y las habilidades de la tecnología de información más importantes que la empresa debe alcanzar?

3. Desde el punto de vista del intercambio de información, ¿cuál será la diferencia entre los requerimientos de PETCO y Target, y los de su base actual de clientes? ¿Cómo deberá responder CPP ante ellos?

4. ¿Qué tipo de software será más adecuado para CPP? ¿Por qué?

Fuente: Brian J. Gibson, Ph.D. Reproducido con autorización.

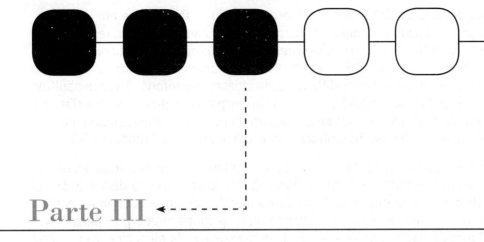

Parte III

Hasta aquí, los temas en este texto han ofrecido una comprensión básica de la cadena de suministro: cómo administrarla y medirla, y qué tecnología usar para administrar los flujos de información, productos y efectivo. La parte III se enfoca en el concepto de cumplimiento; inicia con el desarrollo de pronósticos y termina con el embarque recibido por el cliente. A esto también se le conoce como *ciclo de pedido a efectivo*. Esta sección se centra en cómo las empresas entregan los productos mientras disminuyen los costos y aumentan la satisfacción del cliente.

El **capítulo 7** comienza con un análisis del desequilibrio común entre la oferta y la demanda para una organización y cómo es posible mitigarlo por medio de la comprensión de los diferentes factores que afectan la demanda. Después se presentan diversos métodos de pronóstico para que las organizaciones estimen las demandas futuras del cliente. También se presentan técnicas básicas de colaboración, como el proceso de planificación de ventas y operaciones (S&OP; *sales and operations process*) y la de planificación, pronósticos y reabastecimiento colaborativos (CPFR; *collaborative planning, forecasting and replenishment*), para mostrar cómo pueden ampliarse a fin de incluir otras áreas funcionales de una organización y a otros socios del canal. Por último, este capítulo estudia algunos procesos básicos y diseños de red que pueden utilizarse en el proceso de cumplimiento de pedidos.

El **capítulo 8** se enfoca en los conceptos de servicio al cliente y administración del pedido, y cómo se relacionan y administran al interior de las organizaciones. Se identifican y analizan los elementos básicos del servicio al cliente a partir de la forma en que afectan tanto a los compradores como a los proveedores. Asimismo, se presenta el concepto de *costos de agotamiento de existencias*. Por último, se mencionan los resultados principales de la administración de pedidos: cómo se miden y sus impactos financieros en compradores y proveedores.

El **capítulo 9** ofrece un examen detallado del concepto de administración de inventarios. Inicia con un análisis general de las funciones del inventario en la economía: por qué los manejan las organizaciones y los diferentes tipos que existen en la cadena de suministro. Después se expone un análisis de las diferentes técnicas de administración de inventarios, con un enfoque especial en la cantidad económica del pedido (EOQ; *economic order quantity*). También se analizan otras técnicas, como el justo a tiempo (JIT; *just in time*), planificación de requerimientos de materiales (MRP; *materials requirements planning*), planificación de requerimientos de distribución (DRP; *distribution requirements planning*) e inventario administrado por el proveedor (VMI; *vendor-managed inventory*). En este capítulo también se estudian los métodos que se utilizan para clasificar los inventarios y medir el impacto de los cambios en el número de puntos de almacenamiento. Por último, el apéndice del capítulo ofrece varias derivaciones del modelo EOQ.

Los dos capítulos finales presentan un análisis minucioso de dos áreas logísticas cruciales para el cumplimiento de pedidos: la transportación y la distribución. El **capítulo 10** describe la importancia de la transportación en la economía, analiza su mercado y los diferentes modos disponibles; después ofrece una perspectiva sobre la toma de decisiones en esta área: la planeación, la ejecución y el control de los flujos de mercancías. Concluye con el tema de las métricas y los análisis tecnológicos inherentes. Los apéndices ofrecen una cobertura puntualizada de su regulación y costo.

El **capítulo 11** estudia las funciones de las operaciones de distribución en la cadena de suministro. Brinda especial atención a la planificación, la estrategia y la ejecución de la distribución, con un enfoque en la función del almacenamiento y las operaciones de cumplimiento de pedidos. Termina con un análisis de las métricas y la tecnología. El apéndice de este capítulo ofrece una perspectiva de las estrategias y el equipo de manejo de materiales que se utilizan en las operaciones de distribución.

Capítulo 7

ADMINISTRACIÓN DE LA DEMANDA

Objetivos de aprendizaje

Después de leer este capítulo, usted será capaz de:

- Comprender la importancia de los sistemas logísticos de salida hacia el cliente.

- Apreciar la creciente necesidad de una administración eficaz de la demanda como parte del conocimiento experto general de la logística y la cadena de suministro de una organización.

- Conocer los tipos de pronósticos que podrían ser necesarios y comprender cómo ayudará la colaboración entre los socios comerciales en los procesos generales de pronóstico y administración de la demanda.

- Comprender los principios básicos en los que se basan las ventas y el proceso de planificación de operaciones.

- Identificar los pasos clave en el proceso de cumplimiento de pedidos y apreciar las diferentes estructuras de canal que podrían utilizarse en este proceso.

Perfil de la cadena de suministro   *LuAnn's Chocolates*

LuAnn Jaworski y su esposo, Denny, fundaron LuAnn's Chocolates (LC) en 1975. Con sede en Bellefonte, Pennsylvania, LC producía un número relativamente pequeño de productos de chocolate para atender una demanda normal de los clientes (por ejemplo, barras de chocolate), así como los mercados de consumo de especialidad (como los surtidos especiales en cajas). En la actualidad, con ingresos anuales que se acercan a los tres millones de dólares, LC ha visto aumentar sus ingresos, y la demanda de temporada comienza a causar estragos en los niveles de inventario y en la programación de la producción.

PROCESO DE PLANIFICACIÓN ACTUAL

Por tradición, LC dependía de mantener su única fábrica en operación con un nivel estable durante todo el año. Los pronósticos se realizaban manualmente con pequeños incrementos anuales en el volumen que se aplicaban a la demanda de todo el año. Dos representantes de ventas que LC empleaba para atender a los minoristas locales eran los responsables de elaborar los pronósticos de la demanda; su compensación consistía en un salario base más comisión. Después, el área de manufactura cambiaba esos pronósticos para permitir que la planta funcionara sin problemas mientras minimizaba las reconfiguraciones. La evaluación del gerente de la planta se basaba en el costo total de lo manufacturado por libra (o por kilogramo). Aunque la planta seguía funcionando a un ritmo estable, los niveles de inventario fluctuaban en gran medida durante el año. Para complicar la situación, LC tenía niveles elevados de inventario innecesario en su centro de distribución, lo que generaba agotamientos de existencias. No obstante que el área de finanzas se preocupaba por "alcanzar sus cifras" cada trimestre, tenía una participación mínima o nula en los procesos de pronóstico y programación de la producción.

PROCESO DE DISTRIBUCIÓN ACTUAL

LC fabrica su chocolate y lo almacena en su centro de distribución, también con sede en Bellefonte. Cuando llegan los pedidos de los clientes minoristas, el centro de distribución los despacha y ajusta los niveles de inventario en el sistema de seguimiento; cuando las existencias de un producto alcanzan un nivel predeterminado, coloca un pedido para que la planta lo reabastezca. Si la planta cuenta con ese producto o si lo está produciendo, el pedido de reabastecimiento se envía al centro. Si ninguna de estas dos situaciones se presenta, el centro de distribución esperará su pedido hasta que la planta programe producirlo. Los clientes de LC no le informan de antemano su demanda.

LA REUNIÓN

Cada lunes por la mañana LC sostiene una reunión con el equipo ejecutivo, integrado por los representantes de ventas, logística, manufactura y finanzas, para revisar la actividad de la semana anterior. La reunión de esta mañana se convirtió en un acalorado debate acerca de los niveles de inventario de la empresa y el agotamiento de existencias resultante. Beth Bower, una de las representantes de ventas, externó su preocupación por los niveles de inventario inadecuados que impiden satisfacer las demandas de sus clientes. "La semana pasada mis clientes me reclamaron. Todos los pedidos que recibí estaban incompletos o no se despacharon debido a que el centro de distribución no contaba con el inventario." Teresa Lehman, gerente del centro de distribución, respondió a Beth de manera arrebatada: "Envío lo que tengo; no me culpes si no tengo el inventario. El centro está lleno. ¿Por qué no vendes lo que hay en existencias? Ese es tu trabajo. Yo tomo lo que la planta produce. Si quieres culpar a alguien, culpa a la planta." A Vinny Coglianese, gerente de la planta, le molestó esta acusación: "Si hiciera lo que piden cuando lo piden, mis costos se elevarían hasta el techo. Tengo un programa de producción y me sujeto a él." Jean Beierlein, vicepresidente de finanzas, pronto agregó sus comentarios: "El trimestre pasado no nos acercamos a nuestros ingresos objetivo y, como van ahora las cosas, tampoco lo haremos este trimestre. Alguien necesita evaluar lo que estamos haciendo o este año tendremos números rojos."

No hace falta decir que LuAnn estaba perpleja ante esta conversación. Cuando la empresa comenzó sus operaciones, las cosas eran mucho más sencillas. No obstante, el crecimiento trajo consigo diversos problemas operativos que no había anticipado. El hecho de perder dinero por primera vez en su historia era una situación para la que LuAnn no estaba preparada. Si usted fuera ella, ¿qué haría para resolver los problemas en LC?

Fuente: Robert A. Novack, Ph.D. Reproducido con autorización.

Introducción

En un esfuerzo por atender mejor a sus clientes muchas organizaciones enfatizan lo que han dado en llamar sus *sistemas logísticos de salida hacia el cliente*. También se le conoce como *distribución física*, y en esencia se refiere a los procesos, sistemas y capacidades destinados a mejorar la habilidad de una organización para atender a sus clientes. La forma en la que minoristas como Walmart, Target y L.L.Bean dan cumplimiento a los pedidos es un ejemplo de logística de salida. Este tema es de interés histórico en el estudio de la logística y la administración de la cadena de suministro, y este capítulo destaca sus áreas principales.

Asimismo, el tema de los sistemas logísticos de entrada hacia las operaciones se refiere a las actividades y los procesos que preceden y facilitan las actividades de valor agregado, como el aprovisionamiento (capítulo 13), la manufactura (capítulo 14) y el ensamblaje. Otros términos que se enfocan en estos elementos de la cadena de suministro son la administración de materiales y el suministro físico. Un ejemplo común serían los movimientos de las refacciones y los accesorios automotrices que es necesario trasladar de las instalaciones del proveedor a las plantas armadoras. Aunque muchos principios de la logística de entrada son similares desde el punto de vista conceptual a los de la logística de salida, es preciso reconocer algunas diferencias importantes. Por tanto, el tema de los sistemas logísticos de entrada se analiza en el capítulo 13, que se titula "Contratación de materiales y servicios".

Debido a la complejidad del tópico en cuestión, en este capítulo se espera estudiar con detalle todos estos aspectos. Primero, el análisis de la administración de la demanda ofrece un panorama de la importancia de gestionar de manera eficaz los procesos de salida hacia el cliente. Segundo, se aborda el tema de los pronósticos. Tercero, se ofrece una introducción al proceso de planificación de ventas y operaciones (S&OP). Cuarto, se analiza el énfasis reciente que se confiere a los métodos de pronóstico colaborativo. Por último, nos enfocamos en el cumplimiento de pedidos y en los procesos y métodos que se utilizan para distribuir los bienes en el sistema logístico de salida hacia el cliente.

Administración de la demanda

De acuerdo con Blackwell y Blackwell, la administración de la demanda podría interpretarse como "los esfuerzos enfocados para estimar y administrar la demanda de los clientes, con la intención de utilizar esta información para dar forma a las decisiones operativas".[1] Las cadenas de suministro tradicionales comienzan en el punto de manufactura o ensamblaje y terminan con la venta del producto a los consumidores o compradores empresariales. Gran parte del interés y la atención se relacionan con el tema del flujo de productos, especialmente en aspectos como tecnología, intercambio de la información, rotación de inventario, velocidad y consistencia de la entrega, y transportación. No obstante, los fabricantes (muchas veces alejados del usuario final o del mercado de consumo) determinan qué habrá disponible para la venta, dónde, cuándo y cuánto. Esto parece reflejar una desconexión entre la manufactura y la demanda en el punto de consumo, y eso es. Por tanto, cualquier cantidad de atención que se brinde a la administración de la demanda producirá beneficios en toda la cadena de suministro.

La esencia de la administración de la demanda es promover la capacidad de las empresas en toda la cadena de suministro (en particular la manufactura a través del cliente) para colaborar en las actividades relacionadas con el flujo de productos, servicios, información y capital. El resultado debe ser la creación de mayor valor para el usuario final o consumidor. Existen diversas maneras en las que la administración eficaz de la demanda ayuda a unificar a los integrantes del canal con las metas en común de satisfacer a los clientes y resolver sus problemas.[2]

- Reunir y analizar la información sobre los consumidores; sus problemas y necesidades insatisfechas.

- Identificar las pautas para desempeñar las funciones necesarias en la cadena de la demanda.

- Trasladar las funciones que es preciso desempeñar al integrante del canal que pueda realizarlas con mayor efectividad y eficiencia.

- Compartir el conocimiento acerca de los consumidores y clientes, la tecnología disponible y los desafíos y oportunidades logísticos con otros integrantes de la cadena de suministro.

- Generar productos y servicios que solucionen los problemas de los clientes.

- Desarrollar y aplicar los mejores métodos logísticos, de transportación y de distribución para entregar los productos y servicios a los consumidores en el formato deseado.

A medida que las organizaciones identifiquen la necesidad de mejorar la administración de la demanda, surgirán varios problemas. Primero, la falta de coordinación entre departamentos (por ejemplo, la existencia de "silos funcionales") genera una coordinación mínima o nula en respuesta a la información de la demanda. Segundo, se concede una excesiva importancia a los pronósticos de la demanda a expensas de la atención hacia los esfuerzos colaborativos y planes estratégicos y operativos que es preciso desarrollar a partir de los pronósticos. Tercero, la información de la demanda se utiliza más con fines tácticos y operativos que estratégicos. En esencia, dado que en muchos casos el desempeño histórico no es un buen vaticinador, la información de la demanda debe utilizarse para crear escenarios colectivos y realistas para el futuro. El énfasis debe centrarse principalmente en comprender los escenarios probables de demanda y correlacionarlos con las alternativas de suministro de producto. El resultado será una compaginación más adecuada de la demanda, en cuanto surja, con la disponibilidad del producto necesario en el mercado.

Un desequilibrio entre la oferta y la demanda perjudicaría la efectividad de la cadena de suministro. Considere la industria de las computadoras personales: sin tomar en cuenta a los primeros adoptantes, el nivel máximo de la demanda del usuario final de computadoras personales se alcanza cuando se introducen nuevos productos, que también es el momento en que la disponibilidad es más precaria. A medida que se cuenta con nuevos artículos competidores, la demanda del usuario final disminuye y alcanza un nivel modesto; aquí es cuando el producto, más disponible, desaparece paulatinamente del mercado.

En la primera fase del lanzamiento de un nuevo producto, cuando la demanda del usuario final está en su punto más alto y las oportunidades para los márgenes de utilidades son mayores, los ensambladores de computadoras personales son incapaces de suministrar el producto en cantidades suficientes para hacer frente a la demanda, lo que genera una verdadera escasez. También durante este tiempo los distribuidores y revendedores piden más de lo necesario, con lo que crean gran demanda "fantasma". En la siguiente fase, a medida que la producción aumenta, los ensambladores envían los productos ante esta situación de pedidos inflados y reservan ventas a un precio de lanzamiento más alto. Conforme aumentan los inventarios de canal, la competencia basada en precios se nivela, así como las devoluciones de excedentes de mercancía. Esto deprime más la demanda de computadoras personales y los ensambladores resultan ser los más afectados.

Conforme la demanda del usuario final disminuye, la situación se convierte en un exceso de oferta. Esto se debe en gran medida a los procesos y sistemas de planificación de la industria, que están diseñados para utilizar como indicador la demanda del periodo anterior. Como gran parte de esta última estaba representada por la demanda fantasma que se mencionó antes, los pronósticos se distorsionaron. El resultado neto de alinear la oferta y la demanda se traduce en que la mayoría del producto se vendió durante el periodo en el que menguaron las oportunidades para obtener utilidades, lo que a su vez ocasionó que las opciones de creación de valor sustancial disminuyeran para los participantes en la industria. Para colmo de males, grandes cantidades de inventario quedaron detenidas a lo largo de la cadena como medida de protección contra la incertidumbre del suministro.

De acuerdo con Langabeer, existe evidencia creciente y persuasiva de que la comprensión y la administración de la demanda del mercado son factores determinantes en el éxito de una empresa.[3] Además de esta observación, pocas empresas han vinculado con éxito la administración de la demanda con la estrategia. Como se sugirió, el uso eficaz de los datos de la demanda ayuda a las organizaciones a guiar sus recursos estratégicos de varias formas importantes.

Equilibrio entre la oferta y la demanda

La esencia de la administración de la demanda, como se dijo antes, estriba en estimar y gestionar la demanda del cliente y utilizar esta información para tomar decisiones operativas. Sin embargo, es muy probable que la demanda y la oferta en una organización nunca logren el equilibrio que permita lograr cero agotamientos y cero existencias de seguridad. Se manejan muchos métodos para administrar este desequilibrio, principalmente cuatro que se emplean en muchas industrias. Dos de ellos, el precio y el tiempo de entrega, se conocen como *métodos externos de equilibrio*. Los otros dos, el inventario y la flexibilidad de la producción, reciben el nombre de *métodos internos de equilibrio*.

Los métodos externos de equilibrio se usan para cambiar la forma en que el cliente realiza sus pedidos con el objetivo de manejar las diferencias entre la oferta y la demanda. Dell se ha dado cuenta de que son eficaces para suavizar la demanda y lograr que se alinee con la oferta. Por ejemplo, la empresa actualiza en su sitio de internet los precios y la disponibilidad en función de la demanda de un artículo y su oferta. Si la demanda del cliente supera la oferta actual, Dell puede aumentar el tiempo de entrega del artículo. Al hacerlo, habrá uno de estos resultados: primero, si para el cliente es inaceptable ese tiempo de entrega, podría elegir otro artículo de la empresa del que haya existencias suficientes; segundo, si decide aceptar el mayor tiempo de entrega del producto, Dell podrá esperar a que sus proveedores realicen la siguiente entrega del producto. Si la demanda del cliente está por debajo de los niveles de inventario de ese artículo en especial, el sitio de internet publicará una reducción en su precio, con la esperanza de que la demanda aumente. Ambos métodos permiten a Dell administrar el agotamiento de existencias y minimizar los inventarios de existencias de seguridad.

Los métodos internos de equilibrio utilizan los procesos de la organización para administrar la brecha entre la oferta y la demanda. La flexibilidad de la producción permite a una organización cambiar con rapidez y eficiencia sus líneas de producción de un artículo a otro. Este es uno de los principios de la manufactura esbelta. Ser capaz de reaccionar con rapidez ante la demanda cambiante por medio de la modificación de los programas de producción, permite tener un nivel mínimo de existencias de seguridad y reducir la posibilidad de que ocurra su agotamiento. El equilibrio debe lograrse entre los costos de conversión en la producción y los de las existencias de seguridad. Quizás el inventario sea el método más común, aunque también el más costoso, para administrar el desequilibrio entre la oferta y la demanda. Muchas organizaciones producen en función de un pronóstico que contempla las existencias de seguridad para suavizar los efectos de las variaciones en la demanda y los tiempos de entrega. Esto les permite minimizar la cantidad de modificaciones que necesitan aplicar en sus procesos de producción, pero también genera niveles de inventario más altos. En estos casos los costos de agotamiento son mayores que los de conversión de la producción.

Los cuatro métodos descritos no son mutuamente excluyentes en la mayoría de las organizaciones. Para administrar las existencias de seguridad y los agotamientos de existencias se aplica una combinación de ambos. Su uso y nivel de implantación estarán determinados por la naturaleza del producto y el costo del agotamiento; también dependerá de la capacidad de la organización para pronosticar la demanda de manera adecuada. Los pronósticos constituyen el tema de la siguiente sección.

Pronósticos tradicionales

Un componente principal de la administración de la demanda es el pronóstico de la cantidad de producto que se comprará, y cuándo y dónde lo adquirirán los clientes. Aunque hay varias técnicas estadísticas para pronosticar la demanda, todos los resultados tienen algo en común: al final estarán equivocados. La clave para su éxito es minimizar el error entre la demanda real y la pronosticada. Aunque esto parezca sencillo, pueden surgir en el mercado diversos factores que cambiarán la demanda de manera contraria a lo que se espera. No obstante, los pronósticos son necesarios: sirven como un plan para fijar metas y desarrollar estrategias de ejecución en los departamentos de mercadotecnia y de operaciones. Estas metas y estrategias se crean por medio de los procesos de planificación de ventas y operaciones (S&OP). Este concepto se analiza en una sección posterior de este capítulo. El resto de esta sección se centra en los diferentes tipos de técnicas de pronóstico que se emplean en toda la industria.

Factores que afectan la demanda

Existen dos tipos de demanda: 1) independiente, para el artículo principal y 2) dependiente, que sufre la influencia directa de la demanda independiente. Por ejemplo, la demanda de bicicletas es *independiente*: es la de un producto principal o terminado, y el cliente la crea directamente. La demanda de llantas para bicicletas es *dependiente*, debido a que el número de llantas requeridas estará determinado por la cantidad de bicicletas solicitadas. La mayoría de las técnicas de pronóstico se enfoca en la demanda independiente. Dado ese nivel, el fabricante sabe que necesitará dos llantas para cada bicicleta; así, no hay necesidad de que pronostique su demanda. Desde un punto de vista distinto, el fabricante requerirá pronosticar la demanda de llantas debido a que éstos son sus artículos de demanda dependiente; no obstante, no requerirá pronosticar la de rines, pues cada llanta necesita uno. Por tanto, cada organización en una cadena de suministro específica tendrá diferentes definiciones de artículos con demanda dependiente e independiente. No obstante, los pronósticos seguirán elaborándose en el nivel de artículos de la dependiente.

Por lo general, la independiente se conoce como demanda base, es decir, *demanda normal*. No obstante, todas están sujetas a ciertas fluctuaciones, como la que se genera por una variación aleatoria: un evento imposible de anticipar y que desencadena el mantenimiento de existencias de seguridad para evitar el agotamiento. Por ejemplo, los huracanes que devastaron zonas de Louisiana en Estados Unidos ocasionaron un repunte inesperado en la demanda de suministros de construcción en esa región. Un segundo tipo de fluctuación es el causado por la tendencia: un incremento o decremento graduales en la demanda con el paso del tiempo para una organización. La demanda de componentes electrónicos avanzados en el mercado de consumo (por ejemplo, iPods y reproductores de DVD) presenta una tendencia al alza. La de reproductores VCR muestra una tendencia a la baja. Un tercer tipo de fluctuación se origina por los patrones estacionales, que se repiten durante un año en la mayoría de las organizaciones. Por ejemplo, los fabricantes de chocolate enfrentan diversos patrones estacionales durante el año, como los Días de San Valentín, Pascua y Halloween. Por último, las fluctuaciones en la demanda pueden ser producto de ciclos de negocio normales. Éstos dependen de la economía del país y pueden ser de crecimiento, estancamiento o decrecientes. Estos patrones en general ocurren en periodos de más de un año. Casi todas las empresas están sujetas a estas influencias, lo que hace del pronóstico una tarea aún más desafiante. En la siguiente sección se analizan brevemente algunos métodos de pronóstico populares y se explica cómo es posible incluir algunas de estas variaciones en los pronósticos de una organización.

Promedio móvil simple

El promedio móvil simple quizá sea el método más fácil de desarrollar en el pronóstico básico de series de tiempo. Genera pronósticos a partir de la historia reciente de la demanda y permite que se eliminen los efectos aleatorios: no acepta influencias estacionales, de tendencias o del ciclo del negocio; sólo promedia un número predeterminado de periodos y utiliza este rango como la demanda para el siguiente periodo. Cada vez que se calcula el promedio, se descarta la demanda más antigua y se incluye la más reciente. Uno de sus puntos débiles radica en que olvida el pasado con rapidez; una de sus fortalezas es que es rápido y de fácil uso.

La tabla 7.1 presenta un ejemplo de cómo utilizar la técnica del promedio móvil simple para la demanda del dulce que LuAnn's Chocolates (LC) produce. La demanda promedio mensual de cajas del chocolate más popular de LC se muestra en la columna 2; este ejemplo utilizará un promedio móvil de tres periodos. En la determinación del pronóstico para la demanda de abril se encuentra el promedio de la demanda de enero, febrero y marzo. Este cálculo se muestra en la fórmula 7.1.

$$A_t = \frac{\text{Suma de las últimas } n \text{ demandas}}{n}$$
$$= D_t + D_{t-1} + D_{t-2} + \dots D_{t-n+1}$$

7.1

donde

D_t = demanda real en el periodo t
n = número total de periodos en el promedio
A_t = promedio del periodo t

Tabla 7.1	Pronóstico de promedio móvil simple			
(1) t PERIODO	(2) D_t DEMANDA	(3) A_t PROMEDIO MÓVIL DE TRES PERIODOS	(4) F_t PRONÓSTICO DE TRES PERIODOS	(5) E_t $D_t - F_t$ ERROR
Enero	560			
Febrero	1,300			
Marzo	750	870.0		
Abril	1,465	1,171.7	870.0	+595.0
Mayo	725	980.0	1,171.7	−446.7
Junio	675	955.0	980.0	−305.0
Julio	575	658.3	955.0	−380.0
Agosto	815	688.3	658.3	+156.7
Septiembre	1,275	888.3	688.3	+586.7
Octubre	1,385	1,158.3	888.3	+496.7
Noviembre	950	1,203.3	1,158.3	−208.3
Diciembre	1,425	1,253.3	1,203.3	+221.7
Total	11,900			
$\bar{x}$	991.7			
Sesgo	$\Sigma(D_t - F_t)$			+716.8
Sesgo $\bar{x}$	$\Sigma(D_t - F_t)/n$			+79.6
Desviación absoluta $\Sigma\lvert D_t - F_t \rvert$				3,396.8
Desviación absoluta x $\Sigma\lvert D_t - F_t \rvert/n$				377.4

Fuente: Robert A. Novack, Ph.D. Reproducido con autorización.

Esto daría el siguiente cálculo:

$$(560 + 1,300 + 750)/3 = 870 \text{ cajas}$$

A partir de este cálculo, la demanda de mayo genera una disminución de la demanda de enero, pero un aumento en la de abril. El cálculo es el siguiente:

$$(1,300 + 750 + 1,465)/3 = 1,171.7 \text{ cajas}$$

Este proceso se repite hasta que se formulan todos los pronósticos. El promedio móvil de tres periodos se muestra en la columna 3, y el pronóstico en la columna 4. El término "error" es sólo la diferencia entre el pronóstico y la demanda real, y puede observarse en la columna 5. Si se suman los términos de error de los pronósticos se generará lo que llamamos *sesgo*: una medición de la exactitud del pronóstico en comparación con la demanda real. Un sesgo positivo significa que la demanda fue más alta que el pronóstico durante el periodo seleccionado, lo que genera agotamiento de existencias; un sesgo negativo significa que la demanda fue más baja que la pronosticada, lo que genera un exceso de inventarios. Cuanto más cercano esté el sesgo de cero, mejor será el pronóstico. En este ejemplo, el sesgo es de +716.8 unidades o +76.6 unidades por periodo pronosticado (+716.8/9 periodos). Esto significa que el pronóstico fue más bajo que la demanda real por 716.8 cajas en total, y más bajo que la demanda real por mes por 79.6 cajas. La desviación absoluta elimina los signos positivos y negativos de los términos de error y mide la exactitud del pronóstico general: cuanto más cercano es de cero, mayor precisión tendrá para estimar la demanda. Esta medición se utilizará más adelante cuando se analice el concepto de desviación absoluta media. Recuerde que la técnica de promedio móvil simple no incluye las influencias estacionales; como se mencionó antes, la industria chocolatera está sujeta a éstas. Por tanto, quizá no sea adecuado para este tipo de datos sobre la demanda. La siguiente técnica intentará mejorar la precisión de este pronóstico.

Promedio móvil ponderado

En el promedio móvil simple cada periodo previo de la demanda tenía un peso equitativo. El método del promedio móvil ponderado asigna un peso a cada periodo previo y confiere los pesos más altos a la demanda más reciente. Los pesos deben ser iguales a 1. Este método permite dar más importancia a la demanda más reciente como pronosticador de la futura. Por ejemplo, la tabla 7.2 muestra la demanda mensual de la barra de chocolate de LuAnn's. Suponga que los pesos que se utilizan son de 0.60 para el periodo más reciente; 0.25 para el segundo más reciente, y 0.15 para el tercero. El promedio para el siguiente periodo se calculará con la fórmula 7.2.

$$A_t = 0.60D_t + 0.25D_{t-1} + 0.15D_{t-2} \qquad 7.2$$

La columna 3 de la tabla 7.2 muestra los resultados de esta fórmula. El promedio móvil ponderado para el periodo 3 se calcula como sigue:

$$(0.60 \times 750) + (0.25 \times 1,300) + (0.15 \times 560) = 859.0 \text{ cajas}$$

Esto se convierte en el pronóstico del periodo 4, que puede verse en la columna 4. Una vez más el error se calcula como se muestra en la columna 5. El sesgo para este método es de +658.75 cajas, con un sesgo promedio por periodo de +73.2 cajas. Los resultados que se muestran para este método son mejores que los que se generan con el promedio móvil simple. Esto se debe principalmente a que el método del promedio móvil ponderado no considera en el cálculo pesos iguales para cada periodo. No obstante, estos resultados aún no son pronósticos precisos de la demanda debido a tres posibles causas: primero, es factible que los pesos asignados a los tres periodos no reflejen con exactitud los patrones de la demanda. Segundo, es posible que tres periodos no sea el número adecuado para desarrollar el pronóstico. Por último, la técnica del promedio móvil ponderado no se adapta con facilidad a los patrones de demanda con influencias estacionales. En un intento por mejorar este pronóstico, se aplicará otra técnica a los datos de la demanda de LuAnn's.

Suavización exponencial

La suavización exponencial es una de las técnicas que más se utilizan debido a su sencillez y su limitado requerimiento de datos de los cuales necesita de tres tipos: 1) un promedio de la demanda previa; 2) la demanda más reciente, y 3) una constante de suavización. La constante de suavización debe tener un valor de entre 0 y 1; si se utiliza una más alta se asume que la de manda más reciente es un mejor indicador de la demanda futura. La fórmula 7.3 se utiliza para calcular el pronóstico.

A_t = α(demanda de este periodo) + (1 − α)(último periodo calculado del pronóstico)
   = $\alpha D_t + (1 - \alpha)A_{t-1}$ 7.3

Con los datos de la tabla 7.1 se genera el pronóstico que usa la suavización exponencial y que puede observarse en la tabla 7.3. Suponga que el promedio del periodo anterior (por comodidad se utilizó el de los 12 periodos) es de 992 cajas. La tabla 7.3 muestra los pronósticos y los sesgos para los dos escenarios: uno con una constante de 0.1 y el otro con una de 0.3. El pronóstico para enero es sólo el promedio del periodo previo (992 cajas); para febrero se calcula de la siguiente manera:

Pronóstico = (0.1 × 1,300) + (0.9 × 992) = 1,022.8 cajas

Tabla 7.2	**Pronóstico del promedio móvil ponderado**			
(1) t PERIODO	(2) D_t DEMANDA	(3) A_t PROMEDIO MÓVIL DE TRES PERIODOS	(4) F_t PRONÓSTICO DE TRES PERIODOS	(5) E_t $D_t - F_t$ ERROR
Enero	560			
Febrero	1,300			
Marzo	750	859.0		
Abril	1,465	1,261.5	859.0	+606.0
Mayo	725	913.75	1,261.5	−536.5
Junio	675	806.0	913.75	−238.75
Julio	575	622.5	806.0	−231.0
Agosto	815	734.0	622.5	+192.5
Septiembre	1,275	1,055.0	734.0	+541.0
Octubre	1,385	1,272.0	1,055.0	+330.0
Noviembre	950	1,107.5	1,272.0	−322.0
Diciembre	1,425	1,300.25	1,107.5	+317.5
Total	11,900			
x̄	991.7			
Sesgo	$\Sigma(D_t - F_t)$			+658.75
Sesgo x̄	$\Sigma (D_t - F_t)/n$			+73.2
Desviación absoluta $\Sigma\|D_t - F_t\|$				3,315.3
Desviación absoluta x̄ $\Sigma\|D_t - F_t\|/n$				368.4

α D_t = 0.60, α D_{t-1} = 0.25, α D_{t-2} = 0.15
Fuente: Robert A. Novack, Ph.D. Reproducido con autorización.

| Tabla 7.3 | Pronóstico de suavización exponencial | | | | |

(1) t PERIODO	(2) D_t DEMANDA	(3) F_t $\alpha = 0.1$ PRONÓSTICO	(4) E_t $D_t - F_t$ ERROR	(5) F_t $\alpha = 0.3$ PRONÓSTICO	(6) E_t $D_t - F_t$ ERROR
Enero	560	992.0	−432.0	992.0	−432.0
Febrero	1,300	1,022.8	+277.2	1,084.4	+215.6
Marzo	750	995.5	−245.5	984.1	−234.1
Abril	1,465	1,042.5	+422.5	1,128.4	+336.6
Mayo	725	1,010.75	−285.75	1,007.4	−282.4
Junio	675	977.2	−302.2	907.7	−232.7
Julio	575	936.98	−361.98	807.9	−232.9
Agosto	815	924.8	−109.8	810.03	+4.97
Septiembre	1,275	959.8	+315.2	949.5	+325.5
Octubre	1,385	1,002.3	+382.7	1,080.2	+304.8
Noviembre	950	997.1	−47.1	1,041.1	−91.1
Diciembre	1,425	1,039.9	+385.1	1,156.3	+268.7
Total	11,900				
$\bar{x}$	991.7				
Sesgo	$\Sigma(D_t - F_t)$		−1.63		−49.03
Sesgo $\bar{x}$	$\Sigma(D_t - F_t)/n$		−0.1358		−4.09
Desviación absoluta $\bar{x}$ $\Sigma \lvert D_t - F_t \rvert$			3,567.03		2,961.37
Desviación absoluta x $\Sigma \lvert D_t - F_t \rvert /n$				277.25	247.8

*Asuma que F1 = 992
Fuente: Robert A. Novack, Ph.D. Reproducido con autorización.

 El pronóstico para marzo sigue el mismo cálculo.

$$\text{Pronóstico} = (0.1 \times 750) + (0.9 \times 1{,}022.8) = 995.5 \text{ cajas}$$

La misma metodología se emplea para calcular pronósticos que usan 0.3 como constante, salvo que éste se utilice en la fórmula en lugar de 0.1. El término de sesgo resultante muestra que 0.1 genera un mejor pronóstico que 0.3 como constante de suavización. El sesgo promedio resultante por periodo (aquí se utilizaron 12) evidencia que utilizar la suavización exponencial con una constante de 0.1 ha generado hasta ahora el mejor pronóstico. No obstante, los pronósticos de suavización exponencial darán como resultado un pronóstico de precisión relativa. Sin embargo, los patrones de alta estacionalidad, o con tendencias, pueden dar lugar a pronósticos imprecisos cuando se usa la suavización exponencial. El método que se presenta a continuación intentará introducir el concepto de la tendencia al pronóstico.

Ajustar la suavización exponencial a la tendencia

Como se mencionó antes, la suavización exponencial causará severos desfases en los pronósticos de los patrones de la demanda que contienen tendencias; por tanto, puede ajustarse para adaptarlas, lo que es posible si se estima su magnitud. Esto se logra calculando el promedio de la serie del periodo anterior con el que se calculó para el último periodo.[4] Para ajustar el pronóstico a la tendencia, las estimaciones del promedio y la tendencia se suavizan con las constantes. La fórmula 7.4 calcula la demanda promedio para un periodo.

$$A_t = \alpha(\text{demanda de este periodo}) + (1 - \alpha)(\text{promedio} \\ + \text{último periodo estimado de la tendencia})$$

$$= \alpha\, D_t + (1 - \alpha)(A_{t-1} + T_{t-1}) \qquad\qquad 7.4$$

Con la fórmula 7.5 se calcula la tendencia promedio para un periodo.

$$T_t = \beta(\text{promedio de este periodo} - \text{promedio del último periodo}) \\ + (1 - \beta)(\text{estimación de la tendencia del último periodo})$$

$$= \beta(A_t - A_{t-1}) + (1 - \beta)T_{t-1} \qquad\qquad 7.5$$

donde:

A_t = promedio exponencialmente suavizado de la serie en el periodo t
T_t = promedio exponencialmente suavizado de la tendencia en el periodo t
α = parámetro de suavización para el promedio
β = parámetro de suavización para la tendencia

Los parámetros de suavización tanto para la demanda promedio como para la tendencia promedio deben oscilar entre 0 y 1. Las estimaciones de la demandada promedio y la tendencia pueden formularse por medio de los datos históricos. La tabla 7.4 presenta la aplicación de este método a los datos de LuAnn's Chocolates.

Tabla 7.4	Pronóstico de suavización exponencial ajustado a las tendencias				
(1) t PERIODO	(2) D_t DEMANDA	(3) A_t PRONÓSTICO SUAVIZADO	(4) T_t TENDENCIA ESTIMADA	(5) F_t $A_t + T_t$ PRONÓSTICO	(6) E_t $D_t - F_t$ ERROR
Enero	560	560.0	50.0	0	0
Febrero	1,300	748.0	77.6	825.6	+474.4
Marzo	750	810.5	74.6	885.1	−135.1
Abril	1,465	1,001.1	97.8	1,098.9	+366.1
Mayo	725	1,024.1	82.8	1,106.9	−381.9
Junio	675	1,020.5	67.0	1,087.5	−412.5
Julio	575	985.0	46.5	1,031.5	−456.5
Agosto	815	988.2	37.8	1,026.0	−211.0
Septiembre	1,275	1,075.8	47.8	1,123.6	+151.4
Octubre	1,385	1,175.9	58.3	1,234.2	+150.8
Noviembre	950	1,177.4	46.9	1,224.3	−274.3
Diciembre	1,425	1,264.4	54.9	1,319.3	+105.7
Total	11,900				
$\bar{x}$	991.7				
Sesgo	$\Sigma(D_t - F_t)$				−622.9
Sesgo $\bar{x}$	$\Sigma(D_t - F_t)/n$				−56.6
Desviación absoluta $\Sigma\lvert D_t - F_t\rvert$					3,119.7
Desviación absoluta $\bar{x}$ $\Sigma\lvert D_t - F_t\rvert/n$					283.6

$\alpha = 0.20 \qquad \beta = 0.20$
Fuente: Robert A. Novack, Ph.D. Reproducido con autorización.

La columna 1 muestra el mes y la 2, la demanda. Este ejemplo comienza con el promedio suavizado igualado a la demanda para el periodo 1. Se emplea una estimación de la tendencia de 50 cajas. También se usa un parámetro de suavización de 0.2 tanto para el promedio como para la tendencia. Para obtener el promedio suavizado de febrero se utiliza el siguiente cálculo (véase la fórmula anterior):

$$\text{Promedio suavizado} = (0.2 \times 1{,}300) + (0.8)(560 + 50) = 748 \text{ unidades}$$

La estimación de la tendencia también se calcula con la fórmula anterior como sigue:

$$\text{Tendencia suavizada} = (0.2)(748 - 560) + 0.8(50) = 77.6$$

Con estos cálculos y otros similares para los periodos restantes es posible estimar las columnas 3 y 4. El pronóstico se calcula sumando el promedio y la tendencia suavizados. Los resultados se observan en la columna 5. La columna 6 contiene la cifra de error, que es la diferencia entre el pronóstico y la demanda real. Los resultados de la aplicación de esta técnica a los datos de LuAnn's Chocolates muestran un sesgo total de −622.9 cajas o −56.6 cajas para el periodo pronosticado. Si bien las técnicas previas generan cifras de sesgo positivas, el método de suavización exponencial adaptado a las tendencias resultó en una cifra negativa. Por lo general, la constante de suavización puede ajustarse en varias pruebas para reducir el sesgo del pronóstico. Con un sesgo positivo habrá agotamientos de existencias. La administración debe decidir si esto es aceptable en función del costo del agotamiento. A continuación se estudia otra técnica que incorpora el concepto de estacionalidad al pronóstico.

Influencias estacionales en los pronósticos

Muchas organizaciones pasan por temporadas que se repiten durante un periodo determinado. Éstas se establecen por una hora del día (por ejemplo, la demanda de hamburguesas en un restaurante de comida rápida), un día de la semana (digamos, la demanda de gasolina); una semana; un mes, o alguna combinación de lo anterior. Para ajustar un pronóstico a las estaciones se usa una combinación de factores estacionales y de demanda promedio que permiten obtener un pronóstico ajustado. Suponga que LuAnn's Chocolates pasa por cinco temporadas distintas cada año: los días de San Valentín, Pascua, Halloween, Navidad y el verano. La tabla 7.5 ilustra cómo cada temporada está definida por varios meses: 1) el Día de San Valentín en enero y febrero; 2) Pascua abarca marzo y abril; 3) verano incluye mayo, junio, julio y agosto; 4) Halloween se considera en septiembre y octubre; y 5) Navidad incluye noviembre y diciembre. Se retomarán los datos de tres años para calcular el pronóstico con esta técnica, con base en un proceso de cuatro pasos.[5]

El primer paso consiste en calcular la demanda promedio para cada temporada de cada año. Por ejemplo, la columna 2 en la tabla 7.5 muestra la demanda para el año 1, que es de 11,900 cajas. Como hay cinco temporadas, se divide la demanda total anual (11,900) entre ese número de temporadas (5) para llegar a la demanda promedio por temporada para ese año. En el año 1 la demanda promedio por temporada es de 2,380 cajas. La tabla 7.5 ilustra los resultados del paso 1 para tres años. El segundo paso requiere que la demanda total para una temporada se divida entre la demanda promedio por temporada para ese año: para el año 1, la demanda real del Día de San Valentín es de 1,860 cajas. Esto se divide entre la demanda promedio por temporada para el año 1 (2,380 cajas) y el resultado es un índice de 0.7815 para la temporada 1 (Día de San Valentín) en el año 1. Los resultados del paso 2 para los datos de tres años se presentan en la tabla 7.6. El tercer paso requiere calcular un índice estacional promedio para todos los datos de los años. Para la temporada 1 (Día de San Valentín), el índice estacional promedio de tres años es de 0.7836. Esto se calcula sumando los tres índices para esta temporada (0.7815, 0.7869 y 0.7824) y dividiéndolo entre 3 (el número de años de datos). El índice estacional para el Día de San Valentín es 0.7836. Los resultados de este paso se ven en la tabla 7.6. El paso final estima la demanda promedio por temporada para el siguiente periodo (año 4) al multiplicar cada estacional por su índice estacional. Los resultados de este

Tabla 7.5	Pronóstico influido por temporadas: paso 1			
Paso 1				
(1)	**(2)**	**(3)**	**(4)**	**(5)**
t	D_1	D_2	D_3	**DEMANDA**
PERIODO	**DEMANDA DEL AÑO 1**	**DEMANDA DEL AÑO 2**	**DEMANDA DEL AÑO 3**	**TOTAL**
Enero	560	588	600	1,748
Febrero	1,300	1,365	1,392	4,057
Total	1,860	1,953	1,992	5,805
Marzo	750	795	819	2,364
Abril	1,465	1,553	1,600	4,618
Total	2,215	2,348	2,419	6,982
Mayo	725	740	733	2,198
Junio	675	689	682	2,046
Julio	575	587	581	1,743
Agosto	815	831	823	2,469
Total	2,790	2,847	2,819	8,456
Septiembre	1,275	1,326	1,392	3,993
Octubre	1,385	1,440	1,512	4,337
Total	2,660	2,766	2,904	8,330
Noviembre	950	998	1,038	2,986
Diciembre	1,425	1,496	1,556	4,477
Total	2,375	2,494	2,594	7,463
Demanda total	11,900	12,408	12,728	37,036
Demanda por temporada	2,380	2,482	2,546	7,407

Fuente: Robert A. Novack, Ph.D. Reproducido con autorización.

paso se observan en la tabla 7.7. Por ejemplo, se estima que la demanda total para el año 4 es de 13,237 cajas. La demanda promedio por temporada es de 13,237 cajas dividida entre cinco temporadas, con lo que se obtiene una demanda promedio por temporada de 2,647.4 cajas. Al multiplicar este promedio estacional entre el índice estacional para la temporada 1 (Día de San Valentín) de 0.7836 resulta un pronóstico de 2,075 cajas. La demanda real para esta temporada es de 2,012 cajas (columna 4), lo que genera un error de –63.0 cajas. De manera evidente, este método genera un valor de sesgo de –398.0 para el año y un sesgo promedio por temporada de –79.6. Esto significa que, con esta técnica de pronóstico, cada temporada tendrá un exceso de inventario. Una vez más la administración debe decidir si esta política de inventarios es aceptable en función del costo del agotamiento de existencias frente al costo de mantener un exceso de inventario.

Esta sección diversos ejemplos de técnicas de pronóstico que se usan en la industria. Como se observa, ninguna es perfectamente precisa. Esta es la naturaleza del pronóstico: todos están equivocados. En realidad, los ejemplos muestran que diferentes técnicas ofrecerán resultados distintos. Las organizaciones deben decidir por alguna de ellas y qué nivel de datos se ajustan mejor a las demandas de su negocio. La idea es que la administración elija el método que disminuya el error de pronóstico, ya sea de manera positiva o negativa. La medición de este error será el eje de la siguiente sección.

Errores de pronóstico

Como se mencionó antes, casi todos los pronósticos estarán equivocados. Algunos excederán la demanda y otros quedarán por debajo de ella. La administración de este proceso requiere que se minimicen los errores entre la demanda real y la pronosticada. El secreto para que el pronóstico sea exitoso estriba en elegir la técnica que ofrezca la mínima cantidad de error. Para determinar cuál es la mejor para un conjunto determinado de datos, es preciso medir el error del pronóstico.

Se utilizan cuatro tipos de mediciones del error de pronóstico. El primero se denomina suma acumulativa de errores de pronóstico (CFE; *cumulative sum of forecast errors*) y se calcula con la fórmula 7.6.

$$\text{CFE} = \sum_{t-1}^{n} e_t$$

7.6

Con la suma acumulativa de errores de pronóstico se calcula el error total de pronóstico para un conjunto de datos tomando en consideración los errores positivos y negativos; a esto también se le conoce como *sesgo* y se usó en las tablas 7.1 a la 7.7. Ésta genera una medición general del error. No obstante, si se toman en consideración tanto los errores positivos como los negativos, este método puede generar un error total más bajo, aunque los pronósticos de cada periodo individual sean mucho más altos o más bajos que la demanda real.

La segunda medición es el error medio cuadrático (MSE; *mean squared error*); se presenta en la tabla 7.8 y puede calcularse con la fórmula 7.7.

$$\text{MSE} = \frac{\Sigma E_t^2}{n}$$

7.7

Esta medición eleva al cuadrado el error de cada periodo de manera que los errores negativos y positivos no se cancelan entre sí; también es un buen indicador del error promedio por periodo sobre un conjunto de datos de la demanda. El tercer tipo de medición, estrechamente relacionado con el anterior, es la desviación media absoluta (MAD; *mean absolute deviation*), que se calcula con la fórmula 7.8.

$$\text{MAD} = \frac{\Sigma |E_t|}{n}$$

7.8

Esta medición también se calculó en la tabla 7.8. Al tomar el valor absoluto de cada error se eliminan los signos positivos y negativos y se obtiene un buen indicador del error promedio por periodo. Esta medición es común porque entenderla es fácil y proporciona un buen indicador de la precisión del pronóstico.

La medición final del error de pronóstico es el error porcentual absoluto medio (MAPE; *mean absolute percent error*), que se calcula con la fórmula 7.9.

$$\text{MAPE} = \frac{\Sigma(|E_t|/D_t)100}{n}$$

7.9

La tabla 7.8 muestra también el error porcentual absoluto medio, que relaciona el error del pronóstico con el nivel de la demanda de manera que sea posible comparar varios tipos de pronósticos.

La tabla 7.9 presenta un resumen de los cinco tipos de pronósticos que se usaron con los datos de LC y las mediciones del error de pronóstico resultantes de cada uno. En su mayoría, los pronósticos se hicieron más precisos a medida que se avanzaba en el uso del promedio móvil simple en el primer ejemplo, al pronóstico influido por las temporadas en el último. No obstante, la suavización exponencial con alfa $(\alpha) = 0.1$ produjo el mejor pronóstico utilizando el sesgo como una medición del error. Con el error porcentual absoluto medio como una medición del pronóstico, la tabla 7.9 muestra que éste se hace más preciso a medida que avanza desde el promedio móvil simple al influido por las temporadas. Esto también sería verdad si la desviación media absoluta se utilizara como medición del error de pronóstico. Por tanto, en este ejemplo el tipo de error de pronóstico que se utilice determinará el mejor método.

Tecnología en la cadena de suministro

Aportación de valor APS en seis meses

Para apoyar su meta estratégica de convertirse en líder en la administración de la cadena de suministro, una empresa grande de equipo electrónico inició una transformación masiva de las operaciones de su cadena. Una evaluación detallada de estas operaciones mostró que el modelo operativo actual no sería capaz de satisfacer las necesidades de la organización para los siguientes cinco o siete años. La empresa esperaba que sus ingresos se duplicaran, pero se enfrentaba a una mayor complejidad del producto y a la necesidad de mejorar las eficiencias operativas en un mercado cada vez más competitivo.

Con base en esta evaluación, el equipo ejecutivo estableció lineamientos para el futuro modelo operativo e identificó las capacidades que se requerían para soportarlo. Entre las más importantes se encontraban la visibilidad de la demanda del cliente en tiempo real y el estatus del inventario; la capacidad de equilibrar de manera óptima la oferta y la demanda a lo largo de la extensa red de fabricantes y proveedores por contrato, y una mayor capacidad para planificar y responder con rapidez a las condiciones cambiantes del mercado. La empresa eligió la tecnología APS para lograr estas capacidades. El proveedor ofreció los conocimientos expertos en herramientas para la instalación y configuración de la aplicación, y el grupo de TI de la empresa se encargó de la integración del sistema.

Debido a su importancia, el proyecto contó con el apoyo ejecutivo de las organizaciones de planificación y de TI. El equipo de implantación estuvo liderado en conjunto por las áreas de negocios y TI, y se integró con planificadores de abastecimiento, recursos de TI, proveedores y consultores. Se le encomendó que implantara la solución APS y los procesos de soporte en menos de seis meses con el fin de impulsar la transformación del modelo operativo de la empresa: dos terceras partes del tiempo promedio de implantación. El enfoque del proyecto incorporó todas las estrategias descritas en este artículo.

Primero se eligió a personas específicas de la organización que planificaba para formar el equipo de modelado, que trabajó en contacto estrecho con el proveedor de la solución para diseñar el modelo y configurarlo en el sistema.

Segundo, para maximizar la adopción de los usuarios a largo plazo, se incluyó a todos los planificadores de la cadena de suministro en diversas funciones de las actividades de implantación del proyecto. Por ejemplo, se les encomendaron elementos de datos específicos relacionados con los productos de los que eran responsables, mientras que a los pequeños equipos especiales ("tiger teams") se les asignó la identificación y resolución de los problemas de calidad en los datos. Además de solucionar continuamente cuestiones relacionadas con estos últimos, los planificadores comprendieron minuciosamente el modelo y los datos utilizados.

Tercero, se estableció un pequeño equipo central, derivado del equipo de modelado, en torno a la solución del negocio para administrar la evolución continua y las mejoras en el modelo de planificación, los procesos y la estrategia de la empresa.

Este enfoque ayudó al equipo del proyecto a cumplir con el intenso programa de seis meses impuesto por el grupo ejecutivo. La solución se implantó y se presentó a tiempo, e incluso el soporte al usuario: los planificadores del suministro. El proceso de adopción de la solución discurrió sin problemas en comparación con un proyecto típico de APS. Los planificadores no han retomado los antiguos hábitos de planificar en hojas y procesos fuera de línea. En cambio, ahora se involucran activamente en la definición de las mejoras para el modelo y en su presentación gradual.

Once meses después de la implementación se cuenta con nuevas capacidades de negocio. Por ejemplo, los planificadores ahora son capaces de responder con rapidez a los repuntes en la demanda, asignar suministros de modo más racional e invertir más tiempo en el análisis de escenarios que identifiquen y resuelvan problemas de manera proactiva. La visibilidad completa e integrada de la oferta y la demanda permite a los planificadores proyectar la escasez de componentes en la planta ensambladora de tableros a través de toda la cadena de suministro y hasta la demanda, lo que les permite administrar los requerimientos y expectativas del cliente en forma eficaz. Ahora la empresa está bien posicionada para soportar tasas de crecimiento mucho más altas.

Fuente: "Delivering APS Value in Six Months", *Supply Chain Management Review* (julio-agosto de 2008): 35. Reproducido con autorización.

Tabla 7.6	Pronóstico influido por temporadas: pasos 2 y 3		
Paso 2			
t Temporada	**(2)** AÑO 1	**(3)** AÑO 2	**(4)** AÑO 3
1	1,860/2,380 = 0.7815	1,953/2,482 = 0.7869	1,992/2,546 = 0.7824
2	2,215/2,380 = 0.9307	2,348/2,482 = 0.9460	2,419/2,546 = 0.9501
3	2,790/2,380 = 1.1723	2,847/2,482 = 1.1471	2,819/2,546 = 1.1072
4	2,660/2,380 = 1.1176	2,766/2,482 = 1.1144	2,904/2,546 = 1.1406
5	2,375/2,380 = 0.9979	2,494/2,482 = 1.0048	2,594/2,546 = 1.0189
Paso 3 Temporada	**Índice estacional promedio**		
1	(0.7815 + 0.7869 + 0.7824)/3 = 0.7836		
2	(0.9307 + 0.9460 + 0.9501)/3 = 0.9423		
3	(1.1723 + 1.1471 + 1.1072)/3 = 1.1422		
4	(1.1176 + 1.1144 + 1.1406)/3 = 1.1242		
5	(0.9979 + 1.0048 + 1.0189)/3 = 1.0072		

Fuente: Robert A. Novack, Ph.D. Reproducido con autorización.

Tabla 7.7	Pronóstico influido por temporadas: paso 4				
Paso 4 (1) Temporada	**(2)** DEMANDA PROMEDIO DEL AÑO 4	**(3)** ÍNDICE ESTACIONAL	**(4)** D_t DEMANDA REAL	**(5)** F_t PRONÓSTICO	**(6)** E_t $D_t - F_t$ ERROR
1	2,647.4	0.7836	2,012	2,075	−63.0
2	2,647.4	0.9423	2,420	2,495	−75.0
3	2,647.4	1.1422	2,931	3,024	−93.0
4	2,647.4	1.1242	2,888	2,976	−88.0
5	2,647.4	1.0072	2,587	2,666	−79.0
Demanda total	13,237				
Sesgo	$\Sigma(D_t - F_t)$				−398.0
Sesgo $\bar{x}$	$\Sigma(D_t - F_t)/n$				−79.6
Desviación absoluta $\Sigma \mid D_t - F_t \mid$					398.0
Desviación absoluta $\bar{x}$ $\Sigma \mid D_t - F_t \mid /n$					79.6

Fuente: Robert A. Novack, Ph.D. Reproducido con autorización.

Tabla 7.8	Error de pronóstico*					
(1) t PERIODO	(2) D_t DEMANDA	(3) F_t PRONÓSTICO	(4) E_t ERROR	(5) E_{t^2} ERROR²	(6) $|E_t|$ ERROR ABSOLUTO	(7) $(|E_t|/D_t)100$ ERROR PORCENTUAL ABSOLUTO
Enero	560	992	−432.0	186,624	432.0	77.1
Febrero	1,300	1022.8	+277.2	76,839.8	277.2	21.3
Marzo	750	995.5	−245.5	60,270.25	245.5	32.7
Abril	1,465	1,042.5	+422.5	178,506.25	422.5	28.84
Mayo	725	1,010.75	−285.75	81,653.06	285.75	39.4
Junio	675	977.2	−302.2	91,324.84	302.2	44.8
Julio	575	936.98	−361.98	131,029.52	361.98	62.9
Agosto	815	924.8	−109.8	12,056.04	109.8	13.6
Septiembre	1,275	959.8	+315.2	99,351.04	315.2	24.7
Octubre	1,385	1,002.3	+382.7	146,459.29	382.7	27.6
Noviembre	950	997.1	−47.1	2,218.41	47.1	4.9
Diciembre	1,425	1,039.9	+385.1	148,302.01	385.1	27.0
Total	11,900			1,214,634.6	3,567.03	404.8%
$\bar{x}$	991.7					
CFE			−1.63			
CFE$_x$			−0.1358			

Error medio cuadrático: $\text{MSE} = \frac{\sum E_t^2}{n} = \frac{1,214,634.6}{12} = 101,219.55$

Desviación estándar: $\alpha = \sqrt{\text{MSE}} = \sqrt{101,219.55} = 318.2$

Desviación media absoluta: $\text{MAD} = \frac{\sum |E_t|}{n} = \frac{3,567.03}{12} = 297.3$

Error porcentual absoluto medio: $\text{MAPE} = \frac{\sum(|E_t|/D_t)100}{n} = \frac{404.8}{12} = 33.7\%$

*Utiliza pronóstico de suavización exponencial ($\alpha = 0.1$) de la tabla 7.3.
Fuente: Robert A. Novack, Ph.D. Reproducido con autorización.

Pronosticar la demanda es un arte altamente científico. Existen técnicas cuantitativas rigurosas para manejar los datos históricos y predecir el futuro. No obstante, la suposición que aquí se presenta indica que el futuro repetirá el pasado. En general esto no sucede; por tanto, es importante elegir la técnica que se adapte mejor a los datos con el fin de minimizar el error de pronóstico y generar uno más exacto.

Planificación de ventas y operaciones

En la sección anterior se analizaron los métodos estadísticos para generar un pronóstico de la demanda preliminar de una organización. Históricamente muchas organizaciones han desarrollado diversos pronósticos funcionales para los mismos productos durante el mismo periodo. No sería extraño que un fabricante contara con pronósticos financieros, de manufactura, de mercadotecnia y de distribución. Lo que aumenta la complejidad de contar con varios

Tabla 7.9	Resumen de la exactitud del pronóstico					
	(1) **n**	**(2)** **CFE** $\Sigma(D_t - F_t)$ **SESGO**	**(3)** $\Sigma(D_t - F_t)/n$ **SESGO** $\bar{x}$	**(4)** $\Sigma \mid D_t - F_t \mid$ **DESVIACIÓN** **ABSOLUTA** $\bar{x}$	**(5)** $\Sigma \mid D_t - F_t \mid /n$ **DESVIACIÓN** **ABSOLUTA** $\bar{x}$	**(6)** **MAPE**
1. Promedio móvil simple	9	+716.8	+79.6	3,396.8	377.4	39.1%
2. Promedio móvil ponderado	9	+658.75	+73.2	3,315.3	368.4	37.4%
3. Suavización exponencial						
$\alpha = 0.1$	12	−1.63	−0.1358	3,567.03	297.25	33.7%
$\alpha = 0.3$	12	−49.03	−4.09	2,961.37	246.8	28.2%
4. Suavización exponencial ajustada a las tendencias	11	−622.9	−56.6	3,119.7	283.6	32.5%
5. Influida por temporadas	5	−398.0	−79.6	398.0	79.6	3.1%

Fuente: Robert A. Novack, Ph.D. Reproducido con autorización.

pronósticos es que casi siempre son contradictorios entre sí. Mercadotecnia prevería niveles de demanda mayores que manufactura y distribución; los pronósticos financieros serían mayores que los de mercadotecnia. Es necesario que una organización elabore un pronóstico interno en el que todas las áreas funcionales concuerden y que todas puedan ejecutar. Un proceso que puede utilizarse para llegar a tal pronóstico consensuado se conoce como *planificación de ventas y operaciones* (S&OP). El S&OP Benchmarking Consortium en el Center for Supply Chain Research adoptó un proceso de cinco pasos para obtener un pronóstico consensuado.[6] La figura 7.1 lo ilustra. El paso 1 (recopilación de datos) requiere la búsqueda de información para el desarrollo de un pronóstico estadístico de las ventas futuras aplicando una o más de las técnicas analizadas en la sección anterior.

El paso 2 (fase de planificación de la demanda) requiere que los departamentos de mercadotecnia y ventas revisen el pronóstico y lo ajusten en función de las promociones de los productos existentes, las introducciones de otros nuevos o su eliminación. Este pronóstico revisado se expresa en términos de unidades y dólares, dado que las operaciones están relacionadas con las unidades, y las finanzas con los dólares.

En el paso 3 (planificación de la oferta) se necesita que el personal de operaciones (manufactura, pronósticos y transportación) analice el pronóstico de ventas y determine si la capacidad existente es adecuada para manejar los productos. Esto exige analizar no sólo los volúmenes totales, sino también su momento oportuno. Por ejemplo, la capacidad existente de manufactura sería adecuada si la demanda es estable durante el periodo pronosticado. No obstante, gran cantidad de promociones podría generar un "pico" en la demanda que quizá rebase la capacidad existente. Existen dos opciones para resolver esta restricción de capacidad: primero, reducir la actividad promocional para llevar la demanda a un nivel más estable; esto podría causar una pérdida de ingresos. Segundo, asegurar la manufactura adicional ya sea invirtiendo más en la capacidad de esta área a nivel interno, o garantizar una capacidad de manufactura contratada a nivel externo; esto generará costos adicionales. Es preciso considerar los mismos tipos de problemas para el espacio de almacenamiento y para la capacidad del vehículo de transportación con las siguientes opciones de resultados similares: si la capacidad no satisface la demanda, será necesario recortar ésta o invertir en capacidad adicional. Las decisiones sobre estas cuestiones se tratan en el siguiente paso.

Figura 7.1	Proceso de la S&OP ejecutiva

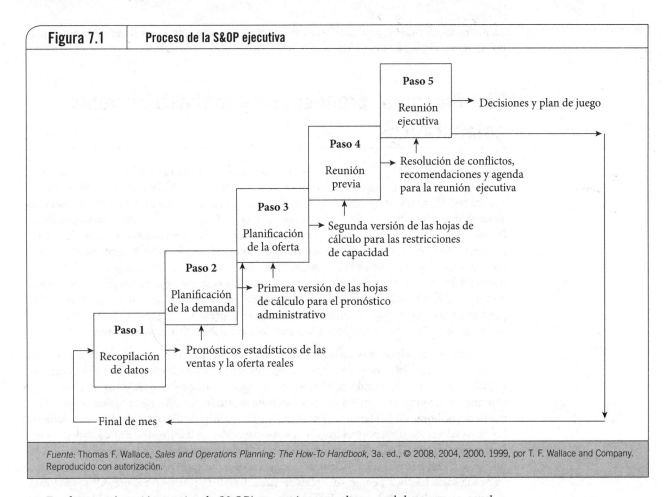

Fuente: Thomas F. Wallace, *Sales and Operations Planning: The How-To Handbook,* 3a. ed., © 2008, 2004, 2000, 1999, por T. F. Wallace and Company. Reproducido con autorización.

En el paso 4 (reunión previa a la S&OP) se requiere que el personal de ventas, mercadotecnia, operaciones y finanzas asista a una junta en la que se revise el pronóstico inicial y cualquier problema de capacidad que surja durante el paso 3. En esta reunión deben plantearse los intentos iniciales para resolver los problemas de capacidad por medio del equilibrio de la oferta y la demanda. En general se proponen escenarios alternativos para someterlos a la consideración de la reunión ejecutiva de S&OP (paso 5). Estas opciones identificarán las posibles ventas perdidas y los mayores costos asociados con el equilibrio de la oferta y la demanda. El pronóstico de ventas también se convierte en dólares para verificar si el plan de la demanda y la oferta coinciden con el plan financiero de la organización.

En el paso 5 (junta ejecutiva de S&OP) se toman las decisiones financieras concernientes a los pronósticos de ventas y a los problemas de capacidad; los altos ejecutivos de varias áreas funcionales aceptan el pronóstico y lo convierten en un plan operativo para la organización. En esta reunión es vital que las diferentes áreas lleguen a un consenso. Las decisiones relacionadas con las compensaciones entre ingresos y costos también se toman en este momento.

Una vez que se aprueba el plan definitivo es importante que cada área funcional cuente con las métricas adecuadas para fomentar el apego al plan. Por ejemplo, suponga que la métrica operativa tradicional para manufactura es el costo por libra (o por kilogramo) fabricada. Cuanto más bajo sea dicho costo, mejor será el desempeño del grupo de manufactura. No obstante, el desarrollo de la S&OP requiere inversión adicional en capacidad y manufactura, lo que eleva el costo por libra (o kilogramo) fabricada; esto ocasionaría niveles inaceptables en el desempeño del área. Si bien el costo bajo es importante, manufactura tiene un control mínimo o nulo sobre el costo mayor. Sería más recomendable contar con una métrica revisada para el cumplimiento del programa. Esta nueva métrica recompensaría a manufactura por producir las cantidades planeadas en los tiempos establecidos. Aquí es necesario contar con las métricas adecuadas para cada área funcional, de manera que se les aliente y recompense por apegarse al plan de negocios.

Planificación, pronósticos y reabastecimiento colaborativos

El proceso de S&OP describe cómo las organizaciones estructuran sus procesos de planificación para lograr un pronóstico internamente consensuado. El siguiente paso lógico sería que los participantes en la cadena de suministro también llegaran a un consenso al respecto. Muchas iniciativas industriales han intentado crear eficiencia y efectividad por medio de la integración de las actividades y los procesos de la cadena de suministro; estos intentos han adoptado diversos nombres, como respuesta rápida (QR; *quick response*), inventario administrado por el proveedor (VMI), planificación del reabastecimiento continuo (CRP; *continuous replenishment planning*) y respuesta eficiente del consumidor (ECR; *efficient consumer response*). Todos los esfuerzos han tenido cierto éxito al integrar el reabastecimiento entre los participantes en la cadena de suministro; no obstante, presentan algunas deficiencias, ya que no incluyen un fuerte incentivo para la planificación colaborativa entre los integrantes.

Una de las iniciativas más recientes cuya finalidad es lograr una verdadera integración de la cadena de suministro es la de planificación, pronósticos y reabastecimiento colaborativos (CPFR),[7] que se ha convertido en el modelo de negocios innovador para estos tres. Con este enfoque los minoristas, distribuidores y fabricantes pueden utilizar las tecnologías de internet para colaborar en la planificación operativa por medio de la ejecución. Se ha incluido a los proveedores de transportación con la denominación de administración colaborativa de la transportación (CTM; *collaborative transportation management*). En términos sencillos, la iniciativa CPFR permite a los socios comerciales acordar un solo pronóstico para un artículo, que cada socio traducirá en un solo plan de ejecución. Esto reemplaza el método tradicional de pronóstico, donde cada socio elaboraba su propio pronóstico para un artículo y cada pronóstico era diferente del de los demás participantes.

El primer intento de CPFR ocurrió en 1995 entre Walmart y Warner-Lambert (ahora parte de Johnson & Johnson) para su línea de productos Listerine. Además de racionalizar los inventarios de artículos específicos de línea y resolver casos de agotamiento de existencias, estas dos organizaciones colaboraron para incrementar la exactitud de sus pronósticos de manera que tuvieran la cantidad correcta de inventario donde se necesitara y cuando se necesitara. Una prueba de tres meses produjo resultados y mejoras importantes para ambas organizaciones. Esto llevó a la adopción de CPFR por parte de Walmart y muchos de sus proveedores con el fin de manejar inventarios por medio de planes y pronósticos colaborativos.

El modelo CPFR puede considerarse una secuencia de varios procesos de negocio que incluyen al cliente, al minorista y al fabricante. Los cuatro principales procesos son: 1) estrategia y planificación; 2) administración de la oferta y la demanda; 3) ejecución, y 4) análisis. Es importante destacar dos aspectos de este modelo. Primero, incluye la cooperación e intercambio de datos entre los socios comerciales. Segundo, es un proceso continuo y cíclico que utiliza la retroalimentación (análisis) como insumo para la estrategia y la planificación.

La figura 7.3 muestra cómo se efectúa el proceso. Como se indica, el enfoque de CPFR enfatiza la transferencia de los datos de compra del consumidor (o datos de punto de venta) así como de los pronósticos de ventas minoristas entre los socios comerciales con el fin de administrar las actividades de la cadena de suministro. A partir de estos datos el fabricante analiza su capacidad para cubrir la demanda pronosticada. Si no es capaz de hacerlo, el minorista y el fabricante deben emprender un esfuerzo colaborativo para acordar un pronóstico a partir del cual se desarrollen los planes de ejecución. La fortaleza del CPFR radica en que ofrece un solo pronóstico a partir del cual los socios comerciales pueden crear estrategias de manufactura, reabastecimiento y comercialización.

El proceso comienza cuando los socios comerciales comparten sus planes de mercadotecnia. Una vez que se acuerda el momento y las ventas planificadas para los productos específicos, y que se establece el compromiso para apegarse lo más posible al plan, éste se utilizará para crear un pronóstico por unidad de registro de almacenamiento (SKU) por semana y por cantidad. El periodo del plan puede abarcar 13, 26 o 52 semanas. Para los artículos estacionales o promocionales se establece un pronóstico típico que representa aproximadamente 15% de las ventas en cada categoría. Los artículos de rotación regular, o el resto de los productos en la categoría, se pronosticarán estadísticamente. Después el pronóstico se introduce a un sistema accesible a través de internet para cada socio comercial, y cualquiera de ellos puede cambiarlo dentro de los parámetros establecidos.

En teoría, un pronóstico de CPFR preciso puede traducirse directamente en un programa de producción y reabastecimiento del fabricante, dado que tanto la cantidad como el tiempo están implícitos. Esto permitirá al fabricante hacer productos por pedido (basados en la cantidad y el momento de la demanda) en lugar de producirlos para inventarios, con lo que se reducirán los inventarios totales para el fabricante.

El minorista experimentará menos agotamiento de existencias en sus anaqueles. Aunque el enfoque de CPFR aún no se ha convertido en un entorno total de producción bajo pedido, ha disfrutado los beneficios de menos inventarios en la cadena de suministro y menos agotamientos de existencias. West Marine aplicó el modelo CPFR entre sus principales proveedores y logró algunos resultados sorprendentes: más de 70 de ellos ahora introducen los pronósticos de West Marine directamente en sus sistemas de planificación de producción. Las tasas de existencias en tiendas son cercanas a 96%, la precisión del pronóstico se ha elevado a 85%, y los embarques han mejorado su puntualidad en 80% o más.[8] Por tanto, los esfuerzos colaborativos entre los socios de la cadena de suministro pueden tener resultados positivos sobre el servicio y el desempeño de costos de los miembros.

Modelos de cumplimiento

Al principio de este capítulo se enfatizaron los aspectos de la planificación y el pronóstico. Una vez que se acuerdan estos elementos de la administración de la demanda es necesario poner en marcha el plan. Esto se hará por medio del proceso de cumplimiento. En el capítulo 8 se analiza con mayor detalle el concepto de administración de pedidos. No obstante, el resto de este capítulo aborda las diferentes estrategias de distribución de canal que es posible utilizar para cumplir con el pronóstico de la demanda.

Canales de distribución

Un canal de distribución consiste de una o más organizaciones o individuos que participan en el flujo de bienes, servicios, información y finanzas desde el punto de la producción hasta el punto final del consumo; también puede considerarse como las estructuras físicas y los intermediarios a través de los cuales viajan esos flujos. Estos canales abarcan varias empresas intermediarias, como las que se clasifican en distribuidores, mayoristas, minoristas, proveedores de transportación y de seguros. Algunas toman posesión física de los bienes, o sólo poseen el título de propiedad de los mismos, y otras poseen ambos. Por tanto, es crucial que el diseño del canal de distribución tome en cuenta tanto el canal de logística como el de mercadotecnia.

El canal de logística se refiere a los medios por los cuales los productos fluyen físicamente de donde están disponibles a donde son necesarios. El canal de mercadotecnia se refiere a los medios con los que se administran los elementos transaccionales (por ejemplo, los pedidos de los clientes, la facturación y las cuentas por cobrar). Estos dos canales se ilustran en la figura 7.2.

La administración eficaz del canal exige que se comprendan bien las alternativas disponibles para entregar el producto y los beneficios resultantes de cada una. Las cuatro funciones del canal logístico son: 1) separación; 2) acumulación; 3) asignación, y 4) clasificación. Los

Figura 7.2	Canales de logística y mercadotecnia

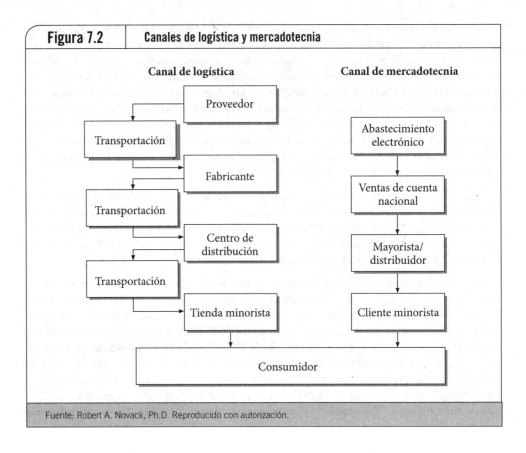

Fuente: Robert A. Novack, Ph.D. Reproducido con autorización.

sistemas de canal pueden clasificarse como indirectos o directos y subdividirse en sistemas de mercadotecnia tradicionales y verticales. Con el sistema de mercadotecnia vertical (VMS; *vertical marketing systems*) existe cierto grado de relación implícita entre las organizaciones en el canal, y sus miembros tienen considerables oportunidades de coordinar sus actividades.

Con la industria abarrotera como ejemplo, la figura 7.3 muestra los numerosos canales de distribución responsables de llevar productos a los consumidores. Si bien es verdad que varios de estos canales pueden competir entre ellos, en conjunto ofrecen al consumidor una cantidad importante de opciones respecto de dónde y cómo comprar abarrotes. Cada canal individual representa una ruta única del fabricante de abarrotes al consumidor, y es preciso desarrollar un conjunto de estrategias logísticas eficaces para cada uno.

Una consideración importante de la estructura del canal tiene que ver con los elementos de los costos fijos en comparación con los costos variables. Con base en la figura 7.3 como ejemplo, suponga que un fabricante de alimentos utiliza un canal tradicional para entregar su producto a una tienda minorista. Un canal incluiría al fabricante, el centro de distribución del fabricante, el centro de distribución del minorista y la tienda minorista. Este canal implica una importante cantidad de costos fijos en forma de centros de distribución y tiendas. No obstante, los costos variables, en forma de transportación, resultan relativamente bajos ya que la mayoría de los envíos se realiza en grandes volúmenes entre los miembros del canal. Suponga que el fabricante de alimentos decide iniciar con la atención directa al consumidor por internet (este sería el segundo canal de la derecha en la figura 7.3). Cuanto que el costo fijo en este canal se reduciría bastante (al eliminar la necesidad de un centro de distribución del minorista y de las tiendas), los costos variables de transportación se incrementarían de manera significativa. Esto ocurre porque en ambos canales el origen (fabricante de alimentos) y el destino final (consumidor) es el mismo; resultan en aproximadamente la misma distancia para desplazar el producto, pero el tamaño del envío se reduce mucho. Cuanto menor sea este tamaño, mayor será el costo de transportación por libra (o por kilogramo), manteniendo

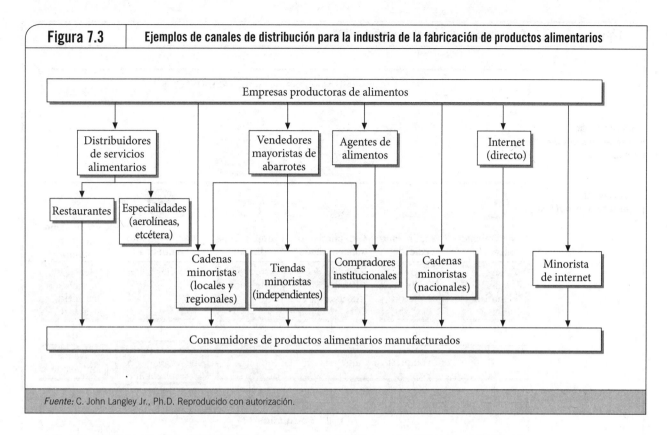

Figura 7.3 | **Ejemplos de canales de distribución para la industria de la fabricación de productos alimentarios**

Fuente: C. John Langley Jr., Ph.D. Reproducido con autorización.

constante la comodidad y la distancia. De modo que una regla empírica en el diseño del canal indica que, suponiendo que el origen y el destino permanecen iguales, cuantos más intermediarios se utilicen para entregar el producto, mayor será el costo fijo y menor el costo variable, y viceversa.

Cumplimiento directo al consumidor (DTC)

Como se mencionó antes, en una industria se encuentran disponibles muchos tipos diferentes de estructuras de canal para entregar el producto al punto de consumo. Esta sección presenta un breve análisis de varios modelos que pueden utilizarse en la industria minorista. La figura 7.4 muestra varios de estos canales y ofrece la base para el análisis del resto de esta sección.

Cumplimiento integrado

Actualmente muchos minoristas mantienen con el consumidor una presencia tanto "física tradicional" como "electrónica en línea" . Es decir, cuentan con tiendas y sitios de internet donde los consumidores pueden comprar de forma directa. Un ejemplo es Office Depot, con su gran número de puntos de venta minoristas y su presencia en Office Depot.com. El cumplimiento integrado implica que el detallista opera una red de distribución para atender los dos canales.

Este modelo de cumplimiento puede observarse en la figura 7.5. En un centro de distribución típico para este modelo se reciben, recogen, empacan y envían tanto los pedidos de las tiendas como los de los clientes. Una de sus ventajas son sus bajos costos de arranque. Si el minorista cuenta con una red de distribución establecida que maneja los pedidos de las tiendas y luego decide establecer una presencia en internet, la red actual podrá atender los dos. En otras palabras, no será necesario construir nuevos centros de distribución. Esto también

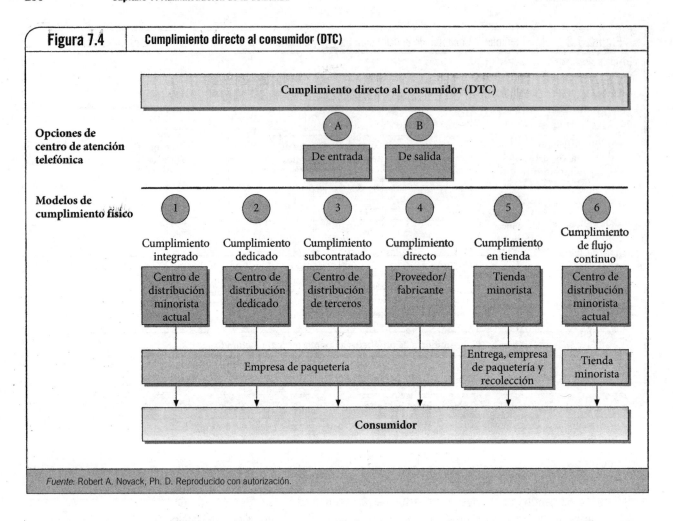

Figura 7.4 | **Cumplimiento directo al consumidor (DTC)**

Fuente: Robert A. Novack, Ph. D. Reproducido con autorización.

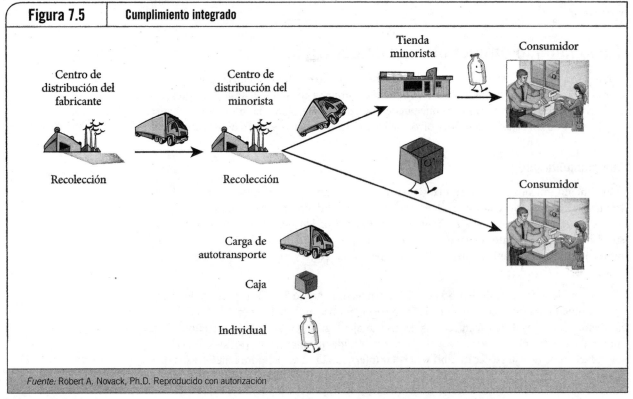

Figura 7.5 | **Cumplimiento integrado**

Fuente: Robert A. Novack, Ph.D. Reproducido con autorización

elimina la necesidad de contar con un inventario duplicado para manejar los pedidos por internet. Otra ventaja de este modelo es la eficiencia de la fuerza de trabajo debido a las operaciones consolidadas; la fuerza de trabajo actual contará con la oportunidad de desplazar un mayor volumen al determinar un costo fijo. No obstante, este modelo presenta varios retos: en primer lugar, el perfil del pedido cambiará con la incorporación de pedidos de consumidores en internet. Mientras que los de las tiendas en general serán recogidos en cantidades empacadas o de embalaje, los de los clientes requieren unidades de consumo (individuales) en cantidades más pequeñas. En segundo lugar, los productos quizá no se encuentren disponibles de manera individual. Mientras que los paquetes o embalajes representan la cantidad mínima de pedido para una tienda, la unidad individual (unitaria) podría requerirse para un pedido de cliente. En tercer lugar, la incorporación de una selección unitaria (individual) necesitará una "recolección rápida" o un empaque abierto, operación que se añadirá al centro de distribución. Las operaciones de selección por empaques por lo general son muy eficientes debido a la automatización en forma de bandas transportadoras para desplazar un gran volumen de forma rápida. La selección individual es intensiva en el uso de mano de obra y no es capaz de desplazar mucho volumen. Finalmente, puede presentarse un conflicto entre un pedido de una tienda y uno de internet. En ambos se desea el mismo artículo y no existe suficiente inventario para atenderlos: ¿cuál tiene prioridad? Algunas personas argumentan que el de internet debe atenderse dado que el minorista ya recibió el dinero por los artículos. Otros sostienen que la tienda debería recibir el inventario dado que también es un cliente del centro de distribución y cada tienda representa un centro independiente de utilidades y pérdidas. De forma que este modelo presenta algunas economías, ya que puede utilizar recursos existentes para satisfacer las necesidades de los dos canales. No obstante, afronta algunos retos operativos que deben superarse.

Cumplimiento dedicado

Otra opción para el minorista que desea contar con una presencia tanto en tiendas como en internet se denomina cumplimiento dedicado, el cual logra los mismos objetivos de entrega que el cumplimiento integrado pero con dos redes de distribución independientes. Un ejemplo sería Walmart, con sus redes independientes, sus tiendas y sus pedidos por internet. Este modelo puede apreciarse en la figura 7.6. Al contar con una red de distribución independiente para la entrega a tiendas y para la entrega al consumidor, se eliminan casi todas las desventajas del cumplimiento integrado. No obstante, el minorista debe manejar instalaciones e inventarios duplicados; esto supone que ofrece exactamente los mismos productos en los dos canales; sin embargo, muchos minoristas ofrecen más productos en sus sitios de internet que en sus tiendas. Esto hace que el cumplimiento dedicado sea una opción más lógica.

Cumplimiento subcontratado

Mientras que el cumplimiento integrado y el dedicado suponen que el minorista efectuará su propio despacho, el cumplimiento subcontratado supone que otra empresa lo realizará. Muchos minoristas como Toys "R" Us y Lands' End mantendrán un control interno sobre el cumplimiento en tienda y subcontratarán algunas, sino es que todas, las funciones de cumplimiento por internet. Esto se observa en la figura 7.7. Los bajos costos iniciales que implica para el minorista la atención del canal de internet representan una ventaja de la subcontratación. Muchos minoristas de ropa, como Lands' End y Dockers, utilizan los servicios de Amazon. com para algunas o todas sus operaciones de cumplimiento de pedidos por internet debido a sus prácticas consolidadas de recolección y envío de unidades de consumo individuales. Por otra parte, podrían lograrse economías de transportación gracias al cumplimiento subcontratado de pedidos por internet. Amazon.com agregaría fácilmente productos de Lands' End y Dockers a su sitio web; así, los consumidores tendrían más opciones de productos al formular sus pedidos, lo que generaría más artículos por pedido y quizá costos de transportación menores. Una desventaja, del cumplimiento subcontratado que se cita con frecuencia, es la pérdida de control del minorista sobre los niveles de servicio al cliente. Este tema se abordó

Figura 7.6 | **Cumplimiento dedicado**

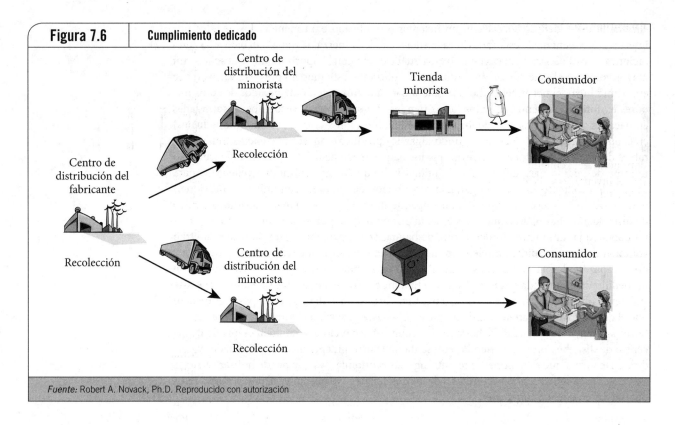

Fuente: Robert A. Novack, Ph.D. Reproducido con autorización

Figura 7.7 | **Cumplimiento subcontratado**

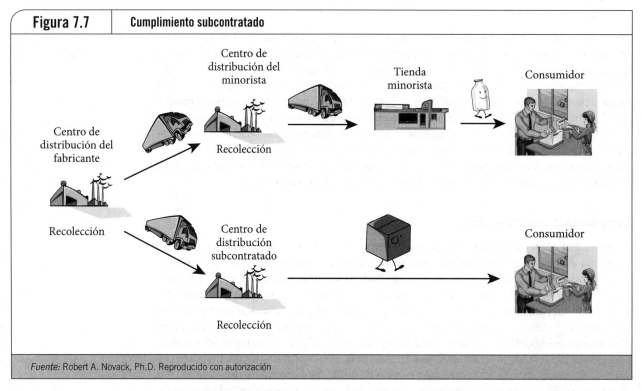

Fuente: Robert A. Novack, Ph.D. Reproducido con autorización

en el capítulo 4, en el que se analizaron las relaciones de la cadena de suministro. Por tanto, el principal beneficio del cumplimiento subcontratado es la capacidad de utilizar los conocimientos expertos externos; su desventaja más importante es la pérdida de control.

Cumplimiento del fabricante al consumidor

De acuerdo con el modelo conocido como *cumplimiento del fabricante al consumidor*, también llamado *entrega directa en tienda*, el fabricante lleva su producto directamente a las tiendas del minorista sin pasar por la red de distribución de este último, según se ilustra en la figura 7.8. Un ejemplo apropiado de este tipo de cumplimiento es Frito-Lay, una empresa que fabrica sus productos y los almacena en su red de distribución central. Los productos fluyen de ésta a las ubicaciones regionales de almacenamiento, donde los vehículos de reparto de Frito-Lay se cargan y después hacen entregas directas en las tiendas en una pequeña área geográfica. El conductor del vehículo reabastece los anaqueles del minorista, rota las existencias, comercializa el inventario y recaba información sobre precios competitivos y espacios disponibles en el nivel de tienda. Una ventaja importante de este modelo es la reducción del inventario en la red de distribución.

Lo anterior ocurre debido a que el minorista no necesita guardar inventario de Frito-Lay en sus centros de distribución. Otra ventaja para la empresa es el control directo de sus inventarios al nivel de tiendas. Una desventaja para el minorista es la posible reducción de visibilidad de inventario de los productos de Frito-Lay, dado que él no "toca" esos productos en su red de distribución.

Este tipo de modelo exige una estrecha colaboración y acuerdo entre el fabricante y el minorista, por varias razones. Primero, no todos los proveedores minoristas pueden efectuar este tipo de cumplimiento. Desde un punto de vista práctico, si todos los proveedores de una tienda entregaran directamente cada día, el número de vehículos de reparto y de personal de los fabricantes ocasionaría una gran congestión en la tienda. Segundo, el minorista y el fabricante deben acordar los tipos y tiempos de información compartida de los niveles de inventario para que el minorista cuente el nivel adecuado de visibilidad de inventarios. Por último, el cumplimiento del fabricante al consumidor funciona mejor para productos con vida corta de anaquel y donde la frescura es necesaria. Por tanto, este modelo es aconsejable para un número limitado de productos vendidos en una tienda minorista.

Figura 7.8	Cumplimiento del fabricante al consumidor

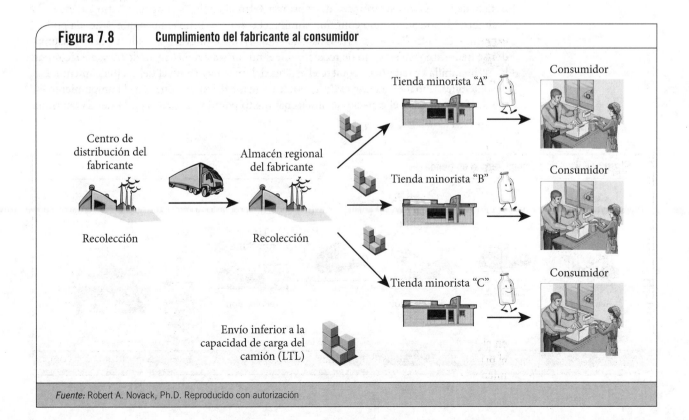

Fuente: Robert A. Novack, Ph.D. Reproducido con autorización

Cumplimiento en tienda

Para un minorista que tiene presencia física y en internet, el cumplimiento en tienda puede ofrecer muchas oportunidades. En este modelo, que se muestra en la figura 7.9, el pedido se coloca por medio del sitio web y se envía a la tienda minorista más cercana, donde se recoge y se aparta para que el cliente lo recoja. Esto funciona bien con los aparatos electrónicos grandes (como televisiones de pantalla de plasma) y lo utilizan empresas como Best Buy. Este tipo de cumplimiento tiene varias ventajas. Primero, se maneja un tiempo breve de entrega para el cliente, si hay existencias. Segundo, los costos iniciales para el minorista son bajos; el inventario se mantiene cerca del cliente. Tercero, las devoluciones pueden manejarse de la manera acostumbrada en la tienda minorista. Por último, el producto se encuentra disponible en unidades de consumo.

Existen varias desventajas en este tipo de cumplimiento. Primera, podría haber menor control y consistencia en el cumplimiento del pedido dado que cada tienda sería responsable de su propia recolección. Segunda, quizá haya un conflicto entre inventarios, pues las tiendas mantienen inventarios para el consumidor que pueden estar destinados a las compras por impulso. Aquí se exige a la tienda que retire el artículo del estante para un pedido de internet, lo que ocasionaría un desabasto en el estante. Un método para remediar este problema es ajustar la utilidad de la tienda de manera que aumente con la venta electrónica. Tercera, el minorista debe tener visibilidad de los inventarios internos de la tienda en tiempo real con el objetivo de despachar el pedido de internet. Por último, las tiendas carecen de suficiente espacio para almacenar productos. El almacenamiento temporal en alguna área del establecimietno para que los clientes los recojan consume espacio que generaría ventas adicionales.

Cumplimiento de flujo continuo

El método de cumplimiento de flujo continuo, que se presenta en la figura 7.10, es similar al de cumplimiento en tienda. La principal diferencia entre ambos radica en que en el de flujo continuo el producto se recoge y se empaca en el centro de distribución del minorista y luego se envía a la tienda para que el cliente se lo lleve. Este es el método común en la industria minorista de productos electrónicos de consumo. Otro ejemplo es la opción "sitio a tienda" de Walmart. El modelo de flujo continuo elimina el conflicto de inventario que la tienda podría experimentar entre las ventas en su instalación física y por internet. Debido a que el consumidor se hace cargo del servicio de recolección, el minorista evita el costo de transportación de la "última milla", y tampoco requiere el estatus del inventario a nivel del establecimiento. Las devoluciones se manejan a través de la red de tiendas existentes, como en el cumplimiento en tienda. Sin embargo, el espacio de almacenamiento para los artículos en la tienda continúa siendo un problema.

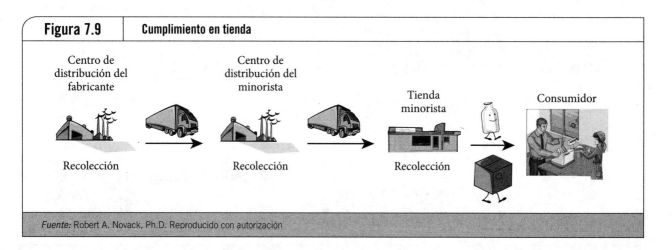

Figura 7.9   Cumplimiento en tienda

Centro de distribución del fabricante — Recolección

Centro de distribución del minorista — Recolección

Tienda minorista — Recolección

Consumidor

Fuente: Robert A. Novack, Ph.D. Reproducido con autorización

Figura 7.10	Cumplimiento de flujo continuo

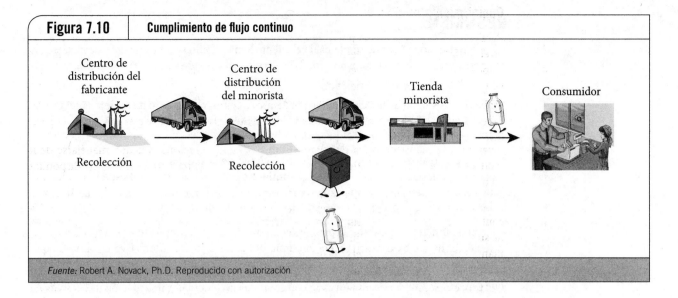

Fuente: Robert A. Novack, Ph.D. Reproducido con autorización

En conclusión, la industria minorista ofrece muchos modelos de cumplimiento para hacer que un producto llegue a las manos del consumidor. Cada uno tiene ventajas y desventajas. La selección del(los) modelo(s) adecuado(s) dependerá tanto de consideraciones de costos como de las influencias del mercado.

RESUMEN

- Los sistemas logísticos de salida hacia el cliente han recibido mucha atención de numerosas empresas; incluso en el entorno actual del servicio al cliente es necesario coordinar los sistemas logísticos de entrada y salida.

- La administración de la demanda puede definirse como "el conjunto de esfuerzos centrados en estimar y administrar la demanda de los clientes a fin de utilizar esta información para dar forma a las decisiones de operación".

- Aunque se realizan muchos pronósticos a lo largo de la cadena de suministro, el de la demanda primaria del usuario final o consumidor es el más importante. Resulta esencial que los socios comerciales compartan esta información a lo largo de la cadena de suministro y que constituya la base para la toma de decisiones colaborativas.

- Existen numerosos métodos de pronóstico, cada uno con un propósito diferente. El proceso de S&OP ha recibido mucha atención en la industria actual y su objetivo es permitir que una empresa opere a partir de un solo pronóstico.

- El proceso S&OP representa un ciclo continuo que involucra la participación de las áreas de ventas, operaciones y finanzas para llegar a un pronóstico interno consensuado.

- El método de la CPFR permite a los socios comerciales participar en la cadena de suministro, desarrollar y acordar de forma colaborativa un pronóstico de ventas. Esto permite eliminar mantenimiento de inventarios debido a la incertidumbre en la cadena de suministro.

- En la actualidad las empresas cuentan con diversas alternativas de canales de distribución. La administración eficaz de las distintas opciones requiere la coordinación e integración de las áreas de mercadotecnia, logística y finanzas, así como la coordinación de las actividades generales de todo el canal a través de las organizaciones participantes.

CUESTIONARIO DE REPASO

1. ¿Cuáles son las diferencias y semejanzas entre los sistemas logísticos de entrada y de salida? ¿Qué tipos de industrias pondrían mayor énfasis en los sistemas de salida? ¿En los sistemas de entrada? Explique sus elecciones.

2. ¿De qué forma se relacionan directamente los sistemas logísticos de salida con las necesidades del cliente?

3. ¿Cómo puede la administración de la demanda unificar a los miembros del canal y satisfacer y resolver los problemas de los clientes?

4. ¿Cuáles son algunos problemas logísticos que pueden presentarse cuando la oferta y la demanda de un producto no se encuentran correctamente alineadas? ¿Cuáles son algunos métodos utilizados para reducir los efectos de esta falta de equilibrio?

5. ¿Cuáles son los tipos básicos de pronósticos? ¿Cuáles son sus fortalezas y sus debilidades?

6. ¿Cuáles son los elementos básicos del proceso de S&OP? ¿De qué forma las funciones de mercadotecnia, logística, finanzas y manufactura contribuyen con cada elemento?

7. ¿Cuáles son los elementos críticos de la planeación colaborativa? ¿Qué beneficios ofrecen a la cadena de suministro?

8. ¿Cuáles son las semejanzas entre los procesos CPFR y S&OP? ¿Qué los diferencia?

9. ¿Cuáles son los distintos modelos de cumplimiento minorista? ¿Qué fortalezas y debilidades tiene cada uno?

NOTAS

1. Roger D. Blackwell y Kristina Blackwell, "The Century of the Consumer: Converting Supply Chains into Demand Chains", *Supply Chain Management Review*, núm. 3 (otoño de 1999): 22-32.

2. *Ibid.*, 32.

3. Jim R. Langabeer, "Aligning Demand Management with Business Strategy", *Supply Chain Management Review* (mayo-junio de 2000): 66-72.

4. Lee J. Krajewski y Larry P. Ritzman, *Operations Management: Strategy and Analysis*, 4a. ed. (Reading, MA: Addison-Wesley, 1996): 474.

5. Esta sección se adaptó a partir de Krajewski y Ritzman (1996): 477-478.

6. Adaptado de Tom Wallace, *Sales and Operations Planning: The "How-To" Handbook* (Cincinnati, OH: T. F. Wallace, 1999): 43-50. Este proceso se revisará brevemente en esta sección.

7. CPFR® es una marca registrada de la Voluntary Interindustry Commerce Standards Association (VICS).

8. Larry Smith, "West Marine: A CPFR Success Story", *Supply Chain Management Review* (marzo de 2006): 20-36.

CASO 7.1

Tires for You, Inc.

Tires for You, Inc. (TFY), fundada en 1987, es una empresa de reparación automotriz que se especializa en neumáticos de reemplazo. Con sede en Altoona, Pennsylvania, TFY ha experimentado un enorme crecimiento durante los últimos años debido al ingreso de un nuevo director general, Ian Overbaugh. Ya que el reemplazo de neumáticos representa una parte importante del negocio de TFY (también realiza cambios de aceite, pequeñas reparaciones mecánicas, etc.), a Ian le sorprendió la falta de pronósticos para el consumo de llantas en la empresa. Su gerente mecánico, Skip Grenoble, le comentó que, por lo general, se abastecían para el año corriente con las ventas del año anterior, aunque rápidamente admitió que muchas veces, durante la estación, se presentaban carencias de inventario y que los clientes debían comprar el producto en otra parte.

Aunque muchos reemplazos se deben a los neumáticos defectuosos o destruidos, la mayoría se instala en vehículos cuyos originales se desgastan. Con frecuencia se colocan los cuatro a la vez. Ian decidió obtener una mejor perspectiva de cuántos neumáticos deben mantener en inventario durante los distintos meses del año. A continuación se presenta un resumen de las ventas individuales por mes.

PERIODO	LLANTAS USADAS
2010	
Octubre	9,797
Noviembre	11,134
Diciembre	10,687
2011	
Enero	9,724
Febrero	8,786
Marzo	9,254
Abril	10,691
Mayo	9,256
Junio	8,700
Julio	10,192
Agosto	10,751
Septiembre	9,724
Octubre	10,193
Noviembre	11,599
Diciembre	11,130

Usted ha sido contratado por Ian para determinar la mejor técnica de pronóstico de la demanda de TFY con base en la información proporcionada.

PREGUNTAS SOBRE EL CASO

1. Calcule un pronóstico con el promedio móvil simple de tres meses.

2. Ahora calcúlelo con un promedio móvil ponderado de tres periodos. Utilice pesos de 0.60, 0.30 y 0.10 para el periodo más reciente, y el segundo y tercer periodos más recientes, respectivamente.

3. Calcule un pronóstico con el método de suavización exponencial. Suponga que para el periodo 1 es de 9,500. Utilice $\alpha = 0.40$. Una vez que haya calculado los pronósticos con base en la información anterior, determine los términos del error al compararlos con las ventas reales del año 2012 que se presentan a continuación:

PERIODO	LLANTAS USADAS
2012	
Enero	10,696
Febrero	9,665
Marzo	10,179
Abril	11,760
Mayo	9,150
Junio	9,571
Julio	8,375
Agosto	11,826
Septiembre	10,696
Octubre	11,212
Noviembre	9,750
Diciembre	9,380

4. Con base en los tres métodos que se han utilizado para calcular un pronóstico para TFY, ¿cuál generó el mejor pronóstico? ¿Cuáles fueron las mediciones de error que utilizó? ¿Cómo podría mejorar este pronóstico?

Fuente: Robert A. Novack, Ph.D. Reproducido con autorización.

CASO 7.2

ChipSupreme

ChipSuprime (Chips) comenzó en 1995 como una tienda minorista; ahora es una empresa que genera 50 millones de dólares en ingresos anuales. Es creación de cuatro mujeres emprendedoras que deseaban ofrecer productos horneados que incorporaran chispas de chocolate de una manera tradicional e innovadora. Los productos tradicionales incluyen galletas, tartas, panqués y varios tipos de pasteles, todos con chispas de chocolate. Entre los productos innovadores figuran los *pretzels* suaves y el pan, ambos con chispas de chocolate. La empresa también ofrece productos a la medida para el cliente.

Cuando Chips era sólo una tienda, todo el horneado, el cumplimiento de los productos terminados y la materia prima se realizaban allí. En la actualidad, con 30 tiendas minoristas, utiliza una sola panadería donde se fabrican todos los productos que típicamente se almacenan en las tiendas. La personalización de estos productos (por ejemplo, glaseado de distintos colores o mensajes personalizados) todavía se efectúa en cada tienda. Chips es propietaria y opera dos centros de distribución donde se almacenan y desde donde se distribuyen distintos productos a cada tienda con base en su demanda y pronóstico. La recolección se realiza de forma manual debido a los empaques pequeños y las cantidades ordenadas por las tiendas. Productos como galletas con chispas de chocolate se venden en paquetes de 24 unidades y los panqués en paquetes de seis. Las tiendas en general no hacen pedidos de cajas completas; casi toda la recolección se efectúa en cajas incompletas. La mayoría de los envíos se realiza en pequeños empaques o en envíos menores a la capacidad de carga de los autotransportes debido a las pequeñas cantidades ordenadas y el tamaño mínimo de los paquetes.

Tami Barnes, gerente de operaciones de tiendas de Chips, recientemente convocó a una reunión con las otras tres miembros fundadoras para analizar los planes de expansión. "Nos hemos establecido bien en nuestro mercado actual y tenemos poca competencia", explicó Tami. "Considero que es momento de analizar la expansión de nuestras operaciones a internet. He observado lo que otras empresas de panadería como Famous Amos Cookies han logrado utilizando la red, y pienso que debemos ingresar a ese mercado." Beth Bower, gerente de transportación y almacenamiento, comentó rápidamente: "Tami, ya nos encontramos al tope de capacidad con nuestros almacenes actuales, y el envío de pequeñas unidades directamente a los clientes llevaría los costos de transportación al cielo." Teresa Lehman, gerente de operaciones de horneado, también se mostraba escéptica con la idea, "Concuerdo con Beth. Actualmente la instalación de horneado ya cuenta con dos turnos diarios. La expansión de nuestro mercado por medio de internet en verdad pondrá mucha presión sobre nuestra capacidad de horneado, en especial si se desea expandir la línea de productos." No obstante, Janie Jones, directora ejecutiva de finanzas, consideró que la idea tenía sus méritos: "Nuestro crecimiento se ha nivelado en los últimos años. El balance general se encuentra en buena forma y contamos con una línea de crédito adecuada. Realmente necesitamos considerar nuevos mercados para estimular el crecimiento. Internet parece ser una opción natural para nuestros productos."

Las cuatro mujeres continuaron discutiendo la posibilidad y la manera en la que Chips debería desarrollar un sitio de internet para la venta a los consumidores individuales. Beth aceptó que la empresa realmente contaba con la experiencia y el conocimiento en la recolección de unidades individuales y envío por UPS. Teresa reconoció que mientras la empresa conservara su oferta de productos actual en el corto plazo, la instalación de horneado podría aceptar cierto volumen adicional. Tami añadió que debido a que los productos vendidos en las tiendas no requieren control de temperatura para conservar su frescura, las ventas por internet no ocasionarían problemas adicionales de transportación o almacenamiento; además, sugirió que para competir en el mercado en línea, Chips debería estar dispuesta a ofrecer envíos gratuitos.

Después de una larga discusión, las cuatro mujeres acordaron que internet representaba un reto digno de consideración. A Tami y Teresa se les solicitó analizar los productos actuales y potenciales que podrían ofrecerse en línea. A Janie se le encargó el reto de determinar los puntos de precio para el sitio web; y finalmente a Beth se le pidió que determinara la factibilidad de ofrecer envío gratuito a los consumidores de internet.

PREGUNTAS SOBRE EL CASO

1. Lo han contratado para diseñar una red de distribución para Chips que le permita operar tanto en los mercados "físicos tradicionales" como en los "virtuales electrónicos". Sus recomendaciones deberán considerar tanto el arranque de las operaciones en internet como sus operaciones corrientes. Chips le solicitó determinar lo siguiente.

   • Las ventajas y desventajas de utilizar una red integrada a diferencia de una dedicada.

   • Si debe subcontratarse o no el almacenamiento para internet o para las tiendas.

   • La factibilidad de utilizar cumplimiento en tienda o de flujo continuo para complementar el cumplimiento en almacén.

   • La mecánica de la implantación de la política de "envío gratuito".

2. También se le solicitó que analice las ventajas y desventajas de utilizar una instalación establecida para la atención de internet que no solamente hospede el sitio en línea sino también que dé cabida al inventario y realice los envíos. Empresas como Amazon efectúan estas actividades para otras compañías. ¿Cuál sería su recomendación para utilizar una empresa como Amazon para encargarse del negocio en línea de Chips?

Fuente: Robert A. Novack, Ph.D. Reproducido con autorización.

Capítulo 8

ADMINISTRACIÓN DE PEDIDOS Y SERVICIO AL CLIENTE

Objetivos de aprendizaje

Después de leer este capítulo, usted será capaz de:

- Comprender las relaciones que surgen entre la administración de pedidos y el servicio al cliente.

- Apreciar cómo las organizaciones influyen sobre las pautas de pedidos de los clientes, así como la forma en que los ejecutan.

- Percatarse de la función crucial que desempeña el costeo basado en actividades (ABC) en la administración de pedidos y el servicio al cliente.

- Identificar las diferentes actividades en el proceso SCOR D1 (entrega del producto almacenado) y cómo se relaciona con el ciclo de pedido a efectivo.

- Identificar los diversos elementos del servicio al cliente y de qué modo influyen en los compradores y los vendedores.

- Calcular el costo del agotamiento de existencias.

- Comprender los principales resultados de la administración de pedidos, cómo se miden y cómo se calculan sus impactos financieros sobre compradores y vendedores.

- Familiarizarse con el concepto de recuperación de servicio y cómo se implementa en las organizaciones modernas.

Perfil de la cadena de suministro   *Tom's Food Wholesalers*

Tom's Food Wholesalers (TFW) es una empresa familiar que Tom Novack inició en 1960; atiende tanto a tiendas de abarrotes como a restaurantes con una amplia gama de productos de temperatura controlada y no controlada. Con sede en Pottsville, Pennsylvania, su principal mercado se encuentra al este del río Mississippi. Las ventas del año pasado sumaron casi 400 millones de dólares, con un margen de operaciones antes de impuestos de 4%. TFW siempre se ha enorgullecido de ofrecer un excelente servicio a su base de clientes, lo que le ha permitido desarrollar en ellos un alto nivel de lealtad. El surgimiento de comercios como Walmart Super Centers y Sam's Club en el área noreste de la zona ha ejercido una tremenda presión en la base de clientes de TFW para incrementar la disponibilidad de sus productos, y recortar costos.

EL DESAFÍO

En una reciente junta ejecutiva del consejo de TFW, Tom Novack compartió una charla que sostuvo con uno de sus principales clientes en el ramo de los abarrotes: "Nuestro servicio actual a Tess Groceries alcanza 92% de líneas con entregas completas. Este alto nivel de servicio daña nuestros márgenes, pues esta empresa desea que aumentemos las líneas con entregas completas para alcanzar 97% a partir del mes siguiente sin elevar el precio. Esto significa más inventario para nosotros y tiempos de entrega más breves."

Liz Novack, directora ejecutiva de finanzas, agregó sus comentarios. "Tom, no hay manera de que podamos aumentar justo ahora nuestros inventarios. La rotación de inventario actual en nuestra red de distribución es de cinco veces al año en promedio. Nuestros márgenes ya son muy reducidos, sin agregar los costos adicionales".

Alex Novack, vicepresidente de ventas, escuchaba esta discusión: "Tess es uno de nuestros principales clientes, pero están bajo la presión de Walmart y Sam's. Si no hacemos algo para ayudarlos, perderemos esta cuenta. Sugeriría que agregáramos inventario para ellos, redujéramos nuestros tiempos de entrega y les ayudáramos a seguir siendo competitivos."

"Alex, ¿cuánto nos va a costar esto? "¿Cuánto cuesta a Tess el agotamiento de existencias?", preguntó Tom.

Liz estaba de acuerdo con Tom: "Alex, necesitamos una cifra del rendimiento sobre la inversión para el inventario adicional. ¿Tienes alguna idea?" Alex sólo estaba acostumbrado a trabajar con los ingresos y no con el ROI. No estaba seguro de cómo responder estas preguntas.

La junta terminó con más preguntas que respuestas. Sin embargo, Tom estaba seguro de algo: TFW necesitaba emprender un riguroso análisis de los puntos de equilibrio entre los servicios de entrega y los costos de la empresa. También necesitaba identificar cómo sus niveles de servicio repercutirían en los costos de Tess. Tenía que haber una forma de comprender el costo real de su servicio. Sin esto, la rentabilidad a largo plazo de TWF corría peligro.

Fuente: Robert A. Novack, Ph.D. Reproducido con autorización.

Introducción

En el capítulo 7 (Administración de la demanda) se analizó la forma en que las organizaciones elaboran pronósticos a partir de otros que se han creado en los planes de mercadotecnia, producción, finanzas y logística. Estos planes se utilizan para alinear los recursos de la organización con el objetivo de lograr las metas de la empresa y del mercado. En este capítulo se analizan los conceptos de administración de pedidos y servicio al cliente, que servirán como mecanismos para *poner en marcha* los planes. La administración de pedidos define y moviliza la infraestructura logística de la organización. En otras palabras, la forma en que ésta recibe un pedido (por vía electrónica o manual), en que le da cumplimiento (política de inventarios y número y ubicación de los almacenes) y lo envía (elección del modo de transportación y su impacto sobre los tiempos de entrega) son aspectos que están determinados totalmente por la manera en que administra un pedido. Este capítulo presenta dos fases de la administración de pedidos: primero, el concepto de **influir sobre el pedido**; esta es la fase en la que una organización intenta cambiar la manera en que sus clientes colocan sus pedidos. En segundo lugar se analiza el concepto de **ejecución del pedido**, que ocurre después de que la organización lo recibe.

Por otra parte, el servicio al cliente es *todo lo que entra en contacto con el cliente*. Aquí se incluyen todas las actividades que causan un efecto en los flujos de información, de productos y de efectivo entre la organización y sus clientes. El servicio al cliente puede describirse como una *filosofía*, como *mediciones de desempeño* o como una *actividad*.[1] Como *filosofía*, se eleva al nivel de un compromiso organizacional para ofrecer satisfacción por medio de un servicio superior. Esta visión del servicio al cliente es totalmente congruente con el énfasis que muchas organizaciones ponen en la administración del valor, lo que lo lleva a un nivel estratégico dentro de la organización y lo hace visible a los altos directivos. El servicio al cliente como *mediciones de desempeño* cobra importancia como una medida específica del desempeño, como la entrega a tiempo y el porcentaje de cumplimiento de pedidos completos. Estas mediciones impregnan las tres definiciones de servicio al cliente y abordan los aspectos estratégicos, tácticos y operativos de la administración de pedidos. Por último, el servicio al cliente como *actividad* se considera una tarea particular que una organización debe realizar para satisfacer los requerimientos de un cliente. El procesamiento de pedidos, la facturación, las devoluciones de productos y la gestión de quejas son ejemplos típicos de esta definición.

La mayoría de las organizaciones emplea las tres definiciones de servicio al cliente en su proceso de administración de pedidos. La figura 8.1 muestra una forma en la que se relacionan la administración de pedidos y el servicio al cliente. Como se observa, este servicio

Figura 8.1 | **Relación entre la administración de pedidos y el servicio al cliente**

Administración de pedidos	Como filosofía	Como mediciones de desempeño	Como actividad
Influir sobre el pedido	Administración de las relaciones con el cliente (CRM)	Determinar los niveles/ mediciones de desempeño	Ofrecer información del pedido previo a la transacción
Ejecutar el pedido	Recuperación del servicio	Administrar/medir los niveles de desempeño	Ejecución del pedido

Servicio al cliente

Fuente: Robert A. Novack, Ph.D. Reproducido con autorización.

se relaciona con la influencia que se ejerce sobre el pedido del cliente, y con su ejecución. Estos temas se abordan con mayor detalle en el resto de este capítulo, el cual se organiza de la manera siguiente: primero se analiza el concepto de **administración de las relaciones con el cliente (CRM;** *customer relationship management***).** Segundo, se estudian el **costeo basado en actividades** y **la rentabilidad del cliente.** Tercero, se presenta la **segmentación de los clientes.** Cuarto, se estudia el **proceso de ejecución de pedidos.** Quinto, se analiza el **servicio al cliente.** Por último, se explica la **recuperación del servicio.**

Influir sobre el pedido: administración de las relaciones con el cliente

La administración de las relaciones con el cliente (CRM) es el arte y la ciencia de situar estratégicamente la base de clientes para mejorar la rentabilidad de la organización y sus relaciones con ellos. No es un concepto nuevo; se ha usado desde hace varios años en diversas industrias de servicios, como la bancaria, la de tarjetas de crédito, la hotelera y la de los viajes aéreos. Los programas de viajero frecuente, que son comunes en la industria aeronáutica, son ejemplos representativos del uso de la CRM para segmentar y recompensar a los mejores usuarios con base en el número de millas recorridas. Asimismo, la industria hotelera segmenta a sus clientes por el número de noches de estancia y la cantidad de dinero que gastan en un hotel determinado. Ambas estrategias se orientan hacia los clientes muy rentables y cuyo costo de atención es bajo. Por lo general, los viajeros de negocios obtendrían la calificación de "mejor" en estas dos industrias debido al número de vuelos y estancias de hotel que realizan.

Sin embargo, el concepto de CRM no se ha utilizado mucho en el entorno de negocio a negocio (B2B) sino hasta hace poco. Por tradición, los fabricantes y distribuidores tienen mayor experiencia en la ejecución de pedidos y participan de manera más activa en la misma, lo que implica dar cumplimiento y enviar a los clientes lo *que* piden. Hoy cada vez más fabricantes y distribuidores se convierten en expertos y participantes activos que pueden influir sobre *cómo* ordenan sus clientes. Este cambio en la filosofía proviene de la comprensión de que no todos los clientes son igualmente rentables para la organización. *Cómo* hacen sus pedidos, *cuánto* piden, *qué* piden y *cuándo* lo hacen, todo repercute en el costo que para la organización tiene la ejecución de un pedido. Los clientes cuyos patrones de pedidos maximizan las eficiencias de la red logística de una empresa de fletes serán más rentables. Utilizar la filosofía CRM permite a una organización identificarlos y recompensarlos.

Se conocen los siguientes cuatro pasos básicos para implantar el proceso CRM en un entorno B2B.[2]

Paso 1. Segmentar la base de clientes en función de su rentabilidad

La mayoría de las empresas asigna los costos directos de materiales, mano de obra y gastos generales a los clientes mediante un criterio único; por ejemplo, libras (o kilogramos) del producto comprado durante un periodo determinado. No obstante, en la actualidad se usan técnicas como la del costeo basado en actividades (que se analiza en la siguiente sección) para asignar los costos con mayor exactitud a los clientes según los costos específicos que conlleva la atención a sus pedidos con base en cuánto, cómo, qué y cuándo ordenan. Por lo general, se desarrolla un **modelo de costo a servicio (CTS;** *cost-to-serve model***)** para cada cliente; estos modelos son muy similares a un estado de resultados.

Paso 2. Identificar el paquete de producto/servicio para cada segmento de clientes

Este paso representa una de las actividades más desafiantes en el proceso de administración de las relaciones con el cliente; su meta es determinar qué valora cada segmento de clientes en su relación con el proveedor. Esta decisión se basa en la retroalimentación de los clientes y representantes de ventas. El desafío aquí consiste en cómo "empacar" los productos y servicios de valor agregado para cada segmento. Una solución es ofrecer el mismo producto o servicio a todos los segmentos, pero modificar los niveles de calidad. Por ejemplo, la tabla 8.1 presenta un escenario en el que las ofertas para cada segmento no cambian, pero el nivel de la oferta sí. En esta tabla, suponga que el segmento *A* es el más rentable y que el *B* es el menos rentable. Como es posible observar, *A* recibe el mejor producto y el mejor servicio, en tanto que los otros dos segmentos reciben menos calidad en el producto y servicio. Este tipo de paquete asume que todos los segmentos valoran el mismo tipo de ofertas del proveedor. Sin embargo, ésta es su desventaja. Su ventaja radica en que es fácil que el proveedor lo administre.

Otra solución para esta parte del proceso consiste en diversificar las ofertas de servicio para cada segmento de clientes. La tabla 8.2 muestra un ejemplo de este enfoque: las ofertas para cada uno son diferentes, como la del segmento superior de clientes (*A*) que es la que más se diferencia. La base de este paquete se funda en que cada segmento valora diferentes servicios. Su ventaja es que satisface las necesidades de cada segmento; su desventaja es que es mucho más difícil que el proveedor lo administre. De los dos métodos que aparecen en las tablas 8.1 y 8.2, la opción *A* (tabla 8.1) es la más común en la industria actual.

Tabla 8.1	Ofertas hipotéticas de producto/servicio: opción A		
OFERTA DE PRODUCTO/ SERVICIO	**SEGMENTO DE CLIENTES *A***	**SEGMENTO DE CLIENTES *B***	**SEGMENTO DE CLIENTES *C***
Calidad del producto (% de defectos)	Menos de 1%	5–10%	10–15%
Cumplimiento de pedidos	98%	92%	88%
Plazo de entrega	3 días	7 días	14 días
Tiempo de entrega	En menos de 1 hora después de la solicitud	Se requiere un día	Durante la semana del pedido
Condiciones de pago	4/10 neto a 30 días (4% de descuento si se paga en menos de 10 días. O la cantidad total en 30 días)	3/10 neto a 30 días	2/10 neto a 30 días
Soporte de servicio al cliente	Representante dedicado	Siguiente representante disponible	A través de la página web

Fuente: Robert A. Novack, Ph.D. Reproducido con autorización.

Paso 3. Desarrollar y ejecutar los mejores procesos

En el paso 2 se determinaron y establecieron las expectativas del cliente; éstas se cumplirán en el paso 3. Muchas veces las organizaciones pasan por un elaborado proceso para determinar las necesidades de los clientes y establecer objetivos de niveles de desempeño, sólo para fracasar cuando llega el momento de cumplir con las promesas. Una de las razones de este fracaso quizá radique en que no pueden reconocer que sería necesario un proceso de reingeniería para alcanzar las metas de desempeño. Por ejemplo, no es posible satisfacer la tasa de

Tabla 8.2	Ofertas hipotéticas de producto/servicio: opción B
SEGMENTO DE CLIENTE *A*	
Calidad del producto (% de defectos)	Menos de 1%
Cumplimiento de pedidos	98%
Plazo de entrega	3 días
Tiempo de entrega	En menos de 1 hora de la solicitud
Condiciones de pago	4/10 neto a 30 días
Soporte de servicio al cliente	Representante dedicado
SEGMENTO DE CLIENTE *B*	
Calidad del producto (% de defectos)	5–10%
Retención de crédito	Menos de 48 horas
Políticas de devolución	Hasta 10 días después de la entrega
SEGMENTO DE CLIENTE *C*	
Cumplimiento de pedidos	88%
Proceso de pedidos	A través del sitio web

Fuente: Robert A. Novack, Ph.D. Reproducido con autorización.

cumplimiento de pedidos prometida al segmento de clientes *A* en la tabla 8.1 a causa de la política actual de inventarios del proveedor. Por tanto, los niveles y ubicaciones del inventario tendrían que reconsiderarse, dada la tasa de desempeño objetivo para 98% de cumplimiento de pedidos. Cuanto más altas sean las expectativas del cliente, mayor será su insatisfacción si no se alcanzan.

Paso 4. Medición del desempeño y mejora continua

La meta de la administración de las relaciones con el cliente (CRM) es proporcionar el mejor servicio a los diferentes segmentos de clientes de la organización proveedora, al tiempo que aumenta la rentabilidad de esta última. Una vez que se ha implantado el programa de CRM, debe evaluarse para determinar si: 1) los diferentes segmentos están satisfechos, y 2) la rentabilidad general del proveedor ha mejorado. Recuerde, la meta de la CRM es identificar a los clientes que generan más ganancias cuando pidan productos de manera que reduzcan los costos del proveedor. Por tanto, otra medición del programa puede consistir en el número de clientes que se han cambiado de un segmento a otro al modificar sus patrones de pedidos. La meta de la CRM no es eliminarlos, sino satisfacerlos en tanto que se maximizan las utilidades para el proveedor. Si no lo logra, debe reevaluarse o reposicionarse para alinearse con los objetivos de desempeño.

El concepto en el que se basa este programa es sencillo: alinear los recursos del proveedor con sus clientes de tal manera que aumente tanto la satisfacción de éstos como las utilidades de aquél. Sin embargo, la ejecución de un programa de CRM supone varios desafíos; su implantación no es tanto un fin como un medio. Se trata de una iniciativa estratégica implementada por una empresa proveedora que exige cambios en la asignación de recursos, la estructura organizacional y la percepción del mercado.

Esta sección presentó un panorama general de la administración de relaciones con el cliente; la siguiente profundiza en el tema de la forma de segmentarlo, ya sea mediante el costeo basado en actividades o la rentabilidad del cliente.

Costeo basado en actividades y rentabilidad del cliente

La contabilidad de costos tradicional se adapta bien a las situaciones en que los procesos de producción y de asignación mantienen una alta correlación. Por ejemplo, piense en un almacén que recibe un producto, lo almacena, lo recoge y lo envía realizando todos estos procesos en tarimas. Por otro lado, suponga que cada tarima consume la misma cantidad de gasto en mano de obra, máquinas y espacio sin importar el tipo de producto. En este escenario, la contabilidad de costos como mano de obra, maquinaria y directos generales (espacio) puede asignarse a cada producto según el número de tarimas que se mueven por el almacén durante un periodo determinado.

Sin embargo, la contabilidad tradicional de costos no resulta muy eficaz en situaciones donde la producción no está correlacionada con la base de asignación. Este es el escenario más probable en logística. Por ejemplo, suponga que el almacén que acabamos de describir necesitará recolectar y enviar cajas y subcajas en cantidades determinadas, así como en cantidades basadas en tarimas. Cuando la asignación se basa en tarimas, los productos enviados cargarán la mayoría de los costos directos en los que se incurre en el almacén. No obstante, la recolección de cajas y subcajas requiere gran cantidad de mano de obra, por lo que será la más costosa en el almacén. Por tanto, en este caso la contabilidad tradicional castigaría el método de costo más efectivo de trasladar los productos por el almacén y subsidiaría el método de costo menos efectivo. Aquí se observa la efectividad del costeo basado en actividades (ABC; siglas en inglés de *activity-based costing*), que puede definirse como "La metodología que mide el costo y el desempeño de las actividades, recursos y objetos de costo. Los recursos se asignan a las actividades, después éstas, se asignan a los objetos de costo según su uso. El ABC reconoce las relaciones causales entre los motivadores del costo y las actividades".[3] Utilizar esta metodología en el ejemplo anterior sería una manera más eficaz de asignar los costos a las actividades que absorben la mayoría de los recursos. En otras palabras, el ABC detectaría que recolectar y enviar subcajas es más costoso que recolectar y enviar tarimas.

La figura 8.2 muestra otra perspectiva de la diferencia entre la contabilidad tradicional de costos y el ABC. Como se puede apreciar, la contabilidad convencional asigna los recursos a los centros de costos de cada departamento (por ejemplo, la mano de obra en almacén se carga al departamento de almacenamiento), después se asigna un costo determinado a un producto (por ejemplo, dólares de mano de obra por tarima). El ABC asigna recursos a una actividad (digamos, costo de mano de obra por recolectar el producto), identifica los motivadores de costos (digamos, el costo de mano de obra por recolectar una tarima en comparación con estibar una subcaja) y después asigna esos costos a los productos, clientes, mercados o unidades de negocio. El ABC refleja con mayor exactitud el costo real de realizar una actividad que la contabilidad tradicional.

Sería útil mencionar un ejemplo de cómo funciona el ABC. Suponga que un centro de distribución de bienes de consumo siempre recibe y almacena el producto en cantidades basadas en tarimas, pero lo recolecta y lo envía en tarimas, estanterías, cajas y unidades individuales de consumo (*eaches*). En la figura 8.3 se observa el flujo del producto. El centro de distribución recibe tarimas para su almacenamiento, así como devoluciones de los clientes. El proceso de devolución es aparte y no se analizará aquí. Una vez que se recibe la tarima, se aparta (almacena) hasta que el producto esté listo para ser recolectado. Se permite a los clientes ordenar en cantidades que van desde *unidades individuales de consumo* hasta tarimas completas. El envío puede realizarse también a partir de estas cantidades. Después de que se almacena la tarima, se efectúan hasta 10 procesos independientes para recolectar y enviar el producto con el fin de dar cumplimiento al pedido del cliente. Resulta evidente que el método más económico en esta figura es la recolección y envío de tarimas, y que el más costoso es la recolección y envío de unidades individuales. El acopio de estibas consiste en el pedido de un producto en cantidades basadas en "estibas"; es decir, el número de cajas de producto que caben en un solo nivel de la tarima. A este número también se le conoce como "atado". "Altura" es el número de capas de productos en una tarima. Por lo general, la recolección de estibas

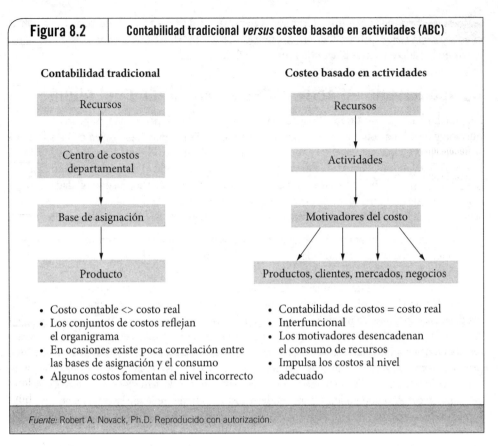

Figura 8.2 | Contabilidad tradicional *versus* costeo basado en actividades (ABC)

Contabilidad tradicional

Recursos → Centro de costos departamental → Base de asignación → Producto

Costeo basado en actividades

Recursos → Actividades → Motivadores del costo → Productos, clientes, mercados, negocios

- Costo contable <> costo real
- Los conjuntos de costos reflejan el organigrama
- En ocasiones existe poca correlación entre las bases de asignación y el consumo
- Algunos costos fomentan el nivel incorrecto

- Contabilidad de costos = costo real
- Interfuncional
- Los motivadores desencadenan el consumo de recursos
- Impulsa los costos al nivel adecuado

Fuente: Robert A. Novack, Ph.D. Reproducido con autorización.

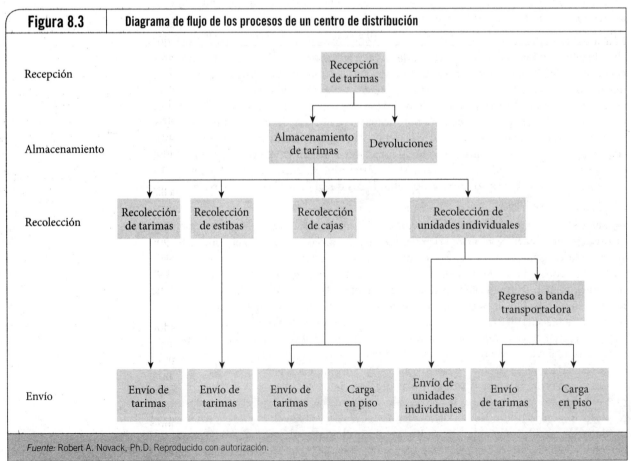

Figura 8.3 | Diagrama de flujo de los procesos de un centro de distribución

Recepción

Recepción de tarimas

Almacenamiento

Almacenamiento de tarimas   Devoluciones

Recolección

Recolección de tarimas   Recolección de estibas   Recolección de cajas   Recolección de unidades individuales

Regreso a banda transportadora

Envío

Envío de tarimas   Envío de tarimas   Envío de tarimas   Carga en piso   Envío de unidades individuales   Envío de tarimas   Carga en piso

Fuente: Robert A. Novack, Ph.D. Reproducido con autorización.

Tabla 8.3	Asignación del espacio en el centro de distribución
ACTIVIDAD	**PORCENTAJE DEL TOTAL DE PIES CUADRADOS NETOS**
Almacenamiento	73.0
Recolección de cajas	10.0
Recepción	5.0
Recolección de unidades individuales	4.0
Área de pruebas	3.0
Almacenamiento temporal	3.0
Devoluciones	2.0
Total	100.0

Fuente: Robert A. Novack, Ph.D. Reproducido con autorización.

resalta en una tarima mixta o "arcoiris" que contiene muchas capas de diferentes productos. En el manejo de cajas, cada una se recoge y se integra a una tarima para su envío, o puede colocarse sobre un sistema de transportación para que de ahí se cargue al piso del remolque (cada caja se carga por separado). En cada recolección, cada unidad individual se combina con otras unidades para formar una caja que se reutiliza para el envío, y se regresa de nuevo al transportador junto con otras cajas para después ponerlas en tarimas o cargarlas al piso del remolque. Cada caja también puede enviarse como unidad individual.

Una vez que se han identificado los diferentes métodos con los que un producto puede fluir a través del centro de distribución, el siguiente paso es identificar las actividades que absorben los dos principales costos en el centro: espacio y mano de obra. La tabla 8.3 presenta el consumo de espacio por actividad; también muestra que el almacenamiento absorbe 73% de los gastos generales del centro de distribución. De modo que los productos que requieren espacio excesivo de almacenamiento incurrirán en la mayor cantidad de gastos generales (instalaciones). La tabla 8.4 muestra el número de empleados equivalentes de tiempo completo (FTE; *full-time equivalent*) que son necesarios para realizar los diferentes tipos de actividades que se ilustran en la figura 8.3. La recolección de las cajas para colocarlas en el transportador requiere el mayor número de FTE (19.54).

La combinación de los costos de estas dos tablas con los flujos identificados en la figura 8.3 genera los costos de realizar estas actividades que pueden observarse en la figura 8.4. Cuando se usan las cantidades equivalentes de cajas como base para la asignación es fácil comprender que recibir, almacenar, recolectar y enviar productos en tarimas genera el costo más bajo por caja para el centro de distribución. Por otra parte, recibir y almacenar productos en tarimas y recolectar y enviar unidades individuales son actividades que imprimen el costo más alto por caja. Por tanto, la metodología ABC puede utilizarse para determinar los costos de las diferentes políticas de pedidos del cliente y para influir sobre la forma en que éste los efectúa.

Los gastos del centro de distribución no representan sino un costo en el que el expedidor incurre al tratar con el cliente. Los análisis tradicionales de rentabilidad del cliente comenzarían con las ventas brutas menos devoluciones y rebajas (ventas netas), menos el costo de bienes vendidos, para llegar a la cifra del margen bruto. Aunque esta cifra proporcionaría una idea general de la rentabilidad de un cliente, se queda corta para capturar los costos reales de atenderlo. En la tabla 8.5 se presenta un enfoque más amplio para determinar esta rentabilidad. Este es el ejemplo real de una empresa anónima. Aquí se identifican muchos otros motivadores de costos, influidos por los clientes, y sus interacciones con el expedidor. Observe que el ejemplo del centro de distribución que se analiza queda en la sección de "Operaciones" en

Tabla 8.4	Asignación de mano de obra en el centro de distribución

ACTIVIDAD	FTE*
Recepción	17.73
Almacenamiento	6.90
Recolección de cajas	19.54
Carga en piso	6.90
Área de prueba	6.90
Recolección de unidades individuales	6.90
Regreso a la banda transportadora	1.28
Entrega por mensajería	1.28
Recolección de tarimas	5.49
Devoluciones	9.71
Total de FTE	82.63

* Empleados equivalentes de tiempo completo.
Fuente: Robert A. Novack, Ph.D. Reproducido con autorización.

Figura 8.4	Costeo de flujo continuo para un centro de distribución

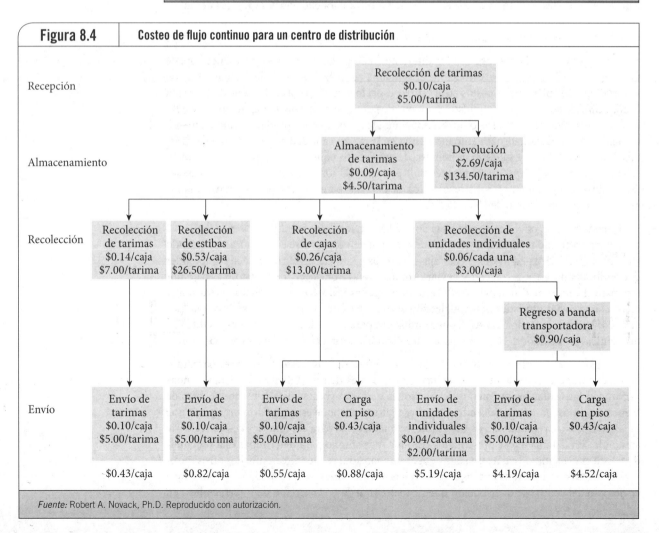

Fuente: Robert A. Novack, Ph.D. Reproducido con autorización.

Tabla 8.5	Análisis de rentabilidad del cliente

ESTADO DE RESULTADOS DEL CLIENTE			TOTALES CONSOLIDADOS DEL CLIENTE A					
CÓDIGO MAC: 123456	CIFRAS DE 1997	% DE VENTAS	1998 TRIMESTRE 1	1998 TRIMESTRE 2	1998 TRIMESTRE 3	1998 TRIMESTRE 4	CIFRAS DE 1998	% DE VENTAS
Ventas brutas			$17,439,088	$15,488,645	$17,382,277	$16,632,060	$66,942,069	102.6%
Devoluciones			78,383	60,150	66,828	143,225	348,587	100.5%
Descuentos en efectivo			348,782	309,773	347,646	332,641	1,338,841	102.1%
Ventas netas			$17,011,923	$15,118,722	$16,967,803	$16,156,194	$65,254,641	100.0%
Costo de bienes vendidos			$ 4,392,341	$ 3,686,569	$ 4,170,382	$ 3,959,373	$16,208,665	24.8%
Costos estándar			$ 4,279,660	$ 3,615,837	$ 4,070,518	$ 3,830,855	$15,796,870	24.2%
Regalías			$ 112,681	$ 70,732	$ 99,864	$ 128,518	$ 411,795	0.6%
Margen bruto			$12,619,582	$11,432,153	$12,797,421	$12,196,820	$49,045,976	75.2%
Costos promocionales			$ 1,366,220	$ 1,476,337	$ 1,624,152	$ 2,210,575	$ 6,677,284	10.2%
Descuentos			$ 299,893	$ 85,025	$ 110,627	$ 0	$ 495,544	0.8%
Rebajas temporales			$ 957,617	$ 885,877	$ 1,054,432	$ 1,115,520	$ 4,013,447	6.2%
Fondos para promoción comercial			$ 108,710	$ 505,435	$ 459,093	$ 1,095,055	$ 2,168,293	3.3%
Estanterías			$ 0	$ 0	$ 0	$ 0	$ 0	0.0%
Otros			$ 0	$ 0	$ 0	$ 0	$ 0	0.0%
Publicidad			$ 0	$ 0	$ 0	$ 0	$ 0	0.0%
Investigación de mercados			$ 0	$ 0	$ 0	$ 0	$ 0	0.0%
Otros gastos variables			$ 576,922	$ 396,040	$ 464,740	$ 474,752	$ 1,912,454	2.9%
Precio conforme a la cantidad ordenada			$ 373,099	$ 256,242	$ 300,028	$ 320,522	$ 1,249,892	1.9%
Flete			$ 203,822	$ 139,798	$ 164,712	$ 154,229	$ 662,562	1.0%
Contribución directa a la rentabilidad			$10,676,440	$ 9,559,776	$10,708,529	$ 9,511,494	$40,456,238	62.0%
Gastos de ventas			$ 277,303	$ 288,458	$ 320,217	$ 377,591	$ 1,263,569	1.9%
Ventas corporativas			$ 59,690	$ 59,690	$ 59,690	$ 59,690	$ 238,762	0.4%
Ventas minoristas			$ 45,481	$ 45,481	$ 46,843	$ 75,246	$ 213,052	0.3%
Administración de categoria			$ 50,238	$ 50,238	$ 50,238	$ 50,238	$ 200,953	0.3%
CBT			$ 121,893	$ 133,048	$ 163,446	$ 192,416	$ 610,802	0.9%
Operaciones			$ 192,555	$ 266,837	$ 269,382	$ 269,673	$ 998,447	1.5%

(Continúa)

Tabla 8.5	Continuación

ESTADO DE RESULTADOS DEL CLIENTE　　　　　　　**TOTALES CONSOLIDADOS DEL CLIENTE A**

CÓDIGO MAC: 123456	CIFRAS DE 1997	% DE VENTAS	1998 TRIMESTRE 1	1998 TRIMESTRE 2	1998 TRIMESTRE 3	1998 TRIMESTRE 4	CIFRAS DE 1998	% DE VENTAS
Almacenamiento			$ 100,632	$ 145,456	$ 142,890	$ 153,564	$ 542,541	0.8%
Procesamiento de pedidos			$ 91,923	$ 121,381	$ 126,492	$ 116,109	$ 455,905	0.7%
Utilidad operativa			$10,206,582	$ 9,004,481	$10,118,929	$ 8,864,230	$38,194,223	58.5%
Deducciones			$ 15,791	$ 4,701	$ (820)	$ 18,433	$ 38,105	0.1%
Previsión para descuento			$ 310	$ 2,939	$ (88)	$ 7,792	$ 10,953	0.0%
Previsión para reclamaciones			$ 15,481	$ 2,688	$ 1,365	$ 6,641	$ 26,175	0.0%
Gastos de manejo			$ 0	$ (926)	$ (2,097)	$ 4,000	$ 977	0.0%
Utilidad operativa ajustada			$10,190,791	$ 8,999,780	$10,119,749	$ 8,845,797	$38,156,118	58.5%
Notas al pie:								
Rubros registrados que *requieren investigación adicional*			$ 1,034	$ 2,223	$ 2,492	$ 9,125	$ 14,875	0.0%
Deducción de descuentos *en efectivo no devengados*			$ 0	$ 809	$ 0	$ 30,213	$ 31,022	0.0%

Fuente: Robert A. Novack, Ph.D. Reproducido con autorización.

esta fórmula. Como se observa en este ejemplo, utilizar sólo el margen bruto como indicador de la rentabilidad subestima el costo en el que se incurre por servir al cliente. Cada rubro perteneciente al margen bruto está representado por un modelo de procesos como el que se muestra en la figura 8.4. Con esta información acerca de cómo la interacción con el cliente impulsa los costos del expedidor, éste podrá segmentar a sus clientes de acuerdo con su rentabilidad.

La figura 8.5 muestra un método para clasificar a los clientes de acuerdo con su rentabilidad. El eje vertical mide el valor de las ventas netas del cliente y el eje horizontal representa el costo de servirlo. Los clientes que quedan en el segmento "Proteger" son los más rentables. De sus interacciones con el expedidor éste deriva la mayor parte de sus eficiencias de costos. Los que se encuentran en la "Zona de peligro" son los menos rentables y ocasionan que el expedidor incurra en pérdidas. Para ellos se tienen tres alternativas: 1) cambiar la forma en que el cliente se relaciona con el expedidor, de manera que aquél se mueva a otro segmento; 2) cobrarle el costo real de hacer negocios con él (sería más probable dejar de hacer negocios con él, pero ésta por lo general no es una estrategia que la mayoría de los expedidores use, o 3) pasarlo a un canal de distribución alternativo (por ejemplo, el expedidor podría alentar al cliente para que realice sus pedidos a través de un distribuidor o mayorista en lugar de comprarle directamente a él). En cuanto a los clientes que caen en el segmento "Desarrollar", el costo de proporcionarles servicio es bajo pero tienen un valor de ventas neto también bajo. La estrategia aquí es mantener el costo de servirlos pero desarrollar su valor de ventas neto y ayudarlos a pasar al segmento "Proteger". Por último, los clientes que se encuentran en el segmento "Ingeniería de costos" tienen un alto valor de ventas netas y servirlos implica un alto costo. La estrategia recomendable aquí es encontrar formas más eficientes en las que puedan relacionarse con el expedidor. Entre dichas estrategias figuran alentarlo para que realice sus pedidos en cantida-

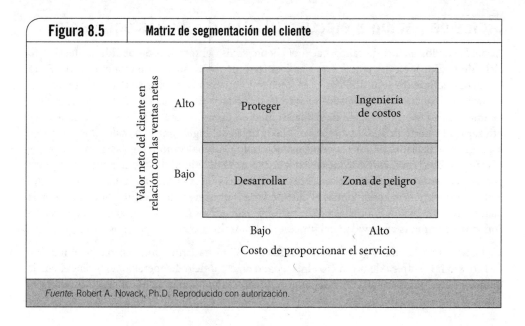

Figura 8.5 | **Matriz de segmentación del cliente**

Fuente: Robert A. Novack, Ph.D. Reproducido con autorización.

des basadas en estibas y no en cajas. Este cambio en la política de pedidos reduciría los costos operativos del expedidor y quizá trasladaría al cliente al segmento "Proteger".

La combinación de la metodología ABC, la rentabilidad del cliente y la segmentación para desarrollar ingresos rentables constituye una estrategia que cada vez más organizaciones utilizan en la actualidad: ayuda al expedidor a definir el verdadero costo de tratar con los clientes e influir en la forma en que éstos se relacionan con él para lograr el más alto nivel de eficiencia de costos. La conjugación de estas tres herramientas con la administración de las relaciones con el cliente permite al expedidor diferenciar sus ofertas para cada segmento, lo que genera para él una utilidad máxima y para el cliente un elevado nivel de satisfacción.

En esta sección se analizan los métodos que las organizaciones emplean para influir sobre la manera en la que un cliente realiza sus pedidos. En la siguiente sección se estudian los métodos que los expedidores utilizan para ejecutar el pedido una vez que se recibe.

Ejecución del pedido: administración y cumplimiento

El sistema de administración de pedidos representa el medio principal por el cual los compradores y vendedores comunican la información relacionada con los pedidos individuales de productos. Una administración de pedidos eficaz es fundamental para lograr la eficiencia operativa y la satisfacción del cliente. La medida en la que una organización realiza todas sus actividades de una manera oportuna y exacta en esta área, influirá en otras áreas para que sea posible establecer una coordinación similar. Además, tanto los clientes actuales como los potenciales tendrán una opinión positiva de la duración consistente y previsible del ciclo del pedido y los tiempos de respuesta aceptables. Gracias a la comprensión de las necesidades del cliente desde el inicio del proceso, las organizaciones podrán diseñar sistemas de administración de pedidos que se considerarán superiores a los de las empresas competidoras.

El área logística necesita información oportuna y exacta relacionada con los pedidos individuales; por tanto, cada vez más organizaciones colocan la función de la administración de pedidos corporativos en el área de logística. Esta estrategia es apropiada no sólo desde la perspectiva del proceso logístico, sino también desde la de toda la organización.

Ciclos de pedido a efectivo (OTC) y de reabastecimiento

Al hablar de los envíos de salida hacia el cliente se usa el término **de pedido a efectivo** (o **ciclo de pedido**). La diferencia entre ambos términos se analizará de manera breve. **Ciclo de reabastecimiento** se utiliza con más frecuencia cuando se habla de la adquisición de inventario adicional, como en la administración de materiales. Básicamente, el ciclo de pedido de una organización es el ciclo de reabastecimiento de otra. Para el resto de este análisis se utilizará el término *de pedido a efectivo* (OTC, siglas del inglés *order to cash*). Por tradición, las organizaciones consideran la administración de pedidos como todas las actividades que ocurren desde el momento en que el vendedor toma el pedido hasta que el comprador recibe el producto. A esto se le llama *ciclo de pedido*. El ciclo OTC consiste en todas las actividades incluidas en el ciclo del pedido más el flujo de fondos que retornan al vendedor con base en la factura. En la actualidad muchas organizaciones han adoptado el concepto OTC, que refleja con más exactitud la efectividad del proceso de la administración de pedidos.

La figura 8.6 es una representación del ciclo OTC; esta figura también recibe el nombre de Proceso D1: entrega de producto almacenado en el modelo de operaciones y referencia de la cadena de suministro (SCOR) del Supply Chain Council. Éste se usará como fundamen-

Figura 8.6	Proceso D1 del modelo SCOR: entrega de producto almacenado

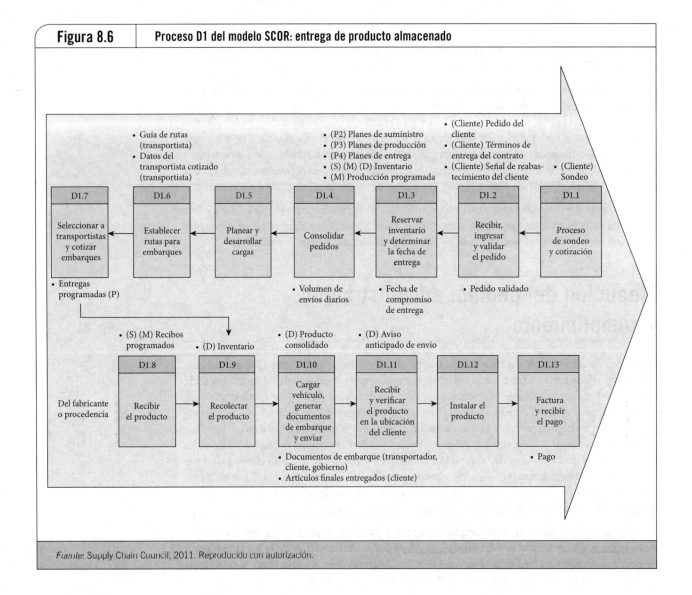

to para el análisis de esta sesión. El proceso representa no sólo el plazo para la entrega del producto al cliente, sino también el flujo de fondos que regresan a manos del vendedor. El ciclo OTC está constituido por 13 actividades principales; las primeras siete (D1.1 a D1.7) representan los flujos de información; las siguientes cinco (D1.8 a D1.12) son los flujos de producto, y la última actividad (D1.13) muestra el flujo de efectivo. En la siguiente sección analizaremos cada una de ellas.

D1.1. Proceso de sondeo y cotización

Este paso antecede a la colocación real del pedido por parte del cliente. En D1.1 el cliente recurre al proveedor en busca de información sobre el producto, el precio o la disponibilidad, para determinar si coloca un pedido. Se requiere que el vendedor tenga información actualizada en un solo lugar para ofrecerla con rapidez y exactitud al posible comprador. La disponibilidad de información es vital en este paso.

D1.2. Recibir, ingresar y validar el pedido

Este paso implica la colocación y recepción del pedido. En muchas organizaciones se logra por medio de la aplicación de tecnología como el intercambio electrónico de datos (EDI) o internet. En otras el pedido se realiza por intermediación de un representante de servicio al cliente (CRS; *customer service representative*), quien lo ingresa al sistema de administración de pedidos del vendedor. La aplicación de la tecnología en este paso ha reducido de manera importante la cantidad de errores en los pedidos, así como el ciclo OTC. El paso D1.2 "captura" el pedido y lo prepara para la siguiente fase, es decir, el procesamiento.

D1.3. Reservar inventario y determinar la fecha de entrega

Por tradición se ha denominado **procesamiento de pedidos** a este paso. En la relación comprador/vendedor este podría ser el paso más importante, pues determina las expectativas que el cliente tendrá sobre la entrega. Una vez "capturado" el pedido en el sistema de administración de pedidos del vendedor, se verifican los niveles de inventario para determinar la disponibilidad y ubicación. Si hay inventario disponible en la red de distribución del vendedor, se reserva para el cumplimiento y se da al cliente una fecha de entrega. En caso de que el vendedor tuviera inventario para dar cumplimiento al pedido, la fecha se basará en el concepto **disponible para su entrega (ATD**, siglas en inglés de *available to deliver*). Esto significa que el vendedor tiene el inventario y puede prometer una fecha de entrega.

En algunos casos el vendedor no tiene inventario pero sabe cuándo lo producirá internamente o cuándo su proveedor lo entregará a sus centros de distribución. En este caso la fecha de entrega se basa en el concepto **disponible para promesa (ATP**; *available to promise*). Esto significa que aunque el vendedor no tenga posesión física del inventario para dar cumplimiento al pedido, aún puede prometer una fecha de entrega. En cualquier caso, el cliente no necesita saber si la fecha se basa en ATD o ATP. Implantar el concepto ATP requiere una coordinación ascendente de los sistemas de información entre el vendedor y sus instalaciones de manufactura y/o el vendedor y las instalaciones de manufactura o los centros de distribución de su proveedor. Por ejemplo, suponga que el vendedor recibe un pedido de 40 cajas del producto A; en ese momento tiene 20 cajas en inventario pero sabe que su fábrica producirá otras 20 el día siguiente. Así, puede establecer una fecha de entrega ATP, pues sabe que para el día siguiente tendrá 40 cajas del producto A disponibles para dar cumplimiento al pedido. Del mismo modo, si el vendedor tiene sólo 20 cajas del producto A en inventario pero sabe que su proveedor le ofrecerá otras 20 esa tarde, también podrá fijar una fecha de entrega ATP. La seguridad de que los proveedores primarios (fábricas internas o instalaciones del proveedor) cumplirán con su promesa de entregar las 20 cajas adicionales es vital para el éxito del concepto ATP. Si no son capaces de hacerlo, ya sea en cuanto al cumplimiento del pedido o la entrega puntual para el vendedor, éste resultará perjudicado.

Una vez que se ha acordado la fecha de entrega con el cliente, se transmite el pedido al sistema de administración de almacén (WMS; *warehouse management system*) para que programe su recolección, y al sistema financiero para que genere una factura. Por tanto, este paso determina el plan de ejecución del pedido que el proveedor ha determinado y comunicado al cliente. Su conclusión exitosa es crucial para las eficiencias internas del proveedor (por ejemplo, la tasa de cumplimiento de pedidos y la tasa de entregas puntuales) y para la efectividad externa hacia el cliente (satisfacción del cliente).

D1.4. Consolidar pedidos

En este paso se examinan los pedidos de los clientes para determinar las oportunidades de consolidación del flete, así como los programas de recolección en el almacén. Estas oportunidades de consolidación ofrecen eficiencias de costos para el proveedor. No obstante, los planes de consolidación por lo general agregan tiempo al ciclo de entrega del pedido al cliente. Por tanto, estas oportunidades necesitan examinarse y tomar en consideración las fechas de entrega ATP o ATD que se fijaron en el paso anterior.

D1.5. Planificar y desarrollar cargas

Aquí se toman las oportunidades de consolidación de carga que se identificaron en D1.4 y la fecha de entrega fijada en D1.3, y se desarrolla un plan de transportación. Muchas veces este paso se utiliza en cargas menores que la capacidad del camión (LTL), paquetes pequeños y en operaciones de escalas o fletes mancomunados. Este concepto consiste en designar el pedido a un transportista específico o vehículo de transporte para optimizar las eficiencias en esta área al tiempo que se mantienen los requerimientos de entrega del cliente. Muchas organizaciones utilizan los sistemas de administración de transportación (TMS; *transportation management system*) con el objetivo de desarrollar cargas para entregas a clientes.

D1.6. Establecer rutas para embarques

Este paso puede ser posterior o concurrente con el paso D1.5. Aquí la "carga" (por lo general un vehículo de transportación) se asigna a una ruta específica para su entrega al cliente. Una vez más, muchas organizaciones utilizan un sistema de administración de transportación para completar este paso.

D1.7. Seleccionar transportistas y cotizar embarques

En este paso, posterior o concurrente al D1.5 y D1.6, se asignará un transportista específico para entregar un pedido o una consolidación de pedidos. Esto en general dependerá de la guía de rutas del proveedor registrada en el TMS. Por ejemplo, un proveedor tiene que enviar 2,000 libras de carga desde su centro de distribución a su destino a unas 1,500 millas de distancia con un plazo de entrega de dos días. La guía de rutas sugeriría que un transportista aéreo de empaques pequeños (como UPS o FedEx) podría manejar esta carga. Si el plazo de entrega es de cinco días, la guía de encaminamiento sugeriría un transportista LTL (como Yellow/Roadway, o FedEx Ground). Una vez que éste se ha designado, el proveedor predetermina los costos del flete para el embarque a partir de los acuerdos con el transportista individual. En cualquier caso, en este paso se considera el tamaño del embarque (carga), el destino (ruta) y el tipo de entrega (ATD o ATP) para establecer los costos adecuados de flete y transportación.

D1.8: Recibir el producto en el almacén

Este paso cobra importancia cuando se ha asignado al pedido de un cliente la categoría ATP; entonces el producto se recibe en el centro de distribución y se verifica el sistema de administración de pedidos para ver si hay solicitudes pendientes de este producto en particular. Si es así, el producto se compara de inmediato con el inventario disponible en la fase de preparación para que sea recolectado para el pedido. Si éste no se necesita de inmediato para dar cumplimiento a un pedido abierto, se almacena en espera de la recolección.

D1.9. Recolectar el producto

En este paso se utilizan los resultados de D1.3, D1.4 y D1.5 para determinar los programas de recolección de pedidos en el centro de distribución. Con las diferentes estrategias de acopio que pueden aplicarse en dichos centros, este paso es crucial para establecer rutas de los pedidos por medio del centro de distribución y para optimizar la eficiencia de su recolección a la vez que se cumplen los programas de entregas.

D1.10: Cargar el vehículo, generar los documentos de embarque, verificar el crédito y enviar

A partir de la producción de D1.5 y D1.6, en este paso se carga el vehículo de transportación. En algunos casos la secuencia del pedido o pedidos en un vehículo quizá carezca de importancia. Por ejemplo, en un embarque que ocupa por completo la capacidad de carga de un camión donde sólo hay un pedido con un solo destino, el orden en que se acomoden los productos no tiene importancia. No obstante, en un vehículo con escalas o LTL que alberga varios pedidos con múltiples destinos, la secuencia sí es importante. En este caso la última entrega se cargará en la "nariz" o parte frontal del vehículo, en tanto que la última se colocará en su parte posterior. La secuencia adecuada de carga es crucial para las eficiencias de entrega, y para cumplir con los requerimientos inherentes.

Aunque en este paso algunas organizaciones verifican los antecedentes crediticios del comprador, en general esto se lleva a cabo en D1.2. "La capacidad de pago" del comprador es un requisito que diversas organizaciones exigen para poner en marcha el proceso de cumplimiento del pedido.

Por último, en este paso se generan los documentos de embarque con los que el transportista podrá realizarlo; entre ellos figuran los conocimientos de embarque, la factura del flete, el documento de consignación y los manifiestos de embarques nacionales, así como los documentos para la autorización de salida de la aduana de los internacionales. Cuando el embarque se entrega legalmente al transportista, el proceso puede comenzar. Este también es el paso en el que los proveedores facturan al cliente de manera oficial.

D1.11. Recibir y verificar el producto en la ubicación del cliente

Una vez que se envía el embarque a la ubicación del cliente, la locación receptora determina si el producto entregado es el que se pidió. Esta verificación es importante porque en este punto el comprador procesa la factura del vendedor si el pedido recibido es correcto. Si no lo es, el comprador y el vendedor necesitarán acordar cómo resolver cualquier discrepancia. Este paso también concluye el ciclo tradicional del pedido. Así que, hasta aquí, si el vendedor realiza con éxito todos estos pasos, también recibirá con prontitud el pago correspondiente.

D1.12. Instalar el producto

Si un pedido implica que un producto deba instalarse en la ubicación del cliente, en este momento del ciclo OTC tiene lugar la instalación. Un ejemplo podría ser el de un comprador que pide a un vendedor una máquina para apilar productos en tarima y que requiere que éste último la instale. El éxito de la instalación repercute en la velocidad con la que el flujo de efectivo regrese al vendedor.

D1.13. Facturar

Este paso constituye la culminación del ciclo OTC para el comprador y el vendedor. Aquí es donde el comprador está satisfecho con el desempeño del ciclo de pedido y ha iniciado el pago al vendedor. Este flujo de efectivo es el último de los tres flujos importantes de la cadena de suministro: información, producto y efectivo.

El proceso D1, en el ciclo OTC, representa aquellas actividades que son necesarias tanto para la administración como para el cumplimiento de pedidos. El tiempo absoluto y la confiabilidad del ciclo OTC tienen implicaciones para el comprador y el vendedor. Esto se analiza en la siguiente sección.

Duración y variabilidad del ciclo de pedido a efectivo

Si bien el interés se ha enfocado más en la duración general del ciclo OTC, en la actualidad la atención se centra en la variabilidad o consistencia del proceso. Las prácticas industriales han demostrado que aunque la duración absoluta es importante, la variabilidad lo es más. Una fuerza conductora detrás de la atención prestada a la variabilidad del ciclo OTC son las existencias de seguridad. La duración absoluta del ciclo de pedido determina el inventario de demanda. Aquí se utiliza el concepto del ciclo de pedido debido a que el enfoque se centra en la entrega del producto al comprador y no en el flujo de efectivo al proveedor. Por ejemplo, suponga que el ciclo de pedido (tiempo que transcurre desde que se coloca hasta su recepción) dura 10 días en completarse y el comprador necesita cinco unidades al día para su proceso de manufactura. Si el comprador utiliza el modelo de la cantidad económica del pedido (EOQ; *economic order quantity*) (que se analiza con mayor detalle en el siguiente capítulo), colocará el pedido cuando tenga 50 unidades disponibles en el inventario de demanda, pero en el supuesto de que el proveedor pueda reducir el ciclo del pedido a ocho días, lo colocará cuando tenga 40 unidades disponibles. Esta es una reducción de 10 unidades del inventario de demanda disponibles durante el tiempo de entrega del comprador.

Ahora imagine que el tiempo del ciclo de pedido de 10 días tiene una variabilidad de +/−3 días, lo que genera un rango de 7 a 13 días para el ciclo. Si el comprador quiere asegurarse de que no ocurrirán agotamientos de existencias durante su proceso de manufactura, debe colocar el pedido cuando tenga 65 unidades de inventario disponibles (5 unidades al día × 13 días). Por tanto, la variabilidad de este ciclo ha agregado 15 unidades de inventario a la ubicación del comprador en comparación con el tiempo del ciclo del pedido de 10 días.

Los conceptos de tiempo absoluto y variabilidad del tiempo se analizan punto por punto en el capítulo 9 (Administración del inventario en la cadena de suministro). No obstante, es importante observar aquí que el tiempo y la variabilidad asociados con la administración de pedidos afectan tanto la satisfacción del cliente como sus inventarios. Estas implicaciones de costo y servicio son cruciales para la ventaja competitiva del proveedor en el mercado.

Estrategias de cumplimiento de pedidos en el comercio electrónico

Este estudio de la administración de pedidos no estaría completo sin un breve análisis del impacto que ha tenido la internet sobre el diseño y la administración del ciclo OTC. Muchas organizaciones utilizan la tecnología de la red para recabar información sobre los pedidos y transmitirla a sus sistemas administrativos para la recolección, el embalaje y el envío. La internet ahora permite que las organizaciones proveedoras cobren más rápido su efectivo. Como se observa en el proceso D1 que se ilustra en la figura 8.6, el proveedor cobra el efectivo en el último paso del proceso. Esta figura muestra el modelo tradicional de negocios de "comprar-hacer-vender" que emplean muchas organizaciones que fabrican productos para almacenarlos en el inventario en espera de un pedido. Desde luego, cuanto más tarden las organizaciones proveedoras en completar el proceso de administración del pedido, más tardarán en cobrar su efectivo. Quizás el ejemplo más notable de una organización que administra su flujo de efectivo es Dell, que emplea el modelo de negocios "vender-comprar-hacer". Un gran porcentaje de los pedidos (tanto de consumidores como de negocios) que Dell recibe proviene de los artículos que anuncia en su página web. Una vez que recibe el pedido y lo confirma, procesará la tarjeta de crédito o la tarjeta de compra de Dell para comenzar el flujo de fondos antes de que posea los componentes para el desarrollo del pedido del cliente. Por tanto, la empresa tiene dinero antes de que posea los componentes del producto final. Si se toma como ejemplo el proceso D1 de la figura 8.6, el paso D1.13 viene después del D1.3. la empresa estima que tiene un saldo de capital de trabajo negativo de +40 días. En otras palabras, tiene el efectivo de los clientes durante un promedio de 40 días antes de que tenga que pagar los componentes a sus proveedores.

La aplicación de la tecnología de internet al proceso de administración de pedidos no sólo ha abreviado la duración de los procesos, también ha permitido incrementar la velocidad con la que el dinero retorna a la organización proveedora. Estos dos beneficios tienen una importancia estratégica agregada para el proceso de administración del pedido.

Tecnología en la cadena de suministro

Prepararse para la modalidad móvil

En el futuro las operaciones de distribución necesitarán apoyar el comercio móvil, como el pago y pedido de productos de los clientes a través de los teléfonos inteligentes. De hecho, las empresas que desean triunfar a largo plazo quizá no tengan otra opción más que la movilidad, afirmó Deborah Lentz en su discurso sobre las cadenas de suministro del mañana en la CSCMP Europe 2010 Conference, que se llevó a cabo en Rotterdam, Holanda. "Debemos estar completamente preparados para ir hacia donde y cuando nuestros clientes y consumidores se encuentren", dijo Lentz, vicepresidenta de servicio al cliente y logística en Kraft Foods Europe.

Además de los teléfonos inteligentes, los consumidores usan cada vez más la internet e incluso la televisión para colocar pedidos, comentó Lentz. Para cubrir la demanda de pedidos pequeños y frecuentes que estas tecnologías promueven y permiten, las empresas tendrán que implantar sistemas de reabastecimiento rápidos a fin de garantizar la disponibilidad de sus productos.

De acuerdo con Lentz, las cadenas de suministro del futuro también deberán atender a sus consumidores de una manera sostenible. Por ejemplo, el producto tendrá que fluir libremente por toda la cadena de suministro con un inventario mínimo. Para lograr este objetivo en Europa, donde existen ubicaciones de abastecimiento en varios países, las empresas colaboran en el almacenamiento y la transportación. Lentz agregó que es probable que también colaboren en las entregas rurales, suburbanas o metropolitanas.

Se necesitará el rápido intercambio de datos de punto de venta para identificar los cambios en la demanda del cliente, de manera que los fabricantes puedan generar los productos que los minoristas requieren. En este aspecto, Lentz espera ver más empresas que compartan y sincronicen sus datos maestros, una base común de información acerca de tipos e inventarios de productos.

A medida que los socios comerciales trabajen de manera más cercana para satisfacer las necesidades de los clientes, observó Lentz, Kraft planea aprovechar las ideas de sus proveedores sobre las mejoras a los productos y formas de acelerar el reabastecimiento. La colaboración entre los socios comerciales para integrar la cadena de suministro aumentará la visibilidad en tiempo real, reducirá el desperdicio y los tiempos de entrega, promoverá la sostenibilidad y mejorará los niveles de servicio.

Fuente: Supply Chain Quarterly (2o. trimestre de 2010): p. 11. Reproducido con autorización del Council of Supply Chain Management Professionals.

Servicio al cliente

Ningún análisis de los sistemas logísticos de salida estaría completo si no incluyera el servicio al cliente, dado que éste es la salida de la maquinaria logística. Llevar el producto correcto, en el momento correcto, en la cantidad correcta, sin daños ni pérdidas, al cliente correcto, es el pilar del sistema logístico que reconoce la importancia del servicio al cliente.

Otro aspecto del servicio al cliente que debe mencionarse es la conciencia del consumidor acerca de la proporción precio/calidad y las necesidades especiales de los usuarios modernos, quienes son muy conscientes y demandan flexibilidad; también tienen altos estándares de calidad y la lealtad a la marca no es necesariamente algo que siempre apoyen. En esencia, quieren productos al mejor precio, con los mejores niveles de servicio y en tiempos convenientes para sus horarios. Las empresas exitosas como Walmart y Dell han adoptado estrategias de servicio al cliente que reconocen la importancia de la velocidad, la flexibilidad, la personalización y la confiabilidad.

Interfaz logística/mercadotecnia

El servicio al cliente constituye en general el vínculo clave entre la logística y la mercadotecnia dentro de una organización. Si el sistema de logística, en especial el de salida, no funcionan como es debido y el cliente no recibe la entrega según lo prometido, la organización podría perder su ingreso tanto actual como futuro. El departamento de manufactura puede fabricar un producto de calidad con el costo correcto y el de mercadotecnia venderlo, pero si el área de logística no lo entrega cuando y donde lo prometió, el cliente no estará satisfecho.

La figura 8.7 representa la función tradicional del servicio al cliente en la interfaz entre mercadotecnia y logística. Esta relación se manifiesta en esta perspectiva a través de la dimensión "plaza" de la mezcla de mercadotecnia, que se utiliza como sinónimo de las decisiones del canal de distribución y los niveles de servicio al cliente asociados que se proporcionan. En este contexto, la logística desempeña una función estática que se basa en la reducción del costo total de las diferentes actividades logísticas en los niveles del conjunto dado de niveles de servicio, que es muy probable que estén determinados por la mercadotecnia.

No obstante, como lo ilustran el capítulo 5 y los ejemplos en este capítulo, en la actualidad la logística adopta una función más dinámica como factor determinante en los niveles de servicio al cliente y la posición financiera de la organización. Una vez más, se menciona a Walmart y Dell como ejemplos de empresas que utilizan la logística y el servicio al cliente para reducir los precios de sus productos, aumentar su disponibilidad y reducir los tiempos de entrega al cliente. A estas dos organizaciones se les reconoce por el impacto que sus sistemas logísticos dinámicos han tenido en sus posiciones financieras.

Definición del servicio al cliente

Intentar definir el concepto de servicio al cliente puede ser una tarea difícil. Al inicio de este capítulo se ofrecieron tres diferentes perspectivas al respecto; como: 1) una filosofía; 2) un conjunto de mediciones de desempeño, y 3) una actividad. No obstante, es necesario poner en perspectiva el servicio al cliente para incluir *cualquier aspecto que entre en contacto con el cliente*. Desde el punto de vista de la mercadotecnia, hay tres niveles de un producto que una organización proporciona a sus clientes: 1) el beneficio o servicio central, que constituye lo que el comprador adquiere en realidad; 2) el producto tangible o el producto físico, o el servicio mismo, y 3) el producto aumentado, que incluye los beneficios secundarios, pero que constituyen una mejora integral tangible que el cliente compra. En este contexto, el servicio logístico al cliente puede considerarse como una característica del producto aumentado que agrega valor al cliente.[4] No obstante, el producto y el servicio logístico no son sólo salidas por

Figura 8.7	Interfaz tradicional logística/mercadotecnia

Objetivo de mercadotecnia:
Asignar recursos a la mezcla de mercadotecnia para maximizar la rentabilidad a largo plazo de la empresa.

Objetivo de logística:
Minimizar los costos totales, de acuerdo con el objetivo de servicio del cliente, donde:

Costos totales = costos de transportación + costos de almacenamiento + procesamiento de pedidos y costos de información + costos de cantidad por lote + costos de manejo de inventario

Fuente: Adaptado de Douglas M. Lambert, *The Development of an Inventory Costing Methodology: A Study of the Costs Associated with Holding Inventory* (Chicago: National Council of Physical Distribution Management, 1976): 7. Reproducido con autorización del Council of Supply Chain Management Professionals.

las que el vendedor "entra en contacto" con el cliente. El servicio al cliente también incluye la forma en que un vendedor establece interconexiones con aquél y ofrece información acerca del producto. Esto incluiría información acerca de la disponibilidad, la fijación del precio, las fechas de entrega, el rastreo del producto, la instalación, el soporte de posventa, etc. El servicio al cliente es en realidad una estrategia integradora de la forma en que el vendedor se relaciona con sus compradores: es una actividad, un conjunto de mediciones del desempeño, una filosofía, un beneficio central, un producto tangible y un producto aumentado; se enfoca en la manera en que un vendedor establece interconexiones con sus clientes a través de los flujos de información, de producto y de efectivo.

Elementos del servicio al cliente

El servicio al cliente es una razón importante para incurrir en costos logísticos. Las ventajas económicas en general benefician al cliente a través de un mejor servicio del proveedor. Por ejemplo, éste puede disminuir los inventarios del cliente si utiliza transportación aérea en lugar de la motorizada. Los costos de inventarios decrecen debido a los tiempos de tránsito más breves y confiables de la transportación aérea, que al mismo tiempo disminuirán el tiempo del ciclo del pedido pero generarán costos de traslado más altos que los del transporte motorizado. El análisis logístico del proveedor debe equilibrar el nivel de servicio mejorado que el cliente desea y los beneficios que podría obtener de un posible aumento en los ingresos en comparación con el costo de ofrecer ese servicio.

La figura 8.8 intenta mostrar la relación entre los niveles de servicio y el costo de ofrecerlo. Cada mejora gradual en el servicio (por ejemplo, la entrega puntual) requerirá cierto nivel de inversión mayor del proveedor. Esta inversión podría destinarse a una transportación más rápida y confiable o a inventarios adicionales. Una suposición sería que por cada mejora gradual en el servicio hay un incremento en los ingresos para el proveedor por parte del cliente. Una vez que se han identificado los parámetros de costos e ingresos, es posible calcular un

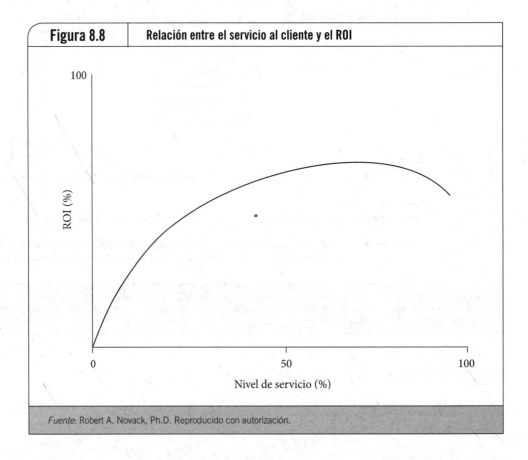

| Figura 8.8 | Relación entre el servicio al cliente y el ROI |

Fuente: Robert A. Novack, Ph.D. Reproducido con autorización.

rendimiento sobre la inversión (ROI). La figura 8.8 ilustra que el ROI de los incrementos en la mejora del servicio aumenta a una tasa decreciente. En otras palabras, a medida que el servicio mejora, el costo marginal de ofrecerlo aumenta, en tanto que el incremento marginal en los ingresos disminuye. En cierto momento el costo del servicio superará por mucho el ingreso mayor que se obtiene por proporcionarlo, lo que genera un ROI negativo. Esta es la razón por la que para la mayoría de las empresas no resulta práctico ofrecer niveles de servicio a 100%. Por tanto, los proveedores deben reconocer la importancia de equilibrar las ventajas y desventajas que suponen el servicio y el costo.

Como se dijo antes, el servicio al cliente es un concepto que abarca toda la organización. No obstante, desde la perspectiva logística es posible decir que tiene cuatro dimensiones: 1) tiempo; 2) confiabilidad; 3) comunicaciones, y 4) conveniencia. En la siguiente sección se analizan las formas en que estos elementos afectan los centros de costos tanto de las organizaciones compradoras como de las vendedoras.

Tiempo

El factor *tiempo* en general es de pedido a efectivo, en especial desde el punto de vista del vendedor. Por otra parte, el comprador se refiere usualmente a esta dimensión como el tiempo del ciclo de pedido, el tiempo de entrega o el tiempo de reabastecimiento. Sin importar la perspectiva o la terminología manejada, existen varios componentes básicos que afectan el factor tiempo.

Las operaciones logísticas exitosas de la actualidad tienen un alto grado de control sobre la mayoría (si no es que sobre todos) los elementos básicos del tiempo de entrega, incluido el procesamiento, la recolección y el envío del pedido. Al administrar de manera eficaz actividades como éstas, y por tanto asegurar que los ciclos de pedido tengan una duración razonable y consistente, las organizaciones vendedoras han mejorado los niveles de servicio al cliente que ofrecen a los compradores. Recuerde, los tiempos de ciclo de pedido largos e inconsistentes resultan perjudiciales para los inventarios del comprador.

La modificación de todos los elementos que determinan la duración de los tiempos de entrega puede ser demasiado costosa. Por tanto, la organización proveedora podría hacer cambios en un área y permitir a las otras operar en los niveles existentes. Por ejemplo, la inversión de los compradores en un sistema de colocación de pedidos basado en internet permitiría al proveedor reducir el tiempo de recepción y procesamiento, así como el número de errores que se generan en los pedidos que se toman en forma manual, y compensar la inversión en tecnología al disminuir el costo de los "contactos" humanos con el pedido.

Ser capaz de garantizar un tiempo determinado de entrega es un logro importante en la administración de pedidos. Las eficiencias obtenidas con tiempos de entrega consistentes benefician tanto al comprador (inventarios más bajos) como al proveedor (mejoras en la productividad). No obstante, el concepto de tiempo, por sí mismo, significa poco sin la confiabilidad.

Confiabilidad

Para muchos compradores, la *confiabilidad* puede ser más importante que la duración absoluta del tiempo de entrega. El comprador puede disminuir sus niveles de inventario si el tiempo de entrega es constante. Es decir, un comprador que sabe con una seguridad de 100% que este tiempo es de 10 días, podría ajustar sus niveles de inventario de tal manera que correspondan con la demanda promedio durante los 10 días y no necesitaría contar con existencias de seguridad contra cualquier posible agotamiento de existencias a causa de la inconsistencia en los tiempos de entrega.

Tiempo del ciclo

La confiabilidad del tiempo de entrega (desde que se coloca el pedido hasta que se entrega) afecta directamente los niveles de inventario del comprador y los costos de agotamiento. Proporcionar un tiempo de entrega confiable reduce parte de la incertidumbre que enfrenta el comprador. Un proveedor que puede asegurar al comprador cierto nivel de tiempo de entrega, más cierta tolerancia, diferenciará en gran medida su producto de los de sus competidores.

En la figura 8.9 se grafica una distribución de frecuencias sobre el tiempo de entrega general medido en días. La gráfica es bimodal, e indica que este tiempo se aproxima a 4 o 12 días. El comprador recibe de manera típica en cuatro días los pedidos a los que el proveedor puede dar cumplimiento de acuerdo con su inventario existente; los que no es posible cumplir con el inventario existente, y para los que el comprador debe ingresar un pedido pendiente, son ciclos de pedido con tiempos totales de 12 días aproximadamente.

Los tiempos de entrega inconsistentes generan agotamiento de existencias, retrasos y pérdida de producción para el comprador. El proveedor podría incurrir en costos por reclamos, pérdida de ingresos y entregas urgentes por incumplir las fechas de entrega prometidas. Estos posibles desenlaces refuerzan la importancia de los tiempos del ciclo de pedido confiables entre los compradores y proveedores.

Entrega segura

La entrega segura de un pedido constituye la meta máxima de cualquier sistema logístico. Como se observó antes, el proceso logístico es la culminación de la venta. Si el producto llega dañado o se pierde durante el tránsito, el comprador no podrá utilizarlo como deseaba. Un embarque que contiene un producto dañado causa un efecto en varios centros de costos del comprador: inventario, producción y mercadotecnia.

La recepción de productos perjudicados priva al comprador de artículos para la venta, la producción o el consumo personal. Esto podría aumentar los costos de agotamiento en forma

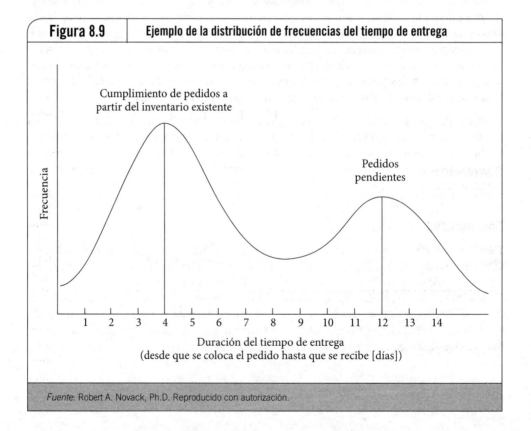

| Figura 8.9 | Ejemplo de la distribución de frecuencias del tiempo de entrega |

Fuente: Robert A. Novack, Ph.D. Reproducido con autorización.

de pérdidas de utilidades o de producción. Para protegerse contra estos costos, el comprador debe incrementar los niveles de existencias de seguridad en su inventario. Por tanto, las entregas no seguras son inaceptables para un comprador que se interesa por minimizar o eliminar inventarios por medio de algún tipo de programa justo a tiempo.

Pedidos correctos

La confiabilidad también consiste en el cumplimiento correcto de los pedidos. Un comprador que espera la llegada de un embarque urgente podría darse cuenta, al recibirlo, de que el proveedor cometió un error al despacharlo; si no recibe lo que solicitó podría enfrentar posibles pérdidas de ventas, producción o satisfacción. Un pedido mal despachado obligaría al comprador a colocar uno nuevo, si no está lo bastante molesto para comprar con otro proveedor.

Comunicaciones

Existen tres tipos de comunicación entre el comprador y el vendedor: 1) previa a la transacción; 2) de la transacción, y 3) posterior a la transacción. La comunicación previa a la transacción comprende la disponibilidad actual del producto y el establecimiento de fechas de entrega; esto puede transmitirse por vía electrónica o en forma manual. En cualquier caso, proporciona al comprador información sobre qué decisión de compra tomar.

La información de transacción tiene un componente tanto de comprador como de vendedor, así como lo que puede denominarse *componente vendedor-vendedor*. Éste implica la comunicación de la información del pedido del cliente al área de cumplimiento de pedidos del proveedor y el proceso real de recolectar del inventario los artículos solicitados. Si durante este proceso el vendedor descubre que no cuenta con el inventario prometido, entonces se necesitará la comunicación comprador-proveedor para que el primero de ellos se informe sobre la situación. Otra comunicación comprador-vendedor implica el estatus y rastreo del envío. Muchas veces los adquirentes necesitan saber si el pedido avanza según lo planeado y se pondrán en contacto con el proveedor para obtener la información.

Por último, la comunicación posterior a la transacción implica la reparación, el ensamblaje y las devoluciones. Después de que se ha entregado el embarque, el comprador podría tener dudas acerca de su uso o ensamblaje. Ser capaz de ofrecerle esta información de forma rápida y exacta permitirá al vendedor diferenciar su producto de los de la competencia. Los compradores quizá también deseen devolver parte o la totalidad del embarque. Los procesos de devoluciones, en especial para las operaciones por internet, son cruciales. Permitir a un comprador insatisfecho devolver un producto de una forma fácil es otro factor diferenciador para el vendedor.

Conveniencia

La conveniencia es otra forma de decir que el nivel del servicio logístico debe ser flexible. Desde la perspectiva de la operación logística, tener uno o algunos niveles de servicio estándar que apliquen a todos los compradores sería lo ideal, pero esto supone que los requerimientos logísticos de todos los compradores son parecidos. En realidad, ésta no es la situación. Por ejemplo, un comprador podría exigir al vendedor que ponga todos los embarques en tarimas y los envíe por ferrocarril; otro quizá solicite exclusivamente transportación motorizada, sin tarimas; otros tal vez pidan tiempos especiales de entrega. Básicamente, los requerimientos logísticos difieren respecto del embalaje, el modo de transportación y el transportista que prefiera el comprador, las rutas y los tiempos de entrega.

La necesidad de conveniencia en los niveles de servicio logístico puede atribuirse a las diferentes consecuencias que tienen estos niveles para los distintos compradores. En términos más específicos, el costo de las ventas perdidas sería diferente entre diversos grupos de compradores. Por ejemplo, uno que adquiere 30% de la producción del proveedor le hará perder más ingresos que uno que compra menos de 0.01%. Por otra parte, el grado de competitividad en las áreas de mercado diferirá; las que son muy competitivas requerirán un nivel de servicio más alto que las menos competitivas. Además, la rentabilidad de las diferentes líneas de producto en la cartera de producto de un proveedor influirá en los niveles de servicio que pueda ofrecer; es decir, un proveedor podrá ofrecer un nivel menor para líneas de producto de baja rentabilidad.

Sin embargo, el gerente de logística debe considerar el factor conveniencia desde la perspectiva operativa correcta. En un extremo, la satisfacción de las necesidades de conveniencia de cada comprador implicaría ofrecer una política de nivel de servicio específica para cada uno. Tal situación sería la receta para el caos operativo, pues una oferta ilimitada de políticas de servicio impediría al gerente de logística optimizar sus procesos. La necesidad de flexibilidad en las políticas del nivel de servicios es indudable y es un factor que determina la percepción del comprador en cuanto a la "facilidad de hacer negocios" con el vendedor. No obstante, el gerente de logística debe restringir de manera cuidadosa esta flexibilidad para identificar fácilmente a los grupos de compradores y examinar las ventajas y desventajas entre los beneficios (mejores ingresos y utilidades o la eliminación de utilidades perdidas) y los costos asociados con los niveles de servicio únicos en cada situación específica.

Mediciones del desempeño para el servicio al cliente

Desde una perspectiva logística, las cuatro dimensiones del servicio al cliente (tiempo, confiabilidad, conveniencia y comunicaciones) son esenciales para desarrollar un programa de servicio al cliente eficaz y acertado. Estas dimensiones también proporcionarán la base para establecer los estándares de desempeño del servicio al cliente en el área logística.

Las organizaciones han ampliado estos cuatro elementos en los resultados básicos de la logística: disponibilidad de producto, tiempo del ciclo de pedido, capacidad de respuesta de las operaciones logísticas, información del sistema logístico y soporte de posventa para el producto. Por tradición, las organizaciones han desarrollado métricas de estos cinco resultados basadas en la perspectiva del vendedor; por ejemplo, pedidos enviados a tiempo y pedidos enviados completos. Tomando como referencia la figura 8.6, las métricas logísticas tradicionales medirían el desempeño después de haber terminado el paso D1.10 en el modelo SCOR.

El nuevo entorno de la cadena de suministro para el servicio al cliente ha generado estándares de desempeño más rigurosos. Las métricas logísticas de la actualidad se expresan desde el punto de vista del comprador como:

- Pedidos recibidos a tiempo

- Pedidos recibidos completos

- Pedidos recibidos libres de daños

- Pedidos cumplidos con exactitud

- Pedidos facturados con exactitud

En la figura 8.6 la perspectiva de la cadena de suministro consistiría en medir el desempeño una vez que ha terminado el paso D1.12 en el modelo SCOR. Si el vendedor se interesa sólo en el servicio al cliente antes de su embarque, para medirlo según las métricas tradicionales, quizá el comprador no resultará satisfecho y el vendedor no lo sabrá debido a que los problemas ocurren durante el proceso de entrega. Además, el vendedor que utilice las métricas tradicionales no tendría bases para evaluar el grado y la magnitud del problema. El enfoque de la cadena de suministro que se basa en la medición del nivel de la entrega no sólo ofrece una base de datos para evaluar, sino también una alerta de los problemas a medida que se generan, lo que quizá sea lo más importante. Por ejemplo, si el estándar para las entregas puntuales es de 98% y en un mes determinado disminuye a 95%, la investigación podría mostrar que el transportista no sigue las instrucciones o incluso que el comprador es el responsable por no estar listo para aceptar los envíos.

Otra perspectiva sobre las métricas de la cadena de suministro puede observarse en la figura 8.10 (también en la figura 5.5). El modelo SCOR proporciona sugerencias de métricas a través de varias dimensiones para cada uno de los cinco procesos del nivel 1 del modelo. La figura 8.10 contiene las métricas sugeridas para el proceso D1 como se muestra en la figura 8.6. Observe que la "confiabilidad", "capacidad de respuesta" y "agilidad" son dimensiones de servicio al cliente. En otras palabras, estas tres dimensiones miden el impacto del servicio del vendedor sobre el comprador. El "costo" y los "activos" son dimensiones enfocadas en el nivel interno y ofrecen al vendedor una idea de los recursos que gasta para ofrecer el servicio a sus compradores.

La figura 8.10 sugiere el concepto de "perfecto cumplimiento del pedido" como la métrica para la confiabilidad. En la actualidad muchas organizaciones utilizan al mismo tiempo varias métricas para medir su nivel de servicio al cliente. El concepto del *pedido perfecto* combina múltiples métricas en un índice que intenta capturar la experiencia total del cliente. Por ejemplo, un índice simple del pedido perfecto incluiría el porcentaje de pedidos entregados a tiempo, el porcentaje de pedidos despachados completos y el porcentaje de facturas correctas. Suponga que el desempeño actual de un proveedor en cada una de las tres medidas es de 90, 90 y 90%, respectivamente. Dado que cada métrica tiene una distribución normal y ninguna está correlacionada, el índice del pedido perfecto para este nivel de desempeño es de 73%

Figura 8.10	Modelo SCOR: métricas del proceso D1

CATEGORÍA DEL PROCESO: ENTREGA DEL PRODUCTO EN EXISTENCIA   NÚMERO DE PROCESO: D1

Definición de la categoría del proceso

Proceso de entrega del producto abastecido o producido según los pedidos/demanda agregada del cliente y los parámetros de reabastecimiento de inventario. La intención de esta categoría del proceso (Entrega del producto en existencia) es tener disponible el producto cuando llegue el pedido del cliente (para impedir que éste busque en otra parte). Para las industrias de servicios, estos son servicios predefinidos y genéricos (por ejemplo, capacitación estándar). Los productos y servicios "configurables" no pueden entregarse por medio del proceso de "Entrega del producto en existencia", puesto que requieren información del cliente y otros detalles.

Atributos de desempeño	Métrica
Confiabilidad de la cadena de suministro	Perfecto cumplimiento del pedido
Capacidad de respuesta de la cadena de suministro	Tiempo del ciclo de entrega Tiempo del ciclo de cumplimiento del pedido
Agilidad de la cadena de suministro	Adaptabilidad de la entrega superior Adaptabilidad de la entrega inferior Flexibilidad de la entrega superior
Costos de la cadena de suministro	Costo de la entrega Días de suministro del inventario de bienes terminados Costos de la administración del pedido
Administración de los activos de la cadena de suministro	Rendimiento sobre los activos fijos de la cadena de suministro Rendimiento sobre el capital de trabajo Tiempo del ciclo del flujo de efectivo

Fuente: Adaptado de Supply Chain Council (2011). Reproducido con autorización.

(90% × 90% × 90%). Por tanto, lo que tradicionalmente se consideraría como un nivel de servicio de 90% es en realidad de 73%. No obstante, este índice es un reflejo más exacto del verdadero nivel de servicio que recibe el cliente. El número y la determinación de las métricas que se incluirán en el índice del pedido perfecto dependerá de los requerimientos del vendedor y de su mercado. No obstante, desarrollar y administrar este índice puede ser difícil para el vendedor, pero satisfactorio para el comprador.[5]

Costos esperados de los agotamientos de existencias

Uno de los principales beneficios de la disponibilidad de inventario es la reducción de los agotamientos de existencias. Una vez que se determina un método conveniente para calcular el costo de un agotamiento, la información sobre su probabilidad puede utilizarse para determinar su costo total esperado. Por último, pueden analizarse los niveles alternativos de servicio al cliente comparando directamente el costo esperado de los agotamientos de existencias con los beneficios generadores de ingresos que supondría un mejor servicio al cliente.

Esta sección examina los problemas de agotamiento de existencias que están más relacionados con los inventarios de bienes terminados que con los de materias primas o partes componentes. Calcular los costos del agotamiento de bienes terminados es más difícil que estimar los del agotamiento de materias primas. La principal razón estriba en que el primero de ellos generaría la pérdida de los clientes actuales y futuros, y el segundo podría resultar en la suspensión de la producción. Es necesario abordar estos dos tipos de agotamiento al determinar los niveles de inventario.

Un **agotamiento de existencias** ocurre cuando las cantidades deseadas de productos terminados no están disponibles en el momento en que el cliente las necesita. Cuando un proveedor es incapaz de satisfacer la demanda con el inventario disponible, puede ocurrir uno de los siguientes eventos: 1) el comprador espera hasta que el producto esté disponible; 2) el comprador ingresa un pedido pendiente del producto no surtido; 3) el proveedor pierde el ingreso actual, o 4) el vendedor pierde a un comprador y un ingreso futuro. Desde la perspectiva de la mayoría de las organizaciones, estos cuatro resultados están ordenados del mejor al peor en términos de su conveniencia y el impacto de su costo. En teoría, el escenario 1 (el cliente espera) no debería costar nada; esta situación es más probable cuando el producto no es fácil de sustituir con otros. El escenario 2 aumentaría los costos variables del vendedor, mientras que el 3 ocasionaría que el comprador cancelara una parte de todo su pedido, lo que resultaría nocivo para los ingresos actuales del vendedor. El escenario 4 es la peor situación para este último y la más difícil de calcular debido a que genera la pérdida de los ingresos futuros provenientes del comprador.

Pedidos pendientes de surtir

Como se mencionó antes, un **pedido pendiente de surtir** ocurre cuando un proveedor sólo tiene algunos de los productos que el comprador solicita, y se crea para asegurar la porción del inventario que no está disponible. Por ejemplo, un comprador pide al proveedor 100 unidades del producto *A*; sin embargo, el proveedor sólo tiene 60 disponibles para enviarlas al comprador. Así se crea un pedido pendiente de 40 unidades del producto *A* para que cuando estén disponibles se le envíen al comprador. En este simple ejemplo por lo general no hay una gran desventaja de costos para el comprador. Al ingresar un pedido pendiente, éste indica que está dispuesto a esperar el inventario adicional; no obstante, después de ingresar varios pedidos pendientes con el mismo vendedor, quizá decida cambiar de proveedor. En este ejemplo se asumirá que cambiar de vendedores no es una opción para el comprador. Aunque en esta situación este último incurre en costos mínimos o nulos, el vendedor sí experimenta un incremento en sus costos variables (el concepto que se analizó en el capítulo 5). Una solicitud pendiente de surtir crea un documento interno de segundo pedido en el sistema de administración de pedidos del proveedor. Esto también requiere la generación de otra lista de recolección en el centro de distribución. A raíz de ese pedido también se elevarán los costos de mano de obra en el centro de distribución del vendedor. Por ejemplo, de haber disponibles 100 unidades del producto A para dar cumplimiento al pedido original, el recolector habrá hecho sólo un viaje a la ubicación del producto A para recoger 100 unidades. Con el pedido pendiente, deberá hacer dos viajes a la misma ubicación: el primero para recoger 60 unidades y el segundo para las 40 restantes. Los costos de transportación también serían mayores para el proveedor. El pedido completo de 100 unidades podría calificar para un servicio de transportación estándar (por ejemplo, una entrega de tres días). Mientras que las 60 unidades originales podrían enviarse en transportación estándar, el pedido pendiente de 40 unidades tal vez requiera transportación urgente y costosa (por ejemplo, para entregar al siguiente día). Por cada aumento gradual en el costo variable que supone un pedido determinado para el vendedor, existe un decremento correspondiente en las utilidades operativas de ese pedido. Por tanto, el proveedor puede estimar el costo de un pedido pendiente calculando los gastos variables incrementados en los que incurre por cada pedido de este tipo, y luego comparar el costo de prevenirlo (por ejemplo, mediante un incremento en sus inventarios).

Ventas perdidas

La mayoría de las organizaciones encuentra que mientras algunos clientes quizá prefieran un pedido pendiente, otros cambiarán a fuentes alternativas de abastecimiento. Gran parte de la decisión se basa en el nivel de sustitución del producto. En tal caso, un comprador ha decidido que si el proveedor no puede enviarle el pedido completo al mismo tiempo, lo cancelará y lo colocará con otro proveedor. Por tanto, el agotamiento de existencias dará como resultado una venta perdida para el vendedor. Esta pérdida directa también afecta los ingresos o las utilidades (dependiendo de cómo la contabilice el proveedor) sobre el(los) artículo(s) que no estaba(n) disponible(s) cuando el comprador lo(s) solicitó. Con esta información el proveedor puede calcular el costo de una venta perdida. Por ejemplo, suponga que la contabiliza como una merma en las utilidades. El comprador ordena 100 unidades del producto A, pero el proveedor sólo tiene 60 disponibles. La utilidad operativa (antes de impuestos) por cada unidad es de 10 dólares. Si el comprador acepta las 60 unidades y cancela las 40 restantes, la venta perdida costará al vendedor 400 dólares; si decide cancelar todo el pedido, el costo será de 1,000 dólares.

En el caso probable de que el proveedor sostenga las ventas perdidas con agotamientos de existencias en inventario, tendrá que asignar a éstos un costo, como se sugirió antes. Entonces deberá analizar el número de agotamientos de existencias que podría esperar con diferentes niveles de inventario. Luego deberá multiplicar el número esperado de ventas perdidas por la utilidad (o el ingreso) perdida(o) y comparar el resultado con el costo de mantener un inventario adicional.

Clientes perdidos

El tercer caso posible debido a un agotamiento de existencias es la pérdida de un cliente; es decir, éste cambia para siempre a otro proveedor. Un proveedor que pierde a un cliente cancela una fuente de ingresos futuros. Estimar la pérdida de utilidades (ingresos) que los agotamientos de existencias pueden ocasionar es difícil. Los investigadores de mercadotecnia han intentado durante algún tiempo analizar el cambio de marcas. En tal análisis se utilizan las técnicas de la ciencia de la administración junto con métodos de investigación de mercadotecnia más cualitativos. Esta es la pérdida más difícil de estimar debido a la necesidad de calcular el número de unidades que el cliente pudo comprar en el futuro.

Determinar el costo esperado de los agotamientos de existencias

Para tomar una decisión informada sobre cuánto inventario debe manejarse, una organización necesita determinar el costo esperado en que incurrirá debido a un agotamiento. Es decir, ¿cuánto dinero perderá una organización si se agotan sus existencias?

El primer paso es identificar las consecuencias potenciales del agotamiento de existencias. Entre ellas se encuentran los pedidos pendientes, las ventas perdidas y los clientes perdidos. El segundo paso es calcular el gasto o la pérdida de utilidades (ingresos) que supone cada gasto y después estimar el costo de un solo agotamiento de existencias. Para los fines de este análisis, suponga lo siguiente: 70% de todos los agotamientos generará un pedido pendiente, y éste requiere que el vendedor gaste 75 dólares adicionales; 20% resulta en una venta perdida que es igual a 400 dólares en utilidades perdidas, y 10% resulta en un cliente perdido, o una pérdida de 20,000 dólares.

Calcule el impacto general de la manera siguiente.

$$70\% \text{ de } \$75 = \$52.50$$
$$20\% \text{ de } \$400 = \$80.00$$
$$10\% \text{ de } \$20,000 = \$2,000.00$$
$$\text{Costo total estimado por agotamiento de existencias} = \$2,132.50$$

Dado que $2,132.50 es la cantidad promedio de dólares que la organización puede ahorrar (o evitar perder) al prevenir el agotamiento de existencias, debe manejar inventario adicional para protegerse contra los agotamientos siempre que los costos del inventario adicional sean iguales o menores que 2,132.50 dólares.

Una organización puede utilizar con facilidad esta información cuando evalúa de manera formal dos o más opciones de sistemas logísticos. Para cada alternativa la organización necesitaría estimar el número potencial de agotamientos de existencias y multiplicarlo por el costo estimado de un solo agotamiento. Esto representaría una forma de incluir los costos de agotamiento de existencias en el proceso general de la toma de decisiones. Este concepto se muestra con mayor detalle en la siguiente sección.

Influencia de la administración de pedidos sobre el servicio al cliente

Una parte importante de este capítulo ha analizado los conceptos de administración del pedido y servicio al cliente como mutuamente excluyentes. No obstante, al principio se explicó que, en realidad, ambos conceptos se relacionan entre sí. Esta sección del capítulo presenta y explica cinco principales resultados de la administración de pedidos que influyen sobre el servicio al cliente: 1) disponibilidad del producto; 2) tiempo del ciclo de pedido; 3) capacidad de respuesta de las operaciones logísticas; 4) información del sistema logístico, y 5) soporte logístico de posventa. Cada uno de estos resultados tiene repercusiones sobre el servicio al cliente y su satisfacción, y el desempeño de cada uno está determinado por la administración del pedido por parte del vendedor y los sistemas logísticos. Cuando se examinan estos cinco aspectos, surge la pregunta de cuál sería el más importante para el comprador o el vendedor. La respuesta es que todos lo son porque todos están relacionados. Por ejemplo, la disponibilidad del producto afectará el tiempo del ciclo de pedido; este último tendrá un efecto sobre el soporte de posventa para el producto, y la información del sistema logístico influirá sobre la capacidad de respuesta de las operaciones logísticas. En la figura 8.11 se enfatiza la interrelación real entre estos resultados; no pueden manejarse de manera independiente. La sincronización de los sistemas logísticos y de la administración de pedidos ofrece al vendedor

| Figura 8.11 | Vinculación de los resultados de la administración de pedidos |

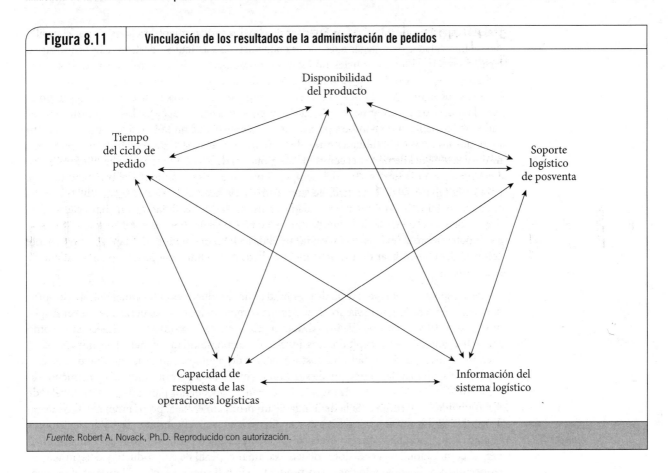

Fuente: Robert A. Novack, Ph.D. Reproducido con autorización.

la oportunidad de lograr un desempeño aceptable en todos los resultados. Sin embargo, de acuerdo con lo que se mencionó antes, existen costos asociados con la entrega de estos resultados. Estos costos pueden compensarse con los beneficios de ofrecer niveles aceptables de desempeño para el cliente.

Disponibilidad del producto

Como se muestra en la figura 8.11, la *disponibilidad del producto* encabeza todos los resultados. Aunque no es el más importante, es básico en la administración del pedido y los sistemas logísticos de una organización. Esto es cierto debido a que la disponibilidad del producto puede medirse al plantear esta sencilla pregunta: ¿Obtuve lo que quería, cuando lo quería y en la cantidad que quería? Por tanto, constituye la medición máxima del desempeño logístico y de la cadena de suministro; influye tanto en los inventarios del comprador como en los del proveedor. Este último maneja más inventario para aumentar la disponibilidad del producto; los compradores lo harán para reducir los agotamientos de existencias, con lo que aumentarán esta disponibilidad. Ésta también puede influir sobre los ingresos y las utilidades del comprador y del proveedor. Si el proveedor no tiene el producto disponible para el comprador, éste podría cancelar el pedido y, por ende, reducir el ingreso del comprador. Si éste (por ejemplo, un minorista) no tiene un producto en los anaqueles de su tienda, los consumidores no podrán adquirirlo.

Un aspecto importante de la disponibilidad del producto es definir dónde se mide en la cadena de suministro. Como ejemplo para demostrar este punto se utiliza el mercado de consumo para los cacahuates (maníes) procesados. Los consumidores compran la mayor parte de este producto por impulso; en otras palabras, por lo general no van a una tienda con la intención específica de adquirirlos. En lugar de ello, los toman mientras caminan por el pasillo de botanas saladas para llegar a donde se encuentran los artículos "destino" (digamos, carne, leche, huevos). Si los cacahuates no están en los anaqueles de la tienda, la venta se pierde. Así que, en este caso, la disponibilidad del producto es crucial para todos los miembros de la cadena de suministro. Suponga que el agricultor de cacahuates hace que estén disponibles para la planta de procesamiento 90% del tiempo; esta última hace que los cacahuates empacados se encuentren disponibles para su centro de distribución 90% del tiempo; este centro logra que las cajas de cacahuates estén disponibles para el centro de distribución de la tienda minorista 90% del tiempo, y el centro de distribución de la tienda minorista también los tiene disponibles para la tienda 90% del tiempo. Si bien una disponibilidad del producto de 90% para cada segmento de la cadena de suministro sería aceptable, el efecto acumulativo en el anaquel no. Suponiendo una normalidad estadística, la probabilidad de que haya cacahuates disponibles en el anaquel de la tienda es de sólo 65.6% ($0.9 \times 0.9 \times 0.9 \times 0.9$), lo que da lugar a un agotamiento de existencias y ventas perdidas 34.4% del tiempo. Por tanto, es importante comprender e identificar dónde debe medirse la disponibilidad del producto en la cadena de suministro.

Otro aspecto importante de la disponibilidad del producto es determinar si todos los productos deben tenerla en el mismo nivel. Algunas organizaciones se esfuerzan por tener disponibilidad de 100% en todos. El costo de lograr esta meta sería prohibitivo e innecesario, como se analizó antes en este capítulo. Los niveles de disponibilidad pueden determinarse si se examina el nivel de idoneidad y los costos relativos del agotamiento de un producto, así como el perfil de su demanda. Si uno puede sustituirse con facilidad y, por tanto, su agotamiento resulta muy costoso, los niveles de inventarios deben ser adecuados para ofrecer altos niveles de disponibilidad, y viceversa. Si la demanda de un producto es baja, podría tomarse la decisión de minimizar los niveles de inventario y mantener cierto nivel mínimo aceptable de disponibilidad. El punto aquí es que no todos los productos exigen el mismo nivel de disponibilidad para el comprador. Los vendedores deben examinar el perfil de su producto y determinar los requerimientos del mercado para cada producto o familia de productos. Mantener altos niveles de inventario donde no se requiere genera un exceso de costos para el vendedor y ofrece beneficios mínimos o nulos al comprador.

Métricas

Existen muchos métodos para medir la eficiencia y la efectividad de la disponibilidad del producto. No obstante, en muchas industrias se usan principalmente las siguientes cuatro métricas: 1) tasa de cumplimiento del artículo; 2) tasa de cumplimiento de línea; 3) tasa de cumplimiento de pedido, y 4) pedido perfecto. Las tasas de cumplimiento del artículo y de línea se consideran **métricas internas**; es decir, están diseñadas para medir la eficiencia con la que el proveedor administra sus inventarios para abastecer artículos o líneas de un pedido. Las tasas de cumplimiento de pedidos y de pedido perfecto son **métricas externas**, es decir, están diseñadas para capturar la experiencia del comprador con la disponibilidad del producto. Un "artículo" podría ser una caja de producto, una subcaja o una unidad individual en un pedido. Una "línea" representa un solo producto en un pedido de múltiples productos. La tasa de cumplimiento del artículo se define como el porcentaje de artículos en existencia disponibles para despachar un pedido, y la de línea, como el porcentaje de líneas totales despachadas completas en un pedido de línea múltiple. A su vez, la tasa de cumplimiento de pedido es el porcentaje de pedidos despachados completos. Por último, la tasa del pedido perfecto es el porcentaje de pedidos despachados completamente, recibidos a tiempo, facturados con exactitud, etc. (la organización que mide el pedido perfecto determinará la naturaleza y el número de artículos en éste). Por lo general, la tasa de cumplimiento del artículo es mayor que la de cumplimiento de línea, que es mayor que la de abastecimiento del pedido, que a su vez es mayor que la tasa del pedido perfecto.

Observe la figura 8.12. A medida que las tasas de cumplimiento aumentan, los inventarios del proveedor se incrementan a una tasa creciente; esto le genera utilidades marginalmente

Figura 8.12	Tasa de cumplimiento e inversión en inventario

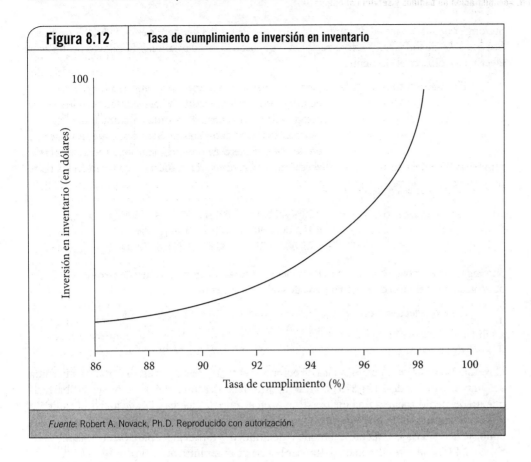

Fuente: Robert A. Novack, Ph.D. Reproducido con autorización.

decrecientes a medida que la tasa de cumplimiento se incrementa. Las figuras 8.12 y 8.8 muestran la misma relación en términos diferentes. A medida que los niveles de servicio se incrementan (en este caso sería la tasa de abastecimiento), el ROI del proveedor disminuye debido a que el incremento en los costos del inventario aumenta a una tasa mayor que la de los ingresos adicionales. Por tanto, es importante comprender la relación entre los costos y los ingresos cuando se determinen las metas de la tasa de cumplimiento.

Impacto financiero

En el capítulo 5 se analizó cómo calcular el impacto financiero de las tasas de cumplimiento. No obstante, es importante ofrecer otro ejemplo de los impactos financieros del cumplimiento del pedido en la empresa del proveedor. Suponga que éste ingresa pedidos con el siguiente perfil.

- 100 unidades por pedido (en promedio)
- 25,000 pedidos al año
- Utilidad antes de impuestos por unidad de $100
- Utilidad antes de impuestos por pedido de $10,000
- Descuento en facturas por pedido de $250
- Porcentaje de pedidos incompletos que ingresa pedidos pendientes de 70
- Costos de pedidos pendientes por pedido: administrativos = $25.00; remanejo = $50,000; reexpedición = $100.00
- Porcentaje de pedidos incompletos cancelados de 30

Suponga que la tasa actual de cumplimiento de pedidos del vendedor es de 80%, lo que significa que 80% de todos los pedidos recibidos se abasteció en su totalidad. El cálculo del flujo de efectivo perdido es el siguiente.

Flujo de efectivo perdido = (número de pedidos incompletos ingresados como pedidos pendientes × costo de los pedidos pendientes por pedido) + (número de pedidos incompletos cancelados × utilidad antes de impuestos perdida por pedido) + (número de pedidos pendientes incompletos × descuento en facturas por pedido)

Esto resultaría en el siguiente cálculo.

Flujo de efectivo perdido = [(20% × 25,000 × 70%) × $175] + [(20% × 25,000 × 30%) × $10,000] + [(20% × 25,000 × 70%) × $250] = $16,487,500

Suponga que el proveedor es capaz de mejorar la tasa de cumplimiento de pedido a 85%. El nuevo cálculo del flujo de efectivo perdido sería el siguiente.

Flujo de efectivo perdido = [(15% × 25,000 × 70%) × $175] + [(15% × 25,000 × 30%) × $10,000] + [(15% × 25,000 × 70%) × $250] = $12,365,625

El resultado de mejorar en 5% la tasa de cumplimiento del pedido ayuda a evitar una pérdida del flujo de efectivo de 4,121,875 dólares. En otras palabras, una mejora de 5% en el abastecimiento del pedido genera una mejora de 25% en el flujo de efectivo. Desde luego, el aumento de la tasa de cumplimiento requeriría algún tipo de inversión en inventarios o tecnología. Por tanto, se necesitaría un cálculo del modelo de utilidades estratégicas para determinar el cambio en el ROI como resultado de optimizar la tasa de cumplimiento del pedido.

En el siguiente paso se requiere que el proveedor determine el punto de equilibrio entre las tasas de cumplimiento del pedido y los costos de inventario, según se observa en la figura 8.12. Suponga que los costos de agotamiento que se identifican en este ejemplo (los costos de pedidos pendientes por pedido de 175 dólares, cancelan el costo del pedido de 10,000 dólares y el descuento sobre factura por pedido de 250 dólares) incluyen todos los costos de agotamiento de existencias. En otras palabras, no se incurre en otros costos por este concepto. Suponga que el nivel de servicio mínimo (disponibilidad del producto) de 50% exige una inversión en inventario de 5 millones de dólares. También imagine que el proveedor ha calculado inversiones aproximadas en inventario para diferentes niveles de servicio. Esto puede observarse en la tabla 8.6. También se ve el flujo de efectivo perdido resultante para los niveles de servicio de entre 50 y 99% (aquí se supone que uno de 100% no es posible a largo plazo). Estos cálculos del flujo de efectivo se basaron en los números del párrafo anterior. La figura 8.13 muestra los resultados de graficar las cifras correspondientes a la pérdida del flujo de efectivo e inversión en inventario para cada nivel de servicio. Como se aprecia, el punto de equilibrio se encuentra en un nivel de servicio de alrededor de 83%, con una inversión resultante en inventario de 14 millones de dólares. En un nivel de a 83% la pérdida del flujo de efectivo asciende a 14,014,375 dólares. Esta cifra sugiere que el proveedor no debe invertir más de 14 millones de dólares en inventario para proveer el servicio al cliente. Las inversiones superiores a esta cantidad generarían rendimientos decrecientes en forma de flujo de efectivo perdido. Este es un ejemplo muy sencillo y se utiliza para mostrar la relación compensatoria que existe entre costo y servicio. Desde luego, al establecer niveles de servicio es necesario tomar en cuenta factores adicionales. No obstante, es importante comprender cada nivel de servicio y sus costos y beneficios asociados.

Tiempo del ciclo de pedido

Como se dijo antes, el tiempo del ciclo de pedido es aquel que transcurre entre el momento en que un comprador ingresa un pedido con el vendedor hasta que lo recibe. Su duración ab-

Tabla 8.6	Flujo de efectivo perdido e inversión en inventario	
NIVEL DE SERVICIO	FLUJO DE EFECTIVO PERDIDO	INVENTARIO
50%	$41,218,750	$ 5,000,000
60	32,975,000	6,250,000
70	24,731,250	8,750,000
80	16,487,500	12,500,000
90	8,243,750	17,500,000
95	4,121,875	23,750,000
99	824,375	31,250,000

Fuente: Robert A. Novack, Ph.D. Reproducido con autorización.

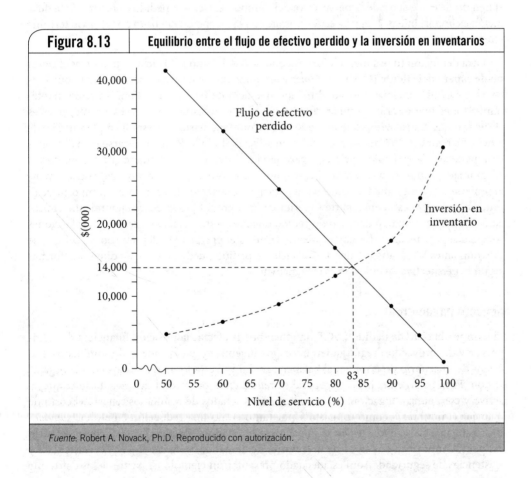

Figura 8.13 | **Equilibrio entre el flujo de efectivo perdido y la inversión en inventarios**

Fuente: Robert A. Novack, Ph.D. Reproducido con autorización.

soluta y confiabilidad tienen repercusiones en los inventarios tanto del comprador como del vendedor y tendrá un efecto en los ingresos y las utilidades de ambas organizaciones. Por lo general, cuanto más breve sea el tiempo del ciclo de pedido, más inventario deberá mantener el proveedor y menos el comprador, y viceversa. Por ejemplo, suponga que un minorista de electrodomésticos mantiene en exhibición en sus tiendas diferentes modelos de lavadoras de ropa sin inventario adicional para entregas o ventas directas al consumidor. En una situación normal, éste decidirá el modelo de lavadora que desea comprar e ingresará el pedido en la tienda, la que dará al consumidor una fecha de entrega. En el caso de que el adquirente demande una entrega rápida (de uno a dos días), entonces el minorista necesitará manejar inventario de demanda en su propia red de distribución. Si el cliente no es sensible a las fechas de entrega y permite al proveedor fijar las condiciones (por ejemplo, un plazo de siete días o más), el minorista quizá no tenga que manejar ningún inventario de demanda en su red y dependerá del fabricante para absorber el inventario. De hecho, dado un tiempo de entrega suficiente, este último quizá no tenga que manejar ningún tipo de inventario si puede producir el electrodoméstico para entregarlo en el plazo fijado. En este ejemplo, un tiempo de ciclo de pedido breve genera inventarios adicionales para el minorista y viceversa. De modo hipotético podría decirse que los tiempos del ciclo de pedido no eliminan los inventarios en la cadena de suministro, sino que los cambian de un integrante de la misma al siguiente.

Métricas

Se ha mencionado que el tiempo del ciclo de pedido, o tiempo de entrega, abarca todas las actividades y relaciona el momento en que el comprador ingresa el pedido hasta que lo recibe. Esta definición puede entenderse como la percepción que tiene el comprador del tiempo de entrega debido a que éste termina cuando recibe los bienes. Un proveedor podría considerar el tiempo de entrega desde la perspectiva del tiempo del ciclo de pedido a efectivo. Esta definición es importante para el proveedor porque con la recepción del pago por el envío termina este proceso.

Otra definición (que a menudo se pasa por alto) del tiempo del ciclo de pedido es el **tiempo de espera del cliente (CWT**; *customer wait time*), que se utiliza en sectores tanto públicos como privados e incluye no sólo el tiempo del ciclo de pedido sino también el de mantenimiento; es una métrica popular cuando un cliente necesita reparar su vehículo, pues es el tiempo que transcurre desde que éste se descompone hasta que está listo para usarse de nuevo. La figura 8.14 es un ejemplo de cómo se vería el CWT. Puede utilizarse para dos tipos de reparación de vehículos: primero, para medir el tiempo que requiere el mantenimiento programado, como el cambio de aceite; segundo, para medir el tiempo requerido para el mantenimiento no programado, como las reparaciones relacionadas con la descompostura. El proceso que se muestra en la parte superior de la figura 8.14 es el de mantenimiento; el proceso inferior es el tiempo del ciclo de pedido que hace falta a efecto de recibir las refacciones solicitadas para realizar el mantenimiento. (Este es el proceso D1 del modelo SCOR que se presentó antes.) Por tanto, el tiempo del ciclo de pedido puede medirse de diferentes formas según la perspectiva de quien efectúe la medición.

Impacto financiero

El tiempo del ciclo de pedido (OCT) también puede afectar la posición financiera del comprador y del proveedor, según quien posea los inventarios en la cadena de suministro. Los costos de inventario determinan el balance general y el estado de resultados de una organización. El impacto en el balance general se refleja en la propiedad del inventario como un activo y como una obligación; los impactos en los estados de resultados reflejan el costo de manejar el inventario como un gasto y por tanto como una reducción en el flujo de efectivo. Este análisis se enfocará en el impacto en el estado de resultados. El tiempo del ciclo del pedido influye en dos tipos de inventario: de demanda, o de ciclo, y en las existencias y existencias de seguridad. Aquí es adecuado presentar un ejemplo. A partir de los datos que se ofrecen a continuación, suponga que un comprador y un proveedor tienen una relación actual con los niveles de desempeño establecidos y que el proveedor propone un tiempo del ciclo de pedido más breve y confiable.

	ACTUAL	PROPUESTO
Tiempo del ciclo de pedido promedio	10 días	5 días
Desviación estándar del OCT	3 días	1 día
Demanda por día (unidades)	1,377	1,377
Nivel de servicio	97.7%	97.7%

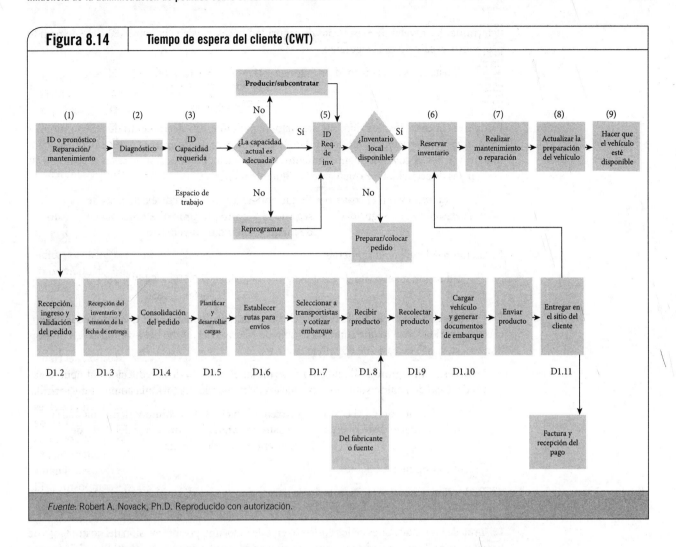

Figura 8.14 — Tiempo de espera del cliente (CWT)

Fuente: Robert A. Novack, Ph.D. Reproducido con autorización.

También suponga que para el proveedor el costo de entrega de cada unidad al comprador es de 449 dólares y el costo de mantenimiento de inventario (que se analiza punto por punto en el capítulo siguiente) es de 28%. El tiempo del ciclo de pedido ofrece no sólo una duración absoluta reducida (10 a 5 días) sino también una mayor confiabilidad (reducción en la desviación estándar de 3 a 1 día). Por tanto, se necesitan dos cálculos de desminución de costos de inventario. Con el primero se observarán los efectos de una desviación estándar menor del tiempo del ciclo de pedido en las existencias de seguridad. Su fórmula es la siguiente.

Existencias de seguridad = {demanda diaria × [OCT + (z × desviación estándar del OCT)]} − (demanda por día × OCT)

La fórmula se enfoca en las existencias de seguridad dado que la cantidad de existencias demandadas está incluida en la primera parte de la fórmula (demanda diaria × OCT) y se resta en la segunda parte. La z es la z-transformación para el nivel de servicio requerido. En este caso el nivel de servicio de 97.7% necesita una z-transformación de dos desviaciones estándar para capturar 97.7% de todas las observaciones bajo la distribución normal. Para los niveles de existencias de seguridad esperadas entre el comprador y el proveedor en el tiempo del ciclo de pedido actual, el cálculo es el siguiente.

$$
\begin{aligned}
\text{Existencias de seguridad actuales} &= \{1{,}377 \times [10 + (2 \times 3)]\} - (1{,}377 \times 10) \\
&= (1{,}377 \times 16) - 13{,}770 \\
&= 8{,}262 \text{ unidades}
\end{aligned}
$$

Esto significa que se necesitan 8,262 unidades de existencias de seguridad, en general, en la ubicación del comprador para prevenir el agotamiento de existencias 97.7% del tiempo. Para determinar los niveles de existencias de seguridad necesarios en el tiempo del ciclo de pedido propuesto, el cálculo es el siguiente.

$$\text{Existencias de seguridad propuestas} = \{1{,}377 \times [5 + (2 \times 1)]\} - (1{,}377 \times 5)$$
$$= (1{,}377 \times 7) - 6{,}885$$
$$= 2{,}754 \text{ unidades}$$

La diferencia entre los dos tiempos del ciclo de pedido es un decremento de 5,508 unidades en los niveles de existencias de seguridad. Dado que el costo de entrega es de 449 dólares por unidad y 28% del costo de mantenimiento de inventario, la reducción neta en el costo de las existencias de seguridad se calcula de la siguiente manera.

$$\begin{array}{l} \text{Reducción en el costo} \\ \text{de existencias de seguridad} \end{array} = \begin{array}{l} \text{Reducción de las unidades de existencias de} \\ \text{seguridad} \times \text{costo por unidad} \times \text{porcentaje de costo} \\ \text{de mantenimiento de inventario} \end{array}$$

El cálculo resultante es el siguiente.

$$\text{Reducción en el costo de existencias de seguridad} = 5{,}508 \times \$449 \times 28\%$$
$$= \$692{,}465.76$$

Este resultado tiene el efecto de reducir el costo variable de manejar el inventario de existencias de seguridad, con lo que aumenta el flujo de efectivo del dueño del inventario (el comprador, en este caso) en casi 700,000 dólares.

Se necesita un segundo cálculo para determinar el impacto de la reducción del tiempo absoluto del ciclo de pedido sobre los inventarios de demanda. La fórmula aquí es muy sencilla:

$$\begin{array}{l} \text{Reducción en el costo} \\ \text{del inventario de demanda} \end{array} = \begin{array}{l} \text{diferencia en el OCT absoluto} \times \text{demanda diaria} \\ \times \text{costo por unidad} \times \text{porcentaje del costo de} \\ \text{mantenimiento de inventario} \end{array}$$

Esto resulta el siguiente cálculo.

$$\text{Reducción del costo del inventario de demanda} = 5 \text{ días} \times 1{,}377 \text{ unidades}$$
$$\times \$449 \times 28\% = \$865{,}582{,}20$$

La suma de las reducciones en los costos (o en este caso, una posible evasión del costo) tanto de las existencias de seguridad como de las de demanda, resulta en una mejora el flujo del efectivo de 1,558,047.96 dólares. Si bien este es un ejemplo sencillo, enfatiza el efecto drástico del tiempo del ciclo de pedido en los inventarios de la cadena de suministro y sus costos asociados. La parte que posea los inventarios será la que resienta el impacto financiero.

Capacidad de respuesta de las operaciones logísticas

El concepto de **capacidad de respuesta de las operaciones logísticas** (**LOR**; *logistics operations responsiveness*) examina la eficacia con la que el vendedor puede responder a las necesidades del comprador. Esta "respuesta" tiene dos formas: 1) que tan bien puede el vendedor adaptar sus ofertas de servicio a los requerimientos únicos de un comprador, o 2) con cuánta rapidez puede el primero responder a un cambio repentino en el patrón de demanda del segundo. En cualquier caso, la LOR es un concepto que implica actividades de valor agregado que están al margen de los servicios logísticos básicos. Por tanto, la capacidad de respuesta de las operaciones logísticas no tiene una definición generalizable específica que pueda aplicarse a todas las interacciones comprador-vendedor. Por ejemplo, el comprador *A* puede definir la LOR de un vendedor como lo bien que éste adapta las tarimas al final del pasillo para su entrega en tienda. El comprador *B* podría definir la LOR con el mismo vendedor en términos de cuánto tarda en responder a un rápido incremento en la demanda. Por tanto, el desarrollo de métricas para la capacidad de respuesta de las operaciones logísticas se basará tanto en lo que se mide como en el nivel de desempeño requerido.

Métricas

Por lo general, las métricas LOR medirán el desempeño por encima y más allá de las tasas de cumplimiento de pedidos y entregas puntuales. Es posible encontrar ejemplos de las métricas LOR en el proceso D1 del modelo SCOR (véase una vez más la figura 8.10) en el rubro de agilidad. Hay tres métricas involucradas: 1) adaptabilidad de la entrega superior; 2) adaptabilidad de la entrega inferior, y 3) flexibilidad de la entrega superior. Éstas abordan la habilidad con que el vendedor puede adaptar sus capacidades de entrega en una situación donde la demanda del comprador fluctúa hacia abajo o hacia arriba. También es posible identificar las métricas correspondientes a manufactura como: 1) adaptabilidad de producción superior; 2) adaptabilidad de producción inferior, y 3) flexibilidad de producción superior.

Otra dimensión de las métricas LOR incluye la capacidad del vendedor para adaptar un producto a su empaque. En la industria de los bienes de consumo empacados (CPG; *consumer-packaged goods*), los fabricantes ofrecen envolturas especiales para los productos por medio del uso de co-empacadores. Por tanto, una métrica que podría utilizarse para abordar la adaptación sería la que mide cuánto tiempo tarda el vendedor en ofrecer un nuevo empaque para su oferta en las tiendas minoristas. Así, las métricas LOR abarcan tanto la flexibilidad como la adaptabilidad del proceso y la adaptación del producto/servicio.

Impacto financiero

Una opción excelente para medir los impactos financieros de las actividades LOR la identificó y utilizó Procter & Gamble (P&G) por primera vez durante la implantación de la iniciativa de respuesta eficiente del consumidor (ECR) en la industria abarrotera.[6] P&G desarrolló un menú de actividades de valor agregado que estaba dispuesto a ofrecer a sus clientes en un intento por adaptar sus productos y servicios para satisfacer sus necesidades únicas. Uno de estos productos adaptados fueron las tarimas construidas para las tiendas. P&G quería construir tarimas "arcoiris" de múltiples productos para sus clientes abarroteros, que fluyeran a través del centro de distribución del cliente o cruzaran sus muelles y fueran entregados directamente en la tienda donde podrían reabastecer los anaqueles. Esto ahorraría dinero al cliente al eliminar maniobras e inventario. Sin embargo, construirlas requeriría cierta inversión de P&G. La tabla 8.7 es un ejemplo del análisis que la empresa emprendió para determinar los ahorros para el cliente como resultado de esta actividad de transferencia entre muelles de entrada y de salida (*cross-docking*). En esta tabla se observa que el cliente tendría ahorros de una sola vez

Tabla 8.7	Impacto financiero de la capacidad de respuesta de las operaciones logísticas

ANÁLISIS DE LAS TRANSFERENCIAS ENTRE MUELLES DE ENTRADA Y DE SALIDA (*CROSS-DOCK*) DE PROCTER & GAMBLE PARA UN CLIENTE MUESTRA			
Servicio base: entrega normal en almacén Servicio opcional: entrega entre muelles de entrada y de salida (cross-dock)			
Variables en el cálculo	**Base**	**Opción**	**Cambio**
A: cajas por evento	50,000	50,000	0
B: ventas diarias por consumidor A/7	$7,142.90	$7,142.90	0
C: días en el almacén principal	20	11	9
D: días fuera del almacén	0	0	0
E: cajas en inventario de almacén por evento	50,000	50,000	0

(Continúa)

Tabla 8.7	Continuación		
F: Cajas por carga unitaria	100	100	0
G: Cargas unitarias en inventario E/F	500	500	0
H: Días netos de crédito	10	10	0
I: Tiempo de tránsito en días	2	2	0
J: Días de inventario pagado C+D+I–H	12	3	9
Costo de adquisición			
Costo neto de adquisición/caja	$50.00	$50.00	$0.00
× volumen por evento	50,000	50,000	0
= costos netos de adquisición por evento	$2,500,000	$2,500,000	$0
Costos del almacén principal			
Costo de manejo/caja	$0.270	$0.120	$0.150
+ Costo de ocupación/caja	$0.300	$0.200	$0.100
= Costo total/caja	$0.570	$0.320	$0.250
× volumen por evento	50,000	50,000	0
= costo de almacenamiento principal por evento	$28,500	$16,000	$12,500
Costos de almacenamiento externo	$0	$0	$0
Interés sobre inventario			
Cajas de inventario en el almacén por evento	50,000	50,000	0
× costo neto de adquisición/caja	$50.00	$50.00	$0
× tasa diaria de interés	.0411%	.0411%	.0411%
× días de inventario pagado (J)	12	3	9
= interés sobre inventario por evento	$12,330	$3,082.50	$9,247.50
Costos totales			
Costos netos de adquisición	$2,500,000	$2,500,000	$0
+ costos de almacenamiento principal	$28,500	$16,000	$12,500
+ costos de almacenamiento externo	$0	$0	$0
+ interés sobre los costos de inventario	$12,330	$3,082.50	$9,247.50
= Total de costos del ahorro por evento	$2,540,830	$2,519,082.50	$21,747.50

Las cifras no son reales.
Fuente: Creating Logistics Value: Themes for the Future (Oak Brook, IL: Council of Logistics Management, 1995): 153. Reproducido con autorización del Council of Supply Chain Management Professionals.

de 21,747.50 dólares como consecuencia de esta iniciativa de transferencia entre muelles. Por tanto, el impacto financiero de esta actividad LOR para el cliente es evidente. Pero, ¿qué hay de los ahorros para P&G? La empresa se asociaría con el cliente para determinar una "proporción de reinversión", que es el porcentaje de los ahorros de aquel que podría reinvertir en sus productos. Esta reinversión asumiría una de dos formas: 1) comprar más productos de P&G, o 2) disminuir el precio al consumidor de los productos P&G. Por ejemplo, suponga que en el caso de las tarimas para *la* transferencia entre muelles de entrada y de salida, la proporción de reinversión es de 40% y para P&G el costo de construirlas es de 15,000 dólares. La cantidad de reinversión sería de 8,699 dólares para el cliente asumiendo que éste la aplicaría en la compra de más productos P&G. Un cálculo sencillo del ROI mostraría que el rendimiento de los 15,000 dólares logrado por la empresa sería de casi 58% ($8,699/$15,000). Por tanto, el cliente ahorra dinero y los ingresos de P&G aumentan. En este caso las actividades LOR requieren que el vendedor invierta para crear ahorros para el comprador. No obstante, ambas partes disfrutan de un impacto financiero favorable de esta actividad LOR.

Información del sistema logístico

La **información del sistema logístico** (LSI; *logistics system information*) es crucial para los procesos logístico y de la administración de pedidos. Es la base de la capacidad de una organización para ofrecer calidad en la disponibilidad del producto, el tiempo del ciclo de pedido, la capacidad de respuesta de las operaciones logísticas y el soporte logístico de posventa. La información oportuna y exacta puede reducir los inventarios en la cadena de suministro y mejorar el flujo de efectivo hacia todos los participantes. Por ejemplo, el aumento de la exactitud de los pronósticos con base en los datos del punto de venta puede reducir las existencias de seguridad, mejorar la disponibilidad del producto e incrementar la eficiencia de manufactura. La tecnología de hoy permite la captura exacta (códigos de barras y etiquetas de RFID) y la transmisión (radiofrecuencia, EDI, internet) de datos entre los socios comerciales. El desafío estriba en que las organizaciones determinen cómo los utilizarán para optimizar sus operaciones.

Al principio de este capítulo se identificaron los tres tipos de información que debe capturarse y compartirse para realizar el proceso de administración de pedidos: 1) información previa a la transacción, que incluye toda la que el comprador y el vendedor necesitan antes de ingresar el pedido; 2) información de la transacción, que es toda la que se requiere para ejecutar el pedido, y 3) información posterior a la transacción, es decir, toda la necesaria después de que se ha enviado el pedido. Un ejemplo de los tipos de información necesaria en cada categoría para realizar algún cambio en la transportación puede observarse en la tabla 8.8. Las tres partes involucradas en esta decisión necesitan información de las tres categorías. También es importante que ésta sea exacta y oportuna. La información previa a la transacción se necesita antes de la transacción. Otra forma de concebir estas tres categorías indica que la información previa a la transacción se utiliza para planificar, la de la transacción sirve para ejecutar y la posterior a la transacción para evaluar. Por tanto, la información del sistema logístico es crucial para la administración exitosa de pedidos y servicio al cliente.

Métricas

La mayoría de las métricas relacionadas con la información del sistema logístico (LSI) se refiere a qué tan precisos y oportunos son los datos para permitir que se tome una decisión o se lleve a cabo una actividad. Por ejemplo, la exactitud del pronóstico es resultado de los datos precisos sobre el consumo pasado, así como de las buenas predicciones sobre el consumo futuro. Otro ejemplo sería la precisión del inventario: la exactitud de su conteo en un centro de distribución es resultado de capturar los datos de consumo en esa instalación de una manera exacta y oportuna. La integridad de los datos es otra métrica para medir la calidad de las salidas a partir de la información del sistema logístico; es una medida de la calidad/exactitud de las *entradas* a la LSI. Por último, muchas organizaciones utilizan el cumplimiento del intercambio electrónico de datos (EDI) para medir qué tan bien cumplen los socios comerciales con los estándares de este intercambio cuando comparten los datos.

Tabla 8.8	Información necesaria para administrar el proceso de transportación		
ACTIVIDAD DE TRANSPORTACIÓN	**USUARIO DE LA INFORMACIÓN**		
	EXPEDIDOR	**TRANSPORTISTA**	**RECEPTOR**
Previa a la transacción	Información de la orden de compra Pronósticos Disponibilidad del equipo	Información sobre el conocimiento de embarque Pronósticos Tiempo de recolección/entrega	Avance Aviso anticipado de embarque
Transacción	Estatus del embarque	Estatus del embarque	Estatus del embarque
Posterior a la transacción	Factura del flete Desempeño del transportista Prueba de la entrega Información sobre reclamos	Pago Información sobre reclamos	Desempeño del transportista Prueba de la entrega Información sobre reclamos

Fuente: Robert A. Novack, Ph.D. Reproducido con autorización.

Impacto financiero

Como se mencionó antes, la información del sistema logístico no se mide directamente; lo que se mide son los resultados de cómo una organización utiliza la información generada por la LSI. Asimismo, los impactos financieros de ésta no se miden, pero sus resultados sí. Un ejemplo real es el de un fabricante de equipos de cómputo con proveedores y clientes en todo el mundo. La mayoría de los embarques de componentes a sus plantas y de productos terminados desde sus centros de distribución se realizaba por transportación aérea. Debido al alto valor de los productos terminados de este fabricante, sus clientes globales requerían una prueba de entrega (POD; *proof of delivery*) para procesar la factura. El antiguo procedimiento para generar y enviar la POD era principalmente manual e implicaba autotransporte terrestre que realizaba la entrega a la empresa de aerotransporte y al transitario aéreo. Este proceso generaba un ciclo de pedido a efectivo de 50 días para el fabricante. Éste analizó la posibilidad de invertir en un sistema de rastreo electrónico global para sus cargas que usaría códigos de barras y EDI para conocer el estatus del envío, así como la generación de avisos anticipados de envío (ASN; *advance shipment notices*) y POD. Con este nuevo sistema podría enviar al cliente una POD por vía electrónica, lo que generaría una reducción de 20 días en el ciclo de pedido a efectivo. La compra e instalación del nuevo sistema costarían casi un millón de dólares. El fabricante consideró varios factores al momento de analizar la inversión en este nuevo sistema de rastreo.

Este ejemplo enfatiza el análisis realizado para utilizar la información con el fin de reducir el ciclo de pedido a efectivo. Como base se utilizaron tres meses de datos de embarques sobre tres rutas comerciales globales. Desde luego, las cifras que se usaron aquí no son reales. Suponga que el valor promedio de la factura de cada embarque durante este periodo fue de 648,000 dólares. También suponga que el costo de capital para el fabricante fue de 10%. El cálculo para medir el resultado en el flujo de efectivo para disminuir el ciclo de pedido a efectivo fue el siguiente.

Incremento del flujo de efectivo = valor de la factura × (costo de capital/365)
× diferencia en días en el
ciclo de pedido a efectivo

Con los números anteriores, un cálculo sencillo sería el siguiente.

$$\text{Incremento en el flujo de efectivo} = \$648,000 \times (10\%/365) \times 20 \text{ días}$$
$$= \$3,550.68 \text{ por pedido}$$

Durante el periodo de tres meses el fabricante envió 344 de estos pedidos, lo que generó un incremento combinado en el flujo de efectivo de 1,221,434 dólares. Debido a que los clientes procesan la factura cuando se recibe la prueba de entrega, tenerla 20 días antes gracias al nuevo sistema permitió al fabricante, en teoría, invertir su dinero a 10% durante 20 días más, lo cual generó un mejor flujo de efectivo. El ROI para el nuevo sistema sin duda era muy favorable. Así que, si bien medir el impacto financiero de la LSI es difícil, medir los impactos financieros de cómo se utiliza no lo es.

Soporte logístico de posventa

Muchas organizaciones se enfocan principalmente en la logística de salida: llevar el producto al cliente. Para algunas organizaciones, el soporte al producto después de su entrega es una ventaja competitiva. El **soporte logístico de posventa (PLS**, siglas del inglés *postsale logistics support*) puede tomar dos formas. Primero, puede consistir en la administración de devoluciones de producto del cliente al proveedor. Organizaciones como GENCO han establecido sus competencias centrales con base en la administración de devoluciones de producto para los proveedores. Muchos sitios de internet descubrieron demasiado tarde la importancia de esta forma de PLS a finales de la década de 1990. Durante el auge de las empresas punto com, muchos sitios web sólo se enfocaban en el principio del proceso, al entregar a los clientes interfaces superiores en la computadora pero sin tener capacidades de entregas físicas o propias del final del proceso. Se centraban en tomar el pedido y transmitirlo al fabricante o distribuidor para su entrega. Lo que no se consideró como un éxito era cómo manejar las devoluciones de producto. Esto fue evidente para muchos sitios web en la temporada navideña de 1999. Debido a que estos sitios no tienen presencia minorista física o capacidad de distribución física, para los consumidores es muy difícil devolver los productos que no desean. Esto fue desastroso para muchos sitios web. Amazon.com comenzó como un sitio de procesos iniciales en internet, pero pronto se percató de la importancia de las devoluciones como un arma competitiva; en la actualidad tiene una red de distribución física no sólo para ofrecer la entrega inicial, sino también para permitir la devolución eficiente del producto no deseado.

La segunda forma de PLS es el soporte del producto a través de la entrega e instalación de refacciones. Esto es crucial en la industria tan competitiva de la maquinaria pesada, así como en la del ejército estadounidense. Empresas como Caterpillar, New Holland e Ingersoll-Rand han desarrollado competencias centrales para hacer que sus refacciones estén disponibles para su equipo a fin de que éste se mantenga funcionando en su lugar de trabajo. Para empresas como éstas se ha vuelto cada vez más difícil competir sólo a partir de la calidad de su maquinaria pesada. La compra de este tipo de equipo puede costar miles o millones de dólares y miles más por hora si se avería. Por tanto, la entrega exacta y oportuna de refacciones a los concesionarios y lugares de trabajo para mantener estas máquinas funcionando se ha convertido en una ventaja competitiva.

Métricas

En su mayor parte, el PLS que administra las devoluciones de producto se mide de acuerdo con la facilidad con la que un cliente puede devolverlo. Una métrica como el tiempo para retornar el producto a un proveedor no es usualmente importante para el cliente. Recuerde, la devolución implica cierto nivel de insatisfacción de un cliente por el producto de un vendedor, de modo que facilitársela resulta una métrica muy importante. Walmart, por ejemplo, permite que un consumidor devuelva un artículo a la tienda, lo entregue en el mostrador de servicio al cliente y obtenga un reemplazo sin pregunta alguna. Craftsman Tools cuenta con una política de devolución de 100% en cualquier tienda Sears para sus productos. Sitios web como Easton Sports permiten que un cliente reciba un producto de reemplazo (como un *bate* de béisbol), que vuelva a empacar el que va a regresar en la caja del reemplazo y lo reenvíe (generalmente por UPS o FedEx) a la instalación de Easton para su disposición. Todas estas empresas han logrado facilitar los procesos de devolución a los clientes, con lo que han obtenido una ventaja competitiva.

Las métricas para un soporte logístico posventa que administra las partes de repuesto son las mismas que se usan para todos los productos: cumplimiento de pedidos, disponibilidad de inventarios, tiempo del ciclo de pedido, etc. Estas métricas se utilizan tanto para medir el desempeño de un fabricante en la entrega de una excavadora como su capacidad para entregar una bomba hidráulica para dicha excavadora. De forma que las métricas para medir el desempeño de la logística de piezas de repuesto son las que por lo general se encuentran en las demás industrias que proporcionan la logística de salida a los clientes. No obstante, debido a los costos elevados para el cliente causados por una pieza descompuesta del equipo, la disponibilidad y el tiempo se vuelven cruciales para la logística de partes de repuesto.

Impacto financiero

De los dos tipos de soporte logístico posventa, la logística de piezas de repuesto ofrece una metodología más sencilla para calcular el impacto financiero; por ello, el ejemplo de esta sección se enfoca en esta parte de la logística. Suponga que un fabricante de equipo pesado sabe que el ciclo de vida para la recompra de su producto es de cinco años; es decir, los clientes por lo general reemplazarán una pieza de equipo después de cinco años de uso. También suponga que éstos basan su decisión de recompra tanto en la calidad del equipo original como en la disponibilidad de las partes de repuesto. El ingreso promedio por equipo para un fabricante es de 25,000 dólares, con una utilidad antes de impuestos de 5,000 dólares, y por soporte (partes/mano de obra) de cada equipo es de 2,000 dólares por año, con una utilidad antes de impuestos de 800 dólares anuales. Asumsa que el fabricante vende 5,000 equipos por año y el nivel actual de soporte para piezas de repuesto es de 70% (la pieza se encuentra disponible 70% de las veces). El fabricante también sabe que 80% de las veces en que una pieza no se encuentra disponible el cliente no cambiará de marca cuando tome la decisión de recompra, y 20% de las veces adquirirá otra marca. Cuando una pieza de repuesto no está disponible, los costos de agilización anual por equipo son de 1,000 dólares para el fabricante. El cálculo para determinar el costo del servicio de piezas de repuesto es el siguiente.

$$\text{Costo del servicio} = \text{costo de penalización} + \text{margen de la compra perdida} + \text{margen de soporte perdido}$$

Como en el ejemplo anterior, al analizar el costo de no cumplir con un pedido, no contar con inventario de piezas de repuesto disponible cuando un cliente lo requiere, genera dos resultados: 1) una penalización o costo de agilización, y 2) un costo de utilidad perdida. En un nivel de servicio de 70% no hay piezas de repuesto para 1,500 equipos (30% × 5,000 equipos). Para aquellos clientes que todavía recomprarían al fabricante, éste incurrirá en un costo de agilización de 1,000 dólares por año de vida del equipo (cinco años) por cada uno de los 1,500 equipos. Para aquellos clientes que cambian a otro proveedor debido a la falta de soporte de piezas de repuesto, el fabricante perdería la utilidad antes de impuestos de la compra inicial (5,000 dólares) y la utilidad antes de impuestos del soporte de dichos equipos (800 dólares anuales por cinco años). Entonces, a un nivel de servicio de 70% el cálculo será el siguiente.

Nivel de servicio de 70%

$$\text{Costo de servicio} = (80\% \times 1{,}500 \text{ unidades} \times \$1{,}000 \times 5 \text{ años}) + (20\% \times 1{,}500 \text{ unidades} \times \$5{,}000) + (20\% \times 1{,}500 \text{ unidades} \times \$800 \times 5 \text{ años}) = \$8{,}700{,}000$$

Por tanto, en un nivel de servicio de 70% el fabricante incurrirá en un costo de agilización de 6,000,000 de dólares, una utilidad inicial perdida antes de impuestos de 1,500,000 dólares, más una utilidad antes de impuestos de soporte perdido de 1,200,000 dólares.

Suponga que el fabricante fue capaz de incrementar la disponibilidad de las piezas de repuesto a 85%. El resultado sería el siguiente (recuerde que ahora únicamente 750 equipos no contarán con piezas de repuesto disponibles).

Nivel de servicio de 85%

$$\text{Costo de servicio} = (80\% \times 750 \text{ unidades} \times \$1,000 \times 5 \text{ años}) + (20\% \times 750 \text{ unidades}$$
$$\times \$5,000) + (20\% \times 750 \text{ unidades} \times \$800 \times 5 \text{ años})$$
$$= \$4,350,000$$

De esta forma, un aumento de 15% en la disponibilidad de piezas de repuesto mejoraría el flujo de efectivo antes de impuestos del fabricante en 4,350,000 dólares, o generaría un incremento en el flujo de efectivo de 50%. Aunque este es un ejemplo sencillo, muestra que la falta de refacciones, como sucede con la carencia de producto original para atender pedidos, puede tener un impacto importante en el flujo de efectivo de la organización. Además, recuerde que debe considerarse la inversión que requiere el fabricante para ofrecer este incremento en la disponibilidad de piezas de repuesto, a la luz de la mejora en el flujo de efectivo para determinar un ROI.

Recuperación del servicio[7]

Sin importar lo bien que una empresa planifique su oferta de un servicio de excelencia, incurrirá en errores. Incluso en un entorno estadístico Six Sigma no hay un desempeño de 100%. Las organizaciones actuales de alto desempeño están conscientes de esto y utilizan el concepto de *recuperación del servicio*, que básicamente exige que la empresa comprenda que los errores ocurren y cuente con planes para corregirlos. Aunque existen muchas formas en que una organización puede poner en práctica la recuperación del servicio, aquí se analizan algunas.

Una parte importante de este capítulo se ha enfocado en la *medición del costo* de un servicio deficiente. La falta de capacidad para atender un pedido completo o su entrega postergada pueden generar pedidos pendientes y pérdida de ventas o de ingresos para la empresa vendedora. Comprender los costos de un servicio deficiente resulta vital para una empresa debido a que obliga a la inversión en recursos, como inventarios. Si no existe un costo asociado con el servicio deficiente, entonces sólo se necesitará una inversión adicional pequeña o nula; no obstante, rara vez es el caso. La mayoría de las organizaciones sufrirá un efecto financiero si no cumple las expectativas de los clientes.

Otro aspecto de la recuperación del servicio es la *anticipación de las necesidades para la recuperación*. En cualquier organización, ciertas áreas de operaciones presentarán oportunidades mayores que las normales para que se presenten fallas. Es necesario identificar esta áreas y diseñar planes de acción correctiva *antes* de que se presente el error. Un ejemplo puede observarse en la industria aérea de transporte de pasajeros. Los vuelos retrasados o cancelados dejan a muchas personas detenidas en los aeropuertos de Estados Unidos cada día. Las aerolíneas han elaborado planes para dar cabida a estos pasajeros ya sea por medio de una reasignación en otro vuelo u ofreciendo un cuarto de hotel hasta el siguiente vuelo disponible. En este capítulo se presentó el concepto de ciclo de pedido a efectivo con el modelo SCOR D1, que ofrece un marco adecuado para que una empresa identifique dónde podría haber fallas en el servicio a efecto de que desarrolle planes que las mitiguen, sujeto al costo de las mismas.

Otro principio de la recuperación del servicio exige que la empresa *actúe con rapidez*. Cuanto más tiempo espere un cliente insatisfecho para que un problema se resuelva, mayor será el nivel de insatisfacción. La capacidad para corregir rápidamente las fallas en el servicio depende de la habilidad de la empresa para conocer el lugar donde quizá ocurra el error, así como contar con planes establecidos para corregirlo. En este concepto se incluye la necesidad de comunicar al cliente insatisfecho la forma y el momento en que se corregirá. Por ejemplo, un vendedor determinó que no cuenta con el inventario adecuado para atender el pedido de un cliente; esta es una ocurrencia común para la que el vendedor debe contar con planes alternativos debido a los potenciales altos costos de agotamiento de existencias. En un modo de recuperación del servicio, el vendedor notifica de forma inmediata al comprador (generalmente vía telefónica o por correo electrónico) que los niveles actuales de inventario no son los adecuados, pero que se contará con inventario adicional en, digamos, dos días para atender por completo el pedido. Con esta acción el vendedor habrá actuado rápidamente para identificar el problema y habrá tomado medidas para comunicar al comprador las acciones que efectuará para remediar la situación.

Por último, la recuperación del servicio requiere que los *empleados estén capacitados y facultados* para identificar las áreas potenciales de fallas en el servicio y efectuar acciones para satisfacer al cliente. No obstante, recuerde que esto debe hacerse considerando el costo de un error en el servicio. Los empleados de primera línea, por lo general representantes del servicio al cliente, deben comprender el costo que tienen las fallas para la organización completa, recibir las herramientas adecuadas para atenderlas y contar con el sentido de propiedad de los errores y de la consecuente pérdida de satisfacción del cliente. Nada puede ser más frustrante para un cliente insatisfecho que esperar por una solución mientras se discuten acciones de recuperación a través de los múltiples niveles de la estructura gerencial de una organización. Es un hecho que algunas fallas serán tan grandes que requerirán la intervención de la alta dirección; no obstante, el personal de contacto con el cliente debe contar con la autoridad suficiente para manejarlas de forma rápida y adecuada.

RESUMEN

- La administración de pedidos y el servicio al cliente no son procesos mutuamente excluyentes; existe una relación vital y directa entre ambos conceptos.

- Existen dos aspectos, diferentes aunque relacionados, de la administración de pedidos: influir sobre el pedido del cliente y ejecutarlo.

- La administración de la relación con el cliente (CRM) es un concepto que las organizaciones utilizan actualmente para comprender mejor los requerimientos de sus clientes y entender como éstos se integran en sus procesos operativos internos.

- El costeo basado en actividades (ABC) se usa hoy para ayudar a las organizaciones a desarrollar perfiles de rentabilidad de los clientes que les permitan aplicar estrategias de segmentación.

- La administración de pedidos, o ejecución de pedidos, es la interfaz entre compradores y vendedores en el mercado y afecta de forma directa el servicio al cliente.

- La administración de pedidos puede medirse de distintas formas. Sin embargo, por tradición los compradores evaluarán su efectividad utilizando como métrica la puntualidad y la confiabilidad del ciclo de pedidos, mientras que los vendedores usarán el ciclo de pedido a efectivo.

- El servicio al cliente se considera la interfaz entre la logística y la mercadotecnia en las organizaciones vendedoras.

- El servicio al cliente puede definirse de tres formas: como 1) actividad; 2) conjunto de métricas de desempeño, y 3) filosofía.

- Los elementos principales del servicio al cliente son el tiempo, la confiabilidad, la comunicación y la conveniencia.

- Los costos de agotamiento de existencias pueden calcularse como costo de pedidos pendientes de surtir, costo de ventas perdidas y costo de un cliente perdido.

- Los cinco resultados de la administración de pedidos que influyen sobre el servicio al cliente, la satisfacción de los clientes y la rentabilidad son: 1) disponibilidad del producto; 2) tiempo del ciclo de pedido; 3) capacidad de respuesta de las operaciones logísticas; 4) información del sistema logístico, y 5) soporte logístico posventa.

- Las organizaciones actuales emplean el concepto de recuperación del servicio para identificar las áreas donde podrían presentarse fallas en su proceso de administración de pedidos a efecto de diseñar planes para solucionarlas de forma rápida y exacta.

CUESTIONARIO DE REPASO

1. Explique cómo se relacionan la administración de pedidos y el servicio al cliente.

2. Describa los dos enfoques de la administración de pedidos. ¿En qué son diferentes? ¿Cómo se relacionan?

3. ¿Cuál es la función del costeo basado en actividades en la administración de la relación con el cliente? ¿Y en la segmentación de clientes?

4. Compare y contraste los conceptos de tiempo del ciclo de pedido a efectivo y tiempo del ciclo de pedido.

5. Explique el impacto de la duración del tiempo del ciclo de pedido y la variabilidad tanto en compradores como en vendedores.

6. El servicio al cliente con frecuencia se considera la interfaz principal entre la logística y la mercadotecnia; analice su naturaleza y la manera en que puede cambiar.

7. Las empresas pueden tener tres niveles de participación respecto del servicio al cliente. ¿Cuáles son y cuál es la importancia de cada uno?

8. Explique la relación entre los niveles de servicio al cliente y los costos asociados con brindar estos niveles.

9. Analice la naturaleza e importancia de los cuatro elementos relacionados con la logística del servicio al cliente.

10. La administración eficaz del servicio al cliente requiere mediciones. Analice la naturaleza de la medición del desempeño en el área de servicio al cliente.

11. ¿Qué eventos podrían presentarse cuando una organización no cuenta con inventario de un producto necesario? ¿Cómo se calcularía el costo del agotamiento de existencias?

12. Imagine que el nivel de servicio actual en una organización para la atención de pedidos es de la siguiente manera.

Nivel actual de atención de pedidos = 80%
Número de pedidos anuales = 5,000
Porcentaje de pedidos pendientes no cumplidos = 70
Porcentaje de pedidos no cumplidos cancelados = 30
Costos de pedido pendiente por pedido = $150
Utilidad antes de impuestos perdida por pedido cancelado = $12,500

a) ¿Cuál es el flujo de efectivo perdido para el vendedor en este nivel de servicio de 80%?
b) ¿Cuál sería el incremento resultante en el flujo de efectivo si el vendedor mejorara la atención de pedidos a 92%?
c) Si el vendedor invirtiera 2 millones de dólares para producir este mayor nivel de servicio, ¿la inversión se justificaría desde el punto de vista financiero?

NOTAS

1. Bernard J. LaLonde, "Customer Service", en *The Distribution Handbook* (Nueva York: Free Press, 1985): 243.

2. Los pasos que se presentaron en el proceso se adaptaron a partir de una implantación real de CRM por parte de un fabricante grande y global durante los años 2005-2006.

3. Norm Raffish y Peter B. Turney, "Glossary of Activity-Based Management", *Journal of Cost Management*, 5, núm. 3 (1991): 53-64.

4. Philip Kotler, *Marketing Management*, 5a. ed. (Englewood Cliffs, NJ: Prentice Hall, 1990): 225-226.

5. Para un análisis más detallado del concepto del pedido perfecto, véase Robert A. Novack y Douglas J. Thomas, "The Challenges of Implementing the Perfect Order Concept", *Transportation Journal*, 43, núm. 1 (invierno de 2004): 5-16.

6. Para una revisión completa de este análisis, véase Robert A. Novack, C. John Langley, Jr. y Lloyd M. Rinehart, *Creating Logistics Value: Themes for the Future* (Oak Brook, IL: Council of Logistic Management, 1995): 148-153.

7. Este análisis se adaptó a partir de Christopher W. L. Hart, James L. Heskett y W. Earl Sasser, Jr., "The Profitable Art of Service Recovery", *Harvard Business Review* (julio-agosto de 1990): 148-154.

CASO 8.1

Telco Corporation

Telco Corporation (Telco) es un fabricante global de productos industriales con valor de 25,000 millones de dólares y oficinas centrales ubicadas en Bloomington, Indiana. Está conformada por seis importantes divisiones: 1) generadores eléctricos; 2) turbinas; 3) acondicionadores de aire industriales; 4) herramientas para maquinaria (por ejemplo, prensas de perforación y tornos); 5) montacargas y vehículos ligeros de carga, y 6) compresores de aire. Cada división se administra como un centro de utilidades independiente, y cada una cuenta con su propia fuerza de ventas, instalaciones de fabricación y red logística. Tiene aproximadamente 15,000 clientes en todo el mundo, y 40% de ellos compra a más de una de sus divisiones.

En una reunión reciente del consejo operativo, Jean Beierlein, director ejecutivo de finanzas, se lamentaba ante los demás miembros por el hecho de que las utilidades antes de impuestos descendieran incluso aunque los ingresos crecieran. "Nos encontramos ante una situación compleja: el mercado accionario nos busca, ya que los ingresos se incrementan. No obstante, no veo cómo alcanzaremos nuestros objetivos de dividendos de este año, dado que nuestras utilidades operativas disminuyen respecto del último trimestre. Nuestros niveles de servicio a los clientes se encuentran en su punto más alto y nuestra fuerza de ventas alcanza de manera consistente sus objetivos de ingresos."

Troy Landry, vicepresidente de la cadena de suministro para la división de compresores, añadió una observación a este dilema. "Les diré cuál es el problema. Constantemente excedemos nuestro presupuesto de logística para ofrecer un servicio sobresaliente a los clientes que no deberían recibirlo. Ventas siempre promete una entrega inmediata o corridas especiales de producción para los clientes que generan poco ingreso para nosotros. Uno de ellos, Byline Industries, únicamente invierte un millón de dólares anual con nosotros; sin embargo, nuestros costos de logística como porcentaje del ingreso para esa empresa son de 25%. Comparen esto con nuestros costos promedio de logística como porcentaje del ingreso sobre nuestra base de clientes de 11% y observarán dónde reside el problema." Tom Novack, presidente de la división de generadores, no estuvo de acuerdo con la observación de Troy acerca de Byline. "Espera un minuto, Troy. Byline es uno de mis mejores clientes. Compra 15% de mi ingreso a un costo de logística de 8%. Debemos asegurarnos de que estén satisfechos."

Nick Martin, el nuevo presidente de Telco, quien se había unido en fechas recientes a la corporación después de pasar 15 años como director ejecutivo de operaciones con un fabricante de productos agrícolas, escuchaba atentamente la discusión. Este problema no era algo nuevo para él; la empresa en la que trabajó antes también se estructuraba sobre las líneas de negocio con los clientes comunes de todo el mundo, y observó que una estrategia de servicio similar para todos los clientes no representaba una alternativa viable. Nick añadió: "He observado esto antes: el problema es que tratamos a todos los clientes de una forma similar; no tomamos en consideración a los que compran a más de una división. Antes de la reunión solicité a Jean que realizara algunos cálculos de rentabilidad sobre nuestra base de clientes. Los resultados son sorprendentes: 33% de todos ellos genera 71% de nuestras utilidades de operación. Otro 27% genera aproximadamente 100 millones de dólares en pérdidas. Obviamente, tenemos algunos clientes más rentables que otros. Debemos desarrollar una estrategia para segmentarlos y ofrecer a cada segmento el conjunto de servicios por el que estén dispuestos a pagar."

"Espera un minuto —exclamó Chris Sills, vicepresidente de ventas corporativas—. Nos pides que quitemos algunos servicios a nuestros clientes. ¿Quién les informará sobre esto? ¿Qué sucederá con las comisiones de venta de mis representantes? Esto no será bien recibido por nuestra base de clientes."

Usted ha sido contratado como experto en la administración de relaciones con los clientes. La oferta de servicio actual de Telco para su base completa de clientes incluye calidad del producto, tasas de cumplimiento de pedidos, tiempo de espera, tiempo de entrega, condiciones de pago y soporte de servicio al cliente. Se le solicitó preparar un informe que indique la manera en que Telco podría adoptar el método CRM para sus clientes. Específicamente, este informe debe atender lo que se indica a continuación:

PREGUNTAS SOBRE EL CASO

1. ¿Cómo debería Telco iniciar la segmentación de sus clientes? Es decir, ¿sobre qué base (costo a servicio, rentabilidad, etc.) deben clasificarse?

2. ¿Cómo debe adaptar su oferta de servicio para cada segmento de clientes?

3. ¿Deberá solicitar a ciertos clientes que se lleven su negocio a otra empresa?

4. ¿Cómo deberán presentarse los paquetes modificados de servicio para cada segmento? ¿Debe hacerlo la fuerza de ventas? ¿Debe efectuarse en todos los segmentos al mismo tiempo?

5. Cada división cuenta con su propia fuerza de ventas, instalaciones de fabricación y red logística. Por ello los clientes comunes (que compran en más de una división) colocan pedidos independientes en cada división, y reciben múltiples envíos y facturas. ¿Tendría sentido que Telco se organizara alrededor de los clientes en lugar de en torno de los productos? Si es así, ¿cómo debería hacerlo? ¿Cómo se verían las nuevas métricas organizacionales?

Fuente: Robert A. Novack, Ph. D. Reproducido con autorización.

Caso 8.2

The Bullpen

The Bullpen es un bar y restaurante deportivo ubicado en Owrigsburg, Pennsylvania. Está orientado hacia los jóvenes profesionales y las familias con niños. El propietario, Dan Snopek, quería diferenciar su restaurante de los demás en el área por medio de la oferta de un menú variado con un servicio ágil y amigable. The Bullpen inició como una operación relativamente pequeña, pero ha crecido 50% en los últimos cinco años. Aunque el aumento en su ingreso y popularidad agradan a Dan, su operación ha mostrado demasiadas fallas en el servicio de la entrega de alimentos. El rápido crecimiento en el volumen y el número de comensales ocasiona algunos problemas: 1) menor velocidad general en la entrega de alimentos a las mesas; 2) los pedidos múltiples de alimentos (más de una persona en una mesa) no se entregan al mismo tiempo; 3) los productos se sirven fríos; y 4) retrasos al volver a preparar alimentos que se devuelven a la cocina.

Dan sabe que debe corregir estos problemas rápidamente o su negocio se verá afectado, y está consciente de que los problemas se presentan entre dos puntos, cuando se toma el pedido y cuando se entrega, pero no está seguro de sus causas. Dan le solicita a usted que revise su operación y le presente algunas sugerencias.

PREGUNTAS SOBRE EL CASO

1. Genere un mapa de proceso para la entrega de alimentos que se use en un restaurante como Bullpen. Utilice la figura 8.14 (p. 279) como guía. Inicie desde el momento en que el cliente realiza el pedido y finalice cuando se paga la cuenta.

2. A partir de este mapa de proceso, identifique los posibles puntos de fallas y sugiera métodos para eliminarlas.

3. Desarrolle un conjunto de métricas que Dan pueda utilizar para medir el desempeño del nuevo proceso. Utilice la figura 8.10 (p. 269) como guía.

Fuente: Robert A. Novack, Ph. D. Reproducido con autorización.

Capítulo 9

ADMINISTRACIÓN DEL INVENTARIO EN LA CADENA DE SUMINISTRO

Objetivos de aprendizaje

Después de leer este capítulo, usted será capaz de:

- Apreciar la función e importancia del inventario en la economía.

- Establecer las razones principales del mantenimiento de inventarios.

- Analizar los principales tipos de inventario, sus costos y su relación con las decisiones inherentes.

- Comprender las diferencias fundamentales entre los métodos de manejo de inventario.

- Describir la justificación y la lógica en las que se basa el método de la cantidad económica del pedido (EOQ) para la toma de decisiones relacionadas con el inventario y ser capaz de resolver algunos problemas sencillos.

- Entender los métodos alternativos para la administración del inventario, como los de justo a tiempo (JIT), planificación de requerimientos de materiales (MRP), planificación de requerimientos de distribución (DRP) e inventario administrado por el proveedor (VMI).

- Explicar cómo pueden clasificarse los artículos del inventario.

- Identificar cómo variará el inventario a medida que los puntos de almacenamiento cambien.

- Efectuar los ajustes necesarios al método básico de la EOQ para responder a diversos tipos de aplicaciones especiales.

Perfil de la cadena de suministro
Micros and More

"Inventario, inventario, inventario... Estoy cansado de escuchar quejas acerca de nuestros niveles de inventario y los costos asociados con su mantenimiento", murmuró Ben Finlan, director de operaciones y cofundador de Micros and More (Micros). "¿Qué se supone que debo hacer? Necesitamos inventario para realizar nuestra operación de ensamblaje de computadoras y para satisfacer nuestros requisitos de servicio al cliente. Sé que demasiado inventario aumenta nuestros costos de bienes vendidos (COGS; *cost of goods sold*), lo que implica precios más altos o márgenes de utilidad más bajos. Desde que se publicó aquel artículo sobre Dell Computers, en el que se afirmaba que Dell había logrado una rotación de su inventario de más de 100 veces al año y que esperaba alcanzar 200 rotaciones, algunas personas me han complicado la vida mencionándome el tema. No puedo agitar una varita mágica y hacer que el inventario desaparezca y reaparezca en el momento en que se necesite. La primera vez que nos quedemos sin componentes para una de las computadoras que estemos armando en la planta o cuando no podamos entregar unas piezas en dos horas o menos para reparar los equipos que enviamos a Penn State o Raytheon, mi cabeza será la que esté en juego. No hay forma de salir ganando, y en estos días me siento como el chivo emisario de todos."

Ben estaba solo en su oficina, así que nadie escuchó la conversación que tenía consigo mismo. Estaba muy sensible debido a los comentarios que le habían externado varios miembros del consejo en la junta, en la que Mac Ross, director financiero, revisó los datos más recientes. El más enérgico fue el doctor Derek Van Horn, profesor retirado de Penn State y accionista principal de la compañía. Fue él quien distribuyó hacía varios meses el artículo sobre Dell y se quejó por el exceso de inventario desde entonces. El problema radicaba en que algunos miembros de la junta directiva, en especial el doctor Van Horn, en realidad no comprendían la función del inventario en una organización. Para ellos era un gasto que incrementaba el COGS, y debía minimizarse y, en el mejor de los casos, eliminarse si Micros deseaba continuar creciendo y siendo rentable.

ANTECEDENTES DE LA EMPRESA

Micros and More fue fundada en State College, Pennsylvania, en 1995 por dos amigos con experiencias similares y un interés común en el espíritu emprendedor. Ben Finlan se graduó en ciencias computacionales en Penn State en 1992 y había trabajado, para IBM en el área de operaciones en Fishkill, Nueva York. Nick Kiraly se especializó en finanzas en la Clarion University y durante varios años trabajó en Mellon Bank, en Pittsburgh, donde se dedicó a ayudar a las pequeñas empresas en sus necesidades bancarias y financieras.

Ben y Nick crecieron juntos y se mantuvieron en contacto durante sus carreras universitarias y sus primeros empleos. En las fiestas navideñas de 1994 se reunieron y conversaron acerca de su deseo de trabajar por su cuenta. Ambos sentían fascinación por la tecnología informática y especularon acerca de comenzar su propia empresa de cómputo en el centro de Pennsylvania, así que reunieron sus recursos, pidieron préstamos a varias fuentes y comenzaron sus operaciones en un antiguo edificio escolar en State College, Pennsylvania. Su visión de negocios consistía en: 1) construir computadoras hechas a la medida para los estudiantes universitarios y las pequeñas empresas; 2) ofrecer software que cumpliera los requisitos únicos de los clientes, y 3) brindar un notable servicio al cliente, al que definieron como uno por encima de las expectativas de cualquier persona.

Entre 1995 y 2005, con un poco de suerte y mucho trabajo, la empresa creció y prosperó a un ritmo razonable. Se amplió la planta en State College, que ahora emplea a casi 200 personas; se convirtió en sociedad anónima en 2005, y vendió acciones por intermediación de una empresa de corretaje local. Sus acciones gozaron de una relativa popularidad y atrajeron a numerosos inversionistas locales. La junta incluyó a varios accionistas importantes como el doctor Van Horn, pero también a algunos ejecutivos de empresas locales, como Alex Novack, presidente de la región central del Nittany Bank, y Ed Friedman, promotor inmobilario local.

SITUACIÓN ACTUAL

Micros diversificó su línea de productos y amplió su base de clientes para acrecentar su participación de mercado. Se esperaba que sus ventas alcanzaran los 100 millones de dólares en el ejercicio fiscal 2011. En 2009 obtuvo un cuantioso préstamo del Nittany Bank para financiar una nueva planta y un almacén en Clearfield, Pennsylvania, con la esperanza de vender computadoras a Walmart, que tenía un gran centro de distribución en las cercanías de Clearfield. Parte de su declaración de visión modificada consistía en hacer crecer su negocio y llevarlo al siguiente nivel.

El otoño de 2010 marcó un punto decisivo para Micros. La competencia de fuentes extranjeras era muy intensa y fabricantes nacionales como Dell y Hewlett-Packard (HP) incrementaban sus participaciones de mercado. Las computadoras eran una mercancía genérica en un mercado hipersensible a los precios. Micros hacía frente a la posibilidad de sufrir su primera pérdida financiera; era necesario recortar los costos para mantener las ventas a precios competitivos.

Ben se dio cuenta de que, como director de operaciones, tenía una función vital en la supervivencia de la empresa. Sin duda el inventario era uno de los puntos centrales y debía realizarse un profundo análisis no sólo de las prácticas administrativas de la empresa respecto del control de inventarios, sino también de sus relaciones con los proveedores y clientes que formaban parte de su cadena de suministro general. Conforme avance en la lectura de este capítulo considere los desafíos de Ben; imagine que debe ayudarle a comprender la función y la razón de ser del inventario, así como los puntos de equilibrio más importantes que éste supone. También necesita algunas ideas para comprender mejor los costos del inventario.

Fuente: Robert A. Novack, Ph.D. Reproducido con autorización.

Introducción

Como se analizó en el capítulo 1, la administración eficaz de inventarios en la cadena de suministro es uno de los factores clave para el éxito de cualquier organización. El inventario como un activo en el balance general y como un gasto variable en el estado de resultados ha cobrado gran importancia ahora que las organizaciones intentan formas más eficaces de administrar sus activos y su capital de trabajo. No obstante, como se dijo en el capítulo 8, la importancia del inventario es aún mayor debido al impacto directo que ejerce sobre los niveles de servicio. Por tanto, su administración ha logrado ocupar una posición estratégica en muchas empresas en la actualidad.

Los inventarios también son un factor determinante en el rendimiento sobre la inversión (ROI) de una organización, concepto que se analizó como el rendimiento sobre el valor neto en el capítulo 5. El ROI es una métrica financiera importante desde una perspectiva tanto interna como externa. La reducción de los inventarios ocasiona un aumento de corto plazo en el ROI porque reduce los activos e incrementa el capital de trabajo disponible, pero su incremento tiene el efecto contrario sobre ambos componentes. Aquí es importante el hecho de que el inventario consume los recursos de una organización y también es la causa de la generación de ingresos; por tanto, las decisiones relacionadas con éste deben tomar en consideración los puntos de equilibrio que existen entre costos y servicio.

El desafío máximo que supone la administración de inventarios es el equilibrio entre la oferta del inventario y su demanda. Este tema se presentó en el capítulo 7. En otras palabras, de manera ideal una organización desea tener suficiente inventario para satisfacer la demanda de sus clientes por sus productos sin tener pérdidas debido al agotamiento de existencias; sin embargo, no desea tener demasiado inventario disponible, pues esto consume el valioso capital de trabajo. Equilibrar la oferta y la demanda es un desafío constante que las organizaciones deben dominar, pero es una necesidad para competir en el mercado.

Este capítulo ofrece un panorama integral de la administración de inventarios en la cadena de suministro. Presta especial importancia al análisis de la relevancia del inventario, la naturaleza de sus costos y los diferentes métodos para administrarlo; la siguiente sección ofrece una visión global de su importancia en la economía.

El inventario en la economía

La influencia de la tecnología de la información a finales de la década de 1990 y su impacto sobre los inventarios se vieron reflejados en la capacidad de la economía estadounidense para crecer de manera impresionante mientras se contenía la inflación. Este intercambio de "información por inventario" mostró el impacto de este último en la economía. Con los avances exponenciales en las tecnologías de la información a principios del siglo XXI, las organizaciones siguen implementando programas para eliminar los inventarios de la cadena de suministro.

La tabla 9.1 muestra los resultados de esta contundente administración de inventarios y la inversión en ellos como un porcentaje del producto interno bruto (PIB) de Estados Unidos

Tabla 9.1	Inventario a nivel macro en relación con el producto interno bruto (PIB) de Estados Unidos				
AÑO	VALOR DEL INVENTARIO DE TODAS LAS EMPRESAS (EN BILLONES* DE DÓLARES)	TASA DE MANTENIMIENTO DE INVENTARIO (%)	COSTOS DE MANTENIMIENTO DE INVENTARIO (EN BILLONES DE DÓLARES)	PIB NOMINAL (EN TRILLONES** DE DÓLARES)	MANTENIMIENTO DEL INVENTARIO COMO % DEL PIB	COSTOS DEL INVENTARIO COMO % DEL PIB
1994	$1,127	23.5	$265	$ 7.09	3.7%	15.9%
1995	1,211	24.9	302	7.41	4.1	16.3
1996	1,240	24.4	303	7.84	3.9	15.8
1997	1,280	24.5	314	8.33	3.8	15.4
1998	1,317	24.4	321	8.79	3.7	15.0
1999	1,381	24.1	333	9.35	3.6	14.8
2000	1,478	25.3	374	9.95	3.8	14.9
2001	1,403	22.8	320	10.29	3.1	13.6
2002	1,451	20.7	300	10.64	2.8	13.6
2003	1,508	20.1	304	11.14	2.7	13.5
2004	1,650	20.4	337	11.87	2.8	13.9
2005	1,782	22.3	397	12.64	3.1	14.1
2006	1,859	24.0	446	13.40	3.3	13.9
2007	2,015	24.1	485	14.06	3.4	14.3
2008	1,962	21.4	419	14.37	2.9	13.7
2009	1,865	19.3	359	14.12	2.5	13.2
2010	2,064	19.2	396	14.66	2.7	14.1

Fuente: 22nd Annual State of Logistics Report, http://www.cscmp.org (2011). Reproducido con autorización del Council of Supply Chain Management Professionals.
N. de Ed.: * 1 billón = 1,000 millones; ** 1 trillón = 1 millón de millones

de 1990 a 2006. Como es de esperar, el nivel o el valor del inventario aumentan con el crecimiento de la economía. No obstante, la pregunta importante aquí es si el inventario total en la economía crece al mismo ritmo que el PIB; desde luego, es mejor que aumente a un ritmo más lento. Esto significa que la economía genera más ingresos con menor inversión en activos y capital de trabajo.

La tabla 9.1 muestra que el PIB nominal creció 106.7% en el periodo transcurrido entre 1994 y 2010. Asimismo, el valor del inventario de las empresas aumentó 83.1% durante el mismo periodo. Sin embargo, los costos del inventario como porcentaje del PIB disminuyeron de 15.9% en 1994 a 14.1% en 2010. Por tanto, aunque el valor absoluto del inventario aumentó durante este periodo, decreció como porcentaje del PIB. Esta tendencia decreciente indica que la economía produce más ingresos con menos activos y capital de trabajo. Si bien la tendencia ha disminuido, los cambios de cada año indican el elemento de volatilidad que enfrentan muchas organizaciones.

Estos datos deben enfocarse en la tendencia, la cual indica claramente un declive relativo en el valor del inventario y en el costo de mantenimiento de inventarios como porcentaje del PIB, una métrica positiva para la economía y las organizaciones comerciales en general. Los inventarios representan el costo de hacer negocios y están incluidos en los precios de los productos y servicios. Las reducciones en estos costos, en especial si no existe decremento en el servicio al cliente, son benéficas tanto para compradores como para proveedores.

Como se dijo en el capítulo 2, el principal punto de equilibrio en logística se encuentra entre la transportación y el inventario. Es decir, cuanto más rápida y más confiable (y más costosa) sea la primera, menor será el costo del segundo. Al igual que los costos de inventario, los de transportación como porcentaje del PIB disminuyeron durante la década de 1990; no obstante, el costo actual del combustible, aunado a las restricciones en la capacidad de la industria de la transportación, los han elevado. Las repercusiones económicas de este rápido incremento aún no se han determinado; no obstante, será interesante ver si los puntos de equilibrio tradicionales entre los costos de transportación e inventario permanecerán sin cambios en este nuevo entorno.

Inventario en la empresa: su fundamento

El inventario desempeña una función dual en las organizaciones; afecta el costo de los bienes vendidos, pero también ayuda al cumplimiento de los pedidos (servicio al cliente). La tabla 9.2 presenta los costos logísticos totales para la economía y muestra que los costos de mantenimiento de inventario representan en promedio 33% de los costos logísticos totales de las organizaciones; los de transportación comprenden alrededor de 62.8%.

Las empresas de **bienes de consumo empacados (CPG**; *consumer packaged goods*), así como los mayoristas y minoristas que forman parte de sus canales de distribución, se enfrentan al desafío especial de mantener niveles aceptables de inventario debido a la dificultad de pronosticar la demanda y a las crecientes expectativas de los clientes relacionadas con la disponibilidad del producto. Ambos factores se magnifican para estas empresas, lo que aumenta la complejidad de sus ofertas de productos. Por ejemplo, si Hershey pronosticara que la demanda total de Kisses™ para el primer trimestre del año entrante sería de un millón de cajas, tendría que desglosar esta cifra en unidades de registro de almacenamiento (SKU), embalaje, geografía, y otros. Esto generaría cientos o miles de SKU que requerirían cierto nivel de inventario y existencias de seguridad. Esto hace de la administración de los niveles de inventario un desafío especial, dado que las preferencias del consumidor pueden cambiar de un momento a otro.

Para ilustrar la parte del costo en este desafío, suponga que Hershey espera manejar durante el primer trimestre del año un inventario mensual promedio de 250,000 cajas de Kisses.

Tabla 9.2	Costos logísticos totales: 2010	
		$ BILLONES
Costos de mantenimiento: $2,064 trillones de inventario de todas las empresas		
Interés		4
Impuestos, obsolescencia, depreciación, seguro		280
Almacenamiento		112
	SUBTOTAL	396
Costos de transportación: autotransportistas		
Camión: entre ciudades		403
Camión: local		189
	SUBTOTAL	592
Costos de transportación: otros transportistas		
Ferrocarriles		60
Por agua (internacionales 28, nacionales 5)		33
Oleoductos		10
Aéreos (internacionales 17, nacionales 16)		33
Transitarios		32
	SUBTOTAL	168
Costos relacionados con el expedidor		9
Administración logística		47
	COSTO LOGÍSTICO TOTAL	1,211

Fuente: 22nd Annual State of Logistics Report, http://www.cscmp.org (2011). Reproducido con autorización del Council of Supply Chain Management Professionals.

Si cada caja se valúa en 25 dólares, el valor del inventario sería de 6.25 millones de dólares (250,000 cajas × $25). Si el costo de mantenimiento del inventario (concepto que se explica más adelante en este capítulo) es de 25%, el correspondiente a este periodo sería de 1,562,500 dólares. Si el inventario promedio aumentara a 350,000 cajas, esto generaría un costo adicional de 2.5 millones de dólares por este concepto. Con un incremento en el inventario que no estuviera acompañado de un aumento igual o mayor en los ingresos, Hershey resentiría una reducción en sus utilidades antes de impuestos.

Se espera que haya quedado claro que la administración de inventarios es un factor vital para el éxito de las organizaciones; muchas de ellas han respondido a ese desafío (como se indica en los datos a nivel macro que se presentaron en la sección anterior) y han reducido sus niveles de inventario en tanto que han logrado mantener estándares adecuados de servicio al cliente. Su capacidad para alcanzar las metas de disminuir el inventario (eficiencia) y contar con niveles aceptables de servicio al cliente (efectividad) se basa en diversos factores que se analizan en este capítulo. Un buen punto de partida es comprender por qué las organizaciones tienen que manejar inventarios, y los puntos de equilibrio y relaciones resultantes.

Economías por lote o inventarios en los ciclos

Las **economías por lote** o los **inventarios en los ciclos** surgen de tres fuentes: aprovisionamiento, producción y transportación. Las economías de escala se asocian con las tres, lo que puede generar una acumulación de inventario que no se utilizará o que no se venderá pronto (esto significa que cierta cantidad del inventario o de las existencias en los ciclos se utilizarán o venderán durante algún periodo).

En el área de aprovisionamiento no es extraño que un vendedor cuente con un programa de precios que refleje la cantidad comprada. En otras palabras, a mayor volumen comprado menores serán los precios por unidad y viceversa. Los descuentos sobre las compras también son importantes en los artículos de consumo personal. Por ejemplo, un paquete de 12 rollos de papel que se adquiere en Sam's Club tendrá un precio más bajo que los 12 rollos por separado. Cuando se compra un paquete más grande, se crea el inventario en el ciclo. Lo que no se consumió inmediatamente tendrá que almacenarse. Cuando las organizaciones adquieren materias primas y suministros, en especial en la economía global, se les ofrecen descuentos en los precios por las cantidades más grandes. La lógica del punto de equilibrio que se mencionó antes sugiere que los ahorros por el descuento en el precio deben compararse con el costo adicional de mantenimiento de inventario. Este análisis relativamente sencillo se aborda más adelante en este capítulo. A pesar del modelo disponible para analizar los puntos de equilibrio en los descuentos, a veces las organizaciones sólo se enfocarán en los ahorros en los precios y no ponderarán el descuento frente al costo adicional del mantenimiento de inventario.

Una situación parecida relacionada con el descuento ocurre con los servicios de transportación. Las empresas del ramo a menudo ofrecen descuentos en los precios por los envíos de cantidades más grandes. En la industria de la modalidad terrestre (autotransporte) un ejemplo común es la tarifa o el precio más bajos por libra (o por kilogramo) de carga completa transportada en comparación con las cantidades menores a la capacidad de carga del camión (LTT; *less-than-truckload*). El transportista terrestre ahorra dinero en los costos de recolectar, manejar y entregar la mercancía en un envío de carga completa, y esos ahorros se reflejan en los precios o las tarifas más bajos para el proveedor de servicios de embarque. Las cantidades de embarque mayores que justifican el descuento tienen el mismo efecto que las cantidades mayores compradas, es decir, los inventarios en los ciclos. Los puntos de equilibrio son los mismos. ¿Los ahorros en los costos del envío más grande contrarrestan los costos adicionales de mantenimiento de inventario?

Observe que los ahorros en los costos de transportación y compra son complementarios; es decir, cuando las organizaciones adquieren cantidades mayores de materias primas o provisiones pueden hacer envíos más grandes, lo que generará descuentos en la transportación. Por tanto, son beneficiarias de los dos descuentos por el mismo artículo comprado, lo que puede hacer que la evaluación del punto de equilibrio resulte positiva. Uno de los principales desafíos, que se analizan más adelante en este capítulo, estriba en que muchas organizaciones quizá no calculen sus costos de transportación de manera precisa.

La tercera economía por lotes se vincula con la producción. Muchas organizaciones piensan que sus costos de producción por unidad son sustancialmente más bajos cuando tienen corridas largas de producción para el mismo artículo. Éstas, sin embargo, disminuyen el número de transiciones en una línea de producción, pero incrementan la cantidad de inventario en el ciclo que debe almacenarse hasta su venta. Por tradición, las organizaciones relacionan las corridas largas de producción con los costos unitarios más bajos sin evaluar en realidad los costos resultantes del mantenimiento de inventario, que pueden ser elevados para los productos terminados. También existe el problema de la obsolescencia de estos últimos cuando el nivel del inventario es alto.

La mayoría de las organizaciones tiene inventarios en los ciclos, aun cuando no compra productos, debido a la compra de suministros. Desde luego, los inventarios en los ciclos pueden ser benéficos siempre y cuando se realice un análisis adecuado para justificar su costo.

Incertidumbre y existencias de seguridad

Todas las organizaciones hacen frente a la incertidumbre. Del lado de la demanda o del cliente, la hay sobre cuántos clientes comprarán y cuándo lo harán. El pronóstico de la demanda (de acuerdo con lo que se estudió en el capítulo 7) es un método común para resolver la incertidumbre de la misma, pero nunca es preciso. Del lado de la oferta, puede haber incertidumbre por obtener lo que se necesita de los proveedores y cuánto tardará el cumplimiento del pedido. También puede surgir en relación con los proveedores de transportación en cuanto a recibir un envío de manera confiable. El resultado neto de la incertidumbre es el mismo: las organizaciones acumulan existencias de seguridad para protegerse contra los agotamientos de existencias. El desafío y el análisis son diferentes para las existencias de seguridad y para los inventarios en los ciclos; el manejo de las primeras es mucho más complejo debido a que es inventario redundante.

Si una línea de producción se detiene debido a una escasez de suministros o a que un cliente no recibe un pedido, habrá problemas. Aquí es recomendable el análisis de los puntos de equilibrio, que se efectúa utilizando las herramientas adecuadas para evaluar los riesgos y medir el costo del inventario. Además, las organizaciones en la actualidad adoptan un enfoque más proactivo para reducir la incertidumbre gracias al poder que tiene la información para disminuir las existencias de seguridad. Antes se observó que puede usarse para reemplazar el inventario. De manera literal, ha habido una revolución de la información debido a la tecnología disponible para transmitirla y recibirla en forma oportuna y exacta entre los socios comerciales. La colaboración y la transmisión de información en algunas cadenas de suministro han producido al mismo tiempo importantes resultados en la reducción de inventarios y la mejora del servicio; el enfoque de planificación, pronóstico y reabastecimiento colaborativos (CPFR; *collaborative planning, forecasting and replenishment*) es un ejemplo excelente. Los sofisticados códigos de barras, las etiquetas de identificación por radiofrecuencia (RFID), el intercambio electrónico de datos (EDI), la internet, etc., han permitido a las organizaciones reducir la incertidumbre. No obstante, no es posible eliminarla por completo, por lo que es necesario realizar análisis para medir los puntos de equilibrio.

El establecimiento de niveles de existencias de seguridad en una organización es tanto un arte como una ciencia. Como sucede con los pronósticos, dicho establecimiento hace suponer que el pasado se repetirá en el futuro; si esto resulta cierto, entonces es un asunto puramente científico. Sin embargo, el futuro rara vez replica el pasado con exactitud; aquí es cuando el establecimiento de niveles de existencias de seguridad se convierte en un arte. Y, como sucede con los pronósticos, a menudo se equivoca. No obstante, existen técnicas estadísticas para representar esta ciencia, un tema que se estudia en una sección posterior en este capítulo.

Existencias en tránsito y de trabajo en proceso

El tiempo asociado con la transportación (por ejemplo, del proveedor a la fábrica) y con la manufactura o ensamblaje de un producto complejo (digamos, un automóvil) significa que mientras los bienes están en movimiento, hay un costo de inventario asociado con ese periodo. Cuanto más largo sea éste, mayor será el costo.

El periodo para un inventario en tránsito y un inventario de trabajo en proceso (WIP, *work-in-process*) debe evaluarse en términos de sus puntos de equilibrio. Los diversos modos de transportación disponibles para enviar la carga tienen diferentes duraciones de tránsito, variabilidades de tiempo en tránsito y tasas de daños distintos. Las tarifas o precios que cobran los diversos transportistas reflejan esas diferencias. Por ejemplo, la transportación aérea es la más rápida y confiable, pero el precio que se cobra por este servicio es mucho más alto que el de los transportistas terrestres, ferroviarios u oceánicos. No obstante, el traslado aéreo debe generar menos inventario en tránsito. Por ejemplo, suponga que ABC Power Tools envía contenedores de 40 pies (un poco más de 12 metros) de su fábrica en Europa al centro de distribución de un cliente en California, Estados Unidos. En la actualidad ABC utiliza una combinación de transportes terrestre, ferroviario y oceánico para efectuar estos traslados. ¿Cuál sería el impacto de los costos si reemplazara la modalidad oceánica y ferroviaria por una aérea? La figura 9.1 es un resumen de la combinación actual de los modos de transportación, una mezcla propuesta de los mismos y los datos relevantes sobre los costos. La tabla 9.3 muestra el análisis de los costos relevantes asociados con la combinación actual. El valor del inventario se calcula al multiplicar el número de unidades en el contenedor por el costo de manufactura de cada artículo dividido entre 365 días y se considera una evaluación anual. Por tanto, el valor diario del inventario toma el valor anual dividido entre 365. Como ilustra la tabla 9.3, la mezcla actual tarda 22 días desde el origen hasta el destino, con un valor de inventario de 13,531.54 dólares y un costo de flete de 2,050 dólares. La tabla 9.4 muestra el análisis de costos para la mezcla propuesta que reemplaza las transportaciones oceánica y ferroviaria por la aérea. Como se observa en esta tabla, el nuevo valor de inventario disminuyó 10,456.19 dólares, pero el costo de flete aumentó 750 dólares. La reducción en el tiempo de la combinación propuesta a través de la cadena de suministro resultó en una varianza positiva para ABC Power Tools. Aunque este es un ejemplo sencillo, ilustra el impacto financiero de la reducción del tiempo de tránsito sobre los costos de inventario y transportación. Los efectos en el flujo de efectivo de este ejemplo se analizarán mejor después de la presentación de los costos de mantenimiento de inventario en este capítulo.

Por último, los inventarios WIP están asociados con la manufactura. Es posible que se acumulen grandes cantidades en las instalaciones de manufactura, en especial en las operaciones de ensamblaje como las de automóviles y computadoras. El tiempo que el inventario WIP se detiene en una fábrica en espera de ser incluido en un producto particular debe evaluarse con cuidado en relación con las técnicas de programación y la tecnología real de manu-

Figura 9.1	**ABC Power Tools: análisis de inventario en tránsito**

ABC envía su producto en contenedores de 40 pies (12 metros) de Europa a un cliente en California, Estados Unidos

Mezcla actual de modos de transportación:
- Planta a puerto europeo: transportación terrestre
- Puerto europeo a puerto estadounidense (costa este): transportista oceánico
- Puerto estadounidense oriental a apartadero ferroviario: transportación terrestre
- Apartadero ferroviario estadounidense oriental a apartadero ferroviario de California: ferrocarril
- Apartadero ferroviario de California al centro de distribución del cliente: flete de transportación terrestre

Suponga que un contenedor de 40 pies (12 metros) tiene capacidad para 500 unidades del producto *A*:
- Costo por unidad manufacturada del producto *A* = $449

Asuma que ABC posee el inventario para entregarlo al centro de distribución del cliente.

Suponga que ABC envía 100 contenedores al año a ese cliente.

Costos de transportación (por contenedor):
- Flete de transportación terrestre: $150
- Oceánica: $700
- Ferroviaria: $900
- Aérea: $2,500

Cambio de modalidad: reemplazar transportación oceánica y ferroviaria por aérea.

Fuente: Robert A. Novack, Ph.D. Reproducido con autorización.

Tabla 9.3	ABC Power Tools: análisis de inventario en tránsito, actual			
MOVIMIENTO DE LA CADENA DE SUMINISTRO	DÍAS	VALOR DEL INVENTARIO	MODO DE TRANSPORTACIÓN	COSTO DE FLETE
Planta de ABC a puerto europeo	1	$ 615.07	Terrestre	$ 150.00
A través de puerto europeo	2	1,230.14	—	—
Puerto europeo a puerto de la costa este de Estados Unidos	5	3,075.35	Oceánico	700.00
A través del puerto estadounidense	2	1,230.14	—	—
Del puerto estadounidense a apartadero ferroviario	1	615.07	Terrestre	150.00
Costa este de Estados Unidos a California	10	6,150.70	Ferroviario	900.00
Ferrocarril de California al cliente	1	615.07	Terrestre	150.00
Total	22	$13,531.54		$2,050.00

Fuente: Robert A. Novack, Ph.D. Reproducido con autorización.

Tabla 9.4	ABC Power Tools: análisis de inventario en tránsito (propuesto)			
MOVIMIENTO DE LA CADENA DE SUMINISTRO	DÍAS	VALOR DEL INVENTARIO	MODO DE TRANSPORTACIÓN	COSTO DE FLETE
Planta de ABC a aeropuerto europeo	1	$ 615.07	Terrestre	$ 150.00
A través del aeropuerto europeo	1	615.07	—	—
Aeropuerto europeo al aeropuerto de California	1	615.07	Aéreo	2,500.00
A través del aeropuerto de California	1	615.07	—	—
Aeropuerto de California al cliente	1	615.07	Terrestre	150.00
Total	5	$3,075.35		$2,800.00

Fuente: Robert A. Novack, Ph.D. Reproducido con autorización.

factura y ensamblaje. Al igual que en el ejemplo anterior de transportación, si una inversión en tecnología reduce la cantidad de tiempo que el inventario WIP se queda en la fábrica, podría generarse una varianza positiva para el productor. Como siempre, es necesario efectuar un análisis de los puntos de equilibrio de los costos que implica la inversión en tecnología.

Existencias estacionales

La estacionalidad puede presentarse en el suministro de materias primas, en la demanda de productos terminados, o en ambos. Las organizaciones que enfrentan problemas de estacionalidad se encuentran ante un desafío constante cuando llega el momento de determinar cuánto inventario acumular; las que procesan productos agrícolas son un buen ejemplo de la estacionalidad de suministros. Mientras el suministro de materias primas está disponible sólo durante una parte del año, la demanda es estable todo el año. Por tanto, el producto terminado tiene que almacenarse hasta que se venda. Es decir, cuando hay materias primas disponibles es necesario que se conviertan en productos terminados. Este escenario implica altos costos de almacenamiento y de obsolescencia. Una opción consiste en almacenar la materia prima, o alguna versión pre-procesada de ella, y utilizarla para el producto terminado conforme lo dicte la demanda.

En ocasiones la estacionalidad afecta la transportación, en especial si se emplea la nacional por agua. Los ríos y lagos pueden congelarse durante el invierno, lo que obstaculiza el envío de las materias primas básicas y ocasiona que las organizaciones las acumulen antes de los congelamientos para evitar interrupciones. Otro ejemplo sería la estacionalidad de la industria de la construcción en Estados Unidos y su impacto sobre la disponibilidad de remolques de plataforma. Aunque la construcción se encuentra en muchas áreas del país a lo largo del año, los estados del norte experimentan una recesión en la actividad durante los meses de invierno. A medida que llega la primavera en el norte, la construcción aumenta de manera significativa. Su temporada pico en primavera genera una fuerte demanda de la capacidad fija de los remolques de plataforma para trasladar los suministros que se requieren.

Muchas organizaciones se enfrentan con la estacionalidad en su demanda de productos. Como se observó en el análisis de los pronósticos en el capítulo 7, Hershey es una organización de este tipo; casi toda su demanda se presenta durante cinco eventos a lo largo del año: los días de San Valentín, Pascua, regreso a clases, Halloween y Navidad. El desafío para una empresa como Hershey tiene múltiples facetas: cubrir las amplias variaciones en la demanda, mantener la producción en marcha a un nivel relativamente constante y evitar el exceso de inventarios. Aquí el punto de equilibrio principal se presenta entre el costo de manufactura y los costos de inventario.

Inventarios de anticipación

Una quinta razón para mantener inventario surge cuando una organización anticipa que podría ocurrir un acontecimiento extraordinario que tendría un impacto negativo en su fuente de suministros. Ejemplos de estos acontecimientos son las huelgas, un aumento significativo en el precio de las materias primas o de los bienes terminados, una escasez grave de suministros debido a conflictos políticos o fenómenos climáticos, entre otros. En tales situaciones, las organizaciones acumulan inventario para protegerse contra el riesgo asociado con el evento inesperado. Una vez más, debe efectuarse un análisis para evaluar el riesgo, la probabilidad y el costo del inventario. Desde luego, el análisis es más difícil debido al grado de incertidumbre; no obstante, existen técnicas analíticas que ayudan a mitigar estas dificultades.

Resumen de la acumulación de inventario

La mayoría de las organizaciones acumulará cierto nivel de inventario por buenas razones; en muchos casos, su costo podría contrarrestar en gran medida los ahorros en otras áreas. El principio básico estriba en que las decisiones para acumular inventario necesitan evaluarse por medio de un modelo de análisis de los puntos de equilibrio que esto supone. Además de las cinco razones que se acaban de analizar, existen otras, como conservar a los proveedores y empleados. Por ejemplo, durante los periodos de bajo nivel de demanda, una organización podría continuar comprando a ciertos proveedores para conservar la relación o hacer que los empleados sigan produciendo inventario para que no se vayan. Una vez más, se necesita un análisis de los puntos de equilibrio asociados.

Como ya se dijo, en la mayoría de las organizaciones las diferentes áreas funcionales tienen sus propios intereses en las decisiones que determinan cuánto inventario debe mantenerse y aspectos relacionados con el tiempo y la ubicación. En la siguiente sección se revisan algunos puntos de vista comparativos de esas áreas funcionales.

Importancia del inventario en otras áreas funcionales

Como se dijo en el capítulo 2, la logística se relaciona con las demás áreas funcionales de la organización, como mercadotecnia y manufactura. La relación es prominente en el área de inventarios. Como antecedente para analizar la importancia del inventario en el sistema logístico, se estudiarán varios aspectos de la relación de la logística con otras áreas funcionales del negocio en lo que respecta al inventario.

Mercadotecnia

La principal misión de la mercadotecnia es identificar, crear y ayudar a satisfacer la demanda de productos o servicios de una organización. En un entorno orientado hacia el producto, los niveles y tipos correctos de inventario son cruciales para lograr esta misión. Por tanto, el área de mercadotecnia considera de manera favorable el mantenimiento de inventario adicional o suficiente para garantizar la disponibilidad del producto con el fin de satisfacer las necesidades del cliente; este deseo también se basa en las ofertas de nuevos artículos y los continuos objetivos de crecimiento del mercado.

Manufactura

En muchas organizaciones, las operaciones de manufactura se miden de acuerdo con su eficiencia para generar cada unidad de producción; esto significa que se optimizan cuando tienen largas corridas de producción de un solo artículo, mientras disminuye el número de cambios de corridas. Estas corridas extensas resultarán en niveles de inventario más altos, pero costos más bajos de mano de obra y maquinaria por unidad. En las industrias con patrones estacionales de demanda, la función de manufactura se optimiza para producir el artículo a pesar de no existir demanda para él en ese momento. La estacionalidad, aunada a la complejidad de la programación de la producción para permitir el crecimiento de la línea de producto y las extensiones de marca, puede generar inventarios muy altos para crear costos de manufactura más bajos.

Finanzas

Los inventarios causan un impacto tanto en el estado de resultados como en el balance general de una organización: crean activos y pasivos en el balance general, así como un impacto en el flujo de efectivo en el estado de resultados. Por tanto, el área de finanzas considera favorables los niveles bajos de inventario para incrementar su rotación, reducir los pasivos y activos y acrecentar el flujo de efectivo para la organización.

El análisis anterior enfatiza por qué otras áreas funcionales de una organización se interesan en el inventario. Los objetivos del área de finanzas podrían entrar en conflicto con los de mercadotecnia y manufactura; en ocasiones surge uno más sutil entre estas últimas. Las largas corridas de producción de manufactura podrían ocasionar escasez de algunos productos que mercadotecnia necesita para satisfacer la demanda de los clientes; por ejemplo, quizá desee hacer corridas de 5,000 unidades de un producto determinado, mientras que mercadotecnia necesita otro producto en suministro limitado.

Muchas empresas pueden justificar el hecho de recurrir a una organización logística formal para resolver estos conflictos en los objetivos de inventario. Ésta es un área de decisión crucial para la logística, y el gerente de logística está en una excelente posición para analizar los puntos de equilibrio del inventario no sólo en su área, sino también en las otras áreas funcionales que aquí se analizan.

La administración y el control adecuados de los inventarios afectan a los clientes, los proveedores y las áreas funcionales de la organización. A pesar de las muchas ventajas posibles para el sistema logístico de poseer un inventario, sus costos son muy grandes. Por tanto, al tomar decisiones sobre los niveles de inventario, una organización necesita evaluar los puntos de equilibrio que existen entre los costos y el servicio resultante.

Costos de inventario

Los costos de inventario son muy importantes por tres razones: primero, representan un componente importante de los costos logísticos en muchas organizaciones; segundo, los niveles de inventario que una organización mantiene en los nodos de su red logística afectarán el nivel de servicio que ofrezca a sus clientes; tercero, las decisiones de los puntos de equilibrio relacionadas con los costos en logística dependen de los costos de mantenimiento del inventario.

La siguiente sección proporciona información básica relativa a los costos que los gerentes de logística deben considerar al tomar decisiones sobre la política de inventarios. Los principales tipos de costos son los de mantenimiento de inventarios, costos por pedido y de preparación, de agotamiento esperado y de mantenimiento de inventario en tránsito.

Costo de mantenimiento de inventarios

Los costos de mantenimiento de inventarios son aquellos en los que se incurre por los productos que se encuentran en espera de ser utilizados. Desde la perspectiva de los inventarios de bienes terminados, estos costos representan los asociados con la manufactura y el traslado de la planta al centro de distribución en espera de un pedido. Existen cuatro componentes principales de los costos de mantenimiento de inventario: de capital, del espacio de almacenamiento, de servicio de inventario y de riesgo del inventario.[1]

Costo de capital

Conocido también como **costo de interés** o **de oportunidad**, se enfoca en el capital comprometido en el inventario y la oportunidad perdida resultante de invertir ese capital en cualquier otra parte. Por ejemplo, todas las organizaciones piden prestado dinero a fuentes externas para financiar sus operaciones; este dinero podría encontrarse en forma de capital (de emisión de acciones) o deuda (préstamos bancarios). En cualquier caso, pedir dinero prestado conlleva un costo: para las acciones son los dividendos, para la deuda el pago de intereses. En cualquier caso, la organización incurre en un costo por los préstamos. Si la organización decide utilizar este dinero para comprar materias primas, construir fábricas y contratar mano de obra a efecto de generar productos terminados para su almacenamiento, entonces ese inventario traerá aparejado el costo del "dinero prestado" mientras esté en espera de ser vendido. Por tanto, el capital comprometido en este rubro aún requiere que se paguen dividendos o intereses a la fuente de las finanzas. El costo de oportunidad de este inventario es el rendimiento sobre el capital que la organización habría obtenido si lo hubiera invertido en otra oportunidad en lugar de en materias primas, plantas y mano de obra.

El costo de capital es el mayor componente del costo de mantenimiento de inventario. La organización lo expresa como un porcentaje del valor en dólares del inventario mantenido. Por ejemplo, un costo de capital expresado como 20% del valor del producto de 100 dólares es igual al costo de capital de 20 dólares ($100 \times 20\%$).

En la práctica, determinar un número aceptable para usarlo como costo de capital no es una tarea fácil; una forma de calcularlo para tomar una decisión sobre el inventario sería la **tasa de rendimiento mínima aceptable**, es decir la tasa mínima de rendimiento sobre las inversiones nuevas. De este modo, la organización toma decisiones sobre el inventario de la misma forma en que lo hace para invertir en instalaciones nuevas, publicidad, entre otros rubros. Otro método para obtener el costo de capital es el **costo ponderado promedio del capital** (WACC; *weighted average cost of capital*), que es el porcentaje ponderado promedio del servicio de la deuda de todas las fuentes de financiamiento, incluidos el capital accionario y la deuda. Este método refleja los costos directos del servicio de la deuda por tener capital comprometido en el inventario.

El método de evaluación de inventario que se utilice es crucial para determinar con precisión el costo del capital y, por tanto, es esencial para determinar el costo general de mantenimiento del inventario. De acuerdo con Stock y Lambert, "el costo de oportunidad del capital debe aplicarse sólo a la inversión de recursos propios... Este es el gasto variable directo en el que se incurre hasta el punto en que el inventario se mantenga en almacén".[2] Así, la práctica contable, que se acepta comúnmente, de valuar el inventario en un costo de manufactura asignado por completo es inaceptable en la toma de decisiones en esta área, pues elevar o disminuir los niveles de inventario son acciones que afectan desde el punto de vista financiero sólo la porción variable de su valor y no la porción fija del costo asignado. De este modo, sólo los costos de los materiales, la mano de obra y la planta directos se incluyen en la inversión de recursos propios en inventarios. La adición en el inventario de los costos de transportación de entrada al centro de distribución es consistente con esta noción de incorporar los costos variables en el valor del mismo.

Costo del espacio de almacenamiento

El costo del espacio de almacenamiento incluye los costos de manejo asociados con el traslado de los productos dentro y fuera del inventario, así como los de almacenamiento, como renta, calefacción e iluminación. Tales costos variarán de modo considerable de una circunstancia a otra. Por ejemplo, las organizaciones a menudo descargan materias primas de los vagones de ferrocarril y los almacenan en el exterior, en tanto que los productos terminados requieren instalaciones de resguardo cubiertas y más sofisticadas.

Los costos del espacio de almacenamiento son relevantes en la medida en que aumentan o disminuyen con los niveles de inventario. Las organizaciones deben incluir gastos variables, en lugar de fijos, cuando calculen los costos del espacio, así como los costos de capital. Esto puede ilustrarse si se compara el uso de un almacén público con el de uno privado. Cuando se usa uno público, casi todos los costos de manejo y almacenamiento variarán directamente con el nivel del inventario almacenado. Como consecuencia, estos costos variables son relevantes para las decisiones relacionadas con el inventario. Sin embargo, cuando una organización utiliza un local privado, muchos costos del espacio de almacenamiento son fijos (como la depreciación del edificio) y no son relevantes para los costos de mantenimiento del inventario. No obstante, también en el almacenamiento privado sucedería lo opuesto en caso de que la organización asignara todos los costos a los productos de acuerdo con sus niveles de actividad. Por tanto, al calcular los costos de mantenimiento de inventario, a cada producto se le asignaría una porción de costos fijos.

Costo de servicio de inventario

Otro componente de los costos de mantenimiento de inventario incluye los seguros e impuestos. Según el valor y tipo del producto, el riesgo de pérdida o daño podría requerir primas altas de aseguramiento. Por otra parte, muchas localidades gravan con impuestos el valor del inventario, en ocasiones de manera mensual. Los altos niveles de inventario que generen elevados costos fiscales pueden ser determinantes para decidir las ubicaciones específicas en las que las organizaciones almacenen sus productos. El seguro y los impuestos podrían modificarse considerablemente de un producto a otro y es preciso considerarlo al calcular los costos de mantenimiento de inventario.

Costo de riesgo del inventario

El último componente importante del costo de mantenimiento de inventario refleja la posibilidad real de que el valor en dólares del inventario disminuya por factores que están fuera del control de la organización. Por ejemplo, los bienes almacenados por largos periodos podrían volverse obsoletos y depreciarse. Esta situación es muy común en las industrias de la computación y la electrónica. Asimismo, la ropa de moda podría perder rápidamente su valor una vez que la temporada de venta termine. Esto también ocurre con las frutas y vegetales frescos cuando su calidad se deteriora o su precio disminuye con el paso del tiempo. Una caja de cereal quizá tenga una vida de anaquel relativamente larga y poco riesgo de depreciarse en un tiempo razonable.

Cualquier cálculo de los costos de riesgo del inventario debe incluir los asociados con obsolescencia, daño, robo y otros riesgos posibles para los productos almacenados. El grado en el que los artículos inventariados estén sujetos a tales amenazas afectará el valor del inventario así como sus costos de mantenimiento.

Cálculo de los costos de mantenimiento de inventario

Calcular los costos de mantenimiento para un artículo determinado en el inventario conlleva tres pasos. Primero, determinar el valor del artículo almacenado en inventario. Cada organización tiene prácticas contables predeterminadas para hacerlo con fines de balance general. La medición más relevante del valor para determinar los costos de mantenimiento es el costo de los bienes vendidos o la mano de obra directa, los materiales y los gastos generales consumidos por ese artículo, más los costos directos de trasladarlo de la fábrica hasta el centro de distribución para su almacenamiento.

Segundo, determinar el costo de cada componente individual del costo de mantenimiento y sumarlos todos para determinar los costos directos totales generados por el artículo mientras se mantenga en inventario. Aquí se deben considerar dos tipos de costos: los basados en variables y los basados en el valor. Los costos basados en variables son específicamente gastos menores, por ejemplo, el gasto de flete de entrada al centro de distribución. Los costos basados en valor son aquellos que usan el valor total del artículo (o los costos directos totales consumidos por éste) en el lugar donde se determinan los costos de mantenimiento, por ejemplo, los impuestos. Por lo general, los costos de mantenimiento de inventario se calculan cada año, debido a que se supone que el artículo se mantendrá almacenado durante este periodo. Ambos tipos de costos deben ajustarse al periodo real en que el artículo estará almacenado. Tenga en cuenta esta advertencia al calcular los costos de mantenimiento de inventario: es preciso tomar la decisión (de acuerdo con los estándares contables de la organización) en cuanto a cuáles costos son "de una sola ocasión" y cuáles son recurrentes, sobre todo si su tiempo de almacenamiento es mayor a un año.

Tercero, dividir los costos totales calculados en el segundo paso entre el valor del artículo determinado en el primer paso. Esto determinará el costo de mantenimiento de inventario anual para ese artículo.

Ejemplo

Suponga que ABC Power Tools ensambla herramientas mecánicas industriales y herramientas manuales para la industria de la construcción. El artículo 1 es una sierra de banda para trabajo pesado que se ensambla en la planta y se envía a un centro de distribución de ABC para su almacenamiento en espera de que se coloque un pedido. La tabla 9.5 resume el costo de tener el artículo 1 almacenado durante un año. Los costos directos de materiales, mano de obra y gastos generales que se originan en la planta para armar este artículo son de 614.65 dólares. Trasladarlo al centro de distribución supone un costo directo de transportación de 32.35 dólares. Recibirlo en el centro de distribución y la mano de obra requerida para confinarlo consume un gasto directo de mano de obra de 22 dólares. El costo directo del espacio asignado para almacenarlo es de 28.80 dólares al año, y el del seguro para mantenerlo en almacenamiento durante un año es de 2 dólares. Los costos por concepto de interés, impuestos, pérdidas y daños, y obsolescencia están basados en el valor del artículo (614.65 dólares) y son de 61.47, 6.15, 23.97 y 6.15 dólares, respectivamente. Se asume que el interés es un costo de oportunidad por la inversión de 614.65 dólares de capital en el artículo 1. Por

Tabla 9.5	ABC Power Tools: costos de mantenimiento de inventario para el artículo 1	
CATEGORÍA DE COSTOS	**CÁLCULO**	**COSTO ANUAL**
1. Materiales, mano de obra y gastos generales directos		$614.65
2. Flete de entrada al centro de distribución		$ 32.35
3. Mano de obra	$10 por unidad recibida más $1 por unidad al mes × 2 meses	$ 22.00
4. Espacio	$0.30/pies cuadrados/mes × 8 pies cuadrados × 12 meses	$ 28.80
5. Seguros	$2.00 por unidad al año	$ 2.00
6. Interés	10% @ $614.65	$ 61.47
7. Impuestos	$5 por $100 valor @ 20%	$ 6.15
8. Pérdida y daño	3.9% por año @ $614.65	$ 23.97
9. Obsolescencia	1% por año @ $614.65	$ 6.15
10. Costos totales de mantenimiento de inventario		$182.89
11. Porcentaje del costo de mantenimiento de inventario	$182.89/$614.65	29.8%

Fuente: Robert A. Novack, Ph.D. Reproducido con autorización.

tanto, el costo total de mantenerlo en almacenamiento durante un año es de 182.89 dólares, o 29.8% de su valor.

Imagine que ABC Power Tools vende este artículo a través de un típico minorista de productos para el hogar como Lowe's o Home Depot. Calcular el costo de mantenerlo en inventario sería un poco diferente en esta situación en comparación con el ejemplo anterior, dado que el producto no estaría en almacenamiento todo el año antes de venderse a un consumidor. La tabla 9.6 muestra cómo se calcularía el costo de mantenerlo y moverlo. Este ejemplo motiva dos suposiciones: 1) los costos de mantenimiento del inventario se acumulan en el centro de distribución de ABC, y 2) todos los costos basados en el valor deben prorratearse para cada ubicación de la cadena de suministro de acuerdo con los días de suministro para esa ubicación. Como se observa en la línea 2, el costo de fabricar el artículo 1 no cambia a medida que se mueve por la cadena de suministro. Lo que cambia son los costos acumulativos basados en variables (línea 4) y los basados en el valor (línea 7). Esto sucede debido a que se incurre en costos adicionales cada vez que el artículo 1 se desplaza hacia abajo en la cadena de suministro. Los costos basados en variables aumentan cada vez que este se mueve y almacena. Esto incrementa su valor (los costos consumidos, que se muestran en la línea 5). Los costos basados en el valor aumentan debido a que el valor del artículo 1 se incrementa a medida que se mueve más hacia el punto de consumo. Aunque este es un ejemplo simple, muestra que conforme el artículo recibe varios "toques" en la cadena de suministro, el costo acumulativo de hacerlo aumenta drásticamente. Como se muestra en la tabla 9.6, el costo de mover y almacenar el artículo 1 aumenta casi el triple del centro de distribución de ABC a la tienda minorista. Este es un ejemplo adecuado de por qué la adición de "puntos de contacto" en el inventario incrementa significativamente el costo de manejarlo.

Naturaleza del costo de mantenimiento

Los artículos con costos de mantenimiento básicamente similares deben utilizar el mismo cálculo del costo de mantenimiento por valor en dólares; no obstante, los artículos sujetos a una rápida obsolescencia o que necesitan servicio para evitar su deterioro quizá requieran

Tabla 9.6	**ABC Power Tools: costos de mantenimiento de inventario del artículo 1 para el cliente**			
CATEGORÍA	Planta de ABC →	Centro de distribución de ABC →	Centro de distribución minorista →	Tienda minorista
1. Días de suministro	0	60	45	30
2. Costo directo de manufactura	$614.65	$614.65	$614.65	$614.65
3. Costos basados en variables				
a) Flete	$ 0	$ 32.35	$ 32.35	$ 32.35
b) Mano de obra	0	12.00	11.50	11.00
c) Espacio	0	4.80	3.60	2.40
d) Seguros	0	0.33	0.25	0.17
4. Costos totales basados en variables (acumulativos)	$ 0	$ 49.48	$ 97.18	$143.10
5. Valor total del artículo 1 (línea 2 + línea 4)	$614.65	$664.13	$711.83	$757.75
6. Costos basados en el valor (basados en la línea 5)				
a) Interés (10% anual)	$ 0	$ 11.07	$ 8.90	$ 6.31
b) Impuestos	0	6.64	7.12	7.58
c) Pérdida y daño	0	4.32	3.47	2.46
d) Obsolescencia	0	1.11	0.89	0.63
7. Costos totales basados en el valor (acumulativos)	$ 0	$ 23.14	$ 43.52	$ 60.50
8. Costos totales (línea 4 + línea 7)	$ 0	$ 72.62	$140.70	$203.60
9. Porcentaje de costos de mantenimiento de inventario (línea 8/$614.65)	0	11.8%	22.9%	33.1%

Fuente: Robert A. Novack, Ph.D. Reproducido con autorización.

cálculos independientes. El cálculo del costo de mantenimiento de inventario por su valor en dólares, expresado como un porcentaje del valor del inventario que se mantiene durante el año, reflejará cómo cambia este costo de acuerdo con el valor promedio del inventario. La tabla 9.7 muestra que a medida que el inventario promedio del artículo 1 aumenta en el centro de distribución de ABC Power Tools, los costos anuales de mantenimiento se incrementan, y viceversa. En otras palabras, el costo de mantenimiento es variable y directamente proporcional al número promedio de artículos en el inventario o al valor promedio de éste.

Costo por ordenar y costo de preparación

El costo total del inventario se ve afectado por un segundo costo: **por ordenar** o **de preparación.** El costo **por ordenar** se refiere al gasto que supone colocar un pedido para solicitar inventario adicional y no incluye el costo o gasto del producto mismo; se refiere de manera más específica al gasto de cambiar o modificar un proceso de producción o ensamblaje para facilitar los cambios en la línea.

Costo por ordenar

Los costos asociados con la solicitud de inventario tienen componentes fijos y variables. El elemento fijo se refiere al costo del sistema de información, instalaciones y tecnología disponibles para facilitar las actividades de colocación del pedido; permanece constante en relación con el número de pedidos colocados.

Tabla 9.7	Costos de inventario y mantenimiento para ABC Power Tools			
PERIODO DEL PEDIDO (SEMANAS)	NÚMERO DE PEDIDOS AL AÑO	INVENTARIO PROMEDIO*		COSTO DE MANEJO DE INVENTARIO ANUAL TOTAL†
		UNIDADES	VALOR**	
1	52	25	$ 15,366.25	$ 4,440.85
2	26	50	30,732.50	8,881.69
4	13	100	614,650.00	17,763.39
13	4	325	199,761.25	57,731.00
26	2	650	399,522.50	115,462.00
52	1	1,300	799,045.00	230,924.00

* El suministro de inventario de una semana es de 50 artículos. Inventario promedio = inventario de inicio (unidades) – inventario final (suponiendo que es igual a cero) ÷ 2.
** El valor por unidad es $614.65.
† Costo de mantenimiento = 28.9%75
Fuente: C. John Langley Jr., Ph.D. Reproducido con autorización.

También hay un número de costos que varían en relación con el número de pedidos colocados para adquirir inventario adicional. Algunas actividades que generan estos costos son: 1) revisar los niveles de existencias en inventario; 2) preparar y procesar solicitudes de pedidos u órdenes de compra; 3) preparar y procesar informes de recepción; 4) revisar e inspeccionar las existencias antes de colocarlas en inventario, y 5) preparar y procesar el pago. Si bien las funciones que las personas y procesos desempeñan parecen triviales, cobran importancia cuando se considera la gama total de actividades asociadas con la colocación y recepción de pedidos.

Costo de preparación

Los costos de preparación de la producción pueden ser más evidentes que los costos por ordenar; son gastos en los que una organización incurre cada vez que modifica una línea de producción o ensamblaje para fabricar un artículo diferente para el inventario. La porción fija del costo de preparación incluye el uso del capital de equipo necesario para cambiar las instalaciones de producción o ensamblaje, en tanto que el gasto variable implica los costos de personal generados en el proceso de modificación de la línea de producción o ensamblaje.

Naturaleza de los costos por ordenar y de preparación

La separación de las porciones fijas y variables de los costos por ordenar y de preparación es esencial. Así como los cálculos deben enfatizar los componentes variables de los costos de mantenimiento de inventario, los cálculos de los costos por ordenar y de preparación deben resaltar la porción variable de estos gastos. Como se analiza más adelante en este capítulo, este énfasis es central para desarrollar estrategias de inventario significativas.

Al calcular los costos por ordenar anuales, las organizaciones comienzan con el costo o los cargos asociados con cada orden o preparación individual. Asimismo, el número de órdenes o preparaciones anuales afectará el costo total del pedido anual; este número es inversamente proporcional al tamaño individual del pedido o al número de unidades manufacturadas (la extensión de la corrida de producción) dentro de una simple preparación o cambio. La tabla 9.8 muestra esta relación general; como se observa, la colocación de pedidos más frecuente ocasiona que los clientes ordenen una cantidad mayor de pedidos pequeños al año. Dado que tanto los pedidos grandes como los pequeños incurren en los gastos variables de colocar un pedido, el costo anual total por pedir aumentará en proporción directa al número de pedidos colocados al año. Siempre y cuando las ventas y la demanda anuales permanezcan iguales, los pedidos anuales totales o el costo total de preparación se relacionarán directamente con el número de pedidos o preparaciones al año, y se relacionarán de manera indirecta con el tamaño individual del pedido o la extensión de la corrida de producción individual.

Perspectivas futuras

Aunque un estado preciso e integral del costo del inventario debería incluir la porción relacionada con las actividades de colocación del pedido y preparación, es probable que la magnitud de estos costos disminuya en el futuro. Considerando el movimiento hacia sistemas automatizados para la administración y procesamiento de pedidos y la agilización de las prácticas de recepción de inventarios, sin duda el costo variable de manejar pedidos individuales disminuirá mucho. En las organizaciones donde se utilizan programas de **inventario administrado por el proveedor** (**VMI**; *vendor-managed inventory*), el concepto mismo de la colocación de pedidos pierde importancia y por tanto también el de costo por ordenar.

Costo de mantenimiento *versus* costo por ordenar

Como se muestra en la tabla 9.9, el costo por ordenar y el costo de mantenimiento responden de modos opuestos a los cambios en el número o el tamaño de los pedidos individuales. El costo total también responde a las modificaciones en el tamaño del pedido. Una revisión detallada indica que en un inicio los costos por ordenar disminuyen más rápido de lo que aumentan los costos de mantenimiento, lo que reduce los costos totales. En otras palabras, ocurre una compensación positiva dado que los ahorros marginales en los primeros superan el incremento marginal en los segundos. No obstante, en cierto punto esta relación cambia y los costos totales aumentan. Una compensación negativa ocurre debido a que los ahorros marginales en el costo por ordenar son menores que el incremento marginal en los costos de mantenimiento. La figura 9.2 muestra este conjunto de relaciones en términos de curvas de costos.

Costo del agotamiento de existencias esperado

Otro costo fundamental para la toma de decisiones relacionadas con el inventario es el **costo del agotamiento de existencias**, que es el asociado con la falta de producto suficiente para cubrir la demanda. Cuando el producto no está disponible, se desencadenan varias consecuencias. Primero, el cliente quizá esté dispuesto a esperar y aceptar un envío posterior (pedido pendiente por entregar); esto ocasiona que la empresa de embarque incurra en costos variables aumentados debido al procesamiento y la realización del envío adicional, y también generaría insatisfacción en el cliente. Segundo, éste tal vez decida sólo por esta ocasión

Tabla 9.8	Frecuencia del pedido y costo por ordenar para discos duros de computadora	
FRECUENCIA DEL PEDIDO (SEMANAS)	**NÚMERO DE PEDIDOS AL AÑO**	**COSTO POR PEDIDO ANUAL***
1	52	$10,400
2	26	5,200
4	13	2,600
13	4	800
26	2	400
52	1	200

* Suponiendo que el costo por pedido es de $200.75
Fuente: C. John Langley Jr., Ph.D. Reproducido con autorización.

Tabla 9.9		Resumen del costo de inventario y por ordenar					
PERIODO DEL PEDIDO (SEMANAS)	NÚMERO DE PEDIDOS AL AÑO	INVENTARIO PROMEDIO* (UNIDADES)	COSTO POR ORDENAR TOTAL ANUAL**	CAMBIO EN EL COSTO POR ORDENAR TOTAL	COSTO DE MANTENIMIENTO DE INVENTARIO TOTAL ANUAL†	CAMBIO EN EL COSTO DE MANTENIMIENTO TOTAL	COSTO TOTAL
1	52	50	$10,400		$1,250		$11,650
				−$5,200		$+1,250	
2	26	100	5,200		2,500		7,700
				−2,600		+2,500	
4	13	200	2,600		5,000		7,600
				−1,800		+11,250	
13	4	650	800		16,250		17,050
				−400		+16,250	
26	2	1,300	400		32,500		32,900
				−200		+32,500	
52	1	2,600	200		65,000		65,200

* Suponga que las ventas o el uso es de 100 unidades a la semana. Inventario promedio = (inventario inicial − inventario final) ÷ 2.
** El costo por ordenar es de $200.
† El valor es $100 y el costo de mantenimiento es 25%.75.
Fuente: C. John Langley Jr., Ph.D. Reproducido con autorización.

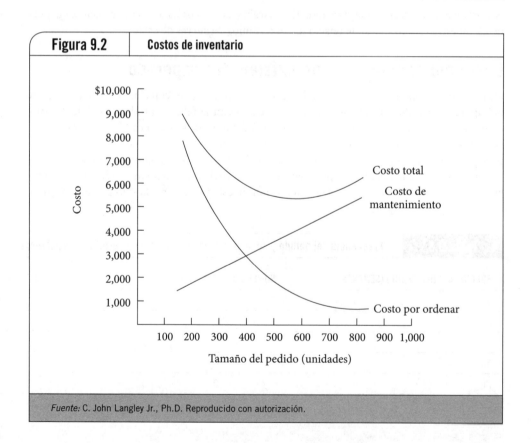

| Figura 9.2 | Costos de inventario |

Fuente: C. John Langley Jr., Ph.D. Reproducido con autorización.

comprar el producto a la competencia, lo que generaría una pérdida directa de utilidades e ingresos para el proveedor. Tercero, el cliente podría cambiar para siempre al producto del competidor, lo que resulta en la pérdida de utilidades e ingresos futuros para el proveedor. Si ocurre el agotamiento en el lado de la oferta física, el área de manufactura tendría que detener las operaciones de su maquinaria o de la fábrica entera hasta que el material arribe.

Es difícil determinar los costos del agotamiento de existencias debido a la incertidumbre de las consecuencias a futuro (por ejemplo, pérdida del ingreso). La mayoría de las organizaciones mantiene existencias de seguridad para impedir o disminuir el agotamiento de productos; no obstante, esto aumenta los costos de inventario. Por tanto, existe un punto de equilibrio entre el costo de mantener existencias de seguridad y el del agotamiento de existencias. No es posible determinar con precisión los niveles de inventario sin calcular el costo de este agotamiento. Sin embargo, muchas organizaciones aún establecen sus niveles de inventario sin conocer el costo que supondría un agotamiento de existencias debido a la complejidad de la identificación exacta de ese costo. El capítulo 8 ofrece un ejemplo minucioso de cómo determinar los puntos de equilibrio entre el costo de existencias de seguridad y el del agotamiento de existencias.

Existencias de seguridad

Como se mencionó antes, la mayoría de las organizaciones mantendrá **existencias de seguridad** o un **inventario de amortiguamiento** para minimizar la posibilidad de un agotamiento de existencias. Esto ocurre debido a las incertidumbres en cuanto a la demanda y los tiempos de entrega. Existen muchas técnicas para fijar niveles de existencias de seguridad que contemplen ambos factores. A continuación se presenta un ejemplo.

Si se supone que tanto la demanda como los tiempos de entrega se distribuyen de manera normal en torno a la media, es posible usar la fórmula 9.1 para calcular las existencias de seguridad.

$$\sigma_C = \sqrt{R\sigma_S^2 + S^2\sigma_R^2} \qquad\qquad 9.1$$

donde

σ_C = unidades de existencias de seguridad necesarias para satisfacer 68% de todas las observaciones probables

R = ciclo de reabastecimiento promedio (días)

σ_R = desviación estándar del ciclo de reabastecimiento (días)

S = demanda diaria promedio (unidades)

σ_S = desviación estándar de la demanda diaria (unidades)

Suponga que ABC Power Tools tiene una demanda mensual para el artículo 1 como la que se muestra en la tabla 9.10.

A partir de esta tabla es posible calcular la demanda diaria promedio de 1,315 unidades y la desviación estándar de la demanda de 271 unidades. La tabla 9.11 muestra la distribución del tiempo de entrega, que es de 7 a 13 días, con una media de 10 días y una desviación estándar de 1.63 días. Dados estos datos, y con la fórmula 9.2, se calculan los requerimientos de existencias de seguridad.

$$
\begin{aligned}
\sigma_C &= \sqrt{R\sigma_D^2 + D^2\sigma_R^2} \\
&= \sqrt{(10)(271)^2 + (1,315)^2(1.63)^2} \\
&= \sqrt{734,410 + 4,594,378} \\
&= 2,308.42 \approx 2,308 \text{ unidades}
\end{aligned}
\qquad 9.2
$$

Tabla 9.10	Demanda diaria promedio para el artículo 1
DÍA	**DEMANDA (UNIDADES)**
1	1,294
2	1,035
3	906
4	777
5	1,035
6	1,165
7	1,563
8	1,424
9	1,424
10	1,424
11	1,682
12	1,553
13	1,682
14	1,035
15	1,165
16	1,165
17	1,294
18	1,812
19	1,424
20	1,553
21	906
22	1,294
23	1,682
24	1,424
25	1,165

Demanda promedio diaria (D) = 1,314.92 ≈ 1,315
Desviación estándar de la demanda diaria (σ_D) = 270.6 ≈ 271
De modo que:

- 68% del tiempo la demanda diaria está entre 1,044 y 1,586 unidades.
- 95% del tiempo la demanda diaria está entre 773 y 1,857 unidades.
- 99% del tiempo la demanda diaria está entre 502 y 2,128 unidades.*

* N. de Ed.: En la revisión técnica de esta tabla para la versión en español se encontraron los siguientes datos:
Demanda promedio diario (D) = 1,315.32 ≈ 1,315
Desviación estándar de la demanda diaria (σ_D) = 276.6 ≈ 277
  - 68% del tiempo la demanda diaria está entre 1,038 y 1,592 unidades.
  - 95% del tiempo la demanda diaria está entre 761 y 1,869 unidades.
  - 99% del tiempo la demanda diaria está entre 484 y 2,146 unidades.
Fuente: Robert A. Novack, Ph.D. Reproducido con autorización.

Tabla 9.11	Distribución del tiempo de entrega para el artículo 1			
TIEMPO DE ENTREGA (DÍAS)	**FRECUENCIA (f)**	**DESVIACIÓN DE LA MEDIA (d)**	**DESVIACIÓN AL CUADRADO (d^2)**	**fd^2**
7	1	−3	9	9
8	2	−2	4	8
9	3	−1	1	3
10	4	0	0	0
11	3	+1	1	3
12	2	+2	4	8
13	1	+3	9	9
$\bar{x} = 10$	$n = 16$			$\sum fd^2 = 40$

Ciclo de reabastecimiento promedio (R) = 10 días

Desviación estándar del ciclo de reabastecimiento (σ_R) = 1.63 días

$$\sigma_R = \sqrt{\frac{\sum fd^2}{n-1}}$$
$$= 1.63$$

Fuente: Robert A. Novack, Ph.D. Reproducido con autorización.

Con este requerimiento de existencias de seguridad es posible calcular sus niveles relevantes para diferentes niveles de servicio (véase la tabla 9.12). La figura 9.3 muestra de manera gráfica la relación entre los niveles de servicio y las existencias de seguridad. Como se esperaría, a medida que aumentan los requerimientos del nivel de servicio, las existencias de seguridad se elevan a una tasa creciente. La curva se acerca a 100% del nivel de servicio, pero desde el punto de vista estadístico no lo alcanzará, ni siquiera a tres desviaciones estándar de la media. De modo que, cuanto más alto sea el requerimiento del nivel de servicio (por tanto, la tasa de agotamiento será menor), mayor será el nivel de inventario requerido. Como se explicó en el ejemplo del capítulo 8, existen puntos de equilibrio entre mantener este inventario adicional y evitar el costo de un agotamiento de existencias.

Costo de ventas perdidas

Aunque este concepto se presentó en el capítulo 8, se necesita una revisión en este capítulo. Determinar los niveles de existencias de seguridad y los costos de mantenimiento del inventario relacionados puede ser relativamente fácil, pero no tanto para establecer el costo de una venta perdida. Asimismo, fijar el costo de una pausa en la producción por falta de materias primas también es un desafío. Por ejemplo, suponga que una línea de manufactura tiene una tasa de producción de 1,000 unidades por hora y una utilidad antes de impuestos de 100 dólares por unidad. También suponga que los costos totales de mano de obra por hora para esa línea son de 500 dólares. Si la línea de producción se detiene por falta de materias primas durante un total de cuatro horas, el costo de la suspensión sería de 402,000 dólares [(1,000 unidades × $100 × 4 horas) + ($500/hora × 4 horas)].

Es probable que la cifra sea conservadora debido a que no incluye los costos generales o los costos de reanudar la línea de producción. No obstante, proporciona una idea de los gastos que supondría el cierre o la suspensión de operaciones, así como una base para determinar los niveles de inventario de materias primas.

Tabla 9.12	Niveles de existencias de seguridad para diferentes niveles de servicio del artículo 1*	
NIVEL DE SERVICIO	**DESVIACIONES ESTÁNDAR**	**EXISTENCIAS DE SEGURIDAD (UNIDADES)**
84.1%	1.0	2,308
90.3	1.3	3,000
94.5	1.6	3,693
97.7	2.0	4,616
98.9	2.3	5,308
99.5	2.6	6,001
99.9	3.0	6,924

* N. de Ed.: En la revisión técnica de esta tabla para la versión en español se encontraron los siguientes datos:
Existencias de seguridad (unidades)
2,038
2,649
3,261
4,076
4,687
5,299
6,114

Fuente: Robert A. Novack, Ph.D. Reproducido con autorización.

Figura 9.3	Existencias de seguridad y niveles de servicio del artículo 1

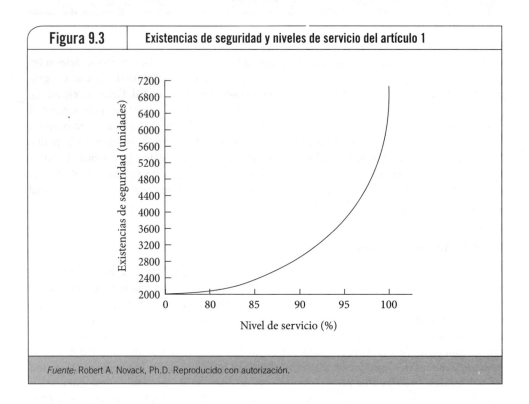

Fuente: Robert A. Novack, Ph.D. Reproducido con autorización.

Costos de mantenimiento de inventario en tránsito

Otro costo que muchas organizaciones ignoran es el de mantenimiento de inventario en tránsito, que puede ser menos evidente que los que ya se han analizado. Sin embargo, en ciertas circunstancias representaría un gasto importante. Recuerde: alguien poseerá el inventario mientras esté en tránsito e incurrirá en los costos de mantenimiento resultantes. Por ejemplo, una organización que vende sus productos en el destino libre a bordo (FOB; *free-on-board*) es responsable de transportarlos a sus clientes dado que el título de propiedad no se transfiere hasta que llegan a la instalación del cliente. En términos financieros, el producto permanece en propiedad del proveedor de servicios de embarque hasta que el vehículo de transportación se descarga en la ubicación del cliente. El costo de mantenimiento de inventario en tránsito reviste especial importancia en los traslados globales, ya que tanto la distancia como el tiempo desde la ubicación del embarque aumentan.

Dado que este inventario en movimiento es propiedad del proveedor de servicios de embarque hasta su entrega al cliente, él deberá considerar el tiempo de su entrega como parte de los costos de mantenimiento de inventario. Cuanto más rápido llegue el embarque, más pronto se completará la transacción y podrá cobrar el pago correspondiente. Esto también significa que el proveedor posee el producto en tránsito por un periodo más breve. Dado que el traslado más rápido implica un costo más alto, el proveedor de servicios de embarque quizá desee analizar los puntos de equilibrio que existen entre el costo de transportación y el de mantenimiento de inventario en tránsito. El apéndice 9A aborda de manera específica esta situación.

Determinar el costo de inventario en tránsito

En este punto, una cuestión importante consiste en cómo calcular los costos de mantenimiento de inventario en tránsito; es decir, ¿qué variables deberá considerar una organización? Un análisis anterior en este capítulo se enfocó en los cuatro principales componentes del costo de mantenimiento de inventario: de capital, del espacio de almacenamiento, de servicio de inventario y de riesgo del inventario. Si bien estas categorías siguen siendo válidas, su aplicación en el costo de mantenimiento de inventario en tránsito es diferente.

Primero, el costo de capital de mantener el inventario en tránsito en general es igual que el de mantenerlo en un almacén. Si la organización posee inventario en tránsito, el costo del capital será el mismo.

Segundo, el costo del espacio de almacenamiento no será relevante para el inventario en tránsito dado que el proveedor del servicio de transportación incluye el equipo (espacio) y los costos de manejo y carga necesarios en su tarifa total.

Tercero, aunque los impuestos por lo general no son relevantes en los costos del servicio de inventario, la necesidad de un seguro requiere un análisis especial. Por ejemplo, las disposiciones de responsabilidad cuando se utilizan los servicios de empresas transportistas comunes son específicas, y quiza los proveedores de servicios de embarque no consideren los seguros adicionales para sus productos. No obstante, algunos transportistas ofrecen responsabilidad limitada respecto de los productos que trasladan, y por tanto requieren un seguro adicional mientras éstos se encuentran en tránsito. Esto es aplicable sobre todo para la transportación nacional de paquetes pequeños y la transportación oceánica internacional.

Cuarto, los costos de obsolescencia o deterioro son riesgos menores para el inventario en tránsito debido a que el servicio de transportación dura poco tiempo. Por otra parte, el hecho de que el inventario se mueva al siguiente nodo en la cadena de suministro supone que existe una demanda para ese inventario, lo cual disminuye la probabilidad de que no se venda. Por tanto, este costo es menos relevante aquí que en el almacén.

En general, mantener el inventario en tránsito cuesta menos que confinarlo en el almacén. Sin embargo, una organización que busca determinar con mayor exactitud las diferencias reales entre los costos debe revisar a profundidad los detalles los costos de cada inventario.

Métodos fundamentales para la administración de inventario

A través de la historia, la administración de inventario plantea dos preguntas fundamentales: ¿*cuánto* ordenar y *cuándo* hacerlo? Al realizar algunos cálculos, un gerente de inventarios puede determinar con facilidad las respuestas aceptables. Hoy las preguntas sobre *dónde* debe mantenerse el inventario y *qué* artículos específicos de línea deben estar disponibles en lugares específicos suponen desafíos más interesantes para los responsables de la toma de decisiones relacionadas con este tema.

Hoy las organizaciones deben afrontar las extensiones en las líneas de producto, la introducción de nuevos productos, los requerimientos de servicio más altos y una presión constante por disminuir los costos. Este entorno operativo dinámico ha causado que las organizaciones examinen sus políticas de inventario y de servicio al cliente para encontrar la solución óptima que equilibre el servicio y el costo. Existen muchos métodos para identificar y analizar estos puntos de equilibrio. Las organizaciones elegirán el que les sirva mejor de acuerdo con lo que definan sus mercados y metas corporativas.

Sin importar el método elegido, las decisiones acerca del inventario deben considerar los puntos de equilibrio básicos entre costo y servicio. La figura 9.4, que lo ilustra, sugiere que las crecientes inversiones en inventario quizá generen niveles elevados de servicio al cliente. Si bien hay evidencias de que esta relación existe en la industria, en la actualidad la identificación de las soluciones logísticas que generarán niveles más altos de servicio al cliente mientras reducen las inversiones en inventario es una prioridad. Existen varios factores que podrían hacer

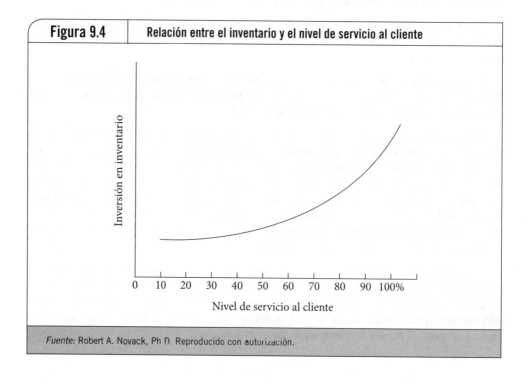

| Figura 9.4 | Relación entre el inventario y el nivel de servicio al cliente |

Fuente: Robert A. Novack, Ph D. Reproducido con autorización.

que este objetivo sea alcanzable: 1) sistemas de administración de pedidos en tiempo real; 2) mejores tecnologías para administrar la información logística; 3) recursos de transportación más flexibles y confiables, y 4) mejoras en la capacidad de posicionar los inventarios de manera que estén disponibles *cuando* y *donde* se necesiten. Por tanto, las organizaciones han logrado estas mejoras y como consecuencia han cambiado la curva mostrada en la figura 9.4, que ilustra el menor inventario que se necesita hoy para perfeccionar el servicio al cliente.

Diferencias clave entre los métodos para la administración de inventarios

Dado que existen y se utilizan distintos métodos para administrar el inventario, es importante conocer sus características. Entre sus diferencias se encuentran la demanda dependiente *versus* la independiente, las soluciones de "jalar" *(pull) versus* "empujar" *(push)*, y las soluciones para todo el sistema *versus* para una sola instalación.

Demanda dependiente *versus* demanda independiente

Se dice que la demanda para un artículo determinado de inventario es *independiente* cuando no se relaciona con la de otros artículos; por el contrario, se dice que es *dependiente* cuando se relaciona directamente con la demanda de otro artículo o producto del inventario, o deriva de ella. Por ejemplo, la demanda para una computadora laptop es independiente, en tanto que la de sus chips es dependiente. Esta dependencia puede ser *vertical* (la laptop necesita el chip para su proceso de ensamblaje) u *horizontal* (se necesita un manual de instrucciones para su entrega final al cliente).

Por tanto, en muchos procesos de manufactura la demanda básica de materias primas, componentes y piezas secundarias dependerá de la de los productos terminados. En cambio, la demanda de artículos de consumo final, que por lo general se venden al cliente, será independiente de la de cualquier otro artículo manufacturado.

Un punto importante para recordar estriba en que las políticas para el desarrollo de inventarios de artículos que presentan una demanda independiente requieren que antes se elaboren pronósticos *ad hoc*. Por otra parte, los pronósticos serán menos relevantes en el caso de los artículos que tengan demanda dependiente, ya que las cantidades requeridas estarán supeditadas por completo a la demanda de productos de consumo final. Por tanto, una vez que se ha realizado el pronóstico de esta última, la determinación de la demanda de artículos dependientes requerirá sólo cálculos sencillos basados en la lista de materias primas y componentes para ese artículo.

De los métodos para la administración de inventario que se analizarán, el justo a tiempo (JIT), la planificación de requerimientos de materiales (MRP) y la planificación de recursos para manufactura (MRP II) se asocian con los artículos que tienen demanda dependiente. Por otra parte, la planificación de requerimientos de distribución (DRP) implica el movimiento de los artículos con demanda independiente. Los métodos para la administración del inventario por parte del proveedor y el método EOQ son aplicables a los artículos de ambos tipos de demanda.

Método de "jalar" (*pull*) *versus* método de "empujar" (*push*)

El método de "jalar" (*pull*) depende de que los pedidos del cliente muevan el producto a través del sistema logístico, en tanto que en el de "empujar" (push) se usan técnicas de reabastecimiento de inventarios cuyo objetivo es anticipar la demanda para desplazar los productos. Por ejemplo, Dell ha utilizado por tradición el método de "jalar" para ensamblar sus computadoras; con inventario mínimo o nulo de productos terminados, espera a que un cliente coloque el pedido de un equipo antes de comenzar a ensamblarlo. No obstante, recientemente comenzó a vender una línea limitada de sus componentes por intermediación de las tiendas Walmart. Para hacerlo emplea el modelo de "empujar" para prever la demanda futura, ensamblar computadoras para el inventario y, por medio de su sistema logístico, llevarlas a las tiendas.

Uno de los principales atributos de los sistemas de "jalar" estriba en que responden con rapidez ante los cambios repentinos o abruptos en la demanda, ya que producen de acuerdo con los pedidos y tienen un inventario de productos terminados mínimo o nulo. Esto aplica sobre todo para los bienes en los que la adición final de valor puede posponerse. Por otra parte, los sistemas de "empujar" producen para el inventario en anticipación de la demanda, lo que limita su capacidad para adaptarse a los volúmenes y preferencias cambiantes de la misma.

Los sistemas de "empujar" funcionan con pronósticos a corto plazo, que les permiten tener flexibilidad para adaptarse a las variaciones en la demanda. Por otra parte, estos sistemas utilizan pronósticos a un plazo mayor que dan lugar a economías de escala en la manufactura pero generan grandes inventarios de bienes terminados. Estos elevados niveles de inventario pueden ocasionar que la vida de anaquel sea un problema en los sistemas de "empujar", mientras que en los de "jalar" no representan ninguno.

En esencia, el método "justo a tiempo" (JIT) es un sistema de "jalar", dado que las organizaciones colocan pedidos para tener más inventario sólo cuando la cantidad disponible alcanza cierto nivel mínimo, con lo que el inventario se "jala" a través del sistema logístico según sea necesario. Una vez establecido el programa maestro de producción, la planificación de requerimientos de materiales (MRP) desarrolla un método periódico para la recepción de inventarios. Debido a que generan una lista de materiales requeridos para ensamblarlos o fabricar una cantidad específica de productos terminados, los métodos MRP y MRP II se basan en el sistema de "empujar". De manera similar, pero del lado de la salida o de la distribución física de la logística, la planificación de requerimientos de distribución (DRP) implica la asignación del inventario disponible para cubrir las demandas del mercado; por tanto, también es una estrategia basada en el sistema de "empujar". Por su parte, el inventario administrado por el proveedor (VMI) utiliza puntos de reorden preestablecidos y cantidades económicas del pedido junto con niveles de inventario disponibles en los almacenes de los clientes para generar pedidos de reabastecimiento. Debido a que el cliente no coloca este tipo de pedidos, es posible considerar que el VMI es un método de "empujar". Por último, el enfoque EOQ es un método de "jalar", pero sus aplicaciones actuales incluyen también elementos del sistema de "empujar". Aunque esto permite que la técnica EOQ sea reactiva cuando es necesario, también es posible planificar de manera anticipada y proactiva, o de "empujar" ciertas inversiones en inventario. De hecho, muchos sistemas actuales basados en el enfoque EOQ son métodos híbridos que incluyen elementos de las estrategias tanto "jalar" como "empujar".

Soluciones para todo el sistema *versus* para una sola instalación

Una cuestión final sobre la administración de inventario es si el método seleccionado representa una solución para todo el sistema o para una sola instalación, como en el caso de un centro de distribución. En esencia, un método para todo el sistema planea y ejecuta las decisiones sobre el inventario a través de múltiples nodos en el sistema logístico. La MRP y la DRP son métodos para todo el sistema en la administración de inventarios. Ambos planifican liberaciones y recepciones de inventario entre múltiples puntos de embarque y recepción en la red. Por otra parte, un método específico de una sola instalación planifica y efectúa los envíos y recepciones entre un solo punto de embarque y un solo punto de recepción. La EOQ y el JIT se consideran normalmente soluciones de una sola instalación; ambos liberan pedidos desde una ubicación única a un proveedor específico para el reabastecimiento de inventario. Por lo general, la MRP y la DRP se usan para planificar los movimientos en el sistema de inventario, y la EOQ y el JIT para realizar esos planes pero en el nivel de una sola instalación. El VMI puede utilizarse para planificar el reabastecimiento de todo el sistema, así como para efectuarlo en instalaciones individuales.

Métodos y técnicas principales para la administración de inventarios

En muchas situaciones de negocios, las variables que afectan la decisión relacionada con el método que debería utilizarse para la administración de inventarios casi siempre son abrumadoras. Por tanto, los modelos que se han desarrollado para agilizar al proceso de toma de decisiones a menudo son abstractos o presentan una realidad simplificada. En otras palabras, por lo general se basan en supuestos simplificados del mundo real que intentan representar.

La complejidad y precisión de un modelo se relaciona con los supuestos que este mismo formula; con frecuencia, cuantos más formule, más fácil es trabajar con él y comprenderlo; no obstante, los resultados de un modelo sencillo son imprecisos. El diseñador del modelo o el usuario deben decidir el balance adecuado entre sencillez y precisión.

Las siguientes secciones de este capítulo contienen un tratamiento detallado de los métodos de inventario que se han mencionado antes: la cantidad fija de pedidos en condiciones de certeza e incertidumbre de la demanda y el tiempo de entrega (también conocido como *método de la cantidad económica del pedido*), el método del intervalo fijo de pedidos, el JIT, la MRP, la DRP y el VMI.

Método de la cantidad fija del pedido (condición de certidumbre)

Como su nombre lo dice, el modelo de la **cantidad fija del pedido** implica solicitar una cantidad fija del producto cada vez que se coloca un pedido de reorden. La cantidad precisa del producto reordenado dependerá de las características de su costo y su demanda, así como de los costos relevantes de mantenimiento de inventario y reorden.

Las organizaciones que emplean este método por lo general deben desarrollar un nivel mínimo de existencias para determinar cuándo volver a pedir la cantidad fija. A esto se le conoce como **punto de reorden**; cuando el número de unidades de un artículo alcanza este punto, se coloca el pedido para la cantidad fija del mismo (la EOQ). Por tanto, el punto de reorden activa la colocación del siguiente pedido.

Al método de la cantidad fija del pedido se le conoce como modelo de **dos cajones**. Cuando el primer cajón está vacío, la organización coloca un pedido. La cantidad de inventario en el segundo cajón representa la cantidad necesaria hasta que llegue el nuevo pedido. Ambas nociones (activación y cajón) implican que una organización surtirá su inventario cuando la cantidad disponible alcance su punto de reorden. La cantidad del punto de reorden dependerá del tiempo que tarde en conseguirse el nuevo pedido y de la demanda del artículo durante este tiempo de entrega. Por ejemplo, si un nuevo pedido tarda 10 días en llegar y la organización vende o utiliza 10 unidades diarias, el punto de reorden será de 100 unidades (10 días × 10 unidades/día).

Ciclos de inventario

La figura 9.5 muestra el modelo de la cantidad fija del pedido basado en tres ciclos de inventario o periodos; cada ciclo comienza con 4,000 unidades, es decir, la cantidad fija ordenada o producida. El reorden ocurre cuando el inventario disponible desciende a un nivel de 1,500 unidades (punto de reorden). Si se supone que la demanda o tasa de uso y el tiempo de entrega son constantes y se conocen de antemano, la duración de cada ciclo será de cinco semanas constantes. Este es un ejemplo de la aplicación del modelo de la cantidad fija del pedido en condiciones de certidumbre.

Como se sugirió antes, el establecimiento de un punto de reorden activa o indica que se debe surtir de nuevo la cantidad fija. Por ejemplo, muchos consumidores tienen puntos de

Figura 9.5	Modelo de la cantidad fija del pedido en condiciones de certidumbre

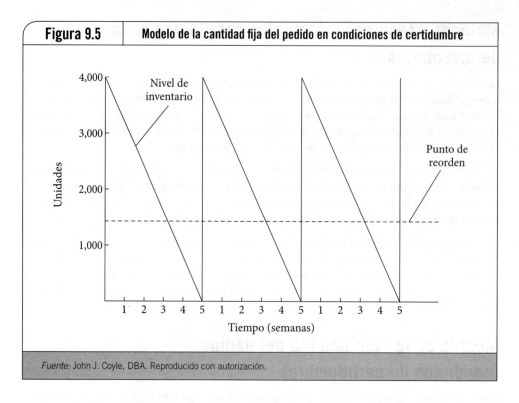

Fuente: John J. Coyle, DBA. Reproducido con autorización.

reorden para sus compras personales, como la de gasolina: cuando la manecilla del tanque de gas llega a cierto nivel, como la octava parte del tanque, el conductor acudirá a la gasolinera para llenarlo; este punto de reorden tiene la finalidad de garantizar que no ocurra un agotamiento de combustible durante un viaje.

Las situaciones de inventarios de negocios basan el punto de reorden en el tiempo de entrega y la demanda durante ese tiempo. El modelo de la cantidad fija del pedido se convierte en un **sistema de inventario perpetuo** debido al constante seguimiento que se necesita para determinar el momento en que el inventario ha alcanzado el punto de reorden. La mayoría de los sistemas de administración de inventarios de la actualidad se automatizan en función de los datos del consumo en tiempo real, lo que hace que sea fácil efectuar este método potencialmente lento.

Modelo simple de la EOQ

Los siguientes son supuestos básicos del modelo EOQ.

1. Tasa continua, constante y conocida de la demanda

2. Reabastecimiento y tiempos de entrega constantes y conocidos

3. Toda la demanda se satisface

4. Un precio o costo constante que es independiente de la cantidad del pedido (es decir, no hay descuentos basados en la cantidad)

5. Ningún inventario en tránsito

6. Un artículo en inventario o ninguna interacción entre los artículos

7. Horizonte infinito de planificación

8. Capital ilimitado

Los primeros tres supuestos se relacionan de manera estrecha y en esencia significa que existen condiciones de certidumbre. Se conoce la demanda en cada periodo relevante (diaria, semanal, mensual) y la tasa de uso es lineal a través del tiempo. La organización utiliza o agota el inventario disponible a una tasa constante y sabe cuál es el tiempo necesario para reabastecer sus existencias. En otras palabras, el tiempo de entrega que transcurre entre la colocación del pedido y su recepción es constante y carece de variabilidad. Como consecuencia, la organización no necesita preocuparse por el agotamiento de existencias y las existencias de seguridad.

Existe cierta inquietud acerca de que estos tres supuestos de certidumbre hagan del modelo básico algo demasiado simplista y, en consecuencia, que los resultados también sean imprecisos. Aunque esto quizá sea verdad en algunos casos, hay razones importantes que justifican el uso de un modelo sencillo. Primero, en algunas organizaciones la variación de la demanda es tan pequeña que diseñar un modelo más complejo para lograr la precisión en los incrementos sería demasiado costoso. Segundo, las organizaciones que comienzan a desarrollar modelos de inventario con frecuencia consideran que el método simple de la EOQ es conveniente y necesario debido a los datos limitados con los que cuentan. Tercero, los resultados del modelo simple de la EOQ son, en cierto sentido, insensibles a los cambios en las variables de entrada. Es decir, las variables como la demanda, los costos de mantenimiento de inventario y el costo del pedido pueden variar sin afectar de manera significativa el valor calculado de la cantidad económica del pedido.

El cuarto supuesto (costos constantes) en esencia significa que no hay descuentos por cantidad. Es decir, el precio de cada unidad permanece igual sin importar cuánto se pida.

Si no hubiera inventario en tránsito, esto significaría que la organización compra bienes con base en un precio de entrega (que incluye los costos de transportación) y los vende a un precio de venta FOB (el comprador paga los costos de transportación). Del lado de la entrada, esto significa que la propiedad de los bienes no se transmite sino hasta que el comprador los recibe. Del lado de la salida, la propiedad se transmite cuando el producto abandona el lugar de su expedición. En estos supuestos, la organización no es responsable del inventario en tránsito.

El sexto supuesto indica que se utiliza el modelo simple para ordenar un artículo del inventario en cada colocación de pedido. En el modelo básico es posible calcular con facilidad la demanda de un artículo de demanda independiente con un solo precio. Hacer que el modelo simple calcule la cantidad económica del pedido para más de un artículo aumentará su grado de dificultad matemática.

Los supuestos séptimo y octavo son decisiones externas al área logística. Un horizonte infinito de planificación supone que no existen restricciones para la duración de los periodos incluidos en el modelo básico. El término "capital ilimitado" significa que no existe una razón financiera que limite la cantidad ordenada.

Dados los supuestos mencionados, el modelo simple de la EOQ considera sólo dos tipos básicos de costos: de mantenimiento de inventario y del pedido. Este método contribuye a una decisión óptima en la que se analizan los puntos de equilibrio de estos dos costos. Si se enfocara sólo en el costo de mantenimiento de inventario, que varía directamente con los cambios en la cantidad del pedido, esta última sería tan pequeña como fuera posible (véase la figura 9.6). Si el modelo tuviera en cuenta sólo el costo del pedido, en los pedidos grandes disminuiría el costo total de los mismos, y en los pequeños aumentaría (véase la figura 9.7). La decisión del tamaño del lote económico intenta minimizar el costo total al equilibrar ambos costos (véase la figura 9.8).

Figura 9.6	Costo de mantenimiento de inventario

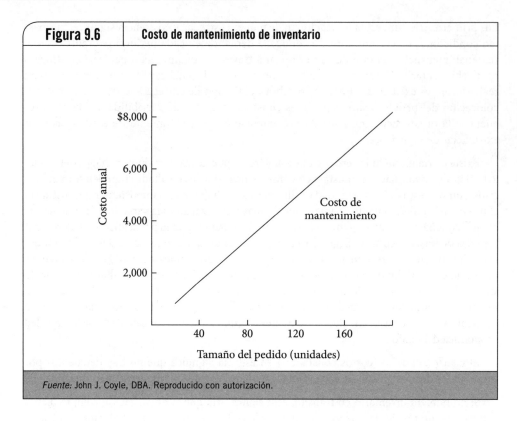

Fuente: John J. Coyle, DBA. Reproducido con autorización.

Figura 9.7	Costo por ordenar o de preparación

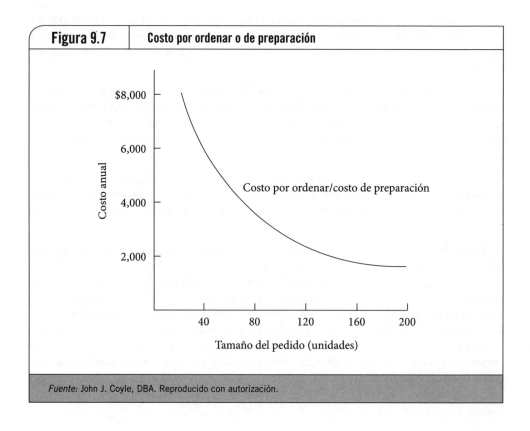

Fuente: John J. Coyle, DBA. Reproducido con autorización.

Figura 9.8	Costos del inventario

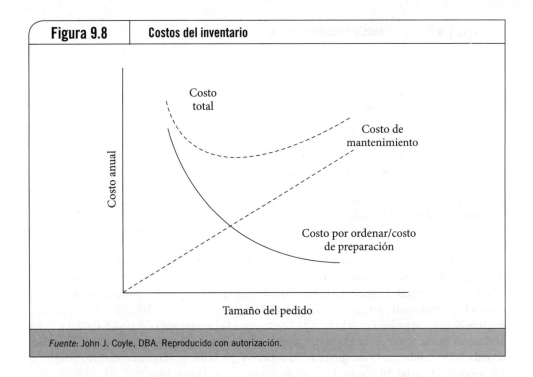

Fuente: John J. Coyle, DBA. Reproducido con autorización.

Formulación matemática

El modelo EOQ puede desarrollarse en la forma matemática estándar utilizando las siguientes variables.

R = tasa anual de la demanda (unidades)

Q = cantidad pedida (unidades)

A = costo de colocación del pedido (dólares por pedido)

V = valor o costo de una unidad de inventario (dólares por pedido)

W = costo de mantenimiento por valor en dólares del inventario al año (% del valor del producto)

$S = VW$ = costo de mantenimiento de inventario por unidad al año (dólares por unidad al año)

t = tiempo (días)

TAC = costo total anual (dólares por año)

Dadas estas variables, el costo total anual para la cantidad económica del pedido puede expresarse como en las fórmulas 9.3 o 9.4.

$$\text{TAC} = \frac{1}{2}QVW + A\frac{R}{Q} \qquad \qquad 9.3$$

o

$$\text{TAC} = \frac{1}{2}QS + A\frac{R}{Q} \qquad \qquad 9.4$$

El primer término del lado derecho de la ecuación se refiere al costo anual de mantenimiento de inventario; expresa que esos costos son iguales al número promedio de unidades en la cantidad económica del pedido durante el ciclo del pedido (½Q, multiplicado por el valor unitario (V) multiplicado por el porcentaje del costo de manejo (W). En la figura 9.9, llamada **modelo de dientes de sierra**, la lógica de la ecuación se comprende mejor. La línea vertical

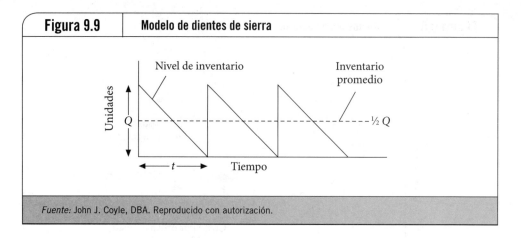

| Figura 9.9 | Modelo de dientes de sierra |

Fuente: John J. Coyle, DBA. Reproducido con autorización.

que se indica con la letra Q representa la cantidad ordenada en un momento determinado y la cantidad de inventario disponible al principio de cada ciclo de pedido. Durante el ciclo de pedido (t) una organización agota la cantidad de inventario disponible a una tasa constante y conocida (representada por la línea diagonal). El número promedio de unidades disponibles durante el ciclo de pedido es sólo la mitad de la cantidad económica del pedido (Q). La línea horizontal discontinua en la figura 9.9 representa el inventario promedio. La lógica es muy sencilla. Suponiendo que Q sea igual a 100 unidades y que la demanda diaria sea de 10 unidades, 100 unidades durarían 10 días (t). En el punto intermedio del periodo, al final del quinto día aún quedarían 50 unidades, que es la mitad de Q (1/2 × 100). Otra forma de examinar esto es asumir que el inventario promedio durante un periodo es el inicial menos el final dividido entre 2. Dado que el inventario inicial es igual a 100 unidades y el final es igual a 0 unidades, 100 menos 0 dividido entre 2 es igual a 50 unidades de inventario promedio.

Determinar el número promedio de unidades es sólo una parte de la ecuación. Aún es necesario conocer el valor por unidad y el porcentaje del costo de manejo; cuanto más grande sea Q, mayor será el costo de mantenimiento de inventario. Esta relación se describió antes: a medida que el tamaño del pedido aumenta, los costos de mantenimiento de inventario también. Dada una demanda constante, el inventario promedio aumentará a medida que la cantidad económica del pedido se incremente (véanse las figuras 9.10a y 9.10b).

Los segundos términos en las fórmulas 9.3 y 9.4 se refieren al costo anual del pedido. Una vez más, se supone que el costo por colocar cada pedido es constante sin importar cuánto se solicita. Por tanto, si Q aumenta, el número de pedidos colocados al año decrecerá dado que se conoce la demanda anual y ésta es constante. Entonces, las cantidades mayores del pedido reducirán sus costos anuales.

Hasta ahora el análisis se ha enfocado en la naturaleza general del costo anual del inventario y el costo anual del pedido. El siguiente paso es analizar el cálculo de Q, la cantidad económica del pedido. Como se indicó antes, esto implica un equilibrio entre el costo de mantenimiento de inventario y el costo del pedido. Se obtiene Q al diferenciar la función TAC respecto a Q, como se muestra en la fórmula 9.5.

$$\text{TAC} = \frac{1}{2}QVW + A\frac{R}{Q}$$

$$\frac{d(\text{TAC})}{dQ} = \frac{VW}{2} - \frac{AR}{Q^2}$$

9.5

Al igualar $d(\text{TAC})/dQ$ a 0 y encontrar el valor de Q se tiene:

$$Q^2 = \frac{2RA}{VW}$$

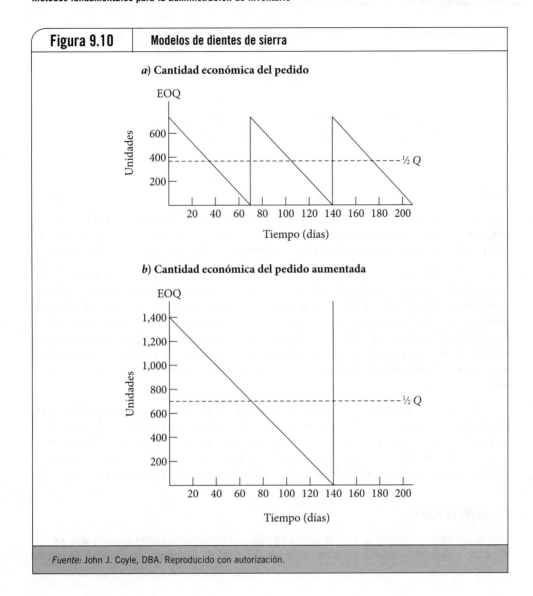

Figura 9.10 | Modelos de dientes de sierra

a) Cantidad económica del pedido

b) Cantidad económica del pedido aumentada

Fuente: John J. Coyle, DBA. Reproducido con autorización.

o

$$Q = \sqrt{\frac{2RA}{VW}}$$

o

$$Q = \sqrt{\frac{2RA}{S}}$$

El siguiente ejemplo ilustra cómo funciona la fórmula 9.5 (todas las cantidades se calculan en dólares estadounidenses):

V = $100 por unidad

W = 25%

S = $25 por unidad al año

A = $200 por pedido

R = 3,600 unidades

Para encontrar el valor de Q, el ejemplo procede como se muestra en la fórmula 9.6.

$$Q = \sqrt{\frac{2RA}{VW}} \qquad Q = \sqrt{\frac{2RA}{S}}$$

$$Q = \sqrt{\frac{(2)(3,600)(\$200)}{(\$100)(25\%)}} \qquad Q = \sqrt{\frac{(2)(3,600)(\$200)}{\$25}} \qquad 9.6$$

$$Q = 240 \text{ unidades} \qquad Q = 240 \text{ unidades}$$

Análisis

La tabla 9.13 y la figura 9.11 muestran el desarrollo de los puntos de equilibrio y la lógica de la solución; se observa cuánto varían el costo de mantenimiento de inventario, el costo por ordenar y el costo total a medida que Q va de un mínimo de 100 unidades a un máximo de 500.

La tabla 9.13 ilustra que las cantidades menores de Q generan costos por ordenar anuales más altos, pero menores costos de mantenimiento de inventario anuales, como se esperaba. A medida que Q aumenta de 100 a 240 unidades, los costos por ordenar anuales disminuyen debido a que el número de pedidos colocados al año se reduce en tanto que los costos de mantenimiento de inventario anuales aumentan a causa de los inventarios promedio más altos. Más allá de 240 unidades, el incremento paulatino en el costo de mantenimiento de inventario anual supera la disminución paulatina en el costo por ordenar anual, con lo que aumenta el costo total anual.

Al definir el nivel óptimo de Q en términos de los costos totales, los datos de la tabla 9.13 muestran que una Q de 240 unidades es el nivel óptimo (costo total mínimo); la figura 9.11 también lo demuestra. No obstante, observe que la curva TAC entre los valores EOQ de 180 a 200 unidades y de 300 a 320 unidades es poco pronunciada. Esto significa que el gerente de inventario puede modificar la EOQ de manera considerable sin afectar significativamente el TAC.

Punto de reorden

Un análisis anterior indicó que saber cuándo pedir es tan necesario como saber cuánto pedir. El *cuándo*, llamado punto de reorden, depende del nivel de inventario disponible. En el su-

Tabla 9.13	Costos totales para diferentes cantidades de EOQ		
Q	COSTO POR ORDENAR AR/Q	COSTO DE MANTENIMIENTO $\frac{1}{2}QVW$	COSTO TOTAL
100	$7,200	$1,250	$8,450
140	5,143	1,750	6,893
180	4,000	2,250	6,250
220	3,273	2,750	6,023
240	3,000	3,000	6,000
260	2,769	3,250	6,019
300	2,400	3,750	6,150
340	2,118	4,250	6,368
400	1,800	5,000	6,800
500	1,440	6,250	7,690

Fuente: C. John Langley Jr., Ph.D. Reproducido con autorización.

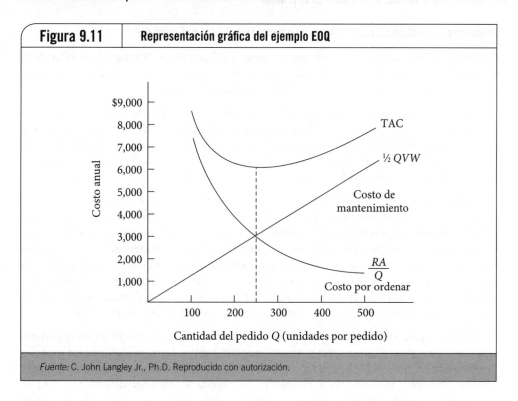

Figura 9.11 | **Representación gráfica del ejemplo EOQ**

Fuente: C. John Langley Jr., Ph.D. Reproducido con autorización.

puesto de certidumbre, una organización sólo necesita el inventario suficiente que dure hasta el momento de reabastecimiento o el tiempo de entrega. Por tanto, dado un tiempo de entrega conocido, multiplicar este tiempo por la demanda diaria determinará el punto de reorden.

El momento de reabastecimiento está integrado por varios componentes: transmisión, procesamiento, preparación y entrega del pedido. El tiempo para cada uno dependerá de factores como los medios que se utilicen para transmitir el pedido (electrónicos o manuales), la disponibilidad en el inventario del proveedor y el modo de transportación que se use para la entrega. Los factores que afectan el tiempo de entrega se analizan más adelante en este capítulo.

Con el ejemplo anterior, suponga que la transmisión del pedido tarda un día, el procesamiento y la preparación dos, y su entrega cinco. Esto genera un tiempo de entrega o de reabastecimiento de ocho días. Dado que la demanda es de 10 unidades al día (3,600 unidades/360 días), el punto de reorden será en 80 unidades (8 días × 10 unidades al día).

Nota concerniente al método de mínimo y máximo

Una adaptación del método de cantidad fija del pedido que se utiliza ampliamente, es el **método de administración de inventario mínimo y máximo**. Con el enfoque tradicional, las existencias se agotarán en pequeños incrementos, lo que permitirá a una organización iniciar el pedido de reabastecimiento justo cuando el inventario alcance el punto de reorden.

El método de mínimo y máximo se aplica cuando la demanda aumenta y la cantidad disponible disminuye por debajo del punto de reorden antes de que la organización coloque el pedido de reabastecimiento. En este caso, el método incrementa la cantidad ordenada por la diferencia entre el punto de reorden y la cantidad disponible. En realidad, esta técnica identifica la cantidad mínima que una organización debe pedir de manera que el inventario disponible alcance un nivel máximo predeterminado cuando se reciba el pedido. Si bien el método de mínimo y mínimo es muy similar al de la EOQ, las cantidades del pedido individual varían.

Resumen y evaluación del método de cantidad fija del pedido

Por tradición, el método de la cantidad económica del pedido (EOQ) ha sido el pilar de la administración eficaz de inventarios; si bien no siempre es la forma más rápida de responder a la demanda del cliente, es una técnica que se utiliza ampliamente.

Sin embargo, en la actualidad muchas organizaciones se han vuelto más sofisticadas en su uso de métodos basados en la EOQ y los han adaptado para dar cabida a la orientación "empujar" y "jalar". Como consecuencia, muchos sistemas basados en la EOQ mezclan de manera eficaz los conceptos "jalar" y "empujar". Como se indicó antes, los métodos proactivos de administración de inventarios predominan en las organizaciones que poseen mayor sofisticación logística.

Una de las principales desventajas del método basado en la EOQ estriba en que se adapta mejor a la toma de decisiones de inventario en una sola instalación que a la que se efectúa en múltiples ubicaciones en la red logística. Además, a veces dicho método tiene problemas cuando varios puntos paralelos en el mismo sistema logístico experimentan al mismo tiempo incrementos en la demanda. Esto sucede, por ejemplo, cuando muchos clientes acuden de manera simultánea a las tiendas de abarrotes para abastecerse de provisiones antes de una gran nevada. La respuesta del método EOQ por sí solo a los niveles de demanda en el momento en que éstos ocurren es demasiado lenta para reabastecer el inventario necesario.

Como se dijo desde un principio, el método simple de la EOQ, a pesar de ser algo irreal debido al número de supuestos que requiere, sigue siendo útil porque ilustra la lógica de los modelos de inventario en general. De hecho, las organizaciones pueden ajustar este modelo simple para manejar situaciones más complejas. El apéndice 9A aborda la aplicación del enfoque EOQ en cuatro casos especiales, cuando: 1) una organización debe considerar el costo del inventario en tránsito; 2) existen tarifas de transportación por volumen; 3) una organización utiliza la transportación privada, y 4) una organización establece tarifas por exceso de carga.

Por lo general, las empresas asocian los métodos basados en la EOQ con la demanda independiente más que con la dependiente; no obstante, también es posible utilizarlos para los artículos de demanda dependiente. El método general implica explícitamente mantener cantidades de inventario promedio calculadas; los puntos de equilibrio entre los costos de inventario, de pedido y de agotamiento de existencias esperado justifican el mantenimiento de estas cantidades.

Método de la cantidad fija del pedido (condición de incertidumbre)

En los supuestos que hemos empleado hasta ahora, el punto de reorden se basó en la cantidad de inventario disponible y en que la demanda fuera conocida y constante. Cuando el inventario disponible llegaba a cero, se recibía el nuevo pedido en una cantidad económica y no se incurría en costos por agotamiento de existencias. Aunque se supone que tales condiciones de certidumbre podrían ser útiles para simplificar los modelos de inventario, no representan las situaciones normales que la mayoría de las organizaciones enfrenta en la actualidad.

Casi ninguna organización opera en condiciones de certidumbre por varias razones. Primero, hasta cierto punto, los consumidores compran productos de manera esporádica. Las tasas de demanda para muchos productos se modifican de acuerdo con el clima, las necesidades sociales, las necesidades físicas y muchos otros factores; como consecuencia, la demanda para casi todos los productos varía por día, semana y temporada.

Además, es posible que diversas circunstancias afecten el tiempo de entrega. Por ejemplo, los tiempos en tránsito pueden cambiar y lo hacen, en especial cuando hay que atravesar largas distancias, a pesar de los esfuerzos del proveedor del servicio de transportación. Factores como el clima, el tráfico en las carreteras, la congestión portuaria y los retenes en las fronteras pueden ocasionar que los tiempos en tránsito sean poco confiables; de hecho, su confiabilidad es el tema principal que muchas organizaciones consideran cuando toman decisiones sobre el modo de transportación y las empresas que prestan el servicio.

Otros factores que ocasionan variaciones en el tiempo de entrega son la transmisión y el procesamiento del pedido. Aunque en la actualidad un número importante se transmite por vía electrónica, muchos siguen enviándose por medio del servicio postal. Los pedidos por correo están sujetos a la misma inestabilidad en su tiempo en tránsito que se mencionó antes. Durante el procesamiento, los factores como bloqueos de crédito e inventario no disponible pueden retrasar los pedidos en progreso en el sistema.

Debido a todos los factores potenciales que pueden influir en la confiabilidad de la demanda y el tiempo de entrega, es necesario ajustar los modelos de inventario a fin de que consideren esta incertidumbre. La figura 9.12 muestra el modelo de la cantidad fija del pedido ajustada a la incertidumbre en la demanda y los tiempos de entrega; es una variación del modelo que se presentó en la figura 9.5 en tres aspectos. Primero, la demanda (que afecta los niveles de inventario disponible) en la figura 9.5 es conocida y constante; esta es razón por la que la recta que representa el inventario en cuestión siempre comienza el periodo en la cantidad EOQ y lo termine en 0 unidades. La misma recta en la figura 9.12 fluctúa por encima de la cantidad EOQ y por debajo de 0 unidades debido a que la demanda no se conoce ni es constante. Segundo, el tiempo de entrega (o ciclo) en la figura 9.5 se conoce y es constante durante cinco semanas, lo que genera un patrón "aserrado" muy uniforme. Cuando el tiempo de entrega no se conoce ni es constante, como en la figura 9.12, la duración del periodo (o tiempo de entrega) varía, lo que genera un espacio desigual entre los pedidos. Por último, la figura 9.5 no admite el agotamiento de existencias, dado que sus supuestos presentan condiciones de certidumbre. En la figura 9.12, la incertidumbre de la demanda y el tiempo de entrega contemplan existencias de seguridad para impedir los agotamientos. La cantidad de existencias de seguridad que debe mantenerse dependerá de la variabilidad de la demanda, el tiempo de entrega y el nivel de servicio que los clientes requieran.

Punto de reorden: comentario especial

Como se señaló antes, el punto de reorden en el modelo básico es el nivel de inventario disponible necesario para satisfacer la demanda durante el tiempo de entrega; calcularlo es relativamente sencillo dado que la demanda y el tiempo de entrega son constantes. En condiciones de incertidumbre, una organización debe reformularlo para permitir las existencias de seguridad. De hecho, el punto de reorden se convierte en la demanda diaria promedio durante el tiempo de entrega más las existencias de seguridad, como se muestra en la figura 9.12. El siguiente análisis ilustra este nuevo cálculo.

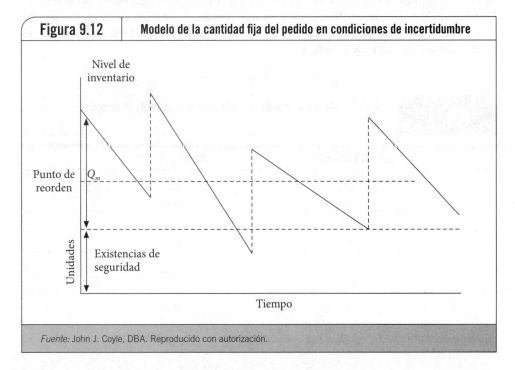

| Figura 9.12 | Modelo de la cantidad fija del pedido en condiciones de incertidumbre |

Fuente: John J. Coyle, DBA. Reproducido con autorización.

Incertidumbre de la demanda

El primer factor que podría generar la incertidumbre se relaciona con la tasa de la demanda o uso. Aunque el enfoque se centra en esta variable, también aplican los siguientes supuestos concernientes a la EOQ.

1. Un reabastecimiento o tiempo de entrega constantes y conocidos

2. Un precio o costo constantes que son independientes de la cantidad ordenada o del tiempo

3. Ningún inventario en tránsito

4. Un artículo de inventario o ninguna interacción entre artículos

5. Horizonte infinito de planificación

6. Disponibilidad de capital ilimitada

Al analizar la demanda, los gerentes de logística tratan de equilibrar el costo de mantener existencias de seguridad y el costo del agotamiento de existencias (ventas perdidas).

En un modelo de cantidad fija con un punto de reorden establecido, la introducción de incertidumbre en el análisis afectará el nivel de inventario necesario para cubrir la demanda durante el tiempo de entrega. Recuerde que en el ejemplo anterior las condiciones de certidumbre resultaron en una EOQ de 240 unidades y un punto de reorden de 100 unidades. En otras palabras, el periodo de inventario comenzó con 240 unidades disponibles y el reorden ocurrió cuando el inventario había alcanzado un nivel de 100 unidades.

El hecho de que la demanda varíe (y de que el tiempo que transcurre entre el nivel de 240 unidades y 100 unidades pueda modificarse) no es crucial en el problema del inventario cuando existen condiciones de incertidumbre. Determinar si 100 unidades son la mejor cantidad disponible al inicio del ciclo del tiempo de entrega *sí es* vital. Por tanto, elevar el nivel de reorden justifica las existencias de seguridad; sin embargo, elevarlo demasiado resultará en un exceso de existencias cuando llegue el siguiente pedido, mientras que establecerlo en un nivel muy bajo llevará a un agotamiento de existencias.

Con base en el problema anterior, suponga que la demanda durante el tiempo de entrega varía de 100 a 160 unidades, con un promedio de 130. También imagine que la demanda tiene una distribución discreta con una variación de bloques de 10 unidades y que la organización ha determinado ciertas probabilidades para estos niveles de demanda (véase la tabla 9.14). En realidad, la organización debe considerar siete puntos de reorden diferentes, cada uno correspondiente a un nivel posible de demanda, como se muestra en la tabla 9.14; con ellos es posible elaborar la matriz de la tabla 9.15.

Tabla 9.14	**Distribución de probabilidad de la demanda durante el tiempo de entrega**
DEMANDA (UNIDADES)	PROBABILIDADES
100	0.01
110	0.06
120	0.24
130	0.38
140	0.24
150	0.06
160	0.01

Fuente: C. John Langley Jr., Ph.D. Reproducido con autorización.

| Tabla 9.15 | \multicolumn{7}{c}{Posibles unidades de falta o exceso de inventario durante el tiempo de entrega con diferentes puntos de reorden} |

| | \multicolumn{7}{c}{PUNTOS DE REORDEN} |
DEMANDA REAL	100	110	120	130	140	150	160
100	**0**	10	20	30	40	50	60
110	–10	**0**	10	20	30	40	50
120	–20	–10	**0**	10	20	30	40
130	–30	–20	–10	**0**	10	20	30
140	–40	–30	–20	–10	**0**	10	20
150	–50	–40	–30	–20	–10	**0**	10
160	–60	–50	–40	–30	–20	–10	**0**

Fuente: C. John Langley Jr., Ph.D. Reproducido con autorización.

Si bien la tabla 9.15 contiene diversas soluciones posibles para la organización, no utiliza información sobre la distribución de probabilidad de la demanda. Con esta probabilidad la organización tendría siete puntos de reorden para determinar las unidades esperadas de falta o exceso de inventario en cada punto durante el tiempo de entrega.

Suponga que la organización incurre en un costo por agotamiento de existencias (k) de 10 dólares por unidad cada vez que un cliente demanda alguna que no se encuentra en inventario. La pérdida de utilidades sobre la venta inmediata y las ventas futuras es un costo de oportunidad.

El costo de mantenimiento de inventario asociado con las existencias de seguridad se calcula de la misma forma que el costo de mantenimiento de inventario para el modelo simple de la EOQ. Se supone que el valor por unidad sigue siendo de 100 dólares y que el costo de mantenimiento de inventario porcentual anual sigue siendo de 25%. Recuerde que este porcentaje es para el costo anual del inventario que se guarda en un almacén. Por tanto, los 25 dólares obtenidos al multiplicar 25% por 100 dólares representan el costo anual por unidad del inventario en almacén. Los 25 dólares contrastan con el costo de agotamiento de 10 dólares, que es el costo unitario por el periodo del ciclo de pedido. Por tanto, como muestra la tabla 9.16, multiplicar 10 dólares por el número de ciclos o pedidos al año traduce este costo en una base anual.

La tabla 9.16 desarrolla las unidades esperadas faltantes o en exceso al multiplicar el número de unidades de unas u otras por las probabilidades asociadas con cada nivel de demanda. Los números que estén por debajo (faltantes) y por encima (en exceso) de la línea horizontal se suman, como se observa en la parte inferior de la tabla, para encontrar el número de unidades que la organización espera que falten o que sobren en cada uno de los siete posibles puntos de reorden. Las variables de este cálculo son las siguientes.

e = exceso esperado en unidades

g = faltantes esperados en unidades

k = costo del agotamiento de existencias en dólares por unidad

$G = gk$ = costo esperado del agotamiento de existencias por ciclo

$G\left(\dfrac{R}{Q}\right)$ = costo esperado del agotamiento de existencias por año

eVW = costo de mantenimiento esperado por año para exceso de inventario

| Tabla 9.16 | Número esperado de unidades faltantes o en exceso | | | | | | | |

DEMANDA REAL	PROBABILIDADES	PUNTOS DE REORDEN						
		100	110	120	130	140	150	160
100	0.01	**0.0**	0.1	0.2	0.3	0.4	0.5	0.6
110	0.06	−0.6	**0.0**	0.6	1.2	1.8	2.4	3.0
120	0.24	−4.8	−2.4	**0.0**	2.4	4.8	7.2	9.6
130	0.38	−11.4	−7.6	−3.8	**0.0**	3.8	7.6	11.4
140	0.24	−9.6	−7.2	−4.8	−2.4	**0.0**	2.4	4.8
150	0.06	−3.0	−2.4	−1.8	−1.2	−0.6	**0.0**	0.6
160	0.01	−0.6	−0.5	−0.4	−0.3	−0.2	−0.1	**0.0**

CÁLCULO DEL PUNTO DE REORDEN CON EL COSTO MÁS BAJO

1. Exceso esperado por ciclo (de valores por encima de la diagonal) (e)		0.0	0.1	0.8	3.9	10.8	20.1	30.0
2. Costo esperado de mantenimiento por año (VW)		$0	$2.50	$20.00	$97.50	$270	$502.50	$750
3. Faltantes esperados por ciclo (de valores por debajo de la diagonal) (g)		30.0	20.1	10.8	3.9	0.8	0.1	0.0
4. Costo esperado de agotamiento de existencias por ciclo (gK) = G		$300	$201	$108	$39	$8	$1	$0
5. Costo de agotamiento de existencias esperado por año ($G\frac{R}{Q}$)		$4,500	$3,015	$1,620	$585	$120	$15	$0
6. Costo total esperado por año (2 + 5)		$4,500	$3,017.50	$1,640	$682.50	$390	$517.50	$750

Fuente: C. John Langley Jr., Ph.D. Reproducido con autorización.

Después de efectuar los cálculos que se indican en la tabla 9.16, es posible obtener el costo total de cada uno de los siete puntos de reorden; en este caso, el costo total mínimo corresponde al punto de reorden de 140 unidades. Aunque este número no garantiza un exceso o un agotamiento de existencias en algún periodo determinado, ofrece el costo total mínimo general al año: 390 dólares.

Observe que el número de pedidos que se utilizó en el paso 5 de la tabla 9.16 proviene del problema anterior con condiciones de certidumbre. Esta cifra era la única información con la que se contaba en ese punto. Ahora es posible ampliar el modelo del costo total para incluir las existencias de seguridad y el costo del agotamiento de existencias. La fórmula 9.7 representa la ecuación ampliada.

$$\text{TAC} = \frac{1}{2}QVW + A\frac{R}{Q} + (eVW) + \left(G\frac{R}{Q}\right) \qquad 9.7$$

Al resolverla para encontrar el valor del costo total mínimo se obtiene la fórmula 9.8:

$$\frac{d(\text{TAC})}{dQ} = \left[\frac{1}{2}VW\right] - \left[\frac{R(A+G)}{Q^2}\right] \qquad 9.8$$

Si esta ecuación se iguala a cero y se encuentra el valor de Q, se obtiene la fórmula 9.9.

$$Q = \sqrt{\frac{2R(A + G)}{VW}} \qquad\qquad 9.9$$

Con el modelo ampliado y el punto de reorden de 140 unidades, es posible calcular un nuevo valor de Q, como se muestra en la fórmula 9.10.

$$Q = \sqrt{\frac{2 \times 3{,}600 \times (200 + 8)}{\$100 \times 25\%}} \qquad\qquad 9.10$$

$$= 245 \text{ unidades aproximadamente}$$

Observe que Q es ahora igual a 245 unidades en condiciones de incertidumbre. Desde el punto de vista técnico, esto cambiaría el costo esperado de agotamiento de existencias para los diferentes puntos de reorden en la tabla 9.16. No obstante, el cambio es suficientemente pequeño como para ignorarse en este caso. En otros casos quizá sea necesario rehacer el cálculo. La solución óptima en condiciones de incertidumbre es una cantidad fija de pedido de 245 unidades y que la organización reordene esta cantidad cuando el inventario alcance el nivel de 140 unidades (el punto de reorden calculado).

Por último, esta situación exige que se calcule de nuevo el costo total anual como se muestra en la fórmula 9.11.

$$
\begin{aligned}
\text{TAC} &= \frac{1}{2}QVW + A\frac{R}{Q} + eVW + G\frac{R}{Q} \\
&= \left(\frac{1}{2} \times 245 \times \$100 \times 25\%\right) + \left(200 \times \frac{3{,}600}{245}\right) \\
&\quad + (10.8 \times \$100 \times 25\%) + \left(8 \times \frac{3{,}600}{245}\right) \\
&= \$3{,}062.50 + \$2{,}938.78 + \$270 + \$117.55 \\
&= \$6{,}389
\end{aligned}
\qquad 9.11
$$

La cifra de 6,389 dólares indica lo que sucede con el costo total anual cuando se añaden al modelo condiciones de incertidumbre respecto a la demanda. Introducir otros factores, como el tiempo de entrega, aumentaría aún más los costos.

Incertidumbre de la demanda y duración del tiempo de entrega

Esta sección considera la posibilidad de variaciones tanto en la demanda como en el tiempo de entrega, y se basa en la sección anterior con la finalidad de hacer que este enfoque en el inventario sea más realista. Sin embargo, como podría esperarse, establecer cuántas existencias de seguridad es preciso mantener será mucho más complejo aquí que cuando sólo variaba la demanda (la determinación matemática de las existencias de seguridad cuando la demanda y el tiempo de entrega se modifican se estudió al principio de este capítulo).

Como en la sección anterior, la cuestión fundamental es cuánto producto demandarán los clientes durante el tiempo de entrega. Si la demanda y el tiempo de entrega son constantes y conocidos, calcular el punto de reorden (como se hizo en la sección de las condiciones de certidumbre) será fácil. Ahora que tanto la demanda como el tiempo de entrega pueden variar, el primer paso es identificar la distribución probable de la demanda durante el tiempo de entrega. Es decir, deben estimarse la media y la desviación estándar de la demanda en este periodo.

Figura 9.13	Distribución normal

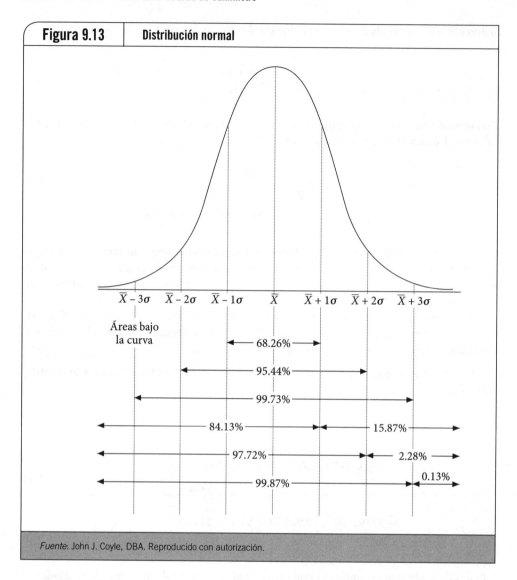

Fuente: John J. Coyle, DBA. Reproducido con autorización.

La figura 9.13 ilustra dos propiedades clave de la distribución normal. Estos conceptos se trataron antes en este capítulo, pero es importante analizarlos de nuevo aquí en el contexto del modelo de la cantidad fija del pedido en condiciones de incertidumbre. Primero, la distribución normal es simétrica, con casi 68.26% de todas las observaciones en una sola desviación estándar en torno a la media; 95.44% dentro de dos desviaciones estándar, y 99.73% dentro de tres desviaciones estándar. Segundo, en la distribución normal, la moda (el punto más alto o la mayoría de las observaciones) es igual a la media (promedio).

Después de calcular los valores de la media y la desviación estándar de la demanda durante el tiempo de entrega, es posible describir la probabilidad de agotamiento de existencias para cada punto de reorden en particular. Por ejemplo, suponga que la figura 9.13 representa la distribución de la demanda durante el tiempo de entrega. La igualación del punto de reorden con $\overline{X} + 1\sigma$ generará una probabilidad de 84.13% de que la demanda del tiempo de entrega no supere la cantidad disponible de inventario. El aumento del punto de reorden a $\overline{X} + 2\sigma$ eleva la probabilidad de no incurrir en un agotamiento de existencias a 99.72%; el reordenamiento a $\overline{X} + 3\sigma$ eleva esta probabilidad a 99.87%. Observe que en el caso de la incertidumbre, el aumento del punto de reorden tiene el mismo efecto que incrementar el compromiso con las existencias de seguridad. En última instancia, una organización debe encontrar algún medio que justifique el mantenimiento de este inventario adicional.

Con la fórmula 9.1, la media y la desviación estándar de la demanda durante el tiempo de entrega pueden calcularse como se muestra en las fórmulas 9.12 y 9.13.

$$\overline{X} = SR \qquad\qquad 9.12$$

$$\sigma = \sqrt{R(\sigma_S)^2 + S^2(\sigma_R)^2} \qquad\qquad 9.13$$

donde

$\overline{X}$ = demanda promedio durante el tiempo de entrega (unidades)

σ = desviación estándar de la demanda durante el tiempo de entrega (unidades)

R = ciclo de reabastecimiento promedio (días)

σ_R = desviación estándar del ciclo de reabastecimiento (días)

S = demanda diaria promedio (unidades)

σ_S = desviación estándar de la demanda diaria (unidades)

Por ejemplo, si la media y la desviación estándar de la demanda diaria son 20 y cuatro unidades respectivamente, y si la media y la desviación estándar del tiempo de entrega son ocho y dos días, respectivamente, entonces ambos indicadores para la demanda durante el tiempo de entrega pueden calcularse como se muestra en la fórmula 9.14.

$$\begin{aligned}\overline{X} &= SR \\ &= 20(8) \\ &= 160 \text{ unidades}\end{aligned} \qquad\qquad 9.14$$

$$\begin{aligned}\sigma &= \sqrt{R(\sigma_S)^2 + S^2(\sigma_R)^2} \\ &= \sqrt{(8)(4)^2 + (20)^2(2)^2} \\ &= \sqrt{1{,}728} \\ &= 41.57 \text{ o } 42 \text{ unidades}\end{aligned}$$

Con el procedimiento que se sugirió antes, la fijación del punto de reorden en $x + 1\sigma$, o 202 unidades, revela una probabilidad de 84.13% de que la demanda no supere el inventario disponible durante el tiempo de entrega. En otras palabras, la probabilidad de un agotamiento de existencias es sólo de 15.87% (100% – 84.13%) cuando el punto de reorden se fija en una desviación estándar respecto a la media. La tabla 9.17 muestra estas cifras y las que se calcularon para fijar el punto de reorden en dos y tres desviaciones estándar en relación con la media. Una

Tabla 9.17	Alternativas del punto de reorden y posibilidades de agotamiento de existencias		
PUNTO DE REORDEN	**PROBABILIDAD DE QUE NO HAYA AGOTAMIENTO DE EXISTENCIAS**	**PROBABILIDAD DE QUE OCURRA UNA SITUACIÓN DE AGOTAMIENTO DE EXISTENCIAS**
$\overline{X} + 1\sigma = 202$	84.13%	15.87%
$\overline{X} + 2\sigma = 244$	97.72%	2.28%
$\overline{X} + 3\sigma = 286$	99.87%	0.13%

Fuente: John J. Coyle, DBA. Reproducido con autorización.

organización debe comparar de manera minuciosa los beneficios financieros y de servicio al cliente que conlleva el hecho de evitar agotamientos de existencias con el costo de mantener existencias de seguridad adicionales antes de elegir un punto de reorden.

Método del intervalo fijo del pedido

La segunda variación del método básico es el enfoque del **intervalo fijo del pedido** para la administración de inventarios, también conocido como método del **periodo fijo** o del **periodo fijo de revisión**. En esencia, implica pedir el inventario a intervalos fijos o regulares; en general, la cantidad solicitada dependerá de cuántas existencias haya y su disponibilidad en el momento de la revisión. Las organizaciones por lo general cuentan su inventario cerca del fin del intervalo y basan sus pedidos en la cantidad disponible en ese momento.

En comparación con el método básico de la EOQ, el modelo del intervalo fijo no requiere la supervisión estricta de los niveles de inventario; por tanto, el seguimiento es menos costoso. Es el más recomendable para los artículos de inventario que tengan una demanda relativamente estable. Utilizarlo para artículos con demanda volátil generaría rápidamente un agotamiento de existencias dado que el tiempo, y no el inventario, es el que activa los pedidos.

Si la demanda y el tiempo de entrega son constantes y se conocen de antemano, entonces una organización que utilice un método de intervalos fijos de pedidos reordenará periódicamente la misma cantidad de inventario. Sin embargo, si la demanda o el tiempo de entrega varían, la cantidad pedida también se modificará en cada ocasión; por tanto, estarán de acuerdo con la demanda así como con la duración del tiempo de entrega. Por ejemplo, como se indica en la figura 9.14, una organización que inicia cada periodo con 4,000 unidades y vende 2,500 antes de su siguiente pedido, tendrá que reordenar 2,500 unidades más las que anticipe vender durante el tiempo de entrega para aumentar el inventario hasta el nivel inicial deseado de 4,000 unidades. La figura 9.14 muestra un caso en el que la cantidad ordenada difiere de un periodo de cinco semanas al otro.

Del mismo modo en que ocurre con el método de la cantidad fija del pedido para la administración del inventario, el de intervalo fijo del pedido combina elementos de las filosofías "jalar" y "empujar". Esto demuestra cómo las organizaciones, en un esfuerzo por anticipar la demanda en lugar de sólo reaccionar ante ella, diseñan sistemas que incorporan la filosofía "empujar".

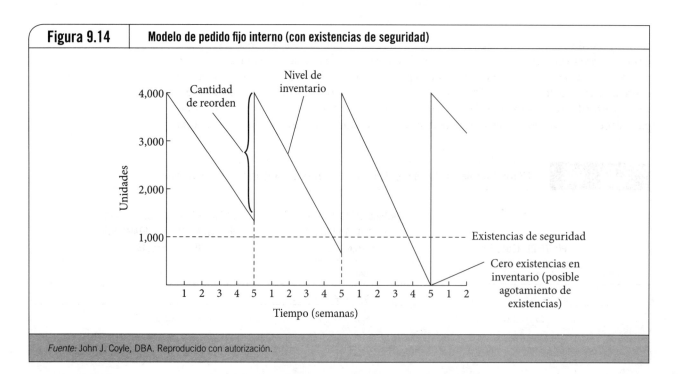

| Figura 9.14 | Modelo de pedido fijo interno (con existencias de seguridad) |

Fuente: John J. Coyle, DBA. Reproducido con autorización.

Resumen y evaluación de los métodos EOQ para la administración de inventarios

Diversos argumentos se refieren a que en realidad hay cuatro formas básicas del modelo de inventarios EOQ: cantidad fija/intervalo fijo, cantidad fija/intervalo irregular, cantidad irregular/intervalo fijo y cantidad irregular/intervalo irregular. En una organización que conoce con certidumbre la demanda y el tiempo de entrega, los métodos básicos de EOQ o de intervalo fijo del pedido serán las mejores opciones (y tendrán los mismos resultados). Sin embargo, si la demanda o el tiempo de entrega se modifican, al elegir el método deben considerarse las consecuencias posibles de un agotamiento de existencias. En los casos en que se trate de artículos A (de alta importancia), el método de cantidad fija/intervalo irregular sería el más adecuado. El de cantidad irregular/intervalo fijo sería el más recomendable cuando se habla de artículos C (de menor importancia). Sólo en casos muy restrictivos una organización justificaría el uso de un método de cantidad irregular/intervalo irregular para la administración de inventarios.

Los métodos de cantidad fija del pedido (EOQ) e intervalo fijo del pedido han demostrado ser herramientas eficaces para la administración de inventarios cuando la demanda y el tiempo de entrega son relativamente estables, así como cuando existe un nivel alto de variabilidad e incertidumbre. Lo más importante radica en que el uso de estos métodos exige que se consideren las ventajas y desventajas logísticas inherentes cuando se toman decisiones de inventario.

Las organizaciones modernas van más allá de la cantidad básica y el intervalo del pedido para adoptar con gran éxito metodologías como JIT, MRP, MRP II y DRP, que son los siguientes temas de análisis. Recuerde que todas estas técnicas incorporan a sus filosofías alguna versión del modelo básico de la EOQ.

Métodos adicionales para la administración de inventarios

La administración de los niveles de inventario en la cadena de suministro ha sido a menudo la razón fundamental de la administración de esta última. El interés en la reducción de los niveles de inventario a lo largo de la cadena de suministro es un indicador de su importancia como un costo de hacer negocios. En muchas organizaciones el inventario es el primero o segundo activo más importante en el balance general.

Por tanto, las organizaciones pueden reducir su costo de hacer negocios y aumentar su rendimiento sobre la inversión o activos (ROI/ROA) al disminuir sus niveles de inventario. Recuerde que los niveles de servicio son restricciones importantes cuando se procede en este sentido. También es preciso observar que la inversión en inventario puede agregar valor al reducir costos en otras áreas, como la manufactura y la transportación, o incrementar los ingresos debido al aumento en los niveles de servicio. Por ende, es necesario considerar los puntos de equilibrio entre los costos y beneficios de mantener inventario en la cadena de suministro al buscar una visión equilibrada.

En las siguientes secciones se analizarán varios métodos para la administración del inventario que tienen especial relevancia para la cadena de suministro: JIT, MRP y DRP.

Método just-in-time

Uno de los métodos más comunes para la administración de inventario es el *just-in-time* (justo a tiempo). En el entorno comercial actual, el análisis se enfoca en los procesos de manufactura, inventarios o sistemas de entrega JIT. El tema subyacente en la frase *just-in-time* sugiere que los inventarios deben estar disponibles en el momento en que una organización

En la línea

Optimización de inventarios
Muéstreme el dinero

¿Cómo determinar las necesidades y los objetivos de cada área del proceso a través de todas las funciones, así como los de sus proveedores y clientes? Nuestro informe de mejores prácticas señala que la respuesta está en compartir la información colaborativa de la oferta y la demanda entre los socios de la cadena de suministro y utilizarla para optimizar su red global a fin de encontrar el equilibrio entre los niveles de inventario y el servicio al cliente. Una estrategia bien diseñada debería incorporar el apoyo de la alta dirección, las evaluaciones periódicas, la administración de los niveles de servicio y la asociación con proveedores.

APOYO DE LA ALTA DIRECCIÓN

El liderazgo de la alta dirección debe definir, apoyar e implementar cualquier esfuerzo de optimización del inventario debido a que es interdisciplinario y causará un impacto en cada aspecto de la organización, desde logística y compras, hasta recursos humanos, ventas y mercadotecnia. La participación de la alta dirección asegura la coordinación organizacional total. Asegúrese de que este equipo promueva la optimización de inventarios como una iniciativa estratégica al comprometer el presupuesto y los recursos con el esfuerzo.

EVALUACIÓN PERIÓDICA

Una evaluación periódica del diseño de la cadena de suministro detectará los puntos en los que la red física sea ineficiente y asegurará la capacidad suficiente para respaldar los requerimientos de negocios. En el diseño de la cadena de suministro el objetivo final es eliminar el desperdicio ocasionado por la misma o que es parte de ella. La identificación de estas ineficiencias puede ayudar a descubrir oportunidades para la consolidación o el reajuste. Además, la evaluación periódica del diseño es útil para posicionar la red física y atender mejor el mercado cambiante. Entre los conductores del cambio se encuentran el crecimiento y las variaciones en la demanda, los mayores requerimientos de servicio al cliente y la globalización de los proveedores. Estos conductores exigen que la organización expanda o modifique el diseño de su cadena de suministro.

ADMINISTRACIÓN DE LOS NIVELES DE SERVICIO

Debido a que el perfeccionamiento del servicio al cliente es un objetivo vital de la optimización de inventarios, es imperativo mantener y mejorar sus niveles durante el proceso de transformación para garantizar la aceptación de las partes interesadas y el impulso para implementar iniciativas. Una vez que el liderazgo ha definido la política de servicio de la organización, es necesario determinar los niveles meta de inventario a partir no sólo de esa política de servicio, sino también de la efectividad del proceso y la tecnología sobre los que la política se basará.

ASOCIACIÓN CON PROVEEDORES

La optimización de inventarios requiere que la organización se asocie con proveedores internos y externos para dar velocidad y eficiencia al reabastecimiento. Esto aplica para todos los bienes, ya sea que se produzcan de manera interna o se compren del exterior. Aquí dos componentes son esenciales: la comunicación y la rendición de cuentas. La comunicación eficaz implica trabajo en equipo, colaboración y visibilidad. La rendición de cuentas incluye la toma de decisiones respecto a la organización en su conjunto, y no sólo optimizar una función o subproceso; es crucial cuando fuerzas opuestas se encuentran en la misma cadena de suministro: imagine una situación en la que manufactura recibe incentivos para una alta utilización y productividad sin importar el espacio necesario o el costo de almacenar los artículos. Use un proceso de planificación que determine el mejor curso de acción para el negocio como un todo. Haga de la combinación adecuada de los programas de proveedores de materias primas, los programas de la administración del desempeño del proveedor y la administración de la relación con los proveedores la base de su iniciativa de optimización del inventario.

Fuente: Adaptado de Marissa Brown, "Inventory Optimization: Show Me the Money", *Supply Chain Management Review* (julio-agosto de 2011): 47-49. Reproducido con autorización del Council of Supply Chain Management Professionals.

los necesite, no antes ni después. Esta sección enfatiza algunos factores adicionales que caracterizan a un verdadero sistema de este tipo.

Definición y componentes del sistema JIT

Por lo general, los sistemas JIT están diseñados para administrar los tiempos de entrega y eliminar el desperdicio. De manera ideal, un producto debe llegar justo cuando una organización lo necesita, sin tolerar tardanzas o anticipos en las entregas. Muchos sistemas JIT dan prioridad a los tiempos de entrega breves y consistentes. No obstante, en un verdadero sistema JIT la duración del tiempo de entrega no es tan importante como su confiabilidad.

El concepto JIT es una versión adaptada del sistema **Kanban**, que Toyota Motor Company desarrolló en Japón. *Kanban* se refiere a las tarjetas unidas a los carros que llevan pequeñas cantidades de componentes y otros materiales necesarios a las diferentes ubicaciones dentro de las fábricas. Cada tarjeta especifica las cantidades necesarias de reabastecimiento y el momento exacto en que éste debe efectuarse.

Las tarjetas de producción (tarjetas *kan*) determinan y autorizan la cantidad del producto que se fabricará; las de requisición (tarjetas *ban*) autorizan el retiro de los materiales necesarios de la operación de suministro. Dado el conocimiento de los volúmenes diarios de producción, estas actividades pueden efectuarse manualmente sin ayuda de las computadoras. Por último, se usa un **sistema Andon**, o de luces, para notificar al personal de la planta sobre posibles problemas: una luz amarilla indica un contratiempo pequeño y una roja avisa de uno grave. El personal de toda la planta puede ver todas las luces. De esta forma se alerta a los trabajadores de una potencial interrupción en el proceso de manufactura si el problema lo amerita.[3]

La experiencia indica que la implementación eficaz del concepto JIT disminuye de manera impresionante los inventarios de materiales y componentes, los de trabajo en curso y de productos terminados. Además, los conceptos Kanban y JIT dependen en gran medida de la calidad del producto y los componentes manufacturados, así como de un sistema de logística capaz y exacto para administrar los materiales y la distribución física.

El concepto JIT consta de cuatro elementos fundamentales: cero inventarios; tiempos de entrega breves y consistentes; cantidades de reabastecimiento pequeñas y frecuentes, y alta calidad o cero defectos. Es un concepto operativo que se basa en la entrega de materiales en las cantidades y el momento exactos en que se necesitan (con lo que disminuyen los costos de inventario). Puede aumentar la calidad y reducir el desperdicio, así como cambiar por completo la forma en que una organización realiza sus actividades logísticas. Del modo en que muchas empresas lo practican, es más integral que un sistema de administración de inventarios; en esencia fomenta una cultura organizacional, asociaciones con el proveedor y equipos de empleados de calidad.

El sistema JIT funciona de forma muy parecida al sistema de punto de reorden o de dos cajones: utiliza un cajón para cumplir la demanda de una pieza; cuando ese cajón se vacía (una señal para reabastecer la pieza), el segundo cajón la suministra mientras se reabastece al primero. Toyota, entre otras empresas, ha tenido un gran éxito con este sistema debido a su programa maestro de producción, cuya finalidad es que se programe cada producto, cada día, en una secuencia que entremezcle todas las partes. En el proceso de manufactura, las cantidades pequeñas de productos que se suministran en las corridas de producción breves también crean una demanda relativamente continua de suministros y componentes. En teoría, el tamaño ideal del lote o del pedido para un sistema JIT es una unidad. Desde luego, esto alienta a las organizaciones a reducir o eliminar los costos de preparación y los costos adicionales por ordenar.

Al generar lotes de tamaño extremadamente pequeño y tiempos de entrega muy breves, el método JIT reduce estos últimos de manera considerable. Por ejemplo, cuando fabricaba montacargas, Toyota tenía tiempos acumulativos de entrega de material de un mes. Éstos incluían el ensamblaje final, el subensamblaje, la fabricación y las compras. Otros fabricantes de montacargas tenían tiempos de entrega de seis a nueve meses.[4]

El JIT en comparación con los métodos EOQ para la administración de inventarios

La tabla 9.18 menciona algunas diferencias principales entre la filosofía JIT y la administración de inventarios habitual en muchas organizaciones. Se analizan en la siguiente sección.

Primero, el JIT intenta eliminar el exceso de inventario tanto del comprador como del vendedor; algunas personas piensan que sólo obliga al vendedor a mantener el inventario que antes mantenía el comprador. No obstante, sus aplicaciones exitosas reducirán de manera importante los inventarios de ambas partes.

Segundo, los sistemas JIT a menudo implican corridas de producción breves y requieren que las actividades del área cambien con frecuencia de un producto a otro. Este enfoque minimiza las economías de escala que se generan a partir de las corridas de producción largas de un solo producto. También genera costos de preparación de corridas más altos, pero se asume que estos costos son constantes. Sin embargo, las corridas de producción reducidas generarán niveles menores de inventario de bienes terminados. Por tanto, aquí hay un punto de equilibrio entre los costos de preparación y los niveles de inventario de los productos terminados. Muchas organizaciones han tenido éxito al reducir sus costos de preparación y han aprovechado los bajos costos de inventario.

Tercero, el JIT reduce los tiempos de espera para la entrega de materiales y productos cuando y donde la organización los necesita. Los fabricantes de automóviles que lo aplican solicitan que los componentes y las refacciones se les entreguen en la cadena de montaje cuando, donde y en la cantidad exacta en que se requiere.

Tabla 9.18	**La EOQ en comparación con las actitudes y conductas JIT**	
FACTOR	**EOQ**	**JIT**
Inventario	Activo	Pasivo
Existencias de seguridad	Sí	No
Corridas de producción	Largas	Breves
Tiempos de preparación	Se amortizan	Se minimizan
Tamaños de lote	EOQ	1 por 1
Filas	Se eliminan	Necesarias
Tiempos de entrega	Se toleran	Se reducen
Inspección de calidad	Partes importantes	100% del proceso
Proveedores/clientes	Adversarios	Socios
Fuentes de suministro	Múltiples	Única
Empleados	Se instruyen	Se involucran

Fuente: Adaptado de William M. Boyst, III, "JIT American Style", *Proceedings of the 1988 Conference of the American Production & Inventory Control Society* (APICS, 1988): 468. Reproducido con autorización.

Cuarto, el concepto JIT usa tiempos de entrega breves y consistentes para satisfacer la necesidad de inventario de manera oportuna. Esta es la razón por la que muchos proveedores ubican sus instalaciones cerca de los clientes que consideran la utilización de este método. Los tiempos de entrega breves reducen el ciclo de inventarios; los consistentes reducen las existencias de seguridad. De los dos componentes del tiempo de entrega, la consistencia es lo más importante; es decir, para el éxito de JIT, un tiempo de entrega breve no es tan importante como uno consistente.

Quinto, los sistemas basados en el JIT dependen del ingreso de partes y componentes de alta calidad y de sistemas logísticos de entrada de nivel excepcionalmente superior. El hecho de que estos sistemas sincronicen la manufactura y el ensamblaje con la recepción oportuna y predecible de los materiales de entrada refuerza esta necesidad.

Sexto, el concepto JIT exige un fuerte compromiso mutuo entre el comprador y el vendedor, en el que se enfatiza la calidad y la búsqueda de decisiones benéficas para ambos. Su éxito requiere el interés por minimizar el inventario en todo el canal de distribución (o de suministro); el JIT fracasará si la organización sólo traslada el inventario a otro socio del canal.

Resumen y evaluación del JIT

El concepto *just-in-time* permite a los gerentes de logística reducir sus costos unitarios y mejorar el servicio al cliente. Un análisis minucioso de este método demuestra su semejanza con sistemas más reactivos como el de la EOQ y los enfoques de la cantidad fija del pedido, dado que el sistema JIT responde a la demanda.

La diferencia principal entre el JIT y los métodos más tradicionales es que se compromete con los tiempos de entrega breves y consistentes y con la reducción o eliminación de inventarios. En realidad, ahorra dinero en los inventarios hacia abajo de la cadena de suministro al hacer más confiable su capacidad de respuesta y flexibilidad. En teoría, el uso del JIT ayuda a sincronizar el sistema logístico de manera tan detallada que su operación no depende de los inventarios ubicados de manera estratégica a lo largo del sistema logístico.

Sus aplicaciones exitosas también dan prioridad a los procesos de manufactura eficientes y confiables. Dado que los sistemas JIT requieren la entrega de partes y materiales cuando y donde haya demanda, dependen en gran medida de la exactitud del proceso de pronóstico diseñado para anticipar la demanda de los productos terminados. Además, su operación oportuna exige comunicaciones y sistemas de información confiables y eficaces, así como servicios de transportación consistentes y de alta calidad.

Planificación de requerimientos de materiales

Otro método para el inventario y la programación que ha ganado amplia aceptación es la **planificación de requerimientos de materiales** (**MRP**; *materials requirements planning*). Difundido por Joseph Orlicky, el MRP se ocupa específicamente de suministrar materiales y componentes cuya demanda depende a su vez de la demanda de un producto final determinado. Sus fundamentos conceptuales han existido durante años, pero sólo hasta hace poco la tecnología y los sistemas de información han permitido a las organizaciones obtener beneficios de él e implantarlo.

Definición y operación de los sistemas MRP

Un sistema MRP es un conjunto de procedimientos lógicamente relacionados, reglas de decisión y registros diseñados para traducir el programa maestro de producción en requerimientos de inventario netos sincronizados y la cobertura planificada de tales requerimientos para cada artículo componente necesario con el fin de implementar el programa. Un sistema MRP re-calcula los requerimientos netos y la cobertura como resultado de los cambios en el programa maestro de producción, la demanda, el estatus de inventario o la composición

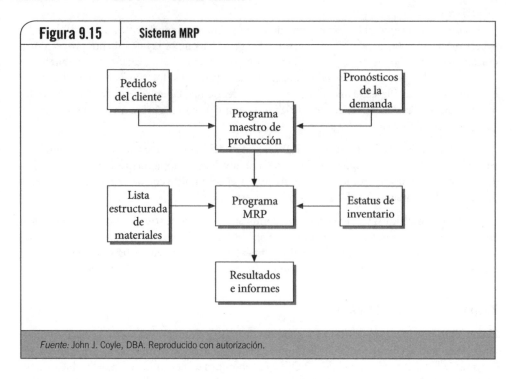

Figura 9.15   Sistema MRP

Fuente: John J. Coyle, DBA. Reproducido con autorización.

del producto. Estos sistemas alcanzan sus objetivos calculando los requerimientos netos para cada artículo del inventario, a la vez que los implementan de manera sincronizada y determinan su cobertura apropiada.[5]

Las metas de un sistema MRP consisten en: 1) garantizar la disponibilidad de materiales, componentes y productos para la producción planificada y la entrega al cliente; 2) mantener el nivel más bajo posible de inventario que apoye los objetivos de servicio, y 3) planificar las actividades de manufactura, los programas de entrega y las actividades de compra. Al hacerlo, un sistema MRP considera las cantidades actuales y planificadas de componentes y productos en un inventario, así como su oportunidad necesaria.

La MRP comienza al determinar cuántos productos finales (artículos de demanda independiente) desean los clientes y cuándo los necesitan. Entonces desagrega la oportunidad y la necesidad de los componentes a partir de la demanda del producto final. La figura 9.15 muestra cómo opera un sistema MRP con los siguientes elementos clave.

- **Programa maestro de producción (MPS;** *master production schedule***).** Basado en los pedidos reales de los clientes, así como en los pronósticos de la demanda, el programa maestro de producción es el que impulsa todo el sistema MRP. Este sistema detalla con exactitud los artículos de demanda independiente que debe producir una organización y el momento en que son necesarios. En otras palabras, el MPS ofrece un programa puntualizado de los tiempos de producción y las cantidades para diferentes productos.

- **Lista estructurada de materiales (BOM;** *bill of materials file***).** Del mismo modo en que una receta indica los ingredientes necesarios para elaborar un pastel, la lista estructurada de materiales especifica la cantidad exacta de materias primas, componentes y partes necesaria para producir un artículo de demanda independiente. Además de identificar los requerimientos generales como las cantidades necesarias, la BOM especifica cuándo deben estar disponibles los insumos individuales para el proceso de producción. También identifica cómo se relacionan los diferentes insumos entre sí y muestra su importancia relativa para fabricar un producto final. Por tanto, si es necesario combinar varios componentes con diferentes tiempos de entrega para producir un subensamblado, BOM indicará esta relación.

- **Archivo del estatus de inventario (ISF;** *inventory status file*). Este archivo mantiene registros del inventario, de manera que la organización puede restar la cantidad disponible de los requerimientos generales, y así identificar los requerimientos netos en cualquier momento. También contiene información importante sobre problemas específicos, como las necesidades de existencias de seguridad y los tiempos de entrega. Desempeña una función vital en el mantenimiento del programa maestro de producción y la reducción del inventario.

- **Programa MRP.** Basado en la necesidad de artículos independientes especificados en el MPS y en la información de la BOM, el programa MRP desglosa primero la demanda del producto final en requerimientos generales de partes individuales y otros materiales. Después calcula los requerimientos netos a partir de la información del ISF y coloca pedidos para los insumos necesarios para el proceso de producción; los pedidos responden a las exigencias de cantidades específicas de materiales y a sus tiempos. El ejemplo en la siguiente sección aclara estas actividades.

- **Resultados e informes.** Después de que una organización aplica el programa MRP, varios resultados e informes básicos ayudarán a los gerentes involucrados en la logística y la manufactura. Entre éstos figuran los registros y la información relacionados con lo siguiente: 1) cantidades que la organización debe pedir y cuándo; 2) cualquier necesidad para expedir o reprogramar fechas de entrega de las cantidades necesarias de insumos; 3) necesidad cancelada del producto, y 4) estatus del sistema MRP. Estos informes son la clave para controlar el sistema MRP, y en entornos complejos se revisan a diario para aplicar las modificaciones adecuadas y ofrecer información.

Ejemplo de un sistema MRP

Para comprender el método MRP de manera más completa, considere una organización que ensambla temporizadores de cocina. Suponga que, de acuerdo con el programa maestro de producción, la organización desea armar un solo temporizador para entregarlo a un cliente después de ocho semanas. La aplicación del MRP sería de la siguiente manera.

La figura 9.16 muestra la BOM para ensamblar un temporizador de cocina. Los requerimientos generales para el producto terminado incluyen dos puntas, un bulbo, tres soportes y un gramo de arena. La figura muestra también que la organización debe agregar el gramo de arena al bulbo antes de ensamblar el temporizador terminado.

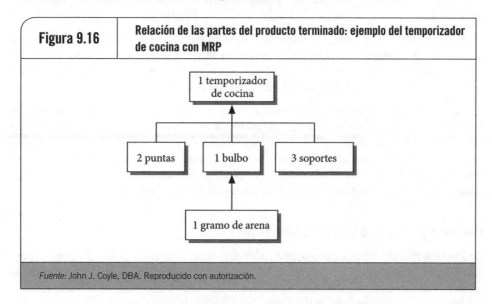

| **Figura 9.16** | **Relación de las partes del producto terminado: ejemplo del temporizador de cocina con MRP** |

Fuente: John J. Coyle, DBA. Reproducido con autorización.

Tabla 9.19	Archivo del estatus del inventario: ejemplo del MRP para un temporizador de cocina			
PRODUCTO	REQUERIMIENTOS GENERALES	INVENTARIO DISPONIBLE	REQUERIMIENTOS NETOS	TIEMPO DE ENTREGA (EN SEMANAS)
Temporizadores de cocina	1	0	1	1
Puntas	2	0	2	5
Soportes	3	2	1	1
Bulbos	1	0	1	1
Arena	1	0	1	4

Fuente: John J. Coyle, DBA. Reproducido con autorización.

La tabla 9.19 presenta el archivo del estatus de inventario para el ejemplo del temporizador de cocina y calcula los requerimientos netos, como la diferencia entre los requerimientos generales y la cantidad de inventario disponible. También indica el tiempo de entrega de cada componente, por ejemplo, el necesario para proveer soportes y bulbos es una semana, en tanto que la arena requiere cuatro semanas y las puntas cinco. Una vez que están disponibles todos los componentes, el tiempo necesario para ensamblar el temporizador terminado es de una semana.

Por último, la figura 9.17 muestra el programa maestro relacionado con la solicitud y recepción de componentes y el ensamblaje del temporizador de cocina terminado. Debido a que la organización debe contar con el producto armado y listo para entregarlo al cliente al final de las ocho semanas, las cantidades adecuadas de partes deben estar disponibles en la séptima semana. La parte superior de la figura 9.17 muestra este requerimiento.

Al trabajar de manera inversa a partir de la necesidad de los componentes en la séptima semana, las porciones inferiores de la figura 9.17 identifican las estrategias para pedir y recibir los inventarios de los componentes. Por ejemplo, para las dos puntas que requieren un tiempo de entrega de cinco semanas, la organización debe colocar el pedido en la segunda semana; para un soporte adicional que necesita un tiempo de entrega de una semana, la organización coloca el pedido durante la sexta semana. Por último, es preciso solicitar el bulbo en la sexta semana para su entrega en la séptima, y pedir la arena en la segunda semana para recibirla en la sexta.

Este ejemplo ilustra cómo se relaciona el método basado en MRP con la programación y el control de inventarios. De hecho, el programa MRP en sí mismo realizaría los cálculos que se observan en la figura 9.17. Una vez que se genera un programa maestro, los informes presentan estos datos en un formato adecuado para el uso del gerente.

En la práctica, la MRP es excepcionalmente idónea para la planificación y el control de los pedidos y la recepción de grandes cantidades de componentes y productos que podrían interaccionar durante el ensamblaje o la manufactura. Organizaciones como Dell y Boeing utilizan este método para armar computadoras y aeronaves, respectivamente. Con la excepción de problemas muy sencillos como el ejemplo del temporizador de cocina, la tecnología informática es casi un requisito para usar aplicaciones basadas en MRP.

Resumen y evaluación de los sistemas MRP

Una vez establecido el MPS, el programa MRP desarrolla un método por etapas para programar y recibir inventarios. Debido a que genera una lista de materiales requeridos para ensamblar o fabricar un número específico de artículos de demanda independiente, la MRP representa un método de "empujar". En consecuencia, esto fomenta la generación de órdenes de compra y pedidos de producción. Por lo general, la MRP se aplica principalmente cuando la demanda de componentes y materiales depende de la demanda de algún producto final específico.

Figura 9.17	Programa maestro: ejemplo de la MRP para el temporizador de cocina

Temporizadores de cocina (LT = 1)	1	2	3	4	5	6	7	8
Cantidad necesaria								1
Programa de producción							1	

Puntas (LT = 5)	1	2	3	4	5	6	7	8
Requerimientos generales							2	
Inventario disponible	0	0	0	0	0	0	0	
Recepciones programadas							2	
Liberaciones planificadas de pedidos		2						

Soportes (LT = 1)	1	2	3	4	5	6	7	8
Requerimientos generales							3	
Inventario disponible	2	2	2	2	2	2	2	
Recepciones programadas							1	
Liberaciones planificadas de pedidos						1		

Bulbos (LT = 1)	1	2	3	4	5	6	7	8
Requerimientos generales							1	
Inventario disponible	0	0	0	0	0	0	0	
Recepciones programadas							1	
Liberaciones planificadas de pedidos						1		

Arena (LT = 4)	1	2	3	4	5	6	7	8
Requerimientos generales						1		
Inventario disponible	0	0	0	0	0	0		
Recepciones programadas						1		
Liberaciones planificadas de pedidos		1						

Fuente: John J. Coyle, DBA. Reproducido con autorización.

Dado que la demanda real es la clave para el establecimiento de los programas de producción, los sistemas MRP pueden reaccionar con rapidez ante la demanda cambiante de productos terminados. Aunque algunos defensores del JIT piensan que el método de "jalar" tiene de manera inherente una mayor capacidad de respuesta que el de "empujar", como el MRP, a veces lo contrario también es cierto. Además, los sistemas MRP ayudan a las organizaciones a lograr otros objetivos típicos del método justo a tiempo, como los que pertenecen a la administración de los tiempos de entrega y la eliminación de desperdicios; en resumen, pueden lograr objetivos que se asocian con los métodos basados en JIT, en tanto que a veces las decisiones que se toman de acuerdo con el concepto de "jalar" no reflejan los acontecimientos futuros para los que las políticas JIT están diseñadas.

Entre las principales ventajas de la mayoría de los sistemas basados en la MRP están las siguientes.

- Intentan mantener niveles razonables de existencias de seguridad y minimizar o eliminar los inventarios siempre que sea posible.

- Identifican los problemas en los procesos y posibles perturbaciones en la cadena de suministro mucho tiempo antes de que ocurran, y efectúan las acciones correctivas necesarias.

- Los programas de producción están basados en la demanda real, así como en pronósticos de artículos con demanda independiente.

- Coordinan el pedido de materiales a través de varios puntos en una red logística de la organización.

- Son más idóneos para los procesos por lote, ensamblaje intermitente o proyectos.

Entre las desventajas de los métodos basados en la MRP están las siguientes.

- Su aplicación depende en gran medida de las computadoras, y hacer cambios es difícil una vez que el sistema está en operación.

- Es posible que aumenten los costos por la colocación de los pedidos y la transportación a medida que una organización reduzca sus niveles de inventario y avance hacia un sistema más coordinado de ordenar productos en cantidades menores para su llegada en el momento en que la organización los necesita.

- Por lo general, no son tan sensibles a las fluctuaciones de corto plazo en la demanda, pues son métodos de punto de pedido (aunque tampoco requieren tanto inventario).

- Con frecuencia se vuelven demasiado complejos y en ocasiones no funcionan de la manera exacta en que se pretendía que lo hicieran.[6]

Observación relacionada con los sistemas MRP II

La **planificación de recursos de manufactura** (**MRP**; *manufacturing resource planning*) tiene un conjunto mucho más integral de herramientas que la MRP por sí sola. Aunque la MRP es un paso clave en el programa MRP II, éste permite que una organización integre las operaciones y la logística a su planificación financiera.

El MRP II es una herramienta excelente de planificación y es útil para describir los resultados probables de la implantación de estrategias en áreas como logística, mercadotecnia y finanzas. Por tanto, ayuda a las organizaciones a realizar análisis de escenarios y determinar el movimiento adecuado de productos y estrategias de almacenamiento en los puntos del sistema logístico y entre ellos.

Se trata de una técnica de planificación integral que se utiliza para programar y administrar todos los recursos de una organización, y abarca mucho más que el inventario o incluso que el control de la producción para incluir todas sus funciones.[7] Puede conjuntar todas las áreas funcionales corporativas en un todo integrado. Entre sus beneficios máximos figuran un mejor servicio al cliente gracias a la cantidad menor de agotamientos de existencias y escasez, entregas más adecuadas y mayor capacidad de respuesta ante los cambios en la demanda. Su implementación exitosa también ayudará a reducir los costos de inventario, la frecuencia de cuellos de botella o las interrupciones en las líneas de producción, y a incrementar la flexibilidad de la planificación.[8]

Planificación de requerimientos de distribución

La planificación de requerimientos de distribución (DRP; *distribution requirements planning*) es una técnica que se utiliza con frecuencia y es potencialmente poderosa en relación con los sistemas logísticos de salida, pues les ayuda a determinar el nivel de logística adecuado para cubrir los objetivos de costo y servicio. La DPR determina los programas de reabastecimiento entre las instalaciones de manufactura de la organización y sus centros de distribución. Las historias de éxito que la incluyen indican que las organizaciones pueden mejorar el servicio (eliminación de los agotamientos de existencias), reducir el nivel general de inventarios de bienes terminados y los costos de transportación, y mejorar las operaciones del centro de distribución. Con este potencial, no sorprende que los fabricantes se interesen por las capacidades de este sistema.

La DRP se une a los sistemas MRP en un intento por administrar el flujo y los tiempos tanto de los materiales de entrada como de los bienes terminados de salida; esto sucede de manera especial en las industrias en que se requieren varios artículos de entrada para fabricar un producto terminado, como es el caso de la automotriz. Los artículos necesarios para combinarse y utilizarse en el proceso de ensamblado de un producto terminado por lo general tienen diferentes tiempos de entrega. Por tanto, la MRP está vinculada con el programa maestro de producción, que indica qué artículos deben producirse cada día y la secuencia en la que se producirán. Este programa se utiliza como base para pronosticar el número de componentes requeridos y cuándo se necesitarán.

La razón fundamental de la DRP es pronosticar con mayor precisión la demanda y usar esa información para desarrollar programas de producción. De esta forma, una organización puede minimizar el inventario de entrada utilizando la MRP junto con los programas de producción. El inventario de salida (productos terminados) se reduce con el uso de la DRP.

La DRP desarrolla una proyección para cada unidad de registro de almacenamiento (SKU) y requiere lo siguiente.[9]

- Pronóstico de la demanda para cada SKU
- Nivel de inventario actual del SKU (balance disponible, BOH; [*balance on hand*])
- Existencias de seguridad objetivo
- Cantidad de reabastecimiento recomendada
- Tiempo de entrega para reabastecimiento

Esta información se usa para crear requerimientos de reabastecimiento en cada centro de distribución. Uno de los elementos clave de un sistema de planificación de requerimientos de distribución es el desarrollo de una tabla DRP, formada por una variedad de elementos como SKU, BOH, la recepción programada, y los pedidos planificados, entre otros. La tabla 9.20 ilustra la tabla DRP para el caldo de pollo con tallarines en el centro de distribución Columbus; se

Tabla 9.20	Tabla DRP para el caldo de pollo con tallarines

CENTRO DE DISTRIBUCIÓN COLUMBUS: PLANIFICACIÓN DE RECURSOS DE DISTRIBUCIÓN

SEMANA	ENERO 1	2	3	4	FEBRERO 5	6	7	8	MARZO 9
POLLO CON TALLARINES: BOH actual = 4,314; Q = 3,800; SS = 1,956; LT = 1									
Pronóstico	974	974	974	974	989	1,002	1,002	1,002	1,061
Recepción programada	0	0	3,800	0	0	0	3,800	0	0
BOH –final	3,340	2,366	5,192	4,218	3,229	2,227	5,025	4,023	2,962
Pedido planificado	0	3,800	0	0	0	3,800	0	0	3,800
Pedido real					Q = cantidad SS = existencias de seguridad LT = tiempo de entrega				

Fuente: A. J. Stenger, "Distribution Resources Planning", Penn State University, ejemplo en clase.

muestran sólo nueve semanas, pero una tabla de este tipo casi siempre incluye 52, y es un documento dinámico que experimenta cambios continuos conforme cambian sus datos, en especial la demanda. Las tablas individuales ofrecen información útil, pero su mezcla puede generar una ventaja mayor. Por ejemplo, la combinación de todas las tablas individuales de SKU para los artículos enviados de una fuente puede ofrecer información útil acerca de las oportunidades de consolidación de la transportación y cuándo se espera que los pedidos lleguen a un centro de distribución. La combinación de las tablas de la demanda por artículo y por centro de distribución ayuda a realizar planes eficientes de producción y embarques.

Resumen y evaluación de la DRP

Los sistemas DRP son para los embarques de salida lo que la MRP es para los de llegada. El punto focal para combinar ambos sistemas es la fábrica, donde el flujo óptimo de material es crucial. La DRP es un ejemplo de un método de "empujar" y puede utilizarse en aplicaciones tanto de una sola instalación como en todo el sistema. La clave para su éxito es contar con pronósticos de demanda exactos basados en las unidades de registro de almacenamiento (SKU) por cada centro de distribución. La consolidación de esta demanda por SKU, y la incorporación de los tiempos de entrega y los requerimientos de existencias de seguridad permiten a la fábrica determinar el programa maestro de producción. Una vez hecho esto, la MRP puede usarse para coordinar el flujo y los tiempos del material en la fábrica, de manera que la llegada de los envíos deseados a los centros de distribución sea posible. Por tanto, la combinación de la MRP con la DRP genera un enfoque que coordina el flujo de materiales de los proveedores de materias primas a la fábrica (donde se producirán los bienes terminados) y a los centros de distribución para satisfacer las demandas de envío de los clientes.

Inventario administrado por el proveedor

Las técnicas de administración de inventarios que se han analizado hasta ahora se usan para manejar el inventario *dentro* de la red logística de una organización. El JIT y la MRP administran inventarios de componentes y materias primas en la parte de la entrada de una fábrica, y la DRP se encarga de los inventarios de bienes terminados entre la fábrica y sus centros de distribución. Una técnica relativamente nueva, el inventario administrado por el proveedor (VMI; *vendor-managed inventory*), administra los inventarios *fuera* de la red logística de la organización; en otras palabras, los que se encuentran en los centros de distribución del cliente.

La primera empresa en utilizar el concepto de VMI fue Walmart, para que sus proveedores administraran sus inventarios dentro de los centros de distribución de este vendedor minorista. Su fundamento consistía en que los proveedores podían administrar sus inventarios mejor que Walmart. De ese modo, aquellos asumían la responsabilidad de asegurarse de que sus productos estuvieran siempre disponibles en los centros de distribución de la empresa cuando las tiendas los demandaran. Desde entonces, otras organizaciones en muchas industrias han adoptado el VMI.

Los principios básicos en los que se basa el concepto de VMI son sencillos. Primero, el proveedor y su cliente acuerdan qué productos se administrarán con esta técnica en los centros de distribución del cliente. Segundo, se establecen los puntos de reorden y las cantidades económicas del pedido para cada uno de esos productos. Tercero, a medida que los artículos se envían desde el centro de distribución del cliente, éste notifica al proveedor, por SKU, sobre los volúmenes enviados en tiempo real. Esta notificación se conoce como "datos *pull*". Es decir, a medida que el cliente "jala" (*pull*) un producto del almacén para enviarlo a una tienda o a otra instalación, el proveedor recibe la notificación de que ese producto fue jalado para su envío, lo que ayuda a disminuir los inventarios disponibles. Cuarto, el proveedor controla los inventarios disponibles en el centro de distribución, y cuando éstos alcanzan el punto de reorden acordado, crea un pedido para el reabastecimiento, notifica al centro de distribución del cliente la cantidad y tiempo de llegada y envía el pedido para reabastecer el centro de distribución. Por tanto, el cliente no tiene necesidad de colocar un pedido para su reabastecimiento; ya que se comparte la información en tiempo real, el proveedor conoce la demanda del producto y "empuja" (*push*) el inventario a la ubicación del cliente.

Por tradición, el VMI se ha utilizado cuando se trata de artículos de demanda independiente entre proveedores y vendedores minoristas. No obstante, organizaciones como Dell permiten a los proveedores de componentes aplicarlo para administrar sus inventarios en almacenes de proveedores externos ubicados cerca de las plantas de ensamblaje de la empresa. Por tanto, VMI puede utilizarse tanto para los artículos de demanda independiente como de demanda dependiente.

Muchas organizaciones lo usan en combinación con el enfoque de planificación, pronóstico y reabastecimiento colaborativos (CPFR; *collaborative planning, forecasting and replenishment*) (que se analizó en el capítulo 7) para administrar los inventarios de todo el sistema. Recuerde que el concepto CPFR permite a los proveedores y sus clientes acordar la demanda de productos en estos términos. Dado que el CPFR se utiliza para desarrollar un plan que abarca todo el sistema, las organizaciones necesitan una técnica para ejecutar esos planes en cada fábrica y en todo el sistema. Aquí es donde el VMI desempeña una función vital: puede aplicarse para dar seguimiento a los inventarios de todo el sistema y a los de cada instalación y utilizar esos datos para validar el plan de CPFR.

El uso del VMI para administrar los inventarios no se ve afectado por cuáles organizaciones los *poseen*. Por tradición, los proveedores que lo han aplicado envían sus productos a los centros de distribución del cliente de acuerdo con el concepto de destino libre a bordo (FOB). Es decir, el proveedor es propietario del inventario en tránsito, pero la propiedad se transfiere una vez que el cliente recibe el producto en el centro de distribución. Por tanto, el proveedor administra sus inventarios, pero el cliente mantiene la propiedad. Algunos clientes han investigado el uso de lo que puede llamarse **inventarios de mercancías a consignación parcial** en sus centros de distribución. En este escenario, el proveedor administra y posee el inventario en el centro de distribución del cliente hasta que es jalado para su envío. Con la consignación parcial, los proveedores tienen el desafío de minimizar su inversión de inventario en los centros de distribución de sus clientes mientras se cercioran de contar con la cantidad suficiente para cubrir la demanda.

Un beneficio importante del VMI es el conocimiento obtenido por el proveedor acerca de los niveles de inventario de sus productos, en tiempo real, en las ubicaciones de sus clientes. Esto da más tiempo al proveedor de servicios de embarque para reaccionar ante los cambios repentinos en la demanda y garantizar que no haya agotamiento de existencias. Una desventaja del VMI es que en ocasiones los proveedores lo utilizan para empujar su exceso de inventario a los centros de distribución de sus clientes al final del mes para cumplir con sus cuotas de ventas mensuales. Esto ocasiona que el cliente mantenga inventario excesivo, lo que aumenta el costo de sus operaciones.

Todas las técnicas de inventario que se han analizado hasta este punto comparten pequeñas diferencias y similitudes. No obstante, todas usan alguna forma de cantidad económica del pedido (EOQ) y técnicas de punto de reorden, recuerde que ambas categorías responden a las preguntas de *cuánto* y *cuándo*. El JIT, la MRP, la DRP y el VMI se esfuerzan en enviar la cantidad exacta en el momento exacto. Por tanto, todos utilizan el punto de reorden y la EOQ. La figura 9.18 ilustra una red minorista e intenta mostrar dónde encajan todas estas técnicas de inventario en la red logística. A medida que el método administra el inventario más cerca del punto real de la demanda (por ejemplo, el VMI y el enfoque CPFR), la precisión de los pronósticos aumenta, los ciclos del pronóstico disminuyen y la disponibilidad del producto se incrementa. Muchas organizaciones actuales utilizan todos esos enfoques para administrar los inventarios en sus redes logísticas.

Hasta ahora el análisis se ha enfocado en las técnicas para administrar los inventarios de materias primas, componentes y bienes terminados en una red logística. Un supuesto que se

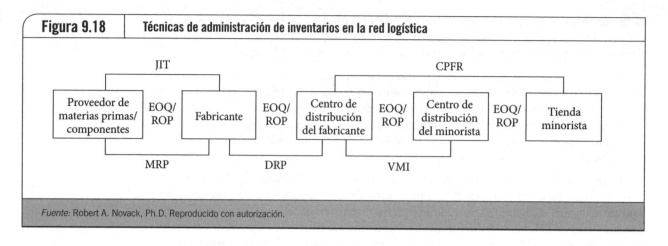

Figura 9.18 | Técnicas de administración de inventarios en la red logística

Fuente: Robert A. Novack, Ph.D. Reproducido con autorización.

ha formulado es que todos estos artículos se mantienen en todos los puntos de almacenamiento, con lo que se simplifica el uso de estas técnicas. No obstante, existe una incongruencia de los niveles y variabilidad de la demanda, y los niveles y variabilidad de los tiempos de entrega con los artículos que una organización produce. La siguiente sección abordará el concepto de evaluación de inventario, que exige que una organización evalúe no sólo qué artículos son los más importantes, sino también dónde se almacenarán para cubrir la demanda.

Clasificación del inventario

Las múltiples líneas de producto y los controles de inventario requieren que las organizaciones se enfoquen en los artículos de inventario más importantes, y que utilicen metodologías más sofisticadas y eficaces para administrarlo. La clasificación es el primer paso para hacerlo de manera más eficiente. Existen muchas técnicas que se pueden utilizar para clasificar el inventario. Sin embargo, el análisis de la siguiente sección se centrará en una de las más sencillas y difundidas.

Análisis ABC

La necesidad de clasificar los artículos del inventario de acuerdo con su importancia fue reconocida por primera vez en 1951 por H. Ford Dicky, de General Electric (GE),[10] quien sugirió que GE catalogara los artículos de acuerdo con el volumen relativo de ventas, los flujos de efectivo, el tiempo de entrega o los costos de agotamiento de existencias, utilizando lo que en la actualidad se conoce como **análisis ABC**. Esta técnica de clasificación asigna los artículos del inventario a uno de tres grupos conforme al impacto relativo o el valor de aquellos que integran el grupo. Los artículos *A* son los más importantes, los *B* tienen menor importancia y los *C* son los menos importantes. Recuerde que el criterio para evaluar un artículo determinará el grupo al que se asignará. Al tomar como criterio el ingreso por artículo, podría asignarse el artículo 1 al grupo *A*, mientras que al considerar la utilidad como criterio, quizá se asignaría al grupo *C*. La determinación del criterio para la clasificación de inventarios dependerá de los objetivos que la empresa pretenda alcanzar. También recuerde que una organización puede determinar si necesita más o menos de tres categorías.

Ley de Pareto o "Regla 80-20"

El análisis ABC tiene su origen en la ley de Pareto, que separa a los "muchos triviales" de los "pocos vitales"[11]. En términos de inventario, esto sugiere que un pequeño número de artículos o SKU puede ser responsable de un impacto considerable o del valor para la organización. Un personaje del Renacimiento en el siglo xix, Vilfredo Pareto, sugirió que algunos elementos vitales dominaban muchas situaciones y que las características relativas de los miembros de una población no eran uniformes.[12] Su principio de que un pequeño porcentaje relativo de una población puede ser responsable de un alto porcentaje de impacto o valor global se ha denominado la "regla 80-20", que puede observarse en muchas situaciones prácticas.

Por ejemplo, una investigación de mercadotecnia puede detectar que 20% de los clientes de una organización es responsable de 80% de sus ingresos; una universidad puede observar que 20% de sus cursos genera 80% de los créditos por hora de sus estudiantes; o un estudio puede revelar que 20% de la población de una ciudad es responsable de 80% de sus delitos. Aunque los porcentajes reales varían ligeramente de un ejemplo a otro, por lo general aplica alguna variación de la regla 80-20.

Ilustración en el inventario

La figura 9.19 demuestra el análisis ABC aplicado a la administración de inventarios. El diagrama indica que sólo 20% de los artículos de la línea de productos es responsable de 80% de las ventas totales. Los artículos que integran este 20% se clasifican como *A* debido a la importante proporción de ventas de la que son responsables. Los de la categoría *B* representan aproximadamente 50% de los artículos de la línea de productos y contribuyen sólo con el 15% adicional de las ventas totales. Finalmente, los artículos *C* representan el 30% restante y generan alrededor de 5% de las ventas totales.

Un error que ocurre de manera común en muchos análisis ABC consiste en considerar los artículos *B* y *C* como menos importantes que los *A* y, en consecuencia, se enfoca la mayor parte de la atención gerencial en estos últimos. Por ejemplo, puede tomarse una decisión para asegurar niveles muy altos de inventario para los artículos *A* y poca o nula disponibilidad para los *B* y *C*. La falacia aquí se relaciona con el hecho de que todos los artículos en las categorías *A*, *B* y *C* son importantes en cierto grado, y cada categoría merece su propia estrategia para asegu-

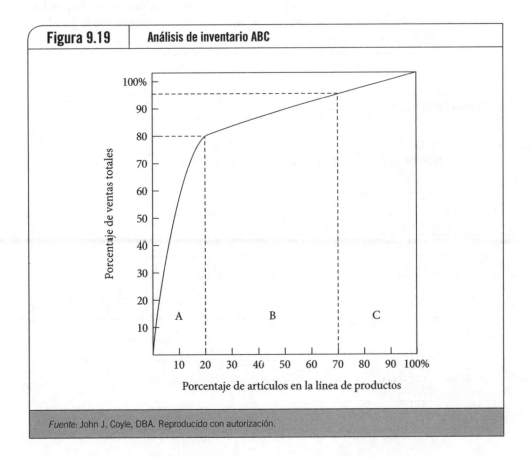

Figura 9.19 | **Análisis de inventario ABC**

Fuente: John J. Coyle, DBA. Reproducido con autorización.

rar su disponibilidad en un nivel adecuado de costo (costo de desabasto en función del costo de manejo de inventario). Este razonamiento ha llevado a varias organizaciones a diferenciar las políticas de abasto de inventarios por categoría ABC, asegurándose de que los artículos *A* se encuentren disponibles de forma inmediata o por medio de servicios de logística exprés. Los artículos *B* y *C*, aunque quizá estén disponibles en una ubicación superior dentro del canal logístico, podrían estarlo de forma oportuna cuando se requieran.

La importancia de los artículos *B* y *C* no debe menospreciarse debido a varios motivos: en ocasiones su uso podría ser complementario al de los artículos *A*, lo que significa que su disponibilidad quizá sea necesaria para la venta de los A; o, en algunos casos, los C podrían ser nuevos productos que se espera que sean exitosos en un futuro.

Desempeño de una clasificación ABC

La clasificación ABC es relativamente sencilla. El primer paso es seleccionar algún criterio, como el ingreso, para crearla. El siguiente paso es clasificar los artículos en orden descendente de importancia conforme a este criterio, y calcular los porcentajes de ingreso total actual y acumulado para cada artículo. Este cálculo permitirá agruparlos en las categorías ABC.

La tabla 9.21 muestra cómo establecer un análisis de inventario ABC basado en el ingreso generado por cada artículo de línea. La primera columna identifica los 10 artículos de la línea de productos de Big Orange; la segunda y tercera columnas muestran el ingreso anual y el porcentaje de ingreso anual total que representa cada artículo; la cuarta y quinta contienen el ingreso y los artículos, respectivamente, como porcentajes del total. A partir de estas columnas resulta sencillo identificar el porcentaje de artículos que integran un porcentaje de ingreso. La última columna coloca cada pruducto en la clasificación ABC sobre la base del ingreso anual.

En el último paso se clasifican los artículos en grupos ABC; este paso es el más complicado, ya que no existe una técnica sencilla para hacerlo. Aunque el análisis se sustenta en los datos de entrada, las decisiones finales exigirán el juicio subjetivo de quien toma la decisión. Conforme se analizan las clasificaciones de los artículos, en ocasiones surgen "discontinuidades" naturales importantes. Este no siempre es el caso, y el responsable de la toma de de-

Tabla 9.21	**Análisis ABC para Big Orange Products, Inc.**				
CÓDIGO DE ARTÍCULO	INGRESO ANUAL	PORCENTAJE DE INGRESO ANUAL	INGRESO ACUMULADO	PORCENTAJE DE ARTÍCULO	CLASIFICACIÓN DE CATEGORÍA
64R	$ 6,800	68.0%	68.0%	10.0%	A
89Q	1,200	12.0	80.0	20.0	A
68I	500	5.0	85.0	30.0	B
37S	400	4.0	89.0	40.0	B
12G	200	2.0	91.0	50.0	B
35B	200	2.0	93.0	60.0	B
61P	200	2.0	95.0	70.0	B
94L	200	2.0	97.0	80.0	C
11T	150	1.5	98.5	90.0	C
20G	150	1.5	100.0	100.0	C
	$10,000	100.0%			

Fuente: John J. Coyle, DBA. Reproducido con autorización.

cisiones deberá considerar otras variables, como la importancia de un artículo y el costo de administrarlo.

El análisis ABC también puede utilizarse en diversas situaciones de acuerdo con varios criterios para clasificar los artículos: un gerente de almacén podría categorizar los artículos del inventario usando como criterio su velocidad; el gerente de mercadotecnia quizá categorice a los clientes de acuerdo con su rentabilidad, y un gerente de ventas podría dividir a los representantes de ventas en función del ingreso bruto generado. Otros esquemas de clasificación que emplean el análisis ABC podrían establecer diversos criterios para clasificar los artículos, como la utilidad por artículo multiplicada por su rotación. El punto aquí es que los artículos pueden clasificarse de muchas maneras, de acuerdo con varios criterios y en numerosas agrupaciones. El uso del análisis ABC para clasificarlos dependerá de los objetivos que la administración de la empresa requiera alcanzar.

Modelo del cuadrante

Otra técnica para clasificar el inventario se denomina **modelo del cuadrante**, que en general es útil para catalogar las materias primas, las piezas o los componentes de una empresa de fabricación. También puede usarse para clasificar los inventarios de productos terminados de acuerdo con los criterios del valor y el riesgo para la organización. El valor se mide como la contribución a las utilidades, y el riesgo es el impacto negativo de no tener el producto disponible cuando se requiere. La figura 9.20 muestra un ejemplo del modelo del cuadrante. Cuando se solicitan, los artículos de alto valor y alto riesgo (artículos críticos) deben administrarse de manera cuidadosa para garantizar una oferta adecuada. Los de bajo riesgo y bajo valor (genéricos o de rutina) pueden manejarse con mucho menos cuidado. Cada catalogar en el modelo del cuadrante no sólo sugiere políticas de inventario, sino también de producción. Por ejemplo, los artículos del grupo de mercancías básicas (bajo valor, alto riesgo) pueden almacenarse sólo en una ubicación o fabricarse únicamente cuando existe un pedido. Los artículos críticos pueden tener altos niveles de inventario de seguridad y siempre se fabrican para almacenar. El modelo del cuadrante combina más de un criterio para agrupar los artículos en una categoría; a partir de este agrupamiento pueden tomarse decisiones respecto de la logística y la fabricación. El impacto de la clasificación en las decisiones de inventarios es el tema de la siguiente sección.

| Figura 9.20 | Modelo del cuadrante |

Riesgo		Bajo Valor	Alto Valor
Alto		**Distintivos** • Inventario de seguridad alto • Más de una ubicación de almacenamiento • Producción para almacenamiento	**Críticos** • Inventario de seguridad alto • Múltiples ubicaciones de almacenamiento • Producción para inventario
Bajo		**Genéricos** • Poco o nulo inventario de seguridad • Una sola ubicación de almacenamiento • Producción para pedido	**Mercancías indiferenciadas** • Inventarios de seguridad adecuados • Más de una ubicación de almacenamiento • Producción para almacenamiento/pedido

Fuente: Robert A. Novack, Ph.D. Reproducido con autorización.

Inventario en múltiples ubicaciones: regla de la raíz cuadrada

En sus agresivos esfuerzos por eliminar costos de las redes logísticas, las empresas buscan nuevas formas de reducir los niveles de inventario sin afectar de forma negativa el servicio al cliente. Un método actual consiste en consolidar los inventarios en ubicaciones de almacenamiento más pequeñas para reducir los inventarios generales y sus costos. Esta estrategia requiere la participación de una transportación eficaz y recursos de información para garantizar que los niveles de servicio al cliente se mantengan o mejoren en lo posible.

La **regla de la raíz cuadrada** determina el nivel en el que podrán reducirse los inventarios con base en una estrategia de consolidación. Suponiendo que la demanda total de los clientes permanece igual, la regla de la raíz cuadrada calcula el nivel al que debe modificarse la necesidad de inventario agregado conforme la empresa incrementa o disminuye el número de ubicaciones de almacenamiento. En términos generales, mientras mayor sea el número de ubicaciones, mayor será la cantidad de inventario necesario para conservar los niveles de servicio al cliente. De forma inversa, conforme los inventarios se consoliden en menores ubicaciones de almacenamiento, los inventarios agregados disminuirán.

Esta regla establece que es posible aproximar los inventarios totales de seguridad en varias instalaciones futuras multiplicando la cantidad total de inventario en las instalaciones actuales por la raíz cuadrada del número de instalaciones futuras dividido entre el número de instalaciones actuales. Matemáticamente, esta relación puede expresarse como se muestra en la fórmula 9.15.

$$X_2 = (X_1)\sqrt{n_2/n_1} \qquad\qquad 9.15$$

donde:

n_1 = número de instalaciones actuales

n_2 = número de instalaciones futuras

X_1 = inventario total en las instalaciones actuales

X_2 = inventario total en las instalaciones futuras

Para ilustrar la regla, considere una empresa que distribuye 40,000 unidades de producto a sus clientes desde ocho instalaciones ubicadas por todo Estados Unidos. Los centros de distribución actuales se localizan en Boston, Chicago, San Francisco, Los Ángeles, Dallas, Orlando, Charlotte y Baltimore. La organización evalúa la oportunidad de consolidar sus operaciones en dos instalaciones: una en Memphis, Tennessee, y la otra en Reno/Sparks, Nevada. De acuerdo con la regla de la raíz cuadrada, en la fórmula 9.16 se muestra la cantidad total de inventario en las dos instalaciones futuras.

n_1 = 8 instalaciones actuales   9.16

n_2 = 2 instalaciones futuras

X_1 = 40,000 unidades totales de producto en las 8 instalaciones actuales

De este modo,

X_2 = unidades totales de producto en las 2 instalaciones futuras

= $(40,000)\sqrt{2/8}$

= $(40,000)(0.5)$

= 20,000 unidades

Con base en el resultado de este análisis, las dos instalaciones futuras manejarían un inventario total de 20,000 unidades para satisfacer la demanda actual. Si la organización diseña estos inmuebles con el mismo tamaño y la demanda del mercado es igual para las áreas geográficas, cada uno de los centros de distribución manejaría la mitad de este total, o 10,000 unidades cada una. A su vez, si la organización considera incrementar el número de centros de distribución de 8 a, digamos 32, el inventario total debería duplicarse de 40,000 a 80,000 unidades.

Utilizando la información de una empresa real, la tabla 9.22 muestra las unidades de inventario totales promedio requeridas por el número específico de centros de distribución en la red logística. Por ejemplo, conforme el número de instalaciones de almacenamiento aumenta de 1 a 25, la cantidad total promedio de unidades de inventario crece de 3,885 unidades a 19,425. Esto es consistente con la lógica de la regla de la raíz cuadrada. La tabla 9.22 también muestra el cambio porcentual en inventarios conforme el número de centros de distribución se incrementa en la red.

Aunque la regla de la raíz cuadrada se expresa de forma sencilla, el modelo se basa en varios supuestos razonables: 1) las transferencias de inventario entre las ubicaciones de almacenamiento no son una práctica común; 2) los tiempos de espera no se modifican, y de esta forma la centralización del inventario no resulta afectada por la incertidumbre del suministro de entrada; 3) los niveles de servicio al cliente se miden por la disponibilidad de inventario y son constantes sin importar el número de ubicaciones de almacenamiento, y 4) la demanda en cada ubicación se distribuye de forma normal.[13] Además, se ha demostrado que el potencial para una reducción del inventario agregado por medio de la consolidación de instalaciones será mayor cuando las ventas de correlación entre las ubicaciones de almacenamiento sean pequeñas a negativas, y cuando exista una menor variabilidad de ventas en cada una de las ubicaciones de almacenamiento.[14]

Al combinar la regla de la raíz cuadrada con el análisis ABC se obtiene una explicación más adecuada del motivo por el que los inventarios agregados disminuyen cuando el número de ubicaciones de almacenamiento se reduce. Con base en el ejemplo anterior, suponga que los ocho centros de distribución manejan artículos *A*, *B* y *C* junto con sus inventarios de seguridad. Al reducir a dos el número de puntos de almacenamiento, se obtienen los siguientes resultados: 1) los inventarios de seguridad sobrantes se eliminan debido a que ahora existen dos cantidades de inventario de seguridad en lugar de ocho, y 2) la empresa tiene la opción de reducir aún más sus inventarios al consolidar los artículos *C* en alguna de las dos instalaciones futuras. En otras palabras, será posible reducir tanto los inventarios de seguridad como los de ciclo mediante la consolidación de instalaciones y de inventarios. De este modo, esta consolidación puede lograr reducciones importantes en los inventarios para las empresas.

Tabla 9.22	Ejemplos de los impactos de la regla de la raíz cuadrada en los inventarios de logística		
NÚMERO DE ALMACENES (*n*)	$\sqrt{n}$	INVENTARIO TOTAL PROMEDIO (UNIDADES)	CAMBIO PORCENTUAL
1	1.0000	3,885	—
2	1.4142	5,494	141%
3	1.7321	6,729	173%
4	2.0000	7,770	200%
5	2.2361	8,687	224%
10	3.1623	12,285	316%
15	3.8730	15,047	387%
20	4.4721	17,374	447%
23	4.7958	18,632	480%
25	5.0000	19,425	500%

Fuente: Robert A. Novack, Ph.D. Reproducido con autorización.

RESUMEN

- Los inventarios como porcentaje de la actividad general empresarial continúan en declive. Los factores que explican esta situación incluyen mayor experiencia y conocimiento sobre la administración de inventario, innovaciones en tecnologías de la información, mayor competitividad en los mercados de servicios de transportación y énfasis en la reducción de costos por medio de la eliminación de las actividades que no añaden valor.

- Conforme proliferan las líneas de productos y aumenta el número de SKU, el costo de mantenimiento de inventario se convierte en un gasto importante en los negocios.

- Existen varias razones importantes para el mantenimiento de inventarios. Los tipos de inventarios son: de ciclo, de trabajo en proceso, en tránsito, de seguridad, estacional y de anticipación.

- Los principales tipos de costo de inventarios son el de mantenimiento de inventario, por ordenar y de preparación, de agotamiento esperado y de mantenimiento de inventario en tránsito.

- El costo de mantenimiento de inventario está compuesto por los costos de capital, de espacio de almacenamiento, de servicio del inventario y de riesgo del inventario. Existen métodos precisos para calcular cada uno de ellos.

- La selección del modelo o de la técnica adecuada de inventario debe incluir un análisis de las diferencias clave que influyen sobre esta decisión. Estas diferencias se determinan por medio de las siguientes preguntas: 1) ¿La demanda del artículo es independiente o dependiente?; 2) ¿El sistema de distribución se basa en un método de "empujar" o de "jalar"?; 3) ¿Las decisiones de inventario aplican a una sola instalación o a múltiples instalaciones?

- Por tradición, los gerentes de inventario se enfocan en dos problemas importantes para mejorar la eficiencia: qué cantidad reordenar a los proveedores y cuándo hacerlo.

- Las dos cuestiones mencionadas antes se responden con frecuencia con el modelo EOQ: equilibrando el costo de mantenimiento de inventario con el costo por ordenar, y luego calculando un punto de reorden con base en la demanda o las tasas de uso.

- Las dos formas básicas del modelo EOQ son el modelo de cantidad fija y el modelo de intervalo fijo. El primero es el más utilizado. Esencialmente, se analizan los costos relevantes (punto de equilibrio) y se decide una cantidad óptima. Esta cantidad de reorden permanecerá fija a menos que los costos cambien, pero los intervalos entre los pedidos se modificarán dependiendo de la demanda.

- El modelo básico EOQ puede modificarse o adaptarse para que se enfoque de forma más específica en decisiones que se ven afectadas por los costos relacionados con el inventario, como las cantidades de envío donde hay descuentos de precio.

- La administración de inventarios justo a tiempo (JIT) capturó la atención de muchas organizaciones durante la década de 1970, en especial de la industria automotriz. Como sugiere su nombre, su objetivo básico es reducir los niveles de inventario con un énfasis en las entregas frecuentes de pequeñas cantidades y alianzas con proveedores o clientes. Para ser más eficaz, el JIT debe incluir la administración de la calidad.

- En general, la planeación de requerimientos de materiales (MRP) y la planeación de requerimientos de distribución (DRP) se usan en conjunto. Además, se utiliza un programa maestro de producción para balancear la demanda y la oferta de inventario. La DRP se utiliza en el segmento de salida de un sistema logístico; se elaboran pronósticos de demanda de SKU individuales para dirigir el modelo. Después, se diseña un programa MPS para atender los requerimientos programados de reaprovisionamiento de la demanda.

- El VMI se utiliza para administrar los inventarios de una organización en los centros de distribución de sus clientes. Con los datos de "jalar", los proveedores dan seguimiento a los niveles de inventario y crean pedidos para enviar el producto con el objetivo de elevar estos niveles hasta una cantidad económica de pedido en los centros de distribución del cliente.

- El análisis ABC es una herramienta útil para mejorar la efectividad de la administración de inventarios; otra es el modelo del cuadrante.

- Cuando las organizaciones añaden almacenes a sus redes logísticas, una pregunta frecuente sería: "¿Cuánto inventario adicional se requerirá?" La regla de la raíz cuadrada es una técnica que puede utilizarse para responder esta pregunta.

CUESTIONARIO DE REPASO

1. Explique por qué los costos y los niveles de inventario han disminuido en relación con el PIB durante los últimos 20 años. ¿Esto resulta benéfico para la economía? ¿Por qué?

2. ¿Cuáles son los principales componentes del costo de mantenimiento de inventario? ¿Cómo mediría usted el costo de capital para tomar decisiones de políticas de inventario?

3. ¿Cómo se puede calcular el costo de mantenimiento de inventario para un producto específico? ¿Qué sugeriría para decidir cuál medición del valor de producto se usará en este cálculo?

4. Explique las diferencias entre los costos de mantenimiento de inventario y los costos por ordenar.

5. ¿A qué se debe que con frecuencia sea más difícil determinar el costo de las ventas perdidas para los bienes terminados que para los inventarios de materias primas?

6. ¿En qué difiere el costo de mantenimiento de inventario en tránsito del costo del inventario inactivo?

7. ¿Cuál es la diferencia entre los elementos de demanda independiente y dependiente? ¿Por qué esta diferencia es importante para los gerentes de inventario?

8. Compare y contraste la versión de la cantidad fija de la EOQ con la versión de intervalo fijo. ¿En qué situación debería usarse cada una?

9. ¿Por qué es popular el método JIT para el control de inventarios en algunas industrias? ¿Cuál es la diferencia entre éste y el método EOQ? ¿Todos los administradores de inventarios deberían adoptar el JIT? ¿Por qué sí o por qué no?

10. Explique las características principales de los métodos MRP, DRP y VMI. ¿Cómo trabajan entre sí para ofrecer un método sistemático destinado a la administración de los inventarios en la cadena de suministro?

11. ¿Cuáles son los beneficios de clasificar el inventario con base en un análisis ABC? ¿Cuáles son los distintos criterios que pueden utilizarse para clasificar los inventarios?

12. ¿Cuál es el principio subyacente en la regla de la raíz cuadrada? ¿De qué forma varían los inventarios cuando cambia el número de almacenes en la red logística?

NOTAS

1. Douglas M. Lambert, *The Development of an Inventory Costing Methodology: A Study of the Costs Associated with Holding Inventory* (Oak Brook, IL: National Council of Physical Distribution Management, 1976).

2. Douglas M. Lambert y James R. Stock, *Strategic Logistics Management,* 3a. ed. (Homewood, IL: Irwin, 1993): 378-379.

3. Walter E. Goddard, "Kanban or MRP II–Which Is Best for You?" *Modern Materials Handling* (5 de noviembre de 1982): 42.

4. *Ibid.*, 45-46.

5. Joseph Orlicky, *Materials Requirements Planning* (Nueva York, NY: McGraw-Hill, 1975): 22.

6. Denis J. Davis, "Transportation and Inventory Management: Bridging the Gap", *Distribution* (junio de 1985): 11.

7. John Gatorna y Abby Day, "Strategic Issues in Logistics", *International Journal of Physical Distribution and Materials Management* 16 (1986): 29.

8. Para obtener información adicional sobre MRP II, véase Oliver W. Wright, "MRP II", *Modern Materials Handling* (12 de septiembre de 1980): 28.

9. Alan J. Stenger, "Materials Resources Planning", *The Distribution Handbook* (Nueva York, NY: The Free Press, 1994): 89-97.

10. Robert Goodell Brown, *Advanced Service Parts Inventory Control*, 2a. ed. (Norwich, VT: Materials Management Systems, 1982): 155.

11. Thomas E. Hendrick y Franklin G. Moore, *Production/Operations Management*, 9a. ed. (Homewood, IL: Irwin, 1985): 173.

12. Lambert y Stock, *Strategic Logistics Management*: 426-429; Jay U. Sterling, "Measuring the Performance of Logistics Operations", James F. Robeson y William C. Copacino, (eds.), *The Logistics Handbook*, cap. 10 (Nueva York, NY: The Free Press, 1994): 226-230.

13. Walter Zinn, Michael Levy y Donald J. Bowersox, "Measuring the Effect of Inventory Centralization/Decentralization on Aggregate Safety Stock: The 'Square Root Law' Revisited", *Journal of Business Logistics* 10, núm. 1 (1989): 14.

14. *Ibid.*, 14.

Caso 9.1

MAQ Corporation

MAQ Corporation, un importante productor de equipo de electrónica de consumo, enfrenta en la actualidad el rápido crecimiento de una línea de producción junto con los problemas de inventario relacionados. Su presidenta, Mary Semerod, decidió iniciar un programa para analizar los requerimientos de inventario de la empresa utilizando distintas técnicas. La primera fase de este programa consiste en un análisis ABC de la línea de productos de la organización (que se muestra en la siguiente tabla). Semerod tuvo dificultades para decidir los criterios adecuados de clasificación y el desarrollo de los niveles de umbral óptimos para cada tipo de inventario. Para resolverlo contrató los servicios de una empresa de consultoría en logística a efecto de que efectuara el análisis del inventario.

	Información de ventas (periodo anual)		
Número de producto	Unidades vendidas	Precio por unidad	Utilidad por unidad
SR101	15,000	$250	$50.50
SR103	750	1,500	330.00
SR105	1,600	600	90.00
SR201	45	2,250	877.50
SR203	10	3,500	1,750.00
SR205	9,250	500	125.00
SR301	700	650	195.00
SR303	550	700	196.00
SR305	3,000	920	303.60
SR500	100	1,100	440.00

PREGUNTAS SOBRE EL CASO

1. Si usted fuera contratado por la empresa de consultoría, ¿cómo conformaría su método de análisis?

2. ¿Qué criterio utilizaría?

3. ¿Cuáles serían los umbrales? Asegúrese de proporcionar una explicación del razonamiento que soporte sus decisiones.

Fuente: Robert A. Novack, Ph.D. Reproducido con autorización.

Caso 9.2

Baseball Card Emporium

Baseball Card Emporium (BBE), con sede en Lewistown, Pennsylvania, es un distribuidor de tarjetas de beisbol para minoristas de tarjetas deportivas. Su área de mercado se encuentra principalmente en Pennsylvania, el este de Ohio y Nueva Jersey. Las tarjetas se imprimen en Neenah, Wisconsin, y en la actualidad se envían a Lewistown vía transportación terrestre. Kenny Craig, vicepresidente de logística, solicitó a su personal evaluar el uso del servicio de transportación aérea para el envío del producto.

Nick Gingher, director de distribución, recopiló la siguiente información.

- Demanda anual: 5,000 paquetes de tarjetas

- Valor del paquete (precio): $200 cada uno (las cantidades están calculadas en dólares estadounidenses)

- Costo de mantenimiento de inventario (anual): 28%

- Costo por pedido para reabastecer inventario: $100

- Costo de mantenimiento de inventario en tránsito: 18%

- Tiempo en tránsito con transporte terrestre: 5 días

- Tiempo en tránsito con transporte aéreo: 2 días

- Tarifa del transportista terrestre: $0.80 por cwt. (100 libras)

- Tarifa del transportista aéreo: $1.50 por cwt.

- Peso unitario: 50 libras por paquete

PREGUNTAS SOBRE EL CASO

1. ¿Cuál es la cantidad económica de pedido para BBE en unidades? ¿En libras?

2. ¿Cuál es el costo total (sin considerar los costos relacionados con la transportación) de la EOQ?

3. ¿Cuál es el costo total de la transportación terrestre?

4. ¿Cuál es el costo total de la transportación aérea?

5. ¿Qué alternativa debería tomar BBE?

Fuente: Robert A. Novack, Ph.D. Reproducido con autorización.

Apéndice 9A

Aplicaciones especiales del método EOQ

Ajuste del modelo simple de EOQ para las decisiones de selección modal: el costo del inventario en tránsito

En el capítulo 1 se mencionaron las posibilidades de encontrar puntos de equilibrio entre los costos de inventario y las decisiones relacionadas con la selección del modo de transportación. En este análisis está implícita la idea de que los tiempos de tránsito mayores generan más costos de inventario. Esto se debe a los costos de mantenimiento de inventario en tránsito en que incurren las empresas propietarias de los bienes mientras éstos se transportan; de hecho, estos costos son similares a los de mantenimiento de inventario en el almacén. Hay algunas diferencias entre ambos inventarios, pero en esencia la empresa es responsable de mismo en ambas instancias. Siempre existe algún costo vinculado con el mantenimiento de inventario, ya sea que se encuentre detenido en un almacén o planta, o desplazándose hacia otro punto. Por tanto, si los modos de transporte requieren distintos tiempos de tránsito y cobran distintas tarifas (precios), siendo las demás variables iguales, deberán analizarse los puntos de equilibrio entre las tarifas de transportación y el costo de inventario asociado con los tiempos de tránsito. Las tarifas por lo general son fáciles de obtener, pero para calcular el costo de mantenimiento de inventario en tránsito es necesario modificar el modelo EOQ básico o simple.

Recuerde que el modelo EOQ simple básicamente sólo consideraba los punto de equilibrio entre el costo por ordenar o de preparación y el costo de mantenimiento de inventario en un almacén. Para saber cómo afectan los distintos tiempos de tránsito la transportación y su costo, la empresa debe flexibilizar un supuesto básico del modelo EOQ y adaptarlo de manera acorde.

Un supuesto del modelo EOQ simple indica que el inventario no incurre en un costo en tránsito debido a que la empresa adquiere el inventario sobre una base de precio ya entregado o lo vende en planta FOB. Si las condiciones cambian de modo que la empresa realiza compras de origen FOB o vende productos sobre una base de precio ya entregado, entonces será necesario considerar el costo de mantenimiento en tránsito. La figura 9A.1 ilustra el modelo de inventario modificado de diente de sierra; la mitad inferior muestra el inventario en tránsito.

Modelo de diente de sierra ajustado

Al comparar la mitad inferior de la figura 9A.1 con la mitad superior, que muestra el inventario en almacén, se observan dos diferencias relevantes para calcular los costos adecuados. En primer lugar, el inventario por lo general se encuentra en tránsito sólo durante una parte del ciclo. De manera típica, el número de días de envío del inventario será menor que el número de días que el inventario del abastecimiento EOQ precedente estaría en el almacén. En segundo lugar, el inventario en tránsito no se consume ni vende, mientras que en almacén puede consumirse o venderse.

Dado que el inventario en tránsito cuenta con estas dos características distintivas, el costo de mantenimiento de éste será distinto del costo de almacenar inventario. Este costo se calcula de varias formas. Si estuviera disponible un costo diario de mantenimiento de inventario en tránsito, podría multiplicarse por el número de días en tránsito. Es posible calcular este costo diario al multiplicar el valor del inventario en tránsito por un costo de oportunidad diario. Después de multiplicar este costo por el número de días de tránsito, podría multiplicarse a su vez por el número de pedidos o ciclos anuales. Con esto se obtendría un costo anual de inven-

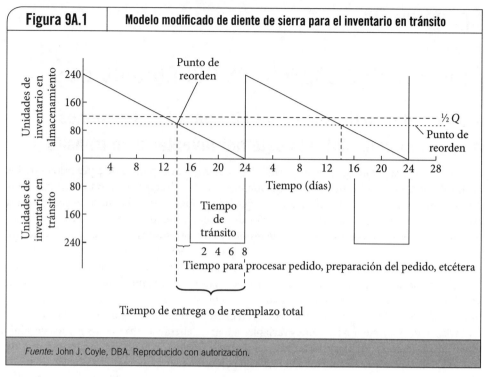

| Figura 9A.1 | Modelo modificado de diente de sierra para el inventario en tránsito |

Fuente: John J. Coyle, DBA. Reproducido con autorización.

tario en tránsito. De hecho, esto es similar al procedimiento que se sigue cuando se calcula el costo de inventario en almacén.

Considere lo siguiente:

Y = costo de mantenimiento de inventario en tránsito

V = valor = unidad de inventario

t = tiempo del ciclo de pedido

t_m = tiempo de tránsito de inventario

M = número promedio de unidades de inventario en tránsito

Se calcula el valor de M de la siguiente forma.

$\dfrac{t_m}{t}$ = porcentaje de tiempo en que el inventario se encuentra en tránsito
       por periodo del ciclo

Por tanto,

$$M = \frac{t_m}{t} Q$$

Es posible reescribir la ecuación de la siguiente forma:

$$t(\text{días en ciclo}) = \frac{360 \,(\text{días en año})}{R\,/\,Q \,(\text{ciclos por año})}$$

$$t = 360 \frac{Q}{R}$$

$$M = \frac{(t_m Q)}{360} \frac{Q}{R}$$

$$M = \frac{t_m}{360} R$$

Los dos métodos para calcular M ofrecen el mismo resultado, dados los supuestos anteriores. Sin embargo, la segunda ecuación con frecuencia es más útil, ya que las variables se proporcionan en el problema.

Una vez que se ha desarrollado una forma de calcular el número promedio de unidades en tránsito, lo que resta es multiplicar esta cifra por el valor unitario y el porcentaje del costo anual de mantenimiento de inventario en tránsito. El resultado será un costo monetario del inventario en tránsito que se compara con el costo monetario del inventario en almacén:

$$\frac{t_m}{t} QVY$$

La nueva ecuación de costo total de inventario puede escribirse en cualquiera de las siguientes formas.

$$\text{TAC} = \frac{1}{2}QVW + A\frac{R}{Q} + \frac{t_m}{t}QVY$$

o

$$\text{TAC} = \frac{1}{2}QVW + A\frac{R}{Q} + \frac{t_m}{360}RVY^*$$

Ejemplo de selección modal

Es posible medir el equilibrio entre los tiempos en tránsito y el costo de transportación con la fórmula de costo total que se desarrolló en la sección anterior. Primero se revisa la información proporcionada en el ejemplo del capítulo 9 (cifras calculadas en dólares) para demostrar el modelo EOQ simple.

R = 3,600 unidades (demanda anual)

A = \$200 (costo por ordenar o de preparación)

W = 25% (costo de mantenimiento de inventario en almacén)

V = \$100 (valor por unidad)

Q = 240 unidades (esto permanecerá igual)

Ahora considere que una empresa hipotética elige entre dos modos de transportación (ferrocarril o camión) y que se cuenta con la siguiente información.

Ferrocarril: 8 días de tiempo en tránsito;

\$3 por centenar de libras

Camión: 6 días de tiempo en tránsito;

\$4 por centenar de libras

Luego suponga que la empresa enviará la misma cantidad, 240 unidades, sin importar el modo de transporte. Si cada unidad pesa 100 libras (45 kilos), esto representará 24,000 libras (aproximadamente 11 toneladas), o 240 quintales (cwt). El costo de mantenimiento de inventario en tránsito (Y) es de 10%. Dadas las variables anteriores, es posible analizar las dos opciones con la fórmula que se desarrolló antes.

---

* Al diferenciar esta ecuación y encontrar Q con la fórmula expandida de costo total se obtiene la misma ecuación que la anterior, ya que el último término incorporado no es una función Q; es decir,

$$Q = \sqrt{\frac{2RA}{VW}}$$

El primer paso es revisar el costo de inventario total del producto si la empresa decide enviarlo por ferrocarril.

$$\begin{aligned}
\text{Costo de inventario total} \\
\text{(ferrocarril)} &= \left(\frac{1}{2} \times 240 \times \$100 \times 25\%\right) + \left(\$200 \times \frac{3,600}{240}\right) \\
&\quad + \left(\frac{8}{24} \times 240 \times \$100 \times 10\%\right) \\
&= \$3,000 + \$3,000 + \$800 \\
&= \$6,800
\end{aligned}$$

Si se añade el costo de transportación al costo de inventario, el costo total será el siguiente.

$$\begin{aligned}
\text{Costo total (ferrocarril)} &= \$6,800 + \left(\$3 \times 240 \times \frac{3,600}{240}\right) \\
&= \$6,800 + \$10,800 \\
&= \$17,600
\end{aligned}$$

El siguiente paso es determinar el costo de inventario total si la empresa envía los artículos por camión, como se muestra.

$$\begin{aligned}
\text{Costo de inventario total (camión)} &= \left(\frac{1}{2} \times 240 \times \$100 \times 25\%\right) + \left(\$200 \times \frac{3,600}{240}\right) \\
&\quad + \left(\frac{6}{24} \times 240 \times \$100 \times 10\%\right) \\
&= \$3,000 + \$3,000 + \$600 \\
&= \$6,600
\end{aligned}$$

De nuevo, es preciso añadir el costo de transportación al costo de inventario de la siguiente forma.

$$\begin{aligned}
\text{Costo total (camión)} &= \$6,600 + \left(\$4 \times 240 \times \frac{3,600}{240}\right) \\
&= \$6,600 + \$14,400 \\
&= \$21,000 \text{ por camión}
\end{aligned}$$

Dados estos cálculos, la opción del tren será menos costosa y por tanto preferible. Antes de abandonar esta sección deben analizarse las opciones con mayor detalle. Como se observa, el tren genera un mayor costo de inventario debido al tiempo de tránsito más lento, pero el ahorro en los costos de transportación lo compensa. El efecto neto es un ahorro general por tren.

Finalmente, es preciso notar que el procedimiento que se sugiere en esta sección se basa en condiciones de certidumbre. Si los tiempos de tránsito se modificaran sería necesario establecer probabilidades e identificar la solución de una forma más sofisticada.

Ajuste del modelo EOQ simple para las tasas de transportación por volumen

El modelo EOQ básico que se analizó antes no consideraba las posibles reducciones en las tarifas de transportación por tonelaje asociadas con los envíos de alto volumen. Por ejemplo, la compañía hipotética anterior decidió que 240 unidades era la cantidad adecuada para ordenar o fabricar. Si de nuevo se supone que cada unidad pesa 100 libras (45 kilos), esto supondría un envío de 24,000 libras (11 toneladas).

Si la tarifa sobre un envío de 24,000 libras (240 cwt) es de 3 dólares por 100 libras (cwt) (45 kilos) y para un envío de 40,000 libras (18 toneladas) es de 2 dólares por cwt, valdría la pena saber si sería mejor enviar 400 unidades (40,000 libras o 18 toneladas) en lugar de las 240 acostumbradas.

Los proveedores de servicios de embarque desplazan una cantidad mínima definida (peso) o publican de manera común tarifas por volumen en cantidades de plataforma de carga (tren) y camión de carga (transportista terrestre).* Por ello, en las situaciones de inventario, el responsable de tomar la decisión sobre la transportación de bienes debe considerar el modo en que las tarifas para el volumen bajo afectan el costo total. En otras palabras, además de tener en cuenta el costo de almacenamiento (bodega) y el costo por ordenar o de preparación, deberá ponderar cómo los costos de transporte menores afectan el costo total.

Relaciones de costo

En ocasiones la cantidad económica de pedido que sugiere el modelo básico puede ser menor que la cantidad necesaria para obtener una tarifa por volumen, y entonces es posible ajustar el modelo para incluir las siguientes relaciones de costo asociadas con el envío de un volumen mayor que el determinado por el método básico de EOQ.

- **Mayor costo de mantenimiento de inventario en almacén**. Mientras se requiera una cantidad mayor para la tarifa de volumen, el inventario promedio será mayor ($\frac{1}{2}Q$) y, en consecuencia, también será mayor el costo de mantenimiento de inventario.

- **Menores costos por ordenar o de preparación**. Una cantidad mayor hará que se reduzca el número de pedidos colocados y los costos ordinarios por ordenar o de preparación.

- **Menores costos de transportación**. Una cantidad mayor hará que se reduzca el costo de trasportación de bienes por quintal y, en consecuencia, disminuirán los costos de transportación.

- **Menor costo de mantenimiento de inventario en tránsito**. Los envíos por contenedor de carga (CL; *carload*) y camión de carga (TL; *truckload*) por lo regular tienen tiempos de tránsito más breves que los envíos con carga menor que la capacidad del contenedor (LCL; *less-than-carload*) o con carga menor que la capacidad del camión (LTL), y el tiempo más ágil en general significa un menor costo de inventario en tránsito.

La figura 9A.2 representa las relaciones de costo y considera los posibles descuentos de tarifas (por volumen en comparación con menores al volumen). La función de costo total se "rompe" o es discontinua en la cantidad que permite que una empresa utilice la tarifa por volumen. Por ello no se puede utilizar la función de costo para el descuento de tarifa de transportación o descuentos en la fórmula original de EOQ. En su lugar debe usarse el análisis de sensibilidad, o prueba de sensibilidad, para determinar si los costos totales anuales serán menores si la empresa adquiere una cantidad mayor que la básica de la EOQ. Observe que aunque la figura 9A.2 indica que aplicar la tarifa por volumen disminuirá el costo total, este no siempre es el caso. Por ejemplo, si el valor monetario del inventario es muy alto, los costos mayores de almacenamiento (bodega) anularán las reducciones en el costo de pedido y transporte.

Formulación matemática

Aunque hay diversas formas de analizar las oportunidades para aplicar las tarifas de transportación por volumen, un método útil es calcular y comparar los costos totales anuales del método basado en la EOQ con los del método basado en la tarifa por volumen. Los siguientes símbolos se usarán en el análisis.

TAC = costo de mantenimiento de inventario + costo de pedido + costo de transportación + costo de mantenimiento de inventario en tránsito

---

* Los transportistas terrestres con frecuencia publican diferentes tarifas LTL y TL para las cantidades de 500, 2,000 y 5,000 libras.

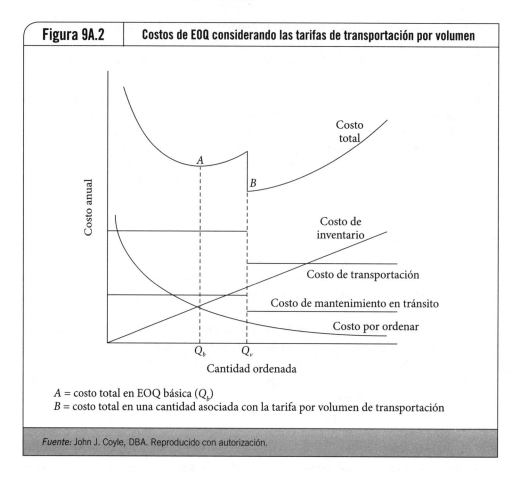

| Figura 9A.2 | Costos de EOQ considerando las tarifas de transportación por volumen |

A = costo total en EOQ básica (Q_b)
B = costo total en una cantidad asociada con la tarifa por volumen de transportación

Fuente: John J. Coyle, DBA. Reproducido con autorización.

TAC_b= costo total anual en EOQ básica

TAC_v= costo total anual en la cantidad de tarifa por volumen

Q_b = EOQ básica

Q_v = cantidad de tarifa por volumen

t_m = tiempo en tránsito para envíos menores al volumen

t_n = tiempo en tránsito para envíos por volumen

H = tarifa para envíos menores al volumen (alta)

L = tarifa por volumen (baja)

Se calcula cada costo anual total de la siguiente forma.

$$\text{TAC}_b = \frac{1}{2}Q_bVW + A\frac{R}{Q_b} + HQ_b\frac{R}{Q_b} + \frac{t_m}{t}Q_bVY$$

$$\text{TAC}_v = \frac{1}{2}Q_vVW + A\frac{R}{Q_v} + LQ_v\frac{R}{Q_v} + \frac{t_m}{t}Q_vVY$$

Observe que $HQ_b\frac{R}{Q_b}$ puede escribirse en forma sencilla como HR y $LQ_b\frac{R}{Q_b}$ podría representarse sólo como LR, y entonces la ecuación reduce de la siguiente manera:

$$\text{TAC}_b = \frac{1}{2}Q_bVW + A\frac{R}{Q_b} + HR + \frac{t_m}{t}Q_bVY$$

$$\text{TAC}_v = \frac{1}{2}Q_vVW + A\frac{R}{Q_v} + LR + \frac{t_n}{t}Q_vVY$$

Ejemplo de descuento en la tarifa de transportación

Un ejemplo basado en el problema anterior ilustra en esta sección la manera como los descuentos en la tarifa de transportación generan posibles ahorros en los costos anuales.

Para este nuevo ejemplo, suponga que se cuenta con las siguientes variables:

$H = $ \$3:00 = cwt (suponga que cada unidad pesa 100 libras)

$L = $ \$2:00 = cwt con un mínimo de 40,000 libras
(cada unidad pesa 100 libras; esto sería 400 unidades o 400 cwt)

$t_n = $ 6 días (tiempo en tránsito para el desplazamiento del volumen)

$Y = $ 10% (costos de mantenimiento de inventario en tránsito)

$Q_v = $ 400 unidades

$t_v = $ 40 días (duración de un ciclo de inventario para $Q_v = 400$ unidades)

A partir del problema anterior se sabe que:

$R = $ 3,600 unidades (3,600 cwt) (ventas anuales)

$A = $ \$200 (costo de colocar un pedido o costo de preparación)

$V = $ \$100 = cwt = unidad (valor por unidad)

$W = $ 25%

$Q_b = $ 240 unidades (240 cwt o 240,000 libras)

$t_m = $ 8 días (tiempo en tránsito para el desplazamiento LTL)

$t = $ 24 días (duración de un ciclo o periodo de inventario)

Al resolver para TAC$_b$ y TAC$_v$ se obtiene:

$$\text{TAC}_b = \left[\frac{1}{2} \times 240 \times \$100 \times 25\%\right] + \left[\$200 \times \frac{3,600}{240}\right]$$
$$+ [\$3 \times \$3,600] + \left[\frac{8}{24} \times 240 \times \$100 \times 10\%\right]$$
$$= \$17,600$$

$$\text{TAC}_v = \left[\frac{1}{2} \times 400 \times \$100 \times 25\%\right] + \left[\$200 \times \frac{3,600}{500}\right]$$
$$+ [\$2 \times \$3,600] + \left[\frac{6}{40} \times 400 \times \$100 \times 10\%\right]$$
$$= \$14,240$$

Dado que TAC$_b$ es mayor que TAC$_v$ por 3,360 dólares, la solución más económica será adquirir la cantidad mayor, 400 cwt. La reducción en los costos de pedido, transportación y mantenimiento de inventario en tránsito compensan el incremento de mantener una cantidad mayor.

Es posible modificar este análisis para considerar los descuentos potenciales por volumen para adquirir cantidades mayores. El mismo procedimiento de calcular y comparar los costos totales anuales aplica para las distintas alternativas, siempre que se realicen modificaciones menores a las ecuaciones.

Ajuste del modelo EOQ simple para transportación privada

Muchas empresas que emplean su propia flota de camiones o que los arriendan para su uso privado cargan una tarifa fija por milla o por viaje sin importar la cantidad que transporten en un momento determinado. En otras palabras, dado que los costos de operación como los gastos del chofer y el combustible no varían de forma significativa con el peso, y los costos fijos no se modifican con éste, muchas empresas cobran una cantidad fija por viaje en lugar de diferenciar con base en el peso. Por tanto, como el peso adicional no cuesta nada extra, resulta lógico conocer la cantidad que la empresa debe enviar.

El modelo básico de EOQ puede efectuar este análisis dado que el cargo fijo por viaje es equivalente al costo por ordenar o de preparación. Por tanto, quien tome la decisión deberá comparar la opción de un menor número de envíos grandes contra el costo mayor de manejar cantidades más grandes de inventario promedio.

Si T_c representa el cobro por viaje, la fórmula puede escribirse así:

$$\text{TAC} = \frac{1}{2}QVW + \frac{R}{Q}A + \frac{R}{Q}T_c$$

Es posible derivar el modelo básico de la siguiente forma.

$$\text{EOQ} = \sqrt{\frac{2R(A + T_c)}{VW}}$$

Del ejemplo anterior puede añadirse un cargo de 100 dólares por viaje.

$$\begin{aligned}
\text{EOQ} &= \frac{\sqrt{2 \times \$3{,}600 \times (\$200 + \$100)}}{\$100 \times 25\%} \\
&= \frac{\sqrt{\$2{,}160{,}000}}{\$25} \\
&= \sqrt{86{,}400} \\
&= 293.94
\end{aligned}$$

El tamaño de la EOQ se ha incrementado a 293.94 unidades debido a los cargos fijos adicionales relacionados con los costos de la transportación privada.

Ajuste del modelo EOQ simple para el establecimiento y aplicación de las tarifas en exceso*

Es posible ajustar el esquema de análisis básico de inventarios que se ha analizado en el capítulo 9 para aplicar una tarifa en exceso. Con este tipo de tarifas los transportistas promueven cargas más pesadas de transporte: ofrecen una más baja para el peso cargado en exceso a partir de un peso mínimo específico. El gerente de logística deberá decidir si la empresa aplica la tarifa en exceso y, de hacerlo, la cantidad que deberá incluir en cada envío.

Considere el siguiente ejemplo: CBL Railroad publicó una nueva tarifa en exceso en los artículos que la empresa XYZ envía con frecuencia. La tarifa actual de CBL es de $4/cwt con un mínimo de 40,000 libras (400 cwt). La tarifa en exceso que acaba de publicar es de $3/cwt en peso transportado superior a 40,000 libras (18 toneladas) hasta 80,000 libras (36 toneladas). El gerente de logística de XYZ actualmente envía lotes de 400 cwt y desea saber si su empresa utiliza la tarifa en exceso y, de ser así, la cantidad que debe transportar por envío.

---

* Esta sección se ha adaptado a partir de James L. Heskett, Robert M. Ivie y Nicholas A. Glaskowsky, *Business Logistics* (Nueva York: Ronald Press, 1964): 516-520.

La empresa XYZ proporciona la siguiente información.

R = 3,200,000 libras (32,000 cwt) (envíos anuales)

V = \$200 (valor de artículo por cwt)

W = 25% de valor (costo de mantenimiento de inventario = valor unitario = año)

Cada artículo pesa 100 libras (45 kilos).

XYZ deberá utilizar la tarifa en exceso siempre que el ahorro en el costo de transportación anual supere el costo adicional de mantener un inventario más grande asociado con envíos más pesados. Es decir, obtener los ahorros de costos de transportación de la tarifa en exceso incrementará el costo de mantenimiento de inventario para la empresa. El tamaño óptimo del envío se presenta cuando los ahorros netos anuales son máximos, es decir, cuando los ahorros anuales de transporte menos el costo adicional de manejo de inventario anual son más altos.

Para desarrollar las funciones de costos y ahorros se usan los siguientes símbolos.

S_r = Ahorros por cwt entre la tarifa actual y la nueva tarifa en exceso.

Q = Cantidad óptima de envío en cwt

Q_m = Cantidad anterior mínima de envío en cwt

Los ahorros netos anuales son equivalentes a los ahorros de transporte anuales menos el costo anual adicional de mantenimiento de inventario, o $N_s = S_y - C_y$.

Los ahorros anuales de transporte equivalen al número de envíos por año multiplicado por los ahorros por envío, o:

$$S_y = \frac{R}{Q} S_r (Q - Q_m)$$

donde R/Q es el número de envíos por año, $Q - Q_m$ es la cantidad de peso que la empresa enviará a la tarifa menor en exceso, y $S_r (Q - Q_m)$ es el ahorro de transportación por envío. Al reescribir la ecuación para S_r se obtiene:

$$S_y = RS_r \left(1 - \frac{Q_m}{Q} \right)$$

El costo anual adicional de mantenimiento de inventario, C_y, es equivalente a los costos adicionales de mantenimiento de inventario del expedidor (remitente o proveedor) y del consignatario (receptor o comprador). Los cálculos deben considerar el inventario adicional del consignatario dado que el proveedor debe transferir estos ahorros como un descuento en el precio para alentar al comprador adquirir cantidades más grandes, o el proveedor incurrirá en este costo si el envío pasa a su almacén o centro de distribución por ejemplo.

Se calcula el inventario promedio adicional —la diferencia entre los inventarios promedio con la cantidad más grande y la cantidad más pequeña de envío (la actual)— como sigue:

$$\text{Inventario adicional del expedidor} = \frac{1}{2}Q - \frac{1}{2}Q_m$$

$$\text{Inventario adicional del consignatario} = \frac{1}{2}Q - \frac{1}{2}Q_m$$

$$\text{Inventario total añadido} = 2\left(\frac{1}{2}Q - \frac{1}{2}Q_m\right) = Q - Q_m$$

$C_y = WV(Q - Q_m)$, donde $(Q - Q_m)$ equivale al valor del inventario adicional y W es el costo de mantenimiento de inventario por valor monetario. La tabla 9A.1 y la figura 9A.3 muestran las relaciones de costos y ahorros que se han explicado.

| Tabla 9A.1 | Ahorros anuales, costo anual y ahorros netos para distintas cantidades utilizando tarifas de incentivo |

Q	SY	CY	N_s
400	0	0	0
410	781	500	281
420	1,524	1,000	524
430	2,233	1,500	733
440	2,909	2,000	909
450	3,556	2,500	1,056
460	4,174	3,000	1,174
470	4,766	3,500	1,266
480	5,333	4,000	1,333
490	5,878	4,500	1,378
500	6,400	5,000	1,400
505	6,654	5,250	1,404
510	6,902	5,500	1,402
520	7,385	6,000	1,385
530	7,849	6,500	1,349
540	8,296	7,000	1,296
550	8,727	7,500	1,227
560	9,143	8,000	1,143
570	9,544	8,500	1,044
580	9,931	9,000	931
590	10,305	9,500	805
600	10,667	10,000	667
610	11,017	10,500	517
620	11,355	11,000	355

Fuente: John J. Coyle, DBA. Reproducido con autorización.

Figura 9A.3	Función de ahorros netos para la tarifa de incentivo

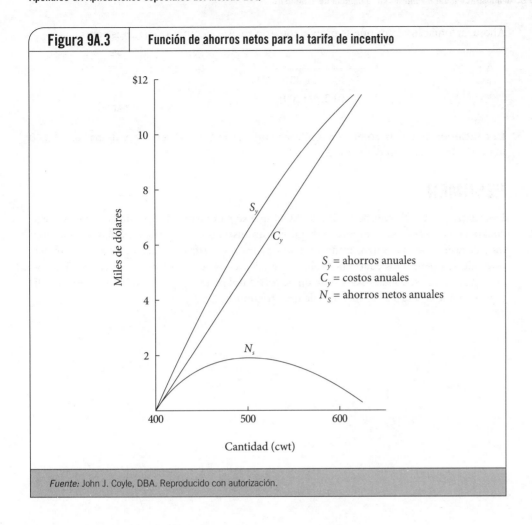

S_y = ahorros anuales
C_y = costos anuales
N_s = ahorros netos anuales

Cantidad (cwt)

Fuente: John J. Coyle, DBA. Reproducido con autorización.

La función que maximiza los ahorros netos anuales es la siguiente.

$$N_s = S_y - C_y = RS_r\left(1 - \frac{Q_m}{Q}\right) - WV(Q - Q_m)$$

Al tomar la primera derivada, igualar a 0 y resolver para Q se obtiene:

$$\frac{d(N_s)}{dQ} = RS_r\frac{Q_m}{Q^2} - WV = 0$$

$$WV = \frac{RS_rQ_m}{Q^2}$$

$$Q^2 = \frac{RS_rQ_m}{WV}$$

$$Q = \sqrt{\frac{RS_rQ_m}{WV}}$$

Ahora, al tomar los datos que se proporcionaron en este ejemplo se encuentra que:

$$Q = \sqrt{\frac{(32{,}000)(\$1.00)(400)}{(0.25)(\$200)}} = \sqrt{256{,}000} = 506 \ \text{cwt}$$

La conclusión es que la compañía XYZ debe utilizar la tarifa en exceso y despachar 50,600 libras (23 toneladas) en cada envío.

RESUMEN

Los cuatro ajustes al método básico de EOQ que se han analizado en este apéndice se relacionan con las decisiones importantes que el administrador de logística debe tomar: elección modal, tarifas por volumen, transportación privada y tarifas en exceso. Es posible incluir otros ajustes, pero estos cuatro deberán ser suficientes para la mayoría de los casos. Mientras que estos ajustes suponen una condición de certidumbre, otros quizá requieran que se modifique el modelo para las condiciones de incertidumbre.

Capítulo 10

TRANSPORTACIÓN: ADMINISTRACIÓN DEL FLUJO DE LA CADENA DE SUMINISTRO

Objetivos de aprendizaje

Después de leer este capítulo, usted será capaz de:

- Explicar la función que desempeña la transportación en la cadena de suministro.

- Analizar las características de costo y servicio de los modos primarios de transportación.

- Evaluar las actividades clave involucradas en la planeación y ejecución de la transportación.

- Explicar las estrategias actuales de la administración de la transportación que se usan para mejorar el desempeño de la cadena de suministro.

- Utilizar métricas de costo y servicio para analizar el desempeño de la transportación.

- Describir cómo la tecnología de la información respalda la planeación y ejecución de la transportación.

Perfil de la cadena de suministro

Recuperación económica y demanda de transportación

La necesidad de transportación depende de la demanda de los productos en el mercado. Esta realidad derivada de la demanda se demostró crudamente durante la reciente crisis económica cuando una caída de 12.2% en el comercio a nivel mundial llevó a la reducción del uso de servicios de transportación. El gasto para estos servicios en Estados Unidos bajó 20.8% de 2008 a 2009. La demanda del servicio de carga menor a la capacidad de un camión (LTL; *less-than-truckload*) cayó casi 30%, los ingresos por cargas iguales a la capacidad de un camión disminuyeron 4.4% y el volumen de cargas por capacidad de un vagón bajó 18%. La situación no era mejor a nivel internacional, ya que el tráfico de carga aérea se redujo 11.3% y los transportistas marítimos lucharon para eliminar la capacidad excedente.

La situación de la transportación dio un giro positivo en 2010 cuando el mundo comenzó a salir de la recesión global. La Organización Mundial de Comercio (OMC) indicó que la recuperación más rápida de lo esperado en los flujos del comercio mundial resultaría en un crecimiento de 13.5% en el comercio mundial para ese año. También la industria de la transportación comenzó a recuperarse con un crecimiento en volumen e ingresos en todos sus modos.

La perspectiva para 2011 en general era positiva. Los economistas de la OMC proyectaban que el comercio mundial crecería 6.5%. Estas son buenas noticias para las compañías de transportación que sobrevivieron a la crisis económica y modernizaron su capacidad. Con menor capacidad disponible para un nivel creciente de mercancía, dichas compañías ahora están en una mejor posición para elevar sus precios y recuperar su participación de mercado. Desde luego, esto se traduce en costos más altos para los clientes de fletes.

Las predicciones de los expertos en transportación para 2011 y más allá incluían:

- **Precios más altos de cargas de camión.** Las bancarrotas de los transportistas, la consolidación de la industria, las nuevas regulaciones de seguridad y la escasez de conductores, junto con una demanda más alta, tendrían como resultado incrementos en los precios en la segunda mitad de 2011 y 2012.

- **Incrementos en los precios LTL.** Un aumento general en la demanda de los servicios y una base más pequeña de competidores ayudarían a la industria a elevar los precios e incrementar sus ingresos.

- **Batallas en los precios de los servicios ferroviarios.** Los clientes sostienen que los precios son demasiado altos en relación con los niveles de servicio, mientras que los transportistas ferroviarios establecen que ganan sólo un poco más que su costo de capital. Se esperaba que los clientes presionaran para que hubiera una nueva regulación económica de los servicios ferroviarios en Estados Unidos.

- **Precios estables para la transportación oceánica.** Después de los aumentos significativos en los precios de cargas de contenedor durante 2010, se esperaba que los precios de transportación oceánica siguieran sin cambios en 2011 debido a la extensión de su capacidad.

- **Precios sin cambios en las cargas aéreas.** Se esperaba que los precios siguieran igual en la primera mitad de 2011, y los aumentos futuros se relacionaron con múltiples variables como el precio del petróleo, la administración de la capacidad y la actividad comercial en la Cuenca del Pacífico asiático.

- **Creciente demanda de servicios intermodales.** La transportación intermodal ha estado en una curva de crecimiento y la tendencia continuará ya que los clientes de fletes buscan la mejor combinación de modos que equilibren servicio y costos.

Desde luego, la recuperación de la economía mundial y de la industria de la transportación no está garantizada. La elevación de los precios del petróleo, las catástrofes como el terremoto y el tsunami en Japón, y la inestabilidad política en Medio Oriente pueden reducir el crecimiento económico. Si estos tipos de problemas impactan de manera negativa en la actividad industrial y de compra del consumidor, entonces la demanda del servicio de transportación disminuirá y el crecimiento de la industria de esta industria no durará mucho.

Fuentes: Patrick Burnson, "2010 State of Logistics: Make Your Move", *Logistics Management* (julio de 2010): 22-32; Patrick Burnson, "Special Report: 2011 State of Air Cargo", *Supply Chain Management Review* (marzo-abril de 2011): S58-S61; Dan Goodwill, "Some Key Trends That Will Drive Freight Transportation in 2011", *Canadian Transportation and Logistics* (29 de diciembre de 2010), Consultado el 14 de abril de 2011 del sitio http://blogdg.ctl.ca/2010/12/some_key_trends_that_will_driv.html; Zacks Equity Research, *Airline Industry Outlook 2011*, recuperado el 14 de abril de 2011 del sitio http://www.zacks.com/stock/news/51121/Airline+Industry+Outlook+-+April+2011.

Introducción

La transportación incluye el movimiento físico de personas y bienes entre los puntos de origen y destino. Como individuos, dependemos en gran medida de este servicio para dirigirnos al trabajo y regresar a casa todos los días, traer los productos que necesitamos e incrementar nuestro acceso a la sociedad. En términos comerciales, el sistema de transportación vincula, desde el punto de vista geográfico, a socios e instalaciones de una compañía separados en la cadena de suministro, a clientes, proveedores, miembros del canal, plantas, almacenes y tiendas de menudeo. Ya sea por camión, tren, avión, barco, tubería o alambre de fibra óptica, la transportación facilita la creación de utilidad de tiempo y lugar en la cadena de suministro.

También tiene un gran impacto económico en el desempeño financiero de los negocios. En 2010 se gastaron más de 760,000 millones de dólares en la transportación de mercancía en Estados Unidos.[1] Esta cifra representa casi 63% de todos los gastos por actividades de logística, excediendo por mucho la cantidad de dinero que se gasta en almacenaje, administración de inventarios, procesamiento de órdenes y otros gastos del sistema de cumplimiento. Por ello los costos de transportación deben tomarse en cuenta durante el desarrollo de las estrategias y los procesos de la cadena de suministro.

Este capítulo se enfoca en el papel de la transportación en la administración logística y de la cadena de suministro. Nos concentramos en los métodos, estrategias y decisiones clave requeridos para el flujo efectivo y de costo eficiente de los bienes entre vendedores y compradores. Como usted aprenderá, la administración apropiada de estas cuestiones es vital para cumplir la demanda del cliente y para el éxito final de una organización.

El papel de la transportación en la administración de la cadena de suministro

Desde el punto de vista conceptual, la cadena de suministro es una red de organizaciones que están separadas por distancia y tiempo. La transportación les ofrece vínculos importantes y permite que los bienes fluyan entre sus instalaciones. Al cerrar estas brechas entre compradores y proveedores, permite que las organizaciones extiendan el alcance de sus cadenas de suministro más allá de las capacidades del proveedor local y la demanda del mercado. Con capacidades eficientes y efectivas de transportación, las organizaciones pueden crear cadenas mundiales de suministro que aprovechen las oportunidades de abastecimiento de bajo costo y les permitan competir en nuevos mercados.

La disponibilidad del servicio de transportación es vital para el cumplimiento de la demanda en la cadena de suministro. Como destaca el "Perfil de la cadena de suministro", la demanda de este servicio se deriva de la demanda del cliente. Es importante sincronizar la capacidad de transportación con la demanda para evitar que falle el servicio al cliente. Compañías como Best Buy deben trabajar de forma muy eficaz con transportistas solventes en el aspecto financiero que sean flexibles para aumentar o reducir su capacidad y empatarla con la demanda. La escasez de capacidad de transportación negaría los esfuerzos de Best Buy para crear y cumplir la demanda del cliente porque el inventario de productos no llegaría a tiempo a las tiendas.

La eficiencia de la transportación promueve la competitividad de una cadena de suministro. En términos de administración del suministro, la transportación de costo efectivo ayuda a que las compañías tengan acceso a materiales de calidad más alta y precio más bajo y a que logren economías de escala en la producción. Asimismo, la de bajo costo mejora las oportunidades de cumplimiento de la demanda. Al mantener los gastos de transportación en un nivel razonable, el costo total de desembarque de un producto (sus costos de producción más los de transportación y otros relacionados con el cumplimiento de la cadena de suministro) puede ser competitivo en múltiples mercados. Por ejemplo, si un fabricante con base en Suiza vende relojes de pulsera por 105 dólares más 10 dólares por el procesamiento de la orden y entrega en comparación con 120 dólares por un reloj nacional de calidad similar, la compañía suiza puede competir eficazmente en el mercado local.

No sólo los costos de transportación deben ser efectivos, también las capacidades de servicio deben estar alineadas con los requerimientos del cliente. La transportación de precio accesible es de poco valor para una cadena de suministro si el producto no llega en el tiempo programado y se recibe con daños en la ubicación correcta, mientras que la de alta calidad y enfocada en el cliente tiene un impacto directo en la capacidad de una organización para ofrecer las "siete C de la logística": llevar el producto correcto al cliente correcto, en la cantidad correcta, en la condición correcta, en el lugar correcto, en el tiempo correcto y al costo correcto. Además, la transportación puede crear flexibilidad en la cadena de suministro. Al trabajar con empresas que ofrecen diversos tiempos de tránsito y opciones de servicio, las organizaciones pueden satisfacer demandas para envíos rápidos del día siguiente, así como solicitudes de entrega estándar más económica.

Además de sus funciones de vinculación y de servicio al cliente, la transportación desempeña una función clave en el diseño de la cadena de suministro, el desarrollo de estrategias y la administración de costo total.

- La disponibilidad, la capacidad y los costos del servicio de transportación influyen en las decisiones concernientes al número y la ubicación de las instalaciones de la cadena de suministro. Por ejemplo, muchas organizaciones evitan ubicar instalaciones de distribución en el estado de Florida debido a los costos de traslado. Con la poca mercancía que se origina en el estado, los transportistas compensan los viajes sin carga de salida cobrando precios más altos por trasladar mercancía hacia Florida.

- Las capacidades de transportación se alinean con las metas de la empresa. En su informe anual de 2009, Amazon.com establece que busca ser la compañía más centrada en el cliente de la Tierra y se esfuerza para ofrecer funcionalidad fácil de usar, desempeño rápido y confiable, y servicio oportuno al cliente.[2] Para cumplir estos objetivos, Amazon.com necesita asociarse con transportistas que entreguen los pedidos del cliente de manera rápida y consistente, brinden visibilidad en los envíos y cobren precios razonables por ellos.

- Se establecen puntos de equilibrio entre la transportación y las actividades relacionadas (por ejemplo, adquisición, producción y administración de inventarios) para optimizar la eficiencia de la cadena de suministro. Por ejemplo, los minoristas pueden mantener niveles más bajos de existencias de seguridad si el costo de las entregas más rápidas y frecuentes no excede el ahorro en los costos de transportación del inventario. De forma similar, los fabricantes pueden emplear estrategias de producción esbelta si los tamaños de los lotes se minimizan sin crear costos excesivos de transportación.

Dadas estas funciones vitales, es claro que la administración proactiva de los procesos de transportación es fundamental para la operación eficiente y económica de la cadena de suministro de una compañía. Los líderes de la organización no deben considerar la transportación como un "mal necesario" o una idea de último momento después de la producción y la mercadotecnia. En contrapartida, deben tenerla en cuenta cuando diseñan los planes de organización, integrarla en los procesos de la cadena de suministro y optimizar el costo total de esta última más que minimizar los costos de transportación. Organizaciones líderes como PepsiCo y Walmart ya se movieron en esta dirección. Reconocen que las cadenas de suministro sólo pueden alcanzar la utilidad de tiempo y lugar por medio de procesos eficaces de transportación que trasladen físicamente los bienes al lugar deseado en el tiempo que requieren sus participantes principales: los clientes.

Desafíos de la función de la transportación

Aunque la transportación puede ofrecer un apoyo valioso a la cadena de suministro de una organización, es un error asumir que su función puede desempeñarse con facilidad. Existen numerosos obstáculos —como la complejidad de la cadena de suministro y las metas opuestas entre sus socios, los cambios en los requerimientos del cliente y la disponibilidad limitada de la información— en la sincronización de la transportación con otras actividades de la cadena de suministro.

Mas allá de esta sincronía, el desafío es un aumento futuro en la variedad de tendencias de la cadena de suministro y de problemas externos que la organización debe enfrentar.

El crecimiento del outsourcing, o subcontratación, de manera particular en la manufactura en el extranjero, crea retos importantes en la transportación. La creciente dependencia de las cadenas de suministro mundiales, que se extienden desde China, India y otros países hasta el lugar de residencia de usted, requiere procesos de transportación más caros para conectar a compradores y proveedores que están a miles de kilómetros de distancia. De igual modo, los tiempos extendidos de tránsito y el mayor potencial de interrupciones de la cadena de suministro necesitan niveles más altos de inventario. Como resultado, algunas organizaciones ya comenzaron a buscar oportunidades de manufactura en lugares más cercanos a casa. Esta estrategia de *near-shoring* (subcontratación en un país cercano al de la compañía fabricante) brinda la oportunidad de aprovechar los costos bajos de mano de obra sin el riesgo y el gasto de transportar los bienes a grandes distancias.

Las demandas del cliente de servicios personalizados y entregas sin defectos también impactan en la función de la transportación. El cambio a entregas más pequeñas y frecuentes limita la capacidad de las organizaciones de trasladar el producto en cantidades económicas de carga completa de camión o de contenedor. Reducir los requerimientos del ciclo de pedido resulta en costos más altos por la entrega más rápida y más horas de operación de cumplimiento. De igual modo, el deseo de tener visibilidad del envío en tiempo real requiere fortaleza tecnológica. Las organizaciones deben alinear sus operaciones con transportistas de alta calidad que brinden una mezcla balanceada de capacidad, velocidad y consistencia a un costo razonable.

Las restricciones en la capacidad de transportación representan otro reto para las organizaciones que necesitan trasladar mercancía a través de la cadena de suministro. Cuando la demanda de transportación supera la capacidad de nuestra infraestructura, ocurren estancamientos importantes. Por ejemplo, las instalaciones portuarias deben tratar con una oleada de contenedores y las autopistas en las grandes ciudades sufren embotellamientos. Los transportistas también luchan para mantener el paso con el crecimiento de los fletes, ya sea al contratar y retener suficientes conductores de camiones o poner suficientes ferrocarriles en servicio. Los resultados de una crisis de capacidad incluyen precios de flete más altos, retrasos en los envíos y habilidades limitadas de negociación.

Las tarifas inestables de la transportación representan otra inquietud importante para las organizaciones. Cuando la demanda cayó y la capacidad excedente creció durante la reciente recesión, los clientes gozaron de gastos de flete bajos. Como indicó el "Perfil de la cadena de suministro", los precios se han elevado debido a una mayor demanda de los servicios de transporte y la consolidación de la industria a partir de las fusiones, adquisiciones y bancarrotas de transportistas. Éstos gozan ahora de una posición sólida para aumentar los precios a fin de cubrir los crecientes costos de combustible, mano de obra y otros gastos. También han incluido los recargos de combustible en los contratos con sus clientes, lo que agrega un costo extra a la factura del flete. A principios de 2011 los recargos de combustible de FedEx fueron de 10 a 13% de los precios de transportación para flete aéreo y de 6.5 a 7.5% para el servicio terrestre.[3] El objetivo es reembolsar al transportista los costos excesivos de combustible que no se incluyeron en el precio original del contrato. Los recargos se basan en los cálculos por combustible del índice de precios del U.S. Department of Energy (Departamento de Energía de Estados Unidos).

La industria de la transportación también sufre el impacto de los requerimientos gubernamentales que afectan las estructuras de costo y las capacidades de servicio. De manera histórica, la regulación de la transportación se ha enfocado en la competencia y la fijación de precios. Por décadas, estas reglas limitaron las oportunidades y los incentivos para que los transportistas desarrollaran ofertas únicas de servicio y fijación personalizada de precios. La desregulación económica de la mayoría de los modos de transporte en 1980 y de los embarques oceánicos en 1998 les dio la libertad de operar con intrusión mínima del gobierno, generando la tan necesaria competencia basada en servicios, precio y desempeño. Puede encontrar un análisis más extenso de la regulación económica en el apéndice 10A.

En contraste, la regulación crece en las áreas donde la industria de la transportación tiene el potencial de influir sobre la calidad de vida, la seguridad de los ciudadanos y el crecimiento del comercio. En épocas recientes se han aprobado legislaciones para mejorar la seguridad de esta industria, reducir su impacto en el medio ambiente y defender a los países contra el terrorismo.

- La protección del público viajero es un conductor primario de la regulación de la seguridad en la transportación. Las leyes federales y estatales limitan el tamaño y el peso del equipo relacionado, la mercancía combinada y la velocidad del viaje. Las regulaciones también existen para garantizar que los operadores de vehículos comerciales estén debidamente calificados. Por ejemplo, las inquietudes respecto de la fatiga del operador en 2003 llevaron a revisar las reglas de las horas de servicio (HOS; *hours of service*) del conductor de vehículos comerciales creadas en 1935. Las regulaciones de las HOS permiten 11 horas de tiempo de manejo dentro de un periodo consecutivo de 14 horas, después del cual los conductores deben descansar de sus labores por 10 horas. Antes el tiempo de manejo se limitaba a 10 horas en un periodo de 15 horas que podía interrumpirse por breves descansos, seguido de un descanso de labores de 8 horas. El tema sigue analizándose y los legisladores consideran una mayor reducción del periodo máximo de manejo y de horas de servicio. Más recientemente, la Federal Motor Carrier Safety Administration (FMCSA; Administración Federal de Seguridad para el Transportista Terrestre) presentó la iniciativa Compliance, safety, accountability (CSA; Cumplimiento, seguridad, responsabilidad). La iniciativa CSA 2010 está diseñada para brindar atención a los conductores y transportistas terrestres de la FMCSA y a los socios estatales sobre los problemas potenciales de seguridad con el objetivo final de lograr una mayor reducción en el número de choques de camiones y remolques, lesiones y muertes.[4]

- La regulación gubernamental también considera una amplia variedad de problemas de protección ambiental. Las leyes federales y estatales han estado vigentes desde la década de 1970 para controlar la contaminación auditiva de los aviones. La transportación de materiales peligrosos, como sustancias inflamables y combustibles, venenos y materiales radiactivos, está regulada de manera estricta para minimizar los riesgos para la vida, la propiedad y el medio ambiente. La contaminación del aire es otro tema fundamental. Las normas de la emisión de vehículos, como la Heavy-Duty Highway Diesel Rule (Regla de Diesel para Autopistas de Carga Pesada), que entró en vigor en 2007, requieren niveles más bajos de sulfuro en el combustible, así como motores de combustión más limpia.

- La continua amenaza del terrorismo ha conducido a la creación de legislaciones enfocadas en la seguridad que impactan directamente a la industria de la transportación. La Ley de Comercio de 2002 contiene requerimientos que obligan a registrar electrónicamente por adelantado toda la información de los cargamentos de importación y exportación para todos los modos de transportación. Como parte de esta regulación, la Bureau of Customs and Border Protection (CBP; Oficina de Aduanas y Protección Fronteriza de Estados Unidos) refuerza la "Regla de 24 horas", que requiere que los transportistas oceánicos proporcionen información completa a la CBP de la lista de embarque de todo el cargamento entrante a Estados Unidos 24 horas antes de cargar un barco en un puerto extranjero. Recientemente la CBP estableció reglas para el programa Importer security filing 10 + 2 (Registro de seguridad del importador 10 + 2), en el que éste debe registrar de manera electrónica un informe de 10 elementos de información con la CBP, y el transportista proporcionar tanto un plan de estiba del barco, como un mensaje del estado del contenedor para embarcaciones entrantes.

Cuando se inicia una legislación para beneficiar a la sociedad, el gobierno realiza un esfuerzo importante para evitar la restricción innecesaria al flujo de comercio legítimo. A pesar de estos esfuerzos, puede ser caro para los transportistas cumplir con los mandatos del gobierno. Por ejemplo, los expertos de la industria indican que la regulación de las emisiones de los vehículos ha generado precios de combustible más altos, motores de camión más costosos y eficiencia de combustible más baja que el equipo previo. La legislación también impacta en las organizaciones cuya mercancía fluye a través del sistema de transportación. Como muchos otros mandatos, las regulaciones de las HOS han llevado a incrementos en los precios e impulsado a las organizaciones a revisar sus estrategias de envío.

Al final de cuentas, esta variedad de cuestiones externas dificulta el desarrollo de procesos de transportación que concuerden con los requerimientos de la cadena de suministro. Las organizaciones individuales deben hacer un esfuerzo convenido para superar estas restricciones a fin de llevar la mercancía de la manera más eficiente posible en costos y solidaria con el cliente. Por fortuna existen diversas opciones modales para manejar la tarea de transportar la mercancía en el ambiente desafiante de la actualidad.

Modos de transportación

Los modos primarios de transportación disponibles para el gerente de logística son el terrestre, ferroviario, aéreo, fluvial y por ductos. Además, la transportación intermodal combina el uso de dos o más de los modos básicos para trasladar los bienes desde su origen hasta su destino. Cada uno tiene estructuras técnicas y económicas diferentes, y puede ofrecer cualidades distintas de servicio de vínculo. Esta sección proporciona una visión general de cada modo desde las perspectivas de características de servicio, volumen y tipo de mercancía manejada, estructura de costos, tipos de transportistas y ofertas de servicio, variedad de equipo y tendencias actuales de la industria. Más adelante en el capítulo se ofrecen comparaciones de las capacidades de servicio, los precios de flete y los puntos de equilibrio entre los modos en el análisis de selección.

De manera colectiva, 12,500 millones de toneladas de bienes valuados en casi 11.7 billones de dólares se mueven a través del sistema de transportación de Estados Unidos.[5] La tabla 10.1 ofrece datos fundamentales para cada modo de transportación. En términos de **toneladas-milla** (medición de producción que combina peso y distancia, o tonelaje multiplicado por las millas transportadas), la modalidad terrestre y la ferroviaria son similares. Sin embargo, la industria de la modalidad terrestre domina el mercado en Estados Unidos en términos del valor de los productos trasladados, seguida de la multimodal.

Respecto a los gastos de flete, las organizaciones gastaron 760,000 millones de dólares en servicios de transportación en 2010. Casi 78% del total se gastó en la modalidad terrestre, con 592,000 millones de dólares, un incremento de 9.3% en comparación con el año anterior. Los servicios ferroviarios siguieron con 7.9%; aéreos, 4.3%; por agua, 4.3%; transitarios, 4.2%, y por tubería 1.3%.[6] Los niveles combinados de valor de la mercancía, volumen y gastos sugieren que la transportación terrestre, multimodal y aérea son los servicios con precio premium para trasladar productos de alto valor. En contraste, la transportación ferroviaria, por agua y por tubería ofrecen servicios de precio más económico para las mercancías de menor valor.

Transportistas terrestres o autotransportistas

La transportación motorizada es la que más se usa en la cadena de suministro nacional; es en gran medida parte de la cadena de administración de una organización con camiones, que

Tabla 10.1	Envíos nacionales de mercancía de Estados Unidos por modo: 2007		
MODO DE TRANSPORTACIÓN	**VALOR DE LOS BIENES**	**TONELADAS (MILLONES)**	**TONELADAS-MILLA (MILES DE MILLONES)**
Terrestre	71.3%	70.0%	40.1%
Ferroviario	3.7%	14.8%	40.2%
Marítimo	1.0%	3.2%	4.7%
Aéreo	2.2%	<1%	<1%
Tubería	3.4%	5.2%	*
Modos múltiples	16.0%	4.6%	12.5%

* Datos exactos no disponibles.
Fuente: Bureau of Transportation Statistics, *Pocket Guide to Transportation* (2011): 32.

van desde la camioneta de entrega más pequeña hasta las combinaciones de camiones con remolques más grandes, que trasladan su mercancía.

La sofisticada red de autopistas de Estados Unidos permite a los camiones llegar a todos los puntos del país. Por ello las compañías de transportación terrestre tienen excelente accesibilidad a casi todas las ubicaciones de envío y recepción de mercancías. Esta accesibilidad, combinada con las excelentes capacidades de servicio de la industria, ha hecho del motorizado el mejor modo para trasladar bienes de alto valor y en tiempo breve.

La industria de la transportación terrestre en Estados Unidos es altamente competitiva y está compuesta de 502,000 transportistas terrestres interestatales privados, por contrato y otros.[7] Estas compañías varían en tamaño, desde proveedores de servicios que son operadores y dueños de un solo camión, hasta UPS, un conglomerado de 45,300 millones de dólares con más de 400,000 empleados, 78,000 vehículos y 22,000 remolques. UPS Freight brinda servicios regionales e interregionales de transportación terrestre.[8] De los 592,000 millones de dólares gastados en esta modalidad en 2010, 68% se gastó en servicios de transportación entre ciudades en comparación con 32% en servicios locales.[9]

La estructura económica de la industria del autotransporte contribuye al vasto número de transportistas que opera en este ámbito. Primero, no hay economías de escala de costo significativo que hagan imposible que los transportistas pequeños compitan. Segundo, la mayoría de los gastos se hace como resultado del traslado de mercancía; por ello la transportación terrestre es un negocio de costo variable alto y costo fijo bajo. Las compañías del ramo por lo general no requieren una extensa inversión para terminales y equipo y no tienen que mantener la estructura de la autopista. El gobierno de Estados Unidos las construye y mantiene, y los operadores terrestres pagan cuotas por usarlas, como impuestos de uso y cargos de licencia. Por ello, los costos variables de operación, como salarios y beneficios, combustible, mantenimiento y neumáticos, tienen un impacto mayor en la economía de estas compañías.

Mucha de la carga que traslada la industria de transportación terrestre es regional por naturaleza, y se mueve dentro de un radio de 500 millas (800 kilómetros) del origen. Algunas de las mercancías primarias que se manejan en este modo incluyen bienes empacados para el consumidor, electrónicos, maquinaria eléctrica, muebles, textiles, refacciones automotrices y otros bienes terminados y semiterminados. Los proveedores de servicios de embarque confían en la industria de la transportación terrestre para llevar estos bienes porque son de tiempo breve y necesitan mayor protección mientras están en tránsito.

Esta industria está compuesta por operaciones de flotas privadas y por contrato. Las primeras transportan principalmente mercancía que es propiedad de la organización que opera los camiones; trasladan bienes con valor de más de 3.4 billones de dólares y 37.5% del tonelaje de mercancía de Estados Unidos.[10] PepsiCo opera la flota de transportación terrestre más grande, con 13,779 camiones-tractores, 50,993 camiones y camionetas y 21,625 remolques en operación.[11]

Las compañías de transportación terrestre por contrato trasladan cargas para otras organizaciones, con bienes cuyo valor asciende a 5 billones de dólares y 32.5% por ciento del tonelaje de mercancía de Estados Unidos.[12] Los tres tipos generales de transportistas por contrato son las siguientes:

- **Transportistas de carga equivalente a la capacidad de un camión (TL;** *truckload***).** Manejan envíos grandes sencillos por remolque que excede las 15,000 libras (6.8 toneladas) o usan la capacidad completa del volumen de un remolque. Los transportistas TL ofrecen servicio directo: recogen la carga en el punto de origen y la entregan directamente en el destino sin detenerse en terminales de manejo de mercancía.

- **Transportistas de carga menor que la capacidad de un camión (LTL).** Trasladan múltiples envíos, que van desde 150 libras (68 kilogramos) hasta 15,000 libras en cada remolque. Los transportistas LTL nacionales usan una red de instalaciones terminales locales y regionales de distribución para clasificar y consolidar envíos que se trasladan a un área de mercado particular; concentran sus esfuerzos en una zona específica del país.

- **Transportistas de paquetes pequeños.** Manejan envíos de más de 150 libras y trasladan múltiples envíos en una sola camioneta o camión. Usan redes similares a los servicios LTL para mover la mercancía de manera eficiente a lo largo del país. UPS y FedEx Ground son los dos transportistas terrestres de paquetes pequeños más grandes en el país.

Las líneas entre estos tipos de transportistas se han borrado un poco en los últimos años; éstos han respondido a los deseos del cliente de contar con proveedores dotados de múltiples capacidades a través de las actividades de adquisición. Por ejemplo, en la última década, FedEx y UPS hicieron la transición de transportistas de paquetes pequeños a compañías de transportación terrestre de servicio completo. Además, las compañías LTL regionales ofrecen algunos servicios directos parecidos a los TL, y éstos ofrecen entregas de múltiples escalas para sus clientes. No hace falta decir que la tendencia continuará con el servicio a nuevos mercados, el manejo de mercancía de diferentes tamaños y el cumplimiento de requerimientos únicos del servicio al cliente, siempre y cuando sea rentable hacerlo.

La flexibilidad de la industria de la transportación terrestre para manejar las mercancías y los envíos de varios tamaños que se han mencionado antes ocurre debido a una amplia variedad de opciones de equipo. Los proveedores de este servicio ya no están limitados a los camiones sencillos y los camiones tractores que llevan remolques de 35 pies (10 metros) de longitud. Las innovaciones en el equipo y las regulaciones menos restrictivas les permiten usar remolques sencillos de hasta 53 pies (16 metros) de longitud y remolques gemelos de 28 pies (8.5 metros). En un número limitado de estados en Estados Unidos, a los conductores de camiones con capacitación especial se les permite manejar vehículos de combinación más larga (LCV; *longer combination vehicles*) en autopistas designadas. La figura 10.1 señala la variedad de combinaciones de equipo que se usan en la industria de la transportación terrestre.

Aunque los transportistas terrestres gozan de una posición envidiable en la industria, enfrentarán desafíos intimidantes en el futuro: elevación de costos, cuestiones laborales y competencia. Las compañías del ramo son capaces de evitar los costos elevados de combustible y de seguros durante las expansiones económicas, pero no siempre pueden hacerlo si la capacidad excede la demanda. La escasez de conductores de camiones se agravará más cuando los actuales se retiren y hasta 8% de ellos puede ser eliminado por medio del programa CSA. Por

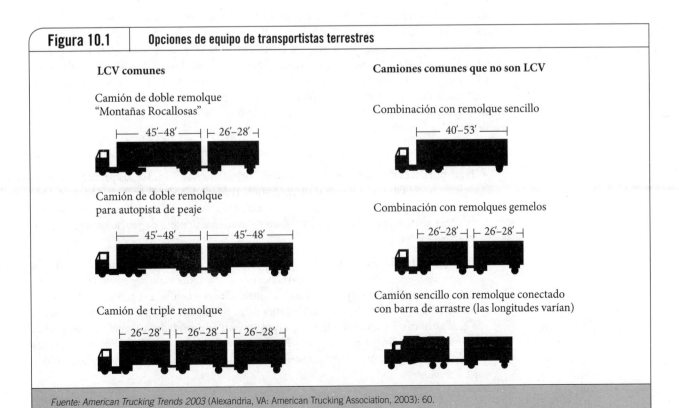

Figura 10.1 | **Opciones de equipo de transportistas terrestres**

LCV comunes

Camión de doble remolque "Montañas Rocallosas"

|— 45'–48' —| |— 26'–28' —|

Camión de doble remolque para autopista de peaje

|— 45'–48' —| |— 45'–48' —|

Camión de triple remolque

|— 26'–28' —| |— 26'–28' —| |— 26'–28' —|

Camiones comunes que no son LCV

Combinación con remolque sencillo

|— 40'–53' —|

Combinación con remolques gemelos

|— 26'–28' —| |— 26'–28' —|

Camión sencillo con remolque conectado con barra de arrastre (las longitudes varían)

Fuente: American Trucking Trends 2003 (Alexandria, VA: American Trucking Association, 2003): 60.

último, la competencia seguirá siendo intensa dentro de la industria así como con otros modos de transportación. Los clientes esperan un desempeño casi perfecto y buscarán opciones diferentes si hay problemas en el servicio.

Transporte ferroviario

Los ferrocarriles transportan un volumen significativo de carga en Estados Unidos: aproximadamente 1,900 millones de toneladas cada año. La combinación de volumen y longitud promedio del envío de 728 millas (1,170 kilómetros) hace del tren el modo de transportación con la tonelada-milla más alta.[13] Estos niveles de actividad se han conseguido a pesar de la falta de accesibilidad directa a todas las secciones de la cadena de suministro. Las percepciones persistentes de que el tren es un modo lento, inflexible e inconsistente son retos que deben superarse si la industria quiere competir por la carga más rentable y de valor más alto.

Aunque existen 563 líneas de ferrocarril en Estados Unidos, la industria está dominada por siete líneas ferroviarias de clase I (de distancias largas con ingresos de más de 379 millones de dólares). Estos transportistas generan 46,100 millones de dólares de los ingresos de la industria ferroviaria y manejan 26 millones de cargas de vagones y 9.9 millones de remolques y contenedores intermodales.[14] Cuatro de estas compañías (BNSF Railway, CSX Transportation, Norfolk Southern Railway y Union Pacific Railroad) se han convertido en los transportistas dominantes en la industria. Ninguno presta por sí solo servicio a todo el país; trabajan en conjunto por medio de acuerdos de intercambio para brindar servicios ferroviarios de costa a costa.

La estructura económica de este modo de transporte se debe en parte al número limitado de transportistas ferroviarios. Los ferrocarriles, que entran en el grupo *abominable* de empresas comerciales etiquetadas como "monopolios naturales", requieren una gran inversión en terminales, equipo y vías para comenzar sus operaciones; la enorme capacidad que las acompaña les permite ser una industria de menor costo. Cuando la producción (toneladas-milla) aumenta, el costo promedio de producción por unidad disminuye. Por ello, tener menos ferrocarriles en operación en un área determinada y permitir que esas pocas firmas hagan economías inherentes de producción de gran escala es económico y benéfico para la sociedad.

La transportación ferroviaria se usa principalmente para el traslado de materias primas y productos manufacturados de valor bajo por distancias largas. Las mercancías que se manejan incluyen carbón, sustancias químicas, productos agrícolas, minerales, alimentos y otros materiales básicos. Los clientes envían estos productos en grandes cantidades y los apilan para obtener más eficiencia en la transportación. Los ferrocarriles también manejan algunos bienes de alto valor, sobre todo automóviles y contenedores intermodales llenos con productos terminados importados. De hecho, el volumen intermodal crece con mayor rapidez a nivel porcentual que la mercancía ferroviaria tradicional.

La industria ferroviaria comprende los siguientes dos tipos de transportistas.

- **Transportistas de carga entre terminales.** Brindan servicio entre los principales mercados y los clientes dentro de esos mercados; trasladan la carga en cantidades de contenedores, vagones y trenes. Las siete líneas ferroviarias de clase I son transportistas de carga entre terminales que ofrecen una variedad completa de servicios regionales o interregionales.

- **Transportistas de línea corta.** Proporcionan los vínculos locales y regionales entre los clientes individuales y la red ferroviaria nacional de las líneas de clase I; sirven a mercados más pequeños, manejan servicios de entrega local y facilitan el proceso entre líneas, actividades que los transportistas de carga entre terminales ya no encuentran rentables. Algunas líneas ferroviarias de línea corta se han consolidado a través de compañías tenedoras o holding. Un ejemplo es RailAmerica, Inc., un operador de 40 ferrocarriles regionales de línea corta con 7,300 millas (11,700 kilómetros) de vías en Estados Unidos y Canadá.

Los ferrocarriles pueden mover casi cualquier tipo de carga —líquida o gaseosa, "lodosa" o sólida, peligrosa o inofensiva— en cantidades muy grandes. Desde plataformas para automóviles de tres niveles capaces de sostener 15 vehículos, hasta vagones cisterna que contienen casi 20,000 galones de jarabe de maíz, existe equipo para trasladar la carga del cliente. Vagones tolva, de carga o intermodales, bateas y otro equipo especializado está disponible por parte de los ferrocarriles, las compañías de arrendamiento ferroviario o los propietarios privados.

El equipo ferroviario puede organizarse en cargas y transportarse en alguna de las siguientes tres formas.

- Los trenes mixtos contienen una mezcla de equipo y mercancía para múltiples clientes. Viajan por numerosas vías ferroviarias donde pueden agregarse o removerse vagones dependiendo de su destino y la ruta del tren. Este proceso de montaje y desmontaje de trenes que consume tiempo, llamado **clasificación**, puede añadir fácilmente más de 24 horas al proceso de entrega.

- Los trenes unitarios mueven un bloque entero de vagones que transportan una sola mercancía (por ejemplo, carbón) desde el origen hasta un solo destino. Usan un solo tipo de vagón y eliminan la necesidad de detenerse para las actividades de clasificación de vías y vagones que consumen tiempo; se mueven directamente desde el origen hasta el destino y operan con itinerarios de prioridad. Por ello pueden brindar un servicio que es igual o más rápido que los camiones, en especial en traslados que cruzan el país.

- Los trenes intermodales son tipos especiales de trenes unitarios que se concentran en los traslados de contenedores y remolques intermodales por distancias largas; mueven los productos desde los puertos y otros puntos de origen de alto volumen hasta las áreas grandes de mercado donde los contenedores se descargan y se pasan a las compañías de transportación terrestre para la entrega final al cliente.

La industria ferroviaria enfrenta varios retos para seguir adelante. La capacidad es una preocupación continua. Las compañías han respondido al agregar personal y locomotoras, pero el impacto en el servicio y la capacidad ha sido limitado. Con la infraestructura de las vías que en gran medida ha permanecido sin cambios, la mercancía adicional, los trabajadores y el equipo no pueden causar un efecto significativo en los retrasos del sistema.

En una nota positiva, la demanda del servicio ferroviario intermodal crece; en un periodo de cinco años el tráfico aumentó de 5.2% de toneladas-milla a 7.3% de toneladas-milla.[15] Para aprovechar esta oportunidad, las compañías del ramo deben ofrecer calidad de servicio consistente. Las líneas ferroviarias de clase I deben resolver los problemas de congestión y entregar los productos a tiempo.

Transportistas aéreos

De manera histórica, la transportación aérea de carga se ha visto como un modo costoso que se usa "sólo en una emergencia". El advenimiento del comercio electrónico, el crecimiento de las cadenas mundiales de suministro y las iniciativas para reducir el inventario y el tiempo del ciclo de pedido han cambiado esta perspectiva obsoleta y, al hacerlo, han contribuido a un incremento sostenido en la demanda del servicio. Dado que la transportación aérea de carga sigue siendo un modo pequeño y especializado en términos de tonelaje, el gasto de Estados Unidos fue de 33,000 millones de dólares en 2010.[16] A nivel mundial los ingresos de la industria aérea de carga se acercan a los 594,000 millones de dólares, y se proyecta que el tráfico de mercancía crezca a una tasa anual de 6.1% en los siguientes 20 años.[17]

El informe de actividades de la Federal Aviation Administration (Administración Federal de Aviación) identifica a 88 empresas que participan en la transportación aérea de carga, 22 de las cuales se consideran grandes. Éstas tienen ingresos de más de 1,000 millones de dólares por operaciones de transportación de mercancía y/o pasajeros.[18] FedEX, UPS, Delta y United manejan la mayor parte de la actividad de transportación aérea de carga. El traslado internacional lo opera una variedad más amplia de organizaciones, y FedEx, UPS, Korean Air Lines, Cathay Pacific y Lufthansa registran la actividad más grande de toneladas-kilómetros en la industria.[19]

La estructura de costos del transportista aéreo consiste en altos costos variables en proporción con los costos fijos, que es de algún modo similar a la estructura de costos del transportista terrestre. Al igual que éste y los transportistas por agua, los aéreos no invierten demasiado en infraestructura de instalaciones o vías alternas. El gobierno construye las terminales y ofrece el control de tráfico de las rutas aéreas. Las empresas realizan pagos variables de arrendamiento y cuotas de aterrizaje para su uso. Los costos del equipo, aunque bastante altos, representan todavía una pequeña parte del costo total.

La modalidad aérea se usa para enviar cantidades pequeñas de productos terminados y semiterminados de poco peso y alto valor. Las principales mercancías que maneja incluyen computadoras, instrumentos de precisión, electrónicos, farmacéuticos, alimentos perecederos, publicaciones y ropa. Las compañías están dispuestas a pagar un precio premium alto para transportar estos bienes porque son muy sensibles al tiempo y necesitan mucha protección mientras están en tránsito.

Los siguientes dos tipos de transportistas primarios dominan este modo.

- **Transportistas con cargas combinadas.** Trasladan mercancía y pasajeros, con frecuencia en el mismo viaje, con la carga embarcada en el compartimiento inferior del avión. Ya que la demanda ha crecido, algunos de los transportistas internacionales más grandes han dedicado equipo específicamente al traslado de carga y ofrecen servicio programado para cumplir con las crecientes necesidades del comercio mundial. De las aerolíneas estadounidenses más importantes que son transportistas con cargas combinadas, Delta, United y American manejan la mayor cantidad de toneladas-kilómetros de mercancía cada año.

- **Transportistas aéreos de carga.** Se enfocan de manera exclusiva en el traslado de cartas y sobres, paquetes y mercancía; algunos ofrecen servicios programados diarios a través de una red altamente coordinada, mientras que otros brindan servicio por demanda para los clientes que necesitan envíos más directos e inmediatos o la capacidad total del avión. Los transportistas aéreos de carga también pueden clasificarse con base en las capacidades de servicio como se indica enseguida.

  - **Transportistas integrados.** Ofrecen servicio de puerta a puerta, un itinerario consistente de ventanas de recolección y entrega, y servicio rápido estándar a través de sus redes de centros de distribución de vuelos. Debido a que hacen de la transportación aérea de bienes de tiempo crítico un proceso tan sencillo y bien controlado, dominan el mercado nacional de transportación de cartas, paquetes y envíos pequeños para el día siguiente o para el segundo día. Algunos ejemplos son FedEx y UPS.

  - **Transportistas no integrados.** Ofrecen servicio por demanda y únicamente aéreo de aeropuerto a aeropuerto. Dependen de transitarios o del cliente para proporcionar el servicio de entrega hacia y desde el aeropuerto, sus ventajas son la velocidad y la flexibilidad del servicio directo no programado y el potencial para trasladar la carga el mismo día.

Los transportistas aéreos de carga utilizan una amplia variedad de aviones para trasladar la mercancía en el país y alrededor del mundo. Las aeronaves de hélice capaces de manejar sólo algunos cientos de libras se usan para llevar cartas y paquetes de tamaño reducido de mercados más pequeños a los puntos de consolidación y operaciones de clasificación. Los jets que varían en tamaño hasta el avión de carga más grande modelo Boeing 747-400 (cuya capacidad es de casi 27,500 pies cúbicos [780 metros cúbicos] y 124 toneladas de mercancía) se usan para los servicios nacionales e internacionales de largo alcance. Aviones como el Anatov 124 pueden transportar productos únicos de hasta 150 toneladas de peso con dimensiones de hasta 13 pies (4 metros) de altura por 19 pies (6 metros) de ancho. Cualquiera que sea el requerimiento de envío, un avión con una combinación apropiada de carga útil, alcance y velocidad puede estar disponible.

La industria de la transportación aérea de carga enfrenta numerosos obstáculos para lograr un crecimiento rentable, incluyendo cuestiones de costos, competencia y retos de seguridad. Primero, el elevado costo del combustible similar al queroseno causa un impacto directo en el éxito de la industria. Por cada aumento de un dólar por barril de petróleo, los costos de la industria de las aerolíneas a nivel mundial aumentan 1,600 millones de dólares.[20] Algunos de estos costos pueden recuperarse por medio de recargos de combustible, pero el crecimiento de los servicios de transportación terrestre para el día siguiente pone presión en la industria nacional de la transportación aérea, que quizá encuentre difícil evitar el incremento de los costos ante esta competencia en aumento. Por último, está bajo presión debido a los costosos mandatos de seguridad. Se calcula que gastos como las cuotas de seguridad nacional, los costos de 100% de escaneo del cargamento, la capacitación y otros relacionados con la seguridad tendrán un impacto anual de más de 4,000 millones de dólares en la industria de acuerdo con la Air Transport Association (Asociación de Transportación Aérea).

Transportistas por agua

La transportación por agua ha desempeñado un papel significativo en el desarrollo de muchos países y es un facilitador importante del comercio internacional. En Estados Unidos se traslada mercancía con valor de 115,000 millones de dólares y 4.7% del total de toneladas-milla cada año por medio de la transportación marítima.[21] La industria generó 33,000 millones de dólares en ingresos: 28,000 millones por el traslado de bienes internacionales y 5,000 millones por el tráfico nacional costero, interno y en los Grandes Lagos.[22] A nivel mundial, esta modalidad domina a todos los otros modos, al acumular casi la mitad del ingreso del flete internacional y manejar la mayoría del tonelaje.

Las 652 compañías en la industria de la transportación por agua de Estados Unidos usan 9,000 barcos y 31,000 barcazas para transportar 3.2% de la mercancía de la nación. La flota incluye casi 3,000 buques de cargamentos secos y barcos de pasajeros, 578 transbordadores, 5,400 botes remolcadores para barcazas y 76 buques cisterna para trasladar productos líquidos. Más de la mitad de los barcos y 86% de las barcazas operan en el Sistema del río Mississippi y en el Canal Intracostero del Atlántico en la sección del Golfo de México, transportando materias primas a granel.[23] Aunque son muy lentos y están limitados por la infraestructura natural, los transportistas por agua nacionales ofrecen una capacidad tremenda por barco (por ejemplo, una barcaza soporta la misma mercancía que 15 vagones de tren o 60 camiones), consumo eficiente de combustible y bajo costo.

La economía de la transportación por agua es similar a la de las aerolíneas. No requiere inversión por derecho de ruta para comenzar sus operaciones: la naturaleza proporciona la "vía" y las entidades de gobierno conocidas como autoridades portuarias ofrecen servicios de carga y descarga, áreas de almacenamiento e instalaciones de transferencia de mercancía. Los transportistas por agua pagan cuotas de usuario para estos servicios portuarios pero sólo cuando los usan. Los grandes barcos transatlánticos requieren inversiones significativas de capital, pero el costo se reparte entre el gran volumen de mercancía trasladada durante la larga vida útil de la mayoría de los barcos.

Los transportistas nacionales compiten de manera intensa con la modalidad ferroviaria por el traslado de cargamentos a granel, de alta densidad y valor bajo en distancias largas que los dispositivos mecánicos pueden cargar y descargar con facilidad. Al igual que los ferroviarios, los transportistas marítimos permiten a los clientes trasladar de forma eficiente respecto a los costos, grandes cantidades de materias primas como petróleo, carbón, mineral de hierro, sustancias químicas, productos forestales y otras mercancías. Sin embargo, manejan una variedad más amplia de bienes; cada tipo concebible de cargamento se traslada vía transportación marítima internacional, desde mercancías de valor bajo hasta automóviles importados. Muchos productos importados para el consumidor se mueven hacia Estados Unidos desde el Lejano Oriente en contenedores marítimos de 6 y 12 metros de longitud.

Dos tipos principales de transportistas dominan la porción por contrato de la industria marítima.

- **Servicios de línea.** Emplean una amplia variedad de barcos en su servicio de rutas fijas e itinerarios publicados. Los transportistas de línea como AP Moeller-Maersk, Mediterranean Shipping Company y CMA CGM Group manejan por lo general cargamentos individuales para sus clientes, incluyendo contenedores, plataformas portátiles y otras cargas unitarias.

- **Servicios de alquiler.** Arrendan a los clientes barcos por viaje o por tiempo y siguen las rutas elegidas por ellos. El cliente que alquila el barco en general usa su capacidad total para la mercancía de gran volumen; operan de manera similar al servicio de taxis (ruta especificada por el cliente, servicio personalizado), mientras que los transatlánticos se parecen más a un servicio de autobús con itinerario programado (ruta fija, servicio estándar).

La transportación oceánica de bienes que van desde petróleo crudo hasta electrónicos se facilita gracias a una amplia variedad de barcos especializados. Las opciones que más se usan incluyen las siguientes.

- **Buques de contenedores.** Son esenciales para la globalización del comercio; están diseñados de manera especial para llevar contenedores estandarizados que por lo general se clasifican en unidades equivalentes a 20 pies, o 6 metros (TEU; *twenty-foot equivalent units*) o unidades equivalentes a 40 pies, o 12 metros (FEU; *forty-foot equivalent units*). Los buques varían considerablemente en tamaño, desde los barcos pequeños capaces de llevar menos de 400 contenedores hasta los barcos pos-Panamax, con capacidades que exceden las 6,000 TEU. En años recientes, Maersk Line lanzó barcos que por lo regular cargan 11,000 TEU y ha ordenado un barco para 18,000. Los buques de contenedores tienen flexibilidad para mantener una amplia variedad de cargamentos, incluyendo muchos productos que requieren manejo especial y control de temperatura, entre otros aspectos.

- **Graneleros.** Transportan cargamentos con poca proporción de valor/peso, como minerales, granos, carbón y desechos de metal. Por las aberturas tan largas que tienen sus bodegas se pueden cargar y descargar con facilidad. Las paredes herméticas que dividen las bodegas permiten que el barco transporte más de una mercancía a la vez.

- **Buques cisterna.** Llevan la cantidad más grande de carga por tonelaje, por lo general en servicios de alquiler. Estos barcos varían en tamaño, desde los buques cisterna de la Segunda Guerra Mundial con capacidad para 18,000 toneladas, hasta los petroleros como el Very Large Crude Carriers (VLCC), que alcanzan las 500,000 toneladas; están construidos casi de la misma forma que los graneleros, pero con aberturas de cubierta más pequeñas. Los nuevos buques cisterna deben ser de doble casco para proteger el medio ambiente en caso de una colisión.

- **Cargueros generales.** Transportan cargamentos por alquiler y cuentan con bodegas muy grandes y equipo de manejo de mercancía para facilitar la carga y descarga de una gran variedad de productos. La autosuficiencia de estos barcos les permite estibar cargamento en puertos que no tienen equipo moderno de manejo de carga. Esta característica es muy importante para los barcos que transportan bienes a zonas menos desarrolladas del mundo.

- **Contenedores Ro-Ro (roll-on, roll-off).** Demuestran su valor en el comercio internacional: son básicamente barcos transbordadores muy grandes. El transportista lleva el cargamento directamente al barco usando rampas internas y lo descarga en su destino. Los Ro-Ro más grandes pueden transportar 2,000 automóviles o más, así como remolques de mercancía, contenedores, equipo agrícola y de construcción, y otros vehículos de ruedas.

Los mayores desafíos que enfrentan los transportistas marítimos internacionales se relacionan con la capacidad, los desequilibrios comerciales, las preocupaciones ambientales y la seguridad. La falta de capacidad puede ser un problema cuando crece la economía mundial, pero esto cambió al exceso de capacidad durante la recesión global. De igual modo, el desequilibrio del comercio internacional entre los países asiáticos que dominan la exportación y los de Norteamérica que dominan la importación puede crear problemas de disponibilidad de equipo en el origen y de congestión en los puertos de destino. Ambos contratiempos resultan en retrasos de la cadena de suministro que causan un impacto en el cumplimiento de la demanda. La industria también debe trabajar para reducir las emisiones de dióxido de carbono, ya que los barcos que queman combustible de grado bajo representan 4.5% de todas las emisiones mundiales de este gas invernadero. La seguridad es un reto multifacético que debe enfrentarse.

Tuberías

Las tuberías son el "gigante oculto" de los modos de transportación, pues manejan de manera silenciosa 5.2% del tonelaje de la mercancía de Estados Unidos. Este es un modo único de traslado, ya que el equipo está fijo en un lugar y el producto se mueve a través de él en un alto volumen. Las tuberías protegen de modo efectivo el producto de la contaminación y también brindan la función de almacenamiento; ofrecen la forma más económica de transportación con el costo más bajo por tonelada.

Estados Unidos tiene la red más grande de tuberías de energía en el mundo. Sólo su red de oleoductos es 10 veces más grande que la de Europa. Existen 339 operadores de tuberías de líquidos peligrosos que transportan principalmente petróleo crudo y sus derivados. Algunas organizaciones se enfocan estrictamente en la transportación, mientras que las grandes petroleras como ExxonMobil, BP y Shell producen y transportan a través de tuberías que son sólo de su propiedad o que comparten con otra compañía. La industria de los gasoductos de gas natural está mucho menos concentrada, con 967 organizaciones involucradas en la transmisión del producto y otras 1,285 en la distribución final del gas natural.[24]

Los costos de las tuberías son en su mayoría fijos. Los operadores deben crear su propio derecho de paso, lo cual es una proposición bastante cara. Los costos variables en la industria son muy bajos, ya que se requiere poca mano de obra para operar las tuberías y poco combustible para operar las bombas. La construcción de una tubería se vuelve de costo efectivo cuando el producto fluye de manera continua, permitiendo que los costos fijos se repartan entre un volumen alto de bienes.

La vasta mayoría de los productos que se mueven por tuberías son líquidos y gases, viables desde el punto de vista económico para fluir a través de este modo de transportación. Los productos líquidos comunes pueden ser petróleo crudo y combustibles derivados para el transporte y la calefacción de los hogares. Los productos gaseosos que más se distribuyen son gas natural para calefacción doméstica y propano, amonio anhidro y dióxido de carbono, que se usa en aplicaciones agrícolas e industriales. En el pasado se intentó mover productos sólidos en forma semilíquida de "lodo", pero probó no ser competitivo con la transportación por agua y ferrocarril.

La industria de la transportación por tuberías comprende a los transportistas por contrato y a los privados, que mantienen su propia infraestructura. Los transportistas por contrato de productos líquidos pueden mover simultáneamente varios de ellos a través de su sistema, separados por un conector múltiple que mantiene la integridad de cada uno; los privados incluyen compañías de gas natural y petróleo que usan las tuberías para transportar el producto hacia y desde sus refinerías, plantas de procesamiento e instalaciones de almacenamiento. Algunas compañías, como una planta eléctrica o química, pueden operar un pequeño sistema de tuberías para traer combustible a la planta o mover productos base de una planta a otra.

El sistema petrolero está compuesto de los siguientes tres tipos primarios de tuberías o ductos.

- **Líneas de captación.** Son tuberías muy pequeñas, por lo general de 2 a 8 pulgadas (5 a 20 centímetros) de diámetro. Se usan en conjunto y trasladan petróleo de los pozos tanto dentro como fuera de la costa hacia las líneas alimentadoras. Se calcula que existen entre 30,000 y 40,000 millas (de 48,000 a 64,000 kilómetros) de líneas de captación, sobre todo en los estados con mayor producción petrolera.

- **Líneas principales.** Miden de 8 a 24 pulgadas (de 20 a 60 centímetros) de diámetro, y traen el petróleo crudo desde los puntos de extracción hasta las refinerías. Existen aproximadamente 55,000 millas (88,000 kilómetros) de líneas principales de petróleo crudo en Estados Unidos, incluyendo el reconocido Sistema de Oleoducto Trans-Alaska. Este ducto de 48 pulgadas (122 centímetros) de diámetro y 800 millas (1,287 kilómetros) de longitud conecta la Bahía Prudhoe en el norte de Alaska hasta Valdez, el puerto sin hielo más septentrional en Norteamérica.

- **Tuberías de productos refinados.** Transportan productos petrolíferos, como gasolina, combustible para aviones, petróleo para la calefacción de los hogares y diesel, desde las refinerías hasta las grandes terminales de combustible con tanques de almacenamiento en casi cada estado en el país. Varían en tamaño, desde líneas con diámetros relativamente pequeños de 8 a 12 pulgadas (20 a 30 centímetros) hasta las que tienen un diámetro de 42 pulgadas (107 centímetros); su longitud total a nivel nacional es de aproximadamente 95,000 millas (153,000 kilómetros). Estas tuberías entregan productos derivados del petróleo a grandes terminales de combustible con tanques de almacenamiento, y pueden suministrar directamente a las grandes industrias, aeropuertos y plantas de generación de energía eléctrica.[25]

Los gasoductos de gas natural usan redes similares de líneas de captación, transmisión y distribución principal para mover el producto más cerca del mercado. La diferencia radica en la entrega directa de gas natural a los hogares y negocios por medio de líneas locales de distribución que se encuentran debajo del nivel de la calle en casi todas las ciudades y poblaciones y representan la mayor parte de la longitud en millas de las tuberías en Estados Unidos: 1.8 millones (2.9 millones de kilómetros).

El problema constante para la industria de la transportación por tuberías es la seguridad. En comparación con los otros modos de transporte, las tuberías tienen registros envidiables de seguridad y protección contra el medio ambiente, con derrames que se cuentan en sólo un galón por millón de barriles-millas. Sin embargo, la vigilancia es vital porque los accidentes pueden convertirse con rapidez en eventos catastróficos.

Por ejemplo, la explosión de un gasoducto de gas natural en septiembre de 2010 en San Bruno, California, mató a ocho personas y destruyó 38 hogares.[26] Los operadores de las tuberías deben conocer los riesgos de seguridad que éstas representan y efectuar acciones para proteger sus activos y el flujo de productos importantes de petróleo a través de la cadena de suministro. También deben mantener planes de contingencia para hacer frente a los eventos problemáticos como los huracanes o los ataques terroristas en las operaciones de la tubería.

Transportación intermodal

Aunque los cinco modos primarios proveen a los gerentes de las cadenas de suministro de numerosas opciones de transportación, existe otro grupo de alternativas. El **servicio de transportación intermodal** se refiere al uso de dos o más modos diferentes de transportación en el traslado de mercancía desde el origen hasta el destino. El cambio de la mercancía entre los modos quizá parezca una actividad ineficiente y que consume tiempo, pero el alcance mejorado y las ventajas del servicio combinado intermodal anulan esos problemas. Estos beneficios básicos incluyen los siguientes.

- Se crea mayor accesibilidad al vincular los modos individuales. La infraestructura de los caminos permite que los camiones lleguen a las ubicaciones que son inaccesibles para otros modos, en especial para la transportación aérea, por agua y por tuberías. Por ejemplo, la aérea sólo puede mover la mercancía entre las instalaciones aeroportuarias. Los camiones proporcionan el flujo entre el origen y el aeropuerto de salida así como entre la terminal de llegada y el destino del cliente. Los ferrocarriles también facilitan el uso de la transportación fluvial nacional y la oceánica internacional. El traslado de carbón con bajos niveles de sulfuro de una mina en Wyoming a una compañía de servicios en Japón puede lograrse de mejor manera por medio de la combinación de los tipos ferroviario y por agua.

- La eficiencia general de costos puede conseguirse sin sacrificar la calidad del servicio o la accesibilidad. En otras palabras, la transportación intermodal permite que las cadenas de suministro utilicen las capacidades inherentes de los distintos modos para controlar el costo y cumplir con los requerimientos del cliente. Si un fabricante de muebles necesitara trasladar 20 cargas de Carolina del Norte a California, la combinación de transportación terrestre y ferroviaria sería mejor que sólo el servicio terrestre. La velocidad y accesibilidad de los camiones se usaría para la recolección inicial y la entrega final, mientras que el envío a través del país se manejaría por medio de las líneas ferroviarias de costo eficiente.

- La transportación intermodal facilita el comercio mundial. La capacidad y eficiencia del modo oceánico permite que los envíos de gran volumen se transporten entre continentes con costos por unidad relativamente bajos. La velocidad de la transportación aérea hace posible que los productos perecederos fluyan con rapidez entre los países. El tramo final nacional de la entrega puede realizarse en camiones. La combinación de la transportación oceánica y terrestre hace el producto competitivo a través de los mercados mundiales al mantener bajo control el precio de desembarque. La combinación aérea y terrestre facilita la distribución ágil de "mercancías en boga", como los artículos de moda y el rápido reabastecimiento de las que tienen gran demanda.

Aunque no se registran estadísticas universales sobre la transportación intermodal, existe evidencia sólida de que su importancia y volumen han aumentado. El número de contenedores que se traslada desde el resto del mundo hasta los puertos de Estados Unidos se ha incrementado de 15.5 millones de TEU en 1990 a 37.2 millones de TEU en 2009.[27] Los expertos predicen que esta tendencia continuará a medida que la economía mundial se recupere. Los traslados nacionales de mercancía intermodal también han aumentado en el mismo periodo de 20 años. Por ejemplo, el sistema ferroviario de Estados Unidos trasladó 8.2 millones de contenedores y 1.6 millones de remolques en 2009.[28]

Gran parte de este crecimiento intermodal puede atribuirse al desarrollo de los contenedores estandarizados que son compatibles con varios modos de transporte. Éstos se parecen mucho a los remolques de camión pero sin el chasis; pueden levantarse, apilarse y moverse de una pieza de equipo a otra, y están construidos de acuerdo con especificaciones y dimensiones estándar de altura y ancho en diversas longitudes (contenedores marinos de 10, 20 y 40 pies [3, 6 y 12 metros] para la transportación internacional y otros de 40, 48 y 53 pies [12, 15 y 16 metros] para la transportación nacional terrestre y ferroviaria). También hay contenedores especializados para el manejo de productos sensibles a la temperatura (refrigerados), mercancías (cisterna y graneleros), así como otros cargamentos únicos.

Otros factores han contribuido al crecimiento de la transportación intermodal; entre ellos se encuentran los mejores sistemas de información para rastrear la mercancía mientras se mueve a través de la cadena de suministro y el desarrollo de terminales intermodales para facilitar las transferencias eficientes de mercancía entre los distintos modos. Además, las nuevas generaciones de buques, vagones ferroviarios y remolques de camiones se construyen en específico para manejar la carga internacional en mayor cantidad y con más facilidad.

Los transportistas oceánicos continuamente construyen contenedores más grandes para manejar el tráfico intermodal internacional, mejorar la eficiencia del combustible y reducir las emisiones de carbono por contenedor transportado. Y más importante aún: la autoridad del Canal de Panamá está en medio de un proyecto de expansión de ocho años y 5,250 millones de dólares para manejar estos barcos. Más de la mitad de los fondos (3,350 millones de dólares) se gastará en un nuevo cauce de navegación y un tercer juego de esclusas en las entradas del Atlántico y el Pacífico, así como en nuevos canales. El proyecto, cuya conclusión está programada para 2014, aumentará las esclusas existentes y permitirá al canal manejar barcos de 12,000 TEU. La industria ferroviaria también ofrece una variedad de equipo para trasladar cargamentos intermodales. Los esfuerzos iniciales se concentraron en mover remolques estándar de camión en vagones de plataforma. A esto se le llamó servicio de transporte ferroviario y por carretera ("piggy-back") o de remolque en vagón de plataforma (TOFC; *trailer on flatcar*). Este tipo disminuye en favor del servicio de contenedor en vagón de plataforma (COFC; *container on flatcar*) y servicios de contenedores de dos niveles. Estos métodos permiten a las compañías ferroviarias llevar una variedad más amplia de contenedores, desde los oceánicos de 10 pies (3 metros) hasta los de mercancía nacional de 53 pies (16 metros), en casi cualquier combinación. El servicio de dos niveles es especialmente eficiente.

Los servicios de flete que ofrece la transportación intermodal pueden observarse en términos de sus características de manejo de productos.

- **Carga contenerizada.** Se coloca en el equipo de almacenamiento o sobre él (un contenedor o tarima) en el origen y se entrega en el destino en esa misma pieza de equipo o sobre ella sin manejo adicional. Por ejemplo, si es necesario transportar una carga de reproductores de DVD de la fábrica al mercado, éstos se cargarían en un contenedor de 40 pies (12 metros) en la fábrica en Taiwán, se transferirían al puerto por vía terrestre y después se cargarían en un portacontenedores con destino a Los Ángeles, Estados Unidos. A su llegada, el contenedor se movería desde el barco hacia otro camión y se entregaría en el centro de distribución del minorista.

- **Carga transbordada.** Incluye productos que se manejan y transfieren varias veces entre equipos de transportación. Consiste principalmente de materias primas a granel que deben recogerse, bombearse, levantarse o trasladarse de un contenedor a otro cuando se transfieren de un modo a otro. Por ejemplo, el concentrado de jugo de naranja puede recogerse en un vagón cisterna, bombearse en la bodega de un buque carguero para el traslado de larga distancia y después bombearse a un camión cisterna para su entrega final.

Figura 10.2	Combinaciones de transportación intermodal más usuales

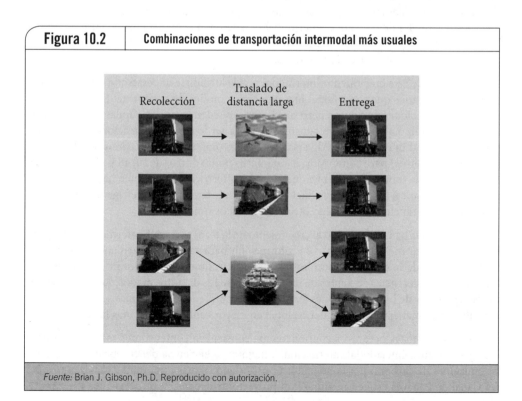

Otra forma de ver la opción intermodal se basa en el tipo de servicio que se usa. La figura 10.2 muestra las formas prevalecientes de transportación intermodal: terrestre-ferroviaria, terrestre-aérea y terrestre-por agua, aunque también se utilizan otras combinaciones. Algunos transportistas (por ejemplo, CSX, Maersk Sealand y FedEx) tienen capacidades intermodales, lo que les permite utilizar las combinaciones más eficientes y económicas para sus clientes. En la mayoría de los casos el transportista determina cuál modo o cuáles combinaciones usar. Después de todo, cuando los clientes depositan el correo urgente en el buzón expreso, ¡no les preocupa la combinación de modos siempre y cuando sus cartas lleguen a tiempo!

Un problema recurrente en el mercado de la transportación intermodal es el congestionamiento. Aunque los transportistas oceánicos pueden agregar o reducir capacidad para cumplir con los niveles de demanda, los puntos de transferencia no son tan flexibles y la mercancía puede acumularse. Durante el máximo crecimiento económico, las instalaciones portuarias de Estados Unidos a lo largo de la costa del Pacífico han luchado para mantener el producto fluyendo a través de sus instalaciones de manera oportuna durante las temporadas importantes. De vez en cuando también ocurren problemas de capacidad intermodal en la industria de la transportación ferroviaria. La escasez de equipo, el congestionamiento en las instalaciones de transferencia y los problemas laborales generan retrasos en las entregas y problemas en la cadena de suministro. Se necesitará inversión en infraestructura, compras de equipo y contratación de operadores a efecto de prepararse para el crecimiento anticipado de la transportación intermodal.

Planificación y estrategia de la transportación

La comprensión de las opciones modales es un aspecto importante de la administración de la transportación. Sin embargo, antes de que la mercancía comience a fluir deben enfrentarse otras cuestiones vitales. Los profesionales de las cadenas de suministro deben tomar una serie de decisiones relacionadas con la transportación y diseñar procesos que se adapten a las estrategias en esta área de la organización. Estos asuntos de planificación, que se enfatizan en la figura 10.3, se analizan a continuación.

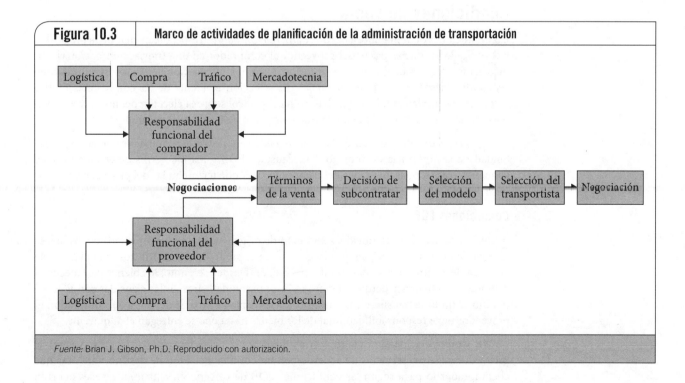

Figura 10.3 | **Marco de actividades de planificación de la administración de transportación**

Fuente: Brian J. Gibson, Ph.D. Reproducido con autorización.

Control funcional de la transportación

La decisión inicial para cualquier organización es directa pero importante: determinar cuál o cuáles departamentos serán responsables por cada parte del proceso de transportación. Cuando usted compra bienes, los vende o hace ambas cosas, alguien tiene que ser responsable de tomar las decisiones clave y administrar el proceso. Incluso en una compra sencilla por internet, usted tiene que seleccionar un transportista (UPS, FedEx, Servicio Postal, entre otros), el nivel de servicio (al día siguiente, al segundo día, etc.), la cobertura del seguro y un precio relacionado. Si falla en su parte de responsabilidad, ello resultaría en que el proveedor tome decisiones que no se ajustan a su presupuesto o a sus necesidades de servicio.

En la mayoría de las organizaciones la responsabilidad de las decisiones de transportación recae en uno o más de los departamentos de logística, adquisición y mercadotecnia. Históricamente, la transportación se dividía en dos actividades separadas: la de entrada de los bienes comprados y la de salida de los bienes vendidos. En esta estructura, el departamento de compras controla las decisiones de la transportación de entrada, mientras que el de marketing tiene responsabilidad sobre el control de la transportación de salida. Con frecuencia esta estructura conduce a un enfoque secundario en la transportación en lugar de en los costos de adquisición o las demandas del cliente. En el caso del peor escenario, estos departamentos delegan de manera arbitraria la toma de decisiones en los proveedores y clientes. El resultado es la oportunidad limitada para aprovechar las eficiencias y los servicios de la transportación para el beneficio de todos los integrantes de la cadena de suministro.

Hoy en día las organizaciones conocedoras asignan la responsabilidad de esta decisión a un solo departamento (por ejemplo, logística, distribución, operaciones o transportación). Este departamento se esfuerza por coordinar la transportación de entrada y salida, desarrollar metas comunes, aprovechar el poder de compra y procurar el servicio de calidad en apoyo a la excelencia en la cadena de suministro. Los resultados del control y coordinación de un solo departamento pueden ser impresionantes; muchas compañías han podido apuntalar la capacidad, mejorar la visibilidad y control de la mercancía, optimizar el servicio al cliente y reducir millas (o kilómetros) sin carga mientras administran mejor sus gastos de transportación.

Condiciones de venta

Las condiciones de venta libre a bordo (FOB; *free-on-board*;) especifican cuándo la propiedad y el título de los bienes pasan del proveedor al comprador en una transacción nacional. Los incoterms (international commercial terms; términos internacionales de comercio) cubren las condiciones de venta internacionales. La selección prudente de las condiciones FOB o incoterms es fundamental, ya que determina el control sobre la elección del modo y el transportista, la negociación del precio de transportación y otras decisiones importantes.

Otro aspecto fundamental de las cláusulas de venta es la determinación de la responsabilidad de la mercancía en tránsito. Las cláusulas FOB y los incoterms determinan dónde comienzan las responsabilidades del comprador y dónde terminan las del proveedor.

Condiciones FOB

A nivel nacional, si las condiciones son FOB de origen, el título (la propiedad) de los bienes cambia de manos en el origen, por lo general en el punto de transportación o la plataforma de carga del centro de distribución del proveedor. Desde ese punto, los bienes pertenecen al comprador y cualquier pérdida o daño es responsabilidad suya. Si las cláusulas son FOB de destino, el título se transfiere en el destino, que es la plataforma de descarga del comprador. El proveedor tiene responsabilidad total de los bienes hasta que se entregan al adquiriente.

Un asunto relacionado es la responsabilidad por el pago del transportista. En general, el proveedor paga sus servicios de acuerdo con las condiciones FOB de destino, mientras que el comprador lo paga según las condiciones FOB de origen. Sin embargo, a veces ocurren excepciones. La opción de flete prepagado o de flete pagadero en el destino debe especificarse en las condiciones FOB. En casos donde el proveedor tiene más influencia con los transportistas, es prudente dejar que él negocie los precios en la opción de flete prepagado. La de flete pagadero en el destino se usa de manera común cuando el comprador tiene más poder con los transportistas. La tabla 10.2 resalta las seis opciones de responsabilidad de pago FOB con los respectivos deberes de los compradores y proveedores.

Incoterms

Las transacciones internacionales presentan desafíos más grandes y los participantes en los tratos deben comprender cómo estas condiciones de venta pueden impactar en la toma de decisiones sobre la transportación. Incluso una transacción internacional relativamente directa incluye distancias largas, múltiples modos de transportación e intermediarios de logística, aranceles y tarifas, inspecciones gubernamentales y grandes probabilidades de que haya algún daño o retraso. Por ello los gerentes de transportación deben estar muy pendientes sobre cuándo y dónde cambiará de manos el título de los bienes.

Los incoterms facilitan el flujo eficiente de la mercancía entre los países. Como describe la Cámara Internacional de Comercio, los incoterms son reglas internacionales aceptadas por los gobiernos, las autoridades legales y los practicantes alrededor del mundo para la interpretación de los términos que más se usan en el comercio internacional. Tratan asuntos relacionados con los derechos y obligaciones de las partes del contrato de venta respecto de la entrega de los bienes vendidos.[29]

Estas decisiones relacionadas con las condiciones de venta clarifican las siguientes preguntas.

- ¿Quién será responsable del control y cuidado de los bienes mientras están en tránsito?

Tabla 10.2	Responsabilidades clave de acuerdo con las condiciones FOB y pago de flete				
RESPONSABILIDAD DE PAGO DE FLETE Y CONDICIÓN FOB	**¿QUIÉN POSEE LOS BIENES EN TRÁNSITO?**	**¿QUIÉN MANEJA LOS RECLAMOS DE MERCANCÍA?**	**¿QUIÉN SELECCIONA Y PAGA AL TRANSPORTISTA?**	**¿QUIÉN ASUME AL FINAL LOS COSTOS DEL FLETE?**	**SE USA MEJOR CUANDO _____ TIENE MAYOR INFLUENCIA CON EL TRANSPORTISTA**
FOB de origen, flete pagadero en destino	Comprador	Comprador	Comprador	Comprador	Comprador
FOB de origen, flete prepagado	Comprador	Comprador	Vendedor	Vendedor	Vendedor
FOB de origen, flete prepagado y facturado al solicitante	Comprador	Comprador	Vendedor	Comprador El proveedor agrega los costos de flete a la factura de los bienes	Vendedor
FOB de destino, flete prepagado	Vendedor	Vendedor	Vendedor	Vendedor	Vendedor
FOB de destino, flete pagadero en destino	Vendedor	Vendedor	Comprador	Comprador	Comprador
FOB de destino, flete pagadero en destino y autorizado	Vendedor	Vendedor	Comprador	Vendedor El comprador deduce el costo de flete del pago de los bienes	Comprador

Fuente: Adaptado de Bruce J. Riggs, "The Traffic Manager in Physical Distribution Management", *Transportation and Distribution Management*, junio de 1968, p. 45.

- ¿Quién será responsable de la selección del transportista, las transferencias y los asuntos relacionados con el "flujo" de productos?

- ¿Quién asumirá los distintos costos, como flete, seguro, impuestos, aranceles y tarifas de envío?

- ¿Quién manejará la documentación, la resolución de problemas y otras cuestiones relacionadas?

Desde 1936 los incoterms se han revisado y perfeccionado siete veces. La actualización más reciente, conocida como Incoterms 2010, es un esfuerzo por simplificar estos términos comerciales. El número de opciones de incoterms se redujo de 13 a 11, siete de los cuales aplican a todos los modos de transportación y cuatro sólo a la transportación por agua. Entre otros cambios, los Incoterms 2010 se modificaron y aclararon para que puedan aplicarse a la mercancía nacional e internacional.

Las 11 opciones varían: desde el comprador que toma todas las responsabilidades de transportación en la ubicación del proveedor, hasta el proveedor que toma toda la responsabilidad hasta la entrega en la ubicación del cliente (y numerosas ubicaciones en medio). Es más fácil pensar en estas 11 opciones en términos de sus grupos: los términos E, donde el comprador asume toda la responsabilidad desde el punto de partida; los términos F, en los que el transporte principal no lo paga el proveedor; los términos C, donde el proveedor paga al transportista principal, y los términos D, en los que el proveedor asume toda la responsabilidad hasta el punto de llegada. La figura 10.4 resalta las funciones respectivas del proveedor y el comprador de acuerdo con cada uno de los 11 incoterms.

Tomar el control de la mercancía de acuerdo con las condiciones FOB o los incoterms puede ser benéfico para las organizaciones con la experiencia, el volumen y el tiempo para

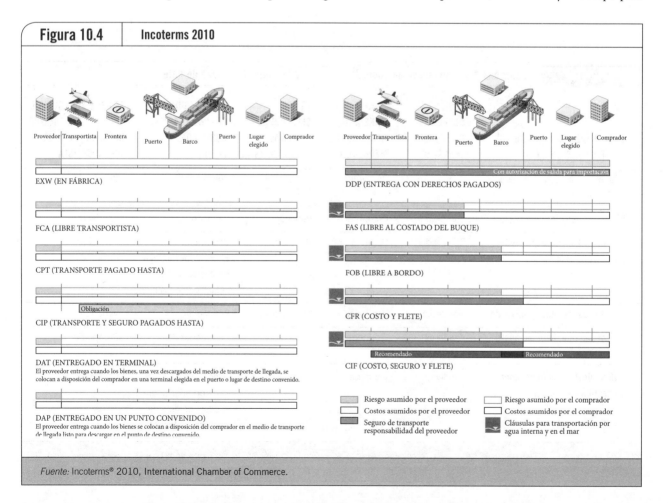

Figura 10.4   Incoterms 2010

Fuente: Incoterms® 2010, International Chamber of Commerce.

administrar el proceso. Tener este control les permite aprovechar su poder de compra con los transportistas específicos para conseguir tarifas más bajas, coordinar los flujos de entrada y salida y consolidar la mercancía para lograr más eficiencias. Otros beneficios potenciales incluyen la capacidad para manejar riesgos, conseguir mayor visibilidad de la mercancía y asegurar la capacidad disponible del equipo. Por ello las compañías con funciones logísticas bien integradas y organizadas deben ver las condiciones de venta como una oportunidad estratégica para mejorar el desempeño de la transportación y la cadena de suministro.

Decisión para subcontratar la transportación

La organización que detenta el control de la mercancía supeditado a las condiciones FOB y la responsabilidad de adquisición debe analizar si toma la decisión de "generar o comprar" la transportación. Las empresas deben elegir entre trasladar los bienes en una flota privada (la opción de "generar") o usar proveedores externos de servicio (la opción de "comprar"). Esta decisión implica múltiples consideraciones y puede ser difícil. Las opciones primarias se discuten a continuación.

Las flotas privadas representan casi la mitad del gasto total en transportación de mercancía de Estados Unidos y más de la mitad de las millas (o kilómetros) recorridas. Empresas como PepsiCo, Walmart y DuPont trasladan la mercancía (sobre todo los productos terminados) en el equipo que poseen u operan, y usan flotas privadas por diversas razones económicas, de servicio al cliente y de mercadotecnia. Han probado que una flota privada bien manejada puede funcionar y ser competitiva en costos con los transportistas por contrato, dado que ofrecen mayor flexibilidad de programación de itinerarios y control sobre el tiempo de tránsito. También es posible obtener beneficios intangibles, como el impacto promocional y el prestigio de tener camiones de la empresa muy visibles en las carreteras. Muchas organizaciones han convertido sus camiones de remolque en espectaculares rodantes de 48 a 53 pies (15 a 16 metros) de longitud.

Por otro lado, algunas organizaciones han decidido que es mejor tener expertos externos que trasladen la mercancía o administren el proceso de transportación. Empresas por contrato en todos los modos (por ejemplo, Schneider National, Lufthansa, Canadian Pacific Railway, Hapag-Lloyd) tienen experiencia, flexibilidad y capacidad para trasladar la mercancía a una amplia variedad de clientes. Los proveedores externos de servicio también ofrecen una opción simplificada, de costo variable y sin dolores de cabeza para la transportación privada.

Al apoyarse en los transportistas por contrato, los clientes no tienen que incurrir en el gran costo de capital que implica comenzar una flota propia, invertir el tiempo necesario para ganar experiencia en el área o tomar los riesgos potenciales (responsabilidad por accidentes, cumplimiento de regulaciones gubernamentales, trato con sindicatos, entre otros) inherentes a la operación de una flota privada.

Como resultado, la industria de transportación por contrato es enorme. Más de 697,000 millones de dólares se gastan cada año en transportación de mercancía por contrato en Estados Unidos.

Otra opción frente a las flotas privadas es la logística tercerizada (3PL), que se analizó en el capítulo 4. Las empresas externas ofrecen una amplia variedad de servicios de transportación. El transporte por contrato dedicado (por ejemplo, Exel y Transfreight) y los transportistas terrestres (Werner Enterprises y J. B. Hunt) son algunos servicios de los 3PL. Según los acuerdos respectivos, las empresas 3PL funcionan como la flota privada de la organización y destinan a la relación un equipo administrativo, conductores y equipo.

Otro servicio es la administración del tráfico, donde las empresas 3PL proporcionan la planificación de la transportación y la toma de decisiones tácticas, desempeñan funciones administrativas, como la auditoría de conocimientos de embarque, y coordinan las actividades de la cadena de suministro. Por último, algunas 3PL ofrecen asistencia relacionada con la transportación internacional en las áreas de documentación, selección de transportistas y rutas, autorización de aduanas y otras tareas que influyen sobre el flujo oportuno y de costo efectivo de bienes a través de las fronteras.

Selección del modo

Una cuestión vital de la administración de la transportación es la selección del modo, pues afecta la velocidad y la eficiencia del flujo de productos a través de la cadena de suministro. Si una organización ha determinado que controlar el proceso de transportación y usar proveedores de servicios tercerizados (transportistas por contrato o empresas 3PL) es en su mejor interés, entonces debe determinar cuál o cuáles modos de transportación usar. Elegir entre las seis opciones es una función de tres factores: capacidades del modo, características del producto y precio del flete.

Todos los modos ofrecen el mismo servicio básico de trasladar la mercancía de un punto a otro en la cadena de suministro. Sin embargo, la revisión de la tabla 10.1 revela que los modos sirven a diferentes requerimientos del cliente y a productos distintos en términos de valor, tonelaje y toneladas-milla. La razón de los distintos usos radica en que cada modo tiene atributos y capacidades únicas que afectan su capacidad para servir a los requerimientos específicos del cliente; muchos de estos atributos se resumen en la tabla 10.3.

Se han realizado numerosos estudios a través de los años para identificar las capacidades de desempeño más importantes en la selección del modo de transportación. Estos estudios

Tabla 10.3	Comparación de las capacidades de cada modo				
MODO	**FORTALEZAS**	**LIMITACIONES**	**FUNCIÓN PRIMARIA**	**CARACTERÍSTICAS PRINCIPALES DEL PRODUCTO**	**EJEMPLO DE PRODUCTOS**
Camión	• Accesible • Rápido y versátil • Servicio al cliente	• Capacidad limitada • Costo alto	• Trasladar cargamentos pequeños en mercados locales, regionales y nacionales	• Valor alto • Bienes terminados • Volumen bajo	• Alimentos • Ropa • Electrónicos • Muebles
Ferrocarril	• Mucha capacidad • Costo bajo	• Accesibilidad • Servicio inconsistente • Tasas de daño	• Trasladar cargamentos grandes de mercancía nacional en distancias largas	• Valor bajo • Materias primas • Volumen alto	• Carbón/coque • Madera/papel • Granos • Sustancias químicas
Aire	• Velocidad • Protección de la mercancía • Flexibilidad	• Accesibilidad • Costo alto • Poca capacidad	• Mover cargamentos urgentes de mercancía nacional y cargamentos más pequeños de mercancía internacional	• Valor alto • Productos terminados • Volumen bajo • Tiempo crítico	• Computadoras • Publicaciones • Farmacéuticos • Entregas negocio a consumidor (B2C)
Agua	• Mucha capacidad • Costo bajo • Capacidades internacionales	• Lento • Accesibilidad	• Trasladar grandes cargamentos nacionales a través de ríos y canales • Mover grandes cargamentos de mercancía internacional a través de océanos	• Valor bajo • Materias primas • Mercancías a granel • Productos terminados en contenedores	• Petróleo crudo • Menas/minerales • Productos agrícolas • Ropa • Electrónicos • Juguetes
Ductos	• Almacenamiento en tránsito • Eficiencia • Costo bajo	• Lento • Red limitada	• Mover grandes volúmenes de mercancía nacional en distancias largas	• Valor bajo • Genéricos líquidos • No es de tiempo crítico	• Petróleo crudo • Petróleo • Gasolina • Gas natural

Fuente: Brian J. Gibson, Ph.D. Reproducido con autorización.

identifican de manera común la accesibilidad, el tiempo de tránsito, la confiabilidad y la seguridad del producto como los determinantes clave en la elección; desde luego, el costo es otra consideración significativa. A continuación se ofrece un análisis las capacidades y el desempeño relevantes de cada modo.

Accesibilidad

La accesibilidad determina si un modo particular puede desempeñar físicamente el servicio de transportación requerido, considerando su capacidad para llegar a las instalaciones de origen y destino, y para proporcionar el servicio en la ruta especificada. Los límites geográficos de la infraestructura o red de un modo y el alcance de operación que las agencias reguladoras del gobierno autorizan afectan la accesibilidad. Los problemas en este aspecto eliminan un modo de la contienda durante el proceso de selección.

- **Ventaja en accesibilidad.** El transporte terrestre ofrece las mayores ventajas debido a su capacidad inherente para brindar servicio en casi cualquier ubicación. Dadas las redes carreteras en la mayoría de los países, el transporte terrestre es el más accesible para proveedores y compradores que cualquier otro modo para el traslado nacional.

- **Desventaja en accesibilidad.** Los transportes por aire, ferrocarril y agua presentan las mayores desventajas. Todos enfrentan limitaciones de accesibilidad debido a cuestiones de infraestructura: la transportación por aire se ve afectada por el número y la ubicación de los aeropuertos; la ferroviaria sólo puede servir a aquellos clientes ubicados de manera adyacente a las vías del ferrocarril, y la transportación por agua está limitada por la disponibilidad y la profundidad de las vías fluviales. Aún así, los tres modos sirven a casi todos los mercados importantes gracias a la transportación intermodal. Estos modos ofrecen el servicio de traslado en distancias largas, mientras que los transportistas terrestres proporcionan los servicios de recolección y entrega requeridos lejos de las terminales aéreas, marítimas o ferroviarias.

Tiempo de tránsito

Es vital en la administración de la cadena de suministro debido a su impacto en la disponibilidad de inventario, los costos del agotamiento de existencias y la satisfacción del cliente. El tiempo de tránsito es el tiempo total que toma transportar los bienes desde el punto de origen hasta el destino (es decir, de puerta a puerta). Esto incluye el tiempo requerido para las actividades de recolección, manejo en terminales, movimiento de distancia larga y entrega al cliente. Las compañías por lo general dan seguimiento al tiempo promedio de tránsito de sus proveedores de servicio, que se ve afectado por la velocidad del modo y la capacidad de éste para manejar las responsabilidades de recolección y entrega.

- **Ventaja en tiempo de tránsito.** La transportación aérea es muy rápida para el traslado por distancias largas pero pierde cierta velocidad, ya que las actividades de recolección y entrega deben efectuarse por camión. El transporte terrestre también es relativamente rápido porque puede proporcionar un traslado más directo desde el origen hasta el destino con mayor frecuencia que cualquier otro modo.

- **Desventaja en tiempo de tránsito.** La transportación ferroviaria, por agua y por tuberías son en extremo lentas, con un promedio de velocidades de tránsito de 22 millas (36 kilómetros) por hora, de 5 a 9 millas (9 a 15 kilómetros) por hora y de 3 a 4 millas (5 a 7 kilómetros) por hora, respectivamente.

Confiabilidad

La confiabilidad es un asunto esencial. Muchas compañías sienten que la confiabilidad del tiempo de tránsito es más importante que la velocidad porque influye sobre su capacidad para planificar las actividades de la cadena de suministro. Este factor se refiere a la consistencia del tiempo de tránsito que proporciona un modo de transportación. Es más fácil prever las necesidades de inventario, programar la producción y determinar los niveles de seguridad del inventario si se sabe con certeza cuándo llegarán los productos. La confiabilidad se mide por la variación estadística en el tiempo de tránsito.

La confiabilidad en los modos de transportación se ve afectada por diversos factores, que incluyen la disponibilidad de equipo y mano de obra, el clima, la congestión del tráfico, los requerimientos de manejo de mercancía, el número de paradas en las terminales involucradas y otros. A nivel internacional, la confiabilidad recibe el impacto de la distancia, los problemas de congestión de puertos, los requerimientos de seguridad y los cruces fronterizos, en especial cuando los dos países involucrados no tienen un acuerdo comercial proactivo.

- **Ventaja en confiabilidad.** Los transportistas terrestres y aéreos son los más confiables (variabilidad relevante para el tiempo promedio de tránsito); varios transportistas en ambos modos alcanzan un nivel de desempeño de entregas a tiempo de 98% o mayor.

- **Desventaja en confiabilidad.** Los transportistas marítimos y ferroviarios históricamente han sido lentos y consistentes, pero con los desafíos de capacidad y congestionamiento se han vuelto menos consistentes. Como resultado, algunos clientes han reducido el uso de estos modelos cuando es posible.

Seguridad del producto

La seguridad es muy importante para lograr el servicio al cliente, el control de costos y la efectividad en la cadena de suministro. Desde el punto de vista de este factor, los bienes deben llegar al destino en la misma condición en que estaban cuando se cargaron para su traslado en el origen. Es preciso tomar precauciones adecuadas para proteger la mercancía y evitar su pérdida debido a un robo externo, hurto interno o extravío, así como daños ocasionados por las técnicas deficientes de manejo, la calidad inadecuada del traslado y los accidentes. La seguridad se busca en los empaques protectores sustanciales.

- **Ventaja en seguridad.** Las transportaciones aérea y terrestre tienen la mejor reputación respecto a la seguridad del producto; su equipo ofrece una excelente calidad de traslado y protección contra los elementos. Los tiempos de tránsito más rápidos también reducen la posibilidad de robos y otros percances.

- **Desventaja en seguridad.** La transportación ferroviaria y por agua enfrentan desafíos para mantener la integridad del producto. Los bienes que se trasladan por vía ferroviaria enfrentan muchas vibraciones generadas por las ruedas que sufren la fricción con las vías de acero, los balanceos y las sacudidas de los vagones de mercancía que se juntan a velocidades de hasta 10 millas (17 kilómetros) por hora. En la transportación por agua los bienes se exponen a los elementos (agua salada corrosiva, calor, entre otros), el movimiento excesivo (balanceos, inclinaciones del barco, rodamientos, y más) y el manejo rudo durante los procesos de carga y descarga.

Costo

El costo es una consideración importante en la selección del modo de transporte, en especial cuando se necesita mover una mercancía de valor bajo. Los costos de transportación incluyen la tarifa por trasladar la mercancía del origen al destino, más cualquier cuota complementaria y de terminales por servicios adicionales proporcionados. Ejemplos de estos costos adicionales incluyen la entrega interna a un minorista que se ubica dentro de un centro comercial, el empaque de la mercancía en cajones para su entrega internacional o la preparación del depósito de muebles en una ubicación residencial. Se consideran diversos factores cuando se establecen las tarifas de flete, incluyendo el peso del cargamento, la distancia del origen al destino, la naturaleza y el valor del producto, y la velocidad requerida. El apéndice 10B proporciona un análisis detallado de la forma en que se establecen las tarifas de flete.

- **Ventaja en costo.** El costo del servicio de transportación varía mucho entre los modos y al interior de ellos. En general, los servicios por tuberías, agua y ferrocarril son de bajo costo: trasladan grandes cantidades de producto por distancias en extremo largas a precios muy razonables, creando un costo muy bajo por tonelada-milla para sus clientes. El otro aspecto, desde luego, es su baja velocidad, lo que obliga a una compañía a mantener un nivel mayor de inventario para cumplir con la demanda durante estos largos tiempos de tránsito.

- **Desventaja en costo.** Los transportes terrestre y aéreo son de alto costo en comparación con los otros. En promedio, el terrestre es casi 10 veces más caro que el ferroviario y el aéreo duplica el costo del terrestre. Es importante señalar que aunque estos costos promedio pueden usarse para realizar comparaciones generales, cada situación es única y estos modos de costo más alto son opciones apropiadas.

Dadas las distintas capacidades y costos de cada modo de transportación, es obvio que la selección no es un proceso rápido ni fácil. La tabla 10.4 ofrece un resumen comparativo de las capacidades relevantes de cada modo; estos factores deben ponderarse junto con los costos de flete. El costo total de la cadena de suministro y la calidad del servicio para trasladar, almacenar y cumplir con la demanda de un producto deben tomarse en cuenta en la selección. También es preciso ser cuidadosos para elegir considerando la mayor viabilidad y conveniencia para la cadena de suministro a la que se sirve. La viabilidad de un modo se determina en gran medida por el producto que transporta y su capacidad para trasladarlo de manera eficaz. La conveniencia se enfoca en el modo o la combinación de modos que ofrecen la capacidad para cumplir con los requerimientos de la cadena de suministro.

La naturaleza de un producto, como su tamaño, durabilidad y valor, elimina algunos modos de la contienda, ya que no pueden manejar los bienes de manera física, legal o segura. Las consideraciones de tamaño del producto, como su peso, volumen, densidad y forma influyen en gran medida sobre la selección. Los electrónicos pequeños de bajo peso y la ropa son más adecuados para la transportación aérea y terrestre, mientras que los productos más grandes y largos (por ejemplo, la madera) gravitan hacia la transportación por ferrocarril y agua. Los productos pesados, en especial cuando se mueven en grandes cantidades, también se trasladan por ferrocarril y agua; los de poca densidad, como almohadas, platos de plástico y pelotas de ping-pong, no son candidatos para la transportación aérea, ya que absorben una capacidad valiosa que puede usarse para otras mercancías generadoras de ingresos y se trasladan en camión o contenedor intermodal. La forma es otro factor que debe tomarse en cuenta: si el producto excede ciertas dimensiones, los transportes aéreo y terrestre quizá no sean opciones de costo efectivo.

La durabilidad es otra consideración clave en el proceso de selección. Los productos frágiles (vidrio, computadoras, entre otros) deben trasladarse con la mejor calidad de transpor-

Tabla 10.4	Clasificación del desempeño de los modos de transportación				
	MODO DE TRANSPORTACIÓN				
CRITERIO	Terrestre	Aéreo	Ferroviario	Por agua	Ductos
Accesibilidad*	1	3	2	4	5
Tiempo de tránsito*	2	1	3	4	5
Confiabilidad*	2	3	4	5	1
Seguridad*	3	2	4	5	1
Costo**	4	5	3	2	1

* 1 = mejor; 5 = peor
** 1 = costo más bajo; 5 = costo más alto
Fuente: Edward J. Bardi, Ph.D. Reproducido con autorización.

tación; los que son sensibles a la temperatura (alimentos, farmacéuticos, algunas sustancias químicas peligrosas y otros) deben moverse en transportes que cuenten con capacidades consistentes de calefacción y refrigeración; los perecederos (revistas, periódicos, flores, etc.) requieren tiempos de tránsito más rápidos. Las capacidades superiores de velocidad y protección de la mercancía que ofrecen los transportes aéreo y terrestre sirven bien a estos tipos de productos de poca durabilidad y tiempo muy crítico.

El valor del producto es un factor esencial en la elección. Si una compañía gasta demasiado en transportarlo en relación con su valor, no será capaz de venderlo a un precio competitivo. Por lo general existe una relación inversa entre el valor del producto y el impacto de la transportación en su valor. Esta última representa un costo alto en los productos de valor bajo, pero un costo menor en los productos de valor alto. Por ejemplo, los costos de transportación comprenden 27% de los costos de los productos de arcilla, vidrio y piedra, pero sólo 4% de los de la ropa. Por ello, el traslado por agua, ferrocarril y tuberías son más adecuadas para las mercancías a granel y de valor bajo, mientras que los costos de transportación terrestre y aérea pueden ser absorbidos con mayor facilidad por los productos terminados de alto valor. Sin embargo, la incursión en los costos de transportación más altos en proporción con el valor del producto está garantizada en algunas cadenas de suministro. Si una empresa puede generar una ventaja en el servicio al cliente, mantener menos inventario, reducir el espacio de almacén o eliminar el embalaje protector al usar un modo de transportación más rápido y confiable, el costo adicional puede justificarse.

Las características del cargamento, como el tamaño, la ruta y la velocidad requerida, no pueden ignorarse al momento de la selección. La cuestión del tamaño del producto que se discutió antes puede extenderse a los cargamentos, ya que las capacidades del modo deben coincidir con su peso y dimensiones totales. Los puntos de origen, los de destino y las rutas especificadas tienen un efecto en la accesibilidad y deben considerarse en la decisión. La disponibilidad de la infraestructura, la distancia geográfica, los obstáculos naturales como océanos y montañas, y los establecidos por el hombre, como las fronteras y el desarrollo, limitan la selección del modo a dos o tres opciones realistas. Por último, los requerimientos de velocidad, confiabilidad y seguridad relacionados con el cargamento deben ajustarse a las capacidades ya mencionadas de servicio al cliente.

La estrategia general respecto a la selección se enfoca en determinar cuál modo o combinación de modos se adapta mejor a los requerimientos del comprador. Esta decisión de largo alcance requiere un análisis del mejor ajuste y equilibrio entre las capacidades del modo, las características del producto, los requerimientos de la cadena de suministro en cuanto a velocidad y servicio, y el costo de transportación. Si no hay cambios importantes en el precio, la tecnología, la infraestructura o el servicio al cliente, la decisión no necesita revisarse con frecuencia.

Selección del transportista

La selección del transportista es una decisión especializada que por lo general debe tomar un gerente de logística, transportación o tráfico que tiene experiencia en la compra de estos servicios. Después la atención se coloca en la selección de los proveedores individuales del servicio de transportación. Del mismo modo en que ocurre la decisión relacionada con el modo, la selección del transportista se basa en diversos criterios de cargamento y capacidades del proveedor: tiempo promedio en tránsito y confiabilidad, disponibilidad y capacidad del equipo, cobertura geográfica, protección del producto y precios de flete.

Una gran diferencia entre la selección del modo y del transportista es el número de opciones. La selección del modo incluye seis opciones primarias, pero la del proveedor puede incluir menos o muchas. En el caso de la transportación ferroviaria, un solo proveedor puede manejar muchos mercados. La opción es limitada: usar a ese transportista o utilizar otro modo. En el otro extremo está la modalidad terrestre, donde docenas de proveedores sirven a un mercado particular. Debe dedicarse tiempo y esfuerzo para evaluar la capacidad potencial del transportista, la calidad del servicio y el precio.

Otra diferencia es la frecuencia de la decisión. La selección del transportista requiere un compromiso más activo y frecuente del comprador del servicio que la decisión sobre la selección del modo de largo alcance. Este compromiso no se enfoca en escoger a un nuevo transportista para cada traslado de mercancía; se concentra más en que el comprador de la transportación permanezca alerta y administre el desempeño de los proveedores elegidos. Esto es vital para dar seguimiento continuo al nivel de servicio y el precio del flete de cada transportista. Si el desempeño de este último se deteriora, quizá sea necesario seleccionar a nuevos proveedores.

El tipo de servicio que un modo proporciona influye sobre la selección del transportista. La mayoría tiene sus bases en uno o dos tipos de servicio —directo o indirecto— entre los que el cliente debe elegir. Asimismo, el servicio directo efectúa traslados inmediatos de punto a punto; el indirecto requiere paradas interinas o transferencia de mercancía entre varios equipos. Asimismo, el primero ofrece la ventaja de la velocidad y seguridad porque la mercancía se maneja menos y se mueve sin desvíos hacia el destino, mientras que el segundo deja a un lado la velocidad y sujeta la mercancía al manejo adicional, pero ofrece un costo más bajo porque los transportistas pueden consolidarla para un envío más eficiente. Un ejemplo de estas alternativas relacionado con el transporte de pasajeros es el servicio de limusina en comparación con el de autobús: usted pagará más por la limusina que lo llevará directamente a su destino porque tiene uso exclusivo del vehículo; en contraste, ahorra dinero al tomar el autobús, pero quizá tome una ruta más lenta y menos directa.

Dentro de un modo, la mayoría de los transportistas tiene las capacidades para ofrecer un nivel similar de servicio, pero estos niveles varían mucho de una empresa a otra. Igualmente, ya que las estructuras de costo son en esencia las mismas para los transportistas en un modo específico, sus precios están alineados para un traslado específico. Dada esta similitud, los precios no son el criterio más importante en la selección del transportista. El desempeño del servicio es la clave para esta decisión. Las investigaciones sobre este tema sugieren que la confiabilidad de la entrega y la recolección puntuales, las capacidades técnicas, la respuesta del transportista ante las emergencias, el uso compartido de la información, la experiencia en cuanto a los daños en la mercancía, la estabilidad financiera del proveedor y el tiempo total de tránsito figuran entre los criterios más importantes para los compradores del servicio de transportación.[30] Desde luego, la importancia relativa de estos criterios recibirá la influencia de la estructura de la cadena de suministro y los requerimientos de flete de una organización individual.

La estrategia de la selección en general se enfoca en concentrar la compra de la transportación en un número limitado de transportistas; esto ayuda a que la organización aproveche el dinero de su compra para establecer precios generales más bajos, crear relaciones con los proveedores del servicio (quienes con el tiempo comprenden mejor los requerimientos y flujos de la mercancía) y dar seguimiento efectivo al desempeño de la base de transportistas.

La estrategia de un transportista principal toma este enfoque de concentración en un nivel más profundo cuando la organización reduce su base de transportistas para seleccionar a los que han demostrado ser los mejores en términos de la calidad del servicio y la eficiencia de costos. Al final, estos proveedores básicos manejan la vasta mayoría de la mercancía de una organización, a veces en una capacidad de flota dedicada. En muchos casos se convierten en una extensión indispensable del equipo de administración de transportación de la organización y pueden manejar flujos de mercancía a través de la cadena de suministro con dirección o supervisión limitada. La capacidad de confiar en la experiencia de los transportistas básicos confiables también permite a la organización enfocar su atención en otros aspectos de la cadena de suministro.

Negociaciones de precio

Después de la importante desregulación económica de la mayoría de los modos de transportación, los compradores de este servicio se enfocaron en la competencia de transportistas para reducir los gastos en esta área. Los compradores los ponían a competir entre sí por la mercancía y al final otorgaban el negocio al que ofrecía el mayor descuento en las tarifas publicadas. Esto llevó a una competencia destructiva dentro de la industria en la modalidad terrestre y las bancarrotas fueron el resultado común. Muchas organizaciones descentralizadas terminaban con una mezcolanza de transportistas, que a veces llegaban a cientos, pues las instalaciones individuales negociaban tratos independientes con ellos. No sólo fue difícil administrar un número tan grande, sino que también fue imposible para las organizaciones aprovechar su volumen de mercancía con los transportistas para conseguir mejores precios.

Con el tiempo las organizaciones han cambiado las compras descentralizadas de transportación basadas en los descuentos en las tarifas publicadas por las negociaciones centralizadas de precios de flete con los transportistas. Estas negociaciones se centran en establecer contratos para lograr una serie personalizada de servicios a un precio específico. Para el comprador los puntos clave de la negociación incluyen la disponibilidad de equipo, la velocidad y consistencia de las entregas, la protección de la mercancía y la resolución de problemas, la exactitud de la facturación y el costo del servicio. Las empresas de transportación se enfocan en los compromisos de volumen, la frecuencia de los envíos, las combinaciones de origen-destino, las características de la mercancía y los aspectos relacionados con el costo que causan un impacto en su capacidad para servir de manera útil al comprador. Cuando las partes completan con éxito una negociación que conviene a ambas, se celebra y firma un contrato de servicios de transportación. Se calcula que hoy en día más de 80% de la mercancía comercial se traslada de acuerdo con los precios contractuales.

La estrategia de negociaciones centralizadas con precios basados en contratos se compenetra bien con el concepto del transportista básico que se ha mencionado en párrafos anteriores. Aprovechar el volumen con un grupo reducido de proveedores cuya capacidad y habilidades para ofrecer servicios personalizados se adapta bien a las necesidades del comprador tiene gran sentido y beneficia a ambas organizaciones. El comprador sólo contrata y paga por los servicios que necesita, obtiene un compromiso por capacidad escasa y asegura precios competitivos por un periodo específico. El transportista recibe un volumen relativamente estable de negocios a través de una serie de vías geográficas que le permiten planificar un uso más eficiente de su equipo y mano de obra y reducir el costo de las operaciones. Los contratos también promueven la creación de una relación de largo plazo y beneficio mutuo en la que las partes colaboran para crear mayor valor en la cadena de suministro más allá de los ahorros en la transportación.

Ejecución y control de la transportación

Cuando se requiere trasladar un cargamento a través de la cadena de suministro, los esfuerzos de planificación de la transportación terminan y los procesos de ejecución se convierten en el tema principal. Es preciso tomar decisiones respecto al tamaño del cargamento, la ruta y el método de entrega, preparar los documentos de embarque, resolver problemas en tránsito y dar seguimiento a la calidad del servicio.

Preparación del cargamento

Cuando se genera la necesidad del servicio de transportación debido a la solicitud de un cliente, una señal de reabastecimiento u orden preprogramada, se activa el proceso de entrega. Todo el trabajo previo para identificar los modos y los transportistas correctos, asegurar la capacidad y controlar el gasto de este servicio culmina en la preparación del cargamento y el traspaso al transportista para su entrega. Una vez que se ha determinado el tamaño, los requerimientos de servicios y el destino de un cargamento particular, los gerentes de transportación deben elegir al proveedor más apropiado. También es posible dar pasos para minimizar el costo de traslado y proteger el cargamento.

Para asegurar la efectividad máxima en el proceso de ajuste del transportista con el cargamento, muchas organizaciones mantienen una guía corporativa de rutas. Este documento especifica a los transportistas que el personal y los proveedores internos emplearán para los traslados de la mercancía que la organización controla. Además, proporcionan instrucciones para el etiquetado de los cargamentos y las cajas, los requerimientos de facturación y seguro, las notificaciones de transportación avanzada y otra información pertinente.

Algunas de estas guías son documentos sencillos de una o dos páginas que establecen con claridad los requerimientos del cargamento. Por ejemplo, la guía de rutas de Hallmark se lee con facilidad y no deja lugar a malentendidos. Instruye a los proveedores para que se apoyen en FedEx Ground como transportista terrestre y limita los cargamentos de paquetería a 200 libras (91 kilogramos), 10 cajas y tamaño cúbico de 130 pulgadas (330.2 centímetros) por caja.[31] Otras empresas crean guías más detalladas, con secciones específicas para la mercancía entrante y saliente y las devoluciones, la información de las rutas regionales, los cuadros y matrices de los puntos de origen y destino, y los requerimientos de transportación relacionados.

La estrategia que hay detrás de esta herramienta es la promoción de la excelencia de la cadena de suministro por medio de la transportación. Genentech, una empresa de biotecnología, declara en la parte superior de su guía de rutas: "El objetivo es brindar a los proveedores instrucciones detalladas que ayudarán a modernizar el proceso de recepción, almacenamiento y consumo de materiales mientras se reducen los costos de manejo y flete."[32] Las guías de rutas también ayudan a las organizaciones a mantener un control centralizado en el número de transportistas participantes y evitar las compras "independientes" o fuera de contrato. Otro objetivo es asegurar que se cumplan los compromisos contractuales de volumen con los proveedores específicos, ya que no hacerlo podría dar como resultado precios más altos de transportación o sanciones.

Al preparar la mercancía para su entrega, los gerentes de transportación pueden tomar decisiones de último minuto que ahorren costos. Conforme se reciben los pedidos individuales y las solicitudes de entrega, es preciso hacer esfuerzos para consolidar la mercancía, coordinar las entregas de cargamentos y aprovechar toda la capacidad del contenedor. Es posible trasladar los pedidos múltiples destinados a una sola ubicación en un solo cargamento con un solo juego de documentación. Esto puede generar un costo efectivo, en especial para los paquetes pequeños y los cargamentos de paquetería. Por ejemplo, el costo de enviar 10 artículos con un peso de cinco libras (2.27 kilogramos) cada uno en 10 cargamentos separados hacia un solo destino cuesta más del doble que enviarlos en un solo cargamento de 50 libras (22.7 kilogramos). La consolidación de los cargamentos LTL (carga menor a la capacidad de un camión) en entregas TL (carga equivalente a la capacidad de un camión) o crear entregas TL con escalas de cargamentos LTL de múltiples destinos también puede ahorrar costos. La clave para reducir éstos es dar al gerente de transportación el conocimiento previo sobre el volumen de la mercancía, los destinos y los requerimientos del servicio, así como el tiempo empleado, para tomar decisiones eficientes de entrega.

La operación de transportación es la última línea de defensa para proteger la integridad y el valor del producto. Antes de cargar el embarque es preciso hacer un conteo exacto de la mercancía para asegurarse de que la factura y los documentos relacionados son correctos; el embalaje debe inspeccionarse para asegurar que los contenidos no sufrirán daños en la ruta, y el contenedor de la mercancía debe revisarse en busca de problemas de seguridad y protección del producto (por ejemplo, señales obvias de filtración y otros problemas de exposición de productos).

Durante el proceso de carga, la mercancía debe apilarse de manera apropiada y estabilizarse para soportar vibraciones, balanceos y otros problemas en la calidad de la transportación. Desde luego, es imperativo emplear proveedores con un registro efectivo de servicios de entrega sin daños ni escasez.

Documentación del flete

La mercancía no se mueve por sí sola.[33] Los cargamentos están acompañados por documentos que establecen los detalles del flete: producto, destino, propiedad y otros. El tipo y la variedad de los documentos requeridos dependen de los puntos de origen y destino, las características de la mercancía y el(los) modo(s) usado(s) y el transportista que la manejan. Una entrega terrestre sencilla de productos alimenticios secos desde el centro de distribución de Walmart en Opelika, Alabama, hasta su tienda en Auburn, en el mismo estado, por medio de la flota privada de la empresa sólo requerirá un conocimiento de embarque básico. En contraste, un cargamento de fuegos artificiales que viaja desde Liuyang City, China, hasta Las Vegas, Nevada, requerirá un papeleo extenso. Basta decir que mientras más complejos sean los requerimientos de transportación, se necesitarán más documentos para facilitar el flujo ininterrumpido de bienes a través de la cadena de suministro. Los más comunes incluyen el conocimiento de embarque, la factura del flete y los formularios de reclamo.

El **conocimiento de embarque** tal vez sea el documento de transportación más importante. Da origen al cargamento, ofrece toda la información que el prestador del servicio necesita para completar el traslado, estipula los términos del contrato de transportación (incluyendo el alcance de la responsabilidad del proveedor por pérdidas y daños), actúa como recibo para los bienes que el proveedor de servicios de embarque traspasa al transportista y en algunos casos muestra el certificado de propiedad de los bienes. La figura 10.5 muestra un conocimiento de embarque típico con los tipos esenciales de información del cargamento contenidos en el documento.

El expedidor de los bienes crea el conocimiento de embarque y éste puede ser negociable o no negociable. Uno directo no es negociable y el transportista debe entregar los bienes sólo en el destino y a la organización receptora específicos a cambio del pago por el flete. Un conocimiento de embarque a la orden es negociable y sirve como título de propiedad de los bienes listados en el documento; el dueño tiene el derecho de transferir el título de propiedad de éstos a otra parte y redirigir el cargamento a otra ubicación diferente de la que se menciona en el conocimiento de embarque.

Los conocimientos de embarque también difieren de acuerdo con el tipo de traslado. Uno nacional se usa para la transportación terrestre y proporciona la información requerida para

Figura 10.5	Muestra de conocimiento de embarque

❶ Información del transportista

❷ Información de la parte expedidora

❸ Información de la parte receptora

❹ Información de facturación

❺ Tipo de servicio

❻ Descripción de los artículos del cargamento

❼ Peso de los artículos del cargamento

❽ Cláusulas de pago COD

❾ Disposiciones del conocimiento de embarque

Nota. Existen numerosos tipos de conocimientos de embarque. El contenido fundamental y la ubicación de la información pueden variar debido al tipo y la empresa que lo crea.

Fuente: Brian J. Gibson, Ph.D. Reproducido con autorización.

el traslado de los bienes por vía terrestre, ferroviaria, agua o una combinación de éstos. Un conocimiento de embarque oceánico es un "contrato de transporte" entre un exportador y un transportista oceánico para trasladar los bienes a un mercado específico en el extranjero. Un conocimiento de embarque de paso cubre el transporte tanto nacional como internacional de productos exportados entre puntos específicos por un cargo determinado. Una guía aérea es un conocimiento de embarque que cubre los vuelos tanto nacionales como internacionales que transportan bienes a un destino fijado, y establece los términos entre un expedidor y una empresa aérea para el transporte de bienes.

La **factura del flete** es el documento que se expide al transportista por la tarifa que cobra al trasladar un cargamento determinado: lista el cargamento, el origen y destino, el consignatario, los artículos, el peso y los cargos totales; difiere del conocimiento de embarque en que establece los cargos aplicables al cargamento, mientras que este último fija los términos del cargamento y es un documento de título de propiedad.

Los cargos totales que se especifican en la factura del flete se basan en el precio negociado por el comprador del flete y el transportista, el tamaño del cargamento y las cuotas complementarias por servicios adicionales. El transportista presenta la factura del flete cuando recoge mercancía (prepago) o cuando la entrega (pagadera en el destino). En la mayoría de los contratos el comprador del flete tiene un número específico de días para pagar la factura después de que el transportista la presentó y puede recibir un descuento si efectúa el pago por adelantado.

Un **formulario de reclamos del flete** es un documento que el comprador de la transportación presenta al transportista para recuperar las pérdidas monetarias que resultan del fracaso de este último para proteger de manera adecuada la mercancía. El expedidor debe presentar al proveedor este documento de reclamación dentro de un marco temporal establecido en el contrato. Los reclamos pueden presentarse por daños o escasez visible que se detectan cuando se recibe e inspecciona el producto, por pérdidas ocultas que no se descubren sino hasta que se abren los paquetes o por pérdidas financieras debido a los retrasos inexplicables. Pueden respaldarse con fotografías del daño, anotaciones de problemas en el recibo de entrega y pruebas del valor monetario de los bienes dañados (por ejemplo, la factura o el catálogo de precios).

Las reclamaciones del flete buscan compensar al comprador de la transportación con una cantidad igual al valor que tendrían los bienes si el transportista los hubiera entregado a salvo. La responsabilidad de éste es limitada si el expedidor decidió enviar los bienes de acuerdo con un valor liberado (es decir, valuando la mercancía en un nivel menor a su valor total) a cambio de precios de flete más bajos. Los transportistas no son responsables por las reclamaciones del flete si el daño se atribuye a factores incontrolables como los siguientes.

- Desastres naturales o alguna otra "acción divina"

- Ataques militares o "acciones de enemigos públicos" similares

- Confiscación gubernamental de la mercancía o una "acción de la autoridad pública"

- Embalaje inadecuado de la mercancía u otra "acción negligente del expedidor"

- Fragilidad extrema, corruptibilidad o problemas similares a la "naturaleza inherente de los bienes"

Pueden requerirse también otros documentos para mover la mercancía de manera eficiente a través de la cadena de suministro; éstos incluyen documentos esenciales para la transacción como la factura comercial que muestra el registro o la evidencia de una transacción entre el exportador y el importador, o el certificado que autentifica el país de origen de los bienes que se transportan. Ambos se usan para el control de las mercancías y la valuación de los aranceles en el país de importación. Además de los documentos de transportación que se han descrito antes, otros que son valiosos y en ocasiones necesarios incluyen la carta de instrucciones del expedidor, los recibos de muelles, la lista de embarque, los formularios de declaración de productos peligrosos y los certificados de seguros.

Los problemas y retrasos de la mercancía por motivos de la documentación pueden minimizarse prestando atención a los detalles. La información exacta y puntualizada es una cuestión sencilla pero importante. Los transportistas y las autoridades gubernamentales pueden detener el flujo de los productos si los documentos son inexactos, están incompletos o son fraudulentos. Su disponibilidad previa al traspaso de los productos a los transportistas también es vital. La mayoría no aceptará la mercancía sin la documentación necesaria. Para la mercancía internacional, la Regla de lista de embarque con 24 horas de anticipación de la U.S. Customs (Oficina de Aduanas de Estados Unidos) requiere que los transportistas presenten la información del cargamento un día antes de que se embarque hacia un puerto de escala en Estados Unidos. Los compradores deben incluir esta regla en sus planes para entregar la mercancía y la documentación a los transportistas, o se arriesgan a sufrir prohibiciones de carga, perder viajes e interrumpir la actividad en la cadena de suministro.

Mantener la visibilidad en tránsito

La administración del proceso de transportación no termina cuando los documentos y la mercancía se entregan al transportista. Es importante controlar la mercancía y administrar los eventos clave mientras el producto se mueve a través de la cadena de suministro. La visibilidad de la mercancía en tránsito es un facilitador esencial de este control ya que evita que se "salga del radar" de manera temporal. El objetivo de la visibilidad es informar sobre la ubicación y el estado de los cargamentos sin importar su posición en la cadena de suministro, lo que permite que los compradores de transportación tomen decisiones con el propósito de cumplir mejor con las necesidades del cliente. Esta información exacta y en el momento del embarque hace posible que las organizaciones resuelvan los problemas cuando se desarrollan, y administren la cadena de suministro como una sola entidad más que como funciones separadas.

La tecnología facilita la capacidad para dar seguimiento al flujo del producto a través de la cadena de suministro. Los transportistas de tiempo definido y los terrestres usan el rastreo por satélite para mantener la visibilidad constante del equipo. Los operadores se apoyan cada vez más en los teléfonos inteligentes, las computadoras a bordo con enlaces satelitales y las tabletas electrónicas, lo que permite el contacto frecuente y oportuno. Los transportistas integrados líderes como FedEx y UPS ofrecen capacidades extensas de rastreo que son accesibles para los compradores de transportación sin costo vía internet y teléfonos inteligentes. Dichas herramientas motivan a los transportistas y a sus clientes a administrar de forma proactiva los problemas y las excepciones cuando aparecen en vez de tratarlos después cuando ya se convirtieron en problemas importantes en la cadena de suministro.

Por sí sola, la visibilidad del producto en tránsito agrega poco valor a la cadena de suministro. Esta información no es valiosa a menos que se use de algún modo. Por ello las herramientas de visibilidad deben vincularse con otras capacidades y procesos para tener un efecto en la administración de los eventos de la cadena de suministro. Estas piezas adicionales de la administración de eventos incluyen una estrategia clara de la cadena, colaboración continua con clientes y proveedores clave, procesos comerciales apropiados que pueden usarse para actuar junto con la información de visibilidad y sistemas integrados de comunicación a través del canal.

Seguimiento de la calidad del servicio

Después de completar la entrega de la mercancía, los gerentes de transportación deben tomarse su tiempo para analizar el resultado de toda su estrategia y sus esfuerzos de planeación y toma de decisiones. Esto se logra con el trabajo coordinado y continuo para dar seguimiento al desempeño del transportista. El punto central de este seguimiento debe estar constituido por los compromisos que aceptó este último durante la negociación del contrato. Las cuestiones de servicio y costo con el mayor impacto potencial en la cadena de suministro garantizan la atención constante tanto del comprador de transportación como del transportista.

Un requisito clave para el seguimiento de la calidad del servicio es la información. El administrador de la transportación debe contar con información sobre las demandas de servicio del cliente y el nivel de servicio que ofrecen los transportistas actuales. Sin ello, el gerente del área no puede hacer una evaluación racional del desempeño. Esta información debe compilarse de múltiples fuentes, como la fecha de envío y el costo de la factura del flete, la fecha de llegada del recibo de entrega y el reporte de los daños en el cargamento de la parte receptora, para obtener una visión completa del desempeño de entrega y la calidad del servicio del transportista. Se usan numerosas métricas de transportación para consolidar toda la información de varias fuentes y cargamentos en conocimiento útil.

Una estrategia común para desarrollar una visión holística y objetiva de la calidad del servicio del transportista es la elaboración de tarjetas de resultados o informes de evaluación estandarizados. La mayoría de las tarjetas de resultados usan un plan de puntos ponderados a efecto de enfatizar los criterios esenciales para cada proveedor. El gerente de transportación asigna los factores ponderados a los criterios, mide el desempeño del transportista y multiplica los resultados por el factor o porcentaje de ponderación. La calificación total se obtiene al sumar los resultados ponderados para los criterios, los cuales se comparten con los transportistas para identificar los problemas en la calidad del servicio y las oportunidades para mejorar el desempeño. Algunas organizaciones usan los resultados para tomar decisiones futuras de compra o modernizar su base de transportistas.[34] La tabla 10.5 muestra el ejemplo de una tarjeta de resultados que enfatiza la puntualidad de la entrega y la protección de la mercancía, dos cuestiones fundamentales de la calidad del servicio que se analizan a continuación. En este ejemplo, un transportista que ofrece 96.6% de entregas puntuales recibiría 32 puntos para la categoría (factor ponderado de 8 multiplicado por el puntaje de evaluación de desempeño de 4).

Métricas de transportación

La calidad de los servicios de transportación es tangible: los requisitos clave del servicio por lo general son observables y cuantificables. Esto permite a las organizaciones dar seguimiento a las actividades por medio de las métricas de transportación o los indicadores clave de desempeño (KPI; *key performance indicator*). Los KPI son medidas objetivas para calificar a los transportistas o las flotas privadas que son importantes para el éxito de la organización; pueden usarse para evaluar el desempeño actual en comparación con los resultados históricos, los objetivos internos y los compromisos del transportista, y también para comparar los resultados con aquéllos alcanzados por los competidores, organizaciones de clase mundial y otros vínculos en la cadena de suministro.

Es posible evaluar muchos aspectos del desempeño de la transportación; algunos importantes incluyen la eficiencia de los gastos en esta área, la protección de la mercancía, la calidad del servicio de entrega y la satisfacción del cliente, entre otros. El desafío consiste en reducir la inmensa variedad de métricas disponibles para dar seguimiento al desempeño de la transportación, a un número limitado y manejable de KPI que reflejen las necesidades y los objetivos de transportación de una cadena de suministro. Los KPI elegidos de manera adecuada ofrecen numerosos beneficios: indican a los prestadores del servicio las prioridades de la transportación para una organización, guardan registros de su desempeño y mantienen un enfoque organizacional en las expectativas siempre crecientes de los socios y clientes de la cadena de suministro.

Las dos categorías básicas de los KPI de transportación incluyen calidad del servicio y eficiencia. La calidad del servicio significa hacer las cosas bien la primera vez de acuerdo con los requerimientos y las expectativas definidas por el cliente. Las "siete C" identifican el enfoque y alcance de los KPI de calidad del servicio: "en el tiempo correcto" se refiere al tiempo de tránsito; "en la condición correcta" se concentra en la protección de la mercancía, y "al costo correcto" se relaciona con cuestiones de exactitud en la facturación. Aunque existen otros aspectos más cualitativos del servicio, estos tres puntos son fundamentales para el éxito de las cadenas de suministro, como se describe en el siguiente análisis.

El enfoque en las cadenas de suministro esbeltas y las operaciones justo a tiempo convierten la entrega consistente y puntual en un requisito indispensable. Múltiples estudios sugieren

Tabla 10.5	Tarjeta de resultados del desempeño de la transportación			
CRITERIOS DE DESEMPEÑO	FACTOR PONDERADO	EVALUACIÓN DEL DESEMPEÑO	RESULTADO POTENCIAL	RESULTADOS DE CRITERIO
Entrega puntual	8	>98% = 5 96.01–98% = 4 94.01–96% = 3 92.01–94% = 2 <92% = 0	40	
Tasa de pérdidas y daños	5	<0.5% = 5 0.5–1% = 4 1–1.5% = 3 1.5–2% = 2 >2% = 0	25	
Exactitud de la facturación	3	>99% = 5 97–99% = 3 95–96% = 1 <95% = 0	15	
Condición del equipo	2	Seguro, limpio, tipo correcto = 5 Condición deficiente; incorrecto = 0	10	
Servicio al cliente	2	Superior = 5 Bueno = 4 Promedio = 3 Justo = 2 Inaceptable = 0	10	
		Calificación total	100	

Fuente: Brian J. Gibson, Ph.D. Reproducido con autorización.

que representa el KPI más importante que los compradores del servicio usan para evaluar a sus transportistas. El servicio puntual facilita la racionalización del inventario por medio de niveles más bajos de existencias de seguridad, ofrece reabastecimiento consistente para reducir los problemas de escasez de inventario y disminuye la incertidumbre de la cadena de suministro y el efecto látigo resultante.

- Los KPI de entrega puntual miden la proporción de cargamentos que se han entregado a tiempo (es decir, en la fecha y hora prometidas) respecto al total de cargamentos entregados por el transportista. La mayoría de los compradores de transportación establece 95% como el nivel mínimo aceptable de desempeño de sus proveedores terrestres, con metas de 98% o más.

- Las métricas de consistencia de entrega comparan el tiempo promedio de tránsito de los cargamentos del origen al destino, con las promesas de tiempo de tránsito formuladas por los transportistas; faltas considerables de estas promesas y variaciones significativas en el tiempo promedio de tránsito sugieren que aquéllos no brindan un servicio adecuado y que deben tomarse acciones correctivas.

La protección de la mercancía es otro elemento clave de la calidad del servicio de transportación. No es suficiente llevar rápido el cargamento a su destino: tiene que llegar completo y a salvo; se sacrifica tiempo y dinero cuando la mercancía se daña o pierde. Las cadenas de suministro que respaldan las operaciones justo a tiempo y los sistemas de distribución minorista de reabastecimiento continuo son especialmente vulnerables a los problemas de entrega, ya que tienen niveles mínimos o nulos de existencias de seguridad disponibles para reemplazar los bienes agotados.

- La entrega sin reclamaciones es un KPI primario de protección de la mercancía. El comprador de transportación evalúa la proporción de entregas sin reclamos (que no haya necesidad de presentar quejas debido a la pérdida, el daño o cualquier otra razón) respecto al número total de entregas. La perfección es la meta: la mayoría de las organizaciones no aceptará menos de 99% de entregas sin reclamaciones. Un alto nivel de éstas indica que los transportistas no efectúan las acciones necesarias para proteger la mercancía o que el embalaje es insuficiente. Las fallas en el servicio deben diagnosticarse y corregirse de inmediato para evitar quejas en el futuro.

Ya que las tarifas y los requerimientos del servicio se ajustan a los requisitos específicos del cliente, es imperativo que los transportistas apliquen la información correcta del cargamento, las estructuras de precios y los cargos a cada cliente. Los KPI de exactitud de facturación miden la capacidad del transportista para transmitir de manera adecuada la información del conocimiento de embarque y las instrucciones del cliente a las facturas del flete. El ingreso incorrecto de los datos o la aplicación inadecuada de las disposiciones contractuales pueden llevar a la sobreestimación de precios y cargos por servicios adicionales, entregas incorrectas, mercancía fuera de ruta y fechas erróneas de cobro.

- Los KPI de exactitud de la factura del flete miden la proporción de las facturas exactas respecto al número total de facturas del flete. El nivel mínimo aceptable de exactitud es de 95% para la mayoría de las organizaciones, con una meta de 100%. Los errores de facturación crean costos administrativos de corrección, y los problemas continuos tienen como consecuencia que sea preciso recurrir a empresas externas para auditar las facturas del flete, una actividad de inspección sin valor agregado que añade gastos a la cadena de suministro.

El último KPI de calidad en el servicio son las entregas perfectas, la proporción que se efectúa sin defectos respecto al número total de entregas realizadas. Los compradores de transportación deben buscar transportistas de alta calidad capaces de ofrecer de manera consistente un servicio sin fallas, que sea puntual, que no cause daños, exacto, receptivo y de costo efectivo. El traslado sin defectos elimina la necesidad de trabajar doble, reduce la intervención administrativa, modera el uso del servicio premium y promueve la satisfacción del cliente, la reducción del inventario y las variaciones en la cadena de suministro.

Aunque la calidad del servicio es sumamente importante para la satisfacción del cliente, su eficiencia no puede ignorarse. Las organizaciones necesitan equilibrar sus requerimientos de servicio y los gastos relacionados con el traslado de la mercancía. Los costos de transportación deben mantenerse bajos respecto al valor de los bienes, de lo contrario no tendrán un precio competitivo al desembarque. Si el costo no importara, muchos más cargamentos se transportarían por vía aérea exprés para minimizar el tiempo de tránsito. El uso eficaz y apropiado del equipo es otro aspecto de la eficiencia, como lo es el uso productivo de la mano de obra de transportación. Los KPI de eficiencia de la transportación ayudan a mantener a las organizaciones concentradas en estos objetivos.

La transportación es el gasto logístico más grande y es imperativo que las organizaciones "obtengan más por su dinero" cuando compran este servicio. Las medidas de eficiencia total se enfocan en el gasto total de este servicio en comparación con el objetivo o el presupuesto. Los KPI de nivel de artículo se enfocan en el gasto de transportación por unidad de medida (por ejemplo, kilogramos, envases, unidades de venta). Es un cálculo sencillo del costo total de la mercancía dividido entre el número de unidades transportadas. Comprender lo que se gasta para trasladar cada unidad enfatiza el impacto de la transportación en el costo total de los bienes. Este KPI también brinda un punto base desde el cual pueden realizarse esfuerzos para mejorar el proceso.

El uso de activos es un aspecto significativo del control de costos de transportación; el traslado del equipo vacío o parcialmente lleno es ineficiente y costoso. Se calcula que de 18 a 28% de todo el transporte terrestre incluye equipo vacío a un costo multimillonario. Este desafío no es sólo para el transportista; al final de cuentas los clientes pagan por estas millas (o kilómetros) sin carga precios más elevados, aunado a los recursos naturales desperdiciados y las emisiones de carbono más altas.

Los KPI de uso de equipo ayudan a los compradores a trabajar hacia un despliegue de mercancía más eficaz. Las comparaciones de peso y volumen del cargamento con la capacidad disponible del equipo identifican oportunidades para mejorar el uso de esta última. Mientras más se use la capacidad de un contenedor, el costo de la mercancía se reparte entre un mayor número de unidades y el costo de transportación por unidad se reduce. La tecnología también se utiliza para enfrentar este problema de eficiencia, como lo menciona el artículo de "Sostenibilidad de la cadena de suministro".

Las mediciones de eficiencia también constituyen un apoyo para evaluar y mejorar el desempeño de los transportistas y las flotas privadas. Los KPI de productividad de la mano de obra aseguran que los operadores del equipo, los responsables del manejo de la mercancía y otro personal vinculado se desempeñen en niveles aceptables. La minimización del tiempo de carga y descarga mejora el tiempo de actividad de los empleados y equipo del transportista, lo que mantiene a ambos en uso productivo. Estos y otros KPI similares benefician directamente a los proveedores del servicio al concentrarse en el control de costos. Los compradores de flete que contribuyen a las operaciones eficientes del transportista reducen su exposición a la detención del equipo y los cargos adicionales, y también se colocan en una posición sólida para negociar precios de flete más ventajosos.

La medición sistemática de los KPI en la transportación lleva consigo beneficios sustanciales dado que pueden ayudar a las organizaciones a tomar un enfoque proactivo y conocedor para la toma de decisiones en el área. Los KPI de transportación son instrumentales para dar seguimiento a la calidad y resolver los problemas en el servicio de forma oportuna antes de que causen un impacto mayor en la cadena de suministro. También ayudan a las organizaciones a detectar ineficiencias y diseñar estrategias para reducir los costos de la cadena. Por último, la información que brindan es útil para analizar los intercambios en el nivel de costo-servicio. Este conocimiento puede utilizarse para hacer una mejor selección de los transportistas y tomar decisiones de asignación más adecuadas. De no identificar, medir y dar seguimiento a los KPI relevantes, la organización se coloca en una situación reactiva y limita la capacidad del gerente de transportación para tomar decisiones informadas y oportunas.

Tecnología de la transportación

La naturaleza dinámica de la transportación combinada con la amplia variedad de requerimientos y opciones de entrega crean un ambiente completo para los compradores y los gerentes de transportación. Deben considerarse múltiples factores cuando se diseñan estrategias y se toman decisiones operativas apropiadas y económicas. Por fortuna, se han creado herramientas de software y tecnología de la información para respaldar la planificación, ejecución y evaluación de desempeño de la transportación. En esta sección final del capítulo se presentan las tecnologías principales.

Sostenibilidad de la cadena de suministro

Reducción de millas sin carga

A medida que los costos del combustible aumentan y la sostenibilidad acapara más la atención, las compañías de transportación y sus clientes buscan formas de mejorar el uso del equipo. Un punto importante es reducir los viajes de regreso sin carga causados por los camiones que retornan a sus puntos de origen sin mercancía después de hacer una entrega. El cliente asume estos costos de viajes sin carga.

En un esfuerzo por reducir los viajes de regreso sin cargamento, una tienda departamental importante y su transportista dedicado se han inscrito en un sistema de internet económico que hace coincidir las cargas con los vehículos vacíos. Dicho servicio fue creado por la Voluntary Interindustry Commerce Solutions Association (VICS), una organización que busca mejorar el desempeño de la cadena de suministro. Usando el sistema, Macy's y Schneider National eliminaron 30 cargas vacías cada semana, lo que ayudó a Schneider a reducir el uso de diesel en más de 5,500 galones (20,000 litros) y las emisiones de dióxido de carbono en 62 toneladas. Macy's también se benefició de una reducción de 25,000 dólares en gastos anuales de transportación.

La solución de millas (o kilómetros) sin carga de VICS Empty Miles se enfoca en rutas en las que las compañías trasladan de manera repetida la mercancía de salida pero tienen pocas cargas de regreso que ofrecer al proveedor de transportación. El sistema busca cargas recurrentes complementarias a efecto de llenar el equipo para el viaje de regreso. Cuando se encuentra un contacto compatible, las compañías se contactan y negocian entre sí usando las herramientas que ofrece VICS. Las cargas del viaje de retorno se trasladan con un descuento y el expedidor comparte parte del ingreso con el cliente original como reembolso. Todas las partes se benefician con el acuerdo, se reducen los impactos negativos en el ambiente y se aprovecha en gran medida el uso del equipo.

Kraft Foods ha atacado el problema de las millas sin carga con otras soluciones. Un intento fue el uso de software de administración de la transportación de Oracle para reducir más de 500,000 millas (800,000 kilómetros) sin carga de los viajes de su flota privada el año anterior y elevar el uso de la capacidad de los remolques (lo que reduce el número de viajes necesarios). Kraft también ha modernizado sus operaciones de distribución y realineado instalaciones para disminuir el número de camiones que necesita y el número de millas que viajan. Por último, la compañía cabildea en el Congreso para lograr que los camiones más pesados viajen en las carreteras con la esperanza de reducir el número de viajes, el uso de combustible y las emisiones.

Se llevan a cabo iniciativas similares en PepsiCo. El Pepsi Bottling Group de la empresa usa software avanzado de rutas para recortar el millaje cerca de 12% y reducir costos. De igual modo, la empresa y sus transportistas son miembros de la SmartWay Transport Partnership. Por último, G&J Pepsi-Cola Bottlers de Columbus, Ohio, instalaron equipo de válvulas en los camiones de remolque para evitar la inactividad de más de cinco minutos, ahorrando cerca de 17,500 galones (66,000 litros) de combustible anualmente. Cada una de estas iniciativas es un ejemplo del enfoque de "desempeño con propósito" de PepsiCo respecto a la sostenibilidad, donde la compañía y la sociedad obtienen beneficios medibles de operaciones de transportación más eficientes.

Fuentes: David Biederman. "Sustainability Proves Sustainable", *Journal of Commerce* (4 de enero de 2010); John Kerr, "Macy's Maneuver to Fill Empty Miles", *Logistics Management* (marzo de 2010): 26-28; "Kraft Foods Cuts 50 Million Truck Miles", *Journal of Commerce* (11 de diciembre de 2009).

Sistemas de administración de transportación

Las herramientas de software relacionadas con el movimiento de los bienes a través de la cadena de suministro se agrupan en una categoría general llamada **sistemas de administración de transportación (TMS;** *transportation management systems*). Los TMS se definen como tecnologías de la información que se usan para planificar, optimizar y ejecutar operaciones de transportación. Esta definición sencilla captura su esencia, presentándolos como una mezcla de aplicaciones que ayudan a los gerentes en casi todos los aspectos de la transportación, desde la configuración básica de las cargas hasta la optimización compleja de las redes de tránsito.

Las capacidades de planificación de los TMS ayudan a los compradores y gerentes de transportación con las decisiones clave previas al envío que se han analizado en párrafos anteriores. Estas personas no pueden evaluar en forma adecuada las miles de combinaciones potenciales de vía/modo/transportista/servicio/precio en sus cadenas de suministro sin ayuda tecnológica. Las herramientas de los TMS permiten a las organizaciones considerar una amplia variedad de opciones de transportación en cuestión de minutos en comparación con las horas o los días de actividad manual de diseño. Además, las herramientas de planificación del flete pueden unirse con los sistemas de administración de pedidos y de almacenes y las herramientas de planificación de las cadenas de suministro para obtener información más exhaustiva y oportuna. Con este conocimiento es posible tomar mejores decisiones y hacer mejores intercambios. Las aplicaciones fundamentales de planificación de los TMS incluyen los siguientes.

- **Rutas e itinerarios.** La planeación adecuada de las rutas de entrega tiene un efecto importante en la satisfacción del cliente, el desempeño de la cadena de suministro y el éxito organizacional. Por ello, esta es una capacidad importante de los TMS que buscan los responsables de la toma de decisiones de transportación. El software asociado usa métodos matemáticos y rutinas de optimización para evaluar las combinaciones posibles en las que pueden ejecutarse las rutas, y elige la más económica. Sólo se consideran aquellas rutas viables que satisfagan las limitaciones relevantes (capacidad del contenedor, ventanas de entrega, velocidad de tránsito y restricciones del operador). La producción típica de los TMS incluye un itinerario detallado y mapas de las rutas y un análisis de costos.

- **Planificación de la carga.** La preparación efectiva de entregas seguras y eficientes puede conseguirse por medio de programas de optimización de cargas de los TMS. Estos programas ayudan a los gerentes de transportación a crear una base de datos de dimensiones de paquetes, requerimientos de carga (por ejemplo, carga máxima, mantenerla verticalmente) y capacidad del equipo. Después los puntos específicos de un cargamento o múltiples cargamentos que viajan juntos, como peso, volumen y número de cajas, se introducen al TMS. En cuestión de segundos o minutos el software dice cómo debe apilarse el producto en tarimas o acomodarse en un contenedor. La optimización resulta en el uso más eficiente del espacio de carga, menos cargas enviadas y menos daño al producto.

Las herramientas de ejecución de los TMS ayudan a los gerentes de transportación a modernizar algunas de sus actividades. Con múltiples cargamentos que necesitan entregarse cada día, los procesos manuales son susceptibles a errores, fechas límite perdidas y fallas en el servicio al cliente. Varias capacidades de los TMS automatizan las actividades repetitivas para reducir los costos de mano de obra y los problemas de exactitud. Por ejemplo, las plantillas estandarizadas se utilizan para garantizar que se proporcionan los datos completos y exactos de un embarque en los documentos de transportación. Otras herramientas envían información detallada acerca del embarque a una red compartida o a un sitio web para promover la visibilidad del envío y proporcionar mayor control de la mercancía. Tres de las herramientas clave de ejecución son los siguientes.

- **Licitación de la carga.** Las organizaciones quizá tengan un grupo de transportistas aprobados a los que podrían recurrir para un embarque en particular. Sin embargo, sus tasas pueden diferir ligeramente con base en las ubicaciones de origen y destino y el tamaño del envío. En vez de asignar de manera subjetiva las cargas a los transportistas, la base de datos de TMS determina cuáles son elegibles para trasladar la mercancía y después la traspasa al mejor candidato. La decisión de traspaso toma en cuenta los requerimientos de la guía de rutas, el costo del transportista, el tiempo de tránsito y las capacidades de servicio requeridas, todo contenido en la base de datos. Como resultado, mejora el cumplimiento del contrato y se optimizan los costos de flete.

- **Rastreo del estatus.** Mantener la visibilidad de los cargamentos mientras se mueven por la cadena de suministro hasta la confirmación de entrega es una tarea que consume tiempo. Es posible dar seguimiento al progreso en tránsito de los cargamentos usando los TMS junto con las funciones satelitales y otras herramientas de visibilidad. La información del estado del cargamento, en especial las notificaciones respecto a los problemas y los cargamentos en riesgo de entrega tardía, puede compartirse con los interesados clave. La meta de la herramienta de los TMS es proporcionar información oportuna respecto a las excepciones potenciales de la entrega para que puedan efectuarse las acciones correctivas.

- **Programación de reparto.** Para evitar la congestión en las instalaciones, los retrasos del equipo y las ineficiencias de los operadores, las organizaciones usan capacidades de TMS para automatizar la función de programación. Estas herramientas ofrecen la visibilidad en tiempo real necesaria para hacer la programación de repartos más fácil y exacta. Muchos sistemas respaldan el acceso al sistema de programación por internet, donde los transportistas pueden programar los tiempos de recolección y entrega en ubicaciones específicas de los andenes. Estos sistemas les ayudan a evitar largas llamadas telefónicas, escalas interinas y tiempo de espera.

Las herramientas analíticas de los TMS brindan a las organizaciones la capacidad de hacer evaluaciones del desempeño del transportista, servicio al cliente y costo de la red después del envío. Los datos requeridos para el análisis pueden estar dispersos en toda la cadena de suministro en una variedad de documentos y sistemas de información. Es vital recabarla oportunamente para medir los KPI, evaluar y comparar el desempeño y tomar una eventual acción correctiva. Los TMS ayudan a las organizaciones a reunir y hacer congruente la vasta variedad de datos de transportación que se generan por el movimiento de mercancía.

Dos aplicaciones analíticas útiles son las siguientes.

- **Informe y calificación del desempeño.** Administrar el desempeño del transportista requiere la recolección estricta y el cálculo de datos, como ya se analizó en la sección sobre métricas de transportación. Las herramientas de los TMS pueden automatizar la recolección de datos, la medición de los KPI y la difusión de informes periódicos. Estos informes proporcionan información sobre el desempeño general y los resultados en segmentos específicos de la operación de transportación. También pueden generarse informes personalizados, como tarjetas de resultados mensuales del desempeño del transportista y análisis de comparación. Estas herramientas brindan a los gerentes del área información puntual y objetiva a partir de la cual pueden tomar futuras decisiones.

- **Auditoría de las facturas del flete.** Los pagos a los transportistas deben reflejar los precios contractuales acordados y los servicios prestados. Para asegurar que no se les cobre de más o de menos por los servicios de flete, muchas organizaciones recurren al software de los TMS para conciliar las facturas con sus contratos. Estas herramientas automatizan un proceso manual que no siempre detectaba las discrepancias de una manera oportuna y exacta.

La amplia variedad de capacidades de planificación, ejecución y análisis ayudarán al crecimiento del mercado de los TMS; los expertos en la industria predicen que aumentará durante varios años, con un incremento de dos dígitos en 2011 y una tasa de crecimiento anual combinada proyectada para cinco años de 9.4%.[35] Las organizaciones que buscan la visibilidad del cargamento, la colaboración con los socios de la cadena de suministro y la eficiencia operativa compran el software con la esperanza de que sus herramientas les ayudarán a enfrentar la variedad de desafíos de transportación que se han mencionado a lo largo del capítulo.

El desafío de la tecnología estriba en que siempre cambia y se expande. Aunque las capacidades de los TMS y las herramientas emergentes analizadas en los párrafos anteriores representan la tecnología de punta líder para administrar los flujos de la cadena de suministro, muy pronto pueden ser cosa del pasado. Por ello la idea más relevante es la importancia de la tecnología de la información en la transportación. En pocas palabras, es útil para administrar el vasto volumen de datos y opciones a fin de tomar mejores decisiones respecto a la selección del modo y el transportista, las rutas, el embalaje, la carga y muchas otras actividades. Estas decisiones conducen a un mejor servicio al cliente, un control más ajustado de costos y una ventaja competitiva en la cadena de suministro.

RESUMEN

- La transportación es una actividad dinámica y un proceso esencial de las cadenas de suministro; es el componente más grande del costo de logística en la mayoría de estas cadenas y también causa un impacto directo sobre la velocidad del cumplimiento y la calidad del servicio. Al proporcionar los vínculos físicos entre los participantes clave a través de las cadenas nacionales y mundiales de suministro, la transportación facilita la creación de utilidades de tiempo y lugar.

- La administración del proceso de transportación para generar un impacto máximo en la cadena de suministro requiere el conocimiento de las opciones de transportación, planeación, toma de decisiones, habilidades analíticas y capacidades para compartir información.

- La transportación es un proceso clave de la cadena de suministro y debe incluirse en el desarrollo de la estrategia relacionada, el diseño de la red y la administración de costo total.

- Es preciso superar numerosos obstáculos, como la expansión mundial de las cadenas de suministro, el incremento de los costos, la capacidad limitada y las regulaciones gubernamentales, entre otros aspectos, para sincronizar la transportación con otros procesos.

- El cumplimiento de la demanda de la cadena de suministro puede conseguirse por medio de cinco opciones modales o el uso intermodal de transportación: terrestre, ferroviaria, aérea, por agua y tuberías.

- Se llevan a cabo múltiples actividades de planeación antes de seleccionar el modo y al transportista: quién será responsable de administrar la función de transportación dentro de la organización, qué condiciones de venta y pago se aplicarán y cómo se trasladarán los bienes. Todo esto debe determinarse con un enfoque estratégico en la cadena de suministro.

- La selección del modo de transportación se basa en las fortalezas relativas de cada opción modal o intermodal en términos de accesibilidad, tiempo de tránsito, confiabilidad, seguridad, costo de transportación y la naturaleza del producto que se transporta.

- La selección del transportista se enfoca en el tipo de servicio requerido (directo o indirecto), la cobertura geográfica, los niveles de servicio y su disposición para negociar tarifas razonables.

- La mayor parte de la mercancía comercial se mueve de acuerdo con las tarifas contractuales que se negocian directamente entre los compradores de flete y las empresas de transportación, para los volúmenes específicos de los servicios personalizados a precios que se han acordado de manera mutua.

- Las guías de rutas de cargamentos ayudan a las organizaciones a asegurar el cumplimiento interno de los contratos de servicio y a mantener un control centralizado sobre las decisiones de traspaso de mercancía.

- La documentación de la mercancía contiene los detalles de cada cargamento, compartiendo información importante que promueve el flujo ininterrumpido de los bienes por la cadena de suministro.

- Las organizaciones deben continuar administrando la mercancía después de que se traspasó a los transportistas manteniendo la visibilidad en el tránsito de los cargamentos y dando seguimiento al desempeño del transportista.

- Existen numerosas métricas disponibles para evaluar la calidad del servicio de transportación en términos de puntualidad del transportista, protección de la mercancía, exactitud y entregas perfectas. Las medidas de eficiencia del servicio se enfocan en la capacidad y pericia del gasto, la utilización de activos y la productividad de la mano de obra.

- Los sistemas de administración de transportación son tecnologías de la información que se usan ampliamente y respaldan la planificación eficaz, la ejecución y el análisis de los procesos de transportación.

CUESTIONARIO DE REPASO

1. Analice la función de la transportación en la cadena de suministro. Proporcione ejemplos de cómo puede causar un efecto positivo o negativo en el desempeño de la cadena de suministro.

2. Describa los desafíos más grandes que enfrentan los gerentes de transportación en el ambiente actual.

3. ¿Cuáles son las capacidades, ventajas y desventajas principales de cada uno de los modos básicos de transportación?

4. Visitando los sitios web financieros, los de empresas y motores de búsqueda, desarrolle un informe general básico (ofertas principales de servicio, ventas anuales, precio actual por acción y noticias recientes) para una empresa de transportación nacional o internacional de cada código SIC.

   a) SIC 4011: transportación ferroviaria, operación de distancias largas

   b) SIC 4213: transportación terrestre, excepto local

   c) SIC 4513: servicios de correo aéreo

   d) SIC 4412: transportación extranjera de mercancía en mares profundos

5. Analice las consideraciones y los aspectos principales que deben incluirse en la selección del modo y del transportista.

6. Identifique y analice los modos apropiados de transportación para los siguientes artículos:

   a) iPads de Apple

   b) Pantalones de mezclilla True Religion

   c) Leña tratada a presión

   d) Carbón

7. Con base en los sitios web de las siguientes empresas de transportación, compare sus ofertas de servicio.

   a) J. B. Hunt (http://www.jbhunt.com) y New Penn (http://www.newpenn.com)

   b) FedEx (http://www.fedex.com) y Polar Air Cargo Worldwide, Inc. (http://www.polaraircargo.com)

   c) Maersk Line (http://www.maerskline.com) y Wallenius Wilhelmsen Logistics (http://www.2wglobal.com)

   d) Canadian National Railway Company (http://www.cn.ca) y Alaska Railroad (http://www.akrr.com)

8. Describa el propósito y el valor de la documentación de la mercancía. Analice la función de los siguientes documentos: conocimiento de embarque, factura del flete y formulario de reclamaciones del flete.

9. ¿Cómo podría un gerente de transportación dar seguimiento a la calidad del servicio que brindan los transportistas? ¿Qué tipo de métricas usaría?

10. ¿Qué función desempeña la tecnología de la información en la administración de la planificación, la ejecución y el análisis de la transportación?

NOTAS

1. Rosalyn Wilson, *22nd Annual State of Logistics Report* (Oak Brook, IL: Council of Supply Chain Management Professionals, 2011).

2. *Amazon.com Annual Report* (2009): 11. Consultado el 14 de abril de 2011 en el sitio http://phx.corporate-ir.net/phoenix.zhtml?c=97664&p=irol-reportsannual

3. *FedEx Fuel Surcharge:* Consultado el 19 de abril de 2011 en el sitio http://fedex.com/cgi-bin/fuelsurcharge.cgi?link=4&cc=ca_english&language=english&region=us

4. *About CSA: What is it?* Consultado el 19 de abril de 2011 en el sitio http://csa.fmcsa.dot.gov/about/default.aspx

5. Bureau of Transportation Statistics y U.S. Census Bureau, *2007 Economic Census: Transportation-Commodity Flow Survey* (abril de 2010): 15. Disponible en el sitio http://www.bts.gov/publications/commodity_flow_survey/final_tables_december_2009/pdf/entire.pdf

6. Rosalyn Wilson, *22nd Annual State of Logistics Report op. cit.*

7. Federal Motor Carrier Safety Administration, *Commercial Motor Vehicle Facts* (diciembre de 2010): 2. Consultado el 19 de abril de 2011 en el sitio http://www.fmcsa.dot.gov/documents/facts-research/CMV-Facts.pdf

8. "The Transport Topics Top 100 For-Hire Carriers", *Transport Topics* (2010): 4.

9. Rosalyn Wilson, *ibidem.*

10. Bureau of Transportation Statistics y U.S. Census Bureau, *2007 Economic Census: Transportation-Commodity Flow Survey, op. cit.*

11. "The Transport Topics Top 100 Private Carriers", *op. cit.*

12. Bureau of Transportation Statistics y U.S. Census Bureau, *2007 Economic Census: Transportation-Commodity Flow Survey, op. cit.*

13. *Ibid.*

14. Association of American Railroads, *U.S. Freight Railroad Statistics* (23 de noviembre, 2010). Consultado el 19 de abril de 2011 en el sitio http://aar.org/~/media/aar/Industry%20Info/AAR%20Stats%202010%201123.ashx

15. Bureau of Transportation Statistics y U.S. Census Bureau, *2007 Economic Census: Transportation-Commodity Flow Survey, ibidem.*

16. Rosalyn Wilson, *ibid.*

17. Damian Brett, "IATA Has Gloomier Outlook for Air Freight", *IFW* (3 de marzo de 2011). Consultado el 20 de abril de 2011 en el sitio http://www.cargosystems.net/freightpubs/ifw/index/iata-has-gloomier-outlook-for-air-freight/20017854002.htm

18. Research and Innovative Technology Administration, *Transportation Statistics Annual Report* (Washington, DC: Bureau of Transportation Statistics, 2009). Consultado el 19 de abril de 2011 en el sitio http://www.bts.gov/publications/transportation_statistics_annual_report/2009/html/chapter_02/table_02_01_02.html

19. *World Air Transport Statistics*, 54a. ed. (Montreal, Quebec: International Air Transport Association, 2010). Consultado el 20 de abril de 2011 en el sitio http://www.iata.org/ps/publications/Pages/wats-freight-km.aspx

20. Hugo Martin, "Airfares Are Rising Along with Oil Prices", *Los Angeles Times* (7 de marzo, de 2011). Consultado el 20 de abril de 2011 en el sitio http://articles.latimes.com/2011/mar/07/business/la-fi-0307-travel-briefcase-20110307

21. Bureau of Transportation Statistics y U.S. Census Bureau, *2007 Economic Census: Transportation-Commodity Flow Survey, ibid.*

22. Rosalyn Wilson, *ibid.*

23. Institute for Water Resources, *Waterborne Transportation Lines of the United States* (Alexandria, VA: U.S. Army Corps of Engineers, 2008): 3. Disponible en el sitio http://www.ndc.iwr.usace.army.mil/veslchar/pdf/wtlusvl1_08.pdf

24. Research and Innovative Technology Administration, *Transportation Statistics Annual Report, op. cit.*

25. American Petroleum Institute and the Association of Oil Pipe Lines, *How Many Pipelines Are There?* Consultado el 19 de abril de 2011 en el sitio http://www.pipeline101.com/Overview/energy-pl.html

26. Matthew L. Wald, "Panel Seeking Answers in Fatal Pipeline Blast", *The New York Times* (28 de febrero de 2011). Consultado el 19 de abril de 2011 en el sitio http://www.nytimes.com/2011/03/01/us/01sanbruno.html

27. American Association of Port Authorities, *Port Industry Statistics: North American Port Container Traffic.* Consultado el 19 de abril de 2011 en el sitio http://www.aapa-ports.org/industry/content.cfm?ItemNumber=900&navItemNumber=551#Statistics

28. Association of American Railroads, *U.S. Freight Railroad Statistics, op. cit.*

29. International Chamber of Commerce, *Incoterms 2010.* Consultado el 20 de abril de 2011 en el sitio http://iccwbo.org/incoterms

30. Shane R. Premeaux, "Motor Carrier Selection Criteria: Perceptual Differences between Shippers and Motor Carriers", *Transportation Journal* (invierno de 2002).

31. Shipment Routing Guide for Hallmark's Corporate Store Group, Consultado el 20 de abril de 2011 en el sitio http://corporate.hallmark.com/Vendors/Transportation-Overview.

32. Genentech: Supplier Transportation, Consultado el 20 de marzo de 2011 en el sitio http://www.gene.com/gene/contact/transportation.html

33. Para una discusión más extensa sobre documentación de mercancía, véase John J. Coyle, Robert A. Novack, Brian J. Gibson y Edward J. Bardi, *Transportation,* 7a. ed. (South-Western, 2011), cap.10: 338-44.

34. Brian J. Gibson y Jerry W. Wilson, "Carrier Scorecarding: Purposes, Processes, and Benefits", *Journal of Transportation Management,* vol. 15, núm. 1 (2004).

35. Bridget McCrea, "TMS: The Key Enabler", *Logistics Management* (14 de enero de 2011).

CASO 10.1

Supreme Sound Explosion

Supreme Sound Explosion (SSE), ubicada en Memphis, Tennessee, produce sistemas de sonido con calidad de concierto para músicos de rock, rap y country. Recientemente la empresa se asoció con dos nuevos proveedores para crear una línea innovadora de bocinas llamadas blasters; éstas proporcionan 100 decibeles más de sonido que las bocinas de sus competidores. Existe gran interés en el producto, ya que los compradores potenciales quieren reducir el número de componentes del sistema de sonido que necesitan llevar en sus giras. Esta es una cuestión importante cuando usted considera que grupos como los Rolling Stones y U2 en general usan docenas de remolques para mover el equipo durante sus giras en los estadios. Los costos pueden reducirse si el equipo se moderniza y se necesitan menos camiones para transportarlo entre las escalas de la gira. De igual modo, pueden programarse cuatro escalas más en la gira, ya que el tiempo de carga, descarga, montaje y desmontaje se reduce.

Uno de los proveedores clave fabrica woofers o altavoces de sonidos graves en Athens, Georgia, mientras que el otro fabrica tweeters o altavoces de sonidos agudos en Portland, Oregon. Dos tweeters se insertan en cada woofer para hacer un blaster. SSE los ensambla y usa a los proveedores existentes para otros componentes requeridos. Aunque SSE ha negociado costos de compra por unidad con los dos proveedores, permanecen las decisiones respecto a la entrega de los componentes. Cada proveedor ha propuesto dos opciones de entrega diferentes. Las propuestas están ahora en manos del gerente de operaciones mensual de SSE, quien tiene experiencia limitada en asuntos de transportación. Se espera que la demanda de blasters sea de 400 unidades y la producción está programada para comenzar en menos de un mes.

Las características del producto y la entrega se muestran en la siguiente tabla.

	WOOFERS	TWEETERS
Fabricado en	Athens, GA	Portland, OR
Precio de compra de SSE	$740 cada uno	$2,380 por par
Peso	48 libras	6 libras
Dimensiones	36" (L) × 24" (W) × 24" (H)	12" (L) × 8" (W) × 6" (H)
Características	Resistente, voluminoso, no se daña fácilmente; el proveedor mantiene un inventario considerable	Compacto, sensible a la vibración y humedad; el proveedor lo fabrica por orden
Opciones de entrega	W1: entrega vía LTL una vez por semana con cláusula FOB de origen y flete pagadero en destino. El costo de flete por entrega es de 832 dólares con un tiempo esperado de tránsito de dos días. W2: entrega vía TL cada dos semanas bajo condición FOB de destino y flete pagadero en destino. El costo de flete por entrega es de 932 dólares con un tiempo esperado de tránsito de un día.	T1: entrega vía LTL una vez por semana con cláusula FOB de destino y flete pagadero en destino y autorizado. El costo de flete por entrega es de 689 dólares, con un tiempo esperado de tránsito de cinco días. T2: entrega vía transportación aérea por semana con cláusula FOB de origen y flete pagadero en destino. El costo de flete por entrega es de 669 dólares, con un tiempo esperado de tránsito de dos días.

PREGUNTAS SOBRE EL CASO

1. ¿Cuál es el costo de entrega por unidad de woofers y tweeters para cada opción?

2. ¿Por qué estos costos de entrega varían entre las cuatro opciones?

3. ¿Cuál opción recomendaría usted para la entrega de woofers y tweeters? ¿Por qué?

4. ¿Qué responsabilidades tendrá SSE bajo su recomendación en la pregunta 3?

5. ¿Qué otros puntos y costos de la cadena de suministro tendrá que considerar SSE cuando tome estas decisiones de transportación?

Fuente: Brian J. Gibson, Ph.D. Reproducido con autorización.

CASO 10.2

Bob's Custom BBQs

Bob's Custom BBQs, un fabricante de parrillas para exteriores, recurre a tres transportistas principales para trasladar las parrillas desde su fábrica en Texas hasta las ubicaciones de minoristas importantes de artículos para el hogar en Estados Unidos y Canadá. El dueño, Bob Flame, quiere evaluar el desempeño de los tres proveedores y recabó datos para las siguientes métricas en un periodo de tres meses.

CRITERIOS DE DESEMPEÑO	ALLIED TRANSPORT	BESTWAY FREIGHT	CERTAINT CARRIERS
Entrega a tiempo	99.5%	98.7%	98.2%
Exactitud de facturación	99.3%	99.6%	98.2%
Cargas con reclamaciones de daños	0.9%	1.6%	0.4%
Cargas rechazadas	1.3%	2.1%	0.9%
Tasas de satisfacción del cliente	4.6	4.2	3.9

Bob pidió a su gerente de transportación que desarrollara una tarjeta de resultados para ayudar a comparar a los transportistas en estas cinco métricas. El gerente elaboró el siguiente cuadro.

CRITERIOS DE DESEMPEÑO	FACTOR PONDERADO	EVALUACIÓN DE DESEMPEÑO	CALIFICACIÓN POTENCIAL	CALIFICACIÓN REAL
Entrega a tiempo	8	>98.5% = 5 96.1–98.5% = 4 93–96% = 2 <93% = 0	40	
Exactitud de facturación	3	>99% = 5 97–99% = 3 95–96% = 1 <95% = 0	20	
Cargas con reclamaciones de daños	5	<0.5% = 5 0.5–1% = 4 1.1–2% = 2 >2% = 0	20	

CRITERIOS DE DESEMPEÑO	FACTOR PONDERADO	EVALUACIÓN DE DESEMPEÑO	CALIFICACIÓN POTENCIAL	CALIFICACIÓN REAL
Cargas rechazadas		<1% = 5 1%–2% = 4 2.1–3% = 2 >3% = 0	10	
Tasas de satisfacción del cliente	2	>4.5 = 5 4–4.5 =4 3–3.9 = 2 <3 = 0	10	
		Calificación total	**100**	

PREGUNTAS SOBRE EL CASO

1. Calcule la calificación de desempeño para cada uno de los tres transportistas.

2. ¿Cuál recomendaría que Bob eliminara? ¿Por qué?

3. Si Bob decide mantener a los tres transportistas, ¿qué debe trabajar cada uno de ellos para mejorar?

Fuente: Brian J. Gibson, Ph.D. Reproducido con autorización.

APÉNDICE 10A

Regulación federal de la industria de la transportación

La regulación federal de la transportación ha estado presente desde que se aprobó la Ley para Regular el Comercio en 1887. Los años que precedieron a su promulgación estuvieron llenos de revuelo tanto para expedidores como para transportistas. La transportación nacional era básicamente por ferrocarril y los prestadores del servicio cobraban tarifas altas cuando era posible y discriminaban a los competidores pequeños. El control sobre la industria era importante para el crecimiento económico de Estados Unidos y para ello era esencial un suministro estable del servicio que fuera compatible con las necesidades de una sociedad en expansión.

Las iniciativas de regulación se enfocaron primero en las cuestiones económicas para asegurar la competencia y la fijación de precios justos para los clientes del servicio de flete. En el siglo XXI los esfuerzos para regular la industria de transportación se han concentrado más en la seguridad nacional, la seguridad del público viajante y la protección del ambiente.

Regulación ecónomica[1]

La necesidad de la regulación económica federal sobre la transportación se basa en la importancia de ésta para la economía en general. La transportación facilita a los negocios conseguir la base misma de la actividad económica: el intercambio de mercancías de áreas de exceso de oferta hasta áreas de escasez de oferta. Su actividad beneficia a todos; por tanto, puede argumentarse que el gobierno debe proporcionar la transportación así como proporciona las funciones de interés público, como el sistema de tribunales y la defensa nacional.

Sin embargo, por tradición las empresas privadas han proporcionado la transportación de mercancía. Motivadas por los dólares que los expedidores gastan, las empresas de transportación se comprometen a brindar servicios varios; dicha distribución de recursos es más eficiente que lo que una distribución política puede lograr. Ya que el mercado de empresas libres tiene imperfecciones que favorecen el desarrollo de monopolios, el control gubernamental de la transportación intenta distribuir los recursos en el interés del público al mantener y reforzar la estructura competitiva del mercado.

A pesar de los argumentos para la regulación económica de la industria de transportación, el ciclo normativo se ha completado hasta el punto donde la mayoría de las leyes adoptadas entre 1887 y 1973 se han eliminado o reducido. La tabla 10A.1 resalta los esfuerzos legislativos más importantes desplegados para regular, y después desregular, los aspectos económicos de la industria de transportación. La regulación económica federal actual en esta área es mínima y las fuerzas del mercado son los controles más importantes que se usan para reforzar la estructura competitiva del mercado.

La reducción de los controles de la regulación económica federal comenzó con la aprobación de la **Ley de Desregulación de Aerolíneas** en 1978, la cual regresó efectivamente la industria de las aerolíneas a un mercado libre al eliminar la mayor parte de la regulación económica. Pronto le siguieron la **Ley Ferroviaria Staggers** y la **Ley de Transportistas Terrestres,** ambas de 1980, las cuales eliminaron la mayor parte de la regulación económica para las industrias de transportación ferroviaria y terrestre. La **Ley de Transporte Marítimo de 1984** concedió inmunidad antimonopolista a las conferencias de transportación oceánica en el comercio extranjero de Estados Unidos. Éstas fueron autorizadas para establecer precios y controlar la capacidad disponible para la transportación.

Tabla 10A.1	Cronología de las regulaciones más importantes de transportación	

FECHA	LEY	NATURALEZA DE LA REGULARIZACIÓN
Era de inicio		
1887	Ley para Regular el Comercio	Reguló ferrocarriles y estableció la Interstate Commerce Commission (ICC; Comisión Interestatal de Comercio); las tarifas deben ser razonables; discriminación prohibida
1903	Ley Elkins	Prohibió reembolsos y creó doctrina de precios presentados
1906	Ley Hepburn	Estableció controles máximos y articulados de tarifas
1910	Ley Mann-Elkins	Confirió a los expedidores el derecho de establecer la ruta de los cargamentos
1912	Ley del Canal de Panamá	Prohibió que transportistas ferroviarios fueran dueños del transporte por agua
Era positiva		
1920	Ley de Transportación de 1920	Estableció la regla de fijación de precios; permitió el uso conjunto de terminales; comenzó cláusula de recuperación
1933	Ley de Transportación de Emergencia	Ayuda financiera a transportistas ferroviarios
Era Intermodal		
1935	Ley de Transportistas Terrestres	Regulación federal de transportación terrestre similar a la ferroviaria
1938	Ley de Aeronáutica Civil	Regulación federal de transportistas aéreos; estableció la Civil Aeronautics Board (CAB; Oficina de Aeronáutica Civil)
1940	Ley de Transportación	Contempló regulación federal de transportistas marítimos; declaración de la política nacional de transportación
1942	Ley de Agentes de Transporte	Regulación federal de agentes de transporte terrestre
1948	Ley Reed-Bulwinkle	Inmunidad antimonopolio para fijación conjunta de precios
1958	Ley de Transportación	Eliminó la fijación de precios de organizaciones aglutinadoras (protectora); brindó ayuda económica a transportistas ferroviarios
1966	Ley del Departamento de Transportación	Creó el U.S. Department of Transportation (Departamento de Transportación de Estados Unidos)
1970	Ley de Servicio Ferroviario de Pasajeros	Estableció Amtrak
1973	Ley de Reorganización Ferroviaria Regional	Estableció Consolidated Rail Corporation
Era de desregulación		
1976	Ley de Reforma Regulatoria y Revitalización Ferroviaria	Libertad de precios; ICC podía exentar operaciones ferroviarias; comenzó control de abandonos y fusiones
1977	Ley de Desregulación de Aerolíneas	Desreguló la transportación aérea; ocaso de la CAB
1980	Ley de Transportistas Terrestres	Facilitó restricciones de entrada; permitió la negociación de tarifas
1980	Ley Ferroviaria Staggers	Permitió que los transportistas terrestres negociaran contratos; permitió flexibilidad de precios; definió tarifas máximas
1984	Ley de Reforma de Transportación Oceánica	Favoreció una mayor flexibilidad de tarifas y contratos para transportistas y conferencias oceánicas

(Continúa)

Tabla 10A.1	*Continuación*	
FECHA	**LEY**	**NATURALEZA DE LA REGULARIZACIÓN**
1993	Ley de Precios Negociados	Contempló opciones de liquidación para cobros de menos de transportistas terrestres
1994	Ley de Reforma Regulatoria de la Industria de Transportación Terrestre	Eliminó la presentación de tarifas individuales de transportistas terrestres; ICC fue autorizada para desregular categorías de tráfico
1994	Ley de Reautorización FAA	Estados prohibidos a partir de la regulación del transporte terrestre interestatal
1995	Ley de Cese de ICC	Abolió la ICC; estableció la Surface Transportation Board (STB; Oficina de Transportación Terrestre); eliminó la mayor parte de la regulación económica de la transportación terrestre
1996	Ley de Seguridad Marítima	Autorizó un programa para apoyar a una flota marítima mercante activa de propiedad privada con bandera y tripulación de Estados Unidos
1998	Ley de Reforma de Transportación Oceánica	Eliminó la autoridad de las conferencias de embarque sobre los contratos; modificó requerimientos de presentación de contratos
1998	Ley de Igualdad de Transportación para el Siglo XXI	Dedicó más de 216,000 millones de dólares al mantenimiento y la seguridad de la transportación terrestre
2001	Ley de Seguridad de Aviación y Transportación	Estableció la Transportation Security Administration (Administración de Seguridad de Transportación)
2002	Ley de Seguridad Nacional	Trasladó la Guardia Costera y la TSA al Department of Homeland Security (Departamento de Seguridad Nacional)

Fuente: John C. Coyle, Robert A. Novack y Edward J. Bardi, *Transportation: A Supply Chain Perspective*, 7a. ed. (Mason, Ohio: South-Western Cengage Learning, 2011), cap. 3. Reproducido con autorización.

Una reducción mayor del poder federal sobre la industria de la transportación se registró en la década de 1990. La promulgación de la **Ley de Cese de ICC de 1995** desapareció a la Comisión Interestatal de Comercio, redujo o eliminó la mayor parte de la regulación económica sobre los transportistas terrestres y marítimos y estableció la Oficina de Transportación Terrestre para administrar las regulaciones ferroviarias restantes. La **Ley de Reforma de Transportación Oceánica de 1998** modernizó y desreguló la transportación oceánica internacional. Transformó la industria de un enfoque de transporte común con presentaciones requeridas de precios a un sistema basado en contratos en el cual la fijación de precios se mantiene en forma confidencial.

El estado actual de la regulación federal de los modos de transportación es el siguiente.

- **Transportistas terrestres o autotransportistas.** Todas las regulaciones de presentación de precios y tarifas se eliminaron excepto por los productos domésticos y el comercio que no es contiguo (Estados Unidos continental y Alaska, por ejemplo). Se elimina el concepto común del transportista, pero éste sigue siendo responsable por cualquier daño. Todos los transportistas pueden celebrar contratos con expedidores. Se les concedió inmunidad antimonopolista para la fijación colectiva de precios (por ejemplo, publicación conjunta de una clasificación de mercancías) y deben proporcionar tarifas (que contengan precios y reglas) a solicitud de los expedidores. En esencia, se ejerció poco control económico federal en este modo.

- **Transportistas ferroviarios.** En teoría, la regulación económica ferroviaria aún existe. La STB mantiene jurisdicción sobre los precios y reglas ferroviarias así como sobre rutas, servicios, instalaciones y fusiones. Los transportistas del ramo están sujetos a las obligaciones comunes de los transportistas de ofrecer su servicio a todos los expedidores; no discriminar a personas, lugares o mercancías; cobrar precios razonables, y ser responsables por el daño a los bienes.

No se requiere la presentación de tarifas y contratos ferroviarios. La industria ferroviaria sigue siendo el modo de transportación más regulado, pero existe desregulación total de precios en ciertos tipos de tráfico: la mercancía intermodal, por ejemplo.

- **Transportación aérea.** En 1977 se eliminó la regulación económica de la transportación aérea; el mercado determina los precios y servicios. Sin embargo, la regulación sobre seguridad sigue siendo una imposición importante de los controles federales sobre este modo. Dichas normas de seguridad, como los controles sobre el número de aterrizajes y despegues permitidos en un aeropuerto, determinan indirectamente el nivel de servicio brindado por un transportista aéreo y si éste puede ofrecer servicio a un aeropuerto particular (disponibilidad de espacios de aterrizaje).

- **Transportación oceánica.** La Ley de Transporte Marítimo de 1984 inició la desregulación económica de la industria de transportación oceánica eliminando el requerimiento de la aprobación de la Federal Maritime Commission (FMC; Comisión Marítima Federal) respecto de precios y acuerdos de conferencias (las conferencias oceánicas son grupos de transportistas que se unen para establecer precios comunes). Esta ley expandió la inmunidad antimonopolista a los miembros de conferencias y permitió la contratación independiente de sus miembros, pero requería que se presentaran contratos con la FMC para su difusión pública. La Ley de Reforma de Transportación Oceánica de 1998 disminuyó en gran medida el poder de las conferencias al eliminar su autoridad sobre la participación de los miembros en contratos de servicio con los clientes. También cambió las reglas de presentación de tarifas para que los precios de los contratos no se hagan públicos (aunque la información básica, como alcances de puertos, mercancías y compromisos mínimos, todavía debe publicarse). Estas revisiones han acelerado la desregulación económica de la transportación oceánica, con mayor uso de contratos y una reducción significativa en el número de conferencias oceánicas.

- **Transitarios y corredores de transporte.** Se requiere que ambas formas de transportación se registren con la STB, y el corredor debe emitir una garantía de cumplimiento de 10,000 dólares para asegurar que el transportista recibirá el pago del agente. Sin embargo, no hay controles económicos federales sobre los precios o servicios que ofrecen estos dos intermediarios. A un transitario se le considera transportista y es responsable por daños a la mercancía, mientras que al corredor no se le considera confiere esta categoría y no es responsable por daños a la mercancía.

Regulación de seguridad[2]

La regulación no económica se enfoca principalmente en la seguridad de la transportación, promoción y cuestiones de investigación. Establecido en 1966, el U.S. Department of Transportation (DOT; Departamento de Transportación de Estados Unidos) recibió la tarea de ofrecer una política nacional de transportación con el objetivo de mejorar la seguridad y eficiencia de este sistema.[3] El DOT ahora está dividido en 13 administraciones y oficinas, a cada una de las cuales se les encomiendan responsabilidades específicas.[4] La agencia principal del DOT para cada modo de transportación importante se identifica en los siguientes párrafos.

La Federal Highway Administration (FHWA; Administración Federal de Carreteras) afecta sobre todo a la industria de la transportación terrestre y tiene la enorme responsabilidad de asegurar que las carreteras y autopistas de Estados Unidos continúen siendo las más seguras y actualizadas en el aspecto tecnológico. La agencia conduce investigaciones de seguridad, tecnología y proyectos de gran alcance que buscan reducir la frecuencia y la gravedad de los choques, mitigar las congestiones y proteger el ambiente. La FHWA brinda respaldo técnico y financiero a los estados de Estados Unidos para construir, mejorar y preservar el sistema de caminos del país.

La Federal Motor Carrier Safety Administration (FMCSA; Administración Federal de Seguridad de Transportistas Motorizados) se estableció como una entidad separada de la FHWA en la Ley de Mejoramiento de Seguridad de Transportación Terrestre de 1999. Los objetivos de esta agencia consisten en mejorar la seguridad de los vehículos comerciales y reducir choques, lesiones y muertes que involucren camiones grandes y autobuses. Esta agencia desarrolla, mantiene y refuerza las regulaciones federales; administra el programa de licencias de manejo comerciales, y regula la transportación de materiales peligrosos. Una de las actividades más contenciosas ha sido la revisión de la regulación de horas de servicio que alteró la cantidad de tiempo que los conductores de camiones pueden trabajar por día. Más recientemente, la FMCSA lanzó la iniciativa **Cumplimiento, seguridad, responsabilidad (CSA)** para reducir los choques de vehículos comerciales, lesiones y muertes en las autopistas de Estados Unidos. La iniciativa CSA presenta un nuevo modelo de refuerzo y cumplimiento que permite a la FMCSA y a sus asociados estatales contactar antes a un número mayor de transportistas a fin de enfrentar problemas de seguridad antes de que ocurran accidentes.[5]

La Federal Aviation Administration (FAA; Administración Federal de Aviación) afecta principalmente a la industria de las aerolíneas. Sus responsabilidades principales incluyen la regulación de la seguridad, promoción del comercio y monitoreo del espacio aéreos. La oficina de seguridad de aviación de la agencia controla la certificación, aprobación de producción y aeronavegabilidad continua de los aviones, y certifica a pilotos, mecánicos y otros en posiciones relacionadas con la seguridad. La FAA también brinda concesiones monetarias federales para planear y desarrollar aeropuertos públicos y mejorar las capacidades técnicas en las instalaciones aeroportuarias.

La Federal Railroad Administration (FRA; Administración Federal Ferroviaria) afecta a las compañías ferroviarias. Las responsabilidades de esta agencia se enfocan en el refuerzo de cuestiones de seguridad. La División de Prácticas de Operaciones de la FRA revisa y se asegura de que las reglas de operación de los transportistas, pautas de calificación de empleados, capacitación y programas de prueba cumplan con la Ley de Seguridad Ferroviaria de 1970, los estándares de salud y seguridad de ocupación de ferrocarriles, la Ley de Horas de Servicio, y los requerimientos de reportes de accidentes y lesiones personales. La FRA también administra la ayuda federal para algunos transportistas a efecto de asegurar la continuación del servicio ferroviario de pasajeros y mercancía.

La Maritime Administration (Marad; Administración Marítima) es responsable de promover y operar la marina mercante de Estados Unidos. La misión de la agencia es fortalecer el sistema de transportación oceánico, incluyendo infraestructura, industria y mano de obra, para cumplir con las necesidades económicas y de seguridad del país.[6] Durante los tiempos de guerra, Estados Unidos depende mucho del transporte marítimo para envíos al extranjero de tropas y materiales. Para seguir proporcionando el mantenimiento adecuado a los barcos y que continúen en condiciones de navegar, el gobierno federal ofrece subsidios a los transportistas marítimos. Marad administra estos subsidios. Dada la importancia de los buques en la defensa nacional, el gobierno federal también concedió a la industria marítima una exención antimonopolista, la cual permite a los transportistas formar conferencias y discutir tarifas específicas. Algunos clientes grandes se oponen a estas conferencias porque permiten a los transportistas monopolizar ciertas rutas comerciales. Algunos expertos de la industria esperan que desaparezca esta inmunidad antimonopolista, terminando con las conferencias marítimas y desregulando la industria como sucedió con los otros modos de transportación.

Aunque la U.S. Coast Guard (USCG; Guardia Costera de Estados Unidos) es una rama de las fuerzas armadas, también trabaja con el DOT para promover la seguridad marina y la protección del ambiente. La USCG es responsable de reforzar la ley marítima, desarrollar y reforzar regulaciones de seguridad, ayudar en esfuerzos de rescate y proteger las fronteras de Estados Unidos. Su misión es proteger al público, el ambiente y los intereses económicos del país: en los puertos y vías fluviales, a lo largo de la costa, en aguas internacionales, o en cualquier región marítima para respaldar la seguridad nacional.[7]

RESUMEN

La regulación es un componente dinámico del proceso de transportación que siempre está sujeto a cambios. Aunque en la actualidad prevalece un periodo de regulación económica limitada, los gobiernos desarrollan de manera activa políticas y normas de transportación para enfrentar retos ambientales y de seguridad, cumplir con normas sociales y adaptarse al cambio tecnológico. La intención de dicha regulación es positiva, pero puede tener un impacto importante en el costo, tiempo y facilidad con la cual el producto fluye a través de la cadena de suministro. Por ello, los gerentes de transportación deben permanecer alertas e incluir legislaciones actuales y pendientes en sus procesos de planeación.

NOTAS

1. Para una discusión más extensa de la regulación económica, véase John J. Coyle, Robert A. Novack, Brian J. Gibson y Edward J. Bardi, *Transportation: A Supply Chain Perspective,* 7a. ed. (Mason, Ohio: South-Western Cengage Learning, 2011), cap. 2.

2. Adaptado de David J. Bloomberg, Stephen LeMay y Joe B. Hanna, *Logistics* (Upper Saddle River, NJ: Prentice-Hall, Inc., 2002): 95-96.

3. DOT Act of 1966, Public Law 89-670, sec. 2(b)(1).

4. Para más información respecto de estas agencias del DOT de Estados Unidos, visite el sitio http://www.dot.gov/DOTagencies.htm.

5. "About CSA: What Is It?", consultado el 22 de julio de 2011 en el sitio http://csa.fmcsa.dot.gov/about/.

6. "MARAD Mission, Goals, and Vision", consultado el 22 de julio de 2011 den el sitio http://www.marad.dot.gov/about_us_landing_page/administrators_office_home/administrators_office_home.htm.

7. "United States Coast Guard Overview", consultado el 22 de julio de 2011 en el sitio http://www.uscg.mil/top/about/.

APÉNDICE 10B

Base de precios de transportación

La fijación de precios de transportación sería un proceso sencillo si los transportistas vendieran todos sus servicios basados en las toneladas-millas, cobrando a los clientes cualquier cantidad de dólares por trasladar cada tonelada de un producto por milla. Sin embargo, los transportistas no operan así. Ellos y los clientes deben considerar múltiples factores para determinar cuánto cuesta llevar un producto del origen al destino. Con 33,000 puntos importantes de transportación sólo en Estados Unidos, una variedad incontable de mercancías con características únicas, distintos tamaños de cargamentos y requerimientos específicos de servicio, el reto de la fijación de precios se vuelve claro.

La fijación de precios se ha convertido en una actividad sofisticada con esfuerzos tremendos realizados para optimizar el precio negociado de los servicios de transportación. Los clientes reconocen la necesidad de los transportistas de cobrar tarifas que ganen un margen razonable de utilidad, de lo contrario no seguirán en el negocio en el largo plazo. Esta sección discute brevemente los factores principales que se incorporan al proceso de desarrollo de las tarifas de transportación. Para asegurar que los precios sean justos y razonables para ambas partes, deben ponderarse los siguientes puntos: 1) el costo y valor del servicio, que afectan los diferentes precios que el transportista establece para mercancías diferentes; 2) la distancia entre el origen y el destino; 3) el peso del cargamento; 4) las características de la mercancía que se transporta, y 5) el nivel de servicio requerido.

Costo del servicio

Basar los precios en el **costo del servicio** considera el lado de suministro de la fijación de precios. Este costo establece la base para un precio; esto es, el costo de suministro concede la viabilidad del transportista al ofrecer el límite inferior de la tarifa (véase figura 10B.1).

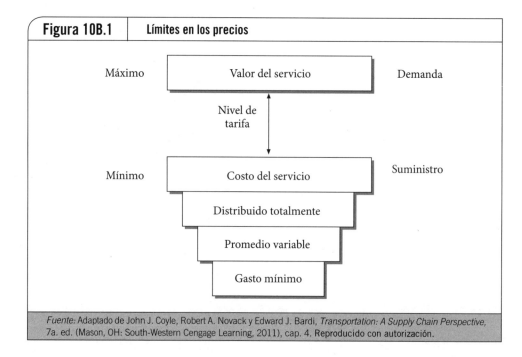

Figura 10B.1	Límites en los precios

Fuente: Adaptado de John J. Coyle, Robert A. Novack y Edward J. Bardi, *Transportation: A Supply Chain Perspective,* 7a. ed. (Mason, OH: South-Western Cengage Learning, 2011), cap. 4. Reproducido con autorización.

El problema continuo de cuál base de costo utilizar ha plagado esta área. Los transportistas han usado costos distribuidos totalmente (promedio total), costos de promedio variable y costos de gasto mínimo (marginales). En esencia, este problema establece subniveles al límite inferior de precios: el transportista basará el límite superior en los costos totalmente distribuidos y el inferior en los costos de gasto mínimo.

Los **costos comunes y conjuntos** también aumentan el problema de usar el costo del servicio como base para fijar tarifas. El transportista incurre ellos cuando se producen múltiples unidades de producción y no puede distribuirlos de manera directa a una unidad de producción particular. Un costo conjunto es un tipo particular de costo común en el cual los costos en que incurre un transportista al generar una unidad inevitablemente generan otro producto. Por ejemplo, mover una mercancía del punto A al punto B produce de modo inevitable la capacidad y el costo del movimiento del punto B al punto A en el viaje de regreso. El procedimiento que usa el transportista para asignar estos costos comunes y conjuntos determina la base de costo, permitiendo flexibilidad para variaciones de costo y, por consecuencia, variaciones de precio.

Valor del servicio

La fijación de precios por **valor del servicio** considera el lado de la demanda para establecerlos. Podemos definir la fijación de precios por valor del servicio como "cobrar lo que el tráfico soporte". Esta base considera la capacidad del producto transportado para soportar los costos de transportación. Por ejemplo, en la figura 10B.2, el precio más alto que puede cobrar un transportista para trasladar el producto A del productor al punto B es de $0.50 por unidad. Si el transportista evalúa un precio más alto, el producto A no será competitivo en el área de mercado B. Por ello, la fijación de precios por valor del servicio coloca el límite superior en el precio.

Por lo general los precios varían de acuerdo con el producto transportado. La diferencia de costo asociada con varios movimientos de mercancías puede explicar esto, pero esta diferencia también contiene el concepto de fijación de precios por valor del servicio. Para mercancías de valor más alto, los cargos de transportación representan una pequeña porción del precio total de venta. En la tabla 10B.1 se observa que el precio de transportación de los diamantes, para una distancia y peso determinados, es 100 veces mayor que el del carbón, pero los cargos de transportación cuentan para sólo 0.01% del precio de venta para diamantes, contrario a 25% para el

Figura 10B.2	Ejemplo de fijación de precios por valor del servicio

Precio máximo = $0.50

A ———————————————————————— B

Costo de producción de A = $2.00   Costo de producción de B = $2.50

Fuente: Edward J. Bardi, Ph.D. Reproducido con autorización.

Tabla 10B.1	Precios de transportación y valor de la mercancía	
	CARBÓN	**DIAMANTES**
Valor de producción por tonelada*	$30.00	$10,000,000.00
Cargo de transportación por tonelada*	10.00	1,000.00
Precio total de venta	$40.00	$10,001,000.00
Costo de transportación como porcentaje del precio de venta	25. %	0.01%

* Supuesto.
Fuente: Edward J. Bardi, Ph.D. Reproducido con autorización.

carbón. Por ello las mercancías de alto valor pueden soportar cargos más altos de trasportación y los proveedores fijan los precios de acuerdo con ello, lo que representa una aplicación específica de la fijación de precios por demanda.

Distancia

Los precios varían respecto de la **distancia**; esto es, mientras más grande sea la distancia a la que se mueve la mercancía, mayores serán el costo para el transportista y el precio de transportación. Sin embargo, ciertos precios no se relacionan con la distancia exacta de punto a punto. Un ejemplo es el **precio colectivo** o **precio de zona**.

Un precio colectivo no aumenta a medida que se incrementa la distancia; el precio sigue siendo el mismo para todos los puntos en el área colectiva que el transportista designa. El precio de sello postal es un ejemplo extremo de un precio colectivo. Sin importar la distancia que usted transporte una carta de primera clase a nivel nacional, su costo como expedidor (remitente) es el mismo. En el traslado de mercancías los transportistas desarrollan zonas que contienen un área particular, como la zona comercial de una ciudad, un estado o región determinados, o un número de estados, por ejemplo. En cada caso, el precio de transportación es el mismo sin importar la ubicación particular de recolección o entrega de la mercancía dentro de la zona. Esto simplifica el proceso de fijación de precios, ya que se asignan múltiples ubicaciones a la misma área en vez de tratar cada punto de origen y destino como una ubicación única para propósitos de fijación de precios. UPS, FedEx y otros transportistas de paquetes pequeños usan mucho los precios de zona.

Aunque los precios de transportación se elevan a medida que se incrementa la distancia, el aumento no es directamente proporcional a esta última. Esta relación de precios con distancia se conoce como el **principio de reducción de precios**. Como muestra la figura 10B.3, el precio aumenta a medida que lo hace la distancia, pero no de forma lineal. La estructura de precios se reduce porque los transportistas diseminan los costos de terminal (manejo de carga, trámites administrativos y facturación) en una base más grande de millas (o kilómetros). Estos costos de terminal no varían con la distancia; a medida que ésta aumenta para el traslado del cargamento, el costo de terminal por milla (o kilómetro) disminuye. El punto de intercepción en la figura 10B.3 corresponde a los costos de terminal.

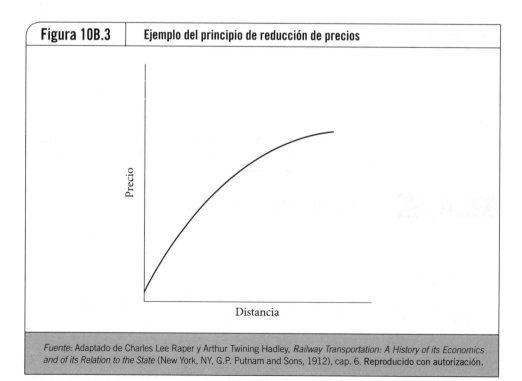

| Figura 10B.3 | Ejemplo del principio de reducción de precios |

Fuente: Adaptado de Charles Lee Raper y Arthur Twining Hadley, *Railway Transportation: A History of its Economics and of its Relation to the State* (New York, NY, G.P. Putnam and Sons, 1912), cap. 6. Reproducido con autorización.

Peso del cargamento

Los transportistas fijan los precios de flete en centavos por quintal (peso real en libras dividido entre 100 = quintal, o cwt = 45 kg) y determinan el cargo total de transportación por el peso total del cargamento en cwt y el precio apropiado por cwt. Este último se relaciona con el volumen movilizado: los transportistas cobran una tarifa más baja por cargamentos de volumen y una tarifa más alta por cantidades menor al volumen. En esencia, ofrecen un descuento por cantidad por transportar volúmenes altos (comprar el servicio en una cantidad más grande). Esto se debe en parte al hecho de que algunos costos básicos de transportación, como preparación de documentos, recolección y entrega del cargamento, se esparcen en una cantidad más grande de flete.

Los transportistas ferroviarios llaman a estos descuentos de cantidad **carga por vagón (CL;** *carload*) y **carga menor a la capacidad de un vagón (LCL;** *less-than-carload*); los transportistas terrestres los llaman **carga por camión (TL)** y **carga menor a la capacidad de un camión (LTL).** Los precios de CL y TL representan los más bajos de volumen, y los de LCL y LTL denotan los precios más altos de carga menor al volumen.

Una excepción a destacar de la relación entre precio y volumen es el **precio de cualquier cantidad (AQ;** *any-quantity*), el cual no tiene relación con el volumen transportado. El precio por cwt sigue siendo constante sin importar el volumen que una firma traspasa al transportista para su envío; esto es, no hay descuentos por cantidad disponibles.

Características de la mercancía

Otra consideración de la fijación de precios es el tipo de producto que se traslada. Si los transportistas deben tomar pasos fuera de lo ordinario para proteger la mercancía, dedicar capacidad extra a mercancía ligera, o tener equipo especializado para manejar ciertos productos, el costo de ofrecer el servicio aumenta. El precio de flete debe reflejar el costo aumentado del servicio adicional para mantener la rentabilidad del transportista. Por ello, éste toma en cuenta la densidad de la mercancía, facilidad de embalaje, facilidad o dificultad de manejo, y cuestiones de responsabilidad cuando establece las tarifas de flete.

La densidad refleja el peso *y* volumen de la mercancía. Si el transportista desarrollara tarifas basándose sólo en el peso, los productos ligeros y a granel (por ejemplo, papas fritas) se transportarían por un precio muy bajo en comparación con los compactos y pesados (por ejemplo, sopas enlatadas), a pesar de que las papas fritas ocuparían mucho más espacio en el contenedor. Para ajustarse a las cuestiones de densidad, los transportistas cobran precios más altos por cwt para productos de baja densidad que para productos de alta densidad. Por ejemplo, los transportistas aéreos comparan el precio real de la mercancía con su peso dimensional (longitud del paquete × anchura × altura/166) y usan el peso más alto en el cálculo de los precios de flete. Esto evita que la mercancía de baja densidad ocupe capacidad crítica a precios irrazonablemente bajos.

La facilidad de embalaje se refiere a cómo el producto transportado afectará la utilización de espacio en el contenedor. Ciertos productos se transportan bien y ocupan poco espacio (por ejemplo, un monitor de computadora en una caja angosta), mientras que otros no se embalan bien y obligan al transportista a trasladar aire (por ejemplo, una bicicleta totalmente ensamblada). Los productos que resultan en espacio desperdiciado suelen cobrarse a un precio más alto por unidad.

La facilidad de manejo es otra consideración de la fijación de precios. Mientras más tengan que manejarse los bienes, mayor será el costo para el transportista. Los requerimientos pueden incluir mover los bienes de una plataforma a otra, reempacarlos, cruce de muelles (*cross-docking*) ordinario de cargamentos LTL, uso de mano de obra con capacitación especial, y necesidad de recurrir a equipo especial de manejo. Lógicamente, los transportistas cobran precios más altos por productos con requerimientos de manejo más especializado a fin de compensar los costos incluidos para ofrecer los servicios.

Los transportistas deben también evaluar sus responsabilidades potenciales cuando desarrollan tarifas. Mientras más susceptible sea un cargamento a pérdida, daño o robo, mayor será el riesgo para ellos. La mercancía frágil o que se daña fácilmente resulta en más reclamos de responsabilidad de los expedidores. Por ello los transportistas desarrollan precios más altos para productos valiosos (por ejemplo, televisiones de LCD) y productos delicados (por ejemplo, focos) a fin de compensar el riesgo financiero de trasladarlos. Se establecen precios más bajos a productos robustos y resistentes (por ejemplo, pisos de madera) que es poco probable que sean robados o se dañen.

Se han realizado esfuerzos para simplificar estos problemas de características de productos. En vez de evaluar cada mercancía de manera independiente, se han desarrollado sistemas de clasificación para agrupar productos con características similares de transportación para propósitos de fijación de precios. Por ejemplo, la industria de transportación terrestre ha confiado por mucho tiempo en la National Motor Freight Classification (Clasificación nacional de mercancía terrestre) como herramienta de fijación de precios, la cual ofrece una comparación de mercancías que se mueven en el comercio interestatal, intraestatal y extranjero. La NMFC agrupa las mercancías en una de 18 clases basada en la evaluación de las cuatro características de transportación discutidas antes. En conjunto, estas características establecen la "transportabilidad" o viabilidad de traslado de una mercancía.[1]

Aunque la NMFC proporciona cierta simplificación a la fijación de precios, todavía hay mucha complejidad por manejar. El reto implica el descuento masivo de los transportistas contra estos precios de clase. Para reducir la complejidad, algunos expertos de la industria están abogando por un sistema de fijación de precios basado en la densidad del producto similar al que se usa en Europa. Otros expertos sugieren manejar precios de todo tipo de mercancías (FAK) que las consolide en una sola clase.

Nivel de servicio

Otro factor importante en la fijación de precios son los requerimientos de servicio del comprador de flete. La demanda de servicios más rápidos y de tiempos más definidos aumenta en todos los modos de transportación. Cuando un cliente requiere un servicio más rápido del normal o tiempos de entrega garantizados, los transportistas necesitan salirse de sus procesos estándares para adaptarse al requerimiento. Esto puede incluir despachar los remolques antes de que estén llenos, poner a un operador adicional y otra pieza de equipo en servicio, desviarse de las rutas normales u otras excepciones. Es posible que cualquiera de estos pasos reduzca la eficiencia de las operaciones del transportista y le ocasione gastos adicionales. Por ello se cobran precios premium a los clientes para compensar los costos adicionales creados por sus requerimientos de servicio más demandantes.

UPS (y muchos otros transportistas) ofrecen numerosas opciones de nivel de servicio y cobran de acuerdo con ello. Los precios actuales sin descuento obtenidos del sitio web por trasladar una sola caja que pesa 10 libras (5 kilogramos) de Atlanta a Nueva York son los siguientes (en dólares).

- $136.54 por servicio "aéreo al día siguiente temprano en la mañana", con entrega a las 8:00 a.m.

- $101.05 por servicio "aéreo al día siguiente", con entrega a las 10:30 a.m.

- $92.17 por servicio "ahorrador aéreo al día siguiente", con entrega a las 3 p.m.

- $42.48 por servicio "aéreo al segundo día", al final del segundo día hábil

- $13.23 por servicio terrestre "UPS Ground"; servicio no garantizado para el final del segundo día con entrega a las 4:30 p.m.

Como revela este ejemplo, los precios varían significativamente incluso por algunas horas de diferencia. Los compradores de flete deben evaluar de manera objetiva su necesidad de obtener un servicio extremadamente rápido, porque pagarán un precio más alto por él.

RESUMEN

Este apéndice ofrece nociones fundamentales sobre la fijación de precios de transportación. Enfrenta los factores clave que deben incluirse en todas las iniciativas de desarrollo de precios: costo y valor del servicio, distancia y tamaño del cargamento, características de la mercancía y del servicio. Aunque ninguna iniciativa de fijación de precios puede ignorar estas consideraciones, otros factores pueden añadirse al análisis, dependiendo de la situación. En los libros de texto sobre transportación de mercancía usted puede encontrar un estudio más extenso sobre estos factores adicionales, las cuestiones de precios específicos según el modo y los tipos de precios (por ejemplo, de valor liberado, diferidos y de incentivos).

NOTA

1. Para más información sobre clasificación de mercancías, visite el sitio http://www.nmfta.org.

Capítulo 11

DISTRIBUCIÓN: ADMINISTRACIÓN DE LAS OPERACIONES DE CUMPLIMIENTO

Objetivos de aprendizaje

Después de leer este capítulo, usted será capaz de:

- Analizar el papel estratégico de valor agregado que desempeña la distribución en la cadena de suministro.

- Reconocer los puntos de equilibrio entre la distribución y otras funciones de la cadena de suministro.

- Entender el marco analítico para las decisiones de planeación de la distribución.

- Evaluar las estrategias de cumplimiento y los métodos de distribución.

- Describir los procesos de cumplimiento primarios y las funciones de apoyo en las operaciones de un centro de distribución.

- Usar métricas de productividad y calidad para analizar el desempeño del cumplimiento.

- Describir cómo la tecnología de la información apoya las operaciones de distribución.

- Analizar los objetivos, principios y usos de equipo para el manejo de materiales.

Introducción

La distribución en el siglo xx se enfoca en el flujo continuo del producto para cumplir los requerimientos del cliente al menor costo posible. Las operaciones de distribución, que ya no se centran en el depósito a largo plazo de inventario en almacenes estáticos, proporcionan una variedad de capacidades en la cadena de suministro. Ya sea que la instalación surta pedidos por internet, componentes de producción con cruce de muelles (*cross-docks*) para una planta ensambladora de automóviles o mezclas de altos volúmenes de productos para un minorista de abarrotes, la meta es servir a la cadena con rapidez y exactitud.

Así como la velocidad es esencial, también es vital la gestión de instalaciones y redes de distribución eficientes. Debido al ascenso en los gastos estadounidenses relacionados con el almacenamiento y la distribución (a 119,000 millones de dólares de los 357,000 millones de dólares en costos de mantenimiento de inventarios) hay una gran necesidad de enfocarse en los costos de cumplimiento en la cadena de suministro.[1] Las oportunidades para reducirlos, como limitar el manejo de producto, consolidar las instalaciones y agilizar los inventarios, deben aprovecharse para que las cadenas de suministro sean competitivas.

Este capítulo se centra en la importancia de la distribución para la satisfacción de las necesidades del cliente a lo largo de la cadena de suministro. Se expondrá la planeación y el desarrollo de las capacidades de distribución; las operaciones, los procesos y las tecnologías que intervienen en el cumplimiento eficiente de la demanda. A lo largo del capítulo usted comprenderá las funciones que desempeñan las estrategias de distribución, las instalaciones y las herramientas en la administración eficaz del inventario y la creación de valor para el cliente por medio de una mejora en la disponibilidad del producto.

Función de las operaciones de distribución en la administración de la cadena de suministro

En un mundo perfecto, el suministro y la demanda estarían en equilibrio con los productos deseados, se ensamblarían cuando se necesitaran y se entregarían en forma directa al punto de consumo. Sin embargo, esta meta no es factible para la mayoría de los productos de consumo debido a que la producción y el consumo no están sincronizados en forma perfecta, el transporte de unidades individuales es demasiado costoso y la coordinación de las actividades entre una gran cantidad de puntos de origen y destino es muy compleja. Para superar estos problemas se establecen operaciones de distribución (centros de distribución, almacenes, cruce de muelles y tiendas minoristas) en la cadena de suministro.

Estas instalaciones de manejo, almacenamiento y procesamiento de inventario ayudan a las cadenas de suministro a crear utilidad de tiempo y lugar. Al colocar las materias primas, los componentes y los bienes terminados en posiciones orientadas hacia la producción y el mercado, las mercancías están disponibles cuando y donde se necesitan. Es posible lograr tiempos de entrega más breves, aumentar la disponibilidad del producto y reducir los costos de entrega, con lo que se incrementan tanto la efectividad como la eficiencia de las operaciones de distribución. En mercados donde hay mucha competencia, estas capacidades de respuesta pueden ayudar a una cadena de suministro a mejorar su posición competitiva.

La mejora del servicio al cliente no es la única razón para introducir operaciones de distribución en la cadena de suministro. Tales instalaciones también ayudan a las organizaciones a superar desafíos, apoyar otros procesos y obtener ventaja de las economías de escala. Estas funciones implican los siguientes factores.

- **Equilibrar el suministro y la demanda.** Ya sea que la producción estacional deba cubrir una demanda de todo el año (por ejemplo, maíz) o se necesite una producción anual para satisfacer una demanda estacional (digamos, papel navideño para envolver regalos), las instalaciones de distribución pueden acumular inventario para amortiguar el suministro y la demanda.

- **Protegerse contra la incertidumbre.** Las instalaciones de distribución pueden incluir un inventario de protección contra los errores de pronóstico, las interrupciones en el suministro y los picos en la demanda.

- **Permitir descuentos por cantidad de compra.** Los proveedores con frecuencia ofrecen incentivos para comprar los productos en cantidades mayores. Las instalaciones de distribución pueden guardar las cantidades adicionales hasta que se necesiten, con lo que se reduce el costo de compra por unidad.

- **Apoyar los requerimientos de producción.** Si una operación de manufactura puede reducir costos por medio de corridas de producción largas o si la producción necesita añejarse o madurar (por ejemplo, vino, queso, fruta), ésta puede almacenarse antes de su distribución.

- **Promover economías de transportación.** Utilizar por completo la capacidad del contenedor y mover el producto en cantidades más grandes es menos costoso por unidad que embarcar "aire" y mover cantidades pequeñas cada vez. Las instalaciones de distribución pueden recibir y guardar las entregas más grandes de inventario para pedidos futuros.

Funcionalidad de la instalación de distribución

Las instalaciones de distribución pueden proporcionar numerosos servicios, dependiendo de los requerimientos de la cadena de suministro. En las operaciones de distribución tradicionales se realizan cuatro funciones primarias: 1) acumulación, 2) clasificación, 3) asignación y 4) surtido.[2]

La **acumulación** implica la recepción de mercancías de una variedad de fuentes. El centro de distribución sirve como un punto de recolección para los productos que provienen de diversos orígenes y proporciona los servicios de transferencia, almacenamiento o procesamiento requeridos. Esta función permite a las organizaciones consolidar pedidos y embarques para los procesos de producción y cumplimiento. Como se muestra en la figura 11.1, con la acumulación hay pocas entregas que programar y administrar. Además, se logran ahorros significativos en los costos de transportación por medio de entregas más grandes y rentables.

La **clasificación** se enfoca en reunir productos iguales para su almacenamiento en las instalaciones de distribución o para transferirlos a los clientes. Durante el proceso de recepción, las mercancías son segmentadas de acuerdo con sus características clave: número de lote de producción, número de unidad de registro de almacenamiento (SKU), tamaño de la caja de empaque, fecha de caducidad, entre otras, y preparadas para su almacenamiento seguro en la instalación o para su distribución inmediata. La clasificación apropiada es esencial para la administración eficaz del inventario y el cumplimiento de los pedidos de los clientes. Por ejemplo, mezclar cajas de pollo fresco con dos fechas de caducidad diferentes en una misma tarima puede conducir a una rotación de inventario inapropiada y al deterioro de algunos productos. Del mismo modo, la clasificación inadecuada de las SKU resultaría en el embarque de productos equivocados para los clientes.

La **asignación** se enfoca en relacionar el inventario disponible con los pedidos de los clientes para una SKU. El pedido se compara con los niveles de inventario y las unidades disponibles se recuperan del almacenamiento de acuerdo con la cantidad solicitada por el cliente. Esta capacidad de carga surtida a granel promueve la disponibilidad del producto para múltiples clientes y les permite comprar las cantidades necesarias en lugar de pedir más de lo que necesitan. Por ejemplo, en lugar de distribuir goma de mascar sólo por tarima (36 cajas × 12 cajas exhibidoras × 24 unidades de venta = 10,368 paquetes de chicle), un centro de distribución puede asignar el producto en una base por caja o caja exhibidora individual.

Figura 11.1	Función de acumulación del centro de distribución

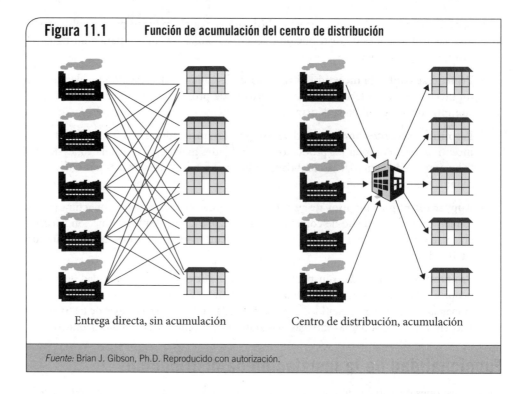

Entrega directa, sin acumulación   Centro de distribución, acumulación

Fuente: Brian J. Gibson, Ph.D. Reproducido con autorización.

El **surtido** implica el ensamblaje de pedidos del cliente para las múltiples SKU que se tienen en la instalación de distribución. Como indica la figura 11.2, la instalación proporciona una capacidad de mezcla de productos, lo que permite a los clientes pedir rápidamente una variedad de artículos desde una sola ubicación. Esto evita los gastos relacionados con la colocación de numerosos pedidos y su embarque desde diversas ubicaciones. Del mismo modo en que las compañías se benefician de la función de surtido, los individuos ganan del concepto de mezcla de surtido/producto cuando compran alimentos. En lugar de recorrer la carnicería, la pastelería, la lechería y la tienda de productos agrícolas, se hace un solo viaje al supermercado, ahorrando tiempo y costos de transportación. Debido al congestionamiento, la capacidad y los costos de combustible que enfrenta la industria en la actualidad, esta función de mezcla de productos es una capacidad clave de la instalación de distribución.

Aunque estas cuatro funciones son clave para el éxito de una instalación de distribución, se necesitan otras funciones y capacidades; muchas instalaciones asumen otros roles de valor agregado para complementar su funcionalidad básica y apoyar la evolución de las necesidades de la cadena de suministro. La mayoría ya no se percibe como lugares para almacenar productos, sino como centros de actividad con espacio y mano de obra flexible que pueden aprovecharse para satisfacer distintas necesidades del cliente, que van desde el etiquetado del producto hasta la manufactura ligera. Las actividades de valor agregado que se enfatizan en la figura 11.1 ayudan a las organizaciones a manejar requerimientos especiales del cliente, crear eficiencias en la cadena de suministro y diferenciarse de su competencia.

Puntos de equilibrio en la distribución

Hasta aquí el enfoque se ha centrado en las funciones de valor agregado y la funcionalidad de las operaciones de distribución. Aunque muchas organizaciones promocionan la importancia de estas últimas, otras no lo perciben de la misma manera. Consideran las instalaciones de distribución como operaciones costosas que interrumpen el flujo de mercancías. Ambas perspectivas son realistas y corresponde a los profesionales de la cadena de suministro determinar

---

Figura 11.2 | **Capacidad de mezcla del centro de distribución**

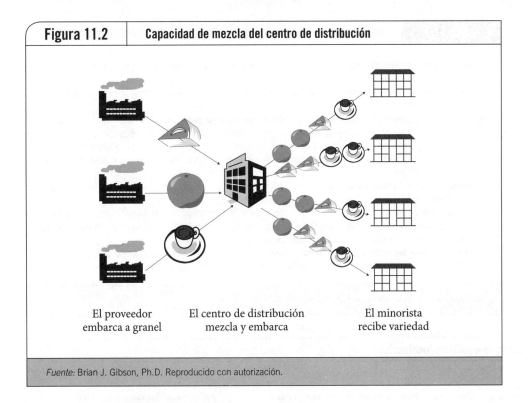

El proveedor
embarca a granel

El centro de distribución
mezcla y embarca

El minorista
recibe variedad

Fuente: Brian J. Gibson, Ph.D. Reproducido con autorización.

---

cómo equilibrar mejor el servicio al cliente y los costos. Esto requiere una comprensión de los puntos de equilibrio que se presentan en la figura 11.3.

Una interacción importante es el punto de equilibrio entre las operaciones de distribución y de transportación. Cuando una cadena de suministro no tiene centro de distribución o almacenes que dan la cara al mercado (el producto se envía en forma directa de las plantas a los clientes individuales), los costos de transportación serán muy altos. Las organizaciones pueden beneficiarse de manera considerable del establecimiento de uno o varios almacenes para reducir los costos de transportación. ¿Por qué? Los embarques grandes pueden trasladarse distancias largas desde las plantas hasta las instalaciones de distribución por medio de empresas de transporte por remolque; los más pequeños se entregan a los clientes cercanos. Sin embargo, se alcanza un punto en el que se construyen demasiados almacenes y los costos totales se incrementan. ¿Por qué? Con tantas instalaciones, tanto los costos de operación como los gastos de transportación se elevarán (los envíos entrantes se convertirán en embarques menores a la carga de un camión, que son más costosos que los de cargas completas).

Debe encontrarse otro punto de equilibrio clave entre la distribución y el inventario. Por lo general, entre más centros de distribución y almacenes haya, más altos serán los costos totales de llevar un inventario. Conforme se agregan instalaciones a un sistema de cumplimiento, la cantidad total de inventario aumentará, pero a una tasa decreciente. Este movimiento hacia el inventario descentralizado inhibe la capacidad para adoptar una estrategia de **cobertura conjunta de riesgos** ya que cada instalación debe contener existencias de seguridad adicionales. Los gerentes de la cadena de suministro deben ser conscientes de esta interacción y evaluar con regularidad el punto de equilibrio entre inventarios más pequeños y más instalaciones.

Una estrategia de cumplimiento común de muchas empresas es usar la red de distribución normal para la mayoría de los artículos y mantener una instalación centralizada para los de baja velocidad. Estos artículos que se mueven lento pueden ser refacciones, productos que son vitales para los clientes importantes o con un margen de ganancia elevado. Mantener sólo un inventario central en lugar de tener las mercancías en varias instalaciones genera ahorros en

Tabla 11.1	Funciones de valor agregado de las operaciones de distribución

- **Servicios de ensamblaje.** Manejar un ensamblaje limitado y ligero de productos, como construir y llenar unidades de exhibición en la tienda.
- **Administración de inventario y visibilidad.** Proporcionar programas de consignación e inventario administrado por el proveedor.
- **Ensamblaje de equipos, empaquetado y desempaquetado de productos.** Construir combinaciones personalizadas de productos para satisfacer los requerimientos específicos del cliente, como todos los componentes necesarios para ensamblar una computadora personal o reempacar una combinación de mercancías para la promoción minorista (regalo con la compra o mercancías en empaque múltiple).
- **Aplazamiento del producto.** Conducir actividades específicas (ensamblaje, dimensionado, empaque y etiquetado) que se han demorado hasta que el cliente coloque un pedido.
- **Secuenciación del producto.** Preparar inventario para la entrega justo a tiempo del lado de la línea hacia las instalaciones de manufactura. Los componentes se recogen, cargan y entregan en la secuencia precisa necesaria para el ensamblaje.
- **Administración del reciclado, reparación y devoluciones.** Proporcionar servicios relacionados con los flujos invertidos de productos de los clientes, como inspección, disposición, renovación o crédito.

Fuente: Brian J. Gibson, Ph.D. Reproducido con autorización.

Figura 11.3	Puntos de equilibrio funcionales

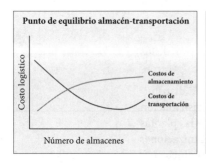  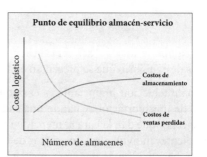

Fuente: Brian J. Gibson, Ph.D. Reproducido con autorización.

los costos de mantenimiento de inventario, lo que compensa el incremento en el costo asociado con las distancias de entrega más largas.

El punto de equilibrio entre las operaciones de distribución y el servicio al cliente es otra cuestión importante. Más instalaciones de distribución en la cadena de suministro crean un mejor servicio para los clientes. Los compradores se sienten más cómodos si saben que el proveedor tiene un centro de distribución a una distancia de un día de sus operaciones; pero no es así si la instalación está a 1,000 kilómetros de distancia. Quienes toman las decisiones deben equilibrar el valor de los mejores niveles de servicio con los costos adicionales de operar instalaciones y llevar inventario.

También deben encontrarse puntos de equilibrio en el nivel de la instalación entre los recursos primarios disponibles para los gerentes de distribución: espacio, equipo y personal.

El espacio permite el almacenamiento de mercancías cuando el suministro y la demanda están desequilibrados. El equipo del almacén, que incluye dispositivos para el manejo de materiales que van desde estantes hasta cintas transportadoras, apoya el movimiento eficiente y el resguardo de productos dentro de la instalación. Las personas son el recurso más importante; desempeñan múltiples funciones en diferentes horarios. Sus capacidades pueden perfeccionarse con la capacitación, y su número incrementarse con rapidez para manejar los aumentos repentinos de la demanda.

Para que se cumplan las metas de eficiencia interna es necesario encontrar concienzudos puntos de equilibrio financieros y de desempeño entre los recursos. Los puntos de equilibrio y las relaciones principales incluyen los siguientes.

- **Espacio** *versus* **equipo.** Entre más grande sea la instalación y más espacio se use para las operaciones de distribución, más equipo se requerirá. El equipo apropiado permite a las organizaciones aprovechar el espacio usando la capacidad vertical de la instalación y mejorar la velocidad a la que los productos viajan por todo el almacén.

- **Equipo** *versus* **personal.** Entre mayor sea el uso de equipo para automatizar la actividad de manejo y la distribución de materiales, menores serán los requerimientos de mano de obra de una instalación; a la inversa, entre más manual es la operación, más personas se necesitarán para completar las actividades de distribución.

- **Personal** *versus* **espacio.** Entre más numerosa es la fuerza laboral de la instalación, mayor será el tamaño de ésta y la operación posible. Es difícil para un equipo pequeño operar una instalación de tamaño considerable, a menos que haya un buen uso de la automatización del manejo y flujo de materiales. Por tanto, es esencial contratar y programar suficiente mano de obra para usar la instalación en forma eficaz y servir a los clientes.

Las metas de distribución también tienen un impacto en los requerimientos de recursos. Las demandas para los tiempos del ciclo de pedido más rápidos, o el incremento del rendimiento de la instalación requerirán una fuerza laboral más grande, o usar más equipo para el manejo de materiales. Las demandas altas de existencias de seguridad implicarán más capacidad de instalación para manejar el inventario adicional. El aumento de los requerimientos de exactitud de los pedidos promoverá el uso de equipo, ya que los sistemas automatizados no son propensos a los errores en los que por lo común se incurre en las operaciones enfocadas en la mano de obra. Por último, el aumento de la demanda necesitará más espacio, personal o equipo, o todo lo anterior.

Aunque hay otros puntos de equilibrio para considerar en la distribución, los que hay entre organizaciones y por cruce de funciones figuran entre los más importantes. Resaltan la necesidad de planeación, comunicación y colaboración anticipadas entre los socios de la cadena de suministro y dentro de las organizaciones. Una falla en la planeación, comunicación y colaboración conducirá a una toma de decisiones ineficaz y una utilización inadecuada de los recursos.

Desafíos de la distribución

La distribución es un componente dinámico de la cadena de suministro. Cada día en una instalación de distribución trae desafíos nuevos, pedidos adicionales de los clientes y expectativas para un envío perfecto. Entre estos desafíos están las cuestiones de la disponibilidad de mano de obra, la variación de la demanda y el aumento de los requerimientos del cliente. La administración del centro de distribución debe ser flexible y creativa para abordar estas cuestiones, que con frecuencia tienen repercusiones entre sí. No hacerlo de esta manera conduce a mayores costos y problemas de servicio para la organización, al igual que a interrupciones en la cadena de suministro.

En la mayoría de las organizaciones la distribución es una actividad con un alto costo laboral. Por desgracia, cada vez es más difícil encontrar y capacitar personal destacado para las operaciones del centro de distribución. Desde una perspectiva del pago por hora, el trabajo en cualquiera de estos centros es físicamente demandante y con frecuencia ocurre día y noche siete días a la semana. Los salarios son competitivos con otros puestos de pago por hora, pero hay una oportunidad limitada para conseguir aumentos. Al sumar todo esto, el resultado es una industria con un desafío de rotación de personal continuo. Para agravar el problema, existe la tendencia demográfica hacia el envejecimiento de la población. Las proyecciones del

U.S. Census Bureau revelan que el número de estadounidenses en edad de retiro (65 años y mayores) crecerá a una tasa mucho más rápida que los grupos de edad que los reemplazarán. El resultado será una reserva menor de mano de obra en la cual encontrar empleados de calidad. Hallar a los que sean productivos y conservarlos requiere un gran esfuerzo e inversión de la organización.

La variación de la demanda es otro desafío de la cadena de suministro que afecta las operaciones de distribución. Muchos productos son de naturaleza estacional, con demanda alta durante algunos periodos y baja en otros. El protector solar y los productos relacionados tienen una demanda mucho mayor en las temporadas de primavera y verano que en otoño e invierno, aunque cierta demanda ocurrirá durante todo el año cuando las personas se preparan para las vacaciones. El centro de distribución que maneja este producto quizá tenga poca capacidad de espacio conforme se acumula el inventario al anticipar la temporada de venta primaria, pero tal vez esté casi vacío fuera de temporada. También surgen problemas de mano de obra; por ejemplo, no se dispone de suficiente ayuda para surtir los pedidos durante la temporada alta, pero hay poco trabajo disponible en otros momentos. Sin alguna capacidad para resolver la demanda, es difícil utilizar en forma eficaz los recursos de espacio y equipo y conservar la mano de obra a lo largo del año. Por tanto, es vital equilibrar los requerimientos de los productos estacionales del centro de distribución con los productos que tengan temporadas de venta primarias alternas y demanda estable durante todo el año, o ambos.

La expansión exitosa de las funciones especializadas de una instalación de distribución que se mencionó antes es importante, pero también crea un problema para las organizaciones. Conforme los clientes han aprendido que los centros de distribución son más que sólo instalaciones de almacenamiento, ha crecido el deseo de contar con capacidades y servicio adicionales. Además, la tendencia hacia las operaciones y las cadenas de suministro esbeltas ha inducido a muchos clientes a reducir el inventario. Esperan que los proveedores brinden un cumplimiento de pedidos más pequeños, más frecuentes y con mayor rapidez. En conjunto, estas tendencias ponen una presión mucho mayor en los centros de distribución para maximizar la velocidad y el servicio mientras mantienen los costos bajo control. La solución es elaborar procesos de cumplimiento flexibles que puedan ajustarse a los requerimientos variables de diferentes segmentos de clientes.

Planeación y estrategia de la distribución

Entender la función de la distribución en la cadena de suministro es el fundamento de los procesos de cumplimiento eficaces. El siguiente paso es desarrollar estrategias de distribución hechas a la medida de los productos que se manejan, los requerimientos del cliente y la pericia y los recursos internos disponibles. Debe tomarse una serie de decisiones relacionadas de planeación de la distribución para asegurar que la estrategia se aplique a un costo razonable mientras se apoyan las demandas de la cadena de suministro. Estos problemas de planeación, que se destacan en la figura 11.4, se exponen a continuación.

Requerimientos de capacidad

Cuando se establece una estrategia de distribución, la primera y más obvia consideración es el producto. Las características del producto deben guiar el diseño del proceso de distribución. Problemas como valor, durabilidad, sensibilidad a la temperatura, obsolescencia, volumen y otros factores deben considerarse del mismo modo en que se asume la toma de decisiones de transportación. Por ejemplo, las materias primas (carbón y madera) con frecuencia pueden mantenerse en acopios al aire libre y transferirse a la instalación de producción conforme se necesiten. El mismo proceso de distribución sería totalmente inapropiado para los productos de consumo (helados e iPods), que necesitan entregarse con rapidez, resguardarse del ambiente y protegerse contra el robo y los daños. Por tanto, es importante relacionar los procesos

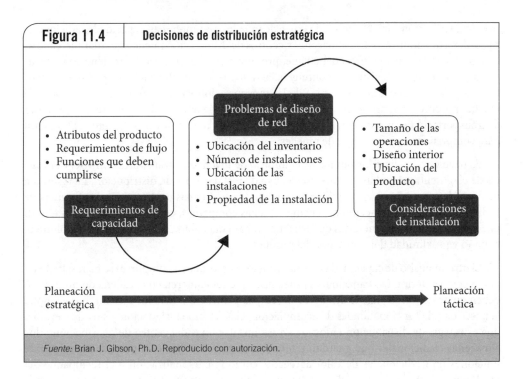

Figura 11.4 | **Decisiones de distribución estratégica**

Problemas de diseño de red

- Atributos del producto
- Requerimientos de flujo
- Funciones que deben cumplirse

Requerimientos de capacidad

- Ubicación del inventario
- Número de instalaciones
- Ubicación de las instalaciones
- Propiedad de la instalación

- Tamaño de las operaciones
- Diseño interior
- Ubicación del producto

Consideraciones de instalación

Planeación estratégica ⟶ Planeación táctica

Fuente: Brian J. Gibson, Ph.D. Reproducido con autorización.

de distribución con los productos que se manejan para proteger su integridad, promover el servicio y la satisfacción del cliente, y proporcionar un mayor control del inventario.

Otra cuestión que tiene un impacto significativo en la estrategia de distribución y la estructura de la red son los requerimientos del flujo del producto de la cadena de suministro. Se dispone de dos opciones: 1) embarque directo de mercancías del fabricante al minorista o del minorista al consumidor, o 2) movimiento de mercancías a través de instalaciones de distribución hasta los clientes.

Las operaciones de embarque directo eluden las instalaciones de distribución, pues surten las solicitudes de la tienda minorista desde el punto de producción primario (fábrica o almacén del fabricante) en lugar de ir a las instalaciones de distribución intermedias para que guarden el inventario. Del mismo modo, los minoristas por internet distribuyen mercancías en forma directa al consumidor final sin necesidad de puntos de venta minoristas. El embarque directo evita la necesidad de construir y operar instalaciones de distribución, reduce el inventario en el sistema y con frecuencia comprime el tiempo del ciclo de pedido. Particularmente funciona bien cuando los clientes colocan pedidos por cantidades de carga completa del camión o cuando la cualidad de perecedero del producto es un problema. Por ejemplo, es mejor entregar el pan y la leche de manera directa a un supermercado que a un centro de distribución, ya que son productos de alto volumen y el embarque directo maximiza su vida de anaquel.

En el aspecto negativo, es costoso enviar cantidades pequeñas a los compradores (eficiencias de transportación reducidas) y las existencias de seguridad disponibles con facilidad para protegerse contra los aumentos repentinos en la demanda son limitadas. Además, muchas compañías no son capaces de cumplir los pedidos en cantidades por caja y unidad individual. Por tanto, es importante considerar las características, el volumen de la demanda y la variabilidad del producto, así como otros problemas relacionados antes de tomar la decisión de establecer una estrategia de embarque directo.

Las instalaciones de distribución que se han planificado en forma apropiada pueden abordar los inconvenientes del embarque directo; éstas, incluyendo almacenes tradicionales, centros de distribución e instalaciones de cruce de muelles, proporcionan capacidades adicionales a la cadena de suministro. Los almacenes y centros de distribución pueden guardar mercancías con anticipación a los pedidos del cliente, proporcionar una reserva de existencias de seguridad para protegerse contra las contingencias y manejar con eficiencia los pedidos de cantidades pequeñas desde la perspectiva de la transportación y el cumplimiento. Los cruces de muelles proporcionan una alternativa de mayor velocidad para el embarque directo cuyo costo de transportación es menor con las capacidades de mezcla de productos. La figura 11.5 es útil para comprender mejor el cruce de muelles.

Es necesario analizar los puntos de equilibrio de inventario, transportación y servicio antes de elegir entre el embarque directo y el uso de instalaciones de distribución. La respuesta final puede ser emplear una combinación de las dos estrategias para asegurar la eficiencia de la distribución y la satisfacción del cliente. Muchas compañías, como Walmart y Target, usan una amplia variedad de métodos de distribución para dar cabida a la variación en el volumen, tamaño y proximidad del proveedor del producto.

El otro requisito de capacidad clave (las funciones que deben cumplirse) se ha resaltado en una sección anterior. Las capacidades específicas que se requieren en la cadena de suministro deben guiar las estrategias de diseño de la red y la planeación de la instalación. Por ejemplo, la necesidad de funcionalidades de acumulación, clasificación, asignación y surtido llevará a una estrategia de distribución enfocada en las instalaciones del centro de distribución y los almacenes tradicionales que guardan y mezclan mercancías. Por otra parte, la necesidad de funciones no tradicionales de valor agregado, como la personalización o el reempaque del producto, guiará el desarrollo de instalaciones de flujo continuo que operan como una línea de montaje y un centro de distribución.

Problemas del diseño de red

El entendimiento de las capacidades de distribución que requiere una cadena de suministro elimina muchas de las conjeturas de la fase de diseño de la red. Si se conocen los tipos de actividades que deben completarse, el volumen de los flujos de producto y las expectativas de los clientes, es mucho más fácil crear una red que se desempeñará bien. Esta fase de planeación estratégica implica la determinación de la posición del inventario, el número y ubicación de las instalaciones de distribución y la propiedad de las instalaciones en la red.

La ubicación del inventario se enfoca en la cuestión de dónde se localiza éste en la cadena de suministro. Una estrategia consiste en mantener una existencia centralizada en una sola ubicación como el punto de origen o alguna otra que ofrezca ventajas. El producto se distribuye a los clientes a lo largo de la red desde este punto central de acopio. El beneficio de esta estrategia de consolidación es un mayor control sobre el inventario y una reducción de la variabilidad de la demanda debido a que se tiene un fondo común de riesgos. La reserva central o nacional de inventario apoya su mayor disponibilidad, aunque se necesitan menos existencias de seguridad.[3]

La desventaja del inventario centralizado es la distancia larga hasta los clientes, lo que extiende los tiempos de producción y genera mayores costos de transportación. A pesar de estos inconvenientes, los fabricantes de productos de alto valor y peso bajo, como los farmacéuticos de prescripción, con frecuencia dependen de una reserva de inventario colocada en forma estratégica. Los costos de transportación asociados con la entrega de pedidos al día siguiente y al segundo día se compensan con las reducciones en los costos de mantenimiento de inventario, el aumento en la visibilidad de los flujos de producto y el mayor control sobre los procesos de surtido de pedidos, los problemas de pedigrí y los eventos de retiro.

La estrategia alterna de ubicación del inventario es mantener el producto en múltiples posiciones de frente al cliente. Guardar el inventario en forma regional o local ayuda a reducir los costos de entrega y el tiempo del ciclo de pedido. El producto se sitúa más cerca de los puntos de demanda y se le puede dar cumplimiento con facilidad para satisfacer los requerimientos del cliente. Esta estrategia de inventario descentralizado funciona bien para

Figura 11.5 | **Proceso de cruce de muelles**

En operaciones de cruce de muelles (*cross-docking*), las mercancías fluyen de la recepción al embarque con una clasificación intermedia mínima, eliminando así el almacenamiento y la recolección de pedidos (dos actividades costosas que consumen tiempo) del proceso de cumplimiento.

Recepción   Clasificación/montaje   Carga   Entrega

Opción básica o de "baja tecnología": depende en gran medida de la labor manual.

Opción avanzada o de "alta tecnología": depende en gran medida de la automatización.

La carga se recibe, se verifica su exactitud y se prepara (se aplican etiquetas de identificación automática a las cajas) para su inducción.

Los cartones se trasladan por la instalación en sistemas de bandas transportadoras para reducir la mano de obra y acelerar la transferencia de mercancías.

El lector de código de barras identifica los productos y dirige las cajas a la línea de carga apropiada.

Las cajas son cargadas en remolques. La carga de productos mixtos es embarcada a puntos de venta minoristas cuando está completa.

Fuente: Brian J. Gibson, Ph.D. Reproducido con autorización.

productos de volumen alto y costo bajo con poca incertidumbre en la demanda, como del detergente para ropa, el alimento para mascotas y el cereal.

La estrategia de inventario descentralizado no está exenta de desafíos. Primero, se requieren más instalaciones para guardar el producto, lo que conduce a mayores costos de manejo, el riesgo de daño del producto y el potencial para su hurto, sin mencionar los gastos adicionales de administrar las instalaciones. Además, los niveles de inventario promedio se elevarán en vista de que cada instalación tendrá que guardar existencias de seguridad para cubrir la variación de la demanda dentro de la región. Para combatir estos problemas, algunas organizaciones han cambiado a sistemas de distribución más centralizados con menos puntos de acopio de reservas.[4]

¿Cuál estrategia de ubicación de inventario es mejor? No hay una respuesta única y muchas organizaciones usan ambas estrategias. Por ejemplo, Amazon.com descentraliza los inventarios de libros en la lista de los más vendidos pero centraliza los libros discontinuados de movimiento lento. A final de cuentas, esta estrategia se basa en los atributos del producto, las expectativas y el poder del cliente, así como en las acciones de los competidores. Otros factores, como los precios de la transportación, los costos de mantenimiento de inventario y otros gastos de la cadena de suministro, también afectan la estrategia de ubicación de inventario.

El segundo y tercer problemas de diseño de red se centran en el número y ubicaciones de las instalaciones de distribución en la cadena de suministro. El número de instalaciones estará determinado por la estrategia de ubicación del inventario. Entre mayor sea la centralización de éste, menor será el número de instalaciones necesarias para distribuir el producto. El alcance del mercado también tiene un impacto en la decisión. Las empresas pequeñas y medianas con un área de mercado regional con frecuencia sólo necesitan una instalación de distribución, mientras que las grandes con áreas de mercado nacional o mundial deben considerar el uso de múltiples instalaciones, y algunas de ellas pueden desempeñar diferentes funciones de distribución.

Determinar el número de instalaciones necesarias para una cadena de suministro implica la evaluación de los puntos de equilibrio entre los costos y otras áreas funcionales. La figura 11.6 describe el impacto del número creciente de almacenes en otros costos funcionales logísticos. Conforme aumenta su número, el costo de transportación y el costo de ventas perdidas disminuyen. En general, el costo total decrecerá; sin embargo, aumentará conforme los costos crecientes del inventario y almacenamiento compensan los costos decrecientes de transportación y el costo de las ventas perdidas. La curva del costo total y el rango de almacenes que refleja serán diferentes para cada compañía.

- **Costos de transportación.** La consolidación de la carga entrante en cantidades de carga de camión logra tarifas de transportación menores por quintal y una reducción de los costos en este rubro. Del lado de la salida, incrementar el número de almacenes los lleva más cerca del cliente y del área de mercado, reduciendo tanto la distancia como los costos de transportación.

- **Costo de ventas perdidas.** Un incremento en el número de instalaciones mejora la proximidad con el cliente y la disponibilidad del inventario. Esto brinda un tiempo más rápido del ciclo de pedido y más pedidos completos. Menos clientes se ven obligados a buscar productos sustitutos o llevar su negocio con otros proveedores, reduciendo por tanto las deserciones y las ventas perdidas.

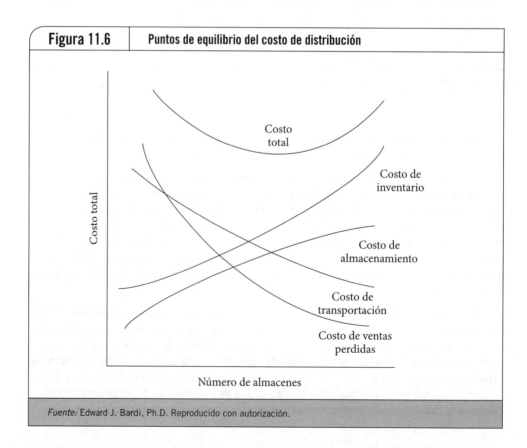

Figura 11.6 | **Puntos de equilibrio del costo de distribución**

Costo total

Costo total

Costo de inventario

Costo de almacenamiento

Costo de transportación

Costo de ventas perdidas

Número de almacenes

Fuente: Edward J. Bardi, Ph.D. Reproducido con autorización.

- **Costos de almacenamiento.** Estos costos aumentan debido a que la cantidad total de espacio se incrementa con una mayor cantidad de almacenes. Por ejemplo, es probable que dividir a la mitad una instalación de 200,000 pies cuadrados requiera dos instalaciones de más de 100,000 pies cuadrados cada una. El espacio de oficinas, el equipo de almacenamiento y otras instalaciones tienen impactos similares en dos ubicaciones que en una, mientras que los pasillos requieren una mayor proporción de espacio en los dos almacenes más pequeños.

- **Costos de inventario.** Como se expuso antes, un número creciente de puntos de acopio incrementa los niveles generales de existencias de seguridad y los costos de mantenimiento de inventario en la cadena de suministro. Del mismo modo, conforme las compañías incrementan la variedad de productos, se necesitarán inventario y espacio de almacenamiento adicionales.

Después de establecer el número de instalaciones de distribución, surge el problema de su ubicación. Aunque es valiosa la heurística general (reglas empíricas) como posicionar las instalaciones de servicio alto cerca de mercados y la mezcla de materias primas cerca de los proveedores, es importante buscar un nivel deseado de servicio al cliente al menor costo logístico posible. Analizar la función pretendida del centro de distribución, las fuentes y el volumen del suministro, las ubicaciones y patrones de demanda de los clientes y los costos de cumplimiento relacionados llevará a una selección más eficaz de la ubicación que la que ofrecen las reglas empíricas por sí solas. En forma parecida a otros problemas de distribución estratégica, este análisis considera los puntos de equilibrio funcionales y aprovecha los modelos de diseño de la red y las herramientas de software. El capítulo 12 proporciona una exposición detallada del análisis de ubicación de las instalaciones.

La pieza final de una estrategia de diseño de red es la propiedad de la instalación: ¿una organización debería poseer y operar instalaciones de distribución privadas o contratar con proveedores externos de logística los servicios de distribución? Esta cuestión es difícil de abordar sin determinar primero las funciones, el número y las ubicaciones de las instalaciones. Después de que se han resuelto estos problemas, es más fácil entender el alcance de las tareas que se van a emprender y evaluar las opciones de la organización para manejar los requerimientos de distribución. En esencia tienen tres opciones de instalaciones: 1) privadas, 2) públicas y 3) contratadas.

Los centros de distribución privados son instalaciones internas propiedad de la organización que produce o posee las mercancías. El objetivo de la instalación es almacenar mercancías y distribuirlas a los clientes. Poseerla y operarla proporciona a la organización mayor control sobre los procesos de cumplimiento e inventario. Además, pueden lograrse economías de escala si el volumen de actividad es bastante alto. Si este es el caso, el costo por unidad entregada al cliente es menor y el minorista puede cobrar un precio más bajo o mantener un margen de ganancia más alto. Las instalaciones privadas son activos de la compañía que pueden depreciarse y también proporcionar una fuente de ingresos al rentar o arrendar el exceso de espacio a aquellos que necesiten instalaciones de almacenamiento.

Para hacer rentable la distribución privada, la instalación necesita un volumen de flujo de producto alto y una demanda estable, así como ubicarse en un área de mercado densa o cerca de ésta. Además, la organización debe tener experiencia en la distribución, los recursos para construir instalaciones y el deseo de operarlas. Si no cuenta con estos atributos, la empresa deberá buscar proveedores de servicios logísticos tercerizados (3PL) para manejar la distribución y el almacenamiento.

El **almacenamiento público** es la opción de distribución externa tradicional, el cual renta espacio a individuos o empresas que necesitan capacidad de almacenamiento. La oferta de servicios adicionales varía según el proveedor 3PL. Algunos proporcionan una amplia gama, que incluye empacado, etiquetamiento, pruebas, mantenimiento de inventario, procesamiento de datos y fijación de precios a diferentes tipos de clientes. Otros se enfocan más en soluciones de almacenamiento a corto plazo para tipos específicos de mercancías: mercadería general, mercancías refrigeradas o domésticas y almacenamiento a granel. La capacidad del almacenamiento público con frecuencia se renta sobre una base de transacción a corto plazo sin compromisos significativos o requerimientos de servicio únicos.

El **almacenamiento por contrato** es una versión personalizada del público, en el que una compañía externa proporciona una combinación de servicios de distribución que la organización misma ha proveído en forma tradicional. Estos proveedores 3PL dedican espacio, mano de obra y equipo para las necesidades de un producto específico de un cliente con la meta de proporcionar servicios de distribución integrados y exactos. Estas instalaciones satisfacen los requerimientos de manejo especializado para productos esenciales como farmacéuticos, electrónicos y mercancías manufacturadas de alto valor. La naturaleza personalizada de las instalaciones contratadas conduce a relaciones más fuertes entre los 3PL y un pequeño grupo de clientes muy importantes.

Estos servicios de distribución externa deben considerarse por varias razones. Primero, la compra de los servicios según se necesiten alivia la inversión de capital en instalaciones privadas. Segundo, los compromisos a corto plazo para la capacidad del 3PL mantienen una flexibilidad máxima de la red de distribución. Si la demanda cambia a otra región, no se está limitado a un arrendamiento a largo plazo o a la propiedad de la instalación; simplemente se arrienda la capacidad necesaria en el mercado nuevo. Otro beneficio de subcontratar las responsabilidades de distribución es que no es preciso administrar los problemas de personal (contratación, capacitación, beneficios, etc.) asociados con la posesión y operación de la instalación. En esencia, la distribución se vuelve una actividad de costo variable que es manejada por proveedores 3PL expertos que con frecuencia pueden aprovechar sus inversiones y capacidad con múltiples clientes.

Elegir entre opciones de distribución privadas y 3PL requiere planeación y análisis minuciosos. En el nivel financiero, la decisión de selección se reduce al volumen de producto que se mueve a través de la cadena de suministro. La figura 11.7 resalta la naturaleza única de costo variable de los servicios de distribución 3PL en comparación con la estructura de costo fijo más el costo variable menor de las operaciones privadas. Con volúmenes de rendimiento bajos, la estructura de costo 3PL tiene una ventaja distintiva pero al final pierde ante la de costo de distribución privada conforme se incrementa el volumen de rendimiento.

El costo no es la única consideración en esta decisión estratégica de "hacer o comprar". Los factores de servicio y las características de la demanda también deben analizarse. Los problemas más importantes se resumen en la tabla 11.2.

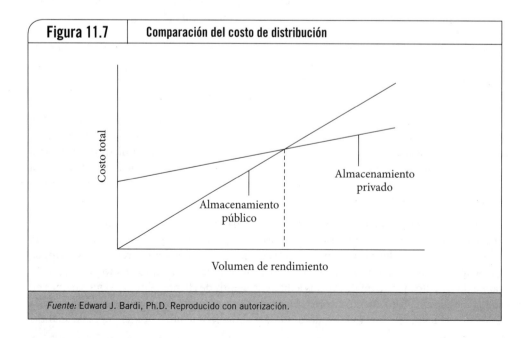

| Figura 11.7 | Comparación del costo de distribución |

Costo total

Almacenamiento público

Almacenamiento privado

Volumen de rendimiento

Tabla 11.2	Factores que afectan la propiedad de la instalación de distribución	
CARACTERÍSTICAS DE LA EMPRESA	**FAVORECE LA DISTRIBUCIÓN PRIVADA**	**FAVORECE LA DISTRIBUCIÓN 3PL**
Volumen de rendimiento	Mayor	Menor
Variabilidad de la demanda	Estable	Fluctuante
Densidad del mercado	Más alta	Más baja
Necesidades de control físico especiales	Sí	No
Requerimientos de seguridad	Mayores	Menores
Requerimientos de servicio al cliente	Mayores	Menores
Necesidades de usos múltiples	Sí	No

Fuente: Brian J. Gibson, Ph.D. Reproducido con autorización.

Consideraciones de la instalación

Cuando una organización elige subcontratar la función de distribución a proveedores 3PL, las estrategias de diseño de la instalación se transfieren a estos proveedores de servicios. Sin embargo, cuando se poseen y operan las instalaciones en forma privada se requiere una gran cantidad de planeación. La organización debe determinar el tamaño de cada una en la red de distribución, su diseño y la ubicación de los productos en su interior.

Es importante evaluar con cuidado la situación y tomar decisiones competentes antes de que se construyan las instalaciones. Una vez completadas, es costoso y operativamente perjudicial modificar estructuras, diseños y flujos.

Las organizaciones destacadas también toman en cuenta aspectos ecológicos en el proceso de diseño. La sección "Tecnología en la cadena de suministro" describe cómo Walmart diseña centros de distribución con menores impactos ambientales.

La primera consideración para la instalación es determinar el tamaño de cada operación dentro de la red. Esta decisión es guiada por la función, el número y la ubicación de las instalaciones establecidas en la fase de diseño. Por lo general, entre más instalaciones haya en la red de distribución, éstas necesitan ser más pequeñas. Note que no tienen que tener el mismo tamaño, la misma función o el diseño exactos.

Cada instalación debe ser suficientemente grande para dar cabida a las actividades que se realizarán en ella. Los almacenes tradicionales requieren espacio. Es importante usar el volumen completo del espacio cúbico de almacenamiento de la manera más eficiente posible. Esto significa hacer uso de su capacidad vertical y horizontal.

También se necesita espacio para el punto de contacto con la red de transportación. La mayor parte de las mercancías entrantes se descarga de manera directa de los remolques a la instalación y se recibe antes de su almacenamiento. Se necesita un área para recibir e inspeccionar las mercancías, al igual que montar tarimas de producto antes del almacenamiento. Los bienes salientes quizá deban ser clasificados, montados y consolidados antes de cargarlos. El volumen y frecuencia de los pedidos que se mueven a lo largo de la instalación son vitales para determinar las necesidades de espacio de recepción y embarque.

Se requiere espacio adicional para la recolección y el ensamblaje del pedido. La cantidad necesaria depende del volumen del pedido y la naturaleza del producto, junto con el equipo para el manejo de materiales que se use en la instalación. El diseño apropiado del espacio que se ocupa para estas actividades es importante para las operaciones eficientes y el servicio al cliente.

Tecnología en la cadena de suministro

Los centros de distribución ecológicos de Walmart

La sostenibilidad se ha vuelto una preocupación importante para muchas organizaciones. Para ellas, la administración de la cadena de suministro ofrece una oportunidad primordial para conservar recursos, reducir el desperdicio y recortar las emisiones de gases invernadero.

Walmart ha sido un partidario destacado de la sostenibilidad y ha establecido metas agresivas. En 2005 fijó la meta de reducir los gases invernadero en sus tiendas y centros de distribución en 20% para 2012. Durante los primeros tres años de la iniciativa, las emisiones generadas por estas instalaciones se han reducido en 5.1%.

Se han emprendido numerosos proyectos en todo el mundo para reducir el impacto de Walmart en el ambiente. Tres iniciativas de centros de distribución resaltan la campaña de la compañía para operaciones sostenibles.

El centro de distribución de Apple Valley en California depende de la energía solar para obtener gran parte de sus recursos de energía. El proyecto consiste en más de 5,300 paneles solares montados en el suelo que cubren cerca de 3 hectáreas. Éstos generarán más de 2 millones de kilowatts-hora de energía, igual que la cantidad de electricidad que 156 hogares estadounidenses usan en promedio cada año.

En Brasil, Walmart construyó un centro de distribución de alta eficiencia con un sistema de energía solar en el sitio para servir al edificio. La instalación también usa tragaluces para proporcionar iluminación natural durante las horas hábiles y cuenta con una "pared verde" que usa plantas para reflejar el calor.

El centro de distribución refrigerado de 450,000 pies cuadrados en Balzac, Alberta, Canadá, será 60% más eficiente que una instalación tradicional de Walmart. Este edificio será uno de los centros de distribución más eficientes en energía en América del Norte. Una turbina de viento de 225 kilowatts genera la energía necesaria, paneles solares producen agua caliente, celdas alimentadas por hidrógeno proporcionan energía al equipo para el manejo de materiales y se usa iluminación LED de alta eficiencia en toda la instalación.

Fuente: Mary Aichlmayr, "Leading Change", *Material Handling and Logistics* (abril de 2010): 13; "Wal-Mart Canada Adding Energy Efficient DC, Solar, Wind", *Environmental Leader* (11 de febrero de 2010), consultado el 14 de octubre de 2010 en http://www.environmentalleader.com/2010/02/11/wal-mart-canada-adding-energy-efficient-dc-solar-wind/; *Walmart Global Sustainability Report: 2010 Update,* consultado el 14 de octubre de 2010 en http://walmart-stores.com/sites/sustainabilityreport/2010/

Quizá sea preciso asignar espacio a tres funciones adicionales. Primero, un área para el reprocesado y las devoluciones. Segundo, espacio de oficina para las actividades administrativas y de oficina. Por último, espacio para requerimientos misceláneos: salones de descanso, cuartos para casilleros, salas de juntas, almacenamiento de equipo y mantenimiento, servicios básicos y otras actividades.

Los pronósticos de demanda para la región que atenderá la instalación guiarán el establecimiento del tamaño como se indica en seguida.

1. Elaborar un pronóstico de demanda; preparar un cálculo en unidades para un periodo de ventas relevante (por lo general 30 días) por categoría de producto. Luego la compañía necesitará determinar la cantidad pedida de cada artículo, por lo general incluyendo algún complemento para existencias de seguridad.

2. Convertir las unidades en requerimientos de metros cúbicos, los cuales pueden necesitar tarimas y por lo general incluyen un complemento de 10 a 15% para crecimiento durante el periodo relevante. En este punto, la compañía tiene una estimación de requerimientos de espacio para almacenamiento básico.

3. Agregar necesidades de espacio para pasillos y otras actividades de cumplimiento (recepción, embarque, recolección del pedido, ensamblaje, etc.). Las instalaciones de distribución tradicionales dedican hasta un tercio del espacio total para estas funciones que no son de almacenamiento.

Entre más amplio sea el conjunto de actividades que se van a manejar dentro de la instalación, más desafiante es determinar con exactitud los requerimientos de espacio. Muchas compañías usan simulaciones de computadora para analizar estas necesidades. Paquetes de software efectivos factorizan gran número de variables y pronósticos de crecimiento futuro cuando proyectan los requerimientos de espacio.

Después de que se determina el tamaño de la instalación, la atención cambia hacia el diseño de las operaciones de distribución. La compañía debe tomar decisiones respecto al espacio de pasillos, estantes, equipo para el manejo de materiales y las dimensiones interiores de la instalación. La tabla 11.3 resalta los principios generales para diseñar los interiores.

Usando como guía estos principios generales, las organizaciones diseñan el interior de la instalación de distribución para apoyar en forma oportuna, exacta y eficiente el cumplimiento de los pedidos del cliente. Deben tenerse en cuenta diversos objetivos durante el proceso de planeación. La utilización de la capacidad cúbica de la instalación es la primera y principal de la lista. Un diseño de área de almacenamiento que se presta para este objetivo incluye bahías más grandes con acceso más limitado. El nivel de movimiento o rendimiento afectará el tamaño real de las bahías de almacenamiento. Por ejemplo, cuando el movimiento es muy bajo, como en los almacenes de suministro, las bahías pueden ser anchas y profundas, con acceso limitado, y los pasillos son estrechos. El aumento de movimiento necesita un acceso rápido para un mejor servicio al cliente y, en consecuencia, bahías más pequeñas y pasillos más anchos.

La protección del producto es otro objetivo clave. El diseño debe tener en cuenta las características físicas de los productos que se van a manejar. Por ejemplo, materiales peligrosos como explosivos, artículos inflamables y que se oxidan deben separarse de los demás de modo que se elimine la posibilidad de daño. Además, las mercancías de valor alto deben resguardarse contra el robo y los productos sensibles a la temperatura deben contar con refrigeración o calefacción apropiadas. Por último, el personal de distribución debe evitar apilar o almacenar artículos ligeros o frágiles cerca de otros que pudieran causar daño.

El uso apropiado de la automatización y el equipo para el manejo de materiales es una meta importante. Ambos ofrecen un gran potencial para mejorar la eficiencia de la distribución. La planeación cuidadosa debe considerar los riesgos de invertir en automatización: obsolescencia debido al rápido cambio tecnológico, fluctuaciones del mercado y rentabilidad sobre la inversión grande. El equipo mecanizado para el manejo de materiales por lo general funciona mejor cuando los artículos tienen forma regular y se manejan con facilidad, la se-

Tabla 11.3	Principios de diseño de la instalación
PRINCIPIO	**BENEFICIOS**
Uso de instalación de un piso	• Proporciona más espacio utilizable por dólar invertido • Resulta en costos de construcción menores que las instalaciones de muchos pisos
Uso de capacidad vertical	• Reduce el impacto del edificio y los requerimientos de terreno
Minimización del espacio de los pasillos	• Proporciona más capacidad de almacenamiento y procesamiento
Uso de flujos de producto directos	• Evita dar marcha atrás y el tiempo de recorrido costoso
Uso de equipo eficiente para el manejo de materiales	• Mejora la productividad y la seguridad de la mano de obra • Reduce el tiempo de recorrido
Uso de un plan de almacenamiento de productos apropiado	• Maximiza la utilización del espacio y la protección del producto

Fuente: Brian J. Gibson, Ph.D. Reproducido con autorización.

lección del pedido está en el rango medio de actividad y el producto se mueve en volúmenes altos con pocas fluctuaciones. Una exposición detallada de los principios y herramientas para el manejo de materiales se proporciona en el apéndice 11A.

Otro objetivo es la flexibilidad del proceso. El diseño de la instalación no debe ser tan permanente que limite el manejo de líneas de producto nuevas y la provisión de servicios de valor agregado cuando surjan nuevas solicitudes. Por ejemplo, la estantería reconfigurable y el equipo multifuncional para el manejo de materiales pueden prevenir que el edificio se vuelva obsoleto si cambian los patrones de demanda de manera significativa. Tales capacidades hacen que el diseño sea más dinámico y abierto a la mejora.

La mejora continua es el objetivo máximo de la instalación. Una organización no debe diseñar un trazado inicial y luego suponer que funcionará a la perfección. Las metas y estándares para costos, eficiencia en el manejo de pedidos y servicio al cliente deben establecerse y supervisarse en forma regular. Si las mediciones revelan que el desempeño óptimo de la instalación no se logra, deben darse pasos para mejorar la productividad. La medición del desempeño de la distribución se expone más adelante en el capítulo.

La consideración final es la colocación del producto dentro de la instalación. Antes de que comiencen las operaciones de cumplimiento de pedidos, las mercancías deben ubicarse o canalizarse. La **canalización** se define como la colocación de producto en una instalación con el propósito de optimizar el manejo de materiales y la eficiencia del espacio. Su objetivo principal es minimizar, o en algunos casos incluso eliminar, los recorridos y la cantidad de tiempo en que se maneja una SKU. Esto es importante debido a que el recorrido y otras tareas no productivas pueden representar hasta 60% de las horas de la labor de distribución.

Por lo común se usan tres criterios para canalizar producto dentro una instalación de distribución: 1) popularidad; 2) tamaño de la unidad, y 3) volumen. El primer criterio ubica los artículos populares (más unidades pedidas en un periodo determinado) cerca del área de embarque y los artículos no populares (menos unidades pedidas) lejos del área de embarque. El beneficio es reducir el tiempo de recolección de pedidos, ya que se requiere menos esfuerzo para trasladarse hasta los artículos solicitados con más frecuencia.

El criterio de tamaño de la unidad sugiere que los artículos pequeños (dimensiones cúbicas del mismo) se ubiquen cerca del área de embarque y los más grandes se coloquen más lejos. Al ubicar los artículos más pequeños cerca del área de embarque, pueden almacenarse más, lo que reduce la distancia de recorrido del recolector de pedidos y el tiempo de acopio. El criterio de volumen es una variación del tamaño de la unidad, en la que los artículos con menores requerimientos de espacio cúbico totales (volumen del artículo multiplicado por el número de artículos guardados) se localizan cerca del área de embarque. La lógica es la misma que la usada para el tamaño de la unidad.

¿Por qué el enfoque en los criterios y estrategia de canalización? La canalización apropiada del producto puede mejorar la productividad de la mano de obra y generar otras ventajas para la organización y sus clientes. Se generan varios beneficios con la canalización eficaz de productos:

- **Productividad de la recolección.** El tiempo de recorrido con frecuencia puede representar hasta 60% de la actividad diaria de un recolector. Una buena estrategia de canalización puede reducir este tiempo, y por tanto la labor de acopio.

- **Reabastecimiento eficiente.** Al dimensionar la ubicación del frente de recolección con base en una unidad estándar de medida (caja, tarima) para el producto en cuestión, es posible reducir de manera significativa el trabajo requerido para reabastecer la ubicación.

- **Equilibrio del trabajo.** Al equilibrar la actividad a lo largo de múltiples zonas de recolección, se reduce el congestionamiento, se mejora el flujo de material y se acorta el tiempo de respuesta total para un pedido o lote de pedidos dado.

- **Formación de carga.** Para minimizar el daño al producto, el pesado se ubica al principio de la ruta de recolección antes del frágil. El producto también puede ubicarse con base en el tamaño de la caja para facilitar la formación de tarimas.

- **Exactitud.** Los artículos similares se separan para minimizar la oportunidad de errores de recolección.

- **Ergonomía.** Los productos de alta velocidad se colocan en una "zona dorada" para reducir la actividad de inclinarse para alcanzarlos. Los artículos pesados o de gran tamaño se colocan en niveles inferiores en la zona de recolección o en una zona separada donde pueda utilizarse equipo para el manejo de materiales.

- **Preconsolidación.** Al almacenar y recolectar los productos por grupo de familia, es posible reducir la actividad de clasificación y consolidación al final de la línea de producción. Esto es importante en particular en un ambiente minorista para facilitar el reabastecimiento eficiente en las tiendas.[5]

Como esta lista sugiere, la canalización apropiada de los productos es un fundamento de la productividad de la instalación y establece el escenario para una variedad de beneficios. Sin embargo, no es un evento que se realice una sola vez al inicio. Los ambientes de negocios cambiantes y la fluctuación en la demanda del producto pueden conducir al final a la desorganización y canalización inapropiada del producto. Por tanto, es importante para las organizaciones supervisar con regularidad y ajustar las ubicaciones de los productos conforme sea necesario para mantener un desempeño óptimo de la instalación.

Ejecución de la distribución

La estrategia de distribución y las actividades de planeación preparan el camino para la operación cotidiana de la instalación; facilitan la ejecución eficaz del movimiento y almacenamiento del producto, el cumplimiento de pedidos y los servicios de valor agregado por los clientes. Esta sección se enfoca en los procesos que tienen lugar dentro de los centros de distribución, los almacenes y las instalaciones de cruce de muelles. Para el propósito de esta exposición, se dividen los procesos en dos categorías de funciones: de manejo del producto y de apoyo.

Funciones de manejo del producto

Las operaciones primarias de la instalación se enfocan en el movimiento y almacenamiento del producto. El almacenamiento es la función más tradicional y obvia, mientras que el movimiento puede parecer poco importante. Sin embargo, mantener los flujos de producto apropiados a través de desplazamientos eficientes en distancias cortas dentro de la instalación es un aspecto crítico de la distribución. Las mercancías que llegan a los CD y a los cruces de muelles con frecuencia deben moverse a través del edificio con rapidez para cumplir los pedidos de los clientes y mantener un movimiento alto de inventario. Por tanto, el movimiento efectivo dentro de la instalación apoya un servicio al cliente sólido y una velocidad alta de inventario, lo cual reduce los costos de almacenamiento y los riesgos de pérdida, daño u obsolescencia, y mantiene los requerimientos de capacidad de almacenamiento bajo control.

Como se muestra en la figura 11.8, el manejo del producto implica cinco procesos primarios: 1) recepción: transferir las mercancías a la instalación desde la red de transporte; 2) almacenaje: mover las mercancías hasta las ubicaciones de almacenamiento; 3) recolección de pedidos: seleccionar artículos para los pedidos del cliente; 4) reabastecimiento: mover el producto desde las ubicaciones de almacenamiento hasta los canales de recolección, y 5) embarque: cargar las mercancías para su entrega al cliente. Los cinco procesos implican movimiento a corta distancia del producto, mientras que el almacenaje también se enfoca en la actividad de almacenamiento.

Figura 11.8	Procesos primarios del centro de distribución

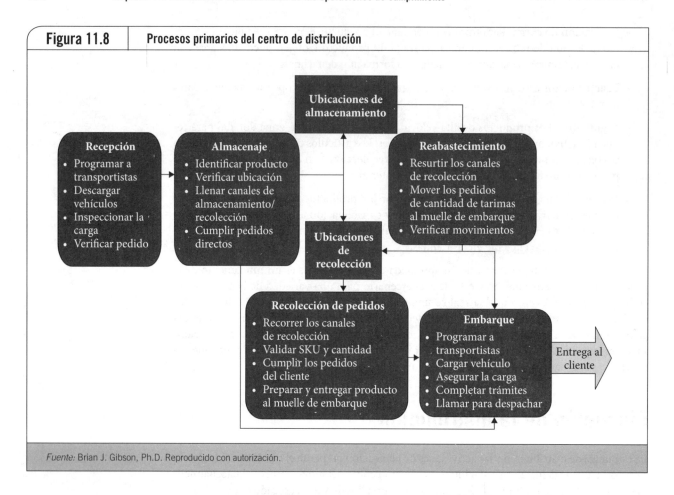

Fuente: Brian J. Gibson, Ph.D. Reproducido con autorización.

En la operación de recepción, el transportista de entrada se programa para entregar las mercancías en un tiempo específico, de modo que mejore la productividad de la mano de obra y la eficiencia de la descarga. Las mercancías se bajan del vehículo de entrega al muelle de recepción. Durante el proceso, los empleados verifican las mercancías para asegurar que corresponden a la orden de compra y a los comprobantes del empaque. Una vez en el muelle, las mercancías son clasificadas por SKU, apiladas en tarimas con el *ti-hi* correcto (donde *ti* es el número de cajas colocadas en una capa y *hi* es el número de capas en la tarima) y aseguradas usando cinta o película plástica retráctil. La entrega también es inspeccionada para daños y faltantes. Los problemas se anotan en el recibo de entrega del transportista, y se firma el recibo. Antes de la transferencia, los artículos son rotulados con etiquetas en la tarima que asignan ubicaciones de almacenamiento en la instalación o designan las mercancías para la transferencia directa al muelle de embarque si se necesita surtir de inmediato un pedido del cliente.

La operación de almacenaje se enfoca en el movimiento físico del producto desde el muelle de recepción hasta las ubicaciones de almacenamiento asignadas en la instalación. Los operadores de los montacargas comprueban la configuración de la tarima para validar las cantidades y la seguridad del producto, verifican la ubicación de almacenamiento en su etiqueta, recogen la tarima y escanean el código de barras en su etiqueta. El producto se mueve a la ubicación de almacenamiento apropiada (o a veces a la ubicación de recolección si artículo es nuevo o el canal está vacío) y se coloca en el estante. Es vital que el operador del montacargas verifique que el producto se coloca en la ubicación correcta dado que puede perderse entre la gran cantidad de ubicaciones de tarimas y cajas de aspecto similar. Después de completar el proceso, los registros de inventario se actualizan para reflejar la recepción del artículo, su ubicación de almacenamiento y su disponibilidad para los pedidos del cliente.

Existen dos claves para lograr un flujo de mercancías exacto y productivo en la instalación. Primero, los empleados de recepción deben estar bien capacitados para evaluar las mercancías entrantes y relacionar el producto con el conteo del transportista, la documentación del vendedor y la orden de compra. No hacerlo así acarreará una irregularidad entre el inventario físico y lo que está registrado en el sistema. Esto conducirá después a problemas al surtir pedidos. Segundo, se necesita la coordinación de las operaciones de recepción y guardado. La mayor parte de los muelles de recepción tiene una capacidad de piso limitada, así que las tarimas deben ser retiradas rápidamente para asegurar que haya espacio para descargar entregas adicionales. Una forma de lograr la coordinación es proporcionando capacitación cruzada a los trabajadores de modo que puedan alternar las funciones de empleado de recepción y operador del montacargas para el almacenaje. Otra opción es escalonar la hora de inicio del turno de modo que el proceso de recepción empiece más temprano y se genere trabajo para la hora de inicio posterior de la función de almacenaje.

El proceso de recolección de pedidos se enfoca en la selección de mercancías para cumplir las solicitudes del cliente. El personal de cumplimiento de pedidos recorre la instalación de un canal de recolección a otro y reúne la cantidad solicitada de cada producto identificado en la lista. Ésta puede generarse como una comprobación en papel, etiquetas que se colocan en la caja, un monitor de computadora o un sistema activado con voz. Una vez recolectados, los artículos pueden etiquetarse y colocarse en un sistema de cinta transportadora para su transferencia al área de embarque o reunidos en una tarima o carro designado para el cliente. Si se usa este último método, el personal que se encarga del cumplimiento transfiere el pedido al área de embarque y lo prepara para su entrega. Los artículos son asegurados en la tarima o carro por medio de cinta, película plástica retráctil o embalaje, y se crea y se pega una etiqueta de embarque. Por último, el pedido completo del cliente se acomoda en un área predeterminada para cargarlo en el vehículo de reparto de salida apropiado.

Para muchas organizaciones la recolección de pedidos es la actividad de distribución más intensiva y costosa, pues representa de 55 a 65% de los costos operativos del centro de distribución. Esta función requiere gran cantidad de recorridos por toda la instalación y el manejo de cajas individuales o unidades dentro de las cajas. Por tanto, es importante para los gerentes enfocarse en crear una operación de recolección de pedidos productiva, segura y exacta, si se ha de hacer en forma correcta y al menor costo posible. La tabla 11.4 resalta una variedad de prácticas de la industria que se usan para mejorar la productividad de la recolección.[6]

Para aliviar las operaciones de recolección que requieren mucha mano de obra, algunas organizaciones aplican la automatización en el almacén. Aunque requiere una gran inversión de capital, el equipo para manejo de materiales de alta tecnología mejora la velocidad y exactitud de la recolección y reduce los costos de mano de obra así como las lesiones laborales. Estos beneficios son significativos, dada la demanda para la velocidad de la distribución y el envejecimiento de la fuerza laboral en muchos países. La automatización se expone con más detalle en el apéndice 11A.

La operación de reabastecimiento desempeña una función de apoyo importante para la recolección de pedidos, pues mueve los productos de las ubicaciones de almacenamiento en la instalación hacia los canales de recolección designados. Estas ubicaciones con frecuencia son inaccesibles para el personal de cumplimiento de pedidos y se necesita equipo especializado para recuperar el producto. Los operadores de montacargas para reabastecimiento se enfocan en mantener un suministro adecuado del producto en cada canal de recolección. Cuando un canal está vacío, el personal de cumplimiento de pedidos tendrá que hacer un segundo viaje para recuperar la cantidad requerida de producto. Estos recorridos adicionales son intensivos en mano de obra y pueden causar entregas divididas o demora en el despacho de los pedidos del cliente. Por ello es importante sincronizar las actividades de recolección de pedidos y reabastecimiento, intercambiando el personal entre las funciones según sea necesario.

Tabla 11.4	Mejores prácticas en la recolección de pedidos

PRINCIPIO	MEJORES PRÁCTICAS
Minimizar el tiempo de recorrido	• Patrones de selección por secuencia de recolección y listas de recolección de modo que quienes surten pedidos hagan un viaje por toda la instalación sin volver atrás. • Usar recolección por lotes. Los surtidores seleccionan múltiples pedidos durante un solo recorrido por la instalación. • Usar recolección por zonas. Los surtidores trabajan en un área limitada seleccionando las partes de los pedidos dentro de su zona.
Maximizar el tiempo dedicado a recolectar producto	• Reducir o eliminar el papeleo para mantener a los surtidores de pedidos en su tarea. Usar sistemas de recolección dirigidos por voz o luces en lugar de pedidos en papel. • Mantener juntos los artículos semejantes para facilitar la formación rápida de tarimas, reducir la remanipulación de pedidos y evitar daños al producto. • Hacer que las herramientas y el equipo necesarios estén disponibles con facilidad.
Facilitar la recolección exacta de pedidos	• Proporcionar áreas de recolección limpias y bien iluminadas con espacio amplio para que los recolectores de pedidos realicen sus tareas. • Identificar con claridad todas las ubicaciones de recolección con etiquetas o letreros que puedan leerse desde lejos. • Usar sistemas que requieran la validación de la ubicación y cuantificación antes de que el surtidor de pedidos se dirija a la siguiente ubicación.
Aprovechar el equipo para el manejo de materiales	• Usar carruseles y líneas de soluciones de almacenamiento/recuperación automatizados para mover el producto hasta el recolector, reduciendo el tiempo de búsqueda y recorrido. • Utilizar líneas de bandas transportadoras para mover el producto de las áreas de recolección al área de embarque, eliminando recorridos de ida y vuelta. • Usar montacargas y patines hidráulicos para manejar artículos a granel y cantidades grandes. Esto promoverá la seguridad y reducirá el tiempo de recolección.
Minimizar el tiempo de inactividad	• Desplegar el inventario con base en los perfiles de actividad, extendiendo los productos de movimiento rápido para facilitar el acceso y reducir el congestionamiento. • Desarrollar y hacer valer estándares de tiempo para la operación de recolección de pedidos. • Mantener niveles adecuados de inventario en canales de recolección de modo que el producto esté disponible para que los surtidores de pedidos lo tomen en su pasada inicial.

Fuente: Adaptado de *The Journey to Warehousing Excellence* (Raleigh NC: Tompkins Associates), sección 2.

El proceso de movimiento final ocurre en la operación de embarque. En algunas instalaciones los remolques vacíos se acomodan en las puertas del muelle de embarque y se cargan conforme llegan los pedidos de la operación de recolección. En otras operaciones tiene lugar un proceso de carga "en vivo" cuando el transportista saliente llega al muelle de embarque. Las mercancías se mueven del área de montaje al área de carga, se cuentan e inspeccionan según se requiere, y se cargan en el vehículo del transportista. Éste firma el conocimiento de embarque que preparó el proveedor de este servicio, indicando la recepción de las mercancías, y sale de la instalación.

Aunque parece ser más una actividad relacionada con la transportación, la operación de embarque tiene un impacto importante en el éxito de las instalaciones de distribución. El personal responsable debe tomar medidas para proteger la carga de los daños en tránsito, cargar con exactitud los pedidos en los remolques y completar el trabajo en forma oportuna para lograr los plazos de cumplimiento. También necesita utilizar por completo el espacio del remolque para reducir el costo de cada viaje. En forma colectiva, esto aumenta el servicio al cliente y los esfuerzos de rentabilidad de las otras operaciones de distribución.

Funciones de apoyo

Mientras que las funciones de manejo del producto representan la mayor parte la actividad, mano de obra y costo en las instalaciones de distribución, otras actividades administrativas facilitan la ejecución exitosa de las operaciones cotidianas. Estas funciones de apoyo proporcionan coordinación entre procesos clave y a lo largo de la cadena de suministro, protegen la inversión en inventario de la organización y mejoran las condiciones laborales dentro de la instalación. Las principales son: 1) control de inventario; 2) prevención de riesgos laborales, mantenimiento y condiciones de salubridad; 3) seguridad; 4) análisis del desempeño, y 5) tecnología de la información.

Una de las actividades más desafiantes en una operación de distribución es mantener el control sobre el inventario. Con el producto que fluye a diario hacia adentro y hacia afuera de la instalación, es vital asegurar que la base de datos del inventario refleje con exactitud lo que hay en realidad dentro de ella. Los especialistas y analistas de control de inventario resuelven discrepancias en las existencias, buscan productos mal colocados, realizan conteos de ciclo y auditorías de calidad, y hacen los ajustes necesarios. Sus esfuerzos mejoran la confiabilidad de los informes de inventario de modo que cuando los clientes colocan pedidos del producto, las cantidades correctas de los artículos correctos están disponibles y accesibles para el personal de cumplimiento de pedidos. Un análisis adicional del control de inventarios se presentó en el capítulo 9.

Establecer un ambiente seguro, limpio y funcional no sólo es una obligación de la administración sino también un reforzador de la productividad de la distribución. La función de seguridad se enfoca en preservar la salud y el bienestar de los empleados del área por medio de un ambiente de trabajo ergonómicamente sano. Capacitarlos en las técnicas apropiadas para levantar cargas, en el uso de equipo industrial y en la licencia para su manejo, así como crear conciencia de los peligros potenciales reducirá accidentes y lesiones costosas en el lugar de trabajo. El mantenimiento preventivo del equipo y las resoluciones oportunas de problemas también promueven condiciones laborales seguras en la instalación de distribución. Por último, la función de sanidad se enfoca en cumplir con los estándares de la autoridad competente y conservar la moral del trabajador. Además, las tres funciones ayudan a mantener bajo control los daños al producto.

La función de seguridad busca proteger a la organización del robo de mercancía y fraudes. Pueden usarse numerosas técnicas en la instalación para prevenir pérdidas. Las herramientas físicas, como sellos en los remolques, etiquetas de seguridad y áreas de procesamiento vigiladas, reducen las pérdidas de inventario. Los procedimientos del personal también pueden ser elementos disuasivos eficaces contra el robo. La investigación de antecedentes previa de los empleados potenciales, la realización de inspecciones y auditorías, y la limitación del acceso a la instalación son útiles. Por último, el personal de seguridad puede vigilar las actividades en la instalación e investigar problemas.

El equipo de administración también es responsable de evaluar y mejorar el desempeño de la instalación. Algunas organizaciones contarán con analistas de distribución o software para medir la productividad, la calidad, la utilización y los costos para cada aspecto del proceso de distribución. Una falla en la vigilancia del desempeño de los empleados que usan estándares de mano de obra y en la exactitud de su trabajo puede conducir a un mal desempeño de la instalación y evaluaciones negativas del cliente. Las medidas de distribución se exponen en la siguiente sección.

Las organizaciones dependen mucho de la tecnología de la información para recibir, surtir y distribuir los pedidos de los clientes. El acceso a un equipo confiable de expertos de tecnología internos o externos es necesario para formar procesos más sólidos a efecto de compartir información y mejorar la visibilidad del inventario y los pedidos. Como se expuso antes, la información oportuna y exacta es esencial en el ambiente de la distribución. Algunas herramientas de software específicas para ejecutarla se exponen en una siguiente sección del capítulo.

Juntas, estas funciones de apoyo facilitan el movimiento y almacenamiento del producto en la operación de distribución y el cumplimiento de pedidos perfectos. Sin ellas sería difícil proteger a los trabajadores y el producto de una gran cantidad de desafíos, mantener registros de inventario exactos o saber qué tan bien se efectúa la operación. En resumen, ésta caería con rapidez en la desorganización sin el equipo de especialistas que respalde la primera línea de gerentes y trabajadores.

Métricas de la distribución

Las actividades que se desempeñan en la función de distribución tienen un resultado tangible que puede evaluarse con facilidad; a través de la medición y el análisis de los indicadores clave de desempeño (KPI; *key performance indicators*) de la distribución. Los clientes usan los KPI de la distribución para evaluar de manera objetiva la calidad del servicio proporcionado por esta operación, mientras que la gerencia evalúa los costos operativos y la productividad.

Es posible evaluar muchos aspectos del desempeño de la distribución. Los problemas importantes incluyen la rentabilidad, la exactitud del inventario, las tasas de surtido de pedidos y la utilización de la capacidad, entre otros. Pueden usarse los KPI para evaluar el desempeño actual de las operaciones internas y de 3PL contra resultados históricos, metas internas y requerimientos del cliente. También son útiles como puntos de referencia los resultados logrados contra los de los competidores, organizaciones de clase mundial y otros eslabones en la cadena de suministro.

El reto consiste en reducir la amplia gama de métricas disponibles a un número manejable de KPI que refleje los requerimientos de distribución de una cadena de suministro. Los KPI elegidos de manera apropiada proporcionan numerosos beneficios: ayudan a enfocar al personal en objetivos de cumplimiento importantes, evalúan el impacto de las mejoras del proceso de distribución y mantienen la distribución en línea con las metas corporativas y de la cadena de suministro.

Las dos categorías primarias de KPI de distribución incluyen medidas en relación con el cliente y medidas internas. Se necesitan KPI enfocados a nivel tanto interno como externo para evaluar el éxito e impacto de una operación de distribución. Cada categoría se expone en las dos secciones siguientes.

Medidas en relación con el cliente

Cuando los clientes colocan un pedido, sus metas son muy sencillas: obtener el producto correcto del vendedor en la cantidad ordenada y en el tiempo esperado. Piense en la última vez que ordenó algo de un sitio web minorista; ésas eran sus metas primarias, ¿verdad? Por tanto, los KPI en relación con el cliente deben tener como objetivo la confiabilidad de los procesos de distribución para proporcionar un cumplimiento exacto, completo y oportuno de los pedidos. La meta es satisfacer las expectativas del cliente en las tres, entregando lo que se consideraría un pedido perfecto. Si se logra, las compañías evitarán repetir el trabajo y alentarán a los clientes a colocar pedidos en el futuro.

Los KPI de **exactitud y cumplimiento del pedido** son importantes tanto para el cliente como para la organización. En forma simple, los clientes desean recibir los productos y cantidades exactos que ordenaron, no artículos sustitutos, embarcados en forma incorrecta o cantidades equivocadas. Estos KPI se miden como proporciones de artículos recibidos correctamente sobre el total ordenado. La exactitud del pedido evalúa el número de mercancías solicitadas que se entregó correctamente contra el número ordenado. La integridad del pedido se evalúa en general con un KPI de la tasa de surtido de pedidos que compara la cantidad recibida con la cantidad ordenada.

Estas métricas no sólo tienen un impacto en la satisfacción del cliente, sino que también resaltan la exactitud (o la carencia de la misma) del proceso de cumplimiento de pedidos. Si los clientes reciben con frecuencia los productos equivocados o las cantidades incorrectas, o ambos, la exactitud de los niveles de inventario de la instalación también se verá afectada en forma negativa. Si el producto no está en existencia con frecuencia y no se pueden cumplir los pedidos, entonces un mal pronóstico puede ser la causa. En cualquier caso, la exactitud del pedido resultante y los problemas de la tasa de surtido darán como resultado ventas perdidas, devoluciones costosas y clientes insatisfechos. La vigilancia continua de estas métricas es importante, al igual que la reacción rápida cuando se descubren problemas.

La **puntualidad** es un componente esencial del servicio al cliente. Es posible pensar en ella como si fuera un problema de la transportación, pero la operación de distribución también desempeña un papel clave en la entrega a tiempo de las mercancías a los clientes. La recolección, preparación y embarque del pedido tienen un impacto en el tiempo del ciclo de pedido. Si estos procesos no se completan en forma puntual, quizá no sea posible que el sistema de transportación recupere el tiempo perdido. Por consiguiente, es muy importante supervisar el tiempo que se requiere para procesar pedidos, desde la recepción inicial hasta su liberación al proveedor de transportación. Establecer metas y medir los KPI relacionados con el promedio, rango y desviación estándar del tiempo de procesamiento del pedido dirigirá la atención hacia el mejoramiento de la velocidad del cumplimiento.

Las principales compañías de la industria evalúan ahora el impacto combinado de estos KPI por medio de la métrica llamada **índice de orden perfecto** (**POI**; *perfect order index*). Esta medida indica que existen cuatro elementos básicos para promover el cumplimiento exitoso de los pedidos de los clientes. Para ser considerado un orden perfecto, los elementos correctos deben ser: 1) entregados en el lugar correcto; 2) en el momento correcto; 3) en una condición libre de defectos, y 4) con la documentación, precio y facturación correctas.[7] Una falla en el servicio en cualquier componente significa que el pedido no es perfecto e indica una necesidad de mejora.

Medidas internas

Aunque la calidad del servicio es la base de la satisfacción del cliente con el proceso de cumplimiento, el desempeño interno también es importante. Las organizaciones necesitan equilibrar las expectativas del cliente con el costo de procesar los pedidos. Si los costos de distribución no se mantienen bajos en proporción con el valor de las mercancías, la organización no será exitosa. Estos costos se mantienen bajos por medio de la utilización eficaz de activos y la ejecución productiva de los procesos de distribución. Una variedad de KPI internos ayuda a las organizaciones a alcanzar estos resultados.

La **eficiencia del costo de distribución** es vital, dada la magnitud de los costos de almacenamiento y los costos relacionados de distribución en Estados Unidos ($119,000 millones de dólares en 2009).[8] Esto es verdad, ya sea que las funciones se manejen en forma interna o se subcontraten con proveedores 3PL. La **eficiencia del costo agregado** mide el enfoque en el gasto de distribución total contra la meta o presupuesto. Los KPI al nivel de artículo se centran en el gasto de distribución por unidad de medida (por ejemplo, costo por tarima, caja o pedido). Es un cálculo sencillo del costo de distribución total dividido entre el número de unidades procesadas. Entender qué se gasta para procesar cada unidad en el pedido de un cliente resalta el impacto de la distribución en el costo general de las mercancías. Este KPI también proporciona una base a partir de la cual pueden realizarse esfuerzos de mejoramiento de los costos.

La **utilización de activos** es un aspecto muy importante de las instalaciones de distribución privadas. Las organizaciones gastan sumas de dinero considerables para construir instalaciones de distribución y equiparlas con tecnología para el manejo de materiales. Si la instalación está medio vacía, la compañía ha desperdiciado tiempo y dinero en un activo mal aprovechado. La utilización del espacio se mide como un porcentaje de la capacidad usada por la capacidad disponible en metros cúbicos o canales de almacenamiento. Una meta que se cita con frecuencia es usar consistentemente 80 a 85% de la capacidad de un centro de distribución, lo que proporciona algo de espacio disponible para el volumen de la temporada alta.

Los gerentes pueden usar el KPI de utilización del equipo para evaluar la necesidad de montacargas, bandas transportadoras y equipo relacionado adicionales. No debe gastarse en equipo nuevo a menos que las comparaciones de equipo contra tiempo (número de horas que estuvo disponible para su uso contra horas totales requeridas) y la utilización (número de horas usadas contra horas totales que el equipo estuvo disponible) revelen una necesidad real. Estos KPI proporcionan un indicador objetivo de que el equipo se usa de manera eficaz, permanece inactivo o está fuera de uso por reparación.

La **productividad del recurso** tiene un impacto en el costo de distribución y en la capacidad de la operación para maximizar el rendimiento en forma consistente. Con los costos de distribución que promedian casi 10% de un dólar de ventas, las mejoras en la productividad tendrán un impacto notable en el balance general de ganancias y pérdidas. La productividad se mide como la razón de la producción real con los insumos reales. Un ejemplo es el número de unidades procesadas por hora de trabajo, un KPI de productividad usado ampliamente. Los KPI y las metas de productividad ayudan a los gerentes de distribución a evaluar el desempeño de la instalación, calcular cuánto volumen puede manejar la instalación y programar la mano de obra. Estos KPI fáciles de medir también proporcionan señales de advertencia tempranas de problemas de distribución que deben abordarse.

Las medidas de **eficiencia de recursos** comparan el tiempo de finalización de la actividad de distribución contra el tiempo esperado. Los estándares planeados se generan dividiendo una tarea en elementos pequeños a los que se les puede tomar el tiempo con un cronómetro. Se agregan complementos para la fatiga y las necesidades personales a efecto de determinar una medida estandarizada exacta de tiempo para una operación. Entonces se mide la eficiencia como una razón del tiempo real requerido para completar la tarea con el tiempo estándar planeado para ésta. Este KPI puede usarse para evaluar la capacidad de un empleado individual para completar tareas clave y la eficiencia general de las operaciones. La administración puede usar estos parámetros planeados para establecer y comunicar parámetros de eficiencia objetivos de cada función de distribución.[9]

Durante esta exposición de las métricas de la distribución nos hemos enfocado en categorías de KPI importantes. También ofrecimos ejemplos de KPI específicos que pueden usarse para mejorar el desempeño del cumplimiento.

Tecnología de distribución

Aunque el ambiente de distribución depende de los flujos de producto efectivos, también requiere flujos de información oportunos y exactos dentro de las instalaciones de distribución y a lo largo de la cadena de suministro. Es preciso compartir información respecto a los pedidos de los clientes, los niveles de inventario, la condición, la ubicación dentro de la instalación, las entregas entrantes, el desempeño de la mano de obra y más. Casi todas las estrategias y procesos de distribución expuestos en este capítulo serían más fáciles de planear, ejecutar y evaluar con un acceso pronto a la información relevante. Por fortuna, los gerentes de distribución ya no necesitan manejar grandes cantidades de información en papel y en su cabeza. El software y las herramientas informáticas están disponibles para apoyar el control de la distribución y la toma de decisiones. En esta sección final del capítulo se presentan las tecnologías primarias.

Sistemas de administración de almacenes

El software central que se usa para administrar procesos de cumplimiento se llama sistemas de administración de almacenes (WMS, *warehouse management systems*), una tecnología madura que data de la década de 1970.[10] Usado ampliamente para apoyar todo tipo de operaciones de distribución, el WMS es un software de sistema de control que mejora las operaciones de movimiento y almacenamiento del producto por medio de la gestión eficiente de la información y la terminación de tareas de distribución. La meta es lograr un nivel alto de control, exactitud del inventario y productividad por medio de recolección, reabastecimiento y almacenaje dirigidos.

Un WMS es más que una simple base de datos que proporciona información sobre la ubicación de las existencias. En cambio, es un paquete integrado cuyos componentes con frecuencia incluyen comunicaciones de radiofrecuencia (RF), hardware de computadora localizado dedicado y el software de aplicaciones necesario. La configuración detallada y el procesamiento dentro de un WMS varía de manera considerable de un vendedor de software a otro; sin embargo, la lógica básica usará una combinación de artículo, ubicación, cantidad, unidad de medida e información del pedido para determinar dónde guardar, dónde recolectar y en qué secuencia realizar estas operaciones.[11]

Más allá de las funciones principales, los WMS también proporcionan capacidades de valor agregado y apoyan una variedad de actividades de la cadena de suministro. Los sistemas avanzados generan informes de desempeño; respaldan procesos sin papel; posibilitan la integración de equipo de manejo de materiales, sistemas de recolección y sistemas de clasificación; aprovechan herramientas de comunicación inalámbricas, y soportan la recolección de datos de equipos de identificación automática (véase la sección "Tecnología en la cadena de suministro" que sigue). Otras capacidades de valor agregado incluyen las siguientes:

- **Administración de la mano de obra.** La capacidad para vincular el WMS con un módulo de rastreo de la mano de obra relacionada permite a la organización crear asignaciones basadas en los estándares de tiempo planeados, supervisar la productividad de cada empleado y auditar la calidad de su trabajo. Estas capacidades de reporte de la mano de obra apoyan el análisis del desempeño y el uso de programas de incentivos, y ayudan a identificar a los trabajadores que necesitan capacitación adicional.

- **Intercalado de tareas.** Este proceso implica mezclar tareas distintas, como guardar y reabastecer. En almacenes grandes el intercalado de tareas basado en WMS puede reducir en gran medida el tiempo de recorrido, no sólo incrementando la productividad sino también reduciendo el desgaste de los montacargas y ahorrando en costos de energía al reducir su consumo de combustible.

- **Integración de sistemas.** La capacidad para conectar el WMS con el sistema de planificación de recursos empresariales (ERP; *enterprise resource planning*), los sistemas de administración de pedidos y la gestión de la transportación proporcionarán un flujo sólido de información a través de la organización y la cadena de suministro. La disponibilidad del inventario, el estado del pedido, las notificaciones de embarque avanzadas y el rastreo de la entrega son unos cuantos de los beneficios de visibilidad crítica creados por la integración. Esta información compartida es útil para propósitos de planeación de la distribución.

- **Costo/facturación basada en la actividad.** La funcionalidad financiera es una capacidad importante del sistema de administración de almacén para entender los costos y asignar gastos a los clientes de distribución. Diseñada principalmente para operaciones 3PL, la facturación basada en actividades les permite calcular honorarios facturables basados en actividades específicas. Por ejemplo, los proveedores 3PL pueden asignar tarifas por cada transacción de recepción y embarque, al igual que cuotas por almacenamiento y otras actividades de valor agregado.

- **Distribución multifuncional.** Un WMS sólido apoyará una variedad de métodos de distribución, tamaños de embarque y ejecución de servicios de valor agregado. La capacidad para soportar la distribución de recolección por caja tradicional y el cruce de muelles, pedidos de minoristas y de consumidores individuales, y operaciones de ensamblado ligero y armado de equipos crea flexibilidad para la operación de distribución y la cadena de suministro.

La productividad, eficiencia y exactitud mejoradas son beneficios clave del WMS. Al seguir el rastro de las ubicaciones de artículos en la instalación, reduce los esfuerzos desperdiciados asociados con el personal del almacén a la caza de un artículo. Esto mejora la productividad de la mano de obra, reduce la cantidad de personal requerido y mejora la exactitud de la recolección de pedidos. El WMS también proporciona información esencial que permite a los negocios tomar con rapidez decisiones exactas que se basan en información actualizada. Además, estos sistemas mejoran el uso del espacio al determinar los patrones de almacenamiento óptimos para maximizar el uso del espacio. Por último, el WMS proporciona un control y efectividad gerenciales mejorados a través de la confirmación del punto de trabajo, responsabilidad, medición del desempeño y planeación de escenarios posibles o imaginarios.

Muchas compañías suministran soluciones WMS, que van desde proveedores importantes de ERP que integran capacidades de WMS con su otro software de cadena de suministro, hasta especialistas que se centran principalmente en sistemas de administración de almacenes de alta calidad. Otra opción es desarrollar un WMS personalizado interno. La elección entre una solución estándar y una personalizada es difícil debido al ritmo rápido de cambio en la industria: un sistema personalizado diseñado hoy puede volverse obsoleto con rapidez, y el costo adicional que implica puede no justificarse. Sin embargo, las versiones estándares tienden a guiar procesos de distribución en lugar de adecuarse a los procesos existentes en la instalación. Por tanto, puede perderse la flexibilidad con estos sistemas. El desafío es decidir cuál opción integra mejor la tecnología de la cadena de suministro existente en la organización y soporta sus requerimientos de información.

Herramientas de identificación automática

La **identificación automática (Auto-ID)** describe las tecnologías que ayudan a las máquinas a identificar objetos, como códigos de barras, tarjetas inteligentes, reconocimiento de voz, tecnologías biométricas, identificación por radiofrecuencia y otras. El WMS utiliza tecnologías de captura de datos Auto-ID, como escáneres de códigos de barras, computadoras móviles, redes de área local (LAN) inalámbricas y RFID para recopilar información con exactitud y supervisar el flujo de productos. Una vez que se han recolectado los datos, se completa un proceso de sincronización por lotes o transmisión inalámbrica en tiempo real con la base de datos central del WMS. Ésta puede entonces proporcionar informes útiles sobre el estado de las mercancías en la instalación.

Los códigos de barras y la RFID son las herramientas de elección en la distribución para ayudar a rastrear, localizar y mover el producto con rapidez, con tasas de precisión casi perfectas para los consumidores. Los códigos de barras se han usado en las aplicaciones de distribución de la industria minorista por más de tres décadas. Consisten en una serie de barras paralelas blancas y negras, ambas de ancho variable, cuya secuencia representa letras o números. Esta secuencia es un código que los escáneres pueden traducir en información importante, como origen de un embarque, el tipo de producto, el lugar de manufactura y el precio del producto. Los sistemas de códigos de barras son simples de usar y precisos, y pueden almacenar grandes cantidades de información.

En aplicaciones de distribución, la codificación con barras mejora la velocidad y precisión de la recolección de datos, reduce el tiempo y la labor de estas operaciones, y ayuda a integrar la recolección de datos con otras áreas. Esto crea flujos de información y control de inventarios más sólidos. Los artículos pueden moverse más rápido en el centro de distribución, y el personal selecciona y prepara pedidos con mucha mayor rapidez.

Las etiquetas RFID, las cuales consisten en chips de silicio y una antena que transmite datos a un receptor inalámbrico, se están usando para rastrear todo, desde pantalones de mezclilla hasta automóviles. A diferencia de los códigos de barras, los cuales necesitan escanearse en forma manual y leerse de manera individual, las etiquetas RFID no requieren línea de visión para leerse.

En el ambiente de distribución es posible leer de manera automática cientos de etiquetas por segundo mientras el producto viaja dentro del campo de un dispositivo de lectura inalámbrico. Estas etiquetas no sólo son leídas más rápido que los códigos de barras, sino que también contienen más información de modo que pueden recordar los artículos en forma más eficiente.[12] A pesar de la promesa, la RFID todavía enfrenta barreras clave (costo de las etiquetas, rango de lectura, privacidad, etc.) para su adopción extendida. El capítulo 6 proporcionó detalles adicionales respecto de la RFID.

Aunque nuevas funciones se están agregando frecuentemente, es importante para una organización evaluar sus necesidades antes de agregar nuevas capacidades. Muchas organizaciones pueden ser muy exitosas con capacidades básicas de WMS y Auto-ID. Combinadas, estas herramientas facilitan el cumplimiento rápido, preciso y a bajo costo de los pedidos de los clientes. Son herramientas rentables probadas que ayudan a los gerentes de distribución a tomar mejores decisiones, lograr un rendimiento máximo y apoyar los requerimientos del cliente.

RESUMEN

Los gerentes de distribución desempeñan una función vital en la cadena de suministro al enfocarse en el flujo del producto más que en el almacenamiento. Cumplir los pedidos del cliente con precisión y rapidez mientras se logra el menor costo posible es un juego de equilibrio que los gerentes de distribución deben jugar diario. Deben coordinar personas, procesos, capacidad y tecnología para lograr la satisfacción del cliente, cumplir las metas internas y proporcionar servicios de valor agregado a la cadena de suministro.

Administrar el sistema de distribución para un impacto máximo en la cadena de suministro requiere una considerable planeación, coordinación de la estrategia de cumplimiento con la ejecución de operaciones de distribución, análisis de métricas clave y compartir información. Conceptos adicionales de este capítulo incluyen los siguientes:

- Las operaciones de distribución realizan actividades de manejo, almacenamiento y procesamiento del inventario para crear utilidad de tiempo y lugar para la cadena de suministro.

- Una variedad de desafíos de la cadena de suministro (equilibrar el suministro y la demanda, proteger contra la incertidumbre y promover economías de transportación, entre otros) pueden abordarse en las instalaciones de distribución.

- Cuatro funciones primarias se realizan en las instalaciones de distribución tradicionales: 1) acumulación, 2) clasificación, 3) asignación y 4) surtido.

- Las operaciones de distribución están adoptando funciones de valor agregado (ensamblado, formación de equipos, posposición del producto, secuencia, etc.) para complementar su funcionalidad básica y apoyar las necesidades en evolución de la cadena de suministro.

- Deben analizarse los costos de oportunidad entre espacio, equipo y personal, los recursos primarios disponibles para los gerentes de distribución.

- Es crítico relacionar los procesos de distribución con los artículos que se están manejando para proteger la integridad del producto, promover el servicio y la satisfacción del cliente, y proporcionar mayor control del inventario.

- Los problemas de diseño de la red de distribución implican centralización/descentralización del inventario, el número y ubicación de las instalaciones, y propiedad de la instalación.

- La planeación efectiva de la instalación (tamaño operacional, diseño y colocación del producto) tiene un impacto positivo en la productividad de la mano de obra y en el tiempo de respuesta.

- La ejecución de la distribución implica cinco procesos primarios relacionados con el manejo y almacenamiento del producto: 1) recepción; 2) almacenaje; 3) recolección de pedidos; 4) reabastecimiento, y 5) embarque.

- Las funciones de apoyo al cumplimiento ofrecen coordinación entre procesos clave y a lo largo de la cadena de suministro, protegen la inversión en inventario de la organización y mejoran las condiciones laborales dentro de la instalación.

- Los KPI de distribución abordan la utilización de activos, la productividad laboral y la rentabilidad de la operación, al igual que problemas de calidad del servicio al cliente y el objetivo máximo del cumplimiento perfecto del pedido.

- Las soluciones de software para sistemas de administración de almacenes mejoran el movimiento del producto y las operaciones de almacenamiento por medio de la gestión eficiente de la información y la terminación de las tareas de distribución.

- Los códigos de barras y la RFID son las herramientas de identificación automática de elección en la distribución para ayudar a rastrear, localizar y mover producto con rapidez, con tasas de precisión casi perfectas para sus clientes.

PREGUNTAS DE ESTUDIO

1. Analice la función de la distribución en la cadena de suministro. Proporcione ejemplos de cómo las operaciones de distribución pueden tener un impacto positivo y negativo en el desempeño de la cadena de suministro.

2. Compare y contraste las cuatro funciones primarias de un centro de distribución: acumulación, clasificación, asignación y surtido.

3. Discuta los puntos de equilibrio más importantes entre la distribución y otras actividades logísticas.

4. Describa los retos más importantes que enfrentan los gerentes de distribución en el ambiente actual.

5. ¿Cuáles son las capacidades, ventajas y desventajas primarias de la distribución directa, los centros de distribución y el cruce de muelles?

6. El uso de almacenamiento por contrato es popular entre muchos fabricantes grandes. ¿Por qué una compañía como Unilever, que produce una amplia variedad de bienes de consumo, se movería hacia esta forma de distribución?

7. Usando los sitios web de la compañía, compare las ofertas del servicio de distribución para las siguientes organizaciones 3PL.

   a) Exel (http://www.exel.com) y AmeriCold Logistics (http://www.americoldrealty.com)

   b) GENCO ATC (http://www.genco.com) y Caterpillar Logistics Services (http://logistics.cat.com)

8. Cuando se desarrolla un centro de distribución, ¿qué objetivos de diseño interior y principios de canalización deben considerarse? ¿Por qué?

9. Identifique y describa las cinco funciones de manejo de producto primarias en un centro de distribución.

10. ¿Cuáles son las funciones de apoyo clave en un centro de distribución? ¿Por qué son importantes?

11. ¿Cómo supervisaría una operación de distribución la calidad del servicio proporcionado por un proveedor de servicios 3PL? ¿Qué tipo de métricas se usarían para medir las operaciones de distribución privadas?

12. Usando motores de búsqueda de internet, identifique tres proveedores de soluciones de WMS. Describa las capacidades y el impacto en la cadena de suministro que prometen sus herramientas.

NOTAS

1. Patrick Burnson, "2010 State of Logistics: Make Your Move," *Logistics Management* (julio de 2010): 22–26.

2. Arnold Maltz y Nicole DeHoratius, *Warehousing: The Evolution Continues* (Oakbrook, IL: Warehousing Education and Research Council, 2004).

3. David Simchi-Levi, Philip Kaminsky y Edith Simchi-Levi, *Designing and Managing the Supply Chain*, 3a. ed. (Nueva York: McGraw-Hill, Irwin, 2008): 232.

4. Stuart Smith, "Why Convert Distribution to a Hub and Spoke Model," *CPE Management 101* (22 de febrero de 2010). 22, 2010 from http://blog.mintek.com/Cable_CPE_Management/bid/34385/Why-Convert-Distributionto-a-Hub-and-Spoke-Model

5. "Product Slotting—Inventory Profiling," *CEI Logistics*, (2007). Retrieved October 20, 2010 from http://www.ceilogistics.com/Solutions/product-slotting.htm

6. John M. Hill, "Accurate Order Picking Counts More Than Ever," *Modern Materials Handling* (4 de abril de 2007).

7. David Blanchard, "The Perfect Order," *Industry Week* (enero de 2007). Consultado el 18 de febrero de 2011 en http://www.industryweek.com/articles/the_perfect_order_13211.aspx

8. Patrick Burnson, "2010 State of Logistics: Make Your Move," *Logistics Management* (julio de 2010): 22-26.

9. Martin Murray, "Measures of Warehouse Productivity," *About.com*: Logistics/Supply Chain. Consultado el 21 de octubre de 2010 en http://logistics.about.com/od/supplychainmodels/a/measures.htm

10. Joan Nystrom y Dan Gilmore, "WMS: Core of the Integrated Logistics Suite," *Supply Chain Digest Letter* (julio de 2010): 1-9.

11. Dave Piasecki, "Warehouse Management Systems," *Inventoryops.com*. Consultado el 21 de octubre de 2010 en http://www.inventoryops.com/warehouse_management_systems.htm

12. Rob McGregor, "The Benefits of RFID Technology," *LogisticsIT.com* (22 de marzo de 2007). Consultado el 21 de octubre de 2010 en http://www.logisticsit.com/absolutenm/templates/article-print.aspx?articleid=2883&zoneid=7

CASO 11.1

BathKing Industries

Chip Norek, presidente de BathKing Industries (BKI), está leyendo el reporte financiero más reciente. Mientras revisa esta información, Norek recuerda los primeros días de la compañía y la lucha para conseguir minoristas que vendieran la línea de artículos para baño, espejos y accesorios de iluminación de la compañía. En la actualidad el problema es bastante diferente. La empresa está presionada para producir suficiente mercancía para satisfacer la demanda minorista.

BKI fabrica una variedad de accesorios para baño, incluyendo tocadores (botiquines), espejos, dispositivos de iluminación y estantería. Los productos están hechos de plástico moldeado resistente a la oxidación y a las desportilladuras y vienen en una variedad de diseños y colores modernos. La construcción de plástico permite a BKI producir un accesorio para baño de alta calidad a un precio accesible.

A fines de la década de 1990 Norek enfocó la atención de mercadotecnia de la compañía en las grandes cadenas de tiendas de artículos para el hogar: Home Depot, Lowe's y sus competidores más pequeños. En la actualidad, más de 80% de las ventas de BKI provienen de estas cadenas minoristas y representan 95% de su crecimiento. Sin estos clientes clave, BKI todavía sería un fabricante emprendedor pequeño.

Los recuerdos placenteros de Norek se desvanecen rápido ante las realidades de lidiar con estas grandes cadenas minoristas. En los últimos dos años se había requerido que BKI cumpliera con las iniciativas de RFID de los clientes, proporcionara notificaciones de embarque avanzadas y mejorara la visibilidad del inventario. La solicitud más reciente de una de las cadenas de tiendas más pequeñas consiste en que BKI reduzca el tiempo del ciclo embarcando los pedidos directamente a las tiendas.

En la actualidad los centros de distribución nacionales de BKI procesan y embarcan un pedido semanal para cada uno de los tres centros de distribución regionales (CDR) de la cadena de tiendas, por medio de transportistas terrestres nacionales. El producto es asignado entonces por los CDR a tiendas individuales y entregado por su flotilla privada. Bajo el arreglo propuesto, cada tienda hará sus pedidos por separado, y BKI procesará el pedido y lo entregará dentro de cinco días hábiles.

Joe Rutner, director de logística, revisó la solicitud y entregó algunas noticias aleccionadoras a Norek. Indicó que los costos de procesamiento de los pedidos y los costos de transporte se incrementarían de seguro. Su equipo ahora tendría que procesar pedidos más pequeños en cantidades por caja para cada tienda contra los pedidos de cantidades por tarima de los CDR. Además, BKI tendría que usar un servicio más costoso de carga menor a un remolque y entregar directo hasta las tiendas.

A Norek no le entusiasmó la idea de gastar más dinero en el cumplimiento de pedidos en vista de que el cliente no era enorme y no tenía interés en pagar más por el producto. También le preocupaba que otros minoristas pudieran hacer solicitudes similares. Así que pidió a Rutner que elaborara un plan que satisficiera a los clientes sin reducir demasiado los márgenes de BKI.

Rutner regresó con el concepto de establecer una red de seis instalaciones de CDR para BKI. Los centros de distribución se ubicarían en áreas de demanda elevada dentro de cada región. Promocionó la capacidad de la red para procesar pedidos más rápido y entregar el producto en forma más barata que la instalación actual de BKI. Las instalaciones serían capaces de manejar la recolección de cajas, el cruce de muelles de tarimas y algunos servicios de valor agregado. Rutner continuó diciendo que cada CDR mantendría sólo un nivel mínimo de existencias de seguridad y que el inventario general de la compañía disminuiría.

Norek es escéptico sobre este plan. Siente que incrementará los gastos de capital, los niveles de inventario y los costos de transportación. Ni siquiera está seguro de que cumpla los requerimientos de tiempo de entrega en cinco días.

PREGUNTAS SOBRE EL CASO

1   Analice el servicio de logística y las restricciones de costo impuestas a BKI por la solicitud de la cadena de tiendas.

2. ¿Cuál es su opinión de la propuesta de Joe Rutner para establecer una serie de CDR propiedad de la compañía?

3. Si BKI sigue adelante con el plan de CDR, ¿qué estructura de propiedad de la instalación le recomendaría? ¿Por qué?

4. Elabore un mapa del proceso describiendo los flujos del producto y de la información en la propuesta de Rutner.

CASO 11.2

Tele-Distributors Incorporated

Tele-Distributors Incorporated (TDI), un distribuidor de equipo para ejercicio, aparatos para cocina y electrodomésticos pequeños que se promueven de madrugada en televisión por cable, ha sido una organización exitosa pero está enfrentando algunos desafíos en sus operaciones de centro de distribución. Algunos niveles de desempeño entre sus indicadores clave de desempeño (tasa de surtido de pedidos, exactitud del cumplimiento, productividad de la recolección de pedidos, costos de distribución como un porcentaje del costo de las mercancías vendidas y tasas de daño) tienen una tendencia en la dirección equivocada de acuerdo con el informe del tercer trimestre.

INDICADOR CLAVE DE DESEMPEÑO	TERCER TRIMESTRE AÑO ACTUAL	SEGUNDO TRIMESTRE AÑO ACTUAL	TERCER TRIMESTRE AÑO ANTERIOR
Tasa de surtido de pedidos	95.4%	96.8%	93.9%
Tasa de existencias agotadas	2.2%	1.8%	1.1%
Productividad de la recolección de pedidos	165.1 cajas por hora	171.2 cajas por hora	164.3 cajas por hora
Costo de distribución	3.7%	4.0%	4.5%
Tasa de daño	0.9%	0.7%	0.6%

A la luz de los desafíos actuales, Nick Newton, director de distribución de TDI, ha convocado a una junta con su personal. Abrió la reunión con una declaración breve: "Aprecio su asistencia hoy. Nuestra compañía ha estado creciendo con rapidez y al parecer hemos cuidado a nuestros clientes, pero hay unos cuantos problemas que abordar. Vean los datos del informe en el cuadro de resumen. Tenemos que cumplir las promesas que hace Billy Blaze en nuestros comerciales."

"Estoy de acuerdo —contestó Cam Chizik, analista de distribución en jefe de TDI—, nuestra tasa de surtido de pedidos está cayendo y eso no hará felices a los clientes. Sin embargo, me gusta nuestro desempeño en términos de las tasas de existencias agotadas y de daño. No podemos esperar ser perfectos cada vez, y ellas están muy cerca de ser los mejores niveles de desempeño en su clase."

—Gene, ¿qué piensas?—, preguntó Newton.

Gene Fairley, el gerente de distribución de la compañía, contestó: "No es aceptable ninguna disminución en los números. ¿Por qué deberíamos permitir que la productividad de la recolección de pedidos disminuya? Y tenemos que hacer algo respecto al bajo porcentaje del costo de distribución."

—¿Entonces qué podemos hacer en relación con estos problemas?—, preguntó Newton—. ¿Alguna idea para mejorar?

—En realidad debemos abandonar nuestros procesos basados en papel —sugirió Fairley—. Es tiempo de que entremos en el siglo XXI y adoptemos un sistema de administración de almacenes. Nos ayudará a gestionar mejor el inventario y a nuestro personal.

—Sin ofender, Gene, pero el centro de distribución está diseñado en forma confusa con bastante espacio desperdiciado —dijo Chizik—. Los recolectores de pedidos parecen caminar en círculos cuando cumplen pedidos y hacen todo manualmente. Necesitamos adoptar las mejores prácticas de distribución para el diseño de la instalación y la recolección de pedidos.

—Excelentes ideas—, respondió Newton—. Quiero que investiguen estas oportunidades y me informen el próximo lunes. Se levanta la junta.

PREGUNTAS DEL CASO

1. Evalúe las afirmaciones de Chizik respecto al desempeño. ¿Está de acuerdo o en desacuerdo con ellas? ¿TDI logra los mejores niveles de desempeño en su clase de acuerdo con el cuadro 11.5?

2. Evalúe las afirmaciones de Fairley respecto al desempeño. ¿Está de acuerdo o en desacuerdo con ellas?

3. ¿Qué beneficios podría obtener TDI al adoptar un sistema de gestión de almacenes?

4. ¿Qué principios de diseño de la instalación y prácticas de recolección de pedidos debería adoptar TDI para mejorar el desempeño de la distribución?

Fuente: Brian J. Gibson, Ph.D. Reproducido con autorización.

APÉNDICE 11A

Manejo de materiales

Los centros de distribución (CD) están sometidos a una presión intensa para administrar el manejo de materiales en una forma que les permita cumplir los pedidos con rapidez, exactitud, seguridad y en forma económica. Esta necesidad de velocidad y eficiencia hace muy difícil que las organizaciones dependan exclusivamente del trabajo manual para completar las funciones de distribución clave de acumulación, clasificación, asignación y surtido. En cambio, puede usarse equipo para reducir o eliminar el trabajo manual en el manejo de materiales.

Hablando en general, el manejo de materiales se enfoca en las actividades, equipo y procedimientos relacionados con el movimiento, almacenamiento, protección y control de materiales en un sistema. En logística, el foco de este manejo es el movimiento eficiente a distancias cortas de productos y materiales dentro de los confines de un CD, fábrica, cruce de muelles, terminal de transportación o tienda. Adaptar la definición de las "siete C" de la logística orientadas al cliente (capítulo 2) generaría lo siguiente:

> El manejo de materiales usa el método correcto para proporcionar la cantidad correcta del material correcto en el lugar correcto, en el momento correcto, en la secuencia correcta, en la posición correcta, en la condición correcta y al costo correcto.

Para lograr las siete C del manejo de materiales dentro de un CD, con mayor frecuencia se usa equipo diseñado especialmente para lograr el movimiento del producto en una distancia corta. Seleccionado de manera apropiada, este equipo mejora la productividad de la mano de obra para las actividades de recepción, almacenaje, reabastecimiento, recolección de pedidos y embarque, incrementa la utilización del espacio y mejora el tiempo del ciclo de pedido en el CD.

Objetivos y principios del manejo de materiales

El objetivo general del manejo de materiales consiste en crear una operación más productiva, eficiente y segura. Para lograr un equilibrio apropiado entre el servicio y el costo, la seguridad y la productividad, y el volumen y la capacidad, los profesionales de logística deben administrar en forma efectiva las cuatro dimensiones críticas del manejo de materiales: 1) movimiento; 2) tiempo; 3) cantidad, y 4) espacio.

La dimensión de *movimiento* del manejo de materiales implica el transporte de mercancías que entran, cruzan y salen del CD. Los profesionales de logística deben seleccionar la combinación apropiada de mano de obra y equipo para lograr flujos eficientes.

La dimensión de *tiempo* del manejo de materiales se ocupa de preparar las mercancías para producción o para el cumplimiento de pedidos del cliente. Entre más tiempo tome obtener las materias primas para producción, mayor será la probabilidad de que el trabajo se interrumpa, que los inventarios sean más grandes y que aumente el espacio de almacenamiento. Del mismo modo, entre más tiempo tome mover las mercancías terminadas al área de embarque, más largo será el tiempo del ciclo de pedido y será menor el servicio al cliente.

La dimensión de *cantidad* aborda el uso y la tasa de entrega variables de las materias primas y las mercancías terminadas, respectivamente. Los sistemas de manejo de materiales están diseñados para asegurar que la cantidad correcta de producto se mueva para satisfacer las necesidades de producción y las de los clientes.

La dimensión de *espacio* del CD se enfoca en las restricciones en la capacidad de la instalación. El equipo y sistemas de manejo de materiales escogidos en forma apropiada permiten que una organización use tanto el espacio horizontal como el vertical en forma efectiva. Por ejemplo, los montacargas de largo alcance pueden extenderse a alturas de hasta siete a nueve metros, incrementando así la utilización de la capacidad vertical del centro de distribución.

Hallar el equilibrio apropiado entre estas dimensiones relacionadas requiere una planeación significativa del manejo de materiales y el análisis de las muchas opciones disponibles para mezclar espacio, equipo y personal. Por fortuna, estos desafíos han sido abordados por la Material Handling Industry of America en un conjunto de lineamientos llamados *Diez principios del manejo de materiales*. Los profesionales de la logística los aplican a diario cuando diseñan y gestionan operaciones de centros de distribución. (Consulte: Material Handling Institute; The ten principles of Material Handling http://www.mhia.org/industrygroups/cicmhe/resourses/guidelines/principles).

Estos principios son importantes y están relacionados. En el siglo xxi el manejo de materiales ayuda a las compañías a minimizar la inversión en instalaciones de distribución, reducir gastos y apoyar los requerimientos de la cadena de suministro. También ayuda a las organizaciones a superar algunos de los retos laborales asociados con el envejecimiento de la fuerza de trabajo.

Equipo de manejo de materiales[1]

El manejo de materiales efectivo requiere el uso efectivo de diferentes tipos de equipo mecánico y automatizado para mover las mercancías siempre que los puntos de equilibrio de los requerimientos de movimiento y manejo, volumen y costo justifiquen la inversión. La encuesta de automatización reciente de la Material Handling Industry of America reveló que la mayoría de las compañías está haciendo inversiones de capital en equipo y automatización de manejo de material para mejorar el desempeño de la instalación de distribución.[2]

Elegir el equipo correcto es una tarea multifacética. Para reducir los costos de compra, mantenimiento y operación, debe estandarizarse el equipo de manejo de materiales. También es importante emplear equipo flexible y adaptable que pueda usarse para una variedad de tareas y aplicaciones. Por último, el equipo deberá tener un impacto ambiental mínimo y una proporción baja de peso muerto a carga útil, y adaptarse de manera apropiada a las mercancías que fluyen a través del centro de distribución.

El College-Industry Council of Material Handling Education clasifica el equipo de manejo de materiales en cinco categorías principales: 1) equipo de transporte, 2) equipo de colocación, 3) equipo de formación de carga unitaria, 4) equipo de almacenamiento y 5) equipo de identificación y control. Esta clasificación no pretende incluir todo, pero ofrece una visión general del equipo que se ve comúnmente en los centros de distribución. A continuación se describe en forma breve cada categoría y se proporcionan ejemplos.

El **equipo de transporte** mueve material de una ubicación a otra dentro de un CD mejora los flujos de producto a través de la instalación, minimiza el esfuerzo y tiempo de mano de obra, y reduce el tiempo de inactividad.

Los montacargas y otros vehículos industriales se usan para mover materiales por rutas variables, sin restricciones en el área cubierta por el movimiento. Por ejemplo, el personal utiliza vehículos industriales para descargar la carga que llega en los trailers, mover producto del muelle a varias áreas de almacenamiento y cargar vehículos salientes. Los patines hidráulicos permiten a los recolectores de pedidos ensamblarlos directamente en tarimas y moverlos eficientemente a ubicaciones de recolección subsiguientes. Los vehículos guiados en forma automática (AGV; *automatic guided vehicles*) son máquinas que conectan la recepción, almacenamiento, manufactura y embarque. Los AGV pueden deambular libremente o moverse por una ruta fija, con computadoras que toman las decisiones de control de tráfico. En esencia, viajan por todo el almacén o planta de manufactura transportando varios artículos a un destino particular programado. En vista que los AGV no requieren un conductor, reducen los costos de mano de obra.

Las bandas transportadoras sirven para mover materiales por una ruta fija entre puntos específicos en un centro de distribución. Constituyen un beneficio cuando existe un volumen adecuado y frecuencia de movimiento entre puntos para justificar la inversión. Numerosos tipos de bandas transportadoras cumplen con los flujos sin mano de obra. Las clasificaciones principales incluyen cintas transportadoras para carga unitaria o carga a granel; con ubicación elevada, sobre el piso o en el piso, y de gravedad o motorizadas. Una variedad de bandas transportadoras automatizadas para clasificación también aligeran los requerimientos de mano de obra en el centro de distribución.

Las grúas mueven cargas por rutas variables dentro de un área restringida del centro de distribución o fábrica. Son más flexibles que las bandas transportadoras, tienen la capacidad de mover mercancías en forma tanto vertical como horizontal, y pueden manejar cargas de formas extrañas. Las grúas se justifican cuando hay un volumen limitado y el costo de instalar cintas transportadoras no es factible.

El **equipo de posición** sirve para manejar material en una sola ubicación de modo que esté en la posición correcta para su manejo, maquinado, transporte o almacenamiento subsiguientes. A diferencia del equipo de transporte, el equipo de posición por lo general se usa para manejar materiales en un solo lugar de trabajo. Ejemplos de equipo de posición incluyen mesas para levantar/girar/inclinar, manipuladores, grúas y robots industriales. La figura 11A.3 presenta diferentes tipos de equipo de posición.

Este equipo es un beneficio porque aumenta la productividad al mover, levantar y posicionar mercancías con una labor manual limitada. También protege la calidad y limita el daño a productos pesados reduciendo la necesidad de un manejo de material difícil. Por último, el equipo de posición reduce el potencial para fatiga y lesiones del trabajador.

El **equipo de formación de carga unitaria** restringe los materiales de modo que mantengan su integridad cuando se mueven o almacenan como una sola carga. Las tarimas son un tipo de equipo de formación de carga unitaria que permiten a un centro de distribución aprovechar equipo de transporte estandarizado como montacargas. La carga del contenedor será manejada al mismo tiempo, reduciendo por tanto el número de viajes requeridos y, potencialmente, los costos de manejo, tiempos de carga y descarga, y daño del producto. Cajones, bolsas, cubos, hojas deslizantes y película plástica retráctil también sirven para crear cargas unitarias.

El **equipo de almacenamiento** permite a las compañías guardar materiales en forma económica durante un periodo. El objetivo de estantes, sistemas de almacenamiento/recuperación automática (AS/RS), carruseles y entresuelos (mezzanines) es aprovechar de manera ingeniosa el espacio vertical y horizontal en el centro de distribución. La capacidad de almacenamiento también le da a la compañía una oportunidad de comprar mercancías a granel con descuentos por cantidad, cubrirse contra incrementos de precio anticipados y proporcionar un amortiguador contra picos de demanda. Pueden obtenerse eficiencias de transportación cuando una compañía compra y almacena cantidades de carga de contenedor de mercancías. Los sistemas de almacenamiento diseñados en forma apropiada pueden mejorar la velocidad, exactitud y rentabilidad del proceso de recolección de pedidos.

El equipo de almacenamiento puede dividirse en dos tipos: recolector a parte y parte a recolector. Los sistemas de almacenamiento de recolector a parte requieren que el recolector de pedidos vaya hasta la ubicación de almacenamiento del producto. Ejemplos de este tipo de equipo incluyen estantería de cubos, cajones de almacenamiento modular, estantes y entresuelos (mezzanines).

Los estantes están hechos de rieles y vigas verticales que soportan la carga. Las tarimas de producto se colocan en las vigas y se conservan hasta que se necesitan. Existen múltiples opciones de estantes que suelen usarse en los centro de distribución: selectivo (profundidad sencilla, pasillo estrecho, o profundidad doble), de flujo, para entrar con vehículo, para trabajar desde el vehículo, de retroceso y voladizos.

Los entresuelos son sistemas de almacenamiento de doble capa que utilizan un segundo nivel de estanterías de cubos, gabinetes de almacenamiento modular, estantes de flujo o carruseles arriba del primer nivel de almacenamiento. En lugar de usar el espacio en metros cuadrados, el entresuelo (mezzanine) agrega un segundo nivel para utilizar la capacidad cúbica del centro de distribución de manera más eficiente y permitir que la recolección de pedidos tenga lugar en ambos niveles. Por lo general una rejilla de acero divide los dos niveles, a los cuales los trabajadores acceden por medio de escaleras. Debido a que el entresuelo no es parte de la construcción real del edificio, su ubicación es flexible.

En los sistemas de almacenamiento de parte a recolector, la ubicación de la recolección viaja a través de una máquina automatizada hasta el recolector. Ejemplos incluyen carruseles y AS/RS. Estos sistemas tienen un costo inicial más alto que los de recolector a parte, pero utilizar equipo automatizado de almacenamiento y recuperación acelera las operaciones de recolección de pedidos, mejora el control de inventario e incrementa las ganancias. Los sistemas de parte a recolector minimizan el tiempo de recorrido.

Los carruseles son estantes o cubos unidos por medio de un dispositivo mecánico que almacena y gira los artículos para la recolección del pedido. Los carruseles horizontales constituyen una serie unida de cubos que giran alrededor de un eje vertical. Una computadora localiza una parte necesaria y gira el carrusel hasta que la ubicación de la parte se detiene enfrente de la posición fija del recolector de pedidos. Los sistemas automatizados intentan minimizar los tiempos de espera y maximizar los tiempos de recolección de pedidos. Entre las industrias que usan carruseles horizontales se cuentan las de aviación, electrónica, papel y farmacéutica.

Los carruseles verticales están sellados por limpieza y seguridad y giran alrededor de un eje horizontal. Operan con un principio de elevación continua, girando los artículos necesarios hasta la estación de trabajo del recolector de pedidos. Este enfoque de almacenamiento vertical reduce el uso de espacio de piso en 60% e incrementa la productividad de la recolección hasta en 300% sobre los estantes y la estantería de igual capacidad. Algunas industrias que usan carruseles verticales incluyen electrónica, automotriz, aeronáutica y computación.

El AS/RS está entre los equipos técnicamente más avanzados para el almacenamiento y recolección de pedidos usados en la distribución. Éstos aprovechan de manera eficiente el espacio de almacenamiento y logran la mayor tasa de exactitud en la recolección de pedidos. La máquina AS/RS se traslada vertical como horizontalmente hasta las ubicaciones de almacenamiento en un pasillo, transportando los contenedores de almacenamiento de artículos desde y hasta una estación de recolección de pedidos al final del pasillo. En la estación de recolección de pedidos, el recolector programa la secuencia correcta de recolección de artículos. La máquina AS/RS recupera el siguiente contenedor en la secuencia, mientras el recolector de pedidos obtiene artículos del contenedor presente. Los AS/RS son eficientes en espacio y mano de obra, pero son muy costosos de comprar e instalar.

El **equipo de identificación y control** recolecta y comunica información para coordinar el flujo de materiales dentro de una instalación y entre una instalación y sus proveedores y clientes. Las herramientas de identificación automática (códigos de barras, franjas magnéticas y etiquetas de identificación por radiofrecuencia) capturan datos con poca o ninguna intervención humana. Estas herramientas se exponen en el capítulo 11. Otras herramientas de control críticas incluyen terminales de datos portátiles para capturar y almacenar información, al igual que herramientas de intercambio electrónico de datos y software de cadena de suministro que facilitan la transferencia de información.

RESUMEN

El manejo de materiales es muy importante para la operación eficiente de los centros de distribución y otras instalaciones logísticas. El equipo y herramientas expuestos en este apéndice facilitan los flujos internos de mercancías desde la recepción hasta el embarque. La clave para el éxito es seleccionar el equipo apropiado para el tipo y volumen de producto que esté distribuyendo la instalación. En última instancia, la selección y aplicación efectivas de los principios de manejo de materiales a las operaciones diarias mejorarán la utilización de la capacidad, la productividad del empleado y la velocidad de cumplimiento.

NOTAS

1. Esta sección se derivó de College-Industry Council of Material Handling Education's, *Material Handling Equipment Taxonomy*. Consultado el 25 de febrero en 2011 en http://www.mhia.org/industrygroups/cicmhe/resources/mhe_tax.htm

2. Trebilcock, Bob, "Looking for Automation", *Logistics Management*, febrero de 2011: 53.

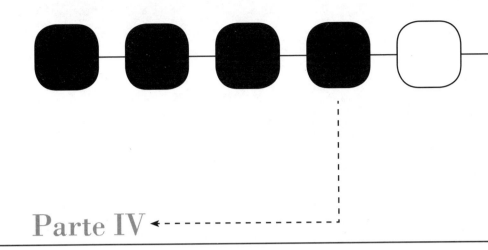

Parte IV

Alcanzar los objetivos deseados es una tarea extraordinaria y desafiante para cualquier gerente de logística o de la cadena de suministro. Las empresas exitosas serán las que identifiquen y utilicen enfoques nuevos, innovadores y de valor agregado en ambas áreas.

En el **capítulo 12** se estudian temas relacionados con el diseño de la red y la ubicación de las instalaciones de la cadena de suministro. Si se considera la necesidad de mantener actualizados los sistemas de logística y las cadenas de suministro, el conocimiento y la comprensión de los enfoques analíticos han demostrado ser de gran valor. Además, es importante entender cómo la economía de la transportación puede afectar las ubicaciones óptimas y preferidas para las instalaciones de logística y cadenas de suministro.

El **capítulo 13** ofrece perspectivas valiosas sobre los temas de compras, adquisición y abastecimiento estratégico en el contexto de la cadena de suministro. Se incluyen los principios y los procesos de la administración eficaz del abastecimiento y el valor de las relaciones efectivas y productivas con los proveedores de productos y servicios de logística para las empresas.

El **capítulo 14** enfatiza los aspectos clave de la manufactura en su relación con la administración de la logística y de la cadena de suministro. Dados los cambios que han ocurrido en el ambiente comercial general, como el movimiento hacia la manufactura por contrato y su reubicación, el vínculo entre la logística y la manufactura se ha convertido en un elemento esencial para el éxito general de la cadena de suministro.

El **capítulo 15** se enfoca en las oportunidades relacionadas con la administración eficaz de los flujos de logística inversa. En general, existen grandes oportunidades en la mayoría de las organizaciones para mejorar la efectividad en la administración de los flujos inversos del producto para devoluciones, reparaciones, entre otros.

Capítulo 12

ANÁLISIS Y DISEÑO DE LA RED DE CADENA DE SUMINISTRO

Objetivos de aprendizaje

Después de leer este capítulo, usted será capaz de:

- Comprender la necesidad vital de evaluar la estructura y el funcionamiento de las redes logísticas/de la cadena t de suministro, así como de realizar cambios y mejoras cuando sea conveniente.

- Identificar los factores que sugieren la necesidad de rediseñar una red logística/de la cadena de suministro.

- Estructurar un proceso efectivo para el diseño de la red logística/de la cadena de suministro.

- Tener presentes los aspectos determinantes de la ubicación, ya sean regionales, nacionales, mundiales o específicos del sitio, y los impactos que pueden causar en las posibles opciones de ubicación.

- Describir los diferentes enfoques de creación de modelos que pueden usarse para obtener una perspectiva del diseño de la red logística/de la cadena de suministro y de la toma de decisiones sobre la ubicación de las instalaciones.

- Aplicar la matriz simple o el enfoque del centro de gravedad para la ubicación de las instalaciones.

- Analizar diversas formas en las que las opciones y los costos de transportación pueden influir en la decisión relacionada con la ubicación.

Introducción

Mientras las empresas continúan buscando nuevas formas de reducir costos y mejorar el servicio para sus clientes, el tema de dónde ubicar las instalaciones logísticas y de manufactura nunca ha sido tan complejo o importante. Además de aumentar la eficiencia y efectividad de una operación de logística y de la cadena de suministro, el rediseño de la red general de una empresa puede ayudar para que ésta se distinga en el mercado. Al considerar los aspectos cada vez más dinámicos del mundo comercial actual, las empresas buscan de manera continua enfoques nuevos y más adecuados para el diseño y la operación de dicha red. Varios ejemplos ilustran este tipo de éxito:

- Un distribuidor farmacéutico líder, con servicio a nivel nacional, redujo su red logística de más de 60 centros de distribución a 20, mientras ofrecía a sus clientes una selección de respuestas de servicios para elegir (por ejemplo, entrega el mismo día, servicio regular, entre otras).

- Una empresa destacada de productos de oficina disminuyó su red de instalaciones de distribución de 11 a 3, mientras que aumentó de manera sustancial el nivel de actividad de cruce de muelles (*cross-docking*) con sus clientes y mejoraba significativamente el servicio logístico al cliente.

- Una empresa de venta directa con capacidad de distribución nacional rediseñó su operación de servicio al cliente y eliminó un punto de distribución importante, lo que condujo a reducciones importantes en sus activos fijos y sus gastos de operación, mientras que diferenciaba sus servicios para cumplir con una gama reconocida de requerimientos del cliente.

- Como resultado de la fusión de dos grandes fabricantes de la industria de los abarrotes, la red combinada de logística consistía en 54 centros de distribución por todo Estados Unidos. Después de un estudio y análisis meticuloso, con visión hacia el futuro, la compañía consolidó su red en 15 instalaciones con ubicación estratégica; este movimiento redujo mucho los costos generales de logística de la empresa y mejoró los niveles de servicio a sus clientes.

- Una destacada compañía minorista de productos para el consumidor construyó un centro muy amplio de distribución de importación para acomodar los embarques de entrada de los productos que llegaban desde sus sitios de manufactura alrededor del mundo.

- Un fabricante mundial de productos de semiconductores consolidó su red logística en un solo centro de distribución mundial en Singapur y contrató a un proveedor de servicios logísticos tercerizados rápidos para administrar su actividad general de distribución. Los resultados fueron la reducción de costos, el mejoramiento del servicio y una nueva forma para que la empresa se diferenciara en el mercado.

- Cuando los niveles del comercio internacional fluctúan, esto trae consigo cambios en los volúmenes de las cargas de mercancía que se envían desde varias instalaciones portuarias alrededor del mundo y hacia ellas. Estas variaciones con frecuencia tienen impactos importantes en la estructura y el funcionamiento de las cadenas globales de suministro y las funciones relacionadas de varias instalaciones portuarias alternativas.

Mientras que también hay ejemplos de la situación contraria, en la que las firmas han expandido con justificación sus redes logísticas e incrementado el número de instalaciones de distribución, el movimiento para consolidar los sistemas existentes prevalece. Suponiendo que una firma considere el impacto de dicha decisión en el costo logístico total, es común que los ahorros en los costos de inventario asociados con las instalaciones consolidadas compensen cualquier gasto adicional de transportación incluido al llevar el producto al cliente. Además, el uso de la tecnología de la información disponible en la actualidad, junto con las capacidades relacionadas con el tiempo de muchos proveedores de servicios de transportación, pueden significar que dicho movimiento mejora la capacidad de respuesta y los niveles del servicio que reciben los clientes.

Este capítulo se enfoca primero en varios aspectos estratégicos del diseño de la red logística y de la cadena de suministro; aunque, en ocasiones el hecho de "cambiar sólo por cambiar" puede ayudar, varios factores importantes quizá sugieran que se necesita un rediseño de la red. Después, se revisa en forma detallada este proceso de rediseño. Este contenido ofrece un marco útil para comprender los pasos fundamentales que deben incluirse en un enfoque meticuloso para el diseño de redes y la ubicación de instalaciones.

Después de estas discusiones, se enfoca la atención en diversos determinantes importantes respecto a la ubicación; estos factores pueden tratarse en el nivel regional o en el específico del sitio. También se incluye un resumen de las tendencias actuales que predominan la selección de los sitios. El capítulo concluye con la cobertura de varios puntos de vista relacionados con la creación de modelos que pueden utilizarse para ofrecer una perspectiva sobre los temas de diseño de redes logísticas y de la cadena de suministro, y la ubicación de instalaciones. Asimismo se analizan varios ejemplos de los factores específicos de transportación.

La necesidad de planificar a largo plazo

En el corto plazo, la red logística y de la cadena de suministro de una empresa y la ubicación de sus instalaciones principales son hasta cierto punto fijas, y los gerentes de logística deben trabajar dentro de las restricciones impuestas por la ubicación de dichas instalaciones. La disponibilidad del sitio, los arrendamientos, los contratos y las inversiones hacen que el cambio en la ubicación de la instalación sea impráctico a corto plazo. Sin embargo, a largo plazo, el diseño de la red general debe pensarse como variable; la administración puede y debe tomar las decisiones para modificar la red a fin de cumplir con los requerimientos logísticos impuestos por los clientes, los proveedores, los cambios competitivos y las realidades de la cadena de suministro en sí.

Además, las decisiones respecto al diseño de la red y la ubicación de las instalaciones que se tomen en la actualidad tendrán consecuencias en el futuro cercano y lejano. Una instalación cuya ubicación es adecuada de acuerdo con las condiciones económicas, competitivas y tecnológicas vigentes quizá no sea pertinente en el futuro. De igual modo, la decisión actual sobre la ubicación afectará significativamente los costos futuros en las áreas como logística, mercadotecnia, manufactura y finanzas. Por ello, en ésta es preciso considerar con seriedad las condiciones comerciales previstas y reconocer la enorme necesidad de ser flexibles y receptivos a los requerimientos del cliente ya que pueden cambiar más adelante. Esta última preocupación aumenta el atractivo de la opción relacionada con los proveedores logísticos tercerizados para muchas operaciones actuales.

La importancia estratégica del diseño de la red logística y de la cadena de suministro

¿Por qué analizar la red logística y de la cadena de suministro? En esencia, la respuesta se encuentra en el hecho de que todos los negocios operan en un ambiente muy dinámico en el que el cambio es la única constante. Las características del cliente y la demanda del comprador industrial, la tecnología, la competencia, los mercados y los proveedores cambian constantemente. Como respuesta ante el ambiente siempre variante y en anticipación a éste, los negocios deben reubicar sus recursos.

Considerando la velocidad a la que el cambio ocurre, es posible cuestionar si existe alguna red de logística y de la cadena de suministro que en realidad esté actualizada. Cualquier red que haya existido por varios años con certeza es candidata a la reevaluación y el rediseño potencial. Incluso si el sistema prevaleciente no es obsoleto a nivel funcional, el análisis de la red vigente tal vez mostrará nuevas oportunidades para reducir los costos y mejorar el servicio.

Esta sección se concentra en los cambios que pueden sugerir la necesidad de reevaluar y rediseñar la red logística de una empresa. Aunque no todos estos factores afectarán a una compañía al mismo tiempo, representan los elementos del ambiente comercial que cambian con más frecuencia y que influyen sobre la administración de la logística y de la cadena de suministro.

Cambiar los requerimientos del servicio al cliente

Como se discutió en los capítulos 1 a 3 y 7 a 8, los requerimientos de los clientes cambian en varias maneras. Como consecuencia, la necesidad de reevaluar y rediseñar las redes logísticas y de la cadena de suministro es de gran interés en la actualidad. Aunque algunos clientes han intensificado la demanda de servicios logísticos más eficientes y a menor costo, otros buscan relaciones con proveedores que lleven las capacidades logísticas y el desempeño a nuevos niveles sin precedentes.

Mientras los requerimientos de servicio al cliente pueden cambiar, los tipos de cliente también evolucionan con el tiempo. Consideremos, por ejemplo, el caso de los fabricantes de alimentos que por muchos años han distribuido su producto en tiendas independientes y en cadenas minoristas regionales y que en últimas fechas agregaron a los comerciantes masivos a su lista de clientes. Otro ejemplo es el de los fabricantes de artículos de papelería, que por tradición prestaban sus servicios a una multitud de clientes, desde minoristas pequeños hasta tiendas mayoristas, pero que ahora se enfocan principalmente en los distribuidores de artículos para oficina. En estos ejemplos, el cambio ocurrió en los niveles tanto del cliente como de la cadena de suministro, con efectos significativos en los tiempos de producción y entrega, el tamaño y la frecuencia de los pedidos, así como en las actividades relacionadas como notificación del envío, el marcado, el etiquetado y el embalaje.

Modificación de las ubicaciones de los mercados del cliente y suministro

Cuando se piensa que las instalaciones de manufactura y de logística en la cadena de suministro se encuentran entre el mercado del cliente y el de suministro, es seguro que cualquier modificación en dichos mercados provoque que una empresa reevalúe su red logística. Por ejemplo, cuando la población estadounidense se mudó al sureste y el suroeste, nuevos almacenes e instalaciones de distribución siguieron las tendencias cambiantes de la ubicación geográfica. Como resultado, ciudades como Atlanta, Dallas, Las Vegas, Reno/Sparks y Memphis se convirtieron en lugares populares por los centros de distribución para las empresas que prestan sus servicios en estos sitios cada vez más poblados.

Del lado del suministro, los requerimientos de costo y servicio del movimiento de la industria automotriz hacia la manufactura JIT (*just-in time*) han obligado a las empresas a revisar la ubicación de las instalaciones de logística. Por ejemplo, muchos proveedores de productos para la industria automotriz han seleccionado puntos cercanos para sus instalaciones de manufactura y de distribución de refacciones. Al considerar la creciente naturaleza mundial del abastecimiento de refacciones, las empresas de la industria automotriz también se enfocan en la agilización de sus cadenas globales de suministro para alcanzar los objetivos de eficiencia y efectividad.

De igual modo, en el escenario mundial, los cambios como las iniciativas de unificación de la Unión Europea, la búsqueda continua por la manufactura de bajo costo y la creciente importancia económica de China y la zona Asia-Pacífico han obligado a muchas empresas a revisar la ubicación de las instalaciones en términos de su idoneidad para competir en estos mercados de desarrollo rápido. Además de reconfigurar sus redes generales logísticas y de la cadena de suministro, las empresas que enfrentan estos desafíos han establecido sucursales en estas geografías de reciente popularidad, han celebrado contratos de riesgo compartido con otras que se ubican en estos puntos y que ya tienen una presencia comercial importante en estas áreas.

Cambio en la propiedad corporativa

Un evento que hoy se ha hecho relativamente común es que las empresas experimenten cambios en la propiedad que podrían asociarse con fusiones, adquisiciones o desinversiones. En dichos casos, muchas eligen ser proactivas y realizar evaluaciones formales de las redes nuevas de logística y de la cadena de suministro antes de que suceda dicho cambio. Esto es muy útil para que la empresa recién fusionada, o con nueva independencia, se asegure de anticipar por completo los efectos del cambio en la logística y la cadena de suministro de la propiedad corporativa. En otras instancias, las personas que tienen la responsabilidad administrativa de las actividades de logística y de la cadena de suministro quizá sean las últimas en enterarse del cambio inminente y la función del diseño de la red toma de inmediato una postura defensiva.

Incluso si estos impactos logísticos no son parte del proceso de planificación, es vital para las empresas reevaluar sus redes logísticas y de la cadena de suministro después de los cambios relacionados en la propiedad, como los que se han mencionado en el párrafo anterior. Sin la planificación anticipada suficiente, dichos cambios aumentan la posibilidad de que la nueva operación duplique el esfuerzo e incurra en gastos innecesarios.

Ejemplos de fusiones/adquisiciones que con el tiempo han tenido implicaciones significativas en el diseño de la red logística y de la cadena de suministro incluyen la adquisición de Warner Lambert y de Wyeth realizada por Pfizer, la adquisición de Gillete por parte de Procter & Gamble, la fusión de Heinz/HP Foods, la compra de Schick por parte de Energizer, la adquisición de DuPont Pharmaceuticals Corporation que efectuó Bristol-Myers Squibb, la adquisición de Compaq por parte de Hewlett-Packard Company, la adquisición de Quaker Oats Company por parte de Pepsi y la fusión de dos grandes compañías de la industria petrolera para formar Exxon Mobil Corporation. De hecho, uno de los factores que han guiado algunos de estos ejemplos son las sinergias que hay, o que pueden crearse, como resultado de la fusión o adquisición.

Presiones de costo

Una de las prioridades para muchas empresas en la actualidad es la creación de formas nuevas e innovadoras de suprimir costos en sus procesos comerciales clave, incluyendo los relacionados con la logística. En dichos casos, la reevaluación de la red logística y el funcionamiento de la cadena de suministro general con frecuencia ayuda a descubrir nuevas fuentes de ahorro. Ya sea que la respuesta esté en la reducción de los costos en la transportación, el inventario, el almacenaje o cualquier otra área; la revisión detallada del sistema actual en comparación con enfoques alternativos puede ser muy útil.

A nivel mundial, las tasas de salarios tienen un impacto significativo en la ubicación de las operaciones de manufactura y logística. En la historia reciente, la actividad económica ha evolucionado hacia las ubicaciones con tasas de salarios más bajos como los países BRIC (Brasil, Rusia, India y China), mientras que las áreas contemporáneas de interés mundial incluyen a países como los VISTA (Vietnam, Indonesia, Sudáfrica, Turquía y Argentina). Un ejemplo interesante del movimiento hacia las nuevas ubicaciones globales fue la decisión que tomó Intel Corporation, en 2006, relacionada con la construcción de una instalación de 300 millones de dólares de prueba y ensamblaje de semiconductores en la ciudad de Ho Chi Minh, Vietnam.[1] De igual modo, y aunque las tasas de salarios en algunos países como los mencionados han aumentado en cierta medida, las tendencias recientes no han reducido la brecha en forma significativa con cifras comparables de Estados Unidos.[2]

Las empresas que ponderan la necesidad de modernizar sus plantas en ocasiones también obtienen un beneficio del análisis exhaustivo de los costos que acompaña a la reevaluación de la red logística. Una empresa que considera una inversión de millones de dólares en una planta debe preguntarse, "¿Es éste el lugar adecuado para la planta, dadas las ubicaciones actuales y futuras del cliente y del vendedor?"

Capacidades competitivas

Hay otro factor que se relaciona con las presiones competitivas que pueden obligar a una empresa a revisar sus niveles de servicio logístico y los costos generados por su red de instalaciones. Para seguir siendo competitiva en el mercado, o lograr una ventaja competitiva, una empresa debe revisar con frecuencia la ubicación de sus instalaciones, con el objetivo de mejorar el servicio y reducir costos. Las compañías realizan esta revisión frente a las alternativas de transporte recién desarrolladas.

Por ejemplo, muchas empresas ubican sus instalaciones de distribución cerca de las operaciones centrales de otras como FedEx y UPS para facilitar el acceso a los servicios de transportación exprés y de tiempo crítico. Esta estrategia es particularmente apropiada para los inventarios de productos perecederos de alto valor que quizá deban enviarse en cualquier momento. Los niveles de servicio resultantes son más altos y el costo total de los servicios logísticos exprés y meticulosos es menor que el costo total que resultaría del almacenamiento de las existencias necesarias en diversas ubicaciones a lo largo de la red logística de la empresa. En esencia, la centralización de dichas existencias en ubicaciones seleccionadas de manera estratégica reduce el costo logístico total y perfecciona la capacidad de respuesta en términos de los tiempos de entrega. Además, es posible alcanzar el mismo resultado al contratar proveedores logísticos de alta calidad, como Forward Air Corporation, que se especializa en la transportación de envíos delicados de un aeropuerto a otro y otros servicios y soluciones logísticos de valor agregado.[3]

Cambio organizacional corporativo

Es normal que el diseño de la red logística y de la cadena de suministro se constituya un tema de discusión cuando una empresa considera efectuar cualquier cambio organizacional corporativo importante, como la reducción. En estos casos, se percibe que el funcionamiento estratégico de la red logística de la empresa debe protegerse e incluso mejorarse por medio del cambio organizacional.

Diseño de la red logística y de la cadena de suministro

Una organización debe considerar muchos factores para determinar el diseño óptimo de su red logística y su cadena de suministro. Éstos se identifican y analizan más adelante, en este capítulo. Sin embargo, es importante comprender desde el principio que la tarea de diseñar una red logística y una cadena de suministro apropiadas debe coordinarse de manera estrecha con las estrategias corporativas y comerciales generales que existan. Ya que este proceso de diseño o rediseño puede ser complejo, se analiza en el contexto de un proceso importante de rediseño corporativo.

En la figura 12.1 se identifican los seis pasos principales que se recomiendan para llevar a cabo un diseño exhaustivo de la red logística y la cadena de suministro. Cada paso se explica en los siguientes párrafos.

| Figura 12.1 | Pasos principales del proceso de diseño de la red logística y la cadena de suministro |

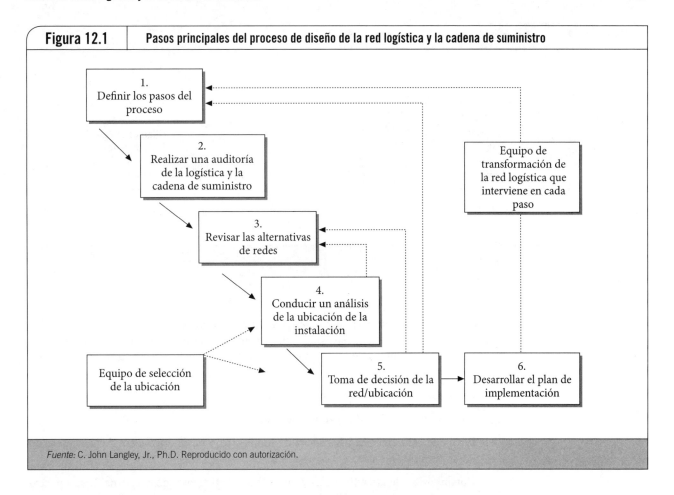

Fuente: C. John Langley, Jr., Ph.D. Reproducido con autorización.

Paso 1: Definir el proceso de diseño de la red logística y la cadena de suministro

En un principio, es importante formar un equipo de transformación de la red logística y la cadena de suministro que sea responsable por todos los elementos de dicho proceso. Este equipo deberá conocer las estrategias comerciales y corporativas generales, las necesidades comerciales subyacentes de la empresa y las cadenas de suministro en las que participa.

En esta fase también es importante establecer los parámetros y objetivos del proceso de diseño o rediseño de la red. Conocer las expectativas de la administración superior, por ejemplo, es esencial para el progreso general del mejoramiento. Los temas relacionados con la disponibilidad de los recursos necesarios en las áreas de financiamiento, personal y sistemas deben conocerse desde las primeras etapas.

Un tema adicional que debe tratarse desde el comienzo es la inclusión potencial de proveedores de servicios logísticos tercerizados para conseguir los objetivos de la empresa. Este punto es vital, ya que ampliará la ideología del equipo de diseño de la red para incluir soluciones que puedan incluyan tanto recursos proporcionados por colaboradores externos como propios.

Paso 2: Realizar una auditoría de la logística y la cadena de suministro

La auditoría de la logística y la cadena de suministro ofrece a los integrantes del equipo de transformación una perspectiva profunda de estos aspectos de la empresa. Además, ayuda a

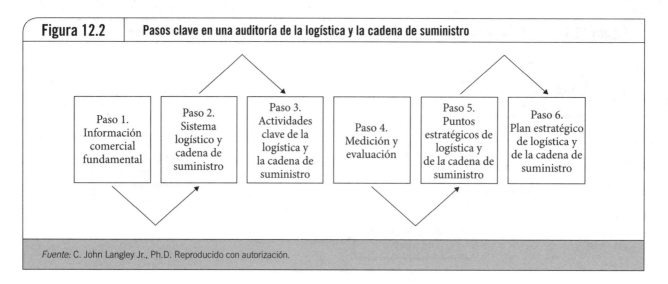

Figura 12.2 | Pasos clave en una auditoría de la logística y la cadena de suministro

Fuente: C. John Langley Jr., Ph.D. Reproducido con autorización.

reunir información fundamental que será útil durante el proceso de rediseño. La figura 12.2 muestra un número de pasos clave que deben incluirse en la auditoría mencionada. A continuación se listan ejemplos de los tipos de información que deben estar disponibles después de esta auditoría:

- Requerimientos del cliente y factores ambientales clave

- Metas y objetivos logísticos fundamentales

- Perfil de la red logística y la cadena de suministro, y posicionamiento de la empresa en la(s) respectiva(s) cadena(s) de suministro.

- Comprensión de las actividades y los procesos logísticos y de la cadena de suministro principales.

- Valores de parámetros, u objetivos, para los costos logísticos y de la cadena de suministro, y principales mediciones de desempeño.

- Identificación de las brechas entre el desempeño de la logística y la cadena de suministro (cualitativo y cuantitativo) actual y esperado.

- Objetivos clave para el diseño de la red logística y la cadena de suministro, expresados en términos que faciliten la medición.

Paso 3: Revisar las alternativas de la red logística y la cadena de suministro

El siguiente paso es revisar las alternativas disponibles para la red logística y la cadena de suministro. Esto incluye la aplicación de modelos cuantitativos adecuados al sistema logístico actual así como a los sistemas y enfoques alternativos en consideración. El uso de estos modelos proporciona una perspectiva amplia sobre el funcionamiento y la efectividad del costo/ servicio de las distintas redes posibles. Básicamente, el enfoque principal de modelado será la optimización, simulación, heurística o alguna combinación de estos tres enfoques que se analizarán más adelante en este capítulo. En resumen, la optimización se enfoca en la búsqueda de "mejores" soluciones, los modelos de simulación replican el funcionamiento de la red logística y la cadena de suministro y las técnicas heurísticas pueden encontrar definiciones exhaustivas del problema, pero no proporcionan soluciones óptimas.

Una vez que se ha seleccionado el procedimiento de modelo apropiado, éste debe utilizarse para identificar una red logística y una cadena de suministro que sean consistentes con los objetivos principales que se establecieron durante la fase de auditoría. Aunque al principio los equipos de transformación buscan el modelo para sugerir respuestas a las preguntas clave que se generaron, en seguida se percatan de que el esfuerzo de creación posiblemente genere más preguntas que respuestas.

Después de encontrar las soluciones preliminares del diseño, es preciso analizar posibles escenarios para probar la sensibilidad de los diseños recomendados para las redes ante los cambios en las variables logísticas clave. Los resultados de este paso deben proporcionar un conjunto de recomendaciones útiles para establecer el número y la ubicación general de las instalaciones logísticas que ayudarán a cumplir los objetivos esperados.

En este momento del proceso de diseño de la red también es fundamental comprender los parámetros geográficos de la logística/cadena de suministro que se estudia. Aunque hasta ahora la perspectiva nacional o regional ha sido el enfoque de muchos proyectos de diseño de redes, existe un número cada vez mayor de otros en los cuales se necesita una perspectiva multinacional o mundial. Los procesos vanguardistas de diseño de redes pueden resolver las necesidades de logística/cadena de suministro de este escenario geográfico más amplio.

Paso 4: Analizar la ubicación de las instalaciones

Una vez que se ha recomendado la configuración general de la red logística y la cadena de suministro, la siguiente tarea es analizar a conciencia los atributos de las regiones específicas y locales que son candidatas para ubicar las instalaciones logísticas, los centros de distribución, las operaciones de cruce de muelles *(cross-docking),* entre otros. Estos análisis tendrán aspectos cuantitativos y cualitativos; muchos de los elementos cuantitativos ya se incorporaron en el paso 3 del esfuerzo de modelado; los cualitativos, que se estudiarán más adelante en este capítulo, incluyen consideraciones como el clima laboral, los problemas de transportación, la proximidad de los mercados y clientes, la calidad de vida, los impuestos e incentivos de desarrollo industrial, las redes de proveedores, los costos de terreno y servicios básicos, la infraestructura logística general y la cadena de suministro, y la preferencia de la compañía.

El esfuerzo en este paso se facilitará debido a la formación de un equipo de selección de la ubicación, que recabará información sobre los atributos específicos que se identificaron antes. Además, este equipo debe revisar factores locales de los sitios potenciales, como topografía, geología y diseño de la instalación. Para complementar los recursos disponibles en el nivel interno, la empresa quizá desee contratar los servicios de consultores que se especialicen en ayudar a sus clientes con la selección de una ubicación.

La primera revisión del equipo elimina las áreas que no son rentables desde la perspectiva logística, con lo que se reduce el número de opciones. Por ejemplo, considere el número de sitios potenciales para ubicar centros de distribución en el sureste de Estados Unidos. Si se aplica el determinante de la ubicación logística o de la cadena de suministro, el equipo quizás encuentre que la óptima se encuentra en el área de Tennessee/Georgia. Esta determinación reduce de manera definitiva el número de sitios potenciales y permite al equipo dirigir el análisis de ubicación hacia un área específica. O, si la decisión se toma en un escenario mundial, la revisión inicial puede concentrar la atención en las ubicaciones potenciales en el sur de China, con una resolución a futuro con base en un análisis más profundo.

Paso 5: Tomar decisiones respecto a la ubicación de red y las instalaciones

A continuación, la red y los sitios específicos para las instalaciones logísticas que se han recomendado en los pasos 3 y 4 deben evaluarse para determinar si son consistentes con los criterios de diseño que se identificaron en el paso 1. Este paso debe confirmar los tipos de modificaciones necesarias para la red logística de la firma y es preciso hacerlo en el contexto del posicionamiento general de la cadena de suministro. Aunque la viabilidad de incluir a los proveedores de servicios logísticos tercerizados debió considerarse en las alternativas que se evaluaron en los dos pasos previos, la decisión de incluirlos tendrá implicaciones tanto estratégicas como de costo y servicio.

Paso 6: Diseñar un plan de implementación

Luego de establecer la dirección general, el diseño de un plan eficaz de implementación, o "programa para el cambio", es vital; este plan debe servir como un mapa útil para moverse desde la red logística y la cadena de suministro actuales hacia la nueva red. Ya que se sabía desde el principio que este proceso de transformación tal vez generaría recomendaciones para efectuar cambios significativos, es importante que la empresa comprometa los recursos necesarios para asegurar una implementación sutil y oportuna, así como el mejoramiento continuo de las decisiones sobre la red que tendrán que tomarse.

Determinantes principales sobre la ubicación

El enfoque del paso 4 en el proceso de rediseño de la red logística y la cadena de suministro es analizar los atributos de las regiones y áreas específicas que son candidatas para el asiento de las instalaciones. La tabla 12.1 enumera las determinantes principales para la ubicación tanto nacional/regional como específica del sitio. Aunque estos factores se enumeran en orden de importancia general, el peso relativo que se asigna a cada uno depende de los detalles de la decisión sobre la ubicación específica en consideración.

La importancia de los determinantes principales sobre la ubicación varía entre las industrias y entre las compañías individuales dentro de una industria en específico. Por ejemplo, las industrias de trabajo intensivo como la textil, la mobiliaria y la de aparatos electrodomésticos enfatizan la disponibilidad y los costos de la mano de obra en las áreas de mercado tanto regionales como locales. Por otro lado, los fabricantes de productos de alta tecnología como computadoras y periféricos, semiconductores, instrumentos científicos y de ingeniería prefieren asegurar la disponibilidad de la mano de obra calificada con habilidades técnicas específicas y, como ya se mencionó antes, la proximidad con los mercados del cliente. Para las industrias como la farmacéutica, la de bebidas y la de impresión y publicidad, en las que la competencia o los costos logísticos son importantes, hay otras variables esenciales.

Tabla 12.1	Determinantes principales sobre la ubicación
DETERMINANTES NACIONALES/REGIONALES	**DETERMINANTES ESPECÍFICOS DEL SITIO**

• Clima laboral
• Disponibilidad de transportación
  — Servicios
  — Infraestructura
• Proximidad de los mercados y clientes
• Calidad de vida
• Impuestos e incentivos de desarrollo industrial
• Redes de proveedores
• Costos de terreno y servicios básicos
• Preferencia de la compañía
	• Acceso de transportación
	  — Camión
	  — Aire
	  — Ferrocarril
	  — Agua
	• Dentro/fuera del área metropolitana
	• Disponibilidad de la mano de obra
	• Costos de terreno e impuestos
	• Servicios básicos

Fuente: C. John Langley Jr., Ph.D. Reproducido con autorización.

Factores clave que deben considerarse

Este análisis enfoca su atención en los determinantes regionales que se muestran en la tabla 12.1. Debido a que los determinantes específicos del sitio no pueden generalizarse de igual modo, este nivel de detalle debe adquirirse y evaluarse por medio de los intentos del equipo de selección de la ubicación.

Clima laboral

Los responsables de la toma de decisiones relacionadas con la ubicación ponderan varios factores al estudiar el clima laboral de un área, región o país. Dada la naturaleza típicamente intensiva del trabajo de muchas operaciones logísticas y de la cadena de suministro, el costo y la disponibilidad de la mano de obra son temas importantes. Otros factores incluyen su grado de sindicalización, nivel de habilidades, ética laboral, productividad y entusiasmo de funcionarios públicos locales. En ciertos estados, la existencia de leyes que prohíben la afiliación a los sindicatos como una condición para obtener empleo y la sindicalización de los empleadores importantes muestra el grado de sindicalización de la mano de obra. La información del gobierno en cuanto a los paros laborales, la productividad (valor agregado por empleado) y los niveles de habilidad está disponible para la mayoría de las áreas. Los datos sobre los pagos por hora de cada industria y ocupación pueden conseguirse a partir de fuentes gubernamentales.

Otro factor relacionado con la mano de obra es la tasa de desempleo en las localidades en consideración. Aunque muchos otros factores parezcan bastante aceptables, los bajos niveles de desempleo quizá requieran que una empresa aumente sus escalas proyectadas de salarios por hora de manera significativa para atraer a los trabajadores calificados. Este incremento, en ocasiones inesperado, puede afectar el atractivo general de un área local particular en consideración. El equipo de estudio de la ubicación necesitará visitar las áreas de potencial interés para reunir impresiones y actitudes de estudio respecto a la ética laboral, el absentismo, los problemas potenciales de administración de la mano de obra y el nivel de cooperación de funcionarios públicos locales y estatales.

Servicios de transportación e infraestructura

Dada la necesidad de muchas empresas de contar con servicios de transportación eficientes y de alta calidad, este factor es de gran importancia en muchas decisiones de emplazamiento. Dependiendo del tipo de producto y la industria a la que se presten servicios, la ubicación adecuada tal vez requiera una o más de las siguientes características: acceso a una autopista interestatal, disponibilidad de instalaciones ferroviarias locales o intermodales, conveniencia de un aeropuerto grande, proximidad con instalaciones portuarias interiores u oceánicas, entre otras. El número de transportistas y la amplitud de las capacidades generales de transportación son factores que también pueden evaluarse. La disponibilidad de servicios eficientes de transportación y los aspectos relacionados con la infraestructura de transportación pueden variar ampliamente entre las regiones del mundo. En China, por ejemplo, las inversiones en infraestructura de transportación han sido una prioridad desde que se volvieron necesarias para sostener el desarrollo económico.[4] Por esta razón, este tema merece evaluarse de forma deliberada y delicada en cualquier decisión sobre el diseño de la red.

Al considerar las importantes mejoras en el servicio que en años recientes han efectuado muchas empresas de transportación, casi todas las áreas locales y regionales son sólidas al menos en una o más áreas relacionadas. Para ciertos productos de poco peso y alto valor, como computadoras, semiconductores y equipo electrónico, la decisión de ubicación puede enfocarse en la identificación de una sola área geográfica nacional o internacional desde la que sea posible distribuir toda la producción de la empresa. Dados los servicios logísticos de entrega urgente disponibles en la actualidad de empresas como FedEx, UPS, DHL, y los servicios postales de muchos países, esta estrategia prevalece cada vez más.

De igual modo, a nivel mundial, es importante evaluar las capacidades de infraestructura de varias geografías y países. Por ejemplo, la estructura logística y de transportación por carretera en China mejora continuamente, mientras que en zonas de India hay desde hace mucho tiempo deficiencias en las autopistas que serían un factor relevante en una decisión de ubicación de la logística y la cadena de suministro.

Proximidad de los mercados y clientes

En relación con el factor de la cercanía del mercado se tienen en cuenta variables logísticas y competitivas; las logísticas incluyen la disponibilidad de la transportación, el costo de las mercancías y el tamaño del mercado geográfico al que se prestará servicio, por ejemplo, en el mismo día o al siguiente. Cuanto más clientes haya en el área de mercado, más grande será la ventaja competitiva que proporcione la ubicación propuesta.

Aunque muchas empresas dan prioridad a la ubicación de las instalaciones logísticas cerca de los mercados y clientes, una red logística y una cadena de suministro demasiado complejas puede representar una desventaja desde la perspectiva de los costos. Además, la disponibilidad de servicios de transportación de alta calidad y las tecnologías de la información eficientes han resultado en una expansión de las áreas geográficas a las que es posible servir de manera oportuna desde las instalaciones logísticas principales. En un sentido amplio, esto ha tenido como consecuencia un mejor papel de la contratación y la mercadotecnia globales, dependientes de las necesidades de servicio de los clientes. Las capacidades globales actuales de la logística y la cadena de suministro pueden perfeccionarse para cumplir con los niveles de servicio aún más rigurosos que establecen y esperan los clientes.

Calidad de vida

Es difícil cuantificar la calidad de vida en un área o una región particular, pero sí afecta el bienestar de los empleados y la calidad del trabajo esperada. El factor de la calidad de vida es más importante para las empresas que deben atraer y retener la mano de obra técnica y profesional móvil capaz de desplazarse hacia cualquier ubicación. Esta situación es común en la industria de la alta tecnología, en especial en las operaciones de investigación y desarrollo de una empresa. El *Places Rated Almanac*[5] clasifica la calidad de vida en las áreas metropolitanas en términos del clima, los costos de vivienda, la salud y el ambiente, la delincuencia, la transportación de pasajeros, la educación, la recreación, las artes y las oportunidades económicas. Otra fuente de información útil es *Cities Ranked and Rated*.[6]

Impuestos e incentivos de desarrollo industrial

Es importante tener conocimiento previo de los impuestos locales y estatales que se apliquen a los negocios e individuos. Los impuestos comerciales vigentes, incluyendo el impuesto sobre la renta o ingresos fiscales, sobre los inventarios, sobre la propiedad, entre otros, causarán un impacto significativo en el costo de operación de un negocio. Los impuestos personales que pueden modificar el atractivo de una región o área local particular incluyen los impuestos sobre la renta y la propiedad, así como sobre las ventas aplicables, sobre el consumo y demás.

Otro factor importante es el otorgamiento de incentivos para el desarrollo industrial que se usan para alentar a las empresas a ubicarse en un área particular. Algunos ejemplos son los incentivos fiscales (tasas reducidas o disminución de impuestos en propiedades, inventario, ventas, etc.), los acuerdos de financiamiento (préstamos del Estado o garantizados por el Estado), la reducción de cuotas de agua y drenaje, y los edificios exentos de alquiler que construye la comunidad de acuerdo con las especificaciones de la empresa. Casi todos los países, estados, provincias y ciudades tienen una comisión de desarrollo industrial que ofrece información sobre los incentivos estatales y locales. Además, el contacto previo y las negociaciones con las instituciones bancarias del área local y estatal y con las comunidades financieras proporcionarán información útil, así como compromisos para financiamientos y otros servicios.

En 2006, Honda Motor Company anunció sus planes para construir una planta de ensamblaje automotriz de 550 millones de dólares en el sureste de Indiana para satisfacer una creciente demanda de sus vehículos en Norteamérica. Aunque otros cuatro sitios contendían por esta decisión de ubicación, Indiana ofreció 141.5 millones de dólares en incentivos para la empresa, entre los que había créditos e incentivos fiscales, asistencia de capacitación y la promesa de agilizar las mejoras necesarias en el intercambio entre las autopistas que facilitarían la transportación hacia la ubicación de la planta.[7] Un ejemplo mundial muy interesante relacionado con el uso de las reducciones fiscales y los incentivos para el desarrollo industrial se pone en evidencia en la Zona de Libre Comercio de Waigaoqiao Shanghai (Shanghai Waigaoqiao Free Trade Zone), que se ubica en la Nueva Área de Pudong, Shanghai, China.[8] Se estableció en 1990 e incluye un espacio total de 10,000 kilómetros cuadrados; entre sus clientes hay empresas como Intel, Hewlett-Packard, Philips, IBM y Emerson Electric. Un dato interesante es que a las empresas que se ubican en la Waigaoqiao Free Trade Zone se les dan cinco años de trato fiscal preferencial. En vez de pagar la tasa fiscal corporativa de 15%, la que pagarán comienza en 8% y aumenta en el transcurso del periodo de cinco años hasta llegar a 15 por ciento.

Redes de proveedores

En el caso de una instalación de manufactura, la disponibilidad y el costo de la materia prima y los componentes son importantes, así como el costo de transportarlos al sitio propuesto para la planta. Para un centro de distribución es importante conocer cómo las ubicaciones propuestas se ajustarán a las ubicaciones geográficas de las instalaciones principales del proveedor. En cualquier instancia, es preciso ponderar la sensibilidad del costo y servicio de los movimientos de entrada de los proveedores.

Como ejemplo, considere el caso de Lear Corporation, una empresa que suministraba asientos para ciertas plantas de camiones de Ford Motor Company. En esencia, los asientos se fabricaban en secuencia para que fueran directo del vehículo de entrega hasta la línea de ensamblaje de Ford en el orden en que serían instalados. Al enfrentar la necesidad de expandirse y sabiendo que su planta no tenía salida al mar, Lear escogió una nueva ubicación que estaba a 10 minutos de distancia de una planta y a 20 de la otra. Como resultado, durante 20 horas por día, camiones llenos de asientos dejaban la fábrica de Lear cada 15 minutos. De acuerdo con los funcionarios de la empresa, la ubicación estaba a la distancia suficiente del cliente para hacer entregas justo a tiempo (JIT).

Costos de terreno y servicios básicos

Dependiendo del tipo de instalación en consideración, los problemas relacionados con el costo del terreno y la disponibilidad de los servicios básicos necesarios serán más o menos importantes. Por ejemplo, en el caso de una planta de manufactura o un centro de distribución, quizá se necesite una cantidad mínima de hectáreas o de tamaño de lote para el uso actual así como para una expansión futura. Esto representa un gasto potencialmente significativo. Es preciso considerar los factores importantes como los reglamentos locales y los costos de construcción. De igual modo, debe considerarse la disponibilidad y los gastos para los servicios básicos como energía eléctrica, drenaje y eliminación de desechos industriales en el proceso de la toma de decisión.

Preferencia de la empresa

Aparte de todos los factores previos, una empresa, o el director ejecutivo, quizá prefiera una región o área local para la ubicación de una instalación logística. Por ejemplo, tal vez prefiera ubicar todas las instalaciones nuevas en las áreas rurales en un radio de 50 millas (80 kilómetros) de una zona metropolitana importante; o sería probable que deseara ubicar sus instalaciones en áreas donde sus competidores ya tienen presencia. En otros casos, una empresa puede ubicar sus instalaciones en un lugar donde tendría acceso común con otras compañías para obtener beneficios como el suministro de mano de obra hábil, excelentes recursos de mercadotecnia o proximidad con las industrias clave del proveedor. Este determinante se conoce como **aglomeración**, un fenómeno que en ocasiones explica por qué ciertas empresas ubican sus instalaciones en conjunto. Ya que la tendencia hacia la globalización continúa desarrollándose en el mundo comercial actual, será interesante ver el crecimiento y la expansión de la aglomeración para conseguir ciertos tipos de sinergias.

Tendencias actuales que dominan la selección de los sitios

Diversas tendencias en el ambiente logístico actual pueden causar un efecto importante en las decisiones que implican la ubicación de una instalación logística; entre éstas se encuentran las siguientes:

- Posicionamiento estratégico de inventarios, para que los artículos rentables y de rápido movimiento puedan ubicarse en instalaciones logísticas que "enfrenten al mercado"; los artículos menos rentables y de movimiento más lento pueden colocarse en más instalaciones regionales o nacionales. Estos ejemplos son consistentes con la implementación de estrategias eficaces de la segmentación de inventarios.

- Aparte de la tendencia general hacia la eliminación de muchas operaciones de mayoristas/distribuidores, las empresas usan cada vez más entregas "directas al cliente" desde las instalaciones de manufactura y otras ubicaciones primarias de la cadena de suministro. Muchas veces, esto desvía y disminuye la necesidad de tener redes completas de instalaciones de distribución. El uso cada vez mayor de los envíos directos proporciona entregas de producto directo de la manufactura al cliente, eliminando a los intermediarios de distribución.

- Existe el creciente uso y el requerimiento de instalaciones ubicadas de manera estratégica para el cruce de muelles (*cross-docking*) que sirvan como puntos de transferencia para los envíos consolidados que deban individualizarse o mezclarse en envíos más pequeños para los clientes individuales. Un ejemplo de esto sería la consolidación de envíos de múltiples vendedores en cargas completas de remolques que se llevan a las tiendas minoristas o puntos de uso. Aplicado a los movimientos de entrada, este concepto puede reducir mucho la necesidad de instalaciones de consolidación de entrada.

- La debida diligencia para las decisiones de ubicación y selección del sitio pone el énfasis en el acceso a los aeropuertos grandes y los puertos oceánicos para la importación y la exportación.

- Mayor uso de proveedores de servicios logísticos tercerizados, quienes pueden asumir parte o toda la responsabilidad de llevar los productos de una empresa a sus clientes, y trasladar sus componentes y materiales de entrada hasta su proceso de manufactura. En el escenario mundial, muchas de estas empresas desarrollan capacidades especializadas para facilitar los traslados de los envíos de importación y exportación.

Enfoques de modelado

Esta sección se centra en los métodos de modelado que proporcionan una perspectiva sobre la opción del diseño de una red logística y una cadena de suministro. Como tales, las técnicas que se analizan aquí son aplicables a una amplia variedad de aspectos relacionados con la ubicación de las plantas, los centros de distribución y los clientes, y con los flujos de productos e información para respaldar el funcionamiento de la red logística y la cadena de suministro. Éstas intervienen en las decisiones del diseño de la red que pueden tomarse a nivel nacional o internacional. Los enfoques principales que se estudiarán son los modelos de optimización, de simulación y heurístico, además de la cobertura detallada del método de la cuadrícula para la ubicación de las instalaciones como parte del análisis del modelo heurístico.

Como se indicó antes, el uso de los modelos apropiados facilitará la comparación del funcionamiento y la efectividad del costo/servicio de la red actual en comparación con la red propuesta para la logística y la cadena de suministro. Una vez que se seleccionó el modelo apropiado, debe utilizarse para identificar una red logística que sea consistente con los objetivos clave que se han establecido en el proceso de rediseño de la red logística y la cadena de suministro.

Después de que se han identificado las soluciones preliminares, debe efectuarse un análisis del tipo "¿qué pasaría si…?" para probar la sensibilidad de los diseños recomendados para la red ante los cambios en las variables clave de la logística y la cadena de suministro.

Modelos de optimización

El **modelo de optimización** se basa en procedimientos matemáticos precisos que garantizan la "mejor" solución, o la más óptima, dada la definición del problema que se evalúa. Esto significa que es posible probar desde el punto de vista matemático que la solución resultante es la mejor. El modelo simple de la cantidad económica de pedido (EOQ; Economic Order Quantity), que se ha analizado antes, es el ejemplo de una técnica que da como resultado una solución óptima.

Mientras se reconocen las restricciones relevantes, los enfoques de optimización básicamente seleccionan un curso de acción óptimo entre un número de alternativas viables. Los modelos de optimización que se usan en la actualidad incorporan técnicas como la programación matemática (lineal, de enteros, dinámica, mixta-integral lineal, entre otras), enumeración, secuencias y cálculo.[9] Muchas de ellas se han incorporado en paquetes de software que están disponibles en el mercado.

La figura 12.3 enumera los tipos de problemas que pueden resolverse con las técnicas de optimización. Existen varias ventajas en este tipo de enfoque general:

- Se garantiza al usuario que tendrá la mejor solución posible para una serie determinada de suposiciones y datos.
- Muchas estructuras complejas de modelos pueden manejarse correctamente.
- El análisis y la evaluación de todas las alternativas que se generan resultan en un análisis más eficiente.
- Pueden realizarse comparaciones confiables entre las ejecuciones ya que se garantiza la mejor solución para cada una.
- Los ahorros en el costo o la utilidad entre la solución óptima y la heurística puede ser significativa.[10]

| **Figura 12.3** | **Puntos administrativos/estratégicos representativos relevantes para el modelo de red de logística/cadena de suministro** |

I. **Puntos de estructura del sistema**
  A. Número y ubicación de proveedores de materia prima
  B. Número y ubicación de plantas
  C. Número y ubicación de líneas de producción
  D. Número y ubicación de centros de distribución
  E. Asignación de plantas a proveedores
    1. Centros de distribución hacia plantas u otros centros de distribución
    2. Clientes hacia plantas o centros de distribución
II. **Puntos de propiedad de la instalación**
  A. Propia
  B. Arrendada
  C. Pública

(Continúa)

Figura 12.3	*Continuación*

III. Puntos de misión de la instalación

    A. Proveedores de materias primas

        1. Niveles de adquisición

        2. Costos y capacidades

    B. Ubicaciones de plantas

        1. Niveles de manufactura

            a. Productos intermedios

            b. Productos terminados

        2. Costos y capacidades

    C. Ubicaciones de centros de distribución

        1. Niveles de producción total

        2. Costos y capacidades

IV. Puntos de "¿qué pasaría si…?"

    A. Cuestiones de decisión comercial/política

        1. Vulnerabilidad de la cadena de suministro

        2. Fusiones de múltiples divisiones

        3. Cambios de capacidad de la instalación

        4. Política de transportación

        5. Demanda/suministro por temporada

        6. Comercio internacional

        7. Rentabilidad del cliente

        8. Presentaciones/eliminaciones de productos

        9. Redes alternativas

       10. Análisis de implementación

    B. Cuestiones ambientales

        1. Clima económico

        2. Presiones competitivas

        3. Planeación de desastres

    C. Cuestiones de sensibilidad

        1. Costo *versus* Servicio al cliente

        2. Costo *versus* Número de centros de distribución

        3. Análisis paramétrico de aportaciones

Fuente: SAILS: Strategic Analysis of Integrated Logistics Systems (Manassas, VA: Insight, Inc. 2006). Reproducido con autorización.

El objetivo clásico de un modelo de diseño de red ha sido establecer el número, la ubicación y el tamaño de los centros de distribución de los productos terminados y los flujos de productos asociados para minimizar los costos y mantener o mejorar el servicio al cliente. Ahora la regla es diseñar *toda la cadena de suministro*, desde la fuente de las materias primas hasta el cliente final. Esta visión emergente comprende la adquisición, las múltiples etapas o los procesos de manufactura, las funciones de los centros de distribución y todos los flujos relacionados de transportación. La función de la cadena de suministro se percibe cada vez más como un arma competitiva, no sólo como un proveedor de servicio; la minimización de los costos se sustituye con la maximización de las utilidades (o mejorar el capital social), y las fronteras nacionales se difuminan. En resumen, en la actualidad, resolver las preguntas del diseño de la red es casi imposible sin la ayuda de herramientas poderosas de apoyo para la decisión. Hay demasiada información que asimilar y las combinaciones de instalaciones y patrones de apoyo llegan a trillones. Por fortuna, ya existe ayuda disponible para resolver esta clase de problemas de decisión.[11]

Una de las técnicas de optimización que por tradición ha recibido especial atención es la programación lineal (LP; *linear programming*). Este enfoque es más útil para unir las instalaciones de una red donde las limitaciones de demanda y suministro en las plantas, los centros de distribución o las áreas de mercado deben tratarse como restricciones. Dada una función objetiva que concentra la atención en, por ejemplo, la minimización del costo total, la programación lineal define el patrón óptimo de distribución de las instalaciones consistente con las restricciones del problema de demanda-suministro. Aunque esta técnica es en realidad muy útil, su aplicabilidad es limitada debido a la necesidad de que la formulación del problema sea determinista y se obtenga una aproximación lineal. De igual modo, el uso de la PL en sí no permite considerar los costos fijos ni las variables de operación de las instalaciones logísticas.

En una escala más avanzada, el uso de la programación mixta-integral lineal permite tomar en cuenta aspectos como los costos fijos y las variables, las restricciones de capacidad, las economías de escala, las limitaciones del producto externo y los requerimientos únicos de contratación. Uno de los modelos líderes es el análisis estratégico de sistemas logísticos integrados (SAILS; *Strategic Analysis of Integrated Logistics Systems*), desarrollado por Insight, Inc. La figura 12.4 ilustra la complejidad de la cadena de suministro que puede manejarse con un modelo capaz de optimización de redes como el SAILS. En resumen, SAILS

Figura 12.4	Complejidad de la cadena de suministro

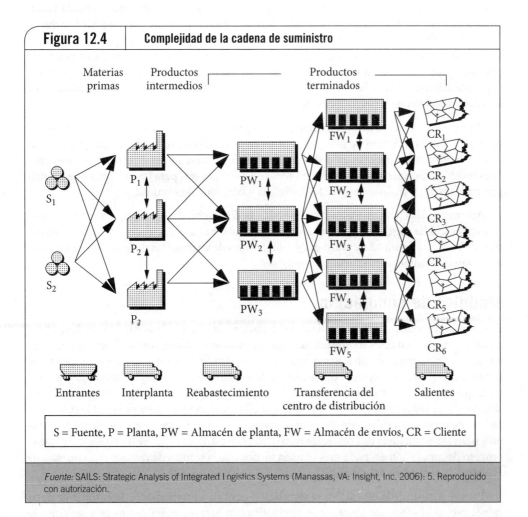

S = Fuente, P = Planta, PW = Almacén de planta, FW = Almacén de envíos, CR = Cliente

Fuente: SAILS: Strategic Analysis of Integrated Logistics Systems (Manassas, VA: Insight, Inc. 2006): 5. Reproducido con autorización.

es un sistema totalmente integrado de apoyo para la decisión que puede usarse para crear, modificar, resolver e interpretar sofisticados modelos estratégicos de diseño de la cadena de suministro. Aunque SAILS es un paquete comercial de software, puede personalizarse con facilidad por medio de una variedad extensa de modelado, aportación de datos y opciones de procesamiento para cumplir los requerimientos de formulación para un problema particular. Aunque al principio SAILS se diseñó para analizar los problemas *estratégicos* que incluyen los compromisos de recursos de largo plazo, muchos usuarios también han resuelto con éxito los problemas *tácticos*, como la planificación de la producción de primer nivel, la estabilización de las líneas de producción, la preconstrucción estacional, entre otros.[12] Al momento de la publicación de este libro, Insight había planeado el lanzamiento de una versión mejorada de SAILS conocida como Insight Supply Chain Optimizer: Optimizador de Cadena de Suministro de Insight (ISCO). Aunque ISCO no es un producto totalmente nuevo, las mejoras evolutivas en SAILS lo posicionarán como una adición nueva muy importante al paquete de Insight de soluciones de planificación de las cadenas de suministro.

Una vez que se creó la base de datos del modelo, ya sea sencilla o compleja, el uso de SAILS facilita la generación y evaluación rápidas de muchos escenarios alternos para su análisis.[13] Numerosos controles de planificación de envíos también permiten al usuario evaluar en la red el impacto de varias opciones de planificación de envíos, como la agrupación, detención o escala, recolección, y envíos directos de planta. SAILS es una herramienta de modelado logístico muy flexible que puede usarse para una variedad de problemas, desde los que son muy sencillos hasta aquellos en los que la información puede existir en forma de millones de transacciones de envíos. Cuando se genera un determinado escenario de modelo, SAILS utiliza la programación mixta-integral lineal junto con una técnica avanzada llamada **factorización de redes** para obtener una solución óptima. Las entradas de datos a SAILS incluyen la demanda del cliente (ya sea pronosticada o histórica), el producto agregado y la identificación del cliente, los datos de la instalación para las plantas y los centros de distribución, las opciones y los precios de transportación y las consideraciones políticas como las reglas para la planificación de envíos, las restricciones en los inventarios de los centros de distribución y los requerimientos de servicio al cliente.

Aunque los enfoques de optimización por lo general requieren recursos significativos de cómputo, la disponibilidad de sistemas capaces en la actualidad ha facilitado en gran medida su uso. Junto con las mejoras en el diseño de modelos y tecnologías de resolución, los enfoques futuros deben ser aún más convenientes en su uso general para las personas que participan en el diseño y análisis de las redes logísticas y la cadena de suministro.

Además de las técnicas analíticas mejoradas, la disponibilidad de representaciones visuales perspicaces ha mejorado nuestra capacidad para obtener una perspectiva sobre las alternativas de redes. La figura 12.5 es un ejemplo de los tipos de alternativas de "geo-representación" que están disponibles actualmente.

Modelos de simulación

El segundo enfoque para el diseño de la red logística y la cadena de suministro incluye el desarrollo y uso de **modelos de simulación**. La simulación se define como "el proceso de diseñar un modelo a partir de un sistema real y realizar experimentos con él para el propósito de comprender el comportamiento del sistema o de evaluar varias estrategias dentro de los límites impuestos por un criterio o una serie de criterios para la operación de este sistema".[14] La simulación de redes incluye crear una representación por computadora de la red logística y la cadena de suministro y después observar las características de costo y servicio de la red cuando varían las estructuras de costos, las restricciones y otros factores. Se ha establecido que el proceso de simulación es "nada más ni nada menos que la técnica de realizar *experimentos de muestreo en el modelo del sistema*".[15]

Para el análisis de la ubicación, la simulación permite al responsable de la toma de decisiones probar el efecto de ubicaciones alternativas en varios niveles de costos y servicio. El

---

Figura 12.5 | Ejemplo de representaciones geográficas

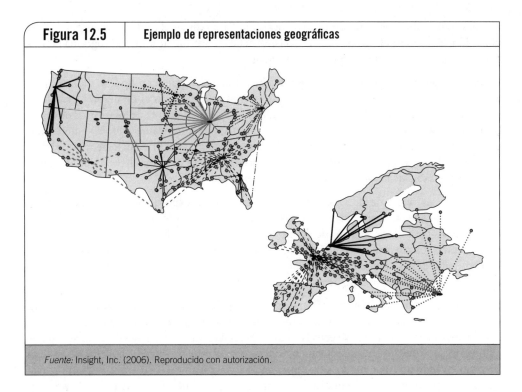

Fuente: Insight, Inc. (2006). Reproducido con autorización.

---

modelo requiere una extensa recolección de datos y análisis para determinar cómo interactúan ciertos factores del sistema como la transportación, el almacenaje, el inventario, el manejo de materiales y los costos de mano de obra. El proceso de simulación evalúa los sitios seleccionados por el responsable de la toma de decisiones para determinar los costos respectivos. La simulación no garantiza una solución óptima, sólo evalúa las alternativas para ella.[16] Una característica vital de una herramienta de simulación es su naturaleza estática o dinámica; una que sea dinámica no sólo incorporará una perspectiva temporal de múltiples periodos, sino que también actualizará el estado del sistema por cada periodo con base en los resultados de los periodos anteriores.

De acuerdo con Ballou, la simulación tiene valor en la planificación de una red comercial.[17] Aunque no busca directamente la mejor configuración de almacén, su descripción del problema puede ser muy rica, incluyendo funciones de costo que son no lineales (inventario), escalonados (costos de mano de obra) y discontinuos (descuentos por cantidad). La simulación continúa usándose como un enfoque autónomo, pero también como metodología complementaria dentro de otros enfoques orientados hacia la búsqueda. La simulación sólo se necesita para replicar, o calcular, la red actual logística y la cadena de suministro de una empresa para que las mejoras potenciales del análisis de ubicación puedan compararse con ella.

Aunque los modelos de simulación no están diseñados para obtener soluciones óptimas, son eficientes en términos de su capacidad para incorporar descripciones relativamente exhaustivas y detalladas del problema. A veces se usa primero el enfoque de optimización para identificar y evaluar las alternativas viables del diseño de red, y después se utilizan modelos de simulación muy personalizados para concentrarse en la red logística exacta que cumplirá mejor con los objetivos deseados.

Modelos heurísticos

Los **modelos heurísticos** son capaces de albergar definiciones amplias del problema, pero no ofrecen una solución óptima. El uso de un enfoque heurístico puede reducir un problema a un tamaño manejable y buscar de manera automática entre varias alternativas en un intento por encontrar una mejor solución. Como se indica más adelante en el análisis del método de la cuadrícula, los enfoques heurísticos pueden ofrecer una buena aproximación a la ubicación de menor costo en un problema complejo de decisión. Para reducir el número de alternativas de ubicación, el responsable de la toma de decisión debe incorporar al sitio del programa heurístico las características que se consideran óptimas.

Por ejemplo, el equipo responsable por la ubicación puede ponderar un sitio deseable para almacén que esté 1) dentro de un radio de 20 millas (32 kilómetros) de un área grande de mercado, 2) al menos a 250 millas (400 kilómetros) aproximadamente de los centros de distribución de otra compañía, 3) a tres millas (5 kilómetros) o menos de una autopista interestatal, y 4) a 40 millas (65 kilómetros) o menos de un aeropuerto grande. El modelo heurístico busca sitios con estas características, con lo que se reduce el número de sitios alternativos a aquellos que el responsable de la toma de decisión considera prácticos.

Además, las reglas de decisión heurística a veces se incorporan al proceso de toma de decisión en lo que en apariencia son "reglas prácticas". Algunos ejemplos pueden incluir requerimientos para ubicar centros de distribución en los puntos de demanda o cerca de ellos, suministrar a los clientes desde la instalación de distribución más cercana, escoger como el siguiente sitio de distribución el que producirá el mayor ahorro de costos o prestar servicio a todos los clientes en un tiempo de entrega de 24 horas.[18]

Como recuerdan Ratliff y Nulty,[19] en ocasiones la palabra *heurística* supone un enfoque de solución "improvisada", con inteligencia o sofisticación mínimas o nulas. Sugieren que esto es desafortunado, ya que muchas veces la heurística analítica puede ser igual de sofisticada en un nivel técnico que los enfoques matemáticos de optimización. Muchos modelos heurísticos se basan en modelos matemáticos de optimización y algoritmos, como usar reglas prácticas para formular un modelo matemático de optimización. Un enfoque heurístico poderoso es la modificación de un programa mixto-integral al suponer temporalmente que las variables de números enteros son lineales por naturaleza, creando así un modelo aproximado pero mucho más resoluble. Luego la solución a este modelo se usa como base a fin de crear otra para el problema de enteros.

Dificultades potenciales que deben evitarse al crear el modelo de cadena de suministro

De acuerdo con Bender, es preciso evitar las dificultades comunes al diseñar e implementar una óptima cadena de suministro a nivel mundial.[20] Reconocerlas de manera previa debe ayudar a maximizar el valor que se alcanzará con el uso de las técnicas matemáticas apropiadas para el diseño de la red de la cadena de suministro.

- **Horizonte de corto plazo.** A menos que las características del modelo se diseñen, implementen y utilicen con una perspectiva a largo plazo, es posible que ocurra una suboptimización significativa.

- **Muy poco o demasiado detalle.** Muy poco detalle puede dificultar la implementación de los resultados debido a la información insuficiente; demasiado detalle puede crear complejidad innecesaria, haciendo difícil comprender los resultados y aún más difícil implementarlos de manera efectiva.

- **Pensar en dos dimensiones.** Aunque el uso de mapas de dos dimensiones en verdad ayuda a ofrecer una perspectiva sobre los problemas de la cadena de suministro, la geometría de las redes puede ignorar las dispersiones geográficas y de costo de la demanda. En cuanto a las distancias significativas, y en particular para el análisis de las cadenas mundiales de suministro, la curvatura de la Tierra puede distorsionar los cálculos, en cuyo caso deben realizarse los ajustes necesarios.

- **Usar los costos publicados.** Muchos costos publicados representan los precios "de lista" que deben modificarse para reflejar lo que quizá resulte después de que se entablen las negociaciones importantes entre los compradores y los proveedores de los servicios de transportación.

- **Costos inexactos o incompletos.** Los análisis basados en la información sin la exactitud suficiente son inválidos; los pronósticos imprecisos de costos resultan en distribuciones de recursos poco óptimas, lo que trae como consecuencia estrategias muy defectuosas.

- **Aportaciones fluctuantes de los modelos.** Dadas las incertidumbres que prevalecen en muchas aportaciones relevantes para los modelos actuales del diseño de las redes, es importante efectuar análisis de sensibilidad para estar al tanto de los cambios potenciales en las aportaciones clave del modelo.

- **Uso de técnicas analíticas erróneas.** Las técnicas seleccionadas y los enfoques deben armonizar con el nivel de precisión deseado; la identificación de los objetivos de modelado es un importante precursor de la selección de las técnicas a utilizar.

- **Falta de análisis apropiado de solidez.** Ya que la mayoría (o todos) de las aportaciones de los modelos tienen al menos un elemento de incertidumbre, es importante comprender las consecuencias que podrían resultar de la variación en el comportamiento real de las aportaciones clave del modelo; el análisis de solidez puede asegurar que los resultados de los análisis seleccionados sean prácticos y válidos.

Ejemplo de un enfoque de modelo heurístico: el método de la cuadrícula

Aunque otros factores también son importantes, la disponibilidad y el gasto de los servicios de transportación se incluyen de manera común en los análisis de ubicación. Aunque la transportación en sí puede representar un costo significativo, los responsables de la toma de decisiones deben esforzarse por decidir al final con base en la gama completa de factores relevantes de costos, así como en las implicaciones en el servicio al cliente de la alternativa de red que se evalúa.

El método de la cuadrícula es un enfoque heurístico simplista pero bien conocido que ayuda a las empresas con múltiples mercados y puntos de suministro a determinar la ubicación de una instalación de menor costo. En esencia, el método de la cuadrícula intenta determinar la ubicación de una instalación fija (como una planta o un centro de distribución) que representa el centro de menor costo para trasladar los materiales de entrada y los productos de salida dentro de una cuadrícula geográfica. La técnica determina el "centro de gravedad" de bajo costo para trasladar materias primas y productos terminados.

Esta técnica supone que el origen de las materias primas y los mercados de los productos terminados están fijos y que una empresa conoce la cantidad de cada producto que consume o vende. La técnica entonces superpone una cuadrícula sobre el área geográfica en la que se encuentra el origen de las materias primas y los mercados de los productos terminados. El punto cero de la cuadrícula corresponde a una ubicación geográfica exacta, así como los otros puntos de la cuadrícula. Así, la empresa puede identificar cada fuente y mercado por las coordenadas de su cuadrícula.

La figura 12.6 es un ejemplo de un origen de suministro y ambiente de mercado para una empresa que decide dónde ubicar una planta. La empresa, que ha ubicado fuentes de suministro y mercados en el mapa y superpuesto un sistema de cuadrícula en el área de la fuente-mercado, compra materias primas de fuentes en Buffalo, Memphis y St. Louis, S_1, S_2 y S_3, respectivamente. La nueva planta servirá a cinco mercados: Atlanta, Boston, Jacksonville, Filadelfia y Nueva York, M_1, M_2, M_3, M_4 y M_5, respectivamente.

La técnica define la ubicación de cada fuente y mercado en términos de sus coordenadas de cuadrícula horizontales y verticales. Por ejemplo, el mercado de Jacksonville (M_3) tiene una coordenada de cuadrícula horizontal de 800 y una coordenada de cuadrícula vertical de 300. La fuente de Buffalo se ubica en las coordenadas de cuadrícula 700 horizontal y 1,125 vertical.

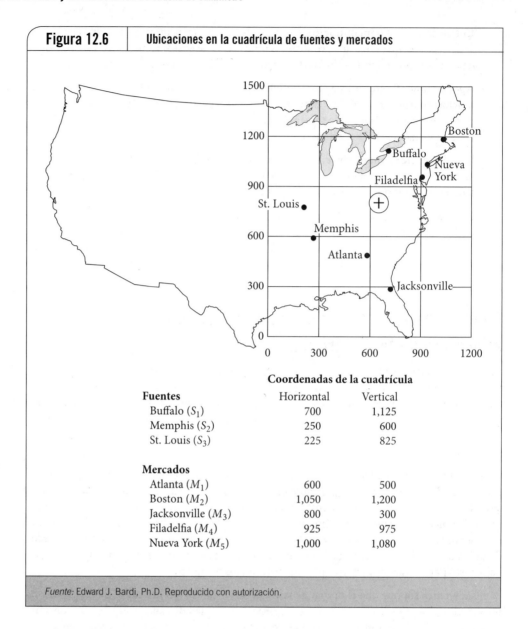

| Figura 12.6 | Ubicaciones en la cuadrícula de fuentes y mercados |

Coordenadas de la cuadrícula

Fuentes	Horizontal	Vertical
Buffalo (S_1)	700	1,125
Memphis (S_2)	250	600
St. Louis (S_3)	225	825

Mercados		
Atlanta (M_1)	600	500
Boston (M_2)	1,050	1,200
Jacksonville (M_3)	800	300
Filadelfia (M_4)	925	975
Nueva York (M_5)	1,000	1,080

Fuente: Edward J. Bardi, Ph.D. Reproducido con autorización.

Es posible visualizar el concepto subyacente de esta técnica como una serie de cuerdas a las que se les ponen pesas que corresponden al peso de las materias primas que la empresa consume en cada fuente y de los productos terminados que vende en cada mercado. Las cuerdas se entrelazan por agujeros en un plano llano; los agujeros corresponden a las ubicaciones de las fuentes y los mercados. Los otros extremos de las cuerdas se atan y las pesas ejercen su respectivo tirón en el nudo. Los extremos atados de las cuerdas al final alcanzan el equilibrio; este equilibrio será el centro de masa, o el centro de toneladas-milla.

Es posible calcular este concepto en forma matemática, encontrar el centro de toneladas-milla, o centro de masa, de la siguiente forma:

$$C = \frac{\sum\limits_{1}^{m} d_i S_i + \sum\limits_{1}^{n} D_i M_i}{\sum\limits_{1}^{m} S_i + \sum\limits_{1}^{n} M_i}$$

Donde:

d_i = Centro de masa, o centro de toneladas-milla

d_i = Distancia del punto 0 en la cuadrícula a la ubicación en la cuadrícula de la materia prima i

D_i = Distancia del punto 0 en la cuadrícula a la ubicación en la cuadrícula del producto terminado i

S_i = Peso (volumen) de las materias primas compradas en la fuente i

M_i = Peso (volumen) de los productos terminados vendidos en el mercado i

Esta ecuación mostrará la ubicación de menor costo si los precios de transportación para las materias primas y los productos terminados son los mismos. Pero los precios de transportación varían de acuerdo con las mercancías y la ecuación del centro de toneladas-milla no refleja las diferencias en los costos del traslado de mercancías. El precio de transportación jala la ubicación hacia la que tenga la mercancía con el precio más alto. Entonces los precios más altos de los productos terminados llevarán la ubicación de menor costo hacia el mercado de productos terminados y, por tanto, reducirán la distancia que la empresa recorre para trasladar estos productos con mayor precio. Esto incrementará la distancia que la compañía recorre para transportar las materias primas con precio más bajo.

Por tanto, es preciso incorporar en el análisis los precios de transportación de diferentes productos. Esta modificación es la siguiente:

$$C = \frac{\sum\limits_{1}^{m} r_i d_i S_i + \sum\limits_{1}^{n} R_i M_i}{\sum\limits_{1}^{m} r_i S_i + \sum\limits_{1}^{n} R_i M_i}$$

Donde:

r_i = Precio de materias primas/ unidad de distancia para materia prima i

R_i = Precio de transportación de productos terminados/ unidad de distancia para producto terminado i

r_i y R_i son los precios de transportación por unidad de distancia y se supone que son lineales respecto a la distancia. Esta suposición no corresponde al principio de reducción de precios (que se analizará más adelante en este capítulo), pero sí simplifica el análisis.

Ejemplo de ubicación de la planta

La tabla 12.2 presenta los datos relevantes para un ejemplo de la ubicación de una planta, así como la solución del método de cuadrícula usando una hoja de cálculo. Las coordenadas de la cuadrícula de las fuentes de materias primas y los mercados corresponden a sus ubicaciones en la cuadrícula en la figura 12.6. Para simplificar, se supondrá que esta empresa produce sólo un tipo de producto terminado, para que el precio de transportación de cada producto terminado sea el mismo.

Para determinar el centro de menor costo en la cuadrícula, deben calcularse dos coordenadas en la cuadrícula, una para mover las mercancías a lo largo del eje horizontal y otra para moverlas a lo largo del eje vertical. Se calculan las dos coordenadas con la fórmula del método de cuadrícula para cada dirección.

La tabla 12.2 proporciona los cálculos de este ejemplo: las dos columnas en el extremo derecho contienen los cálculos que indica la ecuación del método de cuadrícula. La primera columna contiene los cálculos para el numerador horizontal, o la suma del precio por la coordenada horizontal de la cuadrícula por el tonelaje para cada fuente de materia prima y mercado. Los cálculos en la parte inferior de la tabla 12.2 indican el numerador y denominador de la ecuación del método de cuadrícula.

Tabla 12.2	Análisis del método de la cuadrícula del ejemplo de ubicación de la planta					
FUENTES/ MERCADOS	**PRECIO $/ TONELADAS- MILLA (A)**	**TONELADAS (B)**	**COORDENADAS DE LA CUADRÍCULA**		**CÁLCULOS**	
			HORIZONTAL	**VERTICAL**	**(A) × (B) × HORIZONTAL**	**(A) × (B) × VERTICAL**
Buffalo (S_1)	$0.90	500	700	1,125	315,000	506,250
Memphis (S_2)	$0.95	300	250	600	71,250	171,000
St. Louis (S_3)	$0.85	700	225	825	133,875	490,875
		1,500			520,125	1,168,125
Atlanta (M_1)	$1.50	225	600	500	202,500	168,750
Boston (M_2)	$1.50	150	1,050	1,200	236,250	270,000
Jacksonville (M_3)	$1.50	250	800	300	300,000	112,500
Filadelfia (M_4)	$1.50	175	925	975	242,813	255,938
Nueva York (M_5)	$1.50	300	1,000	1,080	450,000	486,000
	TOTAL	1,100			1,431,563	1,293,188
					HORIZONTAL	**VERTICAL**
Numerador: $\Sigma(r \times d \times S) =$					520,125	1,168,125
$+\Sigma(R \times D \times M) =$					1,431,563	1,293,188
Suma					1,951,688	2,461,313
Denominador: $\Sigma(r \times S) =$					1,330	1,330
$+\Sigma(R \times M) =$					1,650	1,650
Suma					2,980	2,980
Centro de la cuadrícula					655	826

Fuente: Edward J. Bardi, Ph.D. Reproducido con autorización.

Como indica la tabla 12.2, el centro de menor costo de la ubicación de la planta en este ejemplo es 655 en la dirección horizontal y 826 en la dirección vertical. Se miden ambas distancias desde el punto cero de la cuadrícula. La figura 12.6 indica el centro de menor costo como punto +. La ubicación de menor costo para la planta se encuentra en el sureste de Ohio o el noroeste de West Virginia en el área de Wheeling-Parkersburg.

El ejemplo anterior aplicó el método de la cuadrícula para la ubicación de una planta. Las empresas también pueden usarlo para resolver los problemas de la ubicación de almacenes. La empresa sigue el mismo procedimiento, pero sus plantas son las fuentes de las materias primas.

Ventajas

Las fortalezas del método de la cuadrícula están en su sencillez y su capacidad para proporcionar un punto de inicio para el análisis de la ubicación. A nivel de cálculos, esta técnica es relativamente fácil de usar. Una empresa puede generar los datos necesarios de cifras de ventas, registros de compra y documentos de transportación (ya sea el conocimiento de embarque o la factura del flete). Es posible lograr una codificación exacta de la ubicación de las fuentes y los mercados, así como la modificación de la cuantificación de la relación precio-distancia. Con una computadora es posible manejar con facilidad dichos ajustes.

El método de la cuadrícula también ofrece un punto de inicio para tomar una decisión respecto a la ubicación. Aunque el costo de transportación no es el único determinante de la ubicación, el método de la cuadrícula puede ser útil en una etapa temprana del proceso de diseño de la red al ayudar al responsable de la toma de decisiones a concentrarse en un área o varias áreas que son ventajosas en el nivel logístico. Por ejemplo, el método de la cuadrícula quizá sugiera que un centro de distribución ubicado en los Países Bajos puede ser ventajoso desde el punto de vista logístico como punto de distribución para los envíos destinados a los puntos de entrega final en Europa occidental. Éste es un gran paso hacia adelante en el proceso de decisión de la ubicación, ya que con los siguientes pasos es posible identificar las ubicaciones preferentes dentro del área amplia que se seleccionó.

Limitaciones

El método de la cuadrícula tiene limitaciones que el responsable de la decisión debe reconocer. Primero, es un enfoque estático y la solución es óptima sólo para un momento determinado. Los cambios en los volúmenes que una empresa compra o vende, en los precios de transportación o en las fuentes de materias primas o las ubicaciones de los mercados modificarán la ubicación de menor costo. Segundo, esta técnica supone precios lineales de transportación, mientras que los precios reales de la misma aumentan con la distancia pero no de manera proporcional. Tercero, la técnica no considera las condiciones topográficas que existen en la ubicación óptima; por ejemplo, el sitio recomendado puede estar en medio de un lago. Cuarto, no toma en cuenta la dirección apropiada del movimiento; la mayoría de los traslados ocurren en una línea recta entre dos puntos, no "verticalmente" y entonces "horizontalmente".

Análisis de sensibilidad

Como se mencionó en el párrafo anterior, el método de la cuadrícula es un enfoque estático, la ubicación calculada sólo es válida para la situación analizada. Si los precios de transportación, la ubicación de las fuentes y los mercados, y los volúmenes cambian, entonces la ubicación de menor costo cambia.

El análisis de sensibilidad permite al responsable de la toma de decisiones hacer preguntas del tipo "¿y qué pasaría si…?" y medir el impacto resultante en la ubicación de menor costo. Por ejemplo, puede revisar la ubicación de menor costo como resultado de una proyección de ventas de cinco años al insertar los volúmenes de ventas del mercado que se han calculado en la ecuación del método de cuadrícula y determinar la ubicación de menor costo. Sólo los escenarios "¿y qué pasaría si…?" pueden agregar o eliminar nuevos mercados o fuentes y cambiar los modos de transportación, con lo que se modificarían los precios.

Las tablas 12.3 y 12.4 realizan dos análisis de sensibilidad para el problema original en la tabla 12.2. El primer escenario posible considera cambiar el transporte ferroviario por el camión para servir al mercado de Jacksonville; el cambio supone un incremento de precio de 50%. La información en la tabla 12.3 muestra cómo el aumento de precio cambia la ubicación de menor costo hacia Jacksonville; esto es, las coordenadas en la cuadrícula de la nueva ubicación son 664 y 795, o este y sur de la ubicación original (655, 826). Por tanto, un incremento en el precio atraerá la ubicación de menor costo hacia el mercado o fuente de suministro que experimenta el aumento.

El segundo análisis de sensibilidad posible considera la eliminación de una fuente de suministro en Buffalo e incrementa por 500 toneladas la cantidad que la empresa del ejemplo compra de Memphis. La tabla 12.4 muestra el efecto de este cambio de contratación. Cuando Memphis suministra todo el material que la empresa compraba antes de Buffalo, la nueva ubicación de menor costo se mueve hacia Memphis, o al sur y oeste de la ubicación original. De manera similar, un nuevo mercado o un mercado que experimenta un incremento en su volumen de ventas atraerán la ubicación de menor costo.

Es posible concluir a partir de estos análisis de sensibilidad que los precios, volúmenes de producto y ubicaciones de fuentes y mercados sí afectan la ubicación de menor costo de una

Tabla 12.3	Impacto del cambio en el precio de la transportación en la ubicación de menor costo					
FUENTES/ MERCADOS	**PRECIO $/ TONELADAS- MILLA (A)**	**TONELADAS (B)**	**COORDENADAS DE LA CUADRÍCULA**		**CÁLCULOS**	
			HORIZONTAL	**VERTICAL**	**(A) × (B) × HORIZONTAL**	**(A) × (B) × VERTICAL**
Buffalo (S_1)	$0.90	500	700	1,125	315,000	506,250
Memphis (S_2)	$0.95	300	250	600	71,250	171,000
St. Louis (S_3)	$0.85	700	225	825	133,875	490,875
		1,500			520,125	1,168,125
Atlanta (M_1)	$1.50	225	600	500	202,500	168,750
Boston (M_2)	$1.50	150	1,050	1,200	236,250	270,000
Jacksonville (M_3)	$2.25	250	800	300	450,000	168,750
Filadelfia (M_4)	$1.50	175	925	975	242,813	255,938
Nueva York (M_5)	$1.50	300	1,000	1,080	450,000	486,000
	TOTAL	1,100			1,581,563	1,349,438
					HORIZONTAL	**VERTICAL**
			Numerador: $\Sigma(r \times d \times S) =$		520,125	1,168,125
			$+\Sigma(R \times D \times M) =$		1,581,563	1,349,438
			Suma		2,101,688	2,517,563
			Denominador: $\Sigma(r \times S) =$		1,330	1,330
			$+\Sigma(R \times M) =$		1,838	1,838
			Suma		3,168	3,168
			Centro de la cuadrícula		664	795

Fuente: Edward J. Bardi, Ph.D. Reproducido con autorización.

planta, misma que se mueve hacia un mercado o fuente que experimenta un aumento de precio o volumen, y se aleja del mercado o fuente que sufre una disminución. Presentar un nuevo mercado o fuente atrae la ubicación hacia el mercado o fuente adicional.

Aplicación a la ubicación de un almacén en una ciudad

Existe un caso especial para aplicar el método de la cuadrícula a la ubicación de un almacén en una ciudad. La singularidad de la situación proviene de la estructura del precio colectivo, en la que se aplica el mismo precio desde un origen hasta cualquier punto en una ciudad o zona comercial. Por tanto, cualquier ubicación en la zona comercial de una ciudad incurre en el mismo costo de transportación de entrada que usó la mezcla de proveedores de una empresa; esto es, el costo de trasladar la mercancía a un almacén dentro de la misma ciudad no afecta la decisión de ubicación.

Ya que los volúmenes de la mercancía que se transporta al almacén no afectan la decisión de ubicación, la ubicación del almacén de menor costo en una ciudad considera el costo de trasladar los productos terminados del almacén a los clientes.

Tabla 12.4		Impacto del cambio de fuente de suministro en la ubicación de menor costo				
FUENTES/ MERCADOS	**PRECIO $/ TONELADAS- MILLA (A)**	**TONELADAS (B)**	**COORDENADAS DE LA CUADRÍCULA**		**CÁLCULOS**	
			HORIZONTAL	**VERTICAL**	**(A) × (B) × HORIZONTAL**	**(A) × (B) × VERTICAL**
Buffalo (S_1)	$0.90	0	700	1,125	0	0
Memphis (S_2)	$0.95	800	250	600	190,000	456,000
St. Louis (S_3)	$0.85	700	225	825	133,875	490,875
		1,500			323,875	946,875
Atlanta (M_1)	$1.50	225	600	500	202,500	168,750
Boston (M_2)	$1.50	150	1,050	1,200	236,250	270,000
Jacksonville (M_3)	$2.25	250	800	300	450,000	168,750
Filadelfia (M_4)	$1.50	175	925	975	242,813	255,938
Nueva York (M_5)	$1.50	300	1,000	1,080	450,000	486,000
	TOTAL	1,100			1,581,563	1,349,438
					HORIZONTAL	**VERTICAL**
			Numerador: $\Sigma(r \times d \times S) =$		323,875	946,875
			$+\Sigma(R \times D \times M) =$		1,581,563	1,349,438
			Suma		1,905,438	2,296,313
			Denominador: $\Sigma(r \times S) =$		1,355	1,355
			$+\Sigma(R \times M) =$		1,838	1,838
			Suma		3,193	3,193
			Centro de la cuadrícula		597	719

Fuente: Edward J. Bardi, Ph.D. Reproducido con autorización.

Se modifica la ecuación del método de cuadrícula así:

$$C = \frac{\sum\limits_{1}^{n} R_i D_i M_i}{\sum\limits_{1}^{n} R_i M_i}$$

Si se supone que el costo de distribución (.R) de la mercancía por la ciudad es el mismo, .R se cancela, con lo que se reduce la ecuación a un centro de toneladas-milla, como aparece a continuación:

$$C = \frac{\sum\limits_{i}^{n} D_i M_i}{\sum\limits_{1}^{n} M_i}$$

Como antes, este método modificado de la cuadrícula permite al responsable de la toma de decisiones eliminar ciertas áreas de la ciudad y concentrar el análisis en los sitios próximos a las coordenadas de la ubicación de menor costo en la cuadrícula. Para determinar un sitio específico para el almacén, el responsable debe considerar la disponibilidad del terreno y la instalación, los sistemas de autopistas y el acceso a las carreteras en esta proximidad general.

Pragmática de transportación[21]

El análisis anterior mostró la importancia del factor de transportación en la decisión de ubicación de la instalación. Se simplifica el enfoque de la estructura de precios en la atracción de ubicación del factor de transportación. En esta sección, se estudia cómo la eliminación de estas simplificaciones de transportación afecta la ubicación de la instalación, y cómo dirigir la atención específicamente hacia la reducción de precios, los precios colectivos, las zonas comerciales, las zonas comerciales extranjeras y los privilegios en tránsito.

Reducción de precios

Como mencionamos antes, los precios de transportación aumentan con la distancia pero no en proporción directa a ésta. Este **principio de reducción de precios** resulta de la habilidad del transportista para extender ciertos costos fijos de envío, como carga, facturación y manejo, en un número mayor de millas (o kilómetros). Como señaló Edgar M. Hoover, la reducción de precios en una situación de una fuente y un mercado que "jala" la ubicación ya sea a la fuente o al mercado, pero no a un punto entre ambos.

Para ilustrar este efecto, considere los datos de la tabla 12.5 y la figura 12.7. En este ejemplo, se supone que los precios son constantes (los mismos) para las materias primas suministradas de *S* y los productos terminados vendidos en *M*. Los precios en la tabla 12.5 aumentan con la distancia, pero no de manera proporcional. Por ejemplo, el precio de envío desde *S* es de dos dólares para 50 millas (80 kilómetros) y tres dólares para 100 millas (160 kilómetros), un incremento en la distancia de 100% pero un aumento en el precio de sólo 50 por ciento.

La tabla 12.5 y la figura 12.7 indican que una ubicación, ya sea en *S* o *M*, resultará en un precio total de 3.70 dólares. En cualquier otra ubicación, el precio total es más alto; por ello, la reducción de precios atrae la ubicación hacia la fuente o el mercado.

Eliminar la constancia de precios entre las materias primas y los productos terminados atrae la ubicación hacia *M*, el mercado. En la tabla 12.6 y la figura 12.8, los precios para transportar el producto terminado al mercado son más altos que los del traslado de materias primas. La ubicación que tiene el menor costo total de transportación está en *M*, donde el precio total de transportación es de 3.70 dólares.

Precios colectivos

Una excepción notable a la estructura anterior de precios es el **precio colectivo**; éste no aumenta con la distancia; sigue siendo el mismo desde un origen hasta todos los puntos en el

Tabla 12.5	Efectos de la reducción de precios en la ubicación con la suposición de precio constante			
DISTANCIA DESDE *S* (MILLAS)	PRECIO DE TRANSPORTACIÓN DESDE S	DISTANCIA A *M* (MILLAS)	PRECIO DE TRANSPORTACIÓN A *M*	PRECIO TOTAL DE TRANSPORTACIÓN
0	$0.00	200	$3.70	$3.70
50	2.00	150	3.50	5.50
100	3.00	100	3.00	6.00
150	3.50	50	2.00	5.50
200	3.70	0	0.00	3.70

Fuente: Edward J. Bardi, Ph.D. Reproducido con autorización.

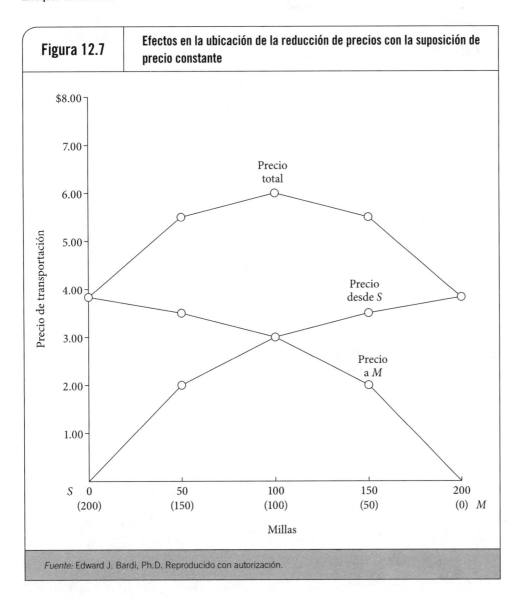

Figura 12.7   Efectos en la ubicación de la reducción de precios con la suposición de precio constante

Fuente: Edward J. Bardi, Ph.D. Reproducido con autorización.

| Tabla 12.6 | Efectos en la ubicación de la reducción de precios sin la suposición de precio constante |

DISTANCIA DESDE *S* (MILLAS)	PRECIO DE TRANSPORTACIÓN DESDE *S*	DISTANCIA A *M* (MILLAS)	PRECIO DE TRANSPORTACIÓN A *M*	PRECIO TOTAL DE TRANSPORTACIÓN
0	$0.00	200	$5.20	$5.20
50	2.00	150	5.00	7.00
100	3.00	100	4.50	7.50
150	3.50	50	3.50	7.00
200	3.70	0	0.00	3.70

Fuente: Edward J. Bardi, Ph.D. Reproducido con autorización.

área colectiva. Los transportistas establecen dichos precios para asegurar un precio competitivo para un producto en un área determinada, con lo que se garantiza la demanda para el producto y su transportación.

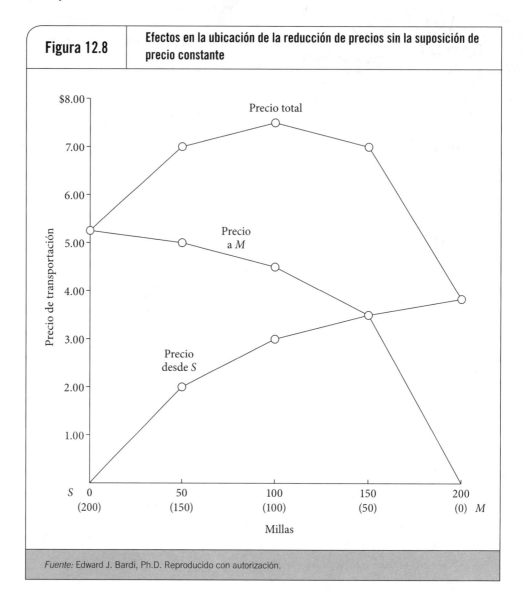

Figura 12.8 | **Efectos en la ubicación de la reducción de precios sin la suposición de precio constante**

Fuente: Edward J. Bardi, Ph.D. Reproducido con autorización.

El precio colectivo elimina cualquier ventaja o desventaja del costo de transportación que las empresas asocian con una ubicación determinada. En el caso de los precios colectivos del vino, los productores de la costa oeste pueden competir eficazmente en el área de mercado de la costa este con los productores locales y extranjeros. El precio colectivo es, entonces, una mutación de la relación básica de precio-distancia que elimina el precio de transportación como determinante de la ubicación; es la excepción más que la regla en los precios de transportación.

Zonas comerciales

Un área colectiva específica es la **zona comercial**, la definición de transportación de una ciudad o población particular; incluye la municipalidad en sí más varias áreas circundantes. Los precios de la zona comercial que los transportistas establecen en una población o ciudad particular también aplican a los puntos en el área circunvecina dentro de la zona comercial.

El impacto de la zona comercial en la ubicación aparece casi al final del proceso de decisión cuando una empresa selecciona un sitio específico. Si el sitio específico está más allá de los límites de la zona comercial de una municipalidad, los precios que aplican a la ciudad no aplican al sitio. De igual modo, un sitio fuera de la zona comercial reduce la disponibilidad del transportista, en especial la disponibilidad de los transportistas terrestres que definen sus alcances de operación en términos de operaciones de un punto a otro.

Zonas comerciales extranjeras[22]

Como se discutió previamente, una **zona comercial extranjera** (**FTZ**; *foreign trade zone*) es un área geográfica en la que los importadores pueden introducir un producto y mantenerlo sin pagar aranceles o impuestos de aduana, y sólo los pagan cuando se envía hacia el territorio de Estados Unidos. Pueden efectuarse diversas actividades en una FTZ, como ensamblaje, embalaje, destrucción, almacenamiento, limpieza, exhibición, distribución, ordenamiento, clasificación, experimentación, etiquetado, reparación, combinación con contenido nacional o extranjero o procesamiento.[23] Las ventajas de la FTZ incluyen las siguientes:

- Aranceles e impuestos federales de aduana diferidos en importaciones

- Exención de pagos de impuestos o cuotas en materiales reexportados

- Opción de tasas aduanales pagadas, con base en el precio por componentes o por los productos terminados

- Exención de impuestos estatales y locales de inventario o de productos nacionales o extranjeros que se exportarán

La disponibilidad de los beneficios de la FTZ puede impactar el diseño de la red logística de una empresa. Por ejemplo, Ryder Group opera una zona comercial extranjera, Kelly USA, en la antigua base de la fuerza aérea Kelly Air Force Base en San Antonio, Texas. El Trade Processing Center (Centro de Procesamiento Comercial) que opera Ryder es una instalación de casi 40,000 pies cuadrados (3,715 m²) con un agente de fletes mexicano en el sitio que sirve como vínculo entre sus operaciones estadounidenses y las mexicanas. De igual modo, el complejo opera los siete días a la semana con servicios de puerta a puerta para la transportación terrestre, ferroviaria, aérea y oceánica de bienes.

Otro ejemplo de cómo una zona comercial extranjera puede ayudar a una empresa es la Zona Comercial Extranjera 50 en Long Beach, California.[24] Esto incluye una empresa de electrónica que importa 40,000 condensadores eléctricos al año de Asia a un valor de 200 dólares por unidad o una tasa aduanal de 9.6%. La empresa solicitó permiso para manejar la mercancía (por ejemplo, abrir las cajas, realizar inspecciones de control de calidad y re-empacar las cajas) antes de su reexportación a México. El producto final se exporta después a una zona libre dentro de una maquiladora mexicana para la manufactura de los productos terminados. La empresa se beneficia de la eliminación de aranceles dentro de la Zona Comercial 50 y obtiene ahorros anuales de 768,000 dólares.

Otras empresas reconocidas que utilizan las zonas comerciales extranjeras incluyen a Northrop Grumman, Kawasaki Motors Manufacturing Corp., BMW Manufacturing Corp., General Electric Co., JVC America, y Caterpillar, Inc.[25]

Privilegios de tránsito

Básicamente, el **privilegio de tránsito** permite al exportador detener un envío en tránsito y realizar una función que cambia la característica física del producto. Aplica el precio más bajo desde el origen hasta el destino final (el principio de reducción de precios), en vez de la combinación más alta de precios desde el origen hasta el punto de tránsito y del punto de tránsito al destino final.

En esencia, el privilegio de tránsito hace que las ubicaciones intermedias también sean óptimas, además de sólo los orígenes o destinos. El privilegio de tránsito elimina cualquier desventaja geográfica que las empresas asocian con la ubicación de un productor. El punto intermedio que el transportista designa como punto de tránsito goza de la tasa más baja y de mayor distancia que aplica ya sea al origen o al destino.

Como el precio colectivo, el privilegio de tránsito no está disponible en todas las ubicaciones o para todas las mercancías, sólo aquellos sitios y mercancía que el transportista especifica. Si una mercancía se beneficia de la disponibilidad de un privilegio de tránsito, los puntos limitados especificados por el transportista serán alternativas prioritarias para ubicación de instalaciones.

RESUMEN

- La decisión sobre el diseño de la red logística y de la cadena de suministro es de gran importancia estratégica para la logística, la empresa en sí y la cadena de suministro. Esta decisión se vuelve cada vez más importante debido a las tendencias relacionadas con la globalización de la manufactura, la mercadotecnia, la contratación y el aprovisionamiento.

- Diversos factores pueden sugerir la necesidad de rediseñar la red logística y de la cadena de suministro.

- Es preferible un proceso formal y estructurado para el diseño de la red; los impactos potenciales en el costo y el servicio justifican un esfuerzo significativo para seguir un proceso sólido.

- Numerosos factores pueden afectar el diseño de una red logística y la ubicación de instalaciones específicas en el contexto de una red.

- Los enfoques principales de modelado para obtener una visión sobre el tema del diseño de la red logística y la cadena de suministro incluyen la optimización, simulación y los modelos heurísticos.

- El método de la cuadrícula representa una forma útil de obtener una solución adecuada, pero no por fuerza óptima, para un problema de ubicación de la instalación de logística.

- La disponibilidad y el costo de la transportación afectan la decisión de ubicación en un número de formas importantes y únicas.

CUESTIONARIO DE REPASO

1. ¿En qué formas puede el diseño de la red logística y la cadena de suministro de una empresa afectar su capacidad para crear valor para sus clientes por medio de la eficiencia, la efectividad y la diferenciación?

2. ¿Cuáles son los pasos en el proceso del diseño de la red logística y de la cadena de suministro? De estos pasos, ¿cuáles son los más relevantes para la tarea de seleccionar un sitio específico para una instalación logística?

3. Discuta los factores que provocan que una compañía analice el diseño de una red de logística/cadena de suministro o reconsidere la ubicación de una instalación particular.

4. ¿Por qué la mayoría de las decisiones de ubicación las analiza un equipo de gerentes en vez de una sola persona? ¿Qué tipos de equipos se sugieren para la tarea del rediseño de la red logística?

5. ¿Cuáles son los determinantes más importantes de la ubicación y cómo afecta cada uno esta decisión?

6. ¿Cuál es la diferencia entre una decisión de ubicación regional o nacional y en qué formas difieren los determinantes de cada una?

7. Discuta la función de las variables logísticas en la decisión sobre dónde ubicar una planta o un centro de distribución.

8. ¿Cuáles son los tipos principales de técnicas de modelado que aplican a la tarea del diseño de la red logística y de la cadena de suministro y de ubicación de instalaciones? ¿Cuáles son las fortalezas y limitaciones de cada una?

9. Describa el método de la cuadrícula. ¿Cuál es su propósito y cómo conduce a la toma de una decisión? ¿Cuáles son sus fortalezas y limitaciones?

10. Con el método de la cuadrícula, determine la ubicación de menor costo para los siguientes problemas:

a)

	TONELADAS	PRECIO	COORDENADAS DE LA CUADRÍCULA (H, V)
S_1	200	0.50	2, 14
S_2	300	0.60	6, 10
M_1	100	1.00	2, 2
M_2	100	2.00	10, 14
M_3	100	1.00	14, 18
M_4	100	2.00	14, 6

	Toneladas	Precio	Coordenadas de la cuadrícula (H, V)
S_1	200	0.50	2, 14
S_2	300	0.60	6, 10
M_1	100	1.00	2, 2
M_2	100	2.00	10, 14
M_3	100	1.00	14, 18
M_4	100	2.00	14, 6

b)

CLIENTE	TONELADAS	COORDENADAS DE LA CUADRÍCULA (H, V)
A	100	1, 11
B	300	7, 11
C	200	5, 9
D	500	7, 7
E	1,000	1, 1

Cliente	Toneladas	Coordenadas de la cuadrícula (II, V)
A	100	1, 11
B	300	7, 11
C	200	5, 9
D	500	7, 7
E	1,000	1, 1

11. Explique cómo la reducción de precios, los precios colectivos, la zonas comerciales, las zonas comerciales extranjeras y los privilegios de tránsito afectan la decisión sobre la ubicación de una instalación.

NOTAS

1. http://www.industryweek.com, ID de artículo 12125.

2. Morgan Stanley, 2006.

3. Por ejemplo, visite http://www.forwardair.com

4. Las cifras relacionadas con el desarrollo de la infraestructura de transportación en China sugieren que en los 50 años, de 1949 a 1999, la longitud de las carreteras en China aumentó 16 veces, la de autopistas 15 veces y las terminales de puertos marítimos incrementaron 7.6 veces. Para el final de 1999, la transportación de pasajeros había aumentado 100 veces más que la de 1949 y la de carga aumentó 155 veces. Adaptado de Charles Guowen Wang, *CSCMP Global Perspectives China* (Oak Brook, IL: Council of Supply Chain Management Professionals, 2006) y del sitio web oficial de la Secretaría de Comunicaciones de China.

5. David Savageau, *Places Rated Almanac* (Washington, DC: Places Rated Books, LLC, 2011).

6. Bert Sperling y Peter Sander, *Cities Ranked and Rated: More Than 400 Metropolitan Areas Evaluated in the US and Canada*, 2a. ed. (Hoboken, NJ: Wiley Publishing Company, 2009).

7. *Knoxville News Sentinel* (29 de junio de 2006): 1.

8. *Investing in Waigaoqiao Free Trade Zone*, Shanghai Waigaoqiao Free Trade Zone United Development Co., Ltd., 2005.

9. Ronald H. Ballou, *Business Logistics Management*, 3a. ed. (Englewood Cliffs, NJ: Prentice-Hall, 1992): 297.

10. Richard F. Powers, "Optimization Models for Logistics Decisions", *Journal of Business Logistics* 10, núm. 1 (1989): 106.

11. SAILS Strategic Analysis of Integrated Logistics Systems (Manassas, VA Insight, Inc., 2006).

12. Ibid.

13. Ibid.

14. Robert E. Shannon, *Systems Simulation: The Art and Science* (Englewood Cliffs, NJ: Prentice-Hall, 1975): 1.

15. Frederick S. Hillier y Gerald J. Lieberman, *Introduction to Operations Research*, 3a. ed. (San Francisco, CA: Holden-Day, Inc., 1980): 643.

16. Para una excelente visión general del modelo de simulación, ver Donald J. Bowersox y David J. Closs, "Simulation in Logistics: A Review of Present Practice and a Look to the Future", *Journal of Business Logistics* 10, núm. 1 (1989): 133-148.

17. Ronald H. Ballou, "Logistics Network Design: Modeling and Informational Considerations", *The International Journal of Logistics Managements* 6, núm. 2 (1995): 47.

18. Para ejemplos adicionales y una perspectiva exhaustiva sobre modelos heurísticos, véase Ronald H. Ballou, "Heuristics Rules of Thumb for Logistics Decision Making", *Journal of Business Logistics* 10, núm. 1 (1989): 122-132.

19. Donald H. Ratliff y William G. Nulty, *Logistics Composite Modeling* (Atlanta, GA: Ratliff and Nulty, 1996): 38.

20. El contenido de esta sección se adaptó de Paul S. Bender, "How to Design an Optimum Supply Chain", *Supply Chain Management Review* (Primavera de 1997): 79-80.

21. Porciones de esta sección se adaptaron de Edward J. Taffe y Howard L. Gauthier Jr., *Geography of Transportation* (Englewood Cliffs, NJ: Prentice-Hall, 1973): 41-43.

22. Margaret Gordetsky, "Ryder Puts Customers in the Foreign Trade Zone", *Transport Topics* (28 de agosto de 2000): 26.

23. Trade Information Center, http://www.la.ita.doc.gov/ftzpage/tic.html

24. Recuperado de http://www.expansionmanagement.com/cmd/articledetail/articleid/15924/default.asp

25. Ibid.

CASO 12.1

Johnson & Johnson

Las operaciones europeas del gigante de productos empacados para el consumidor Johnson & Johnson (J&J) comprendían 12 centros de distribución en siete países. El análisis inicial de la empresa mostró que hubo una consolidación mínima o nula entre las instalaciones, mismas que tenían altos costos de operación (más de 10 millones de dólares), pero los costos de transportación eran relativamente bajos (un poco más de seis millones de dólares). Los centros de distribución se ubicaban de manera geográfica para cumplir las necesidades específicas y expectativas de servicio de sus clientes europeos. Ya que J&J siempre busca formas de modernizar y mejorar las prácticas de su cadena de suministro, estaba muy interesada en modos de mejorar sus actividades de manufactura y distribución en Europa.

El resultado inicial de aplicar el software de optimización de redes fue una reducción en el número de centros de distribución de 12 a 2. Aunque este escenario se acompañaba de aumentos en los costos de transportación a las ubicaciones de los clientes, los costos generales de los sistemas disminuyeron siete millones. Sin embargo, dada la importancia estratégica de mantener niveles aceptablemente altos de servicio al cliente, era importante incorporar el requisito de mantener niveles razonables de servicio al cliente (es decir, de un día para algunos, o de dos días para otros) en la formulación del modelo de optimización de la red. Además, también era necesario que el modelo considerara factores como el gasto de arrendamientos de largo plazo y demás.

Posteriormente, se desarrolló y utilizó un modelo que optimización de la red que respondía a los temas que se analizaron en el párrafo anterior. El resultado final incluyó una reducción en el número de centros de distribución de 12 a 5, lo que se tradujo en una disminución en los costos de las instalaciones de 10.1 millones de dólares a 3.9 millones. Aunque los costos de transportación aumentaron un poco, de 6.6 millones de dólares a 7.6 millones, la red general experimentó un ahorro en el sistema de aproximadamente cinco millones de dólares. Al mismo tiempo, la red optimizada pudo cumplir con los objetivos del servicio al cliente que se mencionaron en el párrafo anterior.

PREGUNTAS SOBRE EL CASO

1. ¿Qué factores ayudan a explicar por qué J&J tenía 12 centros de distribución en Europa?

2. ¿Qué pasos en el proceso de diseño de la red logística y de la cadena de suministro que se analizaron en este capítulo hubieran sido los más relevantes para la tarea que enfrentó J&J en Europa?

3. ¿Existen otros factores que el estudio de optimización de la red debió haber considerado?

4. Este caso se enfoca en los envíos de los centros de distribución hacia las ubicaciones de los clientes. ¿Qué factores en el lado del suministro, o de entrada al lado del centro de distribución, hubieran sido relevantes para el análisis que se efectuó?

Fuente: Adaptado de Insight, Inc. (2006) Reproducido con autorización.

CASO 12.2

Fireside Tire Company

Fireside Tire Company, un fabricante de neumáticos radiales para camionetas deportivas, vende sus productos en el mercado de posventa automotriz y los distribuye por todo Estados Unidos. Fireside tiene tres plantas de producción de neumáticos ubicadas en Allentown, Pennsylvania; Toledo, Ohio; y Macomb, Illinois (véase el mapa). Normalmente, Fireside envía los neumáticos desde sus plantas hasta los centros de distribución, pero las compras del tamaño de la carga de un camión se transportan por lo general directamente de las plantas a las ubicaciones de los clientes. Todos los envíos hacia una región se transportan con precios de carga de camión que aplican a un peso mínimo de 40,000 libras, o 400 cwt.

La administración de Fireside está preocupada por encontrar la ubicación más económica de un centro de distribución que sirva a su región sureste, que consiste en North Carolina, South Carolina, Georgia, Florida, Mississippi, Alabama y el sureste de Tennessee. Aunque en la actualidad un centro de distribución en Atlanta presta servicio a esta región, a la administración de Fireside le inquieta que la ubicación de Atlanta no sea la mejor opción a nivel logístico.

Para ayudar al departamento de logística a efectuar un análisis de la ubicación del centro de distribución de esta región con el método de la cuadrícula, el departamento de transportación de Fireside desarrolló los siguientes datos basándose en las proyecciones para 2012:

	ENVÍOS EN 2012 HACIA ATLANTA			COORDENADAS DE LA CUADRÍCULA	
DESDE	CWT	PRECIO/CWT	MILLAJE	HORIZONTAL	VERTICAL
Toledo	15,000	$2.20	640	1,360	1,160
Macomb	5.000	2.43	735	980	1,070
Allentown	11,000	2.52	780	1,840	1,150

ENVÍOS EN 2012 HACIA ATLANTA		COORDENADAS DE LA CUADRÍCULA	
HACIA	CWT	HORIZONTAL	VERTICAL
Chattanooga	2,700	1,350	650
Atlanta	3,500	1,400	600
Tampa	4,300	1,570	220
Birmingham	2,800	1,260	580
Miami	5,300	1,740	90
Jacksonville	5,100	1,600	450
Columbia	2,200	1,600	650
Charlotte	2,900	1,590	740
Raleigh/Durham	2,200	1,700	800

El departamento de transportación también determinó que los gastos totales de flete desde el centro de distribución de Atlanta durante 2012 fueron de 217,000 dólares y que la distancia promedio de envíos fue de 330 millas (530 kilómetros).

PREGUNTAS SOBRE EL CASO

1. Con base en la información disponible, ¿es Atlanta la mejor ubicación para un centro de distribución que sirva a la región sureste? Si no es así, ¿qué recomendaría?

2. El departamento de transportación de Fireside proyecta un incremento en el precio de 25% en 2013 de todos sus proveedores de transportación. ¿Cómo afectará esto a la ubicación del sureste?

3. La mercadotecnia anticipa que el mercado de Raleigh/Durham crecerá 3,000 cwt en 2014 y que Fireside servirá al crecimiento de Allentown. ¿Cómo afectará esto a Atlanta como ubicación?

Fuente: Edward J. Bardi, Ph.D. Reproducido con autorización.

Capítulo 13

CONTRATACIÓN DE MATERIALES Y SERVICIOS

Objetivos de aprendizaje

Después de leer este capítulo, usted será capaz de:

- Entender la función y la naturaleza de la compra, la adquisición y el abastecimiento estratégico en un contexto de cadena de suministro.

- Considerar la importancia de los tipos de artículos y servicios comprados para los procesos de abastecimiento y adquisición.

- Entender el proceso del abastecimiento estratégico.

- Reconocer los principios y enfoques para la gestión eficiente de las actividades de abastecimiento y adquisición.

- Apreciar la importancia de las empresas que tienen relaciones efectivas con los proveedores y entienden el valor de las organizaciones proveedoras que cuentan con ciertas certificaciones y registros.

- Examinar la cuestión del precio de adquisición y la relevancia del costo total del desembarque (TLC).

- Estar al tanto de los avances contemporáneos en las áreas de contratación electrónica (e-sourcing) y aprovisionamiento electrónico (e-procurement).

Perfil de la cadena de suministro

Lograr mayores ahorros en costos para los fabricantes globales por medio de la fusión de proveedores de servicio en la cadena de suministro

En julio de 2009, Elemica, un importante proveedor de servicios de la cadena de suministro global, y Rubber-Network, una empresa de abastecimiento y cadena de suministro global, anunciaron que se habían fusionado. La empresa combinada, que continuó operando bajo el nombre de Elemica, proporciona eficiencias y ahorros en costos aún mayores en la cadena de suministro para los fabricantes globales que buscan una ventaja competitiva en el desafiante mercado actual. De la fusión se esperaban resultados positivos rápidos ya que el portafolio de productos combinado ofrece una colección completa de capacidades para liberar el efectivo en la cadena de suministro para los clientes de la empresa.

Elemica es líder en la integración y ejecución de la cadena de suministro, con una enorme presencia en la industria química. RubberNetwork es el puntero en abastecimiento e integración de la cadena de suministro para la industria llantera y hulera global. Las dos empresas complementarias en alto grado unieron fuerzas para entregar una colaboración más cercana para los socios de dicha cadena manufacturera global. Los servicios de abastecimiento exhaustivos de RubberNetwork junto con la sólida red de la cadena de suministro de Elemica serán valiosos para la base de clientes combinada al igual que para los clientes nuevos con los que espera firmar la empresa.

Elemica y RubberNetwork hacen posible la colaboración con los compradores, proveedores y proveedores de servicios logísticos y facilitan las relaciones más sólidas por medio de la integración excepcional de empresa a empresa. Las metas de reducción de costo y mejora del desempeño para sus clientes se optimizan gracias a la integración de las capacidades individuales de las empresas. A final de cuentas, Elemica tendrá aproximadamente 2,500 socios conectados a la red de su cadena de suministro. La empresa integra sistemas de negocios distintos en una red unificada con todos los clientes, proveedores y proveedores de servicios logísticos tercerizados, sin distinción del tamaño o industria, ayudando a las compañías a reducir los costos estructurales de la cadena. Los ahorros se logran con base en la ejecución perfecta de los procesos de negocios como el pedido para factura, la adquisición para pagar y la logística, lo que resulta en la reducción de errores y la disminución de inventarios. Los servicios de abastecimiento permiten a los clientes reducir los costos de adquisición principalmente en los materiales y servicios indirectos usando tecnología de subasta en línea, estrategias de negociación y benchmarking como objetivo.

La huella global de la empresa fusionada incluye oficinas en Atlanta, Ámsterdam, Frankfurt, Londres, Seúl, Shanghai, Singapur y Tokio. La casa matriz sigue en Exton, Pennsylvania.

Fuente: Adaptado del comunicado de prensa titulado "Elemica and RubberNetwork Merge", 31 de julio de 2009, disponible en www.elemica.com. Reproducido con autorización.

Introducción

Los gerentes de logística y de la cadena de suministro buscan formas de dar más valor a sus operaciones de compra y adquisición. Ya sea que haya presión por parte de los clientes demandantes, el surgimiento de la competencia de bajo costo desde fuentes globales o la complejidad de las cadenas de suministro, los ejecutivos encuentran que el énfasis tradicional en la compra de bajo costo ya no lo reduce más.

Como resultado, los temas de compra, aprovisionamiento y contratación estratégica reciben atención considerable conforme las organizaciones tratan de aumentar la eficiencia y la efectividad generales de sus cadenas de suministro. Mientras las definiciones que se proporcionan a continuación pretenden ayudar a entender algunas de las semejanzas, diferencias y vínculos entre compras, adquisición y abastecimiento estratégico, en la práctica es común que estos términos a veces se utilicen de manera indistinta.

- **Compra:** la función transaccional de comprar productos y servicios. En un escenario de negocios, por lo común esto implica la colocación y el procesamiento de un pedido de compra. En general esta actividad sigue el comportamiento de un proceso de abastecimiento formal.

- **Aprovisionamiento:** se refiere al proceso de gestionar un amplio rango de procesos que se asocian con la necesidad de una compañía de adquirir bienes y servicios que se requieren para manufacturar un producto (directa) o para que la organización opere (indirecta). Ejemplos de estas actividades en el proceso de aprovisionamiento incluyen el abastecimiento de productos/servicios, la selección del proveedor, la negociación del precio, la administración del contrato, la gestión de la transacción y la gestión del desempeño del proveedor.

- **Contratación estratégica:** en esencia, el proceso de contratación estratégica es más amplio y completo que el de aprovisionamiento; va más allá, se enfoca en los impactos que causan las decisiones de aprovisionamiento y compra en la cadena de suministro, y funciona de manera multidisciplinaria dentro del negocio para lograr las metas generales de negocios de la organización.

Con base en una revisión de estas definiciones, es importante considerar la compra sólo como una actividad (aunque importante), mientras el aprovisionamiento y la contratación estratégica se describen mejor como procesos. La figura 13.1 identifica cinco ejemplos de razones por las que la contratación estratégica es un concepto más completo: 1) consolidación y apalancamiento del poder de compra (concentrar volúmenes más grandes de compras en menos proveedores o menos transacciones); 2) énfasis en el valor (en lugar de sólo en el costo de adquisición); 3) relaciones más significativas con el proveedor; 4) atención dirigida hacia el mejoramiento del proceso, y 5) más trabajo en equipo y mayor profesionalismo (para incluir a los proveedores y clientes, según sea apropiado).

Figura 13.1	**Aspectos únicos de la contratación estratégica**

1. **Consolidación y apalancamiento del poder de compra:** Si cada departamento o división en una organización tomara decisiones de compra independientes, el resultado final sería más costoso que si las compras se coordinaran. Al observar en forma amplia todo lo que compra una organización, es posible lograr ahorros considerables por medio de la consolidación del poder de compra y el apalancamiento de volúmenes más grandes con menos proveedores totales.

2. **Énfasis en el valor:** Con demasiada frecuencia las organizaciones ponen la prioridad en la adquisición de los artículos necesarios al menor costo posible. Al hacerlo pueden perder oportunidades de lograr un mayor valor, por ejemplo, por medio de los costos reducidos a lo largo del ciclo de vida del producto. Comprar una máquina copiadora/fax/escáner sólo con base en el costo de adquisición sería un descuido real de los costos a largo plazo relacionados con la tinta, las reparaciones, entre otros.

3. **Relaciones más significativas con el proveedor:** la contratación estratégica brinda beneficios debido al establecimiento de relaciones de negocios sanas con muchos tipos de proveedores. Dependiendo del tipo de compra que se considere, el desarrollo de relaciones verdaderas de colaboración puede ser eficaz.

4. **Atención dirigida hacia el mejoramiento del proceso:** la contratación estratégica mira más allá de la necesidad de las prácticas de compra eficaces y enfoca la atención en los procesos de negocios que se relacionan con la compra particular que se considera. Además, la reformulación y reducción de los procesos de compra son sus elementos clave.

5. **Más trabajo en equipo y mayor profesionalismo:** El concepto de trabajo en equipo es esencial para el éxito de la contratación estratégica. Al integrar equipos multidisciplinarios, que incluyan representantes de las organizaciones de proveedores y de clientes, es posible obtener los beneficios de este proceso.

Fuente: C. John Langley Jr., Ph.D. Reproducido con autorización.

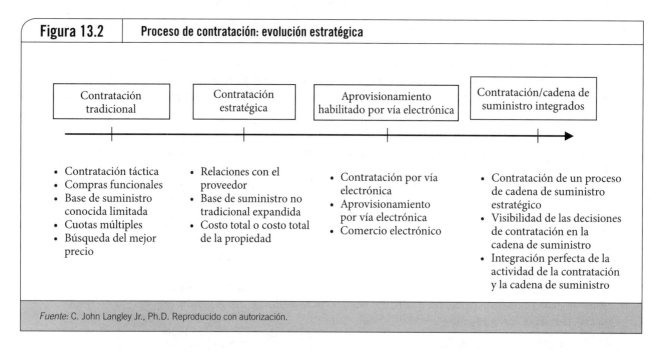

Figura 13.2 | Proceso de contratación: evolución estratégica

Contratación tradicional → Contratación estratégica → Aprovisionamiento habilitado por vía electrónica → Contratación/cadena de suministro integrados

Contratación tradicional
- Contratación táctica
- Compras funcionales
- Base de suministro conocida limitada
- Cuotas múltiples
- Búsqueda del mejor precio

Contratación estratégica
- Relaciones con el proveedor
- Base de suministro no tradicional expandida
- Costo total o costo total de la propiedad

Aprovisionamiento habilitado por vía electrónica
- Contratación por vía electrónica
- Aprovisionamiento por vía electrónica
- Comercio electrónico

Contratación/cadena de suministro integrados
- Contratación de un proceso de cadena de suministro estratégico
- Visibilidad de las decisiones de contratación en la cadena de suministro
- Integración perfecta de la actividad de la contratación y la cadena de suministro

Fuente: C. John Langley Jr., Ph.D. Reproducido con autorización.

La figura 13.2 sugiere una evolución estratégica hacia el proceso de contratación. Este diagrama resalta no sólo la tendencia desde la contratación tradicional/táctica hasta la contratación estratégica, pero al final hacia un aprovisionamiento posibilitado por vía electrónica y la integración de la contratación y la cadena de suministro. Sin importar la terminología que se use para describir el futuro, es claro que hay prioridad en el desarrollo y perfeccionamiento de los enfoques en el aprovisionamiento y la contratación que crean valor adicional para las organizaciones, sus clientes y sus proveedores. Michael Porter, en su cadena de valor, identificó la importancia estratégica del aprovisionamiento, ya que incluye actividades como la calificación para los proveedores nuevos, la adquisición de diferentes tipos de insumos y el seguimiento del desempeño del proveedor.[1] Como tal, el aprovisionamiento funciona como un vínculo muy importante entre los integrantes de la cadena de suministro.

Tipos e importancia de los artículos y servicios comprados[2]

No todos los productos y servicios que una empresa compra son iguales. Algunos son más importantes y su aprovisionamiento requiere mayor atención. Al aplicar las mismas estrategias, tácticas y recursos para suministrar clips para papel y chips para computadora a un fabricante de computadoras se pasan por alto las diferencias en la naturaleza esencial de cada artículo para la supervivencia y rentabilidad de la empresa. Es decir, la compañía de computadoras puede sobrevivir sin los clips pero no sin los chips.

La técnica de los cuadrantes permite al gerente de la cadena de suministro evaluar la importancia de cada producto o servicio que se compra; se utiliza una matriz de dos por dos para determinar la importancia relativa de un artículo adquirido con base en su valor y riesgo. Los criterios que se usan para establecer la importancia son el valor o potencial de ganancia y el riesgo o singularidad.

El criterio de valor examina las características del producto o servicio que aumentan las ganancias para el producto final y la capacidad de la empresa para mantener una ventaja competitiva en el mercado. Por ejemplo, un chip para computadora que es más rápido o un sistema operativo que es más fácil para el usuario harán más deseable la computadora, con lo que aumenta la demanda del producto y, en consecuencia, las ganancias. De manera alternativa, es probable que la adición de un clip para papel bañado en oro al manual de instrucciones de la computadora no aumente las ventas de computadoras ni consolide una ventaja competitiva en el mercado.

El riesgo es un reflejo de las probabilidades de falla, falta de aceptación en el mercado, retrasos en la entrega y falta de disponibilidad de origen. El riesgo de falla de un clip para papel en realidad no es un riesgo significativo para un fabricante de computadoras. Es decir, si un clip no mantiene unidas varias hojas de papel, las actividades de la empresa no se verán afectadas. Sin embargo, si un chip para computadora falla, ésta no funcionará y el mercado responderá en forma negativa. Por tanto, el chip representa un riesgo mayor que el clip para un fabricante de computadoras.

La figura 13.3 describe el cuadrante de valor y riesgo y clasifica los artículos de acuerdo con su importancia; los de riesgo y valor bajos se denominan genéricos; los de riesgo bajo y valor alto son materias primas; los productos o servicios de riesgo alto y valor bajo son distintivos, mientras que aquellos de riesgo y valor altos son críticos.

Los **genéricos** son artículos y servicios de riesgo y valor bajos que por lo común no se incluyen en el producto final. Artículos como los suministros de oficina y de mantenimiento, reparación y operación (MRO) son algunos ejemplos. Los costos administrativos y de procesamiento de su aprovisionamiento son más significativos que el precio de compra de los genéricos, y para algunos de éstos los costos de administración y procesamiento pueden exceder el precio que se ha pagado por el artículo o servicio. La idea central del aprovisionamiento estratégico de genéricos es agilizar este proceso para reducir el costo asociado con la compra de genéricos. Por ejemplo, el uso de las tarjetas de compra (tarjetas de crédito corporativas) reduce el número de cheques expedidos y los costos administrativos asociados con el pago de cheques, la verificación del banco, etcétera.

Las **materias primas** son artículos o servicios que tienen un riesgo bajo pero un valor alto. Los materiales básicos de producción (tornillos), los empaques (caja exterior) y los servicios de transportación son ejemplos de materias primas que aumentan la rentabilidad de la empresa pero representan un riesgo bajo. Estos artículos y servicios son fundamentales para el producto terminado, por lo que contribuyen a que su valor sea alto; su riesgo es bajo porque no son artículos únicos y hay muchas fuentes de suministro. Debido a esto hay poca distinción de marcas y el precio es uno de sus factores distintivos. El flete y el inventario son consideraciones importantes en cuanto a los costos de aprovisionamiento de las materias primas. Las estrategias de aprovisionamiento para las materias primas incluyen la compra por volumen para reducir el precio y los sistemas justo a tiempo para disminuir los costos de inventario.

Figura 13.3	Matriz de importancia del aprovisionamiento de artículos

Distintivos
- Riesgo alto, valor bajo
- Artículos maquinados

Críticos
- Riesgo alto, valor alto
- Artículos únicos
- Artículos críticos para el producto final

Genéricos
- Riesgo bajo, valor bajo
- Suministros de oficina
- Artículos MRO

Materias primas
- Riesgo bajo, valor alto
- Artículos de producción básicos
- Empaques básicos
- Servicios de logística

Riesgo

Valor o potencial de ganancia

Fuente: C. John Langley Jr., Ph.D. Reproducido con autorización.

Los **distintivos** son artículos y servicios de riesgo alto y valor bajo como los maquinados, las piezas que están disponibles sólo con un número limitado de proveedores o los artículos cuyo tiempo de elaboración es extenso. Los clientes de la compañía no se percatan (o no les importa) de su singularidad, pero estos artículos representan una amenaza para la operación continua y el costo alto del aprovisionamiento. Un desabasto de ellos resulta en la detención de la línea de producción o el cambio de su programación para trabajar en torno a un artículo agotado; ambas tácticas incrementan los costos de producción. De manera alternativa, el uso de fuentes de suministro o transportación de primera, eliminará el desabasto pero aumentará los costos de aprovisionamiento. El enfoque estratégico para los distintivos es elaborar un programa de estandarización para eliminar o reducir su singularidad por medio de su modificación a genéricos.

Por último, los **críticos** son artículos de riesgo y valor altos que dan al producto final una ventaja competitiva en el mercado. Como se señaló antes, el chip para computadora puede dar a ésta una velocidad única que la distinga de todas sus competidoras. Este chip único incrementa el valor de la máquina, y los riesgos de la falta de disponibilidad son la insatisfacción del cliente y la reducción en las ventas. Para el cliente, los críticos determinan, en parte, el costo máximo de usar el producto terminado; en el ejemplo, la computadora. La estrategia para su aprovisionamiento es fortalecer su valor por medio del uso de tecnologías nuevas, la simplificación, las relaciones cercanas con el proveedor y las modificaciones en el valor agregado. El enfoque su aprovisionamiento se coloca en la innovación para hacer que el artículo proporcione un mayor valor de mercado al producto terminado.

Este análisis de la técnica del cuadrante enfatiza que no todos los artículos y servicios que se compran tienen la misma importancia. También sugiere que el gerente de la cadena de suministro debe aplicar estrategias de aprovisionamiento variables con base en el valor y el riesgo del artículo. Será preciso destinar mayores recursos y atención hacia los críticos que hacia los genéricos. Por ejemplo, es posible asignar un especialista en aprovisionamiento de tiempo completo para comprar un artículo crítico (digamos, un chip para computadora), mientras se encomienda a una persona de tiempo completo la compra de cientos de genéricos (suministros de oficina).

La figura 13.4 es útil para entender tres tipos de situaciones de compra que pueden ocurrir. La primera es la de los bienes de capital que representan una inversión a plazo más largo para una organización y requieren una planificación financiera significativa. La segunda es la de las recompras, que son compras repetidas que pueden ser idénticas a las compras históricas (estándar) o presentar alguna variación (modificadas). La tercera es la de los artículos de mantenimiento, reparación y operaciones (MRO) que se necesitan para la operación continua de la empresa y las actividades de su cadena de suministro.

| Figura 13.4 | Tipos de actividad de compra |

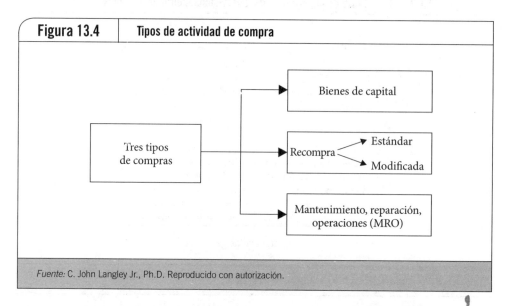

Fuente: C. John Langley Jr., Ph.D. Reproducido con autorización.

Metodología de la contratación estratégica[3]

Como se indicó antes, la contratación estratégica es mucho más amplia y exhaustiva que el aprovisionamiento. La figura 13.5 ofrece detalles relacionados con la metodología de siete pasos que describe mejor este proceso. En general, comienza con la formación de un comité directivo y un equipo de contratación, incluye la elaboración y ejecución de una estrategia apropiada y brinda una dirección para los esfuerzos en curso en los contextos de transición, integración, y medición y mejora del desempeño. Las siguientes secciones puntualizan los pasos clave.

Para guiar el proceso de contratación estratégica se reconocen cinco principios nucleares para lograr los niveles deseados de valor; son los siguientes:

- **Evaluar el valor total.** El énfasis debe colocarse más allá del costo de adquisición y evaluar el costo total de la propiedad y el valor de la relación con el proveedor.

- **Diseñar estrategias de contratación individuales.** Las categorías de gasto individuales requieren estrategias de contratación personalizadas.

- **Evaluar los requerimientos internos.** Los requerimientos y las especificaciones deben evaluarse minuciosamente y racionalizarse como parte del proceso de contratación.

- **Enfocarse en la economía del proveedor.** Es preciso entender la economía de los proveedores antes de identificar las tácticas de compra como el apalancamiento por volumen, el desglose de precios o los mecanismos de ajuste de precios.

- **Guiar una mejora continua.** Las iniciativas de contratación estratégica deberán ser un subconjunto del proceso de mejora continua para las organizaciones de aprovisionamiento y contratación.

Figura 13.5 | **Metodología de la contratación estratégica**

Planificación del proyecto e inicio 1	Perfil de gasto 2	Evaluación del mercado de suministros 3	Diseño de la estrategia de contratación 4	Ejecución de la estrategia de contratación 5	Transición e integración 6	Medición y mejora del desempeño 7
2 semanas	2-3 semanas	4-8 semanas	2-4 semanas	6-12 semanas	3-4 semanas	*En curso*
• Definir el comité directivo • Ensamblaje y capacitación del equipo de contratación • Elaborar los estatutos del equipo • Identificar a los interesados • Documentar el tamaño de la compra • Elaborar planes de trabajo por categoría • Comunicar el ámbito del equipo	• Identificar las guías de la demanda • Revisar, alinear y estandarizar especificaciones • Evaluar la efectividad del proceso de compra • Identificar las oportunidades para la mejora del proceso • Revisar los requerimientos, problemas y riesgos del cliente	• Identificar las fuentes potenciales de suministro • Evaluar el mercado/la industria y la economía del proveedor • Identificar las fuentes viables de suministro • Realizar evaluaciones del proveedor • Realizar comparaciones del desempeño de los proveedores • Identificar oportunidades de proveedores	• Reconfirmar el ámbito y los resultados deseados • Identificar los puntos de apalancamiento y oportunidades clave de mejora • Elaborar estrategia de contratación • Elaborar proceso de cuotas y empaque (RFI y RFP) • Determinar los criterios de decisión • Definir estrategia de negociación • Comunicar estrategias	• Gestionar proceso de ofertas competitivas • Recopilar y analizar respuestas • Prepararse para las negociaciones • Gestionar el proceso de negociación • Identificar proveedor(es) recomendado(s) • Obtener acuerdo sobre la recomendación • Obtener aprobaciones finales • Otorgar contrato	• Comunicar resultados, fundamento y beneficios a las partes apropiadas • Concluir acuerdos contractuales • Planear la transición a procesos y relaciones con proveedores nuevos • Transición interna • Transición del proveedor • Gestionar el proceso de transición • Elaborar sistemas de seguimiento de ahorros • Conducir capacitación en procesos nuevos	• Establecer equipo de mejora del proceso conjunto proveedor/empresa • Implementar sistema de seguimiento de ahorros e informar al respecto • Dar seguimiento al cumplimiento del contrato y abordar las compras independientes • Definir un punto de referencia del mercado de suministro en forma continua • Dar seguimiento al desempeño del proveedor y proporcionarle retroalimentación

Entregables y resultados clave

▸ Estatutos del proyecto ▸ Inicio del proyecto ▸ Comunicaciones	▸ Revisión de especificaciones ▸ Modelo del costo total	▸ Solicitud de información ▸ Listado de proveedores	▸ Estrategia de contratación ▸ Solicitud de propuesta	▸ Selección de proveedor ▸ Carta de acuerdos del proveedor	▸ Planes de transición ▸ Contratos con el proveedor	▸ Seguimiento de ahorros ▸ Mejora continua

Fuente: Adaptado de Adjoined Consulting, LLC, Kanbay, Inc.

Hay siete pasos clave en la metodología de contratación estratégica general, como se muestra en la figura 13.5.

Paso 1: Planificación del proyecto e inicio

Este paso sugiere que se garantiza un inicio formal del proceso de contratación estratégica. Aquí se incluye la formación de un comité directivo para guiar y vigilar el proceso, y un equipo de contratación que participe de manera directa en todos los aspectos relacionados con la elaboración y aplicación de la(s) estrategia(s) de contratación elegidas. Además de establecer los parámetros y la organización del proceso general, es este paso debería identificarse a las personas interesadas clave y proporcionar una documentación inicial del ámbito y la escala de los productos y servicios que se compran y son importantes para el proceso.

Paso 2: Perfil de gasto

Los objetivos de este paso son desarrollar una comprensión precisa de los requerimientos y especificaciones de los productos y servicios necesarios y evaluar las oportunidades para optimizar los procesos de compra y aprovisionamiento. Las actividades que se realizan en este paso son:

- **Identificar o reevaluar las necesidades.** Una transacción de aprovisionamiento por lo general inicia en respuesta a una necesidad nueva o existente de algún usuario (una persona o un departamento dentro de la empresa del comprador). En algunas ocasiones las necesidades existentes deben reevaluarse porque cambian; en cualquier caso, una vez que se identifican, el proceso de aprovisionamiento puede comenzar. La identificación puede ser realizada por cualquier área funcional en la empresa o incluso por alguien externo, por ejemplo, los clientes.

- **Definir y evaluar los requerimientos del usuario.** Una vez que se ha determinado la necesidad, su requerimiento debe representarse con criterios medibles que pueden ser relativamente sencillos (por ejemplo, los criterios relacionados con el papel para fotocopiadora podrían ser papel bond blanco de 8 1/2 por 11 pulgadas, de cierto peso) o muy complejos si la compañía compra un producto muy técnico. Con estos criterios el profesional de la contratación puede comunicar las necesidades del usuario a los proveedores potenciales.

- **Decidir si hacer o comprar.** Antes de solicitar proveedores externos, la empresa compradora debe decidir si fabricará o comprará el producto o servicio para satisfacer las necesidades del usuario. Sin embargo, aun con una decisión de "hacer", la empresa por lo general tendrá que comprar algunos insumos a los proveedores externos. Este paso ha adquirido más importancia en la actualidad, cuando más compañías subcontratan a fin de enfocarse en sus actividades centrales.

En este paso también sería adecuado elaborar un "análisis del gasto" estructurado que ayudaría a entender el gasto por proveedor, categoría y usuario interno, y a perfilar los enfoques de abastecimiento y áreas de mejora actuales. El resultado final debe incluir recomendaciones para la optimización del proceso de contratación general y los probables beneficios financieros.

Paso 3: Evaluación del mercado de suministros

Éste es un paso vital en el proceso de contratación estratégica, ya que implica asegurar que todas las fuentes potenciales de suministro se han identificado y que se han puesto en marcha mecanismos útiles para hacer comparaciones significativas de las fuentes de suministro alternativas. Algunas perspectivas sobre este paso son las siguientes:

- Una evaluación minuciosa de un mercado de suministro incluirá un análisis exhaustivo del mismo. Una fuente de suministro puede operar en un mercado puramente competitivo (muchos proveedores), en uno oligopólico (algunos proveedores grandes) o uno monopólico (un proveedor). Conocer el tipo de mercado ayudará al profesional del aprovisionamiento a determinar el número de proveedores en el mercado, dónde se encuentra el equilibrio poder/dependencia y cuál método de compra sería más eficaz (negociaciones, oferta competitiva, etc.). La información sobre el tipo de mercado no siempre es evidente y quizá se necesite un poco de investigación en las fuentes de referencia estándar como Moody's o información de una asociación comercial.

- Es importante identificar a todos los proveedores que podrían satisfacer las necesidades del usuario, incluyendo a los que la empresa compradora no ha contratado antes. Una vez más, la identificación de todos los proveedores posibles, en especial en el ambiente global actual, puede ser un desafío y requerir investigación. Si la compañía es pequeña, tal vez depende de las fuentes secundarias más comunes de dicha información, como las guías de compras locales, búsquedas en internet, entre otras.

- Seleccione antes todas las fuentes posibles. Cuando se definen y evalúan los requerimientos del usuario (como se describió en la segunda actividad) es importante diferenciar entre las demandas y los deseos. Las demandas de un producto o servicio son aquellas características que son esenciales para el usuario; los deseos no son tan importantes y por ello son negociables. La selección previa reduce la reserva de posibles proveedores a aquellos que pueden satisfacer las demandas del usuario. En algunos casos, la selección previa puede ser una tarea relativamente sencilla. Por ejemplo, en el caso de papel para fotocopiadora, el proveedor lo tendrá a la mano en forma regular o no lo tendrá de manera confiable. Cuando se trata de los componentes de una computadora la situación quizá requiera una serie de pruebas por parte del personal de ingeniería interno.

Este paso también debería reconocer la necesidad de simplificar la compra y siempre que sea posible racionalizar los productos. Además, la atención deberá dirigirse hacia la comprensión y el análisis detallados de los precios, la identificación de oportunidades para consolidar la compra, la creación de apalancamiento y la redefinición y modernización de las relaciones con el proveedor. La garantía de que se cumplen objetivos como éstos debería proporcionar una evaluación del mercado de suministro exhaustiva y significativa.

Paso 4: Diseño de la estrategia de contratación

Antes de abordar la tarea de seleccionar al proveedor es importante diseñar una estrategia de contratación que defina los parámetros del proceso y los pasos que se seguirán. La figura 13.6 proporciona un esbozo del proceso de selección del portafolio de proveedores; abarca los pasos 3 a 5 en el proceso de contratación estratégica. De particular interés son los pasos relacionados con la investigación y selección iniciales del proveedor, la elaboración de una solicitud de información (RFI) y una solicitud de propuesta (RFP) sensibles, visitas al sitio con discusiones de seguimiento y selección del proveedor.

- El propósito de la solicitud de información (RFI) es establecer si un proveedor tiene las capacidades y el interés para ser considerado más adelante en el proceso de contratación, y si es potencialmente capaz de satisfacer los requerimientos del negocio del cliente. Ejemplos de la información que puede solicitarse incluyen: antecedentes de la compañía, estabilidad financiera, mercados cubiertos, instalaciones de manufactura y distribución, investigación y desarrollo, y sistemas de calidad. Las RFI por lo general centran su atención en los datos que no se relacionan con los precios, que pueden ser de interés y relevancia para la organización compradora.

| Figura 13.6 | Proceso de selección del portafolio de proveedores |

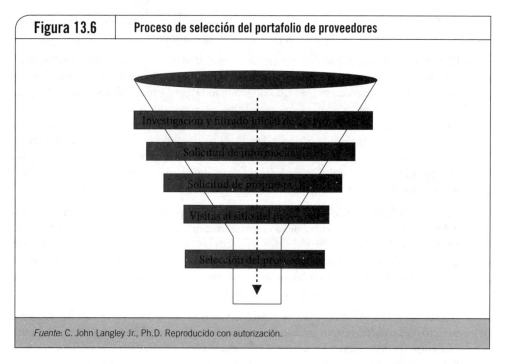

Investigación y filtrado inicial de los proveedores

Solicitud de información (RFI)

Solicitud de propuesta (RFP)

Visitas al sitio del proveedor

Selección del proveedor

Fuente: C. John Langley Jr., Ph.D. Reproducido con autorización.

- La solicitud de propuesta (RFP) proporciona información específica respecto a lo que a la compañía compradora le gustaría obtener y pide a los proveedores potenciales detalles respecto a cómo responderían a la solicitud. En esta respuesta habría información fundamental sobre los productos y servicios específicos que se proveerían, y sobre los precios.

La estrategia de contratación también debería incluir criterios de selección de proveedores y un proceso para evaluar sus propuestas. Estos criterios deberían relacionarse en forma directa con los objetivos establecidos que deben cumplirse por medio del proceso de contratación estratégica formal. En la figura 13.7 se muestran ejemplos de los criterios para la selección de los proveedores.

Paso 5: Ejecución de la estrategia de contratación

En esencia, este paso comienza con una evaluación de los proveedores que quedan después de los procesos de RFI y RFP, y culmina con la concesión de un contrato. Con la reserva de proveedores reducida a aquellos que pueden cumplir las demandas del usuario, es posible determinar cuál o cuáles de ellos satisfacen los requerimientos negociables, o los deseos, del cliente. Esta actividad se realiza por medio de ofertas competitivas si el artículo o artículos de aprovisionamiento son bastante sencillos o estándar y hay una cantidad suficiente de proveedores potenciales. Si estas condiciones no existen, quizá sea necesaria una evaluación más elaborada, con pruebas de ingeniería o situaciones simuladas de uso final, por ejemplo, probar los cinturones de seguridad para automóviles.

Es claro que la parte más importante de este paso es elegir un proveedor (o proveedores, dependiendo de los objetivos del abastecimiento); esta elección también determina la relación que existirá entre las empresas compradora y proveedora y cómo se estructurará e implementará la mecánica de esta relación.

Esta actividad establece cómo pueden mantenerse las relaciones con los proveedores que no son seleccionados.

Figura 13.7	Perspectiva general de los criterios para la selección de proveedores

Calidad
- Especificaciones técnicas
- Propiedades químicas y físicas
- Diseño
- Vida del producto
- Facilidad de reparación
- Mantenimiento
- Fiabilidad

Confiabilidad
- Entrega puntual
- Historial de desempeño
- Garantía y pólizas de reemplazo

Riesgo
- Riesgo del costo
- Potencial para la incertidumbre del suministro
- Riesgo e incertidumbre en el tiempo de entrega

Capacidad
- Capacidad de producción
- Capacidad técnica
- Administración
- Controles operativos
- Relaciones laborales

Finanzas
- Precio de los productos
- Estabilidad financiera

Cualidades deseables
- Actitud y compatibilidad cultural del proveedor
- Ayudas para capacitación
- Empaque
- Ubicación del proveedor

Fuente: C. John Langley Jr., Ph.D. Reproducido con autorización.

Paso 6: Transición e integración

La finalización del acuerdo contractual, la planeación del proceso de transición y la recepción o entrega del producto o servicio son aspectos importantes en este paso. Esta actividad ocurre con el primer intento del proveedor o los proveedores de satisfacer las necesidades del usuario. La conclusión de esta actividad también da inicio a la generación de datos relacionados con el desempeño que se utilizan en el siguiente paso del proceso de contratación estratégica.

Otros elementos útiles de este paso incluyen la elaboración de sistemas de seguimiento de los ahorros y la capacitación en nuevos procesos que puedan relacionarse con los productos o servicios que se han adquirido.

Paso 7: Medición y mejora del desempeño

Un paso muy importante en el proceso de contratación estratégica es la medición y mejora del desempeño del proveedor. En esencia, esto implica hacer una evaluación del desempeño después de la compra. Una vez que el producto ha sido entregado o el servicio realizado, es preciso evaluar el desempeño del proveedor para determinar si en verdad ha cubierto las necesidades del usuario. Ésta también es la actividad de control; si el desempeño del proveedor no satisfizo dichas necesidades será necesario encontrar las causas e implementar las acciones correctivas apropiadas.

Un comentario final relacionado con el proceso de contratación estratégica es que todas las actividades de esta sección quizá reciban la influencia de factores que se encuentran fuera del control del profesional de aprovisionamientos y que pueden determinar cuán efectivamente se realiza cada actividad. Podrían mencionarse factores intra-organizacionales e inter-organizacionales así como otros externos como las injerencias gubernamentales. Por ejemplo, un cambio en las necesidades del área de mercadotecnia o en el proceso de manufactura tal vez requiera que se repitan todas o algunas de las actividades que se han identificado antes de que se complete la primera iteración. El fracaso financiero de un proveedor potencial también causará problemas y se necesitarán actividades repetidas.

Administración de los procesos de contratación y aprovisionamiento

La administración de los procesos de contratación y aprovisionamiento puede ser compleja debido a diversas razones que van desde las estructuras hasta las culturas organizativas inflexibles. Sin embargo, la mayoría de las empresas deberían encontrar el proceso relativamente sencillo. Cuando se estudian estas actividades es preciso recordar que todas las empresas son diferentes y tendrán requerimientos distintos para el proceso de aprovisionamiento. Aquí es posible usar un método de cuatro pasos y adaptarse a las necesidades particulares de una empresa para maximizar la efectividad:

1. **Determinar el tipo de compra.** En el proceso de contratación estratégica, la decisión sobre el tipo de compra muchas veces determinará la complejidad del proceso entero. De los tres tipos de actividad de compra que se expusieron en la figura 13.4, por ejemplo, la situación de recompra directa implicaría solo un esfuerzo adicional mínimo en términos de las actividades de aprovisionamiento. De manera alternativa, la recompra modificada, y de seguro las situaciones de compra nuevas, implicaría mucho más esfuerzo.

2. **Fijar los niveles necesarios de inversión.** El proceso de contratación estratégica requiere dos tipos importantes de inversiones por parte de la empresa: tiempo e información. El tiempo de las personas involucradas se gasta en efectuar la compra; cuanto más compleja e importante sea ésta, más tiempo debe dedicársele, en especial si es una nueva. La información puede ser tanto interna como externa; la interna se relaciona con los requerimientos del usuario y las implicaciones que la compra tendrá para la empresa; la externa se refiere a los insumos que se comprarán y se recaba entre los integrantes de la cadena de suministro, proveedores potenciales y otros. Cuanto más compleja e importante sea la compra, más información se necesita para que el proceso de aprovisionamiento sea eficaz.

Al determinar el tipo de compra (que también está en función de las necesidades del usuario), el profesional del aprovisionamiento puede establecer los niveles de inversión que se requieren para este proceso. Quizás haya problemas cuando no se invierte lo suficiente o se invierte demasiado para satisfacer las necesidades de un usuario en particular. La fijación del nivel necesario de inversión en tiempo e información es un proceso específico de la empresa. Una vez que se decide el nivel de inversión, puede tener lugar la contratación estratégica.

3. **Efectuar el proceso de aprovisionamiento.** La descripción de este paso puede ser relativamente fácil pero quizá su ejecución sea compleja, lo que depende de la situación. Incluye efectuar aquellas actividades que se necesitan para hacer una compra eficaz y satisfacer los requerimientos del usuario. Este paso también permite al profesional del aprovisionamiento recabar datos sobre el tiempo y la información que en realidad se usan para hacer una compra específica. La capacidad para medir la inversión real y el nivel en que se satisfacen las necesidades del usuario es importante para el paso final en la administración del proceso de contratación estratégica.

4. **Evaluar la efectividad del proceso de abastecimiento estratégico.** Éste es un paso de control que presenta dos interrogantes: 1) ¿Fueron satisfechas las necesidades del usuario? y 2) ¿la inversión era necesaria? Recuerde, la meta es invertir sólo suficientes tiempo e información para satisfacer de manera exacta las necesidades del usuario. Si el proceso no fue efectivo, la causa podría rastrearse hasta una inversión insuficiente, las actividades apropiadas no realizadas o los errores cometidos al llevar a cabo una o más de dichas actividades. En cualquier caso, cuando el proceso de contratación estratégica es menos efectivo de lo que se hubiera deseado, es preciso identificar la causa o las causas y efectuar acciones correctivas para garantizar que las estrategias de contratación por venir demuestren ser efectivas. Si la compra satisfizo las necesidades del usuario con el nivel apropiado de inversión, el proceso de contratación estratégica puede considerarse efectivo y servirá como referencia para las compras futuras.

Por tanto, aunque el proceso de aprovisionamiento es complejo puede administrarse de manera efectiva en tanto el gerente adopte algún enfoque sistemático para implementarlo. Un factor clave para lograr la eficiencia y la efectividad en esta área es la formación de relaciones exitosas con el proveedor (vendedor). De hecho, muchos profesionales del aprovisionamiento/gerentes de materiales están de acuerdo en que el mercado global actual requiere la formación de relaciones sólidas con los proveedores a fin de crear y sostener una ventaja competitiva. Compañías como NCR y Motorola llegan tan lejos como referirse a sus proveedores (vendedores) como los socios o las personas interesadas en su compañía. Cuando los proveedores son "socios", las empresas dependen más de ellos para proporcionar insumos para el diseño de producto, la asistencia en la ingeniería, el control de calidad, entre otros.

Selección del proveedor

Como se expuso antes, la figura 13.7 muestra un panorama general de los criterios para la selección del proveedor; el factor más importante por lo general es la **calidad.** Como ya se indicó, la calidad con frecuencia se refiere a las especificaciones que un usuario busca en un artículo (por ejemplo, especificaciones técnicas, propiedades químicas o físicas, o diseño). El profesional del aprovisionamiento compara la calidad real del producto de un proveedor con las especificaciones que el usuario establece. En la práctica, la calidad incluye factores adicionales como la vida del producto, su reparación, los requerimientos de mantenimiento, la facilidad de uso y el cumplimiento. En los ambientes Six Sigma y esbeltos de hoy, no sólo los estándares de calidad son más altos sino que en general se cuenta con que los proveedores tomen una mayor responsabilidad por la calidad.

La **confiabilidad** abarca la entrega puntual y el historial del desempeño, los factores clasificados como el segundo y el tercero en importancia para la mayoría de los profesionales del aprovisionamiento. Para prevenir que la línea de producción se detenga y genere tiempos de fabricación más largos de lo esperado, el comprador requiere las entregas puntuales consistentes. Además, el rendimiento del producto adquirido afecta de manera directa la calidad del producto final, las reclamaciones de garantías del fabricante y las ventas repetidas. Por último, en los casos de mal funcionamiento del material, la empresa compradora considera la garantía y el procedimiento de reclamación del proveedor como medidas confiables. La confiabilidad con frecuencia se percibe como parte del programa de administración de la calidad. También debería señalarse que la creciente dependencia de proveedores extranjeros representa algunos desafíos especiales para el logro de la confiabilidad debido a las distancias que implica.

Un factor de gran relevancia contemporánea es el **riesgo**.[4] Ocurre cuando es probable que haya variabilidad en el costo de los productos o servicios comprados, que pueda generar precios más altos. También cuando hay incertidumbre en el suministro y una variación poco común en los tiempos de entrega. En cualquier caso, el resultado puede ser que los productos o servicios comprados no estén disponibles cuando y donde se necesiten, por lo que hay costo adicional debido al desarrollo de contramedidas apropiadas.

El cuarto criterio importante para la selección de proveedor, la **capacidad,** considera las instalaciones; las capacidades de producción, técnica y de administración y organización, así como sus controles operativos. Estos factores indican si puede proporcionar la calidad y la cantidad de material necesarias de manera oportuna. La evaluación no sólo incluye la capacidad física del proveedor, sino también para hacerlo de modo consistente durante un largo periodo. La empresa compradora puede responder ante esta preocupación de suministro a largo plazo al considerar el registro de las relaciones laborales del proveedor: cuando muestra un desacuerdo entre el proveedor y su mano de obra que tenga huelgas como consecuencia puede indicar que el proveedor es incapaz de proporcionar la cantidad de material que el usuario desea durante un periodo prolongado. Una empresa que compre con este proveedor experimentará un incremento en los costos de inventario por almacenar el material en previsión ante las posibles interrupciones en el negocio del proveedor por causa de los conflictos laborales. Una vez más, la contratación de los proveedores globales hace que esta evaluación sea más desafiante.

Las **consideraciones financieras** constituyen el quinto criterio importante. Además del precio, la empresa compradora considera la posición financiera del proveedor; los que son inestables desde el punto de vista financiero representan posibles trastornos en el suministro continuo de material a largo plazo. Al declarar la bancarrota, un proveedor que suministra materiales esenciales para un producto final podría detener la producción de un comprador. Este criterio se ha vuelto importante en especial cuando se compra el servicio a los autotransportistas que trabajan por carga equivalente a la capacidad de un camión. Con la tendencia hacia las compañías que emplean una cantidad menor de transportistas, el fracaso financiero de dichos proveedores es un problema importante y una fuente de trastornos en la cadena de suministro.

Las **capacidades deseables** incluyen varias que pueden ser útiles dependiendo del tipo de compra que se haga y de la relación que se busque entre el cliente y el proveedor. Aunque el comprador podría encontrar que la actitud del proveedor es difícil de cuantificar, ésta afecta la decisión de selección; una actitud negativa, por ejemplo, eliminará a un proveedor de la consideración de un comprador. La impresión o imagen que proyecta el vendedor también influye en la selección, al igual que la compatibilidad cultural. La importancia de las ayudas de capacitación y el empaque dependerán del material que se compre. Por ejemplo, el empaque es importante para los compradores de material que se daña con facilidad, como el vidrio, pero no para quienes compran materia prima que no se daña con facilidad, como el carbón. Las ayudas de capacitación serían significativas para una empresa que selecciona proveedores para que suministren maquinaria técnica como computadoras y robots pero no para otra que busca suministros de oficina. Del mismo modo, un comprador consideraría más importante la disponibilidad del servicio de reparación cuando compre maquinaria técnica.

Otro factor de selección es la ubicación geográfica. Este factor aborda la cuestión de si se debe comprar con proveedores locales o distantes. El costo de transportación es un aspecto evidente de esta cuestión; otros factores, como la capacidad para surtir pedidos urgentes, cumplir con las fechas de entrega, ofrecer tiempos de entrega más breves y utilizar una mayor cooperación proveedor-comprador, favorecen a los proveedores locales. Sin embargo, los distantes pueden proporcionar precios más bajos, y capacidad técnica, confiabilidad en el suministro y calidad mayores. Una vez más, ésta es una elección que debe efectuarse con más frecuencia en el ambiente global actual.

La importancia relativa de los factores de selección del proveedor dependerá del material que se compre. Cuando un usuario adquiere una computadora, por ejemplo, la capacidad técnica y las ayudas de capacitación pueden ser más relevantes que el precio, la entrega y las garantías.

En la línea

IBM logra el éxito al mejorar las compras y el abastecimiento estratégico

Cuando a Gene Richter se le ofreció el puesto de director de aprovisionamiento de IBM durante el resurgimiento de la compañía, sintió que era una oportunidad que no podía dejar pasar, "la oportunidad de salvar un tesoro nacional". Pero el área de compras de la empresa tenía una reputación terrible entre sus proveedores por ser arrogante, imprudente y prepotente. Richter sabía que para cumplir los planes de renovación del presidente Louis Gerstner, Big Blue necesitaba dinero en efectivo, y mucho; dinero para alimentar la fábrica de ideas R&D y construir productos nuevos.

Richter se movió rápido para cambiar las percepciones de los proveedores de IBM como socio. Alrededor de 54% de los ingresos anuales se gastó en 1999 con proveedores externos; se esperaba que ese número aumentara ya que el apoyo del proveedor era vital. Al interior estableció centros de habilidad con las materias primas, ordenó a los compradores que crearan planes de materias primas escritos y ofreció incentivos a los profesionales de compras para que encontraran los precios más bajos y adquirieran las tecnologías más eficientes en el mercado.

En seis años, el equipo de IBM acumuló una larga lista de retribuciones en las inversiones de su cadena de suministro, que iban desde los ahorros por 9,000 millones de dólares hasta la mejora en los índices de satisfacción de los clientes internos que llegaron a 89 de 43; las compras por internet aumentaron de cero dólares a 13,000 millones; y los contratos se redujeron de más de 40 páginas a seis.

La popularidad general de IBM comparada con la de otros clientes mejoró entre los proveedores, de 5 o 6 de cada 7 u 8 competidores, al primer lugar cuatro años después. La culminación de la renovación de la administración del suministro de IBM resultó en que Lou Gerstner concedió (por primera vez) el premio del presidente al equipo de aprovisionamiento.

Otros ejemplos ilustran el poder de la administración de la cadena de suministro para explotar la retribución increíble. El equipo de administración del suministro de Motorola ahorró para la compañía 600 millones de dólares en 18 meses. El área de compras de Honda eliminó 25% del costo del Accord 1998, un ingro que incrementó de manera significativa su participación en el mercado, al reducir en forma diligente los costos antes de que se presentaran durante la fase de diseño. Las operaciones de contratación estratégica de John Deere y Delphi's han ahorrado del mismo modo millones de dólares.

Mientras que muchos profesionales del área de compras se concentran en algunos enfoques para la reducción de costos con éxito asegurado, incluyendo la racionalización de proveedores y las compras por internet, las áreas de logística y distribución crecen en valor y oportunidad. En general, los costos logísticos quizá representen un promedio de casi 10% de las ventas totales.

Fuente: Adaptado de "Discovering the Incredible Payback", *CSCMP Supply Chain Comment* (Oak Brook, IL Council of Supply Chain Management Professionals, mayo-junio de 2005). Reproducido con autorización.

A la inversa, es probable que un comprador de suministros de oficina enfatice el precio y la entrega más que otros factores.

Todos los criterios que se acaban de exponer son importantes o pueden serlo en ciertas situaciones de aprovisionamiento. Sin embargo, el criterio que genera más discusión o frustración para los especialistas del aprovisionamiento es el precio o costo. Por consiguiente, se requiere una exposición más extensa de este criterio.

Evaluación de los proveedores/vendedores y relaciones

Muchas compañías exitosas han reconocido la función clave que desempeñan la contratación y el aprovisionamiento en la administración de la cadena de suministro y que las relaciones con los proveedores/vendedores son una parte vital de las estrategias de aprovisionamiento exitosas. "Los buenos proveedores no caen del cielo" es un refrán que los profesionales del aprovisionamiento citan con frecuencia. Esto es cierto en especial cuando las compañías reducen el número total de sus proveedores, con frecuencia de manera conjunta con los programas Six Sigma y esbeltos, o la producción justo a tiempo (JIT) y los sistemas de inventario.

La estrategia para emplear un número más pequeño de proveedores/vendedores con frecuencia significa una alianza o sociedad con ellos debido a la necesidad de asegurar un suministro adecuado de materiales de calidad a lo largo del tiempo a un costo total adquirido óptimo. El concepto de sociedad/alianza abarca más que sólo el proceso de aprovisionamiento, en vista de que en la actualidad las compañías crean sociedades a lo largo de la cadena de suministro que también evolucionan con las empresas de transportación, de logística por contrato (proveedores tercerizados) y los miembros del canal.

En esta etapa, basta decir que los profesionales del aprovisionamiento reconocen que la administración de la calidad necesita materiales y componentes de calidad. Es decir, el producto final sólo es tan bueno como las partes que se usan en el proceso. Además, necesitamos reconocer que el proceso de satisfacción del cliente comienza con el aprovisionamiento.

Otra dimensión de la relación con el proveedor es que el aprovisionamiento contribuye a la ventaja competitiva de la empresa, ya sea que dicha ventaja sea de costo bajo, diferenciación u orientación hacia un nicho (usando las estrategias genéricas de Porter).[5] Por esto, el programa de administración del aprovisionamiento tiene que ser consistente con la ventaja competitiva general que una empresa busca obtener en el mercado. Por ejemplo, se esperaría que Honda o Toyota enfocarán el aprovisionamiento en forma diferente de como lo harían Mercedes-Benz o Audi.

Certificaciones y registros[6]

Un tema de interés para muchos compradores de productos y servicios es el nivel en que los proveedores potenciales han logrado la excelencia en términos de la administración del proceso y la mejora continua. Como resultado, con el tiempo se han elaborado varias técnicas y enfoques que abordan problemas relacionados con la solidez de los procesos, los resultados logrados y la mejora continua. A continuación se mencionan en forma breve algunos enfoques más frecuentes.

- **Administración de la calidad total (TQM;** *Total Quality Management***).** Surgió en la década de 1980 en respuesta a la competencia japonesa y a las enseñanzas del doctor W. Edwards Deming; representó una estrategia en la que se enfocaron organizaciones enteras en un análisis de la variabilidad del proceso y la mejora continua. Este enfoque, muy popular a mediados de la década de 1990, incluía una meta de mejorar la calidad de una empresa a sólo tres defectos por millón gracias al cambio gradual y sistemático en los procesos y a la medición estadística cuidadosa de los resultados.

- **Six Sigma.** Es similar al TQM en cuanto a su enfoque en las técnicas para resolver problemas y el uso de métodos estadísticos para mejorar los procesos; pero mientras la TQM enfatiza la participación del empleado para la organización total, el enfoque Six Sigma implica capacitar a los expertos (conocidos como "cintas verdes" y "cintas negras") quienes trabajan en la resolución de problemas importantes mientras enseñan a otras personas en la compañía.

- **ISO 9000.** Un programa que la Organización Internacional de Normalización inició en 1987. Su objetivo es asegurar que en las empresas hay en funcionamiento procesos estándar cuya pauta es: "Documente lo que hace y haga lo que documenta". ISO 9000 implica un programa de registro por un tercero (similar a Underwriters Laboratories, un registrador muy conocido) que certifica que las compañías siguen los procesos documentados.

Aparte de que estos enfoques por lo común requieren compromisos significativos en términos de tiempo, esfuerzo y gasto, las organizaciones compradoras necesitan observar con detenimiento para asegurarse de que la participación en estos programas en realidad produce resultados que son de valor tangible. Aunque es alentador saber que ciertos proveedores potenciales han comprometido a sus organizaciones con enfoques como éstos, es necesario que se registren los beneficios y las mejoras que quizá resulten.

El caso especial del precio de aprovisionamiento[7]

Se inicia con la identificación de las cuatro fuentes genéricas de precios en las situaciones de aprovisionamiento. Esto es algo básico pero es importante entenderlo. El análisis del precio se vuelve más complejo cuando se agrega otro del costo o valor adquirido total en el proceso de aprovisionamiento desde la perspectiva de una cadena de suministro. El costo y valor adquirido total se comenta después de la descripción de las fuentes de precio.

Fuentes de precio

Los gerentes de compras utilizan cuatro procedimientos básicos para determinar los precios de los vendedores potenciales: 1) mercados de materias primas, 2) listas de precios, 3) cotizaciones de precios y 4) negociaciones. Los mercados de materias primas existen para las materias primas básicas como granos, aceite, azúcar y recursos naturales incluyendo carbón y madera. En estos mercados, la ley de la oferta y la demanda determina el precio que cobrarán todos los vendedores potenciales. Las reducciones en el abasto de estos materiales o los incrementos en la demanda por lo general redundan en aumentos de precios; lo contrario sucede cuando hay incrementos en el abasto o disminuciones de la demanda.

Las listas de precios son precios publicados que en general se usan con los productos estandarizados como la gasolina o los suministros de oficina. El catálogo del vendedor, electrónico o impreso, describe los artículos disponibles en sus precios. Dependiendo de la situación, los compradores pueden recibir un descuento de comprador del precio de lista. Por ejemplo, un vendedor puede dar un descuento de 10% a los compradores de volúmenes pequeños (menos de 1,000 dólares por mes) y un descuento de 35% a los compradores de volúmenes grandes (más de 10,000 dólares por mes).

Los compradores usan el método de cotización de precio para los artículos estándares y especiales; es útil de manera particular para promover la competencia entre los proveedores. El proceso comienza cuando el comprador envía a los vendedores potenciales solicitudes de cotizaciones (RFQ); éstas contienen toda la información necesaria respecto a las especificaciones del comprador y la manera en que los proveedores potenciales presentarán sus ofertas.

A su vez, los vendedores analizan el costo en que incurrirán al producir el material, considerando la cantidad que ordenará el comprador, la duración de la compra y otros factores que afectarán su rentabilidad. Por último, el comprador compara el precio cotizado por el vendedor y las especificaciones ofrecidas con los de otros vendedores.

El cuarto procedimiento, la negociación, es útil cuando los otros métodos no aplican o han fallado; es eficaz en particular cuando el comprador está interesado en una alianza estratégica o una relación a largo plazo. El proceso de negociación consume tiempo, pero los beneficios potenciales pueden ser considerables en términos de precio y calidad. Los gerentes de logística que compran mercancías y servicios de su área usan la negociación cada vez más.

El objetivo del proceso de aprovisionamiento es comprar mercancías y servicios al "mejor" precio, que no tiene que ser el menor precio de origen del proveedor por unidad. Esto sucede en particular desde la perspectiva de la cadena de suministro global. En los cuatro escenarios, es necesario evaluar el precio base en un contexto de costo total adquirido.

En la figura 13.8 se presenta una gama generalizada de enfoques de adquisición que se han extendido hacia el concepto de la cadena de suministro. En el primer nivel, la empresa evalúa las funciones de aprovisionamiento y logística sólo con base en el menor precio o el menor costo, sin considerar mucho los costos totales de la empresa. En este contexto, es difícil lograr ahorros en el costo total a menos que un gerente o grupo se haga directamente responsable de las dos o más funciones interconectadas que podrían generar ahorros en el costo total. Conforme una empresa intenta moverse desde la base más baja o el precio unitario para adoptar la perspectiva de la cadena de suministro para crear un valor más alto, la función de aprovisionamiento se hace más estratégica.

Para la satisfacción del cliente, todos los gastos y factores que afectan los costos y crean valor deberían incluirse en el costo total adquirido. Como indica la figura 13.8, se forma una jerarquía de costos y otros factores hacia arriba, desde las materias primas pasando por la manufactura y la distribución, hasta la mercadotecnia y la selección final y el uso por parte del cliente último a fin de determinar el costo de aprovisionamiento total y el valor total más alto.

Para el comprador, el precio total de aprovisionamiento es más que sólo el precio de compra básico, como indica la figura 13.9. La siguiente exposición empieza con el costo base y define los costos directos e indirectos adicionales que es necesario considerar:

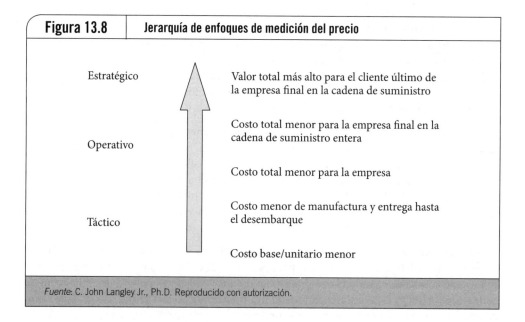

Figura 13.8   **Jerarquía de enfoques de medición del precio**

Estratégico — Valor total más alto para el cliente último de la empresa final en la cadena de suministro

Costo total menor para la empresa final en la cadena de suministro entera

Operativo — Costo total menor para la empresa

Costo menor de manufactura y entrega hasta el desembarque

Táctico — Costo base/unitario menor

Fuente: C. John Langley Jr., Ph.D. Reproducido con autorización.

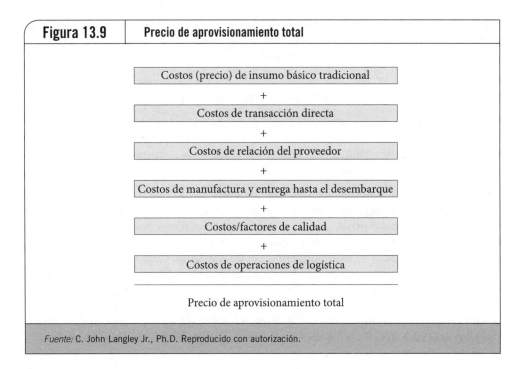

Figura 13.9 | **Precio de aprovisionamiento total**

Costos (precio) de insumo básico tradicional

+

Costos de transacción directa

+

Costos de relación del proveedor

+

Costos de manufactura y entrega hasta el desembarque

+

Costos/factores de calidad

+

Costos de operaciones de logística

Precio de aprovisionamiento total

Fuente: C. John Langley Jr., Ph.D. Reproducido con autorización.

Costos de insumo básico tradicional

Éste es el precio primario del producto o los materiales que la empresa paga; es el precio tradicional que buscan los compradores en la oferta, a la negociación o solicitudes de cotización. Se mide con facilidad y desde hace tiempo ha sido el sello de calidad contra el que se mide el desempeño del comprador; pero en el escenario de una cadena de suministro sólo es un factor para que la empresa evalúe y considere en el proceso de aprovisionamiento.

Costos de transacción directa

Éstos son los costos por detectar la necesidad, transmitirla y procesar el flujo de material a fin de adquirir las mercancías; incluyen el proceso de la detección de necesidades de inventario, requisar, preparar y transmitir la documentación de los pedidos al proveedor, recibir el acuse de recibo, manejar los documentos de embarque y recibir información sobre la entrada al inventario. Esta área se hizo más eficiente con el advenimiento de los sistemas de correo electrónico internos que automatizaron la requisición de compra y la transmisión de pedidos. Los usuarios dentro de la empresa usan medios electrónicos para transmitir sus necesidades al área de compras. El EDI e internet son extensiones de este proceso de salida hacia el proveedor.

El uso de contratos abiertos o de sistemas también puede reducir los costos de transacción; éstos incluyen el pedido directo de los usuarios a los proveedores, la facturación consolidada única y la inspección y verificación del usuario. Los costos de transacción directa son tipos de gastos generales que no se ven con facilidad, pero representan tiempo y esfuerzo que no están disponibles para las actividades de valor agregado más productivas. Los proveedores y transportistas de interconexión que reducen la necesidad de estas actividades representan valor para la empresa compradora.

Costos de relación del proveedor

Éstos son los costos de crear y mantener una relación con un proveedor; incluyen viajes, capacitación del proveedor y la creación de vínculos de planeación y operativos entre el área de compras y la operación de entrada de pedidos del proveedor, al igual que otros vínculos, incluyendo los relacionados con el tráfico, la ingeniería, la investigación y el desarrollo de producto en ambas empresas. En escenarios de compra tradicionales, esto incluye el proceso de evaluar y certificar a un proveedor por calidad y programas de proveedor preferido.

Costos de manufactura y entrega hasta el desembarque

El flujo de transportación de entrada incluye dos elementos de costo clave: el de transportación real y las condiciones de ventas/FOB. Hay cuatro opciones de transportación con movimientos de entrada: transportista contratado seleccionado por el proveedor o transportista privado y transportista contratado seleccionado por el comprador o transportista privado.

Las condiciones de venta definen cuál empresa posee las mercancías durante la transportación al igual que los requerimientos de pago de la factura. Las condiciones de transportación pertenecen al transportista en el camino entre el proveedor y la empresa compradora. Hay casi una docena de posibles términos de transportación que incluyen diferentes opciones de pago al transportista y de reclamación por pérdidas y daños. Cada una presenta diferentes costos relativos a cada parte en el enlace; para los propósitos de la cadena de suministro, el que puede realizar la tarea o poseer las mercancías con el menor costo general tiene una ventaja que puede contribuir a la cadena general. Deben considerarse tanto las condiciones de venta como las de transportación, y los distintos costos directos, las responsabilidades y los costos implícitos indirectos del flujo de efectivo son afectados por cada uno de ellos.

Costos/factores de calidad

La calidad pertenece a la conformidad de las mercancías con una especificación deseada. Incluye el costo de conformidad, no conformidad, evaluación y los costos de uso último. La especificación de la calidad requerida con frecuencia se equilibra contra lo que el proveedor puede proporcionar con facilidad casi 100% del tiempo. Con frecuencia, la especificación de un producto que es en extremo ajustada requiere costos extra pero resulta en una mayor calidad, lo que puede reducir el costo total.

Costos de operaciones de logística

Esta categoría incluye las siguientes áreas clave:

- Los costos de recepción y preparación son los de aquellas actividades de flujo que se efectúan entre la entrega por la transportación de entrada de una mercancía y su disponibilidad para que el área producción u otros procesos la usen; incluyen: costo de desempaque, inspección, conteo, clasificación, gradación, remoción y disposición de los materiales de empaque (cintas de embalaje, bandas, envolturas, tarimas y demás), y traslado de la mercancía hasta el punto de uso. Un sistema racionalizado como la entrega directa con montacargas hasta la línea de producción es un ejemplo de un proceso de recepción/preparación eficiente. Algunos transportistas que cuentan con tecnología de punta proporcionan enlaces de información para la empresa que incluyen verificaciones de inspección, sincronización de las cargas y verificaciones del conteo final de modo que sea posible reducir o eliminar los procesos de recepción.

- Los costos por el tamaño del lote afectan en forma directa los requerimientos de espacio, manejo del flujo, precio unitario y flujos de efectivo relacionados. Éstos son un costo importante de inventarios.

- Los costos de producción pueden estar sometidos al efecto de los proveedores de mercancías aun similares en apariencia. El plástico extruido para los ganchos para toallas de alta calidad es un ejemplo. El plástico es un tubo extruido que debe inflarse con aire y deslizarse sobre una varilla de metal o madera. La calidad de las materias primas originales, los distintos procesos de producción y la humedad en tránsito pueden causar que las mercancías de dos proveedores afecten la línea de producción de manera significativa; uno podría permitir un ensamblaje de 200 unidades por hora, mientras otro tal vez se rompa o no se forme de manera apropiada, con lo que se desperdiciaría 10% de las fundas y se requeriría que la línea de producción operara a una velocidad menor. Por tanto, cada uno tiene un costo diferente de operación de producción.

- Los costos de logística también son importantes en los escenarios hacia arriba y hacia abajo de la cadena. Éstos son factores de costo que sufren la influencia del tamaño, el peso, el cubo y la forma del producto y su impacto resultante en los costos de transportación, manejo, almacenamiento y daños. Las mercancías compradas y los materiales de empaque tienen una relación directa con estos costos de proceso subsiguientes.

Todas las empresas en la cadena de suministro agregan costo y, con optimismo, valor a un producto conforme se mueve a través de ella. El valor se agrega al reducir el costo total adquirido o al mejorar la función del producto. Cada empresa en la cadena de suministro puede contribuir a estos factores o demeritarlos. La clave es enfocarse en la dirección hacia abajo en la cadena de suministro, pero también es importante señalar la función clave que puede desempeñar el proceso de aprovisionamiento en cada punto a lo largo de ella al ser consciente del costo total adquirido de un producto. De manera ideal, el enfoque deberá ser en el valor total al final de la cadena de suministro. Por consiguiente, el análisis debe incluir también los costos financieros indirectos (términos de pago), los costos de insumos tácticos (capacidades del vendedor) y los factores de negocios estratégicos (que causan que los clientes compren el producto).

Costo total de manufactura y entrega hasta el desembarque (TLC)

Como se indica en la figura 13.10, el costo de compra o adquisición es sólo la punta del iceberg cuando el análisis se amplía para abarcar los factores que se relacionarían mejor con el costo total de manufactura y entrega hasta el desembarque (TLC). Este concepto representa la suma de todos los costos asociados con hacer y entregar productos hasta el punto donde se necesitan. En efecto, esta perspectiva pone en juego algunas consideraciones que son útiles para el proceso de selección de proveedor. Entre las que destacan están los costos del ciclo de vida, de inventario, de contratación estratégica, de transacción, de calidad, de tecnología y de administración.

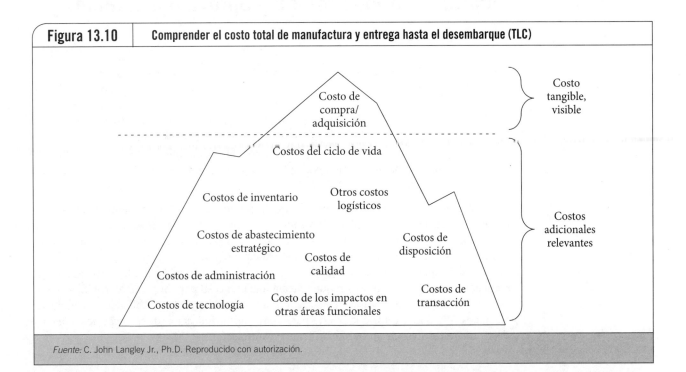

| Figura 13.10 | Comprender el costo total de manufactura y entrega hasta el desembarque (TLC) |

Fuente: C. John Langley Jr., Ph.D. Reproducido con autorización.

Figura 13.11	Comparar el costo de las opciones de abastecimiento alternativo		
PAÍS DE DESTINO: SUIZA	**PAÍS DE ORIGEN**		
COMPONENTES DEL PRECIO (todos los precios en euros)	**CHINA**	**VIETNAM**	**ESTADOS UNIDOS**
Precio de compra neto para un volumen específico del producto de tres proveedores diferentes	10,000	8,000	12,000
Costo de transportación total a Suiza; carga oceánica desde China/Vietnam; carga terrestre dentro de Europa	4,000	6,000	1,200
Derechos aduanales según el acuerdo comercial	1,000	1,500	n.d.
IVA (Suiza 7.6%) basado en el valor de las mercancías	1,000	1,178	1,003
Costo total de manufactura y entrega hasta desembarque	16,140	16,678	14,203

Fuente: C. John Langley Jr. y Capgemini (2010). *Third Party Logistics: Results and Findings of the 15th Annual 3PL Study.*

La figura 13.11 ilustra lo importante que es considerar tipos de costo adicionales en el precio de compra para el producto necesario. Es interesante que los precios del producto son más bajos en Vietnam y más altos en Estados Unidos, pero después de que se incluyen los costos de transportación, los derechos aduanales y el IVA (VAT en Estados Unidos), el abastecimiento desde Estados Unidos es el más barato y desde Vietnam el más caro. Aunque éste es un ejemplo relativamente sencillo, refuerza la importancia de ver más allá del precio de los productos en sí cuando se trata de tomar una decisión de contratación rentable.

Contratación electrónica y aprovisionamiento electrónico

Es evidente que las computadoras e internet han creado algunos cambios drásticos en el mundo de los negocios y en las actividades cotidianas de los consumidores. Por ejemplo, se ha vuelto bastante común que los consumidores individuales investiguen sobre los productos y servicios, localicen proveedores minoristas y minoristas por vía electrónica, compren mercancías y servicios, y le den seguimiento a la entrega de los embarques, todo de manera electrónica y en la conveniencia de su propio hogar. Se estima que las ventas minoristas en línea en Estados Unidos alcanzarán los 250,000 millones de dólares para 2014, de acuerdo con Forrester Research.[8]

Algo que es relevante para el tema de este capítulo, es que el aprovisionamiento era el proceso de negocios que hizo la primera aplicación más grande de comercio electrónico. En un principio, las empresas utilizaban la tecnología de intercambio electrónico de datos (EDI) con el objetivo de conectarse con sus clientes principales para procesar pedidos, enviar notificaciones de embarque y transferir fondos. Sin embargo, la tecnología EDI ha demostrado ser más costosa de lo que se desea y requiere tecnología especial para implementarse. El advenimiento de internet público disponible ha eliminado la inversión y los problemas de tecnología asociados con el EDI y abrió la puerta para aumentar la aplicación de técnicas de comercio electrónico a las áreas de aprovisionamiento y contratación.

Figura 13.12	Contratación y aprovisionamiento electrónicos

- **Análisis de la industria e identificación del proveedor:** Proporciona información valiosa sobre las industrias del proveedor y facilita la elaboración de listas de proveedores candidatos para materias primas, geografías y tipos de productos específicos.
- **Herramientas analíticas:** Análisis de selección del proveedor, oferta, gasto y gestión del desempeño.
- **Procesos de administración de RFI/RFQ/RFP:** Soporte electrónico para la preparación, remisión y evaluación de estos procesos repetitivos.
- **Proceso de requisición y orden de compra:** Proporciona la automatización necesaria de la orden de compra y de la selección del artículo de recursos centrales como catálogos en línea.
- **Negociaciones en línea:** Soporta la contratación en tiempo real, por ejemplo, por medio de la oferta en línea o la subasta inversa.
- **Herramientas de colaboración:** Soporta la contratación colaborativa con otras funciones y divisiones en la misma organización, con otras organizaciones e interacción y conexiones electrónicas con los proveedores.
- **Aprovisionamiento de logística:** Asume la responsabilidad por el aprovisionamiento vía electrónica de servicios logísticos como transportación, embarque, entre otros. Utiliza un número creciente de herramientas y tecnologías, por ejemplo, ofertas en línea, para facilitar y mejorar la eficiencia de los procesos de aprovisionamiento de logística.
- **Capacidades y habilidades de administración de proyecto:** Estandariza y resuelve los problemas relacionados con el costo, la calidad y el tiempo.
- **Administración del conocimiento:** Proporciona disponibilidad computarizada centralizada de información pasada, actual y futura relacionada con las actividades de compra y abastecimiento. Sirve como recurso de conocimiento para aquellos que están involucrados en la contratación electrónica y el aprovisionamiento electrónico.
- **Administración de contratos:** Cumple las necesidades relacionadas con contratos legales o acuerdos con los proveedores.

Fuente: C. John Langley Jr., Ph.D. Reproducido con autorización.

Para los objetivos de esta exposición, **la contratación electrónica** y el **aprovisionamiento electrónico** se referirán al uso de las capacidades electrónicas para realizar actividades y procesos relacionados con el aprovisionamiento y la contratación. La figura 13.12 proporciona un número de funcionalidades comunes que se relacionan con el aprovisionamiento y la contratación vía electrónica.

¿Cuál de estas soluciones debería considerarse?[9]

De acuerdo con Norek y Favre, las soluciones de contratación estratégica deberían ser consideradas por cualquier entidad que tenga una cantidad significativa de gasto con proveedores externos (más de 50 millones de dólares en total). El gasto también debería segmentarse en categorías (por ejemplo, acero laminado, servicios de contratista) y clasificado en dólares descendentes de modo que sólo las categorías con mayor gasto en dólares sean candidatas a una solución de contratación estratégica (el número de categorías significativas ascenderá para las empresas que cuenten con una cantidad mayor de gasto). Para las más pequeñas, una solución hospedada (software ejecutado por la compañía de software, detrás de su firewall) es más barata y manejable. Para las empresas más grandes con mayor uso, el software por lo común se compra directamente.

Los sistemas de aprovisionamiento transaccionales se usan por lo común para reducir el tiempo y el esfuerzo asociados con los aspectos tácticos del aprovisionamiento, como la creación de requisiciones y órdenes de compra, así como los procesos de aprobación y pago. Las empresas con 10,000 transacciones de pago o más por año deberían considerar soluciones de aprovisionamiento transaccionales. Las compañías con menos transacciones que no compran en forma directa una solución pueden obtener ventaja de los sitios de internet de los proveedores para sus transacciones de empresa a empresa; por ejemplo, ordenar suministros de oficina o guantes de trabajo directamente en el sitio web del proveedor usando una tarjeta de compra.

La administración y el análisis de los datos son valiosos para las empresas medianas y grandes con una gran cantidad de números de partes e información de proveedores. Son valiosos en especial para las compañías que tienen múltiples ubicaciones o divisiones, donde los datos no se manejan en forma central en la actualidad. Con la estandarización de datos las compañías pueden encontrar proveedores y artículos comunes a lo largo de las divisiones y ubicaciones, lo que les permite sumar los volúmenes que se han gastado y lograr descuentos.

Ventajas

Las ventajas del aprovisionamiento del comercio electrónico se muestran en la figura 13.13. Una ventaja obvia es la reducción de los costos operativos de los aprovisionamientos. La reducción del papeleo y el costo asociado del procesamiento, llenado y almacenamiento de papeles es un área importante para el ahorro en costos del comercio electrónico. Muchas empresas tienen la meta de digitalizarse, pero pocas la han logrado hasta el momento.

Otra reducción posible de papel debido al comercio electrónico es la transferencia electrónica de fondos; el pago electrónico de las facturas del vendedor elimina el costo de preparación, los envíos postales, el llenado y el almacenamiento de los cheques. Las estimaciones del costo de llenar un cheque varían desde un mínimo de 10 dólares hasta un máximo de 85, y el personal de cuentas por pagar genera la mayor parte de este costo.

La reducción del tiempo de contratación implica un aumento de la productividad debido a que un especialista en aprovisionamiento dedica menos tiempo por pedido y puede colocar más pedidos en un periodo determinado. Del mismo modo, el vendedor que utiliza el comercio electrónico puede incrementar la productividad de los representantes de servicio al cliente. Muchas de las preguntas que el comprador hace pueden responderse en línea, con lo que se ahorra tiempo tanto para el personal del comprador como para el personal del vendedor.

Dada la naturaleza en tiempo real de la información del comercio electrónico, los vendedores tienen que actualizar la información bajo demanda y pueden ajustar la producción/las compras para satisfacer el nivel de demanda actual. Esta misma información en tiempo real permite al comprador establecer controles que coordinarán las cantidades compradas con las cantidades requeridas y vigilar los niveles de gasto. Es decir, el comprador ahora está en posición de supervisar la cantidad ordenada, recibida y disponible de un artículo; compararla con la cantidad necesaria, y hacer todo esto en tiempo real. Lo mismo sucede con la supervisión de las actividades de gasto en comparación con las cantidades presupuestadas.

Figura 13.13	Ventajas del aprovisionamiento electrónico

Costos operativos menores
- Reducir el papeleo
- Reducir el tiempo de contratación
- Mejorar el control sobre el inventario y el gasto

Mejorar la eficiencia del aprovisionamiento y la contratación
- Encontrar nuevas fuentes de suministro
- Mejorar las comunicaciones
- Mejorar el uso del personal
- Reducir los tiempos de ciclo

Reducir los precios del aprovisionamiento
- Mejorar la comparación de compras
- Reducir los precios generales pagados

Fuente: C. John Langley Jr., Ph.D. Reproducido con autorización.

El aprovisionamiento electrónico proporciona eficiencia en el proceso al utilizar menos recursos para producir un nivel dado de compras. Con un clic del ratón un gerente de compras puede buscar por todo el mundo fuentes de suministro alternativas para un producto o servicio; con otro clic puede obtener información sobre las fuentes que ha identificado por medio de la búsqueda electrónica. Toda esta investigación se hace en la oficina sin llamadas telefónicas, personal adicional o fuentes externas.

Un factor de eficiencia significativo del comercio electrónico es la optimización de las comunicaciones. El comprador puede afianzar la información de la compañía del vendedor (línea de productos, precios y disponibilidad del producto); el vendedor puede obtener información respecto a solicitudes de propuestas, anteproyectos, especificaciones técnicas y requerimientos del comprador. Además, el vendedor puede mejorar el servicio al cliente al comunicar la situación del pedido, dándole al comprador aviso anticipado de cualquier demora en el cumplimiento del pedido debido a condiciones de desabasto o transportación. Como se señaló antes, el comercio electrónico permite al vendedor obtener información en tiempo real para predecir la demanda con mayor precisión.

Esta comunicación mejorada por medio del comercio electrónico ayuda a reducir el tiempo del ciclo de pedido; todos los elementos incorporados en dicho tiempo se reducen; la colocación del pedido se reduce a segundos; antes de colocar su pedido el comprador sabe si el vendedor tiene el producto disponible. Éste último supervisa la demanda en forma instantánea y está en una mejor posición para compaginar el suministro con la demanda actual y reducir o eliminar una condición de desabasto.

Se optimiza el desempeño del personal de aprovisionamiento al eximirlo de las actividades administrativas asociadas con el procesamiento del pedido, como preparar manualmente las órdenes de compra, enviarlas por correo al vendedor y verificar el estado del pedido vía telefónica. El gerente de aprovisionamientos ahora es libre de enfocar su atención en los problemas de aprovisionamiento estratégico a largo plazo como la disponibilidad del artículo, las oportunidades para lograr eficiencias en la cadena de suministro y los productos innovadores, entre otros.

De la capacidad de un comprador para obtener acceso a la información sobre los precios de más vendedores potenciales se han obtenido menores precios de aprovisionamiento. Con más vendedores que hacen ofertas de negocios, los compradores encuentran muy cerca precios más bajos. Además, el gerente de aprovisionamiento puede ver en línea las cualidades de los diferentes productos y servicios del vendedor, lo que hace mucho más fácil la comparación. El efecto general del incremento en la comparación de las compras y en el número de vendedores potenciales son los precios más bajos.

Desventajas

Como la mayoría de las cosas en la vida, el comercio electrónico tiene algunos defectos. La preocupación que se expresa con mayor frecuencia acerca del uso de la red para el aprovisionamiento es la seguridad por hurtos. Algunos ejemplos de ataques a las empresas de comercio electrónico, como Amazon.com y eBay, donde las computadoras fueron sobrecargadas con pedidos y las operaciones se detuvieron, preocupó a muchos ejecutivos. Además, hay cierta inquietud respecto a la vulnerabilidad frente al robo de los números de tarjetas de crédito que se transmiten por internet o se almacena en el sistema de un vendedor perpetrado por los hackers.

Otro problema es la falta de contacto personal entre el comprador y el vendedor; el proceso de comprar y vender vía comercio electrónico reduce la capacidad para formar relaciones cercanas con el proveedor. Esto puede superarse haciendo un esfuerzo conjunto para desarrollar y mejorar las comunicaciones personales.

Tecnología en la cadena de suministro

Contratación de la transportación: enfoques innovadores para la optimización de las ofertas

Las condiciones prevalecientes de los negocios hacen esencial que los consignadores sean económicos en la selección de los transportistas que atenderán las rutas de carga individuales en sus redes. Por tanto, se han diseñado métodos nuevos y enriquecidos para la contratación de la transportación y las asignaciones de rutas, y se han implementado con éxito. Estos enfoques proponen que si los proveedores de transportación tienen una oportunidad de presentar ofertas de manera simultánea en múltiples rutas, o en paquetes pre-especificados o combinaciones de rutas, los resultados mejorarán de manera significativa. Las antiguas estrategias de oferta requerían que los proveedores establecieran sus precios sólo para las rutas individuales y entonces la tarea del consignador era seleccionar al transportista que ofreciera el "precio más bajo" para cada ruta individual. Este enfoque tradicional casi siempre generaba costos más altos para la transportación que las decisiones basadas en el uso de las tecnologías nuevas.

Los resultados de usar estas técnicas de oferta son una situación de ganar-ganar tanto para los consignadores como para los transportistas. Los consignadores ven mejoras en la eficiencia y la efectividad de sus operaciones de transportación, y ahorros en los costos al conceder volúmenes mayores de negocios a un número menor de proveedores. Los transportistas se benefician por el perfeccionamiento en la utilización de la capacidad, las guías de rutas de vehículos y conductores más estratégica, mayores oportunidades para la mejora continua y alineación general optimizada entre los objetivos de negocios de los transportistas y las necesidades de los consignadores.

Tecnologías líderes en la industria para la optimización de la oferta de transportación están disponibles con muchos proveedores comerciales como CombineNet (www.combinet.com), Infor (www.infor.com), JDA Software (www.jda.com), Manhattan Associates (www.manh.com), Oracle (www.oracle.com) y Sterling Commerce, una compañía de IBM (www.sterlingcommerce.com).

Fuente: C. John Langley Jr., Ph.D. Reproducido con autorización.

Otras preocupaciones tienen que ver con la tecnología; de manera más específica, con la falta de protocolos estándar, confiabilidad del sistema y los problemas de funcionamiento. Por último, hay renuencia por parte de algunas personas para invertir tiempo y dinero en el aprendizaje de este nuevo medio. En su mayoría, estas preocupaciones disminuyen a diario conforme se desarrolla tecnología nueva y actualizada, y la comunidad de los negocios demanda el uso del comercio electrónico.

Modelos de comercio electrónico[10]

Los cuatro tipos básicos de modelos de negocios de comercio electrónico que se usan en el aprovisionamiento y la contratación son **sistema del lado de la venta, mercado electrónico, sistema del lado de la compra** y **comunidad comercial en línea.** Los siguientes comentarios y ejemplos aclaran cada una de sus funciones:

- **Sistema del lado de la venta:** los negocios en línea venden a compañías o consumidores individuales. Los ejemplos incluyen OfficeMax (www.officemax.com), Staples (www.staples.com), Xpedx (www.xpedx.com), Best Buy (www.bestbuy.com), Wal-Mart (www.walmart.com) y CNET (www.cnet.com). Un número creciente de sitios web del lado de la venta proporcionan capacidades de inicio de sesión de los compradores que permiten almacenar la información concerniente a las preferencias de compra, historial de compras, entre otras, para una referencia futura.

- **Mercado electrónico:** un servicio operado por el vendedor que consiste en un número de catálogos electrónicos dentro de un mercado; proporciona un sitio de abastecimiento integrado para los compradores que pueden ver las ofertas de múltiples vendedores en una ubicación de internet. Los ejemplos incluyen Expedia.com (www.expedia.com), PlasticsNet (www.plasticsnet.com), ThomasNet (www.thomasnet.com), Froogle (www.froogle.google.com), Amazon (www.amazon.com), eBay (www.ebay.com) y Hotwire (www.hotwire.com).

- **Sistema del lado de la compra:** servicio de aprovisionamiento vía electrónica o de comercio electrónico controlado por el comprador que se alberga en su sistema y es administrado por éste, quien por lo general aprueba previamente a los proveedores que tendrán acceso, y el proceso de los productos y servicios de los proveedores que se han seleccionado. Estos sistemas permiten el seguimiento y control del gasto en aprovisionamiento y ayuda a reducir las compras no autorizadas. Sin embargo, el costo de los sistemas del lado de la compra con frecuencia es alto debido a su desarrollo y administración con gran cantidad de proveedores; por esta razón, en su mayoría se encuentra en el dominio de las empresas grandes. Un ejemplo interesante es Elemica, que se mencionó en el "Perfil de la cadena de suministro" al comienzo de este capítulo.

- **Comunidad comercial en línea:** sistema que un tercero vendedor de tecnología mantiene, donde múltiples compradores y vendedores en un mercado dado pueden realizar negocios. La diferencia entre la comunidad comercial en línea y el mercado electrónico es que este último se enfoca en proporcionar información sobre los vendedores, mientras la comunidad en línea permite que los compradores y los vendedores realicen transacciones de negocios.

La empresa comercial en línea también puede verse como una subasta electrónica; en tales casos el comprador indica el tipo de producto, la cantidad así como otros aspectos deseados y los proveedores responden. En una subasta descendente, el comprador establece un periodo máximo para recibir la mejor oferta de los proveedores potenciales. Al final del periodo, el comprador selecciona al proveedor o a los proveedores que ofrecen el precio más bajo y entonces realizarán negociaciones, si es necesario, para finalizar la transacción. Los ejemplos incluyen Travelocity (www.travelocity.com), Priceline (www.priceline.com), eBay (www.ebay.com) y NTE (www.nte.net).

Otros ejemplos de comunidades comerciales en línea son E2open (www.e2open.com), que se enfoca en la alta tecnología y la electrónica, y Agentics (www.agentics.com), una industria minorista global.

El aprovisionamiento electrónico está presente y continuará creciendo. No reemplazará todas las actividades de adquisición, pero podría alcanzar 80% o más de la actividad total de las órdenes de compra de una empresa. La adquisición electrónica se enfoca en el procesamiento de pedidos y en el mantenimiento de una fuente de información en tiempo real para una mejor toma de decisiones. Los especialistas en aprovisionamiento se enfocan en seleccionar proveedores, negociar precios, supervisar la calidad y formar relaciones con ellos.

RESUMEN

- La pericia en las áreas de compras, aprovisionamiento y contratación estratégica es esencial para el éxito de la administración de la cadena de suministro.

- Diferentes estrategias de aprovisionamiento y contratación se relacionan con el riesgo y valor o la ganancia potencial de los productos y servicios necesarios. No todos los artículos que se compran tienen la misma importancia. Con los criterios de riesgo y valor, la técnica del cuadrante clasifica los artículos en cuatro categorías: genéricos, materias primas, distintivos y críticos. Los genéricos tienen riesgo y valor bajos; las materias primas tienen riesgo bajo y valor alto; los distintivos tienen riesgo alto y valor bajo, y los críticos tienen riesgo y valor altos.

- El proceso de contratación estratégica consiste en siete pasos que incluyen planeación del proyecto e inicio, perfil de gasto, evaluación del mercado de suministros, elaboración de la estrategia de contratación, ejecución de la estrategia de contratación, transición e integración, y medida y mejora del desempeño.

- Las claves para la administración aficaz de los procesos de aprovisionamiento y contratación incluyen la determinación del tipo de compra, la determinación de los niveles necesarios de inversión, la realización del proceso de aprovisionamiento y la evaluación de la efectividad del proceso.

- Deberían considerarse diversos factores clave en el proceso de selección y evaluación del proveedor, incluyendo certificaciones y registros como TQM, Six Sigma e ISO 9000.

- Debe dedicarse un esfuerzo extenso para investigar y entender el precio del aprovisionamiento y el costo total de manufactura y entrega hasta el desembarque (TLC).

- Las prácticas y tecnologías de contratación y aprovisionamiento vía electrónica ayudan a mejorar la efectividad y eficiencia de los procesos de compra tradicionales. Además, se han desarrollado varios modelos de comercio electrónico y se han hecho muy populares: sistemas del lado de la venta, mercado electrónico, sistemas del lado de la compra y comunidades comerciales en línea. En general, las ventajas de la contratación y el aprovisionamiento vía electrónica incluyen los costos operativos más bajos, la mejora de la eficiencia y los precios reducidos.

CUESTIONARIO DE REPASO

1. Describa y analice las diferencias y relaciones entre los conceptos de compras, aprovisionamiento y contratación estratégica. ¿Cómo han evolucionado?

2. Usando la técnica del cuadrante o riesgo/valor, clasifique la importancia de los siguientes artículos para un fabricante de automóviles: motor, llantas, gasolina, papel del boletín informativo para los empleados, un mofle con diseño e ingeniería única, y servicio de transporte hasta los distribuidores. Describa el fundamento que usó para establecer cada clasificación.

3. El proceso de contratación estratégica puede describirse como una serie de pasos que deberían seguirse en la compra de mercancías y servicios; analícelos brevemente.

4. Maximizar la efectividad del proceso de aprovisionamiento es una meta importante de una organización. ¿Qué pasos pueden seguirse para garantizar esto?

5. Una sección clave del proceso de contratación es la selección de los proveedores. ¿Qué criterios se usan de manera común para hacerlo? ¿A cuáles criterios debería dárseles prioridad? ¿Por qué?

6. ¿Qué se quiere decir con "certificaciones y registros" del proveedor? ¿Cuál es su relevancia para el proceso de selección?

7. ¿Cómo deberían evaluar las empresas a los proveedores?

8. ¿Cuáles son las fuentes principales de precios en la compra de mercancías? ¿En qué circunstancias se utilizarían estas fuentes?

9. ¿Cuáles son los componentes del costo total adquirido? ¿Es realista esperar que las compañías consideren todos estos componentes?

10. Analice las ventajas y desventajas de usar el comercio electrónico en el proceso de aprovisionamiento.

11. Describa los diferentes tipos de modelos de negocios de comercio electrónico disponibles para el aprovisionamiento y señale sus respectivos beneficios y desventajas.

NOTAS

1. Michael E. Porter, *Competitive Advantage* (Nueva York Free Press, 1985), 16.

2. Esta sección se adaptó de Joseph L. Cavinato, "Quadrant Technique Key to Effective Acquisition and Access", *ARDC Spectrum, Informe núm. 11* (State College, PA: Acquisition Research and Development Center).

3. El proceso de abastecimiento estratégico que se ha expuesto en esta sección se elaboró en Adjoined Consulting, LLC (ahora Kanbay, Inc.). Reproducido con autorización.

4. La relevancia del riesgo se hace más evidente en la toma de las decisiones en la cadena de suministro actual. Una fuente en la que este factor se expone de modo significativo es Mark Crone, "Are Global Supply Chains Too Risky?" *Supply Chain Management Review* (mayo-junio de 2006): 28-35.

5. Porter, 33-34.

6. El contenido de esta sección se adaptó de Knowledge@Wharton (9 de diciembre de 2005).

7. Esta sección se adaptó de J.L. Cavinato, "A Total Cost/Value Model for Supply Chain Competitiveness", *Journal of Business Logistics,* vol. 13, núm. 2 (1992): 285-299.

8. Recuperado de www.forrester.com.

9. El contenido de esta sección es de Christopher D. Norek y Donavon Favre, "Procurement Solutions: What Might Work for You", *Logistics Quarterly* (marzo de 2006): 25-26.

10. El contenido de esta sección se adaptó de Mark Vigoroso, "Buyers Prepare for Brave New World of E-Commerce", *Purchasing* (22 de abril de 1999).

CASO 13.1

South Face

South Face es un fabricante global de prendas para deportes al aire libre de invierno y verano. Su línea de invierno incluye de manera predominante ropa de abrigo como chamarras para esquiar, de felpa, rompevientos y zapatos. Su línea de verano es un poco diferente y consta de atuendos para correr (pantalones cortos y camisetas), rompevientos, mochilas, sistemas de hidratación y zapatos. La compañía tiene su sede en Vail, Colorado, pero hace negocios principalmente por intermediación de los minoristas en América del Norte, Europa y Australia. Además, se ha establecido como un minorista de internet muy conocido por su completa línea de productos; en general, se percibe como una empresa que marca tendencias y es una de las más rentables en la industria.

En el presente, South Face contrata fabricantes externos en China, Taiwan, Corea y Vietnam para confeccionar la mayoría de los artículos de su línea. Los tiempos de manufactura típicos se encuentran en algún punto entre los 4 y 12 meses, dependiendo del tipo de producto que se fabrique y la complejidad y el rango de los materiales necesarios para manufacturar los artículos individuales. Se usa tanto el aire como el océano para los embarques hacia los países de destino, y la selección del modo está supeditada en gran medida a la urgencia del embarque. South Face mantiene centros de distribución de su propiedad en Denver, Colorado; Atlanta, Georgia; Ámsterdam, Países Bajos; Hamburgo, Alemania; y Melbourne, Australia.

Como cuestión práctica, las líneas de producto estacionales alternantes manufacturadas por South Face aseguran que su capacidad de manufactura contratada y sus propios centros de distribución se utilicen durante todo el año. En los años anteriores ha experimentado cierta preocupación en algunas áreas, que son las siguientes:

- Intensificación de la competencia de otros fabricantes de ropa de deportes al aire libre de invierno y verano. Dados los márgenes de ganancia atractivos de muchos de sus productos, han surgido varios competidores nuevos en años recientes.

- Inexactitud de los pronósticos de demanda para las líneas de productos de invierno y verano y las geografías que se atienden. Junto con las variaciones inesperadas en la extensión, la consistencia y el costo de los servicios de transportación, esto ha producido de vez en cuando desabastos de los artículos necesarios en las tiendas minoristas.

- La necesidad de un proceso de contratación estratégica significativa que ayude a guiar mejor los enfoques que South Face ha adoptado respecto del lado del suministro de su negocio.

- La evidencia de que los fabricantes por contrato que South Face emplea también fabrican copias ilegales de su mercancía, que se venden a través de canales del "mercado negro".

Para abordar algunos problemas de la cadena de suministro que South Face enfrenta, recientemente se ha contratado a Mercer Wilde como el nuevo vicepresidente ejecutivo de la cadena de suministro. Hasta ahora ha dedicado tiempo para visitar las instalaciones globales de la compañía y darse cuenta de la situación, los problemas y las preocupaciones que ésta enfrenta, y se le pedirá que dé respuesta las interrogantes.

PREGUNTAS SOBRE EL CASO

1. Con base en su conocimiento del ambiente de negocios global y el posicionamiento de South Face respecto a sus mercados y fuentes de suministro, ¿cuáles piensa que sean algunos problemas globales importantes que son relevantes para el área de contratación estratégica?

2. ¿Cuáles son los efectos de los pronósticos de demanda menos que perfectos para los productos de South Face y de la volatilidad en la extensión y el costo de los servicios de transporte que se usan para trasladar sus productos desde los fabricantes contratados hasta sus centros de distribución? ¿Qué debería hacerse para mitigar estas áreas problema?

3. ¿Qué elementos del proceso de contratación estratégica piensa que son los candidatos principales para la mejora en South Face y por qué?

4. ¿Cómo respondería a la afirmación de que algunos de los fabricantes contratados producen copias ilegales de la mercancía que terminan compitiendo con la que porta la marca de South Face?

Fuente: C. John Langley Jr., Ph.D. Reproducido con autorización.

CASO 13.2

Durable Vinyl Siding Corporation

Durable Vinyl Siding Corporation (DVS) es un destacado fabricante estadounidense de productos de revestimiento de vinilo para el hogar y los edificios comerciales. En 2006, tuvo ventas récord de 250 millones de dólares, un aumento de 15% respecto a 2005 y el décimo año de crecimiento de dos dígitos. Mark Talbott, su presidente, estaba muy complacido con las cifras de ventas positivas para 2006 pero se preocupa por la tendencia de los números del balance de resultados. Durante los cinco años previo, el margen de ganancia neto se ha deslizado de 7.2% en 2001 a 4.5% en 2006.

En la junta mensual del equipo ejecutivo, Mark señaló la tendencia descendente de las ganancias netas y desafió al equipo a elevar el balance en 1 a 2 puntos porcentuales para el siguiente año. Mark indicó a los integrantes del equipo que la presión del precio de las compañías de revestimientos competidoras y el aumento en los costos eran las razones principales para la disminución de los márgenes de ganancia. Pidió a cada integrante que elaborara un plan estratégico para lograr las metas de ganancias.

Margaret Klisure, directora de aprovisionamiento y contratación, revisaba los datos de compras que habían recopilado como preparación para la elaboración de un plan estratégico. Los costos de aprovisionamiento se habían incrementado de 57% de las ventas en 1996 a 65% en 2006, un periodo durante el cual el número de empleados en el área de aprovisionamiento creció a cinco.

DVS fabrica ahora 1,500 unidades de registro de almacenamiento (SKU) y compra más de 5,000 SKU de materiales para apoyar la manufactura, venta y entrega de su línea de mercancías terminadas. Los artículos que compra incluyen: productos con base de vinilo, pinturas, suministros de oficina, empaques, madera para tarimas, equipo de almacén, artículos de mantenimiento y operación, y servicios de transportación. En total, DVS gastó en ellos y en la operación de aprovisionamiento 162,500 millones de dólares en 2006. Por cada reducción de 1.0% en gastos de aprovisionamiento, Margaret calculó un incremento de 0.65% en las ganancias netas (calculó 250 millones dólares en ventas).

La operación del departamento de compras era básicamente la misma que en 1996. Recientemente Margaret fue nombrada directora de aprovisionamiento y contratación después del retiro del ex director que había sido el líder del área de compras desde la fundación de la compañía más de 20 años antes. Aunque casi todas las tareas de compras/aprovisionamiento se completan en forma manual, se usan computadoras para control interno de los niveles de inventario y para imprimir las facturas. No hay en funcionamiento un sistema computarizado de aprovisionamiento y no se usa el comercio electrónico para las compras. El personal de esta área consiste principalmente en compradores que son asignados a los grupos de productos, por ejemplo, una persona es responsable de comprar todas las materias primas de vinilo, otra compra transportación, etcétera.

Con el paso de los años, los compradores adquirieron mucha habilidad para obtener concesiones de los vendedores en cuanto al precio. Sin embargo, esto creó algunos problemas de almacenamiento muy graves para DVS. Por ejemplo, la semana previa, Mark Talbott convocó a una junta de emergencia con los directores de manufactura, almacenamiento, ventas y compras con el objetivo de buscar una solución para el hacinamiento en el almacén, que estaba lleno por completo, lo que obligaba a DVS a depositar las mercancías terminadas en un sitio externo. Una revisión de los artículos almacenados indicó que había un suministro para seis meses de material de empaque corrugado, otro para 10 meses de pinturas y uno para cuatro meses de madera. Además, los niveles de inventario de más de 50% de las SKU de mercancías terminadas excedían un suministro para dos años a los niveles de ventas actuales.

Con sólo un almacén en el sistema, DVS tenía que optimizar el uso de esta instalación; si la empresa tuviera que usar otro externo para el almacenamiento a corto plazo incurriría en una penalización de 15% en forma de almacenamiento, recolección de pedidos y costos de transportación mayores. Además, el último año aumentó el costo del capital debido a las acciones de la Reserva Federal, y el gasto total de compras incluyó el costo del dinero inmovilizado en el inventario.

Margaret también sabía que la productividad de sus compradores decaía debido a que el número de pedidos anual por comprador disminuía por causa de la contratación de personal adicional en el último año. Los compradores mencionaron, como las razones principales de su menor productividad, que necesitaban más tiempo para investigar a los proveedores potenciales y mantener buenas relaciones con ellos.

El objetivo principal de Margaret era reducir los costos de aprovisionamiento al mismo tiempo que mantenía la calidad del producto y la eficiencia de este proceso. Las concesiones en los precios de los proveedores no parecían ser una fuente importante de ahorros en los costos, en particular para las materias primas de vinilo básicas. Concluyó que las áreas primarias para mejorar la eficiencia eran la digitalización y el comercio electrónico.

PREGUNTAS SOBRE EL CASO

1. ¿Qué cambios organizativos sugeriría para aprovisionamiento de DVS?

2. ¿Qué tipos de cambios de digitalización recomendaría?

3. ¿Cómo beneficiaría el comercio electrónico al aprovisionamiento de DVS?

4. ¿Recomendaría las mismas estrategias de cómputo y comercio electrónico para las 5,000 SKU compradas? De no ser así, ¿cómo diferirían estas estrategias?

5. ¿Qué estrategias sugiere para mantener los niveles de servicio del aprovisionamiento?

Fuente: Edward J. Bardi, Ph.D. Reproducido con autorización.

Capítulo 14

OPERACIONES: PRODUCCIÓN DE BIENES Y SERVICIOS

Objetivos de aprendizaje

Después de leer este capítulo, usted será capaz de:

- Analizar la función estratégica de valor agregado que las operaciones desempeñan en la cadena de suministro.

- Explicar el concepto del proceso de transformación y su aplicación a los bienes y servicios.

- Apreciar los puntos de equilibrio y los desafíos implicados en las operaciones de producción.

- Comprender las estrategias principales de producción y los tipos de planificación.

- Analizar los procesos primarios de ensamblaje y los métodos de producción para la creación de bienes.

- Describir los diversos diseños de procesos de producción.

- Explicar la función de las métricas de productividad y calidad en el perfeccionamiento del desempeño de las operaciones.

- Saber cómo respalda la tecnología de la información a la producción eficiente de bienes y servicios.

Introducción

Las operaciones se enfocan en la sección de "hacer/construir" de la cadena de suministro, en la producción de los bienes y servicios necesarios para cumplir con los requerimientos del cliente. La producción incluye la transformación de los insumos en bienes terminados que los clientes demandan. Por ejemplo, un fabricante de computadoras, como Lenovo o Apple, ensambla una serie de componentes (procesador, memoria, disco duro, entre otros) que se convierten en el ThinkPad o iMac que usted configura. De igual modo, la sala de urgencias de un hospital tiene médicos y enfermeras expertos en el tratamiento de personas lesionadas (el insumo) para devolverles la salud (el bien producido).

En la ejecución de estos procesos, las instalaciones de producción deben interactuar con las funciones de la cadena de suministro que se han analizado en capítulos anteriores. Tanto los fabricantes como los proveedores de servicio necesitan tener un acceso rápido a los inventarios de los insumos clave de sus proveedores. Lenovo y Apple necesitan hardware y software para ensamblar computadoras que sean funcionales cuando se saquen de la caja. Los médicos y las enfermeras requieren contar con equipo de diagnóstico, provisiones médicas y productos farmacéuticos para evaluar y tratar al paciente. Por ello, existe un vínculo esencial entre la administración del suministro, el inventario, la transportación de entrada y las operaciones de producción.

De igual modo, las operaciones crean los bienes producidos que se distribuyen en las redes de las cadenas de suministro. La demanda de computadoras por parte del consumidor no puede satisfacerse sin la producción de los bienes físicos. Los itinerarios de producción deben coordinarse con los de entrega y los métodos de transportación para garantizar que el inventario se recibió cuando se prometió. Quizá se necesiten ambulancias y vehículos de entrega para transportar a los pacientes, así como el equipo para su cuidado, a sus hogares. Por ello, es fácil entender por qué las operaciones de producción son parte de la cadena de suministro y no pueden conducirse de manera independiente. Todas las actividades en la compra, producción y entrega de los bienes y servicios necesitan sincronizarse para asegurar que los flujos de productos y servicios sean consistentes y eficientes.

Esto no es tarea fácil. Para seguir siendo competitivos, los fabricantes de automóviles y otras organizaciones deben esforzarse continuamente para ofrecer variedad y calidad a un costo de producción razonable. Este capítulo se enfoca en la necesidad de equilibrar con eficiencia la flexibilidad y la receptividad durante el proceso de transformación, así como en los vínculos esenciales entre los procesos de producción y otras actividades de la cadena de suministro. Se analizará la planificación y el desarrollo de las capacidades de producción, así como los procesos, las métricas y las tecnologías que respaldan las operaciones eficientes de productos y servicios. A lo largo del capítulo comprenderá las funciones que las estrategias y los métodos de producción desempeñan en la creación de los inventarios necesarios para cumplir con la demanda del cliente.

La función de las operaciones de producción en la administración de la cadena de suministro (SCM)

Cuando se piensa en ello, es evidente que muchas de las actividades de la logística y las cadenas de suministro que se han analizado en los capítulos previos se enfocan en las operaciones: de aprovisionamiento, que brindan acceso a los materiales; de transportación, que apoyan el flujo de los bienes; de distribución, que agilizan el cumplimiento de los pedidos; entre otras. Crean en conjunto utilidades de tiempo y lugar; sin embargo, las contribuciones potenciales de la manufactura de los bienes y la producción del servicio a la efectividad de la cadena de suministro con frecuencia se pasan por alto porque se concentran en una dimensión diferente, pero también importante, de la utilidad económica llamada **utilidad de forma**. Todas las actividades y los procesos que se realizan para cambiar la apariencia o la composición de un bien o servicio, como la fabricación de los componentes, el ensamblaje de los productos y la ejecución de una solicitud de servicio, se enfocan en crear la utilidad de forma. El objetivo es hacer que el producto o servicio sea más atractivo para los clientes actuales y potenciales a fin de crear esa demanda.

Desde luego, es importante que el producto cuente con un diseño de producto o utilidad de forma atractivos, pero no basta para garantizar el éxito. Esta utilidad conduce a la necesidad de poseer capacidades relacionadas con la cadena de suministro (es decir, utilidades de tiempo y lugar). Cuando Microsoft presenta un producto como el Kinect para la consola Xbox 360, necesita procesos integrados en la cadena de suministro para cumplir con la demanda del sistema de juego por parte del cliente. Es imperativo adquirir con rapidez los materiales clave, colocar los recursos y la capacidad de producción para ensamblar los componentes y llevar los productos terminados a los minoristas en cantidades suficientes para cumplir con la demanda. De otro modo se abre la puerta para que los competidores se apropien de los clientes potenciales de Kinect con sus ofertas.

Se requiere mucho esfuerzo y coordinación para llevar a cabo una operación de producción eficaz que sea apoyada por la cadena de suministro y que también apoye a ésta. Es preciso diseñar los procesos de manera efectiva y ejecutarlos sin fallas, conocer y poner en práctica los puntos de equilibrio de la cadena de suministro y alcanzar las economías de escala, todo mientras la organización enfrenta los retos competitivos y otros problemas. Considere el éxito del iPhone de Apple; un gran diseño de producto, sincronización entre la adquisición, el ensamblaje y la distribución, así como una mercadotecnia hábil contribuyeron en conjunto al éxito de este gigante comercial. La rápida ejecución de los procesos de "planear/comprar/crear/mover" de la cadena de suministro es esencial para cumplir con la demanda mundial de este innovador teléfono inteligente.

Con la conexión vital establecida entre la producción y la administración de la cadena de suministro, se analizarán los detalles de las operaciones de producción.

Funcionalidad del proceso de producción

Los fabricantes, ensambladores por contrato y proveedores de servicio se dedican a los procesos de producción; ya sea que hagan sándwiches, impresoras láser o préstamos bancarios, estas organizaciones llevan a cabo un conjunto de actividades relacionadas durante las cuales los insumos se transforman en bienes producidos.

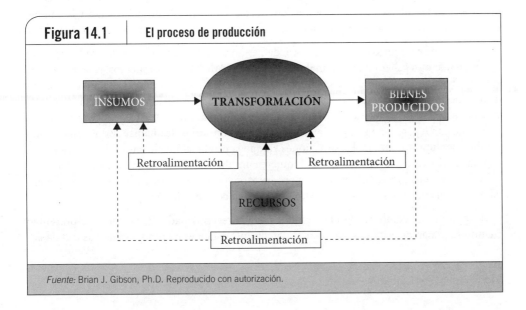

| Figura 14.1 | El proceso de producción |

Fuente: Brian J. Gibson, Ph.D. Reproducido con autorización.

En este proceso de producción, como se muestra en la figura 14.1, también se utilizan recursos como instalaciones, equipo, conocimiento, mano de obra y capital para respaldar la transformación. La retroalimentación de información esencial se usa para hacer ajustes dentro del proceso (por ejemplo, acelerar o disminuir la velocidad de la compra de insumos y la producción de bienes terminados de acuerdo con los cambios en los requerimientos de la demanda) en un intento por sincronizar la producción con la demanda. Ignorar estas señales de retroalimentación tendrá como resultado el excedente de los productos impopulares o la escasez de artículos de moda en el inventario.

Aunque el principio básico de insumo-transformación-bien producido aplica a todos los procesos de producción, no hay dos que estén organizados exactamente igual o rindan al mismo nivel. Por ejemplo, Pizza Hut, McDonald's y Subway hacen comida rápida pero cada uno tiene estrategias de producto diferentes que guían sus diseños de proceso y métodos de ensamblaje. Pizza Hut y Subway ofrecen productos de ensamblaje contra pedido que se crean a partir de una variedad de componentes disponibles (por ejemplo, carnes precortadas, quesos y vegetales) cuando alguien lo solicita. McDonald's elabora los productos en anticipación a la demanda usando los componentes estandarizados del producto. Como puede esperarse, los métodos de ensamblaje contra pedido son más complejos, más intensos en el nivel de trabajo y requieren más tiempo de procesamiento que las operaciones de producción en serie y puestas en inventario. La capacidad del proceso (cuánto puede producirse) también incide en el tipo de producto y los métodos de producción.

La funcionalidad del proceso también desempeña un papel importante en el éxito de una organización. La capacidad de llevar a cabo procesos que son diferentes a los de los competidores para crear productos y servicios únicos puede crear una ventaja competitiva; por ejemplo, eBay se convirtió en una potencia en línea al diseñar procesos de subastas que son distintos de los tradicionales. Por otro lado, la capacidad de realizar procesos comunes mejor que la competencia puede generar eficiencias y costos más bajos para la organización. Southwest Airlines es un ejemplo adecuado de una compañía que ofrece los mismos servicios básicos de vuelos de pasajeros que su competencia, pero a un costo más bajo. Siempre y cuando el nivel de servicio y la calidad del bien producido cumplan con las expectativas del cliente, cualquier enfoque puede ayudar a la organización a alcanzar sus metas.

Puntos de equilibrio en la producción

Uno de los aspectos más importantes que los profesionales de la cadena de suministro deben comprender se refiere a los puntos de equilibrio que hay en las operaciones de producción y entre éstas, otras funciones de la cadena de suministro y la estrategia corporativa. Todas las decisiones están interrelacionadas y pueden afectar los costos, la productividad y la calidad en otras áreas. En los siguientes párrafos se analizarán los puntos de equilibrio más comunes.

El punto de equilibrio de volumen-variedad es una cuestión primaria en la producción; un volumen más alto genera un costo más bajo por unidad de bienes producidos, de acuerdo con el ya establecido principio de las economías de escala. En situaciones en las que los procesos de producción tienen equipos y costos fijos altos, como la producción de sustancias químicas y la manufactura de papel, tiene sentido buscar el volumen. En contraste, se dice que los procesos que dan lugar a una gama de artículos tienen **economías de alcance**. Estas capacidades flexibles son importantes en las situaciones en que la producción eficiente y de volumen bajo de una amplia variedad de mercancías requiere cumplir con la demanda cambiante del cliente.[1] Las organizaciones deben evaluar su producto, su proceso y sus características de demanda para determinar su necesidad relativa de variedad contra volumen.

Los puntos de equilibrio fundamentales entre la receptividad y la eficiencia se presentan cuando se toman decisiones relacionadas con las instalaciones de producción. Las instalaciones centralizadas proporcionan costo de operación y eficiencias de inventario, mientras que las regionales permiten que las empresas estén más cerca de sus clientes y sean más receptivas. Las instalaciones más grandes con capacidad excedente ofrecen la flexibilidad de responder a los aumentos en la demanda; en contraste, las más pequeñas que se utilicen mejor tendrán un costo más eficiente. Por último, la metodología de operación que la instalación use influye sobre este punto de equilibrio. Las instalaciones enfocadas en los productos que efectúan muchos procesos en un solo artículo serán más receptivas que las enfocadas en los procesos que concentran algunas funciones en múltiples artículos. Este último tipo de instalación será más eficiente en su alcance limitado de actividades.[2]

También deben entenderse los puntos de equilibrio entre los procesos de producción de bienes y los costos que genera su manufactura. Los costos de producción y cadena de suministro varían para los productos para almacén *(make-to-stock)*, los de ensamblaje bajo pedido *(assemble-to-order)* y los de construcción bajo pedido *(build-to-order)*. Los productos de construcción bajo pedido *(build-to-order)* generan el costo total más alto de manufactura debido a las economías de escala más bajas de producción y los costos de transportación más elevados.

Por otro lado, los procesos de producción para almacén *(make-to-stock)* tienen costos totales más bajos debido a los volúmenes más altos y los costos de transportación más bajos. No olvide que aunque el proceso de producción para almacén puede ser más barato desde el punto de vista del costo total de manufactura, el método puede sacrificar el servicio al cliente, la receptividad y la variedad.[3]

Otra consideración es si conduce sus propias operaciones de producción o las subcontrata con proveedores externos. La decisión de producir o comprar puede ser compleja e implica sacrificios sin importar el camino que la empresa escoja. Los procesos internos de producción son visibles directamente y deben ser más fáciles de controlar en el aspecto de la calidad. La producción subcontratada puede generar costos de producto más bajos y permite que la compañía enfoque sus recursos en otras necesidades más estratégicas.

Una organización necesita comprender y evaluar los intercambios y costos comparativos de la producción y la compra de los bienes antes de tomar una decisión final. Una vez que se ha subcontratado, es preciso dar seguimiento a la calidad y el servicio del proveedor. Los famosos retiros de productos relacionados con la seguridad que Toyota efectuó en 2010 debido a la "aceleración no intencional" fueros causados, en parte, por los ensamblajes del pedal acelerador que un proveedor externo realizó.[4]

Por último, la sabiduría tradicional sugiere que las operaciones de producción no pueden ser todo para todas las personas y que deben buscarse puntos de equilibrio. Esto es, cuando se diseñan y ponen en marcha los procesos de producción, deben concentrarse en una o dos dimensiones competitivas: bajo costo, alta calidad (características y confiabilidad), entrega rápida, alta confiabilidad en la entrega, capacidad para adaptarse al cambio en la demanda o flexibilidad para ofrecer variedad. Los proponentes argumentan que desde una perspectiva lógica una operación no puede desempeñarse con excelencia en las seis dimensiones competitivas al mismo tiempo debido a conflictos inherentes entre las estrategias y los muchos compromisos que se requerirían.[5] Sin embargo, investigaciones realizadas por Accenture y otros han mostrado que las organizaciones de clase mundial pueden mejorar el desempeño en varias dimensiones sin hacer grandes sacrificios o establecer numerosos puntos de equilibrio.[6] Procter & Gamble (P&G) es una de esas empresas; de manera continua ha entrado en la categoría de las cinco mejores del Top 25 de AMR Supply Chain y está al frente de la administración de la cadena de suministro conducida por la demanda, las operaciones especializadas de producción en mercados emergentes, el aumento garantizado de mercancía para insumos clave y la responsabilidad ambiental.[7]

Desafíos de producción

Decir que la producción es un campo dinámico sería un eufemismo grave. Los gerentes de operaciones enfrentan numerosos retos y puntos de equilibrio que deben manejarse con éxito si se espera que la organización y la cadena de suministro alcancen sus objetivos de desempeño. Ferrari y Parker resaltaron estos desafíos en un artículo de *Supply Chain Management Review*: "La competencia intensificada, clientes más demandantes y presión implacable por la eficiencia así como por la adaptabilidad conducen cambios significativos en muchos escenarios de la industria de manufactura".[8] De acuerdo con los autores, el crecimiento rentable de largo plazo depende de las capacidades de las organizaciones de manufactura y cadena de suministro para enfrentar estos retos por medio de la innovación de procesos.

Las presiones competitivas son un desafío importante para muchos fabricantes y proveedores de servicio establecidos. Ya que el alcance global de las cadenas de suministro hace posible abastecer productos de casi cualquier parte del mundo, las empresas necesitan actualizar continuamente sus capacidades de producción y desarrollar respuestas innovadoras para los competidores en ascenso. La industria automotriz de Estados Unidos es un ejemplo adecuado. No sólo General Motors y Ford necesitan competir con las capacidades de producción esbeltas de Toyota y la calidad de productos de Honda, sino que también los fabricantes estadounidenses deben desarrollar una respuesta eficaz ante los productores de bajo costo como Hyundai y Kia. El enfoque de "son sólo negocios" llevará a un mayor deterioro de la participación de mercado y aflicciones en las cadenas de suministro de estas organizaciones.

La demanda de opciones por parte de los clientes y los gustos que cambian con rapidez hacen la vida difícil para los creadores de productos. Para muchos, ya no es posible enfocarse en la producción en serie y en el método de Henry Ford para la personalización: "La gente puede tener el Modelo T en cualquier color, siempre y cuando sea negro". La expectativa actual de productos personalizados que cumplan las especificaciones de los compradores individuales requiere procesos de producción muy diferentes a los métodos de ensamblaje que se necesitan para los artículos estandarizados. El ciclo de vida de los productos, cada vez más breve, en la actualidad también vuelve obsoletas las largas corridas de estos bienes comunes. En respuesta a ello, las empresas como Dell y Nike han desarrollado capacidades ágiles al crear cadenas de suministro alrededor de las capacidades de producción de ensamblaje bajo pedido. Hoy en día, usted puede diseñar sus propios zapatos deportivos Nike en la página NikeiD.com.

Mientras el uso de los procesos de producción receptivos y en cantidades pequeñas crece, los ejecutivos de las empresas aún demandan productividad y eficiencia; esperan que los gerentes de operaciones empleen procesos que sean eficientes desde el punto de vista financiero *y* receptivos a la demanda. La esbeltez y la adaptabilidad son requerimientos para el éxito, aunque muchas organizaciones luchan para hacer la transición desde los métodos y estrategias tradicionales de producción hasta otros más contemporáneos que pueden equilibrar mejor la calidad del producto, la flexibilidad del proceso, la velocidad en el cumplimiento del pedido y los costos de ejecución.

Es cierto que los gerentes de operaciones enfrentan muchos otros desafíos en su área. La disponibilidad de la mano de obra y las cuestiones de productividad, la sincronización de las actividades con la cadena de suministro y los costos del capital son sólo algunos obstáculos adicionales que deben superarse. La siguiente sección analiza métodos y estrategias de planeación que se usan para las operaciones de productos y servicios. La preparación meticulosa y avanzada de los procesos de producción que consideren estos retos y puntos de equilibrio complicados elevarán las perspectivas de una organización para aumentar el crecimiento y la rentabilidad.

Estrategia y planificación de las operaciones

Se requiere gran cantidad de planificación, preparación y compromiso de todas las partes para que las operaciones de producción contribuyan de manera positiva a la eficacia de la cadena de suministro. Deben diseñarse estrategias que incluyan las características del producto/servicio, las capacidades internas, las expectativas del cliente y los aspectos competitivos. A partir de estas estrategias se crean planes de producción de corto y largo alcance, seguidos de la implementación de procesos de ensamblaje de productos/entrega de servicios.

Estrategias de producción

En los últimos 30 años se han presentado desarrollos y cambios significativos en las estrategias de producción; estas últimas en muchas organizaciones han avanzado desde estar dirigidas por los pronósticos hasta ser conducidas por la demanda. Estas empresas se esfuerzan por ser ligeras o esbeltas, flexibles o adaptables; esperan que los clientes "jalen" los productos hacia el mercado y dependen de reservas mucho más pequeñas de inventario. Las estrategias conducidas por la demanda son muy diferentes de los conceptos de producción en serie enfocados en la eficiencia que dominaron las estrategias en esta área desde inicios del siglo XX hasta la década de 1970. La figura 14.2 proporciona una cronología general y la descripción de la evolución de las estrategias de producción. Se analizará con detalle cada estrategia importante.

En la época de la producción en serie, la estrategia de operaciones se concentraba en la eficiencia y la escala. La estrategia de elección para la producción en serie es un sistema basado en la oferta (*push* o empujar) que depende de los pronósticos de largo plazo para la planificación de la producción y la toma de decisiones. Esta metodología funciona bien si la demanda es constante con variabilidad limitada todo el año. Es posible establecer procesos para cumplir con esta demanda sin necesidad de contar con capacidad excedente o de reserva y el rendimiento total de la producción puede maximizarse.

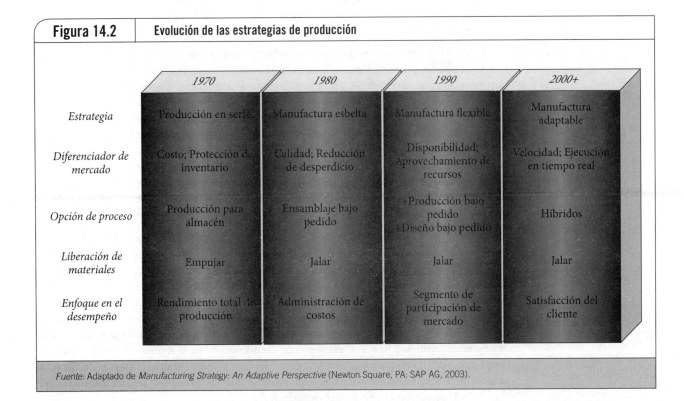

Figura 14.2	Evolución de las estrategias de producción

	1970	1980	1990	2000+
Estrategia	Producción en serie	Manufactura esbelta	Manufactura flexible	Manufactura adaptable
Diferenciador de mercado	Costo; Protección de inventario	Calidad; Reducción de desperdicio	Disponibilidad; Aprovechamiento de recursos	Velocidad; Ejecución en tiempo real
Opción de proceso	Producción para almacén	Ensamblaje bajo pedido	+Producción bajo pedido +Diseño bajo pedido	Híbridos
Liberación de materiales	Empujar	Jalar	Jalar	Jalar
Enfoque en el desempeño	Rendimiento total de producción	Administración de costos	Segmento de participación de mercado	Satisfacción del cliente

Fuente: Adaptado de *Manufacturing Strategy: An Adaptive Perspective* (Newton-Square, PA: SAP AG, 2003).

En realidad pocas empresas cuentan con una demanda perfectamente estable para sus productos y con la oportunidad de mantener la producción en un nivel que se consuma con rapidez; es más frecuente que tengan que lidiar con la variación de demanda. En estas situaciones, los bienes se producen para el inventario de acuerdo con el pronóstico y las existencias de productos terminados o los rezagos de producción se usan para adaptarse a la variación. Los inventarios se acumulan durante las temporadas de baja demanda y el de reserva decrece durante las temporadas altas. Si la producción no puede mantener el ritmo en relación con la demanda durante estos periodos altos, entonces se acumulará un rezago de pedidos y se reducirá a medida que los pedidos disminuyan.

La estrategia basada en la oferta funciona bien para las cadenas de suministro que se enfocan en la entrega inmediata de bienes estandarizados de bajo costo que no se encuentran disponibles en anaquel. Las bebidas de Coca-Cola y los jeans de Levi's son ejemplos de artículos de producción para almacén que se ajustan a esos criterios. Siempre y cuando los socios comerciales busquen estos artículos de inventario de precio bajo en volúmenes razonables, el productor puede usar de manera rentable esta estrategia.

Las cadenas de suministro basadas en la oferta tienen varios retos. Las operaciones a partir de los pronósticos que se derivan de las predicciones de los socios de la cadena de suministro pueden limitar la receptividad del productor. Sin la visibilidad de la demanda real del consumidor final, el productor reaccionará con lentitud ante los cambios en el mercado. El resultado puede ser continuar la producción de artículos cuya demanda decae y que pronto serán obsoletos. De igual modo, el productor quizá no reconozca los requerimientos cambiantes del cliente y, por tanto, no aumente la producción de los bienes deseados. El impacto final serán las oportunidades perdidas, los costos irrecuperables y los ingresos perdidos.

El otro problema que hay cuando la producción se basa en las predicciones de los socios de la cadena de suministro es el potencial de que ocurra el efecto látigo: los errores de pronóstico se magnifican y la variabilidad de la demanda aumenta a medida que los pedidos escalan desde los minoristas hasta los distribuidores y productores. Estos últimos tienen que completar lotes de producción más grandes y variables para abastecer los pedidos descendentes que cambian constantemente. Esto puede conducir a una utilización ineficiente de recursos ya que la capacidad de producción no se compromete de forma consistente; a veces se trabaja en exceso, otras veces se desaprovecha.[9]

La década de 1980 trajo una época de producción esbelta para dirigir el ambiente de la demanda cambiante y las deficiencias de las estrategias de producción en serie basadas en la oferta. La producción ligera o esbelta es una serie integrada de actividades diseñadas para minimizar el movimiento y el uso de materias primas, el inventario de trabajo en proceso y las existencias de bienes terminados durante la producción. El objetivo es hacer que los materiales lleguen justo a tiempo a la ubicación necesaria para el procesamiento y flujo rápidos por el sistema. Un enfoque principal de la manufactura esbelta es minimizar todas las formas de desperdicio y fabricar productos de calidad sin trabajar doble. La filosofía esbelta se basa en gran medida en el **sistema de producción de Toyota (SPT)**, que busca desarrollar y rediseñar los procesos de producción para suprimir las sobrecargas *(muri)*, agilizar la producción *(mura)* y eliminar los desperdicios *(muda)*. La tabla 14.1 describe los siete tipos de *muda* que se pretende eliminar en el SPT.

La producción esbelta depende de los sistemas basados en la demanda ("jalar") para coordinar la producción y distribución con la demanda real del cliente más que de un pronóstico potencialmente repleto de errores. En un sistema de "jalar", el productor sólo responde a la demanda del cliente; no se efectúa ninguna acción hasta que se coloca un pedido o se realiza una compra. La señal del pedido moviliza el proceso de producción para ensamblar con rapidez el artículo solicitado (que puede ser de ensamblaje bajo pedido y se adapta para el cliente) y trasladarlo hacia el punto de demanda. Las herramientas tecnológicas que se analizaron en el capítulo 6, como el escaneo en el punto de venta, el intercambio electrónico de datos, internet y las etiquetas de identificación electrónica, respaldan los sistemas de "jalar" al proporcionar visibilidad de demanda. Esto permite que se efectúe una acción inmediata con el propósito de acortar el tiempo del ciclo de pedido.

Tabla 14.1	Siete desperdicios mortales del SPT
DESPERDICIO	**DESCRIPCIÓN**
Sobreproducción	Hacer más componentes de los que puede vender
Retrasos	Esperar el procesamiento, componentes en almacenamiento, etcétera
Transportación	Movimiento excesivo de los componentes hacia varias ubicaciones de almacenaje, de proceso a proceso, etcétera
Procesamiento excesivo	Hacer más "trabajo" a un componente del que requiere
Inventario	Comprometer dinero y espacio de almacén a los componentes que no se vendieron
Movimiento	Mover los componentes más de lo que se requiere para completarlos y enviarlos
Fabricar componentes defectuosos	Crear componentes que no pueden venderse "como están" o que deben trabajarse de nuevo, etcétera

Fuente: Ta'Ichi Ohno, *Toyota Production System: Beyond Large-Scale Production* (Nueva York, NY: Productivity Press, 1988).

Uno de los beneficios principales de un sistema esbelto de "jalar" es la reducción de los desperdicios; los fabricantes no tienen que crear inventario en anticipación a la demanda o sin el conocimiento de los pedidos del cliente. Esto limitará los problemas de sobreproducción, exceso de inventario y procesamiento innecesario.

El efecto látigo también se reduce cuando todos los socios de la cadena de suministro trabajan de acuerdo con la demanda del cliente; esto ayuda a que la variación en el sistema y los tiempos de producción disminuyan. Otros beneficios incluyen una capacidad mayor para administrar los recursos y la reducción en los costos del sistema en comparación con los sistemas basados en la oferta (de "empujar").[10]

Muchas empresas fabricantes de computadoras, como Dell, dependen de los sistemas basados en la demanda (de "jalar") para fabricar computadoras de escritorio. En vez de predecir lo que los clientes pedirán, Dell espera hasta que se reciben pedidos específicos en su sitio web o call center. Los componentes necesarios se solicitan de los proveedores y almacenes externos con rapidez, se ensamblan de acuerdo con las especificaciones del cliente y se envían por el medio de entrega elegido por el cliente. Dell no desperdicia esfuerzos construyendo computadoras y poniéndolas en el inventario con la esperanza de que un cliente quiera ese modelo particular. Las organizaciones cuyos productos tienen características similares y personalizables, entre ellas el valor alto, o un ciclo de vida breve, también pueden beneficiarse de la estrategia basada en "jalar".

Hay ciertos desafíos que son inherentes en la estrategia basada en la demanda. En algunos casos, los clientes quieren tener acceso inmediato a los productos sin esperar por la producción y la entrega (los de consumo básico como leche y el pan son buenos ejemplos). De igual modo, quizá sea difícil alcanzar economías de escala en las operaciones de ensamblaje bajo pedido y construcción bajo pedido, lo que encarece la producción. Por último, las empresas que no tienen tantas capacidades tecnológicas encontrarían difícil conseguir la visibilidad y sincronización de la cadena de suministro, necesarias en los sistemas de "jalar".

Aunque muchas compañías han tenido ganancias significativas durante la evolución de la producción en serie hacia la esbelta, no se ha alcanzado la perfección. Los expertos de la industria sugieren que es necesario corregir los defectos de los procesos esbeltos si se desea un progreso más importante. La falta de flexibilidad y los sistemas inadecuados de información se citan con frecuencia como barreras importantes para lograr receptividad y flexibilidad real en la manufactura.[11]

La manufactura flexible surgió a principios de la década de 1990 en respuesta a los retos de producción que se han descrito antes en este capítulo, como el exceso de productos, los ciclos de vida más breves, los competidores más rápidos y los clientes más sofisticados. El propósito de esta estrategia es integrar cierta flexibilidad al sistema de producción a fin de reaccionar de manera eficaz ante los mercados que se caracterizan por los cambios frecuentes de volumen y la evolución rápida de los productos.[12]

Un tipo de capacidad reactiva es la **flexibilidad de maquinaria**. De acuerdo con esta estrategia, las máquinas de propósito general y el equipo que usan los trabajadores capacitados proporcionan la capacidad para producir diferentes tipos de artículos así como para cambiar el orden de las operaciones que se llevan a cabo para fabricarlos. En la industria automotriz, Honda es el líder: para responder a los cambios de las condiciones económicas reorganiza la producción entre sus diferentes plantas y también construye modelos distintos en cada una. En cuestión de minutos los técnicos modifican los escenarios de las líneas de producción y ajustan el equipo a fin de que la producción pueda cambiar desde los automóviles hasta las camionetas deportivas. Otros fabricantes requieren semanas para realizar modificaciones similares.[13]

Otro tipo de capacidad reactiva (son ocho en total) se llama **flexibilidad de las guías de rutas**, que brinda a los gerentes opciones de producción y la capacidad para adaptarse a las necesidades cambiantes. En términos más sencillos, les ofrece una alternativa entre las máquinas para la siguiente operación relacionada con algún componente.[14] Esta capacidad es valiosa para reparar las averías de las máquinas a fin de que la producción de los bienes terminados continúe. También crea oportunidades para trasladar los productos por rutas opcionales dentro de la instalación de producción. En estos escenarios, el sistema puede responder ante los cambios a gran escala, como en el volumen o capacidad.

Una de las ventajas principales de la estrategia de manufactura flexible es la capacidad para aprovechar los recursos de producción (por ejemplo, tiempo y esfuerzo) en apoyo a los diferentes procesos de transformación. También obtiene ventaja de las capacidades de los proveedores fuertes, la tecnología de la información y el personal indirecto altamente capacitado. El resultado es el logro de economías de alcance en las que pueden producirse lotes pequeños de una amplia variedad de productos con un costo efectivo. Otros beneficios incluyen el aumento de la productividad, la calidad y el costo de mano de obra debido a una mayor automatización, así como la reducción de los niveles de preparación y tiempo de instalación más breves para los productos nuevos.

Aun con todos sus beneficios, la estrategia flexible no es perfecta; su defecto principal es el costo, ya que las empresas encuentran que es muy costoso comprar equipo ajustable o para propósitos múltiples. La integración de la capacidad excedente flexible en el sistema también es una propuesta costosa. Además, la promesa del aumento en la productividad no siempre tiene éxito en las operaciones flexibles.[15] Por último, los sistemas inadecuados de información se citan a menudo como barreras significativas para conseguir la receptividad y flexibilidad real en la manufactura.[16]

Con estos problemas, muchas organizaciones han adoptado una estrategia de subcontratación para algunas o todas sus operaciones de producción. El outsourcing de procesos comerciales incluye la subcontratación de cualquier proceso interno (como manejo de nómina, transportación o producción) con un tercero. Los fabricantes por contrato brindan servicios subcontratados de producción y ensamblaje de la misma forma que una empresa logística tercerizada ofrece servicios de distribución, almacenaje y transportación (véase el capítulo 4). Si la actividad se delega en un fabricante por contrato en otro país, de manera común se le llama **offshoring** (reubicación en el extranjero). Hoy en día, un sitio con mucha demanda para reubicar la producción es China, aunque el aumento en sus costos de mano de obra y los desafíos relacionados con la calidad quizá causen que la producción se desvíe hacia otra parte.[17]

La razón de negocios para la subcontratación varía en relación con la situación, pero los motivos se enfocan en los aspectos del costo y la capacidad. La estrategia de outsourcing proporciona en general una opción viable para la capacidad variable a un costo más bajo que la estrategia de flexibilidad.[18] Otras razones incluyen las siguientes:

- La capacidad para enfocarse en las competencias esenciales al deshacerse de las periféricas

- Falta de recursos internos

- Realizar el trabajo de manera más eficiente o efectiva

- Incrementar la flexibilidad para cumplir con las condiciones comerciales cambiantes

- Mayor control del presupuesto por medio de los costos predecibles

- Menor inversión continua en infraestructura interna

- Acceso a la innovación y el liderazgo de opinión[19]

Aunque el outsourcing ha demostrado ser una estrategia valiosa cuya popularidad ha crecido drásticamente, es importante efectuar un análisis completo de los beneficios y las desventajas del offshoring. La reubicación de la producción en el extranjero genera costos de transportación, de traslado de inventario, de bienes en tránsito, aduanales y algunos ocultos. Cuando la producción se reparte entre múltiples instalaciones en diferentes países es difícil mantener la visibilidad y sincronizar las actividades. Por último, las empresas pueden perder el control sobre la calidad, los derechos de propiedad intelectual y las relaciones con los clientes. El artículo "En la línea" que aparece a continuación se enfoca en el análisis y la decisión de Whirlpool de "reubicar en el país" la producción de sus aparatos electrodomésticos.

Una adición que en el siglo XXI se ha hecho a la estrategia de producción es la **manufactura adaptativa,** que aprovecha las estrategias de manufactura esbelta, las mejores prácticas Six Sigma y la inteligencia accionable de tiempo real desde el piso de fábrica. El enfoque adaptativo rechaza la dependencia tradicional en los tiempos estándar de producción y los pronósticos de largo alcance en favor de otro más orientado hacia la demanda en el que el lado del suministro percibe y responde con rapidez a lo que los clientes quieren.[20] El resultado es un aumento en la flexibilidad de la producción y velocidad del cumplimiento en la demanda.

En la línea

La decisión de Whirlpool sobre la reubicación de su producción en el país

De acuerdo con un artículo de *Wall Street Journal* del 1 de septiembre de 2010 escrito por Bob Tita, Whirlpool espera construir una nueva instalación de manufactura en Cleveland, Tennessee, en una fábrica de hornos de 100 años de antigüedad; será "la pieza central de una actualización de 300 millones de dólares de las instalaciones de manufactura nacionales" de la empresa. El artículo continúa: "El movimiento resalta un cambio de los fabricantes de Estados Unidos orientados hacia la exportación que se alejan de los locales de bajo costo en el extranjero a fin de racionalizar sus operaciones nacionales para impulsar la productividad". En el caso de Whirlpool, la compañía había considerado construir la fábrica en México.

El movimiento hacia la fabricación o el abastecimiento de los productos más cerca de casa ha ocurrido por varios años, con el impulso parcial del aumento récord en los precios del petróleo en 2009 (que provocó que los costos de transportación se fueran hasta las nubes), la demanda de tiempos de producción más rápidos y los problemas en la calidad de las fábricas extranjeras que desataron una oleada continua de retiros.

En su artículo de la *Supply Chain Management Review* en enero de 2009, John Ferreira y Len Prokopets de Archstone Consulting argumentan que un análisis exhaustivo de la contratación revelaría que el offshoring (o reubicación en el extranjero) ya no es coherente para muchas compañías. Ferreira y Prokopets ofrecieron este análisis:

> Justo cuando miles de fabricantes pensaron que subcontratar en el extranjero una porción significativa de sus operaciones de manufactura y suministro les había dado la paridad competitiva, el juego puede cambiar de nuevo. Los mismos factores que hicieron del offshoring una táctica segurísima para reducir costos han cambiado drásticamente y ahora afectan muchos de esos ahorros. Como resultado, la producción nacional o cerca del país de origen es ahora viable y competitiva en muchos casos.

Por ello, los fabricantes quizá deseen detenerse antes de trasladar más operaciones de suministro al extranjero; algunos fabricantes descubren que las cifras ya no tienen sentido. De hecho, un elevado porcentaje de fabricantes estadounidenses reconsideran con seriedad sus estrategias de producción y contratación e incluso atraen de nuevo la manufactura que alguna vez llevaron a los países de bajo costo.

El artículo sobre Whirlpool revela dos aspectos importantes. Primero, la empresa ha ligado el diseño y el desarrollo de sus productos con su estrategia de manufactura y diseño de fábrica. Al construir lavadoras con componentes que pueden cambiarse con mayor facilidad, Whirlpool será capaz de ensamblar múltiples modelos y marcas en la misma planta.

"Casi todo puede cambiarse", dice Frank Nekic, gerente de desarrollo de lavadoras. "Puede tomar un motor y reemplazarlo con otro. Era mucho más difícil crear variaciones dentro de las lavadoras que teníamos."

El segundo aspecto clave es el valor que Whirlpool colocó en el conocimiento y la experiencia del empleado al tomar su decisión de contratación; preservar la capacitación y la experiencia de los empleados de Cleveland en la manufactura esbelta fue una consideración importante para elegir el sitio, de acuerdo con Al Holaday, vicepresidente de manufactura para Norteamérica.

"Casi todos pueden duplicar el proceso de manufactura", dijo Holaday. "Lo que no pueden hacer es duplicar la mano de obra experimentada."

Felicidades a Whirlpool por hacer del conocimiento y experiencia del empleado una "consideración" importante en su decisión de construir su nueva fábrica en Tennessee. No siempre es fácil poner valor financiero al talento del empleado, pero todo mundo sabe que la inexperiencia y la falta de capacitación al final se traducen en problemas de productividad, calidad y retiros, lo que puede ser muy costoso, difícil y consumir tiempo en las reparaciones, en especial a medio mundo de distancia.

Fuente: Adaptado de Adrian Gonzalez, "Whirlpool, On-Shore Production, and Employee Talent", ARC's *Logistics Viewpoint* (1 de septiembre de 2010). Recuperado del sitio: http://logisticsviewpoints.com/2010/09/01/whirlpool-on-shore-production-and-employee-talent/. Reproducido con autorización.

La tecnología es un facilitador clave de la flexibilidad y la velocidad. Los sistemas que se despliegan de manera apropiada vinculan los procesos de fábrica, el equipo y los sistemas de producción con las operaciones de la cadena de suministro.[21] Estos vínculos e información en tiempo real son esenciales para detectar las excepciones de manufactura y cadena de suministro y responder con prontitud y acciones adecuadas.[22]

Aunque no se ha adoptado mucho, la estrategia de manufactura adaptativa ofrece numerosos beneficios: quienes la usan notan mejoras significativas, entre las que se encuentran las reducciones en el inventario, el tiempo del ciclo de producción y los problemas de calidad y costo.[23] Las capacidades para "cambiar en pleno vuelo" de la manufactura adaptativa también se ajustan a los cambios caóticos en la demanda y la incertidumbre económica que se ha vuelto común.[24]

Estas cinco estrategias tienen una función en la cadena de suministro actual, incluyendo la estrategia tradicional de la producción en serie basada en la oferta. Las estrategias de manufactura más nuevas no reemplazarán por completo a las antiguas. En vez de eso, el objetivo es unir las fortalezas de las tradicionales con las capacidades mejoradas de las estrategias innovadoras para cumplir con los requerimientos del cliente. Los fabricantes deben diseñar soluciones estratégicas apropiadas para el producto que se fabrica, el volumen y la variabilidad de demanda, y sus propias capacidades. Cuanto más amplia sea la gama de productos y clientes, es más probable que la organización aplique un sistema híbrido que aproveche múltiples estrategias.

Planeación de producción[25]

Con una estrategia o combinación de estrategias definidas, una organización dirige su atención hacia los aspectos de planificación de la producción. Durante este proceso, los gerentes de operaciones tratan de equilibrar insumos, capacidad (recursos) y bienes producidos para no generar desperdicios. Los insumos y bienes que se producen en exceso dan lugar a existencias innecesarias, mientras que la capacidad excedente genera costos de producción más altos. Por otro lado, la escasez de insumos ahogará el proceso de producción y reducirá en número de bienes terminados; esto conduce a un exceso de trabajo de las máquinas y la mano de obra que quizá cause problemas en la calidad.

En esta sección se analizan brevemente dos tipos de planificación: **planificación de capacidad** y **planificación de materiales.** También se estudian tres marcos temporales de planificación: 1) **planes de largo plazo,** que abarcan un año o más, se enfocan en las decisiones importantes respecto a los planes de capacidad y producción total; 2) **planes de mediano plazo**, que abarcan de 6 a 18 meses e incluyen decisiones tácticas respecto a los niveles de empleo y cuestiones similares, y 3) **planes de corto plazo,** duran desde algunos días hasta unas semanas y enfrentan problemas específicos y detalles de producción, como cantidades de artículos que se producirán, itinerarios y secuencias.

La planificación de capacidad se enfoca en determinar los niveles adecuados de producción que la compañía es capaz de completar. La **capacidad** es la cantidad máxima de trabajo que una organización puede completar en un periodo determinado. Ésta ayudará a que la compañía defina si es posible cumplir con la demanda cambiante del cliente o si existe alguna discrepancia entre capacidad y demanda que resulte en ineficiencias, ya sea recursos subutilizados o requerimientos incumplidos. El objetivo de la planificación de capacidad es reducir esta discrepancia.

La **planificación de requerimientos de recursos (RRP;** *resource requirements planning*) es una herramienta de largo plazo y nivel macro; ayuda a los líderes de operaciones a establecer si los recursos totales satisfacen el plan de producción total. Las horas laborales brutas y las horas brutas de uso de maquinaria son el centro de este nivel de planificación. Si la PRR revela niveles inadecuados de recursos es posible iniciar una expansión de la capacidad por medio de nuevas instalaciones, equipo de capital o recursos de fabricantes por contrato. De otro modo, el plan de producción total debe revisarse para efectuar modificaciones de modo que sea viable dentro de las limitaciones de los recursos disponibles.

El siguiente paso es crear una **planificación preliminar de la capacidad (RCCP;** *rough-cut capacity plan*), un proceso que revisa la viabilidad del programa maestro de producción. El plan RCCP de mediano plazo toma el programa maestro de producción y lo convierte en uno de producción en capacidad requerida y luego lo compara con la capacidad disponible para cada periodo de producción; si el RCCP y el programa maestro de producción coinciden se establece el programa; si no es así, es posible ajustar la capacidad con el uso planificado de tiempo extra, subcontratación, expansión de recursos o flexibilidad en las guías de rutas para satisfacer las necesidades de producción. De manera alterna, el itinerario puede revisarse por completo una vez más.

Por último, la **planificación de requerimientos de capacidad (CRP;** *capacity requirements planning*) se usa para revisar la viabilidad del plan de requerimiento de materiales; esta técnica de capacidad de corto plazo determina con detalle la cantidad de recursos laborales y de equipo que se usaron para lograr los requerimientos de producción. Aunque la RCCP indique que hay capacidad suficiente para ejecutar el programa maestro de producción, la CRP quizá muestre que la capacidad es insuficiente durante periodos específicos.

En general, la planificación de materiales se enfoca en equilibrar el suministro y la demanda futuros; incluye administrar los pronósticos de ventas, crear programas maestros y utilizar herramientas de planificación de requerimientos de materiales.

La **planificación agregada de la producción (APP)** es un plan de materiales de largo plazo que traduce los planes de negocios anuales, los de mercadotecnia y los pronósticos en un plan de producción para todos los artículos fabricados en una instalación. La demanda anticipada se usa para establecer la tasa de bienes producidos en la instalación, la cantidad de mano de obra, uso e inventario, y niveles de rezago. El horizonte de planificación para la APP es un año o más y avanza de manera continua para permitir que la empresa analice de modo constante los requerimientos futuros de capacidad. El objetivo de la APP es diseñar una estrategia para producir en cada periodo suficientes bienes terminados dentro de las familias o grupos de productos para cumplir con el objetivo de ventas. Desde luego, la APP debe hacerse dentro de las limitaciones de capacidad de producción mientras controla el uso de los recursos financieros para los costos laborales, la preparación de máquinas y los costos de operación, de inventario y otros relacionados.

El **programa maestro de producción (MPS)** es un plan de mediano plazo más detallado que el de la APP. El MPS divide la APP, enumera los artículos finales que se producirán de manera exacta en un periodo específico; esto es, define la cantidad de producción requerida para cumplir con la demanda de todos los clientes y es la base para calcular los requerimientos (producción, personal, inventario, etc.) para todos los artículos finales en su periodo determinado. También sirve como aporte al plan de requerimiento de materiales, que calcula los requerimientos de componentes y subensambles. Por ello, la aplicación eficaz del MPS ayuda a evitar la escasez de componentes, la agilización costosa, la programación de último minuto y la distribución ineficiente de recursos. Además proporciona información vital respecto a la disponibilidad de producción, que puede ayudar a las organizaciones a usar la capacidad de forma más efectiva al manejar los cambios en la demanda del cliente o aceptar pedidos adicionales para completar y entregar en los periodos específicos.

La **planificación de requerimientos de materiales (MRP)** es un plan de materiales de corto plazo que convierte la información sobre artículos finales en el MPS en una serie de requerimientos de partes y componentes en periodos determinados; se enfoca en programar y colocar pedidos para los artículos de demanda dependiente a fin de que estén disponibles en las cantidades exactas en la fecha en que se fabricará el artículo de demanda independiente. El tiempo empleado para ordenar y recibir estos artículos de demanda dependiente debe también incluirse en el proceso de MRP. Los artículos de demanda dependiente son componentes de bienes terminados, como materias primas, componentes y sub-ensambles, cuya cantidad de inventario necesario depende del nivel de producción del producto final. Por ejemplo, en una planta que fabrica motocicletas, los artículos de demanda dependiente de inventario incluyen aluminio, neumáticos, asientos y componentes del sistema de escape.

Para que la MRP brinde conocimiento efectivo de planeación, se necesitan los siguientes tres tipos de información:

1. Información de demanda independiente: la demanda definida por el MPS para el componente o producto final.

2. Relación de componente-matriz: la lista estructurada de materiales (BOM) de todas las partes componentes y juegos de piezas que integran el producto final, incluyendo el factor de planificación y la información del tiempo de entrega. La BOM proporciona de forma efectiva la "receta" para las cantidades de componentes y la secuencia de ensamblaje para fabricar el producto final.

3. Estado del inventario del producto final y todos los componentes: información respecto a los requerimientos netos de inventario (requerimientos brutos menos inventario disponible). Se colocan pedidos de componentes necesarios para garantizar que se liberen a tiempo para crear componentes de mayor nivel tal como se programó.

El objetivo de todas estas herramientas de planificación de materiales, en especial la MRP es proporcionar información útil para los responsables de la toma de decisiones relacionadas con las operaciones. La información sólida relacionada con las recepciones programadas, los inventarios disponibles, los requerimientos netos y la liberación de pedidos planificada es necesaria para la ejecución eficaz de las operaciones de ensamblaje y el cumplimiento puntual de los pedidos del cliente. Recuerde que comprender la capacidad es la otra pieza en el rompecabezas de producción; necesita tanto producción efectiva como planificación de capacidad para usar con éxito las estrategias de producción de una organización. De otro modo, será difícil cumplir los plazos límite del cliente con productos de calidad que estén fabricados de la mejor manera posible y con el costo más eficiente.

Decisiones de ejecución de producción

Los resultados de la planificación y la estrategia de producción, junto con las características del producto, influyen en los métodos de ejecución que se usan para las operaciones diarias. La selección eficaz de los procesos de ensamblaje puede ayudar a una organización a administrar la variabilidad de la demanda. Los productos con patrones consistentes de demanda requieren métodos de manufactura distintos de los relacionados con los productos cuya demanda se ve afectada por la estacionalidad, los ciclos breves de vida y los artículos de los competidores. Las organizaciones también deben establecer diseños de instalaciones y flujos de producción que sean compatibles con el volumen de demanda y los requerimientos de manufactura. Y las organizaciones deben usar el embalaje adecuado para manejar y transportar de manera segura los bienes producidos. En esta sección se analizarán estos tres temas que influyen en el desempeño diario de la producción.

Procesos de ensamblaje

En una sección previa de este capítulo se mencionaron los productos que se fabrican ya sea de acuerdo con la planificación o a la demanda. Se fabrican de acuerdo con varios tipos de procesos: de **producción para almacén** (**MTS**; *make-to-stock*) o **producción bajo pedido** (**MTO**; *make-to-order*). La MTO puede segmentarse en tres tipos: **ensamblaje bajo pedido** (**ATO**; *assemble-to-order*)**, construcción bajo pedido** (**BTO**; *build-to-order*) y **diseño bajo pedido** (**ETO**; *engineer-to-order*). Cada proceso es apropiado para ciertos tipos de productos; la selección se hace con base en el estado actual del ambiente comercial, la necesidad de que la cadena de suministro maneje la variación de demanda y el nivel de estandarización y complejidad de producción del artículo.

El proceso de producción para almacén es el método tradicional en el que los productos finales se fabrican antes de recibir el pedido de un cliente. En estos procesos de producción en serie, los pedidos de los clientes se cubren con los inventarios de bienes terminados y las órdenes de producción se usan para reabastecer los inventarios de bienes terminados. Por lo general esto facilita la programación de producción, respalda la manufactura de costo efectivo con economías de escala y permite al fabricante completar los pedidos con el inventario de bienes terminados de manera rápida. El pronóstico exacto y el control de inventario son asuntos vitales en el proceso MTS, y el almacenaje de los productos finales es la norma.

En este enfoque de producción por adelantado, la planificación de la producción depende de la información histórica de la demanda en combinación con la de los pronósticos de ventas. Este método es adecuado para los artículos de alto volumen donde la demanda es predecible o se requiere producción anticipada a la demanda estacional. El proceso MTS es ideal para la manufactura de proceso continuo y funciona bien para los productos finales basados en materias primas, como sustancias químicas, farmacéuticas y productos de papel.

El ensamblaje de productos con el proceso ATO comienza después de recibir el pedido del cliente. El producto ATO terminado en general es una combinación de componentes comunes y un número limitado de opciones o accesorios disponibles para el cliente. Los componentes individuales se almacenan antes de la demanda, pero los productos terminados no se ensamblan hasta que los clientes colocan pedidos para los productos que desean.

El proceso ATO es útil en situaciones de manufactura repetitiva en las que un gran número de productos finales (basados en la selección de opciones y accesorios) pueden ensamblarse a partir de componentes comunes. Los automóviles y las computadoras personales son ejemplos de los productos ATO que permiten una opción limitada del cliente. Como explica el siguiente artículo "En la línea", el proceso ATO puede aplicarse incluso a la producción de barras de chocolate. Sus beneficios clave en comparación con los del proceso MTS incluyen menor inventario de bienes terminados, mayor capacidad para adaptarse a la demanda cambiante, pronósticos encauzados hacia los componentes más que hacia los productos terminados y niveles más altos de compromiso del cliente.

El enfoque de construcción bajo pedido también retrasa el ensamblaje hasta que se recibe un pedido confirmado. El producto terminado es una combinación de componentes estándar y personalizados que cumplen con las necesidades únicas de un cliente específico. Difiere del proceso ATO en el nivel más alto de personalización y el nivel más bajo de volumen de producción. El proceso BTO se considera una buena opción para los productos que requieren algunas configuraciones personalizadas, como un avión privado que es un modelo estándar pero el cliente especifica las características y el diseño interior. También es eficaz para las situaciones en las que el mantenimiento de inventarios de bienes terminados antes de la demanda es muy costoso.

Uno de los beneficios principales del enfoque BTO es su capacidad para manejar la variedad y cumplir con las especificaciones del cliente. Como el proceso ATO, el BTO requiere un inventario mínimo o nulo de productos terminados, lo que significa que los costos de transportación y las tasas de obsolescencia son bajos. Por otro lado, las fluctuaciones en la demanda pueden provocar cambios extremos en el uso de la capacidad de manufactura del BTO, los costos de preparación pueden ser altos y los tiempos de producción son relativamente largos debido a que los pedidos no se completan con rapidez a partir de inventario

En la línea

Crear su propia barra de chocolate

¿Alguna vez se le ha antojado un delicioso chocolate que sencillamente no encuentra en las tiendas? Además de ir a la cocina y probar sus habilidades de repostería, esa creación personalizada sólo es un pensamiento que pasa por su mente, ¿correcto?

Gracias a tres emprendedores, la situación ha cambiado y ahora usted puede diseñar barras de chocolate sin hacer un desastre en su cocina. El equipo en Chocomize (es decir, *chocolate más customize* = chocolate personalizado) adaptó a las barras de chocolate el concepto de ensamblaje bajo pedido que Dell hizo famoso. La empresa ofrece tres opciones básicas de chocolate y más de 90 ingredientes que van desde nueces tradicionales hasta hierbas y especias exóticas. ¡Una barra base con cinco ingredientes puede configurarse en más de 15,000 millones de combinaciones únicas!

El proceso es tan fácil como 1-2-3:

- Elegir un sabor de chocolate para la base: amargo, blanco o con leche.

- Escoger hasta cinco ingredientes de la lista de 90 opciones: las categorías principales incluyen frutas, nueces y semillas, hierbas y especias, caramelo, decoraciones y otros (incluyendo tocino, carne seca y papas fritas).

- Colocar su pedido: poner su barra de chocolate personalizada en el carrito de compras, pagar con una tarjeta de crédito y esperar a que su creación de chocolate llegue.

El proceso de diseñar para entregar (*design to delivery*) toma cuatro días laborales o menos y su barra de chocolate llega hasta su puerta por medio del Servicio Postal de Estados Unidos. Las barras de chocolate tienen una gama de precios que empieza con 3.85 dólares y los precios de ingredientes varían desde 0.40 centavos para la sal de mar hasta 3.90 dólares por las hojuelas de oro de 24 quilates. Las cuotas de transportación de tasa fija se cargan a cada pedido.

"Nuestro concepto es que los clientes personalicen su chocolate en vez de comprar una combinación elaborada en serie que todo mundo obtiene y alguien más pensó", dice Eric Heinbockel, uno de los fundadores de la empresa, en un artículo de *Candy Industry* de mayo de 2010. "Escogimos este concepto porque pensamos que la personalización masiva es el futuro para muchas industrias, gracias al poder de compra por internet."

Fuentes: "Three Guys and a Chocolate Bar", *Candy Industry* (mayo de 2010): RC18; y "The Story Behind our candy Chocolate Bars", Chocomize.com. Recuperado el 2 de septiembre de 2010 del sitio: http://www.chocomize.com/personalized-chocolate-bar-story.

disponible.[26] El fabricante también enfrenta el reto de decidir cuánta capacidad debe reservar en cada periodo de producción para los artículos BTO y cuánto tiempo de producción debe destinarse a cada artículo.

La producción de diseño bajo pedido se enfoca en la creación de productos altamente personalizados para los clientes cuyas especificaciones incluyen un diseño único de ingeniería o características propias importantes. No hay dos productos iguales y cada pedido requiere cálculos detallados de costos y fijación personalizada de precios. Cada pedido del cliente resulta en una serie única de componentes, facturas de materiales y rutas que son complejas con periodos largos de producción. Los componentes y las materias primas pueden almacenarse pero no se ensamblan en el producto terminado hasta que se recibe el pedido de un cliente y se diseña el producto.

También conocido como *manufactura de proyecto*, las iniciativas exitosas del proceso ETO dependen de la colaboración efectiva entre todos los participantes de la cadena de suministro. Los clientes deben involucrarse a lo largo de todo el proceso de diseño y producción. El compromiso del proveedor también es un aspecto esencial de la producción ETO. Los materiales que requiere el fabricante pueden ser muy específicos o tal vez no se pidan con frecuencia. Trabajando en conjunto, los departamentos de diseño y compras así como los proveedores, es posible abreviar el tiempo que se dedica a conseguir estos insumos y mantener la producción de acuerdo con lo programado. Los productos ETO incluyen equipo de capital, maquinaria industrial y artículos complejos para las industrias del espacio aéreo y la defensa. La tabla 14.2 resume la función y los beneficios del proceso ETO en relación con las otras opciones MTO.

Algunas empresas dependen exclusivamente de los procesos MTO, mientras que otras sólo emplean el método MTS. Dada la extensa cantidad de productos, varios fabricantes toman un enfoque híbrido; algunos artículos se fabrican para inventario y otros conforme a los pedidos. La **diferenciación retardada** es una estrategia híbrida para fabricar una plataforma común de productos destinados al inventario. Se diferencian después al asignarles ciertas características específicas del cliente, una vez que se colocó el pedido. Por tanto, la manufactura se lleva a cabo en dos etapas: 1) una MTS, en la que se producen y almacenan una o más plataformas similares, y 2) una ATO, en la que se lleva a cabo la diferenciación del producto en respuesta los pedidos específicos de los clientes. Por ejemplo, Benneton tiene suéteres fabricados en un color neutral (etapa MTS) y espera a que se expresen las preferencias del cliente. Después, los suéteres se tiñen con colores específicos (etapa ATO).

La diferenciación retardada tiene muchos beneficios; el mantenimiento de inventarios de productos semiterminados reduce el tiempo del ciclo de pedido en comparación con la producción BTO o ETO. Ya que muchos productos finales diferentes tienen componenetes comunes, se necesitan niveles más bajos de inventarios de productos semiterminados. Ade-

Tabla 14.2	Comparación de opciones de producción bajo pedido (MTO)		
	ATO	**BTO**	**ETO**
Nivel de personalización	Limitado	Moderado	Total
Costo de productos terminados	Moderado	Alto	Muy alto
Velocidad en el cumplimiento de pedidos	Días a semanas	Semanas a meses	Mes a años
Complejidad del proceso de producción	Moderada	Alta	Extrema
Productos de ejemplo	Computadoras personales; automóviles	Servidores de computadoras; aviones privados	Estadio JumboTron; planta de energía nuclear

Fuente: Brian J. Gibson, Ph.D. Reproducido con autorización.

más, la inversión en inventarios de productos semiterminados es menor en comparación con la opción de mantener un inventario similar de productos terminados. También se obtiene un beneficio por tener más información de la demanda antes de comprometer los productos genéricos semiterminados para los artículos finales únicos. Otras de sus ventajas incluyen la modernización del segmento MTS del proceso de producción y la simplificación de la programación de la producción, la secuencia y la compra de materias primas. Sin embargo, implementar la diferenciación retardada trae consigo costos extra de materiales debido a la necesidad de componentes sobrantes o costosos.[27]

Diseño del proceso de producción

Uno de los conductores clave de cómo se llevarán a cabo las actividades de producción es el **diseño de la instalación**: la ubicación de maquinaria, áreas de almacenaje y otros recursos entre las cuatro paredes de una instalación de manufactura o ensamblaje. El diseño recibe la influencia de la estrategia de producción y el proceso de ensamblaje propios de la organización. Las características del producto (peso, fragilidad, tamaño) y las características de la demanda (volumen y variabilidad) también desempeñan una función en el diseño, así como los compromisos de servicio, los problemas de las combinaciones de producción y los costos de la instalación.

Un análisis exhaustivo de estos aspectos con frecuencia conducirá a una opción de diseño evidente e ideal. El objetivo de la selección de diseño del proceso es asegurar que las actividades de producción se lleven a cabo de la manera más eficiente y efectiva posible. Un diseño apropiado y exitoso logra lo siguiente:

- Reduce los "cuellos de botella" al mover a la gente o los materiales.
- Minimiza los costos de manejo de materiales.
- Reduce los riesgos para el personal.
- Utiliza con eficiencia la mano de obra.
- Incrementa la moral y facilita la supervisión.
- Utiliza de forma efectiva y eficiente el espacio disponible.
- Proporciona flexibilidad.
- Facilita la coordinación y la comunicación frontal.[28]

Los diseños del proceso de producción se ajustan a una gama de flujo de trabajo que se mueve desde los proyectos hasta los procesos continuos. Además, cuando se mueve del proyecto hacia el diseño de proceso continuo, se observan las siguientes características:

- Reducción de los requerimientos de habilidades de la mano de obra.

- Mejor conocimiento de los requerimientos de materiales.

- El uso de la alta capacidad se vuelve más importante para controlar los costos.

- Reducción de la flexibilidad del producto.

- Disminución de la capacidad para adaptarse con rapidez a las condiciones cambiantes del mercado.

Un **diseño del proyecto** es un diseño de ubicación fija donde el producto permanece por todo el tiempo que dure la producción; los materiales y la mano de obra se trasladan al sitio de producción. Por ejemplo, el ensamblaje de un crucero se realizaría en un muelle seco donde se completaría el proceso, desde la construcción del casco hasta la instalación del sistema de propulsión y de a bordo. Se diseñarían áreas en el sitio para apoyar las actividades como la instalación de los materiales, la construcción de subensamblajes, el acceso para el equipo especializado y un área de administración del proyecto. Se usan diseños similares para la construcción de carreteras, viviendas y otros proyectos importantes.

Un **centro de trabajo** es un diseño enfocado en el proceso que agrupa equipo o funciones similares. Los materiales se mueven de un departamento a otro para completar las actividades y las tareas que son semejantes. Por ejemplo, un fabricante de toallas puede tener diferentes departamentos enfocados en las operaciones individuales relacionadas con la producción textil, como hilado de estambre, tejido, teñidura, corte y costura. Este diseño ofrece flexibilidad ya que el equipo y el personal pueden usarse donde se necesite, se requiere menos inversión en equipo y los supervisores adquieren experiencia en sus funciones. Sus desventajas se relacionan con los costos de traslado y manejo de materiales, el tiempo de inactividad del trabajador entre las tareas y el costo de capacitar y desarrollar mano de obra sumamente hábil que pueda moverse entre varias áreas.

La **célula de manufactura** es otro diseño enfocado en el proceso que dedica áreas de producción a una variedad restringida de artículos cuyos requerimientos de procesamiento son similares. El establecimiento de una célula de manufactura incluye cuatro actividades: 1) identificar las familias de componentes con flujos similares; 2) agrupar la maquinaria en celdas basadas en familias de componentes; 3) acomodar las celdas de modo que el movimiento de materiales sea mínimo, y 4) ubicar las máquinas grandes compartidas en el punto de uso. Cuando se implementa en forma apropiada, la célula de manufactura proporciona mayor eficiencia de producción, reduce los desperdicios, disminuye los niveles de inventario y reduce los tiempos del ciclo de producción y de respuesta del cliente. Este diseño se usa mucho en las operaciones de fabricación y producción de teléfonos móviles, chips de computadora y subensambles automotrices.

Una **línea de ensamblaje** es un diseño enfocado en el producto en el cual se acomodan las máquinas y los trabajadores de acuerdo con la secuencia progresiva de operaciones necesaria para fabricar un producto. Se usa con frecuencia en la producción en serie de bienes; los pasos del ensamblaje se completan en estaciones de trabajo que están unidas por el equipo de manejo de materiales. Una línea de ensamblaje puede comenzar como muchas líneas diferentes, cada una dedicada a un componente distinto, que convergen entre sí, y cada vez se hacen menos hasta que queda sólo una para el producto final. La clave para el éxito es el control, coordinar la velocidad de la línea de ensamblaje con las habilidades de la mano de obra y la complejidad de los procesos que se realizan. Las líneas de ensamblaje son de costo eficiente, eliminan los flujos cruzados y las repeticiones, limitan la cantidad de trabajo en el proceso y agilizan el tiempo de producción. Este diseño es apropiado para los aparatos electrodomésticos, los automóviles y las consolas de videojuegos.

Las **instalaciones de proceso continuo** son similares a las líneas de ensamblaje, el producto fluye por una secuencia predeterminada de escalas; la diferencia principal es la naturaleza continua, más que discreta, del flujo. Se usan ampliamente en los productos estandarizados de alto volumen como sustancias químicas, productos de papel y concentrado de sodas. Estas instalaciones altamente automatizadas de capital intensivo necesitan operar casi sin escalas para obtener la máxima eficiencia. Este diseño también tiene retos; el equipo es grande y fijo por naturaleza, lo que limita la flexibilidad de los procesos continuos para cumplir con los requerimientos cambiantes. De igual modo, los inventarios de bienes terminados pueden tener un alto volumen ya que las compañías tal vez continúen operando la línea de producción durante los periodos de poca demanda.

Embalaje

Cuando el producto sale de la línea de ensamblaje, empieza el traspaso de las operaciones desde la producción hasta la logística. El embalaje desempeña funciones importantes en la transferencia sutil de los productos terminados de la planta a los centros de distribución y las ubicaciones de los clientes. Las cuestiones de diseño del embalaje pueden afectar la eficiencia de la mano de obra y la instalación; un embalaje bien diseñado facilita el manejo y la transportación de los productos, al mantener los costos de desembarque bajo control; cuando es apropiado protege la integridad y la calidad de los bienes recién producidos, y el que es personalizado puede ofrecer otro nivel de diferenciación que el cliente busca. Estos vínculos enfocados en el embalaje entre las operaciones de producción y logística, junto con los materiales que se usan, merecen un breve análisis.

El diseño del embalaje impacta la capacidad de una organización para usar el espacio y el equipo. El diseño debe promover el uso eficiente del espacio en la instalación de producción y los centros de distribución. La forma, fortaleza y materiales del embalaje afectan la capacidad total de volumen (espacio vertical horizontal) de las instalaciones. Por ello, es común usar cajas o contenedores cuadrados o rectangulares con la fortaleza adecuada para soportar los apilamientos. Las dimensiones físicas de los productos y el embalaje deben quedar entre las capacidades de equipo existente de manejo de materiales en la fábrica, los centros de distribución y las ubicaciones de los clientes; un diseño inapropiado del embalaje lleva al manejo manual costoso y potencialmente peligroso de los productos.

Una preocupación fundamental sobre el embalaje es que facilita el manejo y la transportación de materiales; la facilidad de manejo es muy importante para el gerente de producción, cuya mano de obra debe colocar los bienes en los empaques; también lo es para los gerentes de logística que necesitan que el producto se maneje rápido y sin desperdiciar esfuerzo. Los paquetes grandes, por ejemplo, pueden ser atractivos desde la perspectiva del área de producción, pero el tamaño y peso del contenido pueden causar problemas cuando el producto se mueve dentro y fuera del vehículo de transportación. De igual modo, el diseño del embalaje debe considerar la capacidad del vehículo y la plataforma, o resultará en la costosa "transportación de aire" en vez de producto, lo que elevará el costo de los bienes.

Otra preocupación básica es proteger los bienes. En la instalación de producción se necesita el embalaje adecuado para proteger los bienes mientras se mueven por la instalación. Los artículos que caen de las líneas transportadoras o los empaques que se golpean con un montacargas son sólo dos ejemplos de riesgos que deben tomarse en cuenta en el proceso de diseño. La protección es importante cuando los proveedores de servicio de logística transportan los productos; también se refiere a resguardar los productos de la contaminación por el contacto con otros bienes, el daño causado por el agua, los cambios de temperatura, los hurtos y los choques en el manejo y transporte. El embalaje debe soportar el peso de los productos apilados encima de él o incluso proporcionar la distribución de peso dentro del empaque para facilitar el manejo manual y automático de los materiales.

Ahora que el servicio al cliente desempeña un papel cada vez mayor en la cadena de suministro, las compañías necesitan integrar sus empaques con el equipo de manejo de materiales de los clientes. Un empaque especial que puede interconectarse con el equipo innovador de un cliente ayudará a que el producto se traslade con rapidez por la cadena de suministro, con lo que los costos se mantienen bajos, la disponibilidad del producto sólida y la satisfacción del cliente alta. En contraste, embalaje y equipo incompatibles tendrán como resultado la recepción y el almacenamiento ineficientes; también puede incrementar el potencial de daños en el producto. En estas situaciones, es posible que el valor del servicio al cliente se pierda.

El embalaje también desempeña una función clave al brindar información sobre el contenido; la información también es importante para el personal de producción y logística en sus responsabilidades diarias. Los empaques que se han identificado de manera apropiada y los contenedores reusables facilitan que el personal de producción ubique los bienes que se necesitan en el centro de trabajo o la línea de ensamblaje. Los bienes almacenados en un centro de distribución deben llevar consigo la identificación apropiada para que los recolectores de pedidos puedan ubicarlos con facilidad y de modo correcto para los pedidos del cliente. Los códigos de barras, las etiquetas de identificación por radiofrecuencia (RFID) y otras herramientas de identificación automática pueden adjuntarse o integrarse al embalaje para hacer más accesible la información del producto.

Alcanzar estos objetivos esenciales depende del hallazgo de los materiales adecuados para el embalaje exterior y la protección interior; es importante que sean económicos, resistentes y sostenibles. Los materiales durables como madera y metal, que son costosos y agregan peso excedente al producto, se reemplazan con otros más suaves, como cartón reciclado, bolsas de polietileno y materiales biodegradables de protección hechos con almidón de maíz y soya, en un esfuerzo por reducir los costos y desperdicios; por ejemplo, Dell incluso utiliza bambú.

El mantra de la sostenibilidad de reducir, reusar y reciclar no se pierde en otros fabricantes que adoptan estas nuevas tecnologías. De hecho, se proyecta que el mercado mundial de embalaje sostenible alcance 142,420 millones de dólares para 2015. Los conductores del crecimiento incluyen mayor cuidado de los riesgos ambientales relacionados con el desecho y el reciclaje de los desperdicios de embalaje, iniciativas del gobierno para minimizar las emisiones de gas invernadero y regulaciones rigurosas.[29] De acuerdo con la Sustainable Packaging Coalition, el embalaje sostenible cumple con varios criterios:

- Es benéfico, seguro y saludable para los individuos y comunidades a lo largo de su ciclo de vida.

- Cumple con los criterios del mercado para desempeño y costo.

- Se abastece, fabrica, transporta y recicla usando energía renovable.

- Optimiza el uso de materiales de origen renovables o reciclados.

- Se fabrica con tecnologías limpias de producción y mejores prácticas.

- Está hecho de materiales saludables en todos los escenarios probables del fin de la vida.

- Está físicamente diseñado para optimizar materiales y energía.

- Se recupera y utiliza eficazmente en los ciclos cerrados biológicos o industriales.[30]

Métricas de producción[31]

A lo largo de este capítulo se ha estudiado la evolución de las operaciones de producción, desde los procesos en serie y enfocados en las líneas de ensamblaje hasta los enfoques de manufactura esbeltos y flexibles. El problema es que muchas organizaciones siguen dando seguimiento al desempeño de la producción como si el objetivo fuera estrictamente fabricar productos para inventario con el costo más bajo posible de mano de obra. Esto ha llevado al uso de mediciones e indicadores clave de desempeño (KPI) que no respaldan las estrategias operativas y los objetivos de la organización ni los requerimientos del cliente. Por ello, es importante evitar tres errores cuando se establecen las métricas de producción:

- Usar KPI que sean demasiado cerrados: evitar las métricas que se enfoquen en eventos discretos como indicadores del éxito general del proceso; por ejemplo, el costo de mano de obra a veces se estudia con detalle y se usa como reemplazo para el costo total. Es sólo un componente del costo total y debe combinarse con otros datos para que sea significativo.

- Motivar resultados equivocados: eliminar las mediciones que promueven la actividad en vez de la producción necesaria. Manténgase alerta frente a las mediciones de contabilidad de costos estándar que llevan a buena eficiencia laboral directa, uso excesivo de la maquinaria y la producción continua. También pueden producir inventario innecesario y gastos generales elevados.

- Concentrarse en asuntos que no son prioridades: evite las metas de producción cerradas y de poca visión que están desconectadas de la estrategia general de la organización. Por ejemplo, el objetivo de reducir cada año los costos de manufactura quizá no sea realista para un ambiente de producción esbelto.

Entonces, ¿qué deben hacer los gerentes de operaciones para asegurarse de que miden los puntos correctos de la forma adecuada? Deben alinear las métricas de operaciones con los objetivos corporativos, liderar a la gente hacia los comportamientos y las metas que sean importantes para el éxito general de la organización. Deben mantener el programa de métricas lo más directo posible, limitando su número a un máximo de cinco o seis por equipo o función y concentrarse en los KPI que pueden compilarse y actualizarse con facilidad. También deben medir el desempeño de las actividades individuales como aportaciones esenciales para las metas de desempeño de la manufactura y cadena de suministro. La clave es seguir las "cinco métricas de oro" de la manufactura que influyen sobre los resultados finales de una organización: 1) costo total; 2) tiempo total del ciclo; 3) desempeño de entrega; 4) calidad, y 5) seguridad.

Costo total

La medición más significativa del **costo total** se basa en el efectivo. Todo el dinero que se gasta en la manufactura debe sumarse y el total compararse con el periodo previo, no con un presupuesto o plan flexible. Lo que importa es si el dinero total gastado en la manufactura (incluyendo ventas, gastos generales y administrativos) fue aproximadamente lo mismo que en el periodo anterior. La cifra del costo debe excluir las distribuciones arbitrarias y los gastos importantes de inversión de capital y ajustar los gastos para las cuentas por cobrar y pagaderas. Esto permite que el desempeño de la manufactura se evalúe como si el pago se hiciera en el momento que se entregan los materiales y servicios y el pago se recibiera tan pronto los bienes terminados se entregan a un cliente externo.

Tiempo total del ciclo

El **tiempo total del ciclo** es una medición de desempeño de manufactura que se calcula al estudiar los componentes importantes que se han comprado y determinar los días totales que se usó cada uno. Los días totales de uso son la suma de todos los días que pasaron estos componentes en la planta sin importar la forma, con excepción de los artículos a granel de bajo costo. Deben incluirse en la suma los componentes en su estado original, integrados en ensamblajes o subensamblajes, en estado modificado en el inventario de trabajo en proceso o integrados en un producto final.

La cifra de los días totales de uso se divide entre los envíos planeados por día para todos los productos que requieren ese componente. Por ejemplo, si hay 5,000 unidades de un componente en la planta en todas sus formas distintas y se integrarán en dos productos finales que, según se proyecta, se enviarán 100 de cada uno por día, el tiempo del ciclo para ese componente es de 5,000/200 = 25 días. El tiempo de ciclo total para la planta o para un flujo de valor individual dentro de la planta es el tiempo de ciclo del componente con el mayor tiempo de ciclo.

Desempeño de entrega

El **desempeño de entrega** es el porcentaje de pedidos del cliente enviados cuando éste lo solicitó; no debe modificarse para ajustarse a las políticas de la compañía o las promesas de transportación. Es sólo una métrica de la capacidad de la manufactura para cumplir con los requerimientos del cliente.

Calidad

La definición de **calidad** variará de acuerdo con la compañía, pero debe enfocarse en la calidad desde la perspectiva del cliente. Como resultado, las devoluciones o las reclamaciones de garantía son una buena base para este aspecto en vez de un resumen de las métricas internas de calidad (por ejemplo, tasas de defectos o índice de calidad [FPY; *first pass yield*]). Es importante notar que las métricas internas son importantes sólo en el grado en que ofrezcan información que la administración pueda usar para reducir los costos, mejorar el flujo y buscar los requerimientos de calidad del cliente.

Seguridad

Las métricas estándar de frecuencia de accidentes/incidentes, gravedad y costo son cuestiones importantes a las que hay que dar seguimiento, cuando el mejoramiento continuo (es decir, la reducción) es el objetivo. La frecuencia puede medirse con base en el número de accidentes y el número de accidentes registrables según la Occupational Safety and Health Administration (OSHA; Administración de Seguridad y Salud Ocupacional). La gravedad incluye el número de días laborales perdidos o de días pagados a los trabajadores por concepto de compensación. El impacto financiero puede evaluarse con base en el costo de las lesiones y en las lesiones como porcentaje de costo de manufactura.

La medición efectiva del desempeño es la brújula que guía a la administración hacia los resultados significativos en el nivel del proceso, que se unirán directamente a los objetivos de la compañía.[32] Los fabricantes de clase mundial rastrean continuamente los factores de desempeño de proceso que influyen sobre el éxito. Trabajan para mejorar con equilibrio las cinco métricas de oro de la producción mientras respaldan los KPI generales de la cadena de suministro (por ejemplo, el tiempo del ciclo de pedido para la entrega, el rendimiento total, los niveles de inventario, los gastos de operación y la satisfacción del cliente).

Tecnología de producción

Cuando las operaciones de producción se vuelven más y más complejas (digamos, al recibir insumos de una variedad más amplia de proveedores, producir bienes en lotes más pequeños y entregar una gama más amplia de bienes producidos) se necesita tecnología para que la instalación se mantenga operando en su mejor nivel de desempeño. Los sistemas de planificación de recursos empresariales y las tecnologías de la cadena de suministro que se han analizado en capítulos anteriores ayudan a mejorar la eficiencia operativa y respaldan la programación básica de la planta para la producción, el uso de materiales, los niveles de inventario y la

Tabla 14.3	Funcionalidad esencial de los MES
FUNCIÓN	**DESCRIPCIÓN**
Distribución de recursos y estado	Administra recursos incluyendo máquinas, herramientas, habilidades laborales, materiales, otro equipo y otras entidades como documentos que deben estar disponibles a fin de que comience el trabajo.
Operaciones/ programación detallada	Las secuencias funcionan con base en prioridades, características y recetas asociadas con unidades específicas de producción en una operación que, cuando se programa adecuadamente en la secuencia, minimiza la instalación.
Despachar unidades de producción	Administra el flujo de unidades de producción en forma de trabajos, pedidos, lotes y órdenes de trabajo. La información se presenta en la secuencia en que necesita hacerse el trabajo y cambia en tiempo real cuando se requiere.
Control de documentos	Controla registros/formularios que deben mantenerse con la unidad de producción, incluyendo instrucciones de trabajo, recetas, esquemas, procedimientos estándar de operación, notificaciones de cambio de diseño.
Recolección/adquisición de datos	Esta función ofrece una interconexión para obtener la producción dentro de la operación y los datos de parámetros que aparecen en los formularios y registros adjuntos a la unidad de producción.
Administración de la mano de obra	Rastrea personas al momento por medio de informes de tiempo y asistencia, asignaciones actuales, tipo de actividad (directa o indirecta)
Administración de calidad	Ofrece análisis en tiempo real de mediciones recopiladas de la manufactura para asegurar un control de calidad apropiado del producto, identificar problemas que requieren atención, y recomendar acciones correctivas.
Administración del proceso	Da seguimiento a la producción y corrige automáticamente o brinda apoyo de decisión a los operadores para corregir y mejorar las actividades en proceso
Administración de mantenimiento	Rastrea y dirige las actividades del personal de mantenimiento para mantener el equipo, programa mantenimiento periódico o preventivo, y responde a problemas inmediatos
Genealogía y rastreo de producto	Ofrece la visibilidad de dónde está el trabajo en todo momento y su disposición. La información del estado puede incluir quién trabaja en él, insumos usados, condiciones de producción y cualquier excepción relacionada con el producto.
Análisis de desempeño	Ofrece informes en tiempo real de los resultados de operaciones de manufactura. Rastrea el uso y la disponibilidad de recursos, tiempo del ciclo de unidad de producto, conformidad para programar, etc., en comparación con objetivos y desempeño previo.

Fuente: Manufacturing Execution Solutions Association International, *MES Functionalities & MRP to MES Data Flow Possibilities.* Recuperado el 25 de febrero de 2011 del sitio http://www.glbinc.com/MESMRP_Data_Flow.pdf.

entrega. Sin embargo, no vinculan de manera eficaz la fábrica con la cadena de suministro ni aseguran que las operaciones se administran de forma proactiva. Otras herramientas deben combinarse con estos sistemas para crear procesos flexibles y adaptables de producción que respondan en tiempo real a la dinámica cambiante del mercado.

Los fabricantes de todas las industrias comprenden la importancia de compartir información en tiempo real por medio de su red extendida de manufactura y su cadena de suministro. Mayores visibilidad y receptividad de manufactura pueden proporcionar ventajas competitivas importantes para cumplir más rápido la demanda del cliente mientras aumenta la rentabilidad y el valor del accionista.[33] Estas organizaciones usan **sistemas de ejecución de manufactura** (**MES**; *manufacturing execution systems*) para unir los sistemas ERP con aplicaciones de la cadena de suministro a fin de asegurar que las operaciones se administran en tiempo real. En términos más básicos, un sistema MES controla y administra los procesos de manufactura y proporciona información detallada y seriada sobre ellos a nivel granular.[34]

Los MES obtienen su nombre de su propósito inherente de brindar un control inteligente del proceso por medio de un sistema electrónico diseñado para llevar a cabo las instrucciones que controlan las operaciones de manufactura. Su objetivo es ofrecer un flujo continuo de instrucciones significativas y, más importante, que éstas se lleven a cabo de manera correcta y confiable. Un MES eficaz proporciona información de planeación de manufactura, respalda la ejecución diaria de las operaciones y brinda control del proceso de producción. La tabla 14.3 resalta las funciones principales del MES.

Así es como opera la funcionalidad en un ambiente colaborador de manufactura: el MES recibe un pedido del sistema ERP y después toma una decisión inteligente sobre dónde producir los pedidos. Esta decisión se basa en las capacidades de la instalación en cuanto a volumen y precio. Después, el MES publica las instrucciones sobre la mejor forma de fabricar el producto para las partes involucradas en el proceso de manufactura. Por último, los detalles del desempeño de la producción se rastrean por medio de KPI y paneles de información en tiempo real, lo que permite a los gerentes o al sistema reaccionar de manera oportuna ante los cambios y problemas.[35]

Aunque los MES han existido por años, el mercado para ellos crece. La AMR Research calcula que las ventas de MES son un mercado de 1,000 millones de dólares anuales y que aumentará 5 o 6% por año.[36] Los siguientes beneficios impulsan el crecimiento del MES: mejor visibilidad y rastreo, menos tiempo de producción y costos de manufactura, más tiempo productivo del equipo, menos residuos y desechos, niveles reducidos de inventario, menos problemas en los pedidos y análisis de costo más exactos.[37]

¿Cuál es el futuro de los MES? AMR Research identifica cinco capacidades que definirán la próxima generación:

- **Administración de calidad:** Los MES futuros crearán sus propias soluciones con la capacidad no sólo de detectar defectos, sino de realizar de origen análisis de por qué ocurrieron esos defectos.

- **Programación:** Las soluciones que combinen los MES con las capacidades de programación rápida serán capaces de responder con prontitud a los cambios en la demanda del cliente, las restricciones del proveedor y las limitaciones en la capacidad o calidad de manufactura.

- **Administración del ciclo de vida del proceso y el producto:** Los mejores MES unirán la investigación con el desarrollo y la ingeniería con la manufactura.

- **Costos basados en la actividad y velocidad de ingresos:** Estas soluciones permitirán al fabricante analizar la capacidad de manufactura, costos y contribución a los ingresos.

- **Inteligencia de operaciones:** Los MES del futuro serán capaces de tomar datos actuales del sistema y usarlos para recabar información, y crear modelos y funciones de simulación.[38]

RESUMEN

El concepto clave de este capítulo es el vínculo esencial y co-dependiente entre las operaciones de producción y la logística. Así como su corazón y las arterias necesitan trabajar en conjunto para llevar la sangre por el sistema circulatorio, la producción y la logística deben trabajar en conjunto para mover el producto por toda la cadena de suministro. Por su parte, los gerentes de producción deben coordinar la información de la demanda, los insumos y los recursos para transformarlos en bienes producidos (productos y materiales) que desean los clientes. Cuanto más rápidos y flexibles sean los procesos de transformación, la operación de producción podrá responder mejor a las condiciones cambiantes y las interrupciones; esto a su vez hace la cadena de suministro más dinámica y competitiva.

Algunos temas adicionales que se presentan en este capítulo incluyen:

- Las operaciones de producción están constituidas por todas las actividades y los procesos involucrados en el cambio de la composición de un bien o servicio, como la fabricación de componentes, el ensamblaje de productos y la ejecución de la solicitud de servicio, con el propósito de crear utilidad de forma.

- Deben establecerse numerosos puntos de equilibrio respecto a la producción: volumen contra variedad, receptividad o eficiencia; fabricación o subcontratación; y enfocarse en pocas en vez de muchas dimensiones competitivas.

- La competencia intensa, los clientes más demandantes y la presión implacable por lograr la eficiencia así como la adaptabilidad conducen los cambios significativos en muchos escenarios de la industria de la manufactura.

- Ha habido desarrollos y cambios importantes en la estrategia de producción; las organizaciones han avanzado desde los enfoques en serie guiados por los pronósticos hasta otros flexibles, esbeltos y adaptables conducidos por la demanda.

- La planificación de capacidad y de materiales se usan para equilibrar los insumos, la capacidad (recursos) y los bienes producidos para que pueda cumplirse la demanda del cliente sin generar desperdicios.

- La mayoría de los fabricantes usan una combinación de métodos de producción de creación a inventario y creación a orden para satisfacer la demanda de sus productos.

- En el método de producción bajo pedido, las empresas pueden aprovechar las opciones de ensamblaje bajo pedido, construcción bajo pedido o diseño bajo pedido, basadas en la complejidad y singularidad del producto.

- El diseño de la instalación incluye el orden de la maquinaria, las áreas de almacenaje y otros recursos entre las cuatro paredes de una instalación de manufactura o ensamblaje.

- El diseño de la instalación se define con base en las características del producto, la estrategia de producción y el proceso de ensamblaje que emplea la organización.

- El embalaje desempeña funciones importantes en la transferencia sutil, segura y económica de bienes terminados desde la planta hasta el centro de distribución y las ubicaciones de los clientes.

- La sostenibilidad es una consideración clave en la selección del embalaje, y las compañías recurren a materiales reciclables y reusables para el embalaje interior y exterior.

- Los KPI de producción deben ligarse a las metas y objetivos corporativos, los requerimientos del cliente y el desempeño general de la operación de producción.

- Los KPI esenciales de producción incluyen el costo total, el tiempo total del ciclo, el desempeño de entrega, la calidad y la seguridad.

- Las soluciones de software de los sistemas de ejecución de manufactura mejoran la capacidad de una organización para administrar las operaciones de producción y hacerlas más receptivas a los problemas, desafíos y condiciones cambiantes del mercado.

CUESTIONARIO DE REPASO

1. Analice la función de las operaciones de producción en la cadena de suministro. Ofrezca ejemplos del impacto que causan las operaciones de producción efectivas/inefectivas en el desempeño de la cadena de suministro.

2. Describa los retos más grandes que enfrentan los gerentes de producción en el ambiente actual.

3. Compare y contraste las estrategias de producción basadas en la oferta (de "empujar") con las basadas en la demanda (de "jalar"). ¿Cuáles son las capacidades, ventajas y desventajas principales de cada una?

4. El outsourcing o subcontratación es una estrategia popular de cadena de suministro. Discuta las razones a favor y en contra de que una organización subcontrate sus procesos de producción.

5. Describa las diferencias entre planificación de capacidad y planificación de materiales.

6. Discuta el concepto de diferenciación retardada y por qué se considera un enfoque híbrido para el ensamblaje de productos. ¿Qué tipos de productos pueden beneficiarse de la diferenciación retardada?

7. Usando el Business and Company Resource Center (http://academic.cengage.com/bcrc) y los sitios web de las compañías, compare los servicios de cadena de suministro y manufactura por contrato que ofrecen las siguientes organizaciones:

   a) Flextronics (http://www.flextronics.com) y Ditan Corporation (http://www.ditan.com)

   b) Accupac (http://www.accupac.com) y Jabil Circuit (http://www.jabil.com)

   c) ModusLink (http://www.moduslink.com) y Cott Corporation (http://www.cott.com)

8. Identifique y discuta el proceso de ensamblaje y diseño de instalación más apropiados para cada uno de los siguientes productos:

   a) Concentrado de Coca-Cola Zero

   b) Motocicleta Harley-Davidson

   c) Consola Xbox 360 de Microsoft

9. Describa las características de una buena métrica de producción y los tipos de KPI a los que las empresas deben dar seguimiento.

10. Usando el Business and Company Resource Center (http://academic.cengage.com/bcrc) y los motores de búsqueda, identifique a dos proveedores de soluciones MES. Describa las capacidades y el impacto en la cadena de suministro que prometen sus herramientas.

NOTAS

1. Donald J. Bowersox, David J. Closs y M. Bixby Cooper, *Supply Chain Logistics Management*, 3a. ed. (Boston, MA: McGraw-Hill, 2010), 91.

2. Sunil Chopra y Peter Meindl, *Supply Chain Management, Strategy, Planning*, and Operations, 4a. ed. (Upper Saddle River, NJ: Pearson Prentice Hall, 2010), 45.

3. Donald J. Bowersox, David J. Closs y M. Bixby Cooper, *Supply Chain Logistics Management*, 3a. ed. (Boston, MA: McGraw-Hill, 2010), 93-94.

4. "Business: The Machine that Ran Too Hot: Toyota's Overstretched Supply Chain", *The Economist* (27 de febrero de 2010): 74.

5. F. Robert Jacobs y Richard B. Chase, *Operations and Supply Management: The Core* (Boston, MA: McGraw-Hill Irwin, 2008), 11-14.

6. Mandyam Srinivasan, *Streamlined: 14 Principles for Building and Managing the Lean Supply Chain* (Mason, OH: Thomson South-Western, 2004), 101.

7. Kevin O'Mara y Debra Hofman, "The AMR Supply Chain Top 25 for 2010", *Gartner.com* (2 de junio de 2010). Recuperado el 2 de septiembre de 2010 del sitio http://www.gartner.com/DisplayDocument?ref=clientFriendlyUrl&id=1379613.

8. Bob Ferrari y Bob Parker, "Digging for Innovation", *Supply Chain Management Review* (noviembre de 2006), pp. 48-54.

9. David Simchi-Levi, Philip Kaminsky y Edith Simchi-Levi, *Designing and Managing the Supply Chain: Concepts, Strategies, and Case Studies*, 3a. ed. (Boston, MA: McGraw-Hill Irwin, 2008), 153-154.

10. Ibid, 188-189.

11. Kevin O'Brien, "Value-Chain Report- Next Generation Manufacturing", *IndustryWeek.com* (10 de septiembre de 2001). Recuperado el 2 de septiembre de 2010 del sitio http://www.industryweek.com/articles/value-chain_report_-_next_generation_manufacturing_2167.aspx.

12. Tullio Tolio, (Ed.), *Design of Flexible Production Systems: Methodologies and Tools* (Berlín, Alemania: Springer-Verlag, 2009), 1.

13. Kate Linebaugh, "Honda's Flexible Plants Provide Edge", *Wall Street Journal* (23 de septiembre de 2008), B1.

14. Felix S. Chan, "The Effects of Routing Flexibility on a Flexible Manufacturing System", *International Journal of Computer Integrated Manufacturing*, vol. 14, núm. 5 (2001).

15. *Manufacturing Strategy: An Adaptive Perspective* (Newton Square, PA: SAP AG, 2003). Recuperado el 2 de septiembre de 2010 del sitio http://www.sap.com/solutions/business-suite/scm/pdf/BWP_Mnf_Strategy.pdf.

16. O'Brien, "Value-Chain Report- Next Generation Manufacturing".

17. Paul Davidson, "Some Manufacturing Headed Back to USA", *USA Today* (6 de agosto de 2010).

18. *Manufacturing Strategy: An Adaptive Perspective*.

19. Stephanie Overby, "ABC: An Introduction to Outsourcing", *CIO.com* (2007). Recuperado el 2 de septiembre de 2010 de http://www.cio.com/article/40380/Outsourcing_Definition_and_Solutions.

20. Roberto Michel, "Adaptive Manufacturing Moves In", *Modern Materials Handling* (septiembre de 2006): 29-31.

21. *Manufacturing Strategy: An Adaptive Perspective*.

22. Andy Dé, "Adaptive Manufacturing", *SAP Info* (octubre de 2005): 30-32.

23. O'Brien, "Value-Chain Report- Next Generation Manufacturing".

24. Fred Hapgood, "Factories of the Future: Machines that 'See' Parts on Assembly Lines, 3-D Printers that Prototype Products in Hours- Let's Take a Look at Adaptive Manufacturing", *CIO* (enero 2007): 1.

25. Esta sección se adaptó de Joel D. Wisner, Keah-Choon Tan y G. Keong Leong, *Principles of Supply Chain Management: A Balanced Approach*, 2a. ed. (Mason, OH: Thomson South-Western, 2009), cap. 6.

26. MIT Center for Transportation and Logistics, "Solving Production Puzzles", *Supply Chain Frontiers* (julio de 2007). Recuperado el 3 de septiembre de 2010 del sitio http://ctl.mit.edu/library/solving_production_puzzles.

27. Saif Benjaafar, "Make-to-Order, Make-to-Stock, or Delay Product Differentiation? A Common Framework for Modeling and Analysis", *IIE Transactions* (junio de 2004), pp. 529-546.

28. Henry C. Co., "Facility Design and Layout". Recuperado el 3 de septiembre de 2010 del sitio www.csupomona.edu/~hco/POM/05FacilityDesignLayout.ppt.

29. "Global Sustainable Packaging Market to Reach Nearly $143B by 2015", *Environmental Leader* (12 de agosto de 2010). Recuperado el 5 de septiembre de 2010 del sitio http://www.environmentalleader.com/2010/08/12/global-sustainable-packaging-market-to-reach-nearly-142b-by-2015/.

30. Sustainable Packaging Coalition, *Definition of Sustainable Packaging Version 2.0* (octubre de 2009). Recuperado el 5 de septiembre de 2010 del sitio http://sustainablepackaging.org/uploads/Documents/Definition%20of%20Sustainable%20Packaging.pdf.

31. A menos que se indique lo contrario, la información de esta sección se adaptó de Bill Waddell, "Manufacturing's Five Golden Metrics", *Lean Directions: The e-Newsletter de Lean Manufacturing* (10 de octubre de 2006). Recuperado el 6 de septiembre de 2010 del sitio http://www.sme.org/cgi-bin/get-newsletter.pl?LEAN&20061010&2.

32. "Performance Measurement Metrics for Success". Recuperado el 5 de septiembre de 2010 del sitio http://www.rmdonovan.com/performance_measurement.htm.

33. Joe Bellini, "Extending Supply Chain Execution in Production to Improve Fulfillment", *Supply and Demand Chain Executive*. Recuperado el 6 de septiembre de 2010 del sitio http://www.sdcexec.com/online/article.jsp?id=8014.

34. Bob Trebilcock, "Managing Manufacturing with MES", *Modern Materials Handling* (septiembre de 2009), pp. 32-34.

35. Bob Trebilcock, "The Year of MES", *Modern Materials Handling: Warehouse Management Edition* (enero de 2005), pp. 72-74.

36. Bob Trebilcock, "Managing Manufacturing with MES".

37. David Blanchard, "Five Benefits of MES", *Industry Week* (1 de abril de 2009). Recuperado el 6 de septiembre de 2010 del sitio http://www.industryweek.com/articles/five_benefits_of_an_mes_18701.aspx.

38. Bob Trebilcock, "Next Generation MES", *Modern Materials Handling* (septiembre de 2009), p. 34.

CASO 14.1

Elvis Golf Ltd.

Elvis Golf Ltd. (EGL) fabrica una madera de golf modelo King 460cc, un clon de 79 dólares de un palo de golf mucho más caro de una marca reconocida. El palo King se fabrica en la pequeña instalación de la empresa en Memphis, Tennessee, y se envía a minoristas importantes de artículos deportivos. EGL siempre ha dependido de una estrategia de producción en serie para lograr economías de escala y alta productividad de la mano de obra; a esta estrategia se añade un proceso de ensamblaje de producción para almacén y los bienes se elaboran antes de la demanda.

La empresa ha experimentado una caída en las ventas en los últimos tres trimestres. En respuesta, EGL envió a su equipo de ventas a la World Golf Expo, una exposición importante en la industria del golf. El objetivo de este primer viaje a la Expo era que más personas vieran el King, obtener retroalimentación del minorista y generar pedidos. El equipo de ventas instaló un stand y tuvo mucha publicidad para distribuir.

El viaje no fue exitoso desde el punto de vista de los pedidos, pero el equipo de ventas obtuvo perspectivas valiosas de los asistentes a la Expo; en una reunión posterior al viaje, se compartió la siguiente información con la administración ejecutiva de EGL:

- Los minoristas apreciaban la novedad y el precio de nuestro producto, pero tener sólo un modelo disponible, el palo para diestros de un metro de largo, loft de 10 grados y mango de acero con empuñadura incómoda, limita el atractivo del mercado.

- Los competidores ofrecían en el evento palos semipersonalizados similares al King a un precio base de 119 dólares. Las opciones incluían palos para zurdos, uno de tres empuñaduras diferentes, mango de acero o grafito, y seis combinaciones de longitud y flexibilidad del mango.

- Algunos minoristas comentaron que las ventas explotarían si EGL ofreciera un paquete opcional: el King, una funda de cuero azul para los palos y una gorra de golf con la inscripción "Elvis" bordada en ella.

Tom Parker, el director ejecutivo de la empresa, estaba intrigado por el aspecto de la personalización; le gustaba el precio más elevado y creyó que los costos de los componentes de los insumos no serían más altos que el modelo actual del King. "Empecemos en seguida", dijo.

"Pero eso agregará gran complejidad a nuestra cadena de suministro y las operaciones de producción", respondió Pat Boone, vicepresidente de manufactura. Apuntó que la compañía ahora tendría que fabricar 72 modelos diferentes basados en todas las configuraciones posibles de cabezas del palo, tipos de mangos, opciones de longitud y flexibilidad del mango y empuñaduras. "Crear un pronóstico será una pesadilla y tendremos que mantener inventario de los productos terminados de cada modelo", añadió. "Y no me haga hablar de eso del paquete. Fundas de cuero azul, ¿cuán vulgar es eso?"

"Bueno, señor Boone, más le vale averiguarlo", respondió Parker. Siguió hablando sobre la necesidad de EGL de adoptar una estrategia de manufactura más moderna y ágil. "Necesitamos responder a nuestros clientes y ofrecer palos semi-personalizados me parece una buena idea", agregó. "Si eso es mucho pedir, entonces quizá necesite considerar la subcontratación de nuestra manufactura y convertirnos en una compañía de mercadotecnia de artículos deportivos como Nike".

"Quiero su plan de producción en mi escritorio en una semana", dijo Parker mientras salía de la reunión.

PREGUNTAS SOBRE EL CASO

1. En términos de estrategia de producción, ¿debe Boone quedarse con la producción en serie o intentar otra cosa? Explique.

2. ¿El proceso de ensamblaje de producción para almacén se ajusta bien al deseo de Parker de fabricar palos semipersonalizados? ¿Qué otras opciones de ensamblaje pueden considerar?

3. ¿Qué opina de la idea de Parker de subcontratar la manufactura del King?

4. Diseñe una propuesta breve para el plan de producción solicitado por Parker. Discuta su estrategia de producción, el proceso de ensamblaje, otras consideraciones y los beneficios y desventajas de su propuesta.

Fuente: Brian J. Gibson, Ph.D. Reproducido con autorización.

CASO 14.2

Team HDX

Harry Limmer, vicepresidente de manufactura para Point Electronics Corporation (PEC), está emocionado e inquieto; la empresa está a cuatro meses del evento más importante del año en la industria, el Consumer Electronics Show. En esta expo comercial, PEC presentará la línea más avanzada disponible de equipo de televisión de alta definición (HDTV; capacidades 3D, cristal microdelgado, formato de 1080z no entrelazado, sonido envolvente digital y más) a precios que promediarán 250 dólares menos que los modelos de sus competidores. La compañía ha apostado su futuro a este lanzamiento y se espera que la demanda suba hasta el cielo, si Limmer y su equipo pueden integrar unidades suficientes en la cadena de suministro para la fecha de lanzamiento.

Los monitores HDTV se ensamblarán en la instalación de PEC en Ciudad Juárez, México. Los componentes y subsistemas principales vienen de las siguientes ubicaciones:

- Sistema de recepción de señal: Circuits Unlimited ensambla los sintonizadores y amplificadores de alta tecnología necesarios para pasar las transmisiones digitales en su instalación de Rome, Nueva York.

- Sistema de sonido: la planta de PEC en El Paso, Texas, lo fabrica.

- Sistema de control de la televisión y control remoto: MicroSolutions de Seúl, Corea, ofrece el microprocesador interno que controla la sintonización, selección de programas y otras funciones clave.

- Sistema de suministro de energía: se usará Grupo PEC, la subsidiaria de PEC en la Ciudad de México.

- Panel de cristal: el cristal LCD microdelgado y de bajo costo lo manufactura Suny, una nueva empresa conjunta de dos compañías importantes de electrónicos con base en Yakarta, Indonesia.

Durante la llamada semanal de conferencia con miembros del Team HDX (proveedores, gerentes de instalaciones de PEC y el personal corporativo de Limmer), la mayoría de los informes de actualización de los proveedores fueron positivos. Sin embargo, ciertos puntos llamaron la atención de Limmer en el transcurso de la llamada.

Cliff Randall, director de operaciones en Ciudad Juárez, señaló que había llegado todo el equipo de producción y manejo de materiales y que la instalación estaba lista para adaptarse desde su configuración original para producir televisiones de tubo hasta el ensamblaje de HDTV. Sugirió que la nueva configuración siguiera con la instalación existente de la estación de trabajo para no capacitar de nuevo a los empleados. "Todavía fabricamos televisiones, no computadoras", apuntó Randall.

Brent Defee, analista de producción de Limmer, dio un informe de actualización sobre los márgenes esperados para la nueva línea de HDTV. "He estudiado nuestro costo laboral esperado por unidad para el ensamblaje de los nuevos productos y se compara de manera muy favorable con nuestra instalación de manufactura de televisión CRT en Bonham, Alemania", declaró Defee con confianza. "Esa antigua instalación contaba con una integración vertical, y fabricaba casi todos los componentes ahí".

Limmer estaba muy preocupado por la falta de aportaciones del integrante del equipo Suny. Cuando se le presionó sobre el tema de la producción del panel de cristal micro-delgado y las fechas de entrega, el representante de Suny dijo que todo iba de acuerdo con el plan. Minaba el hecho de que experimentaban una tasa de defecto de 15% para los nuevos paneles, en gran medida debido a los daños durante el manejo y transporte al almacén. "No se preocupe", añadió de inmediato el representante. "Producimos una variedad de paneles de cristal con base en pronósticos y sustituiremos los que sean necesarios de nuestro inventario existente para cumplir sus pedidos. El envío comenzará la próxima semana".

Después de concluir la llamada de conferencia, Limmer se puso cada vez más ansioso. No cree en el plan de Randall y no puede dejar de pensar que el enfoque de Defee está fuera de lugar. Lo más importante, Limmer está realmente preocupado por esos paneles de cristal y la falta de interés de parte del representante de Suny. Piensa tomar el próximo vuelo a Yakarta y recorrer la fábrica y el almacén para ver qué sucede.

PREGUNTAS SOBRE EL CASO

1. Analice la recomendación que hizo Randall respecto a la organización de la instalación. ¿Diría a Limmer que la siguiera o que eligiera otra forma de organización? ¿Por qué?

2. ¿Cuál es su opinión de la selección de Defee del KPI de costo laboral? ¿Está bien dirigido o mal encauzado?

3. ¿Debe Limmer tomar ese vuelo a Yakarta? Si hace ese viaje, ¿qué debe investigar en su recorrido?

4. Elabore un mapa del proceso señalando los flujos de productos para la cadena de suministro de HDTV y señale las áreas con problemas potenciales que pueden afectar el éxito de Team HDX.

Fuente: Brian J. Gibson, Ph.D. Reproducido con autorización.

Capítulo 15

SOSTENIBILIDAD DE LA CADENA DE SUMINISTRO

Objetivos de aprendizaje

Después de leer este capítulo, usted será capaz de:

- Apreciar la importancia de las cadenas de suministro sostenibles para la protección de la ecología del planeta.

- Entender cómo la administración eficaz de la cadena de suministro puede contribuir a la sostenibilidad.

- Analizar por qué es importante desde los puntos de vista económico y político administrar las cadenas de suministro de la manera más sostenible posible.

- Apreciar por qué la sostenibilidad y la responsabilidad social son lo "nuevo normal" para administrar las cadenas de suministro.

- Entender los marcos establecidos para las cadenas de suministro sostenibles.

- Analizar la importancia y los desafíos de los flujos de reversa en las cadenas de suministro.

- Entender por qué ha habido un incremento significativo en el número y volumen de los artículos que se mueven en los flujos de reversa y las cadenas de suministro.

- Explicar las ocho categorías principales de flujos de reversa y entender las tres fuerzas principales que guían las cadenas de suministro de reversa.

- Comprender las diferencias entre los sistemas logísticos de reversa y las cadenas de suministro de ciclo cerrado al igual que las corrientes de valor y las corrientes de desperdicio para la logística de reversa.

Perfil de la cadena de suministro

Trash to Treasure Foundation: una secuela

Chris Norton y Lloyd Huck se reunieron para discutir lo que habían logrado durante los cinco años anteriores y hacer planes para los siguientes cinco. Ambos estaban complacidos con el éxito de Trash to Treasure Foundation, pero reconocían que había algunos desafíos y problemas por resolver mientras miraban hacia el futuro. Se percataron de que había algunas oportunidades para crecer e incrementar el alcance de sus actividades, pero sería preciso hacer algunos cambios. Muchas organizaciones y el público en general estaban más conscientes de los desafíos ecológicos que enfrentaba el mundo y la necesidad de adaptar las cadenas de suministro para la devolución, la reutilización y el reciclaje. Chris y Lloyd tenían que capitalizar este aumento en la conciencia sin perder ímpetu.

ANTECEDENTES

Chris Norton y Lloyd Huck eran amigos en la universidad y se volvieron a encontrar en un aeropuerto. Chris estaba en el negocio de la consultoría y había desarrollado pericia para ayudar a las organizaciones a establecer sistemas de logística de reversa para la devolución de los productos. Explicó a Lloyd por qué había sentido pasión por esta área. Mientras Lloyd escuchaba a Chris recordó un artículo que había leído en el periódico de Knoxville sobre un problema creciente en la Universidad de Tennessee cuando los estudiantes dejaban sus dormitorios y departamentos: los estudiantes dejaban todo tipo de ropa, aparatos electrodomésticos pequeños, equipo deportivo, televisores, computadoras y componentes relacionados cuando se mudaban; su estado iba desde los que necesitaban reparación hasta los que se encontraban todavía en sus cajas originales sin abrir. La Universidad de Tennessee contrató personal temporal para sacarlos y luego se transportaban a un tiradero por una "cuota". A pesar de los denodados esfuerzos para mitigar este problema, la universidad informó que el volumen de artículos desechados crecía y los costos asociados aumentaban. La noticia del periódico mencionaba que este contratiempo también se presentaba en otros colegios y universidades.

Chris se interesó de inmediato en este informe porque vio una oportunidad de usar su experiencia y habilidad para resolver el problema. Lloyd se interesó debido a su experiencia de negocios con las operaciones de las tiendas de descuento. Percibió que había una oportunidad no sólo para cubrir el costo de sacar las cosas sino también de desarrollar un flujo de ingresos para becas estudiantiles. La "cereza en el pastel" fue la depuración de los artículos que irían al tiradero, lo que se denominaría "impacto verde". Ambos imaginaron que sería una oportunidad de ganar-ganar-ganar.

Decidieron visitar el campus de la Universidad de Tennessee al final del siguiente año escolar junto con otras universidades donde tenían contactos para medir la gravedad del problema y la oportunidad de primera mano. Durante su recorrido se entusiasmaron aún más. Su segunda y tercera visitas a Penn State y Auburn reforzaron su conclusión sobre la oportunidad; sin embargo, también reconocieron algunos desafíos. En la Universidad de Tennessee, donde la tarifa del tiradero era de alrededor de 42 dólares por tonelada y se transportaban hacia allí de 80 a 100 toneladas, el costo total después de sumar la mano de obra directa y los costos de transporte excedía los 15,000 dólares. Estimaron que el valor de reventa de los artículos, aun con descuentos considerables, alcanzaría de 65,000 a 70,000 dólares.

Convencieron al vicepresidente de asuntos comerciales de Penn State para que les permitiera organizar e implementar su programa "Trash to Treasure" con la cooperación de la universidad y los líderes estudiantiles. Recaudaron 60,000 dólares con la primera operación después de pagar casi 16,000 dólares en costos directos.

SITUACIÓN ACTUAL

Después de cinco años, el programa Trash to Treasure había iniciado en 12 universidades grandes y las contribuciones para las becas promediaban alrededor de 65,000 dólares por año en cada escuela, y el impacto ecológico podría ser mayor si los beneficios se midieron con exactitud. Sobra decir que los administradores y los estudiantes en las diversas instituciones académicas estaban entusiasmados si no es que extasiados con el éxito del esfuerzo.

Chris y Lloyd establecieron Trash to Treasure Foundation poco después de su primer programa por razones fiscales y de riesgo. Hasta entonces habían sido capaces de minimizar los costos generales al ofrecer en forma voluntaria sus servicios como funcionarios de la fundación. También redujeron sus costos directos al reclutar a estudiantes, docentes y personal administrativo como voluntarios durante el periodo de tres a cinco días en que se realizaron las ventas. Tanto Chris como Lloyd vieron que había oportunidades en muchos otros colegios y universidades en todo el país. Además, expandieron sus esfuerzos en Auburn, Penn State y la Universidad de Tennessee para incluir alojamientos estudiantiles fuera del campus al igual que fraternidades y hermandades femeninas.

DIRECCIONES FUTURAS

Tanto Chris como Lloyd sabían que estaban en un momento importante con la fundación. Como se sugirió antes, había oportunidades para la expansión hacia otras instituciones académicas, pero también era posible hacerlo en las ubicaciones actuales agregando otros tipos de alojamientos estudiantiles en nueve de las universidades actuales. Además, los prestamistas estudiantiles en Penn State les recomendaron investigar la posibilidad de implementar un programa similar en los comedores de las universidades actuales para reclamar las sobras de comida y destinarlas a las instituciones de beneficencia locales y también otro de elaboración de composta para los desechos y otros desperdicios de comida. Sin embargo, no habría ingresos para los flujos de reversa de alimentos como el que había para los programas Trash to Treasure. Esta recuperación de alimentos sería filantrópica por completo y necesitaría el esfuerzo continuo de los voluntarios. Es probable que también hubiera otras oportunidades, por ejemplo, limpiar la basura y recuperar los artículos utilizables en los eventos atléticos.

Además de las oportunidades anteriores, Chris y Lloyd enfrentaban el reto de encontrar suficiente tiempo aparte de sus trabajos "diurnos" para manejar las operaciones actuales. Habían elaborado un anteproyecto de modelo operativo que distribuyeron en forma gratuita a las universidades interesadas; éste permitiría a cada institución trabajar en forma independiente. Sin embargo, se dieron cuenta de que eran capaces de mejorar la eficiencia e incrementar la efectividad en las instituciones actuales por sus esfuerzos de coordinación y la colaboración y el reparto entre las universidades. Se sintieron obligados a considerar a algunos empleados de tiempo completo.

Conforme lea este capítulo y reflexione sobre los capítulos previos, piense en las posibilidades para la expansión de Trash to Treasure Foundation y los desafíos de su organización. Es una oportunidad interesante y práctica con muchas opciones.

Fuente: John J. Coyle, DBA. Reproducido con autorización.

Introducción

El interés en la sostenibilidad y las llamadas cadenas de suministro verdes se ha incrementado desde la publicación de la edición anterior de este texto. En consecuencia, el eje de este capítulo ha ampliado su enfoque en los flujos de reversa en una cadena de suministro para incluir también una visión más general de la sostenibilidad. Los sistemas logísticos y de cadena de suministros de reversa y de ciclo cerrado son parte importante de dicha sostenibilidad, pero hay otros aspectos de la operación y el funcionamiento de las cadenas de suministro que causan un impacto en la ecología y el ambiente y deberían considerarse.

Sería posible cuestionar por qué ha aumentado el interés en la sostenibilidad entre las compañías orientadas hacia las ganancias. Hubo un tiempo en que cualquier discusión sobre la sostenibilidad o las cadenas de suministro verdes podía vincularse con el incremento en los costos y la pérdida de eficiencia. Aunque quizás haya gastos adicionales o inversión adicional, se encuentran muchas oportunidades para ser "verde" y reducir el costo. Esto es cierto, en especial si se adopta una perspectiva más amplia en lugar de sólo reciclar y desechar; por ejemplo, hace varios años, Procter & Gamble (P&G) y Walmart decidieron reducir el tamaño de las botellas de plástico que se usaban para envasar el detergente líquido con lo que disminuía el contenido de agua para hacerlo más concentrado. Al principio hubo resistencia de los clientes debido a que parecía que se cobraba el mismo precio por menos producto. Sin embargo, P&G los convenció de que lograrían los mismos resultados con casi 50% menos de detergente. Una vez que los clientes aceptaron este concepto, el impacto fue drástico; los costos de transportación se redujeron debido al menor peso y volumen, es decir, mejoró el peso específico, lo que generaba tarifas menores (véase el capítulo 10). Los costos de empaque y almacenamiento disminuyeron con el tamaño más pequeño del recipiente. La productividad de la tienda aumentó gracias al espacio menor de anaquel que se requería y la mayor facilidad de manejo. Otro ejemplo es Supervalu, un gran empresa minorista y mayorista de abarrotes, y Wegmans, una cadena regional de abarrotes; ahorraron miles de dólares cada año al agregar más artículos en cada bolsa o incluso no usar una bolsa en algunos casos. Ésta fue una estrategia sencilla de ahorro de costos con un impacto positivo en la sostenibilidad.

Además del fundamento económico para la sostenibilidad que se ha ilustrado con estos ejemplos, hay una sensación creciente de urgencia entre las organizaciones privadas y públicas, al igual que entre los consumidores, por la necesidad de emprender acciones para funcionar de una manera sostenible y así proteger la ecología y el ambiente. En este momento es apropiado establecer un marco para exponer y evaluar a las cadenas de suministro sostenibles.[1]

Marco de la sostenibilidad en la cadena de suministro

Como se sugirió antes, las cadenas de suministro de las organizaciones enfrentan una miríada de desafíos para operar con eficiencia que también sea consistente con el objetivo de aumentar la sostenibilidad; éstos varían desde el cambio climático global hasta la disminución de los recursos de materias primas y la pérdida de hábitat y especies. Cada vez se reconoce más la necesidad o el mandato universal de efectuar acciones ambientales entre científicos, consumidores, negocios, organizaciones sin fines de lucro y dependencias gubernamentales.[2]

Desde una perspectiva de negocios y cadena de suministro, las prácticas de sostenibilidad por lo general se fundamentan en la creencia de que los sistemas industriales deben estar en armonía con la naturaleza para no agotar los recursos más allá de su tasa de reemplazo o regeneración, colocando el énfasis en la reducción de las prácticas de desperdicio; en otras palabras, la elaboración de procedimientos para la cadena de suministro que satisfagan la demanda en los mercados globales crecientes y al mismo tiempo promuevan los efectos ecológicos positivos a lo largo de toda la cadena. De ahí que se requiera una administración de la cadena de suministro sostenible y verde. La tabla 15.1 presenta definiciones y marcos de varios autores para la administración de las cadenas de suministro sostenibles.

Las definiciones y marcos que se presentan en la tabla 15.1 ilustran diversos elementos de producto y proceso en una cadena de suministro donde la sostenibilidad es el centro. Además transmite algunos aspectos funcionales de las cadenas de suministro como adquisición, operaciones, transportación y distribución. La diversidad de las opiniones de los autores hace evidente la complejidad de la administración de la cadena de suministro sostenible, lo que conduce a las empresas u organizaciones individuales a desarrollar versiones personalizadas combinando elementos de varios marcos. No obstante, los resultados son benéficos para la sociedad en general conforme se hace un intento por diseñar un marco de sostenibilidad y prácticas relacionadas.[3]

Tabla 15.1	Definiciones y marcos para la administración de las cadenas de suministro sostenibles
AUTOR(ES)	**DEFINICIONES Y MARCOS**
Hervani, Helms y Sarkis (2005)	Administración de la cadena de suministro verde (GSCM; *green supply chain management*) = compra verde + manufactura/administración de materiales verde + distribución/mercadotecnia verde + logística de reversa. De éstas, la logística de reversa "cierra el ciclo" de una cadena de suministro hacia adelante típica e incluye la reutilización, la manufactura y el reciclaje de materiales en otros nuevos o que tienen valor en el mercado.
Kieindorfer, Singhal y Van Wassenhove (2005)	La sostenibilidad incluye la administración ambiental, las cadenas de suministro de ciclo cerrado y una perspectiva amplia sobre el balance triple (3BL) de las tres P que integran las ganancias (*profit*), las personas (*people*) y el planeta (*planet*) en la cultura, la estrategia y las operaciones de las empresas.
Linton, Klassan y Jayaraman (2007)	La sostenibilidad integra aspectos y flujos que se extienden más allá del núcleo de la administración de la cadena de suministro para incorporar el diseño del producto, la manufactura de los productos secundarios, los productos secundarios fabricados durante el uso del producto, la extensión de su ciclo de vida, el fin de la vida del producto y los procesos de recuperación al final de la vida del mismo.
Srivastava (2007)	La cadena de suministro verde es la integración del pensamiento ambiental a la administración de la cadena de suministro, incluyendo el diseño de producto, el abastecimiento y la selección del material, procesos de manufactura, entrega del producto final a los consumidores al igual que la administración del final de la vida del producto después de su vida útil.
Pagell y Wu (2009)	Para ser en verdad sostenible, en el peor de los casos una cadena de suministro no haría ningún daño neto a los sistemas naturales o sociales mientras produce una ganancia durante un periodo extenso; si los clientes quieren, continuaría haciendo negocios para siempre.
Sharma *et al.* (2010)	El marco del mercado sostenible se basa en dos objetivos importantes en la conservación de los ambientes, a saber: 1) reducir el excedente de suministro, es decir, que las empresas no manufacturen más unidades de las que se requieren (sobreproducción), lo que conduciría por tanto a niveles menores de producto de desecho (que debe reciclarse o remanufacturarse) y lograría un ambiente más sostenible, y 2) disminuir el suministro de reversa en el que las empresas necesitan desarrollar productos reparables al igual que estrategias de reciclado y remanufactura más completas.

Fuente: E.A. Thomchick y K. Ruamsook, documento de trabajo, marzo de 2010, Center for Supply Chain Research, Penn State University, pp. 4-5.

Sin embargo, sería útil considerar también las diversas iniciativas de la cadena de suministro en una base funcional amplia, por ejemplo, funciones de entrada, de producción u operaciones y de salida. Las de entrada comprenderían las estrategias de aprovisionamiento verde que abordan cuestiones como la reducción del desperdicio, el abastecimiento ambiental y la disminución del desperdicio de materiales peligrosos. El aprovisionamiento verde por lo general requiere la colaboración con los proveedores o vendedores.

Las funciones de producción u operaciones incluirían las metodologías de producción limpia y esbelta, el diseño para el ambiente, la administración del ambiente de calidad total y varias prácticas del final de la vida del producto que se vuelven cada vez más populares en las organizaciones conforme intentan con ímpetu lograr las metas de sostenibilidad. En el lado de salida de la cadena de suministro, las iniciativas incluyen la mercadotecnia y los empaques verdes, así como el almacenamiento y la transportación amigables con el ambiente. La función de transportación por lo general es una parte esencial de este esfuerzo en vista de

Tabla 15.2	Enfoques de sostenibilidad
Reutilización	La reutilización con frecuencia requiere desmontaje, que es un método sistemático para separar un producto en sus partes constituyentes, componentes, subensamblajes u otras partes. Las partes o componentes pueden reensamblarse para reutilizarse después de que se limpian, comprueban y reparan, o sólo los componentes individuales pueden reutilizarse.
Remanufactura	Remanufacturar significa en esencia que un producto o parte se devuelve al mercado como nuevo; refacciones automotrices, llantas y aparatos electrónicos con frecuencia son remanufacturados.
Reacondicionamiento	Reacondicionar por lo general significa proporcionar a los productos usados un buen funcionamiento, pero no como nuevo.
Reciclado	Reciclar por lo general se refiere al uso secundario de materiales. Incluye botellas de vidrio, latas, periódicos, material corrugado, llantas, entre otros. Por lo general, las dependencias gubernamentales municipales lo efectúan para los hogares individuales.

Fuente: Center for Supply Chain Research, Penn State University.

que puede causar una enorme huella de carbono. Las estrategias de transportación pueden incluir la selección del modo (por ejemplo, tren en lugar de camión), las fuentes de combustible, las rutas, la programación para reducir las cargas parciales y el regreso con cajas vacías, entre otras.[4] Estas estrategias relacionadas con la transportación han recibido una creciente atención por parte de las cadenas de restaurantes como Subway y McDonalds; son rentables y sanas desde el punto de vista ecológico.

En esta exposición general también deben mencionarse los sistemas logísticos de reversa y los sistemas logísticos o de cadena de suministro de ciclo cerrado. Tanto los de reversa como los de ciclo cerrado son estrategias importantes que tienen un efecto positivo en la sostenibilidad. Ambos se expondrán con detalle más adelante en este capítulo; en este punto, necesitan considerarse las llamadas R de la sostenibilidad: reutilización, remanufactura, reacondicionamiento y reciclado. La tabla 15.2 proporciona una breve descripción de cada una.

Es importante notar que en la actualidad también se diseñan estrategias de sostenibilidad desde una perspectiva relacionada con los negocios o económica en oposición a la de relaciones públicas del pasado. El ambiente competitivo global requiere un esfuerzo colaborativo de amplio espectro entre las organizaciones que se encuentran en una cadena de suministro junto con apoyo gubernamental. La sostenibilidad es una cuestión compleja que continuará siendo desafiante.

El reciclaje de desechos de consumo e industriales se ha extendido mucho y los materiales se reutilizan en diversas formas creativas. Con frecuencia el reciclaje resulta en la creación de un producto nuevo por completo, por ejemplo, las llantas de automóviles como tapetes para la entrada y recubrimiento de pisos. Aquí se analizarán de manera minuciosa los sistemas logísticos de reversa y de ciclo cerrado en virtud de que se han convertido en una parte importante de los esfuerzos de sostenibilidad de las organizaciones comerciales y gubernamentales.

Sistemas logísticos de reversa

En el capítulo 1 se ejemplificó una cadena de suministro básica o simple; su descripción indicaba que es preciso administrar cuatro flujos importantes: materiales, información, finanzas y demanda. Además, la figura mostraba que tres de estos flujos podían ser bidireccionales. Los materiales por lo común fluyen "hacia abajo" en una cadena de suministro desde las fuentes de materias primas hasta el consumidor final agregando valor al producto en el camino. Los **flujos de reversa** pueden moverse en sentido inverso a través de la cadena por diversas razones. En consecuencia, se usan varios términos, incluyendo *sistemas logísticos de reversa, sistemas de recuperación de producto, redes de devolución del producto, administración de devoluciones de la empresa* y otros, para indicar el crecimiento en el volumen y la importancia de las devoluciones y la necesidad de su administración eficiente y efectiva.

Para iniciar esta sección es importante hacer varias observaciones sobre los flujos de reversa. El flujo hacia adelante en la cadena de suministro por lo común ha recibido la mayor atención pues es muy importante en términos de servicio al cliente, ingresos y flujo de efectivo. La dirección hacia atrás con frecuencia se ha considerado un mal necesario o, en el mejor de los casos, un centro de costos que requiere escrutinio continuo para su control y reducción.

De manera tradicional, no se consideraba que los flujos de reversa agregaran valor para los clientes o ingresos para el fabricante o productor. En otras palabras, la devolución de los productos se veía como un "flujo de desperdicio", no como uno de valor potencial. Uno de los objetivos de este capítulo es examinar los flujos de productos de reversa como fuentes de valor potencial para una empresa o una organización. Debería señalarse que las ventas por internet han contribuido mucho al incremento en los flujos de reversa. ¿Por qué?

La segunda observación es que la información y las finanzas (efectivo) también son aspectos importantes de la logística de reversa y las cadenas de suministro de ciclo cerrado. Se estableció en el capítulo 1 y en otros que la información es poder; la información adecuada contribuye a la eficiencia y la efectividad debido a que facilita el flujo a través de la cadena de suministro y reduce la incertidumbre. Por desgracia, el poder de los sistemas de información y la tecnología no ha recibido suficiente énfasis en los flujos de devolución. El efectivo o valor de las devoluciones también necesita ser un enfoque para las organizaciones si quieren recibir todos los beneficios que derivan de la administración de los flujos de reversa. Esto requiere más gestión proactiva para obtener dichos beneficios; algunos ejemplos de enfoques más proactivos ya se han comentado en este capítulo.

Una tercera observación es que las cadenas de suministro globales presentan desafíos y oportunidades para los flujos de reversa. Algunos países europeos han sido muy proactivos al aprobar las llamadas **leyes verdes,** sobre todo por razones ambientales, lo cual significa que las empresas que hacen negocios en esos países deben estar al corriente de estas regulaciones y políticas. Las leyes verdes por lo general requieren flujos de reversa, por ejemplo, cuando se devuelven materiales de empaque. Algunos países poco desarrollados son muy indulgentes en estas áreas, lo que plantea cuestiones éticas para las empresas que hacen negocios en ellos. Las diferencias entre países y la complejidad de las cadenas de suministro globales demandan una evaluación crítica y un análisis de los problemas asociados con los flujos de reversa globales.

En la siguiente sección se estudiará la importancia y magnitud de los flujos de reversa de los productos; seguidas por las definiciones y clasificaciones de los flujos de reversa. Por último, se proporcionará una visión general del fundamento y la administración apropiada de los flujos de reversa.

Importancia y magnitud de los flujos de reversa

Algunos individuos consideran los flujos de reversa para la logística y las cadenas de suministro como un suceso relativamente nuevo; en realidad han sido parte de ellas por muchos años. Las empresas de bienes de consumo y de transportación siempre han manejado productos dañados que con frecuencia deben devolverse en algún nivel. Por ejemplo, muchos almacenes tenían una sección independiente para re-empacar las cajas que sólo se habían dañado en parte. Las empresas de transportación se relacionan con clientes que no aceptan productos dañados y aceptan la responsabilidad por el valor de los mismos. Para compensar sus ingresos perdidos, por lo general intentan vender esos productos a fin de salvar a los operadores para la reventa final.

De manera histórica, los embotelladores de bebidas rellenaban las botellas vacías por las que se había pagado un depósito en el nivel del cliente. Las botellas vacías eran devueltas desde el nivel minorista hasta el embotellador. Se han reparado y reciclado motores para las aerolíneas y otras operaciones con equipos grandes; estas reparaciones requirieron el flujo de reversa hasta una ubicación centralizada donde el mantenimiento se lleva a cabo.

Podrían ofrecerse muchos ejemplos adicionales de la reutilización, el reciclaje y otros aspectos para presentar el argumento de que los flujos de reversa han sido parte de las operaciones de negocios de algunas empresas por muchos años. El incremento reciente en la atención en ellos se atribuye al incremento significativo en su volumen.

De acuerdo con algunos expertos, un gran porcentaje de lo que se vende puede ser devuelto. Nadie tiene una medida exacta y dicho porcentaje varía entre las industrias, pero se estima que el porcentaje de devoluciones va desde uno bajo de casi 3% hasta otro sorprendente de 50% en algunos sectores.[5] AMR Research estima que los minoristas estadounidenses pierden de 3 a 5% de sus ventas brutas en devoluciones y que esto representa aproximadamente 4.5% del costo de logística.[6] En la industria de la electrónica para el consumidor, la tasa de devolución promedio se estima en 8.5% y en la de la ropa en 19.4%. Algunos datos adicionales sobre las devoluciones por sector indican lo siguiente: ventas minoristas por catálogo, 30%; bienes duraderos (televisores, refrigeradores, etc.), alrededor de 4%; industria de los libros, 10-20%, y música y entretenimiento, 10-20%.[7]

Como indican los resultados anteriores, las devoluciones son una cuestión significativa en algunas industrias y esta tendencia parece aumentar. La pregunta relevante hasta aquí es: ¿por qué aumentan los volúmenes de devoluciones? Varias razones parecen explicarlo.

En el nivel minorista (donde se origina la mayoría de ellas), las devoluciones por internet son casi el doble de las provenientes de las ventas de mostrador. Parece seguro concluir que conforme se incrementan las ventas por internet en relación con las tradicionales, el volumen de devoluciones aumenta. Otra razón son las políticas de servicio al cliente de algunos minoristas grandes, que hacen la aceptación de las devoluciones ridículamente fácil (por ejemplo, "sin hacer preguntas", "no se requiere nota de compra", "sin límites de tiempo", etc.). El problema regresa de nuevo al fabricante, quien tiene que aceptar la devolución y por lo general deducir de la factura el precio original. Como se indicó antes, los programas de reciclaje para el consumidor se han incrementado en muchas ciudades y pueblos para proteger los tiraderos. Además, la tasa elevada de obsolescencia de los productos tecnológicos ha contribuido al crecimiento en los flujos de reversa.

Con el propósito de mayor discusión y análisis, se presentan las siguientes ocho categorías de flujos de reversa:

1. Productos que no funcionan o que no se desean, dañados o defectuosos pero que pueden ser reparados o remanufacturados y revendidos

2. Productos que son antiguos, obsoletos o se encuentran cerca de su fecha de caducidad pero que todavía tienen algún valor para su recuperación o reventa

3. Productos que los minoristas no vendieron, que en general se conocen como excedentes de existencias y tienen valor de reventa

4. Productos que son retirados por seguridad o debido a un defecto en su calidad, que pueden ser reparados o recuperados

5. Productos que necesitan reparación "conectar y reemplazar" antes de ponerse de nuevo en servicio

6. Productos que pueden reciclarse, como tarimas, contenedores y cartuchos de impresoras de inyección de tinta

7. Productos o partes que pueden remanufacturarse y revenderse

8. Chatarra de metal que puede recuperarse y usarse como una materia prima para su manufactura posterior

Dadas las razones previas de los flujos de reversa, es fácil entender por qué han aumentado en las cadenas de suministro, junto con los desafíos y oportunidades para las acciones sostenibles. Podrían listarse otros ejemplos o tipos de flujos de reversa, pero estos ejemplos deberían bastar para validar su importancia y magnitud. Las siguientes secciones proporcionan varias definiciones, ilustraciones y explicaciones de ellos.

En la línea

Staples muestra el valor de negocios de las iniciativas ambientales

Además de ayudar a la industria de energía a entregar sus productos renovables de manera más eficiente, los gerentes de la cadena de suministro pueden hacer una contribución vital para reducir el consumo de energía en sus propias operaciones. Aunque enfocarse en la reducción de energía por lo común es parte de un compromiso ambiental, es posible ganar algo de efectivo al mismo tiempo. Por ejemplo, Staples estableció en 2010 una meta para reducir su huella de carbono en Estados Unidos 7% por debajo de los niveles de 2001 en una base absoluta. En la travesía hacia esa meta, el minorista de 23,000 millones se ha percatado de que algunas iniciativas no sólo tienen beneficios ambientales sino que también mejoran los márgenes y mitigan los riesgos energéticos a futuro.

Los esfuerzos de conservación en los centros de distribución se hicieron las 24 horas del día, por medio de tragaluces para captar la luz solar durante el día y sensores de movimiento infrarrojos para encenderla sólo cuando se necesite por la noche. La instalación de motores de velocidad variable y sistemas de control inteligentes no sólo conserva energía sino que también reduce los costos de mantenimiento. Para manejar el consumo de HVAC, Staples agregó material reflejante en los techos con el objetivo de reducir el calentamiento dentro del edificio y disminuir las temperaturas del aire en los acondicionadores del techo. Los esfuerzos de conservación han reducido el consumo operativo de electricidad en 15% por pie cuadrado desde 2001.

Staples también está usando los techos de sus centros de distribución para captar de manera intensa la energía solar. Por medio de acuerdos de compra a largo plazo con Sun Edison, la empresa ya ha instalado 27 proyectos que representan 4.5 MW de energía y planea más del doble de éstos. Staples ahora produce la energía más costosa en el sitio con costos muy por debajo del precio del mercado de la red durante las horas pico. Además, cualquier exceso de energía puede venderse de vuelta a la red a su precio máximo. La generación en el sitio también ofrece una compensación a largo plazo contra los costos de la red eléctrica que en muchos mercados son guiados por los precios del gas natural y podrían incluir potencialmente costos significativos para construir una capacidad de transmisión futura.

En sus tiendas minoristas, Staples trabaja con un proveedor tercerizado para administrar el consumo al ajustar ligeramente las cargas de iluminación y HVAC. Esto permite la participación en los mercados de respuesta a la demanda donde el operador de la red paga a Staples por su capacidad en horas de demanda pico. Los operadores de la red también han comenzado a crear mercados de eficiencia de energía que pagan a los clientes industriales o comerciales grandes por una reducción permanente en el uso de la electricidad; un flujo de ingresos potencial para capitalizar más los esfuerzos de conservación de los centros de distribución de Staples.

Aunque es una parte más pequeña de la huella de carbono de Staples, se ha ignorado la transportación. La instalación de reguladores de velocidad en sus camiones Isuzu ahorró a la compañía 540,000 galones de diesel, redujo el gasto operativo en dos millones de dólares y redujo las emisiones de CO_2 en 12 millones de libras. En el verano de 2009 Staples recibió sus primeros camiones eléctricos conectables de Smith Electric.

Fuente: Jarred Goentzel, "Delivering on the Promise of Green Energy", *Supply Chain Management Review*, enero-febrero de 2010, p. 16.

Sistemas logísticos de reversa *versus* ciclos cerrados

Como se indicó antes, se usan muchos términos para describir las actividades asociadas con la administración de flujos de reversa en una cadena de suministro. Dos de estos términos se usan con más frecuencia y para los propósitos de este texto se definen así:[8]

- **Logística de reversa:** El proceso de mover o transportar mercancías *desde* su destino final hacia adelante con el propósito de capturar valor o para su disposición apropiada.

- **Cadenas de suministro de ciclo cerrado:** Se diseñan y administran para considerar en forma explícita tanto las actividades de flujos hacia adelante como los de reversa.

Aunque estos dos términos en ocasiones se usan de manera intercambiable, tienen diferencias; la logística de reversa implica los procesos de enviar productos nuevos o usados "de regreso por el flujo" para repararlos, reutilizarlos, reacondicionarlos, revenderlos, reciclarlos, hacerlos chatarra o recuperarlos. Los artículos en un sistema logístico de reversa por lo general se devuelven a una ubicación central para su procesamiento, mismo que por lo común implica transportar, recibir, probar, inspeccionar y clasificar para una acción apropiada (por ejemplo, reparación, reacondicionamiento o reventa). La instalación y los procesos relacionados pueden provenir de una empresa proveedora de servicios logísticos tercerizados (3PL). Los flujos de reversa pueden hacerse independientemente del fabricante original, es decir, el sistema no se diseñó y administró para los flujos hacia adelante y de reversa.

La cadena de suministro de ciclo cerrado, por otra parte, está diseñada y administrada de manera explícita para ambos flujos; en ella el fabricante es proactivo en los procesos y el énfasis está en la reducción de costos y la captación de valor. La meta es que todo se reutilice o recicle (es decir, que no se desperdicie nada). Aquí se ofrecen varios ejemplos.

La figura 15.1 muestra una cadena de suministro de ciclo cerrado para la devolución de cartuchos; describe el programa que introdujo Xerox en 1991 y que expandió en 1998. Los

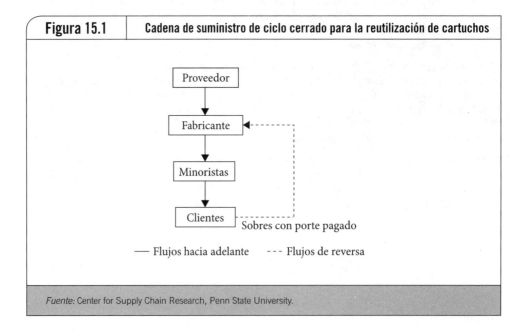

Figura 15.1	Cadena de suministro de ciclo cerrado para la reutilización de cartuchos

Fuente: Center for Supply Chain Research, Penn State University.

Figura 15.2	Cadena de suministro de ciclo cerrado para las cámaras desechables

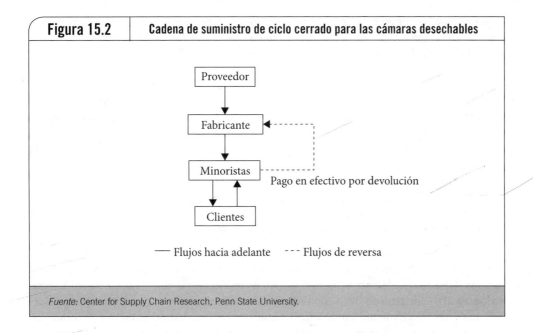

Fuente: Center for Supply Chain Research, Penn State University.

clientes pueden devolver los cartuchos en sobres con porte pagado; los cartuchos se limpian e inspeccionan antes de rellenarlos.[9] El sistema original para la renta de películas de Netflix era de ciclo cerrado, igual que el diseñado por RedBox.

La figura 15.2 describe una cadena de suministro de ciclo cerrado para las cámaras desechables. Kodak lo estableció así a principios de la década de 1990 para permitir el reciclaje y la reutilización de las piezas para sus cámaras desechables. El proceso empieza cuando el cliente devuelve la cámara al centro de revelado para procesar la película. El centro de acabado hace lotes con las cámaras para enviarlas a un centro de recolección, donde se clasifican para su envío a un subcontratista que las limpia, desarma e inspecciona para embarcarlas hacia una instalación de Kodak donde se recargan y se revenden. El producto final que contiene piezas remanufacturadas y material reciclado es indistinguible para los consumidores.[10]

Figura 15.3	Cadena de suministro de ciclo cerrado para renovar llantas

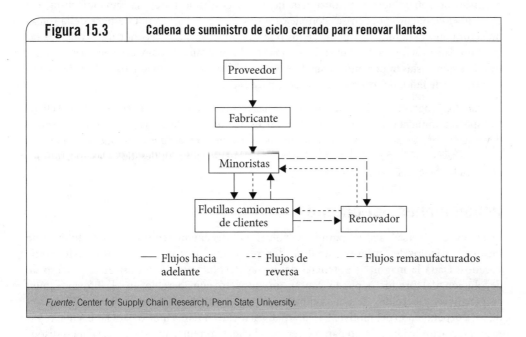

Fuente: Center for Supply Chain Research, Penn State University.

La cadena de suministro de ciclo cerrado para la renovación de llantas comerciales se describe en la figura 15.3. Con frecuencia, el gerente de una flotilla de camiones, en particular si ésta es grande, hará arreglos directos con un renovador de llantas. Después de recibir las cubiertas, el renovador por lo general repara las mismas cubiertas y devuelve la llanta renovada a la flotilla de camiones. Esto hace mucho más fácil la labor de equilibrar el suministro y la demanda. Para las operaciones con flotillas pequeñas, el gerente por lo general hará arreglos con un revendedor o distribuidor de llantas que recogerán las cubiertas para entregarlas al renovador y después las devolverá a la flotilla. Las cadenas de suministro también se han implementado para las llantas de los transportes de pasajeros; son más complejas debido a la necesidad de consolidar cubiertas de minoristas, garajes y agentes, que se venden en lotes al renovador. Éste entonces tiene que vender las llantas remanufacturadas, lo que puede presentar algunos desafíos. En consecuencia, el equilibrio de suministro y demanda no es tan fácil como con las llantas comerciales, y en ocasiones el renovador tiene problemas para mantener la rentabilidad en las llantas para los transportes de pasajeros.[11]

Los ejemplos de las cadenas de suministro de ciclo cerrado ilustran las características que se han descrito antes, a saber, que son diseñadas y administradas de manera explícita para los flujos hacia adelante y de reversa a fin de reducir los costos y captar valor. Aunque no logran 100% de retorno de los flujos hacia adelante, recapturan un porcentaje significativo. Las empresas obtienen un beneficio económico y social al no tener que desechar los artículos en tiraderos. Pueden encontrarse ejemplos más complejos de cadenas de suministro de ciclo cerrado. Xerox, por ejemplo, inició lo que llamó sistema sin desperdicio en 1991 para las fotocopiadoras que ha sido muy exitoso; implica flujos hacia adelante, de reversa y remanufacturados. En Europa Xerox tiene una cadena de suministro de ciclo cerrado que maneja copiadoras, impresoras y productos de oficina con una tasa de devolución de 65%. Los artículos de los flujos de reversa pueden ser reparados, remanufacturados o tener partes que se remanufacturan, todo con reventa al final. La cuarta opción en los flujos de reversa es reciclar y desechar cuando el producto no tiene valor.[12]

En contraste con las cadenas de suministro de ciclo cerrado, operar un proceso logístico de reversa con frecuencia es más desafiante, o es más difícil desarrollar un flujo de valor viable. Los artículos quizá tengan que recolectarse de ubicaciones lejanas desde el punto de vista geográfico y algunos tal vez se consideren peligrosos. Estos últimos podrían requerir manejo especial para su recolección y disposición. Con frecuencia, la prueba, clasificación, gradación e inspección son complejas y consumen tiempo. Del mismo modo, la remanufactura o el reacondicionamiento pueden ser complejos y desafiantes.[13] La reventa después de la remanufactura quizá sea difícil. A pesar de los retos, las empresas han reconocido el valor de las oportunidades de flujo si los flujos de reversa se administran con cuidado y en forma proactiva. Los minoristas importantes y sus proveedores se han vuelto proactivos en la elaboración de sistemas de flujos de reversa más eficaces para captar valor.

Para los programas de logística de reversa, las tres fuerzas principales son servicio al cliente, aspectos ambientales y beneficios económicos. Como se indicó, los procesos de reversa o devolución son considerables en algunas industrias. Entender las fuerzas importantes para los flujos de reversa es importante para obtener conocimiento sobre los desafíos y las oportunidades para la eficiencia y la efectividad.

Devoluciones del cliente

Puede haber diversas razones para las devoluciones del cliente (como se indicó antes), que incluyen artículos defectuosos o no deseados, problemas de garantía, retiros y envíos equivocados. Dada la magnitud potencial de dichas devoluciones, administrar el proceso de devolución del producto puede causar un impacto considerable en el informe anual de ganancias y pérdidas de una compañía. El canal interno para los flujos de devolución diferirá dependiendo del motivo. Las alternativas incluyen reinventario para la reventa, reparación o reacondicionamiento para regresarlo al cliente o reinventario para reventa o disposición.[14] Las industrias con porcentajes altos de devoluciones, como las revistas, los libros, las tarjetas de felicitación, los periódicos, las ventas por catálogo e internas, entre otras, requieren procesos internos como se indicó antes. La administración eficiente y efectiva de estos procesos puede tener un efecto positivo sobre el informe de ganancias y pérdidas. El manejo de los problemas de devoluciones de los clientes también puede obtener un beneficio del servicio al cliente cuando se manejan en forma rápida con la expedición oportuna de efectivo, crédito o reemplazo del producto (es decir, puede ofrecer una ventaja competitiva).[15] Los superminoristas (Walmart, Target, Best Buy, entre otros) han usado este enfoque como un elemento clave en sus políticas de servicio al cliente. Sin embargo, también ha contribuido al incremento en los flujos de reversa. Las compañías necesitan tener un enfoque equilibrado que dé cabida a las devoluciones legítimas pero desaliente las innecesarias. Muchos minoristas han regresado a un enfoque más conservador con las devoluciones de productos para reducir costos.

Desafíos ambientales

Las preocupaciones sobre el reciclaje y el ambiente con frecuencia se consideran al mismo tiempo debido a su asociación con las políticas regulatorias en el nivel local, estatal y federal. Las inquietudes sociales estimulan el desarrollo de productos más amigables con el ambiente, estándares nuevos y programas de reciclado proporcionados en forma pública. Es posible que algunas personas se sorprendan, pero las corporaciones desempeñan un papel activo en esta área como parte de su perspectiva ética y de responsabilidad social. De hecho, el término *balance triple* de las tres P (ganancia, personas y planeta; también conocidos como "los tres pilares") ha ganado popularidad con las corporaciones, los gobiernos y los grupos activistas en el siglo XXI. El balance triple integra las tres P en la cultura, la estrategia y las operaciones de las empresas y captura, por tanto, una gama amplia de valores y criterios para medir el éxito de las organizaciones que incluyen factores económicos, ecológicos y sociales.

En la línea   *Balance triple*

El término *balance triple* (3BL) se remonta hasta mediados de la década de 1990 cuando el grupo de expertos en administración de AccountAbility acuñó y usó el término en su trabajo. La idea detrás del paradigma 3BL es que el éxito o la salud finales de una corporación pueden y deberían medirse no sólo por el balance financiero tradicional sino también por su desempeño social, ético y ambiental. La denominación encontró difusión pública en 1997 con la publicación de la edición inglesa de *Cannibals with Forks: The Triple Bottom Line of 21st Century Business*, de John Elkington. De hecho, hay pocas referencias al término antes de esta fecha, y muchas (incluyendo a él mismo) afirman que Elkington lo acuñó. Para el inicio del milenio, se había propagado como el fuego. El motor de búsqueda por internet Google devuelve alrededor de 25,200 páginas web que lo mencionan. La frase *balance triple* también aparece en 67 artículos del *Financial Times* en el año 2001.

La aparente novedad del 3BL estriba en la opinión de sus partidarios de que el cumplimiento general de las obligaciones con las comunidades, empleados, clientes y proveedores (por nombrar sólo cuatro partes interesadas) debería medirse, calcularse, auditarse e informarse (del mismo modo en que lo ha sido el desempeño financiero de las empresas públicas por más de un siglo). Organizaciones como Global Reporting Initiative y AccountAbility han adoptado y promovido el concepto de 3BL para su uso en el mundo corporativo; y otras escuchan. Empresas tan importantes como AT&T, Dow Chemicals, Shell y British Telecom han usado terminología 3BL en sus comunicados de prensa, informes anuales y otros documentos. No sorprende que la mayoría de las grandes empresas de contabilidad usen ahora el concepto al aprobar y ofrecer servicios para ayudar a otras que desean medir, informar o auditar sus dos "balances" adicionales. Del mismo modo, ahora hay una porción considerable de la industria de inversiones dedicada a investigar el desempeño social y ambiental de las compañías, y muchas de ellas usan en forma explícita el lenguaje de 3BL. Gobiernos, dependencias gubernamentales y partidos políticos también aparecen en la creciente documentación de quienes abogan por los principios de 3BL o los aceptan.

Fuente: Norman, Wayne y MacDonald, Chris (2004), "Getting to the Bottom of 'Triple Bottom Line'", *Business Ethics Quarterly*, vol. 14, núm. 2, pp. 243-262.

Además del valor de relaciones públicas de tales políticas corporativas, alguna evidencia sugiere que cuando las corporaciones trabajan con sus proveedores para reducir el desperdicio y la contaminación y aumentar la "ecoeficiencia" general, también han mejorado la calidad del producto, reducido los tiempos de producción y aumentado la productividad.[16] La exposición de las cadenas de suministro de ciclo cerrado es el indicio de un enfoque más proactivo para que las empresas sean responsables en el aspecto ambiental y usen estas estrategias para mejorar su viabilidad financiera general.

Alimentado por el creciente sentido de urgencia en cuanto a la acción ambiental entre científicos, consumidores y la mayoría de los gobiernos del mundo, el concepto de cadena de suministro de ciclo cerrado ha ganado impulso en una escala global. Organizaciones internacionales como las Naciones Unidas y la Organización Internacional de Normalización (ISO) iniciaron marcos y herramientas para promover la integración del pensamiento ambiental en las prácticas de negocios. Por ejemplo, el Instituto de Estudios Avanzados de la Universidad de las Naciones Unidas lanzó la iniciativa de investigación de cero emisiones (ZERI; *zero emissions research initiative*) en 1994, que se llamó Foro de Cero Emisiones en 1999. La ZERI promovió el concepto de que todos los insumos industriales pueden ser convertidos por completo en un producto final y que los productos de desecho pueden transformarse en insumos de valor agregado para otra cadena de producción. Del mismo modo, ISO publicó primero el ISO 14001 en 1996, especificando los requerimientos operativos para un sistema de administración ambiental que guíe las actividades ambientales de las organizaciones en la mayor parte de las industrias.[17]

Valor económico

En los sistemas logísticos de reversa, al igual que en las cadenas de suministro de ciclo cerrado, los beneficios económicos se han convertido en un énfasis importante para los negocios e incluso para algunas organizaciones sin fines de lucro. El potencial para ver los flujos de reversa como un valor y no como un desperdicio se identificó en un estudio publicado hace más de 30 años[18] y que se ha ampliado más en un libro blanco publicado por el Consejo de Gestión de Logística.[19] Ambos estudios señalaban que los beneficios económicos pueden ser la principal motivación para el establecimiento de procesos de flujo de reversa explícitos no requeridos de otra manera por el servicio al cliente (devoluciones de productos) y los requerimientos gubernamentales. En otras palabras, el reciclaje para reutilizar y remanufacturar tiene el potencial de ser un escenario rentable y un flujo de valor. Esto es cierto en particular en las industrias que han experimentado un costo creciente de las materias primas, como la siderúrgica.

Sin embargo, hacer rentables los flujos de reversa es un desafío, igual que una oportunidad; administrar dichos flujos por un beneficio económico requiere una articulación cuidadosa de los procesos y un análisis detallado de los costos para determinar si los puntos de equilibrio de costo-beneficio son positivos. El error común que se comete es la suposición de que los procesos son los mismos que para los flujos hacia adelante y, por consiguiente, los costos son similares. Esta suposición conducirá a conclusiones falsas.

Lograr un flujo de valor para los flujos de reversa

El desafío que se mencionó en la sección anterior relacionado con asegurar que la administración proactiva de los flujos de reversa representa una oportunidad para aumentar las ganancias por medio de la reducción de costos o el aumento de los ingresos es una consideración tanto para las cadenas de suministro de ciclo cerrado como para los sistemas logísticos de reversa.

Desde una perspectiva de manufactura, parecería más costoso remanufacturar o reacondicionar los materiales obtenidos por medio de los sistemas de flujos de reversa que fabricar un producto nuevo a partir de materiales o componentes básicos. Con frecuencia, gran parte del costo adicional se asocia con el proceso de devoluciones. El tiempo y la distancia a menudo contribuyen principalmente al costo asociado con la captura de devoluciones y su valor residual.[20] De manera interesante, el gasto en transportación es el componente más grande del costo de los flujos de reversa y con frecuencia representa 25% o más del costo total.[21] Usar herramientas y tecnología para la administración de la transportación para mejorar y supervisar la red puede disminuir este costo cuando se programan mejor las recolecciones y entregas y la consolidación de cargas para lograr economías de escala.

Como se sugirió antes, uno de los desafíos más importantes es la estimación del costo total de los procesos del flujo de retorno. Las empresas por lo común han detallado los costos asociados con el flujo de la transportación hacia adelante y usan promedios históricos de los costos de tonelada por milla para estimar el presupuesto de costos para el futuro. Además, los costos de manejo asociados con las devoluciones pueden ser más altos debido a la clasificación, el empaque y los tamaños aleatorios que por lo común se asocian con esta actividad. Conforme las empresas obtienen experiencia, en general pueden reducir los costos de manejo.

Algunas empresas usan el costeo basado en actividades (ABC; *activity-based costing*) como una herramienta para definir los costos verdaderos asociados con los flujos de reversa. Esta cuantificación debe incluir todos los costos asociados con los procesos de devolución: mano de obra, transportación, almacenamiento y manejo de inventario, de materiales, empaque, costos transaccionales y documentales, y costos generales apropiados. A la inversa, el cálculo de los ahorros en costos reales asociados con los materiales de los flujos de reversa es importante para el análisis de los puntos de equilibrio a fin de determinar el valor económico agregado (o la ausencia de éste).[22]

Una vez que se ha completado la evaluación para el valor económico, es importante considerar las barreras que pueden impedir la implementación del programa de flujos de reversa. Éstas pueden ser internas o externas e incluir lo siguiente:[23]

- Prioridad relativa a otros asuntos y proyectos o programas potenciales en la organización
- Inatención o falta de "apoyo" de la gerencia de alto nivel en la organización
- Recursos financieros necesarios para las operaciones e infraestructura de activos
- Personal requerido para diseñar e implementar el programa de flujos de reversa
- Adecuación de material y sistemas de información para apoyar el programa de devoluciones
- Restricciones o regulaciones locales, estatales y federales

El desarrollo e implementación del proceso de flujos de reversa articulados y administrados requiere la consideración cuidadosa de la lista precedente de barreras internas y externas; algunas organizaciones tal vez encuentren barreras adicionales. Además, las cadenas de suministro globales quizá tengan algunas adicionales pero, aun si no las tienen, las que se han listado pueden ser más complejas en una base global. Las empresas que han implementado con éxito los programas de flujos de reversa tienen muy en cuenta esta lista de barreras potenciales antes de comenzar un programa.

Las cuestiones estratégicas y tácticas que se han identificado antes para hacer que un programa de flujos de reversa se convierta en un flujo de valor, y no en uno de desperdicio, han conducido a que algunas empresas piensen en recurrir a un proveedor de servicios logísticos tercerizados (3PL) una vez que el programa potencial se ha racionalizado y justificado desde el punto de vista económico. El crecimiento en número y complejidad de los 3PL en las últimas dos décadas ha hecho que sea una opción viable. De hecho, algunos 3PL se especializan en devoluciones y sistemas de reversa. Este tipo de subcontratación puede ser benéfica por muchas razones, como se explicó con detalle en el capítulo 11, pero alguna exposición de la alternativa 3PL es apropiada en este punto.

Como se indicó antes, los sistemas de reversa o de ciclo cerrado con frecuencia son muy diferentes de los de flujo hacia adelante. En vista de que la administración de los flujos de reversa quizá no sea la competencia central de una organización, podría ser una opción natural para la subcontratación. Obviamente, el valor económico agregado de utilizar un 3PL debe considerarse. (El capítulo 4 proporciona un marco para dicha evaluación.) Los 3PL proporcionan algunas ventajas especiales para las cadenas de suministro globales con tecnología de la información que brinde visibilidad del inventario. Esto es vital, en particular cuando se trata de productos sensibles al tiempo (como computadoras y periféricos relacionados, copiadoras, teléfonos celulares y otro equipo de comunicación personal) que tienen ciclos de vida breves y un riesgo alto de obsolescencia. El valor del tiempo para ellos es una consideración clave en el proceso de devoluciones; las demoras pueden ser muy costosas en el aspecto de la recaptura del valor de los activos de los productos.

Las **consideraciones del ciclo de vida total** (TLC; *total life cycle*) figuran de manera más prominente en los programas de administración de los flujos de reversa y la evaluación de los 3PL. Se estima, por ejemplo, que una impresora nueva pierde 20% de su valor mientras aguarda para su disposición.[24] La función de valor de tiempo de un producto es un aspecto importante en las decisiones de recuperación de activos. De hecho, sólo la reducción de las demoras en el proceso de flujos de reversa puede añadir un valor significativo.[25] Los productos sensibles al tiempo indican con claridad la importancia de los procesos logísticos para los programas de flujos de reversa, pero incluso para los productos con ciclos de vida más largos y con menos riesgo de obsolescencia, los procesos logísticos desempeñan una función clave en la eficiencia del programa de flujos de reversa y el potencial para reconvertir activos que permitirán agregar valor económico. Esto sucede en particular para los minoristas y una de las razones por las que algunos comerciantes masivos utilizan tanto los 3PL. Se señaló antes que las devoluciones de los clientes en el nivel minorista pueden alcanzar 50% en algunos casos; los procesos de logística de reversa, veloces y eficientes, son esenciales para maximizar el valor del flujo de devoluciones.[26]

Administración de los flujos de reversa en la cadena de suministro

La administración efectiva y eficiente de flujos de reversa en una cadena de suministro requiere la consideración cuidadosa de diversas actividades o problemas clave. Como se indicó antes, la administración proactiva de los flujos de reversa puede afectar la posición financiera de una empresa de forma bastante positiva. Por otra parte, tal vez suceda lo opuesto si los flujos de reversa se administran mal o sin cuidado. El Reverse Logistics Educational Council ha recomendado la consideración minuciosa de lo siguiente:

- **Evitar.** Fabricar productos de alta calidad y diseñar procesos para minimizar o eliminar las devoluciones

- **Registro de entradas.** Verificar y revisar la mercancía en el punto de entrada del proceso de los flujos de reversa para eliminar devoluciones innecesarias o minimizar su manejo

- **Reducir los tiempos del ciclo de reversa.** Analizar los procesos para permitir y facilitar la abreviación del tiempo para las devoluciones a fin de recapturar valor

- **Sistemas de información.** Elaborar sistemas de información eficaces para mejorar la visibilidad del producto, reducir la incertidumbre y maximizar las economías de escala

Tecnología de la cadena de suministro

Mejorar los flujos de reversa con tecnología

Una clave para la administración exitosa de devoluciones es un programa de recuperación de activos que reduzca las pérdidas o incluso genere ingresos. Genco, un proveedor de servicios logísticos tercerizados y especialista en devoluciones, dirige 94 instalaciones en Estados Unidos y Canadá con un espacio combinado de 26.3 millones de pies cuadrados. En estos centros de alta tecnología, con técnicos y examinadores para el procesamiento de las devoluciones (en lo que la empresa llama un proceso de inspección de valor), determinan los medios más rentables para la disposición de las mercancías. Después de decidir cuáles alimentos quedan bajo garantía o están cubiertos por otras reglas de negocios o provisiones contractuales entre el minorista y el fabricante, se elige un canal de disposición y las mercancías se envían por medio de cintas transportadoras hacia el área de montaje correcta. Muchos fabricantes ofrecen descuentos en la factura con base en las tasas asumidas de productos defectuosos en lugar de aceptar los productos devueltos. Tiene sentido para ambas partes, dado que la mayor parte de las mercancías se fabrican en el extranjero.

Para productos que no se han tirado o que se han devuelto al fabricante, Genco mantiene una red global de canales de liquidación que incluyen compradores de recuperados, socios de subastas en línea, intercambios de B2B (de negocio a negocio), ofertas de precio fijo y recuperación por categoría y por volumen. Hay tres tipos de compradores en el "mercado gris". El primer tipo, sitios de subastas en línea como eBay, dan cuenta de sólo alrededor de 10% de mercancías liquidadas debido a los altos costos de vender en línea. El segundo canal de mercado gris, que aprovecha alrededor de 20% de mercancías devueltas, está compuesto por los compradores que Chris Greve (un vicepresidente ejecutivo en Genco) clasificó como "revendedores de mamá y papá" quienes compran mercancías por tarima o camionada parcial y las revenden en mercadillos y otros canales. Dominando el mercado de liquidación están los compradores con abundante liquidez que pueden expedir cheques con valor de millones de dólares en el mismo momento por múltiples contenedores de bienes de consumo.

Los clientes de Genco incluyen un "quién es quién" virtual de fabricantes globales farmacéuticos, minoristas y de bienes de consumo y electrónica, y el proceso de inspección de valor reduce su reconciliación y sus costos administrativos; disminuye las devoluciones no autorizadas, los costos de carga y los operativos; y se adapta a las estrategias de cadena de suministro generales al mejorar la visibilidad.

"Ser capaz de disponer de los productos en forma correcta es la contribución más grande que una red logística de reversa puede hacer a una empresa."

En UPS Supply Chain Solutions, la cadena de suministro posventa se divide en dos vertientes: devoluciones del consumidor en las tiendas y minoristas en línea, y logística de partes de servicio. Ambas demandan tiempos de ciclo mucho más rápidos de los que acostumbran las empresas. En la actualidad, los consumidores esperan que las computadoras personales, los teléfonos celulares y otros dispositivos electrónicos sean reparados y devueltos en periodos cada vez menores; ya sea un servidor de red o una máquina fotocopiadora, las ventanas de entrega para partes de servicio y técnicos pueden ser tan breves como de una hora.

Fuente: David Biederman, *Traffic World, Inc.* (4 de septiembre de 2006): 1, Commonwealth Business Media.

- **Centros de devoluciones.** Construir y diseñar ubicaciones óptimas para los centros de devoluciones que faciliten el flujo de la red

- **Remanufactura o reacondicionamiento.** Preparar y reparar un producto para su reventa como se hace, por lo general, en las cadenas de suministro de ciclo cerrado para maximizar la recaptura de valor

- **Recuperación de activos.** Clasificar los artículos devueltos, excedentes, de chatarra u obsoletos y disponer de ellos para maximizar los retornos y minimizar el costo

- **Precio.** Negociar el mejor precio para los productos que se devuelven y revenden

- **Subcontratación.** Considerar una relación con una organización externa para manejar y administrar los flujos de reversa en los casos en que el personal, la infraestructura, la experiencia o el capital existentes quizá no sean adecuados para implementar un programa exitoso

- **Cero devoluciones.** Elaborar una política para excluir las devoluciones dándoles una asignación o "destruyendo" el producto en el campo

- **Administración financiera.** Elaborar lineamientos y procedimientos financieros para disponer en forma apropiada de los cargos contra las ventas y las cuestiones financieras relacionadas cuando los clientes devuelven los artículos

RESUMEN

- La sostenibilidad se ha convertido en un objetivo cada vez más importante para las organizaciones comerciales del sector privado en el siglo XXI.

- Inicialmente las organizaciones se enfocaron en la sostenibilidad debido a la presión política y pública y su reconocimiento de la importancia de su responsabilidad social.

- En años recientes ha habido un reconocimiento creciente de la oportunidad económica de reducir costos y mejorar las posiciones de ganancias.

- La sostenibilidad es una cuestión desafiante y compleja debido a la diversidad de opiniones sobre el tema, pero algunos profesionales de la cadena de suministro han encontrado útil considerar la sostenibilidad en una base funcional amplia: funciones internas, de producción y operación y externas o de distribución.

- La transportación con frecuencia es un aspecto vital del esfuerzo de sostenibilidad en vista de que tiene el potencial de dejar una enorme huella de carbono. Es posible aplicar varias estrategias de transportación rentables y sanas para mitigar este desafío.

- Las llamadas "R" de la sostenibilidad incluyen: reutilización, remanufactura, reacondicionamiento y reciclado. Las R son únicas pero pueden usarse en un programa integral en el cual se complementen entre sí.

- Las R pueden ser un componente importante de un programa de reciclaje para crear un flujo de valor para que la organización aumente la rentabilidad.

- Con frecuencia el reciclaje es parte de un sistema logístico de flujo de reversa o de ciclo cerrado, y la importancia de ambos ha aumentado conforme han crecido los volúmenes de flujo de reversa durante las últimas dos décadas.

- Las fuerzas principales que causan un impacto en el crecimiento de los volúmenes de flujo de reversa son las devoluciones de los clientes, las políticas ambientales y los beneficios económicos para las organizaciones.

- Cuando se diseña un programa de flujo de devoluciones eficiente y efectivo, es preciso considerar la variedad de las devoluciones y la elaboración de procedimientos y procesos para cada uno.

- Un análisis de los beneficios de un programa de flujos de reversa o de devoluciones depende del desarrollo de los costos verdaderos asociados con dicho programa y su comparación con una medida realista de los beneficios.

CUESTIONARIO DE REPASO

1. ¿Por qué la sostenibilidad es una cuestión compleja y desafiante para las organizaciones? ¿Cómo pueden simplificar estos desafíos desde la perspectiva de una cadena de suministro?

2. Compare y contraste las llamadas "R" de la sostenibilidad.

3. Distinga entre un flujo de valor y uno de desperdicio para los flujos de reversa; dé ejemplos de cada uno.

4. Las organizaciones comerciales por lo general perciben Los flujos de reversa como un costo necesario. ¿Por qué? ¿Ha cambiado esta actitud? ¿Por qué?

5. ¿Qué desafíos y oportunidades especiales presenta la globalización para los flujos de reversa? ¿Cuáles piensa que son el desafío y la oportunidad más grandes? ¿Por qué?

6. Algunas personas argumentan que los programas de flujos de reversa son un fenómeno relativamente nuevo, pero otras afirman que los programas de flujos de reversa han existido por muchos años. ¿Cuál es su posición sobre este asunto? ¿Por qué?

7. Explique las ocho categorías principales de los flujos de reversa y su importancia.

8. Compare y contraste los sistemas logísticos de reversa y las cadenas de suministro de ciclo cerrado y proporcione ejemplos de cada una. ¿Hay más oportunidades para los sistemas de ciclo cerrado?

9. Las devoluciones de los clientes, en particular en el nivel minorista, han aumentado en forma considerable. ¿Qué factores han contribuido a este aumento? ¿Qué recomendaciones implementaría para disminuir este volumen?

10. Evalúe el programa Trash to Treasure que se expuso al principio de este capítulo en términos de ventajas, desventajas y potencial a largo plazo para la expansión y viabilidad financiera. ¿Cuáles son sus recomendaciones para mejorarlo?

NOTAS

1. Evelyn A. Thomchick y Kusumal Ruamsook, "Frameworks and State of Environmentally Sustainable Supply Chain Management", Working Paper, marzo de 2010, Center for Supply Chain Research, Penn State University.

2. *Ibid.*, p. 2.

3. *Ibid.*, pp 3-5.

4. *Ibid.*, pp. 9-11.

5. Christopher D. Norek, "Returns Management: Throwing It into Reverse", *DC Velocity* (enero de 2003): 54-58.

6. *Ibid.*

7. Christopher D. Norek, "Returns Management: Making Order out of Chaos", *Supply Chain Management Review* (mayo/junio de 2002): 34–37.

8. Dale S. Rogers y Ronald S. Tibben-Lembke, *Going Backwards: Reverse Logistics Trends and Practices* (Reverse Logistics Executive Council, 1998): 2.

9. V. Daniel, R. Guide y Luk N. Van Wassenhove, *Business Aspects of Closed-Loop Supply Chains* (Pittsburgh, PA: Carnegie Mellon University Press, 2003): 17-27.

10. *Ibid.*

11. *Ibid.*

12. *Ibid.*

13. *Ibid.*

14. Rogers y Tibben-Lembke, *op. cit.*, p. 37.

15. *Ibid.*, p. 17.

16. Linda C. Angell y Robert D. Klassen, "Integrating Environmental Issues into the Mainstream", *Journal of Operations Management* (marzo de 2000): 64.

17. Peter M. Senge, Benyamin B. Lichtenstein, Katrin Kaufer, Hilar Bradbury y John S. Carroll, "Collaborating for Systematic Change", *MIT Sloan Management Review,* vol. 48, núm. 2 (2007): 44-53.

18. Joseph P. Guiltiman y Nonyelu G. Nwekoye, "Developing Distribution Channels and Systems in the Emerging Recycling Industries", *International Journal of Physical Distribution,* vol. 6, núm. 1 (1975): 28.

19. James R. Stock, *Reverse Logistics* (Oak Brook, IL: Council of Logistics Management, 1992): 1-27.

20. John A. Effelson, *The Development of Reverse Logistics Processes in a Global Business Environment*, M.S. Thesis (Pennsylvania State University, mayo de 1999): 14-16.

21. Stock, *op. cit*, p. 76.

22. Effelson, *op. cit.*, pp. 16-17.

23. Rogers y Tibben-Lembke, *op. cit.*, pp. 32-35.

24. Guide y Van Wassonhove, *op. cit.*

25. *Ibid.*

26. Rogers y Tibben-Lembke, *op. cit.*, p. 7.

CASO 15.1

Fitness Retreads, LLP: una secuela

Terry Edwards, Sandy Knight y Andy Reisinger, socios en Core Fitness, se habían reunido en la sala de conferencias de su club atlético en State College, Pennsylvania, para analizar su nueva operación, que se basa en las "R" de reciclar, reparar, reacondicionar, reutilizar y revender o convertir en chatarra. Andy Reisinger admitió que cuando iniciaron esta empresa como negocio complementario a su red de clubes de acondicionamiento físico y salud en el área central de Pennsylvania, era muy escéptico y pensaba que demeritaría su actividad de negocios primaria de proveer instalaciones y equipos de ejercicio exclusivos y programas relacionados para los adultos. Lo que comenzó como una mala idea de otro socio, Terry Edwards, mostraba un crecimiento promisorio y un flujo constante de ingresos nuevos.

Antecedentes

Core Fitness era una organización establecida con instalaciones de salud y acondicionamiento físico en cinco comunidades en el área central de Pennsylvania. El negocio creció en forma constante desde que se estableció en 1985 y ahora operaba siete clubes en estas cinco comunidades. Tenía tres en State College debido al tamaño de la comunidad estudiantil (45,000) inscrita en Penn State y la población de profesionales en el área circundante. En 2007, el negocio pareció estancarse en términos de membresías e ingresos; inició varios programas de ejercicio en grupo como campamentos de entrenamiento, karate y pilates, pero el crecimiento que los socios habían anticipado no ocurría.

Terry Edwards, el socio responsable de la adquisición y el mantenimiento del equipo, compró algún equipo usado de un club en bancarrota en el área de Pittsburgh, que había ahorrado a Core Fitness al menos 15,000 dólares después de pagar el precio de compra y los costos de reparación y reacondicionamiento del equipo para que quedara como nuevo. Terry decidió reparar el equipo que reemplazaban en lugar de tirarlo; tenía que comprar refacciones nuevas y hacer que el equipo fuera reparado, pero pudo venderlo a las personas para sus gimnasios caseros y obtener una buena ganancia. El éxito de estas dos actividades llevó a Terry a recomendar que Core Fitness empezara un nuevo negocio complementario de comprar equipo usado para reacondicionarlo, repararlo y revenderlo, ya fuera a las personas o a otros negocios.

Situación actual

Terry Edwards respondió a los comentarios de Andy Reisinger agradeciéndole y expresando aprecio por su apoyo al inicio de su nueva operación. Terry dijo que "Fitness Retreads" tuvo un crecimiento notable y constante en los ingresos durante los cinco años previos. Utilizó a sus dos mecánicos en jornadas de tiempo completo y agregó un tercer empleado de tiempo completo para satisfacer su demanda creciente durante los dos años anteriores.

Terry pensaba que había oportunidades adicionales que la empresa podía explotar. Por ejemplo, sus competidores y los clubes en otras áreas establecieron contacto con él para que les proporcionara el servicio de reparación para su equipo y quizá para comprarle equipo de reventa. Hasta ahora, la empresa sólo le había vendido a personas y negocios locales con instalaciones para empleados.

Sandy Knight, quien era responsable de los programas del club y de la mercadotecnia, informó que el negocio central experimentaba de nuevo un crecimiento en la membresía y en los ingresos; pensaba que los programas de acondicionamiento en grupo y otro patrocinado por la Health Maintenance Organization (HMO; Organización para el Mantenimiento de la Salud) para las personas jubiladas (Silver Sneakers) en la universidad tuvo un efecto positivo, pero también percibía que la nueva empresa les permitiría agregar equipo y mantener todo el que tenían en un estado excelente, lo cual era benéfico y daba a Core Fitness una ventaja competitiva en su área de mercado.

Terry agradeció sus cumplidos y agregó una advertencia importante, a saber, que necesitarían más espacio si expandían el negocio de Fitness Retreads. Andy, quien estuvo en silencio desde su comentario inicial, se unió de nuevo afirmando su apoyo para expandir Fitness Retreads y que habría otras oportunidades además de las ofrecidas por Terry. También declaró que había algunas opciones de bienes raíces excelentes en el área para comprar o arrendar; creía que deberían trasladar Fitness Retreads de una de sus instalaciones en State College a otra nueva y usar el espacio existente para colocar equipo o efectuar actividades para la expansión de la demanda de su negocio central.

PREGUNTAS SOBRE EL CASO

1. ¿Cuál es su evaluación de las diversas propuestas hechas por los socios de Core Fitness y Fitness Retreads? ¿Qué desafíos y problemas enfrentan? ¿Qué factores en el ambiente actual favorecen sus actividades propuestas?

2. ¿Qué otras sugerencias haría para expandir Fitness Retreads? ¿Por qué?

REFERENCIAS

Biehl, M., Edmund Praton y Matthew J. Realff, "Assuming Performance and Uncertainty in Developing Carpet Reverse Logistics Systems", *Computers and Operation Research*, vol. 34 (2007): 443-463.

Breen, Liz, "A Preliminary Analysis of Customer Compliances in Reverse Logistics Practices", *Management Research News*, vol. 29, núm. 9 (UK, 2006): 532–551.

Chan, H. K., "A Proactive and Collaborative Approach to Reverse Logistics—A Case Study", *Production Planning and Control*, vol. 18, núm. 4 (junio de 2007): 350-360.

Geeker, Rachel y M. W. Vigoroso, "Industry Best Practices in Reverse Logistics", *Aberdeen Group* (enero de 2007): 1-26.

Norek, Christopher, "Returns Management", *Supply Chain Management Review* (mayo/junio de 2002): 35-42.

Rogers, Dale S. y Ronald S. Tibben-Lembke, "An Overview of Reverse Logistics Practices", *Journal of Business Logistics*, vol. 22, núm. 2 (2001): 129-48.

Rogers, Dale S. y Ronald S. Tibben-Lembke, "Returns Management and Reverse Logistics for Competitive Advantage", *CSCMP Explores*, vol. 3 (invierno de 2006): 1-15.

Rogers, Dale S., Douglas M. Lambert, Keely Croxton y Sebastian Garcia-Dastugue, "The Returns Management Process", *International Journal of Logistics Management*, vol. 13, núm. 2 (2002): 1-18.

Savaskan, R. Canan y Luk N. Van Wassenhove, "Reverse Channel Design: The Case of Competing Retailers", *Management Science*, vol. 52, núm. 1 (enero de 2006): 1-14.

Srivastava, Samir K. y Rajiv K. Srivastava, "Managing Product Returns for Reverse Logistics", *International Journal of Physical Distribution and Logistics Management*, vol. 36, núm. 7 (2006): 524-546.

Tibben-Lembke, Ronald S., "Strategic Use of the Secondary Market for Retail Consumer Goods", *California Management Review*, vol. 45, núm. 2 (invierno de 2004): 90-104.

Fuente: John J. Coyle, DBA. Reproducido con autorización.

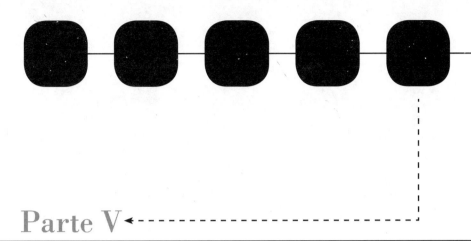

Parte V

Por muchas razones, es esencial para los ejecutivos de logística, cadena de suministro y corporativos pensar continuamente sobre cómo aumentar los ingresos y la rentabilidad. Con base en la información que se ha expuesto a lo largo de este texto, hay formas amplias para la administración efectiva de las actividades de logística y de la cadena de suministro para enfrentar los imperativos de la reducción de costos. Sin embargo, el valor real de la administración de la cadena de suministro (SCM) efectiva se mueve en la esfera estratégica del crecimiento del ingreso. Las compañías comprueban que la excelencia en la logística y la SCM, si se maneja y se dirige de manera apropiada, puede ayudar para que se incrementen los ingresos brutos al igual que el balance.

Este capítulo de conclusión trata en general del tema de la transformación de la cadena de suministro y cómo las empresas pueden movilizar sus esfuerzos para crear un valor máximo para sus organizaciones y las cadenas de suministro en las que operan. El **capítulo 16** se enfoca en varios tipos de estrategias importantes de la cadena de suministro: diferenciación, financiera, basada en tecnología, basada en las relaciones y global. Los enfoques calculados en cada una de estas áreas deberían magnificar los beneficios corporativos de las inversiones en logística y SCM. Por último, se expone la necesidad de la transformación de la cadena de suministro y algunos pasos para lograr este objetivo.

Capítulo 16

DESAFÍOS ESTRATÉGICOS Y CAMBIO PARA LAS CADENAS DE SUMINISTRO

Objetivos de aprendizaje

Después de leer este capítulo, usted será capaz de:

- Comprender los desafíos estratégicos actuales y futuros para las cadenas de suministro.

- Identificar los principios para el éxito de la cadena de suministro.

- Apreciar el punto de vista y las expectativas del director ejecutivo sobre la administración de la cadena de suministro.

- Comprender cómo la administración de la cadena de suministro puede ayudar a incrementar los ingresos así como a contener los costos.

- Apreciar varios tipos importantes de estrategias para la cadena de suministro: diferenciación, financieras, tecnológicas, basadas en relaciones y globales.

- Nombrar varios ejemplos de empresas que han desarrollado con éxito estrategias globales para la cadena de suministro que las ayudan a diferenciarse de la competencia.

- Describir la necesidad de transformar la cadena de suministro y algunos pasos que son importantes para lograr este objetivo.

Perfil de la cadena de suministro

Del grano a la taza: Cómo Starbucks transformó su cadena de suministro

Se necesita una cadena de suministro bien operada para asegurar que un barista (profesional especializado en el café de alta calidad) sirva una buena taza de café Starbucks. Eso es porque el viaje del grano a la taza es complicado. El café y otras mercancías deben abastecerse de alrededor del mundo y después entregarse con éxito a las 16,700 tiendas minoristas de Starbucks Corporation, que prestan servicio a casi 50 millones de clientes en 51 países cada semana.

En 2008, Starbucks no estaba segura de que su cadena de suministro cumpliera con ese objetivo. Una pista de que las cosas no iban bien era que los costos operativos de la empresa aumentaban aunque las ventas se enfriaban. Entre octubre de 2007 y octubre de 2008, por ejemplo, los gastos de la cadena de suministro en Estados Unidos aumentaron de 750 millones de dólares a más de 825 millones, a pesar de que las ventas en las tiendas que estuvieron abiertas al menos un año cayeron 10% durante ese periodo.

En parte, Starbucks fue víctima de su propio éxito; debido a que la compañía abría sucursales en todo el mundo a un paso acelerado, la organización de su cadena de suministro tenía que concentrarse en mantener el ritmo de acuerdo con esa expansión. Como resultado, los costos operativos de la cadena de suministro (los gastos de operación) aumentaban de manera abrupta.

OBJETIVOS DE LA CADENA DE SUMINISTRO DE STARBUCKS

Para transformar su cadena de suministro, el minorista de café estableció tres objetivos fundamentales: 1) reorganizar su cadena de suministro; 2) reducir el costo de su servicio a las tiendas y mejorar la ejecución, y 3) establecer la base para la futura capacidad de la cadena de suministro.

El primer paso del plan de transformación, reorganizar la cadena de suministro, empezó a finales de 2008. De acuerdo con Peter D. Gibbons, vicepresidente ejecutivo de las operaciones mundiales de su cadena de suministro, eso incluyó tomar una estructura compleja y simplificarla para que cada trabajo se clasificara en una de las cuatro funciones básicas de la cadena: 1) planificación; 2) origen; 3) creación, y 4) entrega. Por ejemplo, cualquier persona que interviniera en la planificación, ya fuera de producción, reabastecimiento o lanzamientos de nuevos productos, se colocaba en ese grupo. Las actividades de contratación se agrupaban en dos áreas: aprovisionamiento de café y de otros productos. (Starbucks gasta 600 millones de dólares en café cada año; las compras de otros artículos, como lácteos, alimentos horneados, muebles para las tiendas y de papel suman un total de 2,500 millones de dólares cada año.) Toda la manufactura, ya sea interna o de fabricantes por contrato, se asignó a la unidad funcional de "creación". Y por último, todo el personal que trabajaba en la transportación, la distribución y el servicio al cliente se asignó al grupo de "entrega".

Después de reorganizar las funciones de la cadena de suministro, los distintos departamentos volvieron su atención hacia el segundo objetivo de la transformación de la cadena de suministro: reducir los costos y mejorar las eficiencias. Como parte de ese esfuerzo, el grupo de contratación se enfocó en identificar los conductores de costo que elevaban los precios. "Tuvimos que entender los contratos que teníamos, los precios que pagábamos y los costos de transportación, y separamos los artículos de acuerdo con los ingredientes en vez de hacerlo sólo por el precio de compra", dice Gibbons. "Creamos algunos modelos de 'costo recomendado', incluyendo comparaciones de ingredientes y procesos, lo que mostró que podíamos negociar mejores precios".

Aunque Starbucks tiene un conjunto de métricas para evaluar el desempeño de la cadena de suministro, se enfoca en cuatro categorías de alto nivel para crear consistencia y equilibrio en todo el equipo mundial de cadena de suministro: 1) seguridad para evitar daños personales en las operaciones; 2) servicio que se mide con base en las entregas puntuales y las tasas de cumplimiento de pedidos; 3) costos totales de un extremo a otro de la cadena de suministro, y 4) ahorros de la empresa. La última categoría se refiere a los ahorros en costos que provienen de otras áreas distintas de la logística, como adquisición, mercadotecnia o investigación y desarrollo.

Para mantener ese impulso de mejorar las cosas y asegurar un flujo de talento a futuro en la organización, Starbucks comenzó de manera reciente el tercer paso del plan de transformación, que es reclutar a los mejores graduados de los programas de educación relacionados con la cadena de suministro y ofrecer capacitación continua a sus empleados actuales a fin de que amplíen su conocimiento y sus habilidades en este campo. "Queremos asegurarnos de que tenemos líderes de opinión (en la cadena de suministro de nuestra organización)", señala Gibbons. De hecho, Starbucks considera esta iniciativa tan importante que Gibbons ahora pasa 40 o 50% de su tiempo en detectar, contratar y retener talento para su cadena de suministro. La contratación de nuevos candidatos permitirá a Starbucks seguir enfocada en la misión de su cadena de suministro, que consiste en entregar productos con un alto nivel de servicio al costo más bajo posible a sus tiendas en Estados Unidos y de todo el mundo.

UN MUNDO, UN SISTEMA DE LOGÍSTICA

En general, la prioridad en la creación de un solo sistema mundial de logística era importante para Starbucks por su extensa cadena de suministro. La empresa lleva los granos de café de Latinoamérica, África y Asia a Estados Unidos y Europa en contenedores oceánicos. Desde el puerto de entrada, los granos verdes (sin tostar) se transportan a seis sitios de almacenamiento, ya sea a una planta de tostado o cerca de una. Después de que los granos se tostaron y empacaron, el producto terminado se traslada a los centros regionales de distribución, que en tamaño varían de 2 a 3 hectáreas. Starbucks opera cinco centros regionales de distribución en Estados Unidos; dos son de su propiedad y los otros tres son operados por empresas proveedoras de servicios logísticos tercerizados (3PL). También tiene dos centros de distribución en Europa y dos en Asia, dirigidos por proveedores 3PL. Sin embargo, el café es sólo uno de muchos productos que se mantienen en estos almacenes; también manejan otros artículos que las tiendas minoristas de Starbucks requieren, todo desde los muebles hasta la mezcla de capuchino.

El grupo de manufactura también diseñó un modelo más eficiente para entregar los granos de café a sus plantas de procesamiento con el propósito de manufacturar en la región donde el producto se vende. Starbucks ya es dueña de tres plantas de café en Estados Unidos, en Kent, Washington; Minden, Nevada; y York, Pennsylvania. En 2009, la empresa agregó una cuarta planta en Columbia, South Carolina. Los beneficios de ese enfoque se hicieron evidentes de inmediato: la regionalización de su producción de café le permitió reducir sus costos de transportación y los tiempos de producción, dice Gibbons. Además, una vez que la nueva instalación estuviera lista y operando, todas las plantas de café en Estados Unidos serían capaces de abreviar sus operaciones de 7 a 5 días.

Debido a que los costos de entrega y la ejecución se entrelazaban, Gibbons y su equipo se prepararon para mejorarlos. Uno de sus primeros pasos fue crear un mapa global de los gastos de transportación de Starbucks, lo que no era tarea fácil porque incluía reunir todos los costos de cadena de suministro por región y por cliente, apunta Gibbons. Un análisis de esos gastos permitió a Starbucks dividir a sus transportistas y retener sólo a los que brindaban el mejor servicio.

GANAR LA CONFIANZA DE LA COMPAÑÍA

Desde la perspectiva de Gibbons, el esfuerzo de transformación ha sido un éxito. "En la actualidad hay mucha confianza en nuestra cadena de suministro para trabajar cada día, hacer 70,000 entregas cada semana, llevar nuevos productos al mercado y administrar las transiciones de los productos, la introducción de otros nuevos y las promociones", menciona. "Nadie nos escuchará hablar sobre la estrategia de la cadena de suministro si no podemos entregar servicio, calidad y costo todos los días".

Introducción

Como el capítulo que concluye esta edición, es importante ofrecer una culminación o integración del contenido de este libro y establecer una perspectiva sobre los problemas y desafíos futuros que enfrentarán las cadenas de suministro y sus gerentes. Por ello, el capítulo se organiza en torno a cuatro temas principales: 1) los principios de la administración de la cadena de suministro (SCM); 2) las perspectivas y expectativas del director ejecutivo sobre dicha administración; 3) las áreas clave de la estrategia de cadena de suministro, y 4) la transformación de dicha cadena: cómo llegar de donde se encuentra ahora a donde necesita estar en el futuro.

Principios de la administración de la cadena de suministro[1]

Los siete principios de la administración de la cadena de suministro se analizaron en un artículo que apareció en la primera edición de *Supply Chain Management Review* (SCMR). De acuerdo con Frank Quinn, editor de la SCMR, fue el artículo más solicitado en la historia de 10 años de la publicación; proporcionó un caso claro y convincente para alcanzar la excelencia en la administración de la cadena de suministro.[2] El señor Quinn también agregó que las perspectivas que se incluyeron siguen frescas 10 años después.

Principio 1: Segmentar a los clientes con base en las necesidades de servicio

En esencia, este principio sugiere que es preciso salirse de los enfoques tradicionales sobre la segmentación de los clientes con base en la industria, el producto o el canal comercial para tomar uno que los segmente de acuerdo con las necesidades de la logística y la cadena de suministro. Algunos ejemplos son los requerimientos de servicio, las prioridades de cumplimiento, la frecuencia del servicio, entre otros. De igual modo, es importante asegurarse de que los servicios de la cadena de suministro se entregan con una utilidad y que las cuentas compaginan de manera apropiada con los paquetes de servicio. De acuerdo con los autores, un productor exitoso de alimentos comercializó en forma agresiva el inventario administrado por el proveedor en todos los segmentos de clientes y aumentó las ventas como resultado. Por desgracia, el siguiente análisis de costos basado en la actividad descubrió que un segmento de hecho perdió nueve centavos por caja en cuestión de margen operativo.

Principio 2: Personalizar la red logística

De manera histórica, muchas empresas han diseñado las capacidades de la logística y la cadena de suministro para que cumplan con el promedio de requerimientos de servicio de todos los clientes, o quizá para satisfacer los más difíciles de un solo segmento. Este principio enfatiza la necesidad de desarrollar enfoques para la cadena de suministro que sean receptivos a las necesidades de los segmentos individuales de clientes; es más probable que incluyan mayor complejidad y flexibilidad y que se necesite la inclusión de herramientas de respaldo para la decisión en tiempo real.

Principio 3: Prestar atención a las señales de la demanda del mercado y planificar de acuerdo con ellas

En contraste con los enfoques tradicionales de los pronósticos que en ocasiones provocan que múltiples departamentos elaboren pronósticos separados para los mismos productos, el objetivo aquí es garantizar que la planificación de la demanda sea receptiva y se adapte a las señales del mercado, como la información del punto de venta. De igual forma, al observar que la planificación de la demanda incluye tanto a clientes como a proveedores, este enfoque colaborador aumenta la efectividad de las ventas y la planificación de operaciones.

Principio 4: Diferenciar los productos más cerca de los clientes

Cuando se implementa con éxito, este principio ayuda a mejorar el servicio al cliente gracias a que se cuenta con menos agotamiento de existencias y se quitan de la cadena de suministro costos significativos de mantenimiento de inventario. Al posponer la diferenciación del producto hasta el último momento, y comprender y controlar mejor los tiempos del ciclo, se provocará un efecto positivo en la eficiencia y efectividad de la cadena.

Principio 5: Contratar de manera estratégica

Aunque los clientes de todo tipo deben tener conocimiento del costo de los productos y los servicios comprados con base en los hechos, en el largo plazo los costos de los proveedores se trasladarán a los clientes en forma de precios más altos. Una administración excelente de la cadena de suministro requiere que los clientes y los proveedores trabajen en conjunto de manera creativa y positiva para cumplir con los objetivos generales; esto puede incluir ofertas competitivas de corto plazo, celebrar contratos de largo plazo e iniciar relaciones estratégicas con los proveedores, subcontratación, e incluso integración vertical.

Principio 6: Diseñar una estrategia tecnológica en la cadena de suministro

La prioridad aquí es reemplazar los sistemas transaccionales inflexibles e integrados de manera deficiente con otros que abarquen a toda la empresa. En lugar de usar sistemas transaccionales que capturen grandes cantidades de información cuya asimilación y utilización es difícil, este enfoque ayudará a traducir los datos disponibles en información accionable que mejore las operaciones en el mundo real.

Principio 7: Adoptar mediciones de desempeño de extensión de canales

Cuando las empresas que integran una cadena de suministro preguntan: "¿Cómo vamos?", la respuesta debe formularse en el contexto de la cadena de suministro general. Aunque es importante para las organizaciones individuales cumplir con sus objetivos corporativos, el cumplimiento de las metas de la cadena de suministro será fundamental para el éxito a largo plazo de todos los participantes. Por ello, es esencial para estas empresas trabajar hacia los mismos objetivos por medio de la comprensión de lo que cada una aporta a la cadena de suministro y del modo en que se aprovechan los activos y las habilidades complementarias para obtener la mayor ventaja.

En respuesta al comentario de "las perspectivas (de este artículo) siguen notablemente frescas 10 años después", el autor, doctor David L. Anderson, escribió que releyó el artículo para ver si concordaba con dicho comentario. Su evaluación se expresa en los siguientes puntos:[3]

1. **Los siete principios básicamente sobreviven a la prueba del tiempo.** Aunque es posible incluir algunos pensamientos sobre los riesgos de las cadenas mundiales de suministro, agregar una sección sobre las estrategias para el uso de los recursos internos/subcontratación, actualizar los estudios de caso y hacer más estricto el análisis sobre la estrategia de adquisición, todavía se cree que las empresas no se equivocan al adoptar estos principios como el fundamento para las estrategias de sus cadenas de suministro.

2. **Todavía hay un largo camino por recorrer en la implementación de las estrategias de cadena de suministro.** El hecho de que los principios aún estén relativamente frescos implica que muchas empresas no han hecho el mejor trabajo al aplicar estrategias que son la base de los principios.

3. **La tecnología y la información serán agentes importantes de cambio al avanzar.** No había datos relacionados con el GPS, la UPC y la RFID cuando se escribió el artículo. La creciente disponibilidad de la información "en tiempo real" así como las herramientas para usar con facilidad dicha información en la planificación y ejecución de las cadenas de suministro serán factores clave que separen a los ganadores de los perdedores en la administración de las mismas en la siguiente década.

Enfoque de la administración de la cadena de suministro

Uno de los mayores desafíos para los gerentes de las cadenas de suministro es hacer que otros líderes corporativos aprecien el impacto potencial que la administración efectiva de las mismas puede tener en sus negocios. Este reto surge de la preocupación de muchos ejecutivos corporativos por el crecimiento de sus empresas, en ocasiones a expensas del mantenimiento de niveles de servicio de corto plazo y el logro de objetivos de largo plazo.

En un artículo oportuno y relevante, Richard Thompson, Donald Eisenstein y Timothy Stratman tratan este problema y analizan algunas formas en que los líderes de las cadenas de suministro pueden posicionar a sus organizaciones para cumplir con sus objetivos y contribuir a los imperativos de crecimiento corporativo.[4] Para convertirse en contribuidores en el programa de crecimiento, los autores sugieren tres áreas en las que estos líderes necesitan enfocarse: 1) pensar más allá del costo; 2) desarrollar habilidades de colaboración de primera clase, y 3) aumentar de manera agresiva sus capacidades personales de liderazgo.

Lograr el crecimiento: pensar más allá del costo

Para comprender mejor cómo los ejecutivos de alto nivel perciben el desafío de hacer crecer sus negocios de manera rentable, se realizó un estudio de directores ejecutivos en Chicago, que representaban a empresas que tienen ventas anuales que van de 50 millones de dólares hasta más de 20,000 millones, en una variedad de industrias. Además, se entrevistó a muchos de ellos para comprender e interpretar mejor los hallazgos del estudio. El desafío básico es ayudarles a comprender la contribución significativa que la administración excelente de la cadena de suministro puede tener en las iniciativas de crecimiento corporativo.

Tres de cuatro directores ejecutivos (CEO) a los que se aplicó la encuesta indicaron que su prioridad era el crecimiento máximo más que la reducción de costos. Sin embargo, 82% de los mismos CEO perciben que las iniciativas de la administración de la cadena de suministro (SCM) se enfocan principalmente en la reducción de costos y no en el crecimiento máximo. Con base en esta información, parece que existe una brecha entre las prioridades corporativas y las formas en que la SCM efectiva puede contribuir al logro de dichas prioridades.

De estos ejecutivos, 93% identificó la administración de cadena de suministro como importante o esencial para su estrategia comercial general. Es claro que el reto para los gerentes de la cadena de suministro es trabajar con sus directores ejecutivos e infundirles un sentido de urgencia sobre cómo es posible que se reconozca la excelencia en la SCM.

Los autores ofrecen algunas ideas sobre lo que pueden hacer los gerentes de la cadena de suministro para que los directores ejecutivos piensen en la SCM más en términos de crecimiento que de reducción de costos. El primer paso es *comunicar la relación entre la competencia de la cadena de suministro y el crecimiento.* Un estudio reciente que condujo el MIT Center for Transportation and Logistics (Centro para Transformación y Logística del MIT) hizo esto de manera eficaz, y encontró que "… el enfoque de las cadenas de suministro en el logro de los objetivos del cliente en vez de reducir los costos e inventarios de corto plazo puede tener un mayor impacto en el desempeño financiero de una empresa. Las compañías líderes integran elementos de administración de la cadena de suministro con capacidades de servicio al cliente y generación de ingresos".[5] En esencia, esto requiere que la administración de la cadena de suministro se perciba como una parte central para la empresa en vez de sólo una función administrativa que es posible pasar por alto. De igual modo, la SCM debe verse como un diferenciador competitivo que ayuda a garantizar el crecimiento rentable.

Después está la recomendación de que los ejecutivos de las cadenas de suministro *evolucionen más allá de una ideología enfocada principalmente en entregar el "producto correcto, en el lugar correcto, en el momento correcto, al costo más bajo" a una más orientada hacia el crecimiento.* Se requiere esta ideología más abierta para hacer que la participación de mercado crezca de manera rentable, se adquieran nuevos clientes y sea posible expandirse hacia nuevos mercados. Además, para elevar el desafío, no es suficiente sólo hacer que el negocio crezca; las ganancias corporativas también deben hacerlo.

Los ejecutivos de la cadena de suministro deben modificar su ideología tradicional desde una perspectiva "de adentro hacia afuera" hasta una "de afuera hacia adentro". Históricamente, la administración de estas cadenas incluía fuertes orientaciones analíticas y de administración de procesos, lo que requería un pensamiento lineal para identificar y eliminar las ineficiencias en un proceso. Incluso las personas que sugieren que su liderazgo "comienza con el cliente o la señal de demanda" a veces quedan atrapadas en un modelo de pensamiento lineal mientras trabajan para optimizar la red existente de la cadena de suministro. Aunque el enfoque de afuera hacia adentro puede muy bien comenzar con el cliente, las preguntas clave que deben plantearse giran en torno al tema de por qué un cliente prefiere una empresa particular y cómo debe alinearse la cadena de suministro de la compañía para cumplir esas preferencias. La respuesta a estas preguntas requiere una visión más holística del negocio general y desarrollar una comprensión completa sobre qué tipos de valor se crean para cada participante en la cadena de suministro. Entonces, el imperativo cambia al diseño o rediseño de la cadena para entregar mejor el valor en vez de optimizar la red actual que hay alrededor de los activos existentes.

Desarrollar habilidades de colaboración de primera clase

Aunque este tema se analizó al principio en el capítulo 4 de este libro, la segunda clave para ser contribuidor del crecimiento es desarrollar habilidades de colaboración de primera clase. Aunque muchos directores ejecutivos ven la colaboración como una clave para fomentar el crecimiento, también reconocen los desafíos que deben enfrentarse para lograr que sea exitosa. A partir de entrevistas que se aplicaron a los directores ejecutivos, se reconocieron como centrales los siguientes factores de éxito para conseguir este objetivo:

- **Definir los beneficios de la colaboración:** los participantes necesitan comprender y cuantificar las ventajas de la colaboración para la cadena de suministro general y después reconocer cómo cada uno de ellos de manera individual se beneficiará de la colaboración.

- **Hacer la inversión:** los participantes individuales, en un esfuerzo colaborador, deben estar dispuestos a invertir para que la colaboración se convierta en una realidad y a considerar las inversiones que quizá necesiten rebasar las fronteras de sus propias organizaciones.

- **Ganar confianza y crear posesión mutua:** todos los socios necesitan conferirse los esfuerzos de colaboración y desarrollar un sentido de posesión en la iniciativa. Esta posesión debe ir más allá de cualquier contrato formal de la relación, ya que las colaboraciones que se encuentran limitadas por los términos de un contrato fracasan.

- **Involucrar a los mejores jugadores:** la inclusión de las personas "más destacadas y brillantes" en la organización ayudará en gran medida a alcanzar las metas de una relación colaboradora.

En palabras de los autores, "la gente de negocios ha sido capacitada por tradición para maximizar su propio interés. La colaboración exitosa requiere habilidad comercial y analítica, pero también es importante la habilidad psicológica; el lado humano o emocional de la ecuación es el más difícil y frágil. La buena noticia para los líderes de las cadenas de suministro es que desde el punto de vista humano y de proceso, están en una excelente posición para iniciar la colaboración. Y además, el director ejecutivo estará observando".[6]

Incrementar las capacidades de liderazgo

La recomendación aquí es que los ejecutivos de la cadena de suministro desarrollen y ejerzan cada día sus capacidades de liderazgo; como resultado, deberían establecer sus objetivos personales para que se les perciba como miembros excepcionalmente comprometidos, persuasivos, visibles y enfocados hacia el cliente del equipo ejecutivo. Es un gran contraste con sus funciones tradicionales que eran menos visibles y se involucraban menos con las ventas, los procesos de mercadotecnia y la interacción directa con el cliente.

Para incrementar las capacidades de liderazgo y conseguir que otras personas en la organización reconozcan esto, los autores ofrecen cuatro sugerencias: 1) salir de la oficina y aprovechar la ocasión para interactuar con los clientes, lo cual eleva el perfil y la visibilidad; 2) demostrar habilidades sólidas de oyente, en particular con los clientes, y después usar lo que se escuchó para identificar los valores y problemas del cliente y diseñar respuestas apropiadas; 3) confiar en la influencia, asegurarse de que su voz sea escuchada y que la gente se sienta convencida de implementar sus sugerencias, y 4) desarrollar una marca personal de liderazgo, que refleje una evidente inclinación hacia el crecimiento.

Estrategias de la cadena de suministro

Las siguientes secciones ofrecen detalles sobre cinco áreas de alta prioridad en las cuales es importante desarrollar estrategias efectivas de logística y cadena de suministro. Éstas incluyen la estrategia de diferenciación, financiera, tecnológica, de relación y mundial. Aunque esta lista no busca ser exhaustiva, el éxito en cada una de estas áreas contribuirá al objetivo de ver que las capacidades de la cadena de suministro contribuyan al crecimiento corporativo.

Estrategias de diferenciación

Para establecerlo con sencillez, esta estrategia se refiere al grado en que el enfoque de la cadena de suministro de una empresa puede ser diferente y único, y por tanto diferenciarse de los pertenecientes a las organizaciones competidoras. El concepto básico que subyace en la **diferenciación** es buscar que los clientes vean las capacidades de la cadena de suministro como suficientemente efectivas y únicas para distinguir a una organización en el mercado. Al mismo tiempo, esos clientes quizas estén dispuestos a pagar un precio premium por las ofertas de producto o servicio. Aunque las capacidades de la cadena de suministro por tradición se perciban como parte del producto o servicio "aumentado" o "de valor agregado", las organizaciones exitosas de la actualidad pueden contar con la excelencia en la cadena de suministro como parte de sus capacidades básicas.

En gran medida, la diferenciación se materializa en cierta combinación de precio y servicio. Tal vez usted piense en ejemplos de su propia experiencia en los que pagó un producto de alto precio debido a que percibió un valor adicional. Desde una perspectiva estratégica, la diferenciación requiere una buena planeación y ejecución de la cadena de suministro para entregar servicio de alta calidad al cliente. Esto quizá signifique hacer entregas por cita con ventanas muy estrechas de tiempo; ser capaz y receptivo las 24 horas los siete días a la semana para recibir pedidos; planificar el reabastecimiento del inventario de forma que asegure la disponibilidad de los artículos existentes en una tienda minorista, o quizá asegurar que las alternativas de uso fácil estén disponibles cuando se reciban devoluciones o deban hacerse reparaciones posteriores a la compra.

Aunque las cadenas de suministro pueden esforzarse por lograr la diferenciación de muchas formas, esta sección analizará de manera breve los elementos de las estrategias que se basan en el tiempo, que tienen efectos positivos de corto y largo plazos en niveles del servicio al cliente que prestan las cadenas de suministro.

Estrategias basadas en el tiempo

La mayoría de la gente ha escuchado la antigua frese "El tiempo es dinero". El valor del tiempo puede medirse en numerosas formas distintas; por ejemplo, adaptar un modelo de inventario para incluir los medios alternativos de transportación puede demostrar que las opciones de transportación que resultan en tiempos de tránsito más rápidos y consistentes reducen los costos de inventario y almacenaje. Aunque un modo de transportación más rápido puede ser más costoso, el impacto neto de los ahorros en costos de inventario y almacenaje sería una reducción en los totales. Éste es el ejemplo de una estrategia eficaz que se basa en los puntos de equilibrio entre los costos de transportación, inventario y almacenaje. Estos impactos, junto con mayor velocidad y menos variabilidad de los tiempos de tránsito, reducirán la duración del ciclo "de efectivo a efectivo" que se experimenta.[7] Esta métrica se ha convertido en una de las medidas de desempeño de la cadena de suministro que más se buscan.

Las estrategias de la cadena de suministro que acortan la duración del ciclo de pedido o reabastecimiento han sido el centro de mucha atención en años recientes. Las estrategias de compresión de tiempo también han recibido atención en los capítulos previos de este texto cuando se han discutido aspectos como inventario, transportación, almacenaje, entre otros. Algunos aspectos más generales de reducción de tiempo se discuten en la siguiente sección.

Reducir el tiempo del ciclo

Las reducciones en el tiempo del ciclo se basan en tres factores: procesos, información y toma de decisiones. Si la administración de la cadena de suministro (SCM) se percibe como una serie de procesos, entonces si éstos se llevan a cabo más rápido se reducirá el tiempo del ciclo, con los beneficios asociados que ya se han mencionado.

Otra fuente importante de reducciones en el tiempo del ciclo es la obtención más rápida de información. El uso de formas más rápidas y eficientes de transmisión de pedidos, como internet, por ejemplo, puede reducir mucho el tiempo necesario para completar la transacción. De igual modo, el uso de tecnologías de la información contemporáneas se ha vuelto cada vez más atractivo ya que los costos de tecnología han disminuido en gran medida. La información oportuna y precisa sobre ventas, pedidos, niveles de inventario, servicio de transportación, entre otros aspectos, tiene como resultado tiempos de ciclo más breves y también disminuye la incertidumbre sobre lo que sucede, lo que genera niveles más bajos de inventario al reducir la necesidad de tener existencias de seguridad. Por ello, la información se ha transformado en una fuente de ahorros significativos para muchas empresas.

El factor final en la reducción del tiempo del ciclo es la toma de decisiones. En algunas organizaciones, éste es el más importante de los tres. El asunto fundamental es dar a los individuos facultades para tomar decisiones relevantes para sus áreas de experiencia y responsabilidad. Con demasiada frecuencia deben recibirse múltiples niveles de aprobación antes de que sea posible tomar una decisión. El punto importante es que los niveles preexistentes de aprobación necesaria restan velocidad al proceso de toma de decisiones, lo que puede, en cambio, alargar el ciclo de pedido. Las organizaciones esbeltas que se hacen cada vez más comunes en el ambiente comercial actual se caracterizan a menudo por la toma de decisiones delegadas, lo que enfatiza el llamado nivel de "acción", como el de un representante de servicio al cliente. Aunque la toma de decisiones al nivel más bajo posible en la empresa tal vez ayude a que se produzcan algunos errores, la experiencia de compañías como Procter & Gamble y otras sugiere que el riesgo se justifica en términos del tiempo que se ahorra y las mejoras que ocurren respecto a la receptividad del cliente.

Iniciativas de logística para la reducción de tiempo

La preocupación contemporánea por la visibilidad del producto a lo largo de la cadena de suministro también ha renovado el énfasis en el uso de las tecnologías de la información para el rastreo del producto, el escaneo óptico, el código de barras, la ubicación de inventario, entre otros. En pocas palabras, el imperativo es que las empresas desarrollen la capacidad de saber dónde están todos los productos en algún punto en el tiempo. Esta información es necesaria no sólo por el propio bien sino, más importante, para que las empresas sepan cuándo los envíos pueden ir retrasados, se necesita agilizarlos, etcétera.

Por último, en la actualidad ha aumentado el interés en el aprovechamiento del poder de la planificación y el pronóstico efectivo de la demanda para moverse de forma más significativa desde la "oferta" hacia la "demanda". La capacidad mejorada para diagnosticar e incluso anticipar las necesidades de los clientes permite que los procesos de logística y cadena de suministro hagan una contribución mucho más valiosa para el logro de las metas y los objetivos corporativos. El interés reciente en la planificación, el pronóstico y el reabastecimiento colaborativos (CPFR)[8] también sirve como ejemplo de una tecnología contemporánea sumamente útil.

Las empresas continúan cambiando cada vez más, del enfoque tradicional de la oferta a uno de demanda, que es un sistema receptivo ante ésta. Se requiere un cambio importante en la cultura corporativa que con frecuencia es difícil de alcanzar. No sólo es preciso cambiar a un ambiente de manufactura más flexible que evoluciona con rapidez, con lo que es necesario reentrenar a los empleados de manufactura, sino que también requiere que la manufactura opere con un costo no tan óptimo de vez en cuando. Un aspecto adicional de los sistemas de demanda es que algunas empresas utilizan la postergación para alcanzar un sistema que esté más cerca de un sistema puro de demanda.

Como se indicó antes, la postergación incluye no terminar los productos por completo hasta que se recibe un pedido. La industria automotriz, por ejemplo, usa una forma de postergación al fabricar los paquetes básicos de componentes, como correas de cableado, antes de los pedidos y luego ensamblar el auto de acuerdo con las especificaciones finales. Considerando el ritmo tan rápido del cambio tecnológico, la práctica de la postergación es fundamental para el éxito de muchos negocios en las industrias de cómputo y alta tecnología.

En general, las empresas líderes han usado diversas iniciativas para mejorar su posición competitiva al reducir el tiempo del ciclo, con lo que se producen beneficios significativos en términos de eficiencia y efectividad. Las estrategias de reducción de tiempo, debido a su potencial para reducir los costos, mejorar el flujo de efectivo y el servicio al cliente, han sido el centro de mucha atención y han permitido a las compañías obtener una ventaja competitiva.

Estrategias financieras

Es claro que la **estrategia financiera** más convincente es la búsqueda de la eficiencia operativa. Al poner la prioridad en el control de costos, la efectividad y eficiencia de desempeño, las y estrategias viables para éste, las empresas pueden mejorar el desempeño financiero. Junto con la identificación y el aprovechamiento de competencias corporativas esenciales, enfocar la atención en métricas como rendimiento de los activos (ROA; *return on assets*) y el rendimiento de la inversión (ROI; *return on investment*) facilita el logro de los objetivos financieros.

Productividad del inventario

Una categoría de activos que ya recibe una atención significativa es el inventario, y ya hay estrategias importantes en muchas empresas para reducir sus niveles sin disminuir los niveles de servicio al cliente (o de preferencia, aumentar los niveles de servicio al cliente). Las iniciativas como justo a tiempo (JIT; *just-in-time*), inventario administrado por el vendedor (VMI; *vendor-managed inventory*) y reabastecimiento continuo (CRP; *continuous replenishment*) son ejemplos de enfoques populares. Cuando se diseñan e implementan de manera apropiada, iniciativas como éstas tienen como consecuencia no sólo reducciones de inventario para la empresa, sino también para el desempeño general de la cadena de suministro.

Uso de instalaciones

Una de las tendencias principales en la administración de las instalaciones de la cadena de suministro es utilizar de forma más efectiva la capacidad de todas ellas. Ya sean ubicaciones de proveedores, plantas, almacenes, centros de distribución o ubicaciones del cliente, el objetivo es el mismo: ver que estas instalaciones se utilicen en el grado en que produzcan eficiencias óptimas. Además, se asigna una prioridad a la garantía de que todas las instalaciones de la cadena de suministro crean valor no sólo para las organizaciones individuales, sino también para la cadena de suministro en un sentido más amplio. Por ejemplo, si las entregas del fabricante al cliente fueran más eficientes y efectivas que mover todos los productos a través del centro de distribución de un intermediario, entonces ésa debe ser la alternativa seleccionada. Esta estrategia no sólo contribuye a una mejor utilización de la instalación, también lo hace al reducir o eliminar la necesidad de ciertos tipos de instalaciones.

Estrategias para el uso de equipo

Otra área de inversión de activos para las empresas es el equipo relacionado con la logística, como el que se usa en el manejo de los materiales, en los almacenes y el de transportación que una empresa arrenda o posee. Ese equipo se ha reducido debido a la disminución en el número de centros de distribución, que se analizó en forma breve en la sección anterior. Las compañías han racionalizado sus instalaciones y mejorado su producción total, por medio de las iniciativas que se han analizado antes. En otras palabras, a medida que han disminuido el número de instalaciones de almacenes que operan, ha habido una reducción natural en el equipo de manejo de materiales que se necesita. De igual modo, el uso de los dispositivos tecnológicos como computadoras personales, escáneres de códigos de barras, comunicaciones por radiofrecuencia en las instalaciones logísticas e identificación por radiofrecuencia (RFID) han provocado que decrezca la necesidad de activos adicionales para trasladar y almacenar producto.

Además, el equipo de transportación es un aspecto importante en términos de inversión de activos. Ésta ha sido otra área que mejoró para muchas empresas; desde la desregulación, muchas de ellas han reevaluado su posición respecto a la posesión de equipo. Los precios de los contratos con los transportistas ferroviarios y terrestres, el servicio y equipo más especializado, las tarifas más bajas, entre otros, han hecho que las empresas recurran cada vez más al sector comercial para adquirir los servicios necesarios de transportación.

Outsourcing

Como se analizó en el capítulo 4, el uso de servicios logísticos subcontratados ha ganado popularidad. En alguna época fue una estrategia que se enfocaba principalmente en la adquisición comercial de servicios de activos tangibles como transportación y almacenes, pero ahora se ha extendido a otras áreas que se enfocan tanto en las estrategias como en los clientes. Por ello, estudios recientes han mencionado el crecimiento de los servicios disponibles en el sector de la logística subcontratada, como la auditoría y el pago de las facturas de flete, el servicio al cliente, la tecnología de la información, la manufactura esbelta y el ensamblaje. Como resultado, esta opción cada vez más popular ha llevado a muchas empresas como Walmart, General Motors, DuPont, Nabisco, Procter & Gamble, General Electric y otras a usar los servicios de proveedores de servicios logísticos tercerizados (3PL).

La decisión de utilizar servicios logísticos tercerizados o por contrato se ha fomentado en parte por el interés de reducir la inversión de activos para aumentar la productividad del activo. Un aspecto interesante del uso de empresas 3PL es que, aunque un cliente puede contratar a uno de estos proveedores para reducir el compromiso hacia sus activos, dicho proveedor puede concentrar su actividad en la administración de la disponibilidad de los servicios logísticos y adquirir los mejores servicios de activos disponibles de otros contratistas seleccionados. Otro fundamento es la tendencia que ya se ha mencionado acerca de enfocarse en las competencias fundamentales como una estrategia para operar de manera más efectiva y eficiente. Básicamente, una empresa quizá piense que su experiencia o competencia fundamental puede ser, por ejemplo, la producción y la mercadotecnia para las galletas dulces y saladas. Aunque tenga mucha capacidad para ofrecer los servicios logísticos necesarios de entrada y salida para respaldar sus productos, puede ser aún más efectiva si se enfoca en sus dos competencias fundamentales. Aunque este fundamento se usa en forma común para respaldar la decisión de recurrir a una empresa 3PL, el movimiento puede ser incluso más atractivo si se demuestra que, además, se ahorrarán costos y aumentará la productividad del activo.

La relevancia de contratar un proveedor 3PL se hace aún más clara a medida que cada vez más negocios entran en el comercio mundial. La capacidad de los proveedores de servicios logísticos subcontratados para facilitar el comercio internacional ofrece una gran ventaja a los clientes; por ello, la mayoría de los negocios que participan en el comercio mundial recurren al menos en cierta medida a las capacidades de las empresas 3PL.

Como conclusión al respecto, ha habido una tendencia continua hacia la inclusión de los proveedores 4PL™.[9] Además de administrar diversas operaciones 3PL, se recurre a estos proveedores para que proporcionen competencias relacionadas con la disponibilidad del conocimiento, la tecnología de la información y las habilidades para formar y sostener relaciones exitosas en la cadena de suministro. Aunque el uso de proveedores 4PL no ha tenido tanto éxito hasta ahora, parece que el concepto tiene validez importante y que se refinará de manera que será más viable en el futuro. Lo más probable es que en el futuro la dirección hacia un enfoque de "torre de control" sea productiva para el crecimiento continuo de los servicios 4PL.

Estrategias basadas en la tecnología

Por algún tiempo ha sido evidente que la realización de las metas de logística y cadena de suministro a futuro dependerá en gran medida de un mayor desarrollo y uso de tecnologías de la información. Ya sea hardware, software o conectividad, estas tecnologías serán el trampolín para el progreso y la innovación. Al revisar el contenido de este texto, hay diversas áreas en las que se ha enfatizado y analizado la evolución de las tecnologías de la información. El capítulo 6 se dedicó por completo su tratamiento, al decir que causan un efecto en la administración de la logística y la cadena de suministro. En vez de repetir o resumir esos puntos clave, esta sección se enfoca hacia algunas tendencias futuras importantes en la tecnología y sus posibles impactos.

Áreas innovadoras de crecimiento de la tecnología en la cadena de suministro[10]

Los observadores del campo de la tecnología en la cadena de suministro confirmarán que ha habido muchas innovaciones en años recientes. Aparte de la recesión económica en el periodo de 2008 a 2010, el crecimiento en el mercado se ha acercado a 5% anual. Así que, para ofrecer una perspectiva sobre las áreas de crecimiento a futuro para el software de la cadena de suministro, esta sección se enfoca en varias de ellas donde habrá desarrollos innovadores de acuerdo con Steve Banker, director de administración de la cadena de suministro para ARC Advisory Group.

Almacenes de señal de demanda

Básicamente, ésta es una solución de colaboración a nivel de anaquel entre los fabricantes de bienes para el consumidor y los minoristas, en la que los primeros obtienen datos del punto de venta (POS; *point-of-sale*) y otros que minimizan el efecto látigo. En esencia, esto les proporciona piezas de información de salida directo desde los minoristas, que son mucho más útiles que los datos que más se usan relacionados con los retiros de los almacenes y centros de distribución de los minoristas. La disponibilidad de información de señal de demanda ayuda a mejorar el pronóstico, permite una mejor planificación de la transportación y mejores decisiones relacionadas con la capacidad del almacén. Aunque existen desafíos en este enfoque, como la depuración y preparación de grandes cantidades de datos de ventas minoristas, hay un gran potencial para generar ahorros significativos de costos y mejoras en el servicio de la cadena de suministro.

Tecnología de almacenaje

Es preciso destacar las formas robóticas del equipo de material que son mucho más flexibles que las que han estado disponibles en el pasado. En esencia, sus capacidades para moverse, operar un brazo mecánico, sentir, manipular su ambiente y mostrar un comportamiento inteligente transforman el modo en que operan los almacenes y centros de distribución. Además de las mejoras operativas, la flexibilidad de las opciones robóticas ofrece una solución para el manejo de los materiales que incluye un riesgo mucho menor que los métodos tradicionales.

Software como servicio (SaaS), GPS y computación en la nube

Estas tecnologías, a nivel colectivo, deben ayudar de manera significativa a tener mayor flexibilidad en la cadena de suministro y facilitar las soluciones de redes. Además de la extensión del software como servicio (SaaS; *software as a service*) desde su aplicación primaria actual en la transportación hasta otras actividades de la cadena de suministro, el uso del GPS puede proporcionar un mejor rastreo de los envíos y del equipo de transportación en las regiones geográficas amplias. Sólo el tiempo dirá si la computación en la nube ofrecerá a los gerentes de la cadena de suministro acceso a tipos más poderosos y funcionales de software con menos inconveniencia para tratar con firewalls innecesarios, entre otros problemas.

Identificación por radiofrecuencia (RFID)

Debido a que es una tecnología que se introdujo en el mercado en años recientes, no ha alcanzado a cubrir las expectativas iniciales. Con la motivación de organizaciones como Walmart y el U.S. Department of Defense (Departamento de Defensa de Estados Unidos) se solicitó a los proveedores principales desarrollar capacidades de RFID. Aunque al inicio se esperaba que la RFID tendría efectos significativos en el funcionamiento de las cadenas de suministro generales, los usos principales parecen ser mucho más reducidos, por ejemplo, lograr visibilidad para la mercancía en tienda, entre otras. Quizá el mayor logro por ahora desde la introducción de la RFID es que se reforzó el valor de la visibilidad en la cadena de suministro. Por ello, los futuros avances, ya sean de RFID o no, se enfocarán en el mejoramiento continuo de la visibilidad en la cadena de suministro.

Sistemas de planeación de recursos empresariales (ERP)

En la actualidad se observa un desarrollo importante por parte de los vendedores de sistemas ERP respecto a la funcionalidad de la cadena de suministro, y la integración de estas capacidades con el poder de los sistemas ERP. Entre los beneficios clave de la inclusión de los sistemas ERP estarán las mejoras en la inteligencia comercial, en particular, en los marcadores y los tableros de control. Además, la integración de los sistemas ERP con la planificación de ventas y operaciones (S&OP) y los procesos de presupuesto beneficiará en gran medida a la administración de las cadenas de suministro.

Estrategias basadas en las relaciones

Un área de interés estratégico es la de las relaciones y su formación en los procesos de logística y de la cadena de suministro. Aunque los capítulos anteriores han ofrecido un número de perspectivas sobre este tema, la experiencia hasta ahora sugiere que vendrán cambios mayores respecto a la capacidad para desarrollar y sostener relaciones efectivas. Como se indicó antes, uno de los atributos principales de los servicios de un proveedor 3PL o 4PL es que estas empresas se especializan en diversas áreas, que incluyen el manejo de relaciones. Por ello, éste representa un desafío vital para los futuros gerentes de logística y cadena de suministro. Por tanto, el recordatorio de esta sección se enfoca en la colaboración, un concepto que tiene gran valor potencial, pero que ha probado ser elusivo en términos de su implementación exitosa.

Colaboración

Como ya se mencionó en el capítulo 4, la colaboración ocurre cuando las empresas trabajan en conjunto para obtener un beneficio mutuo. Ya que es difícil imaginar muchas mejoras en la logística y la cadena de suministro que incluyan sólo a una firma, la necesidad de relaciones efectivas es evidente. La colaboración va mucho más allá de las expresiones imprecisas de sociedad e intereses alineados; significa que las empresas se aprovechan entre sí a nivel operativo para rendir juntas más que por separado; crea un ambiente comercial sinérgico en el que la suma de las partes es mayor que la unidad.

La figura 16.1 resume varios aspectos de las colaboraciones exitosas en la cadena de suministro. Aunque ninguna lista sería exhaustiva, los elementos listados son centrales para la colaboración exitosa.[11]

Metas y objetivos bien entendidos

Los participantes en la colaboración necesitan comprender sus objetivos organizacionales individuales y después estar dispuestos a compartirlos de manera abierta con los demás. De aquí en adelante, los involucrados encontrarán más fácil el análisis significativo de los objetivos de la relación y de cómo pueden crear valor para sus socios, clientes y proveedores extendidos que participan en la cadena de suministro.

Confianza y compromiso

Ampliamente reconocida como un bloque fundamental en la creación de relaciones, la confianza se define como "depender del socio y confiar en él".[12] Tanto la confianza como el compromiso son relevantes debido a que motivan a las compañías a: 1) trabajar para preservar las inversiones

Figura 16.1	Elementos de la colaboración exitosa

1. Metas y objetivos bien entendidos
2. Confianza y compromiso
3. Compatibilidad corporativa
4. Comunicación
5. Toma de decisiones compartida y capacidad para llegar a un consenso en asuntos importantes
6. Repartición equitativa de ganancias, pérdidas e inversiones
7. Beneficios generales más grandes para las partes involucradas de los que hubieran obtenido solas
8. Mediciones efectivas y estrategias de medición
9. Plan estratégico para una relación colaborativa

Fuente: C. John Langley Jr., Ph.D. Reproducido con autorización.

de la relación al cooperar con los socios de intercambio; 2) resistir la tentación de las opciones que quizá tengan un atractivo de corto plazo, en favor de las prioridades acordadas que tengan un beneficio de largo plazo, y 3) ver una acción de riesgo potencialmente alto como prudente debido a la creencia de que los socios no siempre actúan de manera oportunista.[13]

Compatibilidad corporativa

Aquí es de gran importancia que en la relación se compartan la visión, las metas, los objetivos y las culturas. La facilitación de mecanismos incluye la alineación significativa de individuos y procesos, la identificación de campeones ejecutivos y operativos, y las visitas regulares de los ejecutivos a las ubicaciones de la cadena de suministro.

Comunicación

Comunicar y compartir/usar información de manera regular son acciones centrales para entablar una relación de colaboración efectiva. Por ejemplo, compartir y usar la información de los pronósticos puede ser de gran valor para otros participantes de la cadena de suministro. Además, las reuniones generales con los representantes de las organizaciones que intervienen son de gran ayuda.

Toma de decisiones compartida y capacidad para llegar a un consenso en los asuntos importantes

Todas las organizaciones involucradas deben tratar en conjunto los aspectos relacionados con el éxito de la relación. De igual modo, los participantes deben evitar la microadministración de las actividades de los demás y proporcionarles el espacio suficiente para desempeñar con éxito las responsabilidades acordadas.

Repartición equitativa de ganancias, pérdidas e inversiones

Aunque muchas organizaciones demuestran dedicación hacia sus objetivos individuales, las colaboraciones exitosas requieren el desarrollo de mecanismos para compartir ganancias, pérdidas e inversiones. La disposición continua para compartir dependerá de que todos los participantes obtengan conocimiento de los beneficios que resultan de compartir (a nivel tanto financiero como no financiero) y de la creencia de que la repartición ha sido equitativa para todos los involucrados.

Beneficios generales más grandes para las partes involucradas de los que hubieran obtenido solas

Para ser sostenibles en el largo plazo, las colaboraciones exitosas necesitan crear beneficios para las partes involucradas que excedan lo que éstas pueden conseguir de manera individual.

Mediciones efectivas y estrategias de medición

Queda claro que la dedicación de todos los participantes en una colaboración hacia las mediciones y el desarrollo de estrategias de medición será clave para el éxito de la relación. Básicamente, se necesitan indicadores clave de desempeño (KPI) que requieren posesión y compromiso para los objetivos de todas las partes.

Plan estratégico para una relación colaborativa

Las colaboraciones exitosas también tienen sus desafíos y dificultades. Por ello, el desarrollo de un plan estratégico para la relación misma debe ser de gran valor. Como parte del proceso de desarrollo del plan estratégico, es preciso elaborar una lista de asuntos pendientes para la colaboración exitosa y todos los involucrados deben percatarse de que esta última debe durar más que las personas que la formaron.

Impacto de la colaboración en los procesos comerciales

Los mayores beneficios potenciales de la colaboración parecen estar asociados con los procesos comerciales como la administración de inventarios, la administración de los pedidos de los clientes, el servicio al cliente y la administración de los pedidos de los proveedores. Por lo general, los mayores beneficios ocurren en las áreas relacionadas que afectan a los proveedores y clientes, conducen a eficiencias de inventario y se relacionan con la S&OP.

Beneficios financieros *versus* no financieros de la colaboración

Respecto a este tema, una pregunta interesante se refiere a si los beneficios exceden los costos de la colaboración; en esencia, si la colaboración se paga por sí sola. Aunque es cierto que hay dificultades por evitar, existen oportunidades importantes para entablar esfuerzos colaborativos que sean exitosos a nivel financiero. Entre las observaciones que se encuentran en el estudio ya mencionado se dice que cada una de las organizaciones que participan en una colaboración debe diseñar estrategias equilibradas para la reducción de costos y que los KPI para ellas deben alinearse con los conductores del valor económico total para la colaboración y la cadena de suministro.

Como conclusión sobre la importancia de la colaboración, es preciso pensar en el desafío general que representa la administración de las cadenas de suministro. Para tener éxito, todas las organizaciones que las integran deben trabajar en conjunto de modo que la colaboración ofrezca el mayor valor para ellas, así como para el cliente o consumidor final. De igual modo, es importante que estas organizaciones formen relaciones que produzcan éxito no sólo para cada organización y sus socios comerciales, sino también para la cadena de suministro como unidad.

Estrategias globales

En junio de 2010, McKinsey & Company publicó un documento que se enfocaba en las fuerzas globales que moldeaban el panorama comercial.[16] Dice que cualquier gerente comercial que ignore estas fuerzas lo hará bajo su propio riesgo. La sección que concluye este texto enfatiza estas fuerzas globales que definirán el futuro y comenta el impacto directo y la importancia de cada una para el dominio de la administración de cadena de suministro.

Las fuerzas globales y sus definiciones se acreditan a McKinsey & Company, mientras que los comentarios para la administración de cadena de suministro fueron agregados por los autores.

- **El gran reequilibrio:** La próxima década será la primera en 200 años en que los países de los mercados emergentes contribuyan con más crecimiento que las naciones desarrolladas. Este crecimiento no sólo generará una oleada de nuevos consumidores de clase media, sino que también producirá innovaciones profundas en el diseño de los productos, la infraestructura de los mercados y las cadenas de valor.

    o *Comentario SCM:* Esta fuerza coloca gran presión en las cadenas de suministro para que adapten sus capacidades de modo que puedan responder a las necesidades de los negocios y consumidores en los países y regiones emergentes. Esto requerirá un rediseño y una recalibración de las prácticas aceptadas de manera general en la cadena de suministro para satisfacer las necesidades y los requerimientos únicos de estos nuevos mercados y fuentes de suministro.

- **El imperativo de la productividad:** Las economías desarrolladas necesitarán generar ganancias importantes en la productividad para impulsar el crecimiento económico continuo. Es posible que las innovaciones drásticas en el mundo occidental sean aquellas que aceleren la productividad económica.

- *Comentario SCM:* Las capacidades de las cadenas de suministro en los países y regiones desarrollados han mejorado significativamente en los años recientes. La búsqueda de mejoras continuas en la productividad requerirá que las cadenas de suministro líderes en el mercado marquen el ritmo de la innovación y el grado en el que se distinguen de las competidoras.

- **La red mundial:** La economía mundial se conecta cada vez más. Los flujos complejos de capital, bienes, información y personas crean una red interconectada que abarca geografías, grupos sociales y economías en formas que permiten las interacciones de gran escala en cualquier momento. Esta red en expansión genera nuevos modelos comerciales y acelera el ritmo de la innovación; también hace posible la desestabilización de los ciclos de volatilidad.

  - *Comentario SCM:* En esencia, esta fuerza establece el plan de las cadenas mundiales de suministro para el futuro y vuelve fundamental que éstas se encuentren bien conectadas en el nivel funcional. Los resultados deseables incluirán la administración y visibilidad mundial de envíos y la capacidad de crear un solo punto de control para el funcionamiento de las cadenas de suministro mundiales.

- **Fijando precio al planeta:** Se forma una colisión entre la creciente demanda de recursos, los suministros limitados y las actitudes sociales cambiantes hacia la protección ambiental. La próxima década se enfocará más en la productividad de los recursos, el surgimiento de industrias importantes de tecnología limpia y las iniciativas reguladoras.

  - *Comentario SCM:* Las cadenas de suministro del futuro serán capaces de competir en un ambiente comercial más complejo. Dado que muchas de las suposiciones básicas sobre la forma en que se conduce un negocio están en proceso de cambio, la capacidad de estas cadenas para ser ágiles y receptivas ante estos cambios será un componente clave del éxito.

- **El estado del mercado:** Las demandas a menudo contradictorias relacionadas con la conducción del crecimiento económico y el ofrecimiento de las redes de seguridad necesarias para mantener la estabilidad social han puesto a los gobiernos bajo una extraordinaria presión. La globalización aplica una presión adicional: ¿cómo gobernarán las distintas entidades nacionales en un mundo cada vez más globalizado?

  - *Comentario SCM:* Considerando el grado en que muchos niveles de gobierno se involucran más en la regulación y el control de las prácticas comerciales, una clave evidente para el éxito será la capacidad de las cadenas de suministro individuales para funcionar de forma efectiva en este nuevo ambiente comercial. Dado que muchas decisiones gubernamentales se toman con la idea de moverse hacia la equidad social, los desafíos para los negocios y cadenas de suministro se volverán por ello más difíciles. La estabilidad de largo plazo de los negocios y cadenas de suministro seguirá directamente relacionada con su capacidad para crear valor para sus consumidores, clientes y participantes.

Transformación de la cadena de suministro

Gran parte de este libro de texto se ha enfocado en las prioridades y los procesos que pueden llevar a una mejor administración de la cadena de suministro. Sin embargo, un paso vital es determinar cómo una organización puede transformarse en otra que cumpla y exceda estos objetivos futuros. Quizá la experiencia de Motorola dará una perspectiva de cómo es posible conseguirlo.

Motorola[17]

Motorola, una empresa de telecomunicaciones *Fortune* 100, mejor conocida por sus teléfonos celulares, transforma un conjunto de operaciones separadas e independientes en una cadena mundial de suministro integrada y de costo efectivo. Uno de sus objetivos era vincular las cadenas de suministro alrededor del planeta para lograr eficiencias en logística, manufactura, adquisición y calidad. Su visión de una cadena de suministro que respaldaría el crecimiento y crearía valor se concentró en las tres C: costo, capital y servicio al cliente (*cost, cash and customer service*). Las reducciones en los costos ayudan a Motorola a fijar el precio a sus productos para ganar negocios. Liberar capital por medio de las mejoras en la eficiencia proporciona recursos para el crecimiento del negocio y diversas adquisiciones. Y por último, el servicio al cliente permite a la empresa retener los clientes actuales y ganar nuevos.

Con el tiempo, Motorola ha desarrollado numerosas categorías de productos y la estructura de una cadena de suministro multifacética y remota. Por ejemplo, las operaciones de las siguientes divisiones grandes se dispersaron por todo el mundo: unidad de dispositivos móviles, negocio de soluciones conectadas para el hogar y la división de redes y empresas. En 2004, la compañía se abastecía de 47 países y las seis unidades comerciales que tenía en ese momento rara vez compartían instalaciones o recursos.

El ímpetu de la transformación de la cadena de suministro llegó en 2004 cuando los líderes de las cadenas de las distintas unidades comerciales de Motorola se acercaron al director ejecutivo y recomendaron que la compañía multinacional modernizara su cadena de suministro. En consecuencia, las seis unidades comerciales se consolidaron en cuatro y la prioridad se centró en el objetivo de que el diseño de productos, el aprovisionamiento, la manufactura, la logística y el servicio al cliente trabajaran en sincronía.

La integración inició con la identificación de seis prioridades que la compañía buscaría al mismo tiempo. Se enumeran en la figura 16.2 y se proporcionan algunos comentarios sobre cada elemento.

- **Elemento 1: Identificar los "mejores" procesos que puedan replicarse con rapidez en toda la organización.** El punto fundamental es compartir ideas en todas las divisiones y crear una cultura en la que los equipos de Motorola se roben sin vergüenza entre sí.

- **Elemento 2: Racionalizar la base de proveedores y fortalecer las relaciones con los proveedores clave que quedan.** Motorola desarrolló una iniciativa de contratación rápida, de acuerdo con ésta todas las unidades comerciales tratarían a los proveedores de forma consistente; se estableció la prioridad de encontrar opciones para que los proveedores redujeran sus costos y después pasaran los ahorros a Motorola en forma de precios más bajos.

Figura 16.2	**Elementos clave en la estrategia para la cadena de suministro integrada de Motorola**

1. Identificar los "mejores" procesos que puedan replicarse con rapidez por toda la organización
2. Racionalizar la base de proveedores y fortalecer las relaciones con los proveedores clave que quedan
3. Establecer expectativas de calidad para los proveedores e instituir un sistema de marcadores de desempeño para medir el cumplimiento en comparación con los estándares
4. Optimizar las operaciones de manufactura y logística
5. Enfocar el gasto de la tecnología de la información en proyectos que beneficien a todas las unidades comerciales
6. Crear una cultura de acción a fin de conducir la eficiencia organizacional

Fuente: James A. Cooke, "Metamorphosis of a Supply Chain", CSCMP's Supply Chain Quarterly (Trimestre 2, 2007): 36. Reproducido con permiso de *CSCMP's Supply Chain Quarterly*, Supply Chain Media, LLC. Copyright 2007: http://www.supplychainquarterly.com.

- **Elemento 3: Establecer expectativas de calidad para los proveedores e instituir un sistema de marcadores de desempeño para medir el cumplimiento de acuerdo con los estándares.** Para poner fin a los problemas de calidad que algunas veces se denominaban en Motorola como "derrames", a los proveedores que deseaban seguir haciendo negocios con la empresa se les solicitó que diseñaran planes para la renovación de la calidad a fin de asegurar la manufactura. De igual modo, la compañía instituyó un sistema de marcadores de desempeño para medir el cumplimiento de acuerdo con sus estándares de adquisición.

- **Elemento 4: Optimizar las operaciones de manufactura y logística.** Este elemento incluyó la consolidación estratégica de plantas y almacenes a través de las divisiones de operación. El problema que esto resolvería se evidenció en Tianjin, China, donde cinco unidades comerciales diferentes de Motorola usaban la misma instalación, pero todos operaban sistemas distintos de informática y tres tenían muelles separados de carga.

- **Elemento 5: Enfocar el gasto de la tecnología de la información en proyectos que beneficien a todas las unidades comerciales.** Como un movimiento útil para alejarse de los proyectos de TI que se diseñaron para beneficiar a las unidades comerciales individuales, se establecieron proyectos que ayudaban a varias partes de la empresa a operar en sincronía.

- **Elemento 6: Crear una cultura de acción a fin de conducir la eficiencia organizacional.** La clave para el éxito aquí era un cambio en la orientación desde hablar hasta hacer. Los resultados sugieren que este cambio se ha cumplido con éxito.

En general, la transformación de la cadena de suministro de Motorola se ha consolidado con éxito. Los niveles de servicio al cliente han mejorado mucho, y los tiempos de entrega de los envíos a los clientes se han vuelto más breves y consistentes. En términos de costos, la iniciativa de la cadena de suministro integrada de Motorola produjo una mejora de 40% en gastos de materiales, calidad de producto y eficiencia de manufactura de 2004 a 2006. De igual modo, las jornadas de inventarios han aumentado significativamente en el mismo periodo.

El futuro para Motorola abarca un enfoque continuo en métricas clave, como jornadas de inventarios, productividad por empleado y más reducciones en costos de manufactura y logística como porcentaje de ventas. En conjunto con una gran transparencia para evaluar estas métricas y la responsabilidad total, Motorola está bien posicionada para el éxito. Sin embargo, quizás el facilitador más grande del éxito de la compañía es que el valor de tener una gran cadena de suministro se reconoce en los niveles más altos.

RESUMEN

- Varios principios de la administración de la cadena de suministro conservan su relevancia a través del tiempo.

- Es esencial esperar que la administración efectiva de la cadena de suministro ayude a incrementar las ganancias y contener los costos. Entre las habilidades necesarias para el éxito en esta tarea están las de liderazgo de la cadena de suministro.

- Varios tipos de estrategias son imperativos para el éxito de la administración de la cadena de suministro, incluyendo las de diferenciación, financiera, tecnológica, basada en relaciones y mundial.

- La estrategia de diferenciación es necesaria para establecer una compañía particular y su cadena de suministro como entes únicos y diferentes.

- Las estrategias financieras no sólo ayudan a mejorar la eficiencia de las operaciones de la cadena de suministro, sino también a que los gerentes comprendan y documenten el valor financiero creado por la administración de la cadena de suministro. Un ejemplo de estrategia financiera, que también es operativa, es la subcontratación de las actividades logísticas y de la cadena de suministro.

- El surgimiento de nuevas e innovadoras estrategias tecnológicas resultará en cambios drásticos para las formas en que se administran las actividades logísticas y de la cadena de suministro.

- El desarrollo de relaciones efectivas y colaborativas entre los participantes de la cadena de suministro facilitarán su éxito.

- La capacidad de las organizaciones para desarrollar e implementar estrategias efectivas en las cadenas de suministro mundiales será de gran importancia. Además, un creciente número de organizaciones han conseguido la excelencia en esta área.

- Quizás el área más importante es la transformación de la cadena de suministro; cómo una organización puede transformarse en una que cumple y excede las metas y los objetivos futuros.

CUESTIONARIO DE REPASO

1. ¿Hasta qué grado los siete principios de la administración de la cadena de suministro han permanecido actuales? ¿Cuáles son algunos cambios más importantes que han ocurrido desde que los siete principios se desarrollaron?

2. ¿Por qué los directores ejecutivos corporativos basan el crecimiento sobre la reducción de costos, y piensan en la administración de la cadena de suministro sólo como un área para reducirlos?

3. Explique el objetivo y los beneficios de las estrategias de diferenciación de logística y cadena de suministro. ¿Cuáles son algunos ejemplos de estrategias que se incluyen en esta categoría?

4. ¿Cuáles son los objetivos de las estrategias financieras? ¿De qué manera la subcontratación de algunas o todas las actividades de logística y cadena de suministro ayuda al logro de estos objetivos?

5. ¿Cuáles son algunas áreas en las que será posible el desarrollo de tecnologías de la información para las cadenas de suministro a futuro?

6. ¿Hasta qué grado la colaboración es una condición necesaria para el éxito de la cadena de suministro? ¿Cuáles considera que son algunos elementos importantes de la colaboración en la cadena de suministro?

7. Describa algunos ejemplos de éxito en el área de la administración de cadena de suministro mundial.

8. ¿Cuáles son algunas prioridades que las organizaciones deben considerar mientras se esfuerzan por tener éxito con el reto de la transformación de su cadena de suministro?

NOTAS

1. Los comentarios en esta sección sobre cada uno de los siete principios de la administración de la cadena de suministro se basan en el contenido de David L. Anderson, Frank F. Britt, y Donovan J. Favre, "The Seven Principles of Supply Chain Management", *Supply Chain Management Review* (abril 2007): 41-46.

2. *Ibid.*, 41.

3. Doctor David L. Anderson, director administrativo, Supply Chain Ventures, LLC, http://supplychainventures.com

4. Gran parte del contenido de esta sección se adaptó con permiso de Richard H. Thompson, Donald E. Eisenstein y Timothy M. Stratman, "Getting SCM on the CEO's Agenda", *Supply Chain Management Review* (1 de julio de 2007): 26-33.

5. *Ibid.*, 27.

6. *Ibid.*, 30.

7. El ciclo de "efectivo a efectivo" puede definirse como el tiempo que toma convertir el valor de un dólar de materias primas al valor de un dólar de ventas en el mercado.

8. Para más información sobre CPFR, véase el sitio http://www.cpfr.org o http://vies.org.

9. El término 4PL™ es una marca comercial registrada de Accenture, Inc.

10. El contenido de esta sección se adaptó de SCMR Staff, "Technology Outlook: 2010 and Beyond, An Interview with Steve Banker", *Supply Chain Management Review*, 1 de enero de 2010.

11. La organización de esta sección se benefició de un análisis de elementos clave de mercadotecnia de relaciones como los presentan A. Michael Knemeyer, Thomas M. Corsi y Paul R. Murphy, "Logistics Outsourcing Relationships: Customer Perspectives", *Journal of Business Logistics*, vol. 24, núm. 1 (2003): 77-109.

12. *Ibid.*, 80.

13. *Ibid.*

14. Estos resultados se tomaron de C. John Langley Jr. y Capgemini, LLC, 1*2th Annual Third-Party Logistics Study* (2007). El estudio incluyó un análisis de clientes de proveedores 3PL a través de varias regiones clave del mundo.

15. *Ibid.*

16. Partes de esta sección se adaptaron de Peter Bisson, Elizabeth Stephenson y S. Patrick Viguerine, "Global Forces: An Introduction", *McKinsey Quarterly*, junio de 2010.

17. Gran parte de este contenido se adaptó de James A. Cooke, "Metamorphosis of a Supply Chain", *CSCMP's Supply Chain Quarterly* (Trimestre 2, 2007): 34-38. Reproducido con permiso de *CSCMP's Supply Chain Quarterly*, Supply Chain Media, LLC. Copyright 2007: http://www.supplychainquarterly.com.

CASO 16.1

Tommy Hilfiger y Li & Fung

Tommy Hilfiger, el reconocido diseñador y comercializador de ropa casual, en tiempos recientes vendió su grupo mundial de contratación a Li & Fung, una agencia de compras de bienes para el consumidor con sede en Hong Kong. Al momento de la venta, Tommy Hilfiger se abastecía principalmente de Hong Kong, Taiwan, India, Bangladesh, Sri Lanka, Túnez, Estados Unidos y Honduras.

La transferencias de las operaciones de contratación de Tommy Hilfiger buscaba capturar sinergias importantes con la red existente de Li & Fung, que estaba bien conectada en China, de manera específica con 19 oficinas sólo en la China continental. Además, la compra de Li & Fung fortalecería su portafolio de negocios de contratación para a la postre trabajar con otras marcas.[1]

Esta transacción debe verse como una decisión muy importante de Tommy Hilfiger para optar por una solución subcontratada para sus necesidades estratégicas de contratación. En palabras de su director ejecutivo: "Nuestras propias oficinas de compra han contribuido bastante al desarrollo de nuestro negocio hasta la fecha, pero creemos que para seguir avanzando podemos beneficiarnos mucho de la integración de esta área dentro de la red más grande de Li & Fung, con más de 70 oficinas en más de 40 países y territorios, incluyendo 19 sólo en China."[2]

PREGUNTAS SOBRE EL CASO

1. ¿Qué razones cree que llevaron a Tommy Hilfiger a considerar este enfoque único para transferir sus operaciones de contratación a Li & Fung?

2. Si fuera un ejecutivo de la cadena de suministro de Tommy Hilfiger, ¿qué pasos o enfoques consideraría para asegurarse de que no perdió el control sobre la parte de logística de entrada de su cadena de suministro general?

3. Si fuera un ejecutivo en Li & Fung, ¿qué direcciones y decisiones comerciales estratégicas a futuro creería apropiado considerar, tanto para Tommy Hilfiger como para otros clientes?

NOTAS

1. China Supply Chain Council (2007).

2. *Supply Chain Digest* (21 de febrero de 2007).

Fuente: C. John Langley Jr., Ph.D. Reproducido con autorización.

Índice de materias

Nota: Los números de página en cursivas indican ilustraciones o recuadros de texto.

Índice de nombres

Nota: Los números de página en cursivas indican ilustraciones o recuadros de texto.